मुखौटे का राजधर्म

मुखौटे का राजधर्म

आशुतोष

वाणी प्रकाशन

वाणी प्रकाशन
4695, 21-ए, दरियागंज, नयी दिल्ली 110 002

शाखा
अशोक राजपथ, पटना 800 004

फ़ोनः +91 11 23273167 फ़ैक्सः +91 11 23275710

www.vaniprakashan.in
vaniprakashan@gmail.com

MUKHAUTE KA RAJDHARM
by Ashutosh

ISBN : 978-93-5072-958-8
Politics/Journalism/Sociology

प्रथम संस्करण 2015
मूल्य : ₹1500

थॉमसन प्रेस, दिल्ली-110 020 में मुद्रित

वाणी प्रकाशन का लोगो मक़बूल फ़िदा हुसेन की कूची से

सादर समर्पित

गुरुजी पुष्पेश पन्त
और
मृणाल पाण्डे जी
को

भूमिका

नरेन्द्र मोदी देश के प्रधानमन्त्री हैं। तीस साल में पहली बार केन्द्र में किसी पार्टी को अपने बल पर बहुमत मिला है। किसी ने सोचा नहीं था कि बीजेपी को 282 सीटें मिलेंगी। बीजेपी बम-बम है। उसका अश्वमेध यज्ञ का घोड़ा दनदनाता फिर रहा है। केन्द्र के बाद हरियाणा, महाराष्ट्र और झारखंड में उसकी सरकार बनी। और जिस कांग्रेस के बारे में कहा जा रहा था कि उसका सूरज कभी अस्त नहीं होगा वो पस्त है। तीसरा मोर्चा भी निस्तेज है। नयी कोशिशें हो रही हैं पर कामयाब होंगी, कहना बहुत मुश्किल है। देश की राजनीति में बुनियादी बदलाव आ चुका है। 68 साल पुरानी राजनीति में नये परिवर्तन स्पष्ट हैं। मोदी इस बदलाव के प्रतीक भी हैं और वाहक भी।

मोदी ने गुजरात चुनाव में जीत के बाद जब दिल्ली की तरफ़ कूच किया था, तब किसी ने सोचा नहीं था कि उनकी जीत इतनी बड़ी होगी। मेरा मानना था कि मोदी की बदौलत बीजेपी जीत भले ही जाये लेकिन मोदी प्रधानमन्त्री बनेंगे, सन्देह था। कारण भी साफ़ थे। बीजेपी 200 से ऊपर सीटें जीतेगी लेकिन बहुमत के करीब पहुँचने में उसे दिक़्क़त होगी। मोदी की इमेज साम्प्रदायिक है। ध्रुवीकरण की राजनीति करते हैं। इसलिए उनको प्रधानमन्त्री बनाने के लिए दूसरी सेक्युलर पार्टियाँ समर्थन देंगी, ये मुमकिन नहीं लगता था। वैसी स्थिति में बीजेपी को नया नेता चुनना पड़ सकता था। नतीजे अविश्वसनीय आये। सारे समीकरण उलट गये। इतिहास रच गया।

2014 का चुनाव भारतीय राजनीति में हमेशा याद किया जायेगा। कई कारणों से। मैं इस चुनाव को 21वीं सदी का पहला चुनाव मानता हूँ। जो सही मायनों में नयी शताब्दी के मूलभूत लक्षणों को अंडरलाइन करता है। 21वीं सदी पिछली सदी से अलग है। इसकी अपनी विशेषताएँ हैं। यह

‘अधीरता’ की सदी है। यहाँ लोगों के पास वक़्त नहीं है। वह इन्तज़ार नहीं करना चाहता। संयम और धैर्य पिछली सदी की चीज़ें थीं। आज लोगों को दो मिनट में नूडल चाहिए। क्षणभर में वो दुनिया के किसी भी कोने में अपने सगे-सम्बन्धी से बात कर लेना चाहता है। वो मोहब्बत भी करता है तो दिमाग़ से। वो पहले की तरह महबूबा की ज़िन्दगीभर प्रतीक्षा नहीं करता। तू नहीं और सही। और नहीं और सही। एक ही ज़िन्दगी है और इसका भरपूर मज़ा ले लो। पता नहीं फिर कभी मौक़ा मिले या न मिले। उसे कांग्रेस से निराशा हाथ लगी। उसने पहला मौक़ा मिलते ही उसे मज़ा चखा दिया। मोदी को मौक़ा दिया।

मोदी ने कहा, वो सारी समस्याओं का आनन-फ़ानन में समाधान कर देंगे। महँगाई ख़त्म कर देंगे। भ्रष्टाचार मिटा देंगे। सौ दिन में काला धन ले आयेंगे। ग़रीबों और युवाओं के लिए नौकरी के नये अवसर दिलायेंगे। पाकिस्तान को सुधार देंगे। चीन शान्त हो जायेगा। हिन्दुस्तान में एक बार फिर दूध-दही की नदियाँ बहेंगी। देश में रामराज्य होगा। सारे दुख दूर हो जायेंगे। और सबकी ज़िन्दगी में अच्छे दिन आ जायेंगे। ‘तुरन्ता’ सदी में समाधान फ़ौरन चाहिए और आकलन में किसी तरह की भावुकता नहीं होगी, यह इस सदी की लाक्षणिकता है। मोदीजी इस बात को जानते होंगे। तभी तो वादा किया है।

यह सदी अधीर है, क्योंकि पैसा और तकनीकी ने समय को सिकोड़ दिया है। समय कम है। इस चुनाव में बेहिसाब पैसा बहाया गया। आज तक किसी भी चुनाव में इतना पैसा नहीं दिखा। अम्बानी और अडानी ने खुलकर मोदी की मदद की। यह पहला चुनाव है जब किसी उद्योगपति ने इस क़दर किसी नेता की वकालत की और अपनी तिजोरी खोल दी। इंटरनेट और स्मार्टफ़ोन के युग में तकनीकी का इतने बड़े स्तर पर इस्तेमाल पहले किसी भी पार्टी और नेता ने नहीं किया, जितना मोदी और बीजेपी ने किया। मोबाइल हो या फिर व्हाट्सअप, ट्वीटर हो या फिर फ़ेसबुक, बस मोदीजी ही छाये रहे। आउटडॉर हो या इनडोर सिर्फ़ मोदी के पोस्टर और तस्वीरें। कहीं कोई कोना नहीं छूटा। टीवी में हर पाँच मिनट पर सिर्फ़ मोदीजी के ही विज्ञापन और अख़बार में मोदीजी का ही गुणगान। मैंने पहले किसी भी नेता का इस तरह का प्रचार नहीं देखा। न वी.पी. सिंह ऐसा कर पाये और न ही अटल बिहारी वाजपेयी-आडवाणी। न सोनिया और न ही राहुल और मनमोहन सिंह। जिसे कहते हैं छा जाना, मोदी

देश के पटल पर छा गये। चुनाव नतीजे आने के पहले ही मीडिया ने, ऐसा लगा उन्हें प्रधानमन्त्री मान लिया। बिना पैसे और तकनीकी के यह सम्भव नहीं था। मोदी ने दोनों का भरपूर प्रयोग किया। कांग्रेस को ये खेल समझ में ही नहीं आया। पूरा चुनाव एक व्यक्ति के इर्द-गिर्द सिमट गया। मानो अमेरिका के राष्ट्रपति का चुनाव हो।

1925 में आरएसएस का जन्म हुआ था। उसकी तमन्ना थी देश में अपनी सरकार बनाना। मोदी की सरकार संघ की नज़र में, देश की पहली 'हिन्दू' सरकार है। इस देश में आज़ादी के पहले और बाद से ही जो विमर्श था, उसके उलट संघपरिवार खड़ा था। उसने न तो गाँधीजी और न ही वामपन्थ से प्रभावित नेहरू को सही मायनों में देश का शुभचिन्तक माना। वो लम्बे समय तक गाँधी को अपनाने से हिचकते रहे। हक़ीक़त यह है कि भले ही प्रधानमन्त्री बनने के बाद मोदी गाँधीजी के गुण गा रहे हों पर आरएसएस देश के बँटवारे और मुस्लिम तुष्टीकरण की नीति के लिए गाँधीजी को ही ज़िम्मेदार मानता था और मानता है। नेहरू को उसने कभी माना ही नहीं। आज़ादी के बाद नेहरूवादी सोच देश के विमर्श पर इस क़दर हावी थी कि आरएसएस की हिन्दूवादी सोच के लिए छटपटाने के अलावा कोई और रास्ता नहीं था। आरएसएस विमर्श सिर्फ़ हाशिये पर ही रहा। साहित्य हो या फिर इतिहास, सब जगह उसकी सोच को नकारा गया। यह सोचना भी एक ज़माने में असम्भव था कि देश में कभी ख़ालिस आरएसएस विचार की कोई सरकार केन्द्र पर क़ाबिज़ होगी। 2014 के चुनाव ने इस सोच को ख़ारिज़ कर दिया है। आज देश में कहा जा रहा है कि उत्तरपन्थ अतीत हो गया है, दक्षिणपन्थ ही वर्तमान है और भविष्य भी। नेहरूवादी 'आम राय' की जगह 'नयी आम राय' का सृजन करना होगा। और विमर्श की नयी धारा हिन्दूवादी सोच से प्रभावित होगी ऐसा दावा, बीजेपी और आरएसएस कर रहे हैं।

नयी सदी नये विमर्श को जन्म देती है। या यों कहें कि नया विमर्श ही नयी सदी को रेखांकित करता है। 21वीं सदी का विमर्श न आरएसएस का विमर्श होगा और न ही ख़ालिस नेहरूवादी। दोनों भले ही राजनीतिक कारणों से कुछ भी दावा करें लेकिन हक़ीक़त यह है कि देश की विभिन्नता और सबको साथ लेकर चलने की मानसिकता के साथ राष्ट्रवाद का तड़का ही नये विमर्श को नया धरातल देगा। हिन्दुओं को मुसलमानों को समझना होगा और मुसलमानों को हिन्दुओं को समझना पड़ेगा। दोनों अलग-अलग

ज़मीन तलाशेंगे तो भला किसी का न होगा। नयी सदी धीरे-धीरे पहचान को निजी ज़िन्दगी तक ही महदूद कर देगी। एक सार्वजनिक सर्वव्यापी सार्वभौम सम्प्रभु पहचान ही एकमात्र अस्मिता होगी। अस्मिताओं का संकट फिर भी रहेगा, लेकिन यह मुख्य मुद्दा न होकर कुछ सरफ़िरों की मानसिक जुगाली का प्रमाणभर होगा।

मोदी के सामने चुनौती बड़ी है। इतिहास ने उन्हें वो मौक़ा दिया है जो शताब्दियों में किसी-किसी को ही मिलता है। देश जिस मुहाने पर खड़ा है, वहाँ से उसके लिए विश्वगुरु बनने का रास्ता जाता है। आज अमेरिका का प्रभुत्व ख़त्म हो रहा है। रूस काफ़ी कमजोर हो गया है। चीन की विकास की गति धीमी पड़ती जा रही है। यूरोप मन्द पड़ा है। भारत में अपार सम्भावनाएँ हैं। उसका बाज़ार विशाल है। काम करने वाले युवाओं की सबसे बड़ी फ़ौज भारत में है। आम भारतीय देश से बाहर जाकर नये आयाम स्थापित करता है। बड़ी-बड़ी कम्पनियों की दिशा तय करता है। उसका लोहा पूरी दुनिया मानती है। लेकिन देश के अन्दर वो आज भी थोड़ा भ्रमित लगता है। कभी हिन्दूवादी सोच का शिकार होता है तो कभी जातिवादी। 'रामज़ादे' और 'हरामज़ादे' के विमर्श में उलझाने की कोशिश होती है। उसे समझाया जाता है कि गाँधीजी के हत्यारे की मूर्ति को लगाना कितना ज़रूरी है। धर्मान्तरण में उसे फँसाया जाता है। तकलीफ़ तब होती है जब वो इसमें उलझ भी जाता है। मोदी की सबसे बड़ी चुनौती यह है कि वो इस विमर्श पर फ़ुलस्टॉप लगायें। वरना इतिहास बेरहम होता है। क्रूर और आततायी भी। उसका न्याय निर्मम है। वो मौक़ा देता है तो छप्पर फाड़कर और छीनता है तो सड़क पर ला पटकता है।

माओ त्से तुंग के देश में कभी किसी ने यह सोचा भी नहीं था कि वहाँ कभी बाज़ारवाद का जयकारा लगाया जायेगा। पूरी धारा को पलट दिया जायेगा। किताबों से मार्क्सवाद, लेनिनवाद और माओवाद ग़ायब हो जायेगा। जिस चीन में वामपन्थ के प्रभाव में कनफ़्यूशियस को किनारे लगा दिया गया था, उसी कनफ़्यूशियस को माओ की सन्तानों ने ज़िन्दा कर दिया। देंग जिआओपिंग ने काफ़ी पहले समझ लिया था कि माओ की विचारधारा पर चलकर देश का बेड़ा पार नहीं होगा। उसने चीन की कमान सँभालते ही एक-एक कर माओ से चीन को छुटकारा दिलाने का काम शुरू कर दिया। देंग की सोच में आर्थिक विकास ही सर्वोपरि था। वो कहता भी था कि बिल्ली काली हो या सफ़ेद क्या फ़र्क़ पड़ता है, जब

तक वो चूहे मारती है, ठीक है।

उसके चेले जियांग जेमिन ने उसकी बात को और आगे बढ़ाया। उसने आर्थिक विकास को राष्ट्रवाद और चीन के सांस्कृतिक गौरव से जोड़ दिया। माओ के बरक्स कनफ़्यूशियस को खड़ा कर दिया। वैचारिक जड़ता गौण हो गयी। कम्युनिस्ट पार्टी बनी रही लेकिन उसका स्वरूप बदल गया। मोदी को अगर इतिहास में अपना नाम दर्ज कराना है तो उन्हें आरएसएस की वैचारिक जड़ता से बाहर निकलना होगा। नेहरू के सामने सरदार पटेल को स्थापित करने से काम नहीं चलेगा। गाँधी नेहरू वंशवाद को गाली देने से तमगा नहीं मिलेगा। देश में आर्थिक सुधारवाद की नयी गंगा बहाने से पहले अपनी पार्टी और संघ परिवार में सुधार लाना होगा। संगठन की विचारधारा अगर 1925 के हिसाब से चलेगी तो फिर वही होगा जो माओ के देश में हुआ था। विचारधारा में सुधार हुआ और भारतीय परिस्थितियों के मुताबिक़ नये विचारों का आविष्कार किया गया तो देश को सुपरपावर बनने से कोई नहीं रोक सकता। पर क्या वो ये कर पायेंगे? इसका जवाब तो तारीख़ देगी। इसका जवाब तो एक पत्रकार दे सकता है, लेकिन एक राजनीतिक कार्यकर्ता की अपनी सीमाएँ होती हैं। वो इस सवाल को आपके लिए छोड़ता है।

आज से 24 साल पहले जब मैंने पत्रकार बनने का सपना पाला था, तो कभी नहीं सोचा था कि राजनीति के अखाड़े में खम ठोकूँगा। गली-गली, मोहल्ला-मोहल्ला प्रचार करूँगा। भाषण दूँगा। चुनाव लड़ूँगा। पत्रकारों के सवालों के जवाब दूँगा। आज यह हक़ीक़त है। आम आदमी पार्टी का सदस्य हूँ। चाँदनी चौक से लोकसभा का चुनाव लड़ चुका हूँ। पत्रकारिता अतीत का हिस्सा हो गयी है। लिखना आज भी अच्छा लगता है। 2014 के चुनावों पर एक किताब भी लिखी है। इधर ज़्यादातर अंग्रेज़ी में लिखा है। कॉलम भी अंग्रेज़ी में चल रहा है। कुछ पैसे मिल जाते हैं। एक बेरोज़गार राजनीतिक कार्यकर्ता का जेब ख़र्च निकल जाता है। मनीषा घर चलाती है। आज भी न्यूज़रूम याद आता है। ख़बर ब्रेक होने के बाद की गहमागहमी और चिल्लपों होंठों पर मुस्कान ले आती है। हर शनिवार को शाम तीन बजे बैठकर 'हिन्दुस्तान' और 'दैनिक भास्कर' बाद में 'नई दुनिया' के लिए कॉलम लिखना आज भी याद आता है। वक़्त बदल गया है। ख़बर बनाने वाला ख़ुद ख़बर बन गया है। नहीं बदला है तो वो इंसान जो 1986 में दिल्ली आया था। मन में कुछ अरमान सँजोये। दिल्ली को

अपना बनाने का ख़्वाब पाले। ज़िन्दगी में कुछ करने।

पत्रकारिता तो एक इत्तफ़ाक़ था। अपनी पहचान खोजने निकला था। लिखना अच्छा लगा। आईएएस बनना पीछे छूट गया। ख़ुद को खोजता-खोजता अख़बार से टीवी में आ गया। टीवी ने नया नाम दिया—आशुतोष, दिल्ली, आजतक। रिपोर्टर से एंकर बन गया। फिर एडिटर। टीवी क्रान्ति का राहगीर बना रहा। मुश्किलें आयीं। सुकून भी मिला। सफ़र में कभी दुख मिला तो कभी सुख। लेकिन नहीं बदला तो वो मासूम सा बच्चा जो मिर्ज़ापुर जैसे छोटे से शहर से चला था दुनिया लाँघने। वो बेबाकी, वो बेख़ौफ़पन आज भी उसके अन्दर ज़िन्दा है। मन के किसी कोने में एक सन्तोष है कि जो किया, ईमानदारी से किया। जो लिखा ईमानदारी से लिखा। न कैमरे से छल किया और न ही कलम से। और उसी कलम से निकले कुछ शब्द आज आपके सामने हैं। एक किताब की शक्ल में। यह किताब वैसे तो मेरे लेखों का संग्रह है। पहले छप चुके हैं। पर ये भारतीय राजनीति का एक आईना भी हैं। 21वीं सदी की धार पकड़ने का एक प्रयास भी है। इसमें ज़्यादातर वो लेख हैं जो पिछले दस सालों में लिखे गये। मैं नहीं जानता कि मेरी शब्द यात्रा कैसी रही। इन शब्दों को किसी ने कभी अपना हमसफ़र बनाया भी या नहीं। बस इतना जानता हूँ कि हम छोटे-छोटे शहरों के बाशिन्दों की ज़िन्दगी का यह सफ़रनामा यों ही चलता रहे। मेरी कलम चलती रहे।

अन्त में धन्यवाद देना चाहूँगा वाणी प्रकाशन का, जिन्होंने मेरे शब्दों को आपके सामने लाने में मदद की है। धन्यवाद अनन्त विजय का भी। जिनके बग़ैर ये किताब आपके सामने नहीं आ सकती थी। गुरुजी का आशीर्वाद हमेशा साथ रहा। दुनिया के लिए आप पुष्पेश पन्त हैं, लेकिन मेरे लिए हमेशा गुरुजी ही बने रहियेगा। आपने मुझे लिखना सिखाया। मृणाल पांडे जी ने मुझे बच्चे की तरह तराशा। मुझे तब छापा जब कोई सोच भी नहीं सकता था। मुझे कॉलम भी दिया। शशि शेखर और श्रवण गर्ग बड़े सम्पादक हैं। मुझे नहीं छापा होता तो शब्दयात्रा इस मुक़ाम तक नहीं पहुँचती। स्नेह बनाये रहें। तमाम दोस्तों और पत्रकार मित्रों का शुक्रिया जो साथ खड़े रहे। हौसला दिया। मुझमें यक़ीन किया। मनीषा को क्या कहूँ। अम्मा बाबू को चरण स्पर्श। छोटू और मोगू के बिना ये कहानी अधूरी ही रहेगी। सिर्फ़ प्यार दिया। ख़ुशियाँ दीं और कुछ नहीं।

—आशुतोष

अनुक्रम

कैसे कहें कि सीपीएम सेक्युलर है?

गुरुदास दासगुप्ता सीपीआई के वरिष्ठ नेता हैं और ए.बी. वर्धन के बाद पार्टी के महासचिव बननेवालों की कतार में हैं। साफ़गोई के लिए भी ख़ूब विख्यात हैं। तस्लीमा नसरीन के पश्चिम बंगाल छोड़ने पर वे भड़के हुए हैं और बुद्धदेव भट्टाचार्य की सरकार और सीपीएम के रवैये से नाराज़ हैं। वे कहते हैं, 'यह दुखद है कि तसलीमा को बंगाल छोड़ना पड़ा। जो कुछ भी हुआ मैं उसके लिए क्षमा माँगता हूँ। मुसीबत में फँसी इस महिला के लिए रहने की जगह होनी चाहिए और सरकार से उसकी सुरक्षा की मैं माँग करता हूँ।'

देवव्रत बिस्वास भी दुखी हैं। वे कहते हैं, 'हमारा लोकतान्त्रिक देश कई धर्मों, संस्कृतियों और विचारों का देश है। यही हमारे देश की ख़ूबसूरती और ताक़त है। हमें असहिष्णु नहीं होना चाहिए।' लेकिन सीपीएम पर इसका असर नहीं पड़ता और तसलीमा नसरीन को कोलकाता छोड़कर पहले राजस्थान और फिर दिल्ली भेज दिया जाता है।

यह सारा घटनाक्रम कई सवाल खड़े कर जाता है और यह सवाल एक सभ्य समाज के होने और एक सेक्युलर प्रगतिशील राजनीतिक पार्टी की बुनियादी सोच पर चोट कर जाते हैं। वामपन्थ की पूरी सोच साम्प्रदायिकता विरोध और धर्म व जाति के आधार पर विभेद न करने की सोच का आधार स्तम्भ है। ऐसे में चन्द कट्टरपन्थी सड़क पर उतर आते हैं, हिंसा करते हैं, सेना बुलायी जाती है और तसलीमा नसरीन को दरबदर कर दिया जाता है। सवाल खड़ा होता है क्या सीपीएम, क्या वामपन्थ भी आज भाजपा और काँग्रेस के साथ हिन्दू और मुसलमान की राजनीति के आईने में खड़ा है? क्या उसकी वैचारिक प्रतिबद्धता लोकतन्त्र में अपनी पहचान का एक कमज़ोर मुखौटा है, जो मामूली सी आँच लगते ही पिघल गया और बुद्धदेव से लेकर विमान बोस के चेहरे बेनक़ाब हो गये!

पश्चिम बंगाल में 1977 से वामपन्थ का शासन है और बड़ी शान से उनके नेता कहते रहे हैं कि अल्पसंख्यक तबक़ा अगर कहीं अपने को सबसे ज़्यादा सुरक्षित पाता

है तो वह लाल सलाम की ज़मीन है और यहाँ सबसे कम दंगे हुए, शायद 1992 एकमात्र अपवाद है जब बाबरी मस्जिद गिरने के बाद दंगों की वजह से सेना बुलाने की ज़रूरत पड़ी थी। पूरे पश्चिम बंगाल में 25 प्रतिशत मुस्लिम है। यानी अगर यह आपकी झोली में, तो जीत तय। लेकिन हाल की घटनाओं में सीपीएम को लगता है कि उसका मुस्लिम वोट बैंक खिसक सकता है। पहले रिज़वान की मौत पर उसकी किरकिरी हुई, नन्दीग्राम में क़ब्ज़े को लेकर हुई जद्दोजहद में मुसलमान तबक़े के वामपन्थ से नाराज़ होने का ख़तरा बढ़ा। और अब तसलीमा नसरीन पर आगजनी। स्थानीय निकाय के चुनाव सिर पर हैं। अगर मनमोहन सरकार पूरा कार्यकाल चल भी जाती है तो लोकसभा चुनाव डेढ़ साल बाद है, ऐसे में वामपन्थी पार्टियाँ विशेषकर सीपीएम 25 प्रतिशत वोटों की नाराज़गी भला कैसे झेल सकती है।

पश्चिम बंगाल से बाहर यह विश्लेषण सही लग सकता है और सीपीएम का क़ानून और व्यवस्था के नाम पर तसलीमा के ख़िलाफ़ उठाया क़दम वाज़िब है। लेकिन मेरे जैसे लोगों को यह थोड़ा असहज करता है। हालाँकि मुझे असहज बिल्कुल नहीं होना चाहिए क्योंकि मेरा अनुभव लेफ़्ट को लेकर थोड़ा अलग है।

बात 1989 की है। चीन के तेन आन मन चौक पर चीनी छात्रों के लोकतन्त्र बहाली आन्दोलन को कुचलने के लिए चीनी सरकार ने टैंक चला दिये। दर्जनों छात्र मरे। उस वक़्त हम जवाहरलाल विश्वविद्यालय में थे। छात्र राजनीति में सीपीएम की एसएफ़आई का दबदबा था। चीनी सरकार के इस क़दम से छात्र दुखी थे लेकिन वे तब सदमे में आ गये, जब सीपीएम के नये-नये पोलित ब्यूरो मेम्बर सीताराम येचुरी ने जेएनयू के पेरियार मेस में आकर कहा कि 'तेन आन मन चौक पर ख़ून का एक कतरा भी नहीं बहा।' यह सुनना था कि विश्वविद्यालय के छात्रों ने रिवोल्ट कर दिया और येचुरी को बोलने नहीं दिया गया। थोक के भाव एसएफ़आई के समर्थक और सदस्यों ने पार्टी छोड़ दी और एसएफ़आई के सेक्युलर और प्रगतिशील चेहरे की गाँठें खुलने लगीं। जैसे ही एसएफ़आई का कैम्पस में सामाजिक आधार खिसका, वह वोटबैंक पॉलिटिक्स पर उतर आयी। उस वक़्त भाजपा और संघपरिवार का अयोध्या आन्दोलन उफान पर था और मुस्लिम तबक़ा आशंकित। ऐसे में शुरू हो गया मुस्लिम छात्रों को लुभाने का हैरतअंगेज खेल।

उर्दू, परसियन और अरेबिक विभाग के छात्रों को ध्यान में रखकर मुस्लिम नेताओं को प्रमुखता देना शुरू हुआ। जिन्होंने कार्ल मार्क्स, एंगेल्स, लेनिन, स्टालिन का नाम नहीं सुना था, जो अध्यक्षीय भाषण में मार्क्स की तीन किताबों के नाम नहीं बता पाये, वे एसएफ़आई के चुनावी उम्मीदवार बन गये और जेएनयू छात्रसंघ के अध्यक्ष। एसएफ़आई प्रायोजित रोज़े रखे जाने लगे, हॉस्टल की छतों पर इफ़्तार पार्टियाँ होने लगीं। जुम्मे के रोज़ बस भरकर नमाज़ पढ़ने के लिए मुस्लिम छात्र

मस्जिद जाने लगे। कैम्पस में मुस्लिम टोपियाँ पहने लोग नज़र आने लगे।

यह वही जगह थी, जहाँ कभी एनएसयूआई का सदस्य होना 'गाली' था और एबीवीपी का छात्र होना 'अनटचेबल'। नतीजा वामपन्थी विचारधारा बैकफुट पर, सेक्युलरवाद खोखला और प्रगतिशीलता भोथरी होने लगी। एसएफ़आई के कैम्पस इकाई के महासचिव उँगली काटकर अपनी महिला मित्र की माँग भरने लगे और जाति-विशेष के नाम पर वोट जो पहले दकियानूसी और सामन्ती राजनीति का प्रतीक था, अचानक वही 'मेन स्ट्रीम' हो गया। और इसी के साथ हुआ पूरे कैम्पस के 'मनोवैज्ञानिक' स्वरूप का ह्रास और जेएनयू भी आम विश्वविद्यालय हो गया। हाँ, मंडल आन्दोलन और मन्दिर आन्दोलन ने भी इसमें अपनी भूमिका निभायी लेकिन इसकी नींव को खोखला करने का काम एसएफ़आई की मुस्लिमपरस्त राजनीति ने किया।

कुछ-कुछ वैसा ही नन्दीग्राम के बाद पश्चिम बंगाल में हुआ है। नन्दीग्राम में गोली चलने के बाद वामपन्थी बुद्धिजीवी का जिस क़दर सीपीएम से मोहभंग हुआ, उसकी अनुगूँज जेएनयू में 1989 में ही सुनायी पड़ गयी थी। सुमित सरकार, अपर्णा सेन, गौतम घोष जैसे ढेरों चेहरे तब भी जेएनयू में 1989-90 में दिखायी दिये थे। और तब भी आज के बुद्धदेव भट्टाचार्य और विमान बोस की तरह नाराज़ समर्थकों को मनाने-समझाने की कोशिश नहीं हुई थी, बल्कि उनका तिरस्कार किया गया था और हुआ वही, जो अब आनेवाले दिनों में पश्चिम-बंगाल में होगा। एसएफ़आई जो प्रगतिशील, सेक्युलर वर्ग थी, स्वाभाविक 'मोरल मीटर' थी, वह महज़ राजनीतिक मीटर बनकर रह गयी। तसलीमा का मसला सीपीएम के नैतिक नेतृत्व की स्वाभाविकता का लबादा उतार फेंकता है। क्योंकि सीपीएम काँग्रेस नहीं है, वह भाजपा भी नहीं है इसलिए उसकी हैसियत का अन्दाज़ा महज़ बंगाल, त्रिपुरा और केरल के सीमित आधार से नापा जाता है। वह हिन्दुस्तान में वाणी की स्वतन्त्रता, ग़रीब-कुचले की आवाज़, 'बहुसांस्कृतिकवाद', सेक्युलरवाद की नैतिक सत्ता का प्रतीक है।

इस सत्ता का सिर नीचा होते ही राजनीति से नैतिक सत्ता के लोप का ख़तरा हो जाता है और संविधान की प्रस्तावना में से 'सेक्युलर' शब्द जोड़ने के मर्म की ज़रूरत पर सवाल खड़ा हो जाता है और साथ ही यह सवाल भी कि अगर सीपीएम मुस्लिमपरस्त राजनीति खुलकर कर सकती है, तो भाजपा और संघपरिवार के हिन्दूपरस्त राजनीति करने पर आपत्ति क्यों? और अगर हर पार्टी जाति और धर्म की ही राजनीति करेगी तो फिर सेक्युलर भारत का क्या होगा? ऐसे में गुरुदास दासगुप्ता की नाराज़गी जायज़ है।

दैनिक भास्कर, 26.11.2007

मैं ख़ुश हूँ, मेरे आँसुओं पे न जाना

मुम्बई का षड्मुखानन्द हाल। श्यामाप्रसाद स्थापना दिवस। 'पाथ-फ़ाइंडर' (यानी मार्गदर्शक) नाम की किताब। विरोधियों की बाण-वर्षा। भाजपा की राष्ट्रीय कार्यकारिणी की बैठक। हार पर चर्चा की शिथिल कोशिश और भाजपा के 'टॉलेस्ट' लीडर यानी अटल बिहारी वाजपेयी। रंगमंच सेट है, लाइट्स हैं, दर्शक साँस रोके बैठे हैं, और इन्तज़ार है हीरो के अपने डायलॉग्स बोलने का। हीरो असमंजस में है, आहत है, दुविधा में, किंकर्तव्यविमूढ़, आधे से ज़्यादा लोग मन ही मन सोच रहे हैं कि बूढ़ा खिसक ले तो ठीक। तभी हीरो की पलकें उठती हैं, होंठ हिलते हैं और एक आवाज़ एयरकंडीशनर के शोर में जा मिलती है—'पहली बार ज़िन्दगी में 'बौछारें' पड़ रही हैं, ऐसे में यह किताब राहत देगी।' मौजूद दर्शकों में से कुछ लोग नारे लगाते हैं 'अबकी बारी अटल बिहारी'। वाजपेयी का सिर नीचे झुका हुआ। सामने माइक। चेहरे पर सोचने और न सोचने की भंगिमाएँ, कुछ कहने और न कहने की एक्सरसाइज़। समय, लगा काफ़ी लचीला हो गया है। नारे और तेज़ हुए। वाजपेयी हल्के से सिर उठाते हैं, कुछ सोचते हैं—और फिर बोलते हैं—'पुष्कळ झाला'। यानी 'अब नहीं बहुत हो चुका।' लेकिन फिर भी नारे बन्द नहीं हुए। शोर पहले की ही तरह। मंच पर बैठे कुछ नेताओं के चेहरों पर मामूली सलवटें। लेकिन न प्रतिवाद न प्रतिक्रिया।

वाजपेयी की आवाज़ हॉल में अकेली रह गयी। कुछ समझे, कुछ समझकर भी नहीं समझे। भारतीय राजनीति का यह ऐतिहासिक पल था। 'महानायक' के 'नायक' और 'नायक' से 'जोकर' बनने की घटना घट चुकी थी। और शोर अपने में ही शोर करता जा रहा था। मीडिया ने इस शोर में गुम हो गयी इस 'महानायक' की आवाज़ को पकड़ा। कहा, वाजपेयी संन्यास की ओर प्रस्थान कर चुके हैं। और मीडिया जब बोलता है तो ख़ूब बोलता है। मीडिया ने इतना बोला कि भाजपा के नेता भी बोलने पर मजबूर हो गये। वो वाजपेयी से बोलने लगे। 'अभी न जाओ झोड़कर'। वाजपेयी फिर अगले दिन अपनों से रूबरू होते हैं। कहते हैं—'मैंने परिहास

किया था, लोग गम्भीर हो गये।' लेकिन यह कहते-कहते उनका गला भर्रा उठा। आँखों में आँसू छलक गये। बोले—1957 में दो जीपें थीं प्रचार के लिए, 2004 में कारों का काफ़िला था आगे-पीछे। राजनीति काफ़ी बदली है। मानो कह रहे हों जिस पार्टी को मैंने पाल-पोसकर बड़ा किया, जो मेरे कन्धों पर खड़ी थी, वही लोग जो 13 मई के पहले मेरे आगे-पीछे दुम छिपाकर घूमते थे वो अब उन पर वार कर रहे हैं। वक़्त की इस मार ने उन्हें रुला दिया।

अभी ज़्यादा वक़्त नहीं गुज़रा जब 'विकासपुरुष' और 'लौहपुरुष' के विवाद से तंग आकर वाजपेयी ने कहा था—'न टायर्ड न रिटायर'। 'आडवाणीजी के नेतृत्व में विजय प्रस्थान'। मंच पर तब भी आडवाणी और वेंकैया बैठे थे। लेकिन तब मंच सात रेसकोर्स रोड का था, षड्मुखानन्द हॉल नहीं। वेंकैया की फूँक सरक गयी। फ़ौरन खड़े हुए बोले—'आप ही हमारे नेता हैं, दूजा न कोई'। लेकिन मुम्बई में ऐसा न हुआ। वाजपेयी का अकेलापन सबके सामने था। कहनेवाले कह सकते हैं कि इसकी शुरुआत मनाली में हुई थी, जब उन्होंने गुजरात दंगों को चुनाव में हार के लिए गुनाहगार माना और मोदी को हटाने की बात की। फ़ौरन बिजली की माफ़िक़ संघ प्रमुख सुदर्शन ने उनको ख़ारिज़ कर दिया। अशोक सिंघल ने संन्यास लेने का कड़वा मशवरा दे दिया और अति-जूनियर वेंकैया नायडू से उनके बयान का खंडन करवा दिया गया। लेकिन ऐसा है नहीं। उनको अकेला करने का युद्ध तो तब शुरू हुआ था जब संघपरिवार को लगने लगा था कि वाजपेयी संघ के संगठन में रहते हुए भी बड़े हो रहे हैं, अपने बल पर चुनाव जीत सकते हैं, अपनी वक्तृत्व कला से लाखों की भीड़ जुटा सकते हैं। तब संघ भारतीय राजनीति में एक गाली की माफ़िक़ था और वाजपेयी इस दलदल में खिले कमल। वाजपेयी संघ की पैदाइश होने के बाद भी सबको प्रिय थे। विरोधी पार्टियाँ उनसे प्रेम से मिलती थी, उनमें किसी दंगाई के दर्शन नहीं होते थे। उस वक़्त वाजपेयी संघ की मजबूरी थे। संघ को अपनी पहचान बनानी थी, आम शहरी, पढ़े-लिखे मध्यवर्ग में अपने को स्वीकार्य करवाना था। संघ के एक समझदार नेता की टिप्पणी है—'वाजपेयी ने हिन्दुत्व की संघ लैंडिंग करने में मदद की।' संघ को जब 1984 में लगा कि वाजपेयी के रास्ते चल उसका बंटाधार हो जायेगा तो बालासाहेब देवरस ने इन्दिरा गाँधी को समर्थन दिया और भाजपा 'गाँधीवादी-समाजवाद' से निकलकर दीनदयाल उपाध्याय के 'एकात्म-मानववाद' की तरफ़ मुड़ गयी। लेकिन वाजपेयी से तब भी किनारा नहीं किया गया था, क्योंकि अभी भी भाजपा को सम्पूर्ण भारत में अपने पैर पसारने थे।

अयोध्या के रथ पर सवार हो भाजपा आगे बढ़ी और संघ काफ़ी हद तक फ़ैशनेबल हो गया। लेकिन उसकी विचारधारा की बेचारगी तब हास्य का पात्र बनी, जब वाजपेयी के बावजूद कोई भी पार्टी शिवसेना छोड़ उनकी सरकार बनाने में मदद

करने नहीं आयी। 1998 में संघ को अपने हिन्दुत्व के एजेंडे को छोड़ना पड़ा, सहयोगी वाजपेयी के अलावा किसी को नेता मानने को तैयार नहीं थे। सरकार वाजपेयी की बनी और पहली बार लगा संघ की विचारधारा उत्तर पूर्व राज्यों से लेकर तमिलनाडु के सुदूर किनारों में भी सुनी जा सकती थी। हिन्दू-हृदय-सम्राट आडवाणी को आगे कर यह सम्भव नहीं था। यह वाजपेयी का करिश्मा था कि ग्राहम स्टेन्स हत्याकांड, गिरिजाघरों पर हमले और गुजरात में मुसलमानों का क़त्लेआम होता रहा और राजग सरकार चलती रही। क्योंकि एक आम शहरी, गाँववाला, उद्योगपति, कामगार मज़दूर, यह मानने को तैयार नहीं था कि इसमें वाजपेयी की सहमति है। वो यह मानता था कि यह 'अपवाद' है और वाजपेयी ऐसा आगे होने नहीं देंगे।

गोविन्दाचार्य ने अनायास ही कहा था कि वाजपेयी 'मुखौटा' हैं। संघ का कुरूप चेहरा न दिखे इसलिए वाजपेयी का चेहरा लगाना ज़रूरी था। यह वाजपेयी की 'उपयोगिता' थी। लेकिन 2004 के चुनाव में यह 'मिथ' टूट गया कि वाजपेयी के बल पर भाजपा केन्द्र की सत्ता पर क़ब्ज़ा कर सकती है, भाजपा छोड़िये वो राजग के लिए बहुमत नहीं जुटा पाये। वो सहयोगी दलों को साथ नहीं रख पाये। जब वाजपेयी के रहते भाजपा संसद में नम्बर दो पार्टी रह जाये और करुणानिधि, वाइको, रामदास, चौटाला, मायावती, अजित सिंह जैसे सहयोगी भाजपा का दामन छोड़ दें और एक विदेशी सोनिया गाँधी स्वीकार्य हो जाये तो फिर वाजपेयी एक चुके हुए ब्रांड तो हो ही जायेंगे। आख़िर पूँजीवाद का, उपभोक्तावाद का ज़माना है, प्राडक्ट लगातार लोकप्रिय बना रहे, टिकाऊ रहे, इसके लिए ज़रूरी है लेबल बदलते रहे। हारा हुआ ब्रांड फ़ौरन मार्केट से बाहर कर दो। वाजपेयी हारे हुए नेता हैं, बिकाऊ नहीं रह गये सो बाहर जाना होगा। अब वो संघ के लिए उपयोगी नहीं हैं, अब वो संघ की मजबूरी नहीं हैं। संघ को एहसास है कि वाजपेयी उम्र के उस पड़ाव पर हैं, जहाँ उनसे ज़्यादा लम्बे समय तक उम्मीदें लगाना ठीक नहीं है। फिर वो बीमार भी हैं, भूलने लगे हैं। चलने-फिरने में तकलीफ़ है। यानी इन्वेस्टमेंट के लिए सही माल नहीं हैं। ऐसे में विकल्प की तलाश है। आप मानें या न माने संघ एक 'प्रगतिशील', 'ऊर्जावान' संगठन है। प्रगतिशील इसलिए कि अतीत में रहते हुए भी वो भविष्य को सबसे पहले समझने की कोशिश करता है और उसके मुताबिक़ अपने में बदलाव करता है। काँग्रेस जब सोच भी नहीं पायी थी तब संघ ने समझ लिया था कि राष्ट्रीय स्वयंसेवक संघ में नये समय के हिसाब से बदलाव करने हैं। जिस संघ ने नेतृत्व परिवर्तन के लिए केशव बलिराम हेडगेवार, गुरुजी गोलवलकर, बालासाहेब देवरस की मृत्यु का इन्तज़ार किया, उसी ने प्रो. राजेन्द्र सिंह के जीते जी के.सी. सुदर्शन को अपना प्रमुख चुन लिया। रज्जू भैया बीमार रहने लगे थे और संघ पर ध्यान नहीं दे पाते थे। वैसे ही जैसे देवरस अपने अन्तिम दिनों में। लेकिन रज्जू

भैया ने गद्दी सौंप दी। न दत्तोपन्त ठेंगड़ी को कमान सौंपी, न शेषाद्री जो वरिष्ठ थे, और फिट भी। राजेन्द्र सिंह के बाद एकदम नयी पीढ़ी ने संघ को सँभाला। सुदर्शन तो फिर भी सत्तर के हैं, नम्बर दो मोहन भागवत और मदन दास देवी अभी साठ के भी नहीं हैं। संघ को लगा टीवी के युग में एम.जी. वैद्य डायनमिक नहीं लगते तो सेलफ़ोन रखनेवाले राम माधव आगे आ गये।

संघ सती का समर्थन भले ही करे, लेकिन प्रचार-प्रसार के लिए उसका स्वयंसेवक अत्याधुनिक 'मॉडर्न गैजेट्स' का इस्तेमाल सबसे पहले करता है। अब भी उसका स्वयंसेवक बन्द कमरों में मीटिंग तो करता है, लेकिन बाहर आकर मीडिया को अपने हिसाब से ब्रीफ़ भी करता है। वैचारिक स्तर पर भी उसने काफ़ी आत्ममन्थन किया है। अब गौ-हत्या, हिन्दी, कश्मीर, कॉमन सिविल कोड उसके लिए मुद्दे नहीं रह गये हैं। अयोध्या भी बस एक सन्देश, एक संकेत-भर ही है। आज जब वो 'हिन्दुत्व' की बात करता है तो वो 'सांस्कृतिक-राष्ट्रवाद' और 'विकास' को एकसूत्र में पिरोने की तरफ़ इशारा करता है। 'धर्मान्तरण' उसके लिए एक मुद्दा है लेकिन उससे बड़ा मुद्दा है 'स्वरदेशी' यानी 'खाँटी-भारतीय-अन्दाज़ में आर्थिक प्रगति' और इसके लिए वो गाँधी का रास्ता भी अख़्तियार करने को तैयार है। जिनको वो भारत के विभाजन का अपराधी मानता है। यह हैरानी की बात नहीं कि गुजरात में मोदी का सबसे कड़ा विरोध न तो काँग्रेसी कर रहे हैं और न ही केशूभाई पटेल के गुर्गे। मोदी से रोज़-रोज़ दो-दो हाथ कर रहा है भारतीय किसान संघ, जो राष्ट्रीय स्वयंसेवक संघ का संगठन है। स्वदेशी का नारा बुलन्द किये है और मोदी को बर्ख़ास्त कर गुजरात में इमरजेंसी लगाने की माँग करता है।

और वाजपेयी से भी संघ का मोहभंग अयोध्या मुद्दे पर नहीं हुआ है। उसने पूरे 6 साल ज़हर पीकर वाजपेयी के आर्थिक उदारवाद को सहा है। ठेंगड़ी जैसे नेता सड़क पर उतरकर वाजपेयी सरकार की ईंट से ईंट बजाने की धमकी दे चुके थे। लेकिन तब मजबूरी थी, अब नहीं है। वाजपेयी को यह बदलाव समझ में आता है। और यह भी कि संघ का नेतृत्व अब दूसरों के हाथ में है। नहीं तो ऐसा पहले कभी नहीं हुआ कि वाजपेयी मनाली में बयान दें और सुदर्शन नागपुर में सरेआम उनकी क्लास ले लें। ख़ुद संघ के लोग सुदर्शन के इस पलटवार से हतप्रभ थे। पहले होता तो रज्जू भैया वाजपेयी से लंच पर मिलते, समझाते और बात बन जाती। लेकिन रज्जू भैया के जाने के बाद संघ में दो पीढ़ियों को जोड़नेवाला पुल भी चला गया। लिहाज़ा कम्यूनिकेशन गैप। और इस गैप से 'खुला टकराव'। यह तो ख़ैर मनायें वाजपेयी कि अभी भी संघ 'परिवार के धर्म' पर चल रहा है जहाँ उपयोगिताहीन होने के बाद भी बड़े-बुजुर्गों को उनकी तमाम बड़बड़ाहट के बाद सुना जाता है और सम्मानपूर्वक यह समझा भी दिया जाता है कि अब आपका वक़्त गुज़र गया।

अन्यथा सीताराम केसरी और नरसिंहा राव का हश्र उनके सामने है। और वाजपेयी बन्द कमरे के शोर और खुले आँगन के सन्नाटे में यह समझते हैं, वो समझते हैं कि अपने अकेलेपन में वो नितान्त अकेले रह गये हैं। परिवर्तन की घंटियाँ बज चुकी हैं, और अब उनकी तरफ़ कोई नहीं देखता, क्योंकि वो 'पाथ-फ़ाइंडर' नहीं रह गये। अब किताब ही उन्हें सहारा देगी।

हिन्दुस्तान, 27.06.04

बाबूजी, ज़रा धीरे चलो!

भले ही यह अन्त तक रहस्य रहा कि प्रधानमन्त्री कौन होगा, लेकिन विदेशमन्त्री कौन होगा यह शायद सबको पता था। सफ़ेद बालों, सफ़ेद कपड़ोंवाला शख़्स। नाम नटवर सिंह। इनका दावा है कि किताबों का सबसे बड़ा निजी संग्रह इनके पास है। चूँकि पद पहले से तय था तो तैयारी भी पद के लिए पहले से कर रखी थी। ऐसे में कुर्सी मिली नहीं कि बोलना शुरू। शायद सभी मन्त्रियों में सबसे ज़्यादा बोले। क़ानून मन्त्री हंसराज भारद्वाज अकेले मन्त्री हैं जो शायद इन्हें टक्कर दे सकें।

नटवर सिंह ने मन्त्री बनने के बाद प्रेस कॉन्फ्रेन्स की। मन्त्री बनते ही उन्होंने कई संकेत दिये। पहला भारतीय विदेश नीति अमेरिकापरस्त नहीं होगी। दूसरा भारत-पाक रिश्ते को सिर्फ़ लाहौर-इस्लामाबाद के परिप्रेक्ष्य में यानी वाजपेयी के चश्मे से नहीं देखा जायेगा। तीसरे उन्होंने इशारा भी किया कि भारतीय विदेश नीति एक बार फिर पुराने ढर्रे पर चलेगी यानी वो गुटनिरपेक्ष आन्दोलन की बात करेगी, फ़िलिस्तीन की बात करेगी, ग़रीब-अमीर देशों के सन्दर्भ में बात करेगी।

नटवर सिंह की यह लाइन वाजपेयी की लाइन से फ़र्क़ है। वाजपेयी ने अपनी वैचारिक मजबूरी के चलते प्रधानमन्त्री बनते ही परमाणु विस्फोट कराया, ताकि देश के अन्दर और बाहर यह सन्देश जाये कि भारत एक शक्तिशाली देश है और उसका नेतृत्व ज़रूरत पड़ने पर निर्णायक दो-टूक फ़ैसले कर सकता है। उनके समय में देश अमेरिका के काफ़ी करीब हुआ, यहाँ तक कि ख़ुद संघपरिवार के लोग भी कहने लगे कि भारत अमेरिका की गोद में जा बैठा है, उसका पिट्ठू बन गया है। इसमें कोई दो राय नहीं कि परमाणु विस्फोट के बाद लगे आर्थिक प्रतिबन्धों के बावजूद भारत-अमेरिकी रिश्ते बेहतर हुए। भारत शीतयुद्ध की मानसिकता से बाहर आया। वाजपेयी की विदेशनीति अपनी वैचारिक प्रतिबद्धताओं की वजह से इज़राइल के भी करीब आयी और फ़िलिस्तीन के मुद्दे को उसने कहीं पीछे छोड़ दिया।

इस दौरान भारत की तरफ़ से पुराने सोवियत खेमे यानी कभी साम्यवादी रह चुके देशों से हाथ मिलाने की कोशिश ज़्यादा नहीं देखने को मिली। हर उस ख़बर

को बढ़ा-चढ़ाकर पेश किया गया जिसमें अमेरिका के साथ खड़े होते भारत दिखता था। हालाँकि विदेश नीति के रणनीतिकार इस बदली विदेश नीति को 'व्यवहारवाद' यानी 'प्रैगमटिज़्म' का नाम देते थे।

इस दौरान पाकिस्तान से रिश्ते सुधारने की भी कोशिश हुई लेकिन कारगिल युद्ध और संसद पर हमले की शर्त पर। वाजपेयी ने इन्द्र कुमार गुजराल की उस नीति को दरकिनार कर दिया, जिसमें भारत दक्षिण एशिया में सिर्फ़ पाकिस्तान को और पाकिस्तान में सिर्फ़ कश्मीर को ध्यान में रखकर नीति बनाने की प्रवृत्ति का बहिष्कार किया गया था। जिसका अर्थ था पाकिस्तान से ख़राब रिश्तों के बावजूद सार्क सफल हो सकता है और कश्मीर समस्या के रहते हुए भी भारत और पाकिस्तान आपस में बातचीत कर सकते हैं।

शुरुआत के दिनों में पाकिस्तान को इस तरह की धमकी दी जाती थी, मानो पाकिस्तान नहीं कोई ग़रीब की जोरू हो। जो गया दो चपत लगाके चला आया। इसी वाक्युद्ध के बीच कब पाकिस्तान कारगिल में घुस आया और कश्मीर विधानसभा और संसद पर हमला कर बैठा, किसी को पता ही नहीं चला। पाकिस्तान नीति का यह हाल था कि प्रमोद महाजन तक भाषण दे डालते थे। लेकिन फिर धीरे-धीरे वाजपेयी ने पाकिस्तान नीति को अपनी गिरफ़्त में लिया और संसद पर हमले के बाद कारगर ढंग से पाकिस्तान को सन्देश देने की कोशिश की गयी। डिप्लोमेसी में जब तक चढ़कर बात नहीं होती, काम नहीं चलता। वाजपेयी की तरफ़ से की गयी दोस्ती की पहल भी कमज़ोरी नहीं मज़बूती का प्रतीक बन गयी।

वाजपेयी ने हिम्मत दिखायी और रिश्तों को तमाम दुर्घटनाओं के बाद भी पटरी पर लाने की कोशिश की। लाहौर, आगरा और इस्लामाबाद वार्ताओं को इसी दृष्टि से देखना चाहिए।

ऐसे में अब नटवर सिंह का वापस लौटकर शिमला जाना और पूरे परिप्रेक्ष्य को 1974 की नज़र से देखना समझ में नहीं आता। नटवर सिंह की यह कोशिश कही-न-कहीं लाहौर और आगरा की भावना और इस्लामाबाद की साख को बट्टा लगाती है। इतिहास के चक्र को घुमाया नहीं जा सकता। जर्मनी में दिलों को बाँटनेवाली दीवार गिर चुकी है। अन्तर्राष्ट्रीय सीमाओं का कोई मतलब नहीं रह गया, सम्प्रभुता महज़ ज़मीन पर खिंची एक रेखा है और बहुराष्ट्रवाद एक जीती-जागती सच्चाई। ऐसे में शिमला की बात करना बेमानी है। नटवर सिंह की मजबूरी यह है कि लाहौर, आगरा, इस्लामाबाद की अगर बात होगी तो श्रेय वाजपेयी को जायेगा और शिमला की बात होगी तो श्रेय काँग्रेस को, नेहरू-गाँधी परिवार को जायेगा। लेकिन देशहित को साधने का नाम ही है विदेश नीति, फिर यह देशहित इस्लामाबाद से सधे या फिर शिमला से, क्या फ़र्क़ पड़ता है।

यह ठीक है कि भारत को अमेरिका का पिछलग्गू नहीं बनना चाहिए, जैसेकि

वाजपेयी के ज़माने में यह धारणा बनी। लेकिन यह कहाँ की बुद्धिमानी है कि आप विदेशमन्त्री बनते ही यह बयान दे दें कि भारत अमेरिका का 'स्वाभाविक सहयोगी' नहीं है, 'करीबी दोस्त' है। राजनय में न बोलना, कम बोलना भी एक कला है। ऐसे में अगर भारत को पाकिस्तान के आतंकवाद और चीन से सम्भावित ख़तरों को उदासीन करना है तो उसे अमेरिका से तार जोड़कर रखने ही होंगे। आप चाहें या न चाहें।

फिर जम्मू-कश्मीर में आतंकवाद के मुद्दे पर अन्तर्राष्ट्रीय स्तर पर रोना रोनेवाला देश और पाकिस्तान को अपराधी साबित करनेवाला देश फ़िलिस्तीन के पक्ष में उस तरह से खड़ा नहीं हो सकता जैसे शीतयुद्ध के समय दो ध्रुवीय दुनिया में सम्भव था। 9/11 ने अन्तर्राष्ट्रीय राजनीति के बुनियादी उसूलों को बदलकर रख दिया है। अगर राष्ट्र संघ के ज़माने से यह तय हुआ था कि किसी भी देश या राष्ट्र की सम्प्रभुता अक्षुण्ण है और उसके अन्दरूनी मामलों में दख़ल देना अक्षम्य, तो वर्ल्ड ट्रेड टावर पर आतंकवादी हमले ने यह साफ़ कर दिया कि आतंकवाद और उसको समर्थन देनेवाले चाहे व्यक्ति हों या संगठन या सरकार या देश, उन्हें रहने का अधिकार नहीं है। इसी नव सिद्धान्त के तहत अफ़ग़ानिस्तान पर हमला हुआ, तालिबान को खदेड़ दिया गया, इराक़ में सद्दाम हुसैन को चूहे के बिल में जाना पड़ा। और तमाम वैचारिक द्वन्द्व और विरोध के बाद भी अमेरिका और उसके सहयोगियों ने वही किया जो उन्होंने चाहा। फिर इज़राइल ने भी इसी तर्क का सहारा ले उस इमारत पर बमों, मिसाइलों से हमला किया जिनमें फ़िलिस्तीन के राष्ट्रपति यासर अराफ़ात रह रहे थे। हमास के सर्वोच्च नेता को मस्जिद से निकलते ही उड़ा दिया गया!

फिर किस गुटनिरपेक्ष आन्दोलन को खड़ा करने की वकालत नटवर सिंह कर रहे हैं। कौन जानता है गुटनिरपेक्ष देशों को? कहाँ है आज नासिर, टीटो और नेहरू के स्तर के नेता? यह आन्दोलन अमेरिका और सोवियत संघ के बीच पिसी दुनिया के सापेक्ष एक नया प्रेशर ग्रुप बनाने की कोशिश थी। सत्ता सन्तुलन बिगड़े न इसकी कोशिश थी। गुटनिरपेक्ष आन्दोलन के रास्ते पर चलकर भारत ने चीन की मार खायी, कौन देश बचाने आया? इसलिए नटवर सिंहजी कृपा कर हवाई बातें न करें, क्योंकि गुटनिरपेक्ष आन्दोलन पहले भी एक भावना थी, स्थूल काया नहीं। पहले भी इसका कोई मतलब नहीं था, अब तो ख़ैर...।

हाँ, अगर आप देश के अन्दर के मुसलमानों को काँग्रेस की तरफ़ लाने के लिए फ़िलिस्तीन और अमेरिका विरोधी बातें करते दिखाना चाहते हैं तो बात अलग है। लेकिन सिर्फ़ इसलिए विदेशनीति बदलनी है क्योंकि यह राजग की है, वाजपेयी की है तो मेहरबानी करें इस देश पर।

हिन्दुस्तान, 13.16.04

मेरा नाम है सोनिया

अक्सर होता है कि मैं कहना क्या चाहता हूँ, लिख क्यों रहा हूँ, इस पर से पर्दा सबसे अन्त में उठाता हूँ। लेकिन आज मैंने सोचा क्यों न शुरुआत ही अन्त से की जाये। यानी पहले ही बता दिया जाये क्या कहने के लिए लिखा। लिख रहा हूँ यह कहने के लिए कि सोनिया गाँधी बनाम अटल बिहारी वाजपेयी की लड़ाई में भाजपा नेता हार गये, लिख रहा हूँ येह कहने के लिए कि सोनिया गाँधी वाजपेयी से बड़ी राजनेता हैं, लिख रहा हूँ यह कहने के लिए कि सोनिया गाँधी ने सिर्फ़ एक दाँव से साबित कर दिया कि महात्मा गाँधी के बाद वो एक अकेली राजनेता हैं जो सत्ता तक पहुँचकर स्वयं से सत्ता को दूर धकेल सकती हैं, लिख रहा हूँ यह कहने के लिए कि सोनिया गाँधी ने प्रधानमन्त्री पद ठुकरा नेहरू-गाँधी की विरासत का लबादा उतार फेंका है, लिख रहा हूँ यह कहने के लिए कि शायद कुर्सी को त्यागकर सोनिया ने एक नये किस्म के राजनेता के जन्म का मार्ग खोल दिया है; सो राजनेता, जो त्याग की डंडी से प्रधानमन्त्री को हाँक सकता है, जो सत्ता में न होते हुए भी सत्ता का परम आनन्द उठा सकता है, जो सत्ता में न भी होगा और सत्ता में भी होगा, जो स्टेट्समैन भी कहलायेगा और स्टेट्समैन भी नहीं होगा। एक खाँटी राजनीतिज्ञ, व्यावहारिक राजनीतिज्ञ, वैसे ही जैसे वाजपेयी हैं, जैसे आडवाणी हैं, उतना ही सत्ता का इच्छुक और सत्ता यानी 'पावर स्ट्रक्चर' से खेलनेवाला। कोई सन्त नहीं, कोई महात्मा नहीं। बस ख़ालिस राजनीतिज्ञ। सोलह आने।

यह सब लिखने से पहले मुझे लिखना चाहिए कि वो भी क्या दिन थे चुनाव के। मतदान अभी शुरू हुए नहीं थे और 'शाइनिंग इंडिया' के घोड़े पर सवार भाजपा नेता 'फ़ील गुड' का एहसास करते सरपट दौड़ रहे थे और भाजपा को अकेले तीन सौ से ज़्यादा सीटें मिलने के दावे कर रहे थे। एक भाजपा के नेता हैं, पहले काँग्रेस में थे, राजीव गाँधी के करीबी रिश्तेदार भी हैं (?) कहते थे काँग्रेस को सौ से भी कम सीटें मिलेंगी। चुनाव बाद काँग्रेस में भारी बदलाव होगा। तब मुझे क्या मालूम था कि बन्दा भाई-भाभी को देखना भी पसन्द नहीं करता और उस दर्द से परेशान था

कि असली नेहरू रक्त तो मेरी रगों में भी दौड़ता है। तब नेहरू परिवार की वारिस बन काँग्रेस को कैसे दौड़ा रही है एक इटैलियन? ऐसे लोगों की एक पूरी बारात थी। जो मान बैठे थे कि वाजपेयीजी 2009 तक प्रधानमन्त्री बने रहेंगे और अगर सोनिया विपक्ष की नेता रहीं, और उम्र ने साथ दिया तो 2020 तक भी।

मुम्बई में हमारे एक कार्यक्रम में प्रमोद महाजन ने कहा भी था, (काफ़ी चटखारे लेकर) कि उन्हें 'सोनिया से बेहतर विपक्ष का नेता मिल ही नहीं सकता।' यानी सोनिया भाजपा के लिए एक ऐसेट हैं, वो जब तक काँग्रेस की अध्यक्ष हैं भाजपा चैन की नींद सोती रहेगी और उसके सपनों के किन्नर नरेश का सुख ही रहेगा। तब किसने सोचा था, (ख़ुद काँग्रेसी भी कहाँ सोचते थे) कि सत्ता इतनी जल्दी उनके दरवाज़े पर दस्तक देगी और वो रातोंरात मन्त्री बन बैठेंगे। खरगोश अपनी रफ़्तार से कहीं ज़्यादा तेज़ दौड़ रहा था और कछुआ दौड़ने की भी कोशिश तक नहीं करता दिख रहा था।

लेकिन मतगणना के दिन चमत्कार हो गया। कुछ लोगों ने कहा ईश्वर अवश्य हैं और भाजपा एंड कम्पनी को साँप सूँघ गया। काँग्रेस ठहाके लगाने लगी। लेकिन भाजपा के लिए अभी और बाक़ी था। सोनिया काँग्रेस संसदीय दल की नेता बनीं और बन गयी सारे गठबन्धन की नेता भी, बस राष्ट्रपति के यहाँ जाना बाक़ी। पिछले छः सालों से सोनिया के विदेशी मूल को मुद्दा बनानेवाली भाजपा साँस रोके यह तमाशा देख रही थी कि सुषमा स्वराज से रहा न गया, कह बैठीं—वो उस संसद की दहलीज़ पर क़दम न रखेंगी जिसकी नेता सोनिया होंगी, भाजपा भी बोली—शपथ ग्रहण समारोह का बहिष्कार करेगी। आख़िर बकौल विनय कटियार—गान्धारी और हेलन की श्रेणी में खड़ी सोनिया गाँधी के सत्ता प्रवेश से देश का बंटाधार हो, यह एक 'महान राष्ट्रवादी' पार्टी भला कैसे देख सकती थी।

जब यह तय हो गया कि सोनिया ही प्रधानमन्त्री बनेंगी और उनके सिवाय कोई नहीं बन सकता। तब एक हल्की-सी अफ़वाह दस जनपथ से रिसकर बाहर आयी। सोनिया प्रधानमन्त्री शायद न बनें। वो मना कर रही हैं। काँग्रेस भौंचक्क, भाजपा ने समझा कोई 'मज़ाक़' है। बड़े काँग्रेसी नेता भी बोले—'अफ़वाह' है। अगले दिन दोपहर 2 बजे तक अफ़वाह हक़ीक़त में बदल गयी और सच सामने आया—सोनिया ने प्रधानमन्त्री बनने से इंकार कर दिया। काँग्रेसी 'अवाक', कार्यकर्ता रुआँसा लेकिन सबसे ज़्यादा 'मरणासन्न' भाजपा, न वो अवाक थी और न 'रुआँसी'।

सवाल है कि क्या सोनिया वाकई एक सन्त हैं जिसे सत्ता की कोई भूख नहीं? लेकिन इससे भी बड़ा प्रश्न यह है कि क्या सोनिया को प्रधानमन्त्री बनना चाहिए? वैचारिक स्तर पर मैं मानता हूँ कि सोनिया यानी एक विदेशी के देश की प्रधानमन्त्री बनने में कुछ ग़लत नहीं। मेरी राय बिल्कुल साफ़ है, अगर चुनाव नरेन्द्र

मोदी यानी उस पार्टी की सरकार, जो गुजरात में दंगे कराये ओर बाद में पीड़ितों के साथ इन्साफ़ भी न होने दे, और एक विदेशी की सरकार के बीच में है तो मेरा मत विदेशी सोनिया के लिए है। लेकिन मैं यह भी कहता था कि अगर मैं सोनिया की जगह होता तो कभी भी प्रधानमन्त्री न बनता। क्योंकि सोनिया यानी एक विदेशी जैसे ही प्रधानमन्त्री बनती उसके हर क़दम को एक विदेशी के चश्मे से देखा जाता। ख़ासकर विदेशनीति, रक्षानीति, आन्तरिक सुरक्षा और आतंकवाद-उग्रवाद और तमाम वादों-नीतियों पर उसे अग्निपरिक्षा से गुज़रना होता। एक मामूली ग़लती सोनिया को और काँग्रेस को रसातल में ले जाने के लिए काफ़ी होती, जैसे 64 करोड़ का बोफ़ोर्स मामला बेपेन्दी का साबित होने के बाद भी राजीव गाँधी और काँग्रेस को हमेशा के लिए कमज़ोर कर गया।

सोनिया गाँधी का अपना दिल भी कैसे यह गवारा करता कि इतने विरोध के बावजूद उन्होंने प्रधानमन्त्री पद स्वीकार किया? एक मनोवैज्ञानिक 'अपराधबोध' हमेशा उन्हें सालता रहता। शायद यही कारण था कि सोनिया ने राजीव गाँधी की मृत्यु के फ़ौरन बाद काँग्रेस का अध्यक्ष बनना मंजूर नहीं किया। 1998 में राष्ट्रपति के पास गयी यह दावा लेकर कि उनके पास सरकार बनाने लायक 272 सीटें हैं, लेकिन प्रधानमन्त्री कौन होगा यह नहीं बताया, इस बार भी अन्त तक वो यही कहती रहीं कि चुनाव बाद काँग्रेस और उसके सहयोगी मिल-बैठकर नेता का चुनाव कर लेंगे, काँग्रेस संसदीय दल की बैठक में नेता चुने जाने के बाद भी उन्होंने धन्यवाद ज्ञापन नहीं दिया और न ही भावी प्रधानमन्त्री के तौर पर बोलीं।

ऐसे में सवाल यह है कि उन्होंने नेता चुने जाना क्यों स्वीकार किया? क्योंकि सोनिया एक राजनीतिज्ञ भी हैं और उनके पास भी एक पैनी समझ है। इसके दो कारण हैं। एक भाजपा और अपने आलोचकों को यह दिखाना और यह साबित कर देना कि वो प्रधानमन्त्री बन सकती थीं। अगर वो यहाँ तक नहीं आगे आतीं तो सम्भव है उनके आलोचक कहते कि काँग्रेस और उसके सहयोगी दल उन्हें प्रधानमन्त्री नहीं बनाना चाहते थे। इसलिए सोनिया को मन मारकर पीछे हटना पड़ा। अब कम-से-कम कोई यह नहीं कह पायेगा। इतिहास में यही दर्ज होगा कि सोनिया प्रधानमन्त्री बन सकती थीं, लेकिन अपनी इच्छा से नहीं बनीं। उनका विदेशी मूल कहीं आड़े नहीं आया, न पार्टी में न पार्टी के बाहर यानी सर्वत्र वो प्रधानमन्त्री के तौर पर स्वीकार्य थीं।

दूजे, सोनिया जानती थीं कि त्याग में कितनी ताक़त है। सत्ता दो तरह की होती है। एक होती है नैतिक सत्ता और दूसरी राजनीतिक सत्ता। वो यह भी जानती हैं कि नैतिक सत्ता शाश्वत है, अनश्वर है, जबकि राजनीतिक सत्ता क्षणभंगुर, कुर्सी गयी, प्रताप गया। जो इस सत्य को समझते हैं और इस पर अमल करते हैं वो इतिहास

में अमर हो जाते हैं जैसे गाँधीजी। वो काँग्रेस में न रहते हुए भी अन्त तक उसके सबसे बड़े नेता थे, होता वही था जो वो चाहते थे। नेहरू, पटेल, बोस, जे.पी., राजगोपालचारी जैसे नेता भी उनके सामने नतमस्तक थे। बाक़ी सब पार्टी अध्यक्ष, प्रधानमन्त्री, गृहमन्त्री, उपप्रधानमन्त्री बनने की होड़ में रहते थे और बापू को चिन्ता रहती थी कि उनकी बकरी भूखी तो नहीं है। बापू की बकरी प्रधानमन्त्री की कुर्सी और उनकी लंगोट नेहरू की अचकन से ज़्यादा ताक़तवर थी। क्योंकि उसमें नैतिक सत्ता का बल था, पदार्थिक सत्ता का झूठा तेज नहीं। और नैतिक सत्ता पाने के लिए सबसे आसान रास्ता है त्याग का। सोनिया ने त्याग दी देश की सर्वोच्च सत्ता। उस देश में जहाँ रोज़ अख़बार ऐसी ख़बरों से पटे पड़े हों कि चन्द रुपयों के लिए भाई ने भाई का गला रेत दिया, वहाँ इस क़दम का क्या असर होगा, आसानी से समझा जा सकता है। हुआ यही। ऐसा नहीं कि सोनिया गाँधी कोई 'सन्त' हैं, या 'महात्मा' या फिर ऋषि-मुनि, जैसा वे स्वयं कह रही हैं, वे भी हाड़-मांस का मानव ही हैं। सम्भवतः इसीलिए सत्ता उन्हें भी अच्छी लगती है। ऐसा न होता तो शायद राजीव गाँधी की मृत्यु के बाद वो घरबार समेटकर इटली चली गयी होतीं। लेकिन वहाँ वो इज़्ज़त कहाँ? वो ताक़त कहाँ? जो उन्हें राजीव गाँधी की पत्नी और नेहरू-गाँधी परिवार की बहू के नाते यहाँ मिली। फ़र्क़ यही है कि सोनिया ने सत्ता से बाहर खड़े हो सत्ता से खेलने का वो रास्ता चुना, जिस पर चलने से अक्सर नेता घबराते हैं क्योंकि रास्ता काफ़ी जोखिम से बना और बारीक है। और यही बारीक बात भाजपा और वाजपेयी नहीं समझ पाये। उन्हें लगा सोनिया यूरोप से हैं, जहाँ 'आत्मा' की जगह 'पदार्थ' को प्राथमिकता दी जाती है। लेकिन यह भूल गये कि सोनिया भी उनकी ही तरह खाँटी भारतीय हैं। और यहाँ 'आत्मा' सदा 'पदार्थ' से बड़ी होती है। हमारे यहाँ अस्सी बरस के होने को आये वाजपेयी ख़ुद कहते हैं 'न टायर्ड हूँ न रिटायर'। यानी सत्ता छोड़ने की बात नहीं। दक्षिण अफ़्रीका के पूर्व राष्ट्रपति नेल्सन मंडेला से वे सबक़ नहीं लेते जो रंगभेद सरकार का तख़्ता पलटने के बाद सिर्फ़ चन्द साल राष्ट्रपति रहे और सत्ता अपने उत्तराधिकारी थाबो म्बेरी को सौंप दी। यहाँ पूरे चुनाव के दौरान यही कहा गया, जब वाजपेयीजी हैं तो उत्तराधिकारी का सवाल कहाँ? उधर सोनिया ने उतनी ही सफ़ाई से यह साबित कर दिया कि वो सत्ता से दूर रहना चाहती हैं। राजनीति दोनों ही कर रहे हैं लेकिन एक 'नैतिकता' का दामन थाम सत्ता से बेदख़ल होते हुए भी सर्वशक्तिमान बन बैठा तो दूसरा राजनीतिक सत्ता को ही सबकुछ समझ सत्ता से बेदख़ल हो गया। अब आप तय करें कि परिपक्व राजनीतिज्ञ कौन है—वाजपेयी या सोनिया?

हिन्दुस्तान, 30.05.2004

तो क्या अब जनता को बदल दें

वोटों की गिनती के दो दिन पहले किसी काम से भाजपा मुख्यालय जाना हुआ। पहले खोजा मीडिया के प्रभारी पार्टी महासचिव मुख़्तार अब्बास नक़वी को। वह नहीं मिले। फिर गया प्रकाश जावड़ेकर के यहाँ, वह भी नदारद। सोचा कोई और मिल जाये। एक कमरे से निकलकर दूसरे कमरे में जाता रहा। एक भी नेता न मिला। बड़ा तो भूल ही जाइये, छुटभय्ये भी नदारद। पार्टी मुख्यालय पर सन्नाटा। सत्तारूढ़ पार्टी के दफ़्तर पर ऐसी शान्ति पहले नहीं देखी। मेरे साथ एक सहयोगी थे। उन्होंने कहा, 'ये लक्षण तो ठीक नहीं हैं।' 'ये तो हारेंगे।'

अपने स्टूडियो में भाजपा नेताओं को बुलाना था मतगणना के दिन। काफ़ी नेताओं ने आना कुबूल किया था। हम मुख्यालय इस ख़ातिर गये थे कि एक तो मुलाक़ात हो जायेगी और दूजे उन्हें याद दिला देंगे कि उन्हें हमारे स्टूडियो आना है।

दूसरे दौर के एक्जिट पोल ने हवा का रुख़ बदलना शुरू किया था। लगा त्रिशंकु लोकसभा आ रही है। चौथे और आख़िरी दौरों में तकरीबन सारे एक्जिट पोल्स ने कह दिया राजग के लिए अपने बल पर सरकार बनाना मुश्किल होगा। दूसरे और चौथे दौर के बीच वाजपेयी, जॉर्ज के बयान आने लगे। वाजपेयी ने कहा 'समाजवादी पार्टी और भाजपा की विचारधारा एक ही है।' तब भी मन खटका था।

ये संकेत थे। इन संकेतों को पकड़ना था। मतगणना तक यह तो भाजपा को लग गया था कि उसका 'मिशन-2004' फ़्लॉप हो गया है और पार्टी अध्यक्ष वेंकैया नायडू का अपने दम पर तीन सौ सीट लाने का दम्भ चकनाचूर हो चुका है। राजग अकेले केन्द्र में सरकार नहीं बना सकता। उसे बहुमत के लिए कुछ और साथी जुटाने होंगे। भाजपा कार्यकाल ने इसे भाँप लिया था, इसलिए वहाँ मुर्दनी छायी थी।

नतीजे आये। शुरू में ही लगा भाजपा का सूपड़ा साफ़। शुरुआती घंटे ने तस्वीर साफ़ कर दी। राजग की सरकार नहीं बनी। फिर यह लगा, शायद वह सबसे बड़े गठबन्धन के तौर पर उभरे। लेकिन वह भी न हो सका।

पार्टी अध्यक्ष वेंकैया नायडू ने कहा–'अप्रत्याशित'। लालकृष्ण आडवाणी ने कहा –'फ्रैक्चर्ड मैंडेट' है। यानी 'जनता ने किसी को साफ़ जनादेश नहीं दिया है।'

आडवाणीजी ने भी कहा नतीजे 'अप्रत्याशित' हैं। आडवाणीजी नतीजे अप्रत्याशित नहीं हैं। नतीजे आपको मालूम थे। जनता ने साफ़ कर ही दिया है कि वह किसी की भी सरकार चाहती है, राजग की नहीं। वह देश को 'विज़नरी नेतृत्व' देनेवाले अटल बिहारी वाजपेयी को प्रधानमन्त्री पद पर नहीं देखना चाहती है। यह जनादेश तो साफ़ है। लेकिन पार्टी का गुरूर देखिये। मतगणनावाले दिन ही कैबिनेट की बैठक होती है। विकास के मुद्दे पर चुनाव हारने के बाद भी वाजपेयी के सहयोगी प्रस्ताव पास करते हैं। कहते हैं, 'वाजपेयीजी ने देश को अप्रतिम नेतृत्व दिया, देश ने उनके नेतृत्व में ज़बर्दस्त तरक़्क़ी की, ख़ासकर आर्थिक मोर्चे पर।' अरे भाई येह लोकतन्त्र है। अगर आपका नेतृत्व इतना बेहतरीन था तो फिर जनता ने स्वीकार क्यों नहीं किया। उसने वाजपेयी की रेटिंग राजीव गाँधी से भी कम लगायी। 1989 के चुनाव में राजीव गाँधी को कुल सीटें मिली थीं 192 और तब मिस्टर क्लीन पर बोफ़ोर्स में घूस लेने के आरोप लगे थे। भाजपा की तो एक सौ चालीस से भी नीचे। यानी क्या येह माना जाये कि देश ने यह मान लिया कि वाजपेयी की नेतृत्व क्षमता राजीव गाँधी की नेतृत्व क्षमता से कम है। एक अनुभवहीन, नौसिखुआ एक अनुभवी 'राजनेता' से बेहतर प्रधानमन्त्री था। आँकड़े तो यही कहते हैं।

हारवाले दिन इस देश के तमाम पत्रकारों ने लिखा वाजपेयी महान हैं, महान थे, और महान रहेंगे। किसी की महानता पर शक करने का कोई इरादा नहीं है। लेकिन जानना ज़रूरी है कि महानता के लक्षण क्या होते हैं? गुजरात का दंगा होता रहे और देश का प्रधानमन्त्री चुप रहे, हाथ पर हाथ धरे बैठा रहे? गुजरात के मुख्यमन्त्री चुनाव आयोग, मानवाधिकार आयोग, न्यायपालिका, नेता विपक्ष और किसी महिला की खिल्ली उड़ाये और देश का प्रधानमन्त्री कुछ न बोले? और बोले तो देर से और उसका भी असर न हो और बाद में कहे 'मेरी तो कोई सुनता ही नहीं?' दंगों के बाद दंगा पीड़ितों को न्याय न मिले इस कोशिश में पूरी गुजरात सरकार जुट जाये और मुँह से बोल न फूटे? कहीं ऐसी कोशिश न दिखे कि नरेन्द्र मोदी पर लगाम कसने की कोशिश हो रही है? ग्राहम स्टेन्स और उसके बेटों को ज़िन्दा जला दिया जाये और उफ़ तो दूर यह कहा जाये कि ईसाई मिशनरियाँ धर्मान्तरण में लगी रहती हैं जिससे तनाव होता है और ऐसी वारदातें हो जाती हैं, जैसे गुजरात दंगों का ज़िक्र कभी भी बिना गोधरा के नहीं किया गया। चर्चों पर जमकर हमला किया गया, झाबुआ में बलात्कार हुआ लेकिन कहीं कोई आवाज़ नहीं आयी? ज़ाहीरा शेख़ जैसी एक मासूम लड़की की आवाज़ को दबा दिया जाये और देश का प्रधानमन्त्री ख़ामोश रहे? वाजपेयीजी यह आपका प्रेरणादायी नेतृत्व था जब देश की सीमा में पाकिस्तानी घुसपैठिये आ धमके थे और रक्षामन्त्री समेत पूरी सेना सोयी रही, किसी को कानोंकान ख़बर नहीं लगी। और कारगिल का युद्ध इस देश ने झेला। जाँबाज़

वीर सपूत नहीं होते तो देश ने अपनी ज़मीन गँवा ही दी थी। तमाम कमेटियाँ बनीं, लेकिन वही ढाक के तीन पाँत। बजाय कारगिल के लिए शर्मशार होने के, पूरी सरकार विजय का घोष करने लगी। अरे अगर घुसपैठियों को मार भगाने के लिए अपनी पीठ थपथपायी तो यह घुसपैठिये घुस कैसे आये, इसकी ज़िम्मेदारी भी तो सरकार को लेनी चाहिए?

आप कहते हैं, जम्मू कश्मीर में हालात सुधरे तो क्रेडिट वाजपेयीजी को जाना चाहिए। उन्होंने हिम्मत दिखायी। हाँ ठीक है। लेकिन इस सवाल का जवाब कौन देगा कि आतंकवादी अगर संसद तक पर हमला कर दें तो फिर किसका प्रेरणादायी नेतृत्व चुका? अगर उस दिन संसद के सुरक्षाकर्मियों ने दिलेरी नहीं दिखायी होती तो फिर शायद चुनाव लड़ने के लायक इतने सांसद बचे ही न होते। सौभाग्य से ऐसा नहीं हुआ।

फिर तहलका में क्या हुआ? पत्रकारों का मिशन था। इमरजेंसी का दर्द झेल चुके नेता ने तहलका काम को बर्बाद कैसे होने दिया। बजाय तहलका में फँसे लोगों के ख़िलाफ़ कोई कार्रवाई होती, इस आपरेशन को करनेवाले अनिरुद्ध बहल को जेल में डाल दिया, तहलका के कुमार बादल को गिरफ़्तार कर उन्हें यातना दी गयी। यूटीआई स्कैम हुआ, पेट्रोल पम्प घोटाला, किस घोटाले की ईमानदारी से जाँच हुई और आरोपी को सज़ा हुई। तेलागी कांड में तो बेचारा जेल में सड़ रहा है, लेकिन कैमरे पर घूस लेते बंगारू लक्ष्मण पकड़े जाते हैं, केन्द्रीय मन्त्री जूदेव कहते हैं पैसा ख़ुदा तो नहीं लेकिन ख़ुदा से कम भी नहीं, कहीं कोई जूँ तक नहीं रेंगती। उल्टे बंगारू की बीवी चुनाव लड़ती हैं और जूदेव चुनाव में स्टार कैम्पेनर हो जाते हैं, कहीं कोई एफ़आईआर तक दर्ज नहीं होती? ऐसा क्यों? ताज घोटाले में मायावती पर आरोप लगते हैं तब तो सीबीआई काफ़ी तेज़ काम करने लगती हैं। यहाँ तक कि जिस दिन मतगणना होती है, उस दिन मायावती के यहाँ छापा और उनसे पूछताछ होती है। यह दोहरा चरित्र क्यों?

सरकार में आने के पहले भाजपा कहती थी, वह भारतीय राजनीति का चाल, चरित्र और चेहरा बदल देगी और समाज में भय, भूख और भ्रष्टाचार का नामोनिशान मिटा देगी। यह सत्ता में आये, जनता क्या देखे—ख़ुद इनकी चाल, चरित्र और चेहरा बदल गया। फिर भ्रष्टाचार में डूबी जयललिता से गाँठ जोड़ लिया। उस जयललिता से जिसने इनकी सरकार गिरायी थी और जिसको भ्रष्टाचार के आरोप में अदालत दो साल की क़ैद सुना चुकी है और वह मुख्यमन्त्री पद गँवा चुकी है। अगर लालू को भ्रष्टाचार के लिए गाली पड़नी चाहिए तो जयललिता के गले में हार डालनेवालों पर भी। लोगों ने देखा कैसे रंग बदलती है राजनीति। पाँच साल ज़रूरत रही करूणानिधि की तो साथ रहे, नहीं तो किनारा कर लिया।

इस पर तुर्रा यह कि 'भारत का उदय' हो रहा है और येह सब उनकी वजह से। अभियान की सीमा यह कि कहने लगे—आज़ादी के पचास साल बाद पहली बार देश का आत्मसम्मान लौटा है, आम भारतीय गर्व से सिर उठा रहा है और यह सब कुछ मेरी वजह से हो रहा है। मानो देश इनके सत्ता में आने से पहले कटोरा लिये भीख माँग रहा था, मानो नयी आर्थिक नीति की नींव इन्होंने ही रखी हो, मानो संचार क्रान्ति का पहला पत्थर इनके करकमलों से गड़ा, मानो पहली हरित क्रान्ति कभी हुई ही नहीं, मानो भारत कभी तीसरी दुनिया का नेता रहा ही नहीं, मानो इन्दिरा गाँधी ने बंगलादेश को आज़ाद कराया ही नहीं, मानो पोखरण में पहले परमाणु विस्फोट की गूँज किसी ने सुनी ही नहीं, मानो देश आज़ाद हुआ ही नहीं, मानो देश का संविधान बना हीं नहीं, मानो देश में चुनाव किसी ने देखे ही नहीं, मानो दलित-पिछड़े, दबे-कुचलों को पहली बार 1999 में वोट देने का अधिकार मिला, मानो, मानो, मानो, मानो... मानो। सोये देश की आँखें अब खुली हैं और खुलते ही उसे दूध और शहद की नदियों का साक्षात्कार हुआ, मानो, सब कुछ 'फ़ील गुड' हो गया। मानो इतना 'फ़ील गुड' हो गया कि जनता को अपच हो गयी, मानो कौन रोज़ सुबह-शाम खीर-पूड़ी खा सकता है, मानो उसने कहा—इतना 'फ़ील गुड' नहीं चाहिए, 'फ़ील बैड' महसूस करके देखे। सो उसने इसलिए चुनाव में हटा दिया कि उसमें अचानक इतना विकास, इतनी तरक़्क़ी देखने की ताब नहीं थी। वह इतना आत्मसम्मान, गौरव सँभाल नहीं पा रहा था। क्योंकि गुलाम क़ौम है न हम भारतीय। समय लगेगा गुलामी की मानसिकता से निकलने में, इसलिए फिर एक विदेशी को अपना नेता चुन रहे हैं। ताकि अगली बार जब वाजपेयी का प्रेरणादायी, अप्रतिम नेतृत्व मिले तो देश सीधे महाशक्ति बन जाये और फ़ील गुड फ़ील बेस्ट हो जाये। मानो ऐसा भारत उदय हो कि हमेशा शाइन ही करे और तब भाजपा मुख्यालय पर सन्नाटा नहीं होगा। माफ़ करियेगा वाजपेयीजी, देश की जनता बड़ी कृतघ्न है, जानती ही नहीं वह क्या कर रही है? और आपने क्या किया है उसके लिए?

हिन्दुस्तान, 16.05.2004

हिन्दुत्व पर लोकतन्त्र की मुसलमान लगाम

उत्तर प्रदेश भाजपा के एक वरिष्ठ नेता से बात हो रही थी। उत्सुकतावश पूछा—'नेताजी, यह मुलायम से भाजपा की विचारधारा के करीब होने के प्रधानमन्त्री वाजपेयी के बयान का क्या चक्कर है?' नेताजी पहले तो बड़े रहस्यमय अन्दाज़ में मुस्कराये और फिर राज खोलनेवाले मूड में बोले—'आपको क्या लगता है?' मैंने कहा—'इससे भाजपा को नुक़सान हो सकता है।' नेता महोदय तपाक से कह बैठे—'आप समझ नहीं रहे हैं। यह वाजपेयीजी का मास्टर-स्ट्रोक है। मुसलमान जो मुलायम की तरफ़ जा रहा था, उसको वाज़पेयीजी के इस बयान ने रोक दिया है। कनफ़्यूज़न हो गया है।'

इन नेता ने तो यह भी कहा कि मैंने बाकायदा फ़ोन करके प्रधानमन्त्रीजी को बधाई दी। उनके मुताबिक़ 'जब उन्होंने वाजपेयीजी को फ़ोन पर कहा कि आपने क्या तुरुप का पत्ता चला है तो प्रधानमन्त्रीजी काफ़ी ठठाकर हँस दिये।' लेकिन मैं उनकी बात का कायल नहीं हुआ।

उनके यहाँ से निकलकर मैं एक दूसरे बड़े नेता के पास पहुँचा। उनसे भी यही सवाल दाग़ दिया। उन नेता ने तड़ से कहा—'यह ठीक नहीं है। यह लोग समझते नहीं हैं। इससे भाजपा को ही नुक़सान होगा। समाजवादी पार्टी को हो या नहीं।' उन्होंने फ़ौरन प्रधानमन्त्रीजी को फ़ोन मिलाया और करीब दस मिनट बात की। बात बन्द कमरे में हुई। पता नहीं क्या खिचड़ी पकी। लेकिन बाद में आकर कहने लगे—'वाजपेयीजी के बयान से मुसलमान कन्फ़्यूज़ होगा तो वो भाजपा की तरफ़ आये या न आये, काँग्रेस की गोदी में ज़रूर चला जायेगा। और अगर कहीं काँग्रेस को भुला बैठा मुसलमान वोटर 'पंजे' से पंजा मिला बैठा तो 'साइकिल' तो पंचर हो ही जायेगी, 'कमल' भी मुरझाने लगेगा।'

यह बात दूसरे चरण की वोटिंग के समय की है। राहुल गाँधी को पूर्वांचल दौरे में ज़बर्दस्त भीड़ मिली और फ़ैज़ाबाद की रैली में सोनिया को सुनने इतनी भीड़ आयी, जितनी कभी नहीं आयी थी। इसका एक बड़ा कारण यह नेता महोदय मान रहे थे कि मुसलमान तबक़ा एक बार फिर काँग्रेस की तरफ़ आशा भरी नज़रों से देखने

लगा। इन नेता की चिन्ता जायज़ थी। उत्तर प्रदेश में भाजपा तब सत्ता में आयी जब पूरे राज्य में काँग्रेस का सफाया हो गया। राममन्दिर का पार्टी ने शिलान्यास करवाया और बाबरी मस्जिद को ढहने दिया। मुस्लिम वोटर मान बैठा काँग्रेस उसके हितों की रक्षा नहीं कर सकती। 'मौलाना' मुलायम ही उसके अकेले खिवैया हैं। लिहाज़ा काँग्रेस 85 सीटों पर सिफ़र हो गयी और उत्तर प्रदेश गया तो चली गयी काँग्रेस की गद्दी। अब अगर प्रदेश के चुष्कोणीय संघर्ष में कहीं मुसलमान वोटर फिर काँग्रेस को अपना मान बैठे तो 20 से 25 फ़ीसदी वोट लाकर वो भाजपा को दलदल में तो धकेल ही सकती है।

लिहाज़ा प्रधानमन्त्री को फिर होश आया और अलीगढ़ में कह उठे—'प्रदेश का वोटर काँग्रेस को वोट न दे वो मुलायम सिंह यादव को अपने 'मत' का 'दान' करे।' इसके सुनते ही मुझे अपना पिछला कॉलम याद हो आया जिसमें मैंने लिखा था कि वाजपेयी भाजपा को काँग्रेस के 'दक्षिणपन्थी विकल्प' के तौर पर प्रतिस्थापित करना चाहते हैं। ऐसा दक्षिणपन्थी विकल्प जिसमें खाँटी हिन्दुत्व तो हो लेकिन तोगड़िया और सिंघल का 'उग्रवाद' न हो, जो हिन्दू-हितों की बात करे, हिन्दू-स्वाभिमान की बात करे लेकिन मुस्लिम तबक़े के बहिष्कार का आह्वान न करे, जो मुसलमानों का दोस्त भले ही न हो लेकिन मुसलमानों के साथ सह-अस्तित्व की भावना तो रखे ही। यह वो विचारधारा है, वो 'वाजपेयीवाद' है जो अकेले ही भाजपा को 272 सीटें दिला सकती है क्योंकि इससे किसी एक वोटबैंक का न तो तिरस्कार है और न ही बहिष्कार है, है तो बस स्वीकार। लेकिन जिस पार्टी ने आजीवन 'मुसलमान विरोध' किया हो उसके लिए मुसलमान-प्रेम अचानक पैदा करना सम्भव नहीं और न ही मुसलमान तबक़े के लिए अचानक भाजपा से मोहब्बत करना। ऐसे में ज़रूरी है कि मुसलमान तबक़े में कन्फ़्यूज़न पैदा कर दो ताकि वो अपना हितैषी न ढूँढ़ पाये और बँटा रहे।

इस मौक़े पर मुझे स्मरण हो आते हैं 1991 के दिन। बाबरी मस्जिद को ढहाने का भाजपा का आन्दोलन अपने चरम पर था। और भाजपा के वरिष्ठ नेता सीना ठोककर कहते थे कि उन्हें 80 फ़ीसदी हिन्दुओं का वोट चाहिए, पन्द्रह फ़ीसदी मुसलमानों का नहीं। अगर देश के आधे हिन्दू भी हमारी तरफ़ आ गये तो देश पर राज करेगा 'हिन्दुत्व'। चन्द्रशेखर की केन्द्र में और मुलायम की उत्तर प्रदेश में सरकार गयी और चुनाव हुए। उत्तर प्रदेश में भाजपा को पूर्ण बहुमत मिला। कल्याण सिंह मुख्यमन्त्री बने। तब भाजपा नेता चौड़े होकर कहने लगे थे अगर उत्तर प्रदेश में वो मुसलमानों के बग़ैर सरकार बना सकते हैं तो दिल्ली में क्यों नहीं। उनको पूरा भरोसा था अपनी इस रणनीति पर। लेकिन एक बार नरसिंहा राव ने कल्याण सिंह की सरकार क्या बर्ख़ास्त की उत्तर प्रदेश में कभी भी भाजपा को बहुमत नहीं

मिला। हमेशा मायावती को सरकार बनाने के लिए पहले समर्थन देना पड़ा। और बाद में तोड़फोड़कर सरकार बनायी। क्योंकि पिछड़े मुसलमानों के संग समाजवादी पार्टी के साथ हो लिये तो दलितों ने कांशीराम का दामन थाम लिया। जो पिछड़े बचे वो उच्च जातियों के साथ मिलकर भाजपा के खाते में आ गिरे। इस घालमेल में कबाड़ा हो गया काँग्रेस का। यानी साफ़ हो गया कि भाजपा सिर्फ़ हिन्दुत्व का ढिंढोरा पीटकर सरकार नहीं बना सकती। यानी 'हिन्दुत्व' भाजपा की सबसे बड़ी कमज़ोरी भी बन गयी। यही कारण है 1996 में वाजपेयी तेरह दिनों तक बैठे रहे और कोई सरकार बनाने में मदद करने नहीं आया। सुषमा स्वराज भले ही कहती रहीं कि 'एक बार राष्ट्रपतिजी वाजपेयी को शपथ दिला दें, फिर देखिये कैसे छोटी पार्टियाँ समर्थन के लिए दौड़ी चली आती हैं'। और जब 1998 में वाजपेयी की सरकार बनी, उन्हें सहयोगियों की मदद से बहुमत मिला तो भाजपा को अपने हिन्दुत्व के एजेंडे को राष्ट्रीय एजेंडे से अलग रखना पड़ा। और इस बार भी वो अयोध्या को राजग के घोषणापत्र में रखवा तो पायें लेकिन एक शर्त के साथ कि 'हिन्दू-मुस्लिम एकता के एक नये अध्याय का श्रीगणेश होगा।' फिर घोषणापत्र में यह भी कहना पड़ा कि 'अयोध्या और रामलला अब भाजपा के लिए आस्था के प्रश्न नहीं रह गये हैं'। और वाजपेयी जगह-जगह मुसलमान तबक़े को गले लगाते फिर रहे हैं और अटल हिमालय कमेटी उन्हें नया 'सेक्युलर चेहरा' बता रही है, दिल्ली के शाही इमाम अहमद बुख़ारी भाजपा के लिए फ़तवा दे रहे हैं। गुरु गोलवलकर नहीं हैं, नहीं तो उनसे पूछता क्या यही उनके सपनों की भाजपा है, क्या इसी दिन के लिए भाजपा को अपना ख़ून-पसीना दिया था, अगर यही सब करना था तो फिर 1925 में संघ क्यों बना?

इस चुनाव ने भाजपा को फिर से एहसास करा दिया है कि हिन्दू निर्माण तो वो कर सकती है मुसलमानों के बिना, लेकिन केन्द्र में सरकार बनाने के लिए और उसे चलाने के लिए मुसलमान तबक़े की बैसाखी उसे लेनी ही पड़ेगी। और यही संघपरिवार की हार है और भाजपा की भी। यही हिन्दुत्व की भी सीमा है। ऐसे में उस बेचारे हिन्दू का क्या होगा जो अब तक राममन्दिर के लिए 'मुसलमानों को बाबर की औलाद कहता फिरता था' और कहता था कि 'बाबर की औलादों भारत छोड़ो'। उन विनय कटियार का क्या होगा जो कहते थे कि बाबरी मस्जिद मस्जिद नहीं 'महाज़िद' है। और अगर 'छब्बे' बनने की ज़िद में 'दूबे' भी नहीं रहे गये तो 'चौबे'जी का क्या होगा। यानी मुसलमान भाजपा की तरफ़ आया नहीं और मुसलमान विरोध पर अब तक पाला-पोसा गया हिन्दू वोटबैंक भाजपा की इस 'राजनीतिक-कलाबाज़ी' से भड़क गया तो? कम-से-कम पहले और दूसरे दौर के दौरान मतदान का कम प्रतिशत यह दर्शाता है कि भाजपा के वोटर में वो जोश नहीं

रहा जो पहले के चुनावों में दिखता था। ख़ासकर उत्तर प्रदेश में। इससे घबराकर दूसरे चरण की पोलिंग के ही दिन भाजपा के तमाम छोटे-बड़े नेता लखनऊ जा बैठे हैं। विशेषकर संघपरिवार के चहेते संजय जोशी को उत्तर प्रदेश भेजा गया है। और संघपरिवार से गुज़ारिश की गयी है कि वो अपनी ज़िदें भुलाकर भाजपा को जिताने की कोशिश करे, जैसे वो पहले करते थे।

अब तक के चुनाव और भाजपा के मुसलमान प्रेम से कुछ बातें साफ़ हो गयी हैं। एक उग्र हिन्दुत्व केन्द्र में सत्ता की कुंजी नहीं हो सकती। दो, भाजपा के लिए अल्पसंख्यकों को नज़रअन्दाज़ कर राजनीति करना सम्भव नहीं होगा। तीन, हिन्दुत्व और मुसलमान प्रेम के बीच भाजपा ने अगर सन्तुलन नहीं बनाया तो वो न घर की रहेगी और न घाट की, पहचान का संकट खड़ा हो जायेगा। चार, जो यह कहते थे कि लोकतन्त्र तानाशाही, अधिनायकवादी, सर्वसत्तावादी ताक़तों के लिए शीर्ष पर पहुँचने का मार्ग प्रशस्त करता है और जो अन्त में लोकतन्त्र के पतन का कारण बनता है, उन्हें अपने हथियारों को थोड़ा और भाँजना चाहिए। येह सही है कि जर्मनी में हिटलर लोकतन्त्र की लगाम थाम लोकतन्त्र का दुश्मन बन बैठा। लेकिन जर्मनी के समाज और हिन्दुस्तान के समाज में काफ़ी फ़र्क़ है। यह देश बहुत बड़ा और इसमें जर्मनी से सैकड़ों गुना विभिन्नताएँ हैं। कम विभिन्नताओं वाले समाज को मैनिपुलेट करना ज़्यादा विभिन्नताओं वाले समाज की तुलना काफ़ी आसान है। यहाँ हिन्दू, मुसलमान तो छोड़िये। ख़ुद हिन्दू जाति के नाम पर, उपजाति के नाम, गोत्र के नाम पर इतना बँटा हुआ है कि वो मुसलमानों के साथ बैठ लेगा, लेकिन राजपूत ब्राह्मण के साथ नहीं बैठेगा, पिछड़ा दलित को फूटी आँख नहीं सुहायेगा और उत्तर प्रदेश का दलित महाराष्ट्र के दलित को कमतर समझेगा। फिर उत्तर दक्षिण में भेद है, पूर्व पश्चिम में झगड़ा है। पश्चिम में विदर्भ-मराठवाड़ा का संकट है, दक्षिण में तेलंगाना-आन्ध्र का विवाद है और अगर सब कुछ ठीक हो जाये तो हिन्दी-तमिल भिड़ जाते हैं। ऐसे में एक विचारधारा सबके माकूल हो जाये और सबके सवालों के जवाब दे दे यह सम्भव नहीं है। वाजपेयी और भाजपा जब मुसलमानों की बात करते हैं तो यह साफ़ हो जाता है कि 'लोकतन्त्र की क्रान्ति' का पहिया बेआवाज़ चल रहा है। और एम.एन. श्रीनिवास का वो तर्क अनायास ही याद हो आता है कि मंडल, मन्दिर की क्रान्ति के बहुत पहले ही 26 जनवरी 1950 को संविधान के लागू होते ही क्रान्ति हो गयी थी। यह इस क्रान्ति का नतीजा है कि जब उच्च जातियाँ बेलगाम आपे से बाहर होती हैं तो कमंडल से आग निकलने लगती है, जब सरकारें सत्ता के मद में मदहोश हो जाती हैं तो न्यायपालिका और चुनाव आयोग सामने आ जाते हैं। ऐसे में वाजपेयी भाजपा को हिन्दुत्व की बात करते मुसलमान याद आ जाये तो हैरानी क्यों? हैरानी तब होती जब यह याद न करते।

हिन्दुस्तान, 02.05.2004

बेचारे प्रधानमन्त्री का 'वाजपेयीवाद'

प्रधानमन्त्री अटल बिहारी वाजपेयी आजकल 'बेचारे' वाजपेयीजी हो गये हैं। वो कहते हैं—'उनकी कोई सुनता ही नहीं'। बाहर के लोग न सुने तो चलो कोई बात नहीं लेकिन अपने न सुने तो दर्द होता है। भाई यह कौन लोग हैं जो भारत के 'हृदयसम्राट' को नहीं सुन रहे हैं? हिन्दुस्तान के प्रधानमन्त्री की नहीं सुन रहे हैं? चौथी बार प्रधानमन्त्री बननेवाले कविहृदय वाजपेयी माने वाजपेयीजी की नहीं सुन रहे हैं? अभी गुजरात के मुख्यमन्त्री नरेन्द्र मोदी को कोई 'क्लर्क' भी नहीं रखेगा और राहुल गाँधी को 'ड्राइवर'। इतने पर भी वे चुप नहीं बैठते। आगे कहते हैं—राहुल तो 'जर्सी बछड़ा' है। बाद में मोदी ने लीपापोती की। कहा—कभी-कभी शोएब अख़्तर की तरह उनकी भी 'लाइन लेंथ' बिगड़ जाती है। और वो 'नो-बॉल' और 'वाइड' फेंक चुके थे। कटियार बोले थे—'जब-जब विदेशी महिला राजनीति में आयी, देश का बंटाधार हुआ, चाहे गान्धारी हो या हेलन या फिर सोनिया। गान्धारी आयी 'महाभारत' हुआ, हेलन का आगमन विश्वयुद्ध लेकर आया और सोनिया के आते ही नेहरू-गाँधी परिवार का नाश हो गया।'

वाजपेयी के कहने पर कटियार को डाँट पड़ी। अगले दिन पीलीभत में वो फिर 'गोरी नस्ल' की बात कह बैठे। पार्टी की तरफ़ से फ़रमान जारी हुआ। चुनाव आयोग ने भी कहा—'जबान पर लगाम रखो'। लेकिन जुबान है गज भर की, फिसल जाती है। और वाजपेयीजी महाराज तनमनाकर रह जाते हैं और कह बैठते हैं कि मेरी कोई सुनता ही नहीं। सुनने और न-सुनने की कहानी के बीज संघपरिवार की अपनी विचारधारा में हैं और यह सुनना, न-सुनना संघ के अन्दर के 'वैचारिक-द्वन्द्व' का प्रतिफल है। कटियार और नरेन्द्र मोदी संघपरिवार की उस विचाधारा के प्रतीक हैं जिसे कट्टर हिन्दूवादी कहा जाता है। कटियार का पालन-पोषण भले ही आरएसएस में हुआ हो लेकिन उनको वाजपेयी के नेता या मन्त्री के तौर पर नहीं आगे बढ़ाया गया था। वो बजरंग दल की आग से निकलते हैं। वो आग जो सड़कों पर नारे लगाती थी 'बाबर की औलादों हिन्दुस्तान छोड़ो', 'जिस हिन्दू का ख़ून न

खौला ख़ून नहीं वो पानी है'। यह वो आग है जिसमें हिन्दू-मुस्लिम एकता के लिए कोई जगह नहीं है। जहाँ मुसलमान तभी हिन्दुस्तान में रह सकते हैं जब वो अपने को हिन्दू मान ले। यही मानसिकता नरेन्द्र मोदी की भी है। वो भी आडवाणी की ऐतिहासिक रथयात्रा के सारथी रह चुके हैं और संघपरिवार बड़े गर्व से कहता है वो पहले 'प्रचारक मुख्यमन्त्री' हैं। इसी मानसिकता की वजह से गुजरात में मुस्लिम जलते रहे और 'आधुनिक नीरो' जलानेवालों को बचाने की तरकीबें सोचते रहे। जिनकी नज़र में सोनिया सोनिया नहीं बल्कि 'सोनिया मायने' है, जे.एम. लिंग्दोह, 'जेम्स माइकल लिंग्दोह' और परवेज़ मुशर्रफ़ 'मियाँ मुशर्रफ़'। यह मानसिकता घृणा की है, नफ़रत की है।

अटल बिहारी वाजपेयी इस नफ़रत-मानसिकता से कितना इत्तेफ़ाक़ रखते हैं, यह तो कभी पता नहीं चल पायेगा लेकिन वो संघ में हैं इसलिए यह मानना ही चाहिए कि वो भी इन बातों से सहमत हैं। लेकिन वो चूँकि स्वयंसेवक हैं और राजनीतिज्ञ भी, इसलिए भाजपा के लिए उदारवादी बन जाते हैं। संघपरिवार में उदारवाद और कट्टरवाद क्या यह द्वन्द्व बिल्कुल वैसा ही है, जैसे लेफ़्ट आन्दोलन में संशोधनवादी करार देने की परम्परा? यह वो मानसिकता है जो मूल विचारधारा से ज़रा-सा भी विचलन बर्दाश्त नहीं कर पाती और बात मरने-मारने तक पहुँच जाती है। वाजपेयी चूँकि शुरू से ही संघपरिवार में मज़बूत रहे, राजनीति के लिहाज़ से सबसे बड़े जन-नेता रहे, उनके भाषण को सुनने के लिए लाखों लोग उमड़ते रहे इसलिए आरएसएस उनके वैचारिक विचलन को झेलता रहा। ऐसा नहीं है कि उन पर वार नहीं हुए।

जनसंघ के अध्यक्ष बलराज मधोक से पहला पंगा हुआ। मधोक जनसंघ को हिन्दूवादी कट्टरता के और करीब लाकर उसका जनाधार और बढ़ाना चाहते थे। इस द्वन्द्व में मधोक ने यह कहकर संघ के नेतृत्व से झगड़ा मोल ले लिया कि जनसंघ पर से आरएसएस की पकड़ कम होनी चाहिए। नतीजा मधोक बाहर हो गये और वाजपेयी अन्दर रहे।

फिर जनता पार्टी के प्रयोग के बाद जब भारतीय जनता पार्टी बनी, तब भी वाजपेयी ने 'गाँधीवादी-समाजवाद' और 'सकारात्मक धर्मनिरपेक्षवाद' का नारा दे पार्टी के हिन्दूवादी मुखौटे पर नक़ाब डालने की कोशिश की। अप्रैल 1980 में विधानसभा चुनावों के मौक़े पर नयी बनी भाजपा ने ऐलान किया कि उसका घोषणापत्र वही होगा तो 1977 में जनता पार्टी का था। जैसे जनता पार्टी के मैनिफ़ेस्टो में 'हिन्दू' शब्द नहीं था वैसे ही भाजपा के अपने पार्टी संविधान में 'हिन्दू' शब्द के लिए जगह नहीं बनी। वाजपेयी हिन्दू-मुस्लिम एकता की बात करते थे और वो कहते थे कि उनका सेक्युलरिज़्म काँग्रेस के मुस्लिम वोटबैंक सेक्युलरिज़्म से अलग है। वो पार्टी

को हिन्दूवाद की बनिस्पत जनता के करीब लाना चाहते थे। उनकी बात में तब हाँ में हॉ मिला रहे थे लालकृष्ण आडवाणी। आडवाणी ने 1980 में पाँचजन्य को दिये एक इंटरव्यू में कहा था 'भारत में विचारधारा के आधार पर बनी पार्टी अधिक से अधिक एक छोटे-से इलाक़े में शासन में आ सकती है। यह पूरे देश का भरोसा नहीं जीत सकती, न तो कम्युनिस्ट पार्टी कर पायी और न ही जनसंघ।' जब आडवाणी से सवाल पूछा गया कि 'विचारधारा की अनदेखी करने से क्या पार्टी का कार्यकर्ता नाराज़ नहीं होगा।' तब आडवाणी ने कहा था—'हमारी कोशिश उनको समझने की होगी। इसलिए मैं चाहता हूँ कि इस पर बहस हो।' आडवाणी ने इसी इंटरव्यू में आगे कहा कि 'जनसंघ की अपील तभी बढ़ी जब विचारधारा कमज़ोर हुई और जब-जब विचारधारा मज़बूत रही जनसंघ का असर घटा।'

यह बात तब भी कट्टरवादी लोगों को नहीं पची थी और अब भी नहीं पच रही है। 1980 में मध्यप्रदेश में पार्टी के एक वरिष्ठ नेता ने नाम न छापने की शर्त पर कहा था—'वाजपेयीजी ने गाँधीवादी समाजवाद का नारा देकर पार्टी के पुराने कार्यकर्ताओं को 'कन्फ़्यूज़' कर दिया।' लेकिन तब संघ मजबूर था, भाजपा के दो सबसे बड़े नेता वाजपेयी और आडवाणी एक ही जुबान बोल रहे थे। संघ ने नया रास्ता निकाला। सरसंघचालक बालासाहब देवरस का आदेश हुआ वीएचपी को कि वह 'हिन्दू वोटबैंक बनाना शुरू करे'। और संघ की शाखाओं की संख्या देशभर में बढ़ने लगी। हालाँकि इस बीच 'वाजपेयीवाद' भी पींगें मारने लगा। और साथ ही कट्टरवाद और उदारवाद के बीच घर्षण भी बढ़ने लगा और आख़िर में संघपरिवार ने निराश होकर इन्दिरा गाँधी की मृत्यु के बाद चुनाव में कॉंग्रेस को समर्थन दे दिया। राजीव गाँधी की सीटें तो 415 हो गयीं और 'वाजपेयीवाद' को मिली सिर्फ़ दो लोकसभा सीटें। और भाजपा में एक नये 'वाद' का उदय हुआ। 'वीएचपीवाद' का। राममन्दिर मुद्दा परवान चढ़ा और हालात यहाँ तक आ पहुँचे कि वाजपेयी के रहते आडवाणी लोकसभा में नेता विपक्ष बनाये गये आरएसएस के इशारे पर। लेकिन जब प्रधानमन्त्री बनने की बात आयी तो वाजपेयी को ही आगे रखना पड़ा, क्योंकि घोटालो में फँसे आडवाणी, बाबरी मस्जिद ढहाने में चल रहे मुक़दमे और कट्टरवादी छवि के चलते दूसरी पार्टियाँ उनकी सरकार बनाने के लिए समर्थन नहीं देंती। लिहाज़ा वाजपेयी को आगे बढ़ाया गया। लेकिन क्या-क्या आरोप नहीं लगे। कभी दामाद रंजन के बहाने तो कभी ब्रजेश मिश्रा के। और आरोप लगानेवाले संघ के पुराने ठेंगड़ी हों या फिर सुदर्शन या नया मुल्ला प्रवीण तोगड़िया। लेकिन जैसे-जैसे प्रधानमन्त्री वाजपेयी मज़बूत होते गये सत्ता पर पकड़ मज़बूत होती गयी, विरोध के ये स्वर धीमे पड़ने लगे। इस मज़बूती ने एक बार फिर वाजपेयी को 'वाजपेयीवाद' की तरफ़ लौटाया। वो फिर हिन्दू-मुस्लिम एकता की बात करने लगे। आडवाणी के

रथ पर मुस्लिम नेता दिखने लगे, वाजपेयी यह सन्देश देने लगे कि भाजपा 'हिन्दू पार्टी' नहीं है। भाजपा की फ़ितरत के विपरीत लोकसभा चुनावों में न अयोध्या की चर्चा है, और न धर्म परिवर्तन की और न ही किसी और हिन्दू एजेंडे की। चर्चा है भारत कैसे आर्थिक महाशक्ति बनने जा रहा है, भारत चमक रहा है, सर्वत्र 'फ़ील-गुड' है चाहे वो भारत-पाक रिश्ता हो या फिर कश्मीर का मामला या फिर अर्थव्यवस्था। बीच-बीच में सोनिया के विदेशी मूल के मुद्दे से बदमगजी ज़रूर हो जाती है, लेकिन नकारात्मक राजनीति और मुद्दे करीब-करीब ग़ायब हैं। वाजपेयी हैं तो विकास है, काँग्रेस होगी तो विनाश हो सकता है। 'गवर्नेंस' पर वोट माँग रहे हैं वाजपेयी और भाजपा। यह आरएसएस को लम्बे समय तक रास आयेगा कह नहीं सकता। क्योंकि वाजपेयी 2004 में वो करने की सोच रहे हैं जो 1980 में करना चाहते थे। तब वाजपेयी ने सोचा था कि भाजपा जनता पाटी के छोड़े गये 'स्पेस' को भर दे। यानी भाजपा जनता पार्टी की जगह ले ले।

1977 में जब जनता पार्टी बनी थी तब उसे काँग्रेस के विकल्प के तौर पर देखा गया था। काँग्रेस अगर लेफ़्ट-ऑफ़-सेंटर थी तो जनता पार्टी को थोड़ा दक्षिणपन्थी कह सकते थे। काँग्रेस साम्यवादी सोवियत संघ के करीब तो मोरारजी भाई ने अमेरिका से दोस्ती की कोशिश की। काँग्रेस शक्तिशाली केन्द्रीय सत्ता के पक्ष में थी तो जनता पार्टी राज्य सरकारों को और अधिक अधिकार देने की बात करती थी। काँग्रेस सार्वजनिक उपक्रमों और लाइसेंस राज पर ज़ोर देती थी तो जनता पार्टी मोराजजी भाई की कृपा से अर्थव्यवस्था में निजी हाथों को मज़बूत करने की वकालत करती थी। अगर ध्यान से देखें तो वाजपेयी और उनकी सरकार काफ़ी कुछ ऐसा ही करती दिख रही हैं, ख़ासतौर पर अर्थ और विदेश नीति में। पिछले दिनों अमेरिका और भारत काफ़ी करीब आये हैं और आर्थिक मोर्चे पर भारत ने अपनी खिड़की-दरवाज़े काफ़ी खोल दिये हैं। राज्य सरकारें बिहार को छोड़कर लगभग नहीं ही बर्ख़ास्त हुई हैं और केन्द्र और राज्य के बीच झगड़े भी कम ही हुए हैं। इस वजह से वाजपेयी को देश के अन्दर और बाहर तारीफ़ तो हो रही है, लेकिन संघ का कट्टर चेहरा बहुत ख़ुश नहीं है। उसे लगता है कि वाजपेयी पाकिस्तान से दोस्ती, कश्मीर समस्या सुलझाने और हिन्दू-मुस्लिम एकता की बात कर संघ के हिन्दुत्व के मुद्दे को कमज़ोर कर रहे हैं; अमेरिका से दोस्ती कर आरएसएस के राष्ट्रवाद को बुश के यहाँ गिरवी रख रहे हैं और संघ के 'स्वदेशी' को नकारकर 'खुला आर्थिकवाद' अपना वो कोई अपराध कर रहे हैं। इससे देश की अर्थव्यवस्था विदेशी हाथों में खेलेगी और मेकडोनाल्ड संस्कृति देश की युवा शक्ति को खोखला करेगी। फिर राज्यों को अधिक ताक़त देने से संघ का 'शक्तिशाली-केन्द्र' का संप्रत्य भोथरा होगा। यह द्वन्द्व है और रहेगा।

अगर वाजपेयी इस चुनाव में गवर्नेंस को मुद्दा बना जीत गये तो हो सकता है हिन्दुत्व का एजेंडा हमेशा के लिए शिथिल हो जाये और भाजपा काँग्रेस के बरक्स एक दक्षिणपन्थी पार्टी के रूप में प्रतिस्थापित हो जाये जो देश के लिए अच्छा ही होगा। लेकिन अगर ऐसा नहीं हुआ तो 'वाजपेयीवाद' तो होगा साथ ही उग्र हिन्दूवाद एक बार फिर केन्द्र में होगा और फिर कोई वाजपेयी संघपरिवार में रहकर वाजपेयीवाद की पुरज़ोर तरफ़दारी नहीं कर पायेगा। लेकिन जब तक इस लड़ाई का नतीजा नहीं निकलता तब तक मोदी, कटियार बोलते रहेंगे और वाजपेयी कहते रहेंगे—मेरी कोई सुनता ही नहीं।

हिन्दुस्तान, 18.04.2004

ज़रूरत है 'टीम इंडिया' से सबक़ लेने की

आख़िर मुल्तान का मैदान भारतीय टीम ने मार ही लिया। पहले भारत ने जीती एक दिवसीय शृंखला। 1-2 से पीछे रहने के बावजूद भारत ने 3-2 से पाकिस्तान को शिकस्त दी। शायद एक दिवसीय मैचों का सबक़ था कि मुल्तान में पहले ही भारतीय बल्लेबाज़ों ने इतना बड़ा स्कोर खड़ा कर दिया कि इंज़माम और ज़ावेद के लड़कों के हाथ-पाँव फूल गये। और जिस लड़के को ज़ावेद 'गली का छोकरा' बता रहे थे वही 'छोरा' ज़ावेद के 'जाँबाज़ों' को अपनी गेंद की हवा तक नहीं लगने दे रहा था। और अब इंज़माम कह रहा है कि हमने बहुत ख़राब प्रदर्शन किया।

यह सब कुछ तब हुआ जब यह माना जा रहा था कि शोएब, समी और शब्बीर की 'पेस तिकड़ी' भारतीय टीम की धुर्रियाँ बिखेर देगी। दौरा शुरू होने के पहले शोएब के अन्दाज़ कुछ-कुछ भूखे शेरवाले थे, मानो भारतीय बल्लेबाज़ मेमने हों। कहनेवाले तो यह भी कहने से बाज़ नहीं आये कि सचिन होशियार रहना अब तुम्हारा मुक़ाबला होगा असली तूफ़ान से। लेकिन तूफ़ान आया भी और चला भी गया। पता ही नहीं चला क्यों वो नोबॉल, वाइड करता रहा। और विकेट क्यों नहीं मिले।

दरअसल ग़लती बेचारे शोएब की नहीं है। यह 'टीम इंडिया' है ही कुछ ऐसी कि सबको चकराकर रख दे रही है। भारत ने जब यह मैच जीता तब उसका कप्तान सौरव गांगुली चोट से परेशान ड्रेसिंग रूप में आराम फ़रमा रहा था और सौरव की तुलना में शान्त और कम आक्रामक माने जानेवाले राहुल द्रविड़ के हाथ में टीम की बागडोर थी। सौरव को माना जाता है कि यह लड़का एक नयी सोच का प्रतीक है। वो सोच जो 'फ़ील गुड इंडिया' की सोच है। हर हाल में जीतना है। जीत सर्वोपरि है। सामनेवाले से डरना नहीं है, उसे शिकस्त देने के पैंतरे खोजने हैं। उसमें वो 'किलर-इंस्टिंक्ट' है जो अब तक भारतीय खिलाड़ियों में नहीं थी।

फिर इस टीम में हरभजन सिंह भी नहीं थे और आशीष नेहरा भी। साथ ही मेन तेज़ गेंदबाज़ ज़हीर ख़ान भी सौ फ़ीसदी फिट नहीं। इन तीनों को भविष्य की भारतीय गेंदबाज़ी की रीढ़ की हड्डी कहा जाता है। लेकिन हरभजन और आशीष नेहरा

टीवी पर विशेष टिप्पणियाँ देते रहे हैं और ज़हीर ख़ान, इरफ़ान पठान को विकेट लेते देखते रहे हैं और भारत आसानी से मैच जीत गया। क्या आप महज़ आज से डेढ़ दो दशक पहले सोच सकते थे कि कपिल देव और गावस्कर टीम में नहीं हैं और फिर भी किसी टीम को पारी से हरा दिया जाये। शायद नहीं। ऐसा नहीं कि तब उनकी टीमों में धुरन्धरों की कमी थी, लेकिन भारतीय टीम 'औपनिवेशिक मानसिकता' की इस क़दर गुलाम थी कि टीम भरभराकर छितर जाती। चन्द खिलाड़ियों पर निर्भरता कुछ इस क़दर थी कि वो टीम में नहीं तो मतलब टीम नहीं। उनकी ग़ैर-मौजूदगी का अर्थ था टीम की हार तय। ऐसे में खेल शुरू ही होता था मैच बचाने की रणनीति से और 'ड्रा' करवा लेने को ही सबसे बड़ी कामयाबी मान लिया जाता था।

भारतीय टीम को यह वायरस लगा था भारतीय समाज का। इस पीढ़ी को शायद याद हो न हो, लेकिन उस ज़माने में एक जुमला काफ़ी मशहूर हुआ करता था, 'आफ़्टर नेहरू हू?, आफ़्टर इन्दिरा हू?' यानी नेहरू-इन्दिरा के बाद कौन। जब नेहरूजी की मृत्यु हुई तो लाल बहादुर शास्त्री को प्रधानमन्त्री बना तो दिया गया, लेकिन किसी को भरोसा नहीं हुआ कि वो देश को चला पायेंगे। शायद ख़ुद शास्त्रीजी को भी अपने पर यह भरोसा नहीं था। कहनेवाले तो यह भी कहते हैं कि 1965 में ताशकन्द समझौते से शास्त्रीजी सन्तुष्ट नहीं थे और उनसे ग़लती हो गयी है और देश उनके फ़ैसले को मानेगा नहीं। इस सोच ने उनके दिल पर काफ़ी बोझ डाला और उन्हें वहीं ताशकन्द में ही दिल का दौरा पड़ गया।

शास्त्रीजी के बाद गुलाम मानसिकता के कठपुतलों को लगा, भारत देश को चलाने के लिए राजसी परिवार का ही वारिस चाहिए, शास्त्रीजी जैसे आम परिवार का आदमी यह भार नहीं उठा सकता। ऐसे में देश फिर गया नेहरू परिवार के पास और इन्दिरा गाँधी प्रधानमन्त्री बन गयी। जनता प्रयोग के क्षणिक साहस के बाद भारत देश फिर गया था इन्दिरा और इन्दिरा के बाद राजीव के चरणों में। राजीव के बाद यह कोशिश सोनिया तक की गयी। लेकिन तब तक देश अंगड़ाई ले चुका था। गुलामी की मानसिकता को उतारने को वो तैयार बैठा था। ऐसे में चाहे नरसिंहा राव होते या फिर कोई और काँग्रेस की सरकार चलती और देश प्रगति करता।

अब ज़रा इस टीम इंडिया को देखिये। इस टीम में नैसर्गिक प्रतिभा के धनी एक नहीं सभी ग्यारह खिलाड़ी हैं। सचिन टीम में है लेकिन जीत के लिए वो सचिन पर निर्भर नहीं। सचिन खेले या न खेले कोई फ़र्क़ नहीं पड़ता। बल्कि ज़्यादातर तो यही हुआ है कि सचिन फेल हुए हैं और टीम पास। हालाँकि 'गुलाम मानसिकता' से उबरने में नाकाम रहे कुछ पत्रकार और जानकार अब भी सचिन-सचिन के गुण गाते रहते हैं। सचिन ऐसा है, सचिन वैसा, सचिन खेला तो वाह सचिन, सचिन नहीं खेला तो आह सचिन। इनको सचिन के आगे कोई नहीं दिखता जैसे नेहरू के

आगे काँग्रेसियों को कोई नहीं दिखता था। और धुरन्धर राजनेताओं की मौजूदगी के बाद इन्दिरा-राजीव की ताज़पोशी कर दी जाती थी। अरे भाई कब तक गुलाम बने रहोगे।

इन लोगों की नज़र में सचिन खिलाड़ी नहीं देवदूत हैं। उसे आप छू नहीं सकते। लेकिन टीम-इंडिया ने साबित किया है वो सचिन की इज़्ज़त तो करती है लेकिन उसे भगवान नहीं मानती। ऐसे में ज़रूरत पड़ने पर वो इस बात की परवाह नहीं करती कि सचिन डबल सेंचुरी पूरी करे या नहीं। टीम को ज़रूरत है तो पारी की घोषणा होगी भले सचिन 194 पर ही खेल रहे हों। उल्टे सचिन की पोल खुलती है, जब वो कह बैठते हैं–'उन्हें इस फ़ैसले की जानकारी नहीं थी और वो टीम के ऐलान से हत्प्रभ हैं।' सचिन की पीड़ा भी यही है कि अब टीम उन पर 'डिपेंडेंट' नहीं है जैसे सौरव के आने के पहले थी। यह बात सचिन को भी नहीं पचती और उनके लिए 'वाह' 'आह' करनेवालों को भी नहीं।

एक ज़माना था जब भारतीय टीम में मुम्बई के पाँच-छः खिलाड़ी होते थे और मुम्बई बिना किसी मुक़ाबले के रणजी ट्राफ़ी जीत जाती थी। जब तक मुम्बई का एकाधिकार भारतीय क्रिकेट पर था टीम जीत के सपने देखती थी। जीत नहीं पाती थी। आज टीम इंडिया की हालत यह है कि सचिन को छोड़कर मुम्बई के किसी दूसरे खिलाड़ी को टीम में आने के लिए ज़मीन-आसमान एक करना पड़ता है। राहुल द्रविड़ और कुम्बले कर्नाटक से हैं, वी.वी.एस. लक्ष्मण हैदराबाद, बालाजी तमिलनाडु, बड़ोदरा से इरफ़ान पठान और ज़हीर ख़ान हैं, गुजरात से पार्थिव पटेल, रेलवे से मुली कार्तिक, उत्तर प्रदेश से मोहम्मद क़ैफ़, पंजाब से युवराज, दिल्ली से सहवाग और आकाश चोपड़ा और पश्चिम बंगाल से सौरव गांगुली। यानी टीम इंडिया 'शाइन' कर रही है तो इसलिए कि पूरे भारत में क्रिकेट का 'उदय' हो रहा है। सिर्फ़ मुम्बई में ही नहीं। उत्तर प्रदेश, बड़ोदरा, गुजरात, रेलवे, पश्चिम बंगाल वो सेंटर हैं जहाँ से दशकों कोई खिलाड़ी भारतीय टीम में जगह नहीं बना पाया। यानी भारत उदय तब हुआ जब देश के स्तर पर मुम्बई पर से 'डिपेंडेंसी सिंड्रोम' और टीम में सचिन पर से निर्भरता ख़त्म हुई।

लेकिन बजाय इस टीम इंडिया को आदर्श मान कुछ सबक़ लेने के हमारी राजनीतिक पार्टियाँ पूरी तरह से अब भी 'डिपेंडेंसी सिंड्रोम' से निजात पाने की कोशिश में लगी हैं। काँग्रेस की तो बात ही मत कीजिये। उसे लगता है नेहरू-गाँधी परिवार नहीं तो काँग्रेस नहीं। सोनिया से काम नहीं चला तो वो अब राहुल और प्रियंका को भी ले आये। लेकिन इससे काँग्रेस की क़िस्मत चमकेगी कहना मुश्किल है। उल्टे कहीं यह दाँव उल्टा न पड़ जाये। लेकिन 'निर्भरता' काँग्रेस की आदत है, इसके नेता अभी भी आज़ादी पूर्व भारत में रह रहे हैं। जहाँ अंग्रेज़ों का पराक्रम है,

और इस पराक्रम से निपटने के लिए गाँधीजी की ओट। और वो इससे निकलना ही नहीं चाहते। लेकिन हैरानी तो तब होती है जब सामूहिक नेतृत्व और काँग्रेस से इतर नयी राजनीति का दावा करनेवाली भाजपा में भी यह रोग अब पूरी तरह से नज़र आने लगा है। पिछले दिनों पार्टी ने अपना 'विज़न डाक्यूमेंट' पेश किया है और इसको देखते ही साफ़ हो गया भाजपा का विज़न कितना साफ़ है। उसे सिर्फ़ प्रधानमन्त्री अटल बिहारी ही दिखायी देते हैं और कोई नहीं। बिल्कुल उसी तरह जैसे कुछ लोगों को सचिन के आगे कुछ दिखता नहीं। पार्टी का डाक्यूमेंट था 48 पेज का, वाजपेयी की तस्वीरें थीं 52। जवान वाजपेयी, बूढ़े वाजपेयी, चरखा कातते वाजपेयी, प्रदर्शन करते वाजपेयी, आगे वाजपेयी, पीछे वाजपेयी, ऊपर वाजपेयी, नीचे वाजपेयी। वाजपेयी न हुए भगवान हो गये। सर्वत्र सर्वशक्तिमान। पार्टी यह भूल गयी कि महज़ कुछ साल पहले तक वाजपेयी को पीछे कर उसने आडवाणी को विपक्ष का नेता बनाया था और पिछले दिनों आडवाणी को उपप्रधानमन्त्री बना वाजपेयी के बनवास की तैयारी कर ली गयी थी।

पार्टी अब कहती है, भारत ने वन डे सीरीज जीती क्योंकि वाजपेयी ने बैठकर पूरा मैच देखा और विजयी भव का सन्देश दिया था। अर्थव्यवस्था सरपट भाग रही है क्योंकि वाजपेयीजी का अर्थ-ज्ञान अपार है, टेलीकम्युनिकेशन क्रान्ति हो रही है क्योंकि वाजपेयीजी ख़ुद मोबाइल पर वोटरों को सम्बोधित कर रहे हैं। अब ऐसा लगता है कि भाजपा अगर चुनाव जीतेगी तो इसलिए क्योंकि वाजपेयीजी चलेंगे। आडवाणी और आरएसएस के चलने का कोई मतलब नहीं। यानी सचिन चला तो बल्ले-बल्ले, नहीं तो बंटाधार। वाजपेयी पर यही 'डिपेंडेंसी सिंड्रोम' अन्त में भाजपा के लिए वाटरलू साबित होगा, जैसे अब काँग्रेस के लिए साबित हो रहा है क्योंकि निर्भरता आदमी को कमज़ोर करती है, उसकी लड़ने की क्षमता को ख़त्म करती है, क्योंकि उसे लगता है उसके पास वाजपेयी, सचिन और नेहरू-गाँधी परिवार की एक जादू की छड़ी है, जो जादू की झप्पी लेगी और टीम जीत जायेगी ऐसे में भाजपा-काँग्रेस के लिए यह ज़रूरी है कि वो 'टीम इंडिया' से कुछ सीखे। सीखे कि सचिन खेले न खेले, सौरव टीम में हो न हो लेकिन 'शो मस्ट गो ऑन' और सिर्फ़ खेल चले ही न, वो जीते भी। और जो यह नहीं सीख ले पायेंगे उनका पतन तय है। और इनके लिए कोई 'वाह' और 'आह' भी नहीं कर पायेगा।

हिन्दुस्तान, 04.04.2004

आरिफ़ का 'भाई' से 'जी' बनना

बोफ़ोर्स का ज़माना था। आरिफ़ मोहम्मद ख़ान तब तपे-तपाये नेता माने जा रहे थे। मैं विश्वविद्यालय में पढ़ता था। मेरे एक मित्र ने कहा, 'आरिफ़ भाई आ रहे हैं, चलो उनसे मिलते हैं।' छात्र जीवन में इतने बड़े नेता से मिलने का मौक़ा काफ़ी बड़ा था। मुलाक़ात हुई। और भी छात्र थे। आरिफ़ भाई बोफ़ोर्स पर तो बोले ही। साम्प्रदायिकता के ख़िलाफ़ भी उन्होंने ज़हर उगला। और फिर हममें से किसी से पूछ बैठे। 'बिपिन चन्द्रा कहाँ होंगे? उनसे मिलना है।' बिपिन चन्द्रा। वही इतिहासकार बिपिन चन्द्रा जिन्हें भाजपा और संघपरिवार जमकर गाली देता है। हिन्दू विरोधी बताता है। और न जाने क्या-क्या कहता है। आरिफ़ भाई 'बिपिन' से मिले। बिपिन चन्द्रा इतिहास के नामी-गिरामी प्रोफ़ेसर। भारतीय स्वतन्त्रता आन्दोलन और इसमें से निकली साम्प्रदायिकता का विस्तार और गहराई से अध्ययन और विश्लेषण करनेवाले विद्वान। अगर यह कहें तो ग़लत नहीं होगा कि आधुनिक इतिहास में साम्प्रदायिकता को एक विषय के रूप में स्थापित करने का श्रेय उन्हें ही जाता है तो अतिशयोक्ति नहीं होगी। उन्होंने साम्प्रदायिकता की इतिहासपरक व्याख्या करते हुए एक पूरी किताब लिखी है। और उनके नज़रिये से संघपरिवार ज़रा भी इत्तेफ़ाक़ नहीं रखता है, क्योंकि उनकी दृष्टि में 'इतिहास को देखने को समझने की संघपरिवार की दृष्टि ग़लत है और यही हिन्दू-मुस्लिम झगड़े की जड़ भी है।'

आरिफ़ भाई तब 'यंग' थे। शाहबानो प्रकरण की वजह से भारतीय राजनीति के चमकते सितारे बन गये थे। वी.पी. सिंह के साथ थे। राजीव गाँधी का विरोध करने की हिम्मत दिखायी थी और राजनीति में कुछ कर गुज़रेंगे यह जज़्बा उनमें दिखता था। ऐसे में आरिफ़ भाई और बिपिन की मुलाक़ात काफ़ी ऐतिहासिक थी। जैसे ज्ञान के लिए राजगुरु और सेनापति की मुलाक़ात हो। बिपिन ने आरिफ़ भाई को बताया—'साम्प्रदायिक ताक़तों का सामना करना है तो साम्प्रदायिक तत्वों को सत्ता के करीब आने देने से रोकना होगा।' बिपिन का कहना साफ़ था। यह एक वैचारिक लड़ाई है। और संघपरिवार से लड़ना है तो इसे वैचारिक स्तर पर ध्वस्त

करना होगा और साथ ही उसे सत्ता के सबसे निचले पायदान से सत्ता के सबसे ऊँचे पायदान तक आने से रोकना होगा। उनकी लाइन बड़ी साफ़ थी। प्रधानमन्त्री हो या फिर किसी छोटे दफ़्तर का चपरासी, संघपरिवार को घुसने मत दो। क्योंकि यह सत्ता के तन्त्र में प्रवेश करने के साथ ही सत्ता के ढाँचे को अपने अनुरूप करने में जुट जाते हैं और इसका इस्तेमाल वो अपनी विचारधारा के प्रचार-प्रसार में करने लगते हैं। आरिफ़ भाई इस ज्ञान से अक्षरशः सहमत थे। लेकिन तब वो 'यंग' थे राजनीति के 'चमकते सितारे' थे और तब बड़ी-बड़ी होर्डिंग्स पर 'इंडिया शाइन' नहीं कर रहा था और 'भारत का उदय' नहीं हुआ था। लिहाज़ा गद्गद आरिफ़ भाई बिपिन से मिल धन्य हो गये। हम तो धन्य-धन्य थे ही उनसे मिलकर। 'इतिहास' और 'वर्तमान' का यह संगम मेरे जैसे छात्र के लिए अद्भुत था।

इसके बाद बरसों आरिफ़ भाई से मिलना नहीं हुआ, लेकिन उनके राजनीतिक जीवन पर नज़र हमेशा टिकी रही। मेरी पीढ़ी के लिए वो एक उम्मीद थे, उनमें वो तेज था कि वो राजीव गाँधी जैसे 'सर्वशक्तिमान' प्रधानमन्त्री का विरोध कर सकते थे, अपने 'कोर मुस्लिम' वोट बैंक को नसीहत दे सकते थे। बहती हवा के विपरीत खड़े हो वे कह सकते थे कि शाहबानो के मुद्दे पर सुप्रीप कोर्ट का फ़ैसला सही है, मुस्लिम तबक़े के हक़ में है और मुस्लिम वोट बैंक के चक्कर में आ सुप्रीम कोर्ट के इस फ़ैसले को संसद से बदलने का राजीव गाँधी का फ़ैसला ग़लत है। जिन्हें मुस्लिम वोट बैंक की समझ है वो जानते हैं कि आज से डेढ़ दशक पहले आरिफ़ का यह सब कहना-करना कितने बड़े जिगरे का काम था। राममन्दिर की मुहिम शुरू ही हुई थी और डिप्लोमेट राजनीतिज्ञ सैयद शहाबुद्दीन जैसे धुर कट्टरपन्थी मुस्लिम नेता आग उगला करते थे।

आरिफ़ भाई ने काँग्रेस छोड़ी। वी.पी. सिंह के साथ अरुण नेहरू और विद्याचरण शुक्ल भी उनके दोस्त हो गये। इसी बीच आ गया इलाहाबाद का उपचुनाव। वी. पी. सिंह को चुनाव लड़ना था। हम जैसे बच्चों ने सोचा आरिफ़ भाई को प्रचार का मौक़ा मिलेगा। एक बार फिर उनको सुनेंगे। लेकिन चुनाव प्रचार का समय आया तो आरिफ़ भाई का कहीं पता नहीं। पता चला, उन्हें दिल्ली में ही वी.पी. सिंह ने नज़रबन्द कर दिया है। उन्हें हिदायत थी कि कहीं भी जाओ मगर ख़ुदा के वास्ते इलाहाबाद मत जाओ। वहाँ आपकी ज़रूरत नहीं है। आप आओगे तो मुस्लिम वोट ख़राब होगा। मुस्लिम वोट लेने के लिए वी.पी. सिंह ने शहाबुद्दीन को बुलाया। तब शहाबुद्दीन रोज़ाना 'अयोध्या-कूच' करने की धमकी देते थे। और छब्बीस जनवरी और पन्द्रह अगस्त के बहिष्कार की धमकी भी। बच्चा था, राजनीति की इतनी महीन बात मेरी समझ में नहीं आयी। कि एक 'वोट कटवा' नेता होता है और एक 'वोट-जुगाड़ू' नेता। ख़ैर, बाद में वी.पी. सिंह प्रधानमन्त्री बन गये। मेरा मन

कहता था आरिफ़ भाई जैसे लोग बड़े मन्त्री बनेंगे। आरिफ़ भाई मन्त्री बने। लेकिन गृहमन्त्री बने मुफ़्ती मोहम्मद सईद। वही मुफ़्ती जो इस समय जम्मू और कश्मीर के मुख्यमन्त्री हैं। तब वो मामूली सांसद हुआ करते थे। उन्हें कोई जानता-वानता नहीं था। लेकिन अचानक उनकी क़िस्मत 'शाइन' करने लगी। दोस्तों से पूछा, पता चला। मुस्लिम तबक़े को सन्देश देना था तो वी.पी. सिंह ने मुफ़्ती को गृहमन्त्रालय सौंप दिया। फिर मेरा बालमन सोचने लगा, अगर किसी मुस्लिम नेता को ही बनाना था तो फिर आरिफ़ भाई क्यों नहीं? क्यों मुफ़्ती? क्या आरिफ़ भाई में कोई कमी है? या फिर मुफ़्ती में सुर्ख़ाब के वो कौन से पर लगे हैं जो मुझे दिखायी नहीं पड़ते? लम्बे समय तक ये सवाल मेरे मन में कौंधते रहे।

ख़ैर, वी.पी. सिंह की सरकार गिर गयी। जो 'समझदार' थे विद्याचरण शुक्ल जैसे, वो चन्द्रशेखर के नेतृत्व में फिर मन्त्री बन गये। लेकिन आरिफ़ भाई बहराइच चले गये। दिल्ली के गलियारों में उनका आना-जाना कम हो गया। उनके बारे में ख़बरें भी आनी बन्द हो गयीं। कभी पता चलता वो बहराइच में कोई एनजीओ चला रहे हैं। लेकिन मिलना नहीं हुआ। वक़्त गुजराता गया। और हम भी पत्रकारिता के पेशे में आ गये। ख़बरों की तलाश में कांशीराम से मिलना-जुलना होने लगा। कांशीराम वही शख़्स थे जिन्होंने 1989 में इलाहाबाद में लोकसभा का उपचुनाव लड़ा था जिसमें वी.पी. सिंह विजयी हुए थे और आरिफ़ भाई को इलाहाबाद आने नहीं दिया गया था। तब कांशीराम को कोई नहीं जानता था। वो साइकिल पर चला करते थे और दिल्ली की एक तंग गली में रहते थे। लेकिन उनकी क़िस्मत ने भी 'शाइन' मारी और मुलायम सिंह के साथ गठबन्धन कर उत्तर प्रदेश में सरकार में हिस्सेदार हो लिये और बाद में मायावती भाजपा की मदद से मुख्यमन्त्री बन गयीं।

दलित एजेंडे को देश के पटल पर रखने के बाद उनकी महत्वाकांक्षा जागी कि क्यों न देश का पहला दलित प्रधानमन्त्री बना जाये। इसके लिए ज़रूरी था कि उत्तर प्रदेश में बीएसपी का वोट बैंक 20 फ़ीसदी से बढ़कर 40 हो और बीएसपी उत्तर प्रदेश की सीमा से निकलकर दूसरे राज्यों में भी बढ़े। उन्होंने पंजाब, मध्य प्रदेश, राजस्थान पर विशेष ध्यान देना शुरू किया। दक्षिण भारत भी गये। लेकिन एक बात उनकी समझ में आयी कि अकेला दलित उन्हें प्रधानमन्त्री नहीं बना सकता। इसके लिए उन्होंने नये वोट बैंक तलाशने शुरू किये। उनकी नज़र मुस्लिम वोट पर पड़ी और मुस्लिम-दलित गठबन्धन बनाने में जुट गये। और फिर एक बार राजनीति में आरिफ़ भाई की वापसी हुई। अकबर अहमद डम्पी के साथ आरिफ़ भाई बीएसपी के नेता बन गये।

लेकिन जल्द ही कांशीराम को समझ में आ गया कि वो ग़लत 'मुस्लिम-नेता' को पार्टी में ले आये हैं। यह कैसा नेता है जिसके सिर पे टोपी नहीं है और न ही

दाढ़ी। और जो उर्दू अल्फ़ाज़ का इस्तेमाल तो करता है लेकिन भड़काऊ तकरीर नहीं करता। धीरे-धीरे आरिफ़ भाई बीएसपी में भी हाशिये पर पहुँचते गये और आख़िर उन्हें पार्टी ही छोड़नी पड़ी। अब एक बार फिर वो बहराइच चले गये। फिर उनकी ख़बरें आनी बन्द हो गयीं। नेता जब ख़बरों से छिप जाता है तो उसकी क़िस्मत भी बन्द हो जाती है। आरिफ़ भाई की भी क़िस्मत बन्द हो गयी। बीच-बीच में सुनने को आता कि वो काँग्रेस में आने के लिए छटपटा रहे हैं। लेकिन यह ख़बर सिर्फ़ अटकलें ही साबित हुईं। यह भी सुनने में आया कि वो राजनीति से संन्यास ले रहे हैं।

इन ख़बरों के बीच पिछले साल उनसे भेंट हो गयी अलीगढ़ मुस्लिम विश्वविद्यालय में। वो वक्ता के तौर पर बुलाये गये थे और मैं भी। विषय था गुजरात के बाद देश में साम्प्रदायिकता का माहौल। पता चला आरिफ़ भाई लम्बे समय के बाद अलीगढ़ मुस्लिम विश्वविद्यालय आये थे। बोल भी रहे थे साम्प्रदायिकता के ख़िलाफ़ लेकिन आवाज़ में वो खनक नहीं थी जो मैंने कभी सुनी थी। 1986 के आरिफ़ भाई और 2003 के आरिफ़ भाई में बदलाव देख रहा था। वो डिफ़ेंसिव दिखे। मैंने मंच से बोला था, 'आरिफ़ भाई जितनी बार आप भाजपा के आला नेताओं के नाम के आगे 'जी' लगायेंगे उतनी बार देश में साम्प्रदायिकता मज़बूत होगी। आज के अपने भाषण में आपने यह गुनाह सत्रह बार किया और आप ही की तरह यह गुनाह इरफ़ान हबीब साहब ने भी तेरह बार किया है। साम्प्रदायिकता तो वो इज़्ज़तदार नेता फैलाते हैं जिन्हें हम और आप इज़्ज़त देते हैं और घृणा उन नन्हे कार्यकर्ताओं से करते हैं जो इन नेताओं के विचारों को सुनकर छुरी हाथ में ले लेते हैं।' 'आरिफ़ भाई आपने 1989 में भाजपा के नेताओं के साथ लंच-डिनर और ब्रेकफास्ट किया है, उनकी मदद से सत्ता का सुख भोगा है, आप गुजरात में जो कुछ हुआ उसकी ज़िम्मेदारी से अपने को अलग नहीं कर सकते, मैं यह बोला था। तब मेरे बोलने के फ़ौरन बाद आरिफ़ भाई ने मुझसे कहा था, 'आशुतोषजी, आपने तो मुझे ख़ूब मारा। लेकिन ऐसा है नहीं जैसा आप सोच रहे हैं।' तब वो शायद रामविलास पासवान के साथ मिलकर कुछ करने की योजना बना रहे थे। अगले ही दिन उनका फ़ोन आया था। दिल्ली में वो एक बड़ी रैली कर रहे थे और पूछा था कि क्या मैं इसे 'कवर' करवा सकता हूँ। अगर मैं भूल नहीं रहा हूँ तो यह रैली भी गुजरात के सन्दर्भ में थी और साम्प्रदायकिता के ख़िलाफ़।

मुझे लगा था, आरिफ़ भाई फिर सक्रिय हो रहे हैं। शाहबानो के समय के आरिफ़ भाई की वापसी हो रही है। लेकिन अलीगढ़ से लौटने के बाद यह भी लगता था कि कोई ऐसी चीज़ है जो इन आरिफ़ भाई में अब 'मिस' कर रही है। वो न जाने क्यों अन्दर ही अन्दर परेशान लग रहे थे। कोई चीज़ थी जो उन्हें कचोट रही थी। मेरा उनसे दोस्ताना था नहीं, और मुलाक़ात भी बस दो ही थी। ऐसे में खुलकर पूछूँ

यह ख़याल भी नहीं आया। लेकिन एक ज़माने के इन 'शाइनिंग स्टार' में कुछ टूट रहा है, यह मैंने काफ़ी शिद्दत से महसूस किया था।

दिल्ली की रैली के बाद वो फिर ग़ायब हो गये। और वापस आये तो अख़बारों में पढ़ा कि भाजपा में जा रहे हैं। न मालूम क्यों मैं बिल्कुल नहीं चौंका। मुझे बिल्कुल आश्चर्य नहीं हुआ। बस बिपिन से उनका मिलना, साम्प्रदायिकता के ख़िलाफ़ लड़ने के लिए की गयी वो बातें याद आ गयीं। अलीगढ़ के मंच से गुजरात के दानव पर उनका विषवमन करना याद आ गया। वो आरिफ़ भाई भी याद आये जिनके चेहरे पर तेज था और वो आरिफ़ भाई भी जो बुझे से, थके से लगते थे।

मुझे क्यों आश्चर्य नहीं हुआ इस पर मैं ख़ुद पर चौंका था। सोचा तो लगा आरिफ़ भाई ने ठीक ही तो किया। इसमें ग़लत क्या है। भाजपा में तो उन्हें बहुत पहले आ जाना चाहिए था। शायद शाहबानो के समय ही। शाहबानो का मामला ही तो वो टर्निंग प्वाइंट था। जिसने भारतीय राजनीति की दिशा बदल दी। शाहबानो के मुद्दे ने यह साफ़ कर दिया कि वोट बैंक की ख़ातिर 'सेक्युलर' काँग्रेस भी सुप्रीम कोर्ट के प्रगतिशील फ़ैसले को बदलवा सकती है? एकमुश्त वोट आपके पास हों तो आप हिन्दुस्तान के सर्वशक्तिमान प्रधानमन्त्री को भी झुका सकते हैं? चन्द कट्टरपन्थी लोग गोलबन्द हो सुधार की गंगा का मुँह मोड़ उसे गन्धाता ठहरे जलवाला तालाब बनने पर मजबूर कर सकते हैं? कठमुल्लाओं के सामने आधुनिक ख़यालवाले मुस्लिम नेताओं की कोई औक़ात नहीं? आरिफ़ भाई ने शाहबानो के मामले में मुस्लिम कट्टरपन्थियों की जमकर क्लास ली थी, मुस्लिम तबक़े के मुल्ला मौलवियों की जकड़न से निकालने की कोशिश की थी, धारा के विरुद्ध खड़े होने का हौसला दिखाया था। लेकिन उन्हें मिला क्या? चन्द बुद्धिजीवियों की शाबाशी और लाखों बद्दुआ। लोगों को मैंने कहते सुना है, 'मसीहा' बनने चला है, मसीहा की मौत मरेगा। हुआ भी यही, न वो 'मुसलमानों' के रहे और न उन सेक्युलरवादियों के जिनके ख़ज़ाने में शहाबुद्दीन जैसा 'सिक्का' चलता है। और आरिफ़ भाई जैसा सिक्का खोटा हो जाता है।

आरिफ़ भाई की यह निजी.पी.ड़ा थी जो मुझे अलीगढ़ के मंच पर दिखी थी, लेकिन जिसे मैं तब समझ नहीं पाया था। वो अपने को छला हुआ महसूस कर रहे थे। और उनको छला था अपनों ने। उनको छला था उनकी ही जमात ने, उन लोगों ने जो लगातार यह जताने की कोशिश करते थे, और हैं कि वो संघपरिवार की साम्प्रदायिकता से लड़ रहे हैं। लेकिन आरिफ़ भाई को बहुत बाद में समझ में आया कि दरअसल ये लोग साम्प्रदायिकता से नहीं ख़ुद से लड़ रहे हैं, और इस लड़ाई में उनके इस्तेमाल का छद्म भी ये लोग नहीं पालना चाहते क्योंकि आरिफ़ भाई के पास सिवाय भाषण के कोई मुस्लिम वोट बैंक नहीं है। इसलिए वी.पी. सिंह उन्हें

न इलाहाबाद ले जाते हैं, न गृहमन्त्री बनाते हैं, न बीएसपी में उनकी दाल गलती है और न काँग्रेस के दरवाज़े उनके लिए खुलते हैं। आरिफ़ भाई जैसे लोगों के साथ सेक्युलर पार्टियाँ चाय तो पी सकती हैं लेकिन न हाथ मिला सकती हैं और न गले मिल सकती हैं। इन्हीं आरिफ़ भाई को आरिफ़ 'भाई' से आरिफ़ 'जी' बनना पड़ता है। मुख़्तार अब्बास नक़वी की पाँत में बैठना पड़ता है और बिपिन से ज्ञान लेने के बाद गुरुदक्षिणा के तौर पर यह कहना पड़ता है कि अब वो संघपरिवार और मुस्लिम तबक़े के बीच सेतु का काम करेंगे। इसके लिए दोषी आरिफ़ 'जी' नहीं, वो लोग हैं जो इस देश में सेक्युलर राजनीति की दुकान चलाने का दम्भ भरते हैं। आरिफ़ 'जी' आपके साथ कोई हो या न हो, हम आपके साथ हैं, क्योंकि हम आपकी पीड़ा समझते हैं और समझ रहे होंगे 'बिपिन' भी।

हिन्दुस्तान, 21.03.04

'लाल' आडवाणी का 'कृष्ण'

आडवाणीजी आजकल बड़े अच्छे मूड में हैं। इसलिए कभी-कभी सच कह जाते हैं। पहले उन्होंने कहा 'फ़ील गुड फ़ैक्टर' अभी किसानों तक नहीं पहुँचा है। फिर थोड़ा विश्राम किया और हरियाणा के पलवल में कह बैठे 'देश में इस समय सिर्फ़ दो ही राजनीतिक गठबन्धन हैं। एक भाजपा और दूसरा काँग्रेस और लोकसभा के चुनावों में दूसरी छोटी पार्टियों का कोई मतलब नहीं है।' यानी लोकसभा चुनाव में ओम प्रकाश चौटाला जाये तेल लेने। सन्देश साफ़ : भाई आडवाणी को वोट नहीं दे सकते तो सोनिया को ही वोट दे दो, चौटाला को वोट देकर अपना वोट क्यों बर्बाद करोगे?

फिर इसी के आसपास वो यह भी कह बैठे कि 'भाजपा इस समय आज़ादी के पहले की काँग्रेस की तरह है।' मतलब जिस तरह से काँग्रेस की स्वीकार्यता पूरे देश में तब थी अब वही स्थिति भाजपा की है। और तब देश जिस तरह से काँग्रेस की ओर देखता था, अब कमोबेश वही हाल भाजपा ही कर सकती है। अब यह अलग बात है कि भाजपा अपने कल्याण के लिए कल्याण सिंह की ओर बड़ी आशाभरी नज़रों से देख रही है, या फिर उसने ममतामयी अन्दाज़ में 'ममता के सागर' डी.पी. यादव की तरफ़ देखा था, या फिर वो कर्नाटक के 'महाईमानदार नेता' एस. बंगारप्पा को अपनी नज़रों का नूर बना रही है।

आडवाणी का पहला बयान फ़ील गुडवाला सिर्फ़ एक 'माया' है, 'छलावा', 'तिलस्म', लोगों को चमत्कृत करने के लिए। जिसमें एक राजनेता की 'ईमानदारी' दिखती है, उसकी 'साफ़गोई' झलकती है। नहीं झलकती है तो आम से ख़ास होने की कोशिश। और यह कोशिश कि सब कुछ अच्छा है भाजपा की वजह से।

आडवाणी का दूसरा बयान 'माया' के रास्ते से 'ईश्वर' तक पहुँचने का 'प्रयास' है। क्षेत्रीय पार्टियों की प्रासंगिकता पर सवाल खड़े कर आडवाणी अपनी पार्टी की मजबूरी का बयान तो करते ही हैं साथ ही वे यह संकेत भी करते हैं कि जब तक इस देश में तमाम छोटी-छोटी पार्टियाँ ज़िन्दा हैं तब तक भाजपा अखिल भारतीय पार्टी नहीं बन सकती और जब तक वो अखिल भारतीय पार्टी नहीं बनती है तब

तक तमिलनाडु हो या आन्ध्र प्रदेश, उड़ीसा हो या महाराष्ट्र, पश्चिम बंगाल हो या बिहार या फिर पंजाब, हरियाणा उसे चालने के लिए तो छोड़ दीजिये सिर्फ़ खड़े होने के लिए बैसाखियों की ज़रूर पड़ेगी, और तब तक वो अपने दम पर केन्द्र में सरकार नहीं बना पायेगी। और इसी आख़िरी वाक्य से निकलता है आडवाणी के तीसरे बयान का सत्य। आडवाणी का ईश्वर है केन्द्र में भाजपा की उसी तरह की सत्ता, वैसा ही प्रभुत्व जैसाकि आज़ादी के पहले और ठीक बाद में काँग्रेस का था। यानी देश 'काँग्रेसमय' था। सिर्फ़ एक पार्टी की सत्ता थी। और जिसे रजनी कोठारी जैसे विद्वान 'काँग्रेस-सिस्टम' कहते थे यानी एक ऐसी पार्टी, एक ऐसा सिस्टम जो अपने में पूर्ण है, जिसमें जीवन और राजनीति के सभी रंग हैं, जिसमें सत्ता पक्ष भी है और विपक्ष भी, जिसमें समाज़वादी भी हैं और धुर दक्षिणपन्थी भी। और जिसमें 'सतत सत्ता-संघर्ष' के साथ भी 'सतत सत्ता सन्तुलन' बना रहता है। सब कुछ उसमें था, उसके बाहर कुछ भी नहीं यानी ईश्वर। ईश्वर से परे न माया न ब्रह्म।

आडवाणी का यही सच है। वो और उनकी पार्टी छाना चाहती है पूरे देश पर, और इसके लिए वो चाहते हैं फ़ील गुड का चमत्कार और तमाम 'क्षेत्रीय पार्टियों की मृत्यु'। बिल्कुल उसी तरह जिस तरह आडवाणी के असली गुरु, गोलवलकर कहते थे कि 'प्रत्येक शारीरिक क्रिया के लिए लाखों करोड़ों कोशिकाओं को आत्मदाह करना पड़ता है। क्योंकि शरीर से अलग कोशिकाओं की कोई पहचान नहीं होती और इसलिए शरीर के स्वास्थ्य और विकास के लिए प्रत्येक कोशिकाओं को हमेशा बलिदान के लिए तैयार रहना चाहिए।'

गोलवलकर एक विचारक थे, राजनीतिज्ञ नहीं और वो बातें कह रहे थे—वो बात अपने संगठन और संगठन के तमाम कार्यकर्ताओं को समझाने, उनमें त्याग की भावना भरने और संगठन के लिए एक बलिदानी जत्था तैयार करने के मक़सद से कह रहे थे। लेकिन उनका ध्येय बिल्कुल साफ़ था संगठन और संगठन के अन्तिम सत्य को पाने के लिए 'कोशिकाओं' को मरना ही होगा। गोलवलकर का और संघ का अन्तिम मक़सद है, 'एक नये इंसान का सृजन'। और नये इंसान के सृजन के लिए लाखों-करोड़ों स्वयंसेवकों के बलिदान की ज़रूरत है। चूँकि समाज को बदलना है और 'राज्य' यानी 'स्टेट' इसमें बड़ी बाधा बन सकता है। अगर वो संघ के उस ध्येय के प्रति अनुराग नहीं रखता हो, तो ज़रूरी है या तो 'स्टेट' यानी 'सरकार' को 'बेमानी' कर दिया जाये या फिर उस पर क़ब्ज़ा कर लिया जाये। संघ की सोच इस बारे में बिल्कुल वैसी ही है जैसी हिटलर की नाज़ी पार्टी की थी। 'मीन-कॉफ़' में हिटलर लिखता है—'स्टेट यानी सत्ता अपने-आपमें 'साध्य' नहीं है वो 'साधन' है। उसका काम है 'नस्ल की सुरक्षा'। हिटलर आगे लिखता है, 'शासन सिर्फ़ एक संरचना है जबकि ज़्यादा ज़रूरी है इसका 'सार तत्व' माने राष्ट्र, माने लोग, और हर

चीज़ को इस सार्वभौम सत्ता के सामने नतमस्तक हो जाना चाहिए।

दिलचस्प बात यह है कि शुरू में गोलवलकर कहते थे कि, 'नया-मानव' बनाने में 'शासन' मददगार साबित नहीं हो सकता क्योंकि यह मनुष्य का अन्तरमन नहीं बदल सकता। लेकिन गाँधीजी की हत्या के बाद संघ पर जब प्रतिबन्ध लगा तो उन्हें समझ में आया, सरकारें मन भले ही न बदल सकें लेकिन उसे कुचल ज़रूर सकती हैं। इसके बाद संघ के मक़सद में राजनीति की महत्ता साफ़ हुई और जनसंघ को जन्म देना पड़ा, और आडवाणी तथा वाजपेयी स्वयंसेवक से नेता बन गये।

आडवाणी इस काम में लगे हुए हैं। जब कमज़ोर थे तो पहली कोशिश थी सत्ता के करीब आना और इसके लिए अगर कुछ समय के लिए अपना असली मन्तव्य छुपाना पड़े तो छिपाना। 1967 में वामपन्थियों, समाजवादियों जैसे अपनी विचारधारा के विरोधियों से हाथ मिलाना और 1977 में जनसंघ का अस्तित्व ख़त्म कर जनता पार्टी बनाना इस प्रक्रिया की एक अत्यन्त महत्वपूर्ण कड़ी थी। संघ ने इन कोशिशों के ज़रिये सत्ता के गलियारों में अपने प्यादों को 'प्लांट' करना शुरू कर दिया। 1989 में वी.पी. सिंह की सरकार को समर्थन ने इस प्रक्रिया को और आगे बढ़ाया। तब तक राज्यों में उनकी सरकारें आने लगी थीं लेकिन केन्द्र की सत्ता दूर थी। 1996 में वो मक़सद भी पूरा हुआ। और 1998 में वो यह साबित करने में कामयाब भी हुए कि वो दिल्ली की कुर्सी पर लम्बे समय तक बैठ सकते हैं। लेकिन इसके लिए उसे अपने 'गुप्त एजेंडे' यानी 'हिन्दुत्व' के नारों को सरकार के स्तर पर कुछ समय तक के लिए ठंडे बस्ते में डालना पड़ा। 2004 आते-आते आडवाणी को लग गया कि अब अकेले अपने दम पर सरकार बनाने की उम्मीद पूरी होने में ज़्यादा समय नहीं है। क्योंकि 1998 में वाजपेयी सरकार क्षेत्रीय सहयोगी दलों पर निर्भर थी और ममता हो या समता सरकार को हिलाने के लिए उनका जम्हाई लेना ही काफ़ी था। अब 2004 में क्षेत्रीय सहयोगी दलों को सत्ता सुख के लिए वाजपेयी सरकार की आवश्यकता है। ममता हो या समता सबको मन्त्री पद चाहिए, बँगला और लाल बत्ती।

दूसरे उन्हें लगता है कि वाजपेयी के बहाने उन्हें एक ऐसा नेता मिल गया है जो अपने दम पर भाजपा को न केवल सत्ता में ला सकता है बल्कि सत्ता में बनाये रख सकता है। ऐसे में 272 के आँकड़े को पाने की कोशिश की जा सकती है अपने दम पर। और क्षेत्रीय पार्टियों से किनारा किया जा सकता है। क्योंकि गुजरात और ग्राहम स्टेंस जैसी घटनाओं ने भाजपा को यह एहसास करा दिया है कि सहयोगी पार्टियाँ जो पहले उनके हिन्दुत्व के एजेंडे के नाम पर बिदकती थीं और धमकाती थीं, अब वो कहीं-न-कहीं अपनी मजबूरी में उसको स्वीकारने लगी हैं। तभी तो जॉर्ज फ़र्नांडीज़ ग्राहम स्टेंस मामले में आरएसएस को क्लीनचिट देते हैं और चन्द्रबाबू नायडू-ममता

गुजरात पर वापसी की चेतावनी देते हैं लेकिन नरेन्द्र मोदी मुख्यमन्त्री बने रहते हैं। ज़ाहिर है भाजपा और सहयोगी पार्टियों के बीच दूरी और पहचान घटती जा रही है। और जैसे-जैसे वैचारिक स्तर पर यह दूरी और पहचान घटती जायेगी वैसे-वैसे इन छोटी-छोटी पार्टियों की प्रासंगिकता कम होती जायेगी, संगठन कमज़ोर होता जायेगा और जनता की नज़र में इनकी साख घटती जायेगी यानी इनका अस्तित्व ख़त्म होता जाये और बच जायेंगे सिर्फ़ दो ही राजनीतिक खेमे। वो खेमे जो वैचारिक रूप से एक-दूसरे के विरोधी होंगे और एक-दूसरे के पूरक भी।

आडवाणी यही तो कह रहे हैं। वो छोटी क्षेत्रीय पार्टियों को उनकी औक़ात, उनका भविष्य बता रहे हैं। चूँकि अभी सीधे अपने 'कमाऊ' सहयोगी दलों को नाराज़ करना राजनीतिक रूप से सही नहीं होगा इसलिए उन क्षेत्रीय पार्टियों पर निशाना साध रहे हैं जो इन दोनों से अलग रही और अपनी दुनिया बसा रही हैं। जिस दिन भाजपा अपने पैरौं पर खड़ी हो जायेगी उस दिन वो इन्हें भी ठिकाने लगा देगी जैसे 1998 के चुनाव में उसने हरियाणा में बंसीलाल को झाड़ फेंका, आन्ध्र प्रदेश में लक्ष्मी पार्वती को डूबने के लिए छोड़ दिया और हाल में करुणानिधि, वाइको का हाथ फिसलने दिया। ये फ़ैसले विशुद्ध रूप से राजनीतिक थे। सत्ता के लिए इस्तेमाल और काम लायक नहीं रहे तो बेकार। साध्य या सत्ता में बने रहना। और अन्त में काँग्रेस बनना। सोनिया की काँग्रेस नहीं 415 सीटोंवाली राजीव की काँग्रेस और नेहरू की काँग्रेस। माने केन्द्र की सत्ता पर पूर्ण नियन्त्रण। पूरा क़ब्ज़ा।

और भाजपा की जान है संघ तो पूर्ण सत्ता का अर्थ होगा सत्ता का वैसा संचालन जैसा हिटलर कहता है। 'सत्ता साध्य नहीं, साधन है।' और संघ का साध्य है 'नये मानव का सृजन' और इस सृजन में मुस्लिम और ईसाई और दूसरे अल्पसंख्यकों के लिए जगह नहीं है, क्षेत्रीय और स्थानीय अस्मिताओं के लिए जगह नहीं है क्योंकि संघ एक शक्तिशाली राष्ट्र की बात करता है और भारतीय समाज की विविधता चाहे वो धार्मिक हो या सांस्कृतिक या राजनीतिक इसे वो कमज़ोरी के रूप में देखता है। और शक्तिशाली राष्ट्र तभी होगा जब केन्द्र 'सर्वशक्तिमान' होगा और ऐसा तब होगा जब आडवाणी की नज़र में वो काँग्रेस बनेगा यानी इतने सांसद कि वो बदलाव किये जा सकें जितने की संघ को दरकार है। यही आडवाणी के वक्तव्य का 'कृष्ण' पक्ष है जो कभी-कभी दिखता है, अक्सर तो वो 'लाल' ही बने रहते हैं क्योंकि अभी 'कृष्ण' के पूरी तरह से 'लाल' होने का समय नहीं आया है। इसलिए फ़ील गुड की माया में क्षेत्रीय पार्टियों को बुलबुले बता काँग्रेस बनने का ख़्वाब देख रहे हैं।

18.04.04

बीजेपी का नया कमल

देश की राजनीति के ताल में एक नया 'कमल' पिछले दिनों खिला है, नाम है वरुण गाँधी। माँ का नाम मेनका गाँधी। पिता का नाम संजय गाँधी। ताऊ राजीव गाँधी और ताई सोनिया गाँधी। चचेरे भाई-बहन का नाम : राहुल गाँधी और प्रियंका वडेरा। दादी इन्दिरा गाँधी और परनाना जवाहरलाल नेहरू। अरुण नेहरू के बाद वरुण इस गाँधी-नेहरू परिवार के अकेले चिराग हैं जिन्होंने संघपरिवार की गोद में खेलना सही समझा। उनका मूल परिवार तो हमेशा दो-दो हाथ करने में कभी पीछे नहीं रहा। संघ के निशाने पर तो चाहे नेहरू रहे हों या फिर अब प्रियंका वडेरा। और अगर अखंड दुश्मनी किसी एक शख़्स से रही तो कह सकते हैं संजय गाँधी से।

आप किसी संघी से बात कर लीजिये वो संजय गाँधी ही नहीं, संजय की माँ इन्दिरा गाँधी की भी जमकर आलोचना करेगा लेकिन यह भी सच है कि उसके नेता अटल बिहारी वाजपेयी इन्दिराजी के प्रशंसक भी रहे हैं और बंगलादेश विजय के बाद उन्हें 'दुर्गा' कहने से भी चूके नहीं थे। अलबत्ता संजय के नाम पर भाजपाई मनों में कोई सद्‌भावना नहीं है। ऐसे में पूछा जाना स्वाभाविक है कि भाई, वरुण को संजय की विरासत है भी या नहीं? और अगर है तो क्या है? संजय क्या सिर्फ़ अपनी माँ इन्दिरा गाँधी के पुत्र थे, राजीव गाँधी के छोटे भाई या फिर कुछ और? और वरुण गाँधी क्या कुछ उनसे और उनके राजनीतिक जीवन के सबक़ ले सकते हैं या नहीं?

दरअसल ईमानदारी से कहें तो संजय गाँधी भारतीय राजनीति के सबसे विवादास्पद नामों में से एक है। एक ऐसा नाम जिसको अटल बिहारी वाजपेयी से लेकर आई.के. गुजराल तक, कैथरीन फ्रैंक से लेकर लोविड सेलबोर्न तक सभी ने एक नकारात्मक शख़्सियत की तरह देखा है। दूसरी तरह से देखें तो संजय गाँधी भारतीय राजनीति के अपराध-बोध, 'गिल्ट-काम्प्लेक्स' का नाम है। आम दृष्टि से संजय माने सत्तर की राजनीति का 'विलेन', माने खेल बिगाड़नेवाला। संजय माने 'इमरजेंसी', संजय माने 'नसबन्दी'। संजय माने 'ख़ौफ़'। संजय माने 'असीमित

सत्ता'। संजय माने 'किंवदन्ती'। संजय माने 'रहस्य'। या फिर संजय माने इन्दिरा गाँधी के मातृ-मन की वो अबूझ पहेली जिसका हल न पुपुल जयकर के पास है और न पी.एन. धर और हकसर जैसों के! बस है तो चन्द 'कयास'। या फिर यों कहें संजय माने इन्दिरा गाँधी के व्यक्तित्व की वो धूसर-परछाईं जिसको वे न कभी अपना सकीं, और न छोड़ सकीं।

आज की पीढ़ी को शायद इस बात का एहसास न हो कि संजय का कैसा जलवा सत्तर के दशक की राजनीति में था। संजय गाँधी तीस से भी कम उम्र में देश की प्रधानमन्त्री इन्दिरा गाँधी के बाद ताक़तवर शख़्स बन गये थे। उनके पास कोई पद नहीं था, न काँग्रेस पार्टी में और न ही सरकार में। लेकिन उनका जलवा यह था कि सत्ता के उच्चतम तबक़ों में उनकी कही हर बात पत्थर की लकीर मानी जाती थी। संजय की हैसियत क्या थी, इसका अन्दाज़ा इसी बात से लगाया जा सकता है कि जब संजय ने 6 अगस्त 1975 को उमा वासुदेव को दिये एक इंटरव्यू में इन्दिरा के कैबिनेट मन्त्रियों को 'मूर्खों का जमावड़ा' और सरकार को समर्थन देनेवाली सीपीआई के नेताओं को सबसे 'भ्रष्ट' बताया तो इसको छपने से रोकने के लिए इन्दिरा गाँधी ने तब के सूचना प्रसारण मन्त्री विद्याचरण शुक्ला को नहीं बुलाया बल्कि अपने प्रमुख सचिव पी.एन. धर को। इन्दिरा गाँधी को इस बात का शक था कि शायद शुक्ला उनकी बात पर अमल न करें और सीधे संजय के पास जा पहुँचे। क्योंकि तब तक संजय से सीधे आदेश लेने के आदी हो चुके थे, उस महिला से नहीं जिसे देश का अब तक का सबसे तेज़-तर्रार नेता और प्रधानमन्त्री माना जाता है और चन्द्रशेखर जिन्हें 'शेरनी' कहते थे।

पी.एन. धर का कहना है कि उमा वासुदेव का इंटरव्यू 'प्रधानमन्त्री को नज़रन्दाज करने की कोशिश थी।' हालाँकि अगले दिन संजय ने सफ़ाई दी लेकिन तब तक पूरे देश को लगने लगा कि संजय गाँधी इन्दिरा गाँधी की परवाह नहीं करते या फिर संजय पर इन्दिरा का नियन्त्रण नहीं रह गया। उन दिनों माना जाता था कि संजय प्रधानमन्त्री निवास पर बैठकर समानान्तर सरकार चलाते थे। ब्रह्मानन्द रेड्डी भले ही गृहमन्त्री थे लेकिन तूती बोलती थी संजय के प्रिय गृह राज्यमन्त्री ओम मेहता की और रक्षा मन्त्रालय पर भी बंसीलाल के रूप में उनका ही एक विश्वस्त क़ाबिज़ था।

इन्दिरा गाँधी के पारिवारिक दोस्त और सबसे करीबी सलाहकार पी.एन. हक्सर जब उनकी राह का रोड़ा बनने लगे तो हक्सर के चौरासी साल के चाचा आर.एन. हक्सर को पचहत्तर साल के साले के.पी. मुशरान को जेल भिजवा दिया गया। पहले कनाट प्लेस स्थित इनकी दुकानों पर इनकम टैक्स के छापे पड़े और फिर सामानों पर ठीक दाम न लिखे होने पर जेल की हवा खिलवायी गयी। इन्दिरा गाँधी की

दख़ल के बाद ही वे छूट पाये। लेकिन नुक़सान हो चुका था। ऐसे में जब इन्दिरा के रिश्तेदार और लन्दन में भारत के उच्चायुक्त बी.के. नेहरू ने संजय की शिकायत इन्दिरा गाँधी से करने की बात हक्सर से की तो हक्सर ने उन्हें सलाह दी, 'इस पचड़े में मत पड़ो, मेरी तरह तुम्हारा भी नुक़सान होगा।'

उन्हीं दिनों अफ़वाहमयी दिल्ली और फिर वहाँ से बाहर चर्चा चल निकली थी कि संजय ने एक दिन खाने की मेज पर गुस्से में अपनी माँ इन्दिरा गाँधी के गाल पर चाँटे जड़ दिये थे। इन्दिरा गाँधी की जीवनी लिखनेवाली कैथरीन फ्रैंक ने लिखा है कि वाशिंगटन पोस्ट के संवाददाता लेविस सीमोंस को उस दिन डिनर पर मौजूद एक मेहमान ने यह क़िस्सा सुनाया था। उस मेहमान का कहना था कि इन्दिरा ने कुछ भी नहीं किया वो बस चुपचाप खड़ी रहीं। इन्दिरा परिवार के करीबी दोस्त और उनके पास एक और जीवनी लेखक ओम मेहता इसे कतई ग़लत बताते हैं। उनका कहना है, 'यहाँ तक कि ख़ुदा भी इन्दिरा गाँधी को थप्पड़ नहीं मार सकता था।' अब यह तो ख़ुदा ही जानता है कि यह घटना सही है या नहीं लेकिन इन्दिरा के प्रमुख सचिव धर तो मानते थे, 'वो संजय से डरती थीं।'

इन्दिरा क्यों संजय से दबती थीं? इसका जवाब किसी के पास नहीं है। बस कुछ थ्योरियाँ हैं। कुछ लोग कहते हैं कि संजय इन्दिरा गाँधी के एक अपराध-बोध का फ़ायदा उठाते थे। पुपुल जयकर कहती हैं कि इन्दिरा ने उनसे यह क़बूला था कि संजय अपने पिता फ़िरोज़ की मृत्यु के लिए इन्दिरा गाँधी को क़सूरवार ठहराते थे। संजय का कहना था कि इन्दिरा गाँधी ने फ़िरोज़ गाँधी का ख़याल नहीं रखा जो उनकी मौत का कारण बना। कुछ लोगों का कहना है कि इन्दिरा गाँधी मन ही मन इस अपराध-बोध से पीड़ित थीं। इन्दिरा गाँधी फ़िरोज़ से बेइन्तहा मोहब्बत करती थीं। और संजय में उन्हें फ़िरोज़ की छवि दिखायी पड़ती थी। फ़िरोज़ गाँधी संजय की तरह 'डायनमिक' और खर दिमाग़ थे। लेकिन संजय में अपने पिता का अनुशासन और राजनीतिक समझ नहीं थी।

उधर कुछ विद्वान यह भी कहते हैं कि संजय इन्दिरा गाँधी की अपनी शख़्सियत का वो कोना थे जिसे वो जनता के सामने नहीं लाना चाहती थीं। राजनीति की शातिर खिलाड़ी इन्दिरा को पता था कि वो बहुत कुछ संजय के माध्यम से कर सकती हैं जो वो ख़ुद करते हुए नहीं दिखना चाहती थीं। यानी संजय उनके हाथ की कठपुतली थे। वही करते थे जो इन्दिरा चाहती थी। यानी इन्दिरा गाँधी के व्यक्तित्व का 'ग्रे-शेड्स'। ख़ैर सच्चाई कुछ भी हो इसमें तो किसी को सन्देह नहीं है कि इमरजेंसी काल में संजय एक समानान्तर सत्ता के केन्द्र बन गये थे और उनके नाम की करेंसी भारतीय राजनीति में चलने लगी थी। आप उन्हें भारतीय राजनीति का दाग़ कहें या फिर राजनीति की लम्पटीकरण प्रक्रिया की शुरुआत या फिर जे.पी. के

आह्वान से निकली 'विध्वंसक-युवा-ऊर्जा'। वरुण गाँधी उनके पुत्र हैं, यह सत्य है। और वरुण क्या अपने पिता की इसी विरासत को आगे बढ़ाना चाहेंगे? फ़िलहाल लगता तो नहीं है। लेकिन अगर वो चाहे तो अपने पिता की एक दूसरी विरासत को पंख लगा सकते हैं। यह विरासत है उस युवा की जिसने आज से तीस साल पहले देश में 'फ़ील-गुड फ़ैक्टर' लाने का सपना देखा था। कुछ लोग चौंक सकते हैं। जी हाँ यह संजय गाँधी थे जिसने आधुनिक भारत का सपना देखा था और इस सपने को पूरा करने के रास्ते भी सुझाये थे। लेकिन जैसे हर अच्छी चीज़ बुराई के बादल तले ढक जाती है, वैसे ही यह भी गुम हो गयी। जब देश में समाजवाद का बोलबाला था तब संजय ने आर्थिक नीति को नयी दिशा देने की बात की थी और इसी सोच के तहत 'मारुति-उद्योग' की नींव रखी। तब अटल बिहारी वाजपेयी ने इसे 'भ्रष्टाचार की गंगोत्री' कहा था और कहा था कि 'कितना भी गंगाजल डालो यह साफ़ नहीं होगा', अब यही मारुति देश की सड़कों पर अटी पड़ी है और भारत विदेशों को एक्सपोर्ट भी कर रहा है।

ये संजय गाँधी थे जिन्होंने भारतीय समाज की खामियों को पहचान नये समाज की संरचना के लिए पाँच सूत्रीय कार्यक्रम दिया था। प्रौढ़ शिक्षा, दहेज उन्मूलन, परिवार नियोजन, जाति प्रथा तोड़ो और पेड़ उगाओ। संजय गाँधी ने अपनी तमाम खामियों के बावजूद इस बारे में सोचा था और न केवल सोचा बल्कि इससे निपटने का एक ब्लूप्रिंट भी दिया। उसने कोई बड़ी बात नहीं की, बस कहा, वायुमंडल ठीक करना है तो पेड़ लगाओ। कितना आसान है ये। उसने कहा आबादी पर लगाम लगानी है तो नसबन्दी कराओ। क्या बुराई है इसमें। किसको याद है इमरजेंसी का वो नारा, 'दो बच्चे, सबसे अच्छे', 'छोटा परिवार, सुखी परिवार', 'पहला बच्चा अभी नहीं, दो के बाद कभी नहीं'। छोटे नारे लेकिन क्रान्तिकारी नारे। ये वो नारे थे जिनका अगर पालन होता तो आज देश में 'फ़ील ग्रेट फ़ैक्टर' होता और जसवन्त सिंह को आठ फ़ीसदी विकास दर के लिए मौसम और मानसून का मोहताज़ न होना पड़ता।

संजय ने देश की बुनियादी कमज़ोरियों की तरफ़ नज़र डाली थी। इससे कौन इंकार कर सकता है लेकिन इनको पाने के लिए उन्होंने धीरज से लम्बा और सही रास्ता अख़्तियार नहीं किया। नतीजा सबके सामने है। युवा वरुण अगर अपने पिता की त्रासदी से यह सबक़ ले सकते हैं कि साध्य की पवित्रता के साथ-साथ साधन की पवित्रता भी ज़रूरी है, तो ठीक है, नहीं तो उनसे ज़्यादा उम्मीद लगाना बेकार है।

हिन्दुस्तान, 22.02.2004

काश! आरएसएस से कुछ सीखती काँग्रेस

भाजपा की राष्ट्रीय परिषद की बैठक चल रही थी। 'फ़ील गुड' प्रधानमन्त्री और भाजपा के एकमात्र 'विकासपुरुष' अटल बिहारी वाजपेयी बोल रहे थे। उन्होंने कहा 'हमारे यहाँ नेता जन्म से नहीं होते कर्म से बनते हैं।' वाजपेयी 'राजनेता' हैं। इसलिए किसी का नाम नहीं लेते। लेकिन इशारेबाज़ी साफ़ करते हैं। सबको पता था वाजपेयी के निशाने पर सोनिया गाँधी के दो बच्चे हैं। नाम है उनका राहुल गाँधी और प्रियंका वडेरा। पिछले ही दिनों काँग्रेस के प्रवक्ता आनन्द शर्मा ने कहा कि ये दोनों ही काँग्रेस की 'विचारधारा' से पूरी तरह सहमत हैं और सदस्यता ले ली है इसलिए काँग्रेसी हैं।

यानी काँग्रेस के प्रवक्ता को सफ़ाई देनी पड़ी। उन्हें यह भी कहना पड़ा कि राहुल-प्रियंका को पार्टी की सदस्यता देने के लिए उनका काँग्रेस की विचारधारा से जुड़ना ज़रूरी है। लेकिन कहीं-न-कहीं बात आकर उस बिन्दु पर अटक गयी कि ये दोनों इसलिए सदस्य बने हैं क्योंकि ये नेहरू-गाँधी परिवार से जुड़े हैं और पार्टी के नेता हैं क्योंकि सिर्फ़ यही काँग्रेस की खाट खड़ी होने से बचा सकते हैं। यानी अगर इनके नामों से 'गाँधी' शब्द हटा दिया जाये तो कौड़ी के दो हो जायेंगे। कोई इन्हें पूछेगा भी नहीं। यानी वही बात जो वाजपेयी कह रहे थे इशारों में 'ये तो राज करने के लिए पैदा हुए है।' और ईमानदारी से कहें यही इस पार्टी की परेशानी है। नेहरू-गाँधी परिवार ही काँग्रेस की असली दिक़्क़त है। इसलिए नहीं कि यह परिवार काँग्रेस को 'ऊर्जावान' नहीं बना सकता, इसलिए नहीं कि यह परिवार काँग्रेस को चुनावों में 'जिता' नहीं सकता, इसलिए नहीं कि काँग्रेस इनका दामन थामकर 'खड़ी' नहीं हो सकती। असली दिक़्क़त यह है कि यह परिवार काँग्रेस में जान तो फूँक सकता है लेकिन 'दीर्घायु' होने का आशीर्वाद नहीं दे सकता। बल्कि यह कहें कि 'नेहरू-गाँधी' परिवार अब काँग्रेसी मर्ज का 'स्थाई इलाज' नहीं है बल्कि 'रोग के लक्षणों' को कुछ समय के लिए दबाने की दवा है। जैसे स्थाई इलाज के बिना रोग बढ़ता जाता है और शरीर को अन्दर से खोखला करता जाता है वैसे ही नेहरू-गाँधी

परिवार पर काँग्रेस की निर्भरता इस पार्टी को खोखला बनाती जा रही है। इसमें न सोनिया गाँधी का कोई दोष है और न ही राहुल-प्रियंका का। इन लोगों ने तो मरी हुई काँग्रेस में जान ही फूँकी है।

इनकी क्यों कहें, जवाहरलाल नेहरू के बाद से ही इस परिवार ने काँग्रेस को संजीवनी दी है। नेहरू की मृत्यु के बाद लाल बहादुर शास्त्री प्रधानमन्त्री बने लेकिन जब तक ताशकन्द में उन्हें दिल का दौरा पड़ा तो आपस में लड़ मरनेवाले काँग्रेसियों को इन्दिरा गाँधी जैसी गुड़िया के अलावा कोई और न दिखा। कामराज रहे हों या फिर एस. निजलिंगप्पा या मोरारजी देसाई सभी जानते थे कि कोई एक पार्टी का सर्वस्वीकार्य नेता नहीं बन सकता और अगर जोड़-तोड़ से कोई बन भी गया तो वह चल नहीं सकता। ऐसे में काँग्रेसी क्षत्रपों ने अपनी राजनीति बचाये रखने के लिए गूंगी-गुड़िया को आगे बढ़ा दिया। हालाँकि यह अलग बात थी कि इन्दिरा गाँधी को ख़ुद नेहरू ने राजनीति की शिक्षा-दीक्षा दी थी ओर वह प्रधानमन्त्री बनने से पहले काँग्रेस अध्यक्ष रह चुकी थी। लेकिन उनका प्रधानमन्त्री के तौर पर चुनाव उनकी राजनीतिक क्षमता और कौशल को देखते हुए नहीं किया गया था। और बाद में जब क्षत्रपों को उनमें राजनीतिक गुण दिखने लगे तो उनकी सिट्टी-पिट्टी गुम हो गयी और अपनी राजनीति चलाने के लिए पार्टी तोड़ दी। यह अलग बात है कि बाद में 'इन्दिरा इज़ इंडिया' और 'इंडिया इज़ इन्दिरा' का नारा बुलन्द हुआ। लेकिन काँग्रेस का एक पार्टी के रूप में पतन शुरू हो चुका था। क्योंकि काँग्रेस की दीर्घायु इन्दिरा गाँधी नहीं, यही 'क्षपत्र' ही बचा सकते थे।

इन्दिरा गाँधी के ज़माने में काँग्रेस चली तो सिर्फ़ उनके 'तेज' के कारण उनकी 'नेतृत्व-क्षमता' की वजह से। इन्दिरा के नीचे न कोई काँग्रेसी नेता था और न काँग्रेसी संगठन। पार्टी का मतलब था इन्दिरा गाँधी और उनको सलाह देनेवाले चन्द चाटुकर। 1984 में उनकी असमय मृत्यु ने काँग्रेस को भी गहन चिकित्सा केन्द्र में डाल दिया। उसे फ़ौरन राजीव गाँधी नाम का 'लाइफ़ स्पोर्ट सिस्टम' दिया गया। लेकिन तब तक काँग्रेस का ताना-बाना इतना क्षीण हो चुका था कि 415 सांसदों के अविश्सनीय आँकड़े के बावजूद बोफ़ोर्स का एक गोला चला और काँग्रेस सत्ता से बाहर हो गयी। राजीव की अकाल-मौत के बाद काँग्रेस दोराहे पर खड़ी हो गयी। सोनिया के चरणों में दंडवत हुई लेकिन उन्होंने संजीवनी देने से मना कर दिया। पार्टी क्षपत्रों के पास आपसी मतभेद भुलाकर काँग्रेस को नया जीवन देने का सुनहरा मौक़ा था लेकिन शरद पवार को अर्जुन सिंह का डर और अर्जुन सिंह का पवार के ख़ौफ़ ने रिटायरमेंट ले चुके नरसिंहा राव को गद्दी थमा दी। इस 'गूंगे-बूढ़े' ने सबसे पहले पवार और अर्जुन को ठिकाने लगाने की रणनीति पर काम करना शुरू कर दिया। अर्जुन को पार्टी छोड़नी पड़ गयी और पवार को मुम्बई जाना पड़ा। नरसिंहा

राव इन्दिरा गाँधी बन गये और काँग्रेस संगठन सात रेसकोर्स रोड में सिमट गया। भुवनेश चतुर्वेदी, देवेन्द्र द्विवेदी, बुद्धप्रिय मौर्य जैसे—'अ-नेता' काँग्रेस की तकदीर लिखने लगे। और मीडिया के बार-बार याद दिलाने के बावजूद राव कहने लगे 'मैं अब उम्र के इस पड़ाव पर तो बदल नहीं सकता।' प्रधानमन्त्री के तौर पर राव ने भले ही नयी आर्थिक नीति का श्रीगणेश किया हो, जम्मू-कश्मीर में चुनाव कराये हों, पंजाब में आतंकवाद ख़त्म किया हो, बाबरी मस्जिद को ढहने देकर एक समस्या को ख़त्म करने की कोशिश की हो, चीन से रिश्ते सुधारें हों, लेकिन काँग्रेस संगठन को और ग़रीब ही किया। बल्कि यह कहें तो बेहतर होगा कि उन्हें काँग्रेस संगठन से डर लगता था, तभी तो उन्होंने माधवराव सिन्धिया, अर्जुन सिंह जैसे तमाम नेताओं को हवाला में फँसा दिया। अब चाहे चुनाव की पूर्व सन्ध्या पर वे यह साबित करना चाहते थे कि भ्रष्टाचार के मुद्दे पर वह अपनी पार्टी को भी नहीं बख्शते लेकिन हक़ीक़त में उन्होंने अपने सभी राजनीतिक प्रतिद्वन्द्वियों को धूल चटाने के लिए हवाला का पिटारा खोला था। जनता को नासमझ मानने की ग़लती का ख़ामियाज़ा उन्हें भुगतना पड़ा और राव की गद्दी गयी, जेल जाने की भी नौबत आ गयी।

जब नरसिंहा राव भ्रष्टाचार के मामलों में फँसे तो उन्होंने सोचा सीताराम केसरी को पार्टी अध्यक्ष बना देते हैं, सत्ता की बागडोर तो परोक्ष रूप से मेरे ही हाथ में रहेगी। लेकिन वे भूल गये कि जो धूल में लोटकर चरण छूते हैं, वे वक़्त आने पर ही धूल चटा देते हैं। राव को एंटनी 'उम्र की ऊर्जा' थी और न 'सोच की बुलन्दी'। आना-पाई का हिसाब रखनेवाले नेता राजनीति में भी छोटे-छोटे सिक्के ही चलाते हैं, बड़ा रुपया नहीं। करीब नौ साल के बाद काँग्रेस को फिर साँस लेने और पाँचवीं पीढ़ी राहुल-प्रियंका। नेहरू-गाँधी परिवार के पास जब भी पार्टी जाती है तो वो उन्हें एहसास कराती रहती है, पार्टी आपसे है, आप पार्टी से नहीं। पार्टी के नेता भी आप, पार्टी की विचारधारा भी आप, पार्टी का संगठन भी आप और पार्टी का सपना भी आप। कार्यकर्ताओं में ऊर्जा आपसे है और वोटर आपको देखकर वोट देता है। ऐसे में नेता भूल जाता है कि ईश्वर से अलग भी कोई दुनिया है जिसकी अपनी माया है और उसके बाद भी चलना है। और जब नेहरू-गाँधी परिवार से इतर कोई नेता बनता है तो वह अपनी रक्षा में ही इस क़दर मशगूल रहता या यों कहें कि असुरक्षा-भावना इतनी प्रबल रहती है कि संगठन को मज़बूत करने और पार्टी को नया सपना देने की कोशिश नहीं करता। और वह भी नेहरू-गाँधी परिवार की तरह बर्ताव करने लगता है। हक़ीक़त में पार्टी नेताओं से नहीं चलती। पार्टी चलती है संगठन से और सपने से। आज़ादी के पहले देश के कोने-कोने में काँग्रेस का संगठन था और संगठन के हर कार्यकर्ता का सपना था, देश को आज़ाद कराना। इस सपने और संगठन ने काँग्रेस को बालगंगाधर तिलक, गाँधी, नेहरू, बोस, जे.पी.,

पटेल जैसे नेता दिये। आज़ादी के बाद काँग्रेस के पास सपना था 'राष्ट्र निर्माण' का। यह सपना भी इन्दिरा गाँधी के आते-आते सूखने लगा। इमरजेंसी ने काँग्रेस के इस सपने को जनता की नज़रों में चकनाचूर कर दिया। राजीव ने ज़रूर आधुनिक सोच, तकनीकी को केन्द्र में रखकर आधुनिक भारत का सपना देश को दिया। लेकिन उनकी हद से ज़्यादा अनुभवहीनता उन्हें ले डूबी।

काँग्रेस के विपरित संघपरिवार के पास आज एक सपना भी है और एक संगठन भी। उसका सपना है 'एक ऐसे शक्तिशाली हिन्दू-राष्ट्र का निर्माण जो अतीत की ग़लतियाँ न करे और किसी दूसरी सभ्यता का ग़ुलाम न बनें।' हम आप इस सपने की नैतिकता पर सवाल खड़े कर सकते हैं। पर यह संघपरिवार का सपना है और यह सपना समाज के एक तबक़े की अपील करता है, इससे कौन इंकार कर सकता है। यही सपना संघपरिवार के संगठनों की जान है चाहे वह भाजपा हो या फिर विश्व हिन्दू परिषद या स्वदेशी जागरण मंच या भारतीय मज़दूर संघ। इस सपने को पूरा करने के लिए केशव बलिराम हेडगेवार ने आरएसएस बनाया। और यहाँ तक कहा कि संगठन ही आरएसएस का नेता और आत्मा है। इस संगठन को कश्मीर से कन्याकुमारी तक खड़ा करने की कोशिश की। आज की तारीख़ में संघ का कार्यकर्ता आप कहीं भी जाइये, मिल जायेगा जो एक मज़बूत 'भारत का सपना' आम लोगों को बेचता मिलेगा। यह वो कार्यकर्ता है जो सपनों में जीता है, सत्ता में नहीं। हालाँकि भाजपा की सरकार आने के बाद यह कार्यकर्ता थोड़ा भ्रमित हुआ लेकिन अभी भी बहुत जान बाक़ी है। यह वो कार्यकर्ता है जो वाजपेयी को खुलेआम गाली देता है और गुजरात में अपनी सरकार के ख़िलाफ़ राष्ट्रपति शासन लगने की बात करता है, क्योंकि उसे लगता है कि उसके ये नेता उसके सपने को पूरा नहीं कर रहे हैं।

लेकिन काँग्रेस में ऐसा नहीं है। यहाँ पार्टी का कार्यकर्ता सोनिया गाँधी की आलोचना नहीं करता क्योंकि उसका सपना भी सोनिया है और पार्टी का भी। इसलिए उसे कभी यह लगता ही नहीं कि उसके सपने के रास्ते में सोनिया रोड़ा है। और यही काँग्रेस की दिक़्क़त है। पार्टी और नेता के सपनों में टकराव ही संगठन को ऊर्जा देती है। ऐसे में काँग्रेस को आरएसएस से सबक़ लेते हुए सबसे पहले एक सपने को बुनना शुरू कर देना चाहिए। चूँकि अब हम 21वीं शताब्दी में हैं, इसलिए यह सपना बिकनेवाला होना चाहिए और संघपरिवार के सपने से ज़्यादा आकर्षक। उतना ही तेजवान सपना जैसा मार्क्स और गाँधी का सपना था। सिर्फ़ सेक्युलरिज़्म-सेक्युलरिज़्म कहने से काम नहीं चलेगा। सबसे पहले तय हो कि वे कौन-सा भारत बनाना चाहते हैं और इस तस्वीर को पाने के लिए वे कौन से युगान्तकारी बदलाव लायेंगे और इस बदलाव का औज़ार क्या होगा। यह बताना होगा

जनता को बिल्कुल वैसे ही जैसे आरएसएस बताती है। कांग्रेस को अपने दुश्मन से यह गुर सीखना होगा और साथ ही छोड़ना होगा नेहरू-गाँधी परिवार का साथ भी। तभी वह दीर्घायु होगी। नहीं तो आप रखे रहिये उसे नेहरू-गाँधी परिवार के 'लाइफ़ सपोर्ट सिस्टम' पर, कभी तो यह सिस्टम हटेगा और तब क्या होगा?

हिन्दुस्तान, 10.02.2004

छत्तीस घंटे का ब्याह

पिछले दिनों एक बड़ा मज़ेदार वाक़िया हुआ। पॉप गायिका ब्रिटनी स्पीयर्स ने अपने बचपन के साथी से ब्याह रचाया। हनीमून मनाया और 36 घंटे में ही अदालत पहुँच गयी। गुहार लगायी कि उनसे भारी ग़लती हो गयी शादी करके। लिहाज़ा शादी कैंसिल की जाये। 36 घंटे में दोनों अलग भी हो गये यानी चट मंगनी-पट ब्याह की तरह, चट ब्याह-पट तलाक। अभी यह मामला चल ही रहा था कि हमारे एक मित्र की नज़र इस्लामाबाद में 'स्टेट्समैन' वाजपेयी और डिक्टेटर परवेज़ मुशर्रफ़ पर पड़ गयी। बोले, यह कहना मुश्किल है कि इनमें कौन स्पीयर्स है और कौन उसका साथी। मैंने कहा—'जनाब आप क्या फ़रमा रहे हैं।' बोले—'यहाँ भी मामला 36 घंटे का ही है।' मैंने उनकी बातों को सुना और सोचने लगा। मुझे इसमें कुछ सच्चाई नज़र आयी। इस्लामाबाद में वाजपेयी-मुशर्रफ़ की मुलाक़ात के दौरान काफ़ी हद तक माहौल शादी का-सा था। दोनों खेमों में जश्न। पाकिस्तानी प्रधानमन्त्री मीर ज़फ़रुल्ला जमाली का कहना था—वाजपेयी ने कहा, 'दृष्टा हैं, राजनेता 'मुशर्रफ़ पाकिस्तान के सबसे बड़े 'लीडर' हैं।' यह पता नहीं चल रहा था कि दोनों में लड़कीवाला कौन है। मीडिया भी अभिभूत। एक विदेश नीति के जानकार से बातचीत हो रही थी। भाई ने पूरा बैक-ग्राउंड समझा दिया कि कैसे भारत से दोस्ती मुशर्रफ़ की मजबूरी है। इन जनाब का कहना था—एक, मुशर्रफ़ पर पिछले दिनों दो जानलेवा हमले हुए हैं और उनकी अक्ल ठिकाने आ गयी है। उनकी समझ में आ गया कि लाख खीर खिलाओ, आतंकवादियों की दोस्ती ठीक नहीं। दो, न्यूयॉर्क के वर्ल्ड ट्रेड सेंटर पर आतंकवादी हमले के बाद दुनिया का नक्शा बदल गया है। और, अब विदेश नीति में आतंकवाद के लिए कोई जगह नहीं है और न ही आतंकवाद को शह देते हुए दिखायी पड़ना राजनीतिक-कूटनीति तौर पर सही माना जा सकता है। तीन, पहले अफ़ग़ानिस्तान पर और फिर इराक़ पर हमले से अमेरिका ने यह सन्देश दे दिया है कि वो आतंकवाद को पनाह देनेवाले को छोड़ेगा नहीं। अफ़ग़ानिस्तान में तमाम चू-चपड़ के बावजूद पाकिस्तान को तालिबान का साथ छोड़ना पड़ा और उन तालिबानों

के ख़ात्मे के लिए अमेरिका की मदद करनी पड़ी जिसको उसने ख़ुद पाल-पोसकर बड़ा किया था। चार, जम्मू कश्मीर में सफलतापूर्वक चुनाव कराके भारत ने यह साबित कर दिया है कि अब कश्मीरी पाकपस्त नहीं रह गया है और उसने भारत के साथ रहना मंजूर कर लिया है। पाँच, आतंकवाद के बावजूद पाकिस्तान अन्दर से भारत को खोखला करने में नाकाम रहा है और जम्मू कश्मीर के बाहर मुस्लिम समुदाय हथियार उठाने को तैयार नहीं है, गुजरात के कड़वे अनुभव के बाद भी। छः, भारत की अर्थव्यवस्था सरपट भाग रही है और पाकिस्तान काफ़ी पीछे दिखायी पड़ रहा है। अगर पाकिस्तान यूँ ही कश्मीर में अपनी ऊर्जा जाया करता रहा तो वो दिन दूर नहीं, जब भारत का शुमार तो दुनिया के पहले उन्नत पाँच देशों में होगा और पाकिस्तान का आख़िरी के पाँच ग़रीब देशों में। सात, भारत और पाकिस्तान में एक नयी पीढ़ी ने जन्म ले लिया है जो इतिहास की क़ैद से आज़ाद होना चाहती है। यह वो पीढ़ी है जो पाकिस्तान से आयी ढाई साल की बेबी नूर के स्वास्थ्य के लिए पुरानी पीढ़ियाँ भी अब उकता चुकी हैं। इनकी समझ में आ गया है कि ख़ूनख़राबे से कुछ हासिल नहीं होना। यही वजह है कि पाकिस्तान में विपक्ष के नेता और मुशर्रफ़ के विरोधी फ़ज़ल-उर-रहमान हिन्दुस्तान आते हैं और कश्मीर के शान्तिपूर्ण तथा भारत-पाक दोस्ती की बात करते हैं। नौ, इस पुरानी पीढ़ी की तमाम कोशिशों के बावजूद पिछले दिनों भारत-पाकिस्तान के सबसे बड़े दोस्त अमेरिका के करीब आने में कामयाब रहा है और भारत की लगातार विकास की ओर उन्मुख अर्थव्यवस्था में अमेरिका को भारत के साथ रहने में ज़्यादा फ़ायदा नज़र आता है। दस, फिर भारत ने चीन को भी अपना बनाने में काफ़ी हद तक कामयाबी पायी है। ऐसे में पाकिस्तान अगर अपनी ज़िद पर अड़ा रहता है तो उसके अन्तर्राष्ट्रीय मंचों पर अलग-थलग पड़ने की गुंजाइश काफ़ी है। बेहतरी इसी में है कि वो वक़्त की नज़ाक़त को समझे और भारत से दोस्ती की पहल करे।

इन जानकार की बातें मुझे कुछ समझ में आयीं। मैंने भी सोचा—वाकई वक़्त बदल गया है। मुशर्रफ़-वाजपेयी अब वाकई में 'समधी' हो गये हैं और भारत-पाक रिश्तों में 'फ़ील-गुड-फ़ैक्टर' लौट आया है। अभी यह सोच ही रहा था कि अचानक दिमाग़ के एक कोने में एक बात कौंधी, जो 1941 में लाहौर के छात्रों को सम्बोधित करते समय कायदे-आज़म ज़िन्ना ने कही थी—'हमारी माँग हिन्दुओं से है ही नहीं, क्योंकि उन्होंने कभी पूरे भारत पर शासन किया ही नहीं। यह मुसलमान थे जिन्होंने हिन्दुस्तान पर सात सौ साल राज किया। यह अंग्रेज़ थे जिन्होंने मुसलमानों के बाद इंडिया को अपने क़ब्ज़े में रखा।' या फिर 1929 में कही गयी शौक़त अली की बात—'हिन्दुओं को गुलामी की आदत लगी है और वे गुलाम ही रहेंगे।' इसके जवाब में 1937 में वी.डी. सावरकर ने कहा कि 'मुस्लिम शासकों का राज हिन्दू राष्ट्र के

लिए मौत का फ़रमान था।' सावरकर की बातों को 1942 में 'व्हेयर वी डिफ़र' में इन्द्र प्रकाश ने खोलकर रख दिया–'मुसलमान हत्यारों का महिमामंडन करते हैं। इस धर्म के लोग दूसरे धर्मों के लोगों को प्रोत्साहित करते हैं।' पाकिस्तान की ज़मीन एकीकृत हिन्दुस्तान के उन लोगों ने ही तैयार की थी जिसे आज़ादी के पहले और बाद में 'द्वि-राष्ट्र' का सिद्धान्त कहकर पुकारा जाता है। एक तरफ़ इस ज़मीन को खाद-पानी दे रहे थे मुहम्मद अली ज़िन्ना तो दूसरी तरफ़ संघपरिवार के लोग। न ज़िन्ना का इस्लाम धर्म से कोई लेना-देना था और न ही संघपरिवार का। ज़िन्ना अंग्रेज़ी सूट पहनते थे, मदरसे की जगह विलायत से वकालत पढ़कर आये थे। संघ की नींव डालनेवाले भले ही नागपुर के चितापावन ब्राह्मण रहें हो लेकिन धर्म के कट्टरवादी अनुयायी वे भी नहीं थे। लेकिन दोनों के दिमाग़ में सनक थी। दुर्भाग्य से दोनों ही गाँधीजी के व्यक्तित्व से त्रस्त थे। ज़िन्ना को गाँधी कभी नहीं भाये। पूरे आज़ादी के आन्दोलन में वह अकेले ऐसे शख़्स थे जिन्होंने गाँधीजी का नेतृत्व स्वीकार नहीं किया। न आज़ादी की लड़ाई में हिस्सा लिया और जब 1942 का भारत छोड़ो आन्दोलन शुरू हुआ तो दोनं। ही अंग्रेज़ों के बग़लगीर हो गये। ज़िन्ना ने 1937 से पाकिस्तान आन्दोलन को आग दी थी लेकिन पहली बार इसमें जान तब आयी जब 1945-47 में उन्होंने पाकिस्तान ज़िन्दाबाद की जगह 'इस्लाम ख़तरे में' का नारा बुलन्द किया। उधर इस्लाम बचाओ की तकरीर शुरू हुई तो इधर हिन्दुत्व ख़तरे में की भूमिका बनने लगी। नतीजा गाँधीजी की तमाम कोशिशों के बाद भी भारत के दो टुकड़े हो गये। और किसी ने गाँधीजी की 1942 में कही इस बात पर ग़ौर नहीं किया कि 'धर्म एक निहायत निजी मामला है जिसका राजनीति में कोई स्थान नहीं है।' गाँधीजी ने 1947 में भी कहा था, 'धर्म का राजनीति और राष्ट्रीय मामलों में घालमेल नहीं होना चाहिए।' लेकिन जब दिमाग़ में फ़ितूर हो और आदमी जागते हुए भी सोते रहने का नाटक कर रहा हो तो भी ऐसी बातों का कोई मतलब नहीं रह जाता। वाजपेयी-मुशर्रफ़ की बातें सत्ता के शीर्ष पर बैठे दो लोगों की बातें हो सकती हैं। इसका यह मतलब नहीं है कि सरहद के आर-पार फ़ितूरी दिमाग़ के लोग चिरनिन्द्रा में सो गये हैं और उठेंगे तो वाजपेयी-मुशर्रफ़ की बातों को आत्मसात कर लेंगे। क्योंकि 'द्वि-राष्ट्र सिद्धान्त' की वकालत करनेवालों की जमात दोनों तरफ़ समय के साथ कमज़ोर नहीं, मज़बूत हुई है। ज़िन्ना चाहते थे कि पाकिस्तान बनने के बाद वहाँ 'आधुनिक लोकतन्त्र' हो लेकिन ख़ुद उनका 'इस्लाम ख़तरे में' का तर्क उनके सामने खड़ा हो गया। यह अलग बात है कि सत्ता की मजबूरी के चलते ज़िया-उल-हक़ या फिर जुल्फ़िकार अली भुट्टो या फिर बेनज़ीर, नवाज़ शरीफ़ और परवेज़ मुशर्रफ़ भारत से रिश्ते सुधारने की बात करते हैं। भुट्टो शिमला समझौता करते हैं। ज़िया क्रिकेट देखने जयपुर आते हैं, नवाज़ शरीफ़ वाजपेयी को लाहौर आने

का न्यौता देते हैं और बेनज़ीर भुट्टो राजीव गाँधी से गर्मजोशी से मुलाक़ात करती हैं। लेकिन सत्ता के इन 'विज़िबल-चेहरों' अदृश्य-शक्तियों की ऐसी कोई मजबूरी नहीं होती। तभी तो शिमला के बाद भुट्टो का, लाहौर के बाद नवाज़ शरीफ़ का तख़्ता पलट जाता है। इनको बर्ख़ास्त करनेवाले ज़िया और मुशर्रफ़ सत्ता में आते ही दोस्ती की बात करने लग जाते हैं। फिर यह पता नहीं चलता ज़िया का विमान किसने उड़ा दिया और मुशर्रफ़ पर जानलेवा हमला किसने किया।

सरहद के इस पार द्विराष्ट्र को मानने की संख्या काफ़ी कम थी। इसलिए भारत में लोकतन्त्र पनप सका और जब यह मज़बूत हुआ तो लोगों ने देखा कि कैसे गुजरात में लोकतन्त्र का मखौल उड़ा, ग्राहम स्टेंस के साथ क्या हुआ, 'विज़नरी-स्टेट्समैन' सब कुछ देख रहे हैं। यह वाजपेयी से बेहतर कौन जानता है कि वह 'अदृश्य शक्ति' कौन थी जिसने 'आगरा शिखर-वार्ता' को फ़्लॉप कर दिया था। मुशर्रफ़ और ज़माली किस और इशारा करते हैं, जब वे कहते हैं 'भारत में सत्ता में अति ज़िम्मेदार पदों पर बैठे लोग नहीं चाहते कि भारत-पाक में दोस्ती हो।' यह वे लोग हैं जिन्हें राजनीति के जॉर्गन में 'हॉक' कहा जाता है और जिन्हें अपना 'पुरुषार्थ' कमज़ोर लगता है तभी तो वे अलग 'हिन्दू', नया हिन्दू, ताक़तवर हिन्दू, वीर्यवान हिन्दू, मर्द हिन्दू बनाने में पिछले अठहत्तर सालों से लगे हैं। और जब तक सरहद के दोनों तरफ़ बैठे ये 'हॉक' ज़िन्दा हैं तब तक शिमला हो लाहौर, आगरा हो या इस्लामाबाद, उम्मीदों का क़त्ल होता रहेगा। वाजपेयी-मुशर्रफ़ को आपस में बातचीत करने के पहले एक-दूसरे को समझने की कोशिश करनी चाहिए, नहीं तो 36 घंटे स्पीयर्स फिर शादी को कैंसिल करने अदालत पहुँच जायेगी।

हिन्दुस्तान, 13.01.04

प्रतीकों की बेबसी

बीबीसी का रागे उमर इन दिनों प्रतीकों की बात करता है। वो प्रतीक जो इतिहास बनाते हैं और इतिहास बन जाते हैं। वो दो प्रतीकों की कहानी कहता है। प्रतीक नम्बर एक—बग़दाद में सद्दाम हुसैन की प्रतिमा का गिरना और उस पर नाराज़ इराक़ियों का चप्पल-जूते बरसाना। प्रतीक नम्बर दो—सद्दाम के महल में घुसकर लोगों का लूटना आर लूट का सामान लेकर भागना।

रागे कहता है—सद्दाम की प्रतिमा गिरी तो लोगों ने कहा, एक शासक का पतन हो गया। वो शासक जिसने इराक़ पर दो दशक से भी ज़्यादा समय तक शासन किया। वो जो कुछ लोगों की नज़र में तानाशाह था तो कुछ लोगों की नज़र में मध्य-पूर्व एशिया में अकेली 'सेक्युलर-ताक़त'। जो ताउम्र मुस्लिम कट्टरपन्थियों से लड़ता रहता रहा। जो भारत का दोस्त था और जिसने तमाम मुस्लिम देशों की नाराज़गी मोल लेते हुए कश्मीर पर भारत का पक्ष माना। रागे कहता है—यह प्रतीक इराक़ में निज़ाम बदलाव का सिम्बल बन गया।

लेकिन सद्दाम की प्रतिमा गिरते ही एक और प्रतीक इतिहास में दर्ज हो गया। लोगों ने टीवी पर देखा सद्दाम के महल को लुटते हुए, ऐतिहासिक म्यूज़ियम को तबाह होते। वो महल जो कभी 'व्यवस्था' का प्रतीक था, वो महल जो अतीत का प्रतीक था, वो महल जो इराक़ी सभ्यता का प्रतीक है वो महल पल-भर में अव्यवस्था का प्रतीक बन गया, भविष्य का प्रतीक है तो महल में लूट अमेरिका के आने की गवाही दे रहा है। यानी अमेरिका अपने साथ विध्वंस लेकर आया। अन्धकारपूर्ण भविष्य लेकर आया। वो भविष्य जिसमें सद्दाम का सर्वशक्तिशाली महल और इतिहास को अपने सीने से लपेटे म्यूज़ियम सुरक्षित नहीं है। आम आदमी की बात कौन कहे, कौन करे।

लेकिन रागे एक और प्रतीक की बात नहीं कर पाया। शायद वो कर नहीं सकता था। यह प्रतीक था सद्दाम की ख़ूनी, खोयीं आँखें। दाढ़ियों में उलझी हुईं आँखें, बेजान पलकों में लटकी हुईं आँखें और इन आँखों में कुछ खोजतीं 'पुतलियाँ'। ये

पुतलियाँ कुछ बेबस थीं, कुछ कह रही थीं। हमारे एक मित्र हैं। अभी हाल ही में इराक़ से लौटे हैं। उनका कहना है सद्दाम ने पकड़े जाने के बाद टीवी पर अपनी दाढ़ी पर एक ख़ास तरीक़े से उँगलियाँ फिरायीं। इन मित्र का कहना है–'उसने क़बीलाई अन्दाज़ में अपने लोगों को सन्देश दिया कि उसके साथ घात किया गया, उसके अपने लोगों ने उसकी पीठ पर छुरा मारा।' मित्र कहते हैं–'यह सन्देश उसने अपने तिकरित के लोगों को दिया।' और इस तस्वीर के बाद से ही बग़दाद इराक़ में अमेरिकी फ़ौजों पर हमले बढ़ गये। लोगों में गुस्सा बढ़ने लगा है। यह वो सिम्बल है जिसकी इतिहास पर सबसे ज़बर्दस्त पकड़ होगी और जो इस देशकाल का सबसे बड़ा सिम्बल होगा। क्योंकि ये पुतलियाँ सद्दाम की बेबसी की पुतलियाँ नहीं हैं, ये पुतलियाँ धीरे-धीरे पूरे इराक़ की और धीरे-धीरे यह पुतली बढ़ती हुई इराक़ की सीमा से बाहर निकल रही है। इसे इस्लाम की बेबसी कहना ग़लत होगा, क्योंकि ये पूरी एक सभ्यता की बेबसी बनती जा रही है।

अमेरिका ने जब अफ़ग़ानिस्तान और उसके पहले इराक़ पर हमला किया था तो वो उसके तर्क थे। अफ़ग़ानिस्तान की पीछे वर्ल्ड ट्रेड सेंटर में मारे गये सैकड़ों लोगों की बेबसी थी तो खाड़ी के युद्ध के पीछे से कुवैत का रुदन सुनायी पड़ रहा था। लेकिन इराक़ हमले के पीछे डब्ल्यूएमडी–वेपंस मास डिस्ट्रक्शंस यानी तबाही मचानेवाले हथियारों के शोर को काफ़ी तीखा करने की कोशिश की गयी, लेकिन वो फटे ढोल की तरह बेसुरा ही रहा कर्कश, कानों को अप्रिय। खाड़ी युद्ध और अफ़ग़ानिस्तान वॉर में अमेरिकी विदेश नीति और युद्ध नीति तमाम विरोधों और आलोचनाओं के बावजूद कहीं न कहीं धर्म पक्ष में खड़ी दिख रही थी। धर्म यानी नैतिकता के साथ क़दम मिलाती। इसलिए अफ़ग़ानिस्तान के तालिबान हों या इराक़ का शासक वर्ग, अपराधी की भाँति खड़ा दीख पड़ता था और तमाम ग़लतियों के बावजूद इराक़, सद्दाम नैतिकता-धर्म की कसौटी पर सही नज़र आ रहे हैं और अमेरिका अपराधी की तरह कठघरे में खड़ा। यही वजह है कि जॉर्ज बुश को अमेरिका में मानना पड़ता है कि सीआईए की रिपोर्ट को अपने भाषण में शामिल करना ग़लत था और लन्दन में टोनी ब्लेयर को अपनी कुर्सी बचाने के लिए उन मिसाइलों को चाबना पड़ रहा है जो दावों के बाद भी अमेरिका-इंग्लैंड इराक़ से खोज नहीं पा रहे हैं।

जीवन हो या राजनीति या फिर विदेश नीति नैतिकता की उलटी दिशा में खड़े होकर सत्ता का भोग किया जा सकता है, शासन नहीं। अमेरिका ने आतंकवाद का सहारा लेकर इस्लाम और तीसरी दुनिया के लोगों को डिफ़ेंसिव कर दिया था, नैतिकता के उलट खड़ा कर दिया था। लेकिन सत्ता में मद में चूर हो वो ख़ुद वह ग़लती कर बैठा जो आतंकवाद कर रहा था और नैतिकता के उलट खड़ा हो गया। यह बात इसलिए महत्वपूर्ण है क्योंकि 1917 की ख़ूनी क्रान्ति के बाद 1990 तक

अमेरिका हमेशा से ही अपराधबोध से ग्रसित ताक़त और समाज के तौर पर जीता रहा। मार्क्सवादी विचारधारा ने अमेरिकी पूँजीवाद विचारधारा को हमेशा डिफ़ेंसिव बनाये रखा, नैतिकता के विपरित पक्ष में खड़े बताया। पूँजीवाद माने शोषण का समाज, मार्क्सवाद साम्यवाद माने शोषणमुक्त समाज। सोवियत संघ की लड़ाई, विदेशनीति हो या अर्थनीति, अमेरिका के ख़िलाफ़ दबे-कुचले तबक़े को मुक्त करने की लड़ाई का प्रतीक बनकर उभरी थी। ऐसे में वैचारिक स्तर पर नैतिकता की लड़ाई में साम्यवाद हमेशा पूँजीवाद पर भारी पड़ता था। लेकिन 1990 में साम्यवादी तम्बुओं के उखड़ने के बाद पश्चिम की विचारधारा का पलड़ा भारी पड़ा। उसने लोकतन्त्र और लोगों की मुक्ति के तराजू पर साम्यवाद को नैतिकता के उलट खड़ा कर दिया। और फ्रांसिस फूकूयामा जैसे लोग कहने लगे इतिहास जीतने की जंग में पश्चिमी मूल्य ने आख़िरकार साम्यवादी मूल्यों पर विजय पायी, क्योंकि यह सच के साथ खड़े थे। और साम्यवाद शोषणमुक्ति के दावों के बावजूद सबसे बड़ा शोषक समाज बन बैठा इसलिए दबे-कुचले तबक़े ने साम्यवाद को उखाड़ फेंका। दुर्भाग्य से बुश और ब्लेयर ने पूँजीवाद की इस जीत को अत्यन्त अल्पजीवी बना दिया और आतंकवाद के ख़िलाफ़ जिस लड़ाई को पूरी दुनिया का समर्थन मिल सकता था वो महज़ व्हाइट हाउस और टेन डाउनिंग स्ट्रीट तक सिमटकर रह गया है। यही वजह है कि आतंकवाद को मिटाने के तमाम प्रयासों के बावजूद सऊदी अरब तक में ब्लास्ट हो रहे हैं और परवेज़ मुशर्रफ़ को छिपने की जगह नहीं मिल रही है। सऊदी अरब में कुछ दिनों पहले तक आतंकवादी हिंसा के बारे में कोई सोच नहीं सकता था। वहाँ हर आदमी सहमा हुआ है। और लिबर्टी की नींव पर खड़े अमेरिका के आतंकवाद के डर से लोगों का मानसिक सन्तुलन बिगड़ रहा है। और पूरा अमेरिका का क़िला बन गया है। बेबसी अमेरिका में भी है। वो समाज भी बेबस है वैसे ही जैसे इराक़ी समाज। लेकिन इराक़ की बेबसी में आक्रोश है तो अमेरिका की बेबसी में ख़ौफ़। और इसके लिए बुश ज़िम्मेवार है। क्योंकि बुश ने अपने पूर्वज वुड्रो विल्सन से कुछ नहीं सीखा। अमेरिका को अपने 'शानदार अलगाववाद' से खींचकर दुनिया की भीड़ में खड़ा करनेवाला विल्सन हमेशा कहता था—'ताक़त की जगह बातचीत से हर अन्तर्राष्ट्रीय समस्या का हल निकालना चाहिए।' इसके लिए उसने 'लीग ऑफ़ नेशंस' की स्थापना की जो आगे चलकर संयुक्त राष्ट्र बना। लेकिन बुश ने संयुक्त राष्ट्र को ही डिब्बे में बन्द करने की रणनीति बना ली है। विल्सन कहता है—'अमेरिका का प्रभाव उसकी 'निःस्वार्थता' पर निर्भर करता है।' उसका कहना था कि 'यह इसलिए ज़रूरी है ताकि लड़नेवालों के बीच वो ईमानदार बीच-बचाव करनेवाला बन सके।' विल्सन यह बात तब कर रहा था जब दुनिया में 'बैलेंस ऑफ़ पावर' की तूती बोलती थी और सत्ता सन्तुलन के खेल में नैतिकता पर बाज़ी नहीं

लगायी जाती थी। लेकिन विदेश नीति और युद्ध में नैतिकता का समावेश कर विल्सन ने न केवल अमेरिका को एक ऊँचा नैतिक आधार दिया बल्कि काफ़ी चालाकी से अमेरिका को दुनिया का चौधरी बना दिया, 'आरबिटर' यानी पंच। बुश को अगर दुनिया का पंच बनना है तो उसे भी विल्सन बनना होगा। नैतिकता के पक्ष में खड़ा होना होगा। नहीं तो वो एरियल शैरोन और यासर अराफ़ात से कहता रहेगा और आग भड़कती रहेगी। और सद्दाम की बेबस पुतलियाँ रह-रहकर फटती रहेंगी।

हिन्दुस्तान, 30.12.03

सोनिया का सच

चलिये सत्ता का सेमीफ़ाइनल पूरा हो गया। जिन्हें जीतना था वो हार गये और जो हार की आशंका में पीले पड़े जा रहे थे उन्हें अन्तिम क्षणों में ज़ोर का झटका धीरे से लगा और जीत का सेहरा बाँध निकल आये। काँग्रेस को पहले उम्मीद थी कि 3-1 से जीत उसके खाते में आयेगी। कुछ नेता तो यह भी कह रहे थे कि 4-0 भी हो सकता है। तमाम जनमत सर्वेक्षण भी काफ़ी कुछ इसी ओर इशारा कर रहे थे। लेकिन जब वोटिंग मशीन का बटन दबा काँग्रेसी चारों ख़ाने चित्त हो गये और जीता मैच हार बैठे। समझ नहीं पाये गड़बड़ी कहाँ हुई और काँग्रेसी परम्परा में ठीकरा किसके सिर फूटे। इस बीच जीत के जश्न में डूबी भाजपा ने कहना शुरू कर दिया 'इन चुनावों ने सोनिया गाँधी के नेतृत्व को नकार दिया है।' पार्टी अध्यक्ष वेंकैया नायडू जो कुछ समय पहले तक यह कह रहे थे कि यह चुनाव प्रधानमन्त्री अटल बिहारी वाजपेयी के कार्यकाल पर जनमत संग्रह नहीं है, वह भी कहने लगे, लोग सोनिया से उकता गये हैं।

भाजपा के इस प्रचार अभियान में देश के कुछ 'विदेशी नाम की बीमारी से ग्रस्त' राजनीतिक पार्टियाँ और बुद्धिजीवी भी कोरस करने लगे। अचानक किसी ने लिखा—सोनिया की कमान कमज़ोर है तो किसी को लगने लगा प्रधानमन्त्री बनने के लिए सोनिया को 2020 तक अब इन्तज़ार करना होगा। हर किसी का विश्लेषण इस बात से उत्प्रेरित दिखता है कि सोनिया काँग्रेस को 'विजय श्री' नहीं दिला सकतीं, क्योंकि एक, वह विदेशी मूल की हैं यानी वह एक महिला हैं जिन्हें इस देश की समझ नहीं है, यहाँ के रंग-बू से वाफ़िक़ नहीं हैं, दो, उन्हें राजनीति का ज्ञान नहीं है। अगर काँग्रेस कार्यसमिति के एक सदस्य की जुबान में कहें तो उन्हें 'पॉलिटिक्स का ककहरा' नहीं आता यानी वो नौसिखुआ हैं। तीन, उनकी आस्था दरबार लगाने में है, कार्यकर्ताओं से मिलने में नहीं है, और दरबार लगाकर चुनाव जीतने के दिन गये, अब नेताओं को अपना घर-द्वार छोड़कर कार्यकर्ताओं का ख़ून-पसीना सूँघना पड़ता है, तब कहीं जाकर नैया पार लगती है। लेकिन यहाँ सोनिया को लगता है कि सब

कुछ दस जनपथ से ही चल सकता है। राम वड़क्कम और चन्द और नौकरशाहों से सारा काम बन सकता है। चार, उनके सलाहकार निकम्मे हैं, वो चाटुकारों से घिरी हैं जिन्हें अपनी लाभ-हानि की अधिक चिन्ता है बनिस्पत सोनिया या पार्टी के। और जब तक वो 'कोटरी' से बाहर नहीं निकलेंगी, खुली हवा में साँस नहीं लेंगी तब तक पार्टी का बंटाधार ही होगा। पाँच, पार्टी अध्यक्ष बनने के बाद से उन्होंने नये और ऊर्जावान चेहरों को मौक़ा नहीं दिया। पार्टी अभी भी बूढ़े-खूसट, क़ब्र में पैर लटकाये नेताओं के भरोसे ही चल रही है। छः, वो 'एरोगेंट' हैं यानी उनकी नाक हमेशा तनी रहती है। वो न पार्टीवालों से सीधे मुँह बात करती हैं और न ही दूसरे सहयोगी और छोटी पार्टियों के नेताओं को भाव देती हैं। आज गठबन्धन राजनीति का ज़माना है। इसमें हर ऐरे-ग़ैरे-नत्थू-ख़ैरे की चिरौरी करनी पड़ती है तब जाकर रियासत लायक वोट जुटते हैं। सात, वो हिन्दी नहीं बोल पातीं या यूँ कहें उन्हें भाषण देने का 'सऊर' नहीं है। उनकी हिन्दी इटली की है इसलिए उसको सिर्फ़ इटली के ही लोग समझ सकते हैं, हिन्दी भाषी लोग नहीं। आठ, उनका मुक़ाबला अटल बिहारी वाजपेयी से है। जो संघपरिवार से लेकर जॉर्ज बुश को अपनी उँगलियों पर नचाने की कुवत रखते हैं। नौ, उनके पास मास्टर स्ट्रैटजिस्ट भी नहीं है, जो जूदेव कांड की आँच को जोगी की तरफ़ मोड़ दे, आग को पानी कर दे और दिन को रात। दस, वो दिल्ली के कुछ पत्रकारों को अपनी जेब में भी नहीं रख पायीं। वो पत्रकार जो दिनभर में अंकगणित लगाते रहते हैं कि उनकी फलाँ 'स्टोरी' या फिर सलाह से सरकारों के 'हाथ-पाँव' फूल जाते हैं और शाम होने तक हवाई जहाज़ के टिकट के लिए पार्टी मुख्यालयों के चक्कर लगाते हैं और सुबह नशा उतरते ही फिर नयी स्टोरी की तलाश में लग जाते हैं।

जब इतनी सारी कमियाँ हो तो फिर ज़ाहिर है सोनिया को चुप लगाकर बैठ जाना चाहिए और अगर वो ऐसा नहीं करती हैं तो काँग्रेसियों को या तो उमा भारती की तरह संन्यास ले लेना चाहिए या फिर वाजपेयी, आडवाणी की पार्टी में शामिल हो जाना चाहिए। लेकिन ऐसा होगा नहीं। न सोनिया ख़ामोश रहेंगी, न काँग्रेसी बनवास लेंगे। न सोनिया स्टाइल बदलेंगी और न काँग्रेसी अपना अन्दाज़। सब कुछ ऐसे ही चलेगा क्योंकि ऐसे ही चलना चाहिए। और ऐसे क्यों चलना चाहिए, इसके लिए कुछ बुनियादी सवाल उठाने चाहिए। काँग्रेस का बेड़ागर्क किसने किया? सोनिया गाँधी ने तो नहीं? 1984 की ऐतिहासिक जीत के बाद काँग्रेस की हालत 1989 से ख़राब होनी शुरू हुई जब उसकी सीटें 415 से घटकर 197 रह गयी। हालाँकि 37 फ़ीसदी वोट और 232 सीटें लेकर 1991 में उसने सरकार ज़रूर बनायी लेकिन पार्टी दिन-ब-दिन कमज़ोर होने लगी थी। यह नरसिंहा राव का ज़माना था। पचास साल राजनीति में पककर निकले नेता थे। नयी आर्थिक नीति को गति देनेवाले,

पंजाब समस्या को सुलझानेवाले, जम्मू कश्मीर में चुनाव करानेवाले। लेकिन इतने बड़े राजनीतिज्ञ थे कि मन्दिर और मंडल जैसे मुद्दों पर पार्टी की लाइन तय नहीं कर पाये। नतीजा उत्तर प्रदेश और बिहार, जहाँ मन्दिर-मंडल का सबसे ज़्यादा असर था, पार्टी डूब गयी। उत्तर प्रदेश और बिहार में पार्टी की जड़ों के खोखला होने के लिए सोनिया को तो ज़िम्मेदार नहीं ठहराया जा सकता। दक्षिण में तमिलनाडु में पार्टी सूपड़ा साफ़ करा बैठी। जब जी.के. मूपनार और पी. चिदम्बरम जैसे लोगों ने जयललिता से गठजोड़ करने की नरसिंहा राव की ज़िद का विरोध किया और तमिल मानिल काँग्रेस बनायी तब भी सोनिया पार्टी अध्यक्ष नहीं थी। पश्चिम में बंगाल में ममता बनर्जी ने पार्टी से विरोध किया और वहाँ भी पार्टी रसातल में गयी, तब भी सोनिया के हाथ में पार्टी की कमान नहीं थी। यह तब हुआ जब पार्टी की बागडोर एक तपे-तपाये नेता के हाथ में थी। यह नेता इतना बड़ा 'राजनेता' था कि इसने 'हवाला' कांड के ज़रिये लालकृष्ण आडवाणी से लेकर माधव राव सिन्धिया तक को फँसा दिया। सिन्धिया, अर्जुन सिंह ने पार्टी छोड़ी इसके लिए सोनिया कैसे ज़िम्मेदार होतीं। राव के बाद आये सीताराम केसरी। वो केसरी जिनके बारे में कहा जाता था 'ओल्ड मैन इन हरी।' यानी प्रधानमन्त्री बनने के लिए आतुर बूढ़ा। देवगौड़ा की अच्छी ख़ासी चल रही सरकार को गिराकर काँग्रेस की साख को बट्टा किसने लगाया। केसरी ने एक नहीं तीन सरकारें गिरायीं। देवगौड़ा और गुजराल की सरकारें और गुजरात में शंकर सिंह वाघेला की सरकार। केसरी तो आज़ादी की लड़ाई की आग से निकले थे। सोनिया तो नौसिखुआ है। केसरी के समय में काँग्रेसशासित राज्यों की संख्या सिकुड़कर छः रह गयी थी और पार्टी उम्मीदवार अपने यहाँ उनके 'कट-आउट', पोस्टर लगाने से बचने लगे थे। अगर केसरी ने इस्तीफ़ा नहीं दिया होता तो क्या होता?

काँग्रेसियों को मजबूरन नौ साल के बाद नेहरू-गाँधी परिवार के दरवाज़े जाना पड़ा। माफ़ करियेगा तमाम विद्वान लोग—सोनिया ख़ुद नहीं आयी थीं। विदेशी मूल का मुद्दा उठा काँग्रेस छोड़नेवाले शरद पवार सोनिया को बुलाने लगे थे। सोनिया के समय में काँग्रेस शासित राज्यों की संख्या 6 से बढ़कर 15 हुई। बिहार और जम्मू कश्मीर में उनके समर्थन से सरकार बनी वो अलग। यानी कुल संख्या हुई 17। तब तो किसी ने नहीं कहा, सोनिया की वजह से काँग्रेस इन राज्यों में जीती। मुझे याद है, तमाम बुद्धिजीवी और भाजपावाले कहते थे, राज्यों के चुनाव में सोनिया के नाम पर वोट नहीं पड़ते। जब तक सोनिया के नाम पर वोट नहीं पड़े तो अब मध्य प्रदेश, राजस्थान और छत्तीसगढ़ में कैसे वोट सोनिया के नाम पर पड़ गये। वेकैया नायडू को यह सवाल पसन्द नहीं आयेगा और आडवाणी-जेटली इसमें भी 'स्पिन' देख रहे होंगे। ख़ैर, सवाल राज्य जीतने का भी नहीं है। सवाल यह भी है कि जीतने के बाद

सोनिया ने काँग्रेसी राज्यों में कैसे नेता दिये। कर्नाटक में एस.एम. कृष्णा। आधुनिक सोच, साफ़ छवि। और साफ़्टवेयर के मार्केट में आन्ध्र प्रदेश को गँवाई ज़मीन वापस दिलानेवाले। केरल में ए.के. एन्थोनी। क्या भारतीय राजनीति में इस शख़्स से ज़्यादा कोई ईमानदार नेता भाजपा या काँग्रेस में है? जो अल्पसंख्यक होने के बाद यह कहने का बूता रखता है माइनोरिटीज़ को गोलबन्द होकर सरकारों पर दबाव की राजनीति बन्द करनी चाहिए। असम में तरुण गोगाई, दिल्ली में शीला दीक्षित, राजस्थान में अशोक गहलोत को सोनिया ने तमाम दबाव के बावजूद अस्थिर नहीं होने दिया। और ये तीनों ही इंडिया टुडे के सर्वे के मुताबिक़ बेहतरीन मुख्यमन्त्री रहे हैं। हार के बावजूद गहलोत की छवि पर दाग़ नहीं है। सीएसडीएस के चुनाव बाद एक सर्वे में यह लिखा गया है कि 51 फ़ीसदी जनता मानती है कि वो विकास के लिए गहलोत के किये कामों से सन्तुष्ट है। छत्तीसगढ़ में जोगी ने बदनामी ज़रूर दी लेकिन वहाँ भी सीएसडीएस लिखता है, 57 फ़ीसदी लोगों ने विकास के मुद्दे पर सन्तोष जताया। और जब जोगी पकड़ में आये तो एक समय का सोनिया का चहेता यह नेता आज उनकी चौखट पर सिर पटक रहा है। जबकि विकास पुरुष जूदेव का बचाव करते दिख रहे हैं। भाजपा को दिल्ली में तीन मुख्यमन्त्री बदलने पड़े थे। उत्तर प्रदेश में पहले कल्याण सिंह फिर रामप्रकाश गुप्ता और आख़िर में राजनाथ सिंह। गुजरात में केशुभाई पटेल की जगह नरेन्द्र मोदी, उत्तरांचल में नित्यानन्द स्वामी के स्थान पर भगत सिंह कोशियारी और झारखंड में बाबू लाल मरांडी को बाहर का रास्ता दिखा अर्जुन मुंडा को लाया गया। और कोई आश्चर्य नहीं होगा अगर चुनाव तक उनका हाल साहिब सिंह वर्मा का न हो जाये। जनता उनके गवर्नेंस पर कितना विश्वास करती है, इसका अन्दाज़ा इसी बात से लगता है कि गोवा और अरुणाचल मिलाकर उनके पास अब तीन राज्य जीतने के बाद सिर्फ़ सात राज्य हैं। जबकि पस्त हालत में भी सोनिया के ग्यारह हैं। हाँ आप कह सकते हैं सोनिया नौसिखिया है क्योंकि उन्होंने जम्मू कश्मीर में मुफ़्ती मोहम्मद सईद से ज़्यादा विधायक होने के बावजूद मुफ़्ती को चीफ़ मिनिस्ट्री दे दी। अगर वे कुटिल और शातिर नेता होतीं, तो मुफ़्ती की पार्टी तोड़ गुलाम नबी आज़ाद को बागडोर थमा देतीं। यह सोनिया का ही जिगरा था कि न केवल उन्होंने आतंकवाद के साये में जम्मू कश्मीर में चुनाव प्रचार किया बल्कि वहाँ अपने मुख्यमन्त्रियों का सम्मेलन भी किया। वाजपेयी सरकार बाद में यही करती नज़र आयी। सोनिया और वाजपेयी की तुलना करनेवाले ये न भूलें कि तमाम सामर्थ्य, सांगठनिक क्षमता के बावजूद अब तक भाजपा जनसंघ अपने बलबूते पर 200 से ज़्यादा सीटें नहीं जीत पायी है। सवाल दरअसल न तो वाजपेयी को गिराने का और न ही सोनिया को उठाने की। सवाल यह भी नहीं है कि इनमें से कौन बेहतर है और कौन कमतर। सवाल यह भी नहीं है कि सोनिया काँग्रेस

में जान फूँक सकती हैं, प्रधानमन्त्री बन सकती हैं या नहीं? इतिहास गवाह है कि जब-जब किसी का ईमानदारी से आकलन नहीं किया गया, तब-तब लोगों ने धोखा खाया है और बाद में जाकर सद्गुणों का पुतला माना गया नेता जनता के सीने पर मूंग दलता रहा है। इसलिए आइये अपनी कुंठाओं को किनारे रखें और स्थिति का सही आकलन करें। सच को घुमाने से कुछ नहीं होगा।

हिन्दुस्तान, 16.12.03

गाय से बदतर बंगारू

बचपन से 'स्पिनर्स' के बारे में सुनते आये हैं। वो जो गेंद को घुमाते हैं और बल्लेबाज़ों को चकमा देते हैं। बड़ा हुआ तो पता चला कि राजनीति में भी 'स्पिनर' होते हैं। फ़र्क़ इतना कि अब इन्हें 'स्पिन डॉक्टर्स' कहा जाता है। काम इनका भी चकमा देना है। क्रिकेट का स्पिनर बल्लेबाज़ों को छलता है, राजनीति का स्पिन डॉक्टर जनता के साथ छलावा करता है और सच को घुमा देता है। इस काम में भाजपा के कुछ लोग ख़ासे माहिर माने जाते हैं। इनमें उपप्रधानमन्त्री लालकृष्ण आडवाणी और क़ानून मन्त्री अरुण जेटली को महारत हासिल है। अभी भाजपा के मूँछ घुमाऊ तेजस्वी नेता दिलीप सिंह जूदेव कैमरे पर घूस लेते पकड़े गये कि कह बैठे, 'जूदेव छत्तीसगढ़ में हमारे स्टार प्रचारक रहेंगे।'

लेकिन सबके सामने खीसें निपोरने और अकेले में ख़ुद पर हँसने में अन्तर है। तो भाजपा को समझ में आ रहा था कि बिना पूरे मामले के 'स्पिन' दिये काम बननेवाला नहीं है क्योंकि चुनाव की पूर्व सन्ध्या पर 'धन्नो वाकई गुंडों के बीच फँस गयी है।' तो शुरू हुआ सच को घुमाने का खेल। पहले खुसपुस शुरू हुई, अख़बारों, टीवी पर ख़बर छपवायी गयीं और फिर भाजपा के 'मॉडर्न स्पिन डॉक्टर' अरुण जेटली जा पहुँचे रायपुर। प्रेस कॉन्फ्रेन्स की। कहने लगे 'जूदेव के ख़िलाफ़ षड्यन्त्र किया गया है।' जेटली काफ़ी 'संस्कारी जीव' हैं इसलिए वो ग़लती नहीं करते जो मुख़्तार अब्बास नक़वी जैसे भदेस नौसिखुआ प्रवक्ता करते हैं कि कह बैठे, टेप झूठा है'। जूदेव के ख़िलाफ़ साजिश रची गयी। मानो जूदेव युद्धिष्ठिर हैं और मामा शकुनि दुर्योधन के इशारे पर उन्हें फँसा रहे हैं। कोशिश है इस सच को रजाई ढकने की 'एक केन्द्रीय मन्त्री घूस लेते कैमरे पर पकड़ा गया।'

लेकिन यह पहला वाक़िया नहीं है जब भाजपा का कोई नेता घूस लेते कैमरे में क़ैद हुआ। ज़्यादा पीछे नहीं जाना है। बस तहलका याद कीजिये। हैरानी की बात यह है कि तब कोई 'स्पिनबाज़' जूदेव की तरह बंगारू को बचाने नहीं आया था और भाजपा का 'माई बाप' आरएसएस तड़ से कह बैठा था कि बंगारू एक 'असफल

स्वयंसेवक' हैं, जबकि इस बार जूदेव के बारे में संघ कह रहा है कि 'उन्हें ईसाई मिशनरियों ने अपना निशाना बनाया क्योंकि वो छत्तीसगढ़ में ईसाइयों के मंसूबे को कामयाब नहीं होने दे रहे थे।' जूदेव और बंगारू के बीच में फ़र्क़ क्यों? यह बात 'स्पिन डॉक्टर' नहीं बताते। कहीं इसका कारण अजीत जोगी के उस बयान में तो नहीं है जिसमें वो कहते हैं कि बंगारू दलित हैं और जूदेव राजघराने के क्षत्रिय, इसलिए दलित को तो उठाकर फेंक दिया गया लेकिन जूदेव को और कसकर गले से भींच लिया।' ख़ुद बंगारू भी काफ़ी कुछ यही इशारा करते हैं।

यही सवाल इस लेखक ने एक बार प्रवीण तोगड़िया से पूछा था, 'संघ हिन्दुओं को संगठित और एक करने की बात करता है तो फिर उसने अभी तक शूद्रों यानी दलितों को हिन्दू धर्म की मुख्यधारा में लाने के लिए कोई बड़ा आन्दोलन क्यों नहीं चलाया?' तोगड़िया ने थोड़ी देर सोचा और कहा, 'आपकी बात सही है। यह सच है हम दलितों ओर अछूतों को संघ के साथ नहीं जोड़ पाये हैं। लेकिन यह दिक़्क़त दलितों या शूद्रों की तरफ़ से नहीं है। परेशानी उच्च जातियों की है। उन्हें अपने को बदलना है और दलितों को अपनाने के लायक ख़ुद को तैयार करना है।' संघ भले ही हिन्दुओं को एक करने की बात करे लेकिन वो दलितों को साथ लेकर चलने की मनःस्थिति अभी तक बंना नहीं पाया है। और 2003 में भी नागपुर के उन्हीं ब्राह्मणों की विरासत सँजोये हुए है जिन्होंने 1925 में संघ की स्थापना की थी।

भाजपा के वैचारिक प्रमुख लोगों में से एक स्वर्गीय के.आर. मलकानी ने कभी 'आरएसएस स्टोरी' में पेज नम्बर 25 पर लिखा था, 'संघ में पहले ऑफ़िसर्स ट्रेनिंग कैम्प में नीची जाति के साथ भोजन करने पर कई ब्राह्मण स्वयंसेवकों को भारी ऐतराज़ था।' 'हिन्दू होने का धर्म' पुस्तक में प्रभाष जोशी लिखते हैं—'यह संयोग नहीं कि सावरकर और हेडगेवार दोनों ब्राह्मण थे और इनके अनुयायी और साथी ब्राह्मण थे।' सावरकर ने संघ हिन्दुत्व संगठन बनाया। डॉ. हेडगेवार का जन्म नागपुर में एक 'देलुगू ब्राह्मण' परिवार में हुआ था। हेडगेवार को शुरुआती राजनीतिक शिक्षा-दीक्षा मिली थी एम.बी. मुंजे से । मुंजे 'देशस्थ ब्राह्मण' थे। और अपनी डायरी में संघ के सदस्यों को 'ब्राह्मण पुत्र' के नाम से पुकारा करते थे। हेडगेवार के बाद आरएसएस की कमान सँभाली गुरु गोलवलकर ने। गोलवलकर 'कन्नड ब्राह्मण' थे। गोलवलकर ने आरएसएस का नेतृत्व अपने बाद सौंपा बालासाहेब देवरस का। वों भी 'महाराष्ट्र के ब्राह्मण' थे। और उनकी बीमारी में संघ की देखरेख की उनके छोटे भाई भाऊराव देवरस ने। देवरस के बाद उत्तर भारत के क्षेत्रिय प्रो. राजेन्द्र सिंह संघ के अगुवा बने। यानी एक और उच्च जाति। क्षणिक क्षत्रियवाद के बाद संध फिर चला गया के.एस. सुदर्शन की गोद में। सुदर्शन 'कर्नाटक के ब्राह्मण' हैं। यानी हिन्दू धर्म का उत्थान होना है तो ब्राह्मण का नेतृत्व ज़रूरी है। यह अलग बात है कि भारत

अपने उत्थान के लिए एक वैश्य यानी मोहनदास करम चन्द गाँधी को चुनता है। यह महज़ इत्तेफ़ाक़ नहीं है कि जनसंघ-भाजपा का नेतृत्व भी पहले ब्राह्मण श्यामा प्रसाद मुखर्जी के पास होता है, उनके बाद पंडित दीन दयाल उपाध्याय सामने आते हैं और अब अटल बिहारी वाजपेयी सर्वेसर्वा हैं।

संघ पर सबसे सारगर्भित शोध करनेवाले क्रिस्टोफ़र जेफ़रेल का कहना है कि संघ इसलिए मितयावन ब्राह्मणों को अपनी ओर खींचता है क्योंकि संघ उसी संस्कृति की बात करता है जिससे वो अपना जुड़ाव महसूस करता है। उनके मुताबिक़ यह संस्कृति है 'शास्त्र और शास्त्र के समवन्य की।' और कहीं न कहीं वे अपने को पेशवाओं के ब्राह्मण राज के करीब पाते थे। यह अनायास नहीं है कि हेडगेवार को शिवाजी के गुरु स्वामी रामदास में अपना 'आदर्श पुरुष' दिखता है। स्वामी रामदास क्षत्रिय गुणों से परिपूर्ण संन्यासी ब्राह्मण थे। जिन्होंने मुगलकालीन मुस्लिम शासकों के ख़िलाफ़ अलख जगाने का काम किया था। स्वामी रामदास की ख्याति इस्लाम के ख़िलाफ़ संघर्ष करनेवाले की भले ही हो लेकिन हिन्दू धर्म में जाति प्रथा और अछूतों के साथ जानवरों से भी बदतर बरताव के ख़िलाफ़ आन्दोलन छेड़ने की नहीं है। यही हाल शिवाजी का भी है। वे भी मुस्लिम शासकों से लड़े हिन्दू धर्म की कुरीतियों से नहीं। जब संघ के प्रेरणा पुरुष रामदास और शिवाजी हों तो संघ का मुस्लिम विरोध और 'दलित अ-प्रेम' समझा जा सकता है। यहाँ कोई यह न समझे कि मैं स्वामी रामदास और शिवाजी की शान में गुस्ताख़ी कर रहा हूँ। एक देशकाल विशेष में उनकी भूमिका थी लेकिन उनसे प्रेरणा लेकर 2003 में उसी देशकाल का बन्दी बने रहना कहाँ तक उचित है।

जेफ़रेल तो यहाँ तक कहता है कि संघपरिवार इसलिए गाँधीजी को नापसन्द करता था क्योंकि गाँधीजी ने दलितों को आज़ादी की लड़ाई में जोड़ने की जो मुहिम शुरू की थी उससे उच्च जातियों के सामने अपने जातिगत वर्चस्व और प्रभुत्व बचाये रखने का संकट खड़ा हो गया था। गाँधीजी को छोड़िये संघ ने बाबा साहेब भीमराव अम्बेडकर को भी कभी ढंग से गले नहीं लगाया। संघ को हमेशा लगता था कि अम्बेडकर दलितों को हिन्दू धर्म से अलग करने की दिशा में काम कर रहे हैं और उनका यह भ्रम तब और पुष्ट हो गया जब अम्बेडकर ने लाखों दलितों के साथ बौद्ध धर्म अपना लिया। यह अलग बात है कि जब मंडल का तीर चला तो अम्बेडकर की तस्वीर मर्यादा पुरुषोत्तम राम के साथ लगा संघ गाँव-गाँव घूमने लगा और अयोध्या में शिलान्यास की पहली ईंट एक दलित के हाथों रखवायी। लेकिन संघ का दलित प्रेम कितना सहज है इस पर कभी गोविन्दाचार्य ने भाजपा में 'सोशल इंजीनियरिंग' की थीसिस दी और दलित और पिछड़ा कल्याण सिंह का तेज़ ब्राह्मण वाजपेयी को नहीं भाया।

ख़ुद गोविन्दाचार्य ने कभी इस लेखक से कहा था कि 'लोग ग़लत नहीं कहते कि संघ और भाजपा में उच्च जातियों का एक सशक्त तबक़ा मंडल के भयंकर ख़िलाफ़ है।' चलिये यह मान भी लिया जाये कि गोविन्दाचार्य और कल्याण सिंह के तौर-तरीक़ों में दोष रहा होगा इसलिए हाशिये पर डाल दिये गये लेकिन इस सवाल का क्या जवाब है कि 'गौहत्या' के विरूद्ध रह-रहकर आन्दोलन करनेवाले संघ ने अब तक छुआछूत के ख़िलाफ़ अखिल भारतीय आन्दोलन क्यों नहीं किया? क्या 'गौ-उद्धार' 'दलित उद्धार' से ज़्यादा ज़रूरी है? क्या 'दलित' वाकई में जानवर से बदतर है कि पहले गाय का उद्धार हो, फिर दलितों का?

लेकिन इस सवाल का जवाब वो नहीं देंगे जो आरएसएस के एच.वी. शेषाद्री की जुबान समझते हैं। शेषाद्री ने मंडल आन्दोलन के सन्दर्भ में 1993 में कहा था—'समाज में कमज़ोर तबक़े को हमेशा हारना होगा। सिर्फ़ सम्पूर्ण समाज के सहयोग और सद्भाव से ही ऊपर उठने का मौक़ा उसे मिल सकता है।'

शेषाद्री की तरह संघ के जच्चे-बच्चे यह नहीं समझते कि सदियों से जिनके कानों में शीशा पिघलाकर उतारा गया हो वो अब उच्च जातियों की दया का मोहताज़ नहीं है। और यह मत सिखाइये कि उसे हमेशा हारना ही पड़ेगा। एक बंगारू पर जूदेव को तरज़ीह देकर संघ एक छोटी लड़ाई तो जीत सकता है लेकिन युद्ध अभी जारी है और 'सामाजिक नैतिकता' की विपरीत दिशा में खड़ा होने का ख़ामियाज़ा तो उसे हारकर ही उठाना होगा और तब कोई 'स्पिन डॉक्टर' सच को घुमा नहीं पायेगा और बंगारू को ही अकेले सलीब पर लटकना नहीं पड़ेगा।

हिन्दुस्तान, 02.12.03

एक राजनेता का रुदन

शायद नयी पीढ़ी को विश्वनाथ प्रताप सिंह का नाम न मालूम हो। हम बता देते हैं। विश्वनाथ प्रताप सिंह माने वी.पी. सिंह, जिन्हें अरुण नेहरू कभी प्यार से 'विश्वनाथ' बुलाते थे। 1989 में देश के प्रधानमन्त्री बने। ज़्यादा नहीं चले। चन्द्रशेखर ने तख़्ता पलट दिया। औंधे मुँह गिरे और तब से अब तक उठ नहीं पाये हैं। अब कभी भी चुनाव के वक़्त अपने को चाणक्य कहलाने के लिए प्रेस कॉन्फ्रेन्स करते हैं और देश को, बहरी जनता को राजनीति का लेक्चर पिलाते हैं। पिछले दिनों भी उन्होंने प्रेस कॉन्फ्रेन्स में तीसरे मोर्चे की बात की और फिर चाण्क्य नीति के तहत ज्ञान दिया कि चार राज्यों के विधानसभा चुनावों में भाजपा को हराने के लिए काँग्रेस को समर्थन दिया जाना चाहिए। इस बार आवाज़ में जोश कम मजबूरी ज़्यादा झलक रही थी। फिर उन्होंने यह भी कहा कि सोनिया गाँधी विदेशी नहीं हैं। उनका तर्क था, 'संविधान में विदेशी और देशी की परिभाषा है। सुप्रीम कोर्ट ने इस मुद्दे पर सोनिया को क्लीनचिट दे दी है। ऐसे में काहे को बखेड़ा खड़ा किया जाये। भाजपा इस मुद्दे को उठा देश को गुमराह कर रही है।' उनको सुनते, देख लगा, कहीं मन का 'अपराधबोध' बोल रहा है। राजीव गाँधी को बोफ़ोर्स में फँसा उनकी राजनीतिक हस्ती मिटाने की कोशिश का अपराधबोध, भाजपा की मदद से सरकार बनाने का अपराधबोध, और साम्प्रदायिक ताक़तों को केन्द्र में 'राजनीतिक मंच' दिलाने का 'अपराधबोध'। यह एक मसीहा की बोली नहीं थी। उस मसीहा की बोली जिसे देश ने 'मिस्टर क्लीन' यानी राजीव गाँधी के बरक्स देश का 'नया मसीहा' बना दिया था और पत्र-पत्रिकाओं में चरखा कातते गाँधीजी के अन्दाज़ में जिसकी तस्वीरें छपती थीं।

तब वी.पी. सिंह राजीव गाँधी की सरकार में थे। बोफ़ोर्स का मामला उठाया। राजीव गाँधी पर 65 करोड़ की दलाली में हिस्सा बँटाने का आरोप लगा। पार्टी से वी.पी. सिंह निकाले गये लेकिन देश की जनता ने उन्हें 'राजर्षि' बना दिया। जहाँ गये, लोगों ने पलकों पर उठाया। बनारस हिन्दू विश्वविद्यालय हो या जनेवि छात्रों का हुजूम पीछे था। और पीछे थे मन्त्री बनने की दमित वासना लिये तमाम

'स्वयम्भू' नेता। एक बातचीत में वी.पी. सिंह ने कहा था, 'लोकतन्त्र मसीहा नहीं पैदा करता। यह लोगों को महान काम करने के लिए प्रेरित करता है।' तब जनता ने उन्हें राजीव गाँधी जैसे सर्वशक्तिमान प्रधानमन्त्री को उखाड़ फेंकने का जनादेश दिया था। 'महान काम' करने की प्रेरणा दी। उन्होंने समझा 'महान काम' माने प्रधानमन्त्री बन जाओ। वो बन गये। जबकि जनादेश अलग था। राजनीति की मैली हो गयी गंगा को साफ़ करने का जनादेश जनता ने दिया था। पहली बार देश में भ्रष्टाचार एक मुद्दा बना था। वी.पी. सिंह से लोगों को उम्मीद थी कि वो देश में 'नयी राजनीति' की शुरुआत करेंगे, वो राजनीति जो देश की दिशा बदलेगी। लेकिन अफ़सोस, जनता ने उन्हें क्षमता से ज़्यादा आँका। वी.पी. सिंह के जिस 'निष्कासन' का देश उत्सव मना रहा था, उसके अफ़सोस में 'राजा साहेब' गीत लिख रहे थे। कई साल बाद एक इंटरव्यू में वो लगातार इस बात पर ज़ोर देते रहे—'असल में मन्त्रालय छोड़ा था। काँग्रेस से बर्ख़ास्त हुआ था। घर से निकाल दिया गया...उन्होंने नाता तोड लिया।'

राजा मांडा दिल से काँग्रेसी थे। वो जानते थे काँग्रेस से निकालने के बाद नेता कौड़ी का दो हो जाता है। उनकी रणनीति थी काँग्रेस में ही मन्थन हो और नेतृत्व परिवर्तन में बाज़ी उनके हाथ लगे। ऐसे में काँग्रेसेत्तर राजनीति की रणनीति बनायी ही नहीं। पार्टी से निकाले गये तो 'सन्ज्ञाशून्य' हो गये। आगे की सोची नहीं थी तो करते क्या। घर बैठ गये। कुछ लोग उन्हें बाहर ले गये तो एहसास हुआ कि जनता उन्हें भूली नहीं है। ख़ुद बताया था, 'लोगों के बीच जाने लगे तो पता चला कि लोगों को अपनी भावनाओं को प्रकट करने के लिए एक मंच की ज़रूरत थी। तो जनमोर्चा का निर्माण हुआ। असल में शुरू में दल बनाने की नीयत नहीं थी।' वह बहुत साफ़गोई से कह बैठे थे—'स्पष्ट जानें कि पार्टी बनाने की हमारी कोई मंशा नहीं थी। और इसका कोई मायने नहीं था।' यानी वी.पी. सिंह 'नयी राजनीति' कतई शुरू नहीं करनेवाले थे। जनता भ्रम में थी और इस भ्रम का फ़ायदा वी.पी. सिंह ने उठाया। लोग समझे बैठे थे कि बोफ़ोर्स के मन्थन से अमृत निकलेगा लेकिन यहाँ पुरानी शराब की बोतल बदल उस पर नया लेबल लगा दिया गया। चूँकि इस शराब की 'मार्केटिंग गुरु' पर थी, जिसकी साख बहुत ऊँची थी तो 'बासी प्राडक्ट' भी ख़ूब बिका और इतना बिका कि बिना संगठन के 142 सांसद बन गये और भाजपा, माकपा जैसी पुरानी राजनीतिक कम्पनियाँ भी अपने 'प्राडक्ट' और 'बाज़ार' को बचाये रखने के लिए उससे 'गठजोड़' करने पर मजबूर हो गयी।

कम्पनी कोई भी हो, माल कैसा भी हो उसका एक दर्शन होता है लेकिन इस बेमेल खिचड़ी का कोई दर्शन नहीं था। ऐसे में माल बनते ही इसकी पोल खुलने लगी। वी.पी. सिंह को इलाहाबाद का उपचुनाव लड़ना था। प्रचार करने के लिए 'सेक्युलर'

आरिफ़ मोहम्मद की जगह 'कम्युनल' सैयद शहाबुद्दीन को सिर माथे पर बिठाया गया। समझदार लोग समझ गये थे। तेज़-तर्रार और कभी युवा तुर्क रहे 'रामधन' ने 'जनमोर्चा' नहीं छोड़ वी.पी. और जनता को सन्देश दिया था। प्रधानमन्त्री बनने के लिए षड्यन्त्र रचा गया। चन्द्रशेखर को धोखे में रख पहले देवीलाल को संसदीय दल का नेता चुना गया और जब तक चन्द्रशेखर कुछ समझते देवीलाल ने पगड़ी वी.पी. सिंह के सिर पर रख दी। वी.पी. की गाँधीवाली इमेज तो यहीं खंडित हो गयी और जनता की नज़रों से गिरान भी। फिर शपथ लेने गये तो सफ़ेद कुर्ता-पाजामा की ज़गह काले अचकन और टोपी में सजे नज़र आये। मुस्लिम तबक़े को सन्देश जो देना था। तमाम दिग्गजों के बावजूद गृहमन्त्री बनाया मुफ़्ती मोहम्मद सईद को। जिनको तब कोई जानता नहीं था। सेक्युलर आरिफ़ फिर पीछे रह गये।

मुसलमान बेचारा आधुनिक चाणक्य की बिसात पर पहला 'सामाजिक मोहरा' बना। जिन शाह इमाम बुख़ारी को इन्दिरा गाँधी से मिलने के लिए घंटों इन्तज़ार करना पड़ता था अब हिन्दुस्तान का वज़ीर-ए-आज़म उनसे मिलने के लिए समय माँगता था। जामा मस्जिद के जीर्णोद्धार के नाम पर बुख़ारी की जेब में 50 लाख रुपये पहुँच गये। और 15 अगस्त के दिन लालकिले की प्राचीर से पैग़म्बर मुहम्मद के जन्मदिन को 'अवकाश का दिन' घोषित कर दिया गया। किसी भी मुस्लिम देश में ऐसी कोई भी छुट्टी नहीं मनायी जाती है। और न ही हिन्दुस्तान के मुसलमानों की तरफ़ से ऐसा कोई दबाव था। ओबेदुल्ला आज़मी को संसद सदस्य मनोनीत करने और जामिया मिलिया इस्लामिया के प्रोफ़ेसर मुशीरुल हसन पर हुए हमले की निन्दा न करने जैसे ढेरों प्रपंच वी.पी. सिंह ने मुस्लिम तबक़े को रिझाने के लिए किये थे।

लेकिन हद तब हुई जब देवी लाल को पटखनी देने के लिए वी.पी. सिंह ने मंडल कमीशन लाने को ब्रह्मास्त्र चलाया। 7 अगस्त 1990 को चलाया गया उनका यह दाँव दरअसल 9 अगस्त 1990 को देवी लाल की मंडल लागू करने की माँग को ध्वस्त करने की चाल थी। वी.पी. सिंह का अपराध यह नहीं था कि उन्होंने मंडल लगाया। उनका अपराध यह था कि जब मंडल की आग में बच्चे आत्मदाह करने लगे तो वो ख़ामोश कैसे रहे। अब की पीढ़ी को शायद न याद हो कि लेकिन तब मंडल के ख़िलाफ़ अपने ऊपर पेट्रोल छिड़क आग क्या लगायी, देश के कोने-कोने से बच्चों के आत्मदाह की ख़बरें आने लगीं। इस दौरान उनके मन्त्रिमंडल के शरद यादव और रामविलास पासवान लगातार भड़कानेवाले बयान देते रहे और बच्चे जलते रहे। वी.पी. सिंह चुप रहे। कारण जितना बच्चे जलते, आरक्षण विरोध भड़कता, उतना ही आरक्षण संगठित होते और वी.पी. का पिछड़ा वोटबैंक मज़बूत होता। यह एक छोटे नेता के लिए तो सही रणनीति हो सकती थी लेकिन राजर्षि वी.पी. के

लिए नहीं। आख़िर में उन्होंने करीब दस दिन बाद राष्ट्र के नाम सन्देश में बच्चों को न जलने की सलाह दी। उनका यह क़दम बिल्कुल वैसा ही था जैसा गुजरात के दंगों में एक महीने बाद प्रधानमन्त्री अटल बिहारी वाजपेयी अहमदाबाद गये और दंगा पीड़ितों के घावों पर मलहम लगाने का ड्रामा किया। वहाँ वी.पी. को पिछड़ों को अपने पीछे एक करना था, यहाँ वाजपेयी को हिन्दू वोट भाजपा की झोली में डालना था। बात राजनीति की थी ओर दोनों ही नहीं जानते वो बात जो लार्ड सैंकी से ज़िन्ना ने 1930 में कही थी—'माई लार्ड आज बाँटो और राज करो की नीति का ज़माना है। पर भारत में बाँटते हम हैं और राज आप करते हैं।'

वी.पी. सिंह को इतिहास ने सिखा दिया कि बाँटा उन्होंने लेकिन राज वाजपेयी ने किया। अब देखना यह है कि वाजपेयी के बाँटने पर राज कौन करेगा। कम-से-कम वी.पी. तो नहीं करेंगे। हाँ, समय-समय पर उनका रुदन ज़रूर सुनायी पड़ेगा। अपराधबोध से ग्रसित रुदन।

हिन्दुस्तान, 18.11.03

फ़्लैशबैक में साम्प्रदायिकता का समाजवाद

एक फ़िल्म है शोले। इसमें रमेश सिप्पी ने क़िस्सा कहने के लिए 'फ़्लैशबैक' तकनीक का ख़ूबसूरत प्रयोग किया। इन्हीं रमेश सिप्पी को अपना गुरु मान हम भी थोड़े समय के लिए फ़्लैशबैक में जाते हैं। फ़्लैशबैक में जेएनयू यानी जवाहरलाल नेहरू विश्वविद्यालय का आडिटोरियम दिखायी देता है। हॉल खचाखच भरा है। काफ़ी लोग बाहर भी खड़े हैं। अन्दर नानी पालकीवाला, जॉर्ज फ़र्नांडीज़ जैसे लोगों को बोलना है। बाबरी मस्जिद को गिराने का आन्दोलन चल रहा था। वक्ता इस ख़तरे से सजग रहने की बात कर रहे थे। समाजवादी जॉर्ज फ़र्नांडीज़ का काफ़ी क्रेज था। 'फ़ायरी' आग उगलनेवाले ईमानदार नेता की छवि। उनकी जुबान से लपटें निकल रही थीं। 'साम्प्रदायिकता इस देश को तबाह कर देगी। आरएसएस संघपरिवार वह आग है जो सब कुछ भस्म कर देगी। नौजवानों उठो। देश तुम्हारी तरफ़ देख रहा है। इस भष्मासुर को मौत की नींद सुला दो।' जॉर्ज फ़र्नांडीज़ साम्प्रदायिकता के साथ बोल रहे हैं।

फिर फ़्लैशबैक। गुजरात का दंगा, जॉर्ज दौरे पर। लौटते हैं संसद में बोलते हैं, 'गर्भवती महिला के साथ दंगों में बलात्कार कौन सा नया हादसा है।' जॉर्ज बोल रहे हैं, सब सुन रहे हैं। संघपरिवार के चेहरे पर सन्तोष का भाव। जॉर्ज बोल रहे हैं लेकिन फ़ायर का नामोनिशान नहीं। ताक़त लगाकर बोलते हैं। ग्राहम स्टेंस की हत्या पर संघपरिवार को क्लीन चिट देते हैं। आवाज़ काफ़ी तेज़ है लेकिन कोई सुन नहीं रहा है। फ़्लैशबैक समाप्त हो जाता है। जॉर्ज फ़र्नांडीज़ देश के रक्षा मन्त्री हैं। सेना का मनोबल बढ़ाना और देश की रक्षा की महती ज़िम्मेदारी कँधों पर। फिर फ़्लैशबैक। दिसम्बर 1963। तब का कलकत्ता। समाजवादी पार्टी का राष्ट्रीय अधिवेशन। माहौल ग़ैरकाँग्रेसी पार्टियों को एक करने की स्ट्रेटजी बनायी थी ताकि काँग्रेस को मात दी जा सके। अधिवेशन में जमकर तू-तू मैं-मैं हुई। जॉर्ज फ़र्नांडीज़ ने लोहिया की लाइन का जमकर विरोध किया। जनसंघ से हाथ मिलाना एक कारण था उनके गुस्से का। वह 1963 का समय था। संघपरिवार और उसके बच्चे पावरफुल नहीं थे। समाजवादी विपक्षी राजनीति की धुरी थे और जॉर्ज जैसे तमाम समाजवादियों का मानना था कि 'गठबन्धन की राजनीति अवसरवादिता है।'

और अगर कभी गठबन्धन करना भी पड़े तो 'काँग्रेस, वामपन्थी और साम्प्रदायिक पार्टियों से काई चुनावी तालमेल नहीं होना चाहिए।' यहाँ लोहिया एक नयी लाइन की बात कर रहे थे। वह लाइन जिसका एकमात्र मक़सद था सत्ता से काँग्रेस को बेदख़ल करना। और इसके लिए लोहिया को जनसंघ से हाथ मिलाने से गुरेज नहीं था। यह वही लोहिया थे जिन्हें जे.पी. काँग्रेस से करीबी कभी पसन्द नहीं आयी और आख़िर में इसी मुद्दे पर पार्टी तोड़ अपनी नयी पार्टी बनायी। लोहिया सोच रहे थे कि समाजवादी पार्टी काँग्रेस के विकल्प के रूप में उभर सकती है और इसके लिए उनको किसी और के सहयोग की ज़रूरत नहीं है। लेकिन एकला चला रे की उनकी नीति न तो वैचारिक स्तर पर और न ही सांगठनिक स्तर पर उन्हें कहीं ले गयी। 1962 आते-आते उन्हें समझ में आ गया कि काँग्रेस को अकेला हराना उनके बस में नहीं है। और वह वही कर बैठे जो वह ख़ुद समाजवादियों के बारे में कहा करते थे। उनका मानना था कि 'समाजवादियों में धैर्य नहीं है। वह चुनाव हारते ही सब्र खो बैठते हैं। आसानी से निराश हो जाते हैं और अपने सिद्धान्त और कार्यक्रम बदल देते हैं।' ख़ुद लोहिया भी धैर्य खो बैठे और देश के इतिहास में पहली बार सेक्युलर पार्टियों ने समाजवादी लोहिया के नेतृत्व में जनसंघ के साथ क़दमताल करने का फ़ैसला 1963 में किया। मधु लिमये ने सही कहा है कि '1963 ने भारतीय राजनीति को बदलने में अहम भूमिका निभायी।'

लोहिया के इस क़दम ने महात्मा गाँधी की हत्या के बाद से भारतीय राजनीति में हाशिये और समाज में अछूत की तरह पड़े जनसंघ यानी आरएसएस को नयी जान दे दी। लोहिया ने उन्हें पहली बार राजनीतिक और सामाजिक तौर पर 'स्वीकार्य' बना दिया। उन्होंने संघपरिवार को 'रेस्पेक्टबिलिटी' दी जिसकी उन्हें तलाश थी। जिसके चक्कर में गाँधीजी की हत्या का अभिशाप झेल रहे संघपरिवार ने पहले 'लौहपुरुष' सरदार बल्लभ भाई पटेल पर डोरे डाले और जब बात नहीं बनी तो 1962 में महात्मा गाँधी को अपनी शाखाओं में 'प्रातः स्मरणीय' बना डाला। उन गाँधीजी को जो उन्हें फूटी आँख नहीं सुहाते थे, जिनको वह देश के विभाजन के लिए ज़िम्मेदार मानते थे और जिनकी हत्या की साजिश रचने का कलंक वह अभी तक धो नहीं पाये हैं। लोहिया ने संघपरिवार को सम्मानयोग्य बनाया है और फ़ौरन नतीजे सामने आने लगे। 1964 में 1070 दंगे हुए जिनमें 1919 लोगों की जानें गयीं। 1962 में जिस जनसंघ के पास सिर्फ़ 14 सांसद थे उनकी संख्या 1967 के लोकसभा चुनाव में बढ़कर 35 हो गयी। लोहिया जिन्होंने 1961 मार्च में लिखा था कि 'धर्म और राजनीति के अविवेकी मिलन से दोनों भ्रष्ट होते हैं। किसी एक धर्म और राजनीति से कभी नहीं मिलना चाहिए। इसी साम्प्रदायिक कट्टरता से बचें।' लोहिया को जनसंघ की सिर्फ़ राजनीति नज़र आयी संघपरिवार का धर्म के साथ राजनीति का 'अविवेकी मिलन' दिखायी नहीं पड़ा। क्योंकि लोहिया काँग्रेस

विरोध में अन्धे हो गये थे। उन्हें सत्तालोलुप तो नहीं कहा जा सकता लेकिन सत्ता सन्तुलन को बनाने-बिगाड़ने के खेल ने उनकी दृष्टि बन्द कर दी थी। और 'धर्म को दीर्घकालीन राजनीति' और 'राजनीति का अल्पकालीन धर्म' कहनेवाला शख़्स यह नहीं समझ पाया कि 'अल्पकालीन राजनीति' का फ़ायदा समाज को 'दीर्घकालीन नुक़सान' पहुँचायेगा। साम्प्रदायिकता के मोर्चे पर लोहिया फेल हो गये। लेकिन पास उनके वरिष्ठ सहयोगी जे.पी. भी नहीं हुए।

जे.पी. यानी जय प्रकाश नारायण। समाजवादियों के नेहरू आजीवन 'वैचारिक धुँधलके' से निकल नहीं पाये। कभी मार्क्सवादी तो कभी समाजवादी, तो कभी सर्वोदयी और कभी अराजकतावादी। क्या थे जे.पी.? वह ख़ुद नहीं जानते थे। जे. पी. की वैचारिक कमज़ोरी का अन्दाज़ा इसी बात से लगता है कि 1952-53 में जब नेहरू ने जे.पी. को पत्र लिखकर समाजवादियों पर साम्प्रदायिक तत्वों से साँठगाँठ का आरोप लगाया था तब जे.पी. ने उसका करारा जवाब दिया था। दरअसल संघपरिवार ऐसा कभी कर ही नहीं सकता क्योंकि उसके पास जनता का दिल छूनेवाला 'नैतिक तेज' है ही नहीं। 1963 में यह 'नैतिक तेज' लोहिया ने दिया, 1977 में जे.पी. ने, 1989 में संघ ने विश्वनाथ प्रताप सिंह की नैतिकता को अपनी सीढ़ी बनाया। 1963 में लोहिया ने सब्र खोया, 'शॉर्टकट की पॉलिटिक्स' की, 1977 में जे.पी. भी इसी राह चले और 1989 में जनमोर्चा छोड़ वी.पी. सिंह ने भी राजनीतिक शुचिता के लम्बे बियाबान जंगल में भटकने का जोखिम उठाने की जगह आडवाणी-वाजपेयी से नैना चार किये। यह गाँधीजी का नाम तो लेते रहे लेकिन गाँधीजी की तरह 'पॉलिटिक्स के लाँग कट' पर जाना इन लोगों ने मुनासिब नहीं समझा। ये लोग चौरीचौरा कांड के बाद भरे आन्दोलन को वापस लेने का गाँधीजी का मतलब नहीं समझ पाये। गाँधीजी की तरह इन लोगों को राजनीति का शॉर्टकट छोड़कर काँग्रेस के बरक्श वैकल्पिक राजनीति का रास्ता खोजना था ताकि समस्या का स्थाई समाधान निकलता। लेकिन ये लोग गाँधीजी नहीं थे। इसलिए संघपरिवार से हाथ मिला बैठे और वह समाजवादी जो 1952 में काँग्रेस के बाद सबसे शक्तिशाली राजनीति गुट था अब मृतप्रायः है और वह संघपरिवार जिसका तब कोई नामलेवा नहीं था अब केन्द्र में है। और जब समाजवाद के इतने बड़े नेता इतनी बड़ी ग़लतियाँ कर गये हों तो जॉर्ज फ़र्नांडीज़, शरद यादव, नीतीश कुमार से उम्मीद क्या की जा सकती है। लेकिन जॉर्ज तक मामला थोड़ा उलट गया है। पहले जे.पी., लोहिया संघपरिवार को 'रेस्पेक्टेबिलिटी' देते थे अब संघपरिवार जॉर्ज को 'रेस्पेक्टेबल' बना रहा है। रक्षा मन्त्री बनाकर। लगता है यहीं पर हमें फ़्लैशबैक ख़त्म करना पड़ेगा क्योंकि स्टोरी को अभी भी आगे बढ़ना है और जॉर्ज को पहला 'ईसाई प्रधानमन्त्री' बनना है। संघ की मदद से। तब तक के लिए इंटरवल।

हिन्दुस्तान, 28.02.03

मेरे सवाल का जवाब दो

कुछ भी लिखूँ पहले मैं जेएनयू के अपने तमाम मित्रों से माफ़ी माँगना चाहता हूँ। जो कुछ भी मैं लिखने जा रहा हूँ उससे उनकी 'सेक्युलर भावनाओं' को ठेस लगेगी। लेकिन अगर मित्र हैं, दोस्त हैं, तो ऐतिहासिक परिप्रेक्ष्य में मेरी बातों को समझेंगे या फिर समझने की कोशिश करेंगे।

दोस्तो, बात शुरू करते हैं उन दिनों से जब मैं इलाहाबाद से जेएनयू आया ही था। बात 1986 की है। शुद्ध हिन्दी मीडियम में पढ़ाई करने के बाद एकाएक जेएनयू के अंग्रेज़ी वातावरण में पहुँचने पर मेरी आँखें चुँधिया गयी थीं और मैंने घबराकर एक पत्र अपने पिताजी को लिखा था, 'यहाँ तो चपरासी भी अंग्रेज़ी बोलता है। मैं कैसे 'सरवाइव' करूँगा।' ऐसी ही चुँधियाई भौंचक आँखों से एक दिन सामना हुआ एक ऐसे सज्जन से जो जवाहरलाल नेहरू विश्वविद्यालय छात्रसंघ के अध्यक्ष थे। उन दिनों जेएनयू में इतने कंक्रीट के जंगल नहीं उगे थे। पगडंडी पकड़कर लाइब्रेरी जा रहा था कि इन सज्जन को मैंने सामने से आते देखा। मैंने हाथ जोड़कर उन्हें 'नमस्ते' किया। वो सज्जन वहीं रुक गये। (मैं जानबूझकर इनका नाम नहीं ले रहा हूँ) उन्होंने मेरी तरफ़ देखा, ऐसे, जैसे मेरे जैसे अज्ञानी ने कोई अपराध कर दिया। फिर हल्के होंठ खुले और चन्द शब्द बाहर आये। 'दिस सिम्बलाइज़ेज़ फ़्यूडलिज़्म'। (यह सामन्तवाद का प्रतीक है) मेरी समझ में नहीं आया। मेरी मनोदशा देख वो बोले 'नमस्ते मत करो। यह सामन्तवाद प्रवृत्ति को दर्शाता है। हम सब बराबर हैं। तुम मुझे 'हैलो' कर सकते हो, मेरे पहले नाम से बुला सकते हो।' पूरी बात उन्होंने अंग्रेज़ी में कही थी। इतना कह वो आगे चल दिये। मैं काफ़ी देर तक वहीं खड़ा सोचता रह गया।

यह वो वक़्त था जो भारत समेत पूरी दुनिया में मार्क्सवाद-लेनिनवाद की किताबें पढ़ना और डायलेक्टिस के 'जॉर्गन' में बातें करना कुछ के लिए 'जीवनदर्शन' था, कुछ के लिए 'फ़ैशन'। जीवनदर्शन और फ़ैशन के बीच कुछ मेरे जैसे लोग भी थे जिसकी समझ में कुछ आ रहा था, तो कुछ नहीं। ढाबे पर जाता या फिर लाइब्रेरी,

हॉस्टल में रहता या मेस में कार्ल मार्क्स का पीछा ही नहीं छोड़ते थे। कहीं ची मिन्ह की चर्चा तो कहीं चे गुएरा के तराने। कोई कहता निकारागुआ की सांडिनिस्ता सरकार को किस तरह से अमेरिकी प्रशासन गिराने में जुटा है तो कोई क़िस्से सुनाता, कैसे माओ त्से तुंग ने चीन में क्रान्ति की। दक्षिण अफ्रीका की रंगभेद नीति को काई लानत भेजता तो काई अन्तर्राष्ट्रीय पूँजीवाद का डर दिखा तीसरी दुनिया के शासकों को आगाह करता। कब रात के दो-तीन बज जाते पता ही नहीं चलता। कभी-कभी नींद में भी लगता शायद आज 'क्रान्ति' आ ही जायेगी और सर्वहारा का कल्याण हो जायेगा।

इस बहस में मज़ाल था कि कोई दक्षिणपन्थी की बात भी करता। बीजेपी-आरएसएस का नाम लेना तो पाप था। क्या प्रोफ़ेसर, क्या छात्र सबको मालूम था 'संघवादी' जीव से दूर ही रहना बेहतर है नहीं तो आजीवन जेएनयू में 'कोढ़ के मरीज' के पास कोई नहीं फटकेगा।

धीरे-धीरे मैं भी 'साम्यवाद' और 'समाजवाद' के महीन फ़र्क़ को समझने लगा था। यानी मेरी भी गाड़ी चल निकली थी। अंग्रेज़ी बोलने लगा। साम्यवादी जॉर्गन हमारी दिनचर्या और बोलचाल का हिस्सा हो गये। थोड़ी बहुत दिलचस्पी कैम्पस पॉलिटिक्स में भी हो गयी। सीपीएम की छात्र विंग एसएफ़आई का वर्चस्व था। इसका सदस्य कभी नहीं बना और न ही समर्थक या क्या कहते हैं 'सिम्पथाइज़र'। शायद हिन्दी पट्टी का असर था कहीं भी रहो सत्ता के विरोध में रहो। ख़ैर दिन बीते, महीने बीते और बीत गये तीन साल। 1989 का वो दिन भी आ गया जब तेन आन मन चौक पर चीनी शासकों ने लोकतान्त्रिक तरीक़े से आन्दोलन कर रहे छात्रों पर टैंक चढ़ा दिये। सैकड़ों छात्र मारे गये। जेएनयू के माहौल में मातम छा गया। सुबह अख़बार पढ़कर कइयों ने ब्रेकफ़ास्ट नहीं किया। कुछ को ऐसा लगा अपना कोई गुज़र गया है। कुछ तो रो भी पड़े। लेकिन लंच आते-आते फ़िज़ाँ में कुछ अजीब सी हवा घुलने लगी। कुछ आवाज़ें फुसफुसा रही थीं। तेन आन मन चौक पर कुछ भी नहीं हुआ। छात्रों के मारे जाने की ख़बर प्रोपेगैंडा है। पूँजीवादी साम्राज्यवादी प्रेस की कारस्तानी। कुछ ने मान लिया लेकिन बहुतायत के मन में ये बातें नहीं उतरीं। ख़ुद एसएफ़आई के काडर का एक बड़ा हिस्सा इस प्रोपेगैंडा मानने को तैयार नहीं था। बात सीपीएम के हेडक्वार्टर पहुँची होगी। पोलित ब्यूरो सदस्य सीताराम येचुरी (जो विश्वविद्यालय के छात्र रह चुके थे) को जेएनयू भेजा गया। पेरियार मेस में उनका भाषण होना था। वो पहुँचे। मेस में तिल रखने की जगह नहीं थी। लेकिन येचुरी में इतनी हिम्मत थी कि वो कहते 'नॉट ए ड्राप ऑफ़ ब्लर्ड वाज़ शेड एट तेन आन मन चौक।' यानी ख़ून का एक कतरा भी नहीं बहा। इतना सुनना था कि 'वहाँ' क्रान्ति हो गयी। ऑल पावरफुल एसएफ़आई काडर की मौजूदगी के बावजूद येचुरी इसके

बाद एक शब्द नहीं बोल पाये और उन्हें मैदान छोड़ भागना पड़ा। एसएफ़आई का किला ढह चुका था। भारी संख्या में उसके काडर टूट गये। सिर्फ़ एक सच को झूठ बनाने की कोशिश बहुत महँगी पड़ी। इस बीच मंडल कमीशन आ गया। 'जाति' की सच्चाई को हमेशा नकारनेवाले साम्यवादी मार्क्सवादी आँख मूँदकर पिछड़ों के साथ हो लिये। 'क्लास' यानी 'वर्गसंघर्ष' का नारा रातोंरात 'जाति संघर्ष' का नारा हो गया। मंडल कमीशन के पक्ष-विरोध में जातियों की रैलियाँ निकलने लगीं। अचानक तमाम 'कामरेडों' की गुम हुई जातियाँ लौटने लगीं। जो सिर्फ़ अपने नाम के आगे 'प्रसाद' लिखते थे अब 'प्रसाद यादव' या फिर कुछ और जोड़ने लगे। मुझे भी पता चला, मैं उच्च जाति का हूँ।

जब जाति याद आयी तो धर्म तो याद आना ही था। मंडल के विरोध में कमंडल जो निकल पड़ा था। और धीरे-धीरे कैम्पस में उगने लगे वो जीव जिन्हें कभी 'कोढ़ का मरीज' माना जाता है, जिन्हें परिसर में रहने की इजाज़त नहीं थी। इस बीच मस्जिद ढही। कुछ ईमानदार लोगों की आँखों से आँसू टपके तो कुछ लोगों न दबे-छिपे मिठाइयाँ बाँटीं। हालाँकि अभी भी एबीवीपी सा 'संघवादी' सीना चौड़ा कर नहीं घूम सकते थे। लेकिन कैम्पस का चरित्र बदल रहा था। कुछ लोगों ने महसूस भी किया कि वो दिन दूर नहीं जब लाल सलाम का जवाब जय श्रीराम से दिया जाने लगेगा। एसएफ़आई कमज़ोर को चुकी थी, मंडल-कमंडल ने उसकी चूलें हिला दी थीं। सोवियत संघ भी बिखर गया था, एक नये समाज का सपना। यह वो समय था जब एसएफ़आई को नयी परिस्थितियों में अपनी विचारधारा को पुनर्परिभाषित करने की ज़रूरत थी। लेकिन जब कोलकाता और तिरुअनन्तपुरम में बैठे उसके आका 'जड़' हो चुके थे तो फिर इनसे 'शक्तिमान' होने की उम्मीद बेकार थी। लिहाज़ा राजनीति का शॉर्टकट शुरू हो गया। 'कम्युनिस्ट मैनिफ़ेस्टो' से निकलकर नया रास्ता जा पहुँचा 'स्कूल ऑफ़ लैंग्वेजेज' उर्दू और फारसी विभाग। टी.के. अरुण, पीताम्बर पोलासानी, सुरजीत मजूमदार, सुजीत जॉन की जगह ले ली शकील अहमद ख़ान ने। जहाँ कभी 'नमस्ते' सामन्तवाद का प्रतीक था, अब वहीं 'सलामवालेकुम' सेक्युलरिज़्म का तमगा बन गया। शुक्रवार को बसों में भरकर नमाज़ पढ़ने लोगों की भीड़ जाने लगी। एक समय वो था जब मेरे रूमपार्टनर रज़ी अहमद ने मुझसे बहुत संकुचाते हुए पूछा था कि 'अगर मैं कैमर में नमाज़ पढ़ूँ तो आपको बुरा तो नहीं लगेगा।' और मैंने कहा था, रज़ी भाई आप क्या बात करते हैं। रज़ी भाई ने कभी अपने मुस्लिम होने का ढिंढोरा नहीं पीटा था और वे एसएफ़आई के काडर भी नहीं थे। अनवर आलम ने तो ख़ैर कभी नमाज़ पढ़ी ही नहीं। नियाम-उल-हक और मुस्तफ़ा पढ़ते थे मस्जिद में जाकर। कब गये कब आये किसी को पता नहीं। न सिर पर टोपी न लम्बी दाढ़ी। अलीगढ़ी कुर्ता-पाजामा। जैसे हमने कभी चन्दन

की भस्म और टीका नहीं लगाया और न जनेऊ धारण किया। बिल्कुल वैसे ही। रमज़ान के वक़्त थोक में रोज़े रखने की रवायत शुरू हो गयी और हॉस्टलों की छतों पर 'इफ़्तार पार्टियाँ' सजने लगीं। इनमें कामरेड बढ़चढ़कर शिरकत करते थे। हम भी कई बार गये और अनवर मियाँ भी। मसालेदार चने भी खाये ओर शरबत भी पिया। नियाम कभी-कभी कहता कि आज कैसे उसने जमात के लोगों को अपने कमरे से बाहर निकाला। और यह सब हो रहा था एसएफ़आई की जानकारी में। लेकिन 'धर्म' को अफ़ीम कहनेवालों ने कभी भी इसके ख़िलाफ़ आवाज़ नहीं उठायी या फिर इस प्रवृत्ति को बढ़ने से रोकने की कोशिश की। क्योंकि उर्दू और फारसी विभाग से अब उसको थोक में वोट मिलने लगे थे औ छात्रसंघ चुनाव के समय एसएफ़आई के चार में से एक या दो उम्मीदवार 'नमाज़ी' होने लगे थे।

कैम्पस का चरित्र अब बदल चुका था। अब रातभर कोई क्यूबा क्रान्ति और वियतनाम के क़िस्से नहीं सुनाता था। न कहीं लेनिन-मार्क्स की बातें होतीं और न ट्रॉटस्की, ख्रुश्चेव किसी को याद आते। पहले जहाँ इक्का-दुक्का लोग यूपीएससी की परीक्षाएँ देते थे अब हर कोई सिर्फ़ आईएएस, आईपीएस बनने की बातें करने लगा। जिस 'प्रेसीडेंशियल डिबेट' को सुनना ज्ञान के समन्दर में गोते लगाने जैसा था अब वहीं एसएफ़आई के उम्मीदवार इन सवालों के जवाब देते लड़खड़ा जाते कि 'एंगल्स' मार्क्स के क्या लगते थे। मार्क्स की दो किताबों के नाम बताना अध्यक्ष पद के उम्मीदवार पर भारी पड़ता। डिनर के बाद मेसों में विद्वान मेहमानों को बुलाकर उनको सुनने की परम्परा मृतप्रायः हो चली थी। मेरे भी कैम्पस छोड़ने का वक़्त हो गया था। इतना सुकून तब भी था कि हमारी पीढ़ी के रहते जेएनयू में एबीवीपी को चुनाव लड़ने की हिम्मत नहीं पड़ी। लेकिन ये ख़बरें आने लगी थीं कि आज गोविन्दांचार्य सतलज हॉस्टल के एक कमरे में आये थे, उनका बौद्धिक भाषण सुना गया था। कभी-कभार एकाध पोस्टर भी नज़र आ जाते 'लाल गुलामी छोड़कर बोलो वन्देमातरम्।' ऐसे में हमारे बाहर निकलते ही अगर एबीवीपी के चुनाव में हिस्सा लेने और जीतने की ख़बर आयी तो कम-से-कम मुझे आश्चर्य नहीं हुआ। हमने तो समय रहते 'संघ की पदचाप' सुनी थी और आगाह भी किया था लेकिन तब 'स्ट्रेटजी' और 'टैक्सिस' का तर्क दे क्रान्ति की राह में मुझे रोशनी दिखाने की कोशिश की गयी थी। ऐसे में सवाल यह नहीं है कि 'कोढ़ का मृत वृद्ध' जी कैसे उठा? मेरा सवाल यह है कि इस पेड़ को खाद और पानी किसने दिया? मेरे सेक्युलरवादी दोस्त क्या मेरे इस सवाल का जवाब देंगे?

हिन्दुस्तान, 14.10.03

आओ सेक्युलरिज़्म का अन्तिम संस्कार करें

'बड़ी आरज़ू थी गली की तेरी
सो वाँ से लहू में नहा के चले।'

बड़ा पुराना शेर है। मुहब्बत में नाकाम आशिक कुछ इसी तरह अपने दिल का हाल बयाँ करते हैं। और ताउम्र एक दर्द सीने से लगाये रखते हैं। ज्यों-ज्यों उम्र बढ़ती जाती है, दर्द बढ़ता जाता है। इस देश की भी एक 'आरज़ू' थी। उसे भी 'आज़ादी' की 'गली' से निकलना था। आरज़ू पूरी भी हुई लेकिन नाकाम आशिक की तरह 'लहू' में से नहाके निकलना पड़ा। देश में ख़ून की होलियाँ खेली गयीं। भाई ने भाई का ख़ून बहाया, बहन की आबरू लूट ली। लाखों मरे, करोड़ों बेघर हो गये। बापू तक की परवाह नहीं की गयी और नेहरू के सपनों की धज्जियाँ उड़ा दी गयीं। नेहरू जब आज़ादी का ऐलान कर रहे थे बापू नोआखली में वहशियों को इन्सान बनाने की कोशिश कर रहे थे। लेकिन किसी ने नहीं सुनी। 'न सुननेवालों ने' बापू को ही 'दुश्मन' समझ लिया और आजीवन अहिंसा की मशाल जलानेवालों को हिंसा की बलिदेवी पर कुर्बान कर दिया। लोगों ने सोचा, बापू की कुर्बानी शायद सबक़ बन जाये, लेकिन 'सोचा' कब सच होता है। 2003 तक देश का 'लहू' की 'गली' से नहाकर गुज़रना जारी है।

तब नेहरू ने एक सपना बेचा था। 'समाजवाद' का सपना और 'धर्मनिरपेक्षतावाद' का सपना। वो सपना जिसे तब आज़ाद मुल्क़ की बेहतरी का 'रामबाण इलाज' माना गया था। नेहरू ने तब कहा भी था कि 'साम्प्रदायिकता' कोई बड़ा ख़तरा नहीं है। उनकी नज़र में 'राष्ट्रवाद' के रास्ते में वो चन्द काँटे हैं जो समय के थपेड़ों की थाह नहीं ले पायेंगे और अपने इतिहास की क़ब्र में दफ़न हो जायेंगे। उनकी नज़र में देश में तमाम 'नकारात्मकवाद'—साम्प्रदायिकतावाद, जातिवाद, भाषावाद, क्षेत्रीयतावाद, की उम्र बहुत छोटी है। यह इसलिए तब कुकुरमुत्तों की तरह उग आये थे क्योंकि देश आर्थिक विकास के रथ पर सवार हो सरपट नहीं भाग रहा था। एक बार विकास के घोड़ों को जोत दिया गया है, समाजवाद के सारथी को इस बागडोर थमा दी गयी

है और लोकतन्त्र के पथ पर रथ ने दौड़ना शुरू कर दिया। वे वाद हवा हो जायेंगे और देश में एक इन्सान का जन्म होगा। देश एक बार फिर सुनहरे काल की तरफ़ लौटेगा, जहाँ सब चैन की बँसी बजायेंगे और दूध-दही की नदियाँ बहेंगी।

लेकिन स्वप्नदर्शी नेहरू को क्या पता था कि हक़ीक़त की ज़मीन कितनी कंकरीली है और उस पर नँगे पाँव चलना कितना तकलीफ़देह। फिर सपने तो सपने होते हैं, नींद टूटी नहीं कि ग़ायब। प्रधानमन्त्री बनने के चन्द सालों में नेहरू के सपनों ने मरना शुरू कर दिया था। जिस 'समाजवाद' और 'धर्मनिरपेक्षता' को वो मर्ज की दवा समझ रहे थे वो बेअसर साबित होने लगे थे। नेहरू के बाद उनकी बेटी ने समाजवाद से कुछ समय तक 'फ़्लर्ट' ज़रूर किया लेकिन अस्सी के दशक तक वो समझ गयी थीं कि अब गीयर बदलने का वक़्त आ गया है। यह वो समय था जब दुनिया के तमाम कोनों से 'साम्यवाद की थकावट' क्रान्तिकारी समाजों के चेहरों पर साफ़ दिखने लगी थी और इन समाजों में रहनेवाले 'मिलोवान जिलास', 'अल्थूज़र' और 'ग्राम्सी' जैसे क्रान्तिकारी प्रतिक्रान्तिकारी बनने लगे थे। 'क्लास विदइन क्लास' और 'न्यू क्लास' आम सर्वहारा वर्ग के माथे पर कलंक का दाग़ बन चमक रहे थे। मिख़ाइल गोर्वाचेव ने ग्लासनोस्त और पेरेस्त्रोइका का मन्त्र दे इस सड़न को रोकने और सपनों को टूटने से बचाने की कोशिश की, लेकिन तब तक इतनी देर हो चुकी थी कि एक शराबी 'गेन्नादी यानायेव' की मामूली तख़्तापलट की कवायद ने सभी रिपब्लिकों को इस क़दर बदहवास कर दिया कि एक लम्हे में सोवियत संघ ग़ायब हो गया और निकारागुआ से पूर्वी यूरोप तक सब जगह गिरिजाघर की घंटियाँ बजने लगीं और 23 अगस्त 1989 को सिर्फ़ बाल्टिक रिपब्लिक में 320 किलोमीटर लम्बी मानव श्रंखला बनी। यानी 'समाजवाद' का मर्सिया पढ़ दिया गया। जिन्होंने नहीं पढ़ा वह समाजवाद के चोले के अन्दर रीबोक, नाइकी ब्रांड पहनने लगे, भीतर पूँजीवाद की हवा का बाँहें पसारे स्वागत करने लगे। समाजवाद सिर्फ़ आर्थिक विकास का ही फ़लसफ़ा नहीं था। यह फ़लसफ़ा नये समाज के गठन का भी था। समाजवाद आने के पहले रूस में नागरिकों को अपना धर्म मानने और गिरिजाघरों में स्वतन्त्र रूप से आने-जाने की इजाज़त थी। लेकिन लेनिन के सिपहसालारों ने आम इन्सान की निजता से धर्म का निषेध कर दिया, क्योंकि कार्ल मार्क्स ने कहा था 'धर्म अफ़ीम है'। भारत में नेहरू ने सीधे तो नहीं कहा लेकिन शासनतन्त्र से धर्म को दरबार तो कर ही दिया। साथ ही आम आदमी को भी यह महीन सन्देश दिया कि सार्वजनिक जीवन में धर्म से दूर ही रहे तो बेहतर है। इसका एक फ़ायदा तो यह हुआ कि पश्चिमी और साम्यवादी देशों की तरह धर्म देश के 'संवैधानिक राजनीति तन्त्र' से बाहर हो गया। नहीं तो इस देश का भी धर्म होता जैसा पाकिस्तान का है। लेकिन धर्मनिरपेक्षता को साम्प्रदायिकता की जिस औषधि के रूप में नेहरू ने देखा था वो

प्रयोग कामयाब नहीं रहा। 31 जनवरी 1952 को मुख्यमन्त्रियों को लिखे अपने पत्र में नेहरू ने कहा 'सेक्युलरिज़्म यानी धर्मनिरपेक्षता का मतलब है सभी धर्मों के साथ बराबरी।' लेकिन वो यह भी लिख गये कि 'जातियों से भरा समाज पूरी तरह से सेक्युलर समाज नहीं हो सकता।' अगर सोवियत संघ में साम्यवाद ख़त्म होने के बाद लोगों ने गिरिजाघरों की घंटियों को बजाने का पहला काम किया तो इस देश में भी धर्म को नकारने की शासन की महीन ज़िद के ख़िलाफ़ एक 'ज़िद' बनने लगी। शायद नेहरू को इस बात का एहसास होने लगा था, तभी तो अपने जीवन के अन्तिम दिनों में 10 जुलाई 1961 में उन्होंने धर्मनिरपेक्षता पर सफ़ाई दी–'हमने अपने संविधान में सेक्युलर राज्य की अवधारणा की है। लेकिन इसका मतलब 'अ-धार्मिक' नहीं है। इसका अर्थ है सभी सम्प्रदायों को समान इज़्ज़त देना और किसी भी पन्थ या धर्म को माननेवालों को बराबर मौक़ा देना।' लेकिन नेहरू के बाद की 'नेतृत्व पीढ़ियाँ' इतनी सामर्थ्यवान नहीं थीं कि वो 'धर्मनिरपेक्षतावाद' को नये देश-काल के सापेक्ष पुनर्परिभाषित करतीं और एक नयी अवधारणा देतीं। नतीजा यह निकला कि धर्मनिरपेक्षता को 'स्यूडो-सेक्युलरिज़्म' यानी 'छदम् धर्मनिरपेक्षता' का नाम दे गाली दी जाने लगी और सेक्युलरिज़्म के अलमाबरदार वह पुरानी घिसीपीटी लकीर पीटते रहे। यही कारण है कि पिछले दिनों धर्मनिरपेक्षता आन्दोलन कमज़ोर हुआ है और साम्प्रदायिकतावाद की मुहिम नाग बनकर समाज के सिर पर खड़ी हो फुँफकार रही है और तमाम जन दबे-छिपे कराह रहे हैं। जिसे नेहरू ने राह का मामूली काँटा समझा था वो गुजरात में दावानल बन पूरे समाज को अपने कंठ से नीचे निगल गया और हम-आप मूक दर्शक बने देखते रहे।

अब वक़्त आ गया है कि हम मान लें कि 'धर्मनिरपेक्षतावाद' अपनी उम्र जी चुका जैसे समाजवाद और साम्यवाद मृत हो चुके हैं। सबसे पहले हम धर्म को गन्दी गाली दे इसका निषेध बन्द करें और धर्म को सामने रखके साम्प्रदायिकतावाद, जातिवाद या फिर क्षेत्रीयतावाद का तोड़ निकालने की कोशिश करें। हमें अब यह बताने की ज़रूरत है कि हज़ारों सालों से इस देश में तमाम धर्मों और जातियों के लोग सौहार्द से रहते आये हैं। इस्लाम इस देश में 800 की सदी में आया लेकिन हिन्दू-मुसलमानों में दंगे तो पहली बार अठाहरवीं सदी में रिपोर्ट हुए। मामूली नोकझोंक तो पहले भी हुई होगी इससे कहाँ इनकार, लेकिन संगठित होकर ख़ून-ख़राबा नहीं हुआ। यानी करीब हज़ार साल दोनों समुदाय साथ-साथ हँसी-ख़ुशी रहे बिना विद्वेष के अपनी-अपनी संस्कृतियों को जीते हुए। इसी तरह क्या ख़ुद हिन्दू समाज हज़ारों जातियों में विभक्त रहते हुए नहीं एक रहा है। अगर आज उच्च जातियों को निम्न जातियों से प्रेम नहीं है तो शंकराचार्य और रामानुज के पहले भी प्रेम नहीं था, लेकिन ब्राह्मण और शूद्र-अछूत अपनी-अपनी संस्कृतियों और आस्थाओं के साथ-साथ जीते

रहे। तो अब क्यों नहीं जी सकते? शायद सहअस्तित्व की इसी भावना के साथ तमाम भारतीय संस्कृतियों का एक साथ रहना ही साम्प्रदायिकता का जवाब है। हम चाहें तो इसे 'बहुसंस्कृतिवाद' कह लें या कोई और नाम दे लें। इससे सेक्युलरिज़्म की तरह धर्म के निषेध की बू नहीं आती और यह अपना-अपना धर्म और अपने-अपने ईश्वर के साथ जीने की इजाज़त देता है। इसलिए आइये धर्मनिरपेक्षता के मोह को छोड़ दें, नहीं तो साम्यवाद-समाजवाद की तरह इसे भी लोग गर्त में फेंक देंगे, तब हम शून्य में निहारते संज्ञाशून्य रह जायेंगे।

हिन्दुस्तान, 30.09.03

मुखौटे का राजधर्म

बात थोड़ी पुरानी है। इमरजेंसी के दिनों की। इन्दिरा गाँधी ने अपने सबसे विश्वासपात्र सलाहकार और नौकरशाह पी.एन. धर को सन्देश भेजा। 'जल्दी आओ, ज़रूरी बात करनी है।' भाई के घर भोज छोड़कर धर प्रधानमन्त्री के पास पहुँचे। सन्देश था, 'संजय (गाँधी) ने गड़बड़ की है और मैं बहुत परेशान हूँ।' संजय गाँधी तब प्रधानमन्त्री के बाद देश के सबसे ताक़तवर आदमी थे। कुछ लोग तो मानते हैं शायद सबसे ताक़तवर। संजय ने एक इंटरव्यू दिया था। उस इंटरव्यू में उन्होंने तब भारत के सबसे करीबी दोस्त सोवियत संघ, काँग्रेस के सहयोगी भाकपा और देश की आर्थिक नीति की जमकर धज्जियाँ उड़ायी थीं। साथ ही अपने नाना को भी कोसा था और इन्दिरा गाँधी के मन्त्रीमंडलीय सहयोगियों को 'मूर्ख अज्ञानी' की संज्ञा दी थी। इन्दिरा गाँधी चाहतीं तो सूचना प्रसारण मन्त्री विद्याचरण शुक्ल से कहकर उचित कार्रवाई कर सकती थीं। आख़िर सेंसरशिप का ज़माना था। फिर भी उन्हें धर को बुलाना पड़ा। इन्दिरा गाँधी को शुक्ल पर भरोसा नहीं था। अपने ही सूचना प्रसारण मन्त्री पर वो विश्वास नहीं कर सकती थीं। धर साहब अपनी किताब में लिखते हैं, 'इन्दिरा गाँधी को शक था शायद शुक्ल उनके मनमुताबिक़ काम न कर पाये।'

धर के मन में साफ़ था कि यह किसी 'मनबढ़' 'खर' दिमाग़ आदमी के मुँह से यूँ ही निकल गयीं बातें नहीं थीं। उनके मुताबिक़ यह प्रधानमन्त्री को 'बायपास' करने की कोशिश थी। धर लिखते हैं—'दरअसल संजय की नज़र कहीं और थी और वो उसे पाने की जल्दी में थे।' संजय को 'बैक सीट ड्राइविंग' पसन्द नहीं थी और 'ड्राइवर की सीट' पर आने को आतुर थे। इन्दिरा गाँधी भी चाहती थी कि संजय उनकी कुर्सी पर बैठे लेकिन इतनी जल्दी नहीं। लेकिन संजय और ही दुनिया में थे। उन्हें लगता था कि उनकी 'माँ' दबाव पड़ने पर झुक जाती हैं, और देश को उनके नेतृत्व की ज़रूरत है। धर लिखते हैं, 'ख़तरनाक बात यह थी कि इन्दिरा गाँधी समझते-बूझते अपने बेटे की कारगुजारियों से आँखें मूँदे हुए थीं। या तो वे उसे रोकना

नहीं चाहती थी या फिर वो उस पर लगाम लगाने में असमर्थ थीं। इन्दिरा गाँधी जिसे पूरी दुनिया 'आयरन लेडी' कहती थीं कमज़ोर पड़ रही थीं, असहाय थीं। और संजय इसका भरपूर फ़ायदा उठा रहे थे। नरेन्द्र मोदी को संजय गाँधी नहीं कहा जा सकता और न ही अटल बिहारी वाजपेयी को इन्दिरा गाँधी। दोनों के बीच बाप-बेटे का रिश्ता नहीं है जो इन्दिरा गाँधी और संजय गाँधी के बीच था। मोदी वाजपेयी के 'मानस पुत्र' भी नहीं हो सकते क्योंकि मोदी के आदर्श कोई भी हों वाजपेयी तो नहीं हैं। मोदी पर किसी ज़माने में लालकृष्ण आडवानी का वरदहस्त था। लेकिन इन्दिरा गाँधी की चिन्ता भी थी। उन्हें इस बात का एहसास कहीं न कहीं था कि संजय का इस तरह उच्छृंखल होना ख़ुद उनके लिए, काँग्रेस के लिए और देश के लिए ठीक नहीं है। वो जानती थीं कि उनकी सत्ता को यानी प्रधानमन्त्री की सत्ता को कमज़ोर करने का अर्थ क्या था? उन्हें यह तत्व ज्ञान भी था कि एक संविधानेत्तर सत्ता का 'कैबिनेट' जैसी संस्था का अवमानना करना देश की सेहत के लिए ठीक नहीं था। इन्दिरा गाँधी को अपना राजधर्म निभाना था इसलिए धर को बुलाया और संजय के इंटरव्यू को छापने से रोकने के लिए इन्तज़ाम करने को कहा। एक माँ संजय के इस इंटरव्यू को नज़रअन्दाज़ कर सकती थी लेकिन प्रधानमन्त्री नहीं।

मोदी का पिता न होते हुए भी वाजपेयी को यही 'राजधर्म' निभाना है। एक प्रधानमन्त्री की तरह चिन्ता करनी है। यह उम्मीद उनसे देश ने तब से लगा रखी है जब से गुजरात में दंगे शुरू हुए। बीच-बीच में वाजपेयी ने संकेत भी दिया कि वो राजधर्म निभानेवाले हैं। पहले इशारों-इशारों में कहा, वो मोदी को हटाना चाहते थे। लेकिन नहीं हटा पाये। गोवा में भाजपा की राष्ट्रीय कार्यकारिणी में मोदी के इस्तीफ़े का नाटक रचा गया। शाम होते-होते वाजपेयी ही मोदी रंग में रँगे दिखे। हालाँकि इसके पहले जब वो गुजरात गये, दंगा पीड़ितों से मिले तो मोदी को 'राजधर्म' निभाने की नसीहत दी। और तब से अब तक मोदी एक 'राजा' की तरह 'राजधर्म' निभा रहे हैं। अब सुप्रीम कोर्ट ने भी मोदी से कहा है—'राजधर्म' निभाओ नहीं तो गद्दी छोड़ो।

वाजपेयी ने जब राजधर्म निभाने की सलाह दी तो मोदी ने चुनावों के दौरान 'मियाँ मुशर्रफ़' और 'जेम्स माइकल लिंगदोह' और सोनिया के रिश्तों की चर्चा कर डाली। लोकतन्त्र की सीमा में रहते हुए तब तक मोदी ने 'मियाँ' माने 'मुसलमान' और 'माइकल' माने 'ईसाई' की जमकर खिल्ली उड़ायी। मुशर्रफ़, लिंगदोह और सोनिया गाँधी 'बिम्ब' बन गये। उस समाज के बिम्ब जिनको आरएसएस प्रमुख गोलवलकर ने भारत के दुश्मन की उपाधि दी थी। 'बंच ऑफ़ शॉट' में गोलवलकर ने भारत के तीन दुश्मन बताये हैं—दुश्मन नम्बर एक मुसलमान, दुश्मन नम्बर दो ईसाई और दुश्मन नम्बर तीन कम्युनिस्ट। मोदी गुजरात विधानसभा चुनावों के दौरान

दो समुदायों को देशद्रोही बता हिन्दू वोटबैंक को संगठित कर रहे थे। पूरा देश इस बात को समझ रहा था सिवाय उनके जिनको राजधर्म निभाना था। जेम्स माइकल लिंगदोह इस बात को समझ रहे थे तभी तो गुजरात गये और अफ़सरों को, उन आला अफ़सरों को जो मोदी के मुँह लगे थे, झाड़ पिलायी, 'तुम्हें शर्म नहीं आती।' भाजपा ने कहा, 'लिंगदोह पूर्वाग्रह से ग्रस्त हो काम कर रहे हैं। उन्हें अफ़सरों को डाँटने का अधिकार नहीं है।' धृष्टता इतनी बढ़ी कि देश के राष्ट्रपति अब्दुल ए.पी. जे. अब्दुल कलाम ने गुजरात दंगों में अनाथ हुए एक बच्चे के लालन-पालन और पढ़ाई-लिखाई की ज़िम्मेदारी लेने की छोटी-सी गुज़ारिश मोदी सरकार से की तो उनको भी नज़रअन्दाज़ कर दिया गया। देश के राष्ट्रपति की बात एक मुख्यमन्त्री ने नहीं मानी और वो बच्चा अब अहमदाबाद में पान की गुमटी लगा रहा है। क्या इसलिए कि गुज़ारिश करनेवाला राष्ट्रपति मुसलमान था और जिसकी गुज़ारिश की गयी थी वो भी मुसलमान था?

इस दौरान दंगों की जाँच चलती रही। गोधरा कांड में सभी आरोपियों पर पोटा लगा दिया गया और बाक़ी दंगों के आरोपियों के ख़िलाफ़ आधी-अधूरी एफ़आईआर दर्ज हुई। एक के बाद एक आरोपी छूटते गये। इस पूरे मामले पर पर्दा पड़ा रहता और दुर्योधन अपने राजमहल में अट्टहास लगाता रहता, अगर बेस्ट बेकरी कांड की प्रमुख गवाह ज़हीरा शेख़ का इंटरव्यू लोकतन्त्र के चौथे स्तम्भ ने नहीं दिया होता। ज़हीरा ने कहा, 'उसे जान से मारने की धमकी दी गयी, डरकर उसने अदालत में बयान बदल दिया।' प्रेस ने पहल की तो मुम्बई के कुछ स्वयंसेवी सामने आये। इन लोगों ने मानवाधिकार आयोग का दरवाज़ा खटखटाया। आयोग के प्रमुख एक हिन्दू जस्टिस एस.एस. आनन्द ने कहा, 'न्याय का गर्भपात हुआ है।' आनन्द पूरे मामले को सुप्रीम कोर्ट ले गये। मोदी को आग लग गयी, भाजपा परपरा उठी। आनन्द के ख़िलाफ़ जाति-जनजाति आयोग, महिला आयोग, अल्पसंख्यक आयोग की तरफ़ से अदालत में याचिका दाख़िल करने की जुगत जाने लगी। यानी मानवाधिकार की साख को धूमिल करने का षड्यन्त्र रचा गया। लोग यह भूल गये कि आनन्द सर्वोच्च न्यायालय के मुख्य न्यायधीश रह चुके हैं और उन्हें केन्द्र सरकार से अच्छे रिश्तों के लिए जाना जाता है। मोदी ने मानवाधिकार आयोग की नहीं सुनी लेकिन सुप्रीम कोर्ट ने सुनी। न्याय का घंटा बजा। और मुख्य न्यायधीश वी.एन. खरे, जस्टिस ब्रजेश कुमार और जस्टिस एस.बी. सिन्हा ने कहा, 'दंगाइयों को सज़ा नहीं दे सकते तो गद्दी छोड़ो।' तीनों न्यायधीश ईसाई नहीं हैं, और न ही मुसलमान। तीनों देशभक्त हिन्दू हैं। ये तीनों न्यायधीश कहते हैं, 'उन्हें गुजरात सरकार पर भरोसा नहीं है।' यह भी कहते हैं कि वो मूकदर्शक बने नहीं रह सकते, दंगाइयों को सज़ा दो नहीं तो हम फ़ैसला करते हैं।

राजधर्म निभाने की सलाह देनेवाला फिर चुप है लेकिन भाजपा कह रही है–'मोदी इस्तीफ़ा नहीं देंगे। अदालत ने गुजरात सरकार को कटघरे में खड़ा नहीं किया है। और पार्टी 'ऐम्बैरस' भी नहीं है।' आप क्यों ऐम्बैरस होंगे क्योंकि संविधान निर्माता बी.आर. अम्बेडकर बहुत पहले ही कह चुके हैं, 'संवैधानिक नैतिकता नैसर्गिक गुण नहीं है। इसकी आदत डालनी पड़ती हैं।' अम्बेडकर लोकतन्त्र के पचास सालों के अनुभव को देखते तो शायद दो कैटेगरी बनाते; एक, उनकी जिन्हें नैतिकता की आदत आसानी से लग जाती है और दूसरे, उनकी जो आदत डालना नहीं चाहते। पिछले पचास सालों में लोकतन्त्र में रचे-बसे लोग और संस्थाएँ नैतिकता की आदत डाल रही हैं तभी तो ईसाई लिंगदोह, हिन्दू आनन्द और खरे अनैतिक होता देख अपने को रोक नहीं पाते। चुनाव आयोग, मानवाधिकार आयोग और सुप्रीम कोर्ट जैसी संस्थाएँ लोकतन्त्र की भावना के वशीभूत हो राजधर्म निभाती हैं। और इन्दिरा गाँधी जैसी सर्वशक्तिमान प्रधानमन्त्री का चुनाव रद्द कर देती हैं। इन्दिरा गाँधी को नैतिकता की आदत ठीक से नहीं पड़ी थी इसलिए घायल शेरनी की तरह इमरजेंसी लगा बैठती हैं। लेकिन नेहरू की बेटी में कुछ लोकतान्त्रिक आनुवंशिक तत्व थे जिनकी वजह से वो संजय गाँधी की उच्छृंखलता को पूरी तरह से अनदेखा नहीं कर पातीं और साम्राज्ञी की तरह शासन करने के बाद भी चुनाव का ऐलान कर देती हैं।

लेकिन जिनकी ज़मीन ही अलोकतान्त्रिक हो, जिन्हें नेहरू जैसे लोकतन्त्र के पुजारी का आर्शीवाद न मिला हो, उन्हें 'संवैधानिक नैतिकता' की आदत लगने में वक़्त लगता है। और इसलिए राजधर्म का पालन करने में देरी होती है। लेकिन यह लोकतन्त्र है, इसकी उम्र आधी सदी से ज़्यादा हो चुकी है इसलिए नैतिकता की आदत तो डालनी ही पड़ेगी चाहे मोदी हों या मुखौटा।

हिन्दुस्तान, 16.02.03

पति, पत्नी और 'वो'

बात थोड़ी पुरानी है। 1997 की। कांशीराम की थप्पड़ मारने की घटना घट चुकी थी। मुलायम सिंह यादव देवेगौड़ा की सरकार में रक्षामन्त्री थे। एक ख़बर के सिलसिले में मुलायम सिंह यादव की 'बाइट' लेनी थी। उनके सरकारी निवास पहुँचा। दस-पन्द्रह मिनट के इन्तज़ार के बाद मुलायम सिंह से सामना हुआ। सवाल-जवाब ख़त्म होने के बाद मुलायम सिंह मेरी तरफ़ मुख़ातिब हुए। पूछा, तुम कांशीराम से मिलने गये थे। कैसे आदमी हो। मैंने कहा, यह मेरे प्रोफ़ेशन की बात है। वैसे भी मेरे मन में उनके प्रति गुस्सा नहीं है। मुलायम बोले, थप्पड़ तो छोड़ो अगर मुझे कोई गाली दे तो मैं जीवनभर उसका मुँह न देखूँ, भले ही वो मेरा अपना दोस्त ही क्यों न हो। 'बाइट' मिल चुकी थी। लेकिन यह जो 'बाइट' मुलायम ने दी वो मेरी याददाश्त में कहीं फँस गयी और जब कभी मुलायम को देखता या मिलता बरबस वो बात याद आ जाती। और अब जब उनको तीसरी बार मुख्यमन्त्री बनते देखा तो अचानक यह बात काफ़ी शिद्दत से कचोटने लगी। सवाल रह-रहकर घुमड़ने लगा अगर यह मुलायम छल साल पुरानेवाले ही मुलायम हैं तो फिर आगे क्या होगा, मैं सहज ही अन्दाज़ लगा सकता हूँ?

शपथ ग्रहण के बाद उनकी पहली प्रेस कॉन्फ्रेन्स सुन रहा था। थोड़ा सुकून मिला, मन में आनेवाली आशंकाओं पर पानी पड़ा। मुलायम काफ़ी मुलायम बोल रहे थे, कठोर नहीं, मीठा-मीठा। वैसे कह रहे थे कि समाजवादी खट्टा-मीठा दोनों ही है लेकिन आज मीठा-मीठा खट्टा-खट्टा फिर कभी।

और उनकी प्रेस कॉन्फ्रेन्स सुनते-सुनते अतीत के क़िस्से याद आने लगे। वे 1989 में जनता दल की सरकार के मुखिया उत्तर प्रदेश में बने थे। लेकिन वी.पी. सिंह को कभी अपना नेता नहीं मान पाये। उन्हें वी.पी. सिंह में हमेशा वो शख़्स याद आता था जिसको वो सत्तर के दशक में उत्तर प्रदेश की विधानसभा में खुलेआम धिक्कारते थे। तब वी.पी. सिंह उत्तर प्रदेश की विधानसभा में मुलायम विपक्ष में। बाद में समय ने करवट बदली। और जब वी.पी. सिंह की सरकार बनायी। लेकिन

इस बीच मुलायम ने वो कर दिया जिसकी वजह से वो मौलाना मुलायम बन गये। जब उत्तर प्रदेश में रामजन्म भूमि का आन्दोलन अपने उफान पर था, कारसेवक अयोध्या की बाबरी मस्जिद को ढहाने का सपना ले सरयू पार करने की योजनाएँ बना रहे थे। मुलायम ने चेतावनी दे रखी थी कि वे अयोध्या में परिन्दे को भी पर नहीं मारने देंगे। स्कूल और कॉलेज कारावास बन गये थे। अयोध्या को जानेवाले तमाम रास्ते सील कर दिये गये थे। भाजपा के बड़े नेता और विहिप, बजरंग दल जेहादी मुलायम के विरोध में ज़हर उगल रहे थे। यह स्थिति भाजपा और संघपरिवार तथा मुलायम दोनों के लिए ही सुखद थी। ख़ुद वे सीधे मुस्लिम मानस से तार जोड़ उत्तर प्रदेश में मुसलमानों के एकमात्र रहनुमा और अकेले सेक्युलर नेता बनने की फ़िराक़ में थे। इसी रणनीति के तहत मुलायम ने उत्तर प्रदेश को सैनिक छावनी में बदल दिया, भाजपा संघपरिवार के नेताओं को जेल में डाल दिया और जब उन्मादी कारसेवक अयोध्या की ओर लपके तो गोली चलवा दी। काफ़ी कारसेवक मारे गये। और उत्तर प्रदेश की फ़िज़ाँ बदल गयी। कल्याण सिंह मुख्यमन्त्री बन गये। कल्याण की सरकार भी नहीं रही और मुलायम-कांशीराम ने मिलकर चुनाव लड़ा, मुलायम फिर मुख्यमन्त्री बने। लेकिन वो कांशीराम को क़ाबू में नहीं रख पाये। कांशीराम की तीखी जुबान और अपने दम पर सरकार चलाने की जिजिविषा ने उनसे वो काम करवा दिया जो किसी राजनीतिज्ञ ने शायद ही कभी किया हो। गेस्ट हाउस कांड ऐसा ही था। पलभर के लिए मायावती को तब लगा था कि अब शायद ज़िन्दा न बचें। मुलायम के गुर्गे बसपा के विधायकों को इस तरह उठाकर ले जा रहे थे, मानो मुर्गी जिबह के लिए ले जायी जा रही हो। और मुलायम ने कांशीराम-मायावती को भाजपा की गोद में धकेल दिया और ख़ुद बनवास में चले गये। माथावती आजतक इस अपमान को भूल नहीं पायी हैं।

मुलायम के विपरीत लालू यादव इनके साथ ही बिहार में मुख्यमन्त्री बने थे। और तेरह साल बाद भी तमाम तूफ़ान झेलते हुए अपनी सरकार चला रहे हैं। यहाँ भी दलित रामविलास पासवान, पिछड़े शरद यादव, कुर्मी नीतीश कुमार, छद्म समाजवादी जॉर्ज फ़र्नांडीज़ लालू की ज़मीन खोदते रहे लेकिन लालू ने ताव में, कोई काम नहीं किया। क़ानून व्यवस्था पर ध्यान नहीं दिया, जंगलराज बनने दिया, लेकिन सत्ता में आने के लिए जतिगत समीकरण बिगड़ जाये यह न होने दिया।

दलित रमईराम आये और गये, ब्राह्मण रघुनाथ झा और शिवानन्द तिवारी आते-जाते रहे लेकिन लालू ने न किसी के लिए बन्द किये और न भाजपा को छोड़ किसी को अपना स्थायी दुश्मन बनने दिया। वो ख़ुद को जोकर बनाकर जगहँसाई करवाते रहे लेकिन मज़ाल कि साम्प्रदायिक ताक़तें सत्ता पर क़ाबिज़ हो पायें। इस बीच उन्होंने लालकृष्ण आडवानी को समस्तीपुर में गिरफ़्तार किया और प्रवीण

तोगड़िया, गिरिराज किशोर को पटना एयरपोर्ट से वापस बैरंग लौटा दिया। लेकिन ऐसा मौक़ा नहीं दिया कि हिन्दू नाम पर आगे मोबिलाइज़ेशन यह कर पायें। लालू इस मामले में मुलायम से बेहतर राजनीतिज्ञ साबित हुए।

मुलायम को अब फिर मौक़ा मिला है और उत्तर प्रदेश में बेहोश पड़ी भाजपा ख़ुश है। राजनाथ सिंह ने काफ़ी ज़ोर लगाया है, मुलायम को मुख्यमन्त्री बनवाने में। तर्क साफ़ है—एएसआई सर्वे की रिर्पोट आ गयी है। विवादित ज़मीन पर मन्दिर होने के प्रमाण मिलने का दावा ठोंका जा रहा है। अब अदालत की मदद से राजमन्म भूमि आन्दोलन को लाइफ़-सपोर्ट-सिस्टम से निकालकर फिर खुली हवा में ऑक्सीजन दी जायेगी। और राममन्दिर के लिए हिन्दू को उग्र बनाया गया। जैसी अब तक मुलायम की फ़ितरत रही है, वो मुस्लिम वोट बैंक की ख़ातिर फिर उग्र होंगे, वही ग़लतियाँ दोहरायेंगे जो कारसेवा के समय उन्होंने की थीं। क्या रणनीति है?

फिर अभी रायबरेली की विशेष अदालत का मामला है। सीबीआई ने 120 के तहत आपराधिक षड्यन्त्र के आरोप लालकृष्ण आडवानी और दूसरे नेताओं के ख़िलाफ़ हटा लिया है। यह मामला जब उजागर हुआ था तो मुलायम ही संसद में सबसे ज़्यादा चीख़े थे, लोकसभा नहीं चलने दी थी। अब उन्हें अपनी चीख़ को काग़ज़ पर उतारना होगा यानी सीबीआई की बदली चार्जशीट पर ध्यान देना होगा। फिर सुप्रीमकोर्ट में इलाहाबाद हाईकोर्ट के फ़ैसले के मुताबिक़ राज्य सरकार को अयोध्या मामले पर अधिसूचना जारी करने पर जवाब देना है? यानी अयोध्या पर चिंगारी भड़काने का माहौल बन सकता है बशर्ते मुलायम चीख़ने लगें और आन बान और शान की बात करने लगें, लालू नहीं मुलायम बने रहें।

लेकिन वक़्त बहुत कुछ बदल देता है और बाबरी मस्जिद ढहने के बाद काफ़ी कुछ बदला भी है। ख़ासकर मुस्लिम समाज में। गुजरात दंगों ने उसे गहरे घाव दिये हैं लेकिन उसने यह भी समझा है कि मुलायम हों या काँग्रेस या फिर सैयद शहाबुद्दीन सभी ने उसका दोहन किया, बदले में दी है तो सिर्फ़ तारीख़ और झूठे वादे। फिर उसने यह भी समझा है कि विशेषकर उत्तर प्रदेश में बाबरी मस्जिद पर टकराव से कुछ हासिल नहीं होगा। उसका उल्टे नुक़सान ही हुआ है। इसके साथ ही अब मुलायम को यह साबित करने की ज़रूरत नहीं है कि वो मुसलमानों के अकेले पैरोकार हैं। ऐसे में मुलायम को उकसावे में आ टकराने की राजनीति करने का कारण नहीं बनता। बेहतर यही होगा वो बीवी मुस्लिम और पिछड़े तबक़े के साथ अपना वैवाहिक धर्म निभाते रहें और दिलफेंक आशिक की तरह भाजपा से फ़्लर्ट भी करते रहें। विवाहेत्तर सम्बन्ध का धर्म और तकाजा यही है कि वो पर्दे में रहे, छिपा रहे ताकि बीवी को भनक न लगे। यह सही है कि 'वो' के नखरे तो होते हैं, उसकी दो-चार जली-कटी भी सुननी पड़ती है। लेकिन अगर 'वो' ख़ूबसूरत हो,

दिलकश, दिलफेंक हो तो सुनने में हर्ज क्या। बस भेद न खुले।

पर मनोविज्ञान में क्या पढ़ाया जाता है। हाँ, याद आया 'फेस्टल फ्ला'। क्या कहते हैं हर व्यक्ति में कुछ आनुवंशिक कमज़ोरियाँ होती हैं। आदमी लाख चाह ले वो वही ग़लती कर बैठता है जो उसके लिए आत्मघाती होती है। लेकिन अगर मुलायम भी इस 'फेस्टल फ्ला' का शिकार हो गये, आन-बान-शान को दिल से लगा बैठे तो फिर यू.पी. को उनकी ज़रूरत नहीं। न ही इतिहास को।

हिन्दुस्तान, 02.09.2003

अविश्वासों में लिपटे सम्राट

तुम पूछोगे : कहाँ हैं बकायन के पौधे?/और पॉपी के फूलों का आच्छादित अध्यात्म?/ और वह बारिश जो तुम्हारे शब्दों को अकसर/छिद्रों और चिड़ियों से भर देती थी?

पाब्लो नेरूदा आज नहीं हैं लेकिन अगर वे होते तो शायद यही सवाल वे हिन्दुस्तान के हुक्मरानों से करते और पूछते—'कहाँ है वो बारिश जो अक्सर तुम्हारे शब्दों को चिड़ियों से भर देती थी!' और जब वो यह सवाल करते तो ख़ुद थोड़ी देर बाद कहते—'वे उकता गये थे मेरे प्रश्नों से,/उन्हें पता भी नहीं था ज़्यादा कुछ,/ वे थे सिर्फ़ प्रशासक।' आसमय के लिए मरता है आदमी?' या मतलब है 'हमेशा के लिए'?

जवाब न मिलने पर ख़ुद ही निकल पड़ते समाधान खोजने और अन्त में कहते—

'लौट आया मैं अपने घर और बूढ़ा होकर/दुनिया का चक्कर काटने के बाद/मैं नहीं पूछता हूँ किसी से कुछ/लेकिन जान रहा हूँ हर दिन कुछ और कम।'

इस देश में कुछ ऐसा ही हो रहा है। अब किसी से कुछ भी पूछने की इच्छा नहीं होती। यह नहीं पूछता कि जॉर्ज फ़र्नांडीज़ सुखोई के बाद मिग 21 में सवारी क्यों करते हैं? यह नहीं पूछता कि उपप्रधानमन्त्री लालकृष्ण आडवाणी को बचाने के लिए सीबीआई क्यों अचानक इल्जाम वापस ले लेती है। यह भी नहीं पूछता कि कारगिल विजय दिवस को सरकार और भाजपा क्यों नहीं मनाती? क्योंकि पाब्लो नेरूदा की कविताएँ ही मुझे जवाब दे देती हैं :

उनकी बातों से मैंने जो कुछ समझा था,/समस्या कुछ इस तरह थी : कभी नहीं मरे थे इतने जीवाणु,/टनों गिर रहे थे वे,/लेकिन थोड़े-बहुत जो बचे थे। दुष्टता दिखा रहे थे। और फिर मैं डर जाता और कहता हूँ :

'उन्होंने इतना भयभीत किया मुझे/कि मैंने ढूँढ़े क़ब्र खोदनेवाले/मैं उन नदियों तक गया जहाँ जलाते हैं/बड़े-बड़े रंग बिरंगे शव,/हड्डी-हड्डी हुए छोटे शव,/भयानक अविश्वासों में/लिपटे पड़े सम्राट।'

लेकिन जब सम्राट ख़ुद अविश्वास में लिपटे पड़े हो तो फिर भय किस बात का और किससे? वो कौन हैं जो कारगिल की चौथी वर्षगाँठ को नहीं मनाते और

कहते हैं दूसरों से, मत मनाओ यह सालगिरह, क्योंकि पाकिस्तान नाराज़ हो जायेगा। मानो माँ अपने बच्चों से कह रही हो 'सो जा नहीं तो गब्बर आ जायेगा।' और बच्चों की तरह यह पूरे देश को सोया हुआ मान लेते हैं। यह मान लेते हैं कि चार साल पहले पाकिस्तान के घुसपैठिये कारगिल की पहाड़ियों पर चढ़ आये थे। उन्होंने वहाँ स्थायी बंकर बना लिये थे। और श्रीनगर को लेह से जोड़नेवाला हाइवे काटने की योजना अंजाम देनेवाले थे। ताकि हिन्दुस्तान से उसका मुकुट छीना जा सके। लेकिन कुछ सिरफ़िरे थे जो कहते थे 'ये दिल माँगे मोर' और घुसपैठिये को खदेड़ देते हैं और कारगिल के टाइगर हिल्स पर तिरंगा लहरा देते हैं। पाँच सौ से ज़्यादा ऐसे जाँबाज़ सिरफ़िरे थे और हज़ारों वो थे जो अंगभंग करा बैठे थे। लेकिन चेहरे पर शिकन नहीं थी। देश ने उन्हें तब सिरमाथे पर बिठा रखा था जब देश का रक्षामन्त्री नॉर्थ ब्लाक से निकलकर कहता है कि 'इस लड़ाई को हमें समझना होगा। हमें पाकिस्तान के प्रधानमन्त्री नवाज़ शरीफ़ और सेना प्रमुख परवेज़ मुशर्रफ़ के बीच के फ़र्क़ को समझना होगा।' यानी पाकिस्तान ने कारगिल पर हमला कर दिया तो दोष नवाज़ शरीफ़ का नहीं। परवेज़ मुशर्रफ़ का है। और अब जब जम्मू की सैनिक छावनी पर आत्मघाती हमला होता है तो यही रक्षामन्त्री फिर कहते हैं--सलाह देते हैं, पूरे देश को सीख देनेवालों में अन्तर करना होगा।' अब पाकिस्तान की बागडोर परवेज़ मुशर्रफ़ के हाथ है और नवाज़ शरीफ़ को देशनिकाला दिया गया है और आतंकवादियों के सिर पर आईएसआई और सेना का हाथ है। अरे भाई परवेज़ मुशर्रफ़ के सिर पर आईएसआई और सेना का हाथ है। अरे भाई परवेज़ मुशर्रफ़ अब बदल गये क्या? तब नवाज़ शरीफ़ ज़िम्मेदार नहीं है। ऐसे में कारगिल विजय दिवस न मनाओ, नहीं तो पाकिस्तान नाराज़ हो जायेगा। शान्ति की प्रक्रिया को ब्रेक लग जायेगा। तो फिर वो जिन्होंने शहादत दी वो लड़े किससे?

अब कहाँ गया आपका राष्ट्रवाद, राष्ट्रप्रेम जो तब बल्लियों ऊपर उछल रहा था और वाजपेयी से लेकर मुख़्तार अब्बास नक़वी तक पाकिस्तान को छठी का दूध याद दिलाने की चेतावनी दिया करते थे? लेकिन इनके तमाम भुलक्कड़पन के बाद भी इन्हें कुछ तो याद दिलाना ही होगा। जाइये अतीत की गहराई में और याद करिये हजरत बल पर आतंकवादियों का क़ब्ज़ा। तब केन्द्र में काँग्रेस की सरकार थी और जम्मू कश्मीर में राज्यपाल शासन। कई दिनों की जद्दोजहद के बाद मस्त गुल जैसे आतंकवादियों को 'सेफ़-पैसेज' देना तय हुआ। भाजपा विपक्ष में थी। भाजपा का राष्ट्रप्रेम जाग उठा। उसने सोचा क्या अनर्थ हो रहा है। भोले मासूमों को मारनेवालों को ज़िन्दा जाने दिया जा रहा है। सरकार पर आरोप लगाया था कि वो आतंकवादियों

को 'कबाब बिरयानी' खिला रही है। तब उसे कहाँ उम्मीद थी कि वो भी एक दिन केन्द्र में सत्ता में आयेगी। उसकी सरकार होगी और उसके जनरल विदेश मन्त्री जसवन्त सिंह आतंकवादियों को पूरे सम्मान के साथ अपने प्लेन में बिठाकर कन्धार ले जायेंगे और पूरे प्रोटोकाल का ध्यान रखते हुए उन्हें अफ़ग़ानिस्तान में छोड़ देंगे ताकि अगवा किये गये विमान के यात्रियों को छुड़ाया जा सके। आतंकवाद की ज्वाला और भड़की और संसद तक पर हमला हुआ।

ताज्जुब की बात यह है कि यह अपराध वो लोग कर रहे हैं जो आतंकवाद से लड़ने के लिए 'इज़राइल-मॉडल' की बात करते हैं। और काल के कपाट पर लिखते मिटाते हैं। और अगर यह यूँ ही लिखते-मिटाते रहे तो एक दिन शासक का कवि हृदय पूछेगा–

तुम पूछोगे कि तुम्हारी कविता/हमें क्यों नहीं बतलाती/नींद, पत्तियों के बारे में, तुम्हारी मातृभूमि के/भीषण ज्वालामुखियों के बारे में और तब आम आदमी पूछेगा–कितना जियेगा आदमी, आख़िरकार?/हज़ार दिन जियेगा या सिर्फ़ एक दिन?/एकाध हफ़्ता या अनेक सदियाँ? डर तो यह है कि कहीं एक दिन उकताकर वो यह न कह बैठे–मेरे देश में क़ब्र खोदनेवालों ने/दिया जवाब मुझे जामों के बीच/'ढूँढ़ लो एक स्वस्थ सुन्दरी/ और छोड़ दो बेवक़ूफ़ियाँ।'

तो तब क्या होगा। डर सिर्फ़ इस बात का है। क्योंकि तब शायद हम न होंगे, और न होंगे पाब्लो नेरूदा, बस होंगे 'क़ब्र खोदनेवाले'। सपने के नहीं।

(प्रभाती नौटियाल अनूदित पाब्लो नेरूदा के कविता संग्रह 'रुको, ओ पृथ्वी' से साभार)

हिन्दुस्तान, 19.08.03

लालू दा जवाब नहीं

लालू का जवाब नहीं। प्रवीण तोगड़िया को पहली बार उनकी ज़ुबान में जवाब मिला। बेचारे तोगड़िया का बिहार की ज़मीन पर गुर्राने का, लोगों को डराने का सपना धरा का धरा रह गया। लालू ने उतरने ही नहीं दिया। कौन कहे कुछ करने को। उल्टे प्लेन में टिकट थमा दिया गया। वो बैरंग दिल्ली पहुँच गये। अब कह रहे हैं कि बिहार में कोई पाकिस्तान बन गया है और लालू यादव मुशर्रफ़। अब तोगड़िया को कौन बताये। यह लालू यादव हैं। वो लालू यादव जो पिछले तेरह साल से बिहार में 'राज' चला रहे हैं। केन्द्र के सीने पर मूँग दलते हुए। अब तोगड़िया कहते हैं वो बिहार में त्रिशूल दीक्षा नहीं तिरंगा फहराने जा रहे थे। और वहाँ तिरंगा फहरा के रहेंगे। उधर लालू यादव ने कह रखा है अगर अब तोगड़िया आये तो उन्हें 'राजद्रोह' का मुक़द्दमा झेलना पड़ेगा और बेउर जेल में उन्हें सड़ा देंगे। वैसे तोगड़िया जैसे लोग गरजते हैं, बरसते नहीं। याद होगा कुछ महीनों पहले राजस्थान सरकार ने उन्हें जेल में बन्द कर दिया। तब भी वो त्रिशूल बाँटने गये थे। बहुत चिल्लाये, गरजे, लेकिन हुआ कुछ नहीं। अब सँभलकर, बग़ल से राजस्थान से निकलने की कोशिश करते हैं। इसी तरह मध्य प्रदेश में उनकी नाक में नकेल डाल दिया गया और कुछ नहीं कर पाये। ये तीन वो राज्य हैं जहाँ विपक्ष की सरकारें हैं और दंगे लगभग नहीं हुए हैं। इनके विपरीत राजस्थान और मध्यप्रदेश के पड़ोसी राज्य गुजरात में प्रवीण तोगड़िया दनदनाते फिरते हैं और वहाँ कभी ईसाइयों पर हमले होते हैं तो कभी मुसलमानों का क़त्लेआम होता है। न केवल क़त्लेआम होता है बल्कि जब अदालतें बैठती हैं, दंगों की जाँच होती है तो अपराधी साफ़ बच निकलते हैं। बेस्ट बेकरी कांड में यही हुआ और अगर सुप्रीम कोर्ट ने पूरे मामले पर निगरानी नहीं बरती, तो बाक़ी के मामलों में भी यही होगा। फिर चाहे लाख शेख़ ज़हीरा और उसकी माँ मेहरुन्निसा कहे, उन्हें डराया-धमकाया गया, जान से मारने की धमकी दी गयी। हारकर अपना बयान बदलना पड़ा। इस पूरे मामले में शेख़ ज़हीरा को शरण देनेवाली तीस्ता सीतलवाड़ ने एक बहुत मार्के की बात कही। उसने कहा, 'क़ानून की एजेंसियाँ अपना काम क्यों

नहीं करतीं।' उसका इशारा साफ़ है। गुजरात में दंगों की दो परिभाषाएँ हैं राज्य सरकार की नज़र में यह परिभाषा है 'गोधरा' की और दूसरी 'गोधरा के बाद'। गोधरा में लोग मरे तो सब पे पोटा लगा दिया गया। ढूँढ़कर लोगों को पकड़ा गया। 'गोधरा बाद' सैकड़ों लोग मारे गये, एक के भी ख़िलाफ़ पोटा नहीं लगा। उल्टे दंगा करनेवालों को बचाने के लिए पूरा तन्त्र जुट गया। ऐसे में बेस्ट बेकरी के सभी 21 आरोपी बेदाग़ बरी हो गये तो आश्चर्य कैसा।

सवाल अब यह नहीं पूछना चाहिए कि ये सभी बरी कैसे हो गये। सवाल यह होना चाहिए कि इन्हें सज़ा क्यों मिलनी चाहिए। बेस्ट बेकरी कांड के ये सभी कौन लोग हैं। झुग्गी-झोपड़ी में रहनेवाले निम्न मध्यवर्ग के लोग। सभी की उम्र 25 से 30 के बीच। आप कहेंगे, मैं क्या बकवास कर रहा हूँ हत्यारों को फाँसी की वकालत करने की जगह मैं इनके सज़ा मिलने पर ही उँगली उठा रहा हूँ? जी हाँ मेरी नज़र में ये सभी उसी तरह मासूम और नासमझदार हैं जिस तरह मासूम शेख़ ज़हीर। जैसे ज़हीरा अकारण दंगों का शिकार हो गयी, वैसे ही ये लोग भी शिकार हैं। दंगों में इन्होंने हिस्सा लिया यह सही है। क़ानून की नज़र में ये दोषी भी हैं, सही है। लेकिन क्या सारा दोष इनका ही है। इन्हें दंगों के लिए उकसाया किसने, मुसलमानों को शत्रु के रूप में बताया किसने, इन्हें दंगा करने के लिए मानसिक रूप से तैयार किसने किया?

मुम्बई में जब ब्लास्ट हुए तो दो तरह के लोगों की खोज हुई। एक, वो जिन्होंने ब्लास्ट करने के लिए विस्फोटक रखे; दो, वो जिन्होंने ब्लास्ट की पूरी साजिश रची और इस कैटेगरी में माफ़िया अंडरवर्ल्ड डॉन दाऊद इब्राहिम का नाम आया। उसके ख़िलाफ़ मामला बनाया गया। इसी तरह राजीव गाँधी हत्याकांड में भी दो तरह के लोगों की तलाश हुई। ब्लास्ट करनेवाले और षड्यन्त्र रचनेवाले। साजिश रचने के लिए तमिल टाइगर्स के प्रमुख प्रभाकरण का नाम सबसे ऊपर है। भारतीय पुलिस को उसकी तलाश है। ख़ुद बाबरी मस्जिद विध्वंस के मामले में यही हुआ। उपप्रधानमन्त्री लालकृष्ण आडवाणी समेत तमाम बड़े नेताओं के नाम सीबीआई ने आपराधिक षड्यन्त्र का आरोप लगाया था। अब भले ही इसे हटा लिया गया हो। लेकिन सालों से आरोप लगे रहे और लखनऊ की विशेष अदालत ने इसे जायज़ भी ठहराया था लेकिन गुजरात दंगों में सिर्फ़ एक तरह के मामले बने हैं सिर्फ़ उनके ख़िलाफ़ जिन्होंने दंगे किये। लोगों को मौत के घाट उतारा। उनके ख़िलाफ़ कोई जाँच नहीं हुई या केस बना जो 28 फ़रवरी को अहमदाबाद पुलिस हेडक्वार्टर में बैठकर सुरक्षा एजेंसियों को निष्क्रिय करने में लगे थे। या जो नरेन्द्र मोदी की सरकार बनने के बाद से लगातार भड़कानेवाले बयान दे रहे थे। असली सवाल और असली मुजरिम तो यही हैं। आप कह सकते हैं इनके ख़िलाफ़ कोई सबूत नहीं है। आपकी बात सही

हो सकती है, हालाँकि मैं नहीं मानता। दंगों के बाद राष्ट्रीय मानवाधिकार आयोग की टीम गयी, चुनाव आयोग की टीम गयी। उसकी रिपोर्ट है। लेकिन कहीं किसी के सिर पर जूँ नहीं रेंगी। न केन्द्र सरकार के और न ही राज्य सरकार के। सब कुछ वैसे ही चलता आ रहा है। मधुकर श्रीवास्तव जैसे लोग ज़हीरा को धमका रहे हैं और उनके ख़िलाफ़ कुछ नहीं होता। अभी अगर मैं किसी को दिल्ली में धमकी दूँ तो फ़ौरन पुलिस मुझे पकड़ लेगी। साफ़ है गुजरात में पूरे के पूरे राजतन्त्र को साम्प्रदायिक कर दिया गया है। ऐसे में चन्द कम उम्र, कम अक्ल लोगों को फाँसी ही देनी है तो उस तन्त्र को दीजिए और उस विचारधारा को जो निरन्तर ऐसे बच्चों को जन्म दे रही है। लेकिन हम ऐसा नहीं करते। हम इनके साथ बैठकर, चाय पीकर गौरवान्वित होते हैं। लोगों से कहते इतराते हैं, आज हमने फलाँ मोदी के साथ खाना खाया और फलाँ मन्त्री ने मेरी बात सुनी। हम उनके साथ जुड़ने पर शक्ति और नयी ऊर्जा का एहसास करते हैं, लोगों पर रोब जमाते हैं। इसमें हम-आप क्या, वो तमाम राजनीतिक पार्टियाँ भी दोषी हैं जो आज सोमनाथ चटर्जी के यहाँ भोजन पर इकट्ठा होती हैं और बाहर निकलकर साम्प्रदायिकता को उखाड़ फेंकने के लिए एकजुट होने की सौगन्ध खाती हैं।

हमें साम्प्रदायिक नेताओं, साम्प्रदायिक गुरुओं और इनके अनुयायियों में फ़र्क़ करना होगा। साम्प्रदायिक नेताओं को पकड़ना मुश्किल होता है क्योंकि ये अमूमन तेज़ होते हैं और क़ानून और बारीकियों से पूरी तरह अवगत। ऐसे में सीधे इनके ख़िलाफ़ केस बनाना दुष्कर होता है। लेकिन गाँव की वो परिपाटी अभी भी कारगर हो सकती है जो वहाँ किसी को सबक़ सिखाने के लिए सामाजिक बहिष्कार के रूप में प्रचलित है। इसकी सबसे ज़्यादा ज़रूरत राजनीतिक स्पेस में है क्योंकि राजनीतिक स्पेस ही इन्हें सबसे ज़्यादा ताक़त देती है। लेकिन अफ़सोस आज़ादी के पहले से अब तक नहीं हुआ। आज़ादी की लड़ाई की सबसे बड़ी कमज़ोरी यही रही। अँग्रेज़ों को उखाड़ फेंकने की धुन में काँग्रेस एक तरफ़ हिन्दू महासभा को और दूसरी तरफ़ मुस्लिम लीग को पालती-पोसती रही और अपने साथ इन्हें बिठाकर जनता की निगाहों में सम्मान के काबिल बनाती रही। 1938 तक इसने दोनों पार्टियों के नेताओं को काँग्रेस में शामिल होने दिया। तब अक्सर काँग्रेसी नेता दोनों साम्प्रदायिक पार्टियों के बीच सुलह-सफ़ाई और बीच-बचाव करते रहते थे। आज़ादी के पहले हुए कानपुर दंगों की रिपोर्ट में साफ़ लिखा है। 'काँग्रेस ने जितना इन दोनों तबक़ों के साम्प्रदायिक नेताओं के बीच मध्यस्थता करने की कोशिश की इनके हौसले उतने ही बुलन्द हुए और इस वजह से समाज के समझदार लोगों की आवाज़ मद्धम पड़ी।' इसके लिए काफ़ी हद तक ज़िम्मेदार है जवाहरलाल नेहरू की दृष्टि। नेहरू ने 1936 में लिखा—'हालाँकि साम्प्रदायिकता की अनदेखी नहीं की जानी चाहिए क्योंकि यह

विकास के रास्ते में एक बाधा है, लेकिन इस ख़तरे को बहुत बढ़ा-चढ़ाकर भी नहीं पेश करना चाहिए क्योंकि सामाजिक-आर्थिक मुद्दों के सामने आने पर यह अपने-आप ही नेपथ्य में चला जायेगा।' अगर आज नेहरू ज़िन्दा होते तो उन्हें अपनी ग़लती का एहसास होता कि नफ़रत का यह विषधर नेपथ्य में नहीं गया है, बल्कि हमारे सामाजिक तानेबाने को छिन्न-भिन्न कर रहा है। जो ग़लती उनके विरोधियों ने भी की। आज़ादी के बाद, गाँधीजी की हत्या के बाद काफ़ी समय तक ये तत्त्व अछूत बने रहे लेकिन ग़ैर-काँग्रेसवाद के नाम पर समाजवादी हो या साम्यवादी सभी ने इनसे गलबहियाँ कीं। इनके साथ रोटी तोड़ी और कुर्सी की दौड़ में इनकी मदद ले आम जनता के सामने इनको सम्मान का पात्र बनाया। चाहे 1967-69 का विपक्ष का प्रयोग हो या फिर 1977 का जनता पार्टी का फ़ार्मूला। 1989 में धर्मनिरपेक्षता के सबसे बड़े अलमबरदार बनकर फिरनेवाले वी.पी. सिंह ने प्रधानमन्त्री बनने के लिए भाजपा की बैसाखी का सहारा लिया। तब इन्हें 'जंगली' कहनेवाले ज्योति बसु भी लालकृष्ण आडवाणी के साथ बैठकर प्रधानमन्त्री निवास में दाल-रोटी खाते और ठहाके लगाते थे। आज किसे याद है माकपा के उस सैफ़ुद्दीन चौधरी की जिसने कहा था काँग्रेस और भाजपा माकपा के बराबर के दुश्मन हैं, के सिद्धान्त को छोड़ना होगा। और वामपन्थियों को साम्प्रदायिकता का सामना करने के लिए काँग्रेस से नज़दीकी बढ़ानी चाहिए। लेकिन तब वामपन्थ के बड़े-बड़े पंडितों को यह सुझाव पसन्द नहीं आया और सैफ़ुद्दीन चौधरी को राजनीतिक बनवास दे दिया गया।

इतिहास गवाह है, जहाँ-जहाँ विपक्षी पार्टियों की मदद से जनसंघ या भाजपा सत्ता या उसके करीब आयी राजतन्त्र का साम्प्रदायीकरण होने लगा। उत्तर प्रदेश में पीएसी इसका सबसे बड़ा उदाहरण है। ऐसे में गुजरात में पूरे आठ साल लगातार सत्ता में रहने का कुछ न कुछ नतीजा तो निकलना ही था और अभी भी बुद्धिजीवी तबक़े में यह बेबुनियाद बहस ज़िन्दा है कि आजीवन आरएसएस की विचारधारा को ढोनेवाले नेता दूसरे आरएसएस के नेता की तुलना में सेक्युलर हैं, इसलिए एक का समर्थन और दूसरे का विरोध करना चाहिए। साम्प्रदायिक नेता साम्प्रदायिक होता है नरम या गरम नहीं, लिबरल या कट्टर नहीं। और उनके साथ उसी कड़ाई से पेश आना चाहिए जैसे लालू तोगड़िया के साथ आये। ऐसे लोगों को इज़्ज़त देना बन्द कर दें। देखते-देखते फ़र्क़ आना शुरू हो जायेगा।

हिन्दुस्तान, 05.08.03

सयाना परायापन

ज़्यादा नहीं कुछ साल पहले की बात है। हैदराबाद के पास एक विधानसभा चुनाव क्षेत्र में खड़ा था। मुख्यमन्त्री चन्द्र बाबू नायडू को चुनाव प्रचार के लिए आना था। भीड़ थोड़ी बेचैन हो रही थी। मंच के पास एक ग़रीब वोटर से मैंने पूछा, 'सोनिया गाँधी पड़ोस में प्रचार करने आ रही हैं। आप जायेंगे उनको सुनने।' वह बोला, 'जा सकते हैं।' मैंने कहा, 'क्या आप उनको वोट देंगे।' बोला, 'हाँ।' मैंने फिर पूछा, 'विदेशी को वोट देना ठीक होगा।' उसने कहा, (मुझे निहायत मूर्ख समझते हुए) 'लड़की शादी के बाद पराई कहाँ रहती है।' और वो आगे बढ़ गया। मैं कुछ समझा, कुछ नहीं समझा। शहर का जो ठहरा। गाँव से दूर। लेकिन उसके शब्द मेरे कानों में रह-रहकर गूँजते रहे। यह वो समय था जब सोनिया गाँधी ने सिर्फ़ काँग्रेस के लिए प्रचार करने की बात कही थी। न तो वे पार्टी की प्राथमिक सदस्य बनी थीं और न ही पार्टी अध्यक्ष। सीताराम केसरी तब ज़िन्दा थे और पार्टी चला रहे थे अपने ठेठ अन्दाज़ में। बाद में उस विधानसभा क्षेत्र का क्या हुआ मुझे नहीं मालूम। लेकिन 2003, जुलाई महीने में एक बार फिर यह सवाल खड़ा किया जा रहा है कि 'लोग सोनिया को वोट क्यों दें?', 'एक विदेशी को अपना प्रधानमन्त्री क्यों मानें?' मानो कह रहे हों जैसे एक विदेशी बाबर आक्रान्ता था, वैसे ही सोनिया भी, एक विदेशी हमारी राजनीति और समाज में घुसपैठिया हैं? रायपुर से यही सन्देश आ रहा है। खरामा खरामा। और मुझे यह कहने में कोई संकोच नहीं है कि यह सवाल दोनों को परेशान कर रहा है उसे भी जो सोनिया के बहाने नेहरू-गाँधी परिवार की विरासत कन्धों पर ढोते हुए वोटरों से वोट की भीख माँग रहे हैं और उसे भी जो न जाने कितने हज़ारों सालों से विदेशी हमलावरों से त्रस्त हैं।

यह सवाल तब भी सलीब पर लटका था जब राजीव गाँधी की मृत्यु के बाद देश की राजनीति कुछ लोग तय कर रहे थे। मुझे याद है 'साप्ताहिक हिन्दुस्तान' के कमरे में एक अत्यन्त वरिष्ठ पत्रकार की वो ओजस्वी वाणी जो कह रही थी, 'काँग्रेस डिवीज़न इज़ आन कार्ड्स। इट्स मैटर ऑफ़ टाइम।' तब तक सोनिया

गाँधी के क़दमों में पार्टी अध्यक्ष का पद रखा जा चुका था और जिसे एक सम्राज्ञी ने ठुकरा दिया था। काँग्रेस का एक तबक़ा चाहता था काँग्रेस को ज़िन्दा रखने के लिए सोनिया की संजीवनी जबकि दूसरा कह रहा था, फुसफुसा कर, क्या देश की क़िस्मत एक विदेशी के हाथ की कठपुतली बन जायेगी? और इसी तबक़े पर सोनिया ने निशाना साधा था अमेठी में जब उन्होंने राजीव गाँधी हत्याकांड की जाँच की रफ़्तार पर चिन्ता जतायी थी। बरसों से इतिहास का दर्द सीने पर झेल रहे यह पत्रकार महोदय उस जमात के सदस्य थे जो यह तय नहीं कर पा रहा था कि सोनिया राजनीति में आयेंगी या नहीं। क्योंकि अन्दर ही अन्दर यह भी जानते थे कि काँग्रेस को एकसूत्र में पिरोने के लिए नेहरू-गाँधी परिवार की चरणपादुका चाहिए। और अगर काँग्रेस को यह वरदान सोनिया ने दे दिया तो फिर इतिहास के एजेंडे को देश पर लादने में दिक़्क़त आयेगी। ऐसे में इनकी साँस इस बात पर अटकी थी कि अमेठी में सोनिया उम्मीदवार बनती हैं या नहीं। जब सोनिया नहीं बनीं तो इनकी जान आयी। लेकिन यह भी जानते थे और हम भी कि यह महज़ शुरुआत थी। सोनिया ने राजनीति की बिसात पर पासा फेंक दिया था और वो चालें चलने लगी थीं। जो काँग्रेस की फ़ितरत से वाक़िफ़ थे वह तब भी इस बात से मुतमईन थे कि देर-सवेर नेहरू-गाँधी परिवार को काँग्रेस की बागडोर थामनी ही है। काँग्रेस गुटबाज़ों का अड्डा है। और गुटों को औक़ात में रखने के लिए एक सर्वस्वीकार्य आत्मा की ज़रूरत रहती है। आज़ादी के पहले यह चोला ओढ़ा महात्मा गाँधी ने और आज़ादी के बाद जवाहरलाल नेहरू, इन्दिरा गाँधी, राजीव गाँधी ने। गाँधीजी के ज़माने में एक ध्रुव पर हिन्दू महासभा के लोग थे तो दूसरे ध्रुव पर नेहरू, सुभाष जैसे समाजवादी जिनके आपसी विचारों में कोई साम्य नहीं था। सिवाय इसके कि ये सभी एक लँगोटीधारी के सामने नतमस्तक थे। नेहरू में भी यह अदा थी। उनके सामने भी सभी गुट, सभी विचारधारा के लोग सिर नवाये रहते थे और जे.पी. जैसे लोग जो यह नहीं कर पाये वो हाशिये पर चले गये। गूँगी गुड़िया को आगे कर इन गुटों ने राजनीति तो अच्छी की पर दाँव उल्टा पड़ गया, क्योंकि इन्दिरा गाँधी ने पहले गुट बनाया, फिर बनानेवालों को ध्वस्त कर दिया। राजीव गाँधी के आते-आते गुटों में इतनी औक़ात ही नहीं बची थी कि वो एक नौसिखुए को गूँगा गुड्डा बताने की जुर्रत करें। राजीव का एक दाँव चला ऑल पावरफुल अर्जुन सिंह मुख्यमन्त्री से पंजाब के गवर्नर बन गये। एम. चेन्नारेड्डी और वीरेन्द्र पाटिल के हाथ से कुर्सी फिसल गयी और शरद पवार औक़ात में आ गये। और जो नहीं झुक पाये उन्हें वी.पी. सिंह, अरूण नेहरू, आरिफ़ मोहम्मद ख़ान, वी.सी. शुक्ला की तरह काँग्रेस से किनारा करना पड़ा।

ऐसे में राजीव की मौत के समय सबसे बेहतर होता अगर शरद पवार, अर्जुन

सिंह हाथ मिला लेते और नरसिंहा राव को रिटायरमेंट से वापस न लाते। अपनी ईगो को नहीं पीछे रख पाये पैदल हो गये। दोनों को ही पार्टी छोड़नी पड़ी। नरसिंहा राव जानते थे वो काँग्रेस के नेता नहीं बन सकते जैसे संघपरिवार में कोई भी बूढ़ा नेता हो जाता है और ताउम्र उसको चुनौती नहीं दी जाती। इसलिए हवाला लेकर आये। लेकिन हवाला तभी सफल होता अगर उनमें दूसरों को चुनाव जिताने की कुव्वत होती। वो नहीं थी इसलिए सीताराम केसरी को कमान देनी पड़ी या यूँ कहें जबरन उनसे छीन ली गयी। केसरी भी गुट के नेता रहे और पवार से लड़ते रहे। और आख़िर में सोनिया की शरण में काँग्रेस को जाना पड़ा। राव और केसरी में न तो करिश्मा था और न ही गुटबाज़ी से ऊपर रहने की क्षमता। गुट का मतलब होता है तुच्छ न्यस्त स्वार्थ के लिए एक-दूसरे से जुड़े रहने की क़वायद। सोनिया ने जब अध्यक्ष पद ठुकराया तो सन्देश दिया वो गुटों से ऊपर हैं यानी सत्ता, ताक़त, पावर की लालसा उनमें नहीं है। वो इन सबसे दूर सुकून की ज़िन्दगी जीना चाहती हैं। राजीव गाँधी फाउंडेशन का काम करना चाहती हैं, सिर्फ़ परिवार की विरासत, धरोहर को बचाना चाहती हैं। यानी स्वीकार्यता की दिशा में उन्होंने पहला क़दम बढ़ा दिया था। सोनिया दिल ही दिल में यह जानती थीं कि विदेशी मूल का होना उनकी सबसे बड़ी कमज़ोरी है। और सबसे पहले उससे निपटा जाये और इस फक्कड़ देश में त्याग से या त्याग के छद्म से अच्छे-अच्छों को पूँछ हिलाने पर मजबूर किया जा सकता है। गाँधी, जे.पी. और वी.पी. ने इस मर्म को समझ लिया था और अब सोनिया इस नुस्खे पर अमल कर रही थीं। एक विदेशी देशियों से ज़्यादा अच्छी तरह से इस देश की नब्ज़ समझ रही थी। नरसिंहा राव के पाँच साल में सोनिया ने कभी इम्प्रेशन देने की कोशिश नहीं की कि वह अकारण दबाव बनाकर सत्ता सुख का प्रसाद लेना चाहती हैं। वे अपने दस जनपथ में ही सिमटी रहीं और उनके बच्चे भी। काँग्रेस में आने के लिए सोनिया ने कोई जल्दबाज़ी नहीं दिखायी। उन्होंने काँग्रेस को बिखरने दिया, जैसी परम्परा थी। आपस में लड़ने दिया जैसी परम्परा थी। और जब वे पस्त हो गये तो बस इतना इशारा किया कि वो सिर्फ़ चुनाव प्रचार में हिस्सा लेंगी, यानी अब भी राजनीति में रहते हुए भी राजनीति से ऊपर। यानी वे जड़ में भी हैं और चेतन में भी और इनसे ऊपर भी। यानी सांसारिकता का तकाजा है, मजबूरी है इसलिए राजनीति में हैं नहीं तो उनका मन तो राजनीति के बियाबान जंगल से दूर कहीं और विचरण करता है। यानी फिर जनता को सन्देश दिया। राजनीति अब जमकर करने लगी थीं। और जब काँग्रेस असहाय हो गयी, मृतप्राय तो फिर भक्तों में जान फूँकने के लिए जैसे ईश्वर को आना पड़ता है वैसे सोनिया को भी आना पड़ा और बागड़ोर सँभालनी पड़ी। एक और सन्देश गया।

सोनिया अब भी आश्वस्त नहीं थीं। उन्हें मन ही मन लगता था विदेशी मूल

का जिन्न बोतल से निकलेगा कभी न कभी। क़िस्मत से शरद पवार, पी.ए. संगमा और तारिक अनवर ने वो मौक़ा दे ही दिया। सोनिया ने इस मौक़े का भरपूर फ़ायदा उठाया। इन लोगों ने पत्र लिखा, सोनिया सब कुछ छोड़कर बैठ गयीं। इन तीनों को पार्टी छोड़नी पड़ी। सोनिया का पार्टी पर क़ब्ज़ा हो गया। इनकी औक़ात का पता तो तब चल गया जब महाराष्ट्र को अपने पॉकेट में रखनेवाले शरद पवार को विधानसभा में तीसरा स्थान स्वीकार करना पड़ा और विदेशी मूल के नेता के कारिन्दे को मुख्यमन्त्री मानना पड़ा अपना राजनीतिक अस्तित्व बचाने के लिए। सोनिया अब खुलकर खेल रही थीं। उन्हें पता था कि इतिहास के दर्द से पीड़ित लोग हों या सत्तालोलुप कॉंग्रेसी फ़ैसला तो जनता की अदालत में होगा। और अगर उसका विश्वास जीत लिया, वहाँ विदेशी मूल कोई मुद्दा नहीं तो संघपरिवार क्या, पवार क्या? सोनिया इस खेल में माहिर साबित हुईं। लेकिन अभी भी उन्होंने प्रधानमन्त्री के तौर पर ख़ुद को पेश नहीं किया। इसके लिए कॉंग्रेस के मुख्यमन्त्रियों की संख्या पाँच से पन्द्रह और बीजेपी को तीन तक सिमटने दिया, उत्तर प्रदेश में मुलायम सिंह को मजबूर होने दिया और फिर शिमला में कहा—हाँ, हम आप लोगों को गले लगाने के लिए तैयार हैं क्योंकि देश जिस गुजरात के रास्ते चल पड़ा है उसे सही रास्ते पर लाने के लिए सबका मिलना ज़रूरी है। यानी एक देश को बचाने का सवाल, हज़ारों साल की परम्परा को सँभालने का सवाल, पहचान का सवाल। ऐसे में मजबूरन मुझे प्रधानमन्त्री बनना पड़ सकता है। आओ इस शुभ कार्य में हम सभी अपनी-अपनी इच्छाओं, लालसाओं, वासनाओं का तर्पण करें और जुट जायें हिन्दुस्तान की रक्षा में। कौन कहता है सोनिया को राजनीति नहीं आती। वाजपेयी कहते हैं तो कहा करें—संसद में पैंतालीस साल से ज़्यादा का मेरा अनुभव है, यह चन्द सालोंवाली कौन होती है मुझे पाठ पढ़ानेवाली।

वाजपेयीजी क्या यही आपकी हार नहीं है कि एक विदेशी आज प्रधानमन्त्री पद की दावेदार है। आप और आपके परिवार को बहत्तर साल लग गये केन्द्र में सत्ता पाने में। वो भी खपच्चियों के सहारे। और इस विदेशी ने महज़ कुछ सालों में वो दूरी पार कर ली। शायद इसलिए कि उसे अपने परायेपन का एहसास है। उसने एक शातिर बहू की तरह परायेपन को अपना ढाल बनाया। पहले घर में घुसी, फिर घरवालों पर डोरे डाले, जो उनको अच्छा लगा वो किया और फिर सास-ससुर को बहरिया कर मालकिन बन बैठी। आप तो इतने समझदार हैं कि अपने ही घर में पराये हो गये हैं। और आपको वो किनारे लगाने में लगे हैं जो कभी आपकी स्तुति करते थे। और अभी भी मैं आपको बात बता दूँ सोनिया ने तुरुप का पत्ता नहीं चला है। वो पत्ता जो उनके चुनाव क्षेत्र अमेठी का संरक्षक है और जो ज़रा सा तिनका हिलाती हैं तो मायावती छटपटा जाती हैं। जी हाँ, आप सही समझ

रहे हैं। यह पत्ता है प्रियंका का। जिसे अभी राजनीति में आने की जल्दी नहीं है। जैसे उसकी माँ को नहीं थी। बिल्कुल वैसी ही जैसे नेहरू जल्दबाज़ी में इन्दिरा को राजनीति में नहीं लाना चाहते थे। यह तो काँग्रेसी थे जो इन्दिरा को पार्टी अध्यक्ष बना गये। तो समझ लीजिये शातिर कौन है? विदेशी ही थोड़े इस देश पर शासन करते हैं। पराये बनकर आते हैं और अपने हो जाते हैं और अपने परायों की तरह लड़ते हैं। समझे आप कुछ वाजपेयीजी।

हिन्दुस्तान, 22.07.03

सपनों में पिसती मिर्ची

इन दिनों मिर्ची लगने का मौसम है। सबसे ज़्यादा मिर्ची लग रही है विश्व हिन्दू परिषद को। मिर्ची लगानेवाले हैं लखनऊ के सांसद अटल बिहारी वाजपेयी यानी देश के प्रधानमन्त्री। गुरुवार को परिषद के अशोक सिंघल को इतनी मिर्ची लग गयी कि वो कह बैठे 'उन्हें प्रधानमन्त्री पद से इस्तीफ़ा दे देना चाहिए।' कारण वो अयोध्या में मन्दिर बनवाने का वादा कर सत्ता में आये थे और अब वो नहीं बनवा रहे हैं तो घर बैठें। या फिर चुनाव लड़े।

सिंघलजी ख़ासे चालाक आदमी हैं। वो जानते हैं, वाजपेयी उनकी ही तरह चालाक और चतुर सयाने हैं। ऐसे में आसानी से तो गद्दी छोड़ेंगे नहीं। हो सकता है कि उकसावे में आकर वो कोई ऐसा क़दम उठा लें। अगर ऐसा हुआ यानी बिल्ली के भाग्य से छींका टूटा तो फिर बल्ले-बल्ले। लखनऊ में विश्व हिन्दू परिषद ने इन्तज़ाम तो कर ही दिया है, लखनऊ के इस सांसद को हटाने का। परिषद ने यह तय कर लिया है कि जो कार्यकर्त्ता उनको जिताने में अपना ख़ून पसीने की तरह बहाते थे वो अबकी बार अपने पसीने को ख़ून की तरह बहायेंगे ताकि यह महोदय सांसद न बन पाये। सांसद नहीं बनेंगे तो एम.पी. का उल्टा पी.एम. कैसे बनेंगे। चाल में दम है। लेकिन वाजपेयीजी भी कम 'जी' नहीं हैं। वो सिंघल को मिर्ची लगायेंगे और वो भी अयोध्यावाली।

यह मिर्ची इतना आँसू निकलवा रही है कि सिंघलजी के 'गार्जियन' यानी हिन्दी में माई-बाप यानी 'वैचारिक अभिभावक' यानी आरएसएस के सरसंघचालक के.एस. सुदर्शन तक को कहना पड़ा कि 'विश्व हिन्दू परिषद के मन में यह बात आ गयी है कि वो यानी वाजपेयी विहिप को समाप्त करना चाहते हैं। उनके दिमाग़ में यह बात बैठ गयी है। इसलिए शायद कई बार उग्र हो जाते हैं।' सिंघलजी भी इस हद तक उग्र हो जाते हैं कि रायपुर में कह बैठते हैं कि 'गाँधी ने भारत के दो टुकड़े करवाये, वाजपेयी दस टुकड़े करवायेंगे' यानी मिर्ची वाकई काफ़ी तेज़ है।

लेकिन यह मिर्ची लग क्यों रही है। आख़िर वाजपेयीजी एक पुण्य का काम

कर रहे हैं वही काम जो विहिप करना चाहता है, अयोध्या में मन्दिर निर्माण। तो फिर दिक़्क़त क्या है? विहिप यह क्यों सोचती है कि उनको चौपट करने में देश का प्रधानमन्त्री लग गया है। सिंघल के मन में इतनी कटुता क्यों? आख़िर एक ही परिवार से तो सभी हैं?

आइये चलते हैं इतिहास की तह में और देखते हैं मिर्ची का जादू। एक थे केशव बलिराम हेडगेवार। अनुशीलन समिति और काँग्रेस के अनुभवों से ओतप्रात। इन्होंने 1925 में नागपुर में राष्ट्रीय स्वयंसेवक संघ की स्थापना की। 1923 में नागपुर में हुए दंगों से परेशान हो इस नतीजे पर पहुँचे हुए कि हिन्दू अगर एक नहीं हुआ तो मिट जायेगा। एक होने के लिए ज़रूरी है हिन्दुओं की चेतना को जगाना और यह एहसास कराना कि आप भी वीर हैं, शक्तिशाली और दुनिया में किसी से कम नहीं, न ईसाई से, न मुसलमान से।

इस बात को हेडगेवार के उत्तराधिकारी गुरुजी गोलवलकर ने और साफ़ किया। उनके अपने विचार थे और उसका गुलदस्ता भी। गोलवलकर ने कहा था 'हमारा उद्देश्य है एक संगठित समाज की स्थापना। इस बृहत्तर समाज में जीवित अंग की तरह प्रत्येक व्यक्ति एक आदर्श हिन्दू पुरुषार्थ का प्रतीक हो।' उनके मुताबिक़ 'यह सपना कुछ दिनों या कुछ सालों में तो पूरा नहीं होगा। इसके लिए अनथक, चुपचाप काम करनेवाले हज़ारों कार्यकर्ताओं की ज़रूरत होगी।'

आख़िर इसकी आवश्यकता क्या थी? इसका जवाब देते हैं हेडगेवार के राजनीतिक गुरु बालकिशन शिवराम मुंजे। मुंजे के ही कहने पर हेडगेवार 1910 में कोलकाता गये थे बंगाली क्रान्तिकारियों से आतंकवादी गुर सीखने। मुंजे लिखते हैं 'हिन्दू अनगिनत खाँचों में बँटा है। हर खाँचा दूसरे से अलग है। बिलकुल अलग जीवन जीता है। इतना अलग कि बृहत्तर सामाजिक परिप्रेक्ष्य में आपस में इनमें कोई जुड़ाव दिखायी नहीं देता। झगड़ा होता है तो दूसरा उसकी मदद के बारे में सोचता तक नहीं है। इसके विपरीत मुस्लिम धार्मिक रूप से संगठित है। इतना अनुशासित कि एक को चोट लगती है तो दूसरे को उसका दर्द महसूस होता है।' मुंजे ने 1923 में लिखा कि हिन्दुओं में ऐसा कोई स्थान नहीं है जैसाकि मुसलमानों में मस्जिद के रूप में है जहाँ ऊँची जाति से लेकर निचली जाति तक सभी एक साथ बैठ सके। मुंजे के हिसाब से मस्जिद मुस्लिमों में एकता के सूत्र पिरोने का काम करती है। मुंजे आगे ख़ुद से सवाल करते हैं—'क्या मन्दिर वही काम नहीं कर सकता जो मस्जिद मुसलमानों में करती हैं।' यानी क्या मन्दिर हिन्दू एकता उत्पादन की फ़ैक्टरी नहीं बन सकता? हेडगेवार ने जब संघ की नींव डाली थी तब देश के एक तबक़े में यह धारणा बैठने लगी थी कि हिन्दू समाज मरनेवाला है। 1909 में यू.एन. मुखर्जी ने बंगाली पत्रिका में बाकायदा लेख लिखकर यह साबित करने की कोशिश की कि

अगले 420 सालों में हिन्दू इस धरती से ग़ायब हो जायेंगे। हे भगवान तकरीबन सौ साल तो गुज़र ही चुके हैं। यह बात कुछ लोगों में कूट-कूटकर भर गयी थी या फिर भर दी गयी थी कि हिन्दू कमज़ोर है, हिन्दू कमज़ोर है।

1979 में ही आरएसएस प्रमुख बालासाहेब देवरस भी पूरी गम्भीरता से कहते हैं, 'एक बार हिन्दू एक हो जायें, सरकार उनकी सुनने लगेगी। इसलिए समय का तकाज़ा है हिन्दू के मन में हिन्दू चेतना जाग्रत करना।'

लेकिन सोई हिन्दू चेतना इतना आसानी से जग जाये ऐसा हो न सका। आरएसएस कार्यकर्ताओं ने काली टोपी पहनी, निकर पहना, लाठी भाँजी, शादी नहीं की, सुबह शाखाएँ लगायीं लेकिन हिन्दू चेतना सोई ही रही कुम्भकरण की तरह। देश आज़ाद हो गया। देश में रह-रहकर दंगे भी हुए। गौहत्या के ख़िलाफ़ आन्दोलन भी हुआ और चक्का जाम भी लेकिन कोई असर नहीं। हारकर समाजवादी जयप्रकाश नारायण के सामने नतमस्तक भी हुए। अपनी राजनीतिक शाखा जनसंघ का जनता पार्टी में विलय भी कर दिया। लेकिन हिन्दू के कान पर जूँ नहीं रेंगी और हालत यहाँ तक पहुँची कि जनसंघ का सिद्धान्त तक बदल डाला। 'एकात्म मानववाद' लगाया और फिर वाजपेयी के प्रभाव में 'गाँधीवादी समाजवाद' का चोला भी पहना। बीच-बीच में सांस्कृतिक राष्ट्रवाद तो चलता ही रहा।

लेकिन क़िस्मत पलटी जब संघ स्वामी श्रद्धानन्द के बताये रास्ते आदर्श हिन्दू उत्पादन फ़ैक्टरी 'मन्दिर' गया। अयोध्या का मुद्दा को काफ़ी पुराना है लेकिन 1979 में विश्व हिन्दू परिषद के पुनर्जन्म लेने के बाद इसको नये सिरे से उठाया गया। और 1983 में धर्म संसंद में बाकायदा प्रस्ताव पास कर राममन्दिर को स्वतन्त्र कराने की कसम खाई गयी। हिन्दू चेतना में आग लगाने के लिए तमाम छोटे-बड़े अवसरों पर पेट्रोल छिड़का जा चुका था। जाने-अनजाने। फिर भी आग ठीक से लग नहीं रही थी। बस इसी बीच राजा मांडा ने हरियाणा के ताऊ को पटकनी देने के लिए मंडल कमीशन लगा दिया। फिर क्या था संघ के इशारे पर आडवाणी की रथ यात्रा निकली और विश्व हिन्दू परिषद गाँव-गाँव विचरने लगा। राममन्दिर आन्दोलन ने संघ के मुताबिक़ हिन्दू चेतना में चिंगारी लगा दी। संघ की बरसों पुरानी चाहत पूरी होने के क़गार पर पहुँच गयी। गोलवलकर का हिन्दू समाज एक हो रहा था ऐसा संघ मानने लगा। हिन्दू एकता ने मस्जिद ढहा दी। केन्द्र और राज्य सरकार देखती रही। इस पूरे मोबलाइज़ेशन में संघ ने कुछ नये प्रयोग भी किये। उसने राम की शालीन तस्वीर आक्रामक और क्रोधित कर दी। लेकिन शिव भक्त राम की तरह क्रोध भी मस्जिद गिरते ही काफ़ूर हो गया। और जो थोड़ा-बहुत हिन्दू संघ के साथ गया था उसने जतला दिया वो पूरी तरह से उसके साथ नहीं है। बीजेपी का बना तो सिर्फ़ तेरह दिन के लिए। पाँच साल शासन के लिए उसे अयोध्या अपने एजेंडे

से हटाना पड़ा यानी हिन्दू को हिन्दू बनाने का एजेंडा छोड़ना पड़ा। संघ जानता है, सुदर्शन जानते हैं और अशोक सिंघल भी कि अयोध्या एकमात्र मुद्दा है जिसकी सीढ़ी चढ़कर हेडगेवार का सपना, गोलवलकर का सपना पूरा हो सकता है। और अगर बीजेपी के इशारे और शंकराचार्य की मेहनत से राममन्दिर का मुद्दा सुलझ गया तो फिर हिन्दू एक कब होगा। कब उसका ख़ून खौलेगा। गोधरा जैसा मुद्दा तो एक दुर्घटना है।

पर संघ की दिक़्क़त यह है कि एक और सपना उसके सपने से आ टकराया है। यह सपना है वाजपेयी का। उनका सपना था प्रधानमन्त्री बनने का वो पूरा हो गया एक नहीं, तीन बार। यह आम सांसद का सपना था। अब सपना एक प्रधानमन्त्री का है यह सपना है इतिहास पुरुष बनने का। और तभी पूरा हो सकता है अगर वो कश्मीर का हल निकाल लें या फिर अयोध्या सुलझा लें। अर्थव्यवस्था से तो कोई इतिहास पुरुष बनता नहीं। यह अकारण नहीं है कि कारगिल और संसद पर हमले के बाद भी वो मुशर्रफ़ से हाथ मिलाने को तैयार हैं और अपने दोस्तों को नाख़ुश कर अयोध्या पर शंकराचार्य को खुली छूट दे रहे हैं। लेकिन यह सपना पूरा हुआ तो 1925 के सपने का क्या होगा। वाजपेयी इतिहास पुरुष बन गये तो आदर्श हिन्दू पुरुष कहाँ जायेगा। ऐसे में मिर्ची तो लगेगी ही। क्योंकि सपनों की टकराहट में मिर्ची पिस रही है।

हिन्दुस्तान, 08.07.03

वाजपेयी–जादू हैं या नशा!

कल्याण सिंह आजकल बहुत गुस्से में हैं। वो कहते हैं, 'मैं उनका मुखौटा उतारकर फेंक दूँगा।' 'उदारता का मुखौटा नोंच दूँगा।' आप तो समझ ही गये होंगे कल्याण सिंह किसका 'मुँह' नोंचने, माफ़ करियेगा 'मुखौटा' नोंचने की बात कर रहे हैं। यह सज्जन हैं लखनऊ के सांसद। नाम है अटल बिहारी वाजपेयी।

चलिये कल्याण सिंह का आगबबूल' होना समझ में आता हैं, बेचारे अच्छे-ख़ासे राज्य के खाते-पीते मुख्यमन्त्री थे। लेकिन अब लखनऊ के सांसद को नहीं भाये तो कुर्सी छीन ली। कुर्सी गयी तो राजपाट भी गया। राजपाट गया तो पार्टी छोड़ दी, पार्टी छोड़ दी, कौड़ी के दो हो गये। कभी भाजपा के 'अयोध्या पुरुष' कहलाते थे अब 'पुरुष' भी नहीं रह गये। अपने बल विधायकों-सांसदों को जिताने का दम्भ भरते थे, अब ख़ुद जीत जायें तो 'क्रान्ति' मानी जाती है, पहले रामलला की गोद में थे अब मुलायम की ओट में हैं। तो इनका गुस्सा जायज़ है। लेकिन यह अशोक सिंघल क्यों रह-रहकर आग उगल रहे हैं। इनकी तो अध्यक्षी नहीं गयी। संगठन पर क़ब्ज़ा है। और जहाँ भी जाते हैं आग लगाने की आज़ादी साथ लिये चलते हैं। अयोध्या भी है अयोध्यावासी भी, राम भी, राममन्दिर भी, फिर काहे के तेवर। पर यह अकेले नहीं हैं। दत्तो पन्त ठेंगड़ी भी हैं, भारतीय मज़दूर संघ भी इनके ही पुरुषार्थ की उपज है। यह तो पिछले कई सालों से खार खाये बैठे हैं। कभी संसद मार्ग से लखनऊ के इस सांसद को आँख दिखाते हैं तो कभी वित्तमन्त्री रह चुके यशवन्त सिन्हा को 'विश्वबैंक का दलाल' बताते हैं।

एक सज्जन ने मुम्बई में अखिल भारतीय विद्यार्थी परिषद की बैठक में कहा, 'यह आदमी आज़ाद भारत का सबसे निकम्मा प्रधानमन्त्री है।' लेकिन जब यही निकम्मा प्रधानमन्त्री कहता है, 'आडवाणीजी के नेतृत्व में विजय प्रस्थान' तो देशभर में आँधी चलने लगती है और देश के दूसरे लौहपुरुष का मुँह सूख जाता है और संघपरिवार से मिन्नतें की जाने लगती हैं।

आख़िर माजरा क्या है? यह तिलस्म है क्या? यह कौन सी मुहब्बत है जिसमें

नफ़रत-ही-नफ़रत है और प्रेप का कच्चा धागा एक भी नहीं, फिर भी बन्धन है कि टूटता नहीं। अटल 'जादू' हैं या 'नशा' हैं? अटल न जादू हैं न नशा हैं। वो एक स्वयंसेवक हैं। बिल्कुल वैसे ही जैसेकि उन्हें 1940 के दशक में गुरुजी गोलवलकर के आशीर्वाद से बनाया गया। और उसी तरह से संघपरिवार की विचारधारा का विस्तार कर रहे हैं जैसे 1946 में उत्तर प्रदेश का 'प्रचारक' बनाकर उन्हें ग्वालियर से रवाना किया गया था। अब यह अलग बात है कि हमारे कुछ काफ़ी बड़े-बड़े सम्पादक, बुद्धिजीवी और नेता उन्हें सेक्युलर हिन्दुवादी, उदारवादी, संघ में अकेले 'सेक्युलर' बताकर उनकी पैकेजिंग करते रहते हैं। फिर चाहे ममता बनर्जी हों या फिर जयललिता या जॉर्ज फ़र्नांडीज़ या कोई। यह अनायास नहीं है कि न्यूयॉर्क के स्टेटन आईलैंड में प्रवासी भारतीयों की एक सभा में उनके मुँह से निकलता है, 'मैं पहले स्वयंसेवक हूँ।' और उसके फ़ौरन बाद उनकी इस 'सच्चाई' को दुरुस्त करने में प्रधानमन्त्री कार्यालय जुट जाता है। या फिर दिल्ली में कह बैठते हैं, 'अयोध्या में ढाँचे का गिरना हिन्दू भावना का प्रकटीकरण था।' और फिर हंगामा होता है। चूँकि यह सब उनके प्रधानमन्त्री काल के उस समय हुआ जब वो नये-नये आये थे, तो सहयोगी दलों पर काफ़ी निर्भर थे इसलिए थोड़ा बहुत कुर्सी भी हिलती दिखी लेकिन बाद में जब कुर्सी मज़बूत हुई, सहयोगी शेर से चूजे बन गये तो 'गुजरात' में दंगा होता रहा, किसी ने नहीं पूछा कि इतने भयावह दंगों की कोई ज़िम्मेदारी प्रधानमन्त्री पर होती है या नहीं। चन्द्रबाबू नायडू और ममता कहती हैं, 'नरेन्द्र मोदी बदलो, जल्दी चुनाव न करवाओ।' बस। इससे ज़्यादा नहीं। सिर्फ़ समता पार्टी के शम्भू श्रीवास्तव के मुँह बोली फूटती है, इस्तीफ़ा देने का बूता दिखाते हैं, लेकिन फिर सिमटकर प्रवक्ता बने रहते हैं। जॉर्ज फ़र्नांडीज़ अहमदाबाद जाते हैं और कहते हैं, 'लोग छोटे हो गये हैं' पर संसद में कहते हैं, 'गर्भवती महिलाओं का पेट फाड़ देना कौन सी नयी बात है। किस दंगे में नहीं होता।' मोदी का अभयदान और वाजपेयी की नज़रों में नम्बर भी बढ़ा लिया।

वाजपेयी कहते हैं वो मोदी को बदलना चाहते थे और नहीं बदल पाये। लेकिन गोवा में पार्टी की कार्यकारिणी की बैठक के बाद एक रैली में अल्पसंख्यक तबक़े पर बरसते हैं और 'जेहादी मुसलमानों' को देश ही नहीं दुनिया के लिए ख़तरनाक बताते हैं, मानो प्रवीण तोगड़िया से उन्होंने आत्मा बदल ली हो।

तमाम बड़े-बड़े लोग सर्टिफ़िकेट देते हुए कहते हैं और 'संघवादी' भी कि वाजपेयी ने बाबरी मस्जिद गिरने पर इसे 'दुर्भाग्यपूर्ण' बताया था लेकिन कोई यह नहीं कहता कि जब वाजपेयी के साँचो पांजा ब्रजेश मिश्रा इस हादसे की निन्दा करने के लिए एक प्रस्ताव लाने की कोशिश 12 दिसम्बर 1992 में करते हैं तो वाजपेयी उनकी इस मुहिम में उनके साथ नहीं होते हैं। उलटे कुछ दिनों बाद एक जगह वे अनायास

कह उठते हैं, 'बाबरी मस्जिद शर्म का प्रतीक थी, इसे मिटा दिया गया।' यही नहीं 17 दिसम्बर 1992 को संसद में अविश्वास प्रस्ताव लाते समय अपने भाषण में वो बाबरी मस्जिद ध्वंस के लिए न्यायपालिका को ही लपेटे में ले लेते हैं। उन्होंने कहा कि 'इस मुद्दे पर इलाहाबाद हाईकोर्ट का फ़ैसला देने में देरी करना ढाँचा गिरने का कारण बना।' बाद में यही 23-24 दिसम्बर को दिल्ली में हुई भाजपा की राष्ट्रीय कार्यकारिणी की आधिकारिक लाइन भी बनी।

लेकिन इस लाइन की नींव तो 9 से 11 जून 1989 को हुई भाजपा की राष्ट्रीय कार्यकारिणी की बैठक में पड़ गयी थी। कुछ लोगों को याद नहीं होगा, हम बता दें। इस बैठक को 'पालमपुर' बैठक भी कहा जाता है जिसे लालकृष्ण आडवाणी 'ऐतिहासिक' बैठक बताते हैं। इस बैठक में प्रस्ताव पास हुआ था कि 'रामजन्म भूमि विवाद एक ऐसा विवाद है कि इसका निपटारा अदालत नहीं कर सकती। अदालती कार्रवाई कोई विकल्प नहीं है।' भाजपा ने इस प्रस्ताव का समर्थन किया था। सालों तक भाजपा, विहिप, संघपरिवार यही जाप लगाते रहे कि अयोध्या आस्था का प्रश्न है अदालतें तय नहीं कर सकतीं। अशोक सिंघल आज भी यही कहते हैं, तोगड़िया भी। अब अगर सिंघल को अदालत पर भरोसा नहीं है तो तब वाजपेयी को भी नहीं था। इसलिए सिंघल को गुस्सा आता है जब वाजपेयी सरकार अदालत के रास्ते हल खोजने की कोशिश करती है। क्योंकि राम जन्मभूमि सिर्फ़ सिंघल के लिए आस्था का सवाल नहीं है। अयोध्या आन्दोलन के दौरान एक शब्द जो सबसे ज़्यादा प्रचलित हुआ था वो था 'स्यूडो सेक्युलरिज़्म'। किसी से भी पूछें सब कहेंगे इसका सबसे पहले आडवाणी ने इस्तेमाल किया तो कोई कहेगा सिंघल या फिर गिरिराज किशोर, कुछ लोग भाऊराव देवरस का भी नाम ले सकते हैं। लेकिन हक़ीक़त में इसके जन्मदाता हैं वाजपेयी, लखनऊ के सांसद। 1969 में उन्होंने पहली बार इस शब्द को जन्म दिया। तब वाजपेयी ने सुन्दर सिंह भंडारी की एक सम्पादित पुस्तक 'जनसंघ सावनियर' में 'बेन ऑफ़ स्यूडो सेक्युलरिज़्म' के नाम से एक लेख लिख मारा था। तब वो प्रधानमन्त्री नहीं थे इसलिए ख़ाली थे और कविता की जगह गद्य लिखते थे। ऐसे में आप कहोगे अरे भाई तो फिर सिंघल, तोगड़िया, किशोर और संघवादी उनसे इतने ख़फ़ा क्यों हैं? सब समझ का फेर है। संघपरिवार में संगठन ही गीता है, संगठन ही कुरान, संगठन ही तन्त्र है और संगठन ही नेता। किसी को संगठन से ऊँचा उठने की इजाज़त नहीं है। लेकिन वाजपेयी उठ गये। शुरू से ही ऊँचे थे लेकिन संघ को लगता है कि सत्ता के नशे में वो संगठन का जादू भूल गये हैं। ऐसे में उन्हें यह बताना ज़रूरी है कि संगठन ही नेता है। संगठन और नेता का द्वन्द्व पुराना है। ख़ासकर कार्यकर्तावाली पार्टियों में ज़्यादा रहता है। कम्युनिस्ट पार्टियों में इस पर लम्बी बहस है। कार्ल मार्क्स की धारणा है कि व्यक्ति इतिहास

की धारा को नहीं बदल सकता, इतिहास की प्रक्रिया में उसकी कोई भूमिका नहीं है। लेकिन आगे चलकर गियार्गी प्लेख़ानोव बोलते हैं इतिहास भले ही व्यक्ति न बदल पाये लेकिन उसको कुछ हद तक प्रभावित तो कर ही सकता है। अन्त में लेनिन ने स्थापित भी कर दिया कि इतिहास की ठंडी पड़ी आग में चिंगारी तो व्यक्ति ही लगायेगा और बदलेगा भी इतिहास।

और वाजपेयी धीरे-धीरे इतिहास बदल भी रहे हैं। जो भाजपा और आरएसएस एक ज़माने में अछूत थे और जिनके तेरह दिनों में एक भी सांसद करीब नहीं आया, अब उसी के साथ बिना चूँ-चपड़ किये तमाम सेक्युलर पार्टियाँ और उनके दिग्गज नेता खड़े हैं। और यह अगर संघवादियों को नहीं समझ आता है तो फिर कोई क्या करे। अरे भाई नेता के पैरों में 'लौहपुरुष' की बेड़ियाँ मत डालो, उन्हें दौड़ने दो, वो आपका काम उसी तन्मयता से कर रहे हैं जिस तन्मयता की लौहपुरुष से उम्मीद है।

दिक़्क़त यह भी है कि सिंघल जैसे संघवादियों को 1925वाला 'संघी हिन्दू' चाहिए जो विदेश पलट बैरिस्टर के सामने अपने को हीनभावना से ग्रसित पाता था। जबकि भाजपा को 2003 का 'न्यूयॉर्क-रिटर्न-आधुनिक-हिन्दू' चाहिए जो अंग्रेज़ी में तू-तड़ाक करे, अमेरिकियों के सामने भी खड़ा रहे। यह समझ का फेर है। मक़सद दोनों का एक ही है—हिन्दुत्व का उत्थान। बस एक को खुला कट्टरवादी चाहिए दूजे को छुपा कट्टरवादी। जिसके चेहरे पर मुखौटा हो। फ़रवरी 1994 का वाजपेयी का बयान कल्याण सिंह समझते हैं, इसलिए मुखौटे की बात करते हैं। लेकिन देर से समझे इसलिए वाजपेयी पर खीज निकालते हैं। सिंघल और संघवादियों को वाजपेयी का यह जादू अगर जल्दी समझ में आ गया तो उनका नशा भी उतर जायेगा और वो नाहक चीख़ना भी बन्द कर देंगे। और नहीं समझे तो गला ख़राब करेंगे और कल्याण सिंह हो जायेंगे। क्योंकि अब 'खुले' की नहीं 'छुपे' की ज़रूरत है।

हिन्दुस्तान, 24.06.2003

शिखंडी, तुझे प्रणाम

निशा बदचलन है। अनुपमा भी और फ़रज़ाना भी। बदलचन हैं इसलिए उनकी शादियाँ नहीं हुईं। जिनकी हुई उनका गौना नहीं हुआ और गौना हो भी जाता तो महीने दो महीने में पति इनको छोड़ देता और अगर नहीं छोड़ता तो जला देता। बदचलन औरतें जलने के लिए ही तो पैदा होती हैं। इन्हें जलना ही चाहिए। लेकिन वाह रे मीडिया। अजब कलयुग है। बजाय इन्हें जलाने के देवियाँ बना बैठा है। इनकी जय-जयकार हो रही है। इनकी आरती उतारी जा रही है। फूल-मालाएँ चढ़ाई जा रही हैं। अख़बारों में बड़ी-बड़ी तस्वीरें छप रही हैं। घोर कलजुग। कोई उस पति परमेश्वर को नहीं पूछ रहा है जिसे जेल की रोटी खानी पड़ रही है। इन दुष्टाओं, बदचलनों की वजह से। कुछ समय के बाद ही लगा, नहीं यह मेरा भ्रम था। दफ़्तर में था एक फ़ोन आया। मेरे एक सहयोगी ने उठाया। करीब पैंतालिस मिनट तक जूझता रहा। कभी समझाने के अन्दाज़ में तो कभी डाँटते हुए और फिर उसने फ़ोन झुँझलाकर रख दिया। मैंने पूछा किसका था। उसने बताया कोई सज्जन थे जो अपने को नोएडा निवासिनी निशा शर्मा का चाचा बता रहे थे। निशा के पिता के सगे भाई। यह सज्जन समझाने की कोशिश कर रहे थे कि निशा ने कितना ग़लत काम किया है। उसका पिता यानी उनका भाई कितना ख़राब आदमी है। टेलीफ़ोनवाले सज्जन ने हमारे सहयोगी को समझाने की भरपूर कोशिश की कि निशा ने दहेज माँगने पर शादी नहीं तोड़ी बल्कि उसका मन तो किसी दूसरे लड़के पर लट्टू था और उससे ब्याह रचाना चाहती थी, चूँकि वह हो न सका इसलिए ऐन वक़्त यह स्वाँग रचा। टेलीफ़ोनवाले सज्जन यानी निशा के सगे चाचा यानी वो शख़्स जिसने बचपन में निशा को गोद में खिलाया था, यानी वह आदमी जिसने उँगली पकड़कर निशा को पइयाँ-पइयाँ चलना सिखाया होगा, ज़िद कर रहा था कि उसे स्टूडियो बुलाया जाये, वह अपने पवित्र विचार रखना चाहते हैं और बताना चाहते हैं कि निशा कितनी 'बदचलन' है और वह कितने बड़े मर्यादा पुरुषोत्तम। मेरा मन अचानक यही लब्बोलुआब था। निशा बदलचन थी और जिसको पढ़कर मेरे एक दूसरे सहयोगी के

अन्दर का मर्द अचानक काफ़ी जाग उठा था और कहने लगा था कि 'यह मामला दहेज का है ही नहीं।' हम लोग खामखाँ ही उसे 'हीरोइन' बना रहे हैं।

अभी यह प्रसंग चल ही रहा था कि लखनऊ में एक हीरोइन न जाने कहाँ से अचानक पैदा हो गयी। उसका नाम था मधुमिता। उसकी भी उम्र निशा के बराबर थी। एकाध साल बड़ी। लेकिन इत्तेफ़ाक़ से उसे हीरोइन का तमगा हमारे मित्रों ने दिया उसके क़त्ल के बाद। सुनने में आ रहा है कोई अमरमणि त्रिपाठी है। मायावती की सरकार में था। भारी माफ़िया। उससे मधुमिता का सम्बन्ध था। गर्भ में सात माह का बच्चा था और यही बच्चा उसकी मौत का सबब बना और अमरमणि के गले की हड्डी। फिर हमारे मित्रों ने चटखारे लिये, कहा क्या 'चीज़' थी मधुमिता। इतनी छोटी उम्र। ओजस्वी कविता और सत्ता के गलियारों में क्या ज़बर्दस्त पकड़। अमरमणि तो बहाना था, उसे तो सत्ता हथियानी थी। मरी अच्छा ही हुआ। नहीं मरती तो न जाने आगे क्या करती। उसके तो न जाने कितनों से 'सम्बन्ध' थे। यानी 'बदचलन'। मरना ही था। अभी इनसे बचकर निकलने की जुगत में लगा था कि हैदराबाद से एक ख़बर आ गयी। मामला न दहेज का था और न क़त्ल का। एक बच्ची की माँ अपने बच्चे को लेने से इनकार कर रही थी। रट लगाये थी। उसने तो बच्चे को जन्म दिया था। उसे बच्ची पकड़ा दी गयी। बात अस्पताल की चारदीवारी के अन्दर रहती तो इस मूर्खा को तमाम स्यापे के बाद बच्ची को लेना ही पड़ता, लेकिन न जाने कहाँ से ख़बर भेदियों के पास जा पहुँची तो पुलिस को हरकत में आना पड़ा। काफ़ी पसीना बहाने के बाद पुलिस असली बच्चे को खोज पायी। कोई महमूदा बेगम थी। जिसने उसी अस्पताल में बच्ची जनी थी और बच्चे की चाह रखती थी। सो उसने अपनी बच्ची फेंकी, दूसरी माँ का बच्चा उठाया और चम्पत हो ली।

लेकिन वह चम्पत होती इसके पहले कोलकाता में एक कार फुर्र हो गयी। शहर के एक पॉश इलाक़े में एम्बेसडर कार आयी। इसका दरवाज़ा खुला। एक थैला फेंका गया। थैले में जब रोने की आवाज़ आयी तो लोगों ने इसे उठाया। खोला तो उसमें एक बच्ची दिखायी दी। अपनी क़िस्मत पर हँसती हुई और मुझे अचानक महेश भट्ट की फ़िल्म 'तमन्ना' का वह दृश्य याद हो आया जिसमें पूजा भट्ट अपने बाप से पूछती है—'मैं तो आपकी जायज़ औलाद थी फिर आपने मुझे क्यों फेंका।' उसका बाप कहता है—'नब्बे साल से मेरे ख़ानदान में लड़की पैदा करने का कलंक नहीं लगा। लेकिन तेरी माँ ने एक-के-बाद एक तीन लड़कियाँ जनकर मेरे माथे पर कालिख पोत दी।' पूजा भट्ट कहती है, 'आप जाहिल हैं। आप इतना भी नहीं जानते कि लड़का या लड़की पैदा करना औरत के बस में नहीं होता। यह मर्दों का काम है। उनके डीएनए में एक्स या वाई होते हैं। यह विज्ञान है।' ईमानदारी की

बात बतायें 21वीं सदी में भी हम जाहिल हैं। इसलिए निशा के चाचा को अचानक अपनी भतीजी बदचलन नज़र आने लगती है, मधुमिता का दोष अमरमणि से ज़्यादा हो जाता है, महमूदा अपनी बच्ची की अदला-बदली करती है और कार से बच्चियाँ फेंक दी जाती हैं। अगर जाहिल नहीं होते तो क्योंकर 2001 आते-आते सिर्फ़ दो राज्यों में लिंग अनुपात केरल और पांडिचेरी में ही महिलाओं के पक्ष में रहता जबकि 1951 में देश के दस राज्यों और केन्द्र शासित प्रदेशों में आँकड़ा महिलाओं के पक्ष में था। इसी तरह संसद में पेश एक रिपोर्ट के मुताबिक़ महिला लिंग अनुपात में सबसे ज़्यादा गिरावट पंजाब और हरियाणा में आयी है। ये वे राज्य हैं जहाँ कन्या शिशु की मृत्यु दर सबसे अधिक है और यही राज्य विकास के इंडेक्स में देश के दूसरे राज्यों में सबसे आगे।

आप कह सकते हैं कि कोलकाता और हैदराबाद की घटनाओं की तुलना हो सकती है लेकिन निशा और मधुमिता का इनसे क्या लेना-देना हैं क्योंकि ये एक मानसिकता के अलग-अलग रूप हैं। वह मानसिकता जो सिखाती है, बताती है पुरुष स्त्री से बेहतर है। शासन का अधिकार पुरुष को है, स्त्री का चूल्हा-चक्की का। स्त्री दोयम है, इसलिए शादी के लिए उसे दहेज देना होगा, कलंकिनी है इसलिए पुरुष के साथ सम्बन्ध जोड़ने पर दोष उसका है। मर्द का नहीं। परिवार के लिए अपशगुन है इसलिए उसके पैदा होने पर हर्ष नहीं विषाद करना चाहिए और मौक़ा लगते ही उसे उठाकर फेंक देना चाहिए क्योंकि उससे वंश नहीं चलता। यह सब पंजाब और हरियाणा में सबसे ज़्यादा होता है, क्योंकि यहीं पर महाभारत रचा गया था। हस्तिनापुर यहीं पर है। वह महाभारत जिसमें द्रौपदी का चीर भरी सभा में हर लिया गया और तमाम मर्यादाओं के पुरुषोत्तम आँख मींचे बैठे रहे। भीष्म पितामह जैसे ज्ञानी पुरुष कर भी क्या सकते हैं। उनसे यह उम्मीद करना ही कि वह द्रौपदी की रक्षा करने आयेंगे, ग़लत है।

और फिर द्रौपदी के साथ क्या हुआ? अर्जुन ने स्वयंवर में जीता और माँ कुन्ती ने कहा 'आपस में बाँट लो तो वह पाँचों पांडवों की पत्नी हो गयी।' कुन्ती को जब सच्चाई का पता चला तो उसने दुरुस्त क्यों नहीं किया। और कुन्ती क्या दुरुस्त करती जब राम परम्पराओं से ऊपर नहीं उठ सके तो बाक़ी को क्या कहें? सीता जो पति के आग्रह पर अग्निपरिक्षा देने को तैयार हो जाती है और राम से अग्निपरीक्षा नहीं माँगती। अगर वह एक साल अपने पति के बिना थी तो राम भी तो एक साल पत्नी के बिना रहे। राम ही क्यों लक्ष्मण तो पूरे चौदह साल उर्मिला से अलग रहे। उर्मिला को महल में भी परम्पराएँ थीं, क़ैद भी, लक्ष्मण तो आज़ाद थे, जंगल में थे, बन्धनहीन लक्ष्मण की अग्निपरीक्षा तुलसीदास ने क्यों नहीं करायी? क्या किसी ने उर्मिला के मन का हाल जानने की कोशिश की? लक्ष्मण आये और उर्मिला ने

सहज भाव से अपना लिया? बिल्कुल उसी तरह जैसे सुधीर कक्कड़ 'मिस्टिक्स, शमन और डॉक्टर्स' में लिखते हैं। सुधीर कक्कड़ ने एक घटना का हवाला दिया है। कैसे एक झुग्गी में उन्होंने देखा कि एक शराबी पति अपनी पत्नी को जानवरों की तरह पीट रहा है। औरत चीख़ रही थी और छटपटा रही थी। तभी पड़ोसी ने उसे बचाने के लिए उसके पति को डाँटा। अचानक रोती-कलपती स्त्री पड़ोसी पर ही चढ़ बैठी। लगी उसे गन्दी-गन्दी गालियाँ निकालने। कहने लगी 'मेरा मरद है जो चाहे मेरे साथ करे तू कौन है?' और इस झुग्गीवाली को क्या कहे? क्या अब भी महानगरों में परम्पराओं के बन्धन में बँधी पत्नियाँ माँग में सिन्दूर, गले में मंगलसूत्र, पाँवों में बिछिया पहने और शादी के बाद पति का सरनेम चुराती अपने शादीशुदा होने का सबूत देने की होड़ में नहीं शामिल हैं? मेरी तो तमाम महिला मित्र कहती हैं, 'आई डोंट वांट टू मैरी समबडी हू डज़ इन ऑ ऑफ़ मी।' ये समर्थ महिलाएँ हैं। लेकिन पति अपने से सफल और कामयाब चाहिए क्योंकि कहीं न कहीं वह पति की ऊर्जा में अपनी ऊर्जा तलाश धन्य होती है और जब तक यह होगा निशा, फ़रज़ाना, अनुपमा तो बदचलन होंगी। आज किसी सीता की ज़रूरत नहीं, न ही किसी द्रौपदी की। अब ज़रूरत है एक अदद 'अम्बा' की जो शिखंडी बन भीष्म का तेज ख़त्म करे। जो किसी मर्द के 'ऑ' में नहीं है। तमन्ना के उस टिंकू की जो हिजड़ा है लेकिन किसी स्त्री-पुरुष का भेद छू तक नहीं गया है। जो सीने से लगाकर पूजा भट्ट को पालता है, अंग्रेज़ी स्कूल में पढ़ाता है और इस काबिल बनाता है कि वह अपने बाप से कह सके 'आप जाहिल हैं।'

हिन्दुस्तान, 26.05.03

कबूतर उड़ाना छोड़ नया कश्मीर बनायें

अमेरिकी अधिकारियों का बड़ा जलवा होता है। एक अदना सा अफ़सर भी भारत आने को हुआ नहीं कि भारतीय मीडिया उसे हाथों हाथ ले लेता है। पहले पेज पर उसकी ख़बरें छपने लगती हैं। यह अलग बात है कि भारत का प्रधानमन्त्री अमेरिका जाये, वहाँ के राष्ट्रपति से मिले, तो भी वहाँ के मीडिया के कानों पर जूँ तक नहीं रेंगती। अमेरिकी उपविदेश मन्त्री रिचर्ड आर्मिटेज क्या आये मानो ख़ुदा आ गया। उनके आने के पहले से ही उनके आने की आहटें सुनी जाने लगीं। आर्मिटेज साहब कब इस्लामाबाद पहुँचे, कब पाकिस्तानी राष्ट्रपति परवेज़ मुशर्रफ़ से मिले, कब उन्हें प्रधानमन्त्री मीर ज़फ़रुल्लाह ख़ान जमाली से मिलना है, आदि-आदि। आर्मिटेज न हुए चक्रवर्ती सम्राट हो गये। उन्होंने इस्लामाबाद में प्रेस कॉन्फ्रेन्स क्या की सारे मीडिया ने लपक लिया। सम्राट ने कहा, उन्होंने मुशर्रफ़ के कान उमेठे और शरारती बच्चे से यह वादा ले लिया कि अब वह आतंकवाद हो शह देना बन्द कर देंगे। पलभर के लिए लगा मानो भारत-पाकिस्तान समस्या ख़त्म हो गयी। यही तो चाहता था भारत, प्रधानमन्त्री वाजपेयी।

13 सितम्बर 2001 से यही तो अलाप रहा था भारत। जब तक सीमा-पार-आतंकवाद पर पाकिस्तान क़ाबू नहीं पाता तब तक भारत उससे मीठी-मीठी बातें नहीं करेगा। वाजपेयी ने तो यहाँ तक कह दिया था कि अगर पाकिस्तान अपनी हरकतों से बाज नहीं आया तो इस बार आर-पार की लड़ाई लड़नी होगी। यानी जंग का ऐलान हो जायेगा। और अब तो हमारे, आपके, पाकिस्तान के भाग्यविधाता आर्मिटेज ने कह दिया है कि मुशर्रफ़ साहब ने आतंकवाद से तौबा कर ली है। वह अब आतंकवाद का मरा मुँह भी नहीं देखेंगे। तो फिर काहे का झगड़ा। यानी भारत पाकिस्तान फिर पहले की तरह भाई-भाई हो गये। बातचीत का रास्ता निकल आया है, जल्द ही मुशर्रफ़ वाजपेयी गलबहियाँ होंगे। हालाँकि भारतीय नेता इस बार कह रहे हैं, हम दूध के जले हैं छाछ भी फूँक-फूँककर पियेंगे। यानी कोई जल्दबाज़ी नहीं करेंगे। वाजपेयीजी वादा तो अपने छाँछा को फूँक-फूँककर पीने का किया है, दूध का नहीं। दूध तो आप इस बार भी खौलता हुआ ही पी चुके हैं। किसने किया था श्रीनगर से

पाकिस्तान की तरफ़ दोस्ती का पैग़ाम। दिल्ली आकर वह कौन सा शख़्स था जिसने हवाई सीमा के इस्तेमाल पर लगी रोक और हाई कमिश्नरों की बहाली का ऐलान किया था? वह आप ही तो थे। जी हाँ वाजपेयीजी आप ही तो थे।

क्या आप भूल गये कि इराक़ हमले के दौरान आपके शान्ति का दूत बनने के चन्द रोज़ पहले आपके विदेश मन्त्री यशवन्त सिन्हा साहब फ़रमा रहे थे, 'इराक़ की तरह पाकिस्तान भी हमले का फिट केस है।' आपके विदेश मन्त्री एक साथ दो ग़लतियाँ कर रहे थे, एक, वह इराक़ पर अमेरिकी हमले को जायज़ ठहरा रहे थे। यह जानते-बूझते कि इराक़ पर हमले का सरकार विरोध कर रही है। वह यह भी भूल रहे थे कि इराक़ भारत का दोस्त है। सद्दाम हुसैन हमेशा भारत के साथ रहे थे। दूसरे, वह देश के प्रधानमन्त्री की भविष्य की नीति को ग़लत साबित कर रहे थे। या तो वह वाजपेयो के शान्ति पैग़ाम से अवगत नहीं थे या फिर वह खुलेआम वाजपेयी को मुँह चिढ़ा रहे थे। उन्होंने क्यों, ख़ुद रक्षा मन्त्री जॉर्ज फ़र्नांडीज़ ने भी यशवन्त सिन्हा की हाँ में हाँ मिलायी थी।

यह मानना कठिन है कि हिन्दुस्तान का विदेश मन्त्री इतना बड़ा बयान दे और प्रधानमन्त्री को भरोसे में न ले। अगर ऐसा है तो फिर दो चीज़ें—एक, विदेश मन्त्री को बोलने की बीमारी है और कहीं भी कभी भी कुछ भी बोल सकते हैं। डिप्लोमेसी में ऐसा आदमी काफ़ी ख़तरनाक होता है क्योंकि डिप्लोमेट न बोलने की खाता है। दो, उन्हें विदेश नीति की बिल्कुल समझ नहीं है। क्योंकि जहाँ से 'राजनय ख़त्म होता है जंग वहीं से शुरू होती है।' विदेश मन्त्री के कन्धे पर ज़िम्मेदारी होती है अन्तिम समय तक राजनय के सारे राष्ट्रहित को बढ़ाते हुए जंग को टालना। जब विदेश मन्त्री हार जाता है तब रक्षा मन्त्री की भूमिका शुरू होती है। लेकिन मैं यह मानने को तैयार नहीं हूँ। यशवन्त सिन्हा समझदार आदमी है।

फिर अचानक चन्द दिनों में यह बदलाव कैसे। हमले की भूमिका बनाते-बनाते हम अचानक शान्ति के कबूतर कैसे छोड़ने लगे। यानी कुछ-न-कुछ हुआ है। इस बीच इराक़ में जंग ख़त्म हुई। वहाँ अमेरिका रँगे हाथों पकड़ा गया। पूरी दुनिया ने देखा जंग का तर्क अमेरिका का कितना खोखला था। उसने जंग छेड़ी इस तर्क की आड़ में कि इराक़ दुनिया के लिए काफ़ी ख़तरनाक है। उसके पास जैविक-रासायनिक हथियार हैं जो पुरी दुनिया को तबाह कर सकते हैं। इसलिए उसने हांस ब्लिक्स की रिपोर्ट नहीं मानी, एटामिक एनर्जी कमीशन के बारदेई की बातें झुठला दीं। संयुक्त राष्ट्र की नहीं सुनी, फ्रांस, जर्मनी, रूस को धता बता दिया और बग़दाद पर चढ़ाई कर बैठा। वहाँ उसे क्या मिला। न सद्दाम हुसैन और न ही वे हथियार जिनके बहाने उसने युद्ध का इशारा किया था। अमेरिका ब्रिटिश जड़ित पत्रकार भी नहीं बता पाये कि कहाँ गुम हो गये हथियार। जंग में हँसी हुई अमेरिका की। पहली बार दुनियाभर में अमेरिका के ख़िलाफ़ इतना बड़ा माहौल बना।

राजनीति और राजन में किसी भी नेता या देश की सबसे बड़ी पूँजी होती है उसकी 'साख'। साख गयी तो सब कुछ गया। इराक़ युद्ध ने अमेरिका के सामने साख का संकट पैदा कर दिया है और इससे निपटने के लिए ज़रूरी है आनन-फ़ानन में ऐसा कुछ करना कि दुनिया को लगे अमेरिका शान्ति का पुजारी है और उसके विदेश नीति सिद्धान्तों का हिस्सा है दुनिया में लोकतन्त्र की स्थापना और लोकतान्त्रिक मूल्यों का प्रसार और इसके लिए वह सतत प्रयत्नशील रहता है। ऐसे में कश्मीर मामले से बेहतर और क्या हो सकता है। वह कश्मीर जिसके बारे में क्लिंटन प्रशासन तक कह चुका है यह दुनिया का फ़्लैश प्वाइंट है। अमेरिका के पास बहाना भी अच्छा है। भारत और पाकिस्तान दोनों हीं एटमी हथियार सम्पन्न देश हैं और अगर यहाँ सेना लम्बे समय तक सरहदों पर जमी रहीं, हमले का माहौन बना तो दुनिया को न्यूक्लियर युद्ध का स्वाद चखना पड़ सकता है। ऐसे में व्हाइट हाउस से तार खिंचे और वाजपेयी सरकार ने कबूतर उड़ाने शुरू कर दिये। मुशर्रफ़ भी तोते की तरह बोल पड़े 'अगर एक भी आतंकवादी कैम्प आज़ाद कश्मीर में है तो वह कल ख़त्म कर दिये जायेंगे।' यानी परोक्ष रूप से मान भी लिया कि कैम्प तो हमीं चलवाते हैं, जब चाहेंगे खोल देंगे और जब चाहेंगे बन्द करवा देंगे।

क्या अमेरिकी इशारे पर ही भारत और पाकिस्तान के बीच शान्ति हो सकती है। अगर ऐसा ही होता तो अब तक फ़िलिस्तीन और इज़राइल दोस्त हो चुके होते। न जाने कितनी बार अब तक अमेरिकी राष्ट्रपतियों को नोबेल पुरस्कार मिल गया होता। लेकिन ऐसा नहीं हुआ और भारत-पाकिस्तान के बीच भी नहीं होगा। अगर ऐसा होना होता तो लाहौर के बाद कारगिल और आगरा के बाद संसद पर हमला नहीं होता। दरअसल अमेरिका चाहता ही नहीं कि दोनों देशों में दोस्ती हो। अमेरिका के निशाने पर न पाकिस्तान है और न भारत। उसके निशाने पर है चीन और यह बात हमारे हुक्मरान नहीं समझते। हेनरी किसिंजर को अमेरिकी विदेश नीति का सबसे बड़ा ज्ञाता माना जाता है। उसने अपनी किताब 'डिप्लोमेसी' में लिखा है, '21वीं शताब्दी में चीन और भारत सुपरपावर होने की क्षमता रखते हैं।' वह चीन से ज़्यादा चिन्तित है। चीन का आर्थिक और सैनिक विकास अमेरिका को रास नहीं आता और भविष्य के अन्तर्राष्ट्रीय मंच पर 'बैलेंस ऑफ़ पावर' की बिसात बिछाने के लिए ज़रूरी है कि चीन को औक़ात में रखा जाये। चीन को अरदब में लेने के लिए ज़रूरी है कि भारत को अपनी छत्रछाया में लाया जाये। भारत एक न्यूक्लियर पावर देश है, सफल लोकतन्त्र है और आर्थिक विकास ठीक-ठाक है। लेकिन भारत एक स्वाभिमानी देश भी है और लोकतन्त्र है इसलिए अमेरिकापरस्त हुक्मरान बदल भी सकते हैं। इसलिए यह मानकर चलना कि भारत आँख मूँदकर ब्रिटेन बन जायेगा, यह सम्भव नहीं है और हमेशा अमेरिका की बतायी राह पर चलेगा सही नहीं होगा। ऐसे में भारत को औक़ात में लाने के लिए ज़रूरी है एक ऐसा देश जो

रह-रहकर उसे चिकोटी काटे, और पाकिस्तान चिकोटी काटने में उस्ताद है। सवाल यह है कि अगर भारत-पाकिस्तान के बीच दोस्ती हो जायेगी तो फिर भारत को अमेरिका की ज़रूरत क्यों होगी और फिर चीन के ख़िलाफ़ भारत अमेरिकी षड्यन्त्र में क्यों शामिल होगा। ऐसे में आर्मिटेज आयें या फिर बुश, कश्मीर सुलगता ही रहेगा, भारत पाकिस्तान के सीने में आग रह-रहकर धधकती ही रहेगी। भारत को अपने सीने की आग को ठंडा करने के लिए अमेरिका का पिट्ठू होना बन्द करना पड़ेगा और उसे अपनी रणनीति ख़ुद बनानी होगी। और यह रणनीति शान्ति की नहीं होनी चाहिए, यह रणनीति होनी चाहिए पाकिस्तान को अन्दर से खोखला करने की, उसके कई टुकड़े करने की। बिल्कुल वैसे ही जैसे अमेरिका ने सोवियत संघ को ध्वस्त किया। अमेरिका ने शीत युद्ध की क़ीमत इतनी बढ़ा दी कि सोवियत संघ का आर्थिक विकास नकारात्मक हो गया। वह आँख मूँदकर शस्त्रों की होड़ में जुट गया। रोनाल्ड रीगन एसडीआई लेकर आये तो ब्रेझनेव भी वही करने लगे। नतीजा यह हुआ कि सोवियत संघ के पास न्यूक्लियर बम और मिसाइल तो आ गये लेकिन आम जनता के पेट से अन्न ग़ायब हो गया। जब तक गोर्वाचेव इसे समझते, क़दम उठाते सोवियत संघ दर्जन देशों में बँट गया। पाकिस्तान की आर्थिक स्थिति बहुत अच्छी नहीं है। 1960 से 1990 के दशक तक पाकिस्तान आर्थिक दृष्टि से भारत से बेहतर था लेकिन अब हालात बदल गये हैं। इस वक़्त भारत की प्रति व्यक्ति आय 460 डॉलर है तो पाकिस्तान की 420 डॉलर। आर्थिक मामलों के जानकारों के मुताबिक़ अगर मौजूदा ट्रेंड ऐसे ही बने रहे तो 2025 तक भारत में प्रति व्यक्ति आय 7000 डॉलर होगी जबकि पाकिस्तान की महज़ 2500 डॉलर। जानकार तो यह भी कहते हैं कि अगर यही हाल रहे तो भारत तो छोड़ दीजिये वह बंगलादेश से भी प्रतिस्पर्धा करने लायक नहीं रहेगा। 1980 में जब तक पाकिस्तान ने आतंकवाद को संजीवनी पिलानी शुरू नहीं की थी तब तक उसकी अर्थव्यवस्था 6.3 प्रतिशत की दर से बढ़ रही थी जबकि बंगलादेश की 4.3 प्रतिशत, लेकिन 1990 में हालात ये हैं कि पाकिस्तान 3.7 प्रतिशत की गति से चल रहा है और बंगलादेश 4.9 प्रतिशत की दर से। भारत की कोशिश होनी चाहिए कि पाकिस्तान की यह दर घटती ही जाये। ऐसा तब होगा जब वह अपने कश्मीर प्रेम को बढ़ायेगा और भारत जवाब में पाकिस्तान में एक कश्मीर पैदा करेगा और पाकिस्तानी कश्मीर के लिए यकीन मानिये काफ़ी उर्वरा ज़मीन है। बलूचिस्तान से लेकर कराची की सड़कों तक सब कश्मीर बनने को तैयार हैं। ज़रूरत बस थोड़ा सा पेट्रोल छिड़क माचिस दिखाने की है और इसके लिए न आर्मिटेज के भारत आने की आवश्यकता है और न ही बुश की घंटी घनघनाने की।

हिन्दुस्तान, 13.05.2003

ताकि कामयाब रहे दलित राजनीति

पहली बार लिखते समय डर लग रहा है। देश में बहुत से क़ानून हैं। लेकिन पोटा जैसा कोई नहीं है। पता नहीं किस नेता को या मन्त्री को या मुख्यमन्त्री को यह लेख देश-विरोधी लग जाये, कह उठे आतंकवाद का समर्थक और भर दे जेल के अन्दर। जैसे वाइको को सलाखों के पीछे ढकेल दिया। रघुराज प्रताप सिंह को जेल की दीवारों के भीतर कर दिया गया। अपराध इनका चाहे हो या न हो, पोटा तो लगा ही दिया गया। वाइको एनडीए में हैं। रघुराज प्रताप सिंह भी एनडीए में थे। एनडीए माने सत्ता। सत्ता माने सरकार। सरकार माने ताक़त। ताक़त माने दूसरे को नीचा दिखाने की हस्ती। लेकिन सब औक़ात में आ गये जब मुख्यमन्त्री जयललिता और बहन मायावती का गुस्सा आसमान पर पहुँचा। एक जयललिता का दोस्त रह चुका था लेकिन वर्तमान में उनके विरोधी खेमे में था और जयललिता की राजनीतिक ज़मीन हड़पने के सपने देख रहा था। एक साल के आसपास हो गये क़ैदख़ाने में। सुप्रीमकोर्ट में एटार्नी जनरल से न तो उनका पक्ष लेते बनता है और न छोड़ते। बस इतना कह रहे हैं वाइको ने जो भाषण दिया था वो पोटा के दायरे में नहीं आता। लेकिन जयललिता को इससे कोई मतलब नहीं। उन्होंने करुणानिधि को जेल में डाल दिया। केन्द्रीय मन्त्री मुरासोली मारन को जानवर की तरह उठाकर फेंक दिया। बेटा स्टालिन भी जेल की हवा खा चुका है। तमिलनाडु में क्या मन्त्री क्या सन्त्री, सब दहशत में हैं। अम्मा का क्या भरोसा। मुस्कान पसन्द न आये और पोटा लग जाये। वाइको फिर भी भाग्यशाली हैं। सोली सोराबजी कुछ तो बोल रहे हैं। बेचारे रघुराज सिंह उर्फ़ राजा भैया की तो बोलती बन्द है। उनके समर्थक राजनाथ सिंह को 'गिरेबान में झाँकने' और 'जबान सँभालकर मुँह खोलने' की हिदायत मायावती से मिल चुकी है, तब से उन्हें साँप सूँघ गया है। वो आजकल बोलना भूल गये हैं। और इशारों से काम चला रहे हैं।

राजा भैया के समर्थन में अमर सिंह ने तलवार भाँजी तो संसद में कहना पड़ा, उनकी जान को ख़तरा है। मायावती उन्हें तबाह कर सकती हैं। मायावती के ख़िलाफ़ टेप क्या निकाला, मुलायम सिंह यादव के विरुद्ध 137 एफ़आईआर एक दिन में दर्ज

हो गयी। मुलायव यादव तब से लखनऊ की सड़कों पर साइकिल से घूम रहे हैं और जनता में अलख जगा रहे हैं। जनता भी सोई है और विवेकाधीन कोष से पैसा पाये पत्रकार भी। मैं भी डर से थर-थर काँप रहा हूँ। पोटा लग गया तो क्या होगा। नौकरी जायेगी अलग से। लोग थू-थू करेंगे सो अलग। और मेरे समर्थन में कोई पर्दाफाश रैली, धिक्कार रैली करने भी नहीं आयेगा। और सब कहेंगे वर्ण व्यवस्था में ऊपर होने की वजह से इस मनुवादी ने दलित की बेटी के ख़िलाफ़ कलम चलायी। दलित विरोधी। कलमख़ोर। लेकिन आदत से मजबूर चुप भी रहते नहीं बनता। मायावती और जयललिता उस लोकतन्त्र की उपज हैं जिसका सहारा ले जर्मनी में हिटलर पैदा हो गया था। और जिसने विरोध की ही जुबान पर ताला लगा दिया था। हिटलर अपनी आत्मकथा 'मीन कॉफ़' में कहता है, 'जनता क्या चाहती है ताक़तवर की विजय और निर्बल का बिना शर्त समर्पण।' वो आगे कहता है, 'जनता उस औरत की तरह है जो मज़बूत मर्द के आगे समर्पण करने को बेहतर समझती है बनिस्पत किसी कमज़ोर पर शासन करने के।' मायावती और जयललिता दोनों ही हर वक़्त अपने ताक़तवर होने का एहसास कराती रहती हैं। ऐसा नहीं है कि मायावती सिर्फ़ मुख्यमन्त्री बनने के बाद ही दुश्मनों और विरोधियों को नेस्तनाबूद करने में जुट गयीं। कांशीराम का दलित आन्दोलन शुरू होने के बाद से सब कुछ सामान्य चलता रहा जब तक कि मायावती का आविर्भाव नहीं हुआ था। डीएस-फोर से बहुजन समाज पार्टी बनी। कांशीराम ने राजनीति में पाँव धरा। 1989 में इलाहाबाद से विश्वनाथ प्रताप सिंह के ख़िलाफ़ चुनाव लड़ा। तब उन्हें कोई नहीं जानता था। वो दिल्ली की एक छोटी खोली में रहते थे और रिक्शा-पैदल चल दलितों की चेतना को जगाने में लगे थे। इस बीच उनके साथ दलित नौकरशाह जुड़े और जुड़े कुछ कर दिखाने की उमंग लिये दलित लोग। कांशीराम का प्रयास बढ़ता जा रहा था। उत्तर प्रदेश उनकी कर्मभूमि थी। पंजाब में भी उनके महत्व को पहचाना जाने लगा थ। मध्यप्रदेश उनके निशाने पर था। उत्तर प्रदेश से लगे इलाक़ों ख़ासकर ग्वालियर इलाक़े में बसपा की उपस्थिति महसूस की जाने लगी थी। इस बीच 6 दिसम्बर 1992 को बाबरी मस्जिद क्या गिरी सारे राजनीतिक समीकरण बिगड़ गये। कल्याण सिंह की सरकार बर्ख़ास्त हो गयी। नये चुनाव हुए। मस्जिद ढहाने के बावजूद भाजपा बहुमत नहीं पा पायी। और मुलायम सिंह यादव और कांशीराम में दोस्ती हो गयी। सरकार मुलायम सिंह की बनी कांशीराम ने बाहर से समर्थन दिया। तब तक मायावती ताक़तवर हो गयी थी लेकिन बसपा में मुख्यमन्त्री पद की दावेदार नहीं। इधर मुलायम ने पार्टी तोड़ने का खेल शुरू किया, उधर लखनऊ गेस्टहाउस कांड हो गया। मायावती की जान पर आ बनी। भाजपा ने पाँसा फेंका। मुख्यमन्त्री बनाने का सपना बेचा। इत्तेफ़ाक़ से कांशीराम बीमार हो गये और अस्पताल में भर्ती। मजबूरन क़िस्मत की दबंग मायावती लखनऊ की गद्दी पर आसीन हुई। और दबंगई का खेल शुरू हो गया। वो

भाजपा जिसने सोचा था कि मायावती को धर्मबहन बनाकर पिंजरे में रखा जायेगा, उसने ख़ुद को घिरा हुआ पाया। और चिड़िया पिंजरे के बाहर ऊँचे आकाश में सत्ता के पंखों पर सवार कुलांचे भरने लगी।

ऐसा नहीं, मायावती ने सत्ता पाने के बाद रंग बदला है। बसपा कार्यकर्ताओं से बात करते समय मंच पर एक ही कुर्सी होती थी। वो कुर्सी जिस पर वो ख़ुद बैठती थीं। जैसाकि तमिनाडु में जयललिता कर चुकी थीं। इस मायने में उत्तर प्रदेश की दलित की बेटी और तमिलनाडु की ब्राह्मण बेटी में अद्‌भुत साम्य है। सरकार में आने के बाद उनके रंग-ढंग में और बदलाव आया ज़रूर, लेकिन सत्ता न भी होती तो भी उत्तर प्रदेश बसपा के अध्यक्ष पद पर उनका कठपुतला ही बैठता। जो भी जंग बहादुर पटेल या भगवती पाल बनने की कोशिश करता, उसे या तो पार्टी छोड़नी पड़ती या फिर बेइज़्ज़त होकर रहना पड़ता। दलित मुस्लिम एकता का नारा लेकर आरिफ़ मोहम्मद ख़ान भी बसपा में गये। बोफ़ोर्स क्रान्ति के जनकों में से एक आरिफ़ को चन्द दिनों में पता चल गया कि बसपा में कांशीराम के बाद सिर्फ़ एक ही माया चलती है। माया मेमसाहब की माया। वो आरिफ़ जिसने कभी राजीव गाँधी का ताब लिया था, जो वी.पी. सिंह, अरुण नेहरू के हमसफ़र रह चुके थे उन्हें बड़े बेआबरू होकर बसपा छोड़ नया आशियाना खोजना पड़ रहा है। आरिफ़ के साथ ही एक और शख़्स दलित मुस्लिम महासंघ का नारा बुलन्द करने बसपा में गये थे। यह शख़्स थे अकबर अहमद डम्पी। आज़मगढ़ का दबंग। डम्पी वो हस्ती थे जिसकी संजय गाँधी से दाँतकाटी थी और जो अपने-आपको इन्दिरा का तीसरा पुत्र और संजय के बाद दूसरा प्यारा बेटा समझते थे। डम्पी को जल्दी ही समझ में आ गया राजनीति में गोते लगाना एक बात है और मायावती को झेलना दूसरी बात। पार्टी में एकछत्र सिक्का जमा लेने के बाद मायावती की महत्वाकांक्षा तब और जगी जब भाजपा से ज़्यादा विधायक लाने में वो कामयाब रहीं और भाजपा को मन मारकर उनका नेतृत्व स्वीकार करना पड़ा। मायावती तीसरी बार मुख्यमन्त्री बनीं। उन्हें समझ में आ गया। सत्ता में रहना है तो वाजपेयी-आडवाणी नाम के आलाकमान को मुट्ठी में रखो। उन्होंने ओमप्रकाश सिंह, राजनाथ सिंह, विनय कटियार, कलराज मिश्रा को घास डालना बन्द कर दिया। प्रदेश भाजपा पर शिकंजा कसा तो ठाकुर लॉबी सक्रिय हो गयी। उन्होंने बाग़ियों के ख़िलाफ़ वो चाल चली कि जो बोला वो अन्दर गया या फिर भगोड़ा हो गया। राजा भैया हो या अखिलेख सिंह या रविन्द्र पुंडीर।

और जब सरकार बचाने के लिए मायावती का चक्र चल रहा था तब भाजपा ख़ामोश थी। इस बीच मायावती को शह देने के लिए मुलायम सिंह ने टेप जारी कर दिया। वो टेप जिसमें पैसा खाने की बात है, हिन्दू देवी-देवताओं को गाली देने की बात है। मायावती ने विवेकाधीन कोष का मामला खुलवाया। अब मुलायम-अमर जेल जाने से बचने के लिए अदालत और ईश्वर की शरण में हैं।

मायावती पूरी तरह से जानती है जनता ताक़तवर की विजय देखती है और कमज़ोर की मौत। लेकिन यह खेल विजय और मौत से बढ़कर है। यह सवाल राजनीति का है ही नहीं, यहाँ प्रश्न दलित और ग़ैर-दलित का भी नहीं है। मुझे मालूम है बहुत सारे भीष्म पितामह की तरह हस्तिनापुर के सिंहासन से जुड़े बैठे हैं। जो कहते हैं मायावती की आलोचना करने का अर्थ है राजा भैया का समर्थन करना। यह यक्षप्रश्न ही उस व्यक्ति और युग के सामने होता है जो नैतिकता की झूठी डुगडुगी पीट अपने को सही और ग़लत ठहराने का खेल खेलते रहते हैं। यह सवाल मनोविज्ञान का है। मनोविज्ञान कहता है मायावती और जयललिता जैसे लोग तानाशाही व्यक्तित्व के स्वामी होते हैं। वो व्यक्तित्व–'सैडिज़्म' जिसका अभिन्न अंग है। नाज़ीवाद का सबसे बेहतरीन मनोवैज्ञानिक विश्लेषण करनेवाले एरिक फ्राम का कहना है, 'सैडिस्ट व्यक्ति विध्वंस की हद तक दूसरे व्यक्ति पर अनियन्त्रित सत्ता हासिल करना चाहता है।' मायावती की सत्ता का स्रोत है वो तबक़ा जो सदियों से गुलामी की ज़िन्दगी जीता आया है, जानवर से भी बदतर। यह तबक़ा है जिसे आज़ादी के बाद संविधान ने शक्तिहीनता का एहसास कराया। मौलिक अधिकारों से उसे एक अजीब सी बेचैनी और सामाजिक ब्रह्मांड में आत्यन्तिक अकेलेपन से भर दिया। एरिक फ्राम के शब्दों में, 'बिल्कुल वैसी ही राजनीतिक सामाजिक ज़मीन जो हिटलर को सत्ता दिला गयी।' उस ज़माने के जर्मनी में किसान शहरी सूदखोरों से ख़ासा नाराज़ था। जबकि कामगार तबक़ा अपने नेतृत्व की लगातार पराजय से खिन्नाया हुआ था। जनसंख्या का अधिसंख्यक वर्ग अपनी महत्वहीनता से त्रस्त था। एरिक फ्राम कहता है इस 'सामाजिक राजनीतिक पृष्ठभूमि ने जर्मनी में नाज़ीवाद को जन्म नहीं दिया, लेकिन उसने नाज़ीवादी नेतृत्व के लिए राह ज़रूर आसान की।' जनता की शक्तिहीनता, बेचैनी और आत्यन्तिक अकेलेपन ने एक शक्तिपुंज का सपना देखा और जब वो शक्तिपुंज नज़र आया उसने अपनी सारी सत्ता उसे सौंप दी। उत्तर प्रदेश में भी बहुत कुछ यही हुआ है। इसलिए डर लगता है क्योंकि मासूम जनता जब अनियन्त्रित सत्ता सौंपती है तो कम ही होते हैं जो सत्ता का सही रसपान कर पाते हैं। वो लेनिन होते हैं जो अपने इर्द-गिर्द स्टालिन, ट्रॉटस्की, बुखारिन, कामानेव, जिवोनेव जैसे दिग्गजों से घिरे रहते हैं और असुरक्षित नहीं महसूस करते। और जो असुरक्षित महसूस करते हैं वो स्टालिन बन जाते हैं, जो एक-एक कर प्रतिद्वन्द्वियों को मटियामेट कर देते हैं। लेकिन इसका हस्र दिखायी देता है सत्तर साल बाद जब अचानक पता चलता है सोवियत संघ नहीं रहा। ऐसे में मुलायम सिंह रहें न रहें लोकतन्त्र रहे और दलित आन्दोलन रहे और लेखक लिखने से न डरे तब तो कांशीराम सफल हैं और कामयाब है दलित राजनीति।

हिन्दुस्तान, 2003

क्योंकि वो दुनिया में नम्बर वन है

फ्रांसिस फूकूयामा आजकल काफ़ी ख़ुश होंगे क्योंकि इतिहास ख़त्म हो गया है और सर्वत्र वर्तमान ही व्याप्त है। फूकूयामा ने करीब दस साल पहले एक किताब लिखी थी 'एंड ऑफ़ हिस्ट्री एंड लास्ट मैन' और तब यह उद्घोषणा की थी कि दुनिया में वैकल्पित विचारधाराओं का हमेशा के लिए अन्त हो गया है और सिर्फ़ 'लिबरल डेमोक्रेसी और पूँजीवादी' व्यवस्था ही अमर है और अमृतधारी महामानव की तरह ही अब यही विचारधारा दुनिया पर शासन करेगी। इसलिए नहीं कि यह विचारधारा 'शक्तिशाली' है बल्कि इसलिए कि यह साबित हो गया है, यही 'सर्वग्राही' और 'सर्व-स्वीकार्य' है। साफ़ शब्दों में फूकूयामा ने एक बात नहीं कही थी, लेकिन इसका इशारा किया था। अन्तिम आदमी ने अगर लिबरल डेमोक्रेसी का दामन नहीं थामा तो उसे 'लिबरल डेमोक्रेसी' के क्रोध का सामना करना पड़ेगा। या यूँ कहें अगर 'लास्ट मैन' ने आँखें तेरने की कोशिश की तो उसे वाकई में ही 'लास्ट मैन' बना दिया जायेगा। फूकूयामा नये अमेरिका के नये पैग़म्बर थे। और पैग़म्बर अक्सर इशारों में बातें करते हैं, उनका इंगित समझना होता है क्योंकि पैग़म्बर का काम होता है यथास्थिति को बनाये रखना, अराजक जनता को संगठित करना। लेकिन यह मजबूरी क्रान्तिकारियों या यूँ कहें नासमझों की नहीं होती। इसलिए नोम चॉम्स्की फूकूयामा की असली बातों, उनके इशारों को खोल देते हैं और लिबरल डेमोक्रेसी के रूप में लोकतान्त्रिक दानव को हमारे-आपके सामने लाने की कोशिश करते हैं। लिबरल डेमोक्रेसी माने 'लोग', 'आमआदमी', 'जनता', 'जन का तन्त्र', 'तन्त्र पर जन'। फूकूयामा यही कहता है सदियों के संघर्ष के बाद यह साफ़ हो गया है कि 'जन' ही महत्वपूर्ण, इसलिए जन की स्वतन्त्रता की रक्षा होनी चाहिए और जन के मनमुताबिक़ काम होना चाहिए क्योंकि 'जन' जानता है उसे क्या चाहिए और उसे कैसे प्राप्त करना चाहिए। साम्यवादी या दूसरी तानाशाही विचारधारा की तरह नहीं जो मानके चलते हैं कि 'समूह' के आगे 'जन' गौण हैं और जन को अपने मनमाफ़िक़ रहने और करने का अधिकार नहीं है।

लेकिन चॉम्स्की जैसे 'बुद्धू' यहीं पर सवाल कर बैठते हैं—अरे भाई यह कौन तय करेगा कि 'जन' कौन है? उसके अधिकार क्या हैं और वो क्या चाहता है? इस सवाल पर फूकूयामा अचकचा जाता है। और जब जवाब नहीं मिलता या गोलमोल मिलता है तो चॉम्स्की कहता है, 'जन' का मतलब है, 'अल्पसंख्यक', 'जन' का अर्थ है वो जिन्हें इस धरा पर साक्षात् ईश्वर होने का आशीर्वाद मिला हुआ है। सर्वगुण सम्पन्न। सर्वज्ञ। यह 'जन' तो सज्जन है। चूँकि अपना और सबका अच्छा-बुरा जानता है इसलिए उसे शासन का अधिकार है यानी 'लास्ट मैन' को संगठित कर सभ्यता के करीब लाने का अधिकार है। चॉम्स्की इतना धृष्ट है कि वो अमेरिका के आदिवासियों का उद्धरण दे बैठता है। एलेक्ज़ेंडर हैमिल्टन कहता है (और चॉम्स्की उनको उद्धृत करता है) "'जन' तो ख़तरनाक जंगली जानवर है उसे क़ाबू में रखना चाहिए।" अमेरिका के इन्हीं आदि-पिताओं में से किसी ने कहा था, "जब मैं 'जन' कहता हूँ तो इसका अर्थ होता है समझदार लोग, अज्ञानी कुरूप लोगों को दूसरों पर हुक्म चलाने का अधिकार नहीं है।" बीसवीं शताब्दी में इन्हीं आदि-पिताओं की सन्तानें कहती हैं, जो जॉन फ़ोस्टर डलस ने कहा, 'लैटिन अमेरिकी शासक बच्चों की तरह हैं जिन्हें शासन का कोई ज्ञान नहीं है।' जो डलस ने कहा वही बात अब जॉर्ज बुश कह रहे हैं। जॉर्ज बुश जिन्हें दो साल पहले तक भारत के प्रधानमन्त्री का नाम नहीं पता था और जिनके पालतू कुत्ते का नाम 'इंडिया' था। जॉर्ज बुश का कहना है सद्दाम हुसैन अज्ञानी है वो नहीं जानता अपनी रियाया को कैसे नियन्त्रण में रखना है। चूँकि वो अज्ञानी है, बच्चा है, इसलिए उसको हटा देना चाहिए। चूँकि वो बच्चा है इसलिए उसे जैविक और रासायनिक हथियारों का उचित उपयोग करना नहीं आता है इसलिए इन्हें उसके क़ब्ज़े से लेकर अमेरिका की तिज़ोरी में रख देना चाहिए। क्योंकि अमेरिका को इन जैसे ख़तरनाक विनाशकारी हथियारों का इस्तेमाल पता है और दुनिया ने 'नागासाकी' और 'हिरोशिमा' पर उसके हथियार कौशल को देखा भी है।

जन यानी समझदार लोग। और हर युग में चाहे वो सतयुग हो या त्रेता या फिर कलयुग समझदार लोग हमेशा कम ही होते हैं। कलयुग में ख़ैर बहुत ही कम। 21वीं शताब्दी में तो सिर्फ़ दो ही जन बचे हैं, एक का नाम है जॉर्ज डब्ल्यू बुश और दूसरे का टोनी ब्लेयर। जब सर्वत्र मूर्खों का जमावड़ा हो, माफ़ करियेगा 'ख़तरनाक जंगली जानवरों' का जमावड़ा हो तो फिर जन को तो इन सबको क़ाबूं में करना ही पड़ता है। बुश-ब्लेयर बेचारे सज्जन हैं इसलिए पहले करना नहीं चाहते थे लेकिन जब उनके जैसे जनों में फ़्रांस, जर्मन, रूस, सुरक्षा परिषद के ढेरों सदस्य भी निरे मूर्ख साबित हों तो फिर संसार को सभ्य करने के लिए पैग़म्बर को यानी जन को कड़े फ़ैसले करने पड़ते हैं। इसलिए सभ्यता की चमक को बरकरार रखने के लिए

बुश-ब्लेयर को इराक़ की मूर्ख जनता पर बमों की रोशनी बिखेरनी पड़ रही है।

बुश के इरादे नेक हैं। उनका मक़सद है इराक़ की जनता का सद्दाम जैसे अज्ञानी से पीछा छुड़ाना और फूकूयामा की तरह की 'लिबरल डेमोक्रेसी' की स्थापना करना। और एक बार यह काम पूरा हो गया तो वो पलटकर इराक़ की तरफ़ नहीं देखेंगे। बुश का कहना है यह जंग आम इराक़ी के लिए है उसके भले के लिए है इसलिए वो बम भी मारता है और उसे खाने के पैकेट भी देता है। कुछ लोग सवाल खड़े करते हैं, इराक़ी अमेरिका के साथ नहीं हैं इसलिए इराक़ पर बमबारी अन्यायपूर्ण है। तो इसके जवाब में अमेरिकी आदि-पिता फ्रांसिस हचसन बोल उठते हैं—जनता की स्वीकृति के सिद्धान्त का तब तक उल्लंघन नहीं होता अगर शुरू में शासक की योजनाओं को लोग भले ही नकार दें, लेकिन बाद में उन्हें सद्‌बुद्धि आये और शासक की मंशा को समझ अपनी स्वीकृति दे दें। यानी फ्रैंकलिन गिडिंस के शब्दों में 'स्वीकृति बिना स्वीकृति के'। इसका मतलब है कि हम किसी अन्धे को टूटा पुल कैसे पार करने दें, अगर उसे नहीं मालूम कि पुल टूटा है और उसके आगे जाने पर उसकी जान जानी तय है। उसकी स्वीकृति लेने के चक्कर में तो वो बेचारा अल्लाह को प्यारा हो जायेगा। बाद में उसे अपनी ग़लती और हमारी सदिच्छा का पता चलेगा तो उसे बात समझ में आ जायेगी। लेकिन उसको यह समझाना भी तो आसान नहीं है। मूर्ख जो ठहरा।

जब हचसन बोले तो हैरोल्ड लासेवल कैसे चुप रहते। उन्होंने भी कहा, 'कुछ समझदार बुद्धिमान लोगों को आम जनता की अज्ञानता और मूर्खता को पहचानना चाहिए और इस पचड़े में नहीं पड़ना चाहिए कि लोकतान्त्रिक व्यवस्था में जन अपने हितों का सबसे बड़ा रक्षक है।' हक़ीक़त में वो अपने हितों का अच्छा ज्ञाता नहीं है। जनता को उसके अपने हितों की ख़ातिर उस पर नियन्त्रण करना चाहिए। जहाँ ज़रूरत पड़े वहीं ताक़त का इस्तेमाल करना चाहिए और जहाँ इससे काम न बने वहाँ 'प्रोपेगैंडा' को हथियार के रूप में उपयोग में लाना चाहिए।

जब इतने काबिल लोग इस तरह की बातें कर रहे हों तो फिर बुश और ब्लेयर को अपने कामों के लिए किसी नादान संयुक्त राष्ट्र, गुटनिरपेक्ष आन्दोलन, अरब लीग, नाटो की स्वीकृति की ज़रूरत नहीं है। फ्रांस नहीं समझता है तो न समझे, कल समझेगा, पुतिन को परसों अकल आयेगी और गेरहार्ड श्रोइडर का दिमाग़ तरसों ठिकाने लगेगा। बुश ने उनको बात समझाने के लिए अभी से कोशिश भी शुरू कर दी है। धृतराष्ट्र की तरह उसके 'संजय' इस काम में लग गये हैं। उसे मालूम है सद्दाम को ताक़त से ही हराया जा सकता है इसलिए सेना वहाँ अपना काम कर रही है लेकिन फ्रांस-जर्मनी और दुनिया की सड़कों पर युद्ध विरोधी प्रदर्शन करनेवाले कम बुद्धि के लोगों पर तोप के गोले और मिसाइलों का असर नहीं होगा इसलिए

उसने टीवी चैनलों को पल-पल की जानकारी देने के लिए लगा रखा है। हम आप इसे प्रोपेगैंडा कहें तो कहते रहें। एडवर्ड बर्नेस कहता है, केवल समझदार लोगों को प्रोपेगैंडा का सतत और सुचारु रूप से इस्तेमाल करना चाहिए, क्योंकि सिर्फ़ वहीं आपको लगता है वो धृतराष्ट्र नहीं है वो आधुनिक धृतराष्ट्र है जिसकी आँखें हैं और वो देख सकता है। और वो ना देखने का ड्रामा भी नहीं करता। वो डंके की चोट पर कहता है इराक़ में लिबरल डेमोक्रेसी आयेगी, और अमेरिका लायेगा और 'लास्ट मैन' को न्याय मिलेगा। चॉम्स्की जैसे लोग भले ही विदुर बन कहते रहें कि सारा द्वन्द्व तेल के लिए है। लेकिन बुश को मालूम है कि 'बिना स्वीकृति के स्वीकृति' उसे मिल जायेगी। या यूँ कहें मिलने भी लगी है तभी तो भारत जैसे देश इराक़ युद्ध की निन्दा करने से कतराते हैं।

हिन्दुस्तान, 31.03.2003

वय-सन्धि की दहलीज पर मुल्क़

ओ ग़ज़ब हो गया। शिवरात्रि के दिन पाकिस्तान को हरा दिया और मुहर्रम पे न्यूज़ीलैंड को धूल चटा दी। यानी 'इस्लाम' के ख़िलाफ़ जंग में 'भगवान' हमारे साथ थे, और 'ईसाइयत' का बंटाधार करने में 'अल्लाह' ने हमारी मदद की। अफ़सोस यही रह गया कि नेपाल क्रिकेट नहीं खेल रहा है इसलिए पता नहीं चल पाया कि 'हिन्दुत्व' के ख़िलाफ़ धर्मयुद्ध में 'गॉड' किसके साथ रहते। न्यूज़ीलैंड के ख़िलाफ़ रन-भूमि में ज़हीर ख़ान और मोहम्मद क़ैफ़ ने भी ईसाइयत की ऐसी-तैसी करने में बढ़-चढ़कर भूमिका निभायी। ज़हीर ने चार विकेट झटके और क़ैफ़ ने तब भारत की नैया को पार निकाला जब उसके तीन सबसे बड़े 'हिन्दू' खेवनहार सचिन तेन्दुलकर, वीरेन्द्र सहवाग और सौरव गांगुली, 'क्रूसेड' पर आमादा शेन बांड और डैरिल टफी के जौहर के आगे घुटने टेक चुके थे। क़ैफ़ ने न केवल भारतीय टीम को सँभाला बल्कि उसे जीत की दहलीज तक भी पहुँचाया। यह अलग बात है कि राहुल द्रविड़ दूसरे छोर पर उनका साथ निभाते रहे लेकिन असली पराक्रम तो क़ैफ़ का ही कहा जायेगा क्योंकि जुम्मा जो उस दिन ठहरा। जी हाँ, ज़हीर और क़ैफ़ ने जुम्मे के दिन ही न्यूज़ीलैंड की मिट्टी पलीद की।

माफ़ करियेगा। आप सोच रहे होंगे कि मैं क्या अनाप-शनाप बक रहा हूँ। मैं बक नहीं रहा सच कह रहा हूँ। पहली मार्च को जब पाकिस्तान के साथ मैच हुआ था तो मेरे कई हिन्दू मित्रों ने कहा था कि आज का मैच पाकिस्तान जीत नहीं सकता, क्योंकि आज न जुम्मा है और न ही शारजाह का मैदान है। और जब भारत ने पाकिस्तान को पटखनी दी तो इन मित्रों ने ताल ठोककर कहा, 'देखा जो मैंने कहा वो सच हुआ न!' मैंने भी कह दिया, 'आगे पाकिस्तान से मैच हम शिवरात्री के दिन ही खेलें तो बेहतर हो, और अगर कभी पाकिस्तान से जंग भी लड़नी पड़े तो शिवरात्रि का दिन ही मुकर्रर करे, और अगर पाकिस्तान इस दिन के लिए तैयार न हो तो जॉर्ज बुश से इस दिन की सिफ़ारिश करवा दें।' तब हमारे हिन्दू मित्रों ने खा जानेवाली नज़रों से देखा था। यकीन मानिये सेंचुरियन के मैदान पर जो जंग

सौरव और वकार के रनबांकुरों ने लड़ी, उससे बड़ी जंग मीडिया में लड़ी गयी। शाहिर अफ़रीदी ने तो सिर्फ़ गुस्से में आकर सचिन बन्धुओं के साथ गाली-गलौच की, अम्पायर डेविड शेफर्ड को बुरा-भला कहा और मैच हारने के बाद वकार यूनुस और उपकप्तान इंज़माम-उल-हक़ ने पाकिस्तान पहुँचते ही पूरे अवाम से माफ़ी माँगी, वसीम अकरम ने इस्तीफ़े और क्रिकेट से संन्यास के संकेत दे दिये। इसलिए नहीं कि वो वर्ल्डकप में बुरा प्रदर्शन कर लौटे थे, बल्कि इसलिए कि एक हिन्दू टीम ने उनकी ऐसी-तैसी कर दी थी। ख़ुद इमरान ख़ान ने कहा था भारत से हारने के बाद खिलाड़ी यह सोचते हैं कि काश उन्हें पाकिस्तान न जाना पड़े, और जाना भी पड़े तो ऐसे वक़्त कि सब सो रहे हों। सीमा के इस पार भी उन्माद बराबर का था। पाकिस्तान पर भारत ने फतह क्या पायी प्रधानमन्त्री अटल बिहारी वाजपेयी ने बधाई सन्देश भेज दिया। उपप्रधानमन्त्री लालकृष्ण आडवाणी ने कहा, 'ये देश के लिए बड़े गौरव के क्षण हैं।' जब 'हिन्दू' नेता इस तरह की बातें कर रहे हों तो फिर लोकतन्त्र में वोट भुनाने की होड़ में जुटी 'ईसाई नेता' सोनिया गाँधी भला कहाँ पीछे रहती। उन्होंने भी चिट्ठी को तार समझना, कम लिखा ज़्यादा समझने के अन्दाज़ में सौरव को सन्देश भेजा, 'आप और आपकी टीम ने तमाम देशवासियों के मन में जगह बना ली है।' मानो सौरव के लाड़लों ने अब से पहले कोई मैच जीता ही न हो, मानो वर्ल्डकप भारत की झोली में आ गया हो।

लेकिन अचानक ऐसा क्यों, इतने बधाई सन्देश सिर्फ़ एक मैच जीतने पर क्यों? पहले भी बधाई सन्देश राष्ट्रपति, प्रधानमन्त्री की तरफ़ से जाते थे लेकिन तब अवसर 1983 के वर्ल्डकप जीतने जैसे होते थे। एक मैच जीतने के नहीं। क्योंकि पहले मीडिया में यह जंग नहीं लड़ी जाती थी। मुझे नहीं याद पड़ता पिछले वर्ल्डकप में इतना 'जज़्बाती' माहौल पैदा हुआ था। लेकिन इस बार वर्ल्डकप शुरू होने से करीब छः महीने पहले से ही अख़बारों, टीवी चैनलों पर तैयारियाँ होने लगी थीं। स्पान्सरों को पकड़ा जाने लगा था। स्पान्सरों ने भी दक्षिण अफ्रीका जाने के लिए भोले भाले दर्शकों, उपभोक्ताओं को मूँडना शुरू कर दिया था। बिस्किट खाइये, दक्षिण अफ्रीका जाइये। टीवी लाइये, सौरव से मिलिये। मेन इन ब्लू बन जाइये। आठ फ़रवरी आते-आते नौबत यहाँ तक आ गयी कि टीवी चैनल देखते, और अख़बार पढ़ते यह लगने लगा कि डेढ़ महीने में वर्ल्डकप नहीं, बेटी का ब्याह होनेवाला है। अगर तैयारी पूरी और पुख़्ता नहीं हुई तो नाक कट जायेगी और कहीं मुँह दिखाने लायक नहीं रहेंगे।

विज्ञापनदाताओं की ज़रूरतों और उनको लुभाने के लिए मीडिया हाउसों में ही मैच की ब्रैंडिंग की जाने लगी। नौसिखुआ हॉलैंड जैसी टीम के ख़िलाफ़ भारत के पहले मैच को खिताब जीतने के चक्रव्यूह का पहला द्वार बना दिया गया। जिसे

हर हाल में तोड़ना होगा, अगर 23 मार्च को विश्व विजेता बनना है। ऐसे में भारत और पाकिस्तान का मैच हो तो फिर विज्ञापनदाताओं और मीडिया हाउसेज के तो बल्ले-बल्ले। ज़रा सोचिये—जंग पर आमादा दो देश, जिनकी सरहरों पर चन्द महीने पहले तक सेना एक दूसरे की आँख में आँख डाले खड़ी थी। परवेज़ मुशर्रफ़ और अटल बिहारी वाजपेयी हर दूसरे दिन एक-दूसरे को छठी का दूध याद दिलाने की धमकी देते हों। तो फिर अनायास ही क्रिकेट का मैदान एक दूसरे की मर्दानगी को परख लेने का सबब बन जाता है। और यह मर्दानगी तब और निखर उठती है जब टीवी चैनलों पर लक्स अंडरवियर और बनियान का विज्ञापन आता है, ए.सी. का विज्ञापन कहता है 'कुछ भी हो सकता है' और मन्दिरा बेदी बड़े भोलेपन से क्रिकेट का पाठ बैरी रिचर्ड्स, टोनी ग्रेग और कृष्णमाचारी श्रीकान्त को पढ़ाती हैं।

और इस जंग में अगर धर्म की छौंक लग जाये तो फिर कहने ही क्या। भारत-पाकिस्तान की लड़ाई चाहे क्रिकेट के मैदान पर हो या फिर रन ऑफ़ कच्छ में, दोनों धर्मों की लड़ाई बने बिना नहीं रहती और लाख जतन के बावजूद आज़ादी के पहले और बाद के घाव कुरेदने से लोग नहीं चूकते। सरहद के उस पार के लोग अगर कायदे-आज़म जिन्ना के द्वि-राष्ट्र सिद्धान्त का हवाला दे कहने लगते हैं कि हिन्दू और मुसलमान साथ नहीं रह सकते तो सरहद के इस पार वीर सावरकर के उत्तराधिकारी भी कम नहीं हैं जो आज भी उनकी जुबान में कहते हैं जो सावरकर ने 1937 में कहा था कि 'भारत कभी भी समरस या 'होमोजीनियस' राष्ट्र नहीं हो सकता क्योंकि हिन्दू और मुस्लिम दो अलग-अलग राष्ट्र हैं।' ऐसे में जब रावलपिंडी एक्सप्रेस शोएब अख़्तर 160 किलोमीटर की रफ़्तार से सचिन को गेंद फेंकते हैं तो गेंद लाल और सफ़ेद नहीं रह जाती वो 'हरी' या 'भगवा' हो जाती है, और मेन इन ग्रीन एंड ब्लू शहीद या ग़द्दार बन जाते हैं। मीडिया में बैठे लोग और उपभोक्ताओं की जेबों को हल्की करने की फ़िराक़ में बहुराष्ट्रीय और राष्ट्रीय कम्पनियाँ इस मानसिकता को और पैना करने से नहीं चूकतीं। और जब भारत पाकिस्तान को धूल चटा देता है तो दर्शक यह कहे बिना नहीं रहता कि 'हमने पाकिस्तान का क़त्ल कर दिया, पीट-पीटकर अधमरा', 'हमने अपना वर्ल्डकप जीत लिया', '23 मार्च को अगर हम वर्ल्डकप जीतते हैं तो वो बोनस होगा।' जब टीवी पर चन्द दर्शक इस तरह की बातें करते हैं तो लाखों-करोड़ो दर्शक अपने घरों, दफ़्तरों में बैठे इनकी हाँ में हाँ मिलाते हैं और अचानक टीवी के माध्यम से हमारा 'राष्ट्रवाद' काफ़ी 'ठोस' और 'मज़बूत' हो जाता है। और हमें अपनी मर्दानगी पर गर्व होने लगता है और अगर हम मैच हार जाते हैं तो शर्मशार हो जाते हैं। यह कहना ग़लत होगा कि हम टीवीवालों ने इस दुनिया और मानसिकता को जन्म दिया है। दरअसल पिछले दो दशकों में समाजवाद का चोला उतार फेंकने के बाद से एक नयी पीढ़ी, एक

तबक़ा सामने आ रहा है। यह वो तबक़ा है जिसके पास नया पैसा आया है, पैसा आने के साथ ही जो अपनी पहचान के लिए छटपटा रहा है और जब उसे पुरानी पीढ़ियों और अस्मिताओं ने नहीं स्वीकारा तो उसने नयी पीढ़ी और अस्मिता का सृजन कर डाला। सेक्युलरिज़्म के बरक्स राष्ट्रवाद और काँग्रेस के बरक्स भाजपा का उत्थान इस नयी अस्मिता के अपना हक़ माँगने का परिचायक है। यह बिल्कुल उसी तरह है जैसे कोई बच्चा वयःसन्धि की दहलीज पर हो जो बच्चा भी नहीं रहा है और जवान भी नहीं। जब तक वो बच्चा था माँ-बाप के साये में सुरक्षित था, असुरक्षाबोध उसे छू भी नहीं गया था। लेकिन बच्चे की खोल से निकलते ही उसने आज़ादी की खुली हवा में साँस तो ली पर असुरक्षाबोध ने उसे कँपा भी दिया। बेचैनी और अनिश्चितता के इस दौर में उसे राष्ट्रवाद में एक मज़बूत मर्द के दर्शन हुए जो उसे सुरक्षा प्रदान करने को तैयार है। एरिक फ्राम के शब्दों में यह 'प्रोसेस ऑफ़ इंडीवीजुएशन' का हिस्सा है और तब तक यह चलता रहेगा जब तक बच्चा मर्द नहीं बन जाता। इसलिए इस नयी पीढ़ी और तबक़े के मर्द बनने का इन्तज़ार करें। तब तक उसे हिन्दू-मुसलमान, शिवरात्रि, मुहर्रम, धर्मयुद्ध-जेहाद की छोटी-मोटी भूलें करने दें।

हिन्दुस्तान, 17.03.2003

अजय दा, एक नासमझदार की मौत!

अजय दा ने हमसे ब्रेक ले लिया। कभी न ख़त्म होनेवाला ब्रेक। अजय दा एंकर नहीं थे इसलिए उन्हें एहसास ही नहीं था कि ब्रेक के बाद लौटना होता है, और ब्रेक लेने के पहले कहना होता है, अब वक़्त है एक छोटे से ब्रेक का। और लौटने के बाद दर्शकों का स्वागत करना होता है। लेकिन अजय दा आप एंकर नहीं थे। इसलिए शायद आपने इन झंझटों की भूलभुलैया में फँसना उचित नहीं समझा और फ़ाइनल ब्रेक ले लिया।

लेकिन आप यह भूल कैसे कर गये! आप ही तो एंकर बनाते थे। उन्हें चक्रव्यूह के समस्त द्वारों को तोड़ने का ज्ञान देते थे। यह बताते थे, कैसे बोलना है, कितना बोलना है, किस कैमरे में बोलना है, कौन सा सवाल पूछना है और यह भी कब ब्रेक लेना है और ब्रेक के बाद क्या कहना है और ब्रेक के बाद आना है। नहीं, अजय दा आप सब कुछ जानते थे। आप जानबूझकर इतने लम्बे ब्रेक पे चले गये!

अजय दा कहने को तो आप हमारे बॉस थे। आजतक चैनल के डिप्टी न्यूज़ डायरेक्टर। पूरा नाम था अजय चौधरी। लेकिन लड़के हो या लड़की, वरिष्ठ हो या कनिष्ठ आप सबके अजय दा थे। इस इमपर्सनल आधुनिक कॉरपोरेट वर्ल्ड में। शायद यही आपकी ताक़त थी और यही आपकी कमज़ोरी भी। अजय दा याद है आपको। अरे मैं इतना धीमे क्यों बोल रहा हूँ। माफ़ करना अजय दा अब तो मुझे काफ़ी ऊँचा बोलना होगा, काफ़ी ऊँचा, काफ़ी ऊँचा, काफ़ी, काफ़ी... क्योंकि आप तो बहुत ऊँचे चले गये हैं जहाँ हमारी आवाज़ आपको आसानी से सुनायी नहीं देगी। और मेरे पास 'टॉक बैक' भी नहीं है कि आपके कान में चुपके से कह सकूँ और आपके पास बैठे लोग सुन भी न सकें। हाँ मैं कह रहा था। याद है वो दिन जब आपने और मृत्युंजय ने मिलकर आजतक की पहली डमी बनायी थी। कौन सा साल था। हाँ, याद आया। 1995। तब एस.पी. नहीं थे। आपने आजतक का पहला कॉन्सेप्ट दिया था। यह हिन्दी में टीवी की ख़बरों को प्रोफ़ेशनल अन्दाज़ में निकालने की पहली कोशिश थी। टीवी का आकाश इतना विशाल तब नहीं हुआ

था। टीवी पर ख़बरें माने दूरदर्शन। यानी ख़बरों का 'दूर-से-दर्शन'। आपने पहली कोशिश की थी। ख़बरों को पास का दर्शन बनाने के लिए। कितनी चर्चा हुई थी। सभी लोगों में। फिर एस.पी. आये। नक़वीजी भी आये। एस.पी. भी थे। और सब लोगों ने गढ़ डाला संवाद का एक नया केन्द्र। एक नयी क्रान्ति के बीज डाले। ख़बर, यानी वो जो सरल हो, आसानी से दर्शकों आम आदमी को समझ आये। चाहे वो सुप्रीम कोर्ट का क्लिष्ट क़ानूनी फ़रमान हो या फिर सैटेलाइट का अनन्त संसार। ख़बर यानी विश्वसनीय लेकिन सरकारी नहीं। ख़बर यानी ख़बरों के बीच की ख़बर और ख़बर यानी ख़बरों के पार की ख़बर। हिन्दी हो या अंग्रेज़ी ख़बरों को पेश करने का साँचा आप लोगों ने तोड़ डाला और नया साँचा गढ़ डाला। और आप इस क्रान्ति के जनक में से थे।

आपको छोड़कर बाक़ी सभी लोगों का टीवी में अनुभव नगण्य था। सब आप पर कितना निर्भर करते थे। याद है न आपको। अब आप शरमाइये मत। मुझे मालूम है आप कभी भी श्रेय नहीं लेते थे, अपनी मार्केटिंग नहीं करते थे। याद है न आपको कैसे शुरू में आप ही हम सब लोगों की स्क्रिप्ट लिखा करते थे। और कितनी बिजली की गति से। कैसे तपाक से आप कहते थे, ला, मैं कर देता हूँ। पलक झपकते नब्बे से एक सौ बीस सेकेंड की स्क्रिप्ट तैयार। और पॉलिटिकल स्क्रिप्ट में तो आपका जवाब ही नहीं था। नक़वीजी और एस.पी. भी आपके लिखे पर कम ही कलम चलाते थे। कभी-कभी आप मुझ पर चीख़ते थे। कहते थे कि तुम जेएनयूवाले नहीं सुधर सकते, ज्ञान ज़रूर डालोगे स्क्रिप्ट में। फ़िर आप झट से दुरुस्त कर देते थे। और आपका हाथ लगते ही स्क्रिप्ट निखर जाती थी। ख़बर लायक बन जाती थी।

हाँ, कैसे आप हम लोगों को दौड़ाते थे। अब इसकी बाइट ले आओ। उसकी ले आओ। हम सब एकदम रॉ थे। कच्चे। नरसिंहा राव का ज़माना था। काँग्रेस हो या बीजेपी या फिर नेशनल फ्रंट सबकी अन्दरूनी राजनीति से आप भलीभाँति वाक़िफ़ थे। फ़ील्ड से जब भी हम आपको फ़ोन कर ख़बर बताते आप तड़ से कहते, अबे इस पर तो यह इससे भी पूछ लेना। और शाम को ख़बर दूसरे न्यूज़ बुलेटिनों से अलग हो जाती। फिर एस.पी. गये। लगा शिराजा बिखर जायेगा लेकिन आप और नक़वीजी ने बिखरने नहीं दिया। आजतक तब तक किंवदन्ती बन चुका था। फिर नक़वीजी भी गये। आप रह गये। फिर डर लगा लेकिन आप सँभाले रहे चट्टान की तरह। चैनल आया। छः महीने में नम्बर एक हो गया। आप भी ख़ूब लगे रहते थे। इस चक्कर में अपनी तबीयत भी ख़राब कर डाली। गुजरात भूकम्प के दौरान तो आपने दिन-रात एक कर दिया था। कितनी दिक़्क़तें थीं तब। बिल्कुल नयी टेक्नोलॉजी। ख़बरों की दुनिया में पूरे देश में पहली बार इस टेक्नोलॉजी का प्रयोग

हो रहा था। कभी प्रेाफ़ाइल बैठ गया तो कभी इंजेस्टिंग से फुटेज उड़ गया। कभी पूरी की पूरी बनी-बनायी स्टोरी ग़ायब हो गयी। कभी-कभी तो दसियों बार एक स्टोरी एडिट करनी पड़ती थी। हम आप पर कितना चीख़ते थे। भन्नाये हुए जाते और अपना टेम्पर बिना लूज किये हमें ठंडा कर देते। कितने कूल रहते थे। आपने पूरी वीडियो एडिटिंग सीख ली थी। कभी-कभी ख़ुद करने बैठ जाते। ऑक्टोपस पर पूरा रन डाउन बनाते थे। सब कुछ तो आप सीख गये थे। कहते भी थे। इस धन्धे में जमना है तो सब कुछ सीखना होगा। धीरे-धीरे टेक्नोलॉजी पर कंट्रोल हो गया। चैनल छलाँगें लगाने लगा। और हमने टीवो इतिहास के सारे रिकॉर्ड तोड़ दिये। और जब सब कुछ दुरुस्त हो गया। आप आश्वस्त हो गये तो घर के एक बुजुर्ग की तरह चुपके से हमसे विदा ले ली। अनन्त आकाश गंगा की यात्रा पर निकल गये। क्या वहीं से अब हमें देखेंगे और इंस्ट्रक्शंस देंगे। 'अबे, ऐसे नहीं ऐसे कर।' अरे वहाँ तो आपके साथ एस.पी. भी होंगे, और रंजन और गोपालजी भी। ख़ूब बैठकी होगी आपकी। देखिये आप हमारी ग़लतियों और कमियों पर हँसियेगा नहीं। आपको तो कम्पनी मिल गयी है। हम तो यहाँ अकेले हो गये। अजय दा आपके जाते ही हम अचानक बड़े हो गये। पलभर में। और जब आपने बड़ा कर ही दिया है तो एक बात मैं पूछूँगा। आपने अन्तिम समय तक अपने अन्दर आगरा को क्यों जिलाये रखा? क्यों नहीं इसको उतार फेंका। उस आगरा को जो सहज है, सरल है, निष्पाप है और दिल्ली के इतना करीब। यह आपकी सबसे बड़ी कमज़ोरी थी। खामखाँ सीने से लगाये रखा। दिल्ली के क्यों नहीं बन गये। उसको क्यों नहीं अपने अन्दर बसा लिया। फिर देखते आपकी दुनिया कितनी बदल जाती। आप अन्त तक 'टारनैडो' पर सवार होने के बाद भी 1995 वाली अपनी बिना गेयर की स्कूटी ही चलाते रहे। शायद इसलिए कि आपको भरोसा था कि आगरा के सीने में ताजमहल है। जिसे देखने पूरी दुनिया से लोग आते हैं। हिन्दुस्तान भी ताजमहल की वजह से जाना जाता है। इंडिया की सरहदों के पार लोग न दिल्ली जानते हैं न इसका मायावी संसार। लेकिन अजय दा यह आपकी भूल है। आपने आगरा से बाहर निकलकर जानना ही नहीं चाहा। या फिर जानबूझकर अनजान बने रहे कि बाहर की दुनिया कितनी तेज़ी से बदल रही है। हर चीज़ की मार्केटिंग होती है, हर काम का डंका पीटा जाता है। कर्मण्येवाधिकारस्ते माँ फलेषू कदाचनः के दिन लद गये। अब वक़्त जिस करवट बैठ चुका है उसका नया गुरुमन्त्र है काम कम करो, काम का गुणगान ज़्यादा करो। ईमानदारी से कहूँ। इस खेल में आप पिट गये। थोड़ा पीछे रह गये। अब यह मत कहियेगा, मैं आदमी ज़रा पुराने स्कूल का हूँ।

जिस पुराने स्कूल की आप बात कर रहे हैं उसी स्कूल ने तो टीवी को ख़बरों के लायक बनाया। मास-मीडिया। टीवी को जन से जोड़ा। आप ख़ूब टीवी समझते

थे और इसके बदलते परिवेश को भी लेकिन कहीं न कहीं आप यह ख़बर पकड़ने में चूक गये कि टीवी सच्चाई से ज़्यादा सच्चाई की छवि को पकड़ता है और टीवी की इस सच्चाई ने एक नये युग का सुत्रपात किया है, आर्थिक नीति के बरक्श। जिसमें सच्चाई से ज़्यादा छवि महत्वपूर्ण हो गयी है यानी ख़ूबसूरती से ज़्यादा मेक-अप। आप ख़ूबसूरत है तो ठीक है लेकिन मेक-अप भी है तो बढ़िया है। आप ख़ूबसूरती में ही उलझे रहे, ताजमहल देखते रहे, मेकअप पर ध्यान नहीं दिया। यह ग़लती आप वहाँ न करियेगा। लेकिन वहाँ भी तो आपके साथ एस.पी. रंजन और गोपालजी ही तो हैं जो मेक-अप और गेट-अप पर ध्यान कम ही देते हैं, सच्चाई की पूँछ पकड़कर लटकनेवाले नासमझ लोग। अगर आप मेरी बात सुन रहे हैं तो ठीक है, नहीं तो मैं ऊपर आकर आपको यह बताऊँगा। अगर इस धन्धे में रहा तो जल्दी ही मुलाक़ात होगी शायद और जल्दी। और तब बताऊँगा इमाइनुएल कांट के शब्दों में कि 'जिस 'लिबरल सोसायटी' में हम रहते हैं वो सोसायटी शैतानों की बन सकती है, बशर्ते कि इसमें समझदार लोगों का वास हो।' आपके अनुभव से इतना तो जान ही गया हूँ कि यह दुनिया 'समझदारों' से अटी पड़ी है। तब तक के लिए ख़ुदा हाफ़िज़।

हिन्दुस्तान, 03.03.2003

किसको ख़तरा, किससे ख़तरा

पिछले दिनों इलाहाबाद में पत्रकारिता पर एक राष्ट्रीय सम्मेलन था। विषय था '21वीं शताब्दी में पत्रकारिता की चुनौतियाँ'। एक साथ दो चीज़ें दिखीं। एक, भयभीत पत्रकार समाज और दूसरे, भयभीत करनेवाले लोग। डरे, सहमे पत्रकार। डर से पीले, काले पड़े चेहरे। चेहरों पर डर से बनती-बिगड़ती रेखाएँ। और इनके पीछे डर को दूर करने की छद्‌म कोशिशें।

यह डर न किसी दबंग गुंडे का था और न ही किसी प्रचंड प्रशासक का। न किसी व्यापारी का और न किसी भिखमंगे का। डर था 'मार्केट फ़ोर्सेस' का। 'बाज़ार' माने हव्वा। 'हव्वा' माने वो जो आता है और उड़ा ले जाता है, पक्षियों में बाज़ है और मनुष्यों में 'बॉस' है। जिसका काम हस्ती मिटाना है, आज़ाद को गुलाम करना, हिन्दुस्तान को पराधीन करना। इसलिए हे पत्रकार सभी मनुष्य जगो, उठो, कमर कसो और बाज़ार से लड़ो। सम्मेलन में एक मन्त्रीजी थे। केन्द्रीय कैबिनेट मन्त्री जिनका काम है नयी पीढ़ी को नया बनाना, आधुनिक चुनौतियों का सामना करने लायक। उन्होंने फ़रमाया पत्रकारिता को 21वीं शताब्दी में सबसे बड़ा डर है 'मार्केट फ़ोर्सेस' का। तमाम पत्रकार रूपी मनुष्य भी एक स्वर में कह उठे 'सत्य वचन'। आँखों में डर ने डर को देखा और डर ने दूसरे डर से कहा, 'सत्य वचन'। 'मार्केट फ़ोर्सेस'। डर ने फिर कहा मार्केट फ़ोर्सेस से लड़ने की ज़रूरत है। डर ने कहा, 'सत्य वचन'।

तभी पत्रकार रूपी मनुष्यों के बीच से एक मुनष्य उठा। उसने डर की आँखों में आँखें डालीं और कहा 'मिथ्या वचन'। सभी पत्रकार रूपी मनुष्य चौंक उठे। भरी सभा में कोलाहल मच गया। डर ने डर से कहा 'यह कौन', 'किस लोक का वासी है' मृर्त्यलोक का तो लगता नहीं। लेकिन उस धृष्ट पुरुष ने फिर कहा, डर से कहा डरो मत, सामना करो। डर काँप उठा, सभी डर काँप उठे। उसने कहा मार्केट फ़ोर्सेस से डरने की ज़रूरत नहीं। मार्केट फ़ोर्सेस आ नहीं रहे हैं, आ गये हैं, उसको स्वीकारो। क्योंकि स्वीकारोक्ति में ही लड़ने की शक्ति छिपी है। दम्भी पुरुष ने कहा,

डर किस बात का। बोला—1917 की रूसी क्रान्ति के बाद से साम्यवाद की एक लहर उठी और उसने एक तिहाई दुनिया में मार्केट फ़ोर्सेस को वर्जित कर दिया। 'प्रवदा' यानी 'सत्य' वही बोलता है जो वहाँ सीपीएसयू यानी कम्युनिस्ट पार्टी ऑफ़ सोवियत यूनियन कहती। स्टालिन के शब्द गीता और बाइबिल हो गये। पत्रकारिता की सलीब पर कौन चढ़ा। तथ्य और सच्चाई। सत्तर साल बाद वहाँ की जनता ने मार्केट फ़ोर्सेस विरोधी जामे को उखाड़ फेंका। अन्दर से निकला मवाद, पका हुआ, सड़ा हुआ बदबूदार। एक झटके से सोवियत संघ क्या टूटा पूरा पूर्वी यूरोप साफ़ हो गया। अफ्रीका, एशिया, लैटिन अमेरिका सब जगह परिवर्तन की बयार चलने लगी। चीन में देंग शिआओपिंग सयाने निकले। उन्होंने अर्थव्यवस्था के साम्यवादी मायाजाल को किनारे लगाने का काम शुरू किया, मार्केट फ़ोर्सेस की शक्ति को पहचाना और उससे डरने की बजाय उससे दोस्ती गाँठ ली। चीन बच गया। क्यूबा ने भी अपनी ज़िद छोड़ी। फिदेल कास्त्रों ने भी सैनिक वर्दी छोड़ी, सूट-टाई पहनना शुरू कर दिया। दोनों बच गये।

दम्भी पुरुष ने पूछा, 'जानते हो क्यों हुआ साम्यवाद का पतन।' जवाब नहीं मिला। क्योंकि व्यक्ति को मार दिया गया। उसकी वैयक्तिकता, सृजनात्मकता, रचनाधर्मिता का साम्यवादी ढाँचे की आड़ में गला घोंट दिया गया। प्राइवेट इनीशिएटिव को काला पानी दे दिया गया। आदमी के सोचने-समझने के लिए स्पेस देना है। और ज़ाहिर सी बात है जब कई निजी पहल होंगे, कई सोचने-विचारनेवाले लोग, तो फिर आपस में मुक़ाबला भी होगा और अच्छी-बुरी प्रतिस्पर्धा भी। भीड़ में से किसी ने कहा, 'कमज़ोर, दबे-कुचले लोगों का क्या होगा।' जवाब आया, आज़ादी की पूरी लड़ाई और उसका नेतृत्व किसने किया—'उच्च वर्ग ने सम्भ्रान्त वर्ग ने', लेकिन आज़ादी के बाद आज सत्ता किसके हाथ है? उत्तर प्रदेश, बिहार में मुख्यमन्त्री कौन है? ऐसा इसलिए हुआ क्योंकि 1950 के संविधान ने सभी दबे, कुचले लोगों को सोचने-समझने और विचारने का स्पेस दिया। इसलिए प्रतिस्पर्धा से डरो मत, दम्भी पुरुष ने कहा।

किसी ने कहा, 'हमारी संस्कृति का क्या होगा?' पाश्चात्य संस्कृति हमें खाये जा रही है। खा जायेगी। सवाल काफ़ी संवेदनशील था। दम्भी पुरुष ने फिर कहा, किससे डरते हो अख़बारों और पत्र-पत्रिकाओं में वेलेंटाइंस डे के उफान से या फिर पश्चिमी संस्कृति की वजह से 'काममय' होती पत्रकारिता से। यह तर्क ही ग़लत है कि एक संस्कृति दूसरी से अच्छी या बुरी है। पाश्चात्य संस्कृति उसी तरह से एक संस्कृति है जैसे भारतीय संस्कृति। उसके अपने दोष-गुण हैं और अगर मान भी लिया जाये कि पाश्चात्य संस्कृति बुरी है तो क्या पहली बार भारतीय संस्कृति को चुनौती मिली है। हज़ारों साल पहले बौद्ध-जैन और पदार्थवादी चार्वाक ने भारतीय

संस्कृति को उखाड़ फेंकने की कोशिश नहीं की थी? करीब हज़ार साल पहले इस्लाम और करीब तीन सौ साल पहले ईसाइयत का ख़तरा नहीं था जो भारतीय संस्कृति को लीलने आया था। लेकिन शंकराचार्य का माया और सत्य, अद्वैतवाद, रामानुजम का भक्तिवाद, कबीर की उटलबांसियों, तुलसी के रामचरितमानस, सूरदास, मीरा के कृष्ण पदों का जन्म और पालन-पोषण क्या ऐसे समय में नहीं हुआ? आख़िर इन ख़तरों के बीच 1947 में देश आज़ाद नहीं हुआ? कहाँ है आज बौद्ध, जैन, इस्लाम, ईसाइयत-कश्मीर से कन्याकुमारी तक। और अगर हममें दूसरों से लड़ने का माद्दा नहीं है तो आइये यह कहना छोड़ दें कि हमारी संस्कृति महान है, भारत महान है, हमारी पत्रकारिता महान है।

दम्भी पुरुष का स्वर तब तक काफ़ी तीखा हो चला था। उसने कहा, 21वीं सदी में पत्रकारिता को सबसे बड़ी चुनौती ख़ुद पत्रकरों से है, उनसे जो बदलना नहीं चाहते। झोला लटकाये, एक छद्‌म ओढ़े दुनिया को बदलने का भाषण पिलाते। आज भी अख़बारों और टीवी के दफ़्तरों में ख़ासकर हिन्दी अख़बारों और न्यूज़ चैनलों में पान खाकर कम्प्यूटर के बग़ल में पीक करने को अपनी सबसे बड़ी योग्यता समझनेवालों की कमी नहीं है। और यही वो तबक़ा है जो प्रतिस्पर्धा से डरता है, और लोगों को डराता है। भय का वातावरण पैदा करता है क्योंकि मार्केट फ़ोर्सेस ने काम करना शुरू किया तो फिर इन्हें भी काम करना पड़ेगा और इनकी मठाधीशी ख़तरे में पड़ जायेगी। यह सुनते ही कइयों ने बग़लें झाँकना शुरू कर दिया। दम्भी पुरुष ने कहा पत्रकारिता को सबसे बड़ा ख़तरा तो इस संस्कृति से है। वो संस्कृति जो कहती है—'अजगर करे न चाकरी, पंछी करे न काम, दास मलूका कह गये सबके दाता राम।' दरअसल दास मलूका की सन्तानें ही डर और डर का वातावरण पैदा कर रही हैं। इसलिए हे मन, न 'अजगर' बनो व 'पंछी', बन तू मनुष्य सोचने-विचारनेवाला मनुष्य, प्रतिस्पर्धा का सामना करनेवाला मनुष्य, पृथ्वी तेरी होगी और पत्रकारिता तेरी जेब में। पत्रकाररूपी मनुष्य कुछ समझे कुछ नहीं समझे लेकिन दम्भी पुरुष बोलता रहा।

हिन्दुस्तान, 18.02.2003

महाजन, मीडिया ट्रायल से पहले

पिछले दिनों चुपके से, बिना आहट किये इतिहास बन गया और किसी ने ध्यान भी नहीं दिया। यह इतिहास बना दिल्ली में, मीडिया की मौजूदगी में फिर भी लोगों की नज़र नहीं पड़ी। इतिहास बनाने में मदद करनेवाला था एक भारी भरकम मन्त्री, सत्ता पक्ष का भारी भरकम नेता, लेकिन लोग बेख़बर रहे। यह वह नेता हैं जो कुछ बोले या न बोले अपनी उपस्थिति दर्ज करा देते हैं लेकिन फिर भी लोगों ने ख़बर नहीं ली। ऐसा नहीं कि इन सज्जन के बारे में छपा नहीं उनको लेकर लोग चौंके नहीं लेकिन न जाने क्यों इतिहास बनता रहा और लोग बेख़बर रहे।

आप भी सोच रहे होंगे, मैं क्या पहेलियाँ बुझा रहा हूँ। सीधे-सीधे बता क्यों नहीं देता। चलिये आपको एक 'क्लू' देता हूँ। इन सज्जन पर पिछले दिनों एक हत्या के आरोपी की पत्नी ने कीचड़ उछाला था। अब भी आप नहीं समझे। जी हाँ, आपका अन्दाज़ा सही है। यह महाशय हैं भाजपा के 'नव-नियुक्त' महासचिव, प्रवक्ता, चुनाव समिति, संसदीय बोर्ड के सचिव इत्यादि-इत्यादि यानी प्रमोद महाजन।

महाजन को काफ़ी चौंकानेवाले अन्दाज़ में कैबिनेट से हटाकर पार्टी संगठन में भेज दिया गया। कहा गया कि अरुण जेटली को मन्त्रिमंडल में रखना ज़रूरी है, इसलिए उनकी टक्कर के एक दूसरे नेता को संगठन में भेजा जाना ज़रूरी है। यानी जेटली महाजन से ज़्यादा बड़े नेता हैं और उनकी उपयोगिता चूँकि सरकार में ज़्यादा है, उनके बिना सरकार चलती नहीं इसलिए पार्टी ने उनका बलिदान कर दिया। क्रिकेट के खेल की तरह उनका बदलू खिलाड़ी पार्टी में भेज दिया गया। यानी महाजन जेटली के 'बदलू' हैं। चाहिए तो जेटली था लेकिन वह मिल नहीं सकते थे इसलिए टीम के बारहवें खिलाड़ी को फ़ील्डिंग करने के लिए भेज दिया गया। यानी महाजन बारहवें खिलाड़ी हैं।

बॉस, मुझे तो यह बात कुछ जमी नहीं। आपको जमी हो तो, आप ही बता दो। हाँ, यह सही है जेटली अभी-अभी गुजरात चुनाव में चाणक्य बनकर उभरे हैं और नरेन्द्र मोदी को उन्होंने चन्द्रगुप्त कहकर प्रचारित किया। जीत का श्रेय काफ़ी

हद तक जेटली को भी दिया गया। लेकिन इस खेल के मोटे और महीन, भोथरे और बारीक दोनों की किस्म के जानकार यह जानते हैं कि गुजरात चुनाव में कृष्ण भी मोदी थे और अर्जुन भी मोदी, गीता भी मोदी ने लिखी और महाभारत भी उन्हीं ने जीता। निस्सन्देह जेटली की साँवली सलोनी छवि है, वह बड़े वकील हैं, अंग्रेज़ी और हिन्दी पर उनका बराबर का अधिकार है, टीवी और अख़बारों में भाजपा का जमकर बचाव करते हैं, अच्छे रणनीतिकार भी हैं लेकिन यह कहना कि वह महाजन से बड़े नेता हैं, यह कुछ ज़्यादा ही है।

मुझे याद आता है 1998 का लोकसभा चुनाव। देश में कई चैनलों पर एक साथ चुनावी दंगल लड़ा जा रहा था। मैं भी एक चैनल पर एंकर था। यह वह ज़माना था जब मध्यवर्ग शहरी पढ़े-लिखे लोगों को लुभाने के लिए हर राजनीतिक दल ने टीवी पर एक चुस्त चौकस प्रवक्ता की ज़रूरत पहली बार महसूस की और पहली बार 'टीवी पावर' की अहमियत मानी गयी। इस ज़रूरत की छाव में भाजपा को अरुण जेटली के रूप में एक शख़्स मिला जिसे एक सफल वकील के रूप में भाजपा का केस आम जनता के सामने टीवी के माध्यम से पेश करने में महारत हासिल थी। पहली बार तब जेटली को अदालत के बाहर महसूस किया गया। वाजपेयी सरकार बनी तो उन्हें राज्यमन्त्री का दर्जा दिया गया। इसके पहले 1996 की तेरह दिन की सरकार में महाजन बाकायदा देश के रक्षामन्त्री की कुर्सी सुशोभित कर चुके थे। ज़ाहिर है जेटली-महाजन 'अदला-बदली' में कहीं न कहीं कुछ गड़बड़ है। यह जेटली भी जानते हैं, महाजन भी और इन दोनों की अदला-बदली करनेवाले आला नेता भी।

इस अदला-बदली और फेरबदल के खेल में एक बात और काफ़ी कसकर उभरी और कहा गया (या फिर इस ढंग से प्रचारित किया गया) कि मोबाइल की बिसात पर महाजन ने पिछले दिनों रिलायंस के पक्ष में जो गोटियाँ चौड़े होकर बिछाई उसकी सज़ा उन्हें दूरसंचार मन्त्रालय छुड़ाकर दी गयी। अरे किसे बेवक़ूफ़ बनाते हो भाई। महाजन और रिलायंस के सम्बन्ध किसे नहीं पता कि यह कितने पुराने और गहरे हैं और महाजन इतना कच्चा नहीं खेलते कि उन्हें किसी ख़ानदान से अपनी नज़दीकी जताने की एवज में अपना कद और मन्त्रालय दोनों ही गँवाना पड़ें। वे 'दबंग' हैं, चीन को कह सकते हैं कि 'उलटा चोर कोतवाल को डाँटे' संसद के अन्दर पूर्व प्रधानमन्त्री चन्द्रशेखर से कह सकते हैं कि 'चार महीने आप देश के अगुवा रहे मुझे उस बारे में कुछ नहीं कहना', लेकिन मन्त्रालय गँवा दें, वह भी एक नहीं दो-दो, बात कुछ हजम नहीं हुई, भाई।

अभी भी आप सोच रहे होंगे, मैं गोल-गोल जलेबियाँ बना रहा हूँ और असली बात नहीं बता रहा हूँ कि क्या इतिहास बना। महाजन को सरकार से संगठन में भेज दिया गया, इससे इतिहास कहाँ से बन गया। जी हाँ, इतिहास बना। आपको मैं एक

'क्लू' दे चुका हूँ, एक और देता हूँ। पहली फ़रवरी को कौन-सा दिन था? पहली फ़रवरी को एक हत्या के मामले की सुनवाई दिल्ली की एक अदालत में शुरू हुई। अब आप कहेंगे हत्या का महाजन का पार्टी में आने से क्या ताल्लुक है? ताल्लुक है। क्योंकि यह कोई हत्या का मामूली मामला नहीं है। हत्या एक पत्रकार की है और वह पत्रकार एक लड़की है, उसका नाम शिवानी भटनागर है। इस पर भी बस किया जा सकता था लेकिन अगर आरोपित एक आईपीएस अफ़सर हो जिसका नाम आर.के. शर्मा हो तो फिर महाजन को भी सोचना पड़ता है और सरकार और संगठन में बैठे आला नेताओं को भी।

जी हाँ, असली जलेबी यहीं है। न जेटली महाजन से बड़े नेता हैं, और न ही महाजन को एक व्यवसायी घराने से नज़दीकी की वजह से पदच्युत किया गया है। असली कारण है शिवानी भटनागर हत्याकांड पर अदालत के अन्दर और बाहर, मीडिया में चलनेवाला 'ट्रायल' और वह ट्रायल भी चलेगा टीवी पर जिसे देखेंगे करोड़ों दर्शक। भाजपा को आनेवाले डेढ़ साल में खेलने हैं कई विधानसभा चुनाव और एक अदद संसदीय चुनाव का खेल।

आज़ाद भारत के इतिहास में यह पहला मामला है जब 'मीडिया ट्रायल' की वजह से एक बड़े नेता को सावधानी बरतते हुए पहले से ही खेल से बाहर करने की कोशिश की गयी। जीप कांड हो या फिर मुन्दड़ा कांडा, ए.आर. अन्तुले हो या गुंडूराव या फिर बंगारप्पा (और हाल ही में राज ठाकरे) इन सबको मीडिया ट्रायल होने के बाद सत्ता छोड़नी पड़ी थी। सुखराम या फिर कल्पनाथ राय को जेल की हवा खानी पड़ी। हवाला में सुप्रीप कोर्ट में नाम आने के बाद माधव राज सिन्धिया हो या बलराम जाखड़ या अर्जुन सिंह, लालकृष्ण आडवाणी हो या फिर मदनलाल खुराना सबको कोई न कोई क़ीमत चुकानी पड़ी। लेकिन यह सब हुआ मामले के मीडिया में काफ़ी उछालने या फिर अदालत में नाम आने पर।

शिवानी हत्याकांड में शुरू से ही शक की सुई महाजन की तरफ़ लाने की पुरज़ोर कोशिश की गयी, आर.के. शर्मा की पत्नी मधु शर्मा और उनकी बेटियों ने खुलेआम रात के अँधेरे और टीवी के उजाले में प्रमोद महाजन का नाम उछाला। महाजन को बाकायदा आला नेताओं से स्वीकृति के बाद टीवी के सामने सफ़ाई देनी पड़ी। यह कहना पड़ा 'मेरा शिवानी भटनागर से वही रिश्ता था जो एक नेता का एक महिला पत्रकार से होता है।'

भाजपा को पता है कि आर.के. शर्मा और उनका परिवार अपनी हरकतों से बाज़ नहीं आयेंगे और अगर वही कुछ जो अदालत के बाहर दोहराया जा चुका है अगर अदालत के अन्दर दोहरा दिया गया (जिसकी सम्भावना शत-प्रतिशत है) और उस पर अदालत ने कोई उलटी-सीधी टिप्पणी कर दी तो फिर 'बाइट सोल्जर्स' उसे

लपक लेंगे और टीवी के आकाश पर इसकी गूँज कहाँ तक और कब तक सुनायी देगी कोई नहीं जानता। ऐसे में महाजन की सरकार में मौजूदगी आनेवाले चुनावों में वाजपेयी और उनकी टीम को काफ़ी महँगी पड़ सकती है। वाजपेयी और उनके सहयोगी समझदार नेता हैं। वे जानते हैं डान हेविट की तरह कि 'टीवी तेज़ है बिजली की तरह और तमाम शंकाओं के बावजूद बुद्धिमानी से काम करती है' और भावनाओं का ज्वार पैदा करती है वह प्रकार जो अच्छे-अच्छों को बहा ले जाती है। वाजपेयी अमेरिकी राष्ट्रपति लिंडन बी. जॉनसन की तरह भी समझदार हैं। 'टीवी पावर' को बहुत अच्छी तरह समझते हैं।

वियतनाम युद्ध से लौटने के बाद जब 1968 में अमेरिका के लीजेंड्री टीवी पत्रकार वाल्टर क्रांकाइट ने सी.बी.एस. चैनल पर कहा कि 'ऐसा लगता है कि वियतनाम में अमेरिका फँस गया है', तब जॉनसन ने कहा था, 'अगर उसने क्रांकाइट का भरोसा खो दिया तो उसने आम अमेरिकी खो दिया।' वाजपेयी चुनाव की पूर्व सन्ध्या पर आम भारतीय नहीं खोना चाहते। इसलिए मीडिया ट्रायल से पहले महाजन को ट्रायल पर भेज दिया। देखते हैं इस ट्रायल में क्या होता है। मिलते हैं ब्रेक के बाद।

हिन्दुस्तान, 03.02.2003

आओ, ख़ास सपने बुनें

पिछले दिनों एक साथ दो ख़बरें आयीं। 'सपनों की मौत' और सपनों की हत्या'। कायदे से 'हत्या' को 'मौत' पर तरज़ीह मिलनी चाहिए। लेकिन ख़बरों के इस उलट ज़माने में तरज़ीह पा गयी मौत और काली स्याही में कहीं गुम हो गयी हत्या। मौत चमकीली थी, 'फ़ील गुड' थी, ग्लैमरस थी। हत्या वीभत्स थी, 'फ़ील बैड' थी और नीरस। वैसे भी मुम्बई और तीतरों गाँव में कुछ तो फ़र्क़ होगा।

एक ही दिन, दो ख़बर। अमिताभ बच्चन के सुपुत्र अभिषेक बच्चन और राजकपूर की पोती करिश्मा की सगाई टूटने और सहारनपुर के गाँव तीतरों में एक प्रेमी युगल के ज़िन्दा जलाने की। सगाई को काफ़ी प्रमुखता से छापा गया। क्या हिन्दी क्या अंग्रेज़ी, सभी अख़बारों ने इस ख़बर को हाथों हाथ लपका। जबकि इस ख़बर की पुष्टि इसके अगले दिन ही हो गयी थी। इसके बावजूद इस अपुष्ट ख़बर को टीवी चैनलों ने अपनी ख़ास ख़बरों में जगह दी। जबकि प्रेमी युगल की हत्या का ज़िक्र सिर्फ़ स्थान विशेष, संस्करण विशेष के अख़बारों में ही हुआ। टीवी चैनलों और अंग्रेज़ी के अख़बारों ने इसे जगह तक नहीं दी।

क्या इसलिए कि एक के बाप का नाम झंडू था और दूसरे का अमिताभ बच्चन? या फिर बुद्धन की बेटी का इश्क रणधीर कपूर की बेटी के प्रेम से कमतर दोयम दर्जे का था? हिसाब से देखा जाये तो ख़बरों में अपार सम्भावनाएँ झंडू और बुद्धन के बेटे-बेटी की हत्या में ज़्यादा थी। शायद इन पर फ़िल्म भी अभिषेक और करिश्मा से ज़्यादा बेहतर बने। तीतरों गाँव के इस प्रेमी युगल ने भरी जवानी में प्यार का गुनाह किया। समाज को मंजूर नहीं तो 'पर्दा नहीं जब कोई ख़ुदा से तो बन्दों से पर्दा करना क्या' की तर्ज पर शादी की (भागकर)। जालिम ज़माने को यह पचा नहीं। पुलिस को इनके पीछे छोड़ दिया। पुलिस ने भी मजनू लड़के के भाई को उठाया, मारा-पीटा और आख़िरकार तीतरों के इस आधुनिक लैला-मजनू को बरामद कर लिया। इसके बाद कहानी में टर्न है, कथानक नाजुक मोड़ लेता है। दोनों को जमकर पीटा जाता है। यह रहस्य के पर्दे में है पिटाई किसने की गाँववालों ने या

पुलिस ने? कहानी और हिचकोले खाती है। दोनों को ज़िन्दा जला दिया जाता है। पुलिस कहती है प्रेमी युगल ने आत्महत्या की और गाँववालों ने आनन-फ़ानन में दोनों को अग्नि के हवाले कर दिया। जबकि 'मजनू' के भाई ने थाने में सात लोगों को ख़िलाफ़ रपट लिखायी और हत्या का आरोप लगाया।

दिल थामकर बैठिये अभी कहानी में और पेंच है। दोनों ही दलित थे। राज्य की मुख्यमन्त्री भी दलित। सौभाग्य से शहर के एस.एस.पी. ब्राह्मण हैं। यानी दलित राज में दलित की हत्या और उच्च जाति का पुलिस अधिकारी हाथ पर हाथ धरे बैठा रहा। हैं न सारे मसाले। आँखों को डबडबा देनेवाले, गला भराऊ सुपर-डुपर फ़िल्म के। लेकिन यह मीडिया को आकृष्ट नहीं करते। एक सीधी-सादी अभिषेक-करिश्मा की कहानी ज़्यादा हिट साबित होती है।

अभिषेक और करिश्मा बचपन के दोस्त हैं। दोस्ती प्यार में बदलती है और प्यार सगाई में। माँ-बाप भी राजी। न बच्चन ख़ानदान ने त्यौरियाँ चढ़ाई न कपूर परिवार को ऐतराज। दोनों ने ख़ुद ही प्यार किया, सगाई का फ़ैसला भी और सगाई तोड़ने का भी। कोई मोड़ नहीं। कोई सस्पेंस नहीं। सीधी-सपाट लेकिन मीडिया के बॉक्स ऑफ़िस पर 100 प्रतिशत का बिज़नेस। आख़िर जादुई फ़ार्मूला है क्या? दरअसल ज़िन्दगी पिछले दिनों काफ़ी बदली है या फिर यों कहें ज़िन्दगी की छवि को बदलने की काफ़ी कोशिश की गयी है। सच्चाई महत्वपूर्ण हो या न हो उसकी इमेज ज़्यादा महत्वपूर्ण हो गयी है और अख़बारवालों ने, मीडिया के एक तबक़े ने इसमें काफ़ी अहम भूमिका निभायी है।

इसकी शुरुआत नब्बे के दशक में एक अत्यन्त प्रतिष्ठित अख़बार ने अतिप्रष्ठित सम्पादक की अचानक विदाई और एक 'अति यंग' मैनेजर और थोड़ा कम 'यंग' सम्पादक की ताजपोशी से होती है। सम्पादक महोदय अक्सर कहा करते थे, 'मैं हिन्दुस्तान की दूसरी सबसे बड़ी कुर्सी पर बैठा हूँ।' उन्हें तब क्या मालूम था कुछ दिनों बाद ही कहेंगे—'दो गज जमीं भी न मिली कुए यार में।' यह बदलाव क्रान्तिकारी था। तब इसकी धमक उतनी महसूस नहीं की गयी थी। सम्राट सम्पादकों के अवसान का समय शुरू हो गया था। पत्रकारिता 'मिशन' से हटकर 'बाज़ार' की तरफ़ उन्मुख होने को बेताब थी। आज़ादी को भी चालीस साल बीत चुके थे। दुनिया के नक्शे से साम्राज्यवाद, साम्यवाद जैसे चलते सिक्के अब खोटे साबित हो रहे थे। ख़ुद देश में आज़ादी के बाद की एक नयी पीढ़ी नेतृत्व की बागडोर थामने को तैयार बैठी थी। इस पीढ़ी को न तो उपनिवेशवाद की मानसिकता ने जकड़ रखा था और न ही समाज को बदल डालो का दम्भ खाये जा रहा था। यह वही पीढ़ी थी जिसने अमेरिका और यूरोप को उसका मौजूदा स्वरूप दिया। जो हर हाल में सफल और कामयाब होना चाहती है। और मानती है कि 'मैं ही ब्रह्म हूँ।' यानी आधुनिक

अन्दाज़ में मुझ ब्रह्म का कल्याण तो परिवार का कल्याण, परिवार का कल्याण तो देश का कल्याण। यह बदलाव बहुत धीरे-धीरे हो रहा था। नब्बे के दशक में तो किसी को पता भी नहीं चला। यह वही पीढ़ी थी जो किसी से नहीं डरती थी। और जिसे सात समन्दर पार जाने के अभिशाप का भी भय नहीं। इसी पीढ़ी ने देश की सीमाओं को तोड़ा, एनआरआई को सम्मानजनक शब्द बनाया और सिलिकॉन वैली पर जाकर क़ब्ज़ा कर लिया। यह पीढ़ी पत्रकारिता में भी हावी हो रही थी। इस पीढ़ी ने नयी पत्रकारिता का नया नियम लिखा। इसने पहला वेद वाक्य लिखा—'पत्रकारिता व्यवसाय है।' यानी ख़बर बिकती है, अगर नहीं बिकती है तो उसे बेचो, और अगर न बिक सके तो बन्द कर दो। जैसे कारख़ानों का माल न उठे तो ताला लगा दो। चार्वाक का शिष्य बनने की ज़रूरत नहीं है।

जब यह तय हो गया कि पत्रकारिता व्यवसाय है तो फिर यह तय हुआ कि अख़बार नसीहत देने के लिए नहीं हैं, अख़बार माँग की भरपाई के लिए हैं। यानी यह देखो, पता करो कि पाठक चाहता क्या है—वाजपेयी का नीरस उबाऊ भाषण या फिर बाज़ार में नये किस्म के आये जूते। यानी न्यूज़ यू कैन यूज़ यानी ख़बर जिसका इस्तेमाल हो सके। ठीक है वाजपेयी चलता है लेकिन जूता अधिक चलता है क्योंकि आधुनिक वेद कहता है—वाजपेयी को नहीं सुनेंगे तो चलेगा लेकिन नयी किस्म का जूता नहीं मिला तो नहीं चलेगा; दोस्तों, मित्रों, समाज में हेठी होगी, स्टेटस गिर जायेगा। मैसेज साफ़ था। मीडिया के नये धर्मगुरुओं ने कहा, पहले पहचानों अपने पाठकों को फिर दो ख़बरें। देखो उसकी दिलचस्पी किस चीज़ में है, नामीबिया, निकारागुआ की क्रान्ति में या फिर रीबॉक, पेप्सी में?

मीडिया की इस धर्मव्याख्या ने बाज़ार में उलट-पुलट मचा दी। अख़बार विशेष का सर्कुलेशन नवयुवा प्रेमी की धड़कनों की तरह कार्ल लुईस के अन्दाज़ में दौड़ने लगा। यह सफल तो बाक़ी भी पीछे दौड़ने लगे। कुछ बेन जॉनसन बन बैठे।

इसी के साथ शुरू हुआ एक और खेल। हिन्दुस्तान जैसे ग़रीब देश के अमीर (माफ़ कीजियेगा अख़बार ख़रीदकर पढ़ने और देकर ख़बर देखने की कुव्वतवाले) तो कम ही हैं तो फिर माँग की एक सीमा होगी। ऐसे में अर्थशास्त्र का, बाज़ार का दूसरा नियम लगाओ। माँग पैदा करो। सूचनाओं, ख़बरों की माँग बनाओ, बिगाड़ो और फिर बनाओ। और यहीं से शुरू हुआ नयी पत्रकारिता के नये आयाम का भी। फ़ील गुड जर्नलिज़्म का। यानी धन, फ़ूड, फ़ैशन और... जर्नलिज़्म का। अख़बारों में पेज थ्री ने जन्म लिया। रसोइये पत्रकार बन बैठे, दर्जी सेलिब्रिटी, और विषकन्याएँ अख़बारों की हेडलाइंस। ऐश्वर्या राय, सुष्मिता सेन मदर टेरेसा बनने लगीं, और इनकी निजी ज़िन्दगी आम लोगों की दिलचस्पी की वजह। ये क्या करती हैं, किससे इनका लफड़ा है, कौन इनको लाइन मारता है। जैसे प्रेम आम जीवन से निकलकर सिर्फ़ इनकी

कंचुकी में ही समा गया हो, यह इम्प्रेशन दिया जाने लगा। आम लोगों का जीवन भी कोई जीवन है, वो रूखा है, सस्ता है, उबाऊ है, बहस के क़ाबिल नहीं। इसलिए नहीं कि इस प्रेम में, इस जीवन में शिद्दत नहीं है। इसलिए कि इस वर्ग की 'बाइंग कैपेसिटी' नहीं, ख़रीदने की क्षमता नहीं, जेब हल्की है; रीबॉक, पेप्सी नहीं ख़रीद सकता, हांडा सिटी, हुन्दई एसेंट पर सवार नहीं हो सकता। ऐसे लोगों की बातें करने और सोचने में क्यों अख़बार का प्रिंट और टीवी का फ्रेम जाया किया जाये। ख़बर और बाज़ार के इस घालमेल की वजह से ही तीतरों गाँव पिछड़ जाता है, मुम्बई अव्वल रहता है, अमिताभ-रणधीर की सन्तानों को झंडू और बुद्धन की औलादों पर तरज़ीह मिलती है। आम सपने मर जाते हैं, ख़ास सपने परवान चढ़ते हैं। यह चलेगा और चलता रहेगा, और चलते रहना चाहिए क्योंकि 'आम' को जीने का अधिकार तो है लेकिन 'ख़ास' की तरह 'हेडलाइंस' बनने का नहीं। इसलिए सन्ताप कैसा। आइये ख़ास सपने बुनने की आदत डाल लें क्योंकि यही अहं ब्रह्मास्मि है।

हिन्दुस्तान, 20.01.2003

मीडिया को कोसना फ़ैशन हो गया है

जब भी कोई राजनेता या सेलिब्रिटी हमाम में नंगा पकड़ा जाता है तो चौड़ा होकर चिल्लाता है—मेरी निजी ज़िन्दगी में घुसने का अधिकार किसी को भी नहीं है। मीडिया को भी नहीं। न ब्रिटेन के 'टैबलायड' को है और न ही इटली के 'पापारात्जीज' को। और फिर दुहाई दी जाने लगती है कि सार्वजनिक और प्राइवेसी में कुछ तो फ़र्क़ करो ऐ शर्मशारो। और तब भी अगर कोई नहीं मानता, कोई 'बाइट कलेक्टर' या 'बाइट सोल्जर' या कोई तहलका का 'आत्मघाती' दस्ता फिर भी घर में घुसकर किसी पार्टी के वरिष्ठ नेता को घूस लेते रँगे हाथों धर पकड़ता है तो ग्राहम ग्रीन की टिप्पणी उद्धृत करते लोग नहीं थकते, 'मीडिया का अर्थ है बुरी पत्रकारिता।'

पत्रकार शिवानी भटनागर हत्याकांड की सुलझती गुत्थियों के उलझने से कीचड़ के छींटे जब तक आई.जी. आर.के. शर्मा पर पड़ते रहे तब तक यह सवाल किसी ने नहीं उठाया कि मीडिया ने इस मुद्दे पर अपनी सीमाओं का उल्लंघन किया या नहीं। लेकिन ज्यों ही प्रमोद महाजन का 'अधखुला राज' मधु शर्मा ने पुराने चीथड़े की तरफ़ फाड़कर सामने लाने की कोशिश की तो सुरसा की तरह इस सवाल को देश की सामूहिकता पर थोपने की कोशिश की गयी कि मीडिया को संयम बरतना चाहिए। क्या शर्मा और महाजन की प्राइवेसी में फ़र्क़ है? (शर्मा को अभी तक किसी अदालत ने अपराधी करार नहीं दिया है।) फिर क्या किसी ने यह सोचा कि शिवानी भटनागर, एक लड़की की निजी ज़िन्दगी में झाँकना महाजन का नाम न आने तक कितना जायज़ था। ख़ुद हमारे कई जाननेवाले पत्रकार मित्र रस ले-लेकर क़िस्से सुनाने में जुटे रहे। ऐसा क्यों होता है कि जब महाजन का डी.एन.ए. टेस्ट कराने की बात होती है तो चार साल के उस अबोध बच्चे का ज़िक्र हो आता है जो शिवानी भटनागर का बच्चा है और राकेश भटनागर जिसके पिता हैं? दरअसल मीडिया को प्राइवेसी की पड़ताल करनी चाहिए या नहीं, यह पूरी की पूरी बहस ही एकपक्षीय और सब्जेक्टिव है। और अक्सर वे लोग इसका इस्तेमाल अपने 'रक्षात्मक' ढाल के लिए करते हैं जो सार्वजनिक जीवन में रहते हुए भी दुहरा जीवन जीते हैं।

क्या कारण है कि कभी किसी कृष्ण और किसी गाँधी को ऐसे आरोपों के जवाब नहीं देने पड़ते और कभी वे सार्वजनिक और प्राइवेसी का विभेद नहीं करते। गाँधीजी ने जब अपने अहिंसा और ब्रह्मचर्य के व्रत को परखने के लिए अपने साथ रहनेवाली दो नाबालिग लड़कियों के साथ नग्न सोने का ऐलान किया तो उनके मानवपुत्र नेहरू समेत सभी लोग अवाक रह गये। लगा देश में आग लग जायेगी, लेकिन ऐसा कुछ भी नहीं हुआ और देश आज भी उन्हें बापू के नाम से पूजता है। इतिहास गवाह है कि बापू ताउम्र मिस स्लेड, राजकुमारी अमृत कौर, सुशीला नायर, प्रभावती नारायण जैसी महिलाओं से घिरे रहे। राजकुमारी अमृत कौर और मिस स्लेड अक्सर बापू के हाथों को चूमती थीं और बापू उनके गालों का चुम्बन लेते थे। बापू कहा भी करते थे, 'वो जानबूझकर ख़ुद को महिलाओं के साथ घेरे रखते थे, यह साबित करने के लिए कि कामवासना पर उन्होंने विजय महिलाओं का त्याग करके नहीं हासिल की थी।' और यहाँ हाल-ए-दिल यह है कि जब शिवानी भटनागर से नेता विशेष के सम्बन्धों के बारे में पूछा गया तो अनायास निकल गया, 'मेरा उनसे वही रिश्ता था जो किसी राजनेता का किसी 'महिला' पत्रकार से होता है।' कहना तो यह चाहिए था कि जो किसी राजनेता का 'पत्रकार' से होना चाहिए।

ख़ैर, किसे नहीं मालूम कि ग़रीब भारत की अबोध जनता, जो दिल्ली से चन्द सौ कि.मी. की दूरी पर रहनेवाले किसी नवयुवक और नवयुवती को तो सज़ा-ए-मौत दे देती है, लेकिन कृष्ण के शादीशुदा और अपने से उम्र में बड़ी राधा के प्रेम को अंगीकार कर उनकी मूर्ति अपने घर आँगन में लगा पूजा करती है। राधा ही क्यों, राजपुतनी मीरा का सामन्ती समाज में पैदा होने के बाद क्षत्रिय पति को छोड़ कृष्ण के प्रेम में रम जाने को भी तो यही समाज ईश्वरीय मान आराधना करता है।

ख़ुद भारत के प्रथम प्रधानमन्त्री पंडित जवाहरलाल नेहरू के क्या कम प्रेम-सम्बन्ध प्रचलित हैं। चाहे वो पद्मजा नायडू हों या फिर ऐडविना माउंटबेटन। लेकिन इन्हें तो कभी सफ़ाई देने की ज़रूरत नहीं पड़ी और न ही मीडिया ने इनके जीवन की इन पर्तों को उघाड़ने की कोशिश की। सवाल है, अगर आपका अपना चेहरा और दामन इतना दाग़दार है कि मामूली सा कीचड़ भी चिपक उसे और बदसूरत कर देता है तो फिर मीडिया को दोष न दो।

गाँधी, नेहरू और कृष्ण को इस देश की कमअक्ल दकियानूस जनता इसलिए नहीं पूजती कि वह ख़ुद अपने जीवन में दोयम दर्जे की मानसिकता की शिकार है, बल्कि इसलिए कि उसे निष्पाप निष्कलुष प्रेम और 'पॉपीलस्ट' का फ़र्क़ मालूम है इसलिए मीडिया चाहकर भी इनके जीवन में झाँक नहीं सकता। लेकिन आज के राजनेता?

फिर मीडिया बढ़ रहा है। उसका प्रसार हो रहा है। नयी-नयी टेक्नोलॉजी सामने

आ रही है। सूचना के सुपरहाइवे पर सवार पत्रकार और राजनेता के लिए किसी भी तरह की सूचना को छिपाना सम्भव नहीं हो पायेगा और फिर छिपाया भी क्यों जाये? पत्रकार का काम है सूचना देना, जनता का काम है उस सूचना के आधार पर अपने निष्कर्ष निकालना।

तहलका ने हमें एक सूचना दी। लाखों रुपये दीजिये, ख़ूबसूरत बालाएँ पेश करिये हमारे बड़े से बड़े राजनेता, ब्यूरोक्रेट और सैन्य अधिकारी एक मिनट नहीं लगायेंगे घटिया सौदा करने में। अब अनुमान लगाइये सेक्स और पैसे के बल पर की गयी 'डिफ़ेंस डील' में देश को क्या मिलेगा? घटिया जंग लगे हथियार? देश की सरहद पर कुर्बानी करनेवाला महज़ इसलिए शहीद हो जायें कि उसे एक राजनेता के लालच की वजह से घटिया हथियार मिले थे? सरपट घोड़े पर सवार बाज़ारवाद जिस 'अन्धाधुँध' गति से देश में प्रवेश कर गया है उससे किसी केन्द्रीय संचार मन्त्री को या फिर रक्षा मन्त्री को किसी मल्टीनेशनल कम्पनी के हाथों बिकने में कितना वक़्त लगेगा अगर वो बेचारा 'पॉपीलस्ट' का मारा हुआ तो? सवाल यह नहीं है कि मीडिया की सीमा क्या होनी चाहिए? सवाल यह है कि सार्वजनिक जीवन को जीनेवालों की सीमाएँ क्या हों? अगर ये महात्मा गाँधी की तरह यह कहने का बूता नहीं रखते हैं, जो बापू ने 15 अगस्त 1947 को दंगों के दौरान कहा था—'क्या मेरे अन्दर कुछ गड़बड़ है।' अगर यह बूता नहीं है तो फिर किसी महाजन, किसी शर्मा को, किसी फ़र्नांडीज़ को यह कहने का अधिकार नहीं है जो बापू ने अमृत कौर को लिखा था—'क्या वाकई गड़बड़ी हो रही है।'

दैनिक भास्कर, 25.08.2002

अतीत से टूटता कनेक्ट और चुनाव के 10 कमांडमेंट्स

बड़े चुनाव देखे और किये लेकिन ऐसा चुनाव नहीं देखा। किसी को कुछ पता नहीं, कोई कुछ भी कहने को तैयार नहीं। कोई आज काँग्रेस की सरकार बना रहा है तो थोड़ी देर में ही वो 'कनफ़्यूज़्ड' बीजेपी की सरकार बनाने का दावा कर रहा है। बड़े-बड़े सेफ़ोलॉजिस्ट और राजनीतिक पंडितों की बोलती बन्द है या फिर गिरगिट की तरह रंग बदल रहे हैं। कहीं आडवाणी को प्रधानमन्त्री बनाने की अधूरी कोशिश तो कहीं मनमोहन को फिर प्रधानमन्त्री देखने की अधूरी चाहत। तो किसी की दमित वासना ने पलभर के लिए लेफ़्ट से या फिर तीसरे मोर्चे की तरफ़ से मायावती या शरद पवार को प्रधानमन्त्री निवास के नये पक्षी के रूप में देख डाला। न राजनीति का साफ़ चेहरा, न नेताओं के लपलपाते बोल, न सत्ता के दलालों का दम्भ, न पूँजीपतियों की गरगराती आवाज़। सब तरफ़ 'बेख़ौफ़ अनिश्चितता', 'आधे-अधूरे ख़्वाब', कारे बदरा न जाने कब और कहाँ भरभराके बरस दें, न जाने किस घर को भिगो दें और किस महल को सुखा दें। अजब है इस बार के चुनाव की ग़ज़ब चाल। बस एक ही बात, लंगड़ा जनमत और बेचैन नेता।

2004 में सब मान बैठे थे कि एनडीए की सरकार बनना तय है। लेकिन रिजल्ट आते ही सारे आँकड़े और सपने बिखर गये। तब से अब तक चुनाव की तासीर में ज़्यादा फ़र्क़ नहीं आया, लेकिन दूध के जले सब छाछ भी फूँक-फूँककर पी रहे हैं। कोई फिर ग़लत नहीं होना चाहता। और यह सही भी है तस्वीर बहुत गड्डमड्ड है लेकिन कुछ चीज़ें साफ़ हैं। एक, किसी भी दल या गठबन्धन को स्पष्ट बहुमत नहीं मिल रहा है। कभी अपने दम पर केन्द्र में सरकार बनानेवाली काँग्रेस आज अगर डेढ़ सौ का अंक भी छू ले तो अपने को भाग्यशाली समझेगी। उत्तर प्रदेश और बिहार में उसके एक बार फिर से ज़िन्दा खड़े होने के संकेत तो मिले हैं लेकिन इन 120 सीटों पर उसका वजूद फ़िलहाल न के बराबर है। बीजेपी की भी कमोबेश यही स्थिति है। इन दोनों राज्यों में वो काँग्रेस से बेहतर है लेकिन इतनी नहीं कि दो तिहाई सीटों पर क़ब्ज़ा जमा केन्द्र में धमक बना ले। और इस बात की भी उम्मीद कम ही है

कि दोनों में से कोई भी गठबन्धन दो सौ सीटों का आँकड़ा भी छू पाये।

दो, चारों गठबन्धन में से कम से कम दो को साथ तो आना ही पड़ेगा सरकार बनाने के लिए। बीजेपी या तीसरा मोर्चा या फिर काँग्रेस और तीसरा मोर्चा या काँग्रेस-लेफ़्ट फ्रंट और चौथा मोर्चा। तीन, यह भी तय है कि काँग्रेस, बीजेपी किसी भी हालत में सरकार बनाने के लिए एक साथ नहीं आयेंगे। दोनों केन्द्र में एक-दूसरे की धुर विरोधी, एक-दूसरे के ख़िलाफ़ राजनीति करती हैं और एक ख़ुद को दूसरे का विकल्प भी बताती हैं। यह सही है कुछ समय के बाद अगर एक और राजनीतिक दल या फिर गठबन्धन इतना बड़ा हो जाये कि वो अपने बल पर सरकार बना सके तो शायद बीजेपी-काँग्रेस के लिए साथ आना मजबूरी हो जाये, लेकिन यह अभी दूर की कौड़ी है।

चार, वैसे तो राजनीति में कुछ भी हो सकता है लेकिन अभी यह दिखता है कि लेफ़्ट फ्रंट और लालू यादव-मुलायम सिंह यादव भी बीजेपी के साथ सरकार बनाने की दौड़ में शामिल नहीं होंगे। ये तीनों ही बीजेपी की राजनीतिक विचारधारा के खुले विरोधी हैं। और मुलायम-लालू का 'मुसलमानवाद' बीजेपी के हिन्दूवाद से ही ऊर्जा लेता है। लालू का 1990 में बिहार के समस्तीपुर में रथ पर सवार लालकृष्ण आडवाणी को गिरफ़्तार करना और मुलायम का मुख्यमन्त्री रहते राममन्दिर कारसेवकों पर गोली चलवाना इसी राजनीतिक स्ट्रेटजी का हिस्सा था। और अब खुलकर बीजेपी के साथ जाने का मतलब होगा खुलकर ख़ुदकुशी करना।

पाँच, नतीजे आने के बाद सबसे ज़्यादा टूट तीसरे मोर्चे में ही होगी। टीआरएस पहले ही टीडीपी और लेफ़्ट का हाथ छिटककर लुधियाना एनडीए रैली में शरीक हो चुका है और यह ऐलान कर चुका है कि थर्ड फ्रंट एक सपना है। चन्द्रशेखर राव की तबियत और फ़ितरत ऐसी है कि वो कभी भी किसी के भी शरीर का आभूषण बनने को तैयार हो जाते हैं बशर्ते उन्हें मुँहमाँगी राजनीतिक क़ीमत मिल जाये। कर्नाटक में चुनाव के दौरान जेडीएस और काँग्रेस की मिलीभगत की ख़बरें आयीं जो बाद में सही साबित हुईं जब कुमारस्वामी मुँह छुपाते हुए सोनिया से मिलने दस जनपथ पहुँचे। जेडीएस को न विचारधारा से कुछ लेना है न ही देवेगौड़ा को किसी नेता से, वो आधुनिक राजनीति के असली धृतराष्ट्र हैं, पुत्रमोह से बड़ा कुछ भी नहीं।

छः, सरकार बनाने के लिए काँग्रेस या बीजेपी को तीसरे मोर्चे के लोगों की या फिर तीसरे मोर्चे को बीजेपी या काँग्रेस की मदद लेनी पड़ेगी। सात, प्रादेशिक राजनीति की मजबूरियों और आईफ़ल टावर सरीखे ईगो के चलते करुणानिधि और जयललिता, मायावती और मुलायम, ममता और लेफ़्ट, लालू और नीतीश कुमार एक गठबन्धन में नहीं रहेंगे। अगर जयललिता को अच्छी-ख़ासी सीटें आयीं तो यकीन जानिये किसी भी गठबन्धन या दल को समर्थन की क़ीमत होगी करुणानिधि की

सरकार की बर्ख़ास्तगी। 1998 में वो एक बार इसी मुद्दे पर वाजपेयी की अच्छी-भली सरकार गिरा चुकी हैं। और रात दो बजे करुणानिधि को जयललिता की पुलिस मीडिया के सामने जानवरों की तरह गिरफ़्तार कर चुकी है। यही हाल मुलायम-माया का भी। मुलायम ने यह ऐलान कर दिया है कि वो उसके गले में ही वरमाला डालेंगे जो मायावती की सरकार को बर्ख़ास्त करेगा। लालू और राबड़ी की नीतीश के प्रति गाली-गलौच इस चुनाव की सबसे बड़ी ख़बरें तो रह ही चुकी हैं। ममता की लेफ़्ट को लेकर एलर्जी जगज़ाहिर है ।

आठ, नीतीश कुमार और जयललिता में से कोई एक सबसे बड़ा किंग या क्वीन मेकर होगा, क्योंकि क्षेत्रीय पार्टियों में इनको सबसे ज़्यादा चुनावी फ़ायदा होने की सम्भावना है। नौ, प्रधानमन्त्री पद के उम्मीदवार लालकृष्ण आडवाणी और मनमोहन सिंह में से किसी एक की या फिर दोनों की ही राजनीतिक पारी 16 तारीख़ के बाद धीरे-धीरे ख़त्म हो जायेगी। दोनों ही नेताओं के पक्ष में उम्र नहीं है। आडवाणी 82 साल के हैं और बीजेपी के लिए यह मुफ़ीद नहीं होगा कि वो अगले चुनाव के लिए भी आडवाणी के ही भरोसे आगे बड़े। बीजेपी को नया नेता खोजना ही पड़ेगा अगर आडवाणी इस बार प्रधानमन्त्री बनने से चूक जाते हैं तो। और अगर आडवाणी बन गये तो मनमोहन के लिए रास्ते बन्द हो जायेंगे। वो अभी ही अस्पताल से ऑपरेशन करवाके उठे हैं। जनाधार नहीं होने की वजह से कॉंग्रेस उनकी जगह राहुल के लिए रास्ते तैयार करेगी।

दस, इस चुनाव के साथ ही एक पूरी पीढ़ी राजनीति के आसमान से रुख़्सत हो लेगी और नयी पीढ़ी देश की राजनीति के लिए नये मुहावरे गढ़ेगी। यह बात बीजेपी के लिए भी उतनी ही सही है जितनी कॉंग्रेस के लिए। एक साथ आप देखेंगे कि बुजुर्ग नेता, धोती पहननेवाले, गाँधी टोपी लगानेवाले नेता नेपथ्य में चले जायेंगे। यह वो पीढ़ी थी जो देश की आज़ादी से जुड़ी थी, आज़ादी के बाद गिरते-उठते-सँभलते देश को करीब से देखा, उसके गहन निराशा के क्षणों में निराश हो लिये और ख़ुशी के पलों में अपनी उम्र थोड़ी बढ़ा ली। इस पीढ़ी के राजनीतिक मूल्य अलग थे, उनके सरोकार भी अलग थे और चीज़ों को देखने का तरीक़ा अलग था। यह पीढी एक 'कनेक्ट' है आज़ादी से सुपरपावर बनते देश के बीच। इनके बाद यह 'कनेक्ट' टूटेगा और साथ ही 'अतीत' का एक टुकड़ा भी। लेकिन घर के किसी कोने में टँगी फोटो की तरह या फिर गूगल के रहस्यमय नेटवर्क के किसी कोने में अटके यह हमेशा हमें यह याद भी दिलाते रहेंगे कि कैसे 2009 के चुनाव की 'बेख़ौफ़ अनिश्चितता' ने सबकी बोलती बन्द कर दी थी।

हिन्दुस्तान, 16.05.2009

लोकतन्त्र का अंडरवर्ल्ड और डर के आगे जीत

पिछले दिनों तीन चीज़ें हुईं जो हमें चौकन्ना रहने के लिए कहती हैं। एक, बीजेपी अध्यक्ष नितिन गडकरी पर भ्रष्टाचार के आरोप लगे और तड़ से एनसीपी नेता शरद पवार और शिवसेना प्रमुख बालासाहेब ठाकरे गडकरी के बचाव में कूद पड़े। दो, अरविन्द केजरीवील ने सोनिया गाँधी के दामाद रॉबर्ट वाडरा पर ज़मीन घोटाले का आरोप लगाया और पूरी सरकार और काँग्रेस ने अरविन्द पर हमला बोल दिया। दिग्विजय सिंह ने कहा कि काँग्रेस ने कभी किसी भी नेता के परिवारवालों पर हमला नहीं किया। वो चाहती तो वाजपेयी के दामाद रंजन भट्टाचार्य का नाम कई मामलों में घसीट सकती थी। तीन, सलमान ख़ुर्शीद के ट्रस्ट पर फर्जीवाड़े का आरोप लगा और वो मीडिया और अरविन्द को धमकाने लगे।

ये तीनों कहानियाँ भारतीय राजनीति की नयी दास्ताँ बयाँ करती हैं, इस ओर इशारा करती हैं कि जहाँ एक तरफ़ भारतीय लोकतन्त्र पहले से अधिक परिपक्व हुआ है, संवैधानिक संस्थाएँ ज़्यादा मज़बूत हुई हैं, आम जनता में जागरूकता बढ़ी है, उसने गठबन्धन के अस्थिर दौर में अच्छी आर्थिक प्रगति कर दुनिया को हैरान किया है, उसकी अन्तरराष्ट्रीय साख में ज़बर्दस्त इज़ाफ़ा हुआ है, वहीं कुछ ऐसी कमज़ोरियाँ भी सामने आने लगी हैं जो डराती हैं।

एक, इस देश को सबसे बड़ा डर अब उसके प्रान्तों से नहीं है, बल्कि केन्द्र से है। एक ज़माना था कि राज्यों में सरकारें अस्थिर रहा करती थीं। कुछ राज्यों में प्रथकतावादी ताक़तें मज़बूत थीं। अब हालात बदल गये हैं। प्रान्तों में कमोबेश मज़बूत जनाधारवाले नेता हैं। असल दिक़्क़त केन्द्र में है। केन्द्र पहले से कहीं ज़्यादा कमज़ोर हुआ है। उसका इक़बाल लगभग ख़त्म सा हो गया है। पिछले तीन सालों में लगा ही नहीं कि केन्द्र में कोई मज़बूत सरकार है। मनमोहन सिंह न बोलते हैं और न ही कोई उनकी सुनता है। विपक्ष को तो लगता ही नहीं है कि वो प्रधानमन्त्री भी हैं। विदेशी अख़बार उन्हें ट्रैजिक फ़िगर कहने लगे हैं। हालाँकि काँग्रेस के पास सोनिया गाँधी और राहुल गाँधी है लेकिन दोनों की अपनी सीमाएँ हैं। उनमें

जवाहरलाल नेहरू, इन्दिरा गाँधी और राजीव गाँधी का करिश्मा खोजना बेमानी है। बीजेपी के पास केन्द्र में सुषमा स्वराज, अरुण जेटली, नितिन गडकरी और राजनाथ सिंह जैसे नेता हैं। सभी प्रधानमन्त्री पद के दावेदार भी हैं लेकिन अपनी सीट जीत जायें, यही गनीमत है। राज्यों में ज़रूर अच्छे नेता हैं। जो रह-रहकर केन्द्रीय नेतृत्व को आँख दिखाते रहते हैं। वसुन्धरा राजे सिन्धिया हों या फिर मोदी या येदुरप्पा, अटल बिहारी वाजपेयी और लालकृष्ण आडवाणी के ज़माने में इन क्षत्रों की इतनी हैसियत नहीं थी।

दो, केन्द्रीय जनाधारवाले नेताओं के विलोप की वजह से ही दरबारी और तिकड़मबाज़ नेताओं की जमात दूसरा डर पैदा करती है। जिनकी नज़र में कैरियर सबसे अहम है और हर हाल में आलाकमान को ख़ुश रखना सबसे महत्वपूर्ण। वरना रॉबर्ट वाडरा पर आरोप लगते ही आधा दर्जन कैबिनेट नेताओं का बचाव में आने का कोई औचित्य नहीं है। वाडरा न तो काँग्रेस पार्टी के सदस्य हैं और न ही सरकार में मन्त्री। ऐसे में क्यों उनकी रक्षा में बड़े-बड़े नेता कूदे? वाडरा की रक्षा के बहाने वो सोनिया के दरबार में नम्बर बढ़ा रहे थे। लोकतन्त्र के लिए यह अच्छी ख़बर नहीं है। दरबारी और कैरियरबाज़ नेता पहले अपने बारे में और फिर देश के बारे में सोचते हैं।

तीन, राजनीति के शीर्ष पर 'राजनीतिक अंडरवर्ल्ड' का कसता शिकंजा। हर नेता ने अपना इलाक़ा बाँट लिया है। यह भी तय कर लिया है कि वो एक-दूसरे पर हमले नहीं करेंगे। और ज़रूरत पड़ी तो एक-दूसरे की मदद भी करेंगे। पिछले दिनों भ्रष्टाचार का एक भी बड़ा आरोप राजनीतिक दलों और नेताओं ने एक-दूसरे पर नहीं लगाया। पहले मीडिया में खुलासा हुआ, मीडिया ने मुहिम चलायी, फिर सिविल सोसायटी ने उठाया। उसके बाद मजबूरन राजनीतिक दलों ने मुद्दा बनाने की अधूरी कोशिश की। अरविन्द केजरीवाल, अन्ना हज़ारे और बावा रामदेव इसी राजनीतिक अंडरवर्ल्ड के विरोध का परिणाम हैं। भ्रष्टाचार पर देशभर में बहस छेड़ने और उसको मुद्दा बनाने का काम अन्ना और उनकी टीम ने किया तो काला धन की ओर लोगों का ध्यान खींचने का काम बाबा रामदेव ने। यह काम विपक्षी पार्टियाँ भी कर सकती थीं लेकिन वो ऐसा नहीं कर सकीं, क्योंकि कोई भी दावे से नहीं कह सकता कि भ्रष्टाचार और काले धन से उनका दामन अछूता है। ऐसे में राजनेताओं ने आपस में एक सहमति बना ली है कि तुम मेरे घर पर पत्थर मत मारो, मैं तुम्हारे घर पत्थर नहीं फेंकूँगा। और इस तरह एक 'राजनीतिक अंडरवर्ल्ड' ने जन्म लिया। गडकरी पर आरोप लगने के बाद पवार और ठाकरे की कोई मजबूरी नहीं थी कि वो उनका बचाव करें लेकिन किया। यह इसी ओर इशारा करता है। और अंडरवर्ल्ड कभी भी परिवारवाले पर हमले नहीं करता। इसलिए जब अरविन्द ने रॉबर्ट वाडरा

पर खुलासा किया तो दिग्विजय सिंह ने रंजन भट्टाचार्यवाला बयान दिया।

चार, राजनीति में नैतिकता का पूर्ण ह्रास चौथा बड़ा डर है। अब कोई नेता नैतिकता के आधार पर न तो इस्तीफ़ा देता है और न ही अनैतिक कार्य को ग़लत मानता है। येदुरप्पा का भ्रष्टाचार सामने आया तो बीजेपी के सभी नेता एक सुर में बोले ज़मीन का मामला अनैतिक हो सकता है लेकिन अवैधानिक नहीं। बाद में येदुरप्पा जेल गये। राजा जेल से छूटे तो उनका ऐसा स्वागत किया गया मानो अश्वमेध यज्ञ जीतकर आये हों। वाडरा का मामला हो या फिर सलमान के ट्रस्ट की धोखाधड़ी सभी को क़ानूनी स्तर पर ही परखा जा रहा है। जबकि लोकतन्त्र में नैतिकता सर्वोपरि होनी चाहिए। आडवाणी पर जैन हवाला में आरोप लगा और वो तब तक संसद नहीं गये जब तक कि वो बरी नहीं हो गये। इस नैतिकता पर अगर आज नेताओं को कसा जाये तो आधे से अधिक संसद का दुबारा मुँह नहीं देख पायेंगे।

पाँच, जनता में जागरूकता बढ़ी है लेकिन ख़तरनाक बात यह है कि राजनीति के प्रति नफ़रत भी बढ़ती जा रही है। अरविन्द और अन्ना की लोकप्रियता फ़िलहाल तो सुखद लग सकती है लेकिन यह दीर्घकाल में ख़तरनाक साबित होगी। लोकतन्त्र है तो लोगों से लेकिन चलता राजनीतिक पार्टियों और राजनेताओं से ही है। ऐसे में नेताओं की लोकप्रियता बढ़े और उनके प्रति लोगों में सम्मान पैदा हो यह देश के लिए बेहतर होगा। पर जब नेता अपनी इज़्ज़त बचाने के लिए अदालत का दरवाज़ा खटखटाने लगे और मीडिया पर मानहानि का मुक़दमा करने लगे तो समझ लीजिये लोकतन्त्र को निमोनिया हो गया है। उसे इलाज की ज़रूरत है। नेता की सबसे बड़ी अदालत जनता है। वहाँ अगर उसका सम्मान सुरक्षित है तो फिर मानहानि से क्या डरना? लेकिन दरबारी नेता, जनाधारविहीन नेता, भ्रष्टाचार में आकंठ डूबे नेताओं से यह उम्मीद नहीं की जा सकती। इसलिए लोकतन्त्र में रहते हुए डर लगता है। इस डर को जीतने की ज़रूरत है।

दैनिक भास्कर, 22.10.2012

भ्रष्टाचार की जड़ और शाखाएँ

कहने को कहते हैं कि आज़ादी के बाद देश में भ्रष्टाचार की बाढ़ आ गयी है। न हम आज़ादी के पहले कम भ्रष्ट थे और न ही आज़ादी के बाद ज़्यादा हो गये हैं। लोग कहते हैं कि गाँधीजी की अगुवाई में देश में आदर्शवाद था। लोग सादगी पसन्द थे। पैसे का लोभ कम था। लेकिन बहुत कम लोग जानते हैं कि 1935 इंडिया एक्ट के तहत जब 1937 में 6 राज्यों में काँग्रेस की सरकारें बनी थीं, तब काँग्रेसी मन्त्रियों के आचरण और भ्रष्टाचार से दुखी होकर गाँधीजी ने कहा था, 'भयंकर भ्रष्टाचार से समझौता करने की जगह पूरी काँग्रेस को अच्छे से दफ़न करने के लिए मैं किसी भी हद तक जाऊँगा।' गाँधीजी ने 1939 में यह बात कही थी।

जवाहरलाल नेहरू भी खिसियाकर बोले थे, 'कालाबाज़ारियों और भ्रष्टाचारियों को सबसे नज़दीक के खम्भे से लटका देना चाहिए।' नेहरूजी की पार्टी आज भी सत्ता में है और समाज के स्तर पर हमारी बेशर्मी का हाल यह है कि अब सरकार के ख़ज़ाने को 11 लाख करोड़ का चूना लगने की बात ख़ुद कैग कर रहा है। 2जी मामले में 1.76 लाख करोड़ के घोटाले का खुलासा इसी कैग ने किया था। और कॉमनवेल्थ गेम्स में 76 हज़ार करोड़ के घोटाले का मामला सामने आ चुका है। ए. राजा और सुरेश कलमाड़ी जेल भी जा चुके हैं। लेकिन इन घोटालों के खुलासे के पहले ही भ्रष्टाचार से आजिज आकर सुप्रीम कोर्ट ने 22 मई 2007 में टिप्पणी कर डाली थी कि भ्रष्टाचार से निपटने का एक ही तरीक़ा है, कुछ लोगों को पास के लैम्पपोस्ट से लटकाना पड़ेगा। अब सोचिये अगर आज नेहरूजी ज़िन्दा होते तो क्या करते?

नेहरू की कैबिनेट में भी खाऊ बैठे थे। ए.डी. गौरवाला की रिपोर्ट इस ओर साफ़ संकेत देती है। 1951 में गौरवाला ने योजना आयोग की अपनी रिपोर्ट में लिखा था, 'यह स्पष्ट था कि नेहरू की कैबिनेट में कुछ मन्त्री भ्रष्ट थे और यह बात सबको पता थी।' गौरवाला ने अपनी रिपोर्ट में लिखा, 'कुछ काफ़ी ऊँचे पदों पर बैठे नौकरशाहों ने उनसे कहा था कि सरकार ने ऐसे लोगों को बचाने के लिए सारे

घोड़े खोल दिये थे।' इस बात की तस्दीक सन्थानम कमेटी की रिपोर्ट भी करती है। 1964 में अपनी रिपोर्ट में सन्थानम ने लिखा कि पिछले 16 सालों में अत्यन्त ऊँचे पदों पर बैठे कुछ मन्त्री ग़लत तरीक़े से अमीर होते गये। गाँधीजी और नेहरूजी के ज़माने में ऐसे भ्रष्टाचारियों को सम्मान की नज़र से नहीं देखा जाता था। लोग इतने बेशर्म नहीं थे। शर्म का एक आवरण ज़िन्दा था। यही कारण था कि नेहरूजी ऐसे लोगों को लैम्पपोस्ट से लटकाने की बात किया करते थे। लेकिन उनके जाते ही काँग्रेस में और सरकार में शर्म की दीवार ढह गयी।

इन्दिरा गाँधी ने सरकार और सारी संस्थाओं को पंगु कर दिया। इन्दिरा गाँधी के कभी सलाहकार और दोस्त रहे रोमेश थापर ने प्रणय गुप्ते से एक इंटरव्यू में कहा था कि इन्दिरा गाँधी जब देश के पटल से ग़ायब हुई तब तक उन्होंने सारी संस्थाओं को तहस-नहस कर दिया था। जे.पी. का आन्दोलन महँगाई के ख़िलाफ़ कम और इन्दिरा गाँधी के भ्रष्टाचार के ख़िलाफ़ ज़्यादा था। इन्दिरा गाँधी के बाद कुछ बचा ही नहीं। गौरवाला नेहरू की कैबिनेट के कुछ मन्त्रियों से परेशान थे लेकिन राजीव गाँधी और नरसिंहा राव की सरकारों ने सारी हदें पार कर दीं। 1995 तक भ्रष्टाचार के कारोबार ने एक निहायत मज़बूत तन्त्र खड़ा कर लिया था। नरसिंहा राव के समय में चन्द्रास्वामी और अदनान खाशोगी की प्रधानमन्त्री से दोस्ती कोई शर्म की बात रह ही नहीं गयी थी। ये लोग सरकार की नीतियाँ भी तय करने लगे। पूर्व गृह सचिव एन.एन. वोहरा ने 1995 में लिखा, 'एक माफ़िया तन्त्र समानान्तर सरकार चला रहा है जिसने राजसत्ता को असरहीन कर दिया है।'

वाजपेयी के ज़माने में बीजेपी के वो नेता सत्ता में थे जिनके पीछे उस आरएसएस का हाथ था जो राजनीति में शुचिता की वकालत किया करती थी। और देश की राजनीति के चाल, चरित्र और चेहरे को बदलने का दावा करती थी। लेकिन सत्ता का चरित्र ऐसा कि जब तहलका के पत्रकारों ने रक्षा दलाली का भंडाफोड़ किया तो बजाय रक्षा के दलालों और घोटालेबाज़ों पर कार्रवाई होने के पत्रकारों को जेल भेजने की कोशिश की गयी। अनिरुद्ध बहल आज भी अदालतों के चक्कर लगा रहे हैं। तहलका को फ़ाइनेंस करनेवाली कम्पनी फ़र्स्ट ग्लोबल पर इतने छापे पड़े कि वो दीवालिया हो गयी। जब कि रक्षा सौदों में दलाली की पूरी तस्वीर देश ने देखी। पार्टी के अध्यक्ष बंगारु लक्ष्मण ने कैमरे पर पैसे लिये। बंगारु आज भी आज़ाद हैं। साथ ही आज़ाद घूम रहे हैं दिलीप सिंह जूदेव। जूदेव भी कैमरे पर पैसे लेते पकड़े गये थे। जब कहीं कोई कार्रवाई नहीं होगी, उलटे पैसे लेनेवाले जूदेव को सांसद बनने का मौक़ा दिया जायेगा तो भ्रष्टाचार के ख़िलाफ़ लड़ाई संसद के अन्दर बैठे बीजेपी और काँग्रेस के नेता लड़ेंगे, यह उम्मीद हम कैसे पाल लें?

हम पत्रकारों को यह बताने की ज़रूरत नहीं है कि हर राज्य के मुख्यमन्त्री

का एक कोटा फ़िक्स कर दिया जाता है उसे आलाकमान तक पैसे पहुँचाने ही होते हैं। तर्क होता है कि पार्टी चलाने और चुनाव लड़ने के लिए पैसों की ज़रूरत होती है। सोचिये जब पैसे उगाहने की ज़िम्मेदारी मुख्यमन्त्री और कैबिनेट मन्त्रियों के सिर पर होगी तो भ्रष्टाचार पर लगाम कौन लगायेगा? और जब अन्ना और उनकी टीम कहती है कि देश की कैबिनेट में चौदह मन्त्री दाग़ी हैं तो उन्हें पागल कहा जाता है। कौन हैं यह कहनेवाले? लालू यादव और मुलायम सिंह यादव। लालू चारा घोटाले में जेल जा चुके हैं। और मुलायम के ख़िलाफ़ आय से अधिक सम्पत्ति के मामले में तीन साल से फ़ैसला सुप्रीम कोर्ट में रिजर्व है। ऐसे में मेरा तो यह मानना है कि हमें भी इन बेशर्मों की लाइन में खड़े हो जाना चाहिए और अन्ना हज़ारे, अरविन्द केजरीवाल, विनोद राय और जनरल वी.के. सिंह को भ्रष्ट घोषित कर ख़ुद को ईमानदार होने का सर्टिफ़िकेट हासिल कर लेना चाहिए। क्योंकि भ्रष्टाचार के ख़िलाफ़ लड़ाई लड़ने का नाटक करनेवाले ये लोग असल में देशद्रोही हैं और राजा, सुरेश कलमाड़ी, मधु कोड़ा, कनिमोड़ी जैसों को भारत रत्न से सम्मानित कर अपने कर्तव्य की इतिश्री कर लेनी चाहिए।

हिन्दुस्तान, 02.04.2012

वाजपेयी का मुखौटा या संघ का खिलौना

लिब्रहान कमीशन ने अयोध्या का सच सामने लाने में 17 साल लगाये और इसको लेकर उसकी जी भर के आलोचना की जानी चाहिए। पूरी रिपोर्ट पढ़ने के बाद यह भी लगता है कि कमीशन ने काँग्रेस लीडरशिप को भी जाने-अनजाने बचाने की कोशिश की है। वो नरसिंहा राव को ज़िम्मेदारी के बोझ से मुक्त कर देती है लेकिन पूरी रिपोर्ट ने सबसे ज़्यादा चौंकाया अटल बिहारी वाजपेयी को अयोध्या मामले में घसीटकर। इस वजह से हिन्दूवादियों और कुछ भ्रमित सेक्युलरवादियों को मिर्ची लगी है। वो इसी आधार पर जस्टिस लिब्रहान की मंशा और विवेक पर प्रश्नचिह्न लगा रहे हैं।

कमीशन बड़े दिलचस्प अन्दाज़ में वाजपेयी को 'स्यूडो-माडरेट' बताती है। यानी वो शख़्स जो दिखने में तो उदारवादी है पर हक़ीक़त में उदारवाद का ढोंग कर रहा है, वो 'छद्म-उदारवादी' है। पेज 942, पैरा 166.6 में रिपोर्ट लिखती है 'आडवाणी, वाजपेयी, जोशी को संघपरिवार की साजिश पता न हो यह नहीं माना जा सकता है।' ...पैरा 166.7 'यह नेता संघपरिवार का आदेश न मानने की हिम्मत नहीं कर सकते थे, विशेषकर आरएसएस का आदेश। ऐसा करने की क़ीमत थी बीजेपी और सार्वजनिक जीवन से किनारा। आरएसएस पर इनका कोई नियन्त्रण नहीं था और जिस दिशा में अयोध्या आन्दोलन जा रहा था उसको यह कतई प्रभावित नहीं कर सकते थे। यह सिर्फ़ आरएसएस के हाथ का खिलौना थे।' पेज 943, पैरा 166.10 'इन छद्म उदारवादियों का काम था आरएसएस के फ़ैसले को जनता में स्वाकार्य बनाना।'

साफ़ है कमीशन आडवाणी और जोशी के साथ-साथ वाजपेयी को भी माफ़ नहीं करती है और उन्हें बाबरी मस्जिद ढहाने में बराबर का अपराधी मानती है। आडवाणी और जोशी को तो सभी कट्टर हिन्दूवादी मानते हैं और इन दोनों ने इसे कभी छिपाने की कोशिश भी नहीं की लेकिन वाजपेयी ने हमेशा यह जताया कि वो कभी भी अयोध्या आन्दोलन के पक्ष में नहीं थे और न ही बाबरी मस्जिद ढहाने को उन्होंने कभी सही माना। यह वाजपेयी का वो चेहरा है जिसे कुछ बीजेपी

विरोधी भी सन्देह का लाभ दे नेहरूवादी परम्परा में डालने की गुस्ताखी करते हैं। लेकिन ऐसा करनेवाले यह भूल जाते हैं कि वाजपेयी दिल और दिमाग़ दोनो से ही संघी थे और उन्होंने यह कभी भी नहीं छिपाया कि 'वो स्वयंसेवक नहीं थे'। मुझे याद पड़ता है 1999 में न्यूयॉर्क में प्रधानमन्त्री के तौर पर दिया उनका भाषण। उन्होंने कहा था 'वो पहले स्वयंसेवक है।' बाद में जब हंगामा मचा तो प्रधानमन्त्री कार्यालय ने सफ़ाई दी।

नेहरू से वाजपेयी की तुलना करनेवाले भूल जाते हैं कि नेहरू ने आज़ादी के बाद गाँधीजी की परम्परा को बढ़ाते हुए हिन्दू-मुस्लिम एकता को अपने जीवन का ध्येय बना लिया था और वो कभी भी वल्लभभाई पटेल और राजेन्द्र प्रसाद जैसों के दबाव में इस मसले पर समझौता करने को तैयार नहीं हुए। पटेल से उनके मतभेदों का एक बड़ा कारण था मुस्लिम सवाल पर उनका नज़रिया। नेहरूजी हमेशा मानते थे कि आज़ादी की सज़ा मुसलमानों को नहीं दी जा सकती और सरकार को आगे बढ़कर यह भरोसा मुसलमानों को देना चाहिए कि उनके साथ किसी भी तरह मतभेद नहीं किया जायेगा। वाजपेयी की यह राय कभी नहीं रही। अगर रही होती तो वो कभी आरएसएस के सदस्य नहीं होते। क्योंकि हेडगेवार की अगुवाई में जिन पाँच लोगों ने 1925 में आरएसएस की नींव डाली वो सभी मुस्लिम विरोधी थे और जो संगठन बना उसकी विचारधारा के मूल में था मुसलमान विरोध। न यकीन हो तो गुरुजी गोलवलकर के विचार 'बंच ऑफ़ थॉट' में पढ़ लीजिये। भ्रम टूट जायेगा। वाजपेयी या उनके समर्थक यह नहीं कह सकते कि वाजपेयी संघपरिवार की इस बात से सहमत नहीं थे। विचारधारा में विश्वास न होता तो आरएसएस में शामिल न होते और आजीवन कुँवारे न रहते और अगर कभी इस विचारधारा पर आरएसएस के नेताओं से टकराव होता तो संगठन छोड़ देते। उन्होंने ऐसा कभी नहीं किया। बल्कि प्रधानमन्त्री रहते उन्होंने 'बाबरी विध्वंस को हिन्दू भावना का प्रकटीकरण' बताया था।

फिर गुजरात दंगो पर क्या कहेंगे। तर्क हो सकता है वो मोदी को हटाना चाहते थे लेकिन पार्टी उनके ख़िलाफ़ हो गयी। सवाल कई हैं। दंगे भड़कते ही एक प्रधानमत्री के नाते उन्होंने क्या किया? दंगे होते रहे, लोग मरते रहे और वो देखते रहे। सरकार बर्ख़ास्त क्यों नहीं की? मुझे याद है जॉर्ज फ़र्नांडीज़ को रक्षा मन्त्री के नाते गुजरात भेजा गया था और जॉर्ज ने आकर रिपोर्ट भी दी थी। क्या तब उन्हें नहीं पता था कि किस तरह से राज्य सरकार का इस्तेमाल किया गया? फ़ौरन क्यों नहीं गुजरात गये? गये भी तो एक महीने के बाद और सिर्फ़ यह कहा कि 'राजा को राजधर्म का पालन करना चाहिए।' एक प्रधानमन्त्री के धर्म का क्या हुआ? और अगर दंगे पर आरएसएस और बीजेपी उनकी बात मानने को तैयार नहीं थे तो फिर

अन्तररात्मा की आवाज़ सुन पद त्याग क्यों नहीं दिया? पद छोड़ने की बात उन्होंने गुजरात पर नहीं की लेकिन जब ख़ुद उनकी अपनी राजनीति ख़तरे में पड़ने लगी तो ज़रूर उन्होंने इस्तीफ़े की बात की। याद कीजिये 2002 की वो घटना। आरएसएस का उन पर दबाव था कि वो 'राष्ट्रपति' बन जायें और आडवाणी 'प्रधानमन्त्री'। जब पानी सिर से ऊपर हो गया तो बोल पड़े 'आडवाणी जी के नेतृत्व में विजय प्रस्थान'। यानी इस्तीफ़े की धमकी और पूरा आरएसएस एक मिनट में उनके आगे नतमस्तक। समस्या ख़त्म। गुजरात दंगों पर यही तरकीब क्यों नहीं अपनायी? क्योंकि विचारधारा के स्तर पर मोदी और वाजपेयी की सोच एक थी फ़र्क़ सिर्फ़ उस सोच के लागू करने के तरीक़े पर था।

ढेरों उदाहरण हैं। उड़ीसा में ग्राहम स्टेंस को जलाकर मारने की घटना हो या फिर दांग में ईसाइयों के घर और चर्च जलाने का वाक़िया हर जगह वही रवैया। संघ के कार्यकर्ताओं को बचाने की कोशिश। ऐसे में अगर लिब्रहान कमीशन इस नतीजे पर पहुँचा–'बाबरी विध्वंस पर इन नेताओं (वाजपेयी) को सन्देह का लाभ देते हुए अपराध से मुक्त नहीं किया जा सकता' तो ग़लत नहीं किया। दरअसल इस देश के कुछ राजनीतिपसन्द बुद्धिजीवी विचारधारा और राजनीति का फ़र्क़ नहीं समझते। वाजपेयी और आरएसएस की विचारधारा एक है। जो बुद्धिजीवी उन्हें उदारवादी कहते हैं वो दरअसल यह समझते ही नहीं कि विचारधारा अपने स्वरूप में कट्टर या उदार होती है उसको लागू करने का तरीक़ा नहीं। वाजपेयी लोकतन्त्र में संघ की विचारधारा के मुखौटे थे गोविन्दाचार्य ने ग़लत नहीं कहा था।

हिन्दुस्तान, 30.11.2009

इतिहास के अकेलेपन में आडवाणी की नीच ट्रेजडी

लालकृष्ण आडवाणी का मैं हमेशा ही आलोचक रहा। उस समय भी जब दिल्ली के तमाम पत्रकार उनके साथ अपने परिचय पर इतराया करते थे और उस वक़्त भी जब यही पत्रकारी मेंढक उनके संकट में उनको पानी पी-पीकर ख़ारिज़ करते थे। इस दौरान मुझे पता चला कि कुछ पत्रकार कितने अवसरपसन्द होते हैं और दिल्ली का राजनीतिक मिजाज़ कितना निर्मम। लेकिन इस अवसरवादिता और निर्ममता के बीच आडवाणी को लेकर मेरी सोच में रत्ती भर बदलाव नहीं आया। शायद इसलिए कि यह आलोचना व्यक्तिगत न होकर वैचारिक थी। मैंने हमेशा यह माना कि आडवाणी जिस विचारधारा को भारतीय राजनीति में स्थापित करने में जुटे हैं वो देश का नुक़सान करेगी, वो एक क़ौम की विरोधी है और कट्टर राष्ट्रवाद के बावजूद देश को बाँटेगी। लेकिन आलोचना की इस दृष्टि के बावजूद मैंने उन्हें कभी नकारा नहीं।

इस नज़र से जब भी मैं उन्हें देखता हूँ तो लगता है कि आडवाणी प्रधानमन्त्री नहीं बन पाये यह मलाल उन्हें ताउम्र रहेगा पर इस वजह से इतिहास में उनको नज़रअन्दाज़ कर दिया जायेगा, यह मैं नहीं कह सकता। अटल बिहारी वाजपेयी ने अपनी सहजता में अगर आरएसएस की विचारधारा का परिचय देश की विशाल जनता से कराया तो आडवाणी ने उसे जन-जन तक ग्रहण योग्य और अंग्रेज़ीदाँ इलीट तबक़े में उसे फ़ैशनेबल बना दिया। यानी हिन्दूवाद एक गाली की परिधि से निकलकर जाना-पहचाना जुमला हो गया और राजनीतिक विश्लेषण का सशक्त माध्यम। और दिल्ली में तमाम पढ़े-लिखों को अचानक बीजेपी में एक नये सूर्य के दर्शन होने लगे। संघ की भारतीय परम्परा में इस तबक़े को अपना गौरवशाली इतिहास नज़र आने लगा। वैचारिक बैसाखी पर लटके ये वो लोग थे जो कभी वामपन्थ का सहारा लिये अन्तरराष्ट्रीय क्रान्ति किया करते थे और जो अब वामपन्थ के अस्त होते ही वेद-उपनिषदों में स्थानीयता को खोजने लगे थे। दुर्भाग्य या सौभाग्य से इस तबक़े की सत्ता के गलियारों में चलती ख़ूब है क्योंकि विचारधारा कोई भी हो, ये अंग्रेज़ी ख़ूब बोलते हैं। लिहाज़ा हिन्दूवाद जड़ता के दायरे से निकलकर गतिशील हो गया।

अगर ग़ौर से देखें तो यह सब एक ऐसे दौर में हुआ जब एक सशक्त विकल्प के लिए ज़मीन काफ़ी पुख़्ता हो रही थी। 1986 से ही 415 सांसदों के बावजूद जनता ने इस विकल्प की तलाश शुरू कर दी थी। बीजेपी कभी जनता की इस खोज का स्वाभाविक विकल्प नहीं थी। वी.पी. सिंह और तीसरे मोर्चे में उसे सहज अपनापन दिखता था। यह अनायास नहीं है कि 1977 में जनमानस के दबाव के आगे जनसंघ को अपनी पहचान जनता पार्टी में विलीन करनी पड़ी थी और 1989 में उसे वी.पी. सिंह को प्रधानमन्त्री के रूप में समर्थन देने को मजबूर होना पड़ा था। वी.पी. सिंह बिना पार्टी के नेता थे और टुकड़ों-टुकड़ों में बने जनता दल के पास बीजेपी से ज़्यादा सांसद थे और बीजेपी ज़बर्दस्त संगठन और भारी कार्यकर्ताओं के बावजूद वो उभार नहीं पैदा कर पायी कि वाजपेयी या आडवाणी प्रधानमन्त्री बन पायें। यह मत भूलियेगा कि यह वो वक़्त था जबकि बीजेपी और संघपरिवार अयोध्या की उग्र लहर पर सवार थे फिर भी 1991 में बीजेपी की नहीं काँग्रेस की अल्पमत सरकार बनी थी और मस्जिद विध्वंस के बाद भी मध्य प्रदेश, हिमाचल प्रदेश और उत्तर प्रदेश में बर्ख़ास्त बीजेपी की सरकारें सत्ता में वापस नहीं आ पायी थीं।

लेकिन तीसरे मोर्चे की बार-बार की धोखेबाज़ी से आजिज जनता ने आख़िरकार बीजेपी में विकल्प देखना शुरू किया। आडवाणी का सबसे बड़ा योगदान यह है कि जब इतिहास ने उन्हें मौक़ा दिया तो वो चूके नहीं और विकल्प की तलाश में जुटी जनता से बीजेपी के तार को बख़ूबी जोड़ने का काम किया। यह वो समय था जब काँग्रेस तार-तार हो रही थी और उसका सेक्युलर चेहरा भोथरा हो रहा था, नेतृत्वहीनता चारों तरफ़ थी, संगठन को नरसिंहा राव और सीताराम केसरी जैसे घुन कमज़ोर कर रहे थे ऐसे में आडवाणी ने छद्म धर्मनिरपेक्षता बनाम उग्र हिन्दूवाद का नारा दिया तो लोग आकर्षित हुए और नेता की तलाश में जुटी काँग्रेस के बरक्स लोगों को अटल-आडवाणी के रूप में कुशल नेतृत्व दिखा और मज़बूत संगठन ने बीजेपी को नयी ऊर्जा दी। जब देश पर आर्थिक स्तर पर दिवालिया होने का ख़तरा मँडरा रहा हो और उसे अपनी साख बचाने के लिए सोना गिरवी रखना पड़े तो आडवाणी का सांस्कृतिक राष्ट्रवाद की सशक्त पैकेजिंग और देश को अपने गौरवशाली अतीत की याद दिलाने की कोशिश ने लोगों में नयी उम्मीद जगायी।

बोफ़ोर्स घोटाले ने काँग्रेस के करिश्मे की आभा पहले ही रंगहीन कर दी थी। उस पर जनता ने जब पहली बार नरसिंहा राव के रूप में पहले काँग्रेसी प्रधानमन्त्री को भष्ट्राचार के आरोप में गिरफ़्तार होते देखा तो उसका धैर्य जवाब दे गया। और उसने बीजेपी को सबसे बड़ी पार्टी के तौर संसद में चुना। आडवाणी यहाँ भी नहीं चूके। उन्होंने बजाय अपना नाम आगे करने के, अटल को प्रधानमन्त्री के तौर पर आगे बढ़ाया और लोग जुड़ते चले गये। 1998 में पहली बार सही मायने में

ग़ैर-कॉंग्रेसी प्रधानमन्त्री बना।

लेकिन आडवाणी की सबसे बड़ी दिक़्क़त यह थी कि वो कभी भी अटल बिहारी वाजपेयी के शैडो से ख़ुद को बाहर नहीं निकाल पाये। शायद उनकी हालत उस राहुल द्रविड़ की थी जो है तो ज़ोरदार बल्लेबाज़ लेकिन सचिन की छाया में खेलना और सफल होना उनकी नियति बन गयी। वाजपेयी का कद इतना बड़ा था कि हमेशा आडवाणी को अपना कद छोटा नज़र आया। उस पर ट्रेजडी यह कि अटल को तो आडवाणी मिल गये लेकिन आडवाणी को दूसरा आडवाणी नहीं मिला।

इतिहास में जायें तो शायद ऐसा एक उदाहरण सोवियत रूस के इतिहास में लियोन ट्रॉटस्की का मिलता है। जब तक लेनिन थे ट्रॉटस्की का कोई सानी नहीं थी लेकिन लेनिन के जाते ही ट्रॉटस्की की मेधा, ऊर्जा जाती रही और वो स्टालिन नाम के एक निहायत मिडियाकर बोल्शेविक से मात खा गये। जब तक अटल सक्रिय थे आडवाणी का हर वार मास्टर स्ट्रोक था लेकिन अटल के पार्श्व में जाते ही आडवाणी जैसा स्ट्रेटजिस्ट ब्लंडर पर ब्लंडर करता गया जैसाकि ट्रॉटस्की करते गये। फ़र्क़ इतना है कि सोवियत रूस में सत्ता संघर्ष की परिणति ट्रॉटस्की के देशनिकाले से हुई जबकि आडवाणी को सिर्फ़ पद से बेदख़ल होना पड़ा। शायद यह दो देशों की संस्कृतियों का अन्तर है। लेकिन दोनों ही एक नीच ट्रेजडी के शिकार हुए, दोनों को ही इतिहास कभी नकार नहीं पायेगा लेकिन दोनों को इतिहास में वो मुक़ाम भी नहीं मिलेगा जिसकी सम्भावना उनमें थी। दोनों ही अपनी सम्भावनाओं के अकेलेपन में नितान्त अकेले होंगे, ख़ुद अपने पर खींजते हुए या फिर अपनी क़िस्मत को कोसते हुए। दोनों ही परिस्थितियों में दूर बैठा मिडियाकर स्टालिन एक नीच हँसी हँसता हुआ इतराता रहेगा।

दैनिक भास्कर, 21.12.2009

नयी राजनीति और केंचुली छोड़ता देश

राजनीति की ज़मीन पर अभी धूल बहुत है। पार का आसमान दिखायी नहीं दे रहा है। चारों तरफ़ अनिश्चितता है। सिर्फ़ कयासों के पर फड़फड़ा रहे हैं। चुनावों की रेलमपेल ख़त्म होने को है। पर काँग्रेस हो या फिर बीजेपी कोई नहीं कह सकता सरकार उसकी बनेगी। बीजेपी को लगता है कि उसकी शुरुआत ख़राब रही पर जैसे-जैसे चुनाव का सूरज चढ़ता गया उसकी स्थिति अच्छी होती गयी। काँग्रेस जिसको लग रहा था कि इस बार वो कामयाबी के रथ पर सवार है वो पाँच चरण आते-आते थोड़ी नर्वस नज़र आने लगी। थर्ड फ्रंट जो बैसाखियों के सहारे महल बनाने का ख़्वाब देख रहा था अब लड़खड़ाता दिख रहा है। टीआरएस ने पहली सेंध लगा दी है। क्या टीडीपी भी उस राह पर आगे बढ़ेगी, कहना मुश्किल है।

ऐसे में सवाल यह है कि आख़िर इस मन्थन में हो क्या रहा है? क्या अनिश्चितता के समुद्र में कुछ अमृत निकलेगा? अब तक के चुनाव में कुछ चीज़ें साफ़ हो रही हैं जिसके दूरगामी परिणाम होंगे और यह कहा जा सकता है कि भारतीय राजनीति अपनी केंचुली छोड़ रही है और उसमें गुणात्मक बदलाव के संकेत मिल रहे हैं। यह बदलाव भारतीय समाज के स्तर पर भी हैं और राजनीतिक दलों के परिदृश्य पर भी। समाज लम्बे आन्दोलन के दौर से निकलने को व्यग्र दिखता है। सबसे बड़ा बदलाव यह है कि समाज में एक नये किस्म का आत्मविश्वास आ गया है। इस आत्मविश्वास की नींव देश की आज़ादी की लड़ाई ने डाली लेकिन उसके असली संकेत आगे चलकर मंडल और कमंडल की राजनीति के दौरान दिखे जब 'काँग्रेस सिस्टम' को जनता ने पूरी तरह से झकझोर दिया। और यह संकेत साफ़ दे दिये कि बिना काँग्रेस और नेहरू-गाँधी परिवार के भी देश सरपट भाग सकता है। बिना नेहरू-गाँधी परिवार के नरसिंहा राव की सरकार का पाँच साल चलना 'अतीत के माइंडसेट' से बाहर निकलने की छटपटाहट का प्रतीक है। उनके बाद युनाइटेड फ्रंट की सरकार का आना और देवेगौड़ा और गुजराल का प्रधानमन्त्री बनना और इसके बावजूद देश की आर्थिक प्रगति में ब्रेक न लगना उस छटपटाहट का ज़िन्दा होना है।

बीजेपी के रूप में साम्प्रदायिकता का दैत्य खड़ा करने की काँग्रेस और लेफ़्ट की कोशिशों के बावजूद अटल बिहारी वाजपेयी की सरकार का छः साल तक चलना इस बात को और मज़बूत करता है कि देश अब पूरी तरह से काँग्रेस के सिस्टम से बाहर निकल चुका है और अब उसे यह कहकर डराया नहीं जा सकता है कि काँग्रेस के बिना देश चल नहीं सकता है और टूट जायेगा। ये बदलाव छोटे नहीं हैं। यानी भारतीय समाज पूरी तरह से 'मैच्योर' हो चुका है और वो अपने पैरों पर खड़े होकर अपना बुरा-भला सोच सकता है और उसके मुताबिक़ फ़ैसले भी कर सकता है।

उसके इस आत्मविश्वास का सबसे बड़ा कारण है उसकी जेब में पैसा। देश की अर्थव्यवस्था बेहतर से बेहतर होती जा रही है। 1990 में सोना बेचनेवाला देश आज वैश्विक मन्दी के दौर में भी पूरी दुनिया के लिए उम्मीद की एक किरण है और सात फ़ीसदी की दर से 'ग्रो' कर रहा है। चीन के समान भारत को 'नयी दुनिया' का 'नया सुपरपावर' माना जा रहा है। अमेरिका का भारत विरोध छोड़ अपना 'स्ट्रेटजिक पार्टनर' बनाना दुनिया के नक्शे पर उसकी अहमियत को रेखांकित करना है। चौबीस घंटों के टीवी चैनलों ने इन बदलावों को और रफ़्तार दी है। आज एक 'नया मिडिल क्लास' उठ खड़ा हुआ है जो अपने-आपको 'एसर्ट' कर रहा है। इसलिए परम्परागत तरीक़े से अगर देश की राजनीति और समाज को देखने की कोशिश करेंगे तो शायद तस्वीर साफ़ न दिखायी दे।

राहुल गाँधी कहीं न कहीं इस 'नयी राजनीति' को 'रिप्रजेंट' करते हैं और नीतीश कुमार भी, रमन सिंह भी और शिवराज सिंह भी और नरेन्द्र मोदी भी। दिल्ली में शीला दीक्षित हैं तो हरियाणा में भूपिन्दर सिंह हुड्डा। आन्ध्र प्रदेश में वाई. एस.आर. राजशेखर रेड्डी भी काफ़ी कुछ इस जमात में शामिल हैं। ये वो लोग हैं जो नयी राजनीति की न केवल बातें करते हैं बल्कि ज़मीन में प्रेक्टिस भी कर रहे हैं। आज से कुछ साल पहले कौन कह सकता था कि रमन सिंह और शिवराज सिंह चौहान दुबारा मध्य प्रदेश और छत्तीसगढ़ में अपनी सरकार बनायेंगे बिना किसी भावनात्मक मुद्दे के, बिना उग्र हिन्दुत्व का सहारा लिये। विकास की बात की, रोटी, सड़क, बिजली, पानी की बात की, आम आदमी को सुरक्षा देने की बात की। और सिर्फ़ बात ही नहीं की ऐसा करते दिखायी भी दिये।

नीतीश कुमार को अगर कुछ लोग इस बार प्रधानमन्त्री के रूप में देख रहे हैं तो इसलिए की उनमें 'लालू वादी' राजनीति दिखायी नहीं देती। आज बिहार में सड़क दिखती है और रात में आप सुरक्षित घर आ सकते हैं। मोदी को लेकर कोई कुछ भी कहे लेकिन दंगे के बाद उन्होंने विकास को तरज़ीह दी और नैनो के लिए गुजरात में जगह है जबकि पं बंगाल में नहीं है। बिना किसी सामाजिक आधार के तीन बार लगातार दिल्ली की मुख्यमन्त्री बनना कोई चमत्कार नहीं है। दिल्ली की

शक्ल पिछले दिनों बदली है। यही वजह कि बीजेपी को यहाँ से लोकसभा चुनावों में भी ज़्यादा उम्मीदें नहीं हैं।

राहुल गाँधी सत्ता पक्ष में होने के बावजूद साफ़गोई से कहते हैं कि नीतीश कुमार और चन्द्रबाबू नायडू ने विकास के काम किये हैं और इसकी तारीफ़ होनी चाहिए। जो परम्परागत भारतीय राजनीति के समझदारों को अजीब लगता है और वो यह कहते हैं कि राहुल बाबा को राजनीति नहीं आती है। भारतीय राजनीति में कितनी बार आपने सुना है जब कोई नेता यह कहे कि सीबीआई का दुरुपयोग होता है सरकार चाहे बीजेपी की हो या फिर काँग्रेस की।

ऐसा क्यों हो रहा है? क्योंकि भारतीय राजनीति की कुछ बुनियादी चीज़ें बदल रही हैं। जाति और धर्म के स्तर पर वोट पड़ते हैं और इस चुनाव में भी पड़े हैं लेकिन आम आदमी के लिए अब यही एकमात्र 'पैरामीटर' नहीं है। मंडल और कमंडल के आधार पर राजनीति के ध्रुवीकरण और इस आधार छेड़ी बुनियादी बहस की आग अब मद्धम पड़ती जा रही है।

भारतीय लोकतन्त्र ने पिछड़ों और दलितों को काफ़ी हद तक सवर्णों के समकक्ष ला खड़ा किया है। आज पिछड़े और दलित न तो अछूत हैं और न ही कोई भी दल उनकी राजनीतिक हैसियत को कम कर आँक सकता है। ऐसे में अब इस तबक़े को ऐसे नेताओं की तलाश है जो उनके घरों में रोशनी लाये, उनके घर तक सड़क पहुँचाये, बच्चों को पढ़ाने के लिए स्कूल दे और बीमार होने पर पड़ोस के सरकारी अस्पताल में बिना घूस दिये इलाज हो, साथ ही रोज़गार की भी गारंटी दे। लालू नहीं दे सकते, नीतीश दे सकते हैं, रमन सिंह दे सकते हैं जोगी नहीं। यानी कह सकते हैं कि मंडल और कमंडल की राजनीति के दिन अब लदनेवाले हैं।

इस नयी राजनीति ने काफ़ी हद तक साम्प्रदायिकता बनाम धर्मनिरपेक्षता की बहस को भी बेमानी कर दिया है। 1996 में हरकिशन सिंह सुरजीत ने 'सेक्युलरिज़्म' के नाम पर नायडू, करुणानिधि, जी.के. मूपनार, मुलायम, शरद यादव, लालू प्रसाद यादव को इकट्ठा कर युनाइटेड फ्रंट बनाया था। सुषमा स्वराज कहती रह गयीं कि एक बार राष्ट्रपति सरकार बनाने के लिए बुला लें तो समर्थन देनेवालों की लाइन लग जायेगी। 13 दिनों में एक भी नहीं आया। लेकिन महज़ डेढ़ साल में यह मिथ टूट गया और वही नायडू, करुणानिधि वाजपेयी के नवरत्नों में शामिल हो गये। मुलायम ने उत्तर प्रदेश में छुपे तौर पर बीजेपी की मदद से तीन साल राज किया। और आज के हालात ये हैं कि सिर्फ़ काँग्रेस, मुलायम, लालू और लेफ़्ट को छोड़ दें तो किसी को भी आडवाणी के साथ खड़े होने में एतराज़ नहीं है। नीतीश कुमार को भी नहीं, वो भी मोदी का हाथ पकड़े पंजाब में दिखते हैं। तो सेक्युलरिज़्म के नाम पर अब राजनीति ज़्यादा चलेगी कहना मुश्किल है। इस राजनीति में अगर

साफ़-सुथरी छवि की छौंक लग जाये तो क्या कहने। शिवराज सिंह, रमन सिंह, शीला दीक्षित की छवि लालू, मुलायम और मायावती और जयललिता की नहीं है। यह करिश्माई भी नहीं और दाग़ी भी नहीं है, फिर भी चल रहे हैं।

इस राजनीति को राहुल के आगमन ने तेज किया है। आडवाणी के बाद की पीढ़ी इस राजनीति को नया स्वरूप देगी। क्योंकि इन दोनों पार्टियों में एक पूरी पीढ़ी और परम्परा को पीछे रखकर आगे बढ़ना होगा। इसलिए इस नये युग की राजनीतिक भाषा भी अलग होगी, मुद्दे भी, और इसको चलानेवाले लोगों की सूरत भी। ऐसे में आइये इस नये बदलाव का तहेदिल से स्वागत करें। पुराने को भूलें नहीं लेकिन उसकी लकीर पकड़कर पीटना बन्द कर दें। क्योंकि देश केंचुली छोड़ रहा है तो राजनीति भी तो केंचुली छोड़ेगी ही।

नई दुनिया, 12.05.2009

बीजेपी का दुश्मन मुसलमान नहीं, हिन्दू है

बीजेपी की हालत बुरी है यह किसी से छुपा नहीं है। लेकिन आरएसएस उसके घाव में मिर्च डालकर उसका दर्द बढ़ा रहा है। संघ के बड़े नेता एम.जी. वैद्य कहते हैं कि अगर बीजेपी को यह लगता है कि हिन्दुत्व के रास्ते चलकर उसे सत्ता नहीं मिल सकती तो वो हिन्दुत्व को छोड़ दे। वो यह भी कहते हैं कि अगर बीजेपी को लगता है कि हिन्दुत्व पार्टी के आधुनिक बनने के रास्ते में एक रोड़ा है तो उसे छोड़ दें।

वैद्य की बातों में दम है और बीजेपी को फ़ौरन उनका सुझाव मान लेना चाहिए। इसलिए नहीं कि हिन्दुत्व वाकई बीजेपी के लिए एक समस्या है, बल्कि इसलिए कि जिस हिन्दुत्व की बात संघ करता है वो असली हिन्दुत्व है ही नहीं और इसी ओर अरुण जेटली इंडियन एक्सप्रेस के अपने लेख में इशारा करते हैं। जब वो कहते हैं कि बीजेपी को 'श्रिलनेस' यानी उथलेपन से नुक़सान हुआ और अब उसे 'मॉडरेशन' की दिशा पकड़नी चाहिए।

आडवाणी के राजनीतिक सलाहकार सुधीन्द्र कुलकर्णी तहलका में लिखते हैं और मुझे यह कहने में कोई हिचक नहीं है कि पहली बार बीजेपी में किसी ने मर्दानगी का काम किया है और उन वैचारिक कमियों की ओर संकेत किया है जो वाकई में बीजेपी और संघ की स्वभावगत कमज़ोरियाँ हैं। कुलकर्णी लिखते हैं कि मुस्लिम मुद्दे पर संघ की राय से भ्रम फैलता है। और इस मसले पर संघ और बीजेपी को अपनी राय साफ़ करनी चाहिए। और वो यह भी सलाह देते हैं कि संघ को बदलना चाहिए। लेकिन संघ को यह कभी मंजूर नहीं होगा।

संघ का हिन्दुत्व है क्या? और उस पर किसी को आपत्ति क्यों होनी चाहिए? दरअसल संघ की विचारधारा में वो वैज्ञानिक ऊर्जा नहीं है जो आपको साम्यवाद में दिखायी देती है और न ही उसका नैतिक आधार उतना पुष्ट है जैसा मार्क्स के चिन्तन में दिखता है। संघ के पास न तो मार्क्स की तरह 'डायलेक्टिस' जैसा कोई वैज्ञानिक औजार है जिसके आधार पर आप इतिहास से लेकर सौन्दर्यशास्त्र तक का तार्किक विश्लेषण कर सकते हैं और न ही दुनियाभर के दबे-कुचले सर्वहारा वर्ग

को पूँजीवाद और उपनिवेशवाद के चंगुल से बाहर निकालकर सत्ता देने का नैतिक बल और इतिहास के दायें बाज़ू में खड़े होने का सपना। संघ के नेताओं से बात करो तो वो सांस्कृतिक राष्ट्रवाद का जुमला दे देश की हिन्दू परम्परा और विरासत पर ज़ोरदार भाषण दे देंगे लेकिन अगर आप यह पूछो कि यह सांस्कृतिक राष्ट्रवाद क्या है तो वो अनर्गल प्रलाप पर उतर आयेंगे। उनके तर्क में वैज्ञानिकता का पूरा अभाव दिखता है और चूँकि वो अपनी सोच के आधार पर तार्किक जवाब नहीं दे पायेंगे इसलिए थोड़ी ही देर में सवाल करनेवाले को छद्म धर्मनिरपेक्षतावादी बता देंगे या फिर देशद्रोही।

हक़ीक़त में विचारधारा के नाम पर संघ का पूरा दर्शन मुस्लिम विरोध है और इस मुस्लिम विरोध को छिपाने के लिए भारी-भारी शब्दों को गढ़ा जाता है। मैं हिन्दू हूँ, मेरे पिता हिन्दू हैं, मेरे दादा परदादा सभी हिन्दू हैं ऐसे में अगर कोई हिन्दू की बात करता है तो उस पर मैं क्यों एतराज़ करूँगा या किसी को क्यों आपत्ति होगी? मैं भी चाहता हूँ कि हिन्दू धर्म का नाम पूरी दुनिया में हो लेकिन उस तरह से नहीं जिस तरह से संघ चाहता है। मेरे जैसे लोगों को हिन्दू तालिबानी नहीं चाहिए, जो मुझे बतायें कि मुसलमान कितना गन्दा है और कितने बड़े देशद्रोही हैं मुसलमान। और अगर इनको सबक़ नहीं सिखाया गया तो कुछ सालों के बाद हिन्दुस्तान पर मुसलमानों का शासन होगा। यह सोच 1925 और 1947 के साम्प्रदायिक माहौल में तो ठीक हो सकती थी अब नहीं। और अगर संघ इस बात से सहमत नहीं है कि वो मुस्लिम विरोधी है तो उसे सवाल ख़ुद से करना चाहिए कि 1925 से अब तक सिर्फ़ हिन्दुओं के हित की बात करनेवाला संगठन अब तक हिन्दूओं का लाड़ला क्यों नहीं बन पाया? वो भी उस देश में जहाँ अस्सी फ़ीसदी हिन्दू रहते हों?

मैं ऐसे ढेरों संघियों को जानता हूँ जिन्होंने समाजसेवा के नाम पर आजीवन ब्याह नहीं किया, त्याग और तपस्या का जीवन जिया, फिर भी वो आदर्श नहीं बन पाये और ऐसे लोग कश्मीर से कन्याकुमारी तक हज़ारों-लाखों हैं। संघ को यह सोचना चाहिए कि ऐसे तपस्वी लोगों की बातों पर हिन्दू यकीन क्यों नहीं करता? और अस्सी फ़ीसदी हिन्दुओं की राजनीति करनेवाली बीजेपी को चुनावों में सिर्फ़ मिलते हैं 18 फ़ीसदी वोट? कहीं कुछ तो गड़बड़ होगा कि विश्वास का इतना बड़ा संकट संघ के सामने है बीजेपी के सामने है? वो भी तब जब कि वो राममन्दिर आन्दोलन को आज़ादी के बाद का सबसे बड़ा जनउभार बताती है और उसी उभार के समय उत्तर प्रदेश, मध्य प्रदेश और हिमाचल प्रदेश में बीजेपी सरकार बर्ख़ास्तगी के बाद अस्सी फ़ीसदी हिन्दुओं के वोट के बल पर 1993 में दोबारा सत्ता में नहीं आ पाती? क्यों?

क्यों ऐसा है कि संघ की विचारधारा में शिवाजी और महाराणा प्रताप को ही

प्रमुखता है? अगर वो देश के हज़ारों सालों की सांस्कृतिक विरासत की बात करता है तो फिर समुद्रगुप्त, चन्द्रगुप्त मौर्य, सम्राट अशोक, हर्षवर्धन जैसे हिन्दू राजा उसके इतिहास का 'रिफ़रेंस-प्वाइंट' क्यों नहीं हैं? दुनिया के दूसरे देशों में जीतनेवाले बड़े विजेताओं की पूजा होती है हारनेवाले का गान नहीं होता है लेकिन संघ यह नहीं करता है। क्योंकि इन राजाओं ने मुसलमानों के ख़िलाफ़ जंग नहीं लड़ी जैसी शिवाजी और राणा प्रताप ने लड़ी। राणा प्रताप ने अकबर के ख़िलाफ़ और शिवाजी ने औरंगजेब के विरोध में। संघपरिवार को अकबर पसन्द नहीं है जबकि हिन्दू-मुस्लिम एकता और साम्प्रदायिक सौहार्द की उससे बड़ी मिसाल देश के इतिहास में नहीं है। क्योंकि वो मुसलमान शासक है। एम.जी. वैद्य को यह बात समझ में नहीं आती। न ही आरएसएस को कि आज अपनी बुनियादी दार्शनिक अवधारणाओं के नये सिरे से मूल्यांकन और विश्लेषण का वक़्त आ गया है।

उसे अपने सांस्कृतिक राष्ट्रवाद के सिद्धान्त को नये सिरे से परिभाषित करना होगा? हिन्दुत्व में से मुसलमान विरोध हटाना होगा और इतने बड़े आदर्शवादी स्वयंसेवकों की फ़ौज की अपार ऊर्जा का इस्तेमाल हिन्दू समाज में नये सामाजिक सुधार का सूत्रपात करने में लगाना होगा। उसकी ऊर्जा अगर दलित और महिला उत्पीड़न के ख़िलाफ़ जनान्दोलन में लगे तो मैं भी उसमें शामिल होउँगा। अछूत को बराबरी दिलाने के लिए और दहेज और भ्रुण हत्या के ख़िलाफ़ वो कूदे तो लोग यकीन करेंगे, हिन्दू धर्म में कर्मकांड और आडम्बर के ख़िलाफ़ लड़े तो लोग जुटेंगे, ब्राह्मणवाद और जातिवाद पर आघात करें तो लोग बीजेपी को वोट देंगे लेकिन अगर दिलचस्पी कन्धमाल से ईसाइयों को मार भगाने और गुजरात में मुसलमानों को सबक़ सिखाने तक ही सीमित होगी तो कैसे हिन्दू उनसे जुड़ेगा। आरएसएस को यह समझना होगा कि उसका असल दुश्मन मुसलमान नहीं हिन्दू है। ऐसे में बीजेपी के लिए बेहतर यही होगा कि वो वैद्य की राय मान संघ से नाता तोड़ ले, नहीं तो वो आजीवन अठारह से बीस फ़ीसदी की ही पार्टी बनी रहेगी और आडवाणी कभी भी प्रधानमन्त्री नहीं बन पायेंगे।

दैनिक भास्कर, 16.06.2009

संघ का संकट और इतिहास के सबक़

इतिहास इंसानों से बनता है लेकिन उसमें इंसानों की तरह अहं नहीं होता। यह सबक़ इतिहास ही देता है इसलिए इतिहास सत्य की खोज के साथ-साथ बदलता रहता है।

इतिहास में अजीब तरह का लचीलापन होता है जो अमूमन वैचारिक पार्टियों और ज़िदी इंसानों में नहीं दिखायी देता है। इतिहास चिरन्तन अपनी गति से चलता रहता है और समयानुसार अपने में बदलाव भी करता है बिना अहं बीच में लाये। और इतिहास को अगर ध्यान से देखें तो उसमें एक ध्रुव पर वल्लभभाई पटेल दिखते हैं तो दूसरे पर जवाहरलाल नेहरू।

...पटेल बीमार हैं और नेहरू उनको देखने गये हैं। पटेल नेहरू से कहते है कि 'तुम मुझ पर विश्वास नहीं करते।' नेहरू पलटके कहते हैं कि 'मेरा तो ख़ुद पर से ही भरोसा उठ गया है'... नेहरू और पटेल की यह बात भारतीय इतिहास का वह बिन्दु है जो इतिहास को बना भी रहा था और इतिहास को बिगाड़ भी सकता था। दोनों नेताओं के बीच भयानक मतभेद थे और दोनों एक-दूसरे के प्रतिद्वन्द्वी भी थे लेकिन अपने मतभेदों को इस हद तक नहीं ले गये कि टूट का संकट पैदा हो जाये।

बीजेपी और संघपरिवार के मौजूदा विवाद को इतिहास की नज़र से देखने और समझने के लिए इतिहास के इस टुकड़े को समझना बेहद आवश्यक है। क्योंकि ज़िन्ना विवाद हो या फिर संघपरिवार की गुटबाज़ी बेहद ख़तरनाक आयाम लेती जा रही है जो काँग्रेस के बरक्स एक वैकल्पिक सत्ता की अकाल मौत का कारण हो सकती है जो देश के लोकतन्त्र के लिए अच्छा नहीं होगा।

इस विवाद ने कई चीज़ें साफ़ कर दी हैं। एक, संघपरिवार एक लम्बे संकट से गुज़र रहा है। चूँकि बीजेपी उसका सबसे बड़ा चेहरा है इसलिए बीजेपी पर इस संकट की सबसे बड़ी छाप दिखायी दे रही है। दूसरे, संघपरिवार का यह संकट पटेल-नेहरू की तरह वैचारिक ज़्यादा है। बीजेपी में दो तरह की धाराएँ एक-दूसरे से टकरा रही हैं। एक वो धारा जो मान रही है कि बीजेपी लगातार दो चुनाव हारी क्योंकि वो

अपने मूल वैचारिक चरित्र से भटकी यानी उसने उग्र हिन्दुत्ववाद से समझौता किया। और दूसरी वो धारा है जो यह मानती है कि संघपरिवार को सर्वस्वीकार्य बनने के लिए ज़रूरी है कि वो अपने में बदलाव करे और उग्र हिन्दुत्ववाद में लचीलापन लाये और अल्पसंख्यक तबक़े को अपना बनाने की कोशिश करे।

तीसरा, यह संकट इस बात का भी प्रतीक है कि संघ में दो धाराओं के साथ-साथ दो पीढ़ियों का भी टकराव है। नयी पीढ़ी अपने हिसाब से संघ को चलाना चाहती है लेकिन पुरानी पीढ़ी नयी पीढ़ी को वो जगह नहीं दे रही है जो उसे मिलनी चाहिए। साफ़ शब्दों में कहें तो संघ प्रमुख मोहन भागवत और लालकृष्ण आडवाणी के बीच सत्ता संघर्ष है। दिलचस्प बात यह है कि आडवाणी से उम्र में कम होने के बावजूद भागवत संघ और बीजेपी को उग्र हिन्दुत्ववाद की तरफ़ ले जाना चाहते हैं और पुरानी पीढ़ी के आडवाणी बदलते समाज और लोकतन्त्र की ज़रूरत के मुताबिक़ विचारधारा के स्तर पर बदलाव की वकालत कर रहे हैं।

चौथे, संघपरिवार सामाजिक और राजनीतिक संगठन का फ़र्क़ भी नहीं समझ पा रही है, वो बीजेपी को एक सामाजिक संगठन की तरह चलाना चाहती है जो सम्भव नहीं है। सामाजिक संगठन में संगठनात्मक मज़बूती तो होती है लेकिन राजनीतिक संगठन की तरह सर्वशक्तिमान होने की सम्भावना नहीं होती है। आरएसएस एक सामाजिक संगठन है, उसकी ताक़त अपार है, उसके बिना बीजेपी काफ़ी कमज़ोर हो जायेगी लेकिन बीजेपी अगर सत्ता में आ जाये तो उसका नेता देश का प्रधानमन्त्री होगा और एक प्रधानमन्त्री कितना भी कमज़ोर होगा आरएसएस प्रमुख की ताक़त उसका मुक़ाबला नहीं कर पायेगी।

यह बात जब वाजपेयी प्रधानमन्त्री थे तो सुदर्शन को समझ नहीं आयी और उनको लगता था कि वो नागपुर से बीजेपी और वाजपेयी को हाँक सकते हैं। शुरू में जसवन्त सिंह को वित्त मन्त्री न बनने देकर लगा वो कामयाब होंगे लेकिन जब प्रधानमन्त्री ने अपनी ताक़त दिखायी तो संघपरिवार के पास वाजपेयी के सामने नतमस्तक होने के अलावा कोई चारा नहीं था।

सुदर्शन और अशोक सिंघल लाख कहते रहे कि तब प्रधानमन्त्री कार्यालय में अमेरिकी एजेंट है लेकिन चीख़ने के सिवाय कुछ कर नहीं पाये। आरएसएस को यह बात समझनी चाहिए लेकिन वो उस भारतीय परम्परा में जवाब तलाशते हैं जिसमें चक्रवर्ती सम्राट किसी सन्त मुनि के आने के बाद अपने सिंहासन से उठकर उनका स्वागत करता है।

संघपरिवार यह मानता है कि नैतिक सत्ता के आगे राजनीतिक सत्ता को झुकना चाहिए लेकिन वैदिक काल और कलयुग का अन्तर न समझने की वजह से ही भागवत अब आडवाणी को अपने सामने झुकाना चाहते हैं जो सम्भव नहीं। पाँच,

इस नासमझी की वजह से संघपरिवार ने ज़िद ठान ली है और वो पार्टी के अन्दर हार के बाद होनेवाले वैचारिक मन्थन को भी बग़ावत की नज़र से देख रहा है।

विचारधारा स्वभावतः तानाशाही होती है चाहे वो साम्यवाद हो या फिर हिन्दूवाद या फिर हिटलर का फासीवाद या अलकायदा का रैडिकल इस्लाम। संघ को यह समझना होगा कि देश बदला है और आम जनमानस में ज़बर्दस्त परिवर्तन आया है, वो विचारों की स्वतन्त्रता में अपने और अपने समाज की अस्मिता खोजती है और ऐसे में विचार पर पाबन्दी लग जाये वो कतई नहीं चाहेगी। संघपरिवार को अपने आराध्य इतिहास देव वल्लभभाई पटेल से सबक़ लेना चाहिए और शायद नेहरू से भी जिनको 'डी-कंस्ट्रक्ट' करने का कोई भी मौक़ा वो गँवाना नहीं चाहती।

सबको पता है कि नेहरू समाजवाद से प्रभावित थे तो पटेल दक्षिणपन्थ से या यों कहें हिन्दूवाद से। चाहे वो कश्मीर का मुद्दा हो या फिर चीन का या फिर अल्पसंख्यक नीति, दोनों नेता अलग-अलग ध्रुव पर खड़े थे। दोनों नेताओं के अपने-अपने समर्थक थे जो दोनों को अपने-अपने हिसाब से प्रभावित करने की उधेड़बुन में लगे रहते थे। रफ़ी अहमद किदवई ने तो एक बार पटेल और उनकी दक्षिणपन्थी नीतियों के चलते नेहरू को यह सुझाव भी दिया था कि उन्हें इन दकियानूसी लोगों का साथ छोड़ समाजवादी पार्टी बनानी चाहिए थी।

हिन्दुस्तान टाइम्स के सम्पादक 'दुर्गा दास' अपनी किताब 'इंडिया फ्रॉम क़र्ज़न टू नेहरू एंड आफ़्टर' में लिखते हैं कि रफ़ी अहमद को पूरा भरोसा था कि अगर नेहरू नयी पार्टी बनायेंगे तो वो पहले आम चुनाव में आसानी से बहुमत ले आयेंगे और समाजवादी नीतियों को लागू करने में कोई दिक़्क़त नहीं आयेगी। नेहरू ने तब जवाब दिया था कि 'अभी ज़रूरत आज़ादी को मज़बूत करने की है' और यह जानते थे कि वो और पटेल यह काम मिलकर कर सकते है अकेले नहीं।

ऐसा नहीं था कि दोनों में तकरार नहीं होती थी। कई बार दोनों नेताओं ने इस्तीफ़े तक देने की धमकी दे डाली थी। नेहरू की इच्छा के विरुद्ध पुरुषोत्तम दास टंडन जब काँग्रेस के अध्यक्ष चुने गये तो नेहरू ने पार्टी और सरकार दोनों से इस्तीफ़ा देने का मन बना लिया था लेकिन ऐसा हुआ नहीं, कुछ नेहरू के इतिहासबोध की वजह से और कुछ टंडन के बड़प्पन के कारण।

एक बार कैबिनेट की बैठक में नेहरू और पटेल के बीच कहासुनी हो गयी, नेहरू ने मेज पर मुक्का मारते हुए कहा 'पटेल तुम्हारे जो मन में आये करो'। पटेल बहुत नाराज़ हो गये, उन्होंने दुर्गा दास से कहा 'नेहरू पागल हो गये हैं और अब मैं उनको बर्दाश्त करने को तैयार नहीं हूँ'।

दुर्गा दास के मुताबिक़ पटेल ने उनसे कहा कि वो गाँधीजी के पास जा रहे हैं और उनसे कहेंगे कि वो इस्तीफ़ा दे देंगे। दुर्गा दास ने कहा कि 'गाँधीजी उनको कभी

भी छोड़ने नहीं देंगे क्योंकि गाँधीजी मानते हैं कि पटेल और नेहरू दो बैलों की जोड़ी हैं जो सरकार को खींच रहे हैं।' तब झल्लाकर पटेल बोले 'बुड्ढा सठिया गया है, वो समझते हैं कि माउंटबेटेन हमारे और नेहरू के बीच बीचबचाव कर सकते हैं।'

पटेल ने अपनी मौत से कुछ दिन पहले एक जगह कहा भी है कि 'मैं नेहरू से बेहद स्नेह करता था लेकिन नेहरू ने कभी भी मुझे इस लायक नहीं समझा।' यह झगड़ा गाँधी के समय भी था और उनके बाद भी बना रहा लेकिन अगर इस झगड़े में अहं का टकराव होता और अपने दरबारियों की बात में आकर दोनों अपने रास्ते अलग कर लेते तो शायद भारत का इतिहास कुछ और होता और या शायद हम आज लोकतन्त्र भी नहीं होते।

यह वो वक़्त था जब तमाम मतभेदों के बीच संविधान बन रहा था, दंगे हो रहे थे, विभाजन का दर्द झेलते लाखों-करोड़ों लोगों का ख़याल रखना था, पाँच सौ से ज़्यादा छोटे-छोटे राजाओं को देश में मिलाना था, साम्यवादियों का तेलंगाना आन्दोलन दबाना था, कश्मीर पर पाकिस्तान का हमला निपटना था और सबसे बड़ी बात, आज़ादी की नींव को मज़बूत करना था।

दोनों ने अपने अहं को अहमियत नहीं दी, इतिहास में अपनी भूमिका को पहचाना और अपने उसूलों से समझौता किये बिना दो बैलों की जोड़ी बने रहे। शायद आज आडवाणी और भागवत को इसी इतिहास दृष्टि से काम लेना होगा नहीं तो संघपरिवार तो रहेगा लेकिन इतिहास सम्मान की नज़र से इन्हें देखेगा इसमें सन्देह है। क्योंकि यह सही है कि इतिहास में अहं नहीं होता लेकिन वो भूलता भी नहीं है और ख़ासतौर से उनको जो इतिहास को नहीं समझते और न ही उससे सबक़ लेते हैं।

हिन्दुस्तान, 27.08.2009

सपनों की सींग पर सरपट दौड़ता राजकुमार

राहुल गाँधी अब महाराज बनने को पूरी तरह से तैयार हैं। दिल्ली में हुई प्रेस कॉन्फ्रेन्स इस बात की चुगली करती है। सोनिया ने इस चुनाव में अपने-आपको पूरी तरह से फ्रंटफुट पर नहीं रखा और पीछे रहकर ही चुनाव पर नज़र रखे हुए हैं। यूपी और बिहार में काँग्रेस का अकेले जाना और मुलायम और लालू के साथ किसी भी तरह का गठबन्धन न करना इस बात के पहले सबूत तो नहीं लेकिन इस बात की पुख्ता गवाही ज़रूर देते हैं। सवाल सिर्फ़ इतना भर है कि राहुल कब पूरी तरह से अन्तिम फ़ैसले की कमान अपने हाथ में लेते हैं।

राहुल का केन्द्र में आना काँग्रेस में नेहरू-गाँधी परिवार की पाँचवीं पीढ़ी की मौजूदगी का अहसास है। यह अलग बहस का विषय है कि एक परिवार का इस तरह किसी पार्टी और देश की राजनीति में छाये रहना कितना लोकतान्त्रिक है या फिर कितना स्वस्थ; लेकिन वो है और इस बात से इनकार करना देश की ऐतिहासिकता को नकारना होगा। नेहरू-गाँधी परिवार के पहले सितारे थे मोतीलाल नेहरू जो काँग्रेस के अध्यक्ष थे और गाँधीजी के करीबी भी। यह भी ऐतिहासिक सच्चाई है कि मोतीलाल नेहरू ने काँग्रेस की अध्यक्षता सीधे जवाहरलाल को सौंपी थी। और उसके बाद से मोतीलाल नेहरू धीरे-धीरे राजनीति के पार्श्व में चले गये और नेहरू का मतलब सिर्फ़ जवाहरलाल रह गये। नेहरू की भूमिका आज़ादी की लड़ाई में महत्वपूर्ण थी लेकिन उस वक़्त वो हमेशा गाँधीजी के साये में रहे। यह भी सही है कि गाँधीजी और नेहरू के विचारों में ज़मीन-आसमान का अन्तर था। लेकिन गाँधीजी ने जब नेहरू को अपना उत्तराधिकारी घोषित किया तो यह सवाल उठा और तब गाँधीजी ने यह कहा था कि विचार भिन्नता के बावजूद नेहरू वही करेंगे जैसा मैं सोचता हूँ।

नेहरू के आलोचक भी इस बात का मानेंगे कि नेहरू ने हिन्दुस्तान के लिए वो किया जो पाकिस्तान के शासक नहीं कर पाये और जिसका ख़ामियाज़ा पाकिस्तान आज भी झेल रहा है। नेहरू ने जिस 'आइडिया ऑफ़ इंडिया' की नींव रखी वही

आज के भारत की आधारशिला है। नेहरू के विचारों में संविधानवाद, लोकतन्त्रवाद, सेक्युलरवाद, आधुनिकतावाद और समाजवाद से ओतप्रात भारत की छवि थी। जबकि ज़िन्ना के सपनों का 'आइडिया ऑफ़ पाकिस्तान' फलने-फूलने के पहले ही ज़मींदोज कर दिया गया। पाकिस्तान में न आज संविधान की कोई इज़्ज़त है, न लोकतन्त्र की। सेक्युलरवाद की जगह इस्लामी कट्टरता ने ले ली और आधुनिकता के स्थान पर तालिबानी नज़रिया हावी हो गया। पाकिस्तान आज टूट के क़गार पर है तो भारत अपनी तमाम कमियों के बाद भी एक सफल राष्ट्र है और दुनिया की नज़र में जीता-जागता लोकतन्त्र।

नेहरू के आदर्शवाद ने कश्मीर समस्या को जन्म दिया, देश की सैनिक क्षमता पर समय रहते ध्यान नहीं देना चीन से हार का कारण बना। परमाणु क्षमता विकसित करने में उनकी ज़्यादा दिलचस्पी नहीं थी। जिसे उनकी बेटी इन्दिरा गाँधी ने अमली जामा पहनाया पोखरण में ब्लास्ट करके। बाद में उसे और पुष्ट किया अटल बिहारी वाजपेयी ने। नेहरू के बाद इन्दिरा गाँधी ने नेहरू के वंशवाद को आगे बढ़ाया। इन्दिरा एक मज़बूत निर्णायक नेता थी और निक्सन जैसा अमेरिकी राष्ट्रपति भी उनसे ख़ौफ़ खाता था। इन्दिरा नेहरू की तरह 'विज़नरी' नहीं थीं और न ही आदर्शवादी लेकिन उनके 'रियलिज़्म' ने देश को चीन के समकक्ष खड़ा करने में बड़ी भूमिका निभायी। नेहरू जहाँ कश्मीर समस्या को संयुक्त राष्ट्र ले गये, वहीं इन्दिरा बंगलादेश में घुस गयीं बिना इस बात की परवाह किये कि अमेरिका और पूरी दुनिया क्या सोचेगी। लेकिन इन्दिरा ने अपने असुरक्षा भाव की वजह से काँग्रेस को कमज़ोर किया और एक लोकतान्त्रिक संस्था उनके किचन का सामान बनकर रह गयी। साथ ही भ्रष्टाचार की अनदेखी करने की उनकी प्रवृत्ति ने समाज को अन्दर से बहुत कमज़ोर कर दिया। नौकरशाही और तमाम लोकतान्त्रिक संस्थाओं का राजनीतिकरण भी उनकी देन है, जिनकी तरफ़ अब राहुल गाँधी इशारा करते हैं। सीबीआई का दुरुपयोग केन्द्र में बैठी सभी पार्टियाँ करती हैं, राहुल का यह बयान कहीं न कहीं इन्दिरा की आलोचना ही है।

इन्दिरा की असमय मौत ने राजीव को असमय ही राजनीति के केन्द्र में ला दिया। राजीव सही विचारोंवाले एक बेहद शालीन और ईमानदार व्यक्ति थे जिसे काँग्रेस की उन्हीं प्रवृत्तियों ने अपना शिकार बना लिया जिसको इन्दिराजी ने पाल-पोसकर बड़ा किया था। लेकिन राजीव ने इस देश में टेक्नोलॉजी क्रान्ति की शुरुआत की और पंचायती राज को ज़मीन में नयी ज़िन्दगी दे देश के लोकतन्त्र को महानगरों और शहरों से निकालकर गाँव-गाँव तक पहुँचा दिया। राजीव के बारे में सबसे सटीक टिप्पणी मणिशंकर अय्यर की है। राजीव की मौत पर अय्यर ने कहा कि देश की सबसे बड़ी क्षति है कि राजीव जब शासन करने के लिए पूरी तरह से तैयार थे तब

राजनीतिक परिदृश्य से ग़ायब हो गये।

सोनिया गाँधी की मौजूदगी नेहरू-गाँधी परिवार की विरासत को बचाकर रखने और काँग्रेस को बिखरने से बचानेभर की थी, या है जब तक कि असली वारिस बालिग नहीं हो जाता। 2004 में काँग्रेस का सत्ता में आना तो बोनस था। ऐसे में अब जब युवराज सपनों के सींग पर सरपट भागने को तैयार है तो फिर सोनिया केन्द्र में क्यों रहें? वो अपना काम कर चुकी हैं, शायद इतिहास में उनकी भूमिका भी इतनी ही थी। लेकिन युवराज की महाराज तक की यात्रा में सवाल यहीं पर ख़त्म नहीं होते बल्कि यहीं से शुरू होते हैं।

राहुल भारतीय राजनेता की स्टीरियो टाइप इमेज को तोड़ते दिखते हैं लेकिन सवाल यह है कि क्या वो इस स्टीरियो टाइप नेता का डीएनए भी बदल पायेंगे? नीतीश कुमार और चन्द्रबाबू नायडू की तारीफ़ इस ओर संकेत करती है। वो अपने पिता की तरह एक रुपये में से सिर्फ़ दस पैसे आम आदमी तक पहुँचने की बात करते हैं लेकिन क्या वो सत्ता के दलालों के हाथों से निकालकर वाकई में एक रुपया हाशिये पर बैठे आदमी तक पहुँचा पाना सुनिश्चित कर पायेंगे? वो वंशवाद को 'अ-लोकतान्त्रिक' करार देते हैं पर क्या वो वंशवाद को ख़त्म कर देश की असली ऊर्जा का विस्फोट कर पायेंगे? वो कहते हैं कि 'भारतीय राजनीतिक सिस्टम बन्द है' लेकिन वो खुलेगा तब जब काँग्रेस नेहरू-गाँधी के वंशवाद से निकल पायेगी और आगे अपने अस्तित्व के लिए उसे किसी राहुल गाँधी पर निर्भर नहीं रहना पड़ेगा। यानी राहुल को ही यह तय करना होगा कि देश के 'लोकतन्त्र के खुलेपन' और 'बेहतरी' के लिए नेहरू-गाँधी परिवार की छठी पीढ़ी सत्ता में न आये? एक राजकुमार के लिए ये सवाल बड़े हसीन हैं क्योंकि ये सपनों के सवाल हैं, लेकिन एक महाराज के लिए बड़े कठिन क्योंकि उसे हक़ीक़त की तपती ज़मीन पर फ़ैसले करने होते हैं और उसके नफ़ा-नुक़सान के लिए अन्तिम ज़िम्मेदारी भी उसी की होती है जबकि एक राजकुमार अन्तिम फ़ैसले नहीं लेता, पीछे उनकी बॉस सोनिया और प्रधानमन्त्री मनमोहन जो खड़े हैं।

हिन्दुस्तान, 09.05.2009

मुस्लिम पॉलिटिक्स और मुलायम, लालू की मुसीबत

करीब छः महीने पहले की बात है। देवबन्द स्कूल और जमीत-ए-उलेमा-ए-हिन्दू के नेता और सांसद महमूद मदनी से बात हो रही थी। बातों-बातों में बात निकली तो बात मुस्लिम वोटरों तक जा पहुँची। वो बोले मुस्लिम मानस बदल रहा है। और आनेवाले चुनाव में इसकी तस्वीर भी दिखायी देगी। उनका कहना था कि एक समझ इस तबक़े में आयी है।

उनकी तरह ही कई दूसरे मित्रों की भी यही राय है मुस्लिम वोटर अब वोट बैंक बनने और ब्लैकमेल होने को तैयार नहीं है। चुनाव आते ही अब तक यह सोच लिया जाता था कि अगर उसे डरा दिया जाये और हिन्दूवादी पार्टियों का भूत खड़ा कर दिया जाये तो एकमुश्त वोट वो उसके ख़िलाफ़ खड़े सबसे तगड़े उम्मीदवार को दे देगा। लेकिन इस बार अखिल भारतीय स्तर पर ऐसा हो यह कहना थोड़ी जल्दबाज़ी होगी।

इस बदलाव के कई कारण हैं। एक, पिछले दिनों देश में हुए एक के बाद आतंकवादी हमले और इसके बाद इन हमलों के लिए मुस्लिम समुदाय को ज़िम्मेदार ठहराने की कोशिश। और यह कोशिश सिर्फ़ हिन्दुस्तान तक सीमित हो ऐसा नहीं है। दुनिया के नक्शे पर भी यही तस्वीर बनाने की कोशिश है कि जहाँ कहीं भी मुस्लिम तबक़ा है उसकी वजह से समाज में कट्टरवाद को बढ़ावा मिल रहा है। और आतंकवाद की ज़मीन पुख्ता हो रही है।

तालिबान ने इस तस्वीर को काफ़ी विभत्स किया है। और यह इमेज बनती जा रही है कि मुस्लिम समुदाय आधुनिकता का विरोधी है। और पुरी दुनिया को धर्म की आग में झोंककर उसे मध्ययुगीन सभ्यता का हिस्सा बनाना चाहता है। मुस्लिम समुदाय इस धारणा से सहमत नहीं है वो मानता है एक तबक़ा निश्चित रूप से कट्टरवादी है जो आतंकवाद के राह पर चल पड़ा है। और इसको रोकने की ज़रूरत है। वो मलेशिया, इंडोनेशिया, मिस्र और टर्की का उदाहरण देता है जहाँ भारी संख्या में मुसलमान हैं लेकिन देश में कट्टरता के लिए जगह नहीं है। न तो समाज के स्तर पर और न ही सरकार के स्तर पर।

दूसरे, वो यह भी समझ गया है देश के अन्दर कहीं न कहीं राजनीतिक साजिश कर उसे वोट का गुलाम बनाया जा रहा है। पहले बाबरी मस्जिद की आड़ में और अब गुजरात दंगों का भय दिखाकर। इस समाज में यह चेतना तेज़ी से फैल रही है कि बाबरी का मसला सुलझ सकता था और हालात इस क़दर नहीं बिगड़ते अगर उसके अपने कट्टरपन्थी नेताओं ने उन्हें बहकाने में अहम भूमिका निभायी न होती।

बाबरी ने जहाँ कठमुल्ला लीडरशिप से विश्वास डिगाया, वहीं गुजरात दंगों ने यह साबित कर दिया कि उनकी रहनुमाई का दम्भ भरनेवाली पार्टियों ने किस तरह उन्हें अकेला छोड़ दिया और जब उन पर जुल्म हुआ तो बड़ी-बड़ी बातें करनेवाले नेता और पार्टियाँ उनकी मदद को सामने नहीं आयीं। चाहे वो काँग्रेस हो या फिर दूसरे धर्मनिरपेक्ष दल। सब दूर से तमाशा देखते रहे। चाहे रामविलास पासवान हों या फिर ममता बनर्जी, या चन्द्रबाबू नायडू, या फिर करुणानिधि। यहाँ तक कि मायावती और जयललिता ने तो खुलेआम नरेन्द्र मोदी में सुर्ख़ाब के पर देखे। लालू, मुलायम भी दूर से ही आग तापते रहे।

तीसरे, इस सन्दर्भ में मुस्लिम तबक़े ने यह भी देखा कैसे दूसरे समुदाय के लोग शिक्षा और साइंस पर सवार होकर तरक़्क़ी की सीढ़ियाँ चढ़ते जा रहे हैं। वहीं वो अभी भी उर्दू, मदरसे और शरीयत में फँसा हुआ है। कभी अलीगढ़ का मसला सामने कर दिया जाता है तो कभी उर्दू टीचरों की नियुक्ति कर दी जाती है लेकिन उनकी आबादी के अनुपात में न नौकरियों में उनको जगह मिलती है और न ही पढ़ाई का स्टैंडर्ड बढ़ता है। ऐसे में सबसे आधुनिक धर्म पिछड़ता जा रहा है और यही गति बनी रही तो स्थिति बद से बदतर हो जायेगी। सच्चर कमेटी की रिपोर्ट ने उसकी आँख पर टँगा भ्रम का पर्दा गिरा दिया कि पं. बंगाल में उनकी स्थिति बेहतर है। उसे समझ में आया कि तमाम दावों और सेक्युलर पॉलिटिक्स के बावजूद उसकी हालत पं. बंगाल में सबसे ख़राब है, ऐसे में वो क्या सेक्युलरिज़्म को लेकर चाटेगा।

इस सन्दर्भ में बदलाव का असर भी दिख रहा है। दो स्तर पर पहल नज़र आयी है। पहली बार उसने खुलकर आतंकवाद का विरोध किया। दिल्ली के रामलीला मैदान और हैदराबाद में उलेमा रैली में आतंकवाद के ख़िलाफ़ फ़तवा जारी किया गया और प्रस्ताव पास हुआ। दूसरे यूपी हो या फिर असम इस बार ज़ोर दिया गया कि मुस्लिमों को ख़ुद सामने आना होगा और अपनी लिबरल सियासत ख़ुद करनी होगी। यह शुरुआत अभी बहुत छोटे स्तर पर है। यूपी में उलेमा एक्सप्रेस की दिल्ली तक दौड़ मुलायम सिंह यादव जैसे नेताओं के लिए ख़तरे की घंटी है। तो असम में बाकायदा एयूडीएफ़ नाम से एक पार्टी का गठन भी हो चुका है और इस वजह से तरुण गोगोई को पसीना आ रहा है। फिर उसने लोकसभा और विधानसभा के चुनावों में फ़र्क़ करना भी शुरू कर दिया है।

इस सोच की वजह से उत्तर प्रदेश और बिहार में काँग्रेस को उम्मीद की नयी किरण दिख रही है। यहाँ काँग्रेस ने मुलायम और लालू के बिना चुनाव लड़ने का फ़ैसला किया है। और ज़मीनी ख़बरों के मुताबिक़ यहाँ काँग्रेस के प्रति मुस्लिम तबक़े में झुकाव साफ़ देखा जा रहा है। मुसलमानों को लगने लगा है कि अगर हिन्दू साम्प्रदायिकता का सामना राष्ट्रीय स्तर पर करना है तो फिर उस पार्टी की वोट दिया जाये जो देश के स्तर पर उनका मुक़ाबला कर सकती है। लालू और मुलायम इसी कारण से खिसियाये हुए हैं। और काँग्रेस को लग रहा है उसका वोट प्रतिशत बढ़ेगा, भले ही सीट बढ़े या न बढ़े। नीतीश की तरफ़ भी इस तबक़े की सहानुभूति इस बदलाव की एक प्रतिछाया है। लम्बे समय तक लालू के साथ खड़ा मुसलमान यह कह रहा है कि लालू ने उसके लिए किया क्या? शासन हमारे दम और मलाई यादवों को ही क्यों? जबकि नीतीश ने मुख्यमन्त्री बनते ही भागलपुर दंगों की जाँच तेज़ करवायी और दोषियों को सज़ा दिलवायी, उनके लिए वज़ीफ़े का प्रावधान किया, पेंशन दी और पिछड़े मुसलमानों में नयी लीडरशिप को नये मौक़े दिये।

लेकिन यह महज़ आगाज है, अंजाम नहीं। अभी बहुत कुछ होना बाक़ी है। उसे संसद के अन्दर अपनी पहुँच बढ़ानी है, कट्टरपन्थ के ख़िलाफ़ आवाज़ को और बुलन्द करना है, और सबसे बड़ी बात ख़ुद तबक़े के बौधिक वर्ग को लीडरशिप अपने हाथ में लेनी होगी। और बाटला हाउस जैसे मसलों पर नहीं बुनियादी मुद्दों पर आन्दोलन खड़े करने होंगे। उर्दू प्रेस की दकियानूसी बकवास से निजात पाना होगा, मदरसे को किनारे छोड़ नयी शिक्षा में बढ़-चढ़कर हिस्सा लेना होगा। तभी तो मदनी जैसे लोग कहते हैं—अभी मंज़िल बहुत दूर, कारवाँ तो अभी चला ही है। इस तिनके को अभी तूफ़ान बनना बाक़ी है।

हिन्दुस्तान, 02.05.2009

शिवराज या फिर मोदी?

गाली-गलौच के बीच आम धारणा यही बनती है कि यह राजनीति अपने लायक नहीं है। यहाँ सभ्य पढ़े-लिखे लोगों के लिए जगह नहीं है। राजनीति करने के लिए किसी जाति-विशेष या फिर किसी धर्म-विशेष का होना ज़रूरी है। या फिर अपराध की दुनिया में पीएचडी तो हो ही। और अगर कुछ भी न किया हो तो इतना पैसा बैंक में हो कि वो आसानी से किसी भी पार्टी का टिकट ख़रीद सके। अगर दंगा कराना आता है तो किसी भी राज्य के मुख्यमन्त्री बनने का ख़्वाब भी देख सकते हैं और शायद कुछ धन कुबेर आपको प्रधानमन्त्री पद के दावेदार के तौर पर भी पेश कर सकते हैं।

लेकिन यकीन जानिये देश के लोकतन्त्र की यह तस्वीर बदल रही है। हाल के दिनों में कुछ बुनियादी बदलाव की आहट आने लगी है। बहुत दूर नहीं बिहार ही चले जाइये। नीतीश बमबम हैं जबकि लालू खिसियाये हुए। बिहार के बारे में मशहूर था कि जातिबल, धर्मबल और बाहुबल की चाशनी तैयार और चुनाव आपकी जेब में। कर्पूरी ठाकुर और जे.पी. के चेले लालू ने 15 सालों तक यही किया। यादव, मुस्लिम और साधू यादव-पप्पू यादव के गठबन्धन ने उनकी कुर्सी सलामत रखी। लालू के करीबी कहते थे कि लालू को यह लगता है जैसे ही विकास करेंगे वो हार जायेंगे। सड़कें ग़ायब, बिजली ग़ायब, उद्योग ग़ायब, बच्चे ग़ायब। न जाने कितना चारा डकार गये लेकिन सत्ता नहीं गयी।

यह सही है कि नीतीश ने मुख्यमन्त्री बनते ही पिछड़ों में अति पिछड़ा, दलितों में महादलित और मुसलमानों में पसमान्दा मुसलमानों को लुभाने के लिए चुनावी रणनीति बनायी। लेकिन इस बीच उन्होंने विकास की बात भी की। बिहार में सड़कें दिखने लगीं, बिजली आने लगी, बच्चे सुरक्षित घर पहुँचने लगे, कारों को शोरूम में रखने पर डीलर अब नहीं घबराते और डॉक्टरों और इंजीनियरों को रंगदारों का ख़ौफ़ नहीं सताता। एक अध्ययन के मुताबिक़ बिहार में विकास की गति कई राज्यों से बेहतर है। पिछले दिनों जब मैं पटना गया तो कई ऐसे लोग मिले जिनका कहना

था कि बिहार में लम्बे समय के बाद उम्मीद की किरण नज़र आयी है और पंजाब और मुम्बई जानेवाली लेबर को बिहार में ही रोज़ी-रोटी मिल रही है। कुछ ऐसी भी ख़बरें आयीं कि उत्तर भारत जानेवाली लेबर अब वापस बिहार आने लगी है। लोग पूछ रहे हैं कि पिछड़ी जातियों की बात तो ठीक है लेकिन अगर लालू के आने से जंगल राज की याद फिर ताज़ा हो जाये तो नीतीश बेहतर हैं। और नीतीश के कॉन्फ़िडेंस का राज भी यही है।

यही ख़बर देश के दूसरे हिस्से से भी है। हाल का ताज़ा उदाहरण मध्य प्रदेश, छत्तीसगढ़ और दिल्ली हैं। शिवराज सिंह और रमन सिंह को बीजेपी में सबसे लाइटवेट माना जाता था। शिवराज मध्य प्रदेश में उमा भारती और बाबूलाल गौर के बाद तीसरी पसन्द थे, और रमण सिंह जब मुख्यमन्त्री बने तो 5 साल तक उन्हें ही यकीन नहीं था कि वाकई मुख्यमन्त्री हैं। लेकिन आज ये दोनों ही बीजेपी के सबसे बड़े खेवनहार हैं। बीजेपी के नये चेहरे। शिवराज सिंह ने विधानसभा के चुनावों में भी नरेन्द्र मोदी को अपने यहाँ आने पर ज़्यादा ज़ोर नहीं दिया। और कमोबेश यही हाल छत्तीसगढ़ का था। इस बार भी जब बीजेपी वरुण गाँधी को पोस्टर ब्वाय बनाने में जुटी तो शिवराज ने फिर कहा—उन्हें वरुण की ज़रूरत नहीं। शिवराज ने प्रज्ञा मसले पर कहा था कि यह हमारे यहाँ कोई मुद्दा नहीं है। जबकि प्रज्ञा की कर्मभूमि मध्य प्रदेश ही थी।

दिल्ली में भी काँग्रेसी खेमे में कम घाघ नहीं बैठे थे, जब सोनिया की दया से शीला दीक्षित को कुर्सी मिली थी लेकिन तीन चुनाव लगातार जीतकर रिकॉर्ड बनानेवाली शीला दीक्षित ने पिछले दस सालों में दिल्ली की काया पलट दी और उनके विरोधी चित पड़े हैं। शीला को वोट विकास पर मिला और बीजेपी कुछ नहीं कर पायी, न नेता दे पायी और न ही उनके ख़िलाफ़ कोई मुद्दा खड़ा कर पायी। शिवराज ने जब मध्य प्रदेश की कमान सँभाली थी तो बीजेपी बेहोश पड़ी थी लेकिन महज़ दो सालों में बीजेपी की हालत वो हो गयी कि 2004 में 29 में से 25 सीट जीतनेवाली बीजेपी से उम्मीद यह है कि वो सभी 25 सीटें बचा ले जायेगी। जो एक बहुत बड़ी उपलब्धि है। छत्तीसगढ़ में भी अजीत जोगी की तमाम तिकड़म के बाद भी काँग्रेस ज़मीन पर ही पड़ी है।

ऐसे में यह कहा जा सकता है कि देश की राजनीति की दिशा बदल रही है, वोटर समझदार हो रहा है, एक नयी सिविल सोसायटी खड़ी हो रही है जो नेताओं की जवाबदारी को तय करने के लिए तैयार है और उसे लगता है कि जाति, धर्म और पैसे के बल पर वोट झटकनेवाले नेताओं की वजह से कब तक मूर्ख बनेंगे। बुनियादी सवाल धीरे-धीरे चुनाव में अहम हो रहे हैं इसलिए अब चुनाव आते ही 'एंटी-इनकमबेंसी' की बात चुनाव विश्लेषक कम कर रहे हैं। इस बदलाव के लिए

औद्योगिकरण की बयार, टीवी मीडिया के प्रसार, साक्षरता के आँकड़ों में गुणात्मक परिवर्तन, जातियों के सेक्युलराइज़ेशन और धर्म आधारित संघर्ष का भूत खड़ा करनेवाले नेताओं की खुलती पोल, ने अहम भूमिका निभायी है।

ऐसे में सवाल यह उठता है कि इस नयी राजनीति के 'आईकॉन' कौन होंगे? लालू यादव, नरेन्द्र मोदी जैसे लोग या फिर शिवराज सिंह चौहान, नीतीश कुमार, शीला दीक्षित? यह बात बीजेपी के लिए ज़्यादा सोचने की है क्योंकि उसकी छवि धर्म आधारित राजनीति कर समाज को तोड़ने की है। पार्टी को अगर लम्बी राजनीति करनी है, देश में अपने बल पर सरकार बनानी है, समाज के सभी वर्गों के बीच सर्वस्वीकार्य बनना है तो मोदी बीजेपी के नेता होंगे या फिर शिवराज? अगर चुनाव जीतना ही पैमाना है तो फिर विकास, समरसता, साम्प्रदायिक सौहार्द के रूप में शिवराज बेहतर हैं या फिर विकास, विभाजन और साम्प्रदायिकता के पैकेज के साथ मोदी? चुनाव तो शिवराज भी जिता रहे हैं और मोदी भी। फ़ैसला बीजेपी को करना है और दूसरी पार्टियों को भी। और जल्दी, नहीं तो बस निकल जायेगी।

हिन्दुस्तान, 25.04.2009

पिक्चर अभी बाक़ी है मेरे दोस्त...

तीसरे मोर्चे के योद्दा इस बार काफ़ी उत्साह में नज़र आ रहे हैं। उन्हें उम्मीद है कि बिल्ली के भाग से छींका इस बार फूट सकता है। लेकिन इनके निशाने पर न सेक्युलरवाद है और न ही साम्प्रदायिकता, न आर्थिक सुधार और न बेरोज़गारी, अमेरिका से रिश्ते पर भी चर्चा नहीं हो रही और न ही पाकिस्तान से सम्बन्ध पर चर्चा। मोर्चे का प्रधानमन्त्री कौन होगा यह भी तय नहीं। ऐसे में सवाल यह उठता है कि मोर्चे को जोड़नेवाली गोंद क्या है?

दरअसल तीसरा मोर्चा मौक़ापरस्त नेताओं की एक जमात है, जो जोड़-तोड़ करके केन्द्र की सत्ता पर क़ाबिज़ होना चाहते हैं। एक ज़माना था जब तीसरा मोर्चा ग़ैर-काँग्रेसवाद के वैचारिक आवरण के तले अपनी ज़मीन तलाशता था। लोहिया ने इस ग़ैर-काँग्रेसवाद की नींव डाली थी, जिसका मूल उद्देश्य था केद्र की राजनीति में काँग्रेस के एकछत्र राज को ख़त्म करना। तब यह एहसास तमाम पार्टियों को था कि काँग्रेस का तन्त्र इतना बड़ा और मज़बूत है कि बिना एक साथ आये इसको हटाना तो दूर इसका हिलाना भी मुश्किल है। इस राजनीतिक रणनीति के तहत विचारधारा गौण हो गयी थी। कई बार जनसंघ के घोर विरोध के बावजूद समाजवादी और संघी एक साथ एक मंच पर नज़र आते थे। चाहे 1967 हो या फिर 1977।

1977 में ग़ैर-काँग्रेसवाद और इन्दिरा हटाओ का नारा इतना बुलन्द था कि तीसरे मोर्चे की सभी तथाकथित पार्टियों और जनसंघ ने अपने वजूद को ख़त्म कर जनता पार्टी नामक एक नये दल का गठन तक कर डाला। जिसमें एक तरफ़ अमेरिकापरस्त मोरारजी देसाई थे, दूसरी तरफ़ अमेरिका को जी भर गाली देनेवाले समाजवादी जॉर्ज फ़र्नांडिज़, मधु लिमये और चन्द्रशेखर जैसे प्रखर नेता और साथ में खड़े रहते थे हिन्दूवादी अटल बिहारी वाजपेयी, लालकृष्ण आडवाणी और नानाजी देशमुख।

बोफ़ोर्स ने एक बार फिर 1987-88 में इन पार्टियों को एक मंच पर आने का मौक़ा दे दिया। इस बार काँग्रेस-विरोध की आग इतनी प्रबल थी कि वी.पी. सिंह की अगुवाईवाली सरकार को एक तरफ़ बीजेपी समर्थन दे रही थी तो दूसरी तरफ़

सीपीएम। बीजेपी को जंगली कहनेवाले ज्योति बसु को इस दौरान कभी भी वी.पी. सिंह के साथ लंच और डिनर करते समय आडवाणी की मौजूदगी पर एतराज़ नहीं हुआ। लेकिन बाबरी मस्जिद और मंडल की वजह से काँग्रेस जब कमज़ोर हुई और बीजेपी की ताक़त केन्द्र में बढ़ी तो 1996 आते-आते लगा कि ग़ैर-काँग्रेसवाद किनारे लग गया। ऐसे में बीजेपी को केन्द्र से दूर रखने के लिए तीसरे मोर्चे ने देवेगौड़ा की अगुवाई में काँग्रेस का समर्थन ले सरकार बनायी, लगा अब ग़ैर-बीजेपीवाद की शुरुआत हो गयी है। लेकिन 1998 आते-आते यह साफ़ हो गया कि एक पुष्ट वैचारिक आधार न होने के कारण तीसरे मोर्चे के बिखरने में वक़्त नहीं लगता।

यह महज़ इत्तेफ़ाक़ नहीं है कि आरएसएस के साथ रिश्ते रखने के मुद्दे पर जनता पार्टी की सरकार को तोड़नेवाले जॉर्ज और रामकृष्ण हेगड़े सरीखे लोग बीजेपी के साथ खड़े हो गये। पानी पी-पीकर संघ को गाली देनेवाले शरद यादव, रामविलास पासवान वाजपेयी सरकार के नवरत्नों में शामिल हो गये। यहाँ तक कि गुजरात में चर्चों पर हमले, उड़ीसा में ईसाई पादरी की जलाकर हत्या और गुजरात दंगों ने भी इन नेताओं की आत्मा को झकझोरा नहीं। केन्द्र में सरकार बदली तो पासवान को भी लगा और ममता बनर्जी को भी, चन्द्रबाबू नायडू को भी लगा कि बीजेपी के साथ रहने की वजह से मुसलमान वोटर भड़का और उनकी हार का सबब बना।

आज भी सवाल यही कि सिवाय लेफ़्ट, लालू और मुलायम को छोड़कर इस बात की गारंटी किसी की नहीं है कि चुनाव के बाद वो कहाँ रहेंगे। अगर यूपीए की सरकार बनती दिखी तो उनके साथ और अगर एनडीए ताक़तवर हुआ तो उसके साथ। करुणानिधि आख़िरी समय तक तीसरे मोर्चे की सरकार में भी थे और एनडीए की में भी और बाद में यूपीए में दिखायी दिये। ऐसे में चुनाव बाद वो कहाँ होंगे कहना मुश्किल है। इसी तरह से नवीन पटनायक ने भले ही बीजेपी से हाथ छुड़ा लिया हो लेकिन ज़रूरत पड़ी और सरकार बचाने की नौबत आयी तो बीजेपी, काँग्रेस किसी से भी जुड़ जायेंगे।

लेफ़्ट ने भले ही मनमोहन सरकार को गिराने की भरपूर कोशिश की लेकिन बीजेपी को दूर रखने के लिए काँग्रेस का साथ फिर नहीं देंगे इसकी कोई गारंटी नहीं है। शरद पवार हैं तो काँग्रेस के साथ लेकिन पींगें वो तीसरे मोर्चे के साथ भी बढ़ा रहे हैं। नायडू का भी कोई भरोसा नहीं। जयललिता कहीं भी जा सकती हैं राष्ट्रहित के नाम पर और मायावती काँग्रेस और बीजेपी दोनों के साथ रह चुकी हैं और दलित के नाम पर किसी का दामन थामने में उन्हें एतराज़ नहीं होगा। हैरान मत होइयेगा अगर नीतीश कुमार बीजेपी को मझधार में छोड़कर कहीं और गलबहियाँ करते दिखायी पड़ जायें क्योंकि बिहार में अगर लालू को मात देनी है तो लालू के वोट बैंक पर क़ब्ज़ा करना होगा और इसके लिए सेक्युलर पॉलिटिक्स

ही करनी होगी।

ममता भी बीजेपी और काँग्रेस दोनों के साथ समान भाव से कम्फ़र्टेबल रहती हैं। ऐसे में चुनाव के बाद असली चुनाव की सम्भावना से इंकार मत करियेगा और इस वक़्त के तमाम गठबन्धन को स्थाई समझने की भूल भी मत करियेगा। कुर्सी का असली खेल तो गिनती के बाद शुरू होगा।

हिन्दुस्तान, 18.04.2009

'पॉलिटिकल' मुलायम का अमर प्रेम

बात पुरानी है। एस.पी. सिंह तब मेरे एडिटर थे। एक दिन मुलायम सिंह के किसी मामले पर समाजवादी पार्टी का रिएक्शन चाहिए था। मैं उत्साही रिपोर्टर भागकर अमर सिंह की बाइट ले आया। एस.पी. के पास गया। वो मुझ पर भड़क गये। कहा, किसकी बाइट ले आये, जाओ, राम गोपाल यादव के पास। उनसे बात करो। कम से कम वो पॉलिटिकल तो हैं। मरता क्या न करता। भागा-भागा राम गोपाल के पास गया। उनसे बाइट ले आया।

यह अमर सिंह के कैरियर की शुरुआत थी। तब बेनी प्रसाद का जलवा हुआ करता था, जनेश्वर मिश्रा संसद में बोलने उठते थे लेकिन उनको सुनते थे। राम गोपाल यादव पार्टी की राजनीति में निर्णायक माने जाते थे। और मुलायम समेत इन सबको समाजवादी माना जाता था। लेकिन अमर धीरे-धीरे समाजवादी पार्टी की मुख्यधारा बन गये और बेनी प्रसाद हाशिये से होते-होते बाहर, जनेश्वर पार्टी में सजावट की चीज़ बन गये और राम गोपाल यादव शाश्वत कैकेयी। भाई मुलायम का प्रोफ़ाइल अचानक काफ़ी बढ़ गया, धुर गँवई आदमी अमिताभ और अनिल अम्बानी के संग सजने लगे। भाई पर अमर प्रेम का ऐसा नशा चढ़ा कि अमर सिंह समाजवाद की पहचान बन गये और लोग कनफ़्यूज़्ड कि यह अमर सिंह का प्रमोशन था या फिर मुलामय का डिमोशन।

बहुत कम लोगों को शायद याद होगा कि सन् 1996 में देवगौड़ा के बाद मुलायम सिंह प्रधानमन्त्री बनते-बनते रह गये थे। बस उनके नाम की घोषणा होनी बाक़ी थी। मुलायम की गिनती सेक्युलरवाद के सबसे बड़े नेताओं में होती थी। यूपी में मुसलमान और पिछड़ी जाति उन पर जान छिड़कती थी। लेकिन यह अमर की संगत का असर था कि धीरे-धीरे यह अफ़वाह भी फैलने लगी की मुलायम सिंह तीसरी बार मुख्यमन्त्री बीजेपी के समर्थन से बने। और अख़बारों ने तब अरुण जेटली के घर पर अमर सिंह के साथ मीटिंग का ब्यौरा भी छापा था। शायद समाजवाद बदल रहा था और मुलायम का सेक्युलरवाद भी। तभी तो 2004 के चुनाव के ठीक पहले

अटल बिहारी वाजपेयी ने लखनऊ में एक सभा के दौरान कहा कि उनकी और समाजवादी पार्टी की विचारधारा एक ही है।

मुलायम लाख सफ़ाई दें लेकिन मायावती की आग से जली बीजेपी ने तब मुलायम की भरपूर मदद की थी। दल-बदल क़ानून की ऐसी व्याख्या केसरीनाथ त्रिपाठी ने की कि मुलायम की सरकार को आँच तक नहीं आयी। जब उन्हें पार्टी मज़बूत करनी चाहिए तब वो जया बच्चन, जया प्रदा और अनिल अम्बानी को सांसद बना रहे थे। नतीजा पार्टी के पुराने और जुझारू नेता पार्टी से कटते गये और पार्टी वहाँ पहुँच गयी जहाँ से उसे उठाने के लिए सर्जरी की ज़रूरत थी लेकिन अभी भी वो मस्त थे। और 2009 चुनाव में वो कल्याण सिंह के साथ खड़े हो गये। अमर सिंह ने तब मुझे बताया था कि 'मुसलमान तो हमारे साथ हैं ही, यादव जायेगा कहाँ, अगर लोध साथ आ गये तो ग़ाज़ियाबाद से लेकर इटावा तक बैकवर्ड कास्ट की वो हवा बनेगी कि मुलायम को चालीस सीट मिलना तय हो जायेगा।'

मुलायम ने भी तब मुझसे एक इंटरव्यू में कहा कि 'कल्याण सिंह ने बाबरी मस्जिद नहीं गिरायी, वो तो आरएसएस ने गिरायी।' मैं सहसा विश्वास हीं नहीं कर पाया। मुझे हेडलाइन मिल गयी थी और मुलायम को विश्वास कि वो अगली केन्द्र की सरकार के किंग मेकर होंगे और उसी विश्वास में वो मुझसे कह गये थी 'अगली सरकार में वो शामिल होंगे।' नतीजा सामने आया तो मुलायम न यूपी में किसी काम के और न केन्द्र में, ऊपर से काँग्रेस खड़ी हो गयी। मुलायम को अब समझ में आया कि ग़लती हो गयी लेकिन फ़िरोज़ाबाद की हार ने उन्हें हिलाकर रख दिया। और पार्टी के अन्दर अमर का नशा उतरने लगा।

यह सही है कि राम गोपाल यादव, बेनी प्रसाद वर्मा, जनेश्वर मिश्र, आज़म खाँ जैसे लोगों के पास पैसे और नेटवर्किंग की ताक़त नहीं थी लेकिन ये वो लोग थे जो ज़मीन से जुड़े थे और मुलायम की ज़मीन को समझते थे। अमर सिंह, देवी लाल के शब्दो में 'पैरा ट्रूपर्स' थे, ऊपर से राजनीति में कूदे थे, वो कुछ भी थे एस.पी. के शब्दों में पॉलिटिकल नहीं थे, मुलायम को उनका इस्तेमाल करना चाहिए था, उनकी सलाह पर अमल नहीं, उन्हें पार्टी नहीं सौंपनी थी। मुलायम ने इन्दिरा गाँधी से सबक़ नहीं सीखा। इन्दिरा गाँधी के लिए यशपाल कपूर और आर.के. धवन जैसे लोग ज़रूरी थे राजनीति के कई ऐसे कामों के लिए जो एक राजनीतिक व्यक्ति नहीं करता। नरसिंहा राव ने भी यही ग़लती की। चन्द्रास्वामी और मतंग सिंह नरसिंहा राव की वैसे ही पहचान बन गये जैसे अमर मुलायम की। मुलायम ने लालू से भी नहीं सीखा। लालू के पास भी प्रेम गुप्ता हैं लेकिन लालू ने उन्हें आरजेडी नहीं सौंपी और न ही यह छवि बनने दी कि वो प्रेम गुप्ता की सलाह पर चलते हैं।

हिन्दुस्तान अभी भी गाँव और देहात में बसता है। और उसको वही आदमी

समझ सकता है जो वहाँ का हो, उनके साथ उठता-बैठता हो, उनकी बोली बोलता हो। मुझे यह एहसास तब हुआ था जब नालगोंडा की चन्द्रबाबू नायडू की एक रैली में मैंने एक महिला से पूछा कि वो सोनिया गाँधी को कैसे वोट दे सकती हैं वो तो विदेशी है। महिला ने कहा कि शादी के बाद औरत का असली घर तो ससुराल होता है, मायका तो पराया हो जाता है तो वो विदेशी कैसे हुई। 1998 की यह बात मुझे हमेशा याद रही और एस.पी. की वो डाँट भी कि अमर की बाइट कैसे मैं ला सकता हूँ वो तो पॉलिटिकल हैं ही नहीं। मुलायमजी बस आपसे इतनी सी खता हो गयी।

दैनिक भास्कर, 17.10.2010

भाई तू तो यह गल मत कर

'ओए मनिन्दर, तू तो ऐसी गल मत कर, शर्म कर।' प्यार भरी यह झिड़की ज़हीर अब्बास की थी। और वो कह रहे थे भारत के पूर्व टेस्ट क्रिकेटर मनिन्दर सिंह को। ज़हीर अब्बास को पहचान की ज़रूरत नहीं। उन्हें एशिया का ब्रेडमैन कहा जाता था। इंसान इतने नफ़ीस की दुश्मन भी तारीफ़ करे। इसलिए टीवी पर एक बहस के दौरान जब उन्होंने मनिन्दर को प्यार भरी झिड़की दी तो दिल न जाने क्यों मुँह को हो आया। वाक़िया था आईपीएल में पाकिस्तानी खिलाड़ियों की नीलामी में बोली नहीं लगने का। मनिन्दर ने बस इतनी सी बात कही थी, पाकिस्तान अगर भारत पर 26/11 जैसे हमले करेगा तो पाकिस्तान से क्रिकेट कैसे हो सकती है।

मन तो मेरा भी यही कह रहा था कि जो पाकिस्तान भारत को खंड-खंड करने की साजिश रचे उससे हम क्रिकेट क्यों खेलें? लेकिन ज़हीर की बातों ने इतिहास की इस त्रासदी की कुछ दूसरी पर्तों को खोलकर रख दिया। ज़हीर की बातों में शिकायत थी, अधिकार था, अपनापन था और साथ ही एक बेबसी भी। वो बेबसी जो सियासत की बन्धक बनी हुई है। इस बेबसी की तड़प को न सीमा के इधर के सियासतदाँ समझते हैं न उधर के। दोनों तरफ़ से चलती हैं गोलियाँ और तोपें और बीच में किसी 'नो-मैन्स-लैंड' पर यह बेबसी अपनी बेचारगी पर रोती है। इस बेबसी में इतिहास भी साझीदार है और गुनाहगार भी और वो मासूम भी है और सौदाग़र भी, कुटिल भी और खिलन्दड़ा भी।

इतिहास की यह तस्वीर अगर देखें तो यह भी दिखायी देता है कि लाहौर और कराची की सड़कों पर वहाँ के किसी ढाबे पर, किसी दुकान पर अगर किसी पाकिस्तानी को यह पता चल जाये कि खाना खानेवाला या सामान ख़रीदनेवाला भारतीय है तो वो पैसे नहीं लेता, मानो कोई अपना मेहमान बनकर आया है, मानो कोई भावनात्मक उधार हो जो उतारना चाहता हो। लेकिन वहीं पाकिस्तानी कश्मीर के मसले पर मरने-मारने पर उतारू हो जाये। यह कैसा रिश्ता है। यह कैसी दुश्मनी है। जो पल में दिल दे दे और पल में जान ले ले।

बहुत सोचा लेकिन बात फिर उसी मनिन्दर की कही बातों पर आ टिक गयी। एक दिन मनिन्दर पाकिस्तान का ज़िक्र आने पर कह उठे थे पाकिस्तान और पाकिस्तानी भारी हीनभावना के शिकार हैं। वो हर चीज़ में, हर बात में हिन्दुस्तान और हिन्दुस्तानी से कम्पीट करना चाहते हैं। मैदान पर भी और मैदान के बाहर भी। उनकी बात में मुझे नया तजुर्बा दिखा। याद आया जुल्फ़िकार अली भुट्टो का वो बयान कि पाकिस्तान घास की रोटी खायेगा लेकिन परमाणु बम ज़रूर बनायेगा।

क्या पाकिस्तान आज भी मुहम्मद अली ज़िन्ना के उस कॉम्प्लेक्स से उबर नहीं पाया है जिसने ज़िन्ना को कायदे-आज़म बना दिया? सरोजनी नायडू की नज़रों में हिन्दू-मुस्लिम एकता का नायक 1935 के बाद इस्लाम के नाम पर पाकिस्तान के रूप में एक अलग देश की वकालत करने लगा? जिसने ख़िलाफ़त आन्दोलन का समर्थन करने के लिए गाँधीजी का खुला विरोध किया था क्योंकि वो इसे मुस्लिम सम्प्रदायवाद मानते थे। यह वही ज़िन्ना थे जो बाल गंगाधर तिलक के साथ गाँधीजी का स्वागत करने के लिए मुम्बई गये थे जब गाँधीजी दक्षिण अफ्रीका से 1915 में वापस लौटे। ज़िन्ना की गिनती उन दिनों काँग्रेस के पहली पंक्ति के नेताओं में होती थी। लेकिन धीरे-धीरे गाँधीजी का कद इतना बढ़ा कि ज़िन्ना छोटे पड़ते गये और गाँधी के साथ ही जवाहरलाल नेहरू की उपस्थिति ने ज़िन्ना को काँग्रेस के हाशिये पर ला पटका और निराश हो वो राजनीति को छोड़ इंग्लैंड चले गये।

ज़िन्ना ने जो आइडिया ऑफ़ पाकिस्तान ईजाद किया था वो सही नहीं था। धर्म के आधार पर एक देश का निर्माण तों उन्होंने कर दिया लेकिन जब पाकिस्तान के बनते ही उन्होंने इसी आइडिया ऑफ़ पाकिस्तान को बदलकर उसे सेक्युलर जामा पहनाने की कोशिश की, तब तक काफ़ी देर हो चुकी थी। कुछ उनके स्वास्थ्य ने धोखा दे दिया और कुछ उनकी राजनीति की तासीर ऐसी थी, उसको बदलना नामुमकिन था। ज़िन्ना और अल्लामा इक़बाल कहते थे कि हिन्दू और मुसलमान दो अलग-अलग सभ्यताएँ हैं जो साथ नहीं रह सकतीं। और 1935 के बाद ज़िन्ना को हमेशा यह लगता रहा कि बहुसंख्यक हिन्दुओं के देश में अल्पसंख्यक मुसलमान को कभी भी वो दर्जा नहीं मिलेगा जो दर्जा सैकड़ों सालों तक भारतीय इतिहास में रहा। यह सोच अपने-आपमें लोकतन्त्र के ख़िलाफ़ थी। संसदीय लोकतन्त्र में बहुसंख्य को अल्पसंख्य का सम्मान तो करना ही पड़ेगा लेकिन ज़िन्ना ने लोकतन्त्र के इस स्वरूप को बहुसंख्य की तानाशाही के रूप में देखा। इस सोच ने एक ऐसी सोच को जन्म दिया जिसने 1971 में बंगलादेश को जन्म दिया। लोकतान्त्रिक बहुसंख्यवाद किसी धर्म का नाम नहीं है, ना ही किसी जाति का। लोकतन्त्र की सबसे मूल इकाई इंडिविजुअल यानी इंसान है, यह बात ज़िन्ना ने नहीं समझी। ज़िन्ना आज होते तो समझते कि उनकी समझ कितनी कमज़ोर थी। जब वो देखते कि गाँधी और नेहरू

के आइडिया ऑफ़ इंडिया ने एक अल्पसंख्यक सिख मनमोहन सिंह को प्रधानमन्त्री का रुतबा दिया। एक बार नहीं, दो-दो बार।

ज़िन्ना की सोच ने पाकिस्तान में सेना के नेतृत्व में एक ऐसा 'इस्टैबलिशमेंट' क्रियेट कर दिया जो ज़िन्ना की सोच से बाहर ही नहीं निकलना चाहता, जो आज भी हिन्दुओं से कम्पीट करना चाहता है, जो लोकतन्त्र में यकीन नहीं रखता। लेकिन हिन्दुस्तान से अन्तहीन-दिशाहीन लड़ाई, ग्लोबलाइज़्ड वर्ल्ड से इंटरेक्शन, पाकिस्तान में टीवी न्यूज़ चैनलों की क्रान्ति और रोज़ाना के आतंकवादी हमलों ने एक ऐसी सिविल सोसायटी भी पैदा कर दी है जिसको अब ज़िन्ना के आइडिया ऑफ़ पाकिस्तान में खोट नज़र आने लगा है। और अगर इस सोच में तब्दीली नहीं की गयी तो पाकिस्तान का वजूद ही ख़तरे में पड़ जायेगा। ज़हीर अब्बास जैसे लोग अमन से रहना चाहते हैं। और यह भी चाहते हैं कि उनके बच्चे घर से बाहर जायें तो शाम को सकुशल घर वापस आयें। और यह भी जानते हैं कि पाकिस्तान के इस तबक़े की बात हिन्दुस्तान के लोग भी समझे तभी तो रमीज़ राजा जैसे क्रिकेटर कहते हैं कि आईपीएल में पाकिस्तान खिलाड़ियों की नीलामी नहीं होने से कट्टरपन्थियों को एक और ताक़त मिलेगी। ज़हीर जानते हैं कि उनकी बात आइडिया ऑफ़ पाकिस्तान को भले ही अपील न करे लेकिन आइडिया ऑफ़ इंडिया ज़रूर उनकी सुनेगा, तभी तो वो मनिन्दर से कहते है 'तू तो यह गल मत कर।' शायद वो कहना चाहते हैं कि एक हिन्दुस्तानी तो उनको समझे।

हिन्दुस्तान, 25.01.2010

अब तेरा क्या होगा शिवसेना

एक बड़ी बात हुई है। शिवसेना ने पहले 'सामना' में लिखा कि वो शाहरुख़ का विरोध नहीं करेंगे लेकिन थोड़ी सुबह चढ़ते ही ख़बर आयी कि शिवसेना ने पलटी मार दी। ऐलान हुआ कि वो शाहरुख़ को माफ़ नहीं करेगी। यानी वो विरोध करेगी। हैरानी इस बात पर की कि इतना हल्ला काटने के बाद शिवसेना ने विरोध का रास्ता पहले क्यों छोड़ा? और एक बार तय करने के बाद चन्द घंटे में ही अपने इस स्टैंड से क्यों पलट गयी? ऐसा शिवसेना जैसी कट्टरवादी पार्टियों में होता नहीं है। ऐसी पार्टियों में लोकतन्त्र नहीं है। पार्टी सुप्रीमो जो कहे वही आख़िरी बात। तो क्या हो गया? सुनने में यह आ रहा है कि पार्टी में दो राय हैं। एक जिसका मानना है कि हर मुद्दे पर इतना रैडिकल और हिंसक होने की ज़रूरत नहीं। शिवसेना को बदलते समय के मुताबिक़ बदलना चाहिए। लेकिन दूसरा वही पुराना तबक़ा है जो आज भी शिवसेना का पुराना अन्दाज़ और तेवर बरकरार रखना चाहता है। यानी 1966 की शिवसेना को जस का तस। बिना इस बात को सोचे और समझे कि पिछले चौवालीस सालों में देश और महाराष्ट्र और मुम्बई कितनी बदल गयी है।

उद्धव ठाकरे ने कमान सँभालने के साथ ही शिवसेना में बदलाव की शुरुआत की। उसने सोचा कि मुम्बई सिर्फ़ मराठियों की है जैसे नारे अब पुराने पड़ गये हैं। उसने 'मी! मुम्बईकर' का नारा दिया। उद्धव ने शिवसेना को मुम्बई ठाणे से बाहर निकालने की कोशिश की, बोला शिवसेना को पूरे महाराष्ट्र की पार्टी बनना होगा, अगर वो चाहती है कि प्रदेश में उसकी अपने दम पर सरकार बने। लेकिन कुछ शिवसेना की अन्दरूनी जड़ता और कुछ बालासाहेब के बाद के सत्ता संघर्ष की वजह से पार्टी को हार का सामना करना पड़ा और जब राज ठाकरे ने चुनौती दी तो शिवसेना को लगा कि मौजूदा ज़मीन बचाना ही पहली प्राथमिकता हो। राज ने उद्धव के एजेंडे को रोक दिया। वो फिर वहीं टिक गये जहाँ से चले थे। राज में आक्रामकता है, करिश्मा है, बालासाहेब का क्लोन लगता है इसलिए तत्काल फ़ायदा वो ले गया लेकिन यह मार्ग छोटा है। ज़्यादा चलेगा नहीं। बिल्कुल वैसे ही जैसेकि बीजेपी का

कट्टरपन्थी चेहरा लोगों को कम पसन्द आने लगा है। नतीजा बीजेपी लोकसभा के दो चुनाव हार गयी। उनके सबसे बड़े नेताओं की मौजूदगी के बाद भी।

बीजेपी की तरह शिवसेना भी हारी, लगातार तीसरा विधानसभा चुनाव। वो भी उस पार्टी से जिसकी सरकार ने महाराष्ट्र के लिए एक निहायत ही औसत सरकार दी है। यह कहें तो बेहतर होगा कि काँग्रेस एनसीपी के पिछले दस सालों में महाराष्ट्र पीछे गया है आगे नहीं। तमिलनाड, कर्नाटक और आन्ध्र प्रदेश जैसे राज्यों ने काफ़ी तेज़ी से विकास किया है। आन्ध्र प्रदेश और कर्नाटक तो दुनिया में आईटी क्रान्ति के नये मुक़ाम बनके उभरे। और पूरी दुनिया ने भी उन्हें सलाम किया। एक ज़माना था जब महाराष्ट्र हिन्दुस्तान का सबसे विकसित और आर्थिक रूप से मज़बूत प्रदेश था। लेकिन अब हालात में तब्दीली आ रही है। नये उद्योग आ नहीं रहे हैं, पुराने ख़त्म हो रहे हैं। निवेशकों को महाराष्ट्र उतना आकर्षित नहीं करता। और एनरान ने ऐसी मिट्टी पलीद की है कि विदेशी महाराष्ट्र में कुछ भी करने के पहले दस बार सोचते हैं। महाराष्ट्र पर डेढ़ लाख करोड़ से ज़्यादा का क़र्ज़ है। कपड़ा मिलें पिछले बीस सालों में ठप्प हो गयीं। इन मिलों में लगे ढाई लाख से ज़्यादा लोग बेरोज़गार हुए। देश में सबसे ज़्यादा यानी तकरीबन डेढ़ करोड़ शहरी बेरोज़गार महाराष्ट्र में है। हर साल करीब पाँच लाख नये बेरोज़गार महाराष्ट्र में जुट जाते हैं। शिवसेना को सोचना चाहिए वो ऐसी सरकार से क्यों हारी?

शिवसेना और अंडरवर्ल्ड की वजह से महाराष्ट्र की इमेज ऐसी बनी है कि यहाँ उद्योग फलफूल नहीं सकते। शिवसेना की यूनियन और उनकी गुंडागर्दी के कारण कौन उद्योगपति अपना पैसा फँसायेगा, कौन रोज़ ब्लैकमेल होना चाहेगा। यही वजह है कि टाटा भी जब बंगाल से बाहर निकले तो गुजरात गये, महाराष्ट्र नहीं। फिर हिन्दुस्तान 1966 में ही नहीं ठहरा हुआ है वो काफ़ी तेज़ी से बदल रहा है। महाराष्ट्र भी और मुम्बई भी बदला है। एक ज़माना था जब कि मुम्बई में 32 फ़ीसदी मराठी थे आज माइग्रेशन के कारण यह आँकड़ा घटकर 26 फ़ीसदी रह गया है। अगर 60 के दशक में दक्षिण भारतीय थोक में मुम्बई आते थे तो आज यूपी, बिहार, राजस्थान के लोग पहुँच रहे हैं। आज़ाद भारत के संविधान ने लोगों को यह आज़ादी दी है वो कहीं भी जाकर रहें और नौकरी करें। इस वजह से हर शहर और प्रदेश का प्रोफ़ाइल गड्डमड्ड हो गया है। जब जनसंख्या की संरचना में बदलाव आयेगा तो पूरे समाज की सोच भी तो बदलेगी। फिर वो कैसे महाराष्ट्र सिर्फ़ मराठियों के नारे को तरज़ीह देगा। यह शिवसेना समझना नहीं चाहती।

और सबसे बड़ा बदलाव यह आया है कि हिन्दुस्तानी हो या फिर मुम्बईकर उसका सामन्ती परिवेश और संस्कार बदला है। टीवी और उदारवाद की कृपा से उसने अपने होने का अहसास किया है, वो खुली आँखों से दुनिया को देख रहा है

और इस खुली हवा में वो देख रहा है कि लोकतान्त्रिक मूल्यों से बेहतर और कोई मूल्य नहीं है। उसने ख़ुद को भी देखा और पाया कि वो किसी से कमज़ोर नहीं है, न किसी प्रदेश से, न किसी देश से, न किसी इंसान से, न किसी मशीन से। इस नये शख़्स को अमर्त्य सेन आर्ग्युमेंटेटिव इंडियन कहते हैं। वो जो तर्क के आधार पर चीज़ों को कसता है। वो ज़माना गया जब यह नया भारतीय किसी भी नेता या अभिनेता की बात को आँख मूँदकर मान लेता था। ऐसे में यह कैसे सम्भव है कि बालासाहेब ठाकरे पहले की तरह आदेश दें और उसका आँख मूँदकर पालन हो जाये। क्या महज़ इत्तेफ़ाक़ है कि राहुल को झंडा दिखाने के लिए चार-पाँच सौ शिवसैनिक ही जुटे। यानी बालासाहेब के हुक्म को भी शिवसेना मानने को तैयार नहीं है। ऐसा क्यों है? यह शिवसेना को समझना होगा।

यह इस बदलाव का नतीजा है कि पार्टी में सुप्रीमो की बात पर एकमत नहीं है, दो राय हो गयी है। और बालासाहेब और उद्धव को यह समझना होगा कि अगर शिवसेना ने ख़ुद में आमूलचूल परिवर्तन नहीं किया तो वो ख़त्म हो जायेगी क्योंकि खुली हवा में साँस लेने की आदत एक बार लग जाये तो फिर कट्टरवादी तानाशाही की जुबान भाती नहीं है।

हिन्दुस्तान, 08.02.2010

सिर्फ़ हिन्दुस्तानी रहता है यहाँ

माई नेम इज़ ख़ान। एक फ़िल्म। विचारधाराओं के जलजले में फँसे मुसलमानों की कहानी। आतंकवाद के झंझावात में फँसे एक समुदाय और धर्म की कहानी। एक मुसलमान को ज़मीन की चन्द रेखाओं में बाँधकर उसके वजूद को सूली पर चढ़ाने की कहानी। धर्मों के बीच इंसानी रिश्तों के तानेबाने को उकेरने की कहानी। रिश्तों के भँवर में अपनी तस्वीर को देखने की कहानी। हिन्दू-मुसलमान को विभाजन के तराजू से तौलने की कहानी। हमारी और आपकी संवेदनाओं में ख़ुद के इतिहास को ढूँढ़ने की कहानी। फ़िल्म में कहानियाँ तो ढेरों हैं। लेकिन थियेटर के बाहर एक नयी कहानी बन गयी। कहानी बन गयी आज़ादी के चौंसठ साल बाद एक मुसलमान को 'देशद्रोही' बनाने की कहानी, वोटबैंक की आँच में एक मुसलमान की नियत को मापने की कहानी, एक हारे निराश बुढ़ापे के अपने उजड़ते घर को बचाने की बेबस कहानी, एक मुसलमान के खुलेआम गुंडातन्त्र के ख़िलाफ़ होने की कहानी और कहानी बन गयी एक मुसलमान के मुसलमान बनने से इंकार की कहानी। यह फ़िल्म अगर सिर्फ़ पर्दे पर होती तो शायद कहीं खो जाती। पर्दे के बाहर निकली तो अमर हो गयी।

जब पहले दिन पाकिस्तानी खिलाड़ियों पर शाहरुख़ के बयान की कहानी आयी तो लगा ठीक है। लेकिन जैसे ही शिवसेना का एंटीना खड़ा हुआ तो लगा गड़बड़ होनेवाली है। शिवसेना ने अपनी हेकड़ी में कहा कि शाहरुख़ माफ़ी माँगे। पिछले अनुभव ने चुगली की कि इन कारोबारी फ़िल्मवालों की रीढ़ की हड्डी तो होती नहीं। शाहरुख़ भी करण जौहर की तरह ठाकरे के चरणों में लोट जायेगा। शिवसेना भी आश्वस्त थी और हम भी, लेकिन तभी कुछ हुआ। शाहरुख़ बोला, वो माफ़ी नहीं मानेगा। उसने कुछ भी ग़लत नहीं कहा। मुम्बई में रहनेवाले एक उत्तर भारतीय की यह हिमाकत। उस पर उत्तर भारतीय एक मुसलमान। शिवसेना को काटो तो ख़ून नहीं। ऐलान हुआ शाहरुख़ की फ़िल्म को रिलीज नहीं होने देंगे। यह शाहरुख़ के लिए इम्तिहान की घड़ी थी। फ़िल्म का नुक़सान सहना आसान नहीं। उसका कैरियर

भी ख़त्म हो सकता था। लेकिन उसने कहा, मैं क्यों माफ़ी माँगूँ। पहली बार लगा फ़िल्म इंडस्ट्री में कोई मर्द है, वरना करण जौहर तो ढेरों हैं।

फिर लड़ाई में ट्विस्ट आया। मसला मुसलमान के देशप्रेम से जुड़ गया। कहा जाने लगा, वो ग़द्दार है। पाकिस्तान का समर्थक। हम हिन्दुओं को यह बात शायद न समझ आये। 1947 के विभाजन का दर्द तो हम हिन्दुओं ने कुछ पल, कुछ साल जिया है, भोगा है, लेकिन मुसलमानों का एक तबक़ा आज भी रोज़ाना इस दर्द से दो चार होता है। कहीं कोई बम फटे, कहीं पाकिस्तान से बयान आये, उसके सीने में हूक सी उठने लगती है। फिर कुछ निगाहें पूछती हैं कि कहीं यह किसी ग़द्दार का साथी तो नहीं, आतंकवादी तो नहीं और हर बार उसे अपनी देशभक्ति को साबित करने के लिए सर्टिफ़िकेट दिखाना पड़ता है।

कोई हम हिन्दुओं से नहीं पूछता कि तुम देशप्रेमी हो या नहीं। कोई पाकिस्तान की हरकतों को हम हिन्दुओं से नहीं जोड़ता। फिर यह सवाल बार-बार किसी मुसलमान से क्यों? सिर्फ़ इसलिए कि उसके परदादाओं में से कुछ ने पाकिस्तान बनाने का गुनाह किया? हम यह भूल जाते हैं कि जब धर्म के नाम पर एक मुल्क़ बन रहा था तो मुसलमानों के एक बड़े तबक़े ने उसका खुला विरोध किया था और पाकिस्तान जाने से इंकार कर दिया था। क्या यह इस मिट्टी से उनके प्यार का सबूत नहीं था? ऐसे में यह सवाल बार-बार क्यों उठता है? और ये कौन लोग हैं जो यह सवाल उठाते हैं? किसी आशुतोष को किसी अनवर की नीयत पर कभी शक नहीं हुआ। लेकिन उनको शक होता है जो झंडा लेकर चिल्लाने लगते हैं—अरे दीवानों मुझे पहचानों, मैं हूँ देशभक्त। और ज़रा ध्यान से देखियेगा। आज़ादी की लड़ाई के पन्ने जब आप पलटेंगे तो इनमें से किसी का भी नाम नहीं मिलेगा। न उसमें कोई ठाकरे होगा और न ही कोई चड्डीधारी। जब देश के दीवाने सीने पर गोलियाँ खा रहे थे तो ये सब किसी कोने में छुपे दंगों की साजिश रच रहे थे। जब देश को एक रहने की ज़रूरत थी तो ये उसको अन्दर से कमज़ोर करने के लिए दिलों में षड्यन्त्र की रेखाएँ खींच रहे थे। और तो और इमरजेंसी की लड़ाई में भी शिवसेना और बाल ठाकरे इन्दिरा गाँधी की तारीफ़ में कसीदे पढ़ रहे थे। इसलिए इन्हें बार-बार अपने को देशभक्त कहलवाने के लिए चीख़ना पड़ता है।

शाहरुख़ को यह कहने की ज़रूरत नहीं है कि वो देशभक्त है। क्योंकि उसके पिता ताज मोहम्मद ने आज़ादी के लिए घर की जगह जेल जाना बेहतर समझा। इसलिए ठाकरे हो सकता है कि मुसलमानों की कई पीढ़ियों ने विभाजन के अपराधबोध में जवानी गलायी हो, लेकिन आज का मुसलमान इस अपराधबोध से बाहर आ गया है। आम हिन्दुस्तानी के नाते वो जानता है कि अगर वो पाकिस्तानी होता तो मुम्बई फ़िल्म इंडस्ट्री उसे सिर आँखों पर उठाकर नहीं रखती। देशभर में शाहरुख़,

आमिर और सलमान पर लोग जान नहीं छिड़कते। और जब ठाकरे कहते कि किसी मुसलमान की फ़िल्म मत देखो तो पूरा शहर फ़िल्म हिट कराने के लिए सड़कों पर नहीं निकलता। ऐसे में ख़ान माफ़ी क्यों माँगे? ख़ान को यह साबित करने की ज़रूरत नहीं कि वो मुसलमान है या हिदू, वो है हिन्दुस्तानी बिलकुल मेरी तरह। इसलिए हे ठाकरे अब किसी मुसलमान की देशभक्ति पर सवाल मत खड़े करना। बहुत पछताओगे। देश बदल गया है, हिन्दू बदल गया है, मुसलमान बदल गया है, अब यहाँ सिर्फ़ हिन्दुस्तानी रहता है। चश्मे का रंग बदल लेना, साफ़ दिखायी देगा।

दैनिक भास्कर, 15.02.2010

बीजेपी में बदलाव : एक छलावा, एक हक़ीक़त

चुनाव के ठीक पहले मैंने लिखा था कि देश की फ़िज़ाँ बदल रही है और समाज भी, ऐसे में चुनावों को पुराने अन्दाज़ और तरीक़े से समझने की कोशिश बड़ी भूल होगी। उस वक़्त कुछ लोगों ने यह भी कहा था कि देश में जाति और धर्म की राजनीति बरसों से होती आयी है और यही आगे भी जारी रहेगा। मैंने तब भी कहा था, शायद हम इन चीज़ों को ज़रूरत से ज़्यादा अहमियत दे रहे हैं। नया समाज, नयी पीढ़ी, नयी राजनीति लिखेगी। यह मेरा मानना था कि पुराने दकियानूसी तरीक़े से की गयी राजनीति के दिन लदने लगे हैं। चुनावों के नतीजों ने मेरी इस धारणा को पुख़्ता किया।

यह आहट थी करवट लेते देश की। और लगता है कि अब यह बात बीजेपी को समझ में आ रही है। बीजेपी इन्दौर में अपनी राष्ट्रीय कार्यकारिणी की बैठक में बदली-बदली सी नज़र आयी। उसने नये सन्देश देने की कोशिश की। जहाँ तक मुझे याद पड़ता है अटल बिहारी वाजपेयी के बाद नितिन गडकरी बीजेपी के पहले बड़े नेता हैं जिन्होंने खुलेआम बीजेपी के मंच से मुसलमानों को पार्टी से जोड़ने की बात की। हालाँकि राममन्दिर के साथ। सवाल मुद्दे का नहीं था। सवाल नीयत का था। वाजपेयी ने जब 2004 में बिहार में एक चुनावी रैली में मुसलमानों को जोड़नेवाला भाषण दिया था तो बीजेपी को अन्दर से यह बात पसन्द नहीं आयी थी। लोकसभा चुनावों के बाद जब सुधीन्द्र कुलकर्णी ने इन मुद्दों को उठाने का प्रयास किया तो उन्हें पार्टी से चलता कर दिया गया। लेकिन अब लगता है कि हार पर मन्थन में बीजेपी को नया सबक़ मिला है। इस बार गडकरी के बयान के साथ वो तल्ख़ी ग़ायब थी जो अक्सर बीजेपी के नेताओं में दिखायी पड़ती है जब वो राममन्दिर और अल्पसंख्यक तबक़े के बारे में ज़िक्र करते हैं।

कार्यकारिणी में बीजेपी ने अल्पसंख्यक के साथ-साथ दलितों पर भी डोरे डाले। डोरे डालने की रस्मअदायगी बीजेपी पहले भी कर चुकी है जैसेकि 1989 में शिलान्यास कराने के लिए उसने एक दलित खोज लिया था। लेकिन इस तबक़े को लुभाने की

कोई लम्बी योजना कभी नहीं रही। हालाँकि पार्टी के अध्यक्ष पद पर बंगारु लक्ष्मण को बिठाने का काम वो कर चुकी है लेकिन पार्टी की छवि हमेशा से उच्च जाति के दल की ही रही है। बीजेपी को यूँ ही मज़ाक़ में ब्राह्मणों की पार्टी लोग नहीं कहते हैं। पर इस बार राहुल गाँधी की तर्ज पर नितिन गडकरी ने दलित के घर जाकर खाना खाया। बाबा साहेब अम्बेडकर की मूर्ति के सामने मथा टेका यानी पार्टी में एक सोच यह बनी है कि पार्टी को बदलना होगा और यह बदलाव पार्टी के सामाजिक आधार में दिखायी भी दिखना चाहिए और साथ ही नये समाज से तालमेल बिठाने के लिए टीवी युग में विचारधारा में महीन बदलाव की भी ज़रूरत है।

बीजेपी को लगता है कि उसे अपने वोटबैंक में कम से कम दस फ़ीसदी की बढ़ोत्तरी करनी होगी तब जाकर वो 2014 में काँग्रेस को सीधी मात देने की स्थिति में होगी। और ऐसा तब होगा जब वो अपने परम्परावादी वोट में अल्पसंख्यकों और दलितों के एक हिस्से को यह भरोसा देने में कामयाब हो कि वो उनकी दुश्मन नहीं उनकी साथी है। बीजेपी को हमेशा से ही अल्पसंख्यक विरोधी पार्टी के रूप में जाना जाता है। बीजेपी के कई बड़े नेता हाल तक बाकायदा यह कहा करते थे कि हम वोट माँगते समय मुसलमानों के बारे में सोचते ही नहीं। गुजरात इसका सबसे बड़ा उदाहरण है। गुजरात का उदाहरण देश के दूसरे देशों में दुहराने की कोशिश भी की गयी। कर्नाटक और उड़ीसा में ईसाइयों के मद्देनज़र इसे आज़माया भी गया लेकिन जल्द ही समझ में आ गया कि गुजरात में भले ही फ़ायदा हो लेकिन देश के दूसरे हिस्से में नुक़सान ज़्यादा होता है। ख़ासकर गठबन्धन के युग में।

क्या बीजेपी में ये बदलाव बुनियादी होंगे? यह तब सम्भव होगा जब आरएसएस इस बात की इजाज़त दे। हालाँकि यह कहना थोड़ी जल्दबाज़ी होगी लेकिन मुझे ऐसा लगता है कि आरएसएस भी अपनी विचारधारा में कुछ सोच-विचार करने को तैयार दिखती है। गुजरात दंगों और कन्धमाल में ईसाइयों और कर्नाटक में चर्चों पर हिंसक हमलों के बाद टीवी की वजह से बीजेपी और संघपरिवार की जो थू-थू हुई है उसने उन्हें गहरी सोच में डाला है और कहीं यह समझ संघपरिवार के शीर्ष नेतृत्व में शायद बनी है कि अब उसी तर्ज पर बात नहीं हो सकती है जिस तर्ज में अयोध्या मुद्दे के दौरान हुई थी और जिस वजह से आडवाणी हीरो बने और बीजेपी केन्द्र की सत्ता में पहुँची। क्योंकि संघ हो या फिर बीजेपी उनका सामाजिक जनाधार सत्ता में होने के बाद भी बढ़ने की बजाय घटा है।

बदलाव का पहला लक्षण दिखा के. सुदर्शन की जगह मोहन भागवत का संघ प्रमुख बनना। सुदर्शन पहले प्रमुख हैं जिन्हें हटना पड़ा या हटाया गया। वरना हेडगेवार हो या गोलवलकर या फिर बालासाहेब देवरस सब ताउम्र प्रमुख बने रहे। सिर्फ़ प्रो. राजेन्द्र सिंह ने बीच में पद छोड़ा इस वजह से कि वह बीमार रहने लगे

थे और संगठन का काम सँभालना मुश्किल हो गया था। दूसरा बदलाव दिखा लालकृष्ण आडवाणी को बैकग्राउंड में जाने के लिए मजबूर करने और निहायत नये नितिन गडकरी को अध्यक्ष पद देने के रूप में। तीसरा बड़ा बदलाव था उत्तर भारतीयों के मसले पर भागवत का बयान कि उत्तर भारतीय कहीं भी आ-जा सकता है चाहे वो मुम्बई हो या महाराष्ट्र। यह बयान है क्षेत्रीयता के सामने भारतीयता को स्थापित करने का। बड़ा सवाल यह है कि क्या अब संघपरिवार उग्र हिन्दुत्व के ऊपर भारतीयता का मुलम्मा लगायेगा? और यह सन्देश देगा कि वो बाँटने की नहीं जोड़ने की बात करता है? वो अल्पसंख्यकों को निशाना नहीं बनायेगा? साथ ही यह बात भी करेगा कि वो मुसलमानों को विभाजन का खलनायक नहीं मानता है और अब वो उसे गले लगाने को तैयार है।

मैं पूरी ईमानदारी से कहना चाहता हूँ कि ऐसा मुझे आभास होता है लेकिन यह होगा ऐसा पूरे भरोसे से कहना मुश्किल है। क्योंकि अल्पसंख्यक विरोध ही संघपरिवार के जीने का आधार है और पहचान भी। इसी से वो राष्ट्रीयता को परिभाषित करता है और इसी से तय करता है कि कौन भारतीय है और जो भारतीय है वही हिन्दू भी है। यह एक छलावा भी हो सकता है और ईमानदार कोशिश भी, साथ ही चुनावी मजबूरी भी। ख़ैर, कुछ भी हो बदलाव की यह पदचाप असली है पर बदलाव पूरा होगा या अधूरा इसके लिए फिर लिखना पड़ेगा।

हिन्दुस्तान, 22.02.2010

हुसैन साहब आपने ग़लती तो की है

ट्विटर आजकल फ़ैशन में है। मैंने भी सोचा कुछ ट्विटरबाज़ी हो जाये। सो हुसैन पर लिख बैठा कि 'उन्होंने कट्टरपन्थियों से लड़ाई नहीं लड़ी जैसे शाहरुख़ ने लड़ी और इसकी क़ीमत वो चुका रहे हैं।' तड़ाक से किसी भाई का जवाब आया। 'अगर हुसैन आपकी माँ की वैसी ही तस्वीरें बनाये तो आप क्या करेंगे।' मैंने इग्नोर कर दिया। आगे लिखा, 'हुसैन हार गये लेकिन आरएसएस आइडिया ऑफ़ इंडिया को ख़त्म करना चाहता है और हुसैन उसके शिकार हैं।' वो सज्जन राशन-पानी लेकर मुझ पर पिल पड़े।

ख़ैर, मुझे आदत थी सो छोटा सा जवाब देकर दूसरे काम में लग गया। लेकिन मेरी राय और पक्की हो गयी कि हुसैन ने ग़लत किया। उन्होंने सेक्युलरिज़्म की लड़ाई को कमज़ोर किया है। उन्हें लड़ना चाहिए था और अब कतर की नागरिकता लेकर उन्होंने भयानक भूल की है। हुसैन ने यह पेंटिंग 1970 के आस-पास बनायी थी। तकरीबन 25 सालों तक किसी की आस्था को ठेस नहीं लगी। इस दौरान हुसैन अन्तरराष्ट्रीय स्तर पर नाम कमाते रहे। लोग कहने लगे ऐसा पेंटर सदियों में कभी-कभी ही पैदा होता है। लेकिन नब्बे के दशक में अचानक कुछ लोगों को वो खटकने लगे। धीरे-धीरे उनका विरोध होने लगा और उनको डिमोलिश करने का काम शुरू हो गया। हुसैन जो कभी नंगे पैर चलने के लिए चर्चा में हुआ करते थे अचानक उनको नंगी तस्वीर बनानेवाला साबित कर दिया गया।

ये सब सुनियोजित तरीक़े से हुआ। क्योंकि एक धर्म-विशेष के लोगों से बदला लेने को आतुर कुछ लोग उस समय तक नये आत्मविश्वास से लबालब थे और उनको लगने लगा था कि अब दिल्ली दूर नहीं है। बाबरी मस्जिद गिर चुकी थी, केन्द्र में बीजेपी की सरकार बनने के आसार बनने लगे थे और यह लगने लगा था कि वो दिन दूर नहीं जब पूरे देश में उनका या उनके मित्रों का शासन होगा। ऐसे में हर उस प्रतीक को नष्ट करने की कोशिश की गयी जो हिन्दुस्तान की गंगा जमुनी तहजीब का प्रतीक थी।

हुसैन इसके बड़े उपासक थे। उनकी पहचान कभी भी एक मुसलमान की नहीं रही। सच्चाई में उनका पूरा काम हिन्दुस्तानी या फिर हिन्दू प्रतीकों के इर्द-गिर्द ही रचा-बसा रहा। हिन्दू देवताओं-देवियों को उकेरा, रामायण और महाभारत में कला की ऊँचाइयों को तराशा। जिस शख़्स की तारीफ़ होनी चाहिए, अचानक एक दिन उसमें लोगों को हिन्दू धर्म का दुश्मन नज़र आने लगा। हुसैन में एक मुसलमान को खोज लिया गया।

सवाल यह कि क्या हिन्दू धर्म इतना कमज़ोर है कि एक पेंटर के चन्द स्ट्रोक उसे ख़त्म कर देंगे? लोग यह भूल जाते हैं कि हिन्दू धर्म अगर कमज़ोर होता तो तब ख़त्म हो जाता जब ईसा पूर्व हिन्दू ब्राह्मणवाद के ख़िलाफ़ पहले चारवाक, फिर बौद्ध और जैन धर्म उठ खड़े हुए थे। चारवाक और जैन तो उतने ताक़तवर कभी नहीं रहे लेकिन बौद्ध धर्म की बात ही कुछ और थी। लेकिन आज वो कहाँ है? जहाँ उसका जन्म हुआ वहाँ उसके माननेवाले बस मुट्ठीभर लोग हैं लेकिन भारत के बाहर उनकी तादाद बहुत ज़्यादा है। क्या इसलिए हुआ कि हिन्दुओं ने तलवार हाथ में ले दूसरे धर्म के लोगों का वध करना शुरू किया जैसे दूसरे धर्मों ने कभी किया? नहीं। आतंक का सामना आतंक से नहीं किया, हिंसा का जवाब हिंसा से नहीं दिया, उसने अपनी सहिष्णुता को विस्तार दिया, दूसरे धर्मों की अच्छाइयों को अपनाया और बुराइयों को दूर करने की कोशिश की। यही है हिन्दू धर्म। अपनी उदात्तता में निरन्तर परिष्कार करता हुआ। हिन्दू तो इतना उदार है कि उसके प्रतीक पुरुष राम रावण को खेत करने के बाद लक्ष्मण को उनसे सीखने की बात करते हैं और उसी सम्मान के साथ जैसे सीखने के लिए किसी गुरु को इज़्ज़त दी जाती है।

महाभारत में शत्रु पक्ष में होने के बाद भी भीष्म, द्रोणाचार्य, कृपाचार्य और विदुर को पूरा सम्मान पांडवों ने दिया। और महाभारत में कहीं भी आपको यह आभास नहीं होगा कि किसी निजी हित के लिए युद्ध हो रहा है, हमेशां यही ध्वनि पूरे ग्रन्थ में है कि धर्म के उत्थान के लिए ही महाभारत है। लेकिन हैरानी इस बात की है कि हिन्दू धर्म की बात करनेवाले कुछ लोग यह नहीं समझते और राम के स्वरूप को ही बदलना चाहते हैं। उन्हें राम की विनयशीलता में खोट नज़र आता है और राम को अनन्त से उतारकर सीमित करना चाहते हैं। वो उन्हें लक्ष्मण बना देना चाहते हैं। 1990-91 के दौरान आशिर्वाद की मुद्रा में खड़े राम की तस्वीर की जगह क्रोधित राम दिखायी पड़ने लगे थे। यह हिन्दू धर्म के सम्पूर्ण चरित्र को खंडित करने की कुंठित कोशिश थी जिसे नाकाम होना ही था।

आज भी हमारे और आप के दिलों में वही विनयशील राम हैं। कैकेई माँ को दोष देनेवालो नहीं, उनका पूरा सम्मान करनेवाले राम। राम के चरित्र में हिंसा है ही नहीं लेकिन कुछ लोग उन्हें हिंसक बनाना चाहते थे, इसलिए हिन्दुओं ने ऐसी

ताक़तों को रिजेक्ट कर दिया। हुसैन की ग़लती यह है कि उन्होंने हिन्दू धर्म के मूल चरित्र को नहीं समझा इसलिए भाग खड़े हुए। शाहरुख़ ने समझा इसलिए वो शिवसेना से डरा नहीं और लोगों ने देखा कि किस तरह से लोगों ने शिवसेना को रिजेक्ट कर दिया। हुसैन साहब आपकी तस्वीर में दोष नहीं है। दोष उन लोगों की आँखों में हैं जो माँ की तस्वीर में भी अश्लीलता देख लेते हैं। इसलिए मैं ट्विटरवाले भाई साहब से कहना चाहता हूँ कि मुझे हुसैन से अपनी माँ की पेंटिंग बनवाने में गर्व होगा। क्योंकि माँ सिर्फ़ पवित्र होती है, ख़ूबसूरत होती है, रामायण होती है, गीता होती है।

दैनिक भास्कर, 28.02.2010

हे पुरुष, आओ कुछ प्रायश्चित कर लें

भारतीय नारी क्या है—सीता, सावित्री या द्रौपदी। राधा या मीरा। वह शिव की पार्वती है या फिर विष्णु की लक्ष्मी। कई चेहरे लेकिन कहानी लगभग वही। सीता जो पति की ख़ातिर चौदह साल तक बनवास भोगती है। सावित्री जो पति सत्यवान के जीवन के लिए यमराज से लड़ जाती है। द्रौपदी जो पाँच महाबली पतियों के बावजूद दुःशासन के चीरहरण की शिकार होती है। राधा और मीरा कृष्ण के प्यार में दीवानी। पार्वती और लक्ष्मी देवियाँ हैं लेकिन उनकी पहचान शिव और विष्णु से है। यानी देवी हो या फिर आम स्त्री पति ही परमेश्वर है और पुरुष के बिना कुछ भी नहीं। वो ग़रीब है तो अबला और अमीर है तो इज़्ज़त। इनके बीच वो क्या है?

सीता को पति चुनने का अधिकार दिया गया और द्रौपदी को भी जीतने के लिए अर्जुन को मछली की आँख में तीर भेदना पड़ा। सावित्री भी अपने पिता की इच्छा के विपरीत ग़रीब सत्यवान का वरण करती है यह जानते हुए कि यमराज के बहीखाते में उनकी उम्र काफ़ी कम है। तीनों तेजस्वी हैं और स्वतन्त्र मस्तिष्क की स्वामिनी। लेकिन कहानी शादी के बाद ख़त्म होती प्रतीत होती है। सीता राम के साथ सहर्ष बनवास जाती है। क्योंकि यही एक पत्नी का धर्म है और पति से अलग उसकी अपनी कोई दुनिया नहीं है, यह रामायण कहती है। अपहरण के बाद उन्हें अशोक वाटिका में दिन गुज़ारने पड़े। यह वो वक़्त था जब राम भी अकेले थे और सीता भी लेकिन युद्ध के बाद जब सीता और राम का मिलन होता है तो एक धोबी की बात सुनकर राम सीता से अग्निपरीक्षा लेते हैं और सीता इसका बिना विरोध किये दे भी देती हैं। हालाँकि बाद में वो यह अपमान बर्दाश्त नहीं कर पातीं और धरती में समा जाती हैं। पर यह सवाल सीता नहीं उठातीं कि जो नियम सीता पर लागू होता है, वही राम पर क्यों नहीं? राम भी तो सीता के बग़ैर रहे, उनके मन में भी तो किसी और स्त्री का स्मरण हो सकता है तो फिर वही अग्निपरीक्षा राम ने क्यों नहीं दी? और सीता इसकी माँग न कर क्यों धरती में समा गयीं? सीता का किरदार दरअसल राम की मर्यादा को खंडित करता है। और उन्हें ईश्वर से

इंसान बना देता है।

सावित्री का पूरा चरित्र ही इस तरह से गढ़ा गया है कि पति के बिना वो कुछ भी नहीं। यमराज से उनकी पूरी लड़ाई भारतीय नारी के लिए एक स्टीरियो टाइप बन गया और हर स्त्री के पत्नी होने की एकमात्र कसौटी। पत्नी की पवित्रता के लिए यह ज़रूरी हो गया कि वो सावित्री की तरह पति के प्रति समर्पित और एकनिष्ठ रहे और उसके अलावा कहीं अपने-आपको न तलाशे। पति कैसा भी हो इससे कोई फ़र्क़ नहीं पड़ता, पत्नी को सती सावित्री ही होना चाहिए। सदियों से यह कहानी चली आ रही है और सदियों से वो यह परीक्षा दिये जा रही है। सावित्री भारतीय पुरुष को परमेश्वर बनाने की कहानी है। सड़ी-गली परम्परा को दार्शनिक आधार देने का अजीबोग़रीब तर्क।

द्रौपदी बनकर वो अपने-आपको थोड़ा स्वतन्त्र दिखाने की कोशिश ज़रूर करती है लेकिन वो कभी इस बात का विरोध नहीं करती है कि कुन्ती के कहने मात्र से ही वह पाँचों पांडवों की पत्नी क्यों होगी? वह दरअसल हमारे पुरुष प्रधान समाज की नपुंसकता की प्रतीक है। वो उन नियमों की दासी है जो सामन्तवादी समाज ने गढ़े। वो महाबलियों के बावजूद भी कमज़ोर है। पुरुषों के झूठे अहम की बलिवेदी पर चढ़ी बकरी है। जो आज़ाद होने का स्वाँग भरती है और आख़िर में उसका शिकार भी हो जाती है और जब उसका अपमान हो रहा होता है तो इंसान नहीं भगवान ही उसकी रक्षा करते हैं। यानी अगर चुनाव पुरुष के अहम और स्त्री के सतीत्व में होगा तो जीत सिर्फ़ पुरुष के अहम की ही होगी, भले ही उसका चीरहरण हो जाये।

राधा और मीरा को भले ही प्रेम का प्रतीक माना जाये लेकिन वो भी कृष्ण रूपी पुरुष में अपनी पूर्णता को देखती हैं। वो कृष्ण के प्रेम में पागल हैं, कृष्ण उनके प्रेम में पागल नहीं हैं। कृष्ण के लिए प्रेम एक लीला है। लेकिन राधा और मीरा के लिए प्रेम जीवन का सार। हालाँकि उन्हें एक ख़ास सामाजिक पृष्ठभूमि में आप बाग़ी भी कह सकते हैं लेकिन यह बग़ावत अपना स्वतन्त्र अस्तित्व खोजने की कथा नहीं है, यह कृष्ण में विलीन हो जाने का फसाना है। पार्वती की चर्चा कभी भी शिव के बिना नहीं होती और लक्ष्मी का भी यही हाल है। दोनों ही देवों के देव शिव और विष्णु की अर्धांगनियाँ हैं। सीता की तरह पार्वती भी भभूतधारी और औघड़रूपी शिव को पति के रूप में चुनती हैं लेकिन इसके बाद वो भी गुम हो जाती हैं। इन तमाम बिम्बों में शायद दुर्गा या काली ही अकेली हैं जिनको परिभाषित करने के लिए किसी पुरुष की ज़रूरत नहीं होती। वो आदिशक्ति हैं, आदिरूपा। पर यह हमारी भारतीय परम्परा में अपवाद है। नियम नहीं। ऐसे में भारतीय सन्दर्भों में जब भी स्त्री प्रतीकों की बात होगी तब काली या दुर्गा की नहीं सीता, द्रौपदी, सावित्री, पार्वती, लक्ष्मी, राधा और मीरा की ही बात होगी। क्योंकि यही हमारे जनमानस की

मुख्यधारा में व्याप्त हैं।

ये अद्‌भुत संयोग है या फिर हमारी परम्परा का दुहरा चरित्र कि सीता हो या सावित्री या फिर द्रौपदी या पार्वती सबको पुरुष चुनने का अधिकार तो दिया गया लेकिन चयन की प्रक्रिया पूरी होते ही सारे अधिकार छीनके पुरुषों को दे दिये गये। यानी स्त्री जाने-अनजाने बराबरी के अधिकार को त्याग देती है। यह शायद उस देश-काल की मजबूरी रही हो। या फिर पुरुषवादी मानसिकता का आघात कि आज़ाद स्त्री पुरुष की छाया बन जाती है। यह स्पष्ट है कि भारतीय परम्परा में स्त्री कुछ भी है लेकिन वो पुरुष के बराबर नहीं है। और यही परम्परा आज़ाद हिन्दुस्तान में भी बख़ूबी चली आ रही है। हम घरों में देवियों की पूजा करते हैं, लेकिन उसे बराबरी का दर्जा नहीं देते। दहेज हत्या हो या फिर भ्रुण हत्या यह इस ग़ैर-बराबरी और पुरुषवादी मानसिकता का ही रिफ़्लेक्शन है। यह वही दुहरा चरित्र है कि बच्ची के पैदा होते ही स्त्री को अपशकुन करार दिया जाता है और स्त्री विवश हो कह उठती है अगले जन्म हमें बिटिया न कीजो। धर्म का अतीत तो हम बदल नहीं सकते और न ही उसकी मान्यताओं और प्रतीकों को लेकिन संविधान के ज़रिये सदियों से दबायी गयी स्त्री को बराबरी का कुछ दर्जा ज़रूर दे सकते हैं। ऐसे में अगर महिला आरक्षण बिल आता है तो हमें खुलकर समर्थन करना चाहिए। ताकि हम पुरुष अपने किये पापों का कुछ तो प्रायश्चित कर सकें।

हिन्दुस्तान, 07.03.2010

महिला बिल और सोनिया का आम आदमी प्रेम

महिला आरक्षण बिल में बड़ी आग है। संसद हो या फिर सड़क चर्चा हर जगह गरम है। विरोधियों को यह पच ही नहीं रहा है कि महिलाएँ किचन से निकलकर कैबिनेट तक पर हावी हो जायें और मर्द बेचारे हवा फाँकते रह जायें। उधर समर्थकों को नयी क्रान्ति दिख रही है। इस बहस में सोनिया गाँधी बल्ले-बल्ले हैं। उनके लिए तो पार्टी का नया वोटबैंक तैयार हो रहा है।

महिलाओं को वोटबैंक के तौर पर कभी हिन्दुस्तान में देखा ही नहीं गया। जातियों पर डोरे डाले गये। धार्मिक गुटों को अपना बनाने के लिए रोटियाँ बेली गयीं लेकिन औरत वो तो अबला है, बेचारी कहाँ जायेगी। सोनिया को लगा कि इस तबक़े को भुनाया जा सकता है तो राष्ट्रपति चुनने के लिए तमाम हैवीवेट राजनेताओं के बीच उन्हें प्रतिभा पाटिल नज़र आयीं और लोकसभा अध्यक्ष के तौर पर मीरा कुमार। और जब महिला बिल पर काँग्रेस के भारी-भरकम नेताओं की साँस फूलने लगी तो सोनिया ने साफ़ कहा, बिल राज्यसभा से पास करवाओ या फिर रास्ता नापो।

बात सिर्फ़ महिलाओं तक नहीं है। मनमोहन और सोनिया की जुगलबन्दी काँग्रेस नाम की लंगड़ी पार्टी को अपने दोनों पैरों पर खड़ा करने की जुगाड़ में है। इसके लिए पार्टी की काफ़ी बारीकी से 'री-ब्रांडिंग' की जा रही है। बिलकुल उसी तरह जैसे इंग्लैंड की लेबर पार्टी ने पहले नील किनाक और बाद में टोनी ब्लेयर के नेतृत्व में लेबर की 'पोज़ीशनिंग' की। और लेबर पार्टी 'न्यू लेबर' बन गयी। जो पार्टी ब्रिटेन में समाजवादी और ट्रेड यूनियन नीतियों के लिए जानी जाती थी उसे 'लेफ़्ट' से खिसकाकर 'सेंटर' में लाया गया। लेबर पार्टी ने 1995 में अपने संविधान की धारा 4 में संशोधन कर 'पब्लिक सर्विस के नेशनलाइज़ेशन' यानी राष्ट्रीयकरण के अपने मूलभूत सैद्धान्तिक वादे को ही हटा दिया। यानी पार्टी अब सरकार में आने के बाद नेशनलाइज़ेशन के लिए प्रतिबद्ध नहीं है। पार्टी ने बदलते समय के मुताबिक़ अपने सोशल एजेंडे को बदला और बाज़ारबाद के करीब हो गयो। 1995 में किये गये इस बदलाव ने पार्टी को ब्रिटेन के मध्यवर्ग का चहेता बना दिया। और इसी मिडिल

क्लास के सहारे लेबर ने 1997 में ऐतिहासिक जीत हासिल की।

लेबर पार्टी ने 1977 की करारी हार के बाद काफ़ी बुरे दिन देखे थे। उसका वोट प्रतिशत काफ़ी घट गया था। वैसे ही जैसे 1996 की हार के बाद काँग्रेस के ख़त्म होने की भविष्यवाणियाँ होने लगी थीं। लगातार चुनावों में हार किसी को भी तोड़ने के लिए काफ़ी थी, लेकिन 2004 की अप्रत्याशित जीत ने उसमें संजीवनी का संचार किया और काँग्रेस के रणनीतिकारों ने एनडीए की हार से सबक़ लिया। जीडीपी और सेंसेक्स में उछाल शाइनिंग इंडिया का ख़ूबसूरत एहसास तो देता है लेकिन इससे जीतने लायक वोट नहीं मिलते। वाजपेयी सरकार ने विकास के स्तर पर कतई ख़राब काम नहीं किया था। विकास दर लगातार 6 फ़ीसदी बनी रही। उनकी ग़लती इतनी सी थी कि वो अपने सोशल एजेंडे को नहीं बदल पायी और न ही आर्थिक सुधारों को गाँव, देहात और ग़रीब से जोड़ पायी।

काँग्रेस ने बीजेपी की ग़लतियों से सीखा। और शाइनिंग इंडिया के समक्ष आम आदमी का नारा दिया और सरकार में आने के बाद नरेगा और किसानों की क़र्ज़ माफ़ी पर ध्यान दिया। और इसका फ़ायदा भी उसे मिला 2009 में। चुनाव जीतने के बाद उसने इस एजेंडे को और गति दी। तीन स्तर पर योजना बनी। पहला, वोटबैंक पॉलिटिक्स के मद्देनज़र मुस्लिमों को लुभाने के लिए रंगनाथ मिश्र कमेटी की सिफ़ारिश के आधार पर अल्पसंख्यक तबक़े को आरक्षण की वकालत, बाटला हाउस एनकाउंटर पर सवाल खड़े करने की कोशिश और बजट में अल्पसंख्यक तबक़े के लिए अलग से वित्तीय प्रावधान। लालू मुलायम का साथ छोड़ना इस योजना की ही कड़ी है। दूसरे, पार्टी को गाँव-देहात और दरिद्र नारायण के करीब लाने के लिए राहुल गाँधी का ग़रीबों के घर रात गुज़ारना, दलित बस्तियों में रहना, उनके दुख-दर्द सुनना आदि-आदि। और तीसरे सरकारी स्तर पर आर्थिक सुधार के एजेंडे को मानवीय चेहरा देने की कोशिश करना।

सरकार ने अपने 2010 के बजट में सोशल सेक्टर में वित्तीय ख़र्च में 37 फ़ीसदी की बढ़ोत्तरी की है तो महिला और बाल विकास मद में 50 फ़ीसदी का इज़ाफ़ा। बेरोज़गारी, शिक्षा, स्वास्थ्य पर जानबूझकर ख़ासा ध्यान दिया जा रहा है। बेरोज़गारी दूर करने के लिए नरेगा सरकार की कारगर स्कीम पहले से ही थी और अब उस पर और भी ज़ोर दिया जा रहा है। शिक्षा में आमूलचूल बदलाव करने में कपिल सिब्बल जुटे हैं। कपिल एक तो कक्षा दस और बारह के पाठ्यक्रम और परीक्षा को आसान बनाकर शहरी मध्यवर्ग को अपना बनाने में लगे हैं तो देहात को ध्यान में रख 14 साल तक की उम्र तक के बच्चों के लिए शिक्षा को मुफ़्त और अनिवार्य करने का जाल बुना जा रहा है। अशिक्षित महिलाओं को साक्षर बनाने के लिए 'नेशनल लिट्रेरी मिशन' का नाम बदलकर 'साक्षर भारत' कर दिया गया है। स्वास्थ्य के मुद्दे पर

हर ज़िले में हेल्थ सर्वे और नरेगा के तहत 15 दिन से ज़्यादा काम करनेवालों को राष्ट्रीय स्वास्थ्य बीमा योजना के तहत लाना पार्टी की 'री-ब्रांडिंग स्ट्रेटजी' का ही हिस्सा है। साथ ही गाँव-देहात में डॉक्टरों की मौजूदगी को अनिवार्य बनाने का भी कार्यक्रम जारी है। ऐसे में महिला आरक्षण को अकेले देखना ग़लत होगा। सोनिया टोनी ब्लेयर के रास्ते पर हैं। ब्लेयर 1997 चुनाव के पहले कहते थे—प्रधानमन्त्री बनने के बाद वो तीन चीज़ करेंगे—शिक्षा, शिक्षा और शिक्षा। सोनिया भी यही कह रही हैं आम आदमी, आम आदमी और आम आदमी। बस एक ही चिन्ता है कहीं बीच में महँगाई न खड़ी हो जाये।

हिन्दुस्तान, 14.03.2010

निषेध की दिवालिया राजनीति

लोग मुझे नरेन्द्र मोदी का कटु आलोचक कहते हैं। लेकिन पिछले दिनों जब अमिताभ को काँग्रेस ने लपेट लिया तो अच्छा नहीं लगा। सवाल सिर्फ़ इतना सा है, क्या इसी आधार पर काँग्रेस अमिताभ का बहिष्कार कर दे कि वो मोदी के साथ दिखे और गुजरात के ब्रांड एम्बेसडर बने? उनके साथ काँग्रेसी रिश्ता नहीं रखें? यह बात पचती नहीं क्योंकि बच्चन और नेहरू-गाँधी परिवार 50 के ज़माने से करीब रहे हैं। नेहरूजी हरिवंश राय और तेजी बच्चन की काफ़ी इज़्ज़त करते थे। इन्दिरा गाँधी के ज़माने में तो यह भी कहा जाने लगा था कि अमिताभ का कैरियर ही सरकार की वजह से आसमान पर पहुँचा। लोग यह आरोप लगाते हैं कि इमरजेंसी के समय अमिताभ की फ़िल्मों पर ख़ास मेहरबानी की गयी। '84 में इन्दिरा गाँधी की मौत के बाद राजीव के कहने पर अमिताभ ने हेमवती नन्दन बहुगुणा के ख़िलाफ़ इलाहाबाद से चुनाव लड़ा। अमिताभ का जलवा और इन्दिरा की मौत से उपजी सहानुभूति का असर था कि बहुगुणा जैसे दिग्गज खेत रहे और फिर कभी उठ नहीं पाये। जीतने के बाद अमिताभ राजीव के और करीब आ गये, लेकिन जब बोफ़ोर्स के सन्दर्भ में अमिताभ का नाम उछला और काँग्रेस ने खुलकर उनका साथ नहीं दिया तो अमिताभ ने राजनीति को अलविदा कह दिया। साथ ही नेहरू के ज़माने से चली आ रही दोनों परिवारों की दोस्ती भी ख़त्म हो गयी।

राजीव के जाने के बाद दूरियाँ और बढ़ गयीं। अमिताभ का बनारस में दिया गया वो मशहूर बयान अभी भी याद है कि राजा और रंक के रिश्ते में रंक नहीं राजा यह तय करता है कि उसे रिश्ता रखना है या नहीं। उनका इशारा सोनिया की तरफ़ था और फिर कभी दोनों परिवार करीब नहीं आये। मुसीबत के दिनों में अमर सिंह ने अमिताभ की मदद की, काँग्रेस ने नहीं। यह वो दिन था जब लोग कहते हैं कि अमिताभ ख़ुदकुशी के बारे में भी सोचने लगे थे। ऐसे में अमिताभ अमर सिंह का हाथ पकड़कर समाजवादी पार्टी के साथ हो लिये। और अमिताभ के बावजूद अमर सिंह और मुलायम सिंह ने सोनिया का मज़ाक़ उड़ाने का कोई भी मौक़ा नहीं गँवाया।

और अब अमर सिंह समाजवादी पार्टी से बाहर हैं तो अमिताभ अनायास ही मोदी के साथ खड़े दिख गये जिनको सोनिया मौत का सौदाग़र बता चुकी हैं। ऐसे में यह सोचा जा सकता है कि अमिताभ जाने-अनजाने उस राह पर दिखे जो नेहरू-गाँधी परिवार के विरोध में है। हालाँकि अमिताभ इस दौरान कभी भी राजनीति में सक्रिय नहीं रहे, वो एक के बाद एक बेहतरीन फ़िल्में करते रहे। उनकी पर्सनैलिटी कभी भी राजनीतिक व्यक्ति की नहीं रही और न ही उन्होंने कभी सोनिया और उनके परिवार के ख़िलाफ़ कोई टिप्पणी ही की लेकिन गाँठ जो बनी रही उसे दरबारियों ने ख़ूब हवा दी। 2004 के बाद के सभी सरकारी आयोजनों से अमिताभ का बहिष्कार किया गया। अमिताभ को फ़िल्म फेस्टिवल तक से दूर रखा गया।

ऐसे में अशोक चव्हाण जब बान्द्रा वर्ली सी लिंक में फ़ंक्शन में अमिताभ के साथ दिखे तभी लग गया अब बवाल होगा। अमिताभ को भी अन्दाज़ा था तभी तो फ़ंक्शन के एक दिन पहले उन्होंने अपने ब्लॉग में लिखा कि कल मैं महाराष्ट्र सरकार के एक कार्यक्रम में जा रहा हूँ और मीडिया इसमें भी मीनमेख निकालेगा। मीनमेख निकला, लेकिन मीडिया ने नहीं काँग्रेस ने निकाला। काँग्रेस ने साबित करने की कोशिश की कि अमिताभ मोदी के साथ हैं इसलिए अछूत हैं और अशोक चव्हाण का उनके साथ मंच पर रहना ग़लत है। यह सब बकवास है मोदी के साथ होने को सिर्फ़ बहाना बनाया गया है। हक़ीक़त में दोनों परिवारों के बीच बीस सालों से ज़्यादा की कटुता ही इस हो-हल्ले का कारण है और एक कमज़ोर, थोड़े अनुभवहीन मुख्यमन्त्री को उसकी औक़ात बतायी गयी है कि ज़्यादा मत उछलो, नहीं तो धूल में मिला दिये जाओगो।

साथ ही मोदी का नाम लेकर काँग्रेस ने अपने मुस्लिम तुष्टीकरण की नीति को और पुख्ता किया है। काँग्रेस पिछले दिनों लगातार उत्तर प्रदेश और बिहार के मद्देनज़र मुसलमानों को अपनी तरफ़ लाने की पुरज़ोर कोशिश में जुटी है। और गुजरात दंगों के कारण काँग्रेस की नज़र में मोदी से बड़ा कोई मुस्लिम विरोधी फ़िलहाल देश में है नहीं। और काँग्रेस ने बड़ी चालाकी से अमिताभ के बहाने मुसलमानों को सन्देश दिया है कि जिसे वो मौत का सौदाग़र मानती है उसे वो कतई माफ़ करने को तैयार नहीं और वो कोई भी आदमी जो मोदी के साथ जुड़ेगा वो भी उनके लिए उतना ही बड़ा अछूत है चाहे वो कितना ही बड़ा शख़्स क्यों न हो।

लेकिन क्या काँग्रेस के दरबारी इस सवाल का जवाब देंगे कि अगर अमिताभ अछूत हैं तो क्या गुजरात की वो जनता भी अछूत है जिसने मोदी को मुख्यमन्त्री बनाने के लिए वोट दिया। क्या अमिताभ का नियम प्रधानमन्त्री और राष्ट्रपति और उनके उन मन्त्रियों पर लागू नहीं होना चाहिए जो मोदी के साथ मंच शेयर करते हैं? क्या उस विधानसभा का भी बहिष्कार नहीं किया जाना चाहिए जहाँ मोदी जाते

हैं और बैठते हैं और जहाँ काँग्रेस के विधायक मोदी के साथ बहस में हिस्सा लेते हैं? क्या उस सड़क का, उस बिल्डिंग का कभी निषेध नहीं कर देना चाहिए जहाँ मोदी रहते और गुजराते हैं? यह पागलपन है। और इसे ख़त्म होना चाहिए क्योंकि लोकतन्त्र में विचारों और विचारधाराओं का विरोध होना चाहिए, निषेध नहीं। और न ही निषेध होना चाहिए विरोधी विचारों और विचारधाराओं को माननेवालों का। यह लोकतन्त्र की मूल भावना के ख़िलाफ़ है। ऐसा तानाशाही में होता है। और हिन्दुस्तान में तानाशाही नहीं है। इसलिए मोदी का कटु आलोचक होने के बाद भी मैंने कभी मोदी का बहिष्कार नहीं किया लेकिन राजनीति दूसरे तरह का खेल है।

दैनिक भास्कर, 29.03.2010

धृतराष्ट्रों का अधूरा लोकतन्त्र

तमिलनाडु में एक राजनीतिक भूचाल की आहट सुनायी पड़ने लगी है। करुणानिधि अभी ज़िन्दा हैं और उनकी जगह लेने के लिए बेटों में जंग शुरू हो गयी है। करुणानिधि तो लम्बे समय से स्टालिन को अपना उत्तराधिकारी बनाना चाहते हैं और पार्टी को इस पर कोई आपत्ति भी नहीं है। लेकिन अचानक आ गये अलागिरि, करुणानिधि के बड़े बेटे। तमिलनाडु की राजनीति के बाहुबलि। ख़ास बात यह कि अलागिरि की दावेदारी करुणानिधि की इच्छा के ख़िलाफ़ है।

तमिलनाडु के दो भाईयों की इस कहानी ने एक बार फिर भारतीय राजनीति के उस महाभारत की याद दिला दी है जहाँ हर नेता धृतराष्ट्र है और परिवारवाद एक सच्चाई। इस कुरुक्षेत्र में धृतराष्ट्र के लिए न नीति महत्वपूर्ण है और न ही लोकतन्त्र। अहम है पार्टी के सीने में मज़बूती से पेबस्त परिवार का खूँटा। और खूँटे से बँधे टँगे वो नेता जिनकी न ज़मीन है और न ही ईमान। और लोकतन्त्र सिर्फ़ इस परिवारवाद को साधने और उसे सही साबित करने का भुजदंड। ऐसे में करुणानिधि को ही पूरे खेल का विलेन क्यों मानें। कश्मीर से कन्याकुमारी तक सभी नेता के भेष में बाप हैं और बाप के रूप में धृतराष्ट्र।

शेख़ अब्दुल्ला गये तो फारुख़ आ गये और फारुख़ के बाद ओमार अब्दुल्ला, दूसरी तरफ़ हैं मुफ़्ती सईद और उनकी बेटी महबूबा। पड़ोस के पंजाब में प्रकाश सिंह बादल हैं तो बेटे सुखबीर बादल भी, कुछ और रिश्तेदार भी पार्टी पर क़ाबिज़ हैं। उत्तर प्रदेश में मुलायम सिंह यादव के परिवार का ज़िक्र करने की ज़रूरत नहीं, बिहार में लालू परिवार के बारे में तो सभी को पता है। हरियाणा में भजन लाल का कुनबा है तो देवी लाल, बंसी लाल, भूपिन्दर सिंह हुड्डा और शमशेर सिंह सुरजेवाला के ख़ानदान भी। मध्य प्रदेश में सिन्धिया परिवार तो अर्जुन सिंह कहाँ पीछे रहनेवाले, महाराष्ट्र में शरद पवार बेटी सुप्रिया को एनसीपी की बागडोर सौंप के ही मानेंगे। शिवसेना में बालासाहेब ठाकरे की पसन्द हैं उद्धव।

कर्नाटक में देवेगौड़ा परिवार और आन्ध्र प्रदेश में एनटीआर परिवार भला

कहाँ किसी से पीछे हैं। मज़ेदार बात यह है कि एमजीआर की विरासत को लेकर एआईएडीएमके में कशमकश पत्नी जानकी रामचन्द्रन और प्रेमिका जयललिता में ही हुई किसी दूसरे नेता में इतना बूता कहाँ था। और इन सबसे ऊपर नेहरू-गाँधी परिवार। चौथी पीढ़ी देश का प्रधानमन्त्री बनने को व्याकुल है।

ऐसे में यह सवाल उठना लाजिमी है कि कहीं हमारे लोकतन्त्र में तो कोई खामी नहीं है? आख़िर कहीं कुछ तो होगा कि उड़ीसा के लोग एक निहायत ही नये नवेले नवीन पटनायक को लगातार तीन बार मुख्यमन्त्री के तौर पर मान लेते हैं। बीजू बाबू राजनेता थे लेकिन नवीन का राजनीति से क्या लेना-देना? वो तो आराम से न्यूयॉर्क में मज़े ले रहे थे और पैरा ट्रूपर्स की तरह उतरे और छा गये।

गहरे उतरके अगर देखें तो पंडित-नेहरू के पहले देश की राजनीति में इस परिवारवाद की जड़ें दिखायी नहीं पड़तीं। जवाहरलाल नेहरू दिसम्बर 1929 में जब लाहौर सम्मेलन में काँग्रेस के अध्यक्ष बने तो उन्होंने यह ज़िम्मेदारी अपने पिता मोतीलाल नेहरू से ली थी जो तब काँग्रेस अध्यक्ष थे। हालाँकि जवाहरलाल और मोतीलाल दोनों के विचारों में भारी अन्तर था। जहाँ जवाहरलाल पूर्ण स्वराज के पक्ष में थे वहीं मोती लाल अंग्रेज़ों से सिर्फ़ डोमिनियन स्टेटस ही चाहते थे। लेकिन जवाहरलाल की चली और लाहौर में गाँधीजी की सहमति से पूर्ण स्वराज का प्रस्ताव भी पास हुआ। शायद तब इतना लोकतन्त्र था कि बेटा बाप के विचारों के ख़िलाफ़ जा सकता था।

नेहरूजी ने इन्दिरा गाँधी को बाकायदा बड़ी ज़िम्मेदारियों के लिए ट्रेन किया। यह अलग बात है कि इन्दिरा प्रधानमन्त्री लाल बहादुर शास्त्री की मौत के बाद बनीं और इसमें नेहरू का कोई रोल नहीं था। देश पर परिवारवाद थोपने के लिए पार्टी ही ज़िम्मेदार थी। इन्दिरा ने भी पहले संजय और बाद में राजीव को आगे बढ़ाया लेकिन राजीव को प्रधानमन्त्री बनाने में उनकी कोई भूमिका नहीं थी। उन्हें भी पार्टी ने ही कुर्सी परोस कर दी। राजीव के बाद सोनिया के लाख इंकार के बाद भी काँग्रेस पार्टी ने अध्यक्ष पद लेने के लिए मजबूर किया। यह अलग बात है कि राहुल की ताजपोशी की पूरी तैयारी अभी से की जा रही है।

इस बहस में तीन बातें उभरके सामने आती हैं। एक, नेहरू-गाँधी परिवार हो या फ़िर कोई और सभी अपने जीते जी अपने उत्तराधिकारी के लिए परिवार के ही सदस्य को आगे बढ़ाते हैं। दो, बीजेपी और वामपन्थी पार्टियों को छोड़कर पार्टी अपने नेता के सामने पूरी तरह से नतमस्तक रहती है। पार्टी परिवारवाद का विरोध नहीं करती। परिवारवाद में अपना भविष्य देखती है। जैसेकि इन्दिरा के बाद राजीव और राजीव के बाद सोनिया की ताजपोशी इसलिए की गयी कि सिर्फ़ नेहरू-गाँधी परिवार का व्यक्ति ही पार्टी को एकजुट रख सकता है। तीन, जनता जनार्दन भी

पार्टी के द्वारा ऊपर से थोपे गये ऐसे परिवारवादी नेतृत्व को स्वीकार कर लेती है। नरसिंहा राव और सीताराम केसरी के ज़माने में काँग्रेस का जनाधार लगातार कम हुआ और पार्टी काफ़ी कमज़ोर हुई जबकि सोनिया के आने पर पार्टी को मज़बूती मिली। बीजू की मौत के बाद बीजू जनता दल बना ज़रूर लेकिन उसको सँभाले रहने के लिए नवीन को राजनीति में लाना ज़रूरी था और नवीन की तमाम कमज़ोरियों के बाद भी उड़ीसा के लोगों ने उन पर विश्वास किया और बीजू के साथ के दूसरे नेताओं को नकार दिया।

ऐसे में सवाल यह है कि खामी किस स्तर पर है? राजनीति के स्तर पर या फिर समाज के स्तर पर? मेरा यह मानना है कि दिक़्क़त समाज के लेवल पर है। भारत समेत पूरे दक्षिण एशिया को अभी विकास की प्रेक्रिया में काफ़ी मशक्कत करनी है। वो आधुनिक होने का दावा तो करता है लेकिन अभी भी सामन्तवाद की गिरफ़्त से निकल नहीं पाया है। यह सामन्तवादी असर है कि महिलाओं को कमतर समझने के बाद भी सिर्फ़ इसलिए श्रीलंका में श्रीमाओ भंडारनायके, पाकिस्तान में बेनज़ीर भुट्टो, भारत में इन्दिरा गाँधी और बंगलादेश में शेख़ हसीना को प्रधानमन्त्री के तौर पर स्वीकार कर लिया जाता है। इन सबकी एकमात्र ख़ूबी थी अपने देश के एक बहुत ताक़तवर परिवार का सदस्य होना।

भारतीय सन्दर्भ में तो अवतारवाद की वजह से यह परम्परा हमारे और आपके मानस में और गहरे धँसी हुई है। अवतारवाद और सामन्तवाद की बुनियाद ग़ैरबराबरी पर टिकी है। अवतार की तरह सामन्त बाक़ी लोगों से अलग होते, प्रिविलेज़्ड, सर्वशक्तिमान, सार्वभौम। इन पर वही नियम नहीं लागू होते जो आम-जन के लिए होते हैं। और जनता इन सामन्तों, अवतारों के सामने समर्पण में अपना कल्याण देखती है और सुरक्षा भी। यह रिश्ता धार्मिक भाषा में भगवान और भक्त का सा होता है। नेता ईश्वरीय अंश होता है जो स्वाभाविक प्रक्रिया में परिवार में ट्रांसफ़र हो जाता है। यह सोच लोकतन्त्र और आधुनिकता के ख़िलाफ़ है। ऐसे में यह परम्परा ख़त्म होनी चाहिए और नेता और पार्टी और जनता का रिश्ता बराबरी का होना चाहिए भगवान और भक्त का नहीं। और जब तक ऐसा नहीं होगा धृतराष्ट्र हावी रहेंगे और लोकतन्त्र अधूरा।

हिन्दुस्तान, 04.04.2010

मार्क्सवाद की शव साधना

1990 में अधिकारिक तौर पर मार्क्सवाद की मौत हो गयी लेकिन उसके शव को लेकर अभी भी कुछ लोग घूम रहे हैं। लेनिन के रूस ने इस शव को दफ़न कर दिया है और माओ का चीन इस शव को भूल चुका है लेकिन इस देश में कुछ सिरफ़िरों को अभी भी लगता है कि मार्क्स की तन्त्र साधना करके इस शव में जान फूँकी जा सकती है। इसलिए किशनजी 2011 में कोलकाता में सशस्त्र क्रान्ति का सपना सँजो रहे हैं। और पिछले दिनों दन्तेवाड़ा के जंगलों में 76 जवानों का क़त्ल करके यह सोचने भी लगे हैं कि अब क्रान्ति दूर नहीं है और बहुत जल्द ही दिल्ली पर भी उनका क़ब्ज़ा हो जायेगा।

इन सिरफ़िरों के कुछ सिरफ़िरे दोस्त भी इसी यकीन पर क़ब्ज़ा जमाये बैठे हैं और पत्रिकाओं और टीवी चैनलों में ज़ोर दे दे कर भारतीय सुरक्षा एजेंसियों को बलात्कारी और कातिलों की जमात ठहराने के लिए अंग्रेज़ी और हिन्दी के शब्दों का ख़ूबसूरत इस्तेमाल भी करने लगे हैं। लेकिन ये भूल जाते हैं कि दिल्ली के आरामपसन्द माहौल में रहकर नक्सलियों की वकालत करना आसान है लेकिन इस सच्चाई से रूबरू होना मुश्किल कि अगर ये नक्सली वाकई में अपने मक़सद में कामयाब हो गये तो सबसे पहले इनकी ही जुबान पर ताला लगेगा और अगर चारू मजूमदार की भाषा में बात हुई तो एनीहिलेशन थियरी के मुताबिक़ सबसे पहले क़त्ल भी इन्हीं सम्भ्रान्त लोगों का होगा जैसे रूसी क्रान्ति के सबसे बड़े अगुआ लियोन ट्रॉटस्की के साथ रूसी क्रान्तिकारियों ने किया। चे गुवेरा बनने का ख़्वाब देखना आसान है लेकिन यह समझना मुश्किल कि अगर वाकई में नक्सली सत्ता में आये तो क्या होगा।

ये 'समझदार' लोग यह भूल जाते हैं कि 18 मई 1967 को जंगल सन्थाल ने जब नक्सलबाड़ी आन्दोलन की शुरुआत की थी तो यह महज़ भूमिहीन किसानों को ज़मीन देने का आन्दोलन नहीं था जैसे अब इस वक़्त कुछ लोगों को यह भ्रम हो गया है कि माओवादी आदिवासियों और भूमिहीनों की लड़ाई लड़ रहे हैं। कुछ

कहते हैं कि बड़ी-बड़ी कम्पनियों के हितों की रक्षा के लिए ऑपरेशन 'ग्रीन हंट' किया जा रहा है और पी. चिदम्बरम इन कम्पनियों के सबसे बड़े पैराकार हैं क्योंकि वे मन्त्री बनने के पहले ऐसी एक बड़ी कम्पनी के वकील रह चुके हैं। आदिवासी और भूमिहीन दरअसल माओवादियों के लिए एक लबादा हैं जो इनके असली मंसूबों को छिपाने में मदद करता है। चारू मजूमदार के ऐतिहासिक आठ दस्तावेज़ को अगर ध्यान से पढ़ा जाये तो साफ़ पता चलता है कि नक्सलवादियों माओवादियों को भारतीय लोकतान्त्रिक व्यवस्था में विश्वास नहीं है। चारू मजूमदार के मुताबिक़ भारतीय राज्य एक बुर्जुआ राज्य है। इसका संविधान बुर्जुआ है। और उनकी नज़र में सीपीएम और सीपीआई रूपी मार्क्सवादियों ने भारतीय संविधान को मानकर साम्यवादी विचारधारा के साथ विश्वासघात किया है इसलिए ये उन्हें रिवीजनिस्ट यानी भटकाववादी कहते हैं जो मार्क्सवादी भाषा में एक भद्दी गाली है। मजूमदार की नज़र में लोकतन्त्र एक छलावा है और शान्ति के रास्ते पर चलकर सत्ता नहीं हथियाई जा सकती है। माओ उनके आदर्श हैं जो कहा करते थे कि सत्ता बन्दूक़ की नली से निकला करती है।

चारू मजूमदार ने माओ से प्रभावित होकर ही 'एनीहिलेशन थियरी' का प्रतिपादन किया था जिसका मतलब था कि वर्गविहीन समाज बनाने के लिए अगर एक-एक वर्ग शत्रु को मौत के घाट भी उतारना पड़े तो सही है। दिलचस्प बात यह है कि गिरफ़्तारी के बारह दिन के अन्दर जब पुलिस कस्टडी में चारू मजूमदार की सन्दिग्ध स्थिति में मौत हुई तो उनके समर्थकों को अचानक मानवाधिकार की याद आने लगी। इनमें नोम चॉम्स्की और सिमोन द बोउवा जैसे नामचीन लोग भी थे और ऐसे तमाम लोगों की नज़र में सिद्धार्थ शंकर रे एक रक्तपिपासू मुख्यमन्त्री हो गये थे। तब इन लोगों को यह याद नहीं आया कि चारू मजूमदार इंसानी गर्म ख़ून बहाने के सबसे बड़े सिद्धान्तकार थे।

आज के नक्सली माओवादी भी उसी रास्ते पर हैं। आदिवासियों, भूमिहीनों की लड़ाई की बात बकवास है। यह भारतीय लोकतान्त्रिक व्यवस्था को उखाड़ फेंकने की साजिश है। ये वो लोग हैं जो भारतीय स्वतन्त्रता की लड़ाई को भी नहीं मानते। इनके मुताबिक़ 1947 में सत्ता बदली। सत्ता का स्वरूप नहीं बदला। सत्ता अंग्रेज़ बुर्जुआ के हाथ से भारतीय बुर्जुआ के हाथ आयी। यह पहले भी दमनकारी थी और 1947 के बाद भी दमनकारी है, यह पहले भी सर्वहारा के ख़िलाफ़ थी और बाद में भी। यही कारण है कि आज़ादी के फ़ौरन बाद जब देश भयानक संकट के दौर पर जूझ रहा था तो सीपीआई के कुछ मार्क्सवादियों को इस संकट की घड़ी में एक मौक़ा दिखा और तेलंगाना के बहाने सशस्त्र क्रान्ति का आहवान किया, इनको लगा यही मौक़ा है साम्यवादी क्रान्ति का। भारतीय राज्य व्यवस्था कमज़ोर है एक झटका देने

पर 1917 के रूस की तरह चरमरा जायेगी और वो सत्ता पर क़ाबिज़ हो जायेंगे।

मैं आज भी मानता हूँ कि मार्क्सवाद की शव साधना में लगे ये माओवादी अपने मक़सद में कामयाब नहीं होंगे। मेरा बस इनसे और इनके समर्थकों से छोटा-सा सवाल है कि अगर इन्हें वाकई ग़रीबों, आदिवासियों, भूमिहीनों की परवाह है और यह यकीन कि ये लोग उनके साथ हैं तो क्यों नहीं ये भारतीय लोकतन्त्र में हिस्सा लेते, भारतीय संविधान के तहत अपनी पार्टी क्यों नहीं खड़ी करते, चुनाव क्यों नहीं लड़ते और जीत हासिल कर वो उन नीतियों को लागू क्यों नहीं करते जो यह चाहते हैं। क्योंकि लोकतन्त्र में वही राजा है जिसके साथ लोग हैं और इनका दावा है कि लोग इनके साथ हैं। लेकिन यह ऐसा नहीं करेंगे क्योंकि लोग कभी सिरफ़िरों के साथ नहीं होते। ऐसे में यह लोकतन्त्र और चुनाव का रास्ता क्यों अपनायेंगे। यह तो बस अपने सिरफ़िरेपन में एक ऐसे प्रयोग को अंजाम देने में लगे हैं जो सिर्फ़ रक्तरंजित समाज की रचना कर सकता है, हमारी और आपकी स्वतन्त्रता की रक्षा नहीं कर सकता।

दैनिक भास्कर, 12.04.2010

ज़रूरत कारनामे को बचाये रखने की है

तकरीबन दो साल पहले जब आईपीएल की शुरुआत हुई थी तो ललित मोदी के इंटरव्यू की बात उठी। लोगों ने कहा मोदी हिन्दी नहीं बोल पाता। वह तुतलाता है। काफ़ी सोच-विचार के बाद मोदी से बातचीत का फ़ैसला किया। मोदी ख़ुद हमारे स्टूडियो आये और उनसे सवाल-जवाब शुरू हुए। मुझे भी आईपीएल की कामयाबी पर आशंका थी और शायद मोदी भी बहुत आश्वस्त नहीं थे। बातचीत में वो ज़्यादा कॉन्फ़िडेंट नहीं दिखे।

अगले साल जब फिर आईपीएल की बात आयी तब तक मुम्बई पर हमला हो चुका था। और सरकार आईपीएल को सुरक्षा देने को तैयार नहीं थी। आख़िरी वक़्त पर उसे दक्षिण अफ्रीका शिफ़्ट करना पड़ा। दोनों बार आईपीएल ने रिकॉर्ड तोड़े और अपने आलोचकों का मुँह बन्द करवा दिया। दोबारा जब मोदी का इंटरव्यू किया तो मोदी बदल चुके थे। अब उनका तुतलाना काफ़ी कम हो गया था। उनके तेवर भी बदल चुके थे। आईपीएल ने पूरी दुनिया में धूम मचा दी थी। लोग मोदी में दुनिया का सर्वश्रेष्ठ खेल प्रशासक देख रहे थे। ऐसे में जब तीसरे आईपीएल की बात आयी तो हर किसी की जुबान पर मोदी का ही नाम। तभी बम की तरह फटा शशि थरूर विवाद और मोदी पर आरोपों की बौछार।

मुझे नहीं मालूम कि सच्चाई क्या है। यह भी नहीं दावे से कह सकता कि मोदी सही हैं या फिर थरूर। आईपीएल में घोटाला हुआ है या नहीं? इतना ज़रूर कह सकता हूँ कि आईपीएल ने क्रिकेट में क्रान्ति ला दी है। क्रिकेट अब वो नहीं रह गया है जो आज से तीन साल पहले था। क्रिकेट बदल गया है। उसकी शक्लोसूरत बदल गयी है। उसका अन्दाज़ बदल गया है। क्रिकेट अब लॉर्ड्स में तीन ताली का खेल नहीं रह गया है। क्रिकेट में अब यह सवाल उठने लगा है कि टेस्ट क्रिकेट खेलना चाहिए या नहीं या फिर वनडे का कोई मतलब है या नहीं?

जो क्रिकेट पाँच दिनों तक खेला जाता था वो अब तीन घंटे का गेम हो गया है। प्राइम टाइम का गेम, फुटबॉल और बेसबाल की तरह। इसमें पैसा है, ग्लैमर है,

नयी ऊर्जा है, इंटरटेनमेंट है और अगर कहें तो नयी पीढ़ी के अरमान हैं, उम्मीदें हैं, उनका विश्वास है और सबसे अलग है दुनिया के नक्शे पर छा जाने की तमन्ना। एक भविष्य के सुपरपावर के सारे लक्षण। अगर सॉफ़्ट पावर क्रान्ति में पहली बार दुनिया ने उभरते भारत की पदचाप सुनी तो आईपीएल ने इस पदचाप को गति दी और यह भी जता दिया कि भारत की आर्थिक क्रान्ति तुक्का नहीं है। जब देश तरक़्क़ी करता है तो सिर्फ़ एक क्षेत्र में नहीं करता, उसकी तरक़्क़ी चौमुखी होती है। और आईपीएल इस चौमुखी तरक़्क़ी को बड़े ही शरारती अन्दाज़ में इंगित करता है। और मोदी उस शरारत की एक नयी पहचान हैं। मैं नहीं कहता कि मोदी निर्दोष हैं। अगर वो ग़लत हैं तो उनके ख़िलाफ़ कार्रवाई होनी चाहिए लेकिन सँभल के। क्योंकि बहुत कम लोगों को यह अन्दाज़ है कि मोदी और आईपीएल ने भारतीय क्रिकेट को क्या दिया है और उसे किस मुक़ाम पर पहुँचाया है।

यह जानने के लिए ज़्यादा नहीं बस कुछ साल पीछे जाने की ज़रूरत है। भारतीय क्रिकेट को दुनिया में वैसे ही गम्भीरता से नहीं लिया जाता था जैसे भारत को। भारत की इमेज अगर सपेरों के देश की थी तो भारतीय टीम थी जो सिर्फ़ हारने के लिए खेलती थी। जिसके पास एक अदद ग्यारह खिलाड़ी भी नहीं हुआ करते थे। हमारे पास ऐसे बल्लेबाज़ थे जो तेज़ गेंदबाज़ों को देखकर स्क्वायर लेग की तरफ़ भाग जाते थे। लिली, मार्शल को देखकर घिग्घी बँध जाया करती थी। कहने को गावस्कर या विश्वनाथ ने किसी तरह से हमारी लाज बचा रखी थी। ग़रीब और कुपोषित लोगों के बीच एक तेज़ गेंदबाज़ खोजना दुनिया का आठवाँ आश्चर्य था। मैंने उस टेस्ट मैच की कमेंट्री सुन रखी है जब गावस्कर ने नयी गेंद से भारत की बॉलिंग की शुरुआत की और दूसरे एंड पर चन्द्रशेखर ने गेंद फेंकी। कभी इतिहास में दत्तू फड़कर का नाम आता या फिर रमाकान्त देसाई का या आबिद अली का या फिर ज़्यादा याददाश्त पर ज़ोर डालें तो सी.के. नायडू की अगुवाई में खेली तेज़ गेंदबाज़ी की जोड़ी के तौर पर अमर सिंह और मोहम्मद निसार का नाम आता है। कहने का अर्थ यह कि तेज़ गेंदबाज़ों का ऐसा अकाल कि विश्वस्तरीय स्पिन गेंदबाज़ों के बावजूद भारतीय गेंदबाज़ी लंगड़ी ही नज़र आती थी और पूरी टीम उपहास का पात्र। 1983 के वर्ल्डकप के पहले तक भारत ने वनडे में सिर्फ़ एक मैच जीता था वो भी ईस्ट अफ्रीका के ख़िलाफ़ अन्यथा हमने दो वर्ल्डकप में सारे मैच हारे थे और गावस्कर ने 60 ओवर में 36 रन बनाने का ना टूटनेवाला रिकॉर्ड बना रखा था।

गावस्कर और कपिल देव की जोड़ी ने भारतीय क्रिकेट के परिदृश्य को बदला। 1983 वर्ल्डकप और 85 में बेसेंन हेजेज की जीत ने इस मिथ को तोड़ा कि वो जीत नहीं सकती है। सचिन के आगमन ने इस सोच को और बल दिया पर सौरव गांगुली, राहुल द्रविड़, वीवीएस लक्ष्मण और वीरेन्द्र सहवाग की सामूहिक मौजूदगी ने पहली

बार भारत की बढ़ती आर्थिक प्रगति के बरक्स यह साबित किया कि हिन्दुस्तानी अब बदल गया है। वो अब हारने के लिए नहीं जीतने के लिए खेलता है। यह बड़ा भारी बदलाव था। टीवी और क्रिकेट के लिए पागल जनता ने इंटरनेशनल क्रिकेट का पावर स्ट्रक्चर ही तोड़ दिया और क्रिकेट का पावर सेंटर इंग्लैंड और ऑस्ट्रेलिया की ज़मीन से निकल भारत आ गया। यह एक सच्चाई है। आईपीएल ने इस सच्चाई को न केवल नयी ऊँचाई दी बल्कि यह भी साबित कर दिया क्रिकेट में अब वो होगा जो भारत चाहेगा। बिल्कुल उसी तरह जैसे कैरी पैकर ने 70 के दशक में क्रिकेट का पूरा नक्शा बदलकर रख दिया था।

आज यूरोप, अमेरिका, मध्य एशिया और अफ्रीकी महाद्वीप में इसको हैरत की नज़र से देखा जाता है। आईपीएल ने यूरोपीय फूटबाल लीग को पीछे छोड़ दिया है और मुक़ाबले में सिर्फ़ रह गया है अमेरिका का बॉस्केटबाल टूर्नामेंट एनबीए। यानी आईपीएल ने फुटबॉल को भी पार कर लिया जो पैकर नहीं कर पाये। आज इसे एनबीए के बाद दुनिया का दूसरा सबसे बड़ा स्पोर्ट्स प्रॉडक्ट माना जाने लगा है वह भी सिर्फ़ तीन साल में। इसलिए मेरी इतनी सी इल्तजा है कि मोदी के ख़िलाफ़ कोई भी क़दम उठाने से पहले हमें यह सुनिश्चित करना होगा कि आईपीएल को नुक़सान न हो। क्योंकि मोदी अब तुतलाता नहीं है। अभी शुक्रवार को ही उनका फिर लम्बा इंटरव्यू किया है। क्योंकि एक क़दम क्रिकेट को हॉकी में बदल सकता है। यह ध्यान रहे, दोस्तो।

हिन्दुस्तान, 19.04.2010

शतरंजी बिसात पर एक मोहरा

मोदी को जाना ही होगा। मुझे कभी भी इस बारे में रत्ती भर भी शक नहीं था। आप सवाल कर सकते हैं कि आख़िर उसकी ग़लती क्या है? प्रफुल्ल पटेल और शरद पवार क्यों पद पर बने रहे? यह वो सवाल है जिसका जवाब मैं पिछले पूरे हफ़्ते खोजता रहा और पूरे हफ़्ते पत्रकार होने के बावजूद चौंकता रहा। कुछ चीज़ें तो बिलकुल ही समझ में नहीं आ रही थीं। पहली चीज़ आख़िर मोदी ने अचानक कोच्ची कंसोर्टियम से जुड़े शेयर होल्डर्स की बात ट्विटर पर क्यों डाली? जबकि पहले किसी भी फ्रैंचाइजी के बारे में ऐसा नहीं किया था। क्या यह महज़ इत्तेफ़ाक़ था या फिर इसके पीछे कोई बड़ी वजह?

अचानक मामले ने तूल पकड़ा और थरूर को इस्तीफ़ा देना पड़ा। कुछ लोगों ने समझा कि मामला ख़त्म हो गया। यह तो बस शुरुआत थी। संडे को थरूर का इस्तीफ़ा और सोमवार को अचानक आईपीएल के दफ़्तरों पर ताबड़तोड़ छापे। उससे ज़्यादा चौंकानेवाला छापे की हर ख़बर का मीडिया में आना। एक पत्रकार के नाते मैं यह कह सकता हूँ कि अमूमन इनकम टैक्स के छापों की जानकारी छापों के बाद पता चलती है और छापों में क्या हुआ इस बारे में तो काफ़ी वक़्त लग जाता है और इस बारे में हर किसी रिपोर्टर को पता भी नहीं चलता। यहाँ तो माजरा ही कुछ और था। हर छोटी-बड़ी जानकारी हर अदने से रिपोर्टर और चैनल के पास थी। वो भी फ़ौरन। ऐसा क्यों?

दो कारण हो सकते हैं। एक इनकम टैक्सवाले निहायत नाकाबिल और नालायक थे या फिर वो चाहते थे कि सारी जानकारी मीडिया में आये, लोगों को पता चले कि क्या हो रहा है। अपने अनुभव से कह सकता हूँ कि ऐसे हाई प्रोफ़ाइल मामलों से जुड़े अफ़सर बहुत संवेदनशील होते हैं। यानी कोई था जो एक रणनीति के बहाने ख़बरें लीक कर रहा था और इस लीक के बहाने किसी को सन्देश देने की कोशिश की जा रही थी। चूँकि मामला बहुत हाई प्रोफ़ाइल था, इसलिए किसी बड़े के इशारे पर ही ऐसा होना सम्भव है। सवाल वो कौन था? और कौन था टारगेट पर?

मामला आगे बढ़ा। इनकम टैक्स विभाग बेहद एक्टिव, एनफ़ोर्समेंट डायरेक्टरेट भी आ जुड़ा। ऐसी जाँच हुई कि पता चला कि आईपीएल जिसकी अभी तक सब तारीफ़ कर रहे थे, उसमें सब कुछ गड़बड़ है। जानकारी के मुताबिक़—एक, टैक्स चोरी की गयी है। दो, फ्रेंचाइज़ीज़ के शेयर होल्डर ठीक नहीं हैं। तीन, कुछ टीमों में पैसा सन्दिग्ध जगहों से आया। चार, इन पैसों का हिसाब किताब भी ठीक से या तो नहीं रखा गया या फिर छिपाया गया। पाँच, आईपीएल में अंडरवर्ल्ड का पैसा लगा है। छः, आईपीएल से जुड़े लोग मैचों में सट्टेबाज़ी कर रहे हैं। सात, मैच फ़िक्स किये गये हैं। आठ, विदेशी खिलाड़ियों को हवाला के ज़रिये पैसे दिये गये। नौ, मोदी ने अपने रिश्तेदारों को जी भरके फ़ायदा पहुँचाया। दस, मोदी ने बेनामी नाम से टीमों में पैसा लगाया और कमाई की। इन ख़बरों से ऐसा माहौल बना अगर आईपीएल को बन्द नहीं किया गया या मोदी को फ़ौरन नहीं हटाया गया तो कयामत आ जायेगी।

मीडिया में ख़बरें इस हद तक लीक की गयीं कि इनकम टैक्स जाँच के लिए बनी 'सोर्स रिपोर्ट' यानी वो रिपोर्ट जो शुरुआती पड़ताल के आधार पर बनायी जाती है ताकि जाँच के बिन्दुओं को रेखांकित किया जा सके। यह रिपोर्ट न तो सबूत होती है न ही किसी भी अदालत में इसका इसका कोई मतलब होता है। यानी क़ानूनन इस रिपोर्ट का कोई अर्थ नहीं होता है। इस रिपोर्ट को आधार मानकर मीडिया अपनी जाँच तो कर सकता है लेकिन इस रिपोर्ट को छापा नहीं जाता है। लेकिन इस बार मीडिया के एक तबक़े ने आँख बन्द कर इस रिपोर्ट को छाप दिया। यह समझ से परे है कि आख़िर इतने प्रबुद्ध और अनुभवी पत्रकार ऐसी ग़लती कर कैसे सकते हैं। ज़ाहिर है इसके पीछे भी कोई कारण तो होगा और सबसे हैरानीवाली बात यह है कि सरकार और बीसीसीआई ने एक बार भी अधिकारिक तौर पर रिपोर्ट के आधार पर बनी ख़बरों का खंडन नहीं किया। यानी कोई चाहता था कि ऐसी ख़बरें आयें और उसका इस्तेमाल किसी को निपटाने में किया जाये।

सरकारी जाँच एजेंसियों और मीडिया के इस गड़बड़झाले में अचानक दो बड़े मन्त्रियों के नाम सामने आ गये। दोनो ही पावरफुल। पहला नाम प्रफुल्ल पटेल और दूसरा शरद पवार। पवार को मोदी का गॉडफ़ादर माना जाता है। और दोनों का नाम आते ही लगने लगा मामला ज़रूरत से ज़्यादा गम्भीर होता जा रहा और ख़तरनाक भी। पवार पर हाथ डालना किसी भी सरकार के लिए आसान नहीं, लोग कहने लगे कहीं सरकार न गिर जाये। और संसद में गरमा-गरमी के बीच ये ख़बरें भी आयीं कि अब मामले को सँभालने की कोशिश की जा रही है। ऐसे में यह सवाल उठना लाजिमी है कि ऐसा पहले क्यों नहीं हुआ? पवार और पटेल का नाम आने के बाद ही यह कवायद क्यों? और मेरी नज़र में यही सवाल लाख टके का

है। यानी आईपीएल के बहाने कुछ और खेल चल रहा था, मोदी के बहाने किसी और पर चोट हो रही थी। ऐसे में सवाल यह कि शशि थरूर की तरह पवार और प्रफुल्ल पटेल का इस्तीफ़ा क्या माँगा जायेगा? मुझे लगता नहीं, क्योंकि जिसको सन्देश देना था उसे दे दिया गया और इसलिए अब थरूर के बाद सिर्फ़ मोदी को जाना होगा। वो सुना है न आपने बलि का बकरा। परदे के पीछे की असली लड़ाई के महज़ मोहरे।

दैनिक भास्कर, 26.04.2014

बदलते पाकिस्तान से वार्ता का अर्थ

थिम्पू में मनमोहन सिंह और यूसुफ़ रज़ा गिलानी मिले और फिर वही सवाल खड़ा हो गया। आख़िर भारत पाकिस्तान से क्यों बात करे? इसका हासिल क्या है? बड़ी आसानी से जॉन एफ़. कैनेडी के शब्दों में कहा जा सकता है कि जब दो मिलते हैं तो शान्ति होती है। शान्ति की तलाश में शर्म-अल-शेख़ के बाद दोनों नेताओं के बीच यह पहली मुलाक़ात थी। जहाँ बातचीत को आतंकवाद से जोड़कर नहीं देखने का करार हुआ था और जहाँ भारत ने बलूचिस्तान के मसले पर कहा था कि हमारी उसमें कोई भूमिका नहीं। हालाँकि दोनों ही बिन्दुओं पर मनमोहन को काफ़ी तल्खी और आलोचना झेलनी पड़ी थी। ऐसे में थिम्पू में दोनों ही नेता कुछ अतिरिक्त सावधानी बरतते दिखे। यह सही है कि सावधानी बरतनी चाहिए लेकिन उन बदलावों से भारत को आँख नहीं मूँदना चाहिए जो इस वक़्त पाकिस्तान में हो रहे हैं। और जो भारत और पाकिस्तान के रिश्तों में नया अध्याय जोड़ सकते हैं।

इधर पाकिस्तान में काफ़ी कुछ बदला है। कुछ बदलाव दिखायी पड़ रहे हैं कुछ नहीं। मेरा मानना है कि पाकिस्तान में बदलाव की शुरुआत बुनियादी है जो पाकिस्तान की शख़्सियत को बदल सकते हैं। पाकिस्तान में एक निर्णायक जंग जारी है। जंग कट्टरपन्थियों और उदारवादियों के बीच है। कट्टरपन्थी पाकिस्तान को शरीयत के मुताबिक़ चलाने पर आमादा हैं और जिन ताक़तों को ज़िया-उल-हक़ ने बोतल से बाहर निकाला था वे अब खुलकर पाकिस्तान की बागडोर अपने हाथ में लेना चाहती हैं। वे अब सेना या फिर आईएसआई के इशारे पर नाचने के लिए तैयार नहीं हैं।

पाकिस्तान कभी इस बात से ख़ुश था कि उसने अफ़ग़ानिस्तान में तालिबान पैदा किया और वहाँ पर भारत और दूसरी ताक़तों को जमने नहीं दिया। लेकिन इस्लामी कट्टरपन्थ अपनी विचारधारा में सरहदों को नहीं मानता। और धीरे-धीरे उसकी चिंगारी लाल मस्जिद और स्वात के ज़रिये कराची और लाहौर की सड़कों पर भी नज़र आने लगी। रोज़ बम फटने लगे। पाकिस्तानी सत्ता को खुलेआम चुनौती

मिलने लगी। इन घटनाओं ने पाकिस्तान के उदारवादी तबक़े को चौंका दिया। उन्हें पहली बार एहसास हुआ कि हिन्दुस्तान के ख़िलाफ़ जंग तब लड़ी जायेगी जब वो साबुत बचेंगे। अगर उनका वजूद ही नहीं बचेगा तो फिर कहाँ का हिन्दुस्तान और कौन सा कश्मीर। इस अनुभव ने एक नयी सोच को जन्म दिया है। और यह सोच पाकिस्तान में लोकतन्त्र की जड़ों को मज़बूत करने का काम कर रही है।

इन लोकतान्त्रिक जड़ों को कई स्तरों पर देखा और समझा जा सकता है। एक, न्यायपालिका ने काफ़ी मज़बूती दिखायी है। यह कह सकते हैं कि मुशर्रफ़ को उखाड़ फेंकने का काम वकीलों और जजों की अगुवाई में हुआ। चीफ़ जस्टिस इफ़्तिख़ार चौधरी की बर्ख़ास्तगी ने नयी लहर को जन्म दिया और लोग सैनिक शासन के ख़िलाफ़ सड़कों पर निकले। चुनाव हुआ और मुशर्रफ़ को देश छोड़के भागना पड़ा। इफ़्तिख़ार चौधरी दोबारा बहाल हुए। बहाली के बाद उन्होंने नये राष्ट्रपति ज़रदारी के ख़िलाफ़ भ्रष्टाचार के मामले फिर खोले तो कहीं से भी उनको हटाने की मुहिम शुरू नहीं हुई जैसाकि परवेज़ मुशर्रफ़ के ज़माने में हुआ था। दो, पाकिस्तान में अधूरे लोकतन्त्र के बावजूद मीडिया और विशेषकर टीवी न्यूज़ चैनलों ने गज़ब का आत्मविश्वास दिखाया है। मुम्बई हमले के समय कसाब के पाकिस्तानी रिश्तों को साबित करनेवाले मीडिया ने पिछले दिनों बिना डरे, बिना किसी दबाव में कई ऐसे मुद्दों पर बहस छेड़ी और सिलसिला जारी रखा जो आज से दस बरस पहले मुशर्रफ़ के ज़माने में सम्भव नहीं था। याद आता है मुशर्रफ़ की आलोचना करने पर जियो टीवी के दफ़्तर पर सेना का छापा। लेकिन इधर ऐसा कुछ भी नहीं हुआ।

तीन, सबसे अहम बात—सेना इस दौरान तटस्थ रही। वो चुनाव के फ़ौरन बाद मुशर्रफ़ के इशारों पर नाच सकती थी, लोकतान्त्रिक चुनाव को निरस्त कर सकती थी। सेना ने मुशर्रफ़ को अपने हाल पर छोड़ दिया। निहायत ही भ्रष्ट और नाकाबिल ज़रदारी को भी उसने बर्दाश्त किया। और अब वो खुली आँखों से प्रधानमन्त्री गिलानी और राष्ट्रपति ज़रदारी के बीच का सत्ता संघर्ष देख रही है और यह भी देख रही है कि किस तरह से ज़रदारी को कमज़ोर किया जा रहा है लेकिन उसने एक बार भी दख़ल नहीं दिया। जनरल कियानी मूकदर्शक बने हुए हैं। हो सकता है गिलानी ने सारी चालें उनकी सहमति से चली हों।

मेरा तो यह मानना है कि पिछले दिनों जिस तरह से पाकिस्तानी तालिबान ने आतंकवादी घटनाओं को अंजाम दिया उससे सेना सहम गयी है और कहीं न कहीं बचाव की मुद्रा में है। तीन बातें हुई हैं। एक, आतंकवादी हमलों को सेना ने अपने ख़िलाफ़ खुली चुनौती माना। पाकिस्तान में उन्हें पहली बार कोई चैलेंज कर रहा था। दो, अमेरिकी इशारे पर अफ़ग़ानिस्तान और उससे सटी पाकिस्तानी सीमा पर सेना के हमलों और उसमें कामयाबी नहीं मिलने की वजह से अपनी ही अवाम के बीच

उसकी साख कम हुई है। यह मिथ टूटा है कि सेना के इशारे के बग़ैर पाकिस्तान में पत्ता भी नहीं हिलता। और वो हर मर्ज की दवा है। तीन, तमाम गड़बड़ियों के बावजूद पाकिस्तानी सेना एक अनुशासित और मॉडर्न संस्था है। जो सत्ता सन्तुलन के लिए कट्टरपन्थियों से थोड़े बहुत समझौते तो कर सकती है लेकिन पूरी सत्ता इन जाहिलों के हाथ नहीं दे सकती। उसे ज़िया-उल-हक़ तो मंजूर हो सकता है लेकिन नकीबुल्लाह और बैतुल्लाह महसूद जैसे पाकिस्तानी मुल्ला उमर नहीं। सेना जानती है कि जिस दिन पाकिस्तान की सत्ता कट्टरपन्थियों के हाथ गयी उसे अफ़ग़ानिस्तान होने में एक सेकंड भी नहीं लगेगा।

इस मसले पर सेना और पाकिस्तानी सिविल सोसायटी की सोच एक है। इन दोनों का मानना है कि शरीयत के हिसाब से इस्लामी शासन को जितना दूर रखा जाये उतना ही बेहतर है। धर्म के नाम पर पाकिस्तान बना ज़रूर है लेकिन मजहब ही रोज़मर्रा की आम ज़िन्दगी को तय करने लगे यह सही नहीं है। यह ख़तरनाक है। दोनों को इस बात का एहसास है कि जनरल ज़िया ने सेक्युलर पाकिस्तान को वहाँ पहुँचा दिया जहाँ से सिर्फ़ बम के धमाके ही सुनायी देते हैं। ऐसे में कोई समझदार कैसे जानते-बूझते आनेवाली नस्लों को नर्क में ढकेल सकता है?

ऐसे में भारत को पाकिस्तान की इस निर्णायक लड़ाई को धैर्य से देखना चाहिए और जल्दबाज़ी में ऐसा कोई भी क़दम नहीं उठाना चाहिए कि उदारवादी कमज़ोर पड़ें और कट्टरपन्थियों का पलड़ा भारी हो। हमें अपनी सीमा पर तालिबान कतई नहीं चाहिए। क्योंकि उदारवादी पढ़े-लिखे लोगों से तो बहस डिप्लोमेसी हो सकती है, जाहिलों से नहीं। ऐसे में पाकिस्तान से बातचीत चलती रहे भले ही फ़िलहाल हासिल कुछ न हो।

हिन्दुस्तान, 03.05.2010

दुनिया के जातिवादी एक हो

मंडल कमीशन लागू ही हुआ था। अचानक मुझे अपने दोस्तों में कुछ बदलाव दिखायी पड़े। दोस्तों के नाम के आगे कुछ नये नाम चस्पाँ होने लगे। किसी के आगे 'यादव' जुड़ गया तो किसी के आगे 'मिश्रा'। ज़ोरशोर से प्रचार भी होने लगा कि वो अमुक जाति के हैं। मुझे भी अपनी जाति पता थी। लेकिन ये वो लोग थे जो काफ़ी समय से कैम्पस में रह रहे थे और हमेशा प्रगतिशील राजनीति के बारे में ही बातें किया करते थे। इन लोगों के लिए जाति समाज को तोड़नेवाली चीज़ थी। इनकी नज़र में 'क्लास' यानी 'वर्ग' ही महत्वपूर्ण था। ये अपने-आपको मार्क्सवादी कहते थे और सीपीएम, सीपीआई और कुछ दूसरी रेडिकल लेफ़्टवादी पार्टियों की छात्र शाखा के सक्रिय सदस्य थे।

मुझमें जितनी समझ थी उसके मुताबिक़ मैंने मंडल कमीशन का विरोध करने की ठानी। बहुत सारे उच्च जाति के साथी साथ हो लिये। मैं कहता था कि यह जाति व्यवस्था ही गड़बड़ है, इसलिए हमें मंडल का नहीं पूरी जाति आधारित राजनीति का विरोध करना चाहिए क्योंकि मंडल से जातिवाद का ज़हर और फैलेगा। आरक्षण की जगह सबको सरकार की तरफ़ से बराबर का मौक़ा मिलना चाहिए और बराबर की सुविधाएँ दी जानी चाहिए और जो पिछड़े हैं उनकी पढ़ाई-लिखाई के लिए विशेष इन्तज़ाम होने चाहिए ताकि वो दूसरों के साथ बराबरी से कम्पीट कर सके। इस बीच मैंने अपने आन्दोलनकारियों के सामने एक प्रस्ताव रखा कि हमें जाति सूचक शब्दों का त्याग कर एक नयी शुरुआत करनी चाहिए। जातिवादी सरनेम हमेशा के लिए छोड़ देने चाहिए। अगले दिन मैं तय समय पर पहुँचा। काफ़ी देर तक इन्तज़ार किया कोई नहीं आया। मैं अकेला ही था। मैंने अपने नाम के आगे जातिवादी सरनेम हटा लिया। बाद में मित्रों से पूछा कि उस संकल्प का क्या हुआ जो हमने कल लिया था। सबने एक स्वर में कहा—'पागल हो कोई अपनी जाति छोड़ता है?'

मुझे एक हफ़्ते में दूसरी बार जेएनयू जैसे प्रगतिशील, आधुनिक समाज में जाति की ताक़त का एहसास हुआ। इसके बाद फिर कभी मैंने जाति को कम कर आँकने

की गुस्ताख़ी नहीं की। यह वो वक़्त था जब देश की राजनीति में मन्दिर के साथ-साथ मंडलवादी राजनीति अपने पूरे उफान पर थी। लालू यादव, मुलायम सिंह यादव, शरद यादव, नीतीश कुमार, रामविलास पासवान अचानक देश की राजनीति पर धूमकेतु की तरह उभर आये। हालाँकि मंडल कमीशन वी.पी. सिंह ने लागू किया था, देवीलाल को नीचा दिखाने के लिए। लोगों ने यह सोचा कि वी.पी. सिंह अब पिछड़ी जाति के नये मसीहा बनकर उभरेंगे और पहले से ज़्यादा ताक़तवर हो जायेंगे।

लेकिन ऐसा हुआ नहीं। जाति अगर सच्चाई है तो पिछड़ों और दलितों की नुमाइन्दगी वी.पी. सिंह नहीं लालू, मुलायम और पासवान ही करेंगे, ऐसा मेरा सोचना था। और हुआ भी यही जिस शख़्स की वजह से पिछड़ों को आरक्षण मिला था उसे इतिहास के कूड़ेदान में फेंक दिया गया और लालू, मुलायम और पासवान नये जननायक बन गये। लालू को सबसे ज़्यादा फ़ायदा हुआ। क्योंकि जातिवाद का सबसे अधिक भावनात्मक दोहन उन्होंने किया। लालू ने खुलेआम भूरे बाल यानी ऊँची जातियों को साफ़ करने का ऐलान किया था। इस जातिवादी राजनीति की लगाम थाम उनकी पार्टी पन्द्रह साल तक बिहार में गद्दी पर क़ाबिज़ रही। उनको हटाया भी तो एक पिछड़ी जाति के नेता नीतीश कुमार ने ही। जगन्नाथ मिश्रा जैसे तपे-तपाये ब्राह्मण नेता की ज़मीन ऐसी गोल हुई कि आज भी कोई ऊँची जाति का नेता मुख्यमन्त्री बनने के बारे में नहीं सोच सकता।

पड़ोस के उत्तर प्रदेश में भी सत्ता मुलायम, कल्याण और मायावती के बीच ही डोलती रही। हालाँकि कुछ समय के लिए समझौते के तौर पर राम प्रकाश गुप्ता ज़रूर मुख्यमन्त्री बने थे लेकिन वो भी बीजेपी की वजह से अपने कारण से नहीं। आज मंडल के बीस साल बाद, देश की राजनीति पूरी तरह से बदल जाने के बाद भी लालू, मुलायम, मायावती को नकार के कम से कम यूपी-बिहार में काम नहीं चल सकता है और न ही उनकी सहमति के बग़ैर केन्द्र में सरकार रह सकती है। ऐसे में सवाल यह उठता है कि जाति के आधार पर होनेवाली जनगणना का विरोध क्यों किया जा रहा है? क्यों हम यह दुहाई दे रहे हैं कि इसके बाद देश में जातिवाद और बढ़ेगा? कहीं इसके पीछे भी तो वही ऊँची जाति की सोच काम नहीं कर रही?

हम लालू, मुलायम, मायावती को गाली ज़रूर देते हैं लेकिन आज भी हम भारतीय बाद में हैं और तिवारी, कुर्मी, बनिया और जाटव पहले हैं। चुनाव में टिकट देना हो या फिर चुनावी रणनीति बनाना हो एक-एक क्षेत्र के मुहल्ले और टोले की जातियों का पोस्टमार्टम किया जाता है। उनकी संख्या का आकलन होता है, फिर चुनाव जीतने की बात की जाती है। इस देश में चुनाव सबसे बड़ा 'जातिवादी आयोजन' या मेला है। जाति आधारित जनगणना का विरोध करने के पहले हमें चुनाव पर बैन लगाने की माँग करनी चाहिए? क्या हममें इतना नैतिक साहस है?

चुनाव और नेताओं को क्यों दोष देते हैं? जेएनयू का अनुभव न भी होता तो भी मुझे यह कहने में ज़रा भी संकोच नहीं होता कि हम भारतीय दुनिया के सबसे बड़े हिप्पोक्रेट हैं। वामपन्थी हो या फिर समाजवादी, पिछड़ावादी हो या फिर अगड़वादी, काँग्रेसी हो या फिर बीजेपीवाला, वैज्ञानिक हो या फिर साहित्यकार, इंजीनियर हो या फिर डॉक्टर सभी अपने बेटे-बेटियों की शादी के समय अपनी जाति में वर या वधू की तलाश करते हैं। अगर रिश्तेदारों में नहीं मिलता तो अख़बार में बेशर्मी से विज्ञापन देकर अपनी और अपने बेटे-बेटियों की जाति की गोत्र समेत नुमाइश करते हैं और लेकिन जब कहने को आता है तो चौड़े होकर कहते हैं 'आई एम नॉट कास्टिस्ट।'

मैं आज भी ऐसे पढ़े-लिखे परिवारों को जानता हूँ जिनके बेटे-बेटियों ने अगर अपनी जाति से अलग निचली जाति में शादी की तो उनके परिवार से सम्बन्ध तोड़ लिये गये। तो फिर जाति आधारित जनगणना का विरोध करने के पहले ऐसे समाज पर बैन लगाने की बात हम क्यों नहीं करते? जातियों में ही शादी करनेवालों का क्यों बहिष्कार नहीं करते? अगर नहीं कर सकते तो हमें इस जनगणना का विरोध करने का अधिकार नहीं है? और न सिर्फ़ लालू, मुलायम, मायावती और पासवान को जातिवादी कहने का हक़ है। क्योंकि यह इसी जातिवाद का परिणाम है कि कोडरमा की निरुपमा को मौत को गले लगाना पड़ता है। जो ऑनर किलिंग करते हैं वही जातिवादी नहीं हैं। जातिवाद हमारे ख़ून में है और इसलिए आओ हम खुलकर बिना संकोच कहें जातिवाद ज़िन्दाबाद।

हिन्दुस्तान, 17.05.2010

जाति ही पूछो जातिवादी की

जाति आधारित जनगणना ने एक बार फिर एक सोयी बहस को ज़िन्दा कर दिया है। जातियों के कुछ गुट एक तरफ़ खड़े हैं तो दूसरे दूसरी तरफ़। एक इसे बुरा मानते हैं और दूसरे इसकी जमकर हिमायत कर रहे हैं। दोनों ही एक-दूसरे को सुनने को तैयार नहीं हैं। इस महासंग्राम में कोई गाँधी को याद कर रहा है तो कोई बाबा साहेब अम्बेडकर की दुहाई दे रहा है तो कुछ राम मनोहर लोहिया की किताबों को फिर से झाड़-पोंछ रहे हैं। तीनों ही जाति व्यवस्था के ख़िलाफ़ थे और चाहते थे कि जाति के आधार पर इंसान इंसान में फ़र्क़ करनेवाली ब्राह्मणवादी व्यवस्था ख़त्म हो। गाँधीजी हालाँकि शुरू में जाति व्यवस्था के ख़िलाफ़ नहीं थे लेकिन बाद में उनके विचारों में बदलाव आया और आज़ादी की लड़ाई के दौरान वो अकेले ऐसे नेता थे जिन्होंने माना देश तब तक पूरी तरह से आज़ाद नहीं हो सकता जब तक छुआछूत नहीं मिटती और दलित देश की सामाजिक-राजनीतिक मुख्यधारा में नहीं आ जाते। यह बात उनके साथ के कुछ लोगों को नागवार भी गुजराती थी। पर उन्होंने इसकी परवाह नहीं की। उन्होंने इस जातिवादी व्यवस्था को ख़त्म करने के लिए अन्तरजातीय विवाह की वकालत की और सिर्फ़ अन्तरजातीय विवाहों में ही शामिल होते थे। गाँधीजी को न समझनेवाले उन्हें दलित विरोधी या फिर ढोंगी कहने की हिमाकत भी करते हैं।

ख़ुद अम्बेडकर ने उन्हें बुरा-भला कहा था। गाँधीजी ने जब सेपरेट एलेक्टोरेट के ख़िलाफ़ आमरण अनशन किया तो कुछ लोग यह भी कहते थे कि शायद अम्बेडकर अकेले ऐसे शख़्स हैं जिन्हें कोई फ़र्क़ नहीं पड़ेगा अगर गाँधीजी ज़िन्दा न रहें। गाँधीजी की हालत जब काफ़ी ख़राब होने लगी थी तो काँग्रेस के बड़े नेताओं ने अम्बेडकर को मनाने की बहुतेरी कोशिश की और भारी दबाव भी डाला था कि वो अंग्रेज़ों के जाल में न फँसें और सेपरेट एलेक्टोरेट की माँग छोड़ दें। आख़िर में यह दबाव काम भी आया और अम्बेडकर को अपनी ज़िद छोड़नी पड़ी। अम्बेडकर कहते थे कि 'गाँधी कोई सन्त नहीं हैं न ही कोई महात्मा। इन जैसे न जाने कितने

महात्मा आये और गये लेकिन दलितों की हालत जस की तस बनी रही।' अम्बेडकर कहते थे कि दलितों को अपना रास्ता ख़ुद बनाना होगा। उन्हें ख़ुद को शिक्षित करना होगा। 1932 में उन्होंने कहा था कि 'दलितों को अपनी सामाजिक अवस्था को बदलने के अपने मन के सन्तोष भाव को छोड़ना होगा। और अपने अन्दर विरोध असन्तोष की आग को जलाना होगा।'

अम्बेडकर और गाँधी की सोच में एक बुनियादी फ़र्क़ था। गाँधीजी देश की आज़ादी के लिए एक राजनीतिक आन्दोलन चला रहे थे और उनको लगता था कि हिन्दू समाज के सभी तबक़ों को साथ लेकर चले बिना यह लड़ाई जीती नहीं जा सकती। इसलिए उन्होंने दलितों को एक राजनीतिक इकाई के नाते काँग्रेस से जोड़ने की कोशिश की और उनके सामाजिक उद्धार के लिए कट्टरवादी हिन्दुओं की नाराज़गी भी मोल ली। लेकिन वो यह कभी भी नहीं चाहते थे कि दलित हिन्दू समाज के बाहर अपना कल्याण देखें। वो ब्राह्मणवादी व्यवस्था को अन्दर से ही सुधारना चाहते थे और उसी व्यवस्था में दलितों को न्याय दिलाना चाहते थे। उनको लगता था कि अगर दलित जैसाकि अम्बेडकर चाहते थे हिन्दू समाज से बाहर हो गये तो उनकी आज़ादी की लड़ाई कमज़ोर पड़ जायेगी और अंग्रेज़ बाँटो और राज करो की नीति में कामयाब हो जायेंगे। लेकिन गाँधीजी से इतर अम्बेडकर इस बात के कायल थे कि हिन्दू समाज में दलितों को इंसाफ़ नहीं मिलेगा। और हज़ारों साल की दासता से निकलने का एकमात्र रास्ता था हिन्दू समाज को छोड़ना। अम्बेडकर अपनी इस बात के कितने पक्के थे इसका पता इससे चलता है कि आज़ादी के बाद राजनीतिक दल बनाने के बाद भी उन्होंने अपने आख़िरी सालों में बौद्ध धर्म को अपनाया। अम्बेडकर के लिए दलितों का उद्धार पहली प्राथमिकता थी जबकि गाँधीजी के लिए अंग्रेज़ों से राजनीतिक आज़ादी। दोनों की सोच में इस बुनियादी फ़र्क़ की वजह से ही दोनों ही महान नेताओं में टकराव के हालात बने थे।

लेकिन गाँधी और अम्बेडकर दोनों ही जाति व्यवस्था को बदलना चाहते थे और बिलकुल उसी तरह जैसे की आज़ादी के बाद राम मनोहर लोहिया। अम्बेडकर के बाद लोहिया अकेले ऐसे नेता थे जिन्होंने राजनीतिक स्तर पर ब्राह्मणवादी जातिवादी व्यवस्था को खुली चुनौती दी। लोहिया ने काँग्रेस के ख़िलाफ़ ग़ैरकाँग्रेसवाद के नाम पर ऊँची जातियों के बरक्स पिछड़ी जातियों के स्ट्रेटजिक एलायेंस की सफलतापूर्वक वकालत की। उन्होंने जाति तोड़ो आन्दोलन का आह्वान भी किया। इसके लिए पवित्र धागा न पहनने और सरनेम हटाने की बात की। लोहिया ने पिछड़ों की लड़ाई को स्त्री उत्थान से जोड़ा। लेकिन आज़ादी के तिरसठ साल बाद अब लोहिया के चेले मुलायम, लालू, नीतीश हो या फिर अम्बेडकर के समर्थक कांशीराम, मायावती, पासवान या जाति आधारित जनगणना की वकालत करनेवाले सभी चाहते हैं कि

जातिवादी व्यवस्था ख़त्म न हो क्योंकि जो जातिवादी सिस्टम कभी इनके लिए उत्पीड़न और दासता का प्रतीक था वही अब उन्हें राजनीतिक ताक़त देता है। डी.एल. सेठ जैसे समाजशास्त्री के मुताबिक़ लोहिया के चेलों ने जातिवाद को नयी ऊर्जा दी है। यानी ब्राह्मणवादी व्यवस्था वही है सिर्फ़ उसका स्वरूप बदल गया है। मायावती आज अगर दलित न हों तो उनकी ताक़त ख़त्म हो जायेगी, लालू-मुलायम के लिए यादव होना फ़ायदे का सौदा है। इसलिए जाति ही अब सशक्त पहचान है और ताक़त भी लेकिन यह भी सही है ऊँची जातियों ने अगर हज़ारों साल तक कान में पिघला सीसा उड़ेला है तो वो भी तो अब उस व्यवस्था का दंश झेलें। पता तो चले जातिवाद का ज़हर कितना ख़तरनाक होता है।

दैनिक भास्कर, 24.05.2010

मौत पर क्रान्ति कैसी और क्यों?

मरनेवालों की संख्या सौ के पार है। ये वो लोग थे जो कतई नक्सलियों के दुश्मन नहीं थे। न ही ये वो लोग थे जो नक्सलियों को मारने के लिए ट्रेन में जा रहे थे। न ही ये वो लोग थे जो पुलिस और सीआरपीएफ़ के मुख़बिर थे। इनमें वो भी नहीं थे जो नक्सलियों को विचारधारा के स्तर पर देश और समाज का दुश्मन मानते थे। न ही ये रोज़ टीवी पर आकर नक्सलियों के सफाये की बात करते थे। और न ही ये वो पूँजीवादी थे जो साम्यवादी विचारधारा के मुताबिक़ मज़दूरों और मजलूमों का ख़ून चूसते हैं। न ही इनमें वो सूदखोर ज़मींदार थे जो किसानों के कंकाल पर कोड़े बरसाते हुए पूरे परिवार को आत्महत्या के लिए मजबूर कर रहे थे। ये थे बेचारे मासूम हिन्दुस्तानी। इनमें से कुछ थे जो गर्मी की छुट्टियों में अपनों से मिलने जा रहे थे। कुछ ऐसे भी ग़रीब थे जो घर से हज़ारों किमी दूर रोज़ी कमाने के लिए मुम्बई गये थे और वापस अपने काम पर जा रहे थे। कुछ तो आदिवासी भी थे जो पहली बार घर से बाहर निकले थे और पहली बार ट्रेन में सवार हुए थे। इन सबकी आँखों में एक सपना था। सुन्दर सपना। यह सवाल कर रहे हैं। हमें क्यों मार दिया?

ये वो सवाल हैं जो हमें देश का नागरिक होने के नाते इन नक्सलियों से पूछना चाहिए और साथ ही उन लोगों से जो दिल्ली में बैठकर नक्सलियों का गुणगान करते हैं। कहते हैं कि ये वो लोग हैं जो व्यवस्था से नाराज़ हैं क्योंकि व्यवस्था ने इन्हें भुला दिया, इंसाफ़ नहीं दिया। और समाज और देश के हाशिये पर डाल दिया। इतने हाशिये पर कि इन्हें हथियार उठाने पर मजबूर होना पड़ा। और शायद इसीलिए देश के आदिवासी इनके साथ हैं। और यही चीज़ इन्हें पंजाब के खालिस्तानी, कश्मीर के मुज़ाहिदीनों या फिर अलकायदा के फ़िदायीनों से अलग करती है। लोग इन्हें अलग नज़र से देखते थे। एक, साम्यवादी विचारधारा। दूसरी, ग़रीब, दबे-कुचले आदिवासियों की वकालत करने के कारण।

इस देश में आज़ादी के पहले से ही साम्यवादियों की एक बड़ी बौद्धिक फ़ौज मौजूद रही है जिसका देश के बौद्धिक वर्ग पर वर्चस्व रहा है। अख़बार हो या फिर

कॉलेज, विश्वविद्यालय या फिर साहित्य-कला, सब जगह इनकी ही तूती बोला करती थी और आज भी है। इसी तबक़े के दबाव के चलते देश में 1991 तक बाज़ार व्यवस्था अपने पैर नहीं जमा पायी और पूरी तरह से साम्यवादी और समाजवादी ढाँचा नहीं होने के बाद भी सरकारी नीतियों पर इसका असर नज़र आया। न समाज ने कभी दक्षिणपन्थ को मान्यता दी और न ही सरकार के स्तर पर यह वर्ग कभी हावी हो पाया। यह अलग बात है कि 1991 में देश के आर्थिक हालात ऐसे हो गये कि देश को बाज़ार की तरफ़ देखना पड़ा और आज दुनिया में इसी बाज़ारोन्मुखी व्यवस्था की वजह से देश को भविष्य के सुपरपावर के तौर पर देखा जाता है। ट्रेजडी यह है कि देश की तमाम तरक़्क़ी के बाद भी साम्यवादी विचारधारा के ये वाहक आज भी आर्थिक नीतियों से सन्तुष्ट नहीं हैं। इनकी नज़र में बड़ी-बड़ी कम्पनियाँ किसानों-आदिवासियों की ज़मीन छीनकर उनको बेघर कर रही हैं। उनको उनकी जड़ों से बेदख़ल कर रही हैं। और अन्ततः विकास का यह बाज़ारवादी मॉडल देश को एक ऐसे अन्धे कुएँ की तरफ़ ले जायेगा जो हिन्दुस्तान को अमेरिकी पूँजीवाद साम्राज्यवाद का दास बना देगा।

इस वर्ग का तर्क है कि नन्दीग्राम हो या फिर सिंगूर, पास्को या फिर दादरी का रिलायंस प्लांट हर जगह ग़रीबों को नज़रअन्दाज़ करने और देश के विकास में भागीदारी नहीं देने का नतीजा है कि जगह-जगह ज़मीन पर किसानों का गुस्सा फूट रहा है और लोग सड़कों पर उतर रहे हैं और हथियार उठाने को तैयार हैं। इस बात में काफ़ी हद तक दम है कि 1991 से विकास के मॉडल में ग़रीबों, किसानों और गाँवों को शुरुआत से नहीं जोड़ा गया। इसलिए शहरों में तो विकास की रेल नज़र आती है, लोगों के पास बड़ी-बड़ी कारें आ गयीं और बड़े एसी मॉल्स खचाखच भरे दिखते हैं लेकिन गाँव और छोटे शहर आज भी उसी तरह से बदबू फैलाते दिखते हैं। मुम्बई और दिल्ली इतने बड़े हो गये हैं कि उनके पड़ोस के उपनगर देहात लगने लगे हैं। लेकिन सवाल यह है कि लोकतान्त्रिक व्यवस्था में क्या इस समस्या का निदान सिर्फ़ हथियार उठाने में है? और इन हथियार उठानेवालों की कारस्तानियों को गाँधीवादी बन्दूक़धारी कह देने से सब कुछ सही और तर्क की कसौटी पर कस जायेगा? ये जो लोग हैं इनसे मेरी सहानुभूति होती अगर यह स्वभाव से लोकतान्त्रिक होते, इन्हें इस देश की व्यवस्था में आस्था होती तो पूरी व्यवस्था को उखाड़ फेंकने की वकालत नहीं करते। मेरा सवाल है इन साम्यदादी रैडिकल जीवों से कि झारग्राम की घटना के बाद मैं कैसे यकीन कर लूँ कि आम नागरिकों से इनकी कोई दुश्मनी नहीं है, यह सिर्फ़ राजसत्ता के शत्रु हैं?

इस नक्सलवादी बौद्धिक वर्ग को इस सवाल का जवाब देना चाहिए कि झारग्राम ट्रेन उड़ानेवालों को क्या यह नहीं पता था कि इसमें पुलिसवाले नहीं सवार हैं और

उनके हमले से पूँजीवादी साम्राज्यवादी व्यवस्था की चूलें नहीं हिलेंगी बल्कि आम आदमी, ग़रीब मारा जायेगा? लेकिन शायद यह बौद्धिक वर्ग यह कहकर बात को टाल जाये कि 1917 में भी बोल्शेविक क्रान्ति और उसके पहले चीन में 1949 की माओवादी क्रान्ति और उसके पहले काफ़ी निर्दोष लोगों की जानें गयी थीं क्योंकि क्रान्ति लहू माँगती है और क्रान्तिकारी सपनों में इस तरह की मौतों को नज़रअन्दाज़ कर दिया जाना चाहिए क्योंकि बड़े सपनों की पूर्ति के लिए बलिदान तो देना ही पड़ता है। लेकिन मैं उन लोगों को यह याद दिलाना चाहता हूँ कि यह देश रूस और चीन नहीं है और न ही यह देश लेनिन, स्टालिन और माओ का है। यह देश गाँधीजी का है, उन गाँधीजी का जो साधन और साध्य की पवित्रता की बात किया करते थे और दोनों में सामंजस्य नहीं होने पर चौरीचौरा के बाद उफान मारते आन्दोलन को वापस ले लिया था, फिर भी वो जननायक बने रहे। क्या यह नक्सली अपनी ग़लती का प्रायश्चित करेंगे? और इनके तथाकथित समर्थक बुद्धिजीवी देश से माफ़ी माँगेंगे? नहीं वो ऐसा नहीं करेंगे क्योंकि ये न तो सही मायनों में क्रान्तिकारी हैं और न ही इस देश के मानस को समझते हैं।

हिन्दुस्तान, 31.05.2010

इन्दिरा के अभिशाप से मुक्त होती एक पार्टी

मनमोहन सिंह की कुर्सी को कोई ख़तरा नहीं है। हालाँकि वो राहुल के लिए गद्दी छोड़ने को तैयार हैं फिर भी वो निश्चित हैं। समझदार कहते हैं कि उनकी कमज़ोरी ही उनकी ताक़त है। वो ब्यूरोक्रेट हैं, इसलिए सुरक्षित हैं, वो करिश्माई नहीं हैं इसलिए सुरक्षित हैं। और वो इसलिए सुरक्षित हैं क्योंकि सोनिया चाहती हैं वो सुरक्षित रहें। और सोनिया के इस क़दम में ही छिपे हैं काँग्रेस को इन्दिरा गाँधी के अभिशाप से मुक्त करने की तड़प और लोकतन्त्र की संजीवनी।

पिछले छः सालों में तमाम दरबारी और चापलूसी काँग्रेसी संस्कृति के बाद भी मनमोहन कभी अस्थिर होते नहीं दिखे। उलटे कुछ नयी संस्थागत परम्पराएँ जड़ें जमा रही हैं। नेहरू-गाँधी परिवार आज भी काँग्रेस की धुरी है। सोनिया गाँधी पार्टी की सर्वमान्य नेता हैं। और उनके बाद राहुल पार्टी को चलायेंगे। पहली नयी परम्परा यह है कि सोनिया के बावजूद सरकार पर पार्टी भारी नहीं है। दोनों ही संस्थाओं के काम तय हैं, एक-दूसरे की भूमिका के बारे में कहीं कोई सन्देह या भ्रम नहीं है। दो, प्रधानमन्त्री और पार्टी अध्यक्ष एक-दूसरे को पूरा सम्मान देते हैं। पार्टी अध्यक्ष प्रधानमन्त्री के पद की गरिमा का पूरा ख़याल रखती हैं। दोनों एक-दूसरे को डॉमिनेट करने की कोशिश नहीं करते। वरना प्रधानमन्त्री बनते ही दिमाग़ ख़राब होते वक़्त नहीं लगता। नरसिंहा राव और देवेगौड़ा इसके उदाहरण हैं। तीन, सरकार नीतिगत फ़ैसलों में पार्टी की राय को अहमियत देती है। और पार्टी भी अपनी राय सरकार पर नहीं थोपती और उसकी मजबूरी को समझते हुए समर्थन भी देती है। न्यूक्लियर डील का फ़ैसला मनमोहन का था और पार्टी पूरी तरह से उनसे सहमत नहीं थी लेकिन सरकार की क़ीमत पर भी पार्टी उनके साथ खड़ी रही।

चार, पार्टी और सरकार के बीच नीतिगत मतभेदों को आपसी राय-मशविरे से दूर करने की कोशिश की जाती है। नक्सल समस्या पर पार्टी और सरकार के बीच एक राय नहीं थी। सरकार क़ानूनी नज़रिये से हल खोज रही थी जबकि पार्टी का कहना था कि विकास को नज़रअन्दाज़ किये बग़ैर निदान खोजना ख़तरनाक होगा।

बहस चली और अन्त में पार्टी की राय सरकार ने मानी। नीति में बदलाव हुआ। पाँच, पार्टी अध्यक्ष के पास वीटो पावर है लेकिन वो अपवादस्वरूप ही चलता है। महिला आरक्षण पर सरकार असमंजस में थी, टालना चाहती थी, लेकिन सोनिया की एंट्री हुई और बिल पास हो गया।

तो सवाल यह है कि नया क्या हो रहा है? यह तो होना ही चाहिए। स्वस्थ लोकतन्त्र के लिए ज़रूरी है कि अलग-अलग संस्थाओं को पूरा सम्मान मिले और वो अपने स्पेस में पूरी ऊर्जा और आज़ादी के साथ काम करें। लेकिन भारतीय लोकतन्त्र की दिक़्क़त यह है कि ऐसा हो नहीं रहा था जबकि 125 साल पुरानी पार्टी में ऐसा होना चाहिए था। डिबेटिंग क्लब के रूप में शुरू हुई पार्टी ने गाँधी के आने के बाद जनसंगठन बनना शुरू किया। उसमें आज़ादी के पहले ज़बर्दस्त लोकतन्त्र था और यह सम्भव था कि सर्वमान्य नेता गाँधीजी की राय के ख़िलाफ़ सुभाष चन्द्र बोस पार्टी अध्यक्ष बन सकें। और आज़ादी के बाद जवाहरलाल नेहरू की इच्छा के विपरीत पुरुषोत्तम दास टंडन काँग्रेस के अध्यक्ष निर्वाचित हों। राजेन्द्र प्रसाद भी नेहरू की मर्जी के विरुद्ध राष्ट्रपति बने थे। लेकिन नेहरू ने पार्टी के फ़ैसले की लाज रखी।

पटेल के बाद स्थिति बदली। कैबिनेट पार्टी पर हावी होने लगी। फिर भी राज्यों के फ़ैसले वहाँ के विधानचन्द्र राय, कामराज जैसे क्षत्रप ही करते थे। नेहरूजी के दख़ल को ज़्यादा पसन्द नहीं किया जाता था। नेहरू के रहते काँग्रेस में लोकतन्त्र बना रहा लेकिन इन्दिरा गाँधी के बाद सब कुछ बदल गया। 1969 के राष्ट्रपति चुनाव के बाद तो इन्दिरा ही काँग्रेस हो गयीं। सरकार ही पार्टी बन गयी और प्रधानमन्त्री कार्यालय ही पार्टी का दफ़्तर। पार्टी बौनी हुई तो कैबिनेट मन्त्री दरबारी हो गये और लोकतन्त्र एक करिश्मे का गुलाम हो गया। इन्दिरा के बाद चापलूसों की यही जमात राजीव गाँधी के चारों ओर इकट्ठा हो गयी। और पार्टी बिखरने लगी। यह सिलसिला नरसिंहा राव के ज़माने में भी बदस्तूर जारी रहा। हालत यह कि सरकार की क़ीमत पर पार्टी की बलि दे दी गयी। यूपी, बिहार, बंगाल, तमिलनाडु में पार्टी ही ख़त्म हो गयी। पार्टी को नज़रअन्दाज़ करने का नतीजा यह कि आज वो अपने बल पर केन्द्र में सरकार बनाने की नहीं सोच सकती।

सोनिया के बागडोर सँभालने के समय काँग्रेस हताश, निराश, परेशान लोगों की टोलीभर रह गयी थी जिसका शानदार अतीत था लेकिन भविष्य निहायत अन्धकारमय। लेकिन इतिहास ने करवट बदली और बीजेपी की ग़लतियों से छींका टूटा और 2004 में काँग्रेस सत्ता के करीब पहुँच गयी। प्रधानमन्त्री नहीं बनने के सोनिया के फ़ैसले ने काँग्रेस की क़िस्मत ही पलट दी। सोनिया को समझ में आ गया था कि जो ग़लती इन्दिरा ने की थी, उस पर चलने का अर्थ है पार्टी को और

गर्त में धकेलना। सो पार्टी के नेताओं को सन्देश देने के लिए वो प्रधानमन्त्री को विदा करने के लिए बाक़ी मन्त्रियों की तरह लाइन में खड़ी होने लगीं। दरबारियों को समझ में आ गया कि मनमोहन को अस्थिर करने का मतलब है सोनिया को नाराज़ करना। और अर्जुन सिंह जैसे लोग धीरे-धीरे पटल से ग़ायब हो गये।

पर देखना यह है कि क्या सोनिया के बाद राहुल इस परम्परा का निर्वाह करेंगे? अगर वो प्रधानमन्त्री बने तो क्या पार्टी की स्वायत्तता बनी रहेगी? सरकार और पार्टी के बीच सन्तुलन कायम रहेगा? हालाँकि ऐसा अभी लगता नहीं और अगर ऐसा होता है तो यह देश के लोकतन्त्र के लिए एक शुभ संकेत होगा। और बाक़ी पार्टियों के लिए नजीर भी। फिर कोई यह नहीं कहेगा कि मनमोहन प्रधानमन्त्री क्यों? और पद पर छः साल पूरे कैसे? स्वस्थ लोकतन्त्र में कोई किसी से बड़ा नहीं होता, सब बराबर होते हैं और हर किसी को अपना रोल निभाना होता है।

दैनिक भास्कर, 06.06.2010

विचारधारा की सलीब पर लटकी एक पार्टी

पाँच जून की एक सुबह। अख़बार ख़ून से रँगे थे। तेन आन मन चौक की ख़बर से आँखें नम और चेहरे तमतमाये हुए थे। 1989 की उस सुबह से एक दिन पहले लोकतन्त्र की लड़ाई में सैकड़ों छात्र चीनी टैंकों का शिकार हो गये थे और पूरी दुनिया में हाहाकार मचा था। जेएनयू कैम्पस में तमतमाये चेहरों के बीच कुछ ऐसे चेहरे भी थे जो यह कह रहे थे कि चीन में वो कुछ हुआ ही नहीं जिसकी वजह से अख़बार और टीवी रँगे हुए थे। ये लोग सीपीएम की छात्र इकाई एसएफ़आई के सदस्य थे।

कुछ दिनों के बाद सीपीएम पोलित ब्यूरो के सदस्य सीताराम येचुरी कैम्पस आये। डिनर के बाद का वो पेरियार मेस लोगों से अटा पड़ा था। छात्र यह जानने को उत्सुक थे कि येचुरी तेन आन मन चौक पर बोलते क्या हैं। उस रात येचुरी ने बोलना शुरू किया। पहला वाक्य था—नॉट अ सिंगल ड्राप ऑफ़ ब्लड वाज़ शेड ऑन तेन आन मन चौक (ख़ून का एक कतरा भी तेन आन मन चौक पर नहीं बहा)। इतना सुनना था कि मानो मेस में भूचाल आ गया। येचुरी को पहली बार दुम दबाकर भागना पड़ा।

इसके बाद सैकड़ों की संख्या में लोगों ने कैम्पस में एसएफ़आई की सदस्यता से इस्तीफ़ा दे दिया। पार्टी कमज़ोर हो गयी लेकिन तेन आन मन की उस घटना पर उसका स्टैंड नहीं बदला। यह बात लोगों को समझ में आती थी कि सीपीएम और एसएफ़आई विदेशी विचारधारा को मानते हैं, वो यह भी जानते थे कि विचारधारा ग़रीबों और दबे-कुचलों की बेहतरी के लिए काम करती है और देश की मौजूदा व्यवस्था में आमूलचूल बदलाव लाना चाहती है। यह वो पार्टी है जो ख़ूबसूरत सपना दिखाती है जिसमें सब बराबर हैं, छोटा-बड़ा कोई नहीं है, ऊँच-नीच का भेद नहीं है। यह सपना विश्वविद्यालय के जीवन में जवानी में आग भरने का काम करता है।

लेकिन क्रान्ति का सपना लिये ये लोग उस दिन यह नहीं समझ पा रहे थे कि आख़िर चीन की बेजा हरकतों को हिन्दुस्तान में जस्टीफ़ाई करने की कोशिश क्यों की

जी रही है। क्या यह एक पार्टी की जड़ता है, या फिर विचारधारा की। विचारधारा की हो नहीं सकती क्यों उस विचारधारा की लगाम थामकर चीन ने न केवल साम्यवादी क्रान्ति की बल्कि बदलाव कर विकास की नयी छलाँग भी लगायी और आज पूरी दुनिया उसे टकटकी लगाये देख रही है। तो फिर क्या पार्टी की जड़ता है?

भारतीय सन्दर्भों में हाँ कहने में मुझे कोई संकोच नहीं है चाहे वो आज़ादी के फ़ौरन बाद की तेलंगाना के रास्ते सशस्त्र क्रान्ति की बेवक़ूफ़ाना हरकत हो या फिर 1962 में चीन को आक्रमणकारी न मानने की अनोखी ज़िद। यह वामपन्थी नेताओं की कमअक्ली थी कि जाति आधारित समाज को समझने के लिए जाति की जगह क्लास को पैमाना मानते रहे और मुँह की खाते रहे। आज़ादी के बाद सबसे बड़ी ताक़त बनकर उभरे लेफ़्ट को आज देश के केन्द्र में होना चाहिए लेकिन वो हाशिये पर है और जिस हिन्दूवादी ताक़त को हाशिये पर होना चाहिए वो देश की राजनीति को दो ध्रुवीय बना रही है।

सीपीएम के पास वह मौक़ा था कि वो प. बंगाल में वामपन्थी शासन का एक नया विकासवादी मॉडल रख देश को नयी दिशा देती लेकिन हालत यह है कि बंगाल आज देश के सबसे ग़रीब सूबों में से एक है। हैरानी इस बात पर नहीं है कि चौंतीस साल के लगातार शासन के बाद वहाँ किसके किले में दरार दिख रही है बल्कि ताज्जुब इस बात पर है कि क्यों बंगाल विकास की राह में इतना पिछड़ गया है। क्यों उसके बड़े नेताओं को देंग शिआओपिंग का वो जुमला याद नहीं आया कि बिल्ली काली हो या सफ़ेद इससे फ़र्क़ नहीं पड़ता जब तक कि वो चूहे पकड़ती है। 1979 में देंग ने जो बदलाव चीन के आर्थिक ढाँचे में किये उसके नतीजों के बारे में आज कहने की ज़रूरत नहीं। लेकिन वो बंगाल जिसके बारे में मशहूर था कि जो वो आज करता है देश वो कल करेगा। आज कहीं किसी को प्रेरणा नहीं देता। उसी ज़मीन पर सीपीएम सिर्फ़ विचारधारा की गुलामी ढोते चुनाव जीतने की फ़ैक्टरीभर रह गयी है।

बंगाल आप जाइये तो आपको अहसास होगा कि सीपीएम चीज़ क्या है। दो साल पहले तक एक पत्ता भी उसके काडर के बग़ैर नहीं हिलता था। सरकार और नौकरशाही का जो राजनीतिकरण बंगाल में नज़र आता है वैसा देश के किसी भी और कोने में नहीं। साम्यवादी देशों में जिस तरहं से समाज और सरकार पर कम्युनिस्ट पार्टी का फौलादी शिकंजा हुआ करता था उसका परिष्कृत रूप बंगाल में साफ़ झलकता था। कॉलेज में एडमिशन हो या फिर नौकरी का आवेदन या ज़मीन खाद्यान की ठेकेदारी सीपीएम काडर की हाँ के बिना कुछ नहीं होता।

शुरू में विचारधारा का आदर्शवाद तो ईमानदारी के लिए जगह थी लेकिन जैसे-जैसे आदर्शवाद कमज़ोर पड़ने लगा, स्वार्थ हावी होने लगे और पार्टी काडर

अपराधियों के ऐशगाह बन गये। विचारधारा में लिपटी राजनीति अपराधीकरण का प्रतीक हो गयी। असन्तोष के लिए स्पेस सिकुड़ने लगा। मतभेद विरोध में बदल गये और विरोध दुश्मनी में। लोकतन्त्र में दूसरों को भी बोलने का अधिकार है यह सीपीएम बंगाल में भूल गयी। फिर चाहे जनता हो या फिर विरोधी पार्टी का कार्यकर्ता खुलेआम सबक़ सिखाया जाने लगा। ख़ूनी हमले सीपीएम काडर के लिए राजनीति का एक पुरज़ोर हथियार बन गये। ऐसे में नन्दीग्राम और सिंगूर में जब उसे उसी की भाषा में जवाब दिया गया तो पार्टी, काडर और सरकार तीनों को यह समझ में नहीं आया कि वो इससे निपटें तो निपटें कैसे। लालगढ़ ने उसकी वैचारिक कमज़ोरी और काडर के लम्पटवाद की मजबूरी पूरी तरह एक्सपोज करके रख दी। जिस सर्वहारा का वो झंडा उठाये फिरते थे वही जब ममता के कैम्प में नज़र आये तो आँखें फटी की फटी रह गयीं।

केन्द्र के स्तर पर नयी आर्थिक नीति के विरोध का नाटक करनेवाली सीपीएम जब बंगाल में एक विदेशी कम्पनी के लिए ग़रीबों की ज़मीन हड़पने लगी तो लोगों को ममता और माओवाद में ज़्यादा वैचारिक ईमानदारी दिखी। लिहाज़ा सालिम ग्रुप तो निशान बना ही टाटा को भी नैनो लेकर बंगाल से भागना पड़ा। ज़िन्दगीभर जिस पार्टी ने सरकार और कम्पनी प्रबन्धन के ख़िलाफ़ यूनियनों को मज़बूत किया अब किस मुँह से उसी काडर से कहती कि सूबे की बेहतरी के लिए औद्योगिकीकरण अनिवार्य है ऐसे में वो हड़ताल न करें, प्रबन्धन की मदद करें। यह विचारधारा का मुँह के बल गिरना था और विचारधारा के दाँत टूटे तो चेहरा बिगड़ गया क्योंकि काडर तो पहले से ही विभत्स हो चुका था।

जेएनयू ने 1989 में ही सीपीएम की इस वैचारिक कमज़ोरी भाँप ली थी। तो 1989 से ही एसएफ़आई का किला दरकने लगा था। बंगाल को उसे समझने में वक़्त लगा। अब यह किला भी दरक रहा है। लेकिन सवाल आज भी वही है जो तमतमाये चेहरों ने तब पूछा था कि क्या विचारधाराओं में समयानुकूल ईमानदार परिष्कार की कोई गुंजाइश नहीं होती। ज्योति बसु जैसे कद्दावर नेता जब यह नहीं समझ पाये कि तेन आन मन चौक की घटना को जस्टीफ़ाई न करना किसी भी विचारधारा की ईमानदारी से कम्प्रोमाइज़ करना नहीं होता तो भला आज के छोटे नेताओं से क्या उम्मीद रखें।

हिन्दुस्तान, 14.06.2010

बिहार में नीतीश का नया प्रयोग

नीतीश कुमार नरेन्द्र मोदी के लिए ख़तरनाक हैं और लालू प्रसाद यादव के लिए भी। इसलिए नीतीश कुमार से दोनों ही लोग ख़ासे ख़फ़ा हैं। मोदी को इस बात की तकलीफ़ है कि नीतीश कुमार के साथ उनके पोस्टर को नीतीश कुमार ने इतना बड़ा मुद्दा बना दिया कि बीजेपी से रिश्ते तोड़ने की बात की जाने लगी और लालू को यह बात खाये जा रही है कि नीतीश कुमार बिहार में जमे रहे तो उनकी राजनीति का क्या होगा।

मोदी हमेशा एक ऐसे नेता के तौर पर अपने-आपको प्रोजेक्ट करने की कोशिश करते हैं जो गुजरात के विकास के लिए दिन-रात लगा रहता है। उनके राज को बीजेपी एक आदर्श राज के तौर पर पेश करती है और अपने दूसरे मुख्यमन्त्रियों को यह सन्देश देने के कोशिश करती है कि उनको भी मोदी के रास्ते पर ही चलना चाहिए। यह अलग बात है कि मध्य प्रदेश के मुख्यमन्त्री शिवराज सिंह को यह बात अच्छी नहीं लगती है। मोदी लालकृष्ण आडवाणी के बाद अपने-आपको अगले प्रधानमन्त्री पद के उम्मीदवार के रूप में देखते हैं। लेकिन जेकल एंड हाइड की तरह मोदी की एक और तस्वीर है।

वो विकास पुरुष हैं लेकिन वो गुजरात दंगों से भी जुड़े हैं। यानी वो व्यक्ति जिसके राज में गुजरात में भयानक दंगे हुए। और प्रशासन ने मोदी की शह पर दंगों के दौरान अल्पसंख्यकों के क़त्ल पर रोक लगाने की कोशिश नहीं की या विरोधियों की भाषा में कहें तो गोधरा के ट्रेन हादसे का बदला लेने के लिए यह दंगे करवाये गये और इन दंगों में राज्य प्रशासन और सरकार के मन्त्रियों ने सक्रिय भूमिका निभायी। सिर्फ़ इतना ही नहीं दंगों के बाद दंगाइयों को बचाने के लिए एड़ी-चोटी का ज़ोर लगा दिया गया, हालात यह हो गये कि राज्य में दंगा पीड़ितों को न्याय दिलाने के लिए सुप्रीम कोर्ट को दख़ल देना पड़ा और मुक़दमों की सुनवाई गुजरात के बाहर करवानी पड़ी। और इस वक़्त सुप्रीम कोर्ट के निर्देश में बनी एसआईटी नरेन्द्र मोदी की भूमिका की भी जाँच कर रही है। यानी मोदी के विकास में राज्य

के सभी तबक़े की भागेदारी नहीं है।

उधर, मोदी की इमेज के उलट लालू प्रसाद यादव सेक्युलरवादी हैं, उदारवादी हैं, पिछड़ों और अल्पसंख्यकों के बड़े नेता। वो शख़्स जिसने आडवाणी की रथयात्रा को रोकने का काम किया। और जिसने बिहार में दंगा नहीं होने दिया। पन्द्रह साल तक बिहार पर शासन किया। हालाँकि जेल भी गये और सरकार गिराने के तमाम प्रयासों के बाद भी वो बिहार में जमे रहे। लालू का वो जादू था कि अपनी पत्नी को सीधे किचन से निकालकर मुख्यमन्त्री की कुर्सी पर बिठा दिया और किसी ने चूँ भी नहीं की। लेकिन मोदी की तरह ही लालू का भी एक और चेहरा है।

यह चेहरा है एक ऐसे नेता का कि जिसके शब्दकोश में विकास नाम का शब्द नहीं है। जिसके राज में भ्रष्टाचार की कोई सीमा ही नहीं थी। चारा घोटाला और आय से अधिक सम्पत्ति के मामलों में ख़ुद लालू यादव पर मुक़दमे चल रहे हैं। बिहार में शाम ढलते ही लोग घरों में दुबक जाते थे। अपहरण एक उद्योग था और अपहरण के मामले मुख्यमन्त्री निवास में सुलझाये जाते थे। हालत यहाँ तक बिगड़े कि 2003-04 में बिहार की विकास दर माइनस 5.15 हो गयी। यानी एक ऐसा नेता जो तोड़ने की बात नहीं करता था लेकिन विकास जिसके एजेंडे में नहीं था उधर मोदी हैं जो विकास कीं बात करते हैं लेकिन लोगों को तोड़ने की बात होती है।

इन दोनों से अलग नीतीश कुमार एक दूसरे रास्ते पर चलते नज़र आ रहे हैं। नीतीश लालू की तरह मंडल आन्दोलन की उपज हैं। मंडल तर्क के मुताबिक़ कायदे से दोनों को आज एक साथ होना चाहिए, कन्धे से कन्धा मिलाकर चलना चाहिए। दोनों ही पिछड़े वर्ग की नुमाइन्दगी करते हैं लेकिन मंडल की ही त्रासदी है कि लालू यादव यादवों के नेता हो गये तो नीतीश कुर्मी के। लालू ने सेक्युलरवाद का झंडा उठाया तो जे.पी. आन्दोलन की पैदाइश नीतीश को भगवा की शरण में जाना पड़ा। और जब गुजरात में दंगा हुआ तो नीतीश वाजपेयी सरकार में कैबिनेट मन्त्री थे और बने रहे। 2005 में लालू से ऊबे बिहार ने नीतीश को गद्दी सौंपी तब किसी को उनसे बहुत ज़्यादा उम्मीद नहीं थी।

नीतीश को लग गया था कि बिहार में अगर जमना है तो सिर्फ़ पिछड़ों की राजनीति करके काम नहीं चलेगा। 2005 का जनमत नीतीश के लिए नहीं था वो लालू के ख़िलाफ़ था। लिहाज़ा इसके भरोसे पाँच साल मुख्यमन्त्री तो रहा जा सकता था लेकिन आगे की राजनीति नहीं की जा सकती थी तो नीतीश ने एक साथ तीन रास्ते चुने। एक, लालू के विपरीत यह साबित करने की कोशिश की कि पिछड़े वर्ग का नेता भी विकास की राजनीतिक कर सकता है। क़ानून और व्यवस्था की स्थिति में भयानक बदलाव देखने को मिलने लगे। अपहरण उद्योग पूरी तरह से बन्द हो गया। लोग देर रात सड़कों पर और शहाबुद्दीन, सूरजभान सिंह, पप्पू यादव, सुनील

पांडे, आनन्द मोहन सिंह जैसे जेल में दिखने लगे। जनवरी 2006 से मई 2010 के बीच कुल 48437 अपराधियों को फ़ास्टट्रैक अदालतों ने सज़ा सुनायी। और नकारात्मक विकास दर के लिए मशहूर बिहार 2008-09 के बीच 11.44 के साथ देश का दूसरा सबसे तेज़ विकास दरवाला राज्य हो गया। 2004 से 2009 के बीच यह विकास दर 11.03 फ़ीसदी थी। बिहार में जो सड़कें ग़ायब हो गयी थीं वो अब चमचमाने लगीं, गाँवों के अस्पतालों में डॉक्टर मौजूद रहने लगे।

दो, नीतीश ने पिछड़ावाद को नया आयाम दिया। नयी सोशल इंजीनियरिंग की। पिछड़ों और दलितों में क्रीमी लेयर को अलग किया, पिछड़ों में अति पिछड़ा, दलितों में अति दलित की पहचान करवायी और उन्हें अपनी तरफ़ खींचा।

तीन, बीजेपी के साथ रहने के बाद भी मुसलमानों को अपनी तरफ़ लाने के लिए तिकड़म भिड़ायी। मुसलमानों में पसमान्दा मुसलमान पैदा किये, और अचानक अली अनवर जैसे लोग जनता दल युनाइटेड के टिकट पर राज्यसभा में दिखने लगे। यह इसी राजनीति का हिस्सा है कि जैसे ही नीतीश ने मोदी के साथ अपनी तस्वीर पोस्टर में देखी आगबगुला हो गये।

नीतीश की यह कोशिश लालू के सेक्युलरवाद में विकासवाद को मिलाने और मोदी के विकासवाद में सेक्युलरवाद का मुलम्मा चढ़ाने की है। यह साबित करने की है कि मोदी और लालू दोनों ही अधूरी और अदूरदर्शी राजनीति करते हैं। अब वक़्त पूरी राजनीति का है यानी विकास भी चाहिए और सबको साथ लेकर भी चलना होगा। चूँकि यह काम लालू-मोदी नहीं करते इसलिए नीतीश उनके लिए ख़तरनाक हैं। क्योंकि अगर नीतीश कामयाब हो गये तो इन दोनों की दुकान बन्द हो जायेगी।

हिन्दुस्तान, 28.06.2010

महँगाई और क्रान्ति का इन्तज़ार

अपने एक मित्र से बात हो रही थी। महँगाई मुद्दा था। उनका कहना था कि देश में हर आदमी महँगाई से त्रस्त है फिर भी किसी क्रान्ति की उम्मीद बेकार है। हालाँकि पाँच जुलाई को देशभर में विपक्षी पार्टियों ने बन्द रखा है। और खाद्य मुद्रास्फीति बीस के अंक को छूने को बेताब है। प्रधानमन्त्री महोदय ख़ुद कहते हैं कि दिसम्बर तक ही क़ाबू में आने की उम्मीद है। आख़िर ऐसा क्यों है कि मौक़ा भी है, मौसम भी, फिर भी जनता हाथ पर हाथ धरे बैठी है। बीजेपी के एक बड़े नेता का कहना है कि जनता महँगाई पर हिलती ही नहीं। ऐसे में डेविड थॉमसन के शब्दों में कहने को जी करता है। थॉमसन कहते हैं कि यह अजीबीग़रीब बात है कि फ्रांस में 1789 में कोई भी बड़ा आदमी और ताक़त क्रान्ति नहीं चाहता था। और यह भी हैरानीवाली बात है कि उस वक़्त के महान दार्शनिक जिन्हें फ्रांसीसी क्रान्ति का प्रेरणास्रोत माना जाता है जैसेकि वाल्टेयर, मांटेस्क्यू, रूसो ने भी क्रान्ति की वकालत नहीं की थी। थॉमसन तो यहाँ तक कहते हैं कि ये दार्शनिक मौक़ा मिलने पर किसी भी राजशाही की शान में कसीदे पढ़ने को तैयार थे। फिर भी क्रान्ति का सूत्रपात हुआ और पूरी दुनिया में एक नये युग की शुरुआत हुई।

थॉमसन कहते हैं, ऐसा क्यों हुआ? वो ख़ुद जवाब भी देते हैं। उनका कहना है कि उस ज़माने में धीरे-धीरे क्रान्ति का माहौल बना और इन्हीं महान दार्शनिकों की रचनाओं ने आम आदमी को इसके लिए तैयार किया, उन्हें तत्कालीन व्यवस्था की कमज़ोरियों और खामियों से दो-चार कराया और आलोचनात्मक दृष्टि देने में मदद की। यानी जनता इस बात के लिए तैयार होने लगी कि राजा ईश्वर का दूत नहीं होता, वो भी इंसान है और उससे भी ग़लतियाँ होती हैं, उसे भी जवाबदेह होना होगा। और इस नज़रिये ने देखा कि देश में आर्थिक संकट है और राजशाही इसका हल खोजने में नाकाम है। ऐसे में राजनीतिक सुधार होने चाहिए।

फ्रांस में सुधार हुए और होते चले गये। देश में भी यह हो सकता है लेकिन नेताओं को लगता है कि उनकी कोशिशें कामयाब नहीं हो रहीं। और इन नेताओं

की इस निराशा का नतीजा है कि शीला दीक्षित हो या फिर दूसरे नेता, वो हर बार महँगाई बढ़ने पर कहने की हिम्मत रखते हैं कि आम आदमी की क्रय शक्ति भी तो बढ़ी है। उसकी तनख़्वाह में भारी इज़ाफ़ा हुआ है। मैं नहीं मानता कि जनता में महँगाई कोई मुद्दा नहीं है। सवाल इस बात का है कि इस चिंगारी को भड़काने के लिए हमारे बीच में आग है या नहीं।

इस आग को कई तरह की बन्दिशें फ़िलहाल रोके हुए हैं। भारतीय समाज इस वक़्त इतिहास के सबसे निर्णायक दौर में खड़ा हुआ है। आर्थिक सुधार और तकनीकी क्रान्ति भारतीय सभ्यता और संस्कृति में कुछ बुनियादी बदलावों की ज़मीन तैयार कर रही हैं। आदमी की सोच बदल रही है, सदियों पुराने मूल्य बदल रहे हैं, इंसान और इंसान, इंसान और समाज, इंसान और वनस्पति, इंसान और पृथ्वी, और अन्त में इंसान और ब्रह्मांड के बीच के रिश्तों में भी बदलाव की पदचाप देखी जा सकती है। ये वो बदलाव हैं जो हो सकता है भारतीय समाज का चेहरा पूरी तरह से बदल के रख दें। और हम आईने में ख़ुद को नहीं पहचान पायें। और जब इतने बड़े बदलाव हो रहे हों तो निजी ज़िन्दगी हो या फिर अर्थ के साथ उसका रिश्ता, उसकी परिभाषा भी तो बदलेगी। और जब यह होगा तो संवेदना के स्तर पर पुराने और नये के बीच घर्षण भी होगा और कुछ पुरानी परिभाषाओं के प्रति उदासीनता भी होगी। ऐसे में यह ज़रूरी नहीं है कि महँगाई के जो मतलब आज से बीस साल पहले थे आज भी उसके वही अर्थ निकाले जायें। आज ज़रूरत इस बात की है कि महँगाई को भी सिविलाइज़ेशनल संक्रमण काल के इस दौर में नये सिरे से व्याख्यायित और सन्दर्भित किया जाये।

लेकिन यहाँ सवाल यह है कि क्या हमारे विपक्षी नेताओं में इस बड़ी तस्वीर को देखने की सलाहियत है? मुझे तो नज़र आती नहीं। बीजेपी संघ की विचारधारा की बन्दी है जो 1925 के ऊपर सोचती ही नहीं। अमेरिका में अश्वेत राष्ट्रपति बन सकता है लेकिन भारत में अल्पसंख्यक विरोध की ज़मीन पर लगातार खाद डालने की उसकी क्या मजबूरी है, यह मैं समझ नहीं पाता। लेफ़्ट के बारे में क्या कहें? उनके यहाँ नयी सोच के नेताओं का अकाल है। माओ त्से तुंग ने 1973 में अमेरिका से हाथ मिला लिया था लेकिन उनकी भारतीय सन्तानें अपने मतिभ्रम में पूँजीवादी व्यवस्था को मज़बूत करनेवाली सरकार को समर्थन भी देती हैं और अमेरिका से रिश्ते के ख़िलाफ़ समर्थन वापस लेने का नाटक भी करती हैं। नेतृत्व के मामले में लेफ़्ट में इतना बडा संकट पहले कभी नहीं आया। क्षेत्रीय दलों की अपनी विवशताएँ हैं। कहीं जात का चक्कर है तो कहीं भाषा का, कहीं प्रान्त के नाम पर मारपीट है तो कहीं दबी-कुचली अस्मिताओं के नाम पर राजनीति, ऐसे में इनसे कैसे यह उम्मीद की जा सकती है कि यह बदलावों की आहट को देखके महँगाई के बरक्स

नयी रणनीति बनायेंगे। और जनता में आलोचना पैदा करेंगे।

तो क्या यह मान लें कि कहीं कुछ नहीं होगा? नहीं, यह सोचना ग़लत होगा। देश तो आज़ादी के लिए तड़प रहा था लेकिन उसने भी एक अदद गाँधी का इन्तज़ार किया, इन्दिरा गाँधी से मोहभ्रम काफ़ी पहले हो गया था लेकिन जे.पी. को सामने आने में वक़्त लगा था। बोफ़ोर्स के समय वी.पी. सिंह के बारे में किसने सोचा था और अचानक लालकृष्ण आडवाणी कहाँ से खड़े हुए जब कि राममन्दिर आन्दोलन की नींव तो न जाने कब की पड़ चुकी थी। यानी क्रान्तियाँ सही वक़्त का इन्तज़ार करती हैं, वो समय रहते अपने अन्दर से नेता पैदा करती हैं। थॉमसन के शब्दों में ऐसा इसलिए होता है क्योंकि लोग चाहते हैं। क्योंकि क्रान्ति के पहले क्रान्ति की भावना लोगों में भरती है।

दैनिक भास्कर, 06.07.2010

लम्हों ने ख़ता की, सदियों ने सज़ा पायी

कश्मीर में इन दिनों आग लगी हुई है। शेख़ अब्दुल्ला ने कभी 'आतिशे चिनार' लिखी थी अब उनके पोते ओमार अब्दुल्ला कश्मीर में चिनार खोजते हैं और उन्हें मिलती है लोगों के दिलों में भभकती आग। ओमार नयी उमर के नये नेता हैं। उनका दिल हिन्दुस्तान के लिए धड़कता है। उनमें एक नयी तरह की ईमानदारी दिखती है। पर उनकी मजबूरी यह है कि वो इतिहास के उस मुक़ाम पर खड़े हैं जहाँ उन्हें इतिहास से ही निपटना है और इतिहास से सबक़ लेकर इतिहास से ही हल तलाशना है। पिछले दिनों उनसे बातचीत करने का मौक़ा मिला। मैंने पूछा, घाटी में रह-रहकर यह गुस्सा क्यों भड़क पड़ता है? उन्होंने कहा—लोग तंग हैं, परेशान हैं, बन्दूक़ और गोली के साये में कोई कितने दिन रह सकता है। लेकिन वो एक बात नहीं कह पाये कि कश्मीर अगर वर्तमान में जीता तो उनकी ईमानदार कोशिशें कामयाब हो जातीं। कश्मीर तो भारत के विभाजन, विभाजन के बाद सीमा पार पाकिस्तान से हुए हमले और इस हमले से बचने की जद्दोजहद में भारत से जुड़ने की कवायद और फिर ओमार के दादा शेख़ अब्दुल्ला की महत्वाकांक्षा से सीधे जुड़ता है। भारत में विलय के समय शेख़ अब्दुल्ला और राजा हरि सिंह की सोच एक जैसी थी लेकिन बाद में शेख़ अब्दुल्ला की सोच में तब्दीली आती गयी और जवाहरलाल नेहरू से बेहद करीबी रिश्ते होने के बावजूद 1953 में नेहरू को उन्हें क़ैद में भेजना पड़ा। एक समय ऐसा भी था जब 60 के दशक में उन पर यह शक भी किया गया कि कहीं वो अमेरिका के साथ मिलकर भारत से अलग होने की साजिश तो नहीं रच रहे हैं। और फिर उन्हें नेहरू की बेटी इन्दिरा ने पारिवारिक सम्बन्ध के बावजूद नज़रबन्द किया।

इन दोनों परिवारों के रिश्ते कितने मधुर थे इसका अन्दाज़ा इस बात से लगता है कि जब नेहरूजी की मौत हुई उस वक़्त शेख़ अब्दुल्ला पाकिस्तान में थे और जैसे ही उन्हें यह ख़बर पता चली वो हतप्रभ रह गये। वो फ़ौरन भारत आये और सीधे तीन मूर्ति भवन जा पहुँचे जहाँ नेहरूजी का पार्थिव शरीर रखा था। लोग बताते हैं

कि शेख़ अब्दुल्ला नेहरू के शव को देखकर बच्चों की तरह फूट-फूटकर रोने लगे। आज़ादी के बाद नेहरू को इस बात का भरोसा था कि शेख़ उनकी दोस्ती का लिहाज़ रखेंगे और कश्मीर को सुलझाने में उनकी मदद करेंगे, लेकिन शेख़ के मन में कुछ और ही था और शेख़ के बर्ताव से नेहरू को काफ़ी झटका लगा था। शेख़ और नेहरू परिवार की लुकाछिपी अस्सी के दशक तक उनकी मौत के समय तक चलती रही। फारुख़ अब्दुल्ला के मुख्यमन्त्री बनने के बाद इस रिश्ते में बुनियादी बदलाव आये। अब कम से कम भरोसे पर यह कहा जा सकता था कि नेशनल कॉन्फ्रेन्स और अब्दुल्ला परिवार पर दाँव लगाया जा सकता था। रिश्तों की इस नयी बिसात से हालात को बेहतर होना चाहिए लेकिन दाँव उलटा पड़ गया। 1987 में एक बड़ी ग़लती हो गयी। फारुख़ और राजीव गाँधी एक हो गये और कश्मीर में विधानसभा चुनाव जीतने की हड़बड़ी में लोकतन्त्र में विपक्ष की ज़मीन उन लोगों के हाथ लग गयी जिन पर दिल्ली की हुकूमत विश्वास नहीं करना चाहती थी। जानकार तो यह भी कहते हैं कि उस चुनाव में नये विपक्षी गठबन्धन मुस्लिम युनाइटेड फ्रंट यानी एमयूएफ़ को जीत हासिल हुई थी लेकिन प्रशासन और चुनाव आयोग की मिलीभगत से नतीजे काँग्रेस और नेशनल कॉन्फ्रेन्स के पक्ष में कर दिये गये और कहीं न कहीं एक सन्देश कश्मीर के लोगों तक चला गया कि हिन्दुस्तान के हुक्मरान उनके साथ इंसाफ़ नहीं कर सकते और उन्हें कश्मीर के लोगों की अपनी नहीं बल्कि दिल्ली के इशारे पर चलनेवाली कठपुतली सरकार चाहिए। इसलिए एमयूएफ़ की सरकार नहीं बनने दी गयी। विधानसभा का चुनाव लड़नेवाले सैयद सलाउद्दीन ने सीमापार पाकिस्तान जाना बेहतर समझा और यासीन मलिक और ज़ावेद मीर जैसे लोगों ने कश्मीर की आज़ादी के लिए जेकेएलएफ़ बनायी और बन्दूक़ उठा ली।

यह वक़्त था जब कि इस्लामी कट्टरपन्थ पाकिस्तान की राष्ट्रीय नीति बन चुका था। ऐसे में उसे घर बैठे मौक़ा मिल गया और आतंकवाद की फसल खड़ी करने के लिए उर्वर ज़मीन। 1982 में मैं कश्मीर गया था तब कहीं ऐसा नहीं लगता था एक दिन ऐसा भी आयेगा कि लोग घाटी में जाने से डरने लगेंगे। लोग हालाँकि तब भी कश्मीर को भारत का हिस्सा मानने में हिचकते थे और आज़ादी की बात करते थे लेकिन माहौल कतई ख़राब नहीं था और चिनार देर शाम होते ही बेहद ख़ूबसूरत लगते थे। 1990 और 1991 में जब फिर कश्मीर जाने का मौक़ा मिला तो यकीन जानिये ज़िन्दगी में इतना डर पहले कभी नहीं लगा था। एयरपोर्ट से लेकर होटल तक सड़कों पर पसरा सन्नाटा और हर सौ क़दम पर किसी कोने से झाँकती बन्दूक़। ज़िन्दगी दोनों ही तरफ़ मरने-मारने को तैयार थी और कोई यह दावे से नहीं कह सकता था कि कल का सूरज वो देखेगा।

1996 का विधानसभा और 2004 का लोकसभा चुनाव देखा लेकिन कश्मीर में

फिर कभी 1982 को नहीं खोज पाया। इस दौरान शेख़ अब्दुल्ला की सेक्युलरवादी विरासत ख़त्म हो गयी, सूफ़ीवादी कश्मीरियत की जगह इस्लामी कट्टरवाद आम ज़िन्दगी का हिस्सा हो गया, बग़ावत के लिए हथियार उठानेवाले कश्मीरियों की जगह पेशेवर आतंकवादी ने ले ली, आज़ादी के नारे ग़ायब होने लगे और पाकिस्तान में विलय की बात ज़ोरशोर से आतंकवादी संगठन करने लगे और फ़िलिस्तीन की तरह कश्मीर भी अन्तरराष्ट्रीय रैडिकल इस्लाम के एजेंडे पर आ गया, राजनेताओं के स्थान पर गुप्तचर संस्था और सेना के प्रमुख कश्मीर के गवर्नर होने लगे यानी तमाम ज़िन्दगी दो तरह की विचारधाराओं और दो तरह की बन्दूक़ों की बन्धक बन गयी। और ये ज़िन्दगियाँ एक सवाल करती हैं क्या हम कभी खुले में साँस ले पायेंगी?

ओमार के पास इस सवाल का जवाब नहीं है। और जो लोग इस सवाल का जवाब बेरोज़गारी और आर्थिक तंगी में ढूँढ़ते हैं वो नहीं जानते कि लम्हों ने ख़ता की है और सदियों ने सज़ा पायी है। इस सज़ा के लिए शेख़ भी उतने ही ज़िम्मेदार हैं जितने कि नेहरू, फारुख़ अब्दुल्ला और राजीव गाँधी भी और साथ ही वो सोच भी जो 1947 से यह सोच रही है कि उसके साथ इंसाफ़ नहीं हुआ। जो यह सोचती है कि उसे तो आज़ाद होना चाहिए था, लेकिन जिसे भारत और पाकिस्तान की राजनीति ने सैंडविच बना डाला। यह सोच सही है या ग़लत इसका हिसाब तो सदियाँ लगायेंगी लेकिन हक़ीक़त यह है कि यह सोच एक आम कश्मीरी की है जो कभी शेख़ में अपना अक्स तलाशती है तो कभी उग्रवादियों में और जब तक सोच के स्तर पर इसका समाधान नहीं पाया जाता तब तक लाख शान्ति हो सतह के नीचे लावा धधकता रहेगा। जिसे सिर्फ़ एक चिंगारी का इन्तज़ार रहेगा।

हिन्दुस्तान, 12.07.2010

नयी राजनीति का आत्मसंघर्ष और 2014 की लड़ाई

2014 के लोकसभा चुनाव अभी 4 साल दूर हैं लेकिन लगता है बिसात अभी से बिछनी शुरू हो गयी है। यह चुनाव कई मायने में यंग इंडिया के लिए ऐतिहासिक होंगे। यह पहला चुनाव होगा जिसका आज़ादी की लड़ाई से कोई कनेक्शन नहीं होगा। अब तक के जितने भी चुनाव हुए हैं उसमें प्रधानमन्त्री पद के उम्मीदवार की पैदाइश 1947 के पहले की थी। 2009 का उदाहरण लें। एक तरफ़ थे मनमोहन सिंह और दूसरी तरफ़ लालकृष्ण आडवाणी। मनमोहन पचहत्तर पार और आडवाणी अस्सी। यानी दोनों का आज़ादी की लड़ाई से एक रिश्ता है और दोनों ही कहीं न कहीं उस युग के मूल्यों को अब तक सँजोये हुए हैं। उनकी बातचीत का सन्दर्भ हो या फिर राजनीति का अन्दाज़, कह सकते हैं काफ़ी हद तक ओल्ड फ़ैशंड है। ये दोनों ही आज़ादी और 'यंग' इंडिया के बीच एक पुल की तरह हैं। दोनों के जीवन की पटकथा में इतिहास से एक नाज़ुक रिश्ता है जिसमें पुराने मूल्यों के प्रति समर्पण है तो नये के प्रति सम्मान। इसमें एक तरफ़ अपने अस्तित्व के लिए जूझता निहायत ग़रीब 'भारत' है तो दूसरी तरफ़ महाशक्ति की अदम्य इच्छा लिये अंगड़ाई लेता 'इंडिया'। 2014 में दोनों ही इस रेस से बाहर होंगे। दो नये महारथी यंग इंडिया की बागडोर सँभालने को आतुर होंगे। काँग्रेस का महारथी तो तय है लेकिन बीजेपी की तरफ़ से कौन होगा यह अभी तय नहीं।

इस नये परिदृश्य के लिए अभी से खेल शुरू हो गया है। मोहरे बिठाये जा रहे हैं। काँग्रेस के लिए यह काम आसान है क्योंकि वो सत्ता में है। उसकी लीडरशिप स्पष्ट है। उसके नेता को अभी से राजनीति की भट्टी में तपाया जा रहा है ताकि वह निखरकर सोना बन सके और वह वो ग़लतियाँ न करे जो उसके पिता ने कीं। बीजेपी में दावेदार कई हैं। बूढ़ा बरगद बजाय उनको ट्रेन करने के ख़ुद ही खिलाड़ी बना हुआ है और उसके शागिर्द आपस में एक-दूसरे को निपटाने में लगे हैं। नरेन्द्र मोदी इस गेम के सबसे मँझे हुए खिलाड़ी हैं और रेस में शायद सबसे आगे भी। करिश्माई व्यक्तित्व, कुशल प्रशासक की छवि, भीड़ इकट्ठा करने की क्षमता, शातिर

स्ट्रेटजिस्ट का दिमाग़, राष्ट्रीय स्तर पर पहचान और हिन्दूवादी विचारधारा के सबसे बड़े पैरोकार। लेकिन गुजरात दंगों का दाग़, अति महत्वाकांक्षी की इमेज और महत्वाकांक्षा की पूर्ति के लिए पार्टी के अन्दर और बाहर कुछ भी कर गुज़रने की फ़ितरत उनकी सबसे बड़ी कमज़ोरी है। फिर अटल बिहारी वाजपेयी और लालकृष्ण आडवाणी के तेज से जले संघपरिवार को लगता है कि मोदी का कद कहीं इतना बड़ा न हो जाये कि संगठन बौना लगने लगे। इसलिए संगठन में कुछ ऐसे भी लोग हैं जो इस फ़िराक़ में हैं कि मोदी एक ग़लती करें और उनको हमेशा के लिए संघपरिवार की नज़र में निपटा दिया जाये यानी मोदी के दुश्मन पार्टी के अन्दर भी उतने ही हैं जितने बाहर।

बाहर कॉंग्रेस है जिसको लगता है कि कब तक वह गठबन्धन की सरकार चलायेगी। दूसरों की बैसाखी लेकर चलना उसको कभी भी पसन्द नहीं था। ऐसे में 'शिमला' हो या 'पंचमढ़ी' वो समय-समय पर यह इशारा करती रही है कि सहयोगियों का सहारा एक मजबूरी है और जितनी जल्दी हो सके इससे निजात पा ली जाये। 2009 के चुनाव में अप्रत्याशित तौर पर 200 से ज़्यादा सीट मिलने से उसके मन में यह आस जगी है कि थोड़ा ज़ोर लगाने पर 272 का आँकड़ा पाया जा सकता है यानी अपने बल पर केन्द्र में सरकार बन सकती है। उसके लिहाज़ से मौक़ा भी सही है। विपक्षी पार्टियों में प्रमुख बीजेपी इस वक़्त अपने में ही उलझी है और उसके अपने ही लोग नहीं चाहते कि वो आईसीयू से बाहर आये, वहीं लेफ़्ट बुरी तरह से ज़ख़्मी है और उसके फ़ौरन स्वस्थ होने की गुंजाइश भी नहीं है। कॉंग्रेस की रणनीति साफ़ है। सरकार के स्तर पर पार्टी की गुडविल बेहतर हो, रूठा वोटबैंक वापस आये और विपक्ष को और घाव दिये जायें। यह महज़ इत्तेफ़ाक़ नहीं है कि नरेगा के बाद अब वो खाद्य विधेयक लाने की तैयारी में है और महिलाओं को लुभाने के लिए महिला आरक्षण पर पूरा ज़ोर लगा रही है। मुसलमानों को बाटला हाउस से लेकर आज़मगढ़ तक रोज़ नये सन्देश दिये जा रहे हैं और आरक्षण का सपना दिखाया जा रहा है।

उधर, कुछ अपनी ग़लतियों से और कुछ कॉंग्रेस की क़िस्मत से विपक्ष भी आत्महत्या करने पर उतारू है। अचानक दिखने में आया है कि हिन्दू आतंकवाद के मसले पर जाँच तेज़ी पकड़ती जा रही है। रोज़ नये खुलासे हो रहे हैं। कभी अजमेर ब्लास्ट की बात होती है तो कभी मालेगाँव का और कभी हैदराबाद मक्का मस्जिद धमाके में हिन्दूवादी संगठनों का हाथ देखा जाता है। फिर ख़बर आती है कि हिन्दू आतंकवाद से जुड़े सुनील जोशी हत्याकांड की फ़ाइल नये सिरे से खोली जा रही है जिसे मध्य प्रदेश सरकार काफ़ी पहले ही ठंडे बस्ते में डाल चुकी है। इस बीच गुजरात में बीजेपी के गृह मन्त्री अमित शाह से सोहराबुद्दीन फर्जी एनकाउंटर के तार

सहज जुड़ने लगते हैं। और उनकी गिरफ़्तारी की ख़बरें अख़बारों की सुर्खियाँ बढ़ाने लगती हैं। अमित शाह, नरेन्द्र मोदी के ख़ासमख़ास हैं। उनकी आँखों के तारे यानी अमित फँसे तो आँच मोदी तक भी जायेगी। वो मोदी जिनसे सुप्रीम कोर्ट के इशारे पर गुजरात दंगों के बारे में पहले ही पूछताछ हो चुकी है। यह भी सुनने में आ रहा है कि अचानक जाँच एजेंसियों की दिलचस्पी संजय जोशी सीडी कांड में भी बढ़ गयी है। यह भी ख़बर है कि सोहराबुद्दीन कांड से जुड़े कुछ पुलिस अफ़सरों ने संजय जोशी की फर्जी सेक्स सीडी बनवायी और इन्दौर की बीजेपी की राष्ट्रीय कार्यकारिणी में बँटवायी। संगठन में संजय जोशी और मोदी में छत्तीस का आँकड़ा था।

और यह किसी भी शातिर दिमाग़ की समझ हो सकती है कि हिन्दू आतंकवाद के बहाने संगठन को और मोदी की आड़ में भविष्य की लीडरशिप की साख को बट्टा लगा दो। जनता अपने-आप फ़ैसला कर लेगी उसे किसे चुनना है—उसे जो विकास की बात करता है, ग़रीबों-बेरोज़गारों को रोटी-रोज़गार दिलाता है, सोच और समझ में आधुनिक है और सबसे बड़ी बात 'यंग' है या उसे जो आपस में लड़ते हैं, दंगा करवाते हैं, क़ानून को अपनी जूती की नोंक पर रखते हैं, और जो अल्पसंख्यकों को अपना दुश्मन समझते हैं और (कर्नाटक में) भ्रष्टाचार को शह देते हैं। यानी कह सकते हैं कि 2014 की लड़ाई नयी राजनीति का आत्मसंघर्ष भी होगा और नये मूल्यों का जन्मदाता भी जो आज़ादी के 'भावुक' आदर्शवाद से मुक्त होगा और 'विशुद्ध' यथार्थवाद जिसकी जननी होगा।

हिन्दुस्तान, 25.07.2010

सोहराबुद्दीन और बीजेपी का असली एनकाउंटर

बीजेपी की दो समस्याएँ हैं। एक, वो लम्बे समय तक विपक्ष में रही है इसलिए उसके तेवर हमेशा ही विपक्षी पार्टीवाले ही रहते हैं। वो यह भूल जाती है कि केन्द्र में उसकी सरकार छः साल रह चुकी है। दो, उसकी विचारधारा आरएसएस की विचारधारा है। इस वजह से जब भी उस पर कोई राजनीतिक हमला होता है तो उसे वो अपने मूल यानी विचारधारा पर हमला मान लेती है और वो एक राष्ट्रीय राजनीतिक पार्टी होने के नाते अपने और आरएसएस के बीच के फ़र्क़ को मिटा देती है। उसके नेता यह भूल जाते हैं जब वो सत्ता में आयेंगे तो संविधान, लोकतन्त्र और संवैधानिक संस्थाओं की रक्षा करना उनका धर्म होगा।

सोहराबुद्दीन मामले में बीजेपी की यह कमज़ोरी एक बार फिर खुलकर सामने आयी है। कठघरे में बीजेपी के तीन बड़े नेता हैं। अमित शाह जेल में हैं और राजस्थान के पूर्व गृह मन्त्री गुलाब चन्द्र कटारिया और ओम माथुर पर शक है। नरेन्द्र मोदी से भी पूछताछ की तैयारी है। ऐसे में बीजेपी का तिलमिलाना स्वाभाविक है। और यह भी कि वो सीबीआई के दुरुपयोग का आरोप काँग्रेस पर मढ़े। लेकिन इसकी आड़ में सुप्रीम कोर्ट पर चढ़ाई हो यह ठीक नहीं। पार्टी प्रवक्ता राजीव प्रताप रूड़ी ने बिना नाम लिये सुप्रीम कोर्ट के उन जज की मंशा पर प्रश्नचिह्न लगा दिया, जिन्होंने रिटायरमेंट के ठीक पहले सीबीआई जाँच के आदेश दिये थे।

बीजेपी को ऐसा नहीं करना चाहिए पर उसने सुप्रीम कोर्ट का लिहाज़ नहीं किया। अदालत के फ़ैसले की आलोचना अलग बात है पर यह कहना कि रिटायरमेंट के बाद लाभ के मोह की वजह से जाँच का आदेश जज महोदय ने दिया ग़लत है। यह सुप्रीम कोर्ट की ईमानदारी पर सवाल खड़े करना है। दुर्भाग्य से गुजरात के सन्दर्भ में ऐसा पहली बार नहीं हुआ है। यह आरोप मोदी पर लगते रहे हैं कि उनकी अगुवाई में दंगों के बाद संवैधानिक संस्थाओं को झुकाने, उन पर दबाव बनाने और मनमाफ़िक़ काम करवाने की कोशिश की गयी और जिनने बात नहीं मानी उन पर बिना लागलपेट के हमला किया गया। दंगों के फ़ौरन बाद विधानसभा

चुनाव करवाने के लिए चुनाव आयोग पर दबाव बनाया गया। मुख्य चुनाव आयुक्त जे.एम. लिंगदोह जब नहीं माने तो चुनावी सभाओं में उनका पूरा नाम 'जेम्स माइकल लिंगदोह' लेकर खुलेआम मज़ाक़ उड़ाया गया। यह सन्देश दिया गया कि एक 'ईसाई' उनके ख़िलाफ़ लगा हुआ है। मोदी उस वक़्त यह भूल गये कि वो एक राज्य के मुख्यमन्त्री हैं और जब वो लिंगदोह का मज़ाक़ उड़ाते हैं तो कहीं न कहीं चुनाव आयोग नामक संस्था की बेइज़्ज़ती करते हैं। यह सवाल संवैधानिक पद और उसकी गरिमा का था।

मोदी और बीजेपी की दिक़्क़त यह थी कि लिंगदोह उनके रंग में नहीं रँगे जैसे राज्य में पुलिस-प्रशासन के आला अफ़सर रँग गये, वकील रँग गये और न्यायपालिका को भी काफ़ी हद तक प्रभावित करने का प्रयास किया गया। पुलिस प्रशासन ने दंगों के दौरान तो आँखें मूँदी ही रखीं, दंगों के बाद दंगाई न पकड़े जायें, दंगा मामलों की ठीक से जाँच न हो, सबूतों के अभाव में फ़ाइलें बन्द कर दी जायें और जो मामले अदालतों तक पहुँचें उनकी ठीक से सुनवाई न हो पाये और जो मुक़दमे आगे बढ़ें वो कमज़ोर हो जायें और अन्त में किसी को सज़ा न हो इस बात की पूरी कोशिश की गयी। गुजरात सरकार की ऐसी हरकतों से ही नाराज़ होकर 22 नवम्बर 2006 को मुख्य न्यायधीश के.जी. बाला कृष्णन ने साफ़ कहा था कि गुजरात सरकार पूरी तरह से क्रिमिनल प्रोसीजर कोड को भूल गयी है और अदालत क्रिमिनल जस्टिस सिस्टम को डीरेल होने नहीं दे सकती है। अदालत तब तक 2000 से ज़्यादा दंगा मामलों की फ़ाइल बन्द करने की गुजरात सरकार की कारगुज़ारी पर नाराज़गी जता चुकी थी। 17 अगस्त 2004 को सुप्रीम कोर्ट ने राज्य के पुलिस महानिदेशक को आदेश दिया था कि वो इन मामले की दुबारा समीक्षा करे। अदालत को गुजरात सरकार पर तनिक भी भरोसा नहीं था इसलिए डीजीपी को यह भी कहा कि वो हर तीन महीने पर उन्हें इन मामलों की प्रगति के बारे में सीधे जानकारी दे।

इसी तरह 09 अगस्त 2004 को बेस्ट बेकरी मामले में सरकार द्वारा नियुक्त सरकारी वकील की हरकतों से सुप्रीम कोर्ट के जज अरिजीत पसायत आगबबुला हो गये थे। न्यायधीश महोदय ने कहा कि आप पहले दिन से अपना रंग दिखा रहे हैं। आप किस तरह के सरकारी वकील हैं जो आरोपी के ख़िलाफ़ गिरफ़्तारी वारंट का विरोध करते हैं। राज्य सरकार के असहयोग से भड़ककर सुप्रीम कोर्ट ने बेस्ट बेकरी जैसे मामले की सुनवाई गुजरात के बाहर करने की सिफ़ारिश की। और मुख्यमन्त्री को वाजपेयी के शब्दों की याद दिलाते हुए 'राजधर्म' निभाने की नसीहत मुख्य न्यायधीश वी.एन. खरे ने दी थी। जस्टिस खरे यह नहीं समझ पा रहे थे कि 44 गवाहों में से 37 अपने बयान से मुकर जायें और उनसे जवाबी जिरह तक न हो। यानी पुलिस-प्रशासन से लेकर सरकारी वकील तक सब मिले थे और नहीं चाहते थे

कि दोषियों को सज़ा मिले। सुप्रीम कोर्ट की तरह राष्ट्रीय मानवाधिकार आयोग ने भी सरकार के तौर-तरीक़े पर आपत्ति जतायी थी। 21 मार्च 2002 को आयोग ने कहा था कि गुजरात सरकार की दंगों पर रिपोर्ट पूरी नहीं है, इसमें काफ़ी झोल है। ऐसे में सुप्रीम कोर्ट ने अकारण नहीं कहा था कि मोदी आधुनिक नीरो हैं।

मुझे तो लगा था कि गुजरात दंगों से बीजेपी ने कुछ सबक़ लिया होगा, लेकिन अफ़सोस सोहराबुद्दीन मामले में भी वही हुआ। शुरू से ही मामले को दबाने की कोशिश की गयी। जब मामला नहीं दबा तो संवैधानिक संस्थाओं पर हमले किये जा रहे हैं। सुप्रीम कोर्ट के जज को घेरे में लाने से हो सकता है बीजेपी को राजनीतिक लाभ हो लेकिन संविधान को जो नुक़सान होगा उसकी भरपाई कैसे होगी? बीजेपी को यह सोचना होगा। साथ ही यह भी कि जब वो केन्द्र में आयेगी तो फिर सुप्रीम कोर्ट का सामना कैसे करेगी?

दैनिक भास्कर, 02.08.2010

हम भ्रष्टन के...

दिल करता है सुरेश कलमाड़ी से पूछूँ, भाई मज़ा आ रहा है? कहाँ चले थे कॉमनवेल्थ गेम्स कराने और कहाँ फँस गये? शीला दीक्षित भी इस गली से गुज़र रही हैं। वह भी लहूलुहान हैं, काफ़ी चिड़चिड़ीं भी। रिपोर्टर सवाल करते हैं तो मैडम पूछती हैं—क्या चाहते हैं, मैं जेल चली जाऊँ? नहीं मैडम, मैं कौन होता हूँ आप को जेल भिजवानेवाला। हाँ, अगर करम ऐसे रहे तो शायद जाना ही पड़े।

कॉमनवेल्थ के पहले आईपीएल की ख़बर थी। क्या पता था कि इतनी जल्दी एक और घोटाला सामने आ जायेगा? पहले ख़बर आयी कि काम शायद टाइम पर न हो पाये। खेल मन्त्री एम.एस. गिल ने मज़ाक़ किया—भाई हम भारतीयों की यह आदत है कि लड़की की शादी की तरह अन्तिम समय तक काम चलता रहता है। सो स्टेडियम हो या फिर दूसरे इन्तज़ाम समय से पहले पूरे हो जायें यह कोई नहीं मान रहा था। और हम भारतीयों को शायद इस पर कोई आपत्ति भी नहीं थी ज़्यादा। सिवाय इसके कि इस बदइन्तज़ामी की वजह से दिल्लीवालों को बारिश के मौसम में घंटों ट्रैफिक में फँसे रहना पड़ रहा था। हाँ, इस बात की चिन्ता ज़रूर थी कि अगर समय पर काम ख़त्म न हुआ तो देश की नाक कट जायेगी।

तभी विस्फोट हुआ। पता चला कि काम तो शायद समय पर हो जाये लेकिन यह जो नया मवाद निकल रहा है इसका क्या करें? अचानक लगने लगा कि यह खेल नहीं महाखेल की महालूट है। इसके बहाने हमारे नेता, नौकरशाह, बिल्डर और दलाल अपनी जेब भरने में जुटे हैं। एक लाख का ट्रेड मिल दस लाख में किराये पर लिया जा रहा है। मामूली कुर्सी आठ लाख में किराये पर आ रही है। चार हज़ार में टिश्यू पेपर का रोल। छः हज़ार में छतरी और दो लाख में चालीस हज़ार का एसी किराये पर। सीवीसी ने कुल 16 प्रोजेक्ट की जाँच की। पता चला कि ज़्यादातर में घटिया क्वालिटी का सामान लगा है, प्रोजेक्ट की लागत काफ़ी बढ़ाकर लगायी गयी और पकड़े न जायें इसलिए प्रोजेक्ट पूरा होने के जाली सर्टिफ़िकेट बनाये गये। महाखेल का महा घोटाला?

लेकिन मैं कतई हैरान नहीं। क्यों? क्योंकि हम हिन्दुस्तानी जानते हैं कि हज़ारों करोड़ों का खेल हो और इस खेल में खेल न हो ऐसा कैसे हो सकता है? सब खाते

हैं। हर प्रोजेक्ट में खाया जाता है। खाना और खिलाना तो हमारी राष्ट्रीय आदत है। हम स्वभाव से ही भ्रष्ट हैं। इसलिए चुनाव में भ्रष्टाचार कोई मुद्दा ही नहीं। प्रधानमन्त्री रह चुके एक बड़े नेता ने एक बार मुझसे कहा था कि भ्रष्टाचार को मुद्दा बनाकर चुनाव लड़ें तो लुटिया डूब जाये। सब जानते हैं कि जो नेता एमपी बनने के पहले ठन-ठन गोपाल था वो मन्त्री बनते ही पाँच साल में अरबपति कैसे बन जाता है? यह सबको पता है फिर भी हम उसको श्रद्धा से देखते हैं। उसकी सराहना करते हैं। क्योंकि हम भी तो अपने अन्दर पूरी तरह से बिके हुए होते हैं। और अगर बिके हुए नहीं होते तो क्यों विद्रोह नहीं करते? जानते हुए भी उन्हीं भ्रष्ट नेताओं को चुनते हैं क्योंकि बच्चे का जन्म हो या फिर उसका एडमिशन या फिर उसकी नौकरी का मसला सब जगह पैसे देकर गौरवान्वित महसूस करते हैं।

लोग इसलिए आईएएस और आईपीएस बनते हैं ताकि ऊपर की आमदनी से घर का ख़ज़ाना भरें। शादी के समय भी ससुरालवाले बड़े गर्व से कहते हैं कि लड़के की ऊपरी आमदनी काफ़ी है। नौकरी में भी 'ड्राई' और 'वेट' पोस्टिंग का कॉन्सेप्ट है। 'ड्राई' माने जहाँ घूस नहीं मिलती और 'वेट' माने जहाँ जमकर घूस मिलती है। घर में बीवियाँ उन पतियों पर मेहरबान रहती हैं जो ऊपर की कमाई दबाके करते हैं। जब पूरा तन्त्र ही घूसतन्त्र है और कहीं कोई शर्म नहीं है तो कलमाड़ी और शीला को क्यों कोसें?

दरअसल सैकड़ों साल तक शासित रहने की वजह से हम हिन्दुस्तानियों में एक अजीब सी कुंठा घर कर गयी है। हीनभावना अन्दर तक व्याप्त है और आत्मगौरव यानी 'सेल्फ़ एस्टीम' हम हिन्दुस्तानियों में काफ़ी कम है। यह चारित्रिक दोष तीन तरह से अपने को रिफ़्लेक्ट करता है। एक, इस उपनिवेशवादी मानसिकता के कारण नियम-क़ानून को शासित वर्ग अपनी आज़ादी में बाधक और शोषण का औजार मानता है। इसलिए पश्चिम की तरह हमारे हिन्दुस्तान में 'रूल ऑफ़ लॉ' की इज़्ज़त नहीं है। मौक़ा मिलते ही नियम तोड़ने को तैयार रहते हैं। दो, चूँकि क़ानून की इज़्ज़त नहीं करते इसलिए 'सब कुछ चलता है'। यह मानसिकता प्रबल है। टाइम पर कॉमनवेल्थ गेम्स न हों तो क्या हुआ। हो ही जायेगा। यही सब सोचते हैं। तीन, चूँकि सिस्टम में आस्था नहीं है इसलिए घूस देकर उसे अपने हिसाब से करने की फ़िराक़ में हर कोई रहता है। ये चारित्रिक दोष कोई एक दिन में तो दूर होगा नहीं। ऐसे में आईपीएल के ललित मोदी हों या फिर कलमाड़ी या कोई और नियमों की धज्जियाँ उड़ाते हैं, जी भरके पैसे बनाते हैं और शर्म भी नहीं आती, सोचते हैं कि कोई क्या कर लेगा? लेकिन अब समाज बदल रहा है, मीडिया और सिविल सोसायटी आक्रामक है। ऐसे में अब कलमाड़ी और मोदी को मज़ा नहीं आ रहा होगा। और यही है उम्मीद की किरण।

अमर उजाला, 06.08.2010

जागो मोहन प्यारे, जागो

सोनिया गाँधी को भी उम्मीद नहीं थी कि 2009 के आम चुनाव में काँग्रेस की दो सौ से भी ज़्यादा सीटें आयेंगीं, लेकिन आयीं। 2004 में प्रमोद महाजन को उम्मीद थी कि बीजेपी की सरकार बनेगी लेकिन नहीं बनी। काँग्रेस के लिए 2004 और 2009 दोनों ही जीत अप्रत्याशित थीं। पहली जीत काँग्रेस के लिए वरदान थी। मृत्युशैया पर पड़ी पार्टी में अचानक जान आ गयी। मुरझाये चेहरे फिर खिल उठे। दूसरी जीत ने उसे हौसला दिया कि वो अकेले अपने दम पर भी सरकार बना सकती है। 2004 तक जो असम्भव लगता था। अब उसे लगने लगा है कि उत्तर प्रदेश में अपनी पुरानी साख और औक़ात दोनों ही पा सकती है। और अगर वो यूपी में वापस आ गयी तो 1989 के पहले के दिन लौट आयेंगे। लेकिन इस सपने में एक खोट है। काँग्रेस ने यह भी सोच लिया है कि विपक्ष बेहोश है और उसे उठने में काफ़ी वक़्त लगेगा। बीजेपी अन्दरूनी झगड़ों के कारण और सीपीएम अपनी ग़लतियों से। इस सोच ने उसे कॉम्प्लेसेंट कर दिया है।

वरना मनमोहन सरकार की दूसरी पारी की शुरुआत बेहतर थी। सभी मन्त्रियों को सौ दिन का टॉरगेट दिया गया। सरकार ने महसूस किया कि आर्थिक सुधारों की छवि अगर शहरी, अमीर और उद्योग समर्थक बनी रही तो उसे नुक़सान होगा। लिहाज़ा उसने सुधार को गाँव और ग़रीब से जोड़ने की कोशिश की और सामाजिक मुद्दों—गाँवों में रोज़गार कार्यक्रम यानी मनरेगा को विस्तार, शिक्षा में बुनियादी बदलाव, सबको अनिवार्य शिक्षा की तैयारी, खाद्य सुरक्षा बिल के तहत ग़रीबी रेखा के नीचे के लिए तीन रुपये किलो अनाज देने की वकालत, स्वास्थ्य जैसे नेगलेक्टेड मन्त्रालय को गुलाम नबी आज़ाद जैसा भारी भरकम मन्त्री देना, ग्रामीण इलाक़ों में सरकारी डॉक्टर और इलाज पहुँचाने की कोशिश, मेडिकल इंश्योरेंस की बात, मुस्लिम तबक़े को आरक्षण देने पर ज़ोर, महिलाओं को 33 फ़ीसदी आरक्षण के लिए सरकार का पूरी ताक़त झोंकना—को शासन में वरीयता मिली। और इन क़दमों से सरकार की तारीफ़ भी हुई। लेकिन अब लगने लगा है कि सरकार की गति को किसी की नज़र

लग गयी है।

सरकार में अचानक ही भटकाव की आहट सुनायी पड़ने लगी है। जिस अर्थव्यवस्था की पूरी दुनिया में प्रशंसा हो रही हो उसी को महँगाई डायन ने डसना शुरू कर दिया है। महँगाई ने आम चुनाव के पहले भी सरकार को सिरदर्द दिया था लेकिन तब सरकार ने तमाम जुगत भिड़ाकर चुनाव तक उस पर क़ाबू पा लिया था। चुनाव जीतने के बाद संसद के पहले राष्ट्रपति अभिभाषण में सरकार ने सौ दिन में महँगाई पर लगाम लगाने का वादा किया था। ये सौ दिन कई बार आये और गये और डायन अपना रूप बढ़ाती ही गयी। सरकार कभी अन्तरराष्ट्रीय मन्दी का बहाना बनाती है तो कभी पिछले साल के सूखे का। संसद में दिये उसके बयानों से साफ़ है कि इस डायन को क़ाबू में करने का मन्त्र उसके पास नहीं है। वित्त मन्त्री यह कहकर लोगों को समझाने का प्रयास कर रहे हैं कि देश को अगर 9 फ़ीसदी विकास दर चाहिए तो दो अंकों की मुद्रास्फीति तो उसे झेलनी ही पड़ेगी। हालाँकि प्रधानमन्त्री फिर भी दिसम्बर तक जनता को महँगाई से निजात दिलाने का भरोसा दे रहे हैं।

इस महँगाई से सरकार की साख को तो बट्टा लगा ही है, साथ ही पहली बार लोग अर्थशास्त्री प्रधानमन्त्री की काबिलियत पर भी सवाल खड़े किये जाने लगे। लोग कह रहे हैं कि एक अर्थशास्त्री देश का प्रधानमन्त्री है फिर भी महँगाई आसमान पर! कहीं कुछ गड़बड़ तो नहीं? अर्थशास्त्र प्रधानमन्त्री की ताक़त है और राजनीति कमज़ोरी। अर्थशास्त्र जब सवालों के घेरे में आया तो राजनीति कैसे बचती! लिहाज़ा आन्ध्र प्रदेश हो या फिर कश्मीर या नक्सलवाद या फिर विदेश नीति लोगों को लगने लगा है कि सरकार की पकड़ कहीं न कहीं ढीली पड़ने लगी है और चीज़ें उसके हाथ से फिसल रही हैं। जम्मू-कश्मीर काफ़ी शान्त हो चला था। पर्यटकों की भीड़ वहाँ जुटने लगी थी। स्वर्ग लम्बे समय के बाद फिर सजने लगा था। न जाने कहाँ से सड़कों पर नक़ाबपोश निकल आये, पत्थर बरसने लगे और कश्मीर में आग लग गयी। लोगों ने देखा सरकार हाथ पर हाथ धरे बैठी है। और जब वो नींद से जागी तब तक काफ़ी देर हो चुकी थी, संयुक्त राष्ट्र के महासचिव बान की मून तक संयम बरतने की सलाह देने लगे। पाकिस्तान की बाँछें खिल गयीं। लोगों को फिर से 1989 की याद आने लगी। लोग कहने लगे हैं, कैसी सरकार है कि पड़ोसी देश पाकिस्तान शर्म-अल-शेख़ में बलूचिस्तान का ज़िक्र कराने में कामयाब हो जाता है, उसका विदेश मन्त्री खुलेआम भारतीय विदेश मन्त्री का मज़ाक़ उड़ाता है वो चुपचाप बैठी है।

चुप्पी आन्ध्र प्रदेश में भी भारी पड़ रही है। राजशेखर रेड्डी की मौत के बाद ऐसा लगा कि सरकार को हवा ही नहीं है कि वहाँ उसे करना क्या है? जगन रेड्डी

खुलेआम आला कमान को धमकी दे रहे हैं, रोसैय्या को कोई घास नहीं डालता, सरकार की ग़लती से तेलंगाना का मुद्दा फिर बेताल की तरह पेड़ पर जा बैठा है। सबसे मज़बूत दुर्ग ताश के किले में बदल गया है। 2009 की सरकार आन्ध्र की वजह से बनी थी, 2014 में अगर गयी तो आन्ध्र का बड़ा हाथ होगा। आन्ध्र की काँग्रेस सरकार ने भले ही नक्सलवाद से लड़ने का सलीका पूरे देश को दिया हो पर केन्द्र ने कोई सबक़ नहीं सीखा। और देखते-देखते नक्सलवाद ने दैत्याकार रूप अख़्तियार कर लिया। ख़ुद मनमोहन कहते हैं कि नक्सलवाद देश की सबसे बड़ी समस्या है और गृहमन्त्री मानते हैं कि कम से कम तीन साल तो लगेंगे इस पर नकेल कसने में। ख़ुद सरकार और पार्टी में एक राय नहीं है कि कैसे इससे निपटा जाये? पी. चिदम्बरम क़ानून व्यवस्था की नज़र से हल खोजते हैं तो दिग्विजय सिंह को लगता है कि विकास की बात किये बिना नक्सलवाद से निपटना बेमानी होगा। यानी देश की सबसे बड़ी समस्या पर पार्टी और सरकार में साफ़गोई नहीं है। यह देश के लिए शुभ संकेत नहीं हैं।

और यह महज़ इत्तेफ़ाक़ नहीं है कि काँग्रेस के एक बड़े नेता यह कहते हैं कि दूसरी जीत अकसर लोगों, सरकारों को अजेय होने का दम्भ दे देती है और इसी दूसरी जीत से हार का सोता फूटता है। काँग्रेस को बताने की ज़रूरत नहीं कि 1984 में 415 सीटें लानेवाली पार्टी को बस एक बोफ़ोर्स ने सरकार से बेदख़ल कर दिया था। चर्चिल अकारण नहीं कहते थे कि राजनीति में एक हफ़्ता भी लम्बा समय होता है। ऐसे में जागो मोहन प्यारे, जागो।

हिन्दुस्तान, 05.08.2010

आओ नये हिन्दुस्तान का स्वागत करें

तिरसठ की उमर बुढ़ापे की होती है। मोह-माया छोड़ भगवान में मन लगाने की उमर। इस तिरसठ की उमर में हिन्दुस्तान जवान हो रहा है और मन्दी से उबरती दुनिया उसकी तरफ़ आशा भरी निगाहों से देख रही है। जिस हिन्दुस्तान के बारे में 1930-31 में विंस्टन चर्चिल ने कहा था—भारत को ब्राह्मणों के भरोसे छोड़ना क्रूरता और नादानी होगी। जैसे ही अंग्रेज़ भारत छोड़कर जायेंगे पूरा प्रशासनिक ढाँचा चरमरा जायेगा। कोर्ट-कचहरी, मेडिकल, रेलवे भरभरा के ढह जायेंगे और भारत एक बार फिर सदियों पुराना मध्ययुगीन समाज बन जायेगा। यानी चर्चिल का कहना था कि हमें शासन करना नहीं आता। चर्चिल अकेले नहीं थे। मशहूर साहित्यकार रुडयार्ड किपलिंग ने 1891 में भारत में स्व-शासन के सन्दर्भ में किये गये सवाल के जवाब में कहा था—ये चार हज़ार साल पुराने लोग हैं लेकिन शासन चलाना इनके बस में नहीं। एक सज्जन ने कहा था कि भारत को भारत के भरोसे छोड़ना बेवक़ूफ़ी होगी। आज़ादी के बाद भी पश्चिम में हिन्दुस्तान को लेकर यह बहस गरम रहती थी कि—भारत एक देश के नाते बच पायेगा या नहीं। रॉबर्ट डहल जैसे विद्वान कहते थे कि भारत में लोकतन्त्र के फलने-फूलने के एक भी लक्षण नहीं हैं। आज़ादी के बीस साल बाद भी डॉन टेलर जैसे महानुभाव ने 1969 में लिखा कि अहम सवाल यह कि क्या हिन्दुस्तान एक रह पायेगा या फिर वो खंड-खंड बिखर जायेगा?

लेकिन इन तिरसठ सालों में हिन्दुस्तान बिखरा नहीं, न ही वो टूटा। आज़ादी से अब तक ढेरों ऐसे मौक़े आये जब यह आशंका खड़ी हुई। आज़ादी वैसे तो जश्न का मौक़ा होता है पर हमारे पूर्वजों के लिए यह दिन गहरे शोक और सन्ताप के दिन थे। देश का विभाजन हुआ था, चारों तरफ़ हाहाकार मचा था। हिन्दू-मुस्लिम दंगों ने लाखों लोगों को अपने आगोश में समेट लिया था। तकरीबन अस्सी लाख शरणार्थी पाकिस्तान से आये थे और कैम्पों में रोते-कलपते यह पूछ रहे थे कि क्या इसी दिन के लिए बापू ने आज़ादी की लड़ाई लड़ी थी। पाँच सौ से ज़्यादा सामन्ती इलाक़े अलग-अलग राग अलाप रहे थे। इनमें से कुछ—त्रवनकोर, भोपाल, जोधपुर

और हैदराबाद के निज़ाम तो भारत से अलग होने का ख़्वाब सँजोये हुए थे। इन सबको एक सूत में पिरोना असम्भव सी बात थी। जम्मू-कश्मीर में पाकिस्तानी सेना का हमला। तेलंगाना में साम्यवादियों की सशस्त्र क्रान्ति। भयंकर ग़रीबी और निरक्षरता। ऐसे में दो सौ साल का उपनिवेशी शासन झेलने के बाद ज़बर्दस्त विविधता और विभिन्नतावाले इस देश में लोकतन्त्र की नींव डालना आसान नहीं था। यह वो देश है जहाँ कश्मीर से कन्याकुमारी के बीच यूरोप की दस से ज़्यादा अलग-अलग सभ्यताओंवाले देश समा जाते हैं। ऐसे में इन सबको साथ लेकर चलना, जाति और धर्म के नाम पर बँटे सामन्तवादी समाज में एक व्यक्ति और एक वोट का सिद्धान्त लागू करना और कलम की एक जुम्बिश से सबको बराबरी का अधिकार दे देना नामुमकिन सा काम था। लेकिन यह हिन्दुस्तान ने किया। और सबसे बड़ी बात यह कि आज तक वो लोकतन्त्र बना हुआ है और पाकिस्तान की तरह लोकतन्त्र रह-रहकर ग़ायब नहीं हो जाता।

हम यह नहीं कहते कि ग़रीबी दूर हो गयी है, भुखमरी और निरक्षरता नहीं है। सच है कि गाँधी के सपनों का आख़िरी आदमी आज भी भूखे पेट सोता है और उसके सिर पर छत नहीं है लेकिन आज यह मुल्क़ वो नहीं है जिसके बारे में चर्चिल कभी कहा करते थे। आज ब्रिक मॉडल (2001 में गोल्डमैन सैक्स ने न्यूयॉर्क में तेज़ी से विकास करनेवाले चार देशों—ब्राज़ील, रूस, इंडिया और चीन को मिलाकर एक नया आर्थिक मॉडल दिया) के प्रमुख सिद्धान्तकार जेम्स नील कहते हैं कि इन चारों देशों में भारत में सबसे ज़्यादा सम्भावना है। उसके मुताबिक़ 2050 तक भारत की जीडीपी आज की जीडीपी से पचास गुना यानी 25 ट्रिलियन डॉलर होगी। 2001 में जेम्स की राय भारत के बारे में इतनी पुख़्ता नहीं थी, लेकिन मन्दी से जिस तरह से भारत निपटा है उससे पूरी दुनिया के अर्थशास्त्री हैरान हैं। लेहमन संकट से भारत ने सबसे तेज़ रिकवरी की। विश्व इसलिए हतप्रभ है क्योंकि उसे यकीन ही नहीं हो रहा है कि यह वही देश है जिसने 1991 में अपना क़र्ज़ लौटाने के लिए सोना गिरवी रखा था। जो अभी भी भ्रष्टाचार में दुनिया में सबसे ऊपर है। जहाँ चालीस करोड़ से अधिक लोग ग़रीबी रेखा के नीचे हैं, गुजरात जैसे दंगे होते हैं और आतंकवादी और नक्सली कहीं भी और कभी बम फोड़ देते हैं। ऐसे में जब विदेशियों को पता चलता है कि भारत साठ देशों को 6 करोड़ मोबाइल हैंडसेट निर्यात करता है और जल्द ही वो टेलीकॉम के मामले में दुनिया का केन्द्र होनेवाला है तो उसकी आँखें फटी की फटी रह जाती हैं। जब वो दो सौ टन सोना आईएमएफ़ से ख़रीदता है तो हंगामा मच जाता है, जब लोगों का पता चलता है कि 2009 के पूर्वार्ध में उसने चीन से बीस फ़ीसदी अधिक कारें निर्यात कीं तो सहसा विश्वास नहीं कर पाते। नैनो की घोषणा से तो वो पहले ही हिले हुए थे। सिटी बैंक के सीईओ विक्रम पंडित,

पेप्सी की चेयरमैन इन्दिरा नूयी, मैकिंसी के सीईओ रहे रजत गुप्ता, वेंचर कैपिटलिस्ट विनोद खोसला, मास्टर कार्ड के अजय बांगा जब मुँह खोलते हैं तो दुनिया ध्यान से सुनती है। और उस पर अमल करती है। वरना पन्द्रह साल पहले तक हिन्दुस्तान सपेरों का देश था जिसके बारे में साल-छः महीने में कभी-कभार एकाध पैरा वहाँ के अख़बारों में छप जाता था। यह अकारण नहीं है कि टाटा की आय का 65 फ़ीसदी विदेश से आता है। ऐसे में आओ तिरसठ की उमर में जवानी का जश्न मनायें, नये हिन्दुस्तान का स्वागत करें।

दैनिक भास्कर, 17.08.2010

एक सनक का नाम है चीन

माओ त्से तुंग सनकी थे। वो नहाते नहीं थे और न ही वो दाँत ब्रश करते थे। रोज़ वो सोलह से बीस साल की लड़की के साथ शारीरिक सम्बन्ध बनाते थे। माओ का निजी डॉक्टर जब अपनी किताब में यह लिखता है तो सहसा यकीन करने को मन नहीं करता। क्योंकि माओ का नाम अ‍ाते ही एक ऐसी तस्वीर उभरती है जिसने 1949 में क्रान्ति की और साम्यवादी व्यवस्था को स्थापित किया। वो शख़्स जिसने कभी सैकड़ों फूल खिलाये तो कभी सांस्कृतिक क्रान्ति का नारा दिया। जिसने दहशत और ख़ौफ़ के बीच पश्चिम के देशों से आगे निकलने का सपना चीन को बेचा। और एक ऐसा सिस्टम भी दिया जिसमें ख़ुद माओ के उत्तराधिकारी तक अपने को सुरक्षित नहीं मानते थे। अगर माओ सनकी नहीं होते तो क्या वो अपने नम्बर दो रह चुके लू शकी को इलाज की इजाज़त नहीं देते। लू बिना इलाज के ही स्वर्ग सिधार गये। उनके दूसरे घोषित उत्तराधिकारी लिन बियाओ को माओ के डर से बिना ईंधन के जहाज़ में भागना पड़ा था और सोवियत रूस की सीमा पर दुर्घटना का शिकार हो गये। माओ की सनक ही थी कि चीन में एक के बाद एक संस्थाएँ दम तोड़ती गयीं और चीन दुनिया के सबसे ग़रीब मुल्क़ों में से एक बन गया, 1978 में चीन की अर्थव्यवस्था भारत से कमतर हो गयी। ऐसे में यह पूछना वाज़िब है कि आख़िर वो कौन सी सनक थी कि चीन माओ के बाद महज़ चालीस सालों में दुनिया का दूसरा सबसे बड़ा अर्थतन्त्र बन बैठा। पिछले हफ़्ते ही उसने जापान को पछाड़ा है।

इतिहास और अर्थशास्त्र के जानकार कहेंगे कि अगर माओ की सनक ने क्रान्ति न की होती तो चीन अपनी ही गति से चलता रहता। माओ ने चीन के लोगों को पहली बार एक सपना दिखाया। ऐसे समाज का सपना जहाँ न कोई अमीर होगा और न ही कोई ग़रीब। सब बराबर। इस सपने ने उस सोये चीन को जगा दिया जिसके बारे में नेपोलियन कहा करता था कि चीन को सोने दो क्योंकि वो अगर जग गया तो पूरी दुनिया हिल जायेगी। माओ ने सोते को जगाने का काम किया। उसे महत्वाकांक्षी बना दिया। उसे बताया कि दो सौ साल की उपनिवेशवादी मानसिकता

को उतार फेंकने का वक़्त आ गया है और अगर वो चाहे तो दुनिया पर राज कर सकता है। माओ ने एक दूसरा काम किया। उन्होंने पूरे देश में कम्युनिस्ट पार्टी के ज़रिये एक ऐसा तन्त्र खड़ा कर दिया जिसकी वजह से किसी भी फ़ैसले को आनन-फ़ानन में लागू करना आसान हो गया। लेकिन माओ की दिक़्क़त यह थी कि वो क्रान्ति के नेता थे। वो विचारधारा और सरकार को साथ लेकर विकास नहीं कर पाये। और न ही उन्होंने ऐसे किसी भी आदमी को पनपने दिया जो माओ से अलग नये तरीक़े से सोच सके। लिहाज़ा चीन जड़ हो गया।

माओ की मौत के बाद देंग शिआओपिंग ने सत्ता सँभाली। देंग ने माओ के साथ कन्धे से कन्धा मिलाकर क्रान्ति में हिस्सा लिया था। देंग ने तय किया कि वो विचारधारा के गुलाम नहीं बनेंगे। देंग खाँटी व्यावहारिक थे, वो भी कम सनकी नहीं थे। साफ़ कहते थे, बिल्ली काली हो या सफ़ेद क्या फ़र्क़ पड़ता है जब तक कि वो चूहे मारती है। यानी देंग का साफ़ मानना था कि चीन का विकास होना चाहिए। अब यह साम्यवाद के तहत हो या फिर पूँजीवाद से, तानाशाही से हो या फिर लोकतन्त्र से क्या फ़र्क़ पड़ता है। फिर देंग इस बात के भी कायल थे कि प्रतिभा का ढिंढोरा नहीं पीटना चाहिए। देंग कहते थे—प्रतिभा छिपाओ, गुमनामी बढ़ाओ। यानी चुपचाप अपना काम करते जाओ। बिना किसी शोर-शराबे के। देंग ने जब चीन की कमान अपने हाथ में ली, वो इस बात को समझ चुके थे कि साम्यवादी तौर-तरीक़ों से चीन की अर्थव्यवस्था में सुधार नहीं होगा। उन्होंने चीन के दरवाज़े-खिड़कियों को पश्चिम के लिए खोल दिया। कोई सनकी ही यह प्रयोग करेगा कि राजनीति तो साम्यवादी तरीक़े से चले, लेकिन अर्थव्यवस्था में पूँजीवाद का समावेश हो। देंग की सनक कामयाब हो गयी। और दुनिया भौचक्क।

एक अध्ययन के मुताबिक़ चीन इतिहास में पहला देश बन गया जिसकी अर्थव्यवस्था तीस साल तक नौ फ़ीसदी की गति से प्रगति करती रही, महज़ चालीस सालों में प्रति व्यक्ति आय ग्यारह गुना हो गयी, चालीस करोड़ लोग ग़रीबी की रेखा से ऊपर आये, चीन के पास 2.5 ट्रिलियन डॉलर खालिस कैश है, वो रोज़ एक बिलियन डॉलर प्रति दिन इंफ्रास्ट्रकचर निर्माण में ख़र्च करता है, पूरी दुनिया का आधा सीमेंट, एक तिहाई स्टील, एक चौथाई अल्युमिनियम की खपत चीन में है। ये वो आँकड़े हैं जिन पर सहसा विश्वास नहीं होता। लेकिन यह सच है। और इसलिए दुनिया मुँहबाये उसकी तरफ़ देख रही है। राघव बहल कहते हैं कि चीन के विकास ने अब तक के सभी आर्थिक सिद्धान्तों को ग़लत साबित कर दिया है। अब तक यह माना जाता था कि आर्थिक विकास के लिए लोकतन्त्र और बाज़ार व्यवस्था दोनों ही अनिवार्य हैं। चीन में न लोकतन्त्र है और न ही पूरी तरह से बाज़ार व्यवस्था। राजनीति पूरी तरह से तानाशाही के अधीन है तो पश्चिम के लिए दरवाज़े खोलने

के बावजूद भी सरकार की गहरी नज़र लगातार अर्थव्यवस्था पर बनी रहती है और उसकी अनुमति के बग़ैर पत्ता भी नहीं हिलता।

पर सवाल यह है कि क्या यह विकास स्थाई है? क्योंकि भले ही वो अर्थव्यवस्था के नियम को पलट रहा हो लेकिन पश्चिम से सम्पर्क ने चीन के समाज में बेचैनी बढ़ा दी है। अल्पसंख्यक तबक़ा परेशान है। मज़दूर वर्ग मज़दूरी के सवाल पर नाराज़ है, तेन आन मन चौक पर छात्र बीस साल पहले ही अपने तेवर दिखा चुका है। ऐसे में दुनिया में दूसरे नम्बर का देश होने के साथ ही उसकी चुनौतियाँ बढ़ गयी हैं। यह चुनौती बाहर से नहीं अन्दर से है। समग्र विकास के लिए लोकतन्त्र देर-सबेर लाना ही होगा, स्वतन्त्र न्यायपालिका की ज़रूरत पड़ेगी, मीडिया को आज़ाद करना होगा, पढ़ी-लिखी सिविल सोसायटी को ख़ास तरीक़े से सोचने के लिए बाध्य नहीं किया जायेगा। और यह तब सम्भव होगा जब कम्युनिस्ट पार्टी समाज और राजनीति पर से अपनी पकड़ ढीली करेगी। यानी उसे अपनी ऐतिहासिक सनक से बाहर आना पड़ेगा। और यह काम नम्बर दो बनने से ज़्यादा मुश्किल है। क्योंकि सनक अगर स्थाई भाव हो जाये तो पागलपन का रूप ले लेती है।

हिन्दुस्तान, 23.08.2010

पिछड़ावाद की अभिशप्त कथा

नीतीश कुमार को लालू यादव का शुक्रगुज़ार होना चाहिए। लालू नहीं होते तो नीतीश भी नहीं होते। आपको मज़ाक़ लग रहा होगा, लेकिन है यह हक़ीक़त। देश के चन्द राजनेताओं में लालू यादव हैं जिनकी अपनी ज़मीन है और अपना वोट बैंक और जो करिश्माई भी हैं। पिछड़ों के नेता, मंडल की पैदावार। मंडल को सामने रखकर देश में पिछड़ों को गोलबन्द करनेवाले, उन्हें यह एहसास करानेवाले कि देश की सत्ता में उनकी भी हिस्सेदारी होनी चाहिए। बिहार में उनके पहले कर्पूरी ठाकुर ने पिछड़ों के नाम पर जमकर राजनीति की थी, लेकिन वो कभी भी उतने पावरफुल नहीं बन पाये कि सत्ता-सुख पिछड़ों के साथ बाँट सकें और इतनी लम्बी रेखा खींच सकें कि पिछड़ों को नकारकर सत्ता का ख़्वाब न देखा जाये। बिहार में लालू यादव को यह श्रेय जाता है उन्होंने मंडल मुद्दे को हवा में लपक लिया और पिछड़ों को एक बड़ी राजनीतिक ताक़त के रूप में सत्ता के केन्द्र में स्थापित कर दिया। फिर लालू ने पिछड़ों के साथ मुसलमानों को भी जोड़कर सेक्युलरिज़्म को नयी धार दी। लालू पिछड़ी चेतना के उभार पर सवार होकर पन्द्रह साल तक बिहार पर क़ाबिज़ रहे। वरना बिहार में अगड़ी जाति के नेताओं की ही तूती बोलती थी और जो पिछड़े आये भी वो काँग्रेस आलाकमान की कठपुतली थे। लिहाज़ा लालू के बाद भी अगड़ा नहीं पिछड़ा ही बिहार का मुख्यमन्त्री हो यह लालू की राजनीति ने ही तय किया। जिसका फ़ायदा नीतीश को हुआ और मुख्यमन्त्री बने।

लेकिन लालू पिछड़ी चेतना को विकास के साथ नहीं जोड़ पाये या यह कहें कि वो जोड़ना नहीं चाहते थे। ऐसे में 2005 में जब लालू की कुर्सी गयी तब तक बिहार का इतना कबाड़ा हो चुका था कि नीतीश क्या कोई भी होता उसे सत्ता में बने रहने के लिए विकास की बात करनी होती। विकास करना नीतीश की मजबूरी थी। जो नीतीश ने किया भी लेकिन नीतीश को इस बात का लाभ मिला कि लालू ने जो हाल बिहार का किया था, उसमें कोई भी कुछ भी करता लोग राहत की साँस लेते और तारीफ़ करते। लालू ने पिछड़ी चेतना के नाम पर बिहार के लोगों को हाईकोर्ट

के शब्दों में जंगलराज दिया था, जहाँ शाम सात बजे के बाद लोग घरों में दुबक जाते थे, सड़कें शहरों से ग़ायब हो गयी थीं और भारी संख्या में रोज़गार और सुरक्षा की तलाश में लोग बिहार से पलायन कर गये। बिहार भारत का वो ब्लैकहोल था जिसमें से बाहर निकलने की सोचनेभर से शरीर में झुरझुरी उठती थी।

नीतीश कुमार समझदार थे। उनकी रणनीति स्पष्ट थी। एक, बिहार में क़ानून राज की वापसी हो, दो, विकास के लिए नौकरशाही को प्रेरित किया जाये, तीन, चुनाव के मद्देनज़र नयी तरह की सोशल इंजीनियरिंग को अमलीजामा पहनाया जाये। नतीजा—चार साल में 48000 अपराधी जेल की सलाखों के पीछ पहुँच गये। यह आँकड़ा देश में सबसे बेहतर है। लोगों का भरोसा सरकार में लौटा और उम्मीद जगी कि अपराधी बचके नहीं निकल सकता। सड़कें बनने लगीं, गाँवों में प्राथमिक स्वास्थ्य केन्द्र में चमक लौट आयी। एक सरकारी सर्वेक्षण के मुताबिक़ पहले एक महीने में सिर्फ़ 39 लोग एक प्राथमिक केन्द्र में जाते थे, वहीं नीतीश के समय में आँकड़ा 4000 के पार पहुँच गया। हालत कुछ यूँ बदले कि अचानक बिहार की विकास दर 11 फ़ीसदी हो गयी यानी देश के नक्शे पर दूसरे नम्बर पर। और पंजाब, हरियाणा नौकरी के लिए जानेवाले बिहार में ही रोज़गार पाने लगे।

लेकिन सिर्फ़ क़ानून की बहाली और विकास से शहरी मध्यवर्ग को लुभाया तो जा सकता है, जाति और धर्म में बँटे बिहार जैसे समाज में दोबारा चुनाव नहीं जीता जा सकता। सो नीतीश ने तीन स्तरों पर काम किया। एक, जाति के स्तर पर पिछड़ों में अति पिछड़ा, दलितों में अति दलित की पहचान करवायी। दो, धर्म के स्तर पर मुस्लिमों में अति पिछड़े मुसलमान खोजे। और इनको सरकारी स्तर पर नौकरियों में प्राथमिकता दिलाने का प्रयास हुआ। तीन, स्त्री सशक्तीकरण के नाम पर महिलाओं के लिए ग्राम पंचायतों में पचास फ़ीसदी सीटों को आरक्षित कर दिया गया। इतना ही नहीं, कक्षा छः तक की बच्चियों की पढ़ाई के लिए 700 रुपये बाँटे गये ताकि स्कूल जानेवाली बच्चियों के लिए एक जोड़ा यूनीफ़ॉर्म, एक जोड़ा जूता और एक कॉपी-किताब के लिए बस्ता मुहैया कराया जा सके। कॉलेज जानेवाली लड़कियों के लिए साइकिल उपलब्ध कराने के लिए दो हज़ार रुपये हर लड़की को दिये गये।

ज़ाहिर है नीतीश ने जाति, धर्म और विकास की बिसात तो बिठा दी है लेकिन उनसे एक बड़ी ग़लती हो गयी। वो नरेन्द्र मोदी बनने लगे। ख़ुद अपनी पार्टी को हाशिये पर डाल दिया। जो कभी उनके काफ़ी करीबी थे वो या तो नाराज़ हैं या फिर पार्टी से बाहर जगह खोज रहे हैं। राजीव रंजन उर्फ़ लल्लन सिंह जैसे सिपहसालार नीतीश की जड़ खोद रहे हैं। मोदी तो यह करके बच सकते थे लेकिन नीतीश नहीं। क्योंकि बीजेपी के साथ आरएसएस भी है और वो काडर बेस्ड संगठन है। लेकिन जनता दल युनाइटेड समाजवादी परम्परा में लालू विरोधी लोगों का एक खेमा है

जिसमें कार्यकर्ता कम नेता ज़्यादा हैं और जो कहने को संगठनभर है। ऐसे में नीतीश को इन पाँच सालों में जनता दल युनाइटेड को गाँव-गाँव शहर-शहर मज़बूत करना चाहिए ताकि वो उनके सन्देश को लोगों तक पहुँचा सकता और चुनाव के समय वोटर को पोलिंग बूथ तक ला सकता।

दूसरे, नीतीश शुरू से लेकर अभी तक 'बीजेपी-कुंठा' से अपने को अलग नहीं कर पाये। वो बीजेपी की मदद से सरकार भी चलाना चाहते हैं और सेक्युलर भी बने रहना चाहते हैं। मुसलमानों को भी लुभाना चाहते हैं और हिन्दूवादी बीजेपी नेताओं को रात्रिभोज पर भी आमन्त्रित करना चाहते हैं। और फिर बीच में नाटक भी कर लेना चाहते हैं कि उन्हें हिन्दूवाद से परहेज नहीं है लेकिन यह हिन्दूवाद नरेन्द्र मोदी मार्का नहीं होना चाहिए। अब नीतीश को कौन समझाये कि हिन्दूवाद एक ही है, मोदी, आडवाणी, सुषमा और जेटली उसके अलग-अलग अवसरवादी चेहरे हैं।

नीतीश और लालू के बीच यह पिछड़ावाद की त्रासदी है कि वो बिहार में मज़बूत होने के बावजूद अभिशप्त है। लालू का पिछड़ावाद विकास के मामले में तो नीतीश का पिछड़ावाद विचारधारा के स्तर पर। अब समय पिछड़ावाद के साथ ऐतिहासिक न्याय करने का है। और यह तभी होगा जब पिछड़ावाद में विकास भी हो और सेक्युलरिज़्म भी। क्या नीतीश यह कर पायेंगे? क्या नीतीश लालू के अधूरे पिछड़ावाद को पूर्ण करने का बीड़ा उठायेंगे? और क्या यह करके नीतीश लालू का शुक्रिया अदा करेंगे?

दैनिक भास्कर, 30.08.2010

मैच फ़िक्सिंग और पाक का मानसिक रोग

पाकिस्तान के खिलाड़ी मैच फ़िक्सिंग करते हैं, इस पर मैं हैरान नहीं हुआ। न ही इस बात पर कि उसका सबसे प्रतिभाशाली खिलाड़ी मोहम्मद आमिर महज़ अठारह साल की उम्र में मैच फ़िक्सिंग करता पाया गया। हैरानी हुई पाकिस्तान के रवैये पर। सीधे कैमरे पर पकड़े गये, फिर भी पाकिस्तान यह मानने को तैयार नहीं कि उसके खिलाड़ी दोषी हैं। मैं स्तब्ध रह गया जब पाकिस्तान के एक अख़बार डेली मेल में पढ़ा कि यह पूरा खेल एक साजिश है और भारत की गुप्तचर एजेंसी रॉ ने रची है। मैंने इस ख़बर को लन्दन में पाकिस्तान के उच्चायुक्त के बयान से जोड़ा और साथ ही पाकिस्तान के गृहमन्त्री रहमान मलिक की प्रेस कॉन्फ्रेन्स से भी। उच्चायुक्त वाज़िद शम्शुल हसन ने बिना किसी जाँच के तीनों क्रिकेटरों को निर्दोष करार दिया और रहमान मलिक ने साजिश का अन्देशा जताया। क्या वाकई पाकिस्तानियों के साथ साजिश हुई है? चलो मान भी लें, भारत ने पाकिस्तान के मुँह पर कालिख पोतने के लिए जाल बुना। लेकिन इस सवाल का जवाब कौन देगा कि ये तीनों खिलाड़ी फँसे क्योंकि वो मैच फ़िक्सिंग कर रहे थे। अगर वो नहीं करते तो कौन फँसा देता? ऐसे में सवाल उठता है कि पाकिस्तान अपने खिलाड़ियों की ग़लती मानने को क्यों तैयार नहीं है?

दरअसल पाकिस्तान का यह रवैया हमें किसी बड़े संकट की ओर इशारा करता है। किसी बड़े रोग की तरफ़। और अगर जल्दी इलाज नहीं हुआ तो पाकिस्तान एक रह पायेगा यह दावा कर पाना मेरे लिए मुश्किल होगा। दूसरे, पाकिस्तान में लम्बे समय तक लोकतन्त्र रहेगा यह कहना भी आसान नहीं होगा। मेरी इस बात पर ग़ौर करियेगा। मैच फ़िक्सिंग के इतर अब पाकिस्तान की दूसरी चीज़ों पर नज़र डालें। अभी तीन सितम्बर को क्वेटा में शिया छात्रों की एक रैली पर आत्मघाती हमला किया गया। बारह लोग मारे गये और सौ से ज़्यादा घायल। इसी तरह से पाकिस्तान के उत्तर-पश्चिम में स्थित मर्दान शहर में अहमदिया समुदाय की एक मस्जिद पर आत्मघाती हमला हुआ। एक आदमी मारा गया और दो ज़ख़्मी हुए।

पिछले दिनों सूफ़ी-सन्तों की मज़ारों पर जुड़नेवाली भीड़ को चुन-चुनकर निशाना बनाने का काम किया गया। ये कौन लोग हैं? इन सबके पीछे पाकिस्तान के ही कट्टरपन्थी तालिबानी संगठनों का हाथ है और ये खुलेआम इस बात को स्वीकार भी करते हैं। यानी यह कहना ग़लत होगा कि रैडिकल इस्लाम अमेरिका समेत दूसरे धर्मों का दुश्मन है। जैसाकि पश्चिम के लोग मानते हैं और भारत में कट्टरपन्थी हिन्दू भी यही सोच रखते हैं। हक़ीक़त यह है कि पाकिस्तान में हालात इस क़दर बिगड़ गये हैं कि धर्म के नाम पर मुसलमान ही मुसलमान का दुश्मन बन बैठा है। पाकिस्तान की त्रासदी यह भी है कि वहाँ के कट्टरपन्थी हुक्मरानों को यह बात तकलीफ़देह नहीं लगती कि एक सज़ायाफ़्ता उनका राष्ट्रपति है। आसिफ़ अली ज़रदारी को एक समय 'मिस्टर दस पर्सेंट' कहा जाता था। बेनज़ीर भुट्टो जब प्रधानमन्त्री थीं तो यह मशहूर था कि हर सरकारी प्रोजेक्ट में ज़रदारी का दस पर्सेंट घूस बँधा था। बिना इसके कोई भी प्रोजेक्ट क्लियर नहीं होता था। बाद में उन्हें आठ साल जेल की हवा भी खानी पड़ी। आगे चलकर वही आदमी राष्ट्रपति बन जाता है और रियाया को फ़र्क़ नहीं पड़ता, सेना उसकी मदद करती है। इसी ज़रदारी के पाकिस्तान में रोज़ धमाके हो रहे हैं, लोग थोक के भाव मर रहे हैं। पूरा समाज कट्टरवाद के चंगुल में है। पढ़े-लिखे लोगों के लिए स्पेस सिकुड़ता जा रहा है। समझदार लोग पाकिस्तान छोड़ विदेश भाग रहे हैं। अर्थव्यवस्था चौपट हो गयी है। लोग इस आशंका में जी रहे हैं कि कभी भी पाक के टुकड़े हो सकते हैं। कभी भी तालिबान पाकिस्तान पर क़ब्ज़ा कर सकता है। पूरी दुनिया पाकिस्तान को आतंकवाद का गढ़ मानती है और यह चर्चा अन्तरराष्ट्रीय मंचों पर जारी है कि पाकिस्तान एक 'फेल्ड-स्टेट' है। पूरी दुनिया के लिए बड़ा ख़तरा, इसलिए अमेरिका उसको रोज़ घुड़की देता है। यह इत्तेफ़ाक़ नहीं है और एक मुल्क़ के लिए शर्मनाक कि बाढ़ से पाकिस्तान की बीस फ़ीसदी आबादी तबाह है। उसे विदेशी मदद की दरकार है लेकिन आशानुरूप आर्थिक मदद नहीं मिल रही। कारण दूसरे देशों को यह लगता है कि कहीं यह पैसा आतंकवादियों के हाथ न चला जाये। वे सिर्फ़ सहानुभूति जताकर ही काम चला रहे हैं। क्या यह पाकिस्तान की अन्तरराष्ट्रीय साख की ओर इशारा नहीं करता है?

ऐसा नहीं है कि पाकिस्तान को इस सबका इल्म नहीं है। लेकिन वो इसको मानना नहीं चाहता। उसने अपनी सोच के दायरे को चारों तरफ़ से ढँक रखा है। वो यह मानने को ही तैयार नहीं है कि यह वो पाकिस्तान नहीं है जिसके लिए कायदे-आज़म ज़िन्ना ने गाँधीजी से लड़ाई लड़ी और हिन्दुस्तान का बँटवारा कर हासिल किया। यह वो मुल्क़ ही नहीं जिसको ज़िन्ना सेक्युलर और मॉडर्न स्टेट के तौर पर देखना चाहते थे। ज़िन्ना तबियत से आधुनिक थे। उन्होंने इस्लाम का इस्तेमाल ज़रूर किया लेकिन इस्लामी कट्टरपन्थ से उन्हें नफ़रत थी। उन्होंने पाकिस्तान संविधान

सभा की बैठक में कहा था कि पाकिस्तान में सभी धर्मों के लोगों के अधिकारों की रक्षा की जायेगी और सभी बराबर के नागरिक होंगे। लेकिन ज़िन्ना की मौत के बाद नेतृत्वहीनता ने उसे उस जगह ला खड़ा कर दिया कि आज वो कुंठाग्रस्त राष्ट्र बन गया है। एक ऐसा राष्ट्र जो सामूहिक स्तर पर 'स्किजोफ्रेनिया' नामक मानसिक बीमारी से पीड़ित है जो सिर्फ़ साजिशों के बारे में ही सोचता है और यह मानता है कि पूरी दुनिया उसकी दुश्मन है। खिलाड़ी मैच फ़िक्सिंग में पकड़े जायें तो रॉ की साजिश, लाहौर-कराची-इस्लामाबाद में बम फटे तो हिन्दुस्तान की साजिश, देश में सैनिक शासन हो तो अमेरिका की साजिश, इस्लाम ख़तरे में है तो ईसाई-यहूदी की साजिश और इन साजिशों का तभी सामना किया जा सकता है जब पाकिस्तान में इस्लामी शासन हो, महिलाएँ पर्दे में रहें, पराये मर्द की तरफ़ देखने पर संगसारी हो, चोरी करने पर हाथ-पैर काट लिए जायें, म्यूज़िक-टीवी पर बैन लगे, मदरसा में पढ़ाई हो और बैंक ब्याज न ले। क्या इक्कीसवीं सदी में यह सोच जायज़ है? क्या ऐसी सोच को पाकिस्तान में प्राथमिकता मिलनी चाहिए? क्या इसके मुताबिक़ समाज बनाने की कोशिश परवान चढ़े? नहीं। लेकिन पाकिस्तान में हो यही रहा है। क्योंकि पूरा समाज एक 'नैतिक-आध्यात्मिक-संकट' से गुज़र रहा है। और इस संकट का निदान भी उसे हिन्दुस्तान-अमेरिका या इज़राइल में नहीं मिलेगा, इसका निदान उसको इस्लाम में ही खोजना होगा। अपने धर्म में यह ईमानदारी से सोचना होगा कि आख़िर वो क्यों आधुनिकता से दूर होता जा रहा है और दकियानूसी उसका मजहब बनता जा रहा है।

हिन्दुस्तान, 06.09.2010

भरे पेट अब कौन बोलेगा राम

देश में चार धाराएँ एक साथ ऐसी चल रही थीं। अयोध्या का आन्दोलन उफान पर था। चारों दिशाओं में राम के नाम की गूँज थी। मेरे घर में मेरा छोटा भाई मेरे ख़िलाफ़ खड़ा था। यूनिवर्सिटी में दोस्त झगड़ा कर रहा था कि मुझे क्या पता पिछड़ी जाति का होने का दर्द क्या होता है? राजीव गोस्वामी जैसे लड़के अपने बदन में आग लगा रहे थे। मंडल की वजह से करीबी एक-दूसरे पर शक करने लगे थे। और कश्मीरियों को लगने लगा था कि हिन्दुस्तान के साथ उनकी क़िस्मत नहीं जुड़ी रह सकती, आज़ाद होना ही बेहतर है। और एक दिन अचानक पता चला कि सरकार को सोना गिरवी रखना पड़ेगा। इस बीच चुनाव सिर पर आन पड़े और राजीव गाँधी तमिल आतंकवाद का शिकार हो गये। प्रधानमन्त्री के बनने के लिए नेताओं की खोज हुई और रिटायर्ड नरसिंहा राव में काँग्रेस को अपना और देश का भविष्य नज़र आया। राममन्दिर के नारे तेज़ होते गये और कैलेंडर की एक तारीख़ 6 दिसम्बर 1992 को मस्जिद को ढहा दिया गया। आज फिर 24 सितम्बर पर सबकी नज़र है, जब अयोध्या मसले पर अदालत का फ़ैसला आयेगा। जिन्होंने 1992 देखा है उनका दिल हलकान है और जो आर्थिक सुधार की पैदावार हैं वो कौतुहल से टकटकी लगाये बैठे हैं।

कहने को कह सकते हैं कि राममन्दिर का मुद्दा अपनी उम्र जी चुका। लेकिन जो दूध के जले हैं वो क्या करें? अयोध्या में धारा 144 लगी है। केन्द्र और राज्य सरकार दोनों ने अपने को आशंकाओं के किले में बन्द कर लिया है। सब जानते हैं कि '92 की भूमिका अचानक नहीं बनी थी। यह वो दौर था जब आज़ादी के बाद के तीस सालों का तिलस्म टूट चुका था। समाजवादी रास्ते से देश की समस्याओं का हल निकालने की कोशिश दम तोड़ चुकी थी। बैंकों का राष्ट्रीयकरण करनेवाली इन्दिरा गाँधी को 1980 में सत्ता में आते ही एहसास हो चुका था कि ग़रीबी हटाओ के टोटके फेल हो चुके हैं। और अब कमांड इकॉनमी का रास्ता छोड़ना ही ठीक होगा। लेकिन नेहरू की बेटी में इतनी हिम्मत नहीं थी कि रातोंरात वो यह फ़ैसला

कर ले। हालाँकि धारा बदलने का काम शुरू हो चुका था पर इन्दिरा की असमय मौत और राजीव की अनुभवहीनता ने इस प्रक्रिया को तेज़ होने से रोक दिया। राजीव आधुनिकता की बात करते थे। टेलीकॉम क्रान्ति की शुरुआत उनके समय में हुई लेकिन दिल कड़ा करके लाइसेंस परमिट राज को ख़त्म करने का माद्दा उनमें नहीं था। फिर बोफ़ोर्स कांड ने सारे किये-कराये पर पानी फेर दिया। 'सर्वशक्तिमान' प्रधानमन्त्री अपने बचाव में इतना डूबा कि सारे फ़ैसले ग़लत होने लगे। फिर चाहे वो शाहबानो का मसला हो या फिर राममन्दिर के ताले खुलवाने का। लोगों ने जब देखा कि सौ में से सिर्फ़ 15 पैसे जनता तक पहुँचने की बात कहनेवाला ही 65 करोड़ के घूसकांड में फँस गया है तो वो कैसे मान लेते कि भ्रष्टाचार के ख़िलाफ़ कोई निर्णायक लड़ाई काँग्रेस की सरकार लड़ेगी।

1990 पहुँचते-पहुँचते दलित और पिछड़े वर्ग में भी आकांक्षाओं ने हिलोरे मारना शुरू कर दिया था। अब वो जगजीवन राम की तरह सिर्फ़ ऊँची जातियों के शो-पीस बनने को तैयार नहीं थे। उन्हें सत्ता में भागीदारी चाहिए थी। माँग उठने लगी कि संख्याबल में ज़्यादा हैं तो सत्ता भी हमारी हो। दबाव बना तो वी.पी. सिंह को सरकारी नौकरियों में 27 फ़ीसदी आरक्षण देना पड़ा। मुलायम, लालू, रामविलास पासवान, शरद यादव, नीतीश कुमार, कांशीराम, मायावती, कल्याण सिंह, उमा भारती सत्ता के नये केन्द्र हो गये। उच्च जातियोंवाली बीजेपी में गोविन्दाचार्य जैसे लोग सोशल इंजीनियरिंग की वकालत करने लगे। राजनीतिक और सामाजिक स्तर पर बेचैनी बढ़ती जा रही थी। सिर्फ़ अर्थतन्त्र के पास इसका इलाज था लेकिन वो ख़ुद आईसीयू में पड़ा था। फिर काँग्रेस से उसका मोहभंग हो चुका था। लोगों ने देखा कि गाँधी-नेहरू की पार्टी भ्रष्टाचार की पर्याय बन गयी है। उनके अपने प्रतिनिधि नेता की जगह चाटुकार मन्त्री बन गये हैं। पार्टी में लोकतन्त्र ख़त्म हो गया है। जनता को विकल्प खोजना ही था। उसे एक नये नेता की तलाश थी। जो उसकी ग़रीबी को दूर कर सके। बेरोज़गारी पर लगाम लगाये। घिसी-पिटी बातें न करे। नये सिरे से सोचे और नया सपना बेचे। काँग्रेस में ऐसा कोई नहीं था। एक तबक़े को लालकृष्ण आडवाणी में नेता दिखा और बीजेपी में अपना भविष्य। अर्थतन्त्र की सतायी जनता, मंडल और कमंडल में बँटी जनता को अपनी ऊर्जा, अपना फ्रस्टेशन कहीं न कहीं तो निकालना ही था। ऐसे में अगर नेतृत्व सही न हो तो निर्माण की जगह विध्वंस होता है। 6 दिसम्बर इसका सबसे बड़ा प्रमाण बना।

आज वो हालात नहीं हैं। अर्थव्यवस्था अपने शिखर पर है। अभी पिछले ही महीने कार बिकने का नया रिकॉर्ड बना है। पिछले क्वार्टर में इंडस्ट्री ने 13 फ़ीसदी की विकास दर दिखायी है। और इस बात की पूरी सम्भावना है कि आउटसोर्सिंग पर अमेरिकी ख़तरे के बावजूद अर्थव्यवस्था 9 फ़ीसदी का आँकड़ा छू लेगी। हिन्दुस्तान

का मध्यवर्ग इस वक़्त बम-बम है। उसकी जेब गरम है। वो वीकेंड पर मॉल जाता है, जी भर के ख़रीददारी करता है, 'ईटिंग आउट' उसका नया पैशन है। छोटी कार से सन्तुष्ट नहीं होता, उसे लम्बी, बड़ी लक्जरी कार में मज़ा आता है। हर दो महीने पर वो सेलफ़ोन बदल लेता है और गर्लफ्रेंड भी। मन्दी के बावजूद तनख़्वाह में कमी नहीं है। एयरपोर्ट अब रेलवे स्टेशन लगने लगे हैं। तो सड़कों पर उतरेगा कौन? फिर उसने सारे विकल्प देख लिये हैं। उनका भी जो 'रामराज' का सपना दिखाते थे और उनका भी जो 'मंडलराज को स्वर्ग' बताते थे। उसने देखा कि त्याग को हिन्दुत्व का मूल बतानेवाली पार्टी का 82 वर्षीय नेता नयी पीढ़ी के लिए मार्ग प्रशस्त करने को तैयार नहीं होता। पिछड़े नेता का शासन 'जंगलराज' से भी बदतर था। दलित की बेटी ने भ्रष्टाचार के सारे रिकॉर्ड तोड़ दिये। तो क्या करेगा वो? 24 को फ़ैसला आयेगा। कुछ लोग शोर मचायेंगे, माहौल बिगाड़ने की कोशिश भी होगी लेकिन वो कामयाब तब होंगे जब उनकी कोई सुनेगा। वो इसलिए नहीं सुनेगा कि वो बहरा है? बल्कि इसलिए कि उसका पेट भरा है और वो जानता है कि फुँके हुए कारतूसों से निशाना नहीं लगता।

दैनिक भास्कर, 13.09.2010

संघ में बदलाव की आहट को सुनिये

ज़्यादा वक़्त नहीं हुआ जब मैंने लिखा था कि संघपरिवार और बीजेपी में बदलाव के संकेत मिल रहे हैं। राममन्दिर-बाबरी मस्जिद विवाद पर संघपरिवार और बीजेपी के रवैये ने मेरी धारणा को और पुष्ट किया है। अयोध्या मसले पर संघपरिवार हमेशा से यह कहता रहा है कि अदालतें आस्था के सवाल का निपटारा नहीं कर सकतीं। लेकिन अब सुर बदले हुए हैं, हमलावर तेवर ग़ायब हैं। आज वो बड़ी मुलायमियत से कहते हैं कि वो अदालत के फ़ैसले का सम्मान करेंगे। भारतीय संविधान के तहत कोई भी फ़ैसला आये वो मानेंगे। आरएसएस प्रमुख मोहन भागवत ने दिल्ली में महिला पत्रकारों से कहा कि राममन्दिर पर क़ानूनी विकल्प खुले हैं। और अगर अदालत का फ़ैसला संघपरिवार के ख़िलाफ़ हुआ तो लोकतान्त्रिक और संवैधानिक तरीक़े से समाधान खोजने की कोशिश की जायेगी। अयोध्या मसले पर आग उगलनेवाले विनय कटियार बोले, वो सुप्रीम कोर्ट का दरवाज़ा खटखटायेंगे और वहाँ से भी न्याय नहीं मिला तो संसद में मुद्दा उठायेंगे। लालकृष्ण आडवाणी पहले ही पार्टी सांसदों को ताकीद कर चुके हैं कि कोई भी नेता अदालती फ़ैसले के पहले या बाद में भड़काऊ बयान न दे और न ही जश्न मनाये।

दरअसल 2004 में बीजेपी की हार से संघपरिवार को झटका तो लगा था लेकिन हार के असली कारणों को खोजने की कोशिश नहीं हुई। उसे लगा कि इतिहास में ऐसा कभी-कभी हो जाता है। यही कारण है कि 2009 आते-आते बीजेपी ने एक बार फिर आडवाणी पर दाँव लगा दिया। इस चुनाव को आडवाणी 'द आयरनमैन' बनाम मनमोहन 'द वीकेस्ट' बनाने की कोशिश बीजेपी की तरफ़ से हुई पर उसे मुँह की खानी पड़ी। अब संघपरिवार को लगा कि हिन्दू आन्दोलन से निकला उनका 'सबसे मज़बूत सिक्का' अगर काँग्रेस के 'सबसे कमज़ोर सिक्के' से मात खा गया है तो ज़रूर कोई ऐसी बुनियादी बात होगी जिसको वो समझने में नाकामयाब रहे। मन्थन शुरू हुआ। सुधीर कुलकर्णी जैसे लोगों ने जब कहा कि संघपरिवार और बीजेपी को अपनी विचारधारा और रणनीति में मौलिक परिवर्तन करना होगा, तब ऊपरी तौर पर

उसे नकार तो दिया गया लेकिन उसे यह समझ में आने लगा कि तेज़ी से बदलते हिंदुस्तान में पहले की तरह कट्टरवादी और आक्रामक नहीं रह सकते। उसे अगर सर्वसाधारण का मन जीतना है तो उसे भी उसी की तरह होना होगा। ग्लोबलाइज़ेशन अगर नेशन-स्टेट के फ़र्क़ को ख़त्म कर रहा है तो देश के अन्दर औद्योगिकीकरण और शहरीकरण तेज़ी से जाति, धर्म और क्षेत्र की सीमाओं को गिटा रहा है और ऐसे में व्यक्ति को विभिन्न खाँचों में देखने की प्रवृत्ति त्यागनी होगी।

संघपरिवार के शीर्ष नेतृत्व ने अन्दर झाँकना शुरू किया। उसे लगा कि मौलिक हिन्दू धारणा को ही नये सिरे से देखने की ज़रूरत है। आरएसएस के एक वरिष्ठ नेता ने जब मुझसे बातचीत में कहा कि 'हिन्दू शब्द तो एकता की जगह विभाजन का प्रतीक बन चुका है' तो मैं चौंका। मुझे भी हिन्दू आपस में कई खंडों में बँटा दिखा। वो हिन्दू जिसको एक करने और जिसको मज़बूत करने के लिए हेडगेवार ने 1925 में आरएसएस का गठन किया था। यानी जिस मक़सद के लिए आरएसएस को बनाया गया जो हिन्दू प्रोजेक्ट अपनाया गया वो ही आज थका-माँदा-हारा हुआ किसी कोने में सिसक रहा है। आज क्या संघ यह कह सकता है कि हिन्दू एक है? कदापि नहीं। वो कहीं दलित है तो कहीं पिछड़ा। कहीं वो अगड़ी जाति है तो कहीं आदिवासी, कहीं मराठी, तो कहीं बिहारी, कहीं कट्टरपन्थी तो कहीं उदारवादी, कहीं वो वामपन्थी है तो कहीं वो दक्षिणपन्थी। पिछड़ा और दलित एक दूसरे को फूटी आँख नहीं सुहाते। सवर्णों और पिछड़ों में छत्तीस का आँकड़ा है। महाराष्ट्र में उत्तर भारतीयों पर हमले हो रहे हैं और ये हमले वो कर रहे हैं जो अपने-आपको हिन्दू कहते हैं और हिन्दूवादी राजनीति करने का दम्भ भरते हैं। हिन्दू दलित बाबा साहेब अम्बेडकर की अगुवाई में बौद्ध होने को मजबूर हैं।

उत्तर भारत में पिछड़ी जाति अपने को मुसलमानों के ज़्यादा करीब पाती है और राजनीति के मैदान में वो उसके साथ कन्धे से कन्धा मिलाकर चलती है। सवर्ण हिन्दू के साथ चलने से उसे परहेज है। उदारवादी हिन्दू आज की तारीख़ में अल्पसंख्यकों की तुलना में कहीं अधिक कट्टरवादी हिन्दुओं का विरोधी है। हक़ीक़त तो यह है कि गुजरात के दंगे हों या फिर राममन्दिर का मसला उदारवादी हिन्दू आरएसएस के हिन्दू का सबसे बड़ा दुश्मन है। मुसलमानों का सबसे बड़ा रक्षक भी यही उदारवादी हिन्दू है और इसी वजह से पिछले पिचासी सालों से अस्सी फ़ीसदी हिन्दुओं के देश में आरएसएस महज़ आठ फ़ीसदी हिन्दुओं को ही अपनी तरफ़ आकर्षित कर पायी है। आज की सच्चाई यही है कि 21 सदी में लोग हिन्दुत्व शब्द सुनते ही समझने लगते हैं कि यह समुदायों के बीच ज़हर घोलने का कोई फ़ार्मूला है, ये वो लोग हैं जो एक समुदाय विशेष में शत्रु तलाशते हैं, जो दंगे कराते हैं, जिनका नाम कभी गुजरात दंगों से जुड़ता है तो कभी कन्धमाल से, तो कभी कर्नाटक में चर्च हमले से। चर्च

हमले के समय आरएसएस के एक दूसरे वरिष्ठ नेता ने अनौपचारिक बातचीत में मुझसे कहा था कि गुजरात दंगों से हमें निकलने में पाँच साल लग गये। अब इसकी वजह से फिर हम दो साल पीछे हो गये। यानी संघ को एहसास है कि कन्धमाल, गुजरात जैसे हादसों ने संघ के नाम और साख पर बट्टा लगाया है।

संघ समझ रहा है कि अब हिन्दुत्व को नये सिरे से परिभाषित करना होगा। संघ की सोच में यह बात काफ़ी तेज़ी से उभरी है कि 'हिन्दू' से ज़्यादा 'इंडिया' पर ज़ोर देने से वैचारिक संकट से निपटा जा सकता है। 'हिन्दुत्व' की जगह 'राष्ट्रवाद' नयी पीढ़ी को ज़्यादा आकर्षित करेगा। इंडिया पर किसी को एतराज़ क्यों होगा? हिन्दू बोलने पर तो मुसलमान और ईसाई भड़क सकता है लेकिन इंडिया कहने पर जुड़ना उसकी मजबूरी होगी। फिर इंडिया कहने पर जाति आधारित ब्राह्मणवादी व्यवस्था का भी बोध नहीं होता। सो दलितों और पिछड़ों को भी एक झंडे के तले लाने में आसानी रहेगी। स्ट्रेटजी के तौर पर यह सोच कारगर लगती है पर सवाल यह है कि क्या इस नयी सोच को स्थायित्व का जामा पहनाया जा सकेगा और क्या हिन्दुत्व के नाम पर लामबन्द होनेवाला स्वयंसेवक इस वैचारिक बदलाव के लिए तैयार है? मोहन भागवत के लिए यह आसान नहीं है लेकिन अयोध्या पर बदले सुर मुझे भरोसा देते हैं।

हिन्दुस्तान, 21.09.2010

पत्नीवाद से बेटावाद तक

लालू यादव आजकल कह रहे हैं कि वो बदल गये हैं। एक इंटरव्यू के दौरान उनसे जब मैंने पूछा कि वो चुनाव क्यों हारे तो वो बोले, हम जनता से कट गये थे। यह उस आदमी का आत्मकथन था जो बिहार की राजनीति में धूमकेतु की तरह उभरा और छा गया। लालू यादव एक करिश्मे का नाम था। चालीस साल की उम्र में जब देवीलाल ने उन पर दाँव लगाया था तो किसी को भी अन्दाज़ा नहीं था कि यह मसखरा सा दिखनेवाला नेता आनेवाले पन्द्रह साल तक बिहार पर शासन करेगा। 1989 में जनता दल की तूती बोल रही थी। केन्द्र में वी.पी. सिंह प्रधानमन्त्री थे और हरियाणा के देवीलाल उपप्रधानमन्त्री। बिहार में जनता दल की सरकार बननी थी और मुख्यमन्त्री पद के लिए लालू यादव और राम सुन्दर दास के बीच मुक़ाबला था। राम सुन्दर दास उम्र में लालू से बड़े थे और दलित नेता, साथ ही वी.पी. सिंह की पसन्द भी। उधर लालू ने देवीलाल का दामन थाम रखा था। लालू यादव जीत गये। देवीलाल को रोकने के लिए वी.पी. सिह ने जब मंडल की सिफ़ारिशों को लागू करने का ऐलान किया तो लालू की ज़मीन बुद्धि ने फ़ौरन मौक़े को पहचाना और वे वी.पी. के साथ हो लिये।

लालू ने पिछड़ों के मुद्दे को हवा में लपक लिया और जितना ज़्यादा मंडल का विरोध सड़कों और अख़बारों में हुआ लालू उतनी ही मज़बूती के साथ पिछड़ों के साथ खड़े होते गये। लालू ने पिछड़ा राजनीति को आक्रामकता दी। सवर्णों के विरोध को सदियों पुरानी दासता से जोड़ दिया। लालू रैलियों में खुलेआम कहते थे कि भूरा बाल साफ़ करो। यानी सवर्णों को साफ़ करो। फिर लालू ने राजनीति की एक खाँटी ज़मीनी भाषा ईजाद की। पिछड़ों की बात पिछड़ों की जुबान में। इस बात की कभी परवाह नहीं कि पढ़ा-लिखा अंग्रेज़ीदाँ सवर्ण तबक़ा उनके बारे में क्या सोचता है, उनका किस तरह से मज़ाक़ उड़ाता है, बल्कि लालू ने इसका फ़ायदा उठाया और पिछड़ों तक यह सन्देश पहुँचाया कि सवर्ण उनका मज़ाक़ इसलिए उड़ाते हैं कि वो पिछड़े हैं और उस जुबान में बात नहीं करते हैं जिस जुबान में सवर्ण करते हैं। लालू

ने अपने ख़िलाफ़ उड़ाये गये मज़ाक़ को पिछड़ों के अपमान से जोड़ दिया। जितना सवर्ण उनका अपमान करते गये लालू को लाभ होता गया। पिछड़े उनके साथ लामबन्द होते गये। फिर लालू ने समस्तीपुर में लालकृष्ण आडवाणी की रथयात्रा रोक और आडवाणी को गिरफ़्तार कर पिछड़ों के साथ मुसलमान को भी जोड़ दिया। अब लालू को बिहार में रोकनेवाला कोई नहीं था। वो निर्विवाद थे।

यहाँ तक सब कुछ ठीक था। लालू को चुनौती देनेवाला कोई नहीं। लेकिन सत्ता आदमी का दिमाग़ ख़राब कर देती है। यह बात लालू पर भी सही बैठी। लालू पर सत्तामद इस क़दर हावी हुआ कि अच्छे और समझदार लोग उनसे कटते गये। सुभाष यादव और साधू यादव उनके सबसे बड़े सलाहकार बन गये। लालू जो पिछड़ों के नेता थे वो यादवों के नेता बन गये। माई यानी यादव और मुसलमान उनके सबसे बड़े वोट बैंक। इन तबक़ों के कुछ नेताओं को मानो कुछ भी करने का लाइसेंस मिल गया। ऐसे में पिछड़ी जातियों में विद्रोह होना ही था। नीतीश कुमार में कुछ मज़बूत पिछड़ी जातियों ने नया नेता खोज लिया। पिछड़ी एकता में दरार पड़ी, लालू कमज़ोर हुए लेकिन इतने नहीं कि सत्ता से बाहर हों। फिर लालू के दिमाग़ में यह भी किसी ने भर दिया कि वो सत्ता में हैं पिछड़ों और मुसलमानों की वजह से, लिहाज़ा विकास करें या न करें, क्या फ़र्क़ पड़ता है।

ये दोनों तो कहीं उनको छोड़कर जानेवाले नहीं। लिहाज़ा एक साथ दो चीज़ें हुईं। लालू का राज जंगलराज बन गया और भ्रष्टाचार चरम पर पहुँच गया। चारा घोटाला जैसे कांड हुए। लालू को जेल जाना पड़ा। लेकिन यहाँ भी लालू का अहंकार ने पीछा नहीं छोड़ा। उन्हें यह दम्भ था कि वो किसी को भी मुख्यमन्त्री बना सकते हैं। हुआ भी यही राबड़ी जो कभी किचन से बाहर नहीं निकली थीं वो अचानक कैबिनेट की इंचार्ज हो गयीं। लालू का शासन जेल से चलता रहा। लोकसत्ता का इससे बड़ा मज़ाक़ नहीं हो सकता था, बिहार बर्बाद होता रहा। लोग बिहार छोड़ भागने लगे। रोज़गार ख़त्म हो गये। शाम सात बजे के बाद लोगों का घर से निकलना बन्द हो गया। सड़कें ग़ायब हो गयीं। सर्वत्र अराजकता व्याप्त और चौपट राजा गहरी नींद में। कब तक लोग बर्दाश्त करते। इसमें कोई शक नहीं कि लालू ने बिहार में पिछड़ों को एक नयी अस्मिता दी, एक नयी पहचान। उनके सोये अरमानों को जगाया, सत्ता में भागीदारी का एहसास कराया लेकिन लालू ने उन्हें करप्ट भी किया। सत्ता में भागीदारी और बराबरी के अधिकार के ग़लत मायने भी सिखाये। और जब यही पिछड़ी चेतना लालू के यादववाद में बदल गयी तो बाक़ी जातियों की चेतना ने भी अंगड़ाई लेना शुरू कर दिया।

दूसरे लालू ने पिछड़ावाद से विकास को बेदख़ल कर यह मिथ क्रिएट किया कि पिछड़ों को सिर्फ़ अपनी अस्मिता की परवाह है, वो विकास नहीं चाहते। अस्मिता

तो ठीक है लेकिन यह अस्मिता तब और ताक़तवर होगी जब उसे आर्थिक मज़बूती भी मिले लेकिन लालू के लम्पटवाद में इसके लिए जगह कहाँ। लालू को यह सोचना चाहिए था कि ग़रीबी इंसान की सबसे बड़ी दुश्मन है। लालू ने भी वही किया जो सवर्ण राजनीति करती आयी थी। ताक़त का एहसास कराते रहो लेकिन उन्हें इस लायक न बनाओ कि वो ख़ुद सोचने के लायक हो सकें। क्योंकि जैसे ही वो सोचने लगेंगे आकांक्षाएँ बलवान होने लगेंगी और उन्हें अपने नेता को ही नये तराजू पर कसना पड़ेगा। लालू यह भूल गये कि हिन्दुस्तान 1989 के बाद से हर पल तेज़ी से बदल रहा है और दबे-कुचले और पिछड़े अब सोचने भी लगे हैं और समझने भी कि सिर्फ़ आरक्षण से काम नहीं चलेगा। वो अगड़ों की तरह सरकारी नौकरियों के इतर भी छलाँग लगाने को बेकरार हैं। लालू उस कसौटी पर जब खरे नहीं उतरे तो ताज और राज दोनों ही गँवा बैठे। अब फिर वो वही ग़लती कर रहे हैं। राबड़ी की जगह बेटे को ला रहे हैं। लालू जी लोग सब समझते हैं। यह आप भी समझो। और बदलो सही मायने में।

दैनिक भास्कर, 27.09.2010

न समझोगे तो मिट जाओगे हिन्दुस्ताँवालो...

बीस साल बाद भी उस अस्सी साल के बुजुर्ग का चेहरा मैं भूल नहीं पाया। झुर्रियों से अटे उस चेहरे से भरभर टपकते आँसू और खरखराती आवाज़। वो आवाज़ आज भी मेरे कानों में गूँजती है। 'आज राजीव गाँधी होते तो अमर हो जाते'। अयोध्या में विवादित ज़मीन के पास शिलान्यास के करीब खड़े उस बुजुर्ग ने बड़ी मासूमियत से कहा था। मैंने बस इतना पूछा था—बाबा आपको कैसा लग रहा है। यह पूछना था कि वो फफक-फफकके रो पड़े। मैं उन दिनों जेएनयू में पढ़ रहा था। सीपीआई ने अयोध्या में रैली का आह्वान किया था। सी. राजेश्वर राव सीपीआई के जनरल सेक्रेटरी थे। मैं और सुहेल रैली में शामिल होने चल पड़े थे। रामजन्मभूमि के नाम पर संघपरिवार का उन्माद अपने उफान पर था। ट्रेन में कई बार मारपीट होते-होते बची थी। बचते-बचाते हम अयोध्या पहुँचे। स्टेशन से उतरकर पैदल ही हम बाबरी मस्जिद की तरफ़ बढ़े। जैसे-जैसे हम आगे बढ़ रहे थे सुहेल के चेहरे की लकीरें बदलती जा रही थीं। अचानक एक मोड़ पर सुहेल रुका और बोला—मैं अब आगे नहीं जाऊँगा। तुम चले जाओ। डर तो मुझे भी लग रहा था। पर मैं आगे बढ़ता गया। और इन बुजुर्ग से मुलाक़ात हुई।

बुजुर्ग की झुर्रियाँ मुझसे कह रह थीं कि राममन्दिर मुद्दे ने किस तरह से एक तबक़े को झकझोर दिया था और सुहेल की लकीरें बता रही थीं कि इस धार्मिक उन्माद ने कैसे मुस्लिम तबक़े में डर और ख़ौफ़ पैदा कर दिया था। हिन्दुओं और मुसलमानों के बीच शक की एक मोटी दीवार खड़ी कर दी गयी थी। एक तरफ़ से जितनी तेज़ हुँकार होती दूसरी तरफ़ से उससे तेज़ आवाज़ में जवाब देने की कोशिश होती। यह असाधारण काल था। तर्क और विवेक कहीं किसी कालकोठरी में छिप गये थे। ऐसे में 30 सितम्बर को जब इलाहाबाद हाईकोर्ट का फ़ैसला आया और दोनों तरफ़ से कटु बातें नहीं हुईं तो मैंने चैन की साँस ली। यानी अब साधारण माहौल में बात हो सकती है।

माहौल में इस बदलाव की गम्भीरता को कुछ लोग अभी भी समझना नहीं

चाहते हैं। इनको अदालत का फ़ैसला पंचायती फ़ैसला लगता है। और वो कहते हैं कि तथ्यों और साक्ष्यों से ज़्यादा आस्था पर भरोसा किया गया है जो ख़तरनाक है। पर क्या इस साधारण काल में भी यह कहना विवेकसम्मत होगा कि वो जगह रामलला की नहीं है और उन्हें वहाँ से हटा देना चाहिए? क़ानून की पेचीदगियों में फँसे लोगों को इस बात का एहसास ही नहीं है कि ऐसा करने का मतलब उस बुजुर्ग के लिए क्या होगा? और क्या महज़ ज़मीन विवाद का नाम देकर फ़ैसला हिन्दू या मुसलमान के पक्ष में कर दिया जाता? जिसे हिन्दू राममन्दिर मान रहे हों वो वहाँ से बेदख़ल कर दिये जायें या फिर जो उसे मस्जिद कहते हैं उनसे वो ज़मीन छीनकर हिन्दुओं को दे दी जाती? क्या लोगों को एहसास है कि इससे सुहेल पर क्या असर होता और किस तरह की भावनाएँ फिर भड़कतीं? शायद नहीं। पूरी ज़मीन किसी के भी पक्ष में जाती, दूसरा पक्ष अपने को ठगा हुआ महसूस करता और जाने-अनजाने उसे साजिश की बू आती। क़ानून के जानकारों को समझना चाहिए कि यह मसला ज़मीन का होता तो कभी का निपट गया होता। यह मसला दोनों समुदायों के बीच आस्था का भी होता तो भी दोनों पक्षों के धर्मगुरु हल निकाल लेते। मसला 'इतिहास से बदला' लेने और 'वर्तमान में अपने अस्तित्व' को बचाये रखने का है। एक पक्ष को लगता है कि इतिहास में मुस्लिमों ने हिन्दुओं पर भारी जुल्म किये हैं और अब बदला लेने का वक़्त है। तो मुस्लिम पक्ष को लगता है कि बहुसंख्यक हिन्दुओं के बीच अगर वो एक बार झुक गये तो उन्हें हमेशा झुकना पड़ेगा। और 'मेजौरिटी डेमोक्रेसी' उनके लिए 'तानाशाही' का सबब बन जायेगी। क्योंकि संख्या बल में कम होने की वजह से हमेशा उनकी 'हार' होगी।

जस्टिस ख़ान ने अकारण नहीं कहा है कि हमें वो काम दिया गया था जिसे करने से फ़रिश्ते भी डरते। चारों तरफ़ बारूदी सुरंगें बिछी हैं और हमें हल निकालना था। उनका इशारा साफ़ है कि दोनों पक्षों के इस 'फ़ाल्स कांशसनेस' से तर्कों के आधार पर नहीं निपटा जा सकता। एक-दूसरे पर लम्बे समय तक किया गया अविश्वास यों नहीं मिटनेवाला। और अगर ध्यान से देखें तो हाईकोर्ट का फ़ैसला भी यही कहता है। उसने ज़मीन का फ़ैसला किया ही नहीं है। अदालत कह रही है कि दोनों भाइयों को यह समझना होगा कि दोनों को यहीं रहना है, साथ-साथ। लिहाज़ा वो राम के अस्तित्व को भी मानती है और मस्जिद के लिए भी ज़मीन देती है। वो इशारा करती है कि जितनी जल्दी हो यह सच्चाई गले उतर जाये तो बेहतर है कि हिन्दू और मुसलमान दोनों में से कोई भी हिन्दुस्तान छोड़कर नहीं जानेवाला और जब यहीं रहना है तो फिर एक-दूसरे का सम्मान करते हुए क्यों न रहा जाये। सहअस्तित्व के भाव से। ऐसे में राम और मस्जिद में झगड़ा क्यों? और कब तक? सुकून इस बात का है कि अठारह साल बाद अब दोनों पक्षों की जुबान बदली है।

जो भरोसा देती है कि दोनों ही सच्चाई समझने लगे हैं। इसलिए संघ कहता है कि हमें ऐसी कोई भी बात नहीं कहनी चाहिए कि किसी को ठेस लगे और मुस्लिम पक्ष मायूस तो है लेकिन आक्रामक नहीं।

और इस समझदारी के बीच अदालत ने दोनों पक्षों के लिए सुलह-सफ़ाई के लिए रास्ता भी तय कर दिया है। एक अति सम्मानित क़ानूनविद के मुताबिक़ अदालती फ़ैसले की मूल भावना को समझते हुए दोनों पक्ष मिल-बैठकर बातचीत के ज़रिये किसी समझौते पर पहुँचे। फिर लोकतन्त्र में अदालत का फ़रमान ना मानने का अर्थ है बहुसंख्यक जनता की नाराज़गी मोल लेना, संविधान की गरिमा को ठेस पहुँचाना, लोगों की नज़रों में गिरना। ऐसे में दोनों पक्ष 'इतिहास और अस्तित्व के संकट' से निकलकर वर्तमान में साँस लें और किसी भी फ़ार्मूले को स्वीकार कर सुप्रीम कोर्ट का दरवाज़ा खटखटायें और इस विवाद को हमेशा के लिए ख़त्म करें। यही वक़्त की नज़ाक़त है और इसीलिए अल्लामा इक़बाल के हवाले से जस्टिस ख़ान लिखते हैं कि—ना समझोगे तो मिट जाओगे हिन्दुस्ताँवालो।

हिन्दुस्तान, 05.10.2010

आओ सेक्युलर फ़ंडामेंटलिज़्म के चेहरे से उतारें नक़ाब

अयोध्या हाईकोर्ट के फ़ैसले को मुस्लिम पर्सनल लॉ बोर्ड ने सुप्रीम कोर्ट में चुनौती देने का मन बना लिया है। उन्हें लगता है कि हाईकोर्ट ने उनके साथ न्याय नहीं किया है। उनके इस क़दम पर किसी को भी आपत्ति नहीं होनी चाहिए। लेकिन हाईकोर्ट के फ़ैसले की कुछ सेक्युलरवादियों ने जिस तरह से व्याख्या की है उस पर खुलकर नाराज़गी जताने का वक़्त आ गया है। मुलायम सिंह जैसे लोग सेक्युलरिज़्म के नाम पर लोगों को भड़का रहे हैं। कुछ सेक्युलर विद्वान भी फ़िज़ाँ में खामखाँ ज़हर घोल रहे हैं। इन 'सेक्युलर फ़ंडामेंटलिस्टों' ने हाईकोर्ट के फ़ैसले को 'मेजौरिटेरियन डिसीजन' करार दिया है। इनका मानना है कि चूँकि हिन्दुस्तान में हिन्दू अस्सी फ़ीसदी हैं इसलिए उनको ध्यान में रखकर अदालत ने फ़ैसला किया है। ये वही लोग हैं जिन्होंने बाटला हाउस एनकाउंटर को फ़र्जी मुठभेड़ करार देने की कोशिश की थी। ये वो लोग हैं जो यह कहने में संकोच करते हैं कि आज़मगढ़ आतंकवादियों की प्रयोगशाला बन गया है।

मैं यह नहीं कहता कि ये सम्प्रदायवादी हैं या इनका नज़रिया साम्प्रदायिक है। इनकी दो दिक़्क़तें हैं। एक, इनकी नज़र में जो कुछ भी आरएसएस विरोधी है वो सेक्युलर है। दो, जो भी सेक्युलरवादी हैं उसे मुस्लिम समर्थक होना चाहिए। इसमें कहीं कोई दो राय नहीं है कि आरएसएस को दो वजहों से साम्प्रदायिक कहा जाता है। एक, वो अपने मूल में मुस्लिम विरोधी है, यह आरएसएस की विचारधारा की बुनियादी खामी है। दो, वो हिन्दू-मुस्लिम टकराव को हिंसा के ज़रिये सुलझाने का हामी है। इन वजहों से आरएसएस को सेक्युलर कतई नहीं कहा जा सकता। लेकिन यह भी सही नहीं है कि सेक्युलर होने के लिए मुस्लिम समाज में जो कुछ भी ग़लत है उसकी आलोचना न हो। आज़मगढ़ पर चुप रहा जाये। बाटला हाउस एनकाउंटर में पुलिस को ग़लत बताया जाये। या यह कहा जाये कि पुलिस अपनी चमड़ी बचाने के लिए निर्दोष मुसलमानों को ज़बर्दस्ती आतंकवादी बनाके पेश करती है।

ये उसी तरह का 'फ़ंडामेंटलिज़्म है' जैसाकि अमेरिका में मन्दी से निपटने के लिए एक तबक़े का मानना है कि राज्य-व्यवस्था को बाज़ार के काम में दख़ल नहीं देना चाहिए। अगर लेहमन ब्रदर्स डूब रहा है तो बुश प्रशासन को उसे बचाने की कोशिश नहीं करनी चाहिए। क्योंकि पूँजीवादी व्यवस्था में बाज़ार ही सबकुछ है, वही दर्द भी है और दवा भी। इस 'मार्केट फ़ंडामेंटलिज़्म' को अमेरिका में तरज़ीह नहीं दी गयी और पूँजीवाद को नये सिरे से परिभाषित किया गया। उसी तरह से हिन्दुस्तान में भी सेक्युलरिज़्म को बदलने की आवश्यकता है। इस 'सेक्युलर फ़ंडामेंटलिज़्म' की जड़ में है 'नेहरूवाद'। आज़ादी के फ़ौरन बाद भारत-पाक विभाजन, दंगों की विभीषका और हिन्दूवादी ताक़तों की आक्रामकता के मद्देनज़र नेहरू ने गाँधीजी के सेक्युलरिज़्म को नये सिरे से परिभाषित किया। गाँधीजी के सेक्युलरिज़्म में धर्म का निषेध नहीं था। वो अपने निजी जीवन में काफ़ी धार्मिक थे और लेकिन राजनीति में धर्म का घालमेल वो नहीं करते थे। यह सही है कि आज़ादी की पूरी लड़ाई में गाँधीजी ने मुस्लिम तबक़ों के प्रति ख़ासी आत्मीयता दिखायी जिसकी वजह से आरएसएस और दूसरे हिन्दूवादी उन्हें देश के विभाजन के लिए ज़िम्मेदार भी मानते हैं। लेकिन गाँधीजी ने धार्मिक नज़रिये से देश की समस्याओं को देखने की कोशिश नहीं की।

गाँधीजी से इतर नेहरू के लिए सेक्युलर होने का अर्थ था धर्म का निषेध। वो धार्मिक नहीं थे। वो मानते थे कि राजनीति और धर्म दोनों अलग-अलग चीज़ें हैं। धर्म निहायत निजी है। जबकि राजनीति सार्वजनिक, ऐसे में धर्म को राजनीति से दूर रहना चाहिए। यही वजह है कि सोमनाथ मन्दिर के बनने के बाद उन्होंने राष्ट्रपति राजेन्द्र प्रसाद को वहाँ जाने से मना किया था। उनका मानना था कि राष्ट्रपति की हैसियत से उन्हें किसी भी धर्म के आस्था प्रतीक के साथ नहीं जुड़ना चाहिए। फिर नेहरू यह भी मानते थे कि विभाजन के कारण हिन्दुस्तान में रहनेवाले मुसलमानों में असुरक्षा घर कर गयी है, ऐसे में उनके असुरक्षा भाव को ख़त्म करने की ज़िम्मेदारी केन्द्र सरकार की है। साथ ही वो यह भी कहते थे कि यह बहुसंख्यक हिन्दुओं की भी ज़िम्मेदारी है कि वो अल्पसंख्यक तबक़ों को सुरक्षा का भरोसा दें और उनकी सुरक्षा करें। इस वजह से नेहरू अपने सेक्युलरवाद में कहीं न कहीं मुस्लिमपरस्त भी नज़र आते हैं। लेकिन नेहरू के लिए ऐसा होने के ऐतिहासिक कारण थे। अब आज़ादी के तिरसठ साल बाद ये कारण नहीं हैं। अब मुस्लिम तबक़ा विभाजन के लिए ख़ुद को ज़िम्मेदार नहीं मानता और न ही इसके लिए वो कुंठाग्रस्त है। वो इस देश का बराबर का नागरिक है और अपना अधिकार माँगता है। ऐसे में अब नेहरूवादी सेक्युलरिज़्म में मुस्लिम समर्थक होने की कोई मजबूरी नहीं होनी चाहिए।

लेकिन अभी भी मुलायम और दिग्विजय जैसे लोगों को लगता है कि मुस्लिम

समुदाय के मनोवैज्ञानिक असुरक्षा भाव को और गहरा करके वोटबैंक की राजनीति की जा सकती है। कुछ लेफ़्टवादी विद्वान भी इस सोच को हवा देते हैं। वो यह नहीं समझते कि अयोध्या और गुजरात दंगों की वजह से मुस्लिम मानस में काफ़ी बदलाव आया है, फिर अन्तरराष्ट्रीय इस्लामी आतंकवाद ने भी हिन्दुस्तानी मुसलमानों को नये सिरे से सोचने पर मजबूर किया है, तीसरे शिक्षा और टीवी ने भी मुस्लिम युवाओं को सच्चाई से काफ़ी परिचय कराया है। और कुछ चेहरों से नक़ाब हटाने में मदद की है। ऐसे में आज सेक्युलर होने के लिए यह ज़रूरी नहीं है कि आप मुस्लिमपरस्त हों। यह कहीं न कहीं मुस्लिम तबक़ों को ही नुक़सान पहुँचाता है और हिन्दूवादी विचारधारा को मुस्लिम विरोधी ताक़तों के ध्रुवीकरण का मौक़ा देता है।

अब अगर हम फिर उसी तरह से मुस्लिम तबक़े को 'ट्रीट' करेंगे जैसे 1947 या 1986 में करते थे तो यह देश के लिए नुक़सानदेह होगा। अयोध्या के फ़ैसले को हिन्दू-मुस्लिम नज़रिये से देखने की जगह उसे संस्थागत नज़र से देखने की आवश्यकता है। यह अदालत का फ़ैसला है और अदालत सेक्युलर है। उसके फ़ैसले को तथ्यों और साक्ष्यों के दायरे में नापना होगा, न कि बहुसंख्यक-अल्पसंख्यक निगाह से। जिन्हें आपत्ति है वो सुप्रीम कोर्ट जायें जैसे दूसरे मसलों में होता है। लेकिन यह कहना कि यह एक समुदाय विशेष की धार्मिक भावना के मद्देनज़र मेजौरिटेरियन फ़ैसला किया गया है तो यह भी एक तरह का कट्टरपन्थ है। और एक फ़ंडामेंटलिज़्म दूसरी तरह की फ़ंडामेंटलिज़्म को ताक़त देती है। यह सेक्युलर फ़ंडामेंटलिज़्म कहीं न कहीं आरएसएस और मुस्लिम कट्टरपन्थ को ही मज़बूत करती है।

हिन्दुस्तान, 17.10.2010

बिहार की तकदीर के दो चेहरे

लालू यादव से मिलना, बात करना अपने-आपमें एक अनुभव है। हम उनके उड़नखटोले में उनसे मिले। लग रहा था कि वो निराश होंगे, खीज रहे होंगे लेकिन ऐसा नहीं लगा कि वो परेशान हैं। लालू से मैंने पूछा कि उन्हें क्या लगता है? वो तपाक से बोले—हमारी सरकार बन रही है। नीतीश का भी दावा है कि उनके गठबन्धन को दो-तिहाई बहुमत मिलनेवाला है। दोनों के अपने तर्क हैं। लालू को इस बात का एहसास है कि नीतीश के विकास की काट उनके पास नहीं है। इसलिए वो अपनी चुनावी रैलियों में कहते हैं कि इस बार हमें मौक़ा मिला तो वो बिहार को रेलवे की तरह चमका देंगे और अगर ऐसा नहीं हुआ तो वो अपना नाम बदल देंगे। जब वो ऐसा कहते हैं तो उनकी आवाज़ में जो दम होना चाहिए वो नहीं दिखता। फिर भी उनको भरोसा है अपनी सरकार का। उसके तीन कारण हैं। एक, लालू यादव अपनी रैलियों में भले ही नीतीश के विकास की धज्जियाँ उड़ायें लेकिन मन से वो यह माने बैठे हैं कि विकास से कोई चुनाव नहीं जीतता।

दो, उन्हें इस बात का पूरा भरोसा है कि इस बार यादवों ने उनके लिए जान लगा दी है। पिछली बार पूरी ताक़त से लालू के पीछे न होने की बड़ी क़ीमत उन्हें चुकानी पड़ी है। लालू की सरकार में यादव तबक़े को सत्ता और ताक़त की जो आदत लगी थी, वो सत्ता के बाहर होने पर उन्हें बुरी तरह के साल रही है। वो लालू को जीतते हुए देखना चाहते हैं ताकि उसकी धमक और दबंगई फिर कायम हो। इसलिए वो चाहते हैं कि लालू जीतें, लालू के लिए नहीं, अपने लिए। तीन, लालू को इस बात का भी विश्वास है कि अयोध्या पर इलाहाबाद हाईकोर्ट के फ़ैसले का भी उन्हें फ़ायदा हो रहा है। और वो मुस्लिम तबक़ा जो शायद काँग्रेस के साथ चला जाता वो अब काँग्रेस को कोस रहा है। यह तबक़ा भले ही खुलकर अपनी बात न रखे लेकिन वो दिल से लालू के साथ है और किसी भी हालत में लालू का हाथ नहीं छोड़ेगा। फिर रामविलास के साथ आने से भी वो आश्वस्त हैं कि जो पासवान और दलित वोट पिछली बार उनसे छिटक गया था इस बार कम से कम ऐसा नहीं

होगा। और मुझे यह कहने में ज़रा भी हिचक नहीं है कि जिन एक दर्जन लालू की रैलियों में मैं गया वहाँ भीड़ काफ़ी दिखी। और लोगों में लालू को लेकर उत्साह भी नज़र आया। हालाँकि कहनेवाले यह कह सकते हैं कि आधी भीड़ तो हेलिकॉप्टर को देखने आती है और एक तिहाई लालू के मसखरेपन का मज़ा लेने।

भीड़ तो नीतीश की रैलियों में भी काफ़ी दिखती है और नीतीश भीड़ के उत्साह से मगन भी नज़र आते हैं। अपनी रैलियों में वो लोगों को जताने की कोशिश भी करते हैं कि उन्होंने बिहार की काया कैसे पलट दी है? लगे हाथ यह भी कहते हैं कि अभी काम अधूरा है। काफ़ी कुछ करना है। लोग बीच में कारीगर न बदलें, नहीं तो बिहार की शानदार इमारत का निर्माण कार्य बीच में ही रुक जायेगा। वो लालू से ज़्यादा आक्रामक हैं। ज़्यादा रवानगी से भाषण देते हैं। लेकिन बीजेपी के साथ रहना उनकी कमज़ोर नस है। इसलिए वो साम्प्रदायिकता के मुद्दे पर लालू और काँग्रेस पर हमला करते हैं। वो बिहार की 16 फ़ीसदी मुस्लिम आबादी को यह कहकर रिझाने का प्रयास करते हैं कि कैसे बीजेपी के साथ रहने के बावजूद उनके राज में दंगे नहीं हुए, कैसे उन्होंने गुजरात दंगों में फँसे नरेन्द्र मोदी को बिहार नहीं आने दिया, कैसे उन्होंने भागलपुर दंगों की बन्द फ़ाइल खोली और दोषियों को जेल भिजवाया, कैसे उनकी सरकार ने आठ हज़ार से अधिक लावारिस पड़े क़ब्रगाहों की हदबन्दी करवायी, मुस्लिम तबक़ों के बच्चों को फ़र्स्ट क्लास आने पर आगे की पढ़ाई के लिए वज़ीफ़ा दिलवाया। फिर भी वो पूरे दावे से नहीं कह सकते कि मुसलमान वोटर उनको वोट देगा।

पर जो बात आपको बिहार में नीतीश के पक्ष में जाती दिखती है वो है क़ानून का राज कायम करने में मिली कामयाबी। शहर में एक भी आदमी ऐसा नहीं मिलता जो इस पर उनकी तारीफ़ न करे। एक निहायत ग़रीब सिगरेट- बीड़ी बेचनेवाले ने कहा कि भइया पहले जब कोई नया आदमी हमारे पास आता था तो डर लगता था। पता नहीं वो कब एक झापड़ लगा दे, सिगरेट ले ले और पैसे न दे। यानी यह नहीं कह सकते कि क़ानून का राज सिर्फ़ पैसेवालों को ही महफ़ूज़ कर रहा है। वो उस ग़रीब को भी राहत दे रहा है जिसकी जेब में दस रुपया भी सुरक्षित नहीं था। लेकिन गाँवों में लोग क़ानून के आगे की भी बात करते हैं। लोग पूछते हैं कि पाँच साल में उन्हें नौकरी नहीं मिली, वायदे के बाद भी बिजली ग़ायब है, कारख़ानों का सपना दिखाया था वो सपना ही रहा। फिर दबंग नेता की जगह भ्रष्ट अफ़सर और नौकरशाहों ने ले ली है। जो काम पहले सौ रुपये में हो जाता था, उसी के अब पाँच सौ देने पड़ते हैं। इसलिए मनेर की सभा में नीतीश कहते हैं कि उन्होंने क़ानून बना दिया है। जो घूस लेता पकड़ा जायेगा उसके ख़िलाफ़ न केवल कार्रवाई होगी बल्कि सम्पत्ति भी जब्त की जायेगी। पर शराबखाने का क्या करें? जो

उनके शासन में बेहिसाब खुल गये हैं। लालू कहते हैं कि नीतीश ने पूरे बिहार को पियक्कड़ बना दिया, पियो और गड्डे में गिरो। इसका जवाब उनके डिप्टी सुशील मोदी देते हैं। पहले ग़ैरक़ानूनी तौर पर बिकती थी और लोग ज़हरीली शराब पीकर मरते थे अब ऐसा नहीं है।

मोदी दोनों को ख़ूब अच्छी तरह से जानते हैं, नीतीश के साथ हैं सो तारीफ़ करते हैं लेकिन उनकी पार्टी बीजेपी की राय थोड़ी अलग है। बीजेपी के नेता पर्दे के पीछे मानते हैं कि लालू से मिलना आसान है, उनका करिश्मा है। नीतीश से उनकी ही पार्टी के नेता नहीं मिल पाते और उन्हें अभी यह साबित करना है कि वो जननायक हैं, करिश्माई हैं। ऐसे में नीतीश को यह साबित करना होगा कि उनमें भी करिश्मा है। यह तब होगा जब 2010 की जंग वो जीतेंगे। 2005 तो धुप्पलबाज़ी था। और अगर नीतीश कामयाब हुए तो सामन्तवाद से निकलने को छटपटाते बिहार की तकदीर भी हमेशा के लिए बदलेगी। क्या ऐसा होगा?

हिन्दुस्तान, 02.11.2010

भारतीय संगीत पर डांस करता एक राष्ट्रपति

मुम्बई के होली नेम स्कूल में कोली डांस करती मिशेल ओबामा, एक स्कूली बच्चे का अपनी जगह से उठना, ओबामा का हाथ पकड़कर उनसे डांस में शामिल होने की गुज़ारिश करना, ओबामा का अनुरोध मानना और कोली डांस करना बच्चों के लिए एक यादगार अनुभव बन गया। साथ ही यह तस्वीर भारत और अमेरिका के रिश्ते को एक नया आयाम भी दे गयी। एक राष्ट्रपति जो अतीत की परछाईंयों को पीछे छोड़ना चाहता है, जो दुनिया के नक्शे पर नयी इबारत लिखना चाहता है, जो दुनिया को बताना चाहता है कि सिर्फ़ अश्वेत का राष्ट्रपति बनना एक इत्तेफ़ाक़ नहीं है, अमेरिका वाकई में बदलना चाहता है। ओबामा उस अमेरिका के राष्ट्रपति बने हैं जो आर्थिक मन्दी से जूझ रहा है, जहाँ विकास दर 3 फ़ीसदी के आसपास है, जहाँ बेरोज़गारी 10 फ़ीसदी की दर से बढ़ रही है, जहाँ आम अमेरिकी को लग रहा है कि उसका और उसके बच्चों का भविष्य अब सुरक्षित नहीं रहा। और सबसे बड़ी बात अमेरिका की हैसियत लगातार गिरती जा रही है। उसे चीन से चुनौती मिल रही है।

अमेरिका की चौधराहट से दुनिया के तमाम देशों को पहले भी तकलीफ़ थी लेकिन बुश की नीतियों ने उसे घृणा का पात्र बना दिया। उनकी छवि एक ऐसे देश की हो गयी जो सिर्फ़ हथियारों की भाषा बोलता है, जो अपनी ईगो के लिए किसी भी देश पर हमले करने से नहीं हिचकता और जो हमले करने के लिए झूठ भी बोलता है, और जिसने एक ऐसा अमेरिका विरासत में ओबामा को सौंपा है जिसकी छवि इस्लाम विरोधी की है। ओबामा इस छवि से अमेरिका को निकालने की कोशिश कर रहे हैं इसलिए सेंट जेवियर्स में जेहाद पर पूछे सवाल पर वो इस्लाम की खुलकर तारीफ़ करते हैं। वो काहिरा विश्वविद्यालय तक जाते हैं और मुस्लिम देशों को सन्देश देते हैं कि अमेरिका इस्लाम विरोधी नहीं है, वो बुश से अलग दूसरे देशों को सम्मान की नज़र से देखता है, सबको साथ लेकर चलना चाहता है, फिर चाहे दोस्त हो या फिर नये सहयोगी। इस सन्दर्भ में ओबामा की भारत यात्रा ऐतिहासिक

है। यह इस बात की भी स्वीकारोक्ति है कि अमेरिकी प्रभुत्व के दिन लद गये, वो शीत युद्ध की मानसिकता से बाहर आ गया है, उसे इस बात का इल्म है कि नयी दुनिया में रिश्ते हथियारों से नहीं बल्कि व्यापार से परिभाषित होते हैं। जहाँ पहले की तरह देश, अमेरिका के चंगु नहीं बल्कि बराबर के पार्टनर हैं।

मुम्बई में ओबामा का पूरा ज़ोर इस बात पर दिखा कि अमेरिका पार्टनर की भाषा समझता है। और उसे उसी तरह से हिन्दुस्तान की ज़रूरत है जैसेकि हिन्दुस्तान को अमेरिका की। अगर हिन्दुस्तान को अमेरिकी पूँजी और टेक्नोलॉजी चाहिए अपनी विकास की दर को तेज़ करने के लिए तो अमेरिका को भी आर्थिक मन्दी से निकलने के लिए भारतीय बाज़ार की दरकार है, अमेरिकी बेरोज़गारी को दूर करने के लिए भारत की मदद की। वो कहते हैं कि भारत अमेरिकी व्यापार का सिर्फ़ 2 फ़ीसदी हिस्सेदार है, यह सूरत बदलनी चाहिए। एक दिन में ही पचास हज़ार करोड़ की डील करने के बाद वो गर्व से अमेरिकी जनता को बताते भी हैं कि पचास हज़ार रोज़गार का जुगाड़ उन्होंने एक झटके में कर लिया। ध्यान से देखें तो मसला सिर्फ़ व्यापार और धन्धे का नहीं है। दरअसल चीन जिस गति से आगे बढ़ता जा रहा है, यह तय है कि वो अमेरिका के लिए एक बड़ा सिरदर्द बन गया है। अमेरिका को एशिया में एक ऐसा देश चाहिए जो चीन पर लगाम लगा सके और अमेरिकी हित की एक सीमा तक रक्षा कर सके। पाकिस्तान यह नहीं कर सकता, जापान भी नहीं, और न ही रूस और दूसरे देश। पाकिस्तान तो चीन का दोस्त है, जापान चीन से काफ़ी छोटा है, उसकी सैन्य क्षमता कहीं नहीं ठहरती और अर्थव्यवस्था ढलान पर है। रूस में अपार सम्भावनाएँ हैं लेकिन उसकी अन्दरूनी दिक़्क़तें उसे अन्तरराष्ट्रीय मंच पर एक सीमा के बाद आगे बढ़ने से रोकती हैं।

ऐसे में व्यापारिक और सामरिक दृष्टि से भारत ही चीन के बरक्स अमेरिका के लिए मददगार हो सकता है और यही भारत के लिए मौक़ा है। ऐसे में भारत को अपनी वामपन्थी सोच से बाहर निकलना होगा कि अमेरिका से दोस्ती साम्राज्यवाद के हाथों में खिलौना बनना होगा, अमेरिका से दोस्ती भारत के हित में नहीं होगी, उससे मित्रता करने से रूस जैसे हमारे पुराने दोस्त नाराज़ होंगे। हमें यह समझना होगा कि विदेश नीति राष्ट्रीय हितों को साधने का एक सशक्त माध्यम है और राजनीति और राजनय में न कोई स्थाई मित्र होता और न ही स्थाई शत्रु। आज हिन्दुस्तान का हित अमेरिका को साधने में है। रूस कमज़ोर पड़ चुका है, चीन और पाकिस्तान चारों ओर से भारत की घेराबन्दी कर रहे हैं और दोनों ही भरोसे के लायक नहीं हैं। ऐसे में भारत को इस मौक़े और अमेरिकी कमज़ोरी का फ़ायदा उठाते हुए इस नयी दोस्ती की पूरी क़ीमत अमेरिका से वसूलनी चाहिए।

एक, पाकिस्तान और उसके द्वारा प्रायोजित आतंकवाद पर भारत अमेरिका के

ज़रिये लगाम लगा सकता है। इसके लिए भारत को अमेरिका से सा!फ़ कहना होगा कि अगर उसे भारत की दोस्ती चाहिए तो उसे पाकिस्तान को हथियारों की सप्लाई बन्द करनी होगी, पाकिस्तानी हुक्मरानों को साफ़ सन्देश देना होगा कि भारत को नुक़सान पहुँचाने का मतलब है अमेरिका की नाराज़गी मोल लेना। दो, अन्तरराष्ट्रीय मंचों पर चीन की भारत विरोधी खुराफातों को न्यूट्रलाइज़ करने में अमेरिका को भारत का सहयोग करना होगा। चीन सैनिक तौर पर भारत से कहीं ज़्यादा ताक़तवर है और सीमा पर वो भारत विरोधी हरकत कर सकता है। अमेरिका से भारत की दोस्ती चीन के किसी भी दुस्साहस पर रोक लगाने में मदद करेगी। और हमें अमेरिका से इसके मद्देनज़र भरोसा लेने में गुरेज नहीं करना चाहिए। और साथ ही अमेरिका की मदद से अपनी सैनिक ताक़त को भी बढ़ाना चाहिए। तीन, उसे संयुक्त राष्ट्र सुरक्षा परिषद की स्थाई सदस्यता के लिए अमेरिका की सहमति लेनी चाहिए।

विदेशी पूँजी निवेश, टेक्नोलॉजी और बाज़ार तो अमेरिका से आयेंगे लेकिन अगर हमारी सीमाएँ सुरक्षित हो जायें और सीमापार से दुश्मन के आने का ख़तरा कम हो जाये तो विकास की दर और तेज़ होगी और यह अमेरिका की वजह से काफ़ी हद तक सम्भव है। ऐसे में हमें इस बात से ख़ुश होना चाहिए जब ओबामा बच्चों के साथ डांस करते हैं क्योंकि वो अपनी मार्केटिंग के साथ-साथ भारत का दिल भी जीतने की कोशिश करते हैं।

दैनिक भास्कर, 08.11.2010

आम आदमी के गुस्से से डरो

वो एक साधारण सी महिला थी। राजनीति से काफ़ी दूर, पढ़ी-लिखी। अख़बार देखते ही उसने लगभग बिफरते हुए कहा कि इनकी तनख़्वाह बढ़ाने की क्या ज़रूरत है, ये तो पैसे खाते हैं, जनता को लूटते हैं। बात सांसदों की सैलरी बढ़ाने की थी और ख़बर अख़बार में छपी थी। कॉमनवेल्थ गेम्स में हुए भ्रष्टाचार की ख़बरों ने उसका पारा चढ़ा दिया था। सत्तर हज़ार करोड़ की बात करते हुए उसका चेहरा ग़ुस्से से लाल था। अब तो आँकड़ा एक लाख छिहत्तर हज़ार करोड़ का हो गया है... वो अब भी ग़ुस्से में होगी और कोई न कोई रास्ता खोज रही होगी... वो आम आदमी है। वो आम आदमी जिसकी वकालत राहुल गाँधी और सोनिया गाँधी 2004 से कर रहे हैं।

इस आम आदमी को चीन की कम्युनिस्ट पार्टी के महासचिव और क्रान्तिकारी नेता देंग जिआओपिंग के उत्तराधिकारी जियांग जेमिन के वो शब्द याद आ रहे हैं जो उन्होंने 1993 की गर्मी के मौसम में कहे थे—एक वायरस की तरह भ्रष्टाचार पार्टी को डस रहा है और अगर हमने इसको नज़रअन्दाज़ किया तो यह पार्टी और सिस्टम दोनों को बर्बाद कर देगा। यह वो वक़्त था जब चीन पूँजीवाद के रास्ते पर तेज़ी से आगे बढ़ रहा था। देंग की मौत हो चुकी थी और बाज़ारवाद की आड़ में चीनी कम्युनिस्ट पार्टी के पदाधिकारी और उनके बेटे जमकर लूटने में लगे थे। पार्टी के एकाधिकार और स्वतन्त्र न्यायपालिका के अभाव ने उनका काम आसान बना दिया था। लगभग उसी तरह जैसे आज के हिन्दुस्तान में राजनीतिक पार्टियों और नौकरशाही से जुड़ाव ने कुछ लोगों को कुछ भी करने का लाइसेंस दे दिया है।

ये अकारण नहीं है कि 2009 के लोकसभा चुनावों के बाद पहले आईपीएल, फिर कॉमनवेल्थ, उसके बाद आदर्श घोटाला और अब 2जी स्पैक्ट्रम पर हंगामा मचा। हर नया घोटाला पहले से कहीं ज़्यादा हैरतअंगेज, ज़्यादा लोमहर्षक, ज़्यादा ख़तरनाक। आईपीएल ने जहाँ यह साबित किया कि एक अकेला शख़्स किस तरह से पूरी व्यवस्था का मखौल उड़ाते हुए मनमानी कर सकता है। कॉमनवेल्थ ने बताया

कि घोटालेबाज़ों को देश की इज़्ज़त की ज़रा भी परवाह नहीं है, बस उनकी जेब भरनी चाहिए। आदर्श इस बात का सबूत है कि पूरा सरकारी तन्त्र योजनाबद्ध तरीक़े से लूट के खेल में लगा है और मन्त्री, नौकरशाह और सेना के अफ़सर अगर चाह लें तो रात को दिन और दिन को रात किया जा सकता है।

लेकिन 2जी स्पैक्ट्रम ने सारी सीमाओं को तोड़ दिया है। 2जी घोटाला हमारे संवैधानिक सिस्टम की कमज़ोरी और गठबन्धन सरकार की बेबसी की कहानी है। गठबन्धन युग में क्षेत्रीय पार्टी का एक मन्त्री कुछ भी कर सकता है। इसलिए नहीं कि वो क़ानून के ऊपर है बल्कि इसलिए कि उसकी पार्टी के समर्थन से केन्द्र की सरकार चलती है और वो दलित है। उसको छूने का मतलब है सरकार का गिरना और राजनीति में इस मिथ को बल देना कि किसी ख़ास जाति के नेता के ख़िलाफ़ कार्रवाई करने का अर्थ है उस जाति की नाराज़गी मोल लेना। अन्यथा यह कैसे सम्भव है कि एक अदना सा मन्त्री वित्त मन्त्रालय, क़ानून मन्त्रालय, प्रधानमन्त्री कार्यालय सबकी अवहेलना करे, किसी की न सुने और सरकारी ख़ज़ाने को एक लाख छिहत्तर हज़ार करोड़ का चूना लगा दे? प्रधानमन्त्री कार्यालय टुकुर-टुकुर देखता रहे, आम आदमी की बात करनेवाली पार्टी की मुखिया हाथ पर हाथ धरे बैठी रहे?

राजा के घोटाले की जानकारी सबको 2008 से ही है। फिर भी 2009 के चुनाव के बाद उसे वही टेलीकम्युनिकेशन मन्त्रालय दिया गया क्योंकि इस मन्त्रालय से करुणानिधि को प्यार है। यानी राजा को पता है कि कोई उसका कुछ नहीं बिगाड़ सकता। वो प्रधानमन्त्री को जवाबदेह नहीं है, उसके मन्त्रालय पर प्रधानमन्त्री का आदेश नहीं चलता, कैबिनेट सिस्टम में होने के बावजूद सामूहिक ज़िम्मेदारी के उत्तरदायित्व से मुक्त है, उसकी जवाबदेही कैबिनेट के बाहर के एक इंसान के प्रति है। और इस इंसान को यह ग़लतफ़हमी है कि केन्द्र सरकार उसके रहमोकरम पर ज़िन्दा है। राजा जैसे लोग अपने नेता की इस कमज़ोरी को भलीभाँति जानते हैं और इस कमज़ोरी का फ़ायदा उठाना भी। राजा का इस्तीफ़ा देना कोई मुद्दा है ही नहीं, असल मुद्दा है जानते-बूझते सिस्टम का बेबस बने रहना। कैबिनेट सिस्टम का ख़ामोश रहना, कहीं कोई जुम्बिश न होना।

चीन में शंघाई शहर के अत्यन्त शक्तिशाली पार्टी सेक्रेटरी शेन लियांग्यू को भी ऐसी ही ग़लतफ़हमी हो गयी थी। आम चीनी आदमी की पीठ पर सवार होकर भ्रष्टाचार का आलीशान महल खड़ा करते-करते शेन को भी सिस्टम की ख़ामोशी में अपनी ताक़त दिखने लगी थी। वो भी केन्द्रीय सत्ता की अनदेखी करने लगा था। कम्युनिस्ट पार्टी चुपचाप तमाशा देखती रही। लेकिन कब तक आम चीनी चुप रहता। उसने विद्रोह कर दिया। चीनी राष्ट्रपति हू जिनताओ को अरबों रुपये के घोटाले के आरोप में उसे पार्टी से सस्पेंड करना पड़ा और जेल भी भेजना पड़ा।

लेकिन चीन और भारत में फ़र्क़ है। चीन में 1993 से 1997 के बीच भ्रष्टाचार के 731,000 आरोपों की जाँच हुई और 669,000 आरोपियों को सज़ा मिली। उधर, हिन्दुस्तान में सेंट्रल विजिलेंस कमीशन ने उतने ही समय में 1997 से 2000 के बीच सिर्फ़ 22,517 मामलों की जाँच की। 2006 में 4,683 मामलो में 2,442 में सज़ा सुनायी गयी जिसमें से सिर्फ़ 150 आरोपियों ने सही मायनों में सज़ा भुगती।

कुछ लोग यह कह सकते हैं कि भ्रष्टाचार तो हमारी रगों में है और हम उस देश के वासी हैं जिस देश की एक प्रधानमन्त्री के लिए भ्रष्टाचार कोई मुद्दा था ही नहीं। उनका कहना था कि भ्रष्टाचार तो अन्तरराष्ट्रीय समस्या है। मैं यह कहना चाहता हूँ कि वक़्त बदल रहा है। नयी पीढ़ी ज़्यादा समय तक यह बर्दाश्त करने के मूड में नहीं है। उसे राजनीतिक पार्टियों और नेताओं से कोई आस नहीं है। लेकिन वो पूरी तरह से पॉलिटिकल है। हर मुद्दे पर उसके विचार हैं, हर मुद्दे पर वो दख़ल भी देना चाहता है और सूचना के नये माध्यम उसके लिए औजार बन रहे हैं। मैं यह पूरी ज़िम्मेदारी से कहना चाहता हूँ कि एक 'शान्त-क्रान्ति' अंगड़ाई ले रही है। ऐसे में उस साधारण महिला के गुस्से को 'ना-समझना' नासमझी होगा। और वक़्त रहते क़दम न उठाना परले दर्जे की बेवक़ूफ़ी। इसलिए हे पार्थ, उठो। कहीं ऐसा न हो कि देर हो जाये और एक त्येन मन चौक आपके माथे पर हमेशा के लिए गहरा घाव दे जाये।

हिन्दुस्तान, 16.11.2010

मलाई-डकारों के ख़िलाफ़ बग़ावत

चुनाव के दौरान लालू यादव से मिलने गया था। अभी बैठा ही था कि लालू बोल उठे, अरे वो चैनलवाला आया था। पैसे माँग रहा था। मैंने मना कर दिया तो मेरे ख़िलाफ़ ओपिनियन पोल करवा दिया। बड़े दम्भ से कहा था, सरकार बनते ही मैं चैनल बन्द करवा दूँगा। पूरी बातचीत से लगा कि लालू यादव को बदले बिहार का अन्दाज़ा नहीं है, कि बिहार में कितनी तेज़ी से बदलाव की बयार बही है। और इसका श्रेय किस तरह लोग नीतीश को दे रहे हैं। ऐसे में लालू की बात में अज्ञानता का अहंकार दिखा। उनके भरोसे का कारण था—जात और धर्म का समीकरण। ख़ासतौर से पासवान के साथ आने से उनको लगने लगा था कि नीतीश कुछ भी कर ले, मीडिया कुछ भी लिख दे, जीत उनकी पक्की है। यह अकारण नहीं था कि जब IBN7 के सर्वे ने जेडीयू गठबन्धन को दो सौ से ज़्यादा सीट मिलने की भविष्यवाणी की तो रामपाल यादव ने नीतीश के हाथों बिके होने का आरोप मढ़ दिया।

लालू के साथ दिल्ली के भी कुछ दाढ़ीवाले 'इंटेलेक्चुअल' पत्रकार मीडिया में नीतीश की जीत की बात को बिकती पत्रकारिता का प्रतीक मान बैठे थे। लेकिन जो बिहार से वाक़िफ़ हैं उन्हें अन्दाज़ा था कि नीतीश की वापसी होगी। जीत का मार्जिन कितना होगा, यह बहस का विषय था। ख़ुद नीतीश और सुशील मोदी को 155 से 165 सीटों की उम्मीद थी। लेकिन 200 के पार, भूतो न भविष्यति। इसमें दो राय नहीं है कि नीतीश ने मुख्यमन्त्री बनते ही बिहार की तस्वीर बदली। अराजकता के लिए बदनाम बिहार में शाम सात बजे के बाद भी लोग सड़कों पर निकलने लगे। बच्चियाँ स्कूल जाने लगीं। महिलाएँ पंचायतों की मुखिया बन बैठीं। यादवों और पासवान जातियों की बन्धक बनी पिछड़ी और दलित जातियों को नया सम्मान मिला। सत्ता में नयी भागीदारी का एहसास और मुसलमानों को लालू से अलग हटकर सोचने का मौक़ा, यानी कह सकते हैं कि नीतीश कुमार ने मंडल के आन्दोलन को पिछड़ों, दलितों और हाशिये पर बैठे समाज के अपने 'अगड़ों' से छुटकारा दिलाया। लालू, पासवान और पिछड़े तबक़े के तथाकथित विद्वान इस

वंचित समाज के ठेकेदार बन बैठे थे और पिछड़ा, दलित और वंचित के नाम की पूरी मलाई डकार रहे थे, यह अहसास होते ही 'मलाई-डकारों' के ख़िलाफ़ 'असल' वंचितों ने विद्रोह कर दिया।

IBN7 और द वीक के लिए किये CSDS का सर्वे नयी कहानी कहता है कि कभी मंडल मसीहा रहे लालू ने किस तरह से पिछड़ों में पिछड़ों का भरोसा खोया और कैसे दूसरी पिछड़ी जातियाँ उन्हें सिर्फ़ एक जाति के नेता के तौर पर देखने लगीं। लालू यादव पिछले पन्द्रह सालों में सिर्फ़ यादवों के नेता बनकर रह गये। सरकार हो या पार्टी सिर्फ़ यादवों का ही वर्चस्व, दूसरी पिछड़ी जातियाँ सिर्फ़ सजाने की वस्तु। CSDS के सर्वे के मुताबिक़ इस चुनाव में 73 प्रतिशत यादवों ने लालू को वोट दिया है जबकि सिर्फ़ 8 प्रतिशत कुर्मी कोयरी लालू यादव के साथ गये। 70 प्रतिशत कुर्मी कोयरी जेडीयू गठबन्धन यानी नीतीश कुमार के साथ हैं। अन्य पिछड़ी जातियों के भी आँकड़े चौंकानेवाले हैं। महज़ 13 प्रतिशत अन्य पिछड़ी जातियाँ लालू यादव को अपना नेता मानकर उन्हें वोट देना चाहती हैं जबकि 63 प्रतिशत अन्य पिछड़ी जातियों के चहेते नीतीश कुमार हैं।

यानी जैसे-जैसे लालू का शासन चलता गया अन्य जातियाँ लालू के कुनबे से बाहर होती गयीं। उनको यह लगने लगा कि सत्ता की असली मलाई सिर्फ़ यादबों को मिल रही है, उन्हीं का डंडा चल रहा है, और दूसरों के घर पर जल रही है सिर्फ़ लालटेन। न सत्ता मिली, न ही सत्ता में भागीदारी का मज़ा। यानी मंडल के बाद भी हालात कमोबेश वही जो कभी जाति व्यवस्था पर आधिपत्य ज़मानेवाले सवर्ण जातियों के शासन काल में थे। संविधान में बराबरी का दर्जा मिलने के बाद भी लोहिया और जे.पी. के सपनों का आम आदमी यानी पिछड़ी जातियाँ सत्ता और समाज के हाशिये पर ही रहीं। बराबरी के नाम पर वोट तो ले लिया लेकिन सत्ता की पूरी मलाई सवर्ण डकार गये। लालू के शासन में ही यादवों के नाम पर मलाई-डकारों की एक पूरी फ़ौज खड़ी हो गयी। लाल बत्ती भी इन्हीं को मिली और डंडे का ज़ोर भी। अन्य पिछड़ी जातियाँ इन मलाई-डकारों की लाल बत्तीवाली गाड़ियों के लिए सिर्फ़ पेट्रोल बनकर रह गयीं, डंडे का तेलभर।

यही खेल दलितों और मुसलमानों में भी देखने को मिला। पासवान दलित नेता बन गये मंडल जागृति की वजह से। लेकिन उनके अन्दर का जातिवाद नहीं गया। वो दलितों की जगह पासवानों के नेता बन गये। सारे फ़ायदे अपनी ही जाति के लोगों को दिये। 56 प्रतिशत पासवान उनके साथ खड़े हैं लेकिन चमार सिर्फ़ 20 प्रतिशत और दूसरी दलित जातियाँ 14 प्रतिशत। मुसलमानों के आँकड़े तो और भी दिलचस्प हैं। बिहार में लालू मुसलमानों के मसीहा माने जाते थे। नीतीश ने आते ही पसमन्दा यानी पिछड़े मुसलमान खड़े किये। बीजेपी के साथ होने के बावजूद

27 प्रतिशत मुसलमान जेडीयू गठबन्धन को वोट देने को तत्पर दिखे जबकि लालू के गठबन्धन को 31 प्रतिशत। और जिन चुनाव क्षेत्रों में लालू और नीतीश में सीधी टक्कर थी, वहाँ लालू को मात खानी पड़ी। इन चुनाव क्षेत्रों में 36 प्रतिशत मुसलमानों ने नीतीश की पसन्द के उम्मीदवार को वोट दिया जबकि 33 प्रतिशत ने लालू की पार्टी के प्रत्याशी को।

लालू हमेशा कहते रहे हैं कि उन्होंने अनपढ़ गँवारों को जुबान दी, उनको बोलना सिखाया लेकिन सच्चाई यह है कि 40 प्रतिशत अनपढ़ नीतीश पर ज़्यादा भरोसा करते हैं। लालू-पासवान पर यकीन करनेवाले हैं 30 प्रतिशत। यह आँकड़े एक मिथ तोड़ते हैं तो एक उपकथा का निर्माण भी करते हैं कि मंडल आन्दोलन का पहला चरण लालू के साथ पूरा हुआ तो नीतीश के साथ दूसरे चरण की शुरुआत हो गयी है। पहले में सामाजिक बराबरी का एहसास मिला तो दूसरे में आर्थिक समानता की तलाश है। ये तथ्य नीतीश के लिए चेतावनी भी हैं। इस तबक़े में आशा का नया संचार हुआ है तो अपेक्षाओं का नया आकाश भी खुला है। नीतीश अपने पहले पाँच साल में इन अपेक्षाओं पर खरे उतरे हैं। अगले पाँच साल में अगर अपेक्षाओं और हक़ीक़त में वो सामंजस्य नहीं बिठा पाये यानी उम्मीदों की डिलीवरी नहीं हो पायी तो लालू की तरह नीतीश के लिए भी अगले ओपिनियन पोल चौंकानेवाले हो सकते हैं। नीतीश को याद रखना होगा कि बदलते हिन्दुस्तान में पुरानी बेड़ियाँ टूट रही हैं। नया समाज बन रहा है जो सार्वजनिक जीवन में जात-पात-धर्म के बन्धन से आज़ाद हो रहा है।

हिन्दुस्तान, 30.11.2010

राडिया के टेप से निकलते शुभ संकेत

नया-नया पत्रकार बना था। दोस्त की शादी में गया था। दोस्त ने अपने एक ब्यूरोक्रेट रिश्तेदार से मिलवाया। अच्छा आप पत्रकार हैं? पत्रकार तो पचास रुपये में बिक जाते हैं। काटो तो ख़ून नहीं। क्या कहता? पिछले दिनों जब राडिया का टेप सामने आया तो उन बुजुर्ग की याद हो आयी। बुजुर्गवार एक छोटे शहर के बड़े अफ़सर थे। उनका रोज़ाना पत्रकारों से सामना होता था। अपने अनुभव से उन्होंने बोला था। जिला स्तर पर छोटे-छोटे अख़बार निकालनेवाले ढेरों ऐसे पत्रकार हैं जो वाकई में उगाही में लगे रहते हैं। यह कहने का मेरा मतलब बिलकुल नहीं है कि जिलों में ईमानदार पत्रकार नहीं होते। ढेरों हैं जो बहुत मुश्किल परिस्थितियों में जान जोखिम में डालकर पत्रकारिता कर रहे हैं। इनकी संख्या शायद उतनी नहीं है जितनी होनी चाहिए। ऐसे में राडिया टेप आने पर कम से कम मैं बिलकुल नहीं चौंका।

हालाँकि इन टेपों में पैसे के लेन-देन का ज़िक्र नहीं है। इसमें किसी को मन्त्री बनाने के लिए लॉबिंग की जा रही है। पूरी बातचीत इशारा करती है—एक, किस तरह से बड़े-बड़े कॉरपोरेट घराने सरकार की नीतियों को प्रभावित करते हैं। दो, किस तरह से नेता इन कॉरपोरेट घरानों का इस्तेमाल मन्त्री बनने के लिए करते हैं। तीन, किस तरह से पत्रकार कॉरपोरेट घराने और नेता के बीच मध्यस्थ की भूमिका निभाते हैं। चार, किस तरह से इन तीनों का कॉकटेल सत्ता में फैले भ्रष्टाचार को आगे बढ़ाता है। पत्रकार यह कह सकते हैं कि उसे ख़बरें पाने के लिए नेताओं और बिज़नेस घरानों से बात करनी होती है। उन्हें अपना सोर्स बनाने के लिए नेताओं और बिज़नेस घरानों से उनके मनलायक बात भी करनी होती है। यह बात सही है लेकिन यह कहाँ तक जायज़ है कि पत्रकार बिज़नेस हाउस से डिक्टेशन ले और जैसा बिज़नेस हाउस कहे वैसा लिखे? या नेता को मन्त्री बनाने के लिए उसकी तरफ़दारी करे?

हाई प्रोफ़ाइल पंच-संस्कृति अंग्रेज़ी की पत्रकारिता में इसे भले ही लॉबिंग कहा जाता हो या फिर ख़बर के लिए नेटवर्किंग लेकिन खाटी हिन्दी में इसे 'दल्लागिरी'

कहते हैं और ऐसा करनेवालों को 'दल्ला'। और मुझे यह कहने में ज़रा भी संकोच नहीं है कि हम पत्रकारों को यह पता है कि हमारे बीच कौन पत्रकार 'दल्ला' है और कौन 'दल्लागिरी' कर रहा है। इसी दिल्ली में क्या हम नहीं जानते कि जो लोग पैदल टहला करते थे कैसे रातोंरात उनकी कोठियाँ हो गयीं और बड़ी-बड़ी गाडियों में घूमने लगे? टीवी की बदौलत पत्रकारिता में पैसा तो पिछले दस सालों से आया है। उसके पहले पत्रकार बेचारे की हैसियत ही क्या थी? झोलाछाप, टूटी चप्पल में घूमनेवाला एक जन्तु जो ऑफ़िस से घर जाने के लिए डीटीसी बस का इन्तज़ार करता था। उस ज़माने में भी कुछ लोग ऐसे थे जो चमचमाती गाड़ियों में सैर करते थे और हफ़्ते में कई दिन हवाई जहाज़ का मज़ा लूटते थे। इनमें से कुछ तो खालिस रिपोर्टर थे और कुछ एडिटर। इनकी भी उतनी ही तनख़्वाह हुआ करती थी जितनी की डीटीसी की सवारी करनेवाले की।

इनमें से कई ऐसे भी थे जिनकी सैलरी बस नौकरी का बहाना था। जब पत्रकारिता में आया तब दिल्ली में एक ख़ास बिज़नेस घराने के नुमाइन्दे से मिलना राजधानी के सोशल सर्किट में स्टेटस सिम्बल हुआ करता था। और जिनकी पहुँच इन 'महाशय' तक नहीं होती थी वो अपने को हीन महसूस किया करते थे। ऐसा नहीं था कि पाप सिर्फ़ बिज़नेस घराने तक ही सिमटा हुआ था। राजनीति में भी पत्रकारों की एक जमात दो खाँचों में बँटी हुई थी। कुछ वो थे जो काँग्रेस से जुड़े थे और कुछ वो जो बीजेपी के करीबी थे। और दोनों ही जमकर सत्ता की मलाई काटा करते थे। जो लोग सीधे मन्त्रियों तक नहीं पहुँच पाते थे उनके लिए यह पत्रकार पुल का काम किया करते थे। ट्रासफ़र पोस्टिंग के बहाने इनका भी काम चल जाया करता था। और जेब भी गरम हो जाती थी। सत्ता के इस जाल में ज़्यादा पेंच नहीं थे। बस पत्रकार को यह तय करना होता था कि वो सत्ता के इस खेल में किस हद तक मोहरा बनना चाहता था।

क्षेत्रीय पत्रकारिता में सत्ता का यह खेल और भी गहरा था। मुझे याद है भोपाल के कुछ पत्रकार जिन्हें इस बात का अफ़सोस था कि वो अर्जुन सिंह के ज़माने में क्यों नहीं रिपोर्टर बने। लखनऊ में भी ढेरों ऐसे पत्रकार थे जो कई ज़मीन के टुकड़ों के मालिक थे। किसी को मुलायम ने उपकृत किया तो किसी को वीर बहादुर सिंह ने। और जब लखनऊ विकास प्राधिकरण के मामले में मुलायम पर छींटे पड़े तो पत्रकारों की पूरी लिस्ट बाहर आ गयी। इसमें कुछ नाम तो बेहद चौंकानेवाले थे। हालात आज भी नहीं बदले हैं। आज भी उत्तर प्रदेश की राजधानी में किसी रिपोर्टर या एडिटर के लिए राज्य सरकार के ख़िलाफ़ लिखने के लिए बड़ा जिगरा चाहिए। अब इस श्रेणी में नीतीश के बिहार का पटना भी शामिल हो गया है। फ़र्क़ सिर्फ़ इतना आया है अब मलाई सिर्फ़ रिपोर्टर और एडिटर ही नहीं काट रहे हैं। अख़बार

के मालिक भी इस फ़ेहरिस्त में शामिल हो गये हैं। अख़बार मालिकों को लगने लगा है कि वो क्यों रिपोर्टर या एडिटर पर निर्भर रहें। अख़बार उनका है तो सत्ता के खेल में उनकी भी हिस्सेदारी होनी चाहिए। तब नया रास्ता खुला। और फिर धीरे-धीरे पेड न्यूज़ भी आ गया।

कुछ लोग यह कह सकते हैं कि आर्थिक उदारीकरण ने इस परम्परा को और पुख्ता किया है या यों कहें कि बाज़ार के दबाव और प्रॉफ़िट के लालच ने मीडिया मालिकों को सत्ता के और करीब ला दिया है। दोनों के बीच एक अघोषित समझौता है। और अब कोई भी गोयंका किसी भी बिज़नेस हाउस और सत्ता संस्थान से दो-दो हाथ कर घर फूँक तमाशा देखने को तैयार नहीं है। क्योंकि यह घाटे का सौदा है। और इससे ख़बरों के बिज़नेस को नुक़सान होता है। क्योंकि ख़बरें अब समाज के सरोकार से नहीं तय होतीं बल्कि अख़बार का सर्कुलेशन और न्यूज़ चैनल की टीआरपी यह तय करती है कि ख़बर क्या है? यह बात पूरी तरह से ग़लत भी नहीं है।

ऐसे में सवाल यह है कि वो क्या करे जो ईमानदार है और जो सत्ता के किसी भी खेल में अपनी भूमिका नहीं देखते, जो खालिस ख़बर करना चाहते हैं? तो क्या यह मान लें कि ईमानदारी से पत्रकारिता नहीं की जा सकती? मैं निराश नहीं हूँ। एक, पिछले दिनों जिस तरह से मीडिया ने एक के बाद एक घोटालों का खुलासा किया है वो हिम्मत देता है। और हमें यह नहीं भूलना चाहिए कि पत्रकारों की पोल खोलनेवाले राडिया के टेप का खुलासा भी तो पत्रकारों ने ही किया है? दो, इसमें सन्देह नहीं है कि बाज़ार ने पत्रकारिता को बदला है लेकिन बाज़ार का एक सच यह भी है कि प्रतिस्पर्धा और प्रोडक्ट की गुणवत्ता बाज़ार के नियम को तय करते हैं। और लोकतन्त्र बाज़ारवादी आबादी को इतना समझदार तो बना ही देता है कि वो क्वालिटी को आसानी से पहचान सके। बाज़ार का यही चरित्र आख़िरकार मीडिया की गन्दी मछलियों को पानी से बाहर करने में मदद करेगा। और जीतेगी अन्त में ईमानदार पत्रकारिता ही, सत्ता की दलाली नहीं।

नई दुनिया, 04.12.2010

पगलाये आसमान पर उम्मीदों के परिन्दे

इस साल हमें आसमान पर होना चाहिए था, लेकिन हम ज़मीन पर पड़े हैं। सिर्फ़ घोटालों और घोटालेबाज़ों की ही चर्चा है। ग़लती से अपने पैरों पर ललित मोदी ने कुल्हाड़ी क्या मारी कि पूरा पिटारा ही खुल गया। मोदी ख़ुद तो गये ही शशि थरूर को भी ले गये और दे गये काँग्रेस को इतनी तगड़ी चोट कि साल के अन्त तक मनमोहन सरकार और सोनिया गाँधी उफ़ भी नहीं कर पा रहे हैं। ऐसी शुरुआत हुई कि एक के बाद एक घोटाले सामने आने लगे। कॉमनवेल्थ से फ़ुर्सत मिलती, तो आदर्श टूट पड़ता, आदर्श शान्त होता, तो 2जी फट पड़ता। साल पूरा होते-होते लोगों ने देखा कि घोटाले ने 1,76,000 करोड़ रुपये का आँकड़ा पार कर लिया। साथ ही खलनायकों की पूरी सूची तैयार। कभी सबसे बड़ा खलनायक माने जानेवाले ललित मोदी साल के अन्त तक खलनायकों का बग़ल बच्चा लगने लगे। सामने आ गये सुरेश कलमाड़ी, अशोक चव्हाण, पूर्व सेना प्रमुख, पूर्व नेवी प्रमुख, आधा दर्जन से ज़्यादा लेफ़्टिनेंट जनरल और सबसे बड़ा खिलाड़ी ए. राजा। छींटें प्रधानमन्त्री कार्यालय तक भी पहुँचे। क्या वाकई साल 2010 में हिन्दुस्तान भ्रष्टाचारियों का अड्डा बन गया था? क्या यहाँ वाकई सब कुछ बिकता है? और हम पूछ बैठते हैं कि हमारा भविष्य क्या है? और यहीं से शुरू होती है इस गुज़रे साल की अजीब विडम्बना।

अगर ये घोटाले न सामने आये होते, तो यह साल जाना जाता हिन्दुस्तान के इतिहास में एक ऐसे मोड़ के तौर पर, जिसने हिन्दुस्तान की क़िस्मत बदल दी। इसने हम हिन्दुस्तानियों को अपना खोया गौरव वापस दिलाया है। इस पगलाये समय के बीच ही दुनिया के नक्शे पर पहली बार हिन्दुस्तान की ताक़त को बड़ी शिद्दत से महसूस किया गया। यह महज़ इत्तेफ़ाक़ नहीं है कि अमेरिकी राष्ट्रपति बराक ओबामा हिन्दुस्तान आते हैं और यह कहते हैं कि इंडिया एक उभरती हुई शक्ति नहीं है, वह विश्व शक्ति बन चुका है। पिछले दो महीने में चार बड़ी महाशक्तियों के राष्ट्राध्यक्ष और राज्याध्यक्ष लाइन लगाकर दिल्ली आये। ओबामा तो आये ही, फ्रांस के राष्ट्रपति निकोलस सरकोजी मनमोहन सिंह से गलबहियाँ करते नज़र आये। वह गये ही थे

कि चीन के प्रधानमन्त्री वेन जियाबाओ पधारे। जियाबाओ अगली गाड़ी से निकले, तो पिछली गाड़ी से रूस के राष्ट्रपति दिमित्री मेदवेदेव धमक गये। इन नेताओं ने देखा कि जब घनघोर मन्दी ने सबकी कमर तोड़ दी थी, एक के बाद दूसरी बड़ी मल्टीनेशनल कम्पनियाँ दम तोड़ रही थीं, बड़े-बड़े देश दिवालिया होने के क़गार पर पहुँच गये थे, तब हिन्दुस्तान सात फ़ीसदी की विकास दर पर सवार था। वर्ष 2010 में तो वह नौ फ़ीसदी के चमत्कारिक ग्रोथ रेट को छू रहा है और वर्ष 2013 में चीन की विकास दर को भी पीछे छोड़ दुनियाभर में नम्बर एक देश बन जायेगा।

यह नयी ताक़त का अहसास था कि आख़िर हमारी खोपड़ी में यह बात आयी कि आँकड़ों से देश बड़ा नहीं बनता, जब तक कि उसके रहनेवालों का जीवन-स्तर बेहतर नहीं होता। चन्द अरबपति ख़बरें तो बन सकते हैं, लेकिन देश की नींव के पत्थर को मज़बूती तभी मिलती है, जब उसके लोग पढ़े-लिखे हों, सबके पेट भर रहे हों, उसमें रोज़गार के भरपूर अवसर हों। लिहाज़ा इस साल सबको अनिवार्य शिक्षा जैसे क़ानून बने, नरेगा का दायरा बढ़ा। विकास के साथ ही पहली बार सरकारी स्तर पर पर्यावरण की चिन्ता दिखी। नक्सलवाद से निपटने के लिए बनी रणनीति में आम आदमी को जोड़ने का प्रयास दिखा और साथ ही दिखी काम करनेवाली सरकारों की सत्ता में वापसी भी। लोगों ने जात-पाँत और धर्म से ऊपर उठकर विकास करनेवाले नीतीश कुमार को वोट दिया और यह सन्देश भी दिया कि राजनीति जोड़-तोड़ और मसखरों का खेल नहीं। यह एक गम्भीर विषय है यानी हिन्दुस्तान बदल रहा है, उसकी सोच बदल रही है, इसके पुष्ट प्रमाण दिखे। सिर्फ़ बिहार ही नहीं, देशभर में बुनियादी ढाँचे को बेहतर बनाने की सफल कोशिश इस साल दिखी। सिर्फ़ दिल्ली की सड़कें और एयरपोर्ट ही नहीं चमके। लखनऊ बदल रहा है, तो पटना भी बदला है। छत्तीसगढ़ में भी नयी राजधानी बनाने पर ज़ोर है और सबसे बड़ी बात यह कि जड़ हो चुके पश्चिम बंगाल में भी लोग सोचने लगे हैं कि कब तक यह सूबा वामपन्थी माफ़िया के हाथों की कठपुतली बना रहेगा। लोग हिसाब माँग रहे हैं कि 35 साल के लेफ़्ट शासन के बावजूद पश्चिम बंगाल देश के सबसे ग़रीब प्रदेशों में क्यों है? कभी तो कोई जुम्बिश होगी।

यही जुम्बिश है कि वर्ष 2014 तक अपने को सुरक्षित मान रही काँग्रेस को आज पसीने आ रहे हैं। भ्रष्टाचार है, तो जवाबदेही तय होनी चाहिए, अगर विपक्ष सोया पड़ा है, तो नागरिक को जागना होगा। नागरिक जागा, तो मीडिया की भी नींद खुली, सिविल सोसायटी ने भी हुंकार लगायी। घोटालों का एजेंडा विपक्ष ने सेट नहीं किया, मीडिया ने रखा। मीडिया को आम नागरिक का समर्थन भी मिला। उसने बवाल काट दिया। बवाल काटा, तो राजनेताओं के ही पसीने नहीं छूटे, क़ानून को अपनी जेब में रखनेवाले एक पूर्व डीजीपी एस.पी.एस. राठौर जैसों को

भी समझ में आ गया कि 19 साल बाद भी उन्हें जेल जाना पड़ सकता है। और अगर अदालत से न्याय नहीं मिला, तो समाज छोड़ेगा नहीं। इस मुहिम में मीडिया ने मीडिया को भी नहीं बख्शा।

जब नागरिक जाग जाता है, तो खिलाड़ी कैसे पीछे रह सकता है? सचिन का 50वाँ सैकड़ा तो होना ही था, लेकिन इलाहाबाद का आशीष जब जिम्नास्टिक में मेडल पाता है, तो ज़्यादा गर्व होता है। कॉमनवेल्थ के पहले तैयारियों को लेकर दुनिया में हँसी ज़रूर उड़ी, लेकिन यह भी साबित हो गया कि अन्तरराष्ट्रीय खेल आयोजित करने की हमारी क्षमता पर सवाल अब नहीं खड़े होंगे और आनेवाले वर्षों में क्रिकेट से इतर खेलों में भी हमारा डंका बजनेवाला है। जहाँ सचिन 37 की उम्र में साल में सात शतक ठोक रहे थे, तो 44 की उम्र में सलमान और आमिर भी दबंग और थ्री इडियट्स जैसी धमाकेदार हिट फ़िल्में देकर नया सन्देश दे गये कि देश अगर अपनी सीमाओं, क्षमताओं का ज़बर्दस्त विस्तार कर रहा है, तो भारतीयता भी अपने लिए नया आसमान तलाश रही है। इस आसमान पर कुछ काले बादल ज़रूर हैं, लेकिन यह डरावने बादल नहीं होंगे, तो हमारी ताक़त की असली परीक्षा भी नहीं होगी। परीक्षा नहीं होगी, तो हम और मज़बूत कैसे बनेंगे? इसलिए मुझे यह साल ताक़त देता है और हिन्दुस्तानी होने पर गर्व भी।

हिन्दुस्तान, 27.12.2010

मीडिया की दुधारी सक्रियता

2010 में मीडिया की आक्रामकता ने मीडिया को एक नयी दिशा दी और नया सम्मान भी। यह ऐसे समय में हुआ जब मीडिया का स्वरूप टेक्नोलॉजी की वजह से बुनियादी तौर पर बदल रहा है। पहले ख़बरों के लिए सुबह का इन्तज़ार करना पड़ता था। रिपोर्टर ही एकमात्र ज़रिया था ख़बरें परोसने का। अब ख़बर क्षणभंगुर भी है और क्षणजीवी भी। फ़ौरन, इंस्टेंट और इमिडियेट। ख़बरें चलती नहीं, ख़बरें उड़ने लगी हैं। वे टेलीग्राफ़ के जंजाल से निकल तरंगें बन गयी हैं। कभी वो आपके टीवी स्क्रीन पर दिखती हैं तो कभी आपके कम्प्यूटर पर। इंटरनेट पर बैठे दस साल के बच्चे को ख़बरें पहले पता चलती हैं, दफ़्तर में बैठे एडिटर को बाद में। गाड़ी चलाते हुए सेलफ़ोन भी ख़बरें देते हैं। पहले 'च्वाइस-का-संकट' था अब 'टूमेनी-च्वाइसेज-का-संकट' है। यह समझना और सोचना झंझट का काम है कि क्या देखें और कितना, और देखें भी कि नहीं? टेक्नोलॉजी ने संकोच दूर किया तो टेक्नोलॉजी ने ही विस्तार का संकोच भी पैदा किया है। प्रतिस्पर्धा ने इस विस्तार के संकोच को नया आयाम दिया है। यह प्रतिस्पर्धा नयी सीमाओं का निर्माण कर रही है तो पुरानी सीमाओं का उल्लंघन भी। पत्रकारिता में जो शाश्वत था, अक्षम्य था वो भी बदल रहा है। आरोपी रातोंरात दोषी हो गये। और दोषी को फाँसी ही मिलनी चाहिए यह ऐलान भी मीडिया करने लगा है। मीडिया इंवेस्टिगेटर भी हो गया और जज भी। मीडिया 'इंट्रूसिव' भी हुआ और 'वलनरेबल' भी। वलनरेबिलिटी ख़तरनाक है।

बिनायक सेन का उदाहरण लें या फिर आरुषि का या निरूपमा पाठक का। उसकी 'वलनरेबिलिटी' हमें पशोपेश में डालती है। तीनों मामलों में मीडिया विस्तार के संकोच में अपनी लक्ष्मणरेखा को लाँघता नज़र आया। बिनायक सेन को अदालत ने नक्सलियों की मदद करने के लिए आजीवन कारावास की सज़ा सुनायी। वो पढ़े-लिखे विद्वान व्यक्ति हैं। इससे किसी को इंकार नहीं है। वो अच्छे आदमी हैं यह भी सही हो सकता है। वो अंग्रेज़ी बोलते हैं यह भी स्वागत योग्य तथ्य है लेकिन

यह कहाँ का सच है कि मीडिया का एक तबक़ा इस आधार पर यह प्रोजेक्ट करे कि बिनायक सेन अपराधी नहीं सन्त हैं, वो दोषी नहीं पीड़ित हैं। मीडिया अपनी प्रतिस्पर्धा में यह भूल गया कि बिनायक सेन के ख़िलाफ़ कार्रवाई किसी सरकारी एजेंसी ने नहीं, सीबीआई और पुलिस ने नहीं की है। अदालत में मुक़दमा चला है। तथ्य और साक्ष्य के आधार पर जज महोदय ने फ़ैसला सुनाया है। लेकिन दिल्ली के कुछ अंग्रेज़ी दाँ, वामपन्थ समर्थक विद्वान अदालत की मंशा पर सवाल खड़े कर रहे हैं। वरिष्ठ वकील हरीश साल्वे का यह कहना मुनासिब है कि अदालत से ग़लती हो सकती है, वो ग़लत फ़ैसला सुना सकती है, हो सकता है आजीवन कारावास उचित सज़ा न हो, हो सकता है अति उत्साह में उनके ख़िलाफ़ कार्रवाई हुई हो लेकिन यह फ़ैसला भारतीय संविधान के सिद्धान्तों के तहत गठित अदालत का है और उसका सम्मान होना चाहिए। उसके फ़ैसले पर अगर किसी को आपत्ति है तो उसका निराकरण अदालत की मंशा को कठघरे में खड़ा कर नहीं किया जा सकता है, न ही सड़कों पर माहौल बनाकर। यह क़ानून के शासन का अपमान है। अगर किसी को अदालत के फ़ैसले पर ऐतराज है तो वह ऊपरी अदालत में जाये और वहाँ इंसाफ़ की गुहार लगाये। साल्वे गम्भीर सवाल उठा रहे हैं। वो कहीं यह कह रहे हैं कि बिनायक सेन के पक्ष में माहौल बनानेवाले दरअसल संवैधानिक संस्था को कमज़ोर कर रहे हैं, यह ठीक नहीं। मीडिया को प्रतिस्पर्धा के इस युग में अपने विस्तार के बावजूद इस संकोच को समझना होगा। ख़ासतौर पर अंग्रेज़ी मीडिया को।

आरुषि मामला भी जब सामने आया था तो कुछ टीवी चैनल अतिरेक में बह गये थे, वो सबकुछ किया जो नहीं किया जाना चाहिए। लेकिन इस बीच वो टीवी चैनल भी पैदा हो गये जो खुलकर आरोपियों के साथ खड़े हो गये और अदालती फ़ैसला आने के पहले ही यह जजमेंट देने लगे कि आरुषि के माता-पिता निर्दोष हैं। जाँच एजेंसियों की भूमिका को कठघरे में खड़ा किया गया। उन्हें असंवेदनशील, निष्ठुर और अक्षम बताया गया। इससे जाँच पर असर पड़ा और असली कातिल के बचने का अन्देशा पैदा हो गया। इस मसले पर तो मैं यह भी कहना चाहूँगा कि आरोपियों ने अंग्रेज़ी मीडिया का इस्तेमाल किया, अपने पक्ष में माहौल बनाने में। पूरे देश को गुमराह करने में इन्हें कामयाबी भी मिली। इतना दबाब बना कि सीबीआई को क्लोजर रिपोर्ट दाख़िल करनी पड़ी। यह कहते हुए कि उन्हें पता है किसने क़त्ल किया लेकिन सबूतों के अभाव में वो कुछ नहीं कर सकते। क्योंकि उन्हें पता था कि अगर असल आरोपी पर हाथ डाला गया तो माहौल फिर उनके ख़िलाफ़ बना दिया जायेगा। यानी मीडिया की ताक़त ने आरोपी को बचने का मौक़ा दिया और जाँच एजेंसियाँ जानते-बूझते हाथ पर हाथ धरे बैठ गयीं। इसी तरह निरूपमा पाठक की मौत पर भी मीडिया अतिउत्साह में डूब गया। और केस के तार्किक परिणति तक

जाने में रुकावट पड़ी। निरूपमा की माँ को जेल जाना पड़ा। क्योंकि मीडिया अति एक्टिव था और उसके पीछे कुछ लोग माहौल बनाने में लगे थे, अदालती कार्रवाई के पहले ही लोगों ने फ़ैसला सुना दिया कि क़त्ल उसके माँ-बाप ने ही किया।

यह सही है कि इस जजमेंटवादी पत्रकारिता की वजह से ही जेसिका लाल, प्रियदर्शिनी मट्टू, नितीश कटारा, रुचिका गिरहोत्रा जैसे मामलों में न्याय हुआ। असली दोषी सलाखों के पीछे गये। यानी हम ऐसे समय में जी रहे हैं जब मीडिया की हाइपर-एक्टिविटी संस्थाओं को अपना काम ईमानदारी से करने के लिए मजबूर कर देती है लेकिन बिना सोचे-समझे यही हाइपर-एक्टिविटी मीडिया के बेजाँ इस्तेमाल का सबब भी बन जाती है। नक्सल समर्थक बिनायक सेन का मामला रुचिका जैसा नहीं है, आरुषि के माँ-बाप की तुलना नीलम कटारा से नहीं हो सकती और जातिवादी व्यवस्था के बावजूद हर माँ-बाप अपनी निरूपमा का क़त्ल नहीं करते, यह फ़र्क़ हम पत्रकारों को समझना होगा। पत्रकारिता भावनाओं पर नहीं चलती। तथ्यों की ईमानदार विवेचना का नाम है पत्रकारिता। इस युग में जहाँ भ्रष्टाचार घुन की तरह हर संस्था की ईमानदारी को खोखला कर रहे हैं मीडिया का इंवेस्टिगेटर और जज बनना आज की ज़रूरत है लेकिन ज़रूरत की यह ज़मीन तथ्यों के आधार पर हो न कि भावना या 'उधार के परसेप्शन' के दम पर। मीडिया की यह वलनरेबिलिटी औरत के सौन्दर्य की तरह है जो वो समझ जाये तो अच्छे-अच्छे नाचने लगते हैं नहीं तो ख़ुद शिकार हो जाती है। 2011 में मीडिया के लिए यही सबक़ है।

दैनिक भास्कर, 03.01.2011

अर्थशास्त्री प्रधानमन्त्री से उम्मीदें

सखि सैंया तो बहुते कमात हैं, महँगाई डायन खाये जात है। वर्ष 2009 के चुनाव से ही महँगाई डायन खाये जा रही है। मौजूदा हफ़्ते में इसका आँकड़ा 18 प्रतिशत से भी आगे निकल गया है। मुख्य आर्थिक सलाहकार कौशिक बसु फ़रमा रहे हैं कि सरकार के पास इससे निपटने का कोई उपाय नहीं है। और यह उस वक़्त कहा जा रहा है, जब देश की कमान एक अर्थशास्त्री के हाथों में है।

जिस व्यक्ति के सिर पर वर्ष 2004 से अब तक देश की विकास दर नौ प्रतिशत के आस-पास रखने का सेहरा बँधता है, देश की आर्थिक क्रान्ति का जनक जिन्हें माना जाता है, ऐसे प्रधानमन्त्री के काल में बसु का यह बयान चौंकाता है। मैं यह मानने को तैयार नहीं कि मनमोहन सिंह के पास महँगाई से निपटने का कोई रास्ता नहीं है।

मनमोहन सिंह वह शख़्स हैं, जिन्होंने तब देश को राह दिखायी थी, जब देश का सोना गिरवी रखने की नौबत आ गयी थी। राजनेताओं के हाथ-पाँव फूल गये थे। तब एक अर्थशास्त्री सामने आया था, जिसका राजनीति से कोई लेना-देना नहीं था। ऐसे में, जब वर्ष 2004 में सोनिया गाँधी ने उन्हें प्रधानमन्त्री की कुर्सी सौंपी, तो सबको पता था कि राजनीति सोनिया देखेंगी और मनमोहन सिंह एक नौकरशाह की तरह सरकार चलायेंगे। पाँच साल तक यह व्यवस्था अच्छी तरह चली। अर्थव्यवस्था भी सरपट भागी और मनमोहन सिंह भी मध्य वर्ग के लाड़ले बने रहे। विपक्ष औंधे मुँह पड़ा था और मीडिया अपनी राह से भटका हुआ, ख़ासतौर पर टीवी, जो ख़बरों के अलावा सब कुछ कर रहा था।

पिछले आम चुनाव ने मनमोहन सिंह को मैच विनर बना दिया। यहीं से उनकी मुसीबत शुरू हो गयी। वर्ष 2004 में लोगों को उनसे कोई अपेक्षा नहीं थी, लेकिन 2009 में उम्मीदें अचानक काफ़ी बढ़ गयीं। लोग उनमें एक अर्थशास्त्री के साथ-साथ एक राजनीतिज्ञ भी खोजने लगे। पार्टी के अन्दर और बाहर उनके दुश्मनों की संख्या बढ़ने लगी। जब तक वह कमज़ोर व्यक्ति थे, सबको सूट करते थे, लेकिन जैसे ही

मज़बूत हुए लोगों को खटकने लगे।

विपक्ष विशेषकर बीजेपी भी खड़ी हो गयी। मीडिया भी ख़बरों पर वापस आया, तो एक के बाद एक घोटाले खुलने लगे। सरकार का हनीमून ख़त्म भी नहीं हुआ कि दिन में तारे नज़र आने लगे। आरोपों की हुंकार प्रधानमन्त्री के दरवाज़े तक गूँजने लगी। इस्तीफ़ा माँगा जाने लगा और ईमानदार प्रधानमन्त्री को राजीव गाँधी की तरह बयान देना पड़ा कि सीजर की पत्नी को शक से ऊपर रहना चाहिए, इसलिए वह पीएसी के सामने पेश होने को तैयार हैं। यानी उन्होंने जब कोई घोटाला किया ही नहीं, तो किसी भी जाँच से डर कैसा? मनमोहन सिंह की यह कमज़ोरी थी। इसलिए नहीं कि उन्होंने कोई ग़लती की है, बल्कि इसलिए कि वह राजनीतिज्ञ की तरह बर्ताव नहीं कर रहे और बुरी तरह से एक्सपोज हो रहे हैं। जैसे राजीव गाँधी जाल में उलझ गये थे।

राजीव भी स्वभाव से राजनीतिज्ञ नहीं थे। राजनीति की बारीकियों और नेताओं की धूर्तता से वह वाक़िफ़ नहीं थे। उन्हें अहसास नहीं था कि राजनीति में कहा कुछ जाता है, किया कुछ। पीठ पर वार वही करते हैं, जो सबसे करीब होते हैं। राजनीतिज्ञ अपने अलावा किसी और पर भरोसा नहीं करता और कभी अपने हितों के लिए किसी अपने की बलि लेने को तैयार रहता है। संकट आने के पहले ही वह भाँप लेता है कि हवा किस तरफ़ बह रही है और समय से पहले हवा के रुख़ को दूसरों की तरफ़ मोड़ने की कोशिश करता है। राजीव यह सब नहीं कर पाये, अब मनमोहन भी नहीं कर पा रहे हैं। राजीव को पॉलिटिकल होना था, वह नहीं हो पाये, इसलिए एक के बाद एक ग़लतियाँ करते गये। मजबूरी यह थी कि उन्हें दोनों भूमिका निभानी थी। एक प्रधानमन्त्री की और दूसरी पार्टी अध्यक्ष की।

मनमोहन सिंह की यह मजबूरी नहीं है। वह प्रधानमन्त्री हैं और सोनिया राजनीति के फ़ैसले करती हैं। पहले पाँच साल तो सब कुछ ठीक चला, क्योंकि इस दौरान राजनीतिक चुनौतियाँ काफ़ी कम थीं, सिवाय न्यूक्लियर डील के। उसमें वो साफ़ बच निकले, क्योंकि उनका सामना एक ऐसे आदमी से था, जो ख़ुद राजनीति का पक्का घुटा हुआ खिलाड़ी नहीं था। प्रकाश करात उनकी तरह ही पढ़ाकू ज़्यादा हैं। मनमोहन को किसी ने नहीं बताया कि काम के बँटवारे के बावजूद प्रधानमन्त्री का पद सिर्फ़ एक नौकरशाह का पद नहीं होता, वह खालिस पॉलिटिकल कुर्सी भी है। नीतिगत और प्रशासनिक फ़ैसले लेने के पहले उन्हें राजनीति के तराजू पर भी तोलना पड़ता है। संकट आने से पहले उसे भाँपना होता है।

मनमोहन सिंह को कॉमनवेल्थ घोटाले की भनक मिलने के पहले क़दम उठाने थे, 2जी स्पैक्ट्रम पर राजा और डीएमके की मनमानी के फलितार्थ को समय से पहले समझना था। दोनों ही मामलों में उनकी लेट-लतीफी उनके जी का जंजाल

बनी। लोगों ने पूछा कि क्या प्रधानमन्त्री को नहीं पता था कि कॉमनवेल्थ गेम्स में क्या हो रहा है? 2जी स्पैक्ट्रम पर लोगों ने देखा कि कैसे एक क्षेत्रीय पार्टी का मन्त्री प्रधानमन्त्री समेत पूरी सरकार की खिल्ली उड़ाता रहा और सब कुछ जानते हुए मनमोहन सिंह मौन रहे।

लोग कहने लगे कि यह कैसे प्रधानमन्त्री हैं, जो एक मन्त्री को नहीं सँभाल पाये। घुटे विपक्षी नेताओं को उन्होंने वह मौक़ा दे दिया, जो एक राजनेता शायद कभी नहीं देता। उनकी यही कमज़ोरी महँगाई पर भी साफ़ दिख रही है। वह उसे आर्थिक समस्या मानते रहे, जबकि यह मसला राजनीतिक अधिक है। उनको किसी ने बताया नहीं कि प्याज पर दिल्ली की सुषमा स्वराज की सरकार जा चुकी है।

ऐसे में कौशिक बसु के बयान से पहले महँगाई का पॉलिटिकल मैनेजमेंट होना चाहिए था। इसकी जगह उन्होंने अपने ही कैबिनेट मन्त्रियों को खुलेआम बयानबाज़ी का मौक़ा दिया। चिदम्बरम की जुबान कुछ कहती है, प्रणब मुखर्जी की कुछ और। राज्य सरकारें उनके कहे पर अमल नहीं करतीं। महँगाई क़ाबू में आये तो आये कैसे? शान्ति के समय सादगी तो उनकी ताक़त हो सकती है, लेकिन संकट में यही सादगी कमज़ोरी बन गयी है।

प्रधानमन्त्री की कुर्सी पर बैठे व्यक्ति से अगर उसके मन्त्री, सहयोगी और विपक्षी डरे नहीं, तो शासन चलता नहीं। राजनीति और प्रशासन में आधा काम तो ख़ौफ़ से होता है, बाक़ी के लिए चालाक बनना पड़ता है। काँग्रेस और उसकी सरकार इस वक़्त संकट में है। उसे आज फ़िलॉस्फ़र मनमोहन की नहीं, पॉलिटिकल मनमोहन की दरकार है। वक़्त उनके पास कम है, क्योंकि दिल्ली के गलियारों में इन दिनों कई ब्रुटस दिखायी देने लगे हैं। सीजर की कुर्सी पर कई लोगों की नज़र है, जो नहीं चाहते कि महँगाई डायन मरे और घोटालों पर लगाम लगे।

हिन्दुस्तान, 10.01.2011

टू हैल विथ रिलिजन

धर्म भी कमाल की चीज़ है। इंसान का इंसान से रिश्ता हो या फिर इंसान का ईश्वर से तादात्म, धर्म बड़ी ख़ूबसूरती से लकीर खींच देता है। बाबा मार्क्स ने यों ही नहीं कहा था कि धर्म अफ़ीम है। अच्छे-अच्छों को बावला कर देता है। धर्म अगर राजनीति का रूप ले ले तो क़त्लोगारद का सबब भी बन जाता है। पाकिस्तान में पिछले दिनों पंजाब के गवर्नर सलमान तसीर का क़त्ल उस आदमी ने कर दिया जिस पर उनकी जान बचाने की ज़िम्मेदारी थी लेकिन धर्म ने उसे पागल कर दिया और उन लाखों लोगों को भी जो उसके इस क़दम की सराहना कर रहे हैं। इस बीच यह बहस फिर जवान हो गयी है कि कायदे-आज़म ज़िन्ना कुछ और वक़्त ज़िन्दा होते तो पाकिस्तान की तस्वीर कुछ और होती। विद्वान मानते हैं कि ज़िन्ना एक सेक्युलर इंसान थे और पाकिस्तान को एक सेक्युलर राष्ट्र के तौर पर देखना चाहते थे। यानी ऐसा देश जहाँ धर्म निजी हो और राजनीति और सरकार के कामकाज में जिसका कोई दख़ल न हो।

विदेश में पढ़े-लिखे ज़िन्ना मॉडर्न ख़याल के इंसान थे। नमाज़ पढ़नी आती नहीं थी, रोज़ा वो रखते नहीं थे। मुसलमान होते हुए भी 'पोर्क' खाने से उन्हें परहेज नहीं था। वो वाक़िया बड़ा दिलचस्प है जब वो चुनाव के दरम्यान मुस्लिम लीग के लिए उम्मीदवार तय कर रहे थे कि अचानक उनकी पत्नी रत्ती यह कहते हुए वहाँ दाख़िल हुईं कि 'डार्लिंग आयी गाट हैम सैंडविचेज फ़ॉर यू' और ज़िन्ना को उन्हें चिल्लाकर चुप कराना पड़ा। यह तब हुआ जब वो इस्लाम की राजनीति कर रहे थे और देशभर के मुसलमानों को एक कर पाकिस्तान बनाने की मुहिम में लगे थे। इस्लाम में सुअर का गोश्त खाना हराम है। ज़िन्ना का वो वाक़िया भी मज़े का है कि जब पंजाब के एक इलाक़े में वो रैली कर रहे थे और तभी नमाज़ का वक़्त हो गया। रैली में आये सभी लोग और मंच बैठे नेता नमाज़ पढ़ने लगे लेकिन ज़िन्ना कुर्सी पर टाँग लटकाये बैठे रहे, चुरूट पीते रहे। तब किसी ने यह नहीं कहा कि ज़िन्ना मुसलमान नहीं हैं और उनकी हरकतें इस्लाम के ख़िलाफ़ हैं। उनको इस्लाम

से बेदख़ल कर देना चाहिए या फिर सलमान रुशदी की तरह उनके ख़िलाफ़ भी मौत का फ़तवा दे दिया जाना चाहिए। पाकिस्तान में न तब किसी ने ज़िन्ना के इस्लाम पर सवाल खड़ा किया और न आज तालिबानियों के समय।

ज़िन्ना अगर आज ज़िन्दा होते तो भी पाकिस्तान इसी मुक़ाम पर खड़ा होता। जो ज़िन्ना को सेक्युलर कहते हैं दरअसल वो सेक्युलरिज़्म को समझते ही नहीं। सेक्युलरिज़्म किसी जीवन-पद्धति का नाम नहीं है। यह एक राजनीतिक विचारधारा है जो सार्वजनिक जीवन और राजनीति में धर्म का निषेध करता है। यह राजनीति है। पश्चिम के देशों ने धर्म आधारित राजनीति को बहुत पहले ही अपने संविधान और समाज से बनवास दे रखा है। वहाँ यह साफ़ है कि धर्म निजी है उसे राजनीति में हस्तक्षेप का अधिकार नहीं है। ज़िन्ना की काँग्रेस के समय की राजनीति सेक्युलर थी लेकिन मुस्लिम लीग की पॉलिटिक्स साम्प्रदायिक, कम्युनल। मुस्लिम लीग हिन्दुओं के सामने 'ख़तरे में इस्लाम' और 'हिन्दुस्तान के मुसलमानों एक हो' का नारा देती थी। यानी लोगों को लामबन्द करने का हथियार धर्म था। ज़िन्ना ने धर्म आधारित राजनीति करके पाकिस्तान हासिल किया था। गाँधी और नेहरू की आज़ादी की लड़ाई के केन्द्र में न हिन्दू था और न मुसलमान, न सिख, न ईसाई। वो अंग्रेज़ों की गुलामी से देश को आज़ाद कराने का संघर्ष था। यह फ़र्क़ था हिन्दुस्तान और पाकिस्तान में। ऐसे में आज़ादी के इतने साल बाद भी हिन्दुस्तान हिन्दू बहुल राष्ट्र होने के बाद भी सेक्युलर है और पाकिस्तान सेक्युलर नहीं है। फिर जिस देश की बुनियाद धर्म के आधार पर रखी गयी हो जो धर्म के आधार पर पैदा हुआ हो, पैदाइश से जिसकी जहनियत में धर्म हो वो सेक्युलर होने का सपना कैसे देख सकता है? इस्लाम ही पाकिस्तान की ताक़त है, उसकी पहचान है, उसके ज़िन्दा रहने का मक़सद। जिस दिन इस्लाम नहीं होगा उस पल पाकिस्तान नहीं होगा। उसे सेक्युलर होने के लिए अपने-आपसे, अपने समाज से, अपनी राजनीति से उसी तरह की निर्णायक लड़ाई लड़नी होगी जैसे पश्चिम ने कभी लड़ी। उसके लिए किसी 'नये-क्रान्ति-पुरुष' को जन्म लेना होगा। ऐसे में पाकिस्तान में मौजूदा लड़ाई को सेक्युलर बनाम कम्युनल राजनीति का नाम न दें और न ही यह मानें कि ज़िन्ना सेक्युलर थे।

सही मायनों में ज़िया-उल-हक़ ने ज़िन्ना की ही लाइन को तो आगे बढ़ाया था, पाकिस्तान का इस्लामीकरण करके। अगर पाकिस्तान की नींव धर्म के आधार पर रखी गयी थी तो देर-सबेर तो यह होना ही था। ज़िया ने ग़ैरइस्लामिक काम तो किया नहीं, वो तो धर्म के नाम पर बने देश में 'अधूरे-बचे-इस्लामीकरण' को पूरा कर रहे थे। अब उसी 'पूरे इस्लामीकरण' की मुहिम को पाकिस्तान के तालिबानी या कट्टरपन्थी और आगे बढ़ा रहे हैं। अगर 'इस्लाम ही नेशन' है तो पाकिस्तान के आम आदमी की ज़िन्दगी भी तो इस्लाम के हिसाब से ही चलनी चाहिए? उसे सेक्युलर

संविधान और लोकतन्त्र कैसे चला सकता है? तसीर भी तो आख़िर तक इस्लाम में ही उदारवाद खोज रहे थे। उन्होंने यह तो कभी नहीं कहा कि वो पाकिस्तान की राजनीति में इस्लाम और मुसलमान नहीं होना चाहिए। पूरी लड़ाई इस बात की है कि किसका इस्लाम असल है किसका नकल और कौन सही अर्थों में मुसलमान है। हिन्दुस्तान में यह डिबेट नहीं है। यहाँ संविधान ने धर्म को राजनीतिक जीवन से बाहर कर रखा है। यहाँ असली हिन्दू और नक़ली हिन्दू या असली मुसलमान और नक़ली मुसलमान की लड़ाई नहीं है। लड़ाई इस बात की है कौन बेहतर नागरिक है।

ज़िन्ना ने अगर मानवमात्र को केन्द्र में रखकर, नागरिक को सामने रखकर पाकिस्तान की जंग जीती होती तो आज वहाँ इस्लाम के नाम पर जेहाद नहीं होता और किसी नागरिक के क़त्ल पर फूल नहीं बरसाये जाते। क्योंकि नागरिक की ताक़त होती है क़ानून का शासन, धर्म की कोई किताब नहीं। कोई भले ही धर्म के हिसाब से सही हो लेकिन अगर क़ानून की नज़र में ग़लत है तो फिर वो ग़लत है और उसे सार्वजनिक तौर पर सही नहीं ठहराया जा सकता। ऐसे में पाकिस्तान की हालत पर आँसु न बहायें। यह हिन्दुस्तान के लिए सबक़ है। हमें ऐसे लोगों से दूर रहने की ज़रूरत है जो धर्म के नाम पर राजनीति करते हैं। ऐसे लोग हिन्दुस्तान में हिन्दुओं में भी है और मुसलमानों में भी, सिखों में भी और ईसाइयों में भी। हे ईश्वर! हम सबको सद्‌बुद्धि दे। हम राजनीति में धर्म से दूर रहें।

दैनिक भास्कर, 17.01.2011

तिरंगा नहीं नफ़रत है असल मसला

बीजेपी के नये अध्यक्ष मुरली मनोहर जोशी को कश्मीर में लाल चौक पर झंडा फहराना था। कश्मीर में उन दिनों आतंकवाद चरम पर था। मैं एक साप्ताहिक पत्रिका के लिए काम कर रहा था। यात्रा को कवर करने के लिए मुझे भेजा गया। मैंने ट्रेन से बीजेपी समर्थकों के साथ जम्मू जाने का मन बनाया। यात्री बनकर बीजेपी समर्थकों के बीच यात्रा करना नया अनुभव था। किसी को यह पता नहीं था कि मैं पत्रकार हूँ। सो खुलकर बातें हुईं।

यह वाक़िया और बर्फ़बारी की वजह से सफ़ेद चादर में ढँकी घाटी मुझे हमेशा याद रहे। चारों तरफ़ दहशत, हर चेहरा सफ़ेद और सर्द। इस दौरान बार-बार बीजेपी समर्थकों और नेताओं की गरगरानेवाली आवाज़ें गूँजती थीं। 19 साल बाद बीजेपी ने फिर श्रीनगर में झंडा फहराने का आह्वान किया है, फिर वही देशभक्ति की आवाज़ें कानों में गूँजने लगी हैं। इन आवाज़ों में ट्रेन में बीजेपी समर्थकों का वह शोर भी मिलने लगा है, जो मुसलमानों के ख़िलाफ़ नफ़रत से भरा था, जिसमें देशभक्ति का जज़्बा कम और घाटी के मुसलमानों से बदला लेने का आवेग ज़्यादा था।

देश की कश्मीर नीति क्या हो, इसे लेकर ख़ुद काँग्रेस में भी हमेशा से ही मतभेद रहे हैं। जवाहरलाल नेहरू और सरदार वल्लभ भाई पटेल की सोच इस पर अलग-अलग थी। आज भी बीजेपी यह मानती है कि अगर पटेल देश के प्रधानमन्त्री होते तो कश्मीर की समस्या नहीं होती। इनकी समझ के मुताबिक़ कश्मीर की समस्या खड़ी ही इसलिए हुई कि शेख़ अब्दुल्ला और घाटी के मुसलमानों पर नेहरू कुछ ज़्यादा ही भरोसा कर बैठे।

नेहरू के विपरीत पटेल की सोच बिल्कुल अलग थी। 17 जुलाई 1948 को तब के गृह सचिव एचवीआर आयंगर की शिक्षा सचिव ताराचन्द्र को लिखी चिट्ठी इस बाबत बहुत कुछ कहती है। इसमें लिखा है कि इस बात के लगातार प्रमाण मिल रहे हैं कि भारत के मुसलमानों का एक हिस्सा कश्मीर और हैदराबाद पर भारत सरकार की नीतियों की वजह से भारत के बजाय पाकिस्तान से सहानुभूति रखता है। भारत

सरकार में नौकरी करनेवाले ऐसे मुसलमान देश के प्रशासन के लिए ख़तरा हैं। ऐसे में यह ज़रूरी है कि इनको गोपनीय काम न दिये जायें और न ही इनको महत्वपूर्ण पदों पर आसीन किया जाये।

इसके बाद 20 अक्टूबर को लिखी एक दूसरी चिट्ठी में यह कहा गया कि ऐसे सरकारी नौकर जिनके रिश्तेदार पाकिस्तान में है, वे उनको भारत बुलायें। हालाँकि इस बात के प्रमाण नहीं मिलते कि प्रधानमन्त्री नेहरू को मुसलमानों की देशभक्ति पर सवाल खड़े करनेवाली इन चिट्ठियों की जानकारी थी या नहीं, लेकिन नेहरू और पटेल के नज़रिये से यह बातें आगे साफ़ होती हैं।

पटेल ने 1948 में ही लखनऊ में भाषण दिया था और वहाँ के मुसलमानों से कहा था कि उनके लिए सिर्फ़ यही काफ़ी नहीं है कि वे पाकिस्तान नहीं गये, उन्हें देश के प्रति अपने प्रेम के प्रमाण भी देने होंगे यानी पटेल मुसलमानों से देशभक्ति का सर्टिफ़िकेट माँग रहे थे। क्या यह महज़ एक इत्तेफ़ाक़ है कि बीजेपी और संघपरिवार पटेल को आदर्श पुरुष मानता है और नेहरू को नहीं?

पटेल जब मुसलमानों की देशभक्ति को कठघरे में खड़ा कर रहे थे तो नेहरू का कहना था कि भारत को पाकिस्तान से सबक़ लेने की ज़रूरत नहीं है। पाकिस्तान में ग़ैर-मुसलमानों के साथ कुछ भी व्यवहार हो, विभाजन के समय भले ही कितना ख़ून-ख़राबा हुआ हो, हमें देश में अल्पसंख्यकों के साथ सभ्य आचरण करना है।

एक लोकतान्त्रिक देश में उनको सुरक्षा और नागरिक अधिकार देने होंगे और अगर ऐसा नहीं किया तो यह मसला एक नासूर बनकर हमें तबाह करता रहेगा। नेहरू की मुस्लिम नीति साफ़ थी। उनका कहना था कि यह हिन्दुओं की ज़िम्मेदारी है कि वे देश में ऐसा माहौल बनायें, जिसमें मुसलमान अपने-आपको सुरक्षित महसूस करें, न कि मुसलमानों को हमेशा शक की नज़र से देखा जाये।

नेहरू अपनी पार्टी में साम्प्रदायिक हिन्दूवादी नेताओं की बढ़ती तादाद और ताक़त से परेशान भी रहते थे। इसलिए नेहरू 1951-52 के चुनाव के दौरान साम्प्रदायिक हिन्दूवादी ताक़तों और संगठनों की चुनौतियों के मद्देनज़र कहा करते थे कि भारत को हिन्दू-पाकिस्तान नहीं बनाना है।

नेहरू की इसी नीति की वजह से संघपरिवार और जनसंघ या बीजेपी उन्हें मुस्लिमपरस्त मानती है। हक़ीक़त यह है कि नेहरू की तमाम कोशिशों के बावजूद और आज़ादी के इतने साल के बाद भी संघपरिवार ने मुसलमानों को माफ़ नहीं किया है। वे आज भी मुसलमानों से उनकी देशभक्ति का सर्टिफ़िकेट चाहती है।

यह इत्तेफ़ाक़ नहीं है कि अयोध्या का मसला एक मस्जिद के इर्द-गिर्द बुना गया। मस्जिद नहीं होती तो राममन्दिर बीजेपी के लिए मुद्दा नहीं होता। हुबली में अगर ईदगाह नहीं होती तो वहाँ झंडा फहराने की ज़िद पर उमा भारती और बीजेपी के नेता

नहीं जुटते। गो-हत्या पर पाबन्दी भी संघपरिवार के एजेंडे में इसलिए रहता है कि कहीं न कहीं यह बात संघियों के दिमाग़ में है कि मुसलमान गो-मांस खाते हैं।

इसी तरह कॉमन सिविल कोड के बहाने संघपरिवार और बीजेपी बार-बार ये मुद्दे उठाते हैं कि देश में मुसलमानों के लिए अलग क़ानून और हिन्दुओं के लिए अलग क़ानून नहीं हो सकता। कश्मीर को धारा 370 के तहत अलग अधिकार देना भी बीजेपी को खलता है। कश्मीर समस्या की जड़ में भी संघपरिवार और बीजेपी मुस्लिम बहुलता को देखते हैं और रह-रहकर श्रीनगर में झंडा फहराने की बात करके वे यह जताने की कोशिश करती है कि वहाँ के मुसलमान देशभक्त नहीं हैं।

दरअसल बीजेपी को यह समझना होगा कि अब देशभक्ति के नाम पर ज्वार खड़ा कर वे नये हिन्दुस्तान की नयी पीढ़ी को नहीं लुभा सकती। उसे शान्ति चाहिए, ख़ून-खराबा और अशान्ति नहीं। फिर एक ख़तरा और भी है कि अगर नयी पीढ़ी ने पलटकर पूछ लिया कि भाई देश की आज़ादी में आपका कितना योगदान है? आपके कितने नेता जेल गये? ऐसे में तिरंगा यात्रा के बहाने किसी की देशभक्ति पर सवाल वे न उठायें जिनके ख़ुद के घर शीशे के बने हैं और जो आज़ादी की लड़ाई में चुपचाप छिपे बैठे थे और इसमें जोशीजी और अनुराग ठाकुर की पार्टी शामिल है।

हिन्दुस्तान, 24.01.2011

अरब राष्ट्रवाद में पिघलते देश

बर्लिन की दीवार पर खड़े होकर वो रोमांच नहीं आया था जो शुक्रवार रात मिस्र की सरकारी पार्टी नेशनल डेमोक्रेटिक पार्टी का दफ़्तर जलते हुए देखकर आया। इस आग में अरब वर्ल्ड में सोयी जनता की आँखों में लोकतन्त्र का ख़्वाब दिखा। ट्यूनीशिया में एक पच्चीस साल के लड़के की आत्मदाह ने क्रान्ति की वो मशाल जलायी है जिसने तानाशाहों को हिला दिया है। और एक बार फिर लोगों को 1989-90 की याद हो आयी है। जब जनता की बग़ावत ने एक झटके में दुनिया के नक्शे से मार्क्सवाद की तानाशाही को मटियामेट कर दिया। यह वो शासक थे जिनके इशारे के बिना पत्ता तक नहीं हिलता था। लेकिन गोर्बाचेव की आँधी ने वो करिश्मा कर दिया जो अमेरिकी और पूँजीवादी सत्ता अरबों डॉलर ख़र्च कर नहीं कर पायी। इस बदलाव की आँधी में भी मध्य-पूर्व एशिया में न ही राजशाही के ख़िलाफ़ कोई आवाज़ बुलन्द हुई और न ही सैनिक तानाशाही के विरोध में हाथ उठे।

यह सही है कि फ़ौरी तौर पर बेरोज़गारी, खाने की कमी, ग़रीबी जैसे कारण गिनाये जा सकते हैं। मिस्र में बेरोज़गारी का आँकड़ा अगर 9.6 फ़ीसदी है तो ट्यूनीशिया में 14 फ़ीसदी, यमन में 35 फ़ीसदी, जॉर्डन में 13.4 फ़ीसदी। यानी बेरोज़गारों की एक ऐसी फ़ौज बेकार बैठी है जिसके पास कोई काम नहीं है। जिसके मन में ग़ुस्सा धधक रहा है। उस पर खाने पर मिलनेवाली सब्सिडी कम करने से लोगों की मुश्किलें काफ़ी बढ़ गयीं। यानी जेब में पैसा नहीं और पेट में भोजन नहीं। आम आदमी को कहीं न कहीं तो अपना ग़ुस्सा निकालना ही था। वो सड़कों पर उतर आया। सड़कों पर उतरनेवालों में सबसे बड़ी संख्या बीस से तीस साल के लोगों की है। जिसके पास कभी बड़े सपने थे और आज उन सपनों में रंग भरने के लिए सिर्फ़ आक्रोश है। लेकिन यह आक्रोश काफ़ी लम्बे समय से इकट्ठा हो रहा था। मध्य-पूर्व एशिया के जानकार कहते हैं कि बेरोज़गारी नहीं होती, खाद्य दंगे नहीं होते तो भी किसी न किसी रूप में यह आग बाहर आती।

ऐसा नहीं है कि मध्य-पूर्व एशिया में खाने के लिए दंगे पहले भी हुए हैं।

सत्तर का दशक हो या फिर अस्सी और नब्बे का, कुछ सालों के अन्तराल के बाद फूड-रायट्स यानी खाद्य-दंगों की ख़बर आ जाया करती थी। इस दौरान छिटपुट प्रदर्शन भी हुए। लेकिन इस बार की तरह तब शासकों के ख़िलाफ़ गुस्सा सड़कों पर नहीं उमड़ा। किसी ट्यूनीशिया के तानाशाह बेन अली को बाइस साल के शासन के बाद देश छोड़कर भागना नहीं पड़ा। मिस्र में तीस साल से सत्ता पर क़ाबिज़ राष्ट्रपति होस्नी मुबारक़ को नाकों चने चबाने पड़ रहे हैं। यानी बुनियादी स्तर पर कुछ बदलाव अरब वर्ल्ड में हो रहे हैं। इस बदलाव के पीछे दो महत्वपूर्ण वजहें देखी जा सकती हैं। एक, धुर-अमेरिका-विरोध। दो, अरब मानसिकता में सामूहिक पराजय भाव। इस्ताम्बुल में पढ़ा रहे हमारे मित्र प्रो. अनवर आलम का कहना है कि फ़िलिस्तीन के सवाल पर लगातार नाकामयाबी और इराक़ की तबाही ने पूरे अरब वर्ल्ड की आम जनता को नये सिरे से सोचने के लिए मजबूर कर दिया है। लोग अब यह सोचने लगे हैं कि तमाम अरब शासकों के बावजूद फ़िलिस्तीन आज भी वहीं पर खड़ा है जहाँ वो दूसरे विश्वयुद्ध के बाद था। विकीलीक्स के खुलासे ने आग में घी का काम किया है।

इराक़ के मसले पर आम अरब ने देखा कि कैसे एक झूठ के सहारे एक देश को तबाह कर दिया गया और मध्य-पूर्व एशिया के दसों साल से जमे शासकों ने चूँ तक नहीं की। ज़्यादातर अमेरिका के पिठ्ठू बन बैठे। लेकिन फ़िलिस्तीन और इराक़ ने आम अरब की मनोदशा को गहरे घाव दिये हैं, विदेशी ताक़त के सामने अरब अस्मिता को हताश-निराश देखा, एक इंसान के रूप में ख़ुद को बेइज़्ज़त महसूस किया। धर्म के स्तर पर ईसाईत्व के आगे इस्लाम को लाचार पाया। उसने देखा कि उसके शासक बजाय प्रतिरोध करने के उनकी इज़्ज़त को तार-तार करनेवाले अमेरिका और इज़राइल के हाथों खेल रहे हैं। चाहे वो मिस्र हो या फिर टर्की, या सऊदी अरब। टर्की को नाटो देशों का सदस्य बनने पर आपत्ति नहीं है, मिस्र को इज़रायल के साथ सम्बन्ध करने से गुरेज नहीं है, वो फ़िलिस्तीन की मदद करने की जगह आतंकवादियों पर क़ाबू करने के नाम पर राफ़ा बॉर्डर को ही बन्द कर देता है। फ़िलिस्तीन की सैन्य सहायता तो दूर मानवीय मदद करने को भी होस्नी मुबारक़ की सरकार तैयार नहीं है। यानी मध्य-पूर्व एशिया का आम नागरिक अपने शासकों से निराश है, वो कहीं न कहीं पश्चिम के सामने अपने को हारा हुआ पाता है। यह एहसास सिर्फ़ मिस्र, ट्यूनीशिया में ही नहीं है, यमन, अलजीरिया, लीबिया, मोरक्को, जॉर्डन, सऊदी अरबिया, वेस्ट बैंक और गाज़ा सभी जगह है। इसलिए पिछले दिनों किसी न किसी बहाने यहाँ के लोगों ने अपने गुस्से का इज़हार किया है। कभी सड़कों पर निकलकर तो कभी सोशल नेटवर्किंग साइट पर चन्द लाइनें लिखकर। यह मत भूलिये यह वो देश है जहाँ तमाम दूसरी आज़ादियाँ भले ही मिली

हों लेकिन राजनीतिक स्तर पर टिप्पणी करने का हक़ नहीं है। चाहे मिस्र, टर्की जैसे काफ़ी हद तक यूरोप की नक़ल करते देश हों या फिर पूरी तरह से मध्ययुगीन शासन व्यवस्था में रह रहा सऊदी अरब।

इस अमेरिका विरोध को रैडिकल इस्लाम ने भी काफ़ी पुख्ता किया। अलकायदा के तरीक़ों से वो भले ही सहमत न हों लेकिन अलकायदा का धुर अमेरिका विरोध कहीं न कहीं उसकी मानसिकता को सुकून देता है। फिर आतंकवाद के नाम पर आम मुसलमान और विशेष तौर पर अरब नागरिकों के साथ हुए बर्ताव ने उसके इस ख़यालात को और पुख्ता किया कि पश्चिम की दिलचस्पी सिर्फ़ अरब वर्ल्ड के तेल पर है और वहाँ पर सैनिक अड्डा जमाकर वो अपने सामरिक हितों की पूर्ति कर रहा है। ऐसे में अब आम अरब शासकों से अलग अपनी अस्मिता को तलाश रहा है। अब उसे बीस-बीस, तीस-तीस साल से सत्ता में क़ाबिज़ अपने नेताओं से कोई उम्मीद नहीं है। उसे एक नयी सत्ता चाहिए जिसमें उसके शासकों की जवाबदारी हो, आम जनता की हिस्सेदारी हो और जो अरब राष्ट्रवाद को अमेरिका और पश्चिम के आगे गिरवी न रखे। यह काम आसान नहीं है। क्योंकि मध्य-पूर्व एशिया में लोकतन्त्र अमेरिका के सामरिक और आर्थिक हितों को नुक़सान पहुँचायेगा, क्योंकि तब अरब शासकों की जबाबदेही अमेरिका के प्रति न होकर जनता के प्रति होगी।

दैनिक भास्कर, 01.02.2011

इस आग में पिघल जायेगा अमेरिका भी

आज की तारीख़ में सबसे बड़ा सवाल यह है कि मिस्र से निकली चिंगारी क्या चन्द अरब देशों की शक्लसूरत बदलने के बाद शान्त हो जायेगी या फिर उसी तरह से दुनिया को बदल देगी जैसे मार्क्सवादी सत्ता के पतन के बाद विश्व की चाल, चरित्र और चेहरा बदला था? सोवियत संघ जैसा देश अपनी बदक़िस्मती पर आँसू बहाने को मजबूर हुआ था और उसकी शव साधना में एक महान क्रान्ति और विचारधारा अपना मुँह छिपाने के लिए बेबस थी। क्या त्रासदी है कि बदलाव की इस भयानक आँधी में भी पश्चिम एशिया शान्त था, लेकिन पिछले दिनों अचानक एक मामूली इंसान की शहादत ने 21वीं शताब्दी की वह इबारत लिखी, जो सदियों में कभी-कभी ही लिखी जाती है ।

ट्यूनीशिया के बाद मिस्र तो हिला ही, यमन, सीरिया, जॉर्डन, अल्जीरिया और सऊदी अरब भी हिल रहे हैं। पर सही मायने में इस जलजले ने अरब तानाशाहों से ज़्यादा अमेरिका की चूलें हिलायी हैं। तानाशाही के पीछे खड़ी असली ताक़त अमेरिका की पहचान तो अरब अवाम ने काफ़ी पहले कर ली थी, लेकिन उसे मौक़ा हाथ नहीं लग रहा था।

मिस्र की क्रान्ति ने उसे वह अवसर दे दिया है। आम अरब अब अमेरिकी फरेब के जाल में फँसकर अपने हज़ारों साल के 'गौरवबोध' का सौदा नहीं करना चाहता। वह अब आधुनिकता की दौड़ में पीछे रह जाने के अहसास से बाहर आना चाहता है। तकनीक के विस्तार और ग्लोबल विलेज की उसके ड्राइंग रूम तक दस्तक ने आम अरब को उस संसार से रूबरू करा दिया है, जहाँ वह अपने को दुनिया की दूसरी सभ्यताओं के सामने कहीं न कहीं हीन महसूस करता है। इसके लिए वह अपने देश के हुक्मरानों को ज़िम्मेदार मानता है।

उसे लगता है कि उसे जान-बूझकर इस नयी आधुनिक दुनिया से दूर रखा गया। जब भी वह तकनीक की मदद से अपने देश की सीमा के बाहर झाँकता है, तो उसे लगता है कि दूसरे मुल्क़ चाँद को अपनी मुट्ठी में कर लेना चाहते हैं, जबकि

उसे अफ़ीम खिलाकर कुँए में ही क़ैद कर दिया गया है।

बाहर निकलने के लिए वह छटपटा रहा है। यह अनायास नहीं है कि फ़ेसबुक और ट्विटर जैसे आधुनिक शगल उसकी क्रान्ति का सशक्त हथियार बने हैं। क्रान्ति के लिए सड़कों पर उतरी भीड़ में 20-30 साल की उम्र के लोग ज़्यादा हैं। आधुनिकता के इस युग में काफ़ी पीछे छूट गयी मुस्लिम महिलाएँ बढ़-चढ़कर हिस्सा ले रही हैं।

यही अमेरिका के लिए ख़तरे की घंटी है। आम अरब को अमेरिका का दोगलापन साफ़ नज़र आने लगा है। उसने देखा कि अमेरिका अपने नागरिकों को लोकतन्त्र का हर वह सामान मुहैया कराना चाहता है, जो उसको ताक़त देता है। आम अमेरिकी अपने हुक्मरानों को सीधे चुनता है। अमेरिकी संविधान न केवल आम नागरिकों के अधिकारों को सुरक्षा देता है, बल्कि उसकी विदेश नीति अमेरिका के बाहर भी लोकतन्त्र के प्रसार पर ज़ोर देती है।

यह महज़ काग़ज़ पर लिखे कुछ अल्फ़ाज़ नहीं हैं, बल्कि अमेरिकी लोकतन्त्र का बेहद भावनात्मक संकल्प है। पर द्वितीय विश्वयुद्ध के बाद जब अमेरिका ने अन्तरराष्ट्रीय स्तर पर अपने पंख फडफड़ाये तो उसने मार्क्सवाद को लोकतन्त्र विरोध का शैतान तो बताया, पर यह बताना भूल गया कि कैसे उसने एक षड्यन्त्र के तहत ग़ैर-वामपन्थी देशों में लोकतन्त्र की जड़ें नहीं जमने दीं।

उसे पता था कि उसके रहमोकरम पर ज़िन्दा अरब और तीसरी दुनिया के शासक ही सोवियत संघ के ख़िलाफ़ उसकी लड़ाई में मदद करेंगे और साथ ही अमेरिका के अन्तरराष्ट्रीय हितों को पूरा करने में सहयोग भी देंगे। लोगों के मत से चुनी सरकार कभी भी अमेरिकी हितों की रक्षक नहीं होगी, ऐसी सरकारों को चुनाव के समय यह बताना होगा कि उसने अपने देश के लिए क्या किया। लोकतन्त्र में देशहित सरकारों के लिए मजबूरी है, पर देश-हित शासक के पतन की पहली शर्त।

अगर यह नहीं होता तो यह कैसे सम्भव है कि लोकतन्त्र के प्रसार की कसम खानेवाला अमेरिका वहाबिज़्म जैसी ख़तरनाक विचारधारा को पूरी दुनिया में फैलानेवाले सऊदी अरब की राजशाही का दोस्त है? जिस सद्दाम हुसैन को अमेरिका ने दुनिया के लिए ख़तरा बताया, उसकी तानाशाही का इरान के ख़िलाफ़ इस्तेमाल क्यों किया?

क्या अफ़ग़ानिस्तान में सोवियत रूस के ख़िलाफ़ जंग छेड़नेवाला ओसामा बिन लादेन अमेरिकी ख़ुफ़िया एजेंसी आईएसआई की उपज नहीं है? और आज जब वह अमेरिका के ख़िलाफ़ खड़ा हो गया तो अमेरिका उसको उखाड़ फेंकने के लिए इराक़ को तबाह करता है, अफ़ग़ानिस्तान पर हमले करता है।

पाकिस्तान कब लोकतन्त्र का स्वर्ग था? वहाँ के सैनिक शासक जब आतंकवाद की फ़ैक्टरी लगा रहे थे, तो अमेरिका ही तो उसे करोड़ों डॉलर की आर्थिक सहायता

दे रहा था? कायदे से भारत का लोकतन्त्र उसको आकर्षित करना चाहिए था, लेकिन विदेश नीति के तहत भारत को कमज़ोर करना दक्षिण एशिया में उसकी नीति थी, क्योंकि लोकतन्त्र सवाल पूछता है, तानाशाही हुक्म बजाती है।

उदाहरण भरे पड़े हैं। अमेरिका की आज की दिक़्क़त यह है कि वह आज भी दिल से मिस्र और अरब की लोकतान्त्रिक जनता के साथ नहीं है, पर वह करे तो क्या? वह जानता है कि मुबारक़ के जाने पर जनता के वोटों से चुनी सरकार उसका आदेश नहीं मानेगी। न ही उसके सामरिक हितों की रक्षा करेगी। ऐसे में जैसे-जैसे अरब देशों में लोकतान्त्रिक क्रान्तियाँ कामयाब होती जायेंगी, पश्चिम एशिया में अमेरिका का वर्चस्व कमज़ोर होता जायेगा और यहीं से शुरू होती है, एक ग्लोबल पावर के अपने ही घर में उसका रुतबा घटने की शुरुआत।

पिछली मन्दी ने अगर उसकी आर्थिक ताक़त को कम किया है, उसके मनोबल को तोड़ा है, तो मिस्र की क्रान्ति उसकी चौधराहट को गुणात्मक स्तर पर इतनी गहरी चोट देगी कि फिर शायद अमेरिका दुनिया का सबसे ताक़तवर देश न रह जाये।

यह बात अभी दूर की कौड़ी लगती है, लेकिन 1988 में किसने सोचा था कि मार्क्सवाद का तम्बू यों चन्द दिनों में हमेशा के लिए उखड़ जायेगा और किसने सोचा था एक महीने पहले तक अरब देशों के ताक़तवर तानाशाह अब यूँ मुँह छिपाते फिरेंगे, इसलिए मिस्र की यह चिंगारी तानाशाहों से ज़्यादा अमेरिका को जलायेगी और यह साबित करेगी कि 19वीं शताब्दी अगर यूरोप के नाम लिखी गयी थी, 20वीं शताब्दी अमेरिका के, तो 21वीं शताब्दी एशिया के नाम होगी।

दैनिक भास्कर, 07.02.2011

इस क्रान्ति का असली मुक़ाम

और मिस्र में क्रान्ति हो गयी है? होस्नी मुबारक़ को सत्ता छोड़नी पड़ी। तहरीर चौक पर जमा लोगों के चेहरे अठारह दिन बाद चमक उठे। जिस लोकतन्त्र की खोज में वो भटक रहे थे वो अब उनकी मुट्ठी में आता दिख रहा है। उनके दिल में अब यह चैन बैठने लगा है कि वो दिन दूर नहीं जब खुलकर बोलने पर उनको जेल की हवा नहीं खानी पड़ेगी। उन्हें किसी सीक्रेट पुलिस का डर नहीं सतायेगा, उनकी आज़ादी किसी फ़ौजी के बूट तले नहीं रौंदी जायेगी। उन्हें अपना शासक चुनने का अधिकार होगा। सबसे बड़ी बात उनके बाद की पीढ़ियों को यह देश दुनिया में नहीं झेलना पड़ेगा कि वो आधुनिक सभ्यता से दूर किसी क़बीलाई सभ्यता में साँस ले रहे हैं, जहाँ या तो राजा को हुक्म देने का हक़ है या फिर किसी तानाशाह को। आम आदमी सिर्फ़ हुक्म बजाने के लिए अभिशप्त है।

लेकिन इस क्रान्ति को अभी अपने असली मुक़ाम तक पहुँचना है। इसे सबसे पहले मिस्र में ही एक लोकतान्त्रिक व्यवस्था की स्थापना करनी है। वो व्यवस्था जो लोगों के प्रति जवाबदेह हो, जो लोगों की सुने और उनकी सुनकर फ़ैसले करे। दरअसल मिस्र में राजशाही से नासिर ने निजात तो दिलायी लेकिन वो लोकतान्त्रिक व्यवस्था नहीं बना पाये जिसकी नींव नेहरू की अगुवाई में भारतीय नेताओं ने हिन्दुस्तान में डाली। मिस्र नासिर की इस कमज़ोरी को आज भुगत रहा है। मिस्र के शासकों ने जनता से ताक़त लेने की जगह अमेरिका और सेना की गोद में बैठना उचित समझा। मिस्र की यह क्रान्ति कामयाब न हो यह अमेरिका भी चाहेगा और मध्य-पूर्व एशिया के बाक़ी देशों के शासक भी। इसलिए अमेरिका चाहेगा कि मुबारक़ के बाद उनका ही कोई यार-दोस्त मिस्र की कमान अपने हाथ में सँभाले। इसलिए अस्थिरता का खेल खेलकर स्थायित्व के बहाने लोकतान्त्रिक ढाँचे में तानाशाही को नये सिरे से स्थापित करने की साजिश भी रची जा सकती है। फिर ट्यूनीशिया की चिंगारी ने मध्य-पूर्व एशिया के तानाशाहों को तो बस चौंकाया था, मिस्र ने उनके होश उड़ा दिये हैं। ये तानाशाह कतई नहीं चाहेंगे कि मिस्र का मॉडल पूरे इलाक़े के

लिए नया सबक़ बन जाये। ऐसे में मिस्र की इस क्रान्ति को अभी मध्य-पूर्व एशिया की राजनीतिक संरचना को पूरी तरह से पलटकर लोकतान्त्रिकरण की नयी बयार बहानी है। सत्ता का नया ढाँचा खड़ा करना है। और अगर ऐसा हो गया तो यह न सिर्फ़ 1917 की बोल्शेविक क्रान्ति से बड़ी क्रान्ति होगी बल्कि अमेरिका विरोधी होने के बावजूद इंसानी गरिमा को और नया आयाम भी देगी।

सर्वहारा के नाम पर की गयी लेनिन की बोल्शेविक क्रान्ति दरअसल पूँजीवाद के बरक्स एक वैकल्पिक सत्ता की स्थापना की पहल थी। जिसमें इंसानी जज़्बे की कोई क़ीमत नहीं थी, वो न अपने लिए जी सकता था और न ही मर सकता था। उसका जीना और मरना सब पार्टी और विचारधारा के हाथों गिरवी था। विचारधारा और पार्टी से अलग उसकी कोई ज़िन्दगी नहीं थी। उसको सिर्फ़ साँस लेने का अधिकार था, सोचने का नहीं। इंसान एक बड़ी क्रान्तिरूपी मशीन का एक पुर्जा था। पुर्जा ख़राब हो जाये तो बदल दो, पुर्जा चल रहा है तो चलने दो। जैसे हम कभी सोचते ही नहीं कि पुर्जे का भी कोई जीवन हो सकता है वैसे ही मार्क्सवादी व्यवस्था में था इंसान। इंसानी जीवन की कितनी क़दर थी मार्क्सवादी सत्ता में इसका अन्दाज़ा इसी बात से लगता है कि माओ त्से तुंग के शासन काल में लाखों नहीं करोड़ों लोगों को जान से हाथ धोना पड़ा। स्टालिन की क्रूरता के क़िस्से आज भी इतिहास के पन्नों में दर्ज हैं। यहाँ तक कि कम्बोडिया जैसे छोटे देश में मार्क्सवादी सनक में पोलपाट ने एक तिहाई आबादी को मौत के घाट उतार दिया। ऐसे में मिस्र की क्रान्ति में किसी विचारधारा और पार्टी का न होना आशा देता है। मध्य-पूर्व एशिया में यह इंसानी जज़्बे की इज़्ज़त करते हुए नये समाज के सृजन की लड़ाई है, इंसान को इंसान समझा जाये, इसकी लड़ाई है। इंसान तानाशाही और मार्क्सवादी व्यवस्था में सिर्फ़ पेट भरनेवाला जानवर भर नहीं है, इंसान के तौर उसमें कुछ और भी स्पन्दन है, वो कुदरत की वो नायाब क्रान्ति है जो सोचती भी है और जिसकी ज़िन्दगी की कुछ गरिमा भी है।

मिस्र इस्लाम के मिजाज़ में भी नये बदलाव का कारण भी बन सकता है। अलकायदा नब्बे के दशक से इस्लाम का परचम लहरा रहा है। उसने एक ऐसे पॉलिटिकल इस्लाम की इमारत खड़ी की है जिसकी हर ईंट नफ़रत और हिंसा की बनी है। 26/11 उसकी बड़ी मिसाल है तो पाकिस्तान में होनेवाले रोज़ नये विस्फोट उसके 'ज़हरवाद' के क़िस्से बयान करते हैं। अलकायदा, तालिबान और पॉलिटिकल इस्लाम जो काम बरसों से करने की सोच रहे थे उसे मिस्र की युवा पीढ़ी ने महज़ अठारह दिनों में कर दिया वो भी बिना गोली चलाये। यानी बिना ख़ून बहाये, बिना फ़िदायीन तैयार किये भी अमेरिका और अमेरिकापरस्तों को मात दी जा सकती है। फिर तहरीर चौक पर इकट्ठा हुए लोग भी शरीयत में यकीन रखते हैं, मुश्किल

घड़ी में भी वो सेना के टैंक के सामने नमाज़ अदा करना नहीं भूले। मिस्र के इस इस्लाम ने दुनियाभर के लोगों का दिल जीत लिया, हर तरफ़ से उन्हें समर्थन मिला, मोहब्बत और भाईचारे की नयी मिसाल कायम हुई। यानी असल इस्लाम वो नहीं है जो मिस्र के अल-जवाहिरी जैसे आतंकवादी दुनिया को बताते हैं। जवाहिरी को भी सोचना चाहिए और मुस्लिम ब्रदरहुड को भी, क्या कारण है कि वो अभी तक मिस्र के मुसलमान भाइयों का दिल नहीं जीत पाये।

एक बड़ा सवाल यह है कि मिस्र का यह नया इस्लाम क्या इस्लाम में कुछ बेहद बुनियादी बदलाव की ओर इशारा कर रहा है। वो पॉलिटिकल इस्लाम जो धर्म आधारित होने के बावजूद अपने मिजाज़ में उदार है, सबको साथ लेकर चलता है, आधुनिक है, लोकतान्त्रिक है जिसमें औरत और मर्द का फ़र्क़ नहीं है। तहरीर चौक पर औरतों की भारी तादाद इस मिथ को ध्वस्त करती है कि पॉलिटिकल इस्लाम में औरतों के लिए स्थान नहीं है। तहरीर चौक से मिस्र यह कहता है कि क्लियोपैट्रा की ज़मीन पर औरत को घर से बाहर निकलने का अधिकार इस्लाम देता है। ऐसे में इस्लाम पर चर्चा करने के पहले हमें धर्मान्धता और धार्मिकता में फ़र्क़ करना होगा। मिस्र की यह क्रान्ति अलकायदा और तालिबान को भी कमज़ोर करेगी। लेकिन इसके लिए क्रान्ति को मिस्र की ज़मीन पर सबसे पहले अपने को पूरी तरह से स्थापित करना होगा। तभी हम पूरे यकीन से कह पायेंगे कि मिस्र में क्रान्ति हो गयी है।

दैनिक भास्कर, 14.02.2011

दिल-ए-नादाँ तुझे हुआ क्या है...

काँग्रेस वर्किंग कमेटी के नये सदस्यों के नाम सुनकर बेसाख्ता मुँह से निकल गया, दिल-ए-नादाँ तुझे हुआ क्या है। वर्ष 2009 के चुनाव तक जो पार्टी दावा कर रही थी कि वह अगले चुनाव में अपने दम पर केन्द्र में सरकार बनायेगी, आज उसी के कई कद्दावर नेता पीठ पीछे कहते सुने जा रहे हैं कि पार्टी अपनी आधी सीटें ही बचा ले, तो गनीमत होगी। ऐसे में सवाल यह नहीं है कि काँग्रेस को कितनी सीटें मिलेंगी, सवाल अब यह है कि आख़िर इस पार्टी को हुआ क्या है? लोग पूछने लगे हैं कि सोनिया गाँधी आख़िर कर क्या रही हैं? पार्टी सही मायने में चला कौन रहा है?

ये सवाल उस पार्टी के लिए हैं, जिसका नाम आते ही देश को आज़ादी दिलानेवाली पार्टी की तस्वीर उभरकर सामने आती है। जिसका नेतृत्व कभी महात्मा गाँधी के हाथों में था और जिनकी शागिर्दी में पंडित नेहरू और वल्लभभाई पटेल जैसे नेता थे, जिसमें सभी विचारधाराओं के लिए जगह थी। जे.पी. जैसे सोशलिस्ट भी थे और पटेल जैसे हिन्दूवादी भी। पार्टी को न केवल अलग-अलग धाराओं और मिजाज़ की शख़्सियतों को साधने में महारत हासिल थी, बल्कि वे बख़ूबी अलग-अलग सर्वथा विरोधी विचारधाराओं के बीच सन्तुलन बिठाने की कला में भी पारंगत थी।

यह काँग्रेस पार्टी का जज़्बा था कि उसने एक तरफ़ आज़ादी की लड़ाई की अलख जगाये रखी, तो दूसरी तरफ़ वह दलितों, आदिवासियों, महिलाओं और अल्पसंख्यकों को भी देश की मुख्यधारा में लाने को तत्पर थी। हिन्दुत्ववादी और वामपन्थी ताक़तों की भयंकर नाराज़गी के बावजूद करीब 80 प्रतिशत आबादी काँग्रेस के साथ आज़ादी की लड़ाई में जुड़ी रही और आज़ादी के बाद भी काँग्रेस का जलवा दो दशकों तक कम नहीं हुआ। रजनी कोठारी जैसे राजनीतिक विश्लेषक तो भारतीय राजनीति को काँग्रेस सिस्टम कहा करते थे।

आज यह काँग्रेस सिस्टम टूट गया है। उस सिस्टम की ख़ूबी थी राजनीति में काँग्रेस का एकाधिकार। विपक्षी पार्टियाँ थीं तो ज़रूर, लेकिन वे हाशिये पर रहकर छद्‌म-युद्ध किया करती थीं। दूसरी विशेषता थी, काँग्रेसी एकाधिकार के बावजूद

पार्टी में लोकतन्त्र ज़िन्दा था और ऐसे नेता थे, जो पंडित नेहरू और इन्दिरा गाँधी के सामने खड़े होकर अपनी बात कह सकते थे। तीसरी ख़ूबी थी, पार्टी में ज़मीन के नेताओं की इज़्ज़त। हर राज्य, हर शहर और हर मुहल्ले में काँग्रेस के समर्थक थे और ज़मीनी नेताओं से इनके ज़िन्दा रिश्ते। चौथी विशेषता, पार्टी में भ्रष्टाचार इतना गहरे नहीं पैठा था। विचारधारा से प्रभावित हो आदर्शवादी राजनीति करने के लिए लोग आते थे। तब सत्ता और धन कमाने का एकमात्र माध्यम नहीं थी राजनीति। पाँचवीं, समाजवादी सेक्युलर सोच पार्टी की गाइडिंग प्रिंसिपल थी।

इन्दिरा गाँधी के पहले कार्यकाल में ही इस सिस्टम में दरारें पड़ने लगी थीं। आदर्शवादी नेताओं की जगह सत्तालोलुप और चापलूसों की जमात इकट्ठा होने लगी थी। पार्टी में अन्दरूनी लोकतन्त्र की साँसें उखड़ने लगीं और जिस दिन इन्दिरा गाँधी की असमय मौत के बाद बिना किसी लोकतान्त्रिक चुनाव के राजीव गाँधी को प्रधानमन्त्री की कुर्सी सौंप दी गयी, उस दिन काँग्रेस सिस्टम ने पूरी तरह से दम तोड़ दिया।

यह सही है कि इन्दिरा गाँधी की मौत से उपजी सहानुभूति ने काँग्रेस को 415 सीटें दे दीं, लेकिन काँग्रेस को हमेशा के लिए खोखला कर दिया। वह जीत राजनीति की बिसात पर लड़कर नहीं जीती गयी थी। वह पूरी तरह से ग़ैर-राजनीतिक कारणों से थी। यह बात काँग्रेस को तब समझ में नहीं आयी, क्योंकि तब तक काँग्रेस में राजनीति को समझनेवालों का अकाल पड़ चुका था। यह महज़ इत्तेफ़ाक़ नहीं है कि जब पार्टी के सामने राममन्दिर और मंडल कमीशन जैसी बड़ी चुनौतियाँ आयीं, तो वह कोई साफ़ स्टैंड नहीं ले पायी और नतीजा—उत्तर प्रदेश और बिहार, जहाँ उसका आधार सबसे मज़बूत था, वहीं से उसकी ज़मीन खिसक गयी।

राममन्दिर और मंडल कमीशन देश की मूल आत्मा से जुड़े मुद्दे थे। एक का आधार धर्म था और दूसरे का जाति। दोनों मुद्दों पर समय से आगे बढ़कर, आम जन की भावना को समझकर, खाँटी राजनीतिक स्टैंड लेने की ज़रूरत थी। ऐसे वक़्त में बिल्कुल अलग किस्म के राजनीतिक साहस की दरकार थी, लेकिन जब पार्टी ब्यूरोक्रेट चलाने लगे, तो ऐसी उम्मीद करना भी बेकार ही है।

पार्टी किस दौर से गुज़र रही थी, इसका प्रमाण तब और मिला, जब अर्जुन सिंह और शरद पवार जैसे बड़े ज़मीनी नेताओं की जगह पार्टी ने नरसिंहा राव नाम के एक पार्टी ब्यूरोक्रेट को प्रधानमन्त्री की कुर्सी सौंप दी। सीताराम केसरी का पार्टी अध्यक्ष बनना इसी भयानक रोग का एक लक्षण था। सोनिया गाँधी ने पार्टी को संजीवनी ज़रूर दी। उनके नेतृत्व में पार्टी एक बार फिर उठ खड़ी हुई, लेकिन आज भी पार्टी को ब्यूरोक्रेट ही चला रहे हैं। वे ब्यूरोक्रेट, जो अपने राज्यों में विधानसभा की एक सीट नहीं जीत सकते।

एक बार मैंने यह सवाल काँग्रेस से अलग हुए एक राष्ट्रीय नेता से पूछा, आप अपनी पार्टी का विलय काँग्रेस में क्यों नहीं कर देते? उनका कहना था कि जिस पार्टी में अध्यक्ष से मिलने के लिए कई-कई दिनों तक अपॉइंटमेंट लेने पड़े और यह अपॉइंटमेंट किसी अदने से पीए या पार्टी ब्यूरोक्रेट की मर्जी पर निर्भर करे, तो फिर राजनीति की जगह मैं कोई मल्टीनेशनल कम्पनी क्यों न ज्वॉइन कर लूँ। मुझे उनकी बातों में दम लगा।

आज काँग्रेस की हालत यह है कि अगर उसने पार्टी को ऐसे ब्यूरोक्रेट से निजात नहीं दिलायी, पार्टी अध्यक्ष का पार्टी कार्यकर्ताओं से अबाध सम्पर्क नहीं बना, ज़मीनी नेताओं को अहमियत नहीं दी गयी, तो यकीन जानिये, पार्टी एक बार फिर 2004 से पहले की अवस्था में जा बैठेगी, राहुल गाँधी की मौजूदगी के बाद भी।

आज पार्टी को अपनी पुरानी परम्पराओं को फिर से ज़िन्दा करना होगा। पार्टी में अध्यक्ष और काँग्रेस वर्किंग कमेटी के सदस्यों के साथ-साथ ऊपर से नीचे तक के सारे पदों के लिए खुला और पारदर्शी चुनाव कराना होगा, ज़मीनी नेताओं को अहमियत मिलनी चाहिए। समाजवाद और सेक्युलरवाद का जो चोगा कभी काँग्रेस की ताक़त थी, अब उसे बदलना चाहिए।

सेक्युलरवाद को नये पूँजीवादी उदारवाद के सन्दर्भ में परिभाषित करने की ज़रूरत है। साथ ही नये भारतीय सन्दर्भ में यह बताने की भी ज़रूरत है कि पूँजीवादी उदारवाद और आम आदमी के हित परस्पर विरोधी नहीं हैं, जैसाकि वामपन्थी दकियानूसी सोचवाले मानते हैं, पर क्या पार्टी ऐसा करेगी? लगता नहीं है। पार्टी पर किस क़दर ब्यूरोक्रेट हावी हैं, इसकी बानगी नवगठित काँग्रेस वर्किंग कमेटी के सदस्यों के नामों से मिलती है। यही काँग्रेस का सर्वोच्च टैलेंट है, तो फिर भगवान ही मालिक है।

हिन्दुस्तान, 07.03.2011

बदलाव के लिए बेचैन भाजपा

सीवीसी पर सुषमा की जुबान मेरी इस धारणा को पुष्ट करती है कि बीजेपी बदल रही है। लोकसभा चुनाव के फ़ौरन बाद मैंने यह बात कही थी। तब बीजेपी और संघपरिवार में घमासान मचा था। लालकृष्ण आडवाणी के हाथ से पार्टी की लीडरशिप छीनकर नयी पीढ़ी को देने की कवायद में आरएसएस जुटा था। बीजेपी में हार के कारणों को लेकर मन्थन जारी था। पार्टी से जुड़े कुछ बुद्धिजीवियों का कहना था कि देश की केन्द्रीय सत्ता में अपना स्थान बनाये रखना है तो बीजेपी और संघपरिवार को बदलना पड़ेगा। उसे यह समझना होगा कि बड़ी तेज़ी से हिन्दुस्तान बदल रहा है और ऐसे में उग्र राजनीति और उग्र मुद्दों के लिए अब जगह नहीं बची है। उस वक़्त संघपरिवार ने इसे आरएसएस की मूल विचारधारा और केन्द्रीय नेतृत्व के ख़िलाफ़ अन्दर से चुनौती माना, लिहाज़ा आडवाणी को बाहर का रास्ता दिखा दिया गया।

पिछले दिनों बीजेपी के एक राष्ट्रीय नेता से लम्बी बातचीत हुई। मैंने उनसे पूछा कि अगर बीजेपी उग्र हिन्दूवाद के रास्ते को छोड़कर दक्षिणपन्थी पार्टी बनती है तो क्या संघपरिवार का काडर उसको स्वीकार करेगा? उनका साफ़ कहना था कि इस बारे में अभी कुछ भी निर्णायक तौर पर कह पाना कठिन होगा। उनकी नज़र में यह प्रयोग का दौर है। वैसे संघपरिवार में एक राय यह है कि कुछ उग्र हिन्दूवादी विचारधारा और कुछ ऐसे संगठनों की हिंसा की वजह से हिन्दू शब्द ने अपने मायने खो दिये हैं। और इस शब्द के सम्बोधन मात्र से दकियानूसी, आधुनिकता विरोधी, हिंसावादी, गुफा में रहनेवाले व्यक्ति की तस्वीर उभरती है। इस इमेज को बदलने की ज़रूरत है। संघपरिवार में यह राय भी है कि उग्र हिन्दूवाद के रास्ते पर चलते हुए बीजेपी का भविष्य बहुत उज्ज्वल नहीं दिखता। यह गठबन्धन का दौर है, और हिन्दुस्तान में जितनी विविधता है उसमें सबको लेकर चले बिना केन्द्र की सत्ता पर क़ब्ज़ा नहीं किया जा सकता। केन्द्र की सत्ता से दूर रहने पर संघपरिवार के विस्तार और विकास में रुकावट आती है।

हिन्दू आतंकवाद के मसले ने आरएसएस के सामने बड़ा वैचारिक संकट खड़ा

किया है। संघपरिवार सोचने लगा है कि केन्द्र में संघ विरोधी सरकार परिवार के अस्तित्व और पहचान के लिए एक बड़ा संकट पैदा कर सकती है। लिहाज़ा संघ के विचारों की सरकार केन्द्र में बने यह ज़रूरी नहीं पर संघ विरोधी सरकार को हर हाल में केन्द्र की सत्ता से दूर रखा जाये। यह तभी सम्भव है जब वैचारिक स्तर पर सबको साथ लेकर चलने के लिए बीजेपी और संघपरिवार अपने को तैयार करें। इस स्ट्रेटजी में अटल बिहारी वाजपेयी का ही मॉडल सही है, लालकृष्ण आडवाणी की राममन्दिरवाली और नरेन्द्र मोदी की गुजरात दंगोंवाली छवि संघपरिवार और बीजेपी को कमज़ोर करती है। संघ के नये मुखिया मोहन भागवत इस बात को समझते हैं। ऐसे में संघपरिवार को तमाम संगठनों और नेताओं को उग्र बयान देने से बचने की सलाह दी गयी है। राममन्दिर के मसले पर ख़ुद भागवत का दिल्ली में जमना और संयत बयान देना इसी रणनीति का नतीजा है।

बिहार चुनाव ने भी आरएसएस और बीजेपी में बदलाव की धारणा को और मज़बूत किया है। नीतीश कुमार ने न केवल विकास की स्ट्रेटजी अपनायी बल्कि बीजेपी के साथ के बावजूद हर तबक़े को साथ लेकर चलने की कोशिश भी की। बिहार में मुसलमानों तक ने नीतीश के पक्ष में वोट दिये। नरेन्द्र मोदी के साथ अपने पोस्टर आने पर भोज रद्द करना और उनको प्रचार के लिए बिहार नहीं आने देना यह नीतीश के वो क़दम थे जिसने बीजेपी के अन्दर एक लम्बी रेखा खींच दी है और बीजेपी को यह सोचने के लिए मजबूर कर दिया है कि पार्टी हर तबक़े को साथ लेकर चल सकती है, और अगर उसने हिन्दूवाद को तरज़ीह दी तो उसके बरसों के सहयोगी भी उसका साथ छोड़ सकते हैं। बीजेपी को भी यह एहसास है कि वाजपेयी के बाद बीजेपी के सहयोगियों में इज़ाफ़ा नहीं हुआ है, एक-एक करके अलग ज़रूर हुए हैं।

ऐसे में बीजेपी अब अपने-आपको राइट टू सेंटर यानी दक्षिणपन्थी पार्टी के तौर पर प्रोजेक्ट करने में जुटी है। संसद के अन्दर बीजेपी की कमान सुषमा स्वराज और अरुण जेटली के पास है और संगठन नितिन गडकरी देख रहे हैं। इन तीनों की इमेज उग्र हिन्दूवादी नेता की नहीं है। न ही किसी ऐसे नेता की है जिस पर लोगों को भड़काने और दंगे करवाने के आरोप हैं। सुषमा और जेटली ने कभी भी राममन्दिर और दूसरे हिन्दूवादी मुद्दों को एक सीमा के बाद तरज़ीह नहीं दी है। जैसे कभी उमा भारती हिन्दूवाद पर आग उगलने लगती थीं या फिर नरेन्द्र मोदी। ये दोनों अपनी वैचारिक विवशता को समझते हैं इसलिए श्रीनगर में तिरंगा फहराने के मुद्दे पर आन्दोलित तो होते हैं लेकिन उग्रवादी बयानों से परहेज करते हैं। इस हद तक मुद्दे को हवा नहीं देते कि शहरी मध्यवर्ग इनमें किसी उग्र हिन्दूवादी को तलाशने लगे।

संसद के दौरान भी दोनों नेताओं की जुबान फिसली नहीं। टेलीकॉम और सीवीसी पर सरकार की जमकर घेराबन्दी की गयी, पिछला संसद सत्र नहीं चलने दिया लेकिन प्रधानमन्त्री पद की गरिमा का पूरा ख़याल रखा गया। लाख उकसाने के बाद भी बीजेपी की तरफ़ से ऐसे बयान नहीं आये जिसे ग़ैर-ज़िम्मेदार कहा जाये। प्रधानमन्त्री के प्रति अपशब्द और उनका इस्तीफ़ा नहीं माँगा गया। वरना आडवाणी के कार्यकाल में यशवन्त सिन्हा जैसे नेता मनमोहन को शिखंडी जैसी उपाधि से विभूषित कर चुके हैं। उसी बीजेपी की सुषमा आज सीवीसी के मसले पर प्रधानमन्त्री के अपनी ग़लती मान लेने पर मामले को ख़त्म करने की बात कहती हैं। हालाँकि यह अलग बात है कि आज भी अरुण जेटली प्रधानमन्त्री पर हमले जारी रखे हुए हैं। पर किसी भी लोकतान्त्रिक पार्टी में मुद्दों पर मतभेदों के लिए इतनी जगह तो होनी ही चाहिए।

लेकिन किसी भी संगठन में वैचारिक बदलाव इतने आसान नहीं होते। लम्बे समय तक एक विचारधारा के आदी आसानी से अपनी ज़मीन नहीं छोड़ते। ऐसे में यह देखना दिलचस्प होगा कि ख़ुद आरएसएस में भागवत वैचारिक स्तर पर कितने लोगों को साथ लेकर चल पाते हैं। और बीजेपी में नरेन्द्र मोदी कब गुजरात के बाहर अपने हाथ-पैर फैलाने का फ़ैसला करते हैं। आरएसएस में भागवत बनाम अन्य और बीजेपी में मोदी बनाम सुषमा, जेटली, गडकरी की लड़ाई ही यह तय करेगी कि यह बदलाव वाकई में स्थाई हैं या फिर बीजेपी को राइट टू सेंटर पार्टी बनने के लिए लम्बा इन्तज़ार करना होगा। 2014 के लोकसभा चुनाव तक बीजेपी के अन्दर का सत्ता संघर्ष इस मायने में काफ़ी महत्वपूर्ण होगा।

दैनिक भास्कर, 15.03.2011

अरब को अपना रास्ता ख़ुद ढूँढ़ने दो

'इन दिनों अरब होना एक अच्छा एहसास नहीं है।' समीर कासिर की इस एक लाइन में पूरे अरब का दर्द छिपा है। समीर कासिर एक पत्रकार था। 2 जून 2005 को उसकी एक आतंकवादी हमले में मौत हो गयी थी। वो लेबनान का रहनेवाला था। अरब समाज की दिक़्क़त और तकलीफ़ पर उसने एक लम्बा लेख लिखा था। इस लेख में कासिर ने लिखा कि अरब जनता अपने तानाशाहों से आजिज आ चुकी है। कुछ को सताये जाने का एहसास, दूसरों के प्रति आत्मग्लानि का भाव, गहरी बेचारगी पूरे अरब मानस को परेशान किये हुए है। समीर कासिर तीखे सवाल भी करता है। वो कहता है कि हम ऐसा समाज कैसे हो गये? एक ज़िन्दा समाज को दुनिया हेय नज़रों से क्यों देखती है? क्यों उसके लोग दुख और मौत के पर्याय बन गये हैं? वो इन सवालों के जवाब खोजने का प्रयास भी करता है। वो कहता है कि पश्चिम यह नहीं समझता कि अरब मानस और मुस्लिम समाज को अपनी सुरक्षा और जीवन-पद्धति के लिए सबसे बड़ा ख़तरा पश्चिम से ही लगता है।

समीर का यह दर्द उस समाज की छटपटाहट है जिसने अपने उदय के साथ ही पूरी दुनिया में एक नया गौरवशाली इतिहास लिखा। सन सात सौ के आस-पास इस्लाम का जन्म हुआ और जल्दी ही वो दुनिया के नक्शे पर छा गया। तकरीब पाँच सौ साल तक उसकी सत्ता को चुनौती देने की हिम्मत किसी दूसरी सभ्यता में नहीं हुई। न ईसाई सभ्यता में और न ही यहूदी सभ्यता में। जबकि इन तीनों धर्मों की जन्मभूमि एक ही थी। यह वो वक़्त था जब पूरी दुनिया पर इस्लाम का दबदबा था। उसे मुसलमान होने पर गर्व था। लेकिन सन 1200 के आसपास इस्लाम का पराभव शुरू हुआ। 'अरब–एक इतिहास' जैसी किताब लिखनेवाले यूजीन रोगन के मुताबिक़ 24 अगस्त 1516 को आटोमन शासकों के हाथों पराजय ने गुलामी की नयी इबारत लिखी। आटोमन एम्पायर 1918 तक कायम रहा और प्रथम विश्वयुद्ध में हार के साथ ही उसका अन्त हुआ। इसके बाद अरब वर्ल्ड में रोशनी की नयी उम्मीद जगी लेकिन कुछ होता इसके पहले ही साम्राज्यवादी ताक़तों ने फ़ौरन ही उसे बुझा

दिया। ब्रिटेन, फ़्रांस, इटली ने उसे अपने पैरों पर खड़े होने का मौक़ा नहीं दिया। द्वितीय विश्वयुद्ध ने जब इन ताक़तों की हालत पतली की तो स्थानीय तानाशाहों ने सत्ता पर क़ब्ज़ा कर लिया और जनता ने फिर अपने को ठगा सा महसूस किया। समीर कासिर फिर लिखता है कि अरब जनता सत्ताहीनता के एहसास से अभिशप्त है। उसे लगता है कि ख़ुद अपनी सरज़मीं पर ही वो अन्तरराष्ट्रीय राजनीति के हाथों खिलौना बनकर रह गयी है।

और जब-जब उसने जानने की कोशिश की आख़िर इतने गौरवशाली इतिहास का वारिस होने के बाद भी उसकी यह हालत क्यों हुई तो वो हर बार लौटकर इस नतीजे पर पहुँची कि इस्लाम से मुसलमान जैसे-जैसे दूर होते गये उनकी हालत ख़राब होती गयी, वो पराधीन हो गये। वो सभ्यताएँ जो सन 1100-1200 में बर्बर मानी जाती थीं, वही अब उन्हें सभ्य बनाने का दावा करती हैं। युजीन रोगन लिखता है कि अरब समाज को यह बात काँटे की तरह चुभती है जब पश्चिम उसे सभ्यता का पाठ पढ़ाने की बात करता है। नेपोलियन ने 1798 में जब मिस्र पर हमला किया तो उसने कहा 'वो जो यह कहते हैं कि मैं यहाँ तुम्हारे धर्म का नाश करने आया हूँ, वो झूठ बोलते हैं, मैं कुरान की इज़्ज़त करता हूँ और जो इसका सम्मान नहीं करते उनको सज़ा देने आया हूँ।' यही बात 1917 में ले. जनरल स्टैनली मौडे ने भी कही जब उसने बग़दाद पर हमला किया। मौडे के मुताबिक़, ब्रिटेन की सेना मेसोपोटामिया से आटोमन एम्पायर को खदेड़ने के लिए आयी है, वो जीतने नहीं बल्कि आज़ाद करने के लिए आयी है। सन 2002 में बुश ने भी इराक़ पर हमले के समय यही कहा था। यानी अरब कमज़ोर हैं, उन्हें सभ्य होने के लिए पश्चिम की मदद की ज़रूरत है। यह बात किसी भी सभ्यता को कचोटेगी।

इस एहसास से उबरने की जद्दोजहद इस्लाम में लम्बे समय से है। अल सैयद जमाल अल अफ़गानी और शेख़ मुहम्मद अब्दू जैसे लोगों ने इस दर्द की दवा इस्लाम में ही तलाशी। समीर कासिर जिस सत्ताहीनताबोध की ओर इशारा करता है अल अफ़गानी को उसका इलाज इस्लाम में मिलता है। अफ़गानी ने अठारहवीं शताब्दी में कह दिया था कि अगर मुसलमान अपने धर्म के हिसाब से चलने लगे, उनके देश अपनी पुरानी सत्ता को पा लेंगे और यूरोप के ख़तरे से आसानी से निपट लेंगे। अल अफ़गानी को पक्का यकीन था कि इस्लाम आधुनिक है, बस मुसलमानों को अपने को अपडेट करने की ज़रूरत है, कुरान शाश्वत है, हर वक़्त में सही है, लेकिन इसकी व्याख्या को दुरुस्त करना होगा। उनका मानना था कि विरोध को दबाने के लिए इस्लाम की व्याख्या को जानबूझकर 11वीं शताब्दी से आगे नहीं आने दिया गया। शेख़ अब्दू मानते थे कि जब तक मुसलमानों ने अपने धर्म को सही तरीक़े से समझा वो वैश्विक शक्ति बने रहे, जैसे ही इस्लामिक विचारों में जंग

लगी, तर्कशास्त्र की जगह रहस्यवाद ने ली, लोगों ने आँख बन्द करके क़ानून का पालन शुरू किया उसका पतन शुरू हो गया। आज ज़रूरत है कि वो इन कमियों को दूर करे, अपने पूर्वजों के बताये रास्ते पर चले, फिर दुनिया पर उसका दबदबा कायम हो जायेगा।

आज के अरब वर्ल्ड में आये जलजले को इस रोशनी में ही देखने की ज़रूरत है। हर सभ्यता अपने पराभव बोध से निकलने के लिए कभी दूसरों को ज़िम्मेदार ठहराती है तो कभी ख़ुद को। पश्चिम को यह समझना होगा और अब 21वीं शताब्दी में अरब वर्ल्ड में दख़ल देने की अपनी आदत से उसे दूर होना होगा। और यह भी समझना होगा कि इस्लाम की तरफ़ जाने का मतलब यह कतई नहीं है कि वो अलकायदा या तालिबान का रास्ता अपनाना चाहता है। ट्युनीशिया हो या फिर मिस्र, लीबिया हो या फिर यमन या बहरीन कहीं से अब तक यह ध्वनि नहीं आयी है कि वो तालिबान का बर्बर रास्ता अख़्तियार करना चाहते हैं। अरब सभ्यता लोकतन्त्र की वो लड़ाई लड़ रही है जो कभी फ्रांस ने लड़ी, अमेरिका ने लड़ी और दुनिया को नयी राह दिखायी। यह नयी राह अगर इस्लाम के रास्ते से निकलती है तो इसे ग़लत निगाहों से नहीं देखा जाना चाहिए क्योंकि हर सभ्यता अपने हिसाब से आगे बढ़ती है, उधार के विचारों से नहीं। और अगर ऐसा हुआ तो फिर कोई समीर कासिर यह नहीं कहेगा कि अरब होना एक अच्छा एहसास नहीं है।

हिन्दुस्तान, 21.03.2011

एक मैच और सलीब पर दो टीम

क्रिकेट इस देश की रगों में है। और यह अकेला देश है जो अपने एक क्रिकेटर को भगवान का दर्जा देता है। हिन्दुस्तान अब इसी भगवान के भरोसे वर्ल्डकप क्रिकेट जीतने की आस लिए बैठा है। भगवान पर ज़िम्मेदारी और बढ़ जाती है जब लोग उससे सेमीफ़ाइनल में पाकिस्तान के ख़िलाफ़ जीत दिलाने की उम्मीद लगा बैठे हों। यह वो मैच है जिसमें अगर हार मिली तो हिन्दुस्तान कभी भी माफ़ नहीं करेगा। फिर चाहे वो भगवान ही क्यों न हो। ऐसी ही आग पाकिस्तान में भी लगती है जब वो भारत के ख़िलाफ़ खेलता है। वो कहीं भी हार जाये ज़्यादा फ़र्क़ नहीं पड़ता। हालाँकि उसकी सांस्कृतिक परम्परा में किसी को भगवान बनने की इजाज़त नहीं है। लेकिन इस वर्ल्डकप में शाहिद अफ़रीदी नाम का एक नया मसीहा ज़रूर जन्मा है। जिसने अब तक अपने बल पर नाउम्मीदी की पराकाष्ठा पर बैठे आम पाकिस्तानी को नयी उम्मीद बख़्शी है।

इस टूर्नामेंट की शुरुआत में किसी को पाकिस्तान से कोई उम्मीद नहीं थी। आतंकवाद के जलजले से झुलस रहे मुल्क़ में क्रिकेट को काफ़ी पहले ही बनवास दे दिया गया था। रोज़ फटते बम और मांस के उड़ते लोथड़ों में क्रिकेट के बारे में सोचने की फ़ुर्सत किसे है? जिस मुल्क़ में इमरान, ज़हीर अब्बास, वसीम अकरम, वकार युनुस, इंज़माम जैसी ईश्वरीय प्रतिभाओं ने पूरी दुनिया को अपना लोहा मनवाया वहीं अब शरीर में बम लपेटे इंसान, इंसानी ज़िन्दगी में बारूद भर रहे हैं। किसी को नहीं मालूम वो जब घर से बाहर जायेगा तो ज़िन्दा साबुत वापस लौटेगा भी या नहीं। माँएँ टकटकी लगाये दरवाज़े पर पथराई नज़रों से देखती रहती हैं जब तक कि उनका लाल सकुशल नहीं लौट आता। जहाँ बहनों के आँसू सूख चुके हैं और बीवियाँ अपने शौहर की ज़िन्दगी की दुआएँ माँगती रहती हैं। पाकिस्तान में ज़िन्दगी उदास हो चुकी है। ज़िन्दादिली की जगह जेहादपना हर पल का तसव्वुर हो चुका है। एक मुल्क़ रोज़ इस दहशत में सोता है कि कल वो एक रह भी पायेगा या नहीं। लोग कहते हैं कि पाकिस्तान बड़े बुरे दौर से गुज़र रहा है। ज़हीर अब्बास

जैसे क्रिकेटर कहते हैं कि इन हालात में पाकिस्तान का सेमीफ़ाइनल में पहुँचना बहुत बड़ी बात है। हमारी तो क्रिकेट की ज़मीन ही हमसे छीन ली गयी है। उनके शब्दों में एक दर्द भी है और शिकायत भी। वो शायद यह कहना चाहते हैं कि अगर चन्द सिरफ़िरों ने श्रीलंका की टीम पर आतंकवादी हमला किया तो सज़ा पूरे मुल्क़ को क्यों दी गयी? आज पाकिस्तान में कोई भी मुल्क़ क्रिकेट खेलने नहीं जाता। ऐसे में पाकिस्तान के लिए मोहाली का मैच सिर्फ़ एक मैच नहीं है। यह मैच पाकिस्तान के लिए अस्तित्व और उसके ज़िन्दा मुल्क़ होने की तस्वीर है। वो जीतता है तो पाकिस्तान में अपने चिर-परिचित शत्रु को मात देने का एक बहाना होगा। क्योंकि पाकिस्तान में एक तबक़ा वो भी है जो दिन-रात यही सोचता है कि उसके मुल्क़ की आधी दिक़्क़तें हिन्दुस्तान की वजह से हैं। उस पर हिन्दुस्तान के प्रधानमन्त्री का यह कहना कि वो ख़ुद मैच देखने जाना चाहते हैं और यह भी चाहते हैं कि पाकिस्तान के प्रधानमन्त्री और राष्ट्रपति भी मोहाली तशरीफ़ ले आयें। ताकि 26/11 के बाद दोनों मुल्क़ों के बीच की खाई जो काफ़ी चौड़ी हो गयी थी उसे पाटने में थोड़ी मदद मिले, कइयों को नयी हिन्दुस्तानी साजिश का एहसास दिलाता है।

इधर पाकिस्तान के उलट यह सही है कि हिन्दुस्तान तरक़्क़ी की राह पर सरपट दौड़ रहा है। यहाँ रोज़ बमों का फटना कम हुआ है। हालाँकि हर पल ख़तरा अभी भी बना रहता है। भारत आर्थिक स्तर पर आज अपने भविष्य को लेकर काफ़ी आश्वस्त लगता है। नयी पीढ़ी को लगता है कि कुंठा में जीने के दिन अब गये। लेकिन पिछले एक साल में जिस तरह एक के बाद एक घोटाले सामने आये हैं, बड़े-बड़े पदों पर बैठे लोगों के चेहरे बेनक़ाब हो रहे हैं, उसने नये सवाल भी खड़े कर दिये हैं। हमें यह तो पता था कि भ्रष्टाचार हमारा राष्ट्रीय चरित्र है लेकिन यह अन्दाज़ा नहीं था कि इसकी जड़ें इतनी गहरी और इतनी गन्दी हैं। नेता हो या फिर अफ़सरशाह, बड़े उद्योगपति हों या फिर मीडिया में शीर्ष पदों पर बैठा पत्रकार या फिर न्यायधीश की कुर्सी पर आसीन पंच परमेश्वर हर कोई शक के घेरे में है। और एक तस्वीर यह भी बन रही है कि कहीं ऐसा तो नहीं कि हिन्दुस्तान को अन्दर ही अन्दर खोखला करने का कोई कुचक्र चल रहा हो और एक दिन अचानक हमें पता चले कि जो कुछ दिख रहा है वो मिथ्या है, एक फरेब। कहीं ऐसा तो नहीं कि जिस नयी राह पर हम चल रहे हैं उसकी ज़मीन निहायत फिसलनदार हो, एक बार फिसले तो शायद फिर कभी उठने का मौक़ा न मिले। ऐसे में साख का संकट इधर भी है और उधर भी। अगर वहाँ धर्म की तराजू पर इंसानों को तौलनेवाले जेहादी हैं तो यहाँ भी सड़ी-गली विचारधारा की आड़ में आदमी को कीड़े-मकोड़े समझनेवाले नक्सली हैं। वहाँ हुक्मरानों और सियासतदानों पर से लोगों का भरोसा उठ चुका है तो यहाँ भी राजनीतिज्ञों ने अपने को बेचने में कोई कसर नहीं छोड़ी है।

ऐसे में एक क्रिकेट है जो दोनों मुल्क़ों में लोगों को ख़यालों के उस संसार में ले जाता है जहाँ वो मौजूदा ज़िन्दगी की दुश्वारियाँ भूल जाते हैं। मैदान में खिलाड़ियों के छोटे-छोटे जौहर में बड़ी-बड़ी ख़ुशियाँ खोज लेते हैं। धोनी और सचिन में किसी को अपना अक्स दिखता है तो अफ़रीदी में किसी को अपने बच्चों का सपना। और विरोधी टीम पर जीत पूरे मुल्क़ को ऐसे बाँध देती है जैसे एक परिवार हो। ख़ुशियों का नया पिटारा खुल जाता है। लेकिन दिक़्क़त यह है कि इस मैच में जीत किसी एक की होगी, और दूसरे के माथे पर लिखी होगी मात। कसाब को सज़ा-ए-मौत देने को उतावले कुछ लोगों के लिए यह एक मौक़ा है पाकिस्तान को सबक़ सिखाने का। तो पाकिस्तान में ऐसे लोगों की कमी नहीं है कि जो हिन्दुस्तान की हार में अपनी ढेरों अधूरी ख़्वाहिशों को पूरा करने का ख़्वाब सँजोये बैठे हैं। दुर्भाग्य से सीमा के दोनों तरफ़ इतिहास से बदला लेनेवालों की एक पूरी जमात है जो इस हार या जीत में इतिहास की ग़लतियों को सुधारने का बहाना ढूँढ़ लेगी। ऐसे में भगवान और मसीहा दोनों ही सलीब पर हैं। कयामत की रात सचिन के लिए भी है और अफ़रीदी के लिए भी। और उनकी साँसों के बीच झूल रहे हैं दो मुल्क़।

दैनिक भास्कर, 28.03.2011

इस भारत को बचाना है भाई!

'मैंने गाँधीजी के बारे में पढ़ा था। मैं अपने युग के गाँधी को देखने आयी हूँ'।–दस साल की स्कूली बच्ची के बोल।

'आज अगर भ्रष्टाचार के ख़िलाफ़ नहीं आये तो फिर यह मत कहना कि वो करप्ट है'–मुम्बई में एक कॉलेज छात्र की टिप्पणी।

मैंने अपने जीवन में इस तरह की स्वतःस्फूर्त बातें नहीं सुनी थीं। लेकिन इन बातों को सुनकर मैं चौंका नहीं। हाँ, शुरू में थोड़ा अटपटा लगा। ये वो लोग थे जिनके बारे में 'लेफ़्ट' और 'राइट' मार्का लोग कहते थे कि ये मैकडॉनल्ड और यांकी डूडल की औलादें हैं। इनकी दिलचस्पी सिर्फ़ अपना कैरियर बनाने, पैसा कमाने में है। इन्हें समाज से कोई सरोकार नहीं है। एकनिष्ठ और मूल्यविहीन। आर्थिक सुधार की नाज़ायज सन्तानें। न भारत से लेना-देना और न भारत के इतिहास-भूगोल से। परम्पराएँ और संस्कृति तो इनके पैरों की जूती हैं। गाँधी और जे.पी. के देश की नयी पीढ़ी या तो आईपीएल देखती है या डिस्को जाती है। जमकर दारू पीती है और राखी सावन्त के भौंडे डांस पर थिरकती है। मैं तब भी अपने दोस्तों से कहता था कि यह पूरा सच नहीं है। हर पीढ़ी की तरह हमारी पीढ़ी भी अपने बाद की पीढ़ी को नीची नज़र से देखती है और हम इनका सही मायने में मूल्यांकन करने की जगह इनका मज़ाक़ उड़ाते हैं, जो ठीक नहीं है। मैंने लिखा भी है, सेमिनारों में कहा भी है कि हिन्दुस्तान में बड़ा बदलाव आ रहा है, और हम शायद अपने वैचारिक पूर्वाग्रहों की वजह से इन बदलावों को नहीं देख पा रहे। अन्ना के अनशन ने मेरी इस धारणा को और पुख्ता किया है और उन लोगों की समझ को कूड़ेदान में फेंक दिया है जो विचारधाराओं की कालकोठरी से निकलने को तैयार नहीं।

अन्ना जब अनशन पर बैठे तो मुझे यह उम्मीद नहीं थी कि अन्ना को इतना बड़ा जनसमर्थन मिलेगा और सरकार की चूलें हिल जायेंगी। पर इतिहास जब करवट ले रहा होता है तो उसकी आहट तथाकथित समझदार लोग अपने हठ में, जड़तावादी इगो और ज़िद में 'एकनॉलेज' नहीं करते। इन पाँच दिनों ने देश की दिशा ही बदल

दी। स्वयम्भू नेताओं की बोलती पर ताला लग गया है। हालाँकि कुछ है जो अब भी इस फिनामिना को बेशर्म की तरह निगेट करने का साहस जुटा रहे हैं। इनमें कुछ वो पत्रकार भी हैं जो सरकारों को हिलाने का दावा किया करते थे और वो बुद्धिजीवी भी जिनको लगता था कि सरकारें उनकी सलाह के बग़ैर चल नहीं सकतीं। इनका अजब तर्क है कि यह पूरा आन्दोलन राजनीतिक सत्ता प्रतिष्ठान को 'डिस्क्रेडिट' कर रहा है। कुछ को इसमें 'फासीवाद' की बू आती है। इन लोगों को उस बच्ची की आवाज़ सुनायी नहीं पड़ रही जो यह कहती है कि वो आज के गाँधी को देखने आयी है। यह मामूली 'स्टेटमेंट' नहीं है। जब देश के बच्चों को 76 साल के एक बूढ़े में गाँधी नज़र आने लगें तो यकीन मानिये कहीं कुछ ऐसा हो रहा है जो शायद इस बच्ची को उस बुजुर्ग से जोड़ता है। यह बच्ची अपनी मासूमियत में उन नेताओं के चेहरों पर कालिख पोतती है और उनसे एक सवाल भी करती है कि क्यों मैं तुम्हें अपना नेता नहीं मानती, क्यों तुममें मुझे गाँधी नहीं दिखता?

इस देश ने पिछले सवा साल में देखा कि कैसे एक के बाद एक घोटाले होते गये और सत्ता प्रतिष्ठान बजाय शर्मिंदा होने के उनको जायज़ ठहराता गया। और यह कहता गया कि इसमें क्या है? यह तो होता रहता है? कम से कम काम तो हो जाता है। यह काम हो जाता है यही है इस देश का 'चीकटपन'। यकीन मानिये पिछले दिनों पुरानी पीढ़ी के साथ-साथ एक नयी पीढ़ी जवान हुई है जो इस 'चीकटपन' से नफ़रत करती है। वो जब सुनती है, देखती है कि दुनिया के नक्शे पर हिन्दुस्तान को एक 'ग्लोबल पावर' के तौर पर देखा जाता है वहीं इस देश में भ्रष्टाचार एक 'राष्ट्रीय चरित्र' बन गया है। नेताओं को घोटाले करने में शर्म महसूस नहीं होती तो उसे घिन आती है। अन्ना का आन्दोलन इस 'घिन' और 'चीकटपने' के ख़िलाफ़ एक विद्रोह है। तभी एक कॉलेज छात्र कहती है—अगर अब भ्रष्टाचार के ख़िलाफ़ नहीं आये तो फिर मत कहना किसी को करप्ट।

दरअसल सवाल इस बात का है ही नहीं कि यह आन्दोलन हमारी लोकतान्त्रिक व्यवस्था को ख़त्म करेगा या नहीं। सवाल यह बड़ा है कि कहीं गाँधी, नेहरू और जे.पी. के देश में भ्रष्टाचार का कैंसर 'आइडिया ऑफ़ भारत' को ही न निगल ले। मेरी इतिहास की समझ कहती है कि आज़ादी के बाद यह पहला ऐसा आन्दोलन है जो किसी के 'नकार' पर नहीं है। '67 में लोहिया की प्रेरणा काँग्रेस के ख़िलाफ़ थी। '77 का जे.पी. आन्दोलन इन्दिरा गाँधी की तानाशाही के ख़िलाफ़ था। '89 में वी.पी. ने राजीव गाँधी के ख़िलाफ़ विद्रोह किया तो आरक्षण के ज्वार ने दो जातियों को एक-दूसरे के ख़िलाफ़ खड़ा कर दिया था। आरएसएस का मन्दिर आन्दोलन एक समुदाय विशेष को अपराधी साबित करने की शर्मनाक कोशिश थी। अन्ना के आन्दोलन में न काँग्रेस निशाने पर है न ही बीजेपी, न अल्पसंख्यक और न ही कोई

जाति विशेष, न कोई नेता और न कोई प्रधानमन्त्री। यह कथन है भ्रष्टाचार के ख़िलाफ़ जो हमारे और आपके घरों से होता हुआ देश की संसद को अपनी चपेट में ले चुका है। उनके ख़िलाफ़ जिनके तन पर कपड़े नहीं होते थे वो पाँच साल में संसद और विधानसभा पहुँचते ही करोड़ों में खेलने लगते हैं।

अन्ना के मंच पर सभी धर्मों के लोग थे, सभी धर्मों की प्रार्थनाएँ हुईं और इकट्ठा हुए लोग सौ-सौ रुपये देकर ट्रकों में बन्धक बनाके नहीं लाये गये। ये वो लोग थे जो यह नहीं देखना चाहते कि एक राष्ट्रीय पार्टी का अध्यक्ष कैमरे पर पैसा ले, और पकड़े जाने के बाद भी उसके ख़िलाफ़ कार्रवाई न हो। वो यह देखना नहीं चाहते कि दंगों में किसी के पेट में छुरा घोंप दो और फिर बेशर्मी से उसे देश के बड़े नेता सही ठहरायें। एक लाख छिहत्तर हज़ार करोड़ डकार लिये जायें और कैबिनेट मिनिस्टर की इतनी हिम्मत हो कि कहे कि कहीं कुछ हुआ ही नहीं। सुप्रीम कोर्ट के जज और बड़े-बड़े पत्रकार बिकाऊ न हों। ऐसे में मुझे यह कहने में कोई हिचक नहीं है कि 'आइडिया ऑफ़ भारत' के रास्ते में अगर लोकतान्त्रिक व्यवस्था आती है तो इसे भी बदल दो लेकिन भगवान के लिए भारत को बचा लो। जन्तर मन्तर पर उपवास के लिए आये लोग दरअसल भारत बचाने आये थे लोकतन्त्र जिसका एक मामूली-सा हिस्सा है।

दैनिक भास्कर, 11.04.2011

अन्ना एक, साजिश अनेक

अन्ना न हुए, जी का जंजाल हो गये। पूरे सत्ता प्रतिष्ठान को यही लगता है। लिहाज़ा अन्ना और आन्दोलन से जुड़े लोगों को बदनाम करने की साजिशें रची जाने लगीं। ऐसे-ऐसे तर्क दिये जा रहे हैं कि हँसी आ रही है। एक जनाब लिखते हैं कि मैं अन्ना का समर्थक हूँ, लेकिन उनके आन्दोलन में शरीक नहीं हो सकता, क्योंकि जन्तर मन्तर पर जिस भारतमाता की तस्वीर लगी हुई थी, वह आरएसएस का पोस्टर है। एक विद्वान मोहतरमा हैं, जिनको लगता है कि आमरण अनशन के दौरान वन्दे मातरम के नारे क्यों लगे? इंक़लाब ज़िन्दाबाद क्यों नहीं बोला गया? अफ़सोस! इनमें से कुछ केन्द्र सरकार के सलाहकार भी हैं।

पर यह सच है कि पूरे आन्दोलन की साख को बट्टा लगाने के लिए इसे आरएसएस द्वारा प्रायोजित बताने की ज़बर्दस्त मुहिम जारी है। कुछ ग़लती अन्ना हज़ारे की भी है। उन्हें इस पचड़े में पड़ने की ज़रूरत ही नहीं थी कि नीतीश कुमार और नरेन्द्र मोदी क्या कर रहे हैं? उनकी प्रेस कॉन्फ्रेन्स में सबने यह तो सुना कि ग्रामीण विकास पर मोदी की तारीफ़ अन्ना ने की, लेकिन अख़बारों में यह नहीं छपा कि लगे हाथ उन्होंने दंगों की निन्दा भी की।

लिहाज़ा उन्हें मोदी का सबसे पक्का दोस्त बता दिया गया। मल्लिका साराभाई जैसे समर्थकों को भी उन पर शक होने लगा। एक और मुहिम जारी है। अन्ना और उनके साथियों के ख़िलाफ़ अनाप-शनाप छपने लगा। यह बताने की कोशिश की जाने लगी कि भ्रष्टाचार के ख़िलाफ़ मुहिम चलानेवाले ये लोग ख़ुद कितने भ्रष्ट और गन्दे हैं। किसी की सीडी निकाली जा रही है, तो किसी के ख़िलाफ़ उनके किसी पुराने साथी से लिखवाया जा रहा है। लब्बो-लुआब यही कि ये सभी फ्रॉड हैं। इन पर भरोसा करके लोग बड़ी भारी भूल कर रहे हैं। इन सबके बीच एक अहसास मुझे भी हो रहा है कि सत्ता प्रतिष्ठान बुरी तरह से डरा हुआ है। वह दूध का जला है।

इस डर के पीछे दो कारण हैं। एक, आमरण अनशन के दौरान देशभर में अन्ना के समर्थन में लोगों का अपने-आप निकलना। जम्मू से लेकर चेन्नई तक हज़ारों

की संख्या में लोगों ने धरना दिया। लोग उपवास पर बैठे, जबकि ऐसी भीड़ इकट्ठा करने के लिए राजनीतिक दलों को पानी की तरह पैसा बहाना पड़ता है, हफ़्तों मेहनत करनी पड़ती है। दो, अन्ना में लोगों का गाँधी को खोजना। नयी पीढ़ी को उनमें महात्मा गाँधी दिखे।

वही सरलता, वही नैतिक आभा, वैसी ही ईमानदारी और अपनी बात रखने का वही अहिंसावादी तरीक़ा। सत्ता प्रतिष्ठान को अनशन के तीसरे दिन ही अन्ना के अनशन की ताक़त का अन्दाज़ा हो गया था। उन्हें लग गया था कि अगर समय रहते माँगों को नहीं माना गया, तो लेने के देने पड़ सकते हैं। इसलिए सोनिया गाँधी ने अपील जारी की और चौथे दिन ही ड्राफ़्टिंग कमेटी में पाँच आन्दोलनकारियों को जगह दे दी गयी और साथ ही सरकारी अधिसूचना भी जारी कर दी गयी।

आन्दोलनकारी भी सरकार की तेज़ी से हत्प्रभ थे, वरना लोग महीनों अनशन पर बैठे रहते हैं और सरकार के कान पर जूँ नहीं रेंगती यानी सरकार को कहीं न कहीं पिछले साल हुए घोटालों और अपनी कमज़ोरी का अहसास था और साथ ही एक गाँधीवादी के सत्याग्रह के तेज का भी, वरना सरकारें इतनी आसानी से नहीं पिघला करतीं।

फिर इस डर के पीछे है इतिहास के सबक़। सत्ता में बैठे लोग जानते हैं कि जे.पी. और वी.पी. सिंह के आन्दोलन का कितना बड़ा ख़ामियाज़ा उन्हें भुगतना पड़ा था। जे.पी. आन्दोलन ने यह मिथक ध्वस्त कर दिया था कि काँग्रेस अपराजेय है। छात्रों के मेस से शुरू हुए आन्दोलन ने इन्दिरा गाँधी के दम्भ को चकनाचूर कर दिया था।

देश की प्रधानमन्त्री और उनके ताक़तवर बेटे संजय गाँधी को अपने पसन्दीदा चुनाव क्षेत्र में हार के अपमान का घूँट पीना पड़ा था। 1984 में अप्रत्याशित 415 सीटें जीतनेवाले राजीव गाँधी को 1989 में नेता विपक्ष बनना पड़ा था। बोफ़ोर्स कांड के दौरान भी लोगों को वी.पी. सिंह की ईमानदारी में गाँधी दिखे थे और नारे लगा करते थे कि राजा नहीं फकीर है, देश की तकदीर है।

ऐसा नहीं है कि तब काँग्रेस की सरकारों ने जे.पी. और वी.पी. को भला-बुरा नहीं कहा था। जे.पी. को बाकायदा फासीवादी बताया गया। जे.पी. ने जब पुलिस से आह्वान किया कि वे सरकार के ग़ैरवाज़िब आदेश मानना बन्द कर दें, तो उन्हें अराजकतावादी करार दिया गया। जे.पी. को उसी तरह से ब्लैकमेलर कहा गया, जैसाकि आज अन्ना के बारे में कहा जा रहा है। वी.पी. सिंह को तो फँसाने के लिए सेंट किट्स जैसा फ्रॉड रचा गया। जैसाकि आज शान्ति भूषण के बारे में किया जा रहा है।

लेकिन लोग भूल जाते हैं कि गाँधी के देश में जनता आसानी से किसी पर

यकीन नहीं करती और जब करती है, तो आँखें मूँदकर। उसने गाँधी पर यकीन किया। ऐसा नहीं कि गाँधीजी ने ग़लतियाँ नहीं की थीं, लेकिन जनता उनको माफ़ करती गयी, क्योंकि उसे गाँधीजी की ईमानदारी पर शक नहीं था। उनकी मंशा सन्दिग्ध नहीं थी।

बूढ़े बीमार जे.पी. पर जनता का दिल आया, तो पूरी तरह से। उसे लगा कि यह बूढ़ा शेर वाकई देश के बारे में सोच रहा है। अपने बारे में नहीं। यह सत्ता का भूखा नहीं है। जे.पी. सत्ता के भूखे होते, तो नेहरूजी की कैबिनेट में मन्त्री बन जाते और इन्दिरा गाँधी की हार के बाद देश के प्रधानमन्त्री। वी.पी. में लोगों को जे.पी. की छवि दिखी। उन पर भरोसा किया तो प्रधानमन्त्री बना दिया, लेकिन भरोसा टूटा, तो कहीं का न छोड़ा।

सत्ता प्रतिष्ठान यह भूल जाता है कि लोग आज के नेताओं पर यकीन नहीं करते। उसने अन्ना जैसे फकीर को दिल दिया है, तो कुछ कारण होगा। क्या कीचड़ उछालने मात्र से आम जन का यकीन अन्ना से टूट जायेगा? मुझे ऐसा लगता नहीं। डर सिर्फ़ इस बात का है कि इतिहास से सबक़ नहीं लेनेवाले कहीं एक बार फिर इतिहास के कूड़ेदान में न चले जायें।

हिन्दुस्तान, 18.04.2011

एक आन्दोलन और डरते लोग

एक पुरानी फ़िल्म का गाना है—कितना बदल गया इंसान... । अन्ना हज़ारे के आन्दोलन के बाद चमत्कार देखिये, अमर सिंह ईमानदार हो गये और शान्ति भूषण बेईमान! अमर सिंह घूम-घूमकर कह रहे हैं कि शान्ति भूषण अपने को साबित करें कि वो बेईमान नहीं हैं। यह वही अमर सिंह हैं जिनके बारे में कभी दिग्विजय सिंह ने कहा था कि उनका दिमाग़ ख़राब है। यही अमर सिंह आजकल दिग्विजय सिंह के सबसे बड़े दोस्त और सलाहकार हैं। सवाल यह है कि आख़िर पिछले दिनों ऐसा क्या हो गया कि दुश्मन दोस्त हो गये और ईमानदार बेईमान। दरअसल अन्ना ने भारतीय राजनीति का विमर्श बदल दिया है। जिस भ्रष्टाचार के बारे में राजनेता कहा करते थे कि इस मुद्दे पर चुनाव नहीं लड़ा जा सकता है, उसी मुद्दे पर देश में चर्चा शुरू हो गयी है और बच्चा और बूढ़ा, दुकानदार और विद्वान सभी बहस कर रहे हैं। और अगर भ्रष्टाचार के ख़िलाफ़ माहौल बन जाये तो सत्ता प्रतिष्ठान और फ़ायदा कमानेवालों का परेशान होना लाजिमी ही है। ऐसे में 'ये परेशान' लोग चरित्र हनन तो करेंगे ही, पूरे आन्दोलन को ख़तरनाक भी बतायेंगे। तर्क दे रहे हैं कि आन्दोलन विचारधाराविहीन है, ग़ैरलोकतान्त्रिक है और संगठनहीन है इसलिए ख़तरनाक है।

लोग कहते हैं कि आन्दोलन विचारधाराविहीन है क्योंकि इसके पीछे कोई सुनियोजित विचार-प्रक्रिया नहीं है। ऐसे लोगों से मैं पूछना चाहता हूँ कि विचारधारा से उनका मतलब क्या है? क्या वो लेफ़्ट जैसी विचारधारा की बात कर रहे हैं? अगर लेफ़्ट जैसी तो फिर समझना चाहिए कि इस देश में आज़ादी के पहले और बाद कौन सी विचारधारा इस देश को चला रही थी? गाँधीजी किस विचारधारा का प्रतिनिधित्व करते थे? न वो 'लेफ़्ट' में थे और न ही 'राइट' में। न मार्क्स उनके आदर्श थे और न ही पूँजीवाद के एडम स्मिथ। गाँधीजी के बारे में ज़्यादा से ज़्यादा यह कहा जा सकता था कि वो कुछ विचारों के वाहक थे। उसका मार्क्सवाद जैसा संगठित स्वरूप नहीं था। समय के हिसाब से वो अपने विचारों में बदलाव भी किया करते थे। उनके विचारों की इमारत सत्य, अहिंसा और सत्याग्रह के खम्भों पर टिकी

थी। मार्क्सवाद की तरह उनके विचारों में शास्त्रीय तारतम्य खोजना बेमानी है। विद्वानों को ख़ासतौर पर वामपन्थियों को उस वक़्त भी गाँधीजी के विचार खोखले लगते थे और आज के जो वामपन्थी अन्ना के आन्दोलन को विचारधाराविहीन करार देते हैं। उन्हें पता होना चाहिए कि तब उनके ही पुरखे इसी वजह से गाँधी के आन्दोलन को ख़ारिज़ किया करते थे। कभी भी वामपन्थियों ने गाँधी के साथ कन्धे से कन्धा मिलाकर आज़ादी की लड़ाई नहीं लड़ी। ऐसे में गाँधीजी को विचारधारा की कसौटी पर कसना बेवक़ूफ़ी है। अन्ना भी गाँधी से प्रेरित हैं। अन्ना के आन्दोलन के पीछे एक सोच है। जिसके मूल में है भ्रष्टाचार, उसके कारणों की तह में जाना और उसको जड़ से ख़त्म करने के लिए संस्थागत उपाय खोजना। लोकपाल बिल इसकी शुरुआत है।

जो पूरे आन्दोलन को लोकपाल तक देखते हैं और कहते हैं कि यह देश के लोकतान्त्रिक ढाँचे को बिगाड़ देगा वो पूरी बात समझते ही नहीं। यह आन्दोलन लोकपाल के बाद सत्ता के विकेन्द्रीकरण की बात करता है, सत्ता में आम आदमी की सशक्त भागीदारी की बात करता है, गद्दी पर बैठे लोगों की जनता के प्रति जबाबदेही को मज़बूत करने की बात करता है और सबसे बड़ी बात संसदीय व्यवस्था में पूरी आस्था ज़ताते हुए सत्ता प्रतिष्ठान को पारदर्शी बनाने की बात करता है। आन्दोलन के मुताबिक़ देश में इसलिए भ्रष्टाचार व्याप्त है क्योंकि सत्ता का जो मूल स्वरूप संविधान निर्माताओं ने सोचा था, वो पूरी तरह से बदल गया है। सत्ता कहने को लोकतान्त्रिक है लेकिन फ़ैसले चन्द लोगों के हाथ में सिमटकर रह गये हैं। पार्टी सिस्टम की वजह से राजनीतिक दलों में लोकतन्त्र पूरी तरह से ग़ायब है। काँग्रेस में वही होता है जो सोनिया गाँधी चाहती हैं, बीजेपी में शीर्ष नेताओं का समूह पार्टी चलाता है जिसमें आम कार्यकर्ता की राय का मतलब नहीं है। सारी क्षेत्रीय पार्टियाँ एक परिवार की जागीर बनकर रह गयी हैं। चाहे वो समाजवादी पार्टी हो या फिर डीएमके या अकाली दल। बीएसपी में सिर्फ़ मायावती हैं तो एआईएडीएमके में जयललिता। शिवसेना ठाकरे परिवार की तीन पीढ़ियाँ चलाती हैं तो नेशनल कॉन्फ्रेन्स में शेख़ अब्दुल्ला के बाद फारुख़ और फारुख़ के बाद ओमार ही मुख्यमन्त्री बनेंगे। इन पार्टियों में परिवार के बाहर किसी और नेता की कोई औक़ात ही नहीं है।

पार्टी सिस्टम को ख़त्म करने की नहीं इसके स्वरूप को बदलने की ज़रूरत है। कुर्सी पर बैठे लोगों की जबाबदेही तय होगी तो परिवारवाद की रीढ़ की हड्डी टूटेगी। मिस्र में लोगों ने सवाल पूछा कि होस्नी मुबारक़ क्यों तीस साल तक राष्ट्रपति बने रहेंगे तो भारत के नेताओं ने दिल खोलकर आन्दोलन का समर्थन किया, लेकिन जब आम आदमी यह सवाल करता है कि भाई मुलायम सिंह यादवजी आप पिछले बीस साल से क्यों अध्यक्ष बने हुए हैं तो लोगों को तकलीफ़ होती है। मायावती

ही अकेले क्यों बीएसपी की अध्यक्ष बनी रहेंगी? क्या डीएमके और शिवसेना में करुणानिधि और बाल ठाकरे के अलावा किसी और में संगठन चलाने की क़ाबलियत नहीं है? आख़िर यह देश तब भी चला जब नेहरू नहीं थे। यह व्यवस्था राजनीतिक पार्टियों में क्यों नहीं होती जैसे अमेरिका और इंग्लैंड में है? अजब तर्क है जब यह अलोकतान्त्रिक दल ज़बर्दस्ती बन्द करायें, रेल और बस में आग लगवायें तो आन्दोलन लोकतान्त्रिक और अन्ना शान्तिपूर्वक अनशन करें, एक भी पत्थर न चले तो अलोकतान्त्रिक?

हाँ, मज़बूत संगठन न होना आन्दोलन की कमज़ोरी है। इस देश में साम्प्रदायिकता के मज़बूत होने का एक बड़ा कारण है समाजवादी आन्दोलन का संगठन पर ध्यान नहीं देना। जे.पी. आन्दोलन और वी.पी. सिंह के आन्दोलन की भी यही खामी थी। जबकि आरएसएस और बीजेपी इसलिए मज़बूत होती गयीं क्योंकि संगठन ही उसकी आत्मा है। अन्ना के सामने गाँधीजी का उदाहरण है। उनके पहले काँग्रेस महज़ एक डिबेटिंग क्लब था। सत्ता सदन में बैठकर क़ानून के दायरे में रहकर बदलाव की माँग करनेवालों की टीम। गाँधी ने काँग्रेस को जन आन्दोलन में तब्दील कर दिया। पूरे भारत में संगठन खड़ा हुआ तो अंग्रेज़ों के हौसले पस्त हो गये। इक्कीसवीं सदी में अंग्रेज़ तो नहीं रहे लेकिन अमर सिंह जैसे लोगों के हौसले पस्त करने के लिए और पुरानी ग़लतियों से सबक़ लेते हुए अन्ना को आन्दोलन के साथ-साथ गाँव-गाँव और शहर-शहर संगठन खड़ा करना होगा। तब ही भ्रष्टाचार से निर्णायक लड़ाई लड़ी जा सकेगी और तब ही इंसान सही मायनों में बदलेगा।

दैनिक भास्कर, 25.04.2011

सत्ता का मद जो न कराये

सत्ता में दम्भ होता है। पिछले दिनों अलग-अलग सरकारों का अलग-अलग दम्भ देखने को मिला। एक की सत्ता दिल्ली में, दूसरे की गुजरात में। एक के नेता देश के प्रधानमन्त्री, दूसरा प्रधानमन्त्री बनने का ख़्वाब पाले हुए। एक तस्वीर अत्यन्त शालीन, तो दूसरा गुरूर से लबालब। एक का नाम मनमोहन सिंह, तो दूसरे का नरेन्द्र मोदी। एक को मुरली मनोहर जोशी पसन्द नहीं, तो दूसरे को संजीव भट्ट। दोनों की राजनीतिक-सामाजिक पृष्ठभूमि एकदम अलग, मिजाज़ अलग, विचारधारा अलग, पर काम का तरीक़ा एक। क्योंकि सत्ता का स्वरूप एक है। सत्ता अपने स्वरूप में ही हठी है, दम्भी है, दमनकारी है।

मुरली मनोहर जोशी बीजेपी के वरिष्ठ नेता हैं। विद्वान। संसद की लोक लेखा समिति, यानी पीएसी के अध्यक्ष। कुछ समय पहले, जब 2जी घोटाले की जाँच के लिए बीजेपी ने बवाल काट रखा था, तब मनमोहन सिंह की सरकार और काँग्रेस के नेताओं को जोशीजी अच्छे लगते थे। मनमोहन सिंह ने कहा था कि पीएसी अगर चाहे, तो वह कमेटी के सामने जाँच के लिए पेश हो जायेंगे।

पीएसी ने प्रधानमन्त्री को बुलाना उचित नहीं समझा और अपनी रिपोर्ट में एक तरह से उन्हें क्लीन चिट भी दे दी। बस इतना लिखा कि उनके अपने ही कार्यालय ने उन्हें गुमराह किया। ग़लती उनकी नहीं, उनके दफ़्तर की है, उनके मन्त्रियों की है। फिर भी सत्ता पक्ष ने पीएसी की बैठक में जिस तरह से धावा बोला, जोशी को हटाने का प्रपंच किया, वह समझ के परे है।

यह समझ में नहीं आया कि जोशी की कमेटी ने ऐसी कौन-सी नयी बात कह दी, जो सरकार को नागवार लगी? ऐसा कौन-सा सत्य या तथ्य था, जो पब्लिक को पता नहीं था? सीबीआई और ईडी लगभग वही बातें कर रही हैं और उनकी रिपोर्टों के आधार पर ही राजा हों या कॉरपोरेट घरानों के नौकरशाह-मालिक, सभी जेल जा रहे हैं। जिस जोशीजी की तारीफ़ काँग्रेस कर रही थी, अचानक क्यों उनमें सत्ता पक्ष को डिक्टेटर-पूर्वाग्रही नज़र आने लगा? और उनको हटाना ज़रूरी हो

गया? पीएसी के अध्यक्ष को पहली बार इस तरह से हटाया गया या यूँ कहा जाये कि अपमानित किया गया।

यहाँ सवाल जोशी या बीजेपी का नहीं है, सवाल लोकतन्त्र और संसदीय परम्पराओं का है। मेरी नज़र में पीएसी में जो कुछ भी हुआ, वह मामूली घटना नहीं है। वह कहीं न कहीं भारतीय लोकतान्त्रिक व्यवस्था को अस्थिर करती है, उसे कमज़ोर बनाती है। मैं नहीं मानता कि काँग्रेस को इस बात का एहसास नहीं है। राजनीति में बिना नफे-नुक़सान के कुछ नहीं होता, लेकिन जितनी बार मैं इस घटना के बारे में सोचता हूँ, मुझे कुछ समझ में नहीं आता।

मुझे यह बिल्कुल नहीं लगता कि कैग से ज़्यादा पीएसी की रिपोर्ट सरकार की साख को नुक़सान पहुँचाती। और न ही इस रिपोर्ट के आधार पर सरकार के लिए नया सिरदर्द पैदा होता। ज़्यादा से ज़्यादा बीजेपी और विपक्ष इस बहाने सरकार को एक-दो दिन घेरती और फिर चुप हो जाती है। यह भी हो सकता था कि संसद की दूसरी रिपोर्टों की तरह इस रिपोर्ट को भी महत्व नहीं दिया जाता।

ऐसे में, बस एक ही बात समझ में आती है कि सारी कार्रवाई किसी को सबक़ सिखाने के मक़सद से की गयी और सरकार विरोधी तन्त्र को यह बताने के लिए भी कि अब सरकार के लोग भी चुप बैठनेवाले नहीं हैं और जो भी उस पर हमला करेगा, वे भी घाव खाने के लिए तैयार रहें। इसी को मैं दम्भ कहता हूँ। बदले की भावना से किया गया काम।

पिछले दिनों कुछ इसी तरह का रवैया अन्ना के अनशन के बाद अपनाया गया था। ड्राफ़्ट कमेटी पर झुकने के बाद अचानक सत्ता प्रतिष्ठान की ओर से कमेटी के ग़ैर-सरकारी सदस्यों पर हमले हुए। कमेटी के पहले तक किसी भी सदस्य पर कोई आरोप नहीं, और चन्द दिनों में सभी को बेईमान साबित करने की कोशिश। सबके ख़िलाफ़ कुछ न कुछ छपने लगा। तेवर यह कि अब हम इन्हें बतायेंगे कि भ्रष्टाचार क्या होता है और आरोप लगने पर कितनी तकलीफ़ होती है। और सबसे बड़ी बात कि तुम हो कौन? हमें आईना दिखाओगे? सत्ता का दम्भ। ऐसे में, जब मुरली मनोहर जोशी का मसला आया और अनावश्यक आक्रामकता दिखी, तो दोनों बातों को जोड़े बिना नहीं रह पाया।

कुछ ऐसा ही अन्दाज़ नरेन्द्र मोदी का भी है। गुजरात में अनेक अफ़सर हैं, जो वर्ष 2002 के बाद से मोदी के गुस्से की सज़ा झेल रहे हैं। यहाँ सबका नाम देने की ज़रूरत नहीं है। ताज़ा शिकार बने हैं आईपीएस संजीव भट्ट, जिन्होंने नौ साल बाद मोदी के ख़िलाफ़ बयान देने की हिमाकत की और कहा, '27 मई को मुख्यमन्त्री ने अफ़सरों को साफ़ कहा था कि हिन्दुओं के गुस्से को बाहर आने दो। प्रशासन दंगों के दौरान हिन्दू और मुसलमान के बीच सन्तुलन साधने की अपनी पुरानी परम्परा

का निर्वाह इस बार न करे।' यह बयान मोदी के लिए बड़ी मुसीबत खड़ी कर सकता है। लिहाज़ा संजीव को प्रताड़ित करने का काम शुरू हो गया है।

संजीव भट्ट ने शिकायत की है कि उनको लगातार धमकियाँ मिल रही हैं, उनकी जान को ख़तरा है, उन्हें और उनके परिवार को अतिरिक्त सुरक्षा मिलनी चाहिए। लेकिन हुआ उल्टा। उनकी मौजूदा सुरक्षा को ही हटा लिया गया। जिस अफ़सर को दिलेरी का इनाम मिलना चाहिए, उसे मरने के लिए उसके हाल पर छोड़ दिया गया। यानी अगर आप मोदी से पंगा लेते हैं, तो फिर राज्य सरकार, जिसकी हर नागरिक की जान की सुरक्षा करने की संवैधानिक ज़िम्मेदारी है, उससे सुरक्षा की उम्मीद न करें।

अब इसे क्या कहेंगे? मोदी के पहले दिल्ली में भी बीजेपी ने तहलका कांड के नायकों के साथ कुछ ऐसा ही सुलूक किया था। तब तहलका के रिपोर्टर अनिरुद्ध बहल को जेल भेजने की पूरी साजिश रची गयी, उनके सहयोगी कुमार बादल को एक दूसरे मामले में फँसाकर हवालात में बुरी तरह टॉर्चर किया गया और तहलका की प्रमोटर कम्पनी को तो दिवालिया ही बना दिया गया। उस वक़्त प्रधानमन्त्री अटल बिहारी वाजपेयी थे। अत्यन्त मृदुभाषी और शालीन।

ऐसे में, मनमोहन सिंह हों या नरेन्द्र मोदी या फिर अटल बिहारी वाजपेयी, ये सत्ता में आते ही बदल जाते हैं। सत्ता में आते ही शालीनता का लबादा उतर जाता है, और नया मुखौटा चस्पाँ हो जाता है। क्योंकि सत्ता स्वभाव से दम्भी है। किसी ने कहा है—सत्ता भ्रष्ट करती है, सम्पूर्ण सत्ता पूरी तरह से। ऐसे में मनमोहन सिंह की सरकार से शालीनता की उम्मीद क्यों करें मुरली मनोहर जोशी? कल सत्ता में आते ही उनके सुर भी तो बदल जायेंगे।

हिन्दुस्तान, 02.05.2011

एक बार फिर दुनिया बदल गयी

वो एक ख़ुशनुमा सी शाम थी। उस शाम तकरीबन सवा छः बजे थे। तभी एक सहयोगी ने चीख़ते हुए कहा–अरे यह क्या? वो टीवी देख रही थी। एक विमान किसी बहुमंज़िला इमारत की तरफ़ जा रहा था। वो विमान इमारत से जा टकराया। थोड़ी देर में एक और विमान पास की दूसरी इमारत से टकराया। हम दौड़ के पीसीआर पहुँचे और पूरी घटना का लाइव प्रसारण शुरू हो गया। मुझे लगा मानो मैं युद्ध भूमि में हूँ। कभी ख़बर आती कि एक विमान व्हाइट हाउस की तरफ़ गया है तो दूसरा पेंटागन की तरफ़। लगा कि अमेरिका पर किसी देश ने हमला कर दिया है। थोड़ी देर में वर्ल्ड ट्रेड टॉवर की दोनों इमारतें भराभराकर गिर पड़ीं। सब कुछ लाइव कैमरे के सामने। मुझे वर्ल्ड ट्रेड टॉवर की वो शाम याद हो आयी जब उसकी छत पर बने रेस्त्राँ में बैठ मैंने कुछ साल पहले कॉफ़ी पी थी और शाम को अँधेरे में ढलते देखा था। उस शाम पूरा न्यूयॉर्क मेरी आँखों के सामने था, निहायत ख़ूबसूरत। अब वो शाम हमेशा के लिए दम तोड़ चुकी थी। उसके साथ ही हज़ारों मासूम मौत की नींद सो चुके थे। दुनिया पूरी तरह से बदल गयी थी। उस घटना का सूत्रधार था ओसामा बिन लादेन।

ओसामा ने इस मिथ को तोड़ दिया था कि अमेरिका अपराजेय है। ओसामा ने अमेरिका के दिल पर घात किया था। आतंकवाद की घटनाएँ इसके पहले भी हुई थीं। लेकिन आतंकवाद का यह रूप भी हो सकता है, पूरी दुनिया ने पहली बार महसूस किया। साथ ही एक ख़ास तबक़े में ख़ुशी भी थी। ओसामा इस तबक़े के लिए रातोंरात सबसे बड़ा हीरो बन गया। पाकिस्तान से लेकर चेचनिया तक, चीन के मुस्लिम बहुल इलाक़े से लेकर फ़िलिस्तीन तक, मिस्र-यमन-सूडान की सड़कों से लेकर इंडोनेशिया, केन्या की पहाड़ियों तक उसके शागिर्द पैदा हो गये। अलकायदा एक विचारधारा का प्रतीक बन गया। ओसामा उसका सबसे बड़ा प्रेरणा पुरुष। दुनिया दो हिस्सों में बँट गयी। सैमुअल हंटिंगटन जैसे दार्शनिकों की थियरी सही होने लगी कि मार्क्सवाद के पतन के बाद सभ्यताओं का संघर्ष शुरू होगा। हालाँकि

अमेरिकी प्रशासन ने कभी यह बात खुलकर नहीं कही लेकिन इस्लाम की पहचान आतंकवाद से की जाने लगी।

ओसामा की विचारधारा में तीन तत्व महत्वपूर्ण थे। एक, धुर-अमेरिका-विरोध। अमेरिका एक ऐसी शैतानी ताक़त जो इस्लाम को बर्बाद करने पर तुला है। मध्य-पूर्व में उसकी सेना की मौजूदगी और अमेरिकापरस्त तानाशाहों के वजूद ने ओसामा की बातों को और पुष्ट किया। जैसे-जैसे ओसामा कहता गया कि इस्लाम की ज़मीन से जब तक अमेरिका को उखाड़ नहीं फेका गया तब तक इस्लाम का भला नहीं हो सकता, उसके समर्थकों की तादाद बढ़ती गयी। दो, ओसामा ने मुस्लिम ब्रदरहुड के रैडिकल इस्लाम को नयी ज़िन्दगी दी, उसको अन्तरराष्ट्रीय पहचान दिलायी। ओसामा का मानना था कि कभी दुनिया पर शासन करनेवाला मुसलमान आज दर-दर की ठोकरें खा रहा है, वो कमज़ोर है और पश्चिम के रहमोकरम पर ज़िन्दा है। ऐसा इसलिए है क्योंकि पश्चिमी देशों के प्रभाव में आकर वो इस्लाम से भटक गया है। अपने खोये वैभव को पाने के लिए मुस्लिम वर्ल्ड को फिर इस्लाम के रास्ते पर चलना पड़ेगा और इसके लिए दुनियाभर के मुसलमानों को एक होना होगा। तीन, ओसामा को हिंसा से कतई गुरेज नहीं था। उसने जेहाद का रास्ता सुझाया। आत्मघाती दस्ते तैयार करवाये। इस जंग में उसने बारह-तेरह साल के बच्चों को भी शामिल करने से संकोच नहीं किया। 9/11 ऐसे ही आत्मघाती दस्तों का काम था। दुनिया का कोई ऐसा मुल्क़ नहीं बचा जहाँ फ़िदायीन न हों, धमाके नहीं हुए। ज़िन्दगी एक धमाके क़ी गुलाम बन गयी। ऐसे में आज ओसामा की मौत के बाद सवाल यह है कि क्या अब जेहादी आतंकवाद कम होगा?

ढेरों विशेषज्ञ मानते हैं कि ओसामा अपने आख़िरी दिनों में महज़ एक प्रतीक बनकर रह गया था। उसकी ताक़त ख़त्म हो गयी थी। विशेषज्ञों का मानना है कि अलकायदा किसी अन्तरराष्ट्रीय संगठन का नाम नहीं है। अलक़ायदा से प्रेरित होकर दुनियाभर में ढेरों लोकल आतंकवादी संगठन खड़े हो गये और अलग लीडरशिप भी। ओसामा की मौत से न तो ऐसे संगठनों पर कोई असर पड़ेगा और न ही इनकी लीडरशिप पर। पर मुझे लगता है कि हो सकता है कि फ़ौरन आतंकवाद कमज़ोर न हो लेकिन हक़ीक़त में ओसामा की मौत के साथ ही जेहादी आतंकवाद के खात्मे की कहानी शुरू हो गयी है। इसके चार कारण हैं। एक, ओसामा ख़ुद। वो दुनियाभर के आतंकवादियों का प्रेरणास्रोत था। उसके बाद एक भी ऐसा शख़्स नहीं है जो नयी पीढ़ी को फ़िदायीन बनने के लिए प्रेरित करे। किसी भी आन्दोलन या मुहिम में करिश्माई व्यक्तित्व की निर्णायक भूमिका होती है। ऐसे शख़्स के जाते ही आन्दोलन या मुहिम कमज़ोर पड़ने लगती है। दो, कोई भी मुहिम तब तक कामयाब है जब तक उसकी क्रेडिबिलिटी है। हम मानें या न मानें एक ख़ास तबक़े

में जेहादी आतंकवाद की स्वीकारोक्ति थी। पर पिछले दिनों आतंकवाद के ख़िलाफ़ जिस तरह से माहौल बना उससे रैडिकल इस्लाम और जेहाद दोनों ही ख़ासे बदनाम हुए। तालिबान के मॉडल ने मुसलमानों को सोचने के लिए मजबूर कर दिया कि इस्लाम के मुताबिक़ यह कैसा शासन है जो लोगों को आज़ादी की जगह जंगलराज और मध्ययुगीन समाज की ओर ले जाता है।

तीन, मुस्लिम वर्ल्ड में एक नयी चेतना का विस्तार हुआ है। यह नयी चेतना अमेरिका और अलकायदा दोनों का ही नकार है, दोनों की एंटी-थीसिस। वो विद्रोह पर उतारू है। ट्यूनीशिया और मिस्र की क्रान्ति इसी ओर इशारा करती है। सीरिया, यमन, जॉर्डन में भी तानाशाहों की नींद हराम है। यह पूरी लड़ाई अहिंसक है। ऐसे में मुस्लिम समाज यह सवाल कर रहा है जब अहिंसा के बल पर आप पश्चिम के चमचे शासकों से निजात पा सकते हैं तो फिर अलकायदा के ख़ूनी रास्ते की क्या ज़रूरत है? इस अहिंसक क्रान्ति ने मुस्लिम तबक़े का सम्मान बढ़ाया है, जबकि ओसामा की हिंसा ने मुसलमानों को दुनिया की नज़र में सन्दिग्ध कर दिया था। चार, अमेरिकी 'सील-हमले' ने आतंकवाद से लड़ने का नया मॉडल दिया है। आज अमेरिका ने पाकिस्तान में घुसकर ओसामा को मारा है कल भारत भी हाफ़िज़ सईद के लिए यही क़दम उठा सकता है। ऐसे में अब किसी भी देश के लिए आतंक के तन्त्र को आर्थिक और संस्थागत मदद दे पाना मुश्किल हो जायेगा और आतंकवाद बिना सरकारों के सहयोग के पनप नहीं सकता। ऐसे में ओसामा की मौत एक बार फिर पूरी दुनिया को बदल देगी। एक बार फिर ख़ुशनुमा शाम हमारी और आपकी बाँहों में होगी जिसमें धमाकों का डर नहीं होगा।

दैनिक भास्कर, 09.05.2011

थम गये बंगाल में बदलती हवा

परिवर्तन। 34 साल बाद लेफ़्ट का सूपड़ा साफ़ हुआ है। 34 साल लम्बा वक़्त होता है। एक पूरी पीढ़ी इस दौरान पैदा हुई, जवान हुई और अब प्रौढ़ होने को है। इस पीढ़ी ने लेफ़्ट के अलावा कुछ देखा ही नहीं। दुनिया के नक्शे से मार्क्सवाद ग़ायब हो गया, सोवियत संघ खंड-खंड हो गया। सोवियत रूस, जिसकी एक घुड़की पर अमेरिका की सिट्टी-पिट्टी गुम हो जाती थी, एक मामूली-सा देश रह गया।

पूर्वी यूरोप के मार्क्सवादी तानाशाह तिनके से उड़ गये। और सबसे बड़ी बात, जो मार्क्सवाद कभी फ़ैशन हुआ करता था, प्रगतिशीलता का पैमाना था, वह आउटडेटेड, दकियानूस, जड़ता का प्रतीक बन गया। बस नहीं बदला, तो भद्र पुरुषों का पश्चिम बंगाल। वह बंगाल, जिसके बारे में कहा जाता था कि जो वह आज सोचता है, पूरा देश बाद में सोचता है। उसे अपनी सोच में बदलने में 21 साल लग गये। 23 साल पहले पश्चिम बंगाल में कोई लेख वॉलेसा पैदा क्यों नहीं हुआ? जब रोमानिया में चाउशेस्क्यू को बीच सड़क पर गोली मारी गयी, तो इस घटना के महज़ एक महीने पहले इसी चाउशेस्क्यू की तारीफ़ में पोथन्ना लिखनेवाली जनवादी सीपीएम को समझने में अग्रगामी पश्चिम बंगाल को इतना समय क्यों लगा?

दरअसल, बंगाल अपनी ऐतिहासिक लीडरशिप की भूमिका को पिछले दिनों भूल गया था। राजनीतिक स्तर पर भी, और सांस्कृतिक स्तर पर भी। लेफ़्ट की राजनीति और काँग्रेस की ग़लत नीतियों ने उसे जड़तावादी बना दिया। सांस्कृतिक स्तर पर वो रवीन्द्र संगीत से आगे नहीं बढ़ पाया! और राजनीतिक स्तर पर उसे सिद्धार्थ शंकर राय के शासन के दिये घाव ने बाहर निकलने नहीं दिया।

'60 के अन्तिम और '70 के शुरुआती वर्षों में नक्सलवादी हिंसा से निपटने का जो हिंसक तरीक़ा काँग्रेस की सरकार ने निकाला था, उसे किसी भी सभ्य समाज में जायज़ नहीं ठहराया जा सकता। एक पूरी युवा पीढ़ी को 'ब्रुटलाइज' किया गया। यह इत्तेफ़ाक़ नहीं है कि जे.पी. आन्दोलन का सामना करने के लिए देश में इमरजेंसी लगाने की सलाह देनेवाले सिद्धार्थ शंकर राय ही थे।

घाव इतने गहरे थे कि पश्चिम बंगाल को हर काँग्रेसी में सिद्धार्थ शंकर राय ही नज़र आता था। सीपीएम की क़िस्मत अच्छी थी कि उसके पास ज्योति बसु जैसे नेता थे, जो मार्क्सवादी ज़रूर थे, लेकिन मिजाज़ व स्वभाव में व्यवहारवादी। वह बाहर से सीपीएम के अनुशासन से बँधे थे, लेकिन सोच के स्तर पर उन्होंने अपने निजी-मार्क्सवाद को जड़ नहीं होने दिया। जैसे माओ ने सोवियत रूस के लेनिन से प्रेरणा तो ली, लेकिन हूबहू नक़ल नहीं की।

उन्होंने मार्क्सवाद का विस्तार किया, चीन की आबोहवा से उसकी जान-पहचान करायी, चीन की ज़मीनी हक़ीक़त को सामने रखकर उसके बीज बोये। मार्क्सवादियों को राष्ट्रवाद से बहुत चिढ़ होती है। उन्हें लगता है कि राष्ट्रवाद एक नकारात्मक सोच है, लेकिन ज्योति बसु ने सीपीएम के मार्क्सवाद को बंगाल की अस्मिता से जोड़ दिया।

बंगाली राष्ट्रवाद सीपीएम की पहचान हो गयी। वैसे ही, जैसे आजकल नरेन्द्र मोदी बीजेपी को गुजराती अस्मिता से जोड़ रहे हैं। मार्क्सवाद और बंगाली राष्ट्रवाद की इस खिचड़ी को सीपीएम के संगठन ने घर-घर पहुँचा दिया। सिर्फ़ मार्क्सवाद होता, तो बंगाल का आदमी राजनीति में सीपीएम की दख़ल को बर्दाश्त करता, पर समाज पर उसका क़ब्ज़ा कभी नहीं होने देता।

पश्चिम बंगाल में पिछले 34 साल में दरअसल हुआ यह कि सीपीएम ने लोकतन्त्र के बावजूद राजनीति और समाज, दोनों को अपने नियन्त्रण में ले लिया। जो बंगाल से परिचित हैं, उन्हें बताने की ज़रूरत नहीं है कि सीपीएम की मुहल्ला कमेटी यह तो तय करती ही थी कि आम वोटर को किसे वोट देना है, वह समय के साथ यह भी तय करने लगी की आम मानुष के घर में क्या होगा? बच्चा किस स्कूल में पढ़ेगा? बड़ा होकर कहाँ नौकरी करेगा? ज़मीन कहाँ ख़रीदेगा? यहाँ तक कि वह मियाँ-बीवी के झगड़े भी सुलझाने लगा।

यह पूरा मॉडल सोवियत रूस और चीन की तर्ज पर था, जहाँ आम आदमी की ज़िन्दगी पर सिर्फ़ मार्क्सवादी पार्टी का अधिकार था, उसे पार्टी हित से अलग सोचने की इजाज़त नहीं थी। हिन्दुस्तान का लोकतन्त्र इस तरह के एकाधिकारवाद की इजाज़त नहीं देता। लेकिन लोकतन्त्र की आड़ में सीपीएम ने इसके नरम रूप को अमली जामा पहना दिया। हक़ीक़त में बंगाल में लेफ़्ट के इतने लम्बे शासन का यह सबसे बड़ा कारण बना।

यह सही है कि इस दौरान बंगाल में देश में सबसे अच्छी तरह से भूमि सुधार क़ानून लागू किया गया। कृषि के क्षेत्र में आज वह देश में अव्वल है। चावल, सब्जी, मछली आदि के उत्पादन में देश में नम्बर एक। साम्प्रदायिक सौहार्द सबसे बेहतर। पर इतने लम्बे शासन के बाद बंगाल की तकदीर बदलनी चाहिए, वह नहीं बदली।

वह देश का सबसे पिछड़ा राज्य हो गया।

शहरी बेरोज़गारी का आँकड़ा अगर देश में 8.3 प्रतिशत है, तो बंगाल में 9.9 प्रतिशत और जिन राज्यों में बच्चों की ड्रॉप आउट दर सबसे ज़्यादा है, उन राज्यों में बंगाल सातवें नम्बर पर है। 1975-77 में मैन्युफ़ैक्चरिंग सेक्टर में 19 प्रतिशत के आँकड़े के साथ वह गुजरात के साथ पहली पायदान पर था। आज गुजरात का आँकड़ा 30 प्रतिशत हो गया, लेकिन बंगाल में घटकर 7.4 प्रतिशत रह गया। राज्य पर 1,68,684 करोड़ रुपये का क़र्ज़ है।

ऐसे में, जब पार्टी की विचारधारा के उलट बुद्धदेव भट्टाचार्य ने औद्योगीकरण को पटरी पर लाने के लिए ज़मीन अधिग्रहण नीति पर चलने का फ़ैसला किया, तो सिंगूर-नन्दीग्राम हो गया और पार्टी के ही नेता कहने लगे कि बुद्धदेव को तो पानी का साँप मारना नहीं आता और वह कोबरा मारने चले हैं।

जिस दौरान आम बंगाली अपने पिछड़ेपन से जूझ रहा था, उसी दौर में देश दुनिया की पाँचवीं सबसे बड़ी अर्थव्यवस्था बन गया। बंगाल को अपनी बदहाली दिखी, उसका कारण दिखा, वह भी बदलने को मचल उठा। पर जब उसे वैचारिक दिशाहीनता में फँसी सीपीएम में पुरानी मानसिकता से निकलने का जज़्बा नहीं दिखा, तो उसने तौबा करने का मन बना लिया। ममता सही समय पर मौजूद थीं। सही राजनीति कर रही थीं। वरना तमाम ड्रामे करनेवाली को बंगाल कई बार नकार चुका था। ममता देर से बदले बंगाल का पड़ावभर हैं, अन्तिम मुक़ाम नहीं। बंगाल में असल परिवर्तन तो अभी आना बाक़ी है।

हिन्दुस्तान, 16.05.2011

इतिहास और मनमोहन की बेचारगी

इतिहास बहुत कमीना होता है। वो किसी का लिहाज़ नहीं करता। वो सिर्फ़ फ़ैसले सुनाता है। मनमोहन सरकार की दूसरी पारी पर जब भी इतिहास अपना फ़ैसला सुनायेगा काँग्रेस के लिए तकलीफ़ भरा होगा। इतिहास इसलिए भी निर्दयी होगा क्योंकि उसने दो-दो बार मनमोहन सिंह को दान में सत्ता दी। मनमोहन का दोनों पारियों में आना अप्रत्याशित था। यह राज सिर्फ़ इतिहास के गर्भ में ही छिपा था कि 2004 में मनमोहन की सरकार सत्ता में आयेगी। तब सारे राजनीतिक पंडित और राजनेता वाजपेयी सरकार की ताजपोशी की उम्मीद लगाये बैठे थे। चुनाव तो महज़ औपचारिकता थी। 2009 में भी सिर्फ़ इतिहास को पता था कि काँग्रेस की सीटें दो सौ के पार निकल जायेंगी। इस बार काँग्रेस को यह तो उम्मीद थी कि उसकी सरकार वापस आयेगी लेकिन यह अन्दाज़ा नहीं था कि उसकी सीटें इतनी बढ़ जायेंगी।

2009 के चुनाव की सबसे बड़ी ख़ासियत थी मनमोहन सिंह की प्रधानमन्त्री के तौर पर साख। बीजेपी ने जितना उन पर हमला किया उतना ही वो अपनी साख खोती गयी। साख की पूँजी पर सवार मनमोहन सिंह से इस बार पहले से बेहतर पारी की उम्मीद थी। लेकिन शुरुआती कुछ महीने के बाद ही लगने लगा कि सरकार कहीं अपने रास्ते से भटक गयी है। दो साल पूरे होते-होते तो हालात ये हो गये हैं कि अब हर कोई यही सवाल कर रहा है—दिले नादान तुझे हुआ क्या है? ये सवाल भी उठ रहे हैं कि क्या मनमोहन अपनी कुर्सी पर बने भी रहेंगे या नहीं? कहीं ऐसा तो नहीं कि 2014 का चुनाव किसी और की अगुवाई में लड़ा जाये?

एक के बाद एक महाघोटाले ने सरकार के सामने साख का ऐसा संकट खड़ा किया कि ख़ुद कठघरे में सरकार है और मनमोहन सिंह के सिर पर तलवार लटक रही है। सरकार को न तो रास्ता सूझ रहा है और न ही कड़े फ़ैसले करने की हिम्मत दिख रही है। सरकार को सबसे पहला झटका दिया था आईपीएल ने। ललित मोदी और शशि थरूर के झगड़े ने विकराल रूप लिया तो सरकार को मन्त्री महोदय की

बलि देनी पड़ी। शशि का विकेट क्या गिरा मीडिया और सिविल सोसायटी के मुँह ख़ून लग गया। एक के बाद एक घोटालों का पर्दाफाश होने लगा। कॉमनवेल्थ घोटाला, आदर्श घोटाला, टेलीकॉम घोटाला और स्पैक्ट्रम घोटाला। 2009 के पहले भी काँग्रेस को 26/11 मुम्बई हमले की वजह से केन्द्रीय गृहमन्त्री शिवराज पाटिल और महाराष्ट्र के मुख्यमन्त्री विलास राव देशमुख और उप मुख्यमन्त्री आर.आर. पाटिल को कुर्सी गँवानी पड़ी थी। लोगों में तब भी भयानक गुस्सा था। पहली बार बिना किसी राजनीतिक पार्टी की मदद के हज़ारों की संख्या में लोग सड़कों पर उतर आये थे और खुलेआम राजनीतिक तन्त्र और सत्ता प्रतिष्ठान में अपनी अनास्था जतायी थी। लोगों का मानना था कि सत्ता तन्त्र इतना सड़-गल गया है कि उसे न तो देश की परवाह और न ही अपने लोगों की। उसने जानते-बूझते लोगों को आतंकवादियों के आगे मरने के लिए छोड़ दिया है। वो आतंकवाद से निपटने के लिए गम्भीर नहीं है। उसे बस अपनी सत्ता की परवाह है। लेकिन यह गुस्सा क्षणिक था। वरना वो चाहती तो 2009 के चुनाव में मनमोहन सिंह की सरकार को कूड़ेदान में फेंक देती। तब शायद लोग सरकार और काँग्रेस को सन्देह का लाभ देने के मूड में थे।

लेकिन आज हालात बदल गये हैं। इमरजेंसी और बोफ़ोर्स के बाद एक बार फिर लोगों को लगने लगा है कि ऊँची-ऊँची कुर्सी पर आसीन लोग देश को लूटने के लिए ही बैठे हैं। पूरा तन्त्र सिर्फ़ आम आदमी की क़ीमत पर अपनी जेब भरने में लगा है। फिर चाहे वो महाराष्ट्र के मुख्यमन्त्री रहे अशोक चव्हाण हों या फिर सुरेश कलमाड़ी। ए. राजा हो या करुणानिधि की बेटी कनिमोड़ी। मामला सिर्फ़ नेताओं और वरिष्ठ नौकरशाहों तक सीमित होता तो जनता बर्दाश्त भी करती क्योंकि इनकी इमेज ही पैसा खाऊवीरों की है। जनता को इस बात का भी अन्दाज़ा था कि बड़े औद्योगिक घराने और सफ़ेदपोश मालिक अपने लाभ के लिए किस हद तक गिर सकते हैं, ऐसे में टेलीकॉम घोटाले में जब नामी-गिरामी लोगों के नाम आये तो उसे इतनी हैरानी नहीं हुई। हाँ, बिज़नेस हाउसेज की तिकड़म के जाल की गहराई ने ज़रूर उसे चौंकाया। लेकिन उसके होश तब उड़े जब उसने इन दो सालों में सेना प्रमुख हो या फिर न्याय की कुर्सी पर बैठे जज या बड़े एडिटर सबको भ्रष्टाचार के काले रंग में रँगे पाया।

सेना, न्यायपालिका और मीडिया उसकी उम्मीद के आख़िरी पत्थर थे। उसने देखा कि ज़मीन और फ़्लैट हड़पने की होड़ में सेनाप्रमुख, आधे दर्जन लेफ़्टिनेंट जनरल जुटे हैं, सुप्रीम कोर्ट के पूर्व मुख्य न्यायधीश समेत ढेरों जजों का दामन पाक नहीं रहा और मीडिया के शीर्ष पर बैठे लोग सत्ता के गलियारे में कठपुतली की तरह डांस कर रहे हैं तो उसका भरोसा टूटा। इस टूटते भरोसे ने उसे सत्ता प्रतिष्ठान से बाहर देखने के लिए मजबूर किया। उसे अन्ना हज़ारे के रूप में एक भरोसा मिला। लोगों

को लगा कि महाराष्ट्र के छोटे गाँव के मन्दिर में रहनेवाला शख़्स ही इस कीचड़ से बाहर उसे ला सकता है तो दिल्ली हो या फिर मुम्बई, पटना हो या फिर लखनऊ या फिर चेन्नई, हैदराबाद; लोग उसके समर्थन में इकट्ठा हो गये। उनके अनशन ने मनमोहन सरकार की रीढ़ की हड्डी में सिहरन पैदा कर दी। और जनशक्ति के गुस्से ने सरकार को झुकने के लिए मजबूर कर दिया।

यह रोल मनमोहन सिंह को प्ले करना था। उन्हें तन्त्र की गन्दगी को दूर करना था लेकिन जब लोगों ने महसूस किया कि राजा को सज़ा देने की जगह वो उन्हें बचाने में लगे हैं और देश में भ्रष्टाचार की नाक में नकेल डालने के लिए ऐसे शख़्स को लाने की कोशिश कर रहे हैं जो ख़ुद सन्देह के घेरे में है तो वो निराश होता है। जिस मनमोहन सिंह को उसने 2009 में सिर आँखों पर बिठाया था उसी की तस्वीर उसकी आँखों के सामने चकनाचूर होती है। ऐसे में यूपीए की दूसरी पारी दरअसल सिस्टम के आगे एक ईमानदार आदमी के लाचार होने की कहानी है। सुरसा की तरह बढ़ती महँगाई और उसे रोकने की नाकामी अर्थशास्त्री प्रधानमन्त्री को नाकारा साबित करती है, जो अपराध कतई नहीं है। महँगाई लोगों को तकलीफ़ देती है। लेकिन घोटाला आम आदमी की अन्तरात्मा को ही संज्ञाशून्य कर देता है। नकारेपन के लिए माफ़ी है लेकिन जानते-बूझते बेचारगी बराबर का अपराध। इस अपराध पर भले ही क़ानून की नज़र न पड़े लेकिन इतिहास ऐसे अपराध पर पैनी नज़र रखता है। मौक़ा आने पर पूरा हिसाब करता है, कमीना जो ठहरा।

दैनिक भास्कर, 23.05.2011

हर पल टूटता-बिखरता पाकिस्तान

किसी भी देश के इतिहास में कुछ ऐसे पल आते हैं, जो निर्णायक होते हैं और उसकी क़िस्मत तय करते हैं। पाकिस्तान इस वक़्त ऐसे ही दौर से गुज़र रहा है। संकट के साये वैसे तो काफ़ी दिनों से बढ़ रहे थे। साये जब छोटे होते हैं, तो मुँह चिढ़ाते हैं, लेकिन जब अपने कद से बड़े हो जाते हैं, तो डराने लगते हैं। पाकिस्तान में साये अब डराने लगे हैं। जेहादी आतंकवाद का ख़तरा अब पाकिस्तान के वजूद को ख़त्म करने पर आमादा है। जेहाद पाकिस्तान के लिए नया नहीं है। जनरल ज़िया-उल-हक़ के पहले से ही इसकी ज़मीन पाकिस्तान में पुख़्ता थी। लेकिन ज़िया के सरकारी संरक्षण ने इसको नयी ज़िन्दगी दी। ज़िया के ज़माने में इस्लामीकरण सरकार की राष्ट्रीय नीति हो गयी। यह मामूली इस्लामीकरण नहीं था। ज़िया इसको समझते थे या नहीं, लेकिन सऊदी अरब से जो पैसा आया और उससे जिस तरह के मदरसे बने और उनमें जो पढ़ाई हुई, वह बेहद ख़तरनाक थी। सिर्फ़ पाकिस्तान के लिए ही नहीं, बल्कि पूरी दुनिया के लिए। ज़िया-उल-हक़ की नीतियों की वजह से ही पाकिस्तान में कट्टरपन्थियों ने मदरसों के ज़रिये अपनी ज़बर्दस्त पैठ बनायी।

चार्ल्स एलेन अपनी किताब गॉड्स टेररिस्ट्स में लिखते हैं कि भारत के विभाजन यानी 1947 में पाकिस्तान की स्थापना के समय वहाँ तकरीबन 200 मदरसे थे। 1972 में इन मदरसों की संख्या बढ़कर 893 हो गयी। वर्ष 2002 में जो आँकड़े आये, वे तो किसी को भी चौंकाने के लिए काफ़ी हैं और मौजूदा जेहादी आतंकवाद की ताक़त का अन्दाज़ा इससे लग जाता है। 2002 में पाकिस्तान के मजहबी मामलों के मन्त्री के मुताबिक़, वहाँ मदरसों की संख्या दस हज़ार के पार निकल गयी।

इन तमाम मदरसों में तकरीबन साढ़े सत्रह लाख छात्रों ने पढ़ाई की। एलन का मानना है कि साल 1980 के दशक में अफ़ग़ानिस्तान में सोवियत रूस के आगमन के साथ ही सऊदी अरब ने इन मदरसों के प्रसार में पानी की तरह पैसा बहाया। इन मदरसों में सऊदी अरब के प्रभाव में कट्टरपन्थी विचारोंवाले जेहाद की पढ़ाई पर ज़ोर दिया गया। कहने की ज़रूरत नहीं कि ये मदरसे धीरे-धीरे जेहाद की फ़ैक्टरी

बन गये। और यह सब कुछ हुआ वर्ष 1980 में अफ़ग़ानिस्तान में सोवियत रूस की सेना के ख़िलाफ़ जेहाद छेड़ने के नाम पर। एक अध्ययन के मुताबिक़, वर्ष 1979 से लेकर अब तक जेहाद की आड़ में सऊदी अरब ने 79 अरब डॉलर ख़र्च किये। इसका काफ़ी बड़ा हिस्सा पाकिस्तान के इन दस हज़ार मदरसों को मिला। इनसे वहाँ बड़ी संख्या में जेहाद फैलाने के लिए सेमिनार कराये गये।

दरअसल, इस्लाम की सबसे कट्टरपन्थी धारा वहाबिज़्म को माना जाता है। 1702 में पैदा हुए मोहम्मद बिन अब्द अल वहाब के नाम पर इस स्कूल को वहाबी स्कूल नाम दिया गया। यह स्कूल कुरान की सबसे कट्टर व्याख्या के लिए जाना जाता है। यह कुरान और सिर्फ़ कुरान को ही मानता है और इसकी व्याख्या में किसी भी तरह का विचलन उसे मंजूर नहीं है। वह किसी भी 'फ़ॉर्म' और किसी भी तरह के 'पॉलीथीज़्म' को नहीं स्वीकार करता। उसकी समझ में जो व्यक्ति इसके 'मोनोथीज़्म' से ज़रा भी अलग हटता है, वह इस्लाम का दुश्मन है, यानी इस्लाम को नहीं माननेवाला है, काफ़िर है।

इस स्कूल की नज़र में इस्लाम और इस्लामी क़ौम की रक्षा करना ही जेहाद है। दरअसल, इस स्कूल के संस्थापक अल वहाब इस्लाम की सबसे कथित कट्टरपन्थी और सबसे कम लोकप्रिय व्याख्या करनेवाले हनबली स्कूल के समर्थक इब्न तयमिय्या से ख़ासा प्रभावित थे। इब्न तयमिय्या ने जेहाद की नयी परिभाषा दी। उनका कहना था कि जेहाद इस्लाम के रास्ते में आनेवाली दुश्वारियों के ख़िलाफ़ एक सतत संघर्ष है। जेहाद इस्लाम को नहीं माननेवालों या इसके ख़िलाफ़ जानेवालों के ख़िलाफ़ एक जंग है। इब्न तयमिय्या का मानना था कि इंसान के तौर पर जेहाद सबसे बेहतरीन काम है। सच्चे मुसलमान के लिए जेहाद से बेहतर कुछ नहीं है। जब पाकिस्तान के मदरसों में मासूम बच्चों को दिन-रात यही पढ़ाया जायेगा, तो वे आतंकवादी नहीं बनेंगे, तो फिर क्या बनेंगे? यह तो पाकिस्तान के हुक्मरानों को सोचना था। उस आईएसआई और सेना को सोचना था कि नफ़रत की सीख देनेवाली इस शिक्षा के नतीजे क्या होंगे? पाकिस्तान को तब तक बड़ा मज़ा आया, जब तक इन मदरसों में पले-बढ़े आतंकवादी कश्मीर में ख़ून-ख़राबा करते रहे और भारत के शहरों में मासूमों की जान लेते रहे। हिन्दुस्तान में हुए हर धमाके ने इनके हौसले आसमान पर पहुँचाये। आज ये हौसले उस मुक़ाम पर हैं कि यह पाकिस्तान में इस्लामी हुकूमत का ख़्वाब देख रहे हैं।

इतिहास के तजुर्बेकार जानते हैं कि इब्न तयमिय्या ने 13वीं शताब्दी में कहा था कि इस्लाम के सबसे बड़े दुश्मन ईसाई नहीं हैं, न ही वे हैं, जो इस्लाम के रास्ते से भटक गये, न ही वे, जो इस्लाम को मानते हैं, लेकिन इस्लामी तौर-तरीक़ों को पूरी तरह अपनी ज़िन्दगी में नहीं उतार पाये। असली दुश्मन वो हैं, जो ख़ुद को

इस्लाम का बताते हैं, लेकिन हक़ीक़त में इस्लाम को ख़ारिज़ करते हैं। तयमिय्या के मुताबिक़, पहले तीन पर तो थोड़ी-बहुत दया दिखायी जा सकती है, लेकिन इस चौथे किस्म के शख़्स के ख़िलाफ़ किसी भी हालत में किसी तरह की दया नहीं की जा सकती।

इन कट्टरपन्थी व्याख्याओं को माननेवालों के मुताबिक़, पाकिस्तान अपने को कहता तो इस्लामी राज्य है, लेकिन वह असल ज़िन्दगी में इस्लाम को रिजेक्ट करता है। ऐसे में, पाकिस्तान की मौजूदा लड़ाई पाकिस्तान के अस्तित्व की लड़ाई है। उसमें अमेरिका जितनी एबटाबाद जैसी घटनाएँ करेगा, जितने ड्रोन फोड़ेगा, उतना ही उसके विघटन का कारण बनेगा। पाकिस्तान के नौसैनिक अड्डे पर हमले के बाद तालिबानियों का बयान इस ओर साफ़ इशारा करता है। तालिबान ने कहा कि पाकिस्तान की सेक्युलर नीतियों और अमेरिका से दोस्ती का बदला है यह हमला। यानी इस्लामी स्टेट ग़ैर-इस्लामी रास्ते पर कैसे चल सकता है, और इस्लाम के दुश्मन अमेरिका से कैसे दोस्ती कर सकता है।

हिन्दुस्तान, 30.05.2011

आन्दोलन व शीर्षासन करती राजनीति

पहले अन्ना हज़ारे और अब बाबा रामदेव। दोनों ही अनशन पर। दोनों ही बार सरकार शीर्षासन को मजबूर। दोनों ही बार सरकार की सिट्टी-पिट्टी गुम। दोनों ही बार मुद्दा भ्रष्टाचार। अन्ना का कहना था कि सरकार अगर भ्रष्टाचार से निपटना चाहती है तो लोकपाल बिल लाये। सरकार यह काम बहुत पहले कर सकती थी लेकिन उसे अब सिविल सोसायटी के दबाव में करने के लिए मजबूर होना पड़ रहा है। ब्लैकमनी के मसले पर अगर सरकार संजीदा होती तो किसी को रामलीला मैदान में बैठने की ज़रूरत नहीं होती। ऐसे में सवाल यह है कि आम आदमी को क्यों बार-बार सड़क पर उतरना पड़ता है?

न सरकार के पास, न ही सरकार चला रही काँग्रेस के पास इसका कोई ठोस जवाब है। विपक्षी पार्टी बीजेपी और लेफ़्ट भी इस सवाल पर बग़लें झाँकने लगती हैं। इनके पास भी इस बात का कोई जवाब नहीं है कि जब लोग भ्रष्टाचार से तपे हैं, अन्ना और रामदेव अनशन पर बैठ सकते हैं तो आप क्यों नहीं? यह गम्भीर बात है। गम्भीर इसलिए कि देश की लोकतान्त्रिक व्यवस्था में अगर सरकार कोई ग़लती कर रही है या फिर वो काम नहीं कर रही है तो फिर विपक्षी पार्टियों की यह ज़िम्मेदारी है कि वो सोती हुई सरकार को जगाये और अगर वो फिर भी सोती रहे तो वो उसे जगाने के लिए सड़कों पर उतरे, लोगों को लामबन्द करे, सरकार की नाक में दम कर दे। दुर्भाग्य से ऐसा हो नहीं रहा है। मैं यह मानने को तैयार नहीं हूँ कि पिछले ड़ेढ़ साल से मीडिया ने जिस तरह से एक के बाद एक घोटालों को उजागर किया है उससे विपक्ष को इस बात का एहसास नहीं है कि लोग भ्रष्टाचार से परेशान हैं, वो इससे निजात पाना चाहते हैं। फिर भी विपक्ष सोता रहे तो सोचने की ज़रूरत है कि आख़िर ऐसा हो क्यों रहा है।

यह चिन्ता की बात है कि आख़िर राजनीतिक पार्टियों को लकवा क्यों मार गया है? क्योंकि चाहे काँग्रेस हो या फिर बीजेपी या लेफ़्ट या समाजवादी पार्टियाँ सभी आन्दोलन की कोख से निकली हैं। काँग्रेस का जन्म ही अंग्रेज़ों से देश को

आज़ाद कराने के लिए हुआ था। लेकिन शुरुआत के पच्चीस साल वो सिर्फ़ क़ानूनी बारीकियों में ही उलझी रही। उसे लगता रहा कि अंग्रेज़ हुक्मरानों के साथ मेज पर चाय के प्याले के साथ चुस्की लेते हुए देश को आज़ाद कराया जा सकता है। यह अंग्रेज़ों के लिए फ़ायदे का सौदा था। लेकिन गाँधीजी ने काँग्रेस की इस रणनीति को बदल दिया। उन्होंने सत्य अहिंसा के साथ सत्याग्रह, अनशन, उपवास को भी जोड़ दिया। उपवास और अनशन ने आम भारतीय को काउंसिल के बन्द कमरों से बाहर निकाला। गाँधीजी की अगुवाई में जब आम भारतीय ने कमर कसी, वो लाठी-डंडा खाने को तैयार हुआ, जेल जाने से उसने डरना बन्द कर दिया, सड़कों पर उतरकर असहयोग करना शुरू किया तो नमक तोड़ो जैसे आन्दोलन, डांडी यात्रा ने अंग्रेज़ी शासन की चूलें हिला दीं।

सड़कों पर लाठी खाने का नतीजा था कि आज़ादी के बाद काँग्रेस को लोगों ने सिर आँखों पर बिठाया। लेकिन जैसे ही इन्दिरा गाँधी आयीं, आन्दोलनकारियों की जगह चमचों ने लेनी शुरू कर दी, काँग्रेस कमज़ोर होने लगी। जे.पी. के नेतृत्व में लोग और विपक्षी पार्टियाँ सड़कों पर उतरीं, देशभर में आन्दोलन हुआ तो बंगलादेश की जीत के बाद भी काँग्रेस हिल गयी और विपक्ष को पहली बार सरकार में आने का मौक़ा मिला। इसी तरह वी.पी. सिंह के बोफ़ोर्स आन्दोलन में भी बीजेपी और समाजवादियों ने जमकर शिरकत की। नतीजा 1989 में काँग्रेस की घिग्घी बँध गयी और फिर विपक्ष की सरकार बनी। बीजेपी ज़्यादा समझदार थी सो उसने बोफ़ोर्स के मोमेंटम को बेकार नहीं जाने दिया। उसने राममन्दिर का मुद्दा उछाल दिया। देशभर में माहौल बना। सड़कों पर संग्राम हुआ। आडवाणी जैसे संगठन के नेता ने जब सोमनाथ से अयोध्या तक रथयात्रा की, लोगों में नयी चेतना का संचार किया तो वो अचानक हिन्दू हृदय सम्राट बन गये। बीजेपी में वो कुछ समय के लिए अटल से बड़े हो गये, संगठनकर्ता में प्रधानमन्त्री का कद लोगों को दिखने लगा। समाजवादी नेताओं ने भी मंडल के आन्दोलन में मौक़ा तलाशा। लालू, मुलायम और रामविलास पासवान रातों रात कद्दावर नेता बन गये। काँग्रेस के पास न तो आन्दोलन की सोच थी और न इतनी कुव्वत, लिहाज़ा वो कमज़ोर होती गयी। वो भूल गयी कि इमरजेंसी में करारी हार के बाद इन्दिरा गाँधी कैसे सत्ता में आयी थीं? इन्दिरा जब हाथी पर सवार होकर बिहार के बेलछी पहुँचीं तो लोगों को फिर उनमें भरोसा जगा?

नब्बे के दशक में काँग्रेस सुविधाभोगी हो गयी तो रसातल में जाने लगी। पर आन्दोलन की आदी बीजेपी को भी सत्ता सुख लग गया। लोगों के लिए लाठी-डंडा खाना भूल गयी। सड़क से दूरी बनी तो एयरकंडीशंड कमरों में राजनीति होने लगी। काँग्रेस हो या बीजेपी या सीपीएम ऐसे नेता पार्टी चलाने लगे जिन्हें एसी के बाहर आते ही लू लगने लगती है। त्रासदी यह कि वो पार्टियाँ जिनके नेता कभी जूझारू

माने जाते थे, उनको भी एसी से बाहर आने में तकलीफ़ होने लगी। पैसा कमाना और परिवार को विरासत सौंपना उनकी एकमात्र प्राथमिकता हो गयी है। इनकी पार्टियों में ज़मीनी नेताओं की जगह मुँह में चम्मच दबाये पैदा हुए मासूम पार्टी के कर्ताधर्ता बन गये जो बन्द कमरों में अपनी ज़मीन तलाशते हैं और नेता कम सीईओ की तरह बर्ताव करते हैं। इन नेताओं को ममता का भी उदाहरण नहीं दिखता। जो सिंगूर और नन्दीग्राम में सड़क पर मरने-मारने पर उतारू हो जाती हैं। लोगों को ममता में ईमानदारी दिखी। 35 साल बाद लेफ़्ट का अभेद्द किला ढह गया।

देश के कुछ कोनों में नक्सल जैसी समस्या और दिल्ली में अन्ना हज़ारे और रामदेव जैसे लोगों का धरना-अनशन दरअसल ऐसे 'आलसी, एसी-पसन्द अ-राजनीतिक' नेताओं की नाकामी के लक्षण हैं। अगर राजनीतिक पार्टियाँ अपना काम ईमानदारी से करें तो आम आदमी को सड़क पर उतरने की ज़रूरत ही नहीं। लेकिन दुर्भाग्य यह है कि राजनीतिक पार्टियों पर या तो पॉलिटिकल मैनेजर्स का क़ब्ज़ा हो गया है या फिर नेताओं के दूध पीते बच्चों का। ऐसे में जनता के मुद्दे कौन उठाये? किसी न किसी को खड़ा तो होना ही पड़ेगा। सिविल सोसायटी का अपने अधिकारों के लिए लड़ना तो ठीक है लेकिन जब वो राजनीतिक पार्टियों का काम भी करने लगें तो यकीन मानिये लोकतन्त्र के लिए यह ख़तरे घंटी है। ऐसे में सिविल सोसायटी के आन्दोलन पर ख़ुश होने की नहीं, राजनीतिक पार्टियों और पॉलिटिकल सिस्टम के फ़ेल्योर पर आँसू बहाने को दिल करता है।

दैनिक भास्कर, 06.06.2011

अमीर की ग़रीबी और ग़रीब की अमीरी

बड़े दिनों के बाद देश में जनान्दोलनों की आवाज़ सुनायी पड़ रही है। एक की बागडोर अन्ना के पास है, तो दूसरे पर दावा रामदेव कर रहे हैं। दोनों ही अलग तरह के शख़्स हैं। अन्ना स्वभाव से फकीर। रालेगण सिद्धि गाँव के एक मन्दिर के छोटे-से कमरे में रहते हैं। अपनी कोई सम्पत्ति नहीं। उन्होंने गाँधीवादी तरीक़े से गाँव की काया ही बदल दी। बिना धनशक्ति के। यह गाँव आज महाराष्ट्र में आदर्श गाँव कहा जाता है। वहीं बाबा रामदेव ग़रीब परिवार में पैदा हुए। अन्ना की तरह ज़्यादा पढ़े-लिखे नहीं हैं। बचपन में ही संन्यास ले लिया और योगी बन गये। भगवा धारण कर लिया। स्वामी रामदेव के पहले तक योग एक पुरातनपन्थी परम्परा थी। बाबा ने योग को आधुनिक भारत के लिए फ़ैशनेबल कर दिया। रोज़ सुबह पार्क में लोग योग करने लगे। लेकिन बाबा ख़ुद संन्यासी होने के बावजूद फकीर नहीं रह पाये। वह अरबपति बन गये। बाबा ने कारोबार शुरू किया और जमकर पैसा कमाया।

टीवी ने बाबा को 'लार्जर-दैन-लाइफ़' बना दिया। खाकपति हो या अरबपति, नेता हो या अभिनेता, देसी हो या विदेशी उनके चेलों की जमात बढ़ने लगी। वह प्राइवेट जेट पर चलने लगे, प्राइवेट आइलैंड उनको गिफ़्ट किये जाने लगे। समलैंगिकता हो या फिर कन्या भ्रुण-हत्या, बाबा रामदेव हर मसले पर अपनी राय देने लगे। देखते-देखते बाबा छा गये। उनसे मिलने के लिए और उनके योग शिविरों में शामिल होने के लिए लाखों की फ़ीस वसूली जाने लगी। रामदेव ने एक पुरानी भारतीय परम्परा को पूरी तरह से पूँजीवाद के आवरण में प्रोडक्ट बना दिया, योग का कॉरपोरेटाइज़ेशन कर दिया। योग की मार्केटिंग के साथ-साथ बाबा भी एक ब्रांड बन गये। उनके नाम पर पैसे की बरसात होने लगी और उनके नाम का सिक्का सरपट भागने लगा। बाबा बिना किसी सरकार के सरकार बन गये। उनके सहयोगी और अनुयायी कहने लगे कि बाबा किसी भी राजनेता और प्रधानमन्त्री से ज़्यादा पावरफुल हो गये हैं।

पावर किसी को भी नहीं बख्शती। बाबा भी महत्वाकांक्षी हो गये। मैं कई बार उनसे मिला। हर बार मुझे उनमें बदलाव नज़र आया। वह हमेशा उदार, मृदुभाषी रहे, लेकिन उनके पीछे हमेशा एक नयी शख़्सीयत मुझे दिखती रही। पहली बार तब चौंका, जब उन्होंने कहा कि वह देश की राजनीतिक व्यवस्था से परेशान हैं और उसे बदलना चाहते हैं। उन्होंने कहा कि वह अपनी एक पार्टी बनायेंगे। उनका अपना मैनिफ़ेस्टो होगा, जिसे उन्होंने जारी भी किया था। यह भी कहा कि वह अपने उम्मीदवार खड़े करेंगे। हालाँकि उन्होंने मुझे एक इंटरव्यू में कहा था कि वह कभी भी कोई पद नहीं लेंगे और न ही चुनाव लड़ेंगे। न जाने क्यों मुझे वी.पी. सिंह की वह लाइन याद रही थी कि शेर की सवारी तो आसान है, लेकिन उससे उतरना बहुत मुश्किल। मैंने उनसे प्रतिवाद किया कि भारत की परम्परा में ऋषियों ने कभी भी राजनीतिक सत्ता को अपने हाथ में लेने की कोशिश नहीं की, चाहे वह वशिष्ठ मुनि हों या फिर विश्वामित्र। सभी समाज में रहते हुए भी समाज से अलग ही रहे। राजनीति में उनकी भूमिका सिर्फ़ सलाहकार की रही। राजा ने सलाह माँगी, तो दे दी। राजाओं ने भी उनका सम्मान किया। संन्यासियों के चरणों में बैठकर शिक्षा ली, ज्ञान का आशीर्वाद ग्रहण किया, लेकिन किसी भी मुनि को राजसत्ता नहीं सौंपी।

भारतीय परम्परा में धर्म और राजनीति हमेशा से अलग रहे। दोनों का अलग स्थान रहा। दोनों ने एक-दूसरे का सम्मान किया, लेकिन एक-दूसरे की भूमिका को अपनाने की कोशिश नहीं हुई। इसलिए भारतीय परम्परा में दोनों के बीच टकराव के उदाहरण विरले ही मिलते हैं। बाबा रामदेव के राजनीतिक एजेंडे को सुनकर मुझे लगा कि बाबा समाज से अर्जित अपनी भूमिका को पलटने के मूड में हैं। वह राजनीति में धर्म का घालमेल करना चाहते हैं और भारतीय परम्परा को नये सिरे से लिखना चाहते हैं। उनसे तर्क किया, लेकिन वह बेकार था। फिर कुछ संगठनों और राजनीति के पुराने घाघ लोगों से उनकी मुलाक़ात की ख़बरें आने लगीं। मेरी आशंका सच होने लगी। फिर सुना कि वह दिल्ली के रामलीला मैदान में अनशन करना चाहते हैं। और इसकी तैयारी में वह देश के कोने-कोने में घूम रहे हैं। वह दिन भी आ गया, जब वाकई बाबा रामदेव धरने पर बैठ गये। सरकार के सबसे ताक़तवर मन्त्री प्रणब मुखर्जी के मनाने के बाद भी। कुछ अटपटा लगा। लेकिन उनके पहले अन्ना हज़ारे का अनशन देखा था। उसकी अभूतपूर्व सफलता से प्रभावित भी था। सो कुछ नहीं बोला। लगा भारतीय राजनीति और समाज में कुछ ऐसे बुनियादी बदलाव हो रहे हैं, जो मैं नहीं देख पा रहा हूँ।

बाबा के अनशन में 40-50 हज़ार आदमी भी जुट गये। यह बाबा की क्षणिक सफलता थी। उनके यहाँ जुटी भीड़ का स्वरूप सामने आने लगा। रामलीला मैदान का अनशन लोगों में वह उत्साह नहीं पैदा कर पाया, जो अन्ना के जन्तर मन्तर ने

किया था। बाबा रामदेव के यहाँ भीड़ ज़रूर थी, लेकिन ये वो लोग थे, जो बाबा के भक्त थे। रामलीला मैदान एक योग शिविर था। भ्रष्टाचार से लड़ने के लिए कटिबद्ध लोगों का हुजूम नहीं। स्थानीय लोग नदारद। दिल्ली के बाहर भी लोगों में उत्तेजना और उत्साह ग़ायब था। मुझे समझ में आने लगा कि धार्मिक और योगी होने के बाद भी बाबा वो चमत्कार नहीं कर पाये, जो अन्ना की सादगी ने कर दिया। बाबा की ताक़त में पैसे का ज़ोर दिखा, संगठन की ताक़त दिखी। पैसा और संगठन ही अगर किसी देश में ज्वार पैदा कर पाते, तो आज तक कई अरबपति देश की सत्ता पर आसीन हो गये होते, और संगठन ही अगर ताक़त होती, तो आरएसएस कब का देश पर क़ब्ज़ा कर चुका होता।

साफ़ है, बाबा रामदेव की आध्यात्मिकता में वह नैतिक आभा नहीं दिखी, जो अन्ना हज़ारे के फक्कड़पन में लोगों को नज़र आयी। अन्ना जैसे फकीर में लोगों को नये युग का नया गाँधी दिखा और बाबा में एक व्यवसायी। हिन्दुस्तान के लोग समझदार हैं। वो पहले से ही राजनीति के व्यवसायीकरण से त्रस्त हैं। वो फिर किसी दूसरे व्यवसायी के मोहपाश में क्यों फँसते? इसलिए बाबा रामदेव चार जून के अनशन और अरबों की सम्पत्ति के बाद भी आज ज़्यादा ग़रीब दिखायी देते हैं और एक फकीर कहीं ज़्यादा अमीर। गाँधी का यह देश अब भी ज़्यादा नहीं बदला है। नैतिकता की पूँजी अब भी उसकी सबसे बड़ी पूँजी है। नैतिकता किसी स्वामी के भगवे चोले की जागीर नहीं है। नैतिकता चोला नहीं, आत्मा देखती है। और आत्मा की आवाज़ सुनायी नहीं पड़ती वह सिर्फ़ महसूस होती है।

हिन्दुस्तान, 13.06.2011

नर्वस सरकार का दुष्प्रचार

पिछले दिनों सरकार के एक बड़े मन्त्री से बात हो रही थी। मामला लोकपाल बिल का था। वे नाराज़ थे। उनका कहना था कि जिस तरह से मीडिया अन्ना और उनके आन्दोलन को दिखा रहा है उससे देश के कमज़ोर होने का ख़तरा बढ़ गया है। मैंने समझाने की बहुतेरी कोशिश की लेकिन वो कहीं न कहीं यह इशारा करते रहे कि देश को तोड़नेवाली शक्तियाँ सिविल सोसायटी की भ्रष्टाचार विरोधी मुहिम का फ़ायदा उठाकर अपना उल्लू साधने में लगी हैं। मीडिया और समाज को यह बात समझनी चाहिए और बहकावे में नहीं आना चाहिए। मन्त्री महोदय एक षड्यन्त्र की तरफ़ इशारा कर रहे थे। उनका इशारा आरएसएस की तरफ़ था। दिग्विजय सिंह तो कई बार खुलकर आरएसएस का नाम ले भी चुके हैं। इसी ओर इशारा करते हुए प्रणब मुखर्जी ने कोलकाता में कहा था कि देश में इमरजेंसी के पहलेवाले हालात बन रहे हैं। मैं आरएसएस का समर्थक नहीं हूँ लेकिन इतना ज़रूर जानता हूँ कि सरकारें जब भी घिरती हैं तो वो साजिश की जुबान बोलने लगती हैं। ऐसे में मन्त्री महोदय की बातचीत ने बरबस इन्दिरा गाँधी की ओर मेरा ध्यान खींचा। 26 जून 1975 को इन्दिरा गाँधी ने कहा था—मुझे पूरा यकीन है कि आप लोगों को इस बात का एहसास होगा कि जब से मैंने देश के आम आदमी को फ़ायदा पहुँचाने के लिए कार्यक्रम बनाने शुरू किये हैं, तब से देश में एक गहरी साजिश रची जाने लगी है। और इन्दिरा गाँधी ने देश में आपातकाल लागू करने का ऐलान कर दिया।

उस वक़्त इन्दिरा सरकार एक तरफ़ महँगाई से जूझ रही थी तो दूसरी तरफ़ भ्रष्टाचार के गम्भीर आरोप थे। अहमदाबाद के एलडी इंजीनियरिंग कॉलेज में मेस बिल बढ़ने के मसले पर छात्रों के आन्दोलन ने चिमनभाई पटेल की सरकार की बलि ले ली थी और सरकार के पास विपक्षी नेताओं के भ्रष्टाचार के आरोपों के जवाब देते नहीं बन रहा था। अटल बिहारी वाजपेयी ने कहा था कि सरकार इस क़दर भ्रष्टाचार में आकंठ डूबी है कि गंगा का पूरा पानी भी इसको धोने में कम पड़ जायेगा। तेज़-तर्रार मधु लिमये कहते थे कि जब भी वो मारुति का नाम लेते हैं

सरकार नर्वस हो जाती है। मौजूदा सरकार के पास भी दो चीज़ों के जवाब नहीं हैं। एक महँगाई और दूसरा भ्रष्टाचार। मनमोहन सिंह 2009 के चुनाव के पहले से ही महँगाई पर लगाम लगाने का दावा कर रहे हैं। सरकार की क्रैडिट पॉलिसी के ऐलान के समय साफ़ कहा गया कि मुद्रा स्फीति पर क़ाबू करना आसान नहीं है। इस सरकार के भ्रष्टाचार के बारे में कम ही कहा जाये तो बेहतर है। घोटाले की रक़म अब बोफ़ोर्स के 64 करोड़ से काफ़ी आगे 176000 करोड़ से तक पहुँच गयी है।

सरकार की मानें तो 2जी घोटाला हुआ ही नहीं। कपिल सिब्बल ने हम सबको समझाने की कोशिश की थी कि 2जी में सरकार के ख़ज़ाने को चूना लगा ही नहीं। अब उनसे कौन पूछे कि जब घोटाला हुआ ही नहीं तो फिर पूर्व टेलीकॉम मन्त्री राजा, डीएमके सांसद कनिमोड़ी, टेलीकॉम सेक्रेटरी सिद्धार्थ बेहुरा, रिलायंस एडीएजी के ग्रुप सीईओ और दूसरी बड़ी कम्पनियों के आला अधिकारी अब जेल में क्यों हैं? सरकार का बस चलता तो कहीं कोई कार्रवाई नहीं होती। भला हो सुप्रीम कोर्ट का, मीडिया का और सिविल सोसायटी का। 1974-75 की तरह जब विपक्षी राजनीतिक पार्टियाँ अपनी भूमिका कारगर तरीक़े से नहीं निभा पायीं तो सिविल सोसायटी को सामने आना पड़ा और फ़ौरन ही सरकार की तरफ़ से सिविल सोसायटी को बदनाम करने का नाटक शुरू हो गया। सिविल सोसायटी के बारे में कहा जाने लगा कि यह जनता के चुने प्रतिनिधि नहीं हैं, लिहाज़ा इन्हें मुद्दे उठाने का हक़ किसने दिया? दो, सिविल सोसायटी धमकी और ब्लैकमेल की भाषा में बात करते हैं। और बार-बार अनशन की धमकी देकर जनता के चुने हुए प्रतिनिधियों को ब्लैकमेल कर रहे हैं। तीन, इस आन्दोलन को आरएसएस का समर्थन है। और आरएसएस मौजूदा मनमोहन सिंह सरकार को अस्थिर करने की साजिश रच रही है। यानी सिविल सोसायटी आन्दोलन का गुप्त एजेंडा है। चार, यह आन्दोलन का असंवैधानिक तरीक़ा अपनाकर लोकतन्त्र को कमज़ोर करने का प्रयास कर रहे हैं।

जेपी आन्दोलन को भी इसी तरह से डिसक्रैडिट करने कोशिश की गयी थी। जे.पी. को अमेरिका का एजेंट और उनके आन्दोलन को दक्षिणपन्थी प्रतिक्रियावादी और फासीवादी बताया गया था। जे.पी. के बारे में फैलाया गया कि चूँकि इन्दिरा गाँधी को निक्सन प्रशासन पसन्द नहीं करता था इसलिए जे.पी. को अमेरिका ने खड़ा किया है। जे.पी. ने जब इलाहाबाद में जून 1974 में एक कॉन्फ्रेन्स में कहा कि–हालाँकि वो किसी भी हथियारबन्द विद्रोह या बग़ावत में हिस्सा नहीं लेंगे पर वो क्रान्तिकारियों को हथियार उठाने से मना भी नहीं करेंगे–तो सरकार को बहाना मिल गया। इसमें आग में घी का काम किया पटना में दिये जे.पी. के इस बयान ने कि–ख़ूनी क्रान्तियाँ तभी कामयाब होती हैं जब सेना और पुलिस सरकार की बात मानने से मना कर दे जैसाकि रूसी क्रान्ति के समय हुआ था–रातोंरात जे.पी.

को ब्रांड कर दिया गया कि उनकी लोकतन्त्र में आस्था नहीं है। लोगों में भ्रम भी फैला। पायनियर अख़बार ने 6 जून 1974 को लिखा—हालाँकि जे.पी. सरकार की बुराइयों को ख़त्म करने में जुटे हैं लेकिन उनका तरीक़ा पूरी तरह से अलोकतान्त्रिक है। हिन्दू अख़बार ने भी 11 जून 1974 को लिखा—जेपी जो अब तक राजनीति की मुख्यधारा से दूर थे, देश चलाने की ज़िम्मेदारी से बचते रहे अब वही न केवल ग़लत दरवाज़े से घर में घुसना चाहते हैं, बल्कि उसे हर आदमी के सिर पर ढहाना भी चाहते हैं।

मुझे यह कहने की ज़रूरत नहीं कि जे.पी. और इन्दिरा गाँधी के बीच इतिहास आज किसे लोकतान्त्रिक मानता है और किसे डिक्टेटर? मैं मन्त्री महोदय से इतना ही कहना चाहूँगा कि वो प्रणब मुखर्जी को समझायें कि आज इमरजेंसी जैसे हालात नहीं हैं और न ही आज देश इन्दिरा गाँधी के असुरक्षाभाव से ग्रस्त है। इन्दिरा गाँधी के सचिव रह चुके पी.एन. धर लिखते हैं—संकट के उस समय में इन्दिरा गाँधी ने हर व्यक्ति पर अविश्वास किया सिवाय पुत्र संजय गाँधी के। उन्हें पक्का यकीन था कि इलाहाबाद हाईकोर्ट के फ़ैसले के बाद अगर उन्होंने इस्तीफ़ा दिया तो पार्टी में दो फाड़ हो जायेंगे और उनका उत्तराधिकारी उन्हें दोबारा प्रधानमन्त्री नहीं बनने देगा? आज काँग्रेस की सरकार के प्रधानमन्त्री मनमोहन सिंह हैं और सोनिया गाँधी को उनसे डर नहीं लगता है। ऐसे में सिविल सोसायटी से क्यों डरती है यह सरकार और मन्त्री महोदय क्यों करते हैं दुष्प्रचार?

दैनिक भास्कर, 20.06.2011

कॉँग्रेस-भाजपा में बेहतर कौन

यह सवाल हमेशा ही उठता है कि कॉँग्रेस और बीजेपी में बेहतर कौन है? जवाब देना हमेशा ही मुश्किल होता है। कॉँग्रेस आज़ादी की लड़ाई से निकली पार्टी है। आज़ादी के बाद राष्ट्र के निर्माण में उसकी भूमिका है। जवाहरलाल नेहरू की सेक्युलर-डेमोक्रेटिक-पॉलिटिक्स ने इस देश को पाकिस्तान बनने से बचा लिया। बीजेपी यह दावा नहीं कर सकती। आज़ादी की लड़ाई के समय तो बीजेपी थी ही नहीं। आरएसएस था।

गाँधीजी की हत्या के बाद लगे प्रतिबन्ध से आरएसएस को राजनीतिक दल का महत्व समझ में आया और जनसंघ का उदय हुआ। श्यामा प्रसाद मुखर्जी और उनके बाद दीन दयाल उपाध्याय ने पार्टी की बागडोर सँभाली। हिन्दूवाद में लिपटा उग्र-राष्ट्रवाद जनसंघ की पहचान बना। काडर आधारित पार्टी होने के बाद भी उसका जनाधार सीमित था।

इमरजेंसी ने जनसंघ को देश की राजनीति के केन्द्र में लाने में मदद की। लेकिन बीजेपी का असल उभार दिखा अयोध्या आन्दोलन के समय। बोफ़ोर्स की मार, मंडल और मन्दिर पर साफ़ स्टैंड न लेने की विवशता और लचर नेतृत्व ने कॉँग्रेस को केन्द्र की सत्ता से दूर कर दिया और बीजेपी पहली बार केन्द्र में सरकार बनाने में कामयाब हुई। इसके बाद से ही देश में दो ध्रुवीय राजनीति की शुरुआत हुई।

एक ध्रुव की अगुवाई कॉँग्रेस के पास और दूसरे की बीजेपी के हवाले। लेकिन नयी आर्थिक नीति ने दोनों प्रमुख पार्टियों के बीच की वैचारिक दूरी को काफ़ी कम कर दिया है। आज बीजेपी और कॉँग्रेस में कोई ख़ास फ़र्क़ नहीं दिखता। न उनके नेताओं के आचरण में और न ही पॉलिसी के स्तर पर। वरना एक ज़माना था, कॉँग्रेस समाजवाद का डंका पीटा करती थी और निर्गुट आन्दोलन की अगुवा होने के बावजूद वह सोवियत संघ के काफ़ी नज़दीक थी।

जनसंघ या बीजेपी को तब आर्थिक रूप से खुले बाज़ारवाद का समर्थक बताया जाता था और वह अमेरिका से करीबी सम्बन्ध की वकालत करती थी। समाजवाद

के खात्मे के साथ ही काँग्रेस भी आर्थिक उदारवाद की गोद में बैठ गयी। मनमोहन सिंह के सौजन्य से देश में बाज़ारवाद की बयार बहने लगी। आरएसएस के तमाम स्वदेशी आन्दोलन के बावजूद अटल बिहारी वाजपेयी के छः साल के शासन में देश उदारीकरण के रास्ते से ज़रा भी नहीं भटका। कभी-कभी तो यह लगता था कि काँग्रेस भी अगर 1998 से 2004 तक केन्द्र में रहती, तो आर्थिक नीतियों में कोई नयी चीज़ नहीं देखने को मिलती।

ग़ौर से देखा जाये, तो सेक्युलरिज़्म के अलावा सिर्फ़ एक अन्तर दोनों में नज़र आता है। बीजेपी काँग्रेस की तुलना में ज़्यादा लोकतान्त्रिक पार्टी दिखती है। नेहरू-गाँधी की विरासत की वजह से काँग्रेस में जिस तरह का अन्दरूनी लोकतन्त्र होना चाहिए, उसमें इसकी कमी साफ़ झलकती है।

आज़ादी के 63 साल बाद भी पार्टी नेहरू-गाँधी की मोहताज है। सोनिया गाँधी ने पार्टी की बागडोर नहीं सँभाली होती, तो शायद काँग्रेस का आज कोई नामलेवा भी नहीं होता। नरसिंहा राव और सीताराम केसरी ने पार्टी का कबाड़ा ही कर दिया था और पार्टी इस हद तक कमज़ोर हुई कि आज तक केन्द्र में अकेले अपने बल पर सरकार बनाने की नहीं सोच सकती।

सोनिया पर निर्भरता ने पार्टी की केन्द्र में वापसी में मदद तो की, लेकिन उसे हमेशा के लिए पंगु भी कर दिया। तमाम बड़े नेताओं के बाद भी पार्टी राहुल गाँधी में अपना अगला नेता और प्रधानमन्त्री देखने के लिए अभिशप्त है। पार्टी में आन्तरिक चुनाव पूरी तरह से समाप्त हो गये हैं। एक वक़्त था, जब काँग्रेस कार्यकारिणी के सदस्य खुले चुनाव के ज़रिये चुनकर आते थे, आज यह परम्परा ख़त्म हो गयी है। कार्यकारिणी के लिए नेता इलेक्ट नहीं, सेलेक्ट होते हैं। मुख्यमन्त्री का चुनाव विधायक नहीं, आलाकमान करता है।

बीजेपी इस मामले में अभी तक अपने को ख़ुशनसीब मान सकती है। पार्टी एक परिवार के सहारे नहीं है। वहाँ कोई भी आम कार्यकर्ता पार्टी का अध्यक्ष बनने का ख़्वाब पाल सकता है और देश का प्रधानमन्त्री भी बन सकता है। उसके यहाँ किसी एक नेता का आदेश नहीं चलता। वरिष्ठ नेता मिल-बैठकर फ़ैसले करते हैं।

लालकृष्ण आडवाणी जैसे वरिष्ठ नेता को भी, भले ही आरएसएस के दबाव में ही सही, पार्टी अध्यक्ष और नेता विपक्ष का पद छोड़ना पड़ता है। पार्टी में पले-बढ़े अरुण जेटली और सुषमा स्वराज जैसे लोग प्रधानमन्त्री बनने का सपना देख सकते हैं। इसके लिए उन्हें अपनी काबिलियत साबित करनी होगी। राहुल गाँधी की तरह परिवार में जन्म लेना वहाँ एकमात्र योग्यता नहीं है।

मनमोहन सिंह के बावजूद मैं यह कहने की गुस्ताखी कर सकता हूँ कि काँग्रेस में कोई नितिन गडकरी भी हो सकता है, इसमें मुझे सन्देह है। मनमोहन सिंह को मैं

अपवाद मानता हूँ। मैं तब काँग्रेस को दाद दूँगा, जब राहुल के होते हुए पार्टी अगले चुनाव में किसी और नेता को प्रधानमन्त्री के रूप में प्रोजेक्ट करे। कहनेवाले यह कह सकते हैं कि बीजेपी में आरएसएस के इशारे के बग़ैर पत्ता भी नहीं हिलता।

लेकिन आरएसएस अपनी तमाम खामियों के बावजूद पार्टी के रोज़मर्रा के काम में दख़ल नहीं देता, जबकि काँग्रेस में रोज़मर्रा के फ़ैसले भी नेहरू-गाँधी परिवार के इशारे के बग़ैर नहीं हो सकते। आरएसएस बीजेपी पर नियन्त्रण रखती है, यह सच्चाई है, लेकिन उसका नियन्त्रण वैचारिक है, जबकि काँग्रेस में नेहरू-गाँधी परिवार हर जगह, हर वक़्त मौजूद है।

सोनिया गाँधी ने काँग्रेस में नयी ऊर्जा का संचार किया, राहुल की मौजूदगी पार्टी को ताक़त देती है। नेहरू-गाँधी परिवार की वजह से पार्टी में बीजेपी से कहीं ज़्यादा अनुशासन है, गुटबाज़ी पर अंकुश है। जबकि बीजेपी में आरएसएस की उपस्थिति भी अनुशासन की गारंटी नहीं है। एक सर्वमान्य नेता की अनुपस्थिति ने बीजेपी को गुटबाज़ी का पर्याय बना दिया है। सुषमा, अरुण, वेंकैय्या, राजनाथ, अनन्त कुमार, मुरली मनोहर जोशी, नरेन्द्र मोदी सब एक-दूसरे को निपटाने में लगे रहते हैं। पार्टी अध्यक्ष गडकरी को भी गोपीनाथ मुंडे से डर लगता है।

शीर्ष पर जनाधारविहीन नेताओं ने क़ब्ज़ा कर लिया है। और ये नेता दिनभर जनाधारवालों को बर्बाद करने में लगे रहते हैं। कल्याण सिंह, उमा भारती, बाबूलाल मरांडी, शंकर सिंह वघेला, वसुन्धरा राजे सिन्धिया और अब मुंडे इसके उदाहरण हैं। फिर वैचारिक स्तर पर बीजेपी अल्पसंख्यक तबक़े को सुरक्षा की गारंटी नहीं दे सकती। गुजरात के दंगे दिल में दहशत भर देते हैं। ऐसे में काँग्रेस के सेक्युलरिज़्म और अनुशासन पर अगर परिवारवाद का दाग़ है, तो बीजेपी के आन्तरिक लोकतन्त्र व खुलेपन पर साम्प्रदायिकता और गुटबाज़ी का नाग फन काढ़े बैठा है। ऐसे में बेहतर कौन है, यह फ़ैसला अब आम आदमी पर ही छोड़ देना चाहिए।

हिन्दुस्तान, 27.06.2011

लोकपाल और राजनीति के इत्तफ़ाक़

अन्ना हज़ारे तमाम राजनीतिक पार्टियों को समझाने की कोशिश कर रहे हैं कि प्रधानमन्त्री को लोकपाल के दायरे में लाना कितना ज़रूरी है। उन्होंने बीजेपी समेत सभी राजनीतिक दलों के नेताओं से मुलाक़ात भी की है। वो सोनिया गाँधी से भी मिले। अनशन से पहले भी अन्ना ने राजनीतिक पार्टियों से सम्पर्क किया था। तब किसी ने भाव नहीं दिया। सम्पादकों से मुलाक़ात में प्रधानमन्त्री मनमोहन सिंह ने बड़ी शान से कहा कि अन्ना जब मुझसे मिलने आये तो मैंने उन्हें लोकपाल लाने का भरोसा दिया था पर वो अनशन पर बैठ गये। हक़ीक़त यह है कि पहले किसी को यह इल्म नहीं था कि महाराष्ट्र के इस शख़्स को ज़बर्दस्त जनसमर्थन मिलेगा और वो देश के सत्ता प्रतिष्ठान की नींव हिला देगा। अब सभी दल प्रलाप कर रहे हैं। वित्त मन्त्री प्रणब मुखर्जी ने कहा कि कुछ लोग देश में इमरजेंसी जैसा माहौल बना रहे हैं, लोकतन्त्र को कमज़ोर कर रहे हैं। प्रधानमन्त्री को यह लग रहा है कि मीडिया जाँचकर्ता और जज दोनों ही बन बैठा है।

प्रधानमन्त्री कहते हैं—वो तो लोकपाल के दायरे में प्रधानमन्त्री को लाना चाहते हैं लेकिन उनके सहयोगियों की राय अलग है। कैबिनेट मन्त्री कहते हैं कि इससे गठबन्धन के दौर में देश में अस्थिरता फैलेगी। वीरप्पा मोइली की अध्यक्षता में बने एडमिनिस्ट्रेटिव रिफ़ॉर्म्स कमीशन की रिपोर्ट के पेज नम्बर 112 पर लिखा है—अगर प्रधानमन्त्री की जाँच संसद के बाहर की कोई संस्था करती है तो सरकार की साख कमज़ोर होगी और संसद की सम्प्रभुता ख़तरे में पड़ेगी। यह रिपोर्ट आगे लिखती है कि ऐसी परिस्थिति में सरकार को चलाने की प्रधानमन्त्री की क्षमता पर असर पड़ेगा। इस सन्दर्भ में रिपोर्ट पेज नम्बर 113 पर लिखती है—अगर प्रधानमन्त्री ने ग़लती की है तो संसद को ही जाँच का अधिकार हो और उनके हटाने का अधिकार भी संसद के ही पास रहे। यह रिपोर्ट 2007 में आ गयी थी। तब तक केन्द्र में काँग्रेस की अगुवाई में बनी सरकार को आये तीन साल हो चुके थे। रिपोर्ट और मनमोहन के सहयोगियों की राय में ग़ज़ब का साम्य है, क्या यह इत्तेफ़ाक़ है?

अब ज़रा फ़्लैशबैक में चलते हैं। लोकपाल के दायरे में प्रधानमन्त्री को लाने के मसले पर काँग्रेस की राय थोड़ी अलग दिखेगी। पन्ने पलटते हैं 2001 में प्रणब मुखर्जी की अगुवाई में लोकपाल पर बनी संसद में गृह मन्त्रालय की स्टैंडिंग कमेटी की रिपोर्ट के। प्रणब मुखर्जी तब भी काँग्रेस में थे। स्टैंडिंग कमेटी की रिपोर्ट में साफ़ लिखा है—सुप्रीम कोर्ट के मुख्य न्यायधीश, चुनाव आयोग को तो लोकपाल के दायरे से बाहर रखना चाहिए लेकिन प्रधानमन्त्री की जाँच का अधिकार लोकपाल को होना चाहिए। रिपोर्ट के मुताबिक़ प्रिवेंशन ऑफ़ करप्शन एक्ट 88 के तहत जिन सरकारी नौकरों के ख़िलाफ़ कार्रवाई हो सकती है उन सबके ख़िलाफ़ जाँच का अधिकार लोकपाल को होना चाहिए, और प्रधानमन्त्री दूसरे मन्त्रियों की तरह सरकारी नौकर हैं। यानी लोकपाल की जाँच से उन्हें अलग नहीं रखा जा सकता है। यह काँग्रेस की राय तब थी जब वो सरकार से बाहर थी। यह वक़्त का तकाजा था। काँग्रेस मजबूर थी। वो कमज़ोर थी। उस वक़्त के पहले आये सारे बिलों में प्रधानमन्त्री को इस दायरे में रखा गया था। लिहाज़ा काँग्रेस राजनीतिक रूप से ग़लत मंच पर खड़े दिखना नहीं चाहती थी।

इस रिपोर्ट के पहले आठ बार लोकपाल बिल आया। 1968, 1971, 1977, 1985 में लाये बिल में प्रधानमन्त्री को लोकपाल से बाहर रखा गया लेकिन 1989, 1996, 1998, 2001 के लोकपाल बिल में प्रधानमन्त्री को यह सहूलियत नहीं बख्शी गयीं यानी 1989 के बाद आये सभी लोकपाल बिल में प्रधानमन्त्री को लोकपाल के दायरे में रखा गया। ऐसे में सवाल यह उठता है कि 2001 से 2007 के बीच ऐसा क्या हुआ कि लोकपाल के दायरे में आने पर प्रधानमन्त्री की सत्ता कमज़ोर होने लगी? यह तर्क अगर आज सही है तो यही तर्क 1989, 1996, 1998, 2001 में भी सही होने चाहिए लेकिन तब ऐसा तर्क नहीं दिया गया। आज सरकार कहती है कि गठबन्धन का दौर है, प्रधानमन्त्री की सत्ता कमज़ोर हो जायेगी। लेकिन 1989 में वी.पी. सिंह की सरकार थी, 1996 में देवेगौड़ा की सरकार थी, 1998 और 2001 में अटल बिहारी वाजपेयी की सरकार थी और ये सारी गठबन्धन की सरकारें थीं। जबकि 1968, 1971, 1985 में केन्द्र में काँग्रेस की बहुमतवाली सरकारें थीं और तब काँग्रेस लोकपाल बिल में प्रधानमन्त्री की जाँच का अधिकार लोकपाल को क्यों नहीं दे पायी?

फ़्लैशबैक से साफ़ है कि सिवाय 2001 के काँग्रेस ने कभी भी प्रधानमन्त्री को लोकपाल के दायरे में लाने की वकालत नहीं की। सवाल है कि क्यों? जवाब मुश्किल नहीं है—काँग्रेस को सत्ता में हिस्सेदारी पसन्द नहीं है और न ही अपनी सत्ता में वो किसी का दख़ल बर्दाश्त करती है। आज़ादी के बाद से 1985 तक हमेशा केन्द्र में काँग्रेस के बहुमतवाली सरकारें ही रही हैं और इत्तेफ़ाक़ से हर बार नेहरू-गाँधी परिवार

का आदमी ही प्रधानमन्त्री था। जवाहरलाल नेहरू, इन्दिरा गाँधी और राजीव गाँधी। 1991 और 2004 में बनी काँग्रेस को सरकार बनाने के लिए दूसरे दलों की मदद लेनी पड़ी। और इत्तेफ़ाक़ से दोनों ही बार प्रधानमन्त्री नेहरू-गाँधी परिवार के नहीं थे। क्या यह भी इत्तेफ़ाक़ है कि सोनिया गाँधी के पार्टी की कमान सँभालने के बाद काँग्रेस को यह समझने में वक़्त लगा कि अब उसके लिए अपने बल पर सरकार बनाना असम्भव है? और पंचमढ़ी सम्मेलन में बड़ी मुश्किल से उसने गठबन्धन की सरकार के लिए हामी भरी? क्या यह भी इत्तेफ़ाक़ है कि पार्टी में राहुल गाँधी के पूरी तरह से सक्रिय होने के बाद यूपी में काँग्रेस ने अकेले चुनाव लड़ा और बिहार में उसने लालू से हाथ मिलाने से इनकार कर दिया?

ऐसे में यह कैसे सम्भव है कि जिस पार्टी को अकेले, बिना किसी पर निर्भर हुए, शासन की आदत हो, जिसे मजबूरन गठबन्धन की सरकार चलानी पड़ रही हो, जो 2जी घोटाला सामने आने पर सफ़ाई में यह कहे कि 'भ्रष्टाचार गठबन्धन की विवशता है', वो यह मान ले कि कोई बाहरी आदमी या संस्था प्रधानमन्त्री से सवाल-जवाब करे, उनकी जाँच करे। सवाल मानसिकता का है। हर किसी को अपने हिसाब से सोचने का संवैधानिक अधिकार भी है लेकिन किसी को यह अधिकार नहीं है कि वो दूसरे की सोच को लोकतन्त्र के लिए ख़तरा बताये। क्योंकि ऐसे बयानों से लोकतन्त्र को आँच आती है और लोकपाल की मुहिम लोकतन्त्र को मज़बूत करने की है, उसे कमज़ोर करने की नहीं, यह समझना होगा।

दैनिक भास्कर, 04.07.2011

विरासत से बाहर निकलने की पदयात्रा

दादी की चिता जल रही थी। लपटें आसमान का सीना छूने को बेताब थीं। पास ही राजीव गाँधी खड़े थे। उनका हाथ थामे एक बेटा भी पिता के दुख में बराबर का साझीदार था। दोनों पर पूरी दुनिया की निगाहें थीं। उनका शोक भी निजी नहीं था। 27 साल बाद यह तस्वीर आज भी मेरे जहन में ताज़ा है। वह बच्चा आज जवान हो चुका है। उस वक़्त राजीव गाँधी में देश ने अपना भविष्य देखा था। वह इन्दिरा गाँधी की मौत के बाद प्रधानमत्री बन चुके थे। आज मनमोहन सिंह देश की बागडोर सँभाले हुए हैं लेकिन काँग्रेस समेत पूरा देश जानना चाहता है कि राहुल की ताजपोशी कब होगी? राहुल इन सवालों के बीच एक और सवाल का जवाब तलाश रहे हैं। यूपी में मरी हुई काँग्रेस को ज़िन्दा कैसे किया जाये? इस पहेली का हल खोजने के लिए राहुल गाँधी पिछले कई महीनों से यूपी की खाक छान रहे हैं। दलित बस्ती में रात गुज़ारना, किसी ग़रीब के साथ मिट्टी और फावड़ा उठाना, किसी सताई महिला के घरवाले का हाल पूछना, गोली खाये लोगों के परिवारों को सान्त्वना देना। राहुल के हर दौरे ने सरकार के माथे पर बल डाला है। शुरुआत में लोगों ने इसे एक नये बच्चे की 'उत्सुकता' का नाम दिया। राजघराने में पैदा हुए बच्चे की 'चुहलबाज़ियाँ'। किसी ने गम्भीरता से नहीं लिया। और जब राहुल ने लोकसभा चुनावों में यूपी में अकेले जाने की बात की तो हर किसी ने नासमझी करार दिया था, लेकिन चुनाव के बाद सब चौंक गये। मुझे याद है जब चुनाव प्रचार के दौरान दिल्ली में एक प्रेस कॉन्फ्रेन्स में राहुल गाँधी ने नीतीश कुमार की तारीफ़ की तो सबने राहुल की राजनीतिक समझ पर जमकर फब्ती कसी थी।

मैंने 2009 के चुनावों के दौरान भी लिखा था कि राहुल गाँधी भारतीय राजनीति को उसके परम्परावादी तौर-तरीक़ों से बाहर निकाल रहे हैं तब काफ़ी लोगों ने मेरी आलोचना की थी। 2004 में जब मनमोहन सिंह को सोनिया ने प्रधानमत्री की कुर्सी सौंपी थी तब सबका मानना था कि मनमोहन सिंह केयरटेकर पीएम हैं, नाइटवाचमैन हैं। पिछले सात सालों में यह सवाल हर बार पूछा गया कि राहुल गाँधी

कब प्रधानमन्त्री बनेंगे और हर बार जवाब 'न' ही मिला। आज भी लोग यही कह रहे हैं कि हो सकता है कि 2014 का चुनाव राहुल की अगुवाई में ही काँग्रेस लड़े लेकिन ऐसा होगा कोई गारंटी से नहीं कह सकता। यानी राहुल भारतीय राजनीतिज्ञों की परम्परा के मुताबिक़ कुर्सी या मन्त्रीपद या सत्ता पाने की जल्दी में बिलकुल नहीं है। इस देश के नेताओं का हाल यह है कि वो पार्टी में बाद में शामिल होते हैं, चुनाव बाद में जीतते हैं लेकिन मन्त्री बनने के लिए लॉबिंग पहले करने लगते हैं। राहुल यहाँ पर नेताओं की छवि को तोड़ रहे हैं। दूसरे, राहुल गाँधी पर एक आरोप यह भी लगता रहा है कि वो राजनीति में इसलिए हैं क्योंकि वो इन्दिरा गाँधी के पोते और राजीव गाँधी के बेटे हैं। लोगों की नज़र में शायद वो इस कुर्सी या सम्मान के लायक नहीं है।

राहुल यह कह चुके हैं कि वो परिवारवाद के प्रॉडक्ट है और परिवारवाद को ग़लत भी मानते हैं लेकिन वो यह भी कहते हैं कि वो इस परम्परा को ख़त्म करना चाहते हैं। राहुल की तमाम कवायद के पीछे की सोच यह भी है कि हाँ, मैं नेहरू-गाँधी परिवार का वारिस ज़रूर हूँ, चीज़ें मुझे थाली में परोसकर भी मिली हैं लेकिन अगर कोई यह कहे कि मैं इसके योग्य नहीं हूँ तो यह ग़लत होगा। गाँव-गाँव घूमना, लोगों के घरों में रुकना, उनके हाथ का बनाया खाना खाना, सीधे लोगों से उनके दुख-दर्द को सुनना और एक सीधा संवाद स्थापित करना उनकी एक कोशिश है यह कहने की कि हाँ, जो मैं नहीं बदल सकता वो नहीं बदलेगा लेकिन मुझ पर यह आरोप न लगायें कि मैं योग्य नहीं हूँ या मुझे देश की समझ नहीं है या मैं इस देश को नहीं जानता। यह इस छटपटाहट का नतीजा है कि राहुल ने मौजूदा राजनीति में जो प्रोजेक्ट हाथ में लिया है वो भारतीय राजनीति में हर लिहाज़ से सबसे कठिन प्रोजेक्ट है। राहुल गाँधी के पहले किसी काँग्रेसी ने हिम्मत नहीं दिखायी।

यूपी में काँग्रेस को मृतप्राय हुए बीस साल से ज़्यादा हो गये हैं। 1989 के बाद से यूपी में कभी भी काँग्रेस का कोई आदमी मुख्यमन्त्री नहीं बना। वो चौथे-पाँचवें नम्बर की पार्टी बन गयी। न नेता बचे, न कार्यकर्ता और न ही समर्थक। ऐसे में काँग्रेस को दोबारा यूपी में फिर से खड़ा करना बड़े जिगरे का काम है। वो फेल हो गये तो लोग कहेंगे कि इस छोरे में दम नहीं है, अगर पास हो गये तो फिर पार्टी पर उनका एकक्षत्र राज होगा। उनकी राजनीतिक काबिलियत पर सवाल खड़े करने की औक़ात किसी की नहीं होगी। लोकसभा के चुनावों में वो काफ़ी कुछ साबित कर चुके हैं लेकिन विधानसभा में कामयाबी उनका असली टेस्ट होगा। ख़ुद नेहरू-गाँधी परिवार में ऐसा उदाहरण नहीं है। नेहरूजी गाँधीजी के साये में पले-बड़े हुए, इन्दिरा गाँधी को नेहरूजी ने ट्रेन किया था। संजय गाँधी के बाद राजीव गाँधी को इन्दिरा गाँधी ने अपना वारिस बनाया था। इन्दिरा गाँधी प्रधानमन्त्री बनीं तो उन्हें गूंगी

गुड़िया कहा गया, काँग्रेस के क्षत्रपों की नज़र में वो निहायत कमज़ोर थीं इसीलिए उनको पीएम की कुर्सी सौंपी गयी थी। तमाम सादगी के बाद भी राजीव गाँधी को हमेशा नौसिखिया ही माना गया और बोफ़ोर्स को जिस तरह से उन्होंने हैंडल किया, इससे यह साबित भी हुआ।

सोनिया को काँग्रेस अध्यक्ष की कुर्सी जब मिली थी तब उन्हें कोई राजनीतिज्ञ मानने को तैयार ही न था। इन्दिरा गाँधी शायद प्रधानमन्त्री नहीं बनतीं, अगर लाल बहादुर शास्त्री की असमय मौत न होती। संजय होते तो राजीव का कोई चांस नहीं था और राजीव अगर ज़िन्दा होते तो सोनिया राजनीति में आने की सोचती भी नहीं। इन्दिरा, राजीव और सोनिया तीनों की ही नियुक्ति इतिहास के हादसे हैं, लेकिन राहुल की नहीं होगी। उनको सोनिया ने बाकायदा तैयार ज़रूर किया है, लेकिन राहुल इस ट्रेनिंग के बाद ख़ुद को साबित करना चाहते हैं और कहीं न कहीं इन्दिरा-राजीव-सोनिया के कॉम्प्लेक्स से ख़ुद को हमेशा के लिए निकालना भी चाहते हैं। वो भारतीय 'राजनीति का हादसा' नहीं, लोकतान्त्रिक प्रक्रिया का हिस्सा बनना चाहते हैं। वह नेहरू-गाँधी के 'टैग' को उतार फेंकना चाहते हैं। प्रधानमन्त्री, काँग्रेस अध्यक्ष और पार्टी के सर्वोच्च नेता की पदवी को 'अर्न' करना चाहते हैं। वह एक विरासत का हिस्सा हैं लेकिन वह इस विरासत से निकलना भी चाहते हैं। पदयात्रा और यूपी के चुनाव इस बात को साबित करेंगे कि उनकी छटपटाहट कितनी सच्ची है।

हिन्दुस्तान, 11.07.2011

धमाके से उपजी आशंका

मुम्बई धमाकों के बाद मीडिया को लेकर मन आशंका से भर गया था। लगा फिर वही बकवास सुनने को मिलेगी। कुछ 'समझदार' लोग फिर मीडिया का मर्सिया पढ़ेंगे। मन में 26/11 के बाद टीवी पर हमले का मंजर घुमड़ रहा था। टीवी पर आरोप लगे थे कि उसने बेशर्मी से मरे हुए, ख़ून से लथपथ लोगों की तस्वीरें दिखायीं, कमांडो कार्रवाई की ज़िन्दा तस्वीरें दिखाकर कमांडोज की जान से खिलवाड़ किया, मुम्बई के गुनहगार आतंकवादियों का लाइव फ़ोन इन इंटरव्यू करके देश के लहूलुहान मानस पर नमक छिड़का, आधी-अधूरी जानकारी लोगों तक पहुँचाकर जाँच को भटकाने की कोशिश की, झूठे राष्ट्रवाद की आड़ में लोगों को भड़काया और उन्हें सरकार के ख़िलाफ़ सड़क पर उतरने के लिए मजबूर किया। और यह सब तब हुआ जब टीवी के चन्द बड़े लोग ख़ुद ग्राउंड जीरो से रिपोर्टिंग कर रहे थे। मुझे याद है आउटलुक पत्रिका के एडिटर विनोद मेहता का वो बयान। उन्होंने कहा कि 'एडिटर को कौन एडिट करेगा'।

इस बार टीवी पर यह आरोप नहीं लगे। हालाँकि अभी भी राहुल बोस जैसे लोग कहते हैं कि कुछ चैनलों ने लोगों की नाराज़गी को कुरेद-कुरेदकर उन्हें सरकार के ख़िलाफ़ उलटा-पुलटा कहने के लिए प्रेरित किया। अमिताभ बच्चन को इस बात पर आपत्ति थी कि चैनल इस विपदा की घड़ी में भी अपनी मार्केटिंग करने से नहीं चूके। हर छोटी सी ख़बर और हर मामूली तस्वीर को दिखाकर कहा कि यह सिर्फ़ उनके पास है, एक्सक्लूसिव। 26/11 के समय भी मैं ऐसे टिप्पणीकारों के राय से सहमत नहीं था और न ही आज मैं राहुल बोस और अमिताभ बच्चन की बात को तवज्जो देता हूँ। तब भी मैंने कहा था कि टीवी ने बहुत संयम से काम लिया है और वही दिखाया जो उनसे अपेक्षित था। आतंकी हमले से त्रस्त लोग क्या सोच रहे हैं, यह अगर टीवी नहीं दिखाता तो सिस्टम में जवाबदेही नहीं आती। यह टीवी कवरेज का असर था कि लोगों के गुस्से से डरकर केन्द्र सरकार को तत्कालीन गृहमन्त्री शिवराज पाटिल का इस्तीफ़ा लेना पड़ा। महाराष्ट्र के मुख्यमन्त्री और उपमुख्यमन्त्री

को त्यागपत्र देना पड़ा।

हालाँकि मैं यह मानता हूँ कि इतनी बड़ी घटना टीवी के लिए भी नयी थी। उसको कवर करने के लिए टीवी शायद पूरी तरह से तैयार भी नहीं था। लेकिन यह कहना कि वो ग़ैरज़िम्मेदार हो गया था और उसे सिर्फ़ अपनी टीवी रेटिंग की चिन्ता थी, यह आरोप सिरे से ग़लत था। 26/11 ने पहली बार दम्भी सत्ता प्रतिष्ठान के मन में जनता का ख़ौफ़ बैठाया। उसने यह महसूस किया कि अगर अब भी कारगर क़दम नहीं उठाये गये, आतंकवादी हमले नहीं रुके तो उसे लेने के देने पड़ सकते हैं। लोग सरकारों की कायरता और बेवक़ूफ़ियों को बर्दाश्त करने के लिए तैयार नहीं हैं। उसके बाद सरकारें जागीं, ख़ासतौर से केन्द्र सरकार। आतंकवाद देश के एजेंडे पर आया। देश में नयी बहस शुरू हुई और यह सोच भी कि कुछ भी हो ये हमले बन्द होने चाहिए। पी. चिदम्बरम को वित्त से हटाकर गृहमन्त्री बनाया गया। बजट में आतंकवाद से निपटने के लिए अतिरिक्त पैसों की व्यवस्था की गयी। ख़ुफ़िया तन्त्र को मज़बूत करने के लिए ठोस क़दम उठाये गये, पुलिस व्यवस्था में सुधार की प्रक्रिया तेज़ हुई, नये आधुनिक यन्त्रों और हथियारों की ख़रीद-फ़रोख़्त का सिलसिला शुरू हुआ। एनआईए का गठन हुआ। देशभर में एनएसजी के अलग-अलग केन्द्र बनाये गये। नेट ग्रिड बन रहा है। यानी ढेरों क़दम उठे। ऐसे में लोगों को टीवी का शुक्रगुज़ार होना चाहिए।

26/11 के बाद काफ़ी बदलाव आया है। सरकार के स्तर पर भी और टीवी के अन्दर भी। सरकारों ने टीवी को नकारने की जगह उसकी उपस्थिति को स्वीकार किया है। उसने यह सीखने की कोशिश की कि ऐसी घटनाओं के दौरान उसे कैसे टीवी से 'इंटरैक्ट' करना चाहिए। क्योंकि अख़बार दिन में एक बार निकलता है जबकि टीवी हर सेकंड। उसकी ज़रूरत अख़बार से अलग है। उसे सही और स्पष्ट सूचना चाहिए और तुरन्त चाहिए। वो 24 घंटे इन्तज़ार नहीं कर सकता। 26/11 के दौरान टीवी पर आरोप लगने का एक बड़ा कारण था सरकार के पास सूचना देने का कोई सिस्टम न होना। अलग-अलग सरकारी एजेंसियों का अपनी तरह से सूचना देना। दिल्ली में गृह मन्त्रालय कुछ कहता था, मुम्बई में मुख्यमन्त्री कुछ और। मुम्बई पुलिस का कहना कुछ होता था और एनएसजी का कुछ और। इस बार चिदम्बरम ख़ुद मुम्बई पहुँचे। हर दो घंटे पर पत्रकारों को जानकारी देने की व्यवस्था की गयी। इसलिए इस बार सूचना को लेकर ज़्यादा अफ़रा-तफ़री नहीं मची।

दूसरा कारण ज़्यादा बुनियादी है। 26/11 के समय टीवी संकट के दौर से गुज़र रहा था। चैनल में ख़बरों का संकट था और बाहर साख का संकट। टीवी में 'आत्मविश्वास की कमी' थी। भूत-प्रेत-पिशाच, नाग-नागिन और दूसरे किस्म की बेवक़ूफ़ियों को टीवी पर परोसने के कारण हर तरफ़ से उसकी थू-थू हो रही थी।

इसलिए 26/11 के बाद टीवी को उसके अच्छे काम की तारीफ़ नहीं मिली। लेकिन 26/11 के बाद टीवी में काफ़ी बदलाव आया। वो ख़बरों के क़ाफ़ी करीब आया है। उसका आत्मविश्वास लौटा है। आईपीएल हो या फिर CWG, आदर्श घोटाला हो या 2जी स्पैक्ट्रम कांड, उसकी मुहिम ने देश में फैले भ्रष्टाचार के ख़िलाफ़ माहौल बनाने में मदद की और सत्ता तन्त्र के अन्दर एक ख़ौफ़ पैदा किया कि अगर ग़लत करते हुए पकड़े गये तो टीवी छोड़ेगा नहीं, वो उनको कलमाड़ी, शशि थरूर, ललित मोदी, अशोक चव्हाण, ए. राजा, कनिमोड़ी और दयानिधि मारन बना देगा और अन्ना हज़ारे के रूप में मसीहा खड़ा कर देगा। करुणानिधि अकारण नहीं कहते कि मीडिया सबसे ताक़तवर है और वो कुछ भी कर सकता है।

इस नये आत्मविश्वास ने उसे ख़ुद पर भरोसा करने की हिम्मत दी है। उसमें यह भरोसा पैदा हुआ है कि वो ख़बरों को चुने और ख़बरों के रूप में गन्ध को काटकर फेंक दे। यानी यह कहा जा सकता है कि टीवी पहले से ज़्यादा मैच्योर हुआ है। वैसे मैच्योरिटी का भी क्या कहें कि जब मैच्योर माने जानेवाले चेन्नई के एक अख़बार और दिल्ली के कई राष्ट्रीय दैनिकों ने वो तस्वीरें छाप दीं जो टीवी ने नहीं दिखायीं और अगर टीवी ने दिखायी होतीं तो फिर उस पर 26/11वाले आरोप लगते कि वो संवेदनशील नहीं है। ऐसे में मुम्बई हमले के बाद मन की आशंका कुछ समय बाद ही सुकून में तब्दील हो गयी। लेकिन अभी भी जश्न मनाने का वक़्त नहीं है। ग़लतियाँ अभी भी हो रही हैं क्योंकि TRP की जंग अभी भी जारी है।

दैनिक भास्कर, 18.07.2011

ज़िन्दगी न मिलेगी दोबारा

जब छोटा था, तो पिताजी के सामने जाने की हिम्मत नहीं होती थी। वह जिस कमरे में बैठते, उस कमरे से बचता था। पिताजी से बात कहनी होती, तो माँ का सहारा लेता। वह हमारे बीच में डाकिये की भूमिका निभाती और मेरे लिए वकील बन जाती। उनसे जिरह करने का साहस मेरे फ़रिश्तों में भी नहीं था। यही हाल मेरे दोस्तों का भी था। पिताजी मुझसे बेहद प्यार करते थे। लेकिन यह कभी उन्होंने कहा नहीं और न ही मैंने यह कभी जानने की कोशिश की। यह रिश्ता दोनों तरफ़ से मूक था। इसमें एक अजीब किस्म की अजनबियत थी। वह बोलते कम, हुक्म ज़्यादा सुनाते थे। मेरी ज़िन्दगी के सारे फ़ैसले वही करते। मानने के अलावा कोई दूसरा रास्ता नहीं था। लेकिन मेरे जवान होते ही दुनिया बदलने लगी। पिता दोस्त बन गये। उनके सामने बैठना, उनसे गप्पें मारना सामान्य-सी बात हो गयी। हम स्कूल की फ़ीस माँगने में झिझकते थे, आज के बच्चे डैड से रिलेशनशिप पर बात करने से नहीं सकुचाते। पीढ़ी बदल गयी, रिश्ते बदल गये। हमारी पीढ़ी में रिश्ते समूह से तय और निर्धारित होते थे। परिवार बड़ा था, व्यक्ति छोटा। रिश्तों में बराबरी नहीं, एक हायरार्की थी।

ऐसे में जब मैंने पिछले दिनों ज़िन्दगी न मिलेगी दुबारा फ़िल्म देखी, तो रिश्तों का एक नया संसार दिखा। समूह नहीं, व्यक्ति दिखा। न परिवार बड़ा, और न व्यक्ति छोटा। दोनों बराबर। व्यक्ति परिवार के सामने सरेंडर नहीं करता। बेटा और बाप, दोनों को पता है कि ज़िन्दगी सिर्फ़ एक बार ही मिलती है। और उसे अपने तरीक़े से ही जीने में मज़ा है। फ़रहान ख़ान पूरी फ़िल्म में अपने पिता से मिलने की ख़्वाहिश लिये अपने दोस्तों के साथ स्पेन जाता है। उसके पिता और उसकी माँ के बीच जवानी के दिनों में एक रिश्ता बन गया था। उस रिश्ते ने फ़रहान को जन्म दिया। लेकिन पिता नसीरुद्दीन शाह शादी के लिए तैयार नहीं थे, जबकि माँ को प्रेमी के साथ पति भी चाहिए था। नसीर ने शादी पर अपनी ख़्वाहिशों को तरज़ीह दी। उन्हें पेंटिंग्स बनानी थीं। दुनिया देखनी थी। अपने हिसाब से ज़िन्दगी का मज़ा

लेना था। फ़रहान उनकी ज़िन्दगी को सीमित कर रहा था। उनके सपनों को धूमिल कर रहा था। लिहाज़ा वह अपने रास्ते पर चल पड़े और घूमते-घूमते स्पेन जा पहुँचे। इस दौरान फ़रहान की माँ ने एक दूसरे शख़्स से शादी कर ली। फ़रहान उन्हें अपना बाप मानता रहा, लेकिन जिस दिन उसे असलियत पता चली, वह अपने असली बाप से मिलने को मचल उठा। माँ ने समझाया, पर वह नहीं माना।

नसीर अपनी दुनिया में मस्त थे। उन्होंने कभी यह जानने की कोशिश नहीं की कि बेटा कैसा है। एक पल के लिए भी वह बेटे के रिश्ते में नहीं बँधे। वह बड़े पेंटर हो गये। उनकी अपनी अलग दुनिया थी। फ़रहान की तड़प ज़िन्दा रही। वह स्पेन में अपने पिता को खोजता है। फ़िल्म चलती रहती है और उसकी तलाश भी। आख़िरकार वह अपने पिता से मिलता है। दोनों अकेले। सिर्फ़ नसीर और फ़रहान। भावनाओं का कोई ज्वार नहीं। आँसुओं का कोई रेला नहीं। फ़रहान जानने को बेताब कि क्या कभी उसके पिता को उसकी याद आयी? कभी उससे मिलने को उनका दिल तड़पा? नसीर बहुंत सन्तुलित...स्थिर...शान्त, कोई नाटकीयता नहीं। कहा, तुम मुझे सलमान कहके पुकारो। वह आगे बोले, तुम्हारी माँ शादी करना चाहती थी और मैं अपने सपनों को छूना चाहता था। दोनों के बीच कोई रिश्ता नहीं बनता था। फ़रहान थोड़ा निराश होता है, भावुक भी। लेकिन वह भी स्थिर है, शान्त। कोई नाटकीयता नहीं। नसीर फिर कहते हैं, न मैं तब तुम्हारी ज़िम्मेदारी लेना चाहता था और न आज। नसीर ने एक वाक्य में रिश्ता बनने से पहले ही रिश्ता तोड़ दिया। हिन्दी फ़िल्मों की तरह फ़रहान की आँखों से आँसू नहीं निकले। न उसने अपने पिता को कोसा। न कोई गिला, न शिकायत। न अमिताभ बच्चन की तरह नाज़ायज होने का दर्द। वह बाहर चला आता है। दोस्तों से मिलता है। सब कुछ सामान्य। वे सड़क किनारे रात गुज़ारते हैं। फ़रहान को नींद नहीं आती। ऋतिक रोशन सुबह उठता है। फ़रहान को देखता है। फ़रहान उससे कहता है कि मुझे सलमान के पास नहीं जाना चाहिए था। यानी उसे अपने पिता से मिलने की कोशिश नहीं करनी चाहिए थी। वह आहत है, लेकिन कम्प्लेन नहीं करता। न अपने पिता को कोसता है। वह ख़ुद से नाराज़ ज़रूर है, लेकिन अपने पिता की 'इंडिविजुअलिटी' को वह स्पेस देता है। उनके फ़ैसले की इज़्ज़त करता है।

पिता-पुत्र का यह रिश्ता हिन्दी फ़िल्मों के लिए बिल्कुल नया है। जायज़ और नाज़ायज से परे। अमिताभ बच्चन की दर्जनों ऐसी फ़िल्में हैं, जहाँ नायक शुरू से अन्त तक अपने को जायज़ ठहराने की जद्दोजहद में जीता है। त्रिशूल के अमिताभ और संजीव कुमार का सम्बन्ध। अमिताभ की नज़र में उसके पिता ने उसकी माँ के साथ धोखा किया। पिता को सज़ा मिलनी चाहिए। अमिताभ बदला लेने के लिए संजीव कुमार का कारोबार चौपट कर देता है। अमिताभ कुंठित बेटा है। रिश्तों के

चक्रव्यूह में पिता की मजबूरियों और उनके निजत्व का उसके लिए कोई मतलब नहीं है। समाज बड़ा है, रिश्ते बड़े हैं। व्यक्ति और उसकी ख़्वाहिशें छोटी हैं। फ़रहान कुंठित नहीं है। उसे अफ़सोस बस इतना है कि उसने क्यों किसी के प्राइवेट स्पेस में दख़ल दिया।

उसके माँ-बाप को अपनी तरह से ज़िन्दगी जीने का हक़ है और उसे अपनी तरह से। माँ-बाप के बीच के रिश्ते को उसे नये सिरे से डिफ़ाइन करने का हक़ नहीं है, न ही उसे अपने को अपने पिता पर थोपने का अधिकार है। वह उनसे पूछता ज़रूर है, वह उसे अपनायेंगे या नहीं, बाप-बेटे के रिश्ते का नाम देंगे या नहीं? लेकिन यह एक व्यक्ति का दूसरे व्यक्ति से संवाद है। पुरानी दुनिया में रिश्ते 'डिफ़ाइन' नहीं होते थे, वे 'डिफ़ाइंड' थे। उन पर सवाल नहीं होता था। उन रिश्तों को तोड़ना अपराध था। त्रिशूल का अमिताभ यह सहन नहीं कर सकता कि उसका पिता उसकी माँ को छोड़ दे। मैंने अपने पिता से कभी सवाल नहीं किया कि उन्होंने मेरी ज़िन्दगी का कोई फ़ैसला क्यों ऐसे किया? मेरे रिश्ते में सवाल पूछने का अधिकार नहीं था। वह 'टेकेन फ़ॉर ग्रांटेड' था। नये समाज में कुछ भी 'टेकेन फ़ॉर ग्रांटेड' नहीं है। न ज़िन्दगी और न रिश्ते। पिता और बेटा, दोनों की अपनी-अपनी ज़िन्दगी है। उसे अपने हिसाब से जीना है। अब किसी बेटे को अपने बाप के सामने जाने से डर नहीं लगता। फ़रहान और ज़ोया, रिश्तों का नया संसार दिखाने के लिए शुक्रिया।

हिन्दुस्तान, 25.07.2011

शर्म, उनको मगर नहीं आती

भाजपा के एक बड़े नेता हैं। पार्टी के 'स्ट्रेटजिस्ट' माने जाते हैं। एक बार मैंने उनसे पूछा कि येदियुरप्पा को हटाने में क्या दिक़्क़त है? उनका कहना था कि ग़लती तो की है, लेकिन कैसे हटा दें? पार्टी पहली बार कर्नाटक में सरकार में आयी है। दक्षिण भारत में भाजपा की अकेली सरकार है। येदियुरप्पा को नाराज़ करने का मतलब है कर्नाटक को 'लूज़' करना और दक्षिण में भाजपा के लिए रास्ता हमेशा के लिए बन्द करना। इसलिए जब येदियुरप्पा पर कार्रवाई की बात आयी तो भाजपा लगातार कहती रही कि अनैतिक है, ग़ैरक़ानूनी नहीं। पहली बार जब नितिन गडकरी के मुँह से यह जुमला सुना तो हैरानी हुई। मैंने पूछा कि भाजपा तो मूल्यों की बात करती रही है, राजनीति में शुचिता उसका नारा है, भारतीय परम्परा और संस्कृति की दुहाई देती रही है। ऐसे में भाजपा काँग्रेस से अपने को अलग कैसे रखेगी? गडकरी ने तब कहा था कि 'पार्टी राजनीति कर रही है।'

पिछले दो साल से येदियुरप्पा पर पार्टी के रवैये ने यह साफ़ कर दिया है कि भारतीय राजनीति का चाल, चरित्र, और चेहरा बदलने की बात करनेवाली पार्टी को भारतीय राजनीति ने पूरी तरह से बदल दिया है। उसका काँग्रेसीकरण हो गया है। विचारधारा और संगठन पीछे रह गये हैं। सत्ता पर क़ब्ज़ा उसका प्रमुख लक्ष्य है। मुझे याद है कि जब जैन हवाला डायरी में लालकृष्ण आडवाणी का नाम आया था। आडवाणी ने 'हाई-मॉरल-ग्राउंड' लेते हुए लोकसभा की सदस्यता से इस्तीफ़ा दे दिया था। साथ ही यह भीष्म प्रतिज्ञा भी की थी, जब तक उनका नाम हवाला मामले से बरी नहीं हो जाता वो संसद का मुँह नहीं करेंगे। आडवाणी ने अपनी प्रतिज्ञा निभायी।

आडवाणी की तरह दिल्ली के ताक़तवर नेता और मुख्यमन्त्री मदनलाल खुराना का नाम भी हवाला में आया था। उनसे भी पार्टी ने इस्तीफ़ा ले लिया था। लेकिन केन्द्र में सत्ता में आने के बाद जब उसके नेताओं के नाम भ्रष्टाचार में आये तो वो बदले-बदले से जनाब नज़र आये। हवाला की नैतिकता बंगारू लक्ष्मण और

दिलीप सिंह जूदेव के मसले पर कपड़े उतारे नग्न थी। बंगारू को तहलका के कैमरे पर पैसे लेते सबने देखा और जूदेव को यह कहते पूरे देश ने सुना कि 'ख़ुदा की कसम पैसा ख़ुदा तो नहीं लेकिन ख़ुदा से कम भी नहीं।' पार्टी ने दलित वोट के मद्देनज़र बंगारू को पार्टी का अध्यक्ष पद सौंपा था। छत्तीसगढ़ में धर्म परिवर्तन में बढ़-चढ़कर हिस्सा लेनेवाले जूदेव भाजपा के पोस्टर ब्वाय थे। भाजपा को हमेशा लगा कि जूदेव संघ की विचारधारा के मुताबिक़ हिन्दुत्व को मज़बूत करने में अहम भूमिका निभा रहे हैं। राजनीति का दबाव बना तो दोनों नेताओं से इस्तीफ़े तो ले लिये, लेकिन भाजपा के तेवर वैसे नहीं थे, जैसे हवाला के समय आडवाणी और खुराना के समय थे।

भाजपा में बदलाव आ चुका था। लिहाज़ा, तहलका के ख़िलाफ़ ही मुहिम शुरू कर दी। तहलका के प्रोमोटर फ़र्स्ट ग्लोबल को बर्बाद करने में कोई कसर नहीं छोड़ी गयी और तहलका स्टिंग ऑपरेशन करनेवाले अनिरुद्ध बहल को सींखचों के पीछे डालने के लिए एड़ी-चोटी का ज़ोर लगा दिया। पार्टी सरकार में थी और उसकी बोली में सत्ता का नशा था। भाजपा को तब मूल्यों के आधार पर फ़ैसला कर काँग्रेस से अलग दिखने की कोशिश करनी चाहिए थी, राजनीति में नये मानदंड स्थापित करने चाहिए थे, लेकिन उसने ऐसा नहीं किया, क्योंकि उसकी कतार में प्रमोद महाजन जैसे लोग खड़े हो गये थे, जो साफ़ कहा करते थे कि 'राजनीति कर रहे हैं, संन्यासी बनने के लिए नहीं आये हैं'।

आरएसएस की विचारधारा में राजनीति समाज को सुधारने का तरीक़ा था, लेकिन भाजपा ने उसे सत्ता में बने रहने का औजार बना दिया। इस दौर में वाजपेयी थे और आडवाणी भी। लेकिन 1995 और 2001 के बीच काफ़ी पानी बह चुका था। चाल, चरित्र, चेहरा बदलने की बात करनेवाले गोविन्दाचार्य भाजपा से ग़ायब हो चुके थे। भाजपा की 'राजनीतिक सत्ता' के सामने आरएसएस की 'नैतिक सत्ता' बौनी होने लगी थी। वाजपेयी-आडवाणी के सामने के. सुदर्शन का कद घटने लगा था। आरएसएस के दबाव के बावजूद यशवन्त सिन्हा-जसवन्त सिंह कैबिनेट में बने रहे और ब्रजेश मिश्रा को कोई भी प्रधानमन्त्री कार्यालय से नहीं डिगा पाया। चाहे भले ही संघ की नज़र में ये लोग अमेरिका के एजेंट थे। साथ ही भाजपा में धन-बल का प्रभुत्व भी बढ़ने लगा। पार्टी को बरसों से अपने कन्धों पर ढोनेवाले आम कार्यकर्ता की उपेक्षा होने लगी। धनबलियों और बाहुबलियों को थोक में टिकट दिये जाने लगे। पार्टी के बड़े नेता कहने लगे 'विनेबिलिटी' ज़रूरी है। साथ ही यह भी कि पार्टी के फैलाव के साथ विकार आने लाजिमी हैं।

भाजपा में सत्ता के दौरान जितनी भी गड़बड़ियाँ आयीं कर्नाटक उन सबका टेस्ट केस बन गया। येदियुरप्पा आरएसएस के कट्टर कार्यकर्ता थे। लेकिन सरकार

बनाने के लिए रेड्डी बन्धुओं की मदद उनकी राजनीतिक मजबूरी थी। भाजपा जिन आदर्शों के लिए जानी जाती थी। रेड्डी बन्धुओं का दूर-दूर तक उनसे कोई वास्ता नहीं था। ग़ैर-क़ानूनी धन्धों पर आँच न आये इसलिए वो ख़ुद नेता बन गये। रेड्डी बन्धुओं ने पैसा पानी की तरह बहाया, वोटरों को ख़रीद लिया।

लोकतन्त्र में पैसे के बल पर चुनाव जीतने के सारे रिकॉर्ड टूट गये। रेड्डी बन्धुओं को यह भी समझ में आ गया कि ख़ुद नेता बनने से काम नहीं चलेगा, सरकार भी मुट्ठी में होनी चाहिए, तो दर्जन विधायकों को भी फंड दिया। उनको जिताया और अपना गुलाम बना लिया। येदियुरप्पा ने जब रेड्डी बन्धुओं पर लगाम लगाने की कोशिश की तो येदियुरप्पा की अपनी कुर्सी ख़तरे में पड़ गयी। भाजपा में इतना नैतिक साहस नहीं था कि वो इस राजनीतिक ब्लैकमेलिंग का जवाब देती। सरकार बचाना प्राथमिकता थी। केन्द्र में नैतिकता की दुहाई देनेवाली, मनमोहन सिंह को घोटालों पर घेरनेवाली भाजपा कर्नाटक में आँख मूँदकर बैठ गयी।

येदियुरप्पा ने बेटों को ज़मीन दी तो उसे सिर्फ़ अनैतिक माना, क़ानूनन ग़लत नहीं कहा। कर्नाटक में सरकार बचाने के लिए हर वो हथकंडा अपनाया, जो अनैतिक था। ग़लत था। जिस पर भाजपा को शर्म आनी चाहिए, लेकिन जब कोई जानबूझकर आँखें मूँद ले तो शर्म नहीं आती। अब जस्टिस हेगड़े की रिपोर्ट के बाद भाजपा फिर नैतिकता का झूठा लबादा ओढ़ने का नाटक कर रही है। लेकिन उसे पता है कि राजनीति में नैतिक-अनैतिक कुछ नहीं होता। असली नैतिकता सत्ता की होती है। चुनाव जीतना ज़रूरी है। ऐसे में अब उसे काँग्रेस को गाली देना बन्द कर देना चाहिए।

दैनिक भास्कर, 01.08.2011

सोनिया की बीमारी तो दूर हो जायेगी लेकिन काँग्रेस...

साल 2004 में सत्ता में आने के बाद काँग्रेस पार्टी अपने सबसे मुश्किल दौर से गुज़र रही है। प्रधानमन्त्री मनमोहन सिंह पर चौतरफ़ा हमले हो रहे हैं। सड़क पर अन्ना की टीम काँग्रेस को लोकपाल पर ललकार रही है, तो कैग रिपोर्ट ने दिल्ली की मुख्यमन्त्री शीला दीक्षित का दामन दाग़दार कर दिया है। लोग कहने लगे हैं कि मनमोहन सिंह की सरकार आज़ादी के बाद की सबसे भ्रष्ट सरकार है। ऊपर से महँगाई ने नाक में दम कर दिया है। आम आदमी की तकदीर और तस्वीर सुधारने का दावा करनेवाली सोनिया गाँधी का नियन्त्रण क्या सरकार और पार्टी पर कमज़ोर पड़ रहा है, यह चर्चा भी गरम है। ईमानदारी की बात यही है कि काँग्रेस पार्टी और मनमोहन सिंह सरकार इस वक़्त एक-एक साँस बटोरने की कोशिश कर रहे हैं और हर साँस के साथ उनकी साँसें उखड़ रही हैं। ऐसे में, सोनिया गाँधी की बीमारी काँग्रेस को थोड़ा और बीमार करेगी।

काँग्रेस अपने इतिहास में कई बार आईसीयू में जा चुकी है और हर बार वह मज़बूती से निकली है। चाहे साठ के दशक में इन्दिरा गाँधी का दौर हो या फिर इमरजेंसी के बाद का या फिर बोफ़ोर्स के गोलों से घायल राजीव गाँधी की काँग्रेस हो। राजीव गाँधी की मौत के बाद नरसिंहा राव और सीताराम केसरी ने तो पार्टी को हमेशा के लिए कोमा में भेजने का इन्तज़ाम कर दिया था। केसरी काँग्रेस के बहादुरशाह ज़फ़र हो जाते, अगर सोनिया गाँधी ने पार्टी अध्यक्ष बनना स्वीकार नहीं किया होता। उस वक़्त काँग्रेस में गुटबाज़ों का जमावड़ा हो गया था। हर पीठ के पीछे एक खंजर था। ऐसे में, सोनिया गाँधी ने पार्टी की बागडोर सँभाली और अध्यक्ष बनते ही उन्हें मुलायम सिंह यादव ने जो झटका दिया था, वही सोनिया की राजनीतिक ज़िन्दगी का सबसे बड़ा सबक़ साबित हुआ। लोग कह रहे थे कि जितने और जिस तरह के घाघ भारतीय राजनीति में हैं, वे सोनिया गाँधी को जीने नहीं देंगे। लेकिन सोनिया ने सबको ग़लत साबित किया और साल 2004 में जब

कॉंग्रेस संसदीय दल ने उन्हें अपना नेता चुना और प्रधानमन्त्री बनने का रास्ता साफ़ हो गया, तो शरद पवार और आरएसएस के पास ख़ुद पर हँसने के अलावा कोई चारा नहीं बचा था।

सोनिया की मौजूदगी ने कॉंग्रेस को बिखरने से बचा लिया, पार्टी की चाल बदलने लगी। तकिये के सहारे आलथी-पालथी मारकर बैठी पार्टी कुर्सी-मेज पर आसीन हो गयी। गाँधी टोपी ग़ायब हो गयी। पार्टी के नेता कुर्ता-पाजामा और स्टाइलिश जूते पहनने लगे, जिसकी शुरुआत कभी राजीव गाँधी ने की थी। सोनिया गाँधी ने समझ लिया था कि पार्टी को केसरी के दौर से निकालना है, तो उसे नया बनाना होगा। केसरी के बही-खाते के अन्दाज़ की जगह सोनिया ने कॉंग्रेस को कॉरपोरेट शक्ल देनी शुरू की। पार्टी में टारगेट फिक्स किये जाने लगे, उन्हें एक निश्चित समय में पूरा करने का मौक़ा दिया जाने लगा। पार्टी में कम्पनियों की तरह 'प्रोफ़ेशनल टच' देने की पूरी कोशिश शुरू हुई। और जिन नेताओं ने समय पर सही प्रदर्शन किया, उन्हें पुरस्कार दिया गया। कॉंग्रेस के मुख्यमन्त्री सीईओ बन गये।

सोनिया गाँधी ने सरकार को अपने तौर-तरीक़े से काम करने का मौक़ा दिया। सोनिया ने पार्टी और सरकार के बीच राय-मशविरा तो होने दिया, लेकिन एक को दूसरे पर थोपने की इजाज़त नहीं दी। पार्टी और सरकार, दोनों का वजूद बना रहा और दोनों को एक-दूसरे से अलग दिखने और रहने का अधिकार दिया। यह काम संगठन में यकीन रखनेवाले वाजपेयी भी नहीं कर पाये थे। उनके ज़माने में सरकार के सामने पार्टी की हैसियत दोयम दर्जे की हो गयी थी। फिर सोनिया ने सिविल सोसाइटी को भी इज़्ज़त बख़्शी। उसकी राय को प्राथमिकता दी गयी और उस पर अमल भी हुआ। आरटीआई, मनरेगा और फूड सिक्योरिटी बिल इसी का नतीजा हैं। सोनिया के पहले कॉंग्रेस सिविल सोसाइटी से लोगों को सिस्टम में शामिल तो करती थी, लेकिन उसमें यह दम्भ रहता था कि नेता से ज़्यादा कोई नहीं जानता।

सोनिया गाँधी ने कॉंग्रेस की उस परम्परा को भी बदला, जिसके तहत राज्यों में कॉंग्रेस के क्षेत्रीय नेताओं को मज़बूत होने का मौक़ा नहीं दिया जाता था। इन्दिरा गाँधी इस बीमारी से बुरी तरह से पीड़ित थीं। राजीव गाँधी ने भी कर्नाटक में वीरेन्द्र पाटिल, आन्ध्र प्रदेश में चेन्ना रेड्डी और महाराष्ट्र में शरद पवार को अस्थिर करने में वक़्त नहीं गँवाया। लेकिन सोनिया ने दिल्ली में शीला दीक्षित को कमान दी, तो लगातार तीन चुनाव जीतने और मुख्यमन्त्री बने रहने का मौक़ा भी दिया। असम में तरुण गोगोई भी तीन बार से मुख्यमन्त्री हैं। हरियाणा में भूपिन्दर सिंह हुड्डा पिछले सात साल से मुख्यमन्त्री बने हुए हैं। आन्ध्र प्रदेश में वाई.एस. रेड्डी पर भी पूरा भरोसा किया। महाराष्ट्र में निश्चित रूप से बदलाव हुए, लेकिन विलासराव देशमुख को विधानसभा चुनाव के ठीक पहले हटाने के बाद जीतते ही फिर उन्हें

कमान सौंप दी गयी। इन्दिरा गाँधी के ज़माने में किसी भी मुख्यमन्त्री का पाँच साल तक बने रहना किसी करिश्मे से कम नहीं होता था। राजीव गाँधी के समय अर्जुन सिंह ने पाँच साल पूरे किये, काँग्रेस को दुबारा सत्ता में लेकर आये, लेकिन दो दिन बाद ही उनसे इस्तीफ़ा लेकर उन्हें पंजाब का गवर्नर बनाकर भेज दिया गया। और अर्जुन सिंह बेचारे चूँ तक नहीं कर पाये। फिर सोनिया गाँधी ने विरोधी पार्टियों की राज्य सरकारों को भी गिराने का काम नहीं किया, जैसेकि इन्दिरा गाँधी ने आन्ध्र में एन.टी. रामाराव की सरकार को बर्ख़ास्त किया था या फिर वाजपेयी सरकार ने बिहार में लालू की सरकार को अपदस्थ करने के लिए षड्यन्त्र रचा था।

लेकिन सोनिया की सबसे बड़ी कमज़ोरी यह रही कि वह भारतीय राजनीति को सूचना का अधिकार देने के बावजूद अपनी सरकार को भ्रष्टाचार से मुक्त नहीं करा पायीं। बिहार, तमिलनाडु, पश्चिम बंगाल में पार्टी को अपने बल पर खड़ा करने की कोशिश नहीं की गयी। उत्तर प्रदेश में ज़रूर अब राहुल गाँधी जुटे हैं। राज्यों में मुख्यमन्त्रियों को काम करने की आज़ादी तो मिली, लेकिन दिल्ली में जनाधारविहीन नेताओं ने पार्टी पर क़ब्ज़ा कर लिया। जो अपने बल पर चुनाव नहीं जीत सकते, वे बड़े-बड़े पदों पर सजा दिये गये। नतीजा, केन्द्र में बैठे ये नेता साँप-सीढ़ी का खेल खेलने लगे और फिर वही हुआ, जिसका डर था। सोनिया अपने ही घर में क़ैद हो गयीं, कार्यकर्ताओं से सम्पर्क कटने लगा और भ्रष्टाचारी पनपने लगे। सोनिया की काँग्रेस बीमार होने लगी। ऐसे में सोनिया तो ठीक हो जायेंगी, लेकिन क्या काँग्रेस की बीमारी दूर होगी?

हिन्दुस्तान, 08.08.2011

जिन्हें हिन्द पर नाज़ है वो कहाँ हैं...

देश बड़े दिलचस्प मोड़ पर खड़ा है। समाज करवटें लेने को बेकरार है। देश अब भ्रष्टाचारियों को बर्दाश्त करने के मूड में नहीं है। जनता कहने लगी है कि अब और नहीं। लेकिन यह लड़ाई अभी अधूरी है। लोकपाल आ ज़रूर गया है लेकिन इसे अभी संसद से पास होना बाक़ी है और साथ ही इसमें वो दाँत नहीं हैं जो भ्रष्टाचारियों पर लगाम लगा सकें। भ्रष्टतन्त्र का रुतबा इतना है कि अभी भी सिर्फ़ खानापूरी को अमलीजामा पहनाने का प्रयास किया जा रहा है और इसी बात से अन्ना और उनके समर्थक भड़के हुए हैं। अन्ना का कहना है कि देश में भ्रष्टाचार की जड़ें इतनी गहरी हो गयी हैं कि आधे-अधूरे क़दमों से काम चलनेवाला नहीं है। सरकार कहती है अन्ना सरकार को ब्लैकमेल करने का सपना देख रहे हैं।

सवाल सपने का नहीं है, हक़ीक़त का है। आज की हक़ीक़त यह है कि सरकार, नेता और समाज का सबल वर्ग भ्रष्टाचार के पर्याय बन गये हैं। इससे सबसे ज़्यादा परेशान आम आदमी है जिसे रोज़ाना जीने के लिए सरकारी बाबुओं की हथेली गरम करनी पड़ती है। आप किसी भी सरकारी दफ़्तर में चले जायें काम तब तक नहीं होगा जब तक कि आप मेज के नीचे करारे नोट थमाने का वादा न कर दें। पिछले दिनों मुझे ऐसे ही एक सरकारी दफ़्तर का अनुभव हुआ। अपनी गाड़ी के काग़ज़ात ठीक कराने के लिए ट्रांसपोर्ट डिपार्टमेंट जाने का मौक़ा आया। दिनभर सिर्फ़ एक मेज से दूसरी मेज तक टरकाने का खेल चला, शाम हो गयी। कुछ भी नहीं हुआ और मुझे भी अपनी ग़लती का एहसास हो गया। पैसा मैं देना नहीं चाहता था। किसी की मदद ली। अगले दिन मुझे दफ़्तर भी जाना नहीं पड़ा और काम भी हो गया। मेरे पास तो संसाधन थे, मेरा काम हो गया लेकिन वो आम आदमी क्या करे जिसको कोई नहीं जानता? और जिसे देखते ही सरकारी बाबू मेमने की तरह जिबह करने की योजना बनाने लगते हैं? ऐसे में आज़ादी के चौंसठ साल बाद दूसरी आज़ादी की लड़ाई ज़रूरी है।

हमने 1947 में अंग्रेज़ों से आज़ादी तो पा ली। यह आज़ादी अधूरी है, इसका

अन्दाज़ा उस वक़्त नहीं था। देश का हर नागरिक बराबर है यह कहने में अच्छा लगता था। जाति व्यवस्था में सदियों से बँधी भारतीय व्यवस्था में बहुत बड़ी क्रान्ति थी। इस क्रान्ति को सरकारी तन्त्र और नेताओं की भीड़ ने दोगला कर दिया। देश में कुछ समय तक तो आदर्शवाद रहा। पर साठ के दशक में जब राजनीति ने अपना रंग दिखाना शुरू किया तो लगने लगा गाँधीजी सही थे जो सोचा करते थे कि क्या हम वाकई आज़ादी के लिए तैयार हैं? नेता बेशर्म हो गये। सरकारी ख़ज़ानों से निकला पैसा उनकी तिजोरियों में भरने लगा। मैं ऐसे तमाम नेताओं को जानता हूँ जिनके पास कभी मूँगफली ख़रीदने के पैसे नहीं थे और जो सांसद और विधायक होते ही सोने के फ्रेमवाले चश्मा पहनने लगे। चमचमाती गाड़ियों में टहलने लगे। दरअसल राजनीतिक आज़ादी तो मिल गयी लेकिन नैतिक रूप से यह देश गुलाम बना रहा। उसे अनैतिकता की दासता ने जकड़ रखा है। बचपन में पन्द्रह अगस्त को सीना चौड़ा हो जाता था जब यह गाना सुनता था कि ऐ मेरे वतन के लोगों ज़रा ज़्यादा याद करो कुर्बानी..., लेकिन बड़ा हुआ तो साहिर याद आये और उनका वो गाना—जिन्हें हिन्द पर नाज़ है वो कहाँ हैं वो कहाँ...।

ऐसा नहीं है कि मैं निराशावादी हूँ लेकिन आसपास भ्रष्टाचार को देखकर मन हमेशा खिन्न होता रहा। ऐसे में पिछले दिनों जब एक बाद एक घोटाले उजागर हुए। मीडिया और सिविल सोसायटी के ज़बर्दस्त दबाव की वजह से बड़े-बड़े नेता, अफ़सर, कॉरपोरेट जगत के बड़े-बड़े दिग्गज जेल गये, सुप्रीम कोर्ट का डंडा चला, कैग ने एक के बाद एक घोटालों का खुलासा किया, चोरों को सबके सामने नंगा किया तो उम्मीद जगी कि शायद अब वक़्त आ गया है अनैतिकता की दासता से मुक्त होने का। ऐसे में अन्ना एक धूमकेतु की तरह उभरे। महज़ चार दिन में सरकार जब घुटने पर आ गयी तो उम्मीद की किरण ज्वालामुखी बन गयी। सरकार आनन-फ़ानन में लोकपाल बिल भी ले आयी और यह वादा भी किया कि वो इसे पास करा के मानेगी। सरकार झुकी लेकिन यह लड़ाई की शुरुआत थी। भ्रष्टतन्त्र इतनी आसानी से हार मान लेगा, यह सोचना ग़लत था। टीम अन्ना पर एक के बाद एक हमले किये गये, उनकी साख को धूल में मिलाने का कुचक्र रचा गया और यह बात भी फैलायी गयी, मीडिया और सुप्रीम कोर्ट की मुहिम की वजह से अन्तरराष्ट्रीय स्तर पर भारत की इमेज को धक्का लगा है। सरकारी अफ़सर डर से फ़ैसले लेने से बचने लगे हैं, काम ठप हो गया है। लिहाज़ा आर्थिक सुधारों की गति को ब्रेक लग गया है। इससे भारत के आर्थिक सुपर पावर बनने की कोशिश को झटका लगा है।

यह कहने की कोशिश की गयी कि देश तरक़्क़ी की राह पर है, ऐसे में घोटालों पर रोक लगाना देश की तरक़्क़ी में बाधा है। फिर यह भी सवाल खड़ा कर दिया

गया कि जिन्हें जनता ने नहीं चुना उन्हें चुने हुए लोगों पर सवाल खड़े करने का क्या हक़ है? यह सवाल ऊपरी तौर पर तो अन्ना की टीम पर था लेकिन इसके निशाने पर सुप्रीम कोर्ट और दूसरी अदालतें भी हैं, साथ ही कैग जैसी संवैधानिक संस्था भी। कहीं न कहीं यह कहने की कोशिश भी हो रही है कि लोकतन्त्र में जनता से चुने हुए लोग ही सर्वोपरि हैं। संसद से ऊपर कोई नहीं है। चुनाव जीतने से सारे पाप धुल जाते हैं। सुप्रीम कोर्ट, कैग को चुने हुए प्रतिनिधियों पर उँगली उठाने का अधिकार नहीं है। दो बातें देश और लोकतन्त्र के लिए घातक हैं। एक, तरक़्क़ी के लिए भ्रष्टाचार को जायज़ ठहराना। दो, संविधान के तहत संस्थाओं के बीच सन्तुलन के सिद्धान्त को तिलांजलि दे संसद को सबके ऊपर बताने की कोशिश। इन दोनों ही बातों पर अभी अंकुश नहीं लगा तो आप यकीन मानिये यह देश पर 'संसदीय तानाशाही' का आगाज होगा। जिसमें जो चुनकर आ गया उसे सब कुछ कहने और करने का अधिकार होगा और आर्थिक तरक़्क़ी ही देश की कामयाबी का एकमात्र पैमाना। संसद के अधीन सुप्रीम कोर्ट और दूसरी संवैधानिक संस्थाओं को कर दिया जायेगा, मीडिया को चुने हुए प्रतिनिधियों की बाँदी बना दिया जायेगा और अन्ना जैसों को न कुछ बोलने का अधिकार होगा और न ही उन्हें बोलने दिया जायेगा। अभी इन्दिरा गाँधी और इमरजेंसी की याद दिलाना ज़रूरी नहीं। बस इतना कहूँगा, यह देश ऐतिहासिक मोड़ पर खड़ा है। यह तय होना है—लोकतन्त्र बड़ा है या भ्रष्टतन्त्र!

दैनिक भास्कर, 15.08.2011

समय लिखेगा उसका भी इतिहास

इतिहास की गति निराली होती है। तीन महीने पहले तक अगर कोई कहता कि अन्ना नाम का शख़्स देश की सरकार को हिला सकता है तो लोग उसे पागल समझते। पर इन तीन महीनों में वो शख़्स आज बच्चे-बच्चे की जुबान पर है और निराश भारत की आँखों में एक उम्मीद है। वरना इस देश ने मान लिया था कि भ्रष्टाचार है और रहेगा ईश्वर की तरह। आज यह आशा जाग उठी है कि भ्रष्टाचार रूपी इस राक्षस को मौत की नींद सुलाया जा सकता है। लेकिन जहाँ हिदुस्तान का आम आदमी अपने सपनों में नया भ्रष्टाचार मुक्त भारत तलाश रहा है वहीं अफ़सोस कुछ पढ़े-लिखे अंग्रेज़ीदाँ लोगों को इसमें एक साजिश नज़र आती है। पिछले दिनों एक बड़े पत्रकार से मेरी बहस हो गयी। मैंने कहा कि यह वक़्त इतिहास में तटस्थ रहने का नहीं है। पिछले बीस सालों से हम लगातार यह शिकायत करते रहे हैं कि हिन्दुस्तान का आम आदमी 'कंज़्यूमरिज़्म-के-चक्रव्यूह' में उलझ गया है और वो पूरी तरह से 'अराजनीतिक' हो गया है। और अब जब वो सड़कों पर निकल आया है तो उसके दर्द और उसके गुस्से को सही ऐतिहासिक परिपेक्ष्य में देखने की ज़रूरत है। वो बोल उठे ये कौन लोग हैं? यह एक भीड़ है। इसका कोई चरित्र नहीं है। ये वो लोग हैं जो पब नहीं गये तो तिहाड़ चले गये। ज़िन्दगी इनके लिए एक आसान ज़रिया है। मैंने कहा, आप ग़लत हैं। आप इस जनभावना को नहीं समझ रहे हैं। यह बदलता भारत है। इसको नकारिये मत, समझिये। यह वो तबक़ा नहीं है जो सुस्त पड़ा रहता था, परम्पराओं की जकड़न जिसके पैरों में बेड़ियाँ डाल देती थी। जो राजनीति से नफ़रत करता था। यह वो तबक़ा है जो दुनिया के नक्शे पर सुपर पावर बनते हिन्दुस्तान को सिर्फ़ भ्रष्टाचार की वजह से मज़ाक़ का पात्र बनते नहीं देख सकता।

नया हिन्दुस्तानी न अब सहने को तैयार है और न ही चुप बैठने को। क्योंकि भ्रष्ट भारत उसके अहं को चोट पहुँचाता है, उसे तकलीफ़ देता है, उसके हिन्दुस्तानी होने पर सवाल खड़ा करता है, और एक नागरिक के तौर पर उसकी नपुंसकता

पर हँसता है। यह 'दबा-कुचला-सहमा-हिन्दुस्तानी' नहीं है, यह दुनिया के नक्शे पर 'तन-कर-खड़ा-हिन्दुस्तानी' है। उसे भारत के लोकतन्त्र पर गर्व है। लेकिन इस लोकतन्त्र पर सवारी करनेवालों से उसे दिक़्क़त है। उसे लगता है कि जिस संसद में देश के हित में फ़ैसले होने चाहिए, वहीं पिछले साठ सालों में एहसान फ़रामोश आम आदमी का पैसा डकारनेवालों का जमावड़ा बन गया है। उसे देश की संसद आकर्षित करती है, उसका सीना चौड़ा करती है लेकिन उसी संसद में बैठे उसके नुमाइन्दों से उसमें चिढ़ होती है। यह 'कॉन्फ़िडेंट' इंडियन है, 'अग्रेसिव' इंडियन है, 'एसरटिव' इंडियन है। उसकी साँसों में उसके माँ-बाप का ख़ून दौड़ता ज़रूर है लेकिन वो उनकी सदियों पुरानी कुंठाओं को ढोने के लिए तैयार नहीं है। यह हमें समझने की ज़रूरत है। ऐसे में उसको ख़ारिज़ करना अपने पैरों में कुल्हाड़ी मारना होगा।

वो सज्जन तो नहीं समझे। शायद वो समझना भी नहीं चाहते। क्योंकि उनकी आँखों पर बँधी है 'इंटेलेक्चुअल-एरोगेंस' की पट्टी, इस बात का घमंड कि हिन्दुस्तान को वो सबसे बेहतर समझते हैं। इन घमंडी लोगों की इस नये हिन्दुस्तानी को परवाह भी नहीं है। एक और सज्जन बोले। इस आन्दोलन के पीछे हिन्दुत्ववादी ताक़तों का हाथ है। यह जे.पी. आन्दोलन और वी.पी. आदोलन की तरह इसको भी एक समय के बाद हाईजैक कर लेंगे। मैंने कहा भाई अपने चश्मे का शीशा दुरुस्त करो। नये हिन्दुस्तान को पुराने चश्मे से देखेंगे तो ग़लत तस्वीर नज़र आयेगी। नये हिन्दुस्तान को नये चश्मे से देखो। यह सही है कि भारत में जाति और धर्म एक सच्चाई है। आम ज़िन्दगी का सफ़र बहुत कुछ इसी के आधार पर चलता है। लेकिन अब आम हिन्दुस्तानी निजी और सार्वजनिक जीवन के अन्तर को समझने लगा है। वो भले ही अपने बेटे-बेटियों की शादी बिना गोत्र देखे और पत्री मिलाये न करे लेकिन वोट देने के समय वो सिर्फ़ जाति और धर्म के दायरे में नहीं बँधना चाहता। आधुनिकीकरण, शहरीकरण और औद्योगिकीकरण की प्रक्रिया ने उसे नयी आँखें दी हैं, नया सार्वजनिक जीवन दर्शन दिया है। इस नयी सामाजिक आर्थिक धारा ने तमाम सामाजिक बन्धनों को तोड़ना शुरू कर दिया है। वो मैट्रो में बैठेगा तो यह नहीं सोचेगा कि उसके पास बैठा व्यक्ति किस जाति और धर्म का है। नौकरी की तलाश मैट्रिमेनोयिल का अख़बार नहीं हो सकता। वो इस आधार पर नौकरी नहीं खोजेगा कि ब्राह्मण का बेटा है इसलिए उसे ब्राह्मण के यहाँ ही नौकरी करनी चाहिए, दूसरी जाति में करने पर धर्म भ्रष्ट हो जायेगा।

टेक्नोलॉजी के अनन्त संसार ने उसकी आँखें खोल दी हैं। वो जड़ रूढ़ीवादी परम्पराओं का गुलाम बनने की जगह आशावादी, कौतुहलवादी वर्तमान का यात्री बन गया है। वो परम्पराओं के तुच्छ मंच से निकलकर विश्व नागरिक बनने का सपना देख रहा है। वो देखता है कि कैसे टेक्नोलॉजी ने उसको अपार ताक़त दे दी है, वो

कहीं भी, किसी से भी, कभी भी बात कर सकता है। वर्चुअल वर्ल्ड ने उसकी जुबान को इतना समृद्ध कर दिया है कि उसे अपनी अभिव्यक्ति के लिए किसी और का मुँह नहीं देखना। यह नया हिन्दुस्तानी अगर जाति और धर्म की बन्दिशों से बाहर नहीं आता तो क्या बिहार में नीतीश, हिमाचल में धूमल, छत्तीसगढ़ में रमन सिंह और मध्य प्रदेश में शिवराज सिंह चौहान, आन्ध्र में वाई.एस. रेड्डी को दोबारा मौक़ा मिलता? दिल्ली में शीला दीक्षित और असम में तरुण गोगोई को तीसरी बार गद्दी मिलती? वोट अब परफ़ार्मेंस पर पड़ने लगे हैं। ख़ुद केन्द्र की मनमोहन सिंह सरकार को 2009 में इस बात का पुरस्कार जनता ने दिया कि उनके समय में इंडिया की विकास दर लगातार 9 फ़ीसदी रही और उसे भविष्य का सुपर पावर माना जाना लगा। इस नये हिन्दुस्तानी ने ख़ुद हिन्दुत्ववादी ताक़तों को सुन्न कर दिया है। नये बदलावों ने उनका सामाजिक आधार इस क़दर सिकोड़ दिया है, वो हैरान-परेशान हैं और अपनी विचारधारा में बुनियादी परिवर्तन करने में जुटे हैं। हिंसा में यक़ीन रखनेवाला संघ, अब अहिंसा की बात करने लगा है और जो हिंसा करते हैं, उससे दूर दिखने का सायास प्रयास कर रहा है। अगर मान भी लें कि हिन्दुत्ववादी इस जनान्दोलन को हाईजैक करने की फ़िराक़ में है तो भी शेर की सवारी उनके बस में नहीं है। जे.पी. और वी.पी. के ज़माने का हिन्दुस्तान कमज़ोर हिन्दुस्तान था, टेक्नोलॉजी विहीन, कुंठित भारत था। इस नये हिन्दुस्तानी को अल्पसंख्यक विरोधी बना पाना हिन्दुत्ववादियों की पहुँच से बहुत दूर की बात है। नया हिन्दुस्तानी आज़ादी के समय के बँटवारे को समझने की कोशिश करता है, एक समाज विशेष के ख़िलाफ़ बदला लेने की नहीं सोचता। अयोध्या आन्दोलन के बाद से इस देश में दंगों की संख्या में ज़बर्दस्त कमी इस बात का प्रमाण है। गुजरात निश्चित तौर पर अपवाद है। वरना इस देश में दंगे रोज़ाना की बात हुआ करते थे।

ऐसे में आज सरकार और देश के आंग्ल प्रबुद्ध वर्ग को समझने की ज़रूरत है कि किसी भी देश के इतिहास में ऐसे मौक़े कभी-कभी ही आते हैं जब लोग अपने अधिकारों और देश की बेहतरी के लिए सड़कों पर उतरते हैं। यह वक़्त इतिहास की बाँह पकड़कर आगे बढ़ने का है, न कि उसकी हँसी उड़ाने का। क्योंकि इतिहास रखेगा उसका भी हिसाब जो रहेगा तटस्थ।

नई दुनिया, 19.08.2011

गाँधी टोपी में एक कूल डूड

सिर पर गाँधी टोपी। सफ़ेद धोती-कुर्ता। साँवला दबा रंग। कद पाँच फिट, पाँच इंच। बोलचाल में गँवई, रत्तीभर भी शहर का पुट नहीं। न अंग्रेज़ी की समझ और न अंग्रेज़ी बोलने की कोशिश। हिन्दी में भी हाथ तंग। सिर्फ़ मराठी में धारा प्रवाह। ऐसा शख़्स, जो बग़ल से गुज़र जाये, तो दिखे न। पास बैठा हो, तो बात करने का मन न करे। दिल्ली शहर में अजनबी। उम्र 74 साल। लेकिन इस शख़्स की दिल्ली दीवानी है। मुम्बई में उसके नाम पर लोग उपवास रख रहे हैं। दफ़्तर से छुट्टी लेकर धरने-प्रदर्शन में शामिल हो रहे हैं। बंगलुरु में शायद ही कोई उसकी भाषा समझता हो, पर उसकी धुन पर इनफ़ोसिस जैसी अत्याधुनिक कम्पनी के आला मैनेजर झूम रहे हैं, कसमें खा रहे हैं। आख़िर यह जादू क्या है? यह शख़्स युवा पीढ़ी का पसन्दीदा कैसे बन गया? नयी पीढ़ी का सबसे हॉट आइकॉन।

अन्ना हज़ारे पहली नज़र में बदलते हिन्दुस्तान के लिए मिसफिट हैं। पहनावे में भी और आचार-व्यवहार में भी। तीन महीने पहले तक लोगों को लगता था कि नयी पीढ़ी के नये आइकॉन या तो शाहरुख़ ख़ान हैं या फिर महेन्द्र सिंह धोनी। यह वो पीढ़ी है, जो शीला की जवानी पर थिरकती है और बदनाम मुन्नी की अदाओं पर मचलती है, राखी सावन्त के भौंडे जोक्स पर हँसती है। यह वो पीढ़ी है, जिसके लिए देर रात पब जाना, तेज़ म्यूज़िक पर झूमना, और फिर किसी ख़ूबसूरत साथी की तलाश में रात गुज़ार देना उसकी पहचान है। यह वो युवा है, जो टैटू गुदवाने पर गर्व महसूस करता है, बॉडी पियर्सिंग जिसका शगल है और जो अपने को कूल डूड कहलवाना पसन्द करता है।

यह वो पीढ़ी है, जिसके बारे में हमारे बुजुर्ग कहते हैं कि वह अपने रास्ते से भटक गयी है, जिसे भारतीय परम्परा और संस्कृति का कोई ज्ञान नहीं है, जो धीरे-धीरे पश्चिमी सभ्यता की गुलाम बन गयी है, जिसे देसी आलू के पराँठे की जगह मैकडोनाल्ड के बर्गर ज़्यादा भाते हैं, केएफ़सी के चिकन के आगे, जो मुर्ग-मुसल्लम को भूल चुकी है। माँ-बाप के पाँव छूने के बजाय जो हाय और बाय से काम चलाती

है। ऐसी पीढ़ी के नौजवानों को आख़िर हो क्या गया है कि वे 74 साल के एक धुर गँवई को अपना आदर्श मान के भ्रष्टाचार की लड़ाई में कूद पड़े हैं? यह सवाल तो हमें पूछना ही पड़ेगा। कुछ लोग तो यह भी कहते हैं कि एक ज़माना था, जब देश का युवा मार्क्स, लेनिन और चे-गुएरा के नाम पर क्रान्ति की मशाल जलाने को तैयार था, वही अब इंटरनेट पर पोर्नोग्राफिक वीडियो के लिए मारा-मारा फिरता है। तो क्या यह पीढ़ी फिसल गयी है? या फिर पुरानी पीढ़ी की आँखों का चश्मा कमज़ोर हो गया है?

चश्मा तो आज भी वही है। उसका नम्बर भी वही है और नयी पीढ़ी भी फिसली नहीं है। बस हम अपने पूर्वाग्रहों की हठधर्मिता में उसको समझना भूल गये हैं। असल में, यह पीढ़ी अब पहले से ज़्यादा जागरूक है, ज़्यादा आत्मविश्वास से भरी हुई है और पूरी तरह से भारतीय है। यह पहले की पीढ़ी की तरह से कुंठित भी नहीं है, बस यही फ़र्क़ है। इसलिए यह नयी पीढ़ी खुले मन से पश्चिम की चीज़ों को ग्रहण करती है। यह उससे न तो भ्रमित होती है और न ही उससे आतंकित और विस्मित है। यह पीढ़ी हमसे पहले की पीढ़ी की तरह यूनीडायमेंशनल भी नहीं है। उसकी शख़्सियत बहुआयामी है। इसलिए वह एक साथ कई संस्कृतियों को स्वीकार करती है, और जितना ज़रूरी है, उतना उनमें से आत्मसात भी करती है। माँ-बाप के पैर न छूने का मतलब यह कतई नहीं है कि नयी पीढ़ी उनका सम्मान नहीं करती। नयी पीढ़ी पहले से ज़्यादा पारदर्शी है। ज़्यादा खुली। पर तमाम सभ्यताओं के बावजूद उसका मन अपनी सम्पूर्णता में भारतीय है, इसलिए आज का युवा अन्ना को रिजेक्ट नहीं करता। वह उनको परखता है। गहराई में उतरकर उनको पहचानता है। अन्ना की पहचान वह उनके कपड़ों से नहीं करता और न ही उनके हाव-भाव से। वह अन्ना की अन्तरात्मा में जब झाँकता है और वहाँ उसे जब एक ख़ास तरह की ईमानदारी दिखती है, तो वह उनकी बात पर यकीन कर उनके साथ हो लेता है। सेना का यह मामूली हवलदार उसको आकर्षित करता है, क्योंकि वह अपने इर्द-गिर्द के छल से आजिज आ चुका है। अन्ना में दोहरा चरित्र नहीं दिखता, जो उसे आज अपने जनप्रतिनिधियों में नज़र आता है। जनप्रतिनिधि कहते कुछ हैं और करते कुछ हैं, चेहरे पर मक्कारी साफ़ झलकती है। ईमानदारी कम। अन्ना इस भीड़ में अकेले हैं। उनकी सादगी और ईमानदारी उनको नैतिक बल देती है। वह शारीरिक सत्ता के नहीं, आध्यात्मिक सत्ता के स्वामी प्रतीत होते हैं। बिल्कुल उसी तरह, जैसे गाँधीजी थे। या फिर आज़ादी के बाद जे.पी. में लोगों को इसकी झलक मिली थी।

महात्मा गाँधी हमेशा कहते रहे कि साध्य के साथ साधन भी पवित्र होना चाहिए। चरित्र में दोहरापन नहीं होना चाहिए। कथनी और करनी में कोई अन्तर

नहीं हो। भौतिक सत्ता की जगह नैतिक सत्ता को जनप्रतिनिधि महत्व दें। ऐसा नहीं था कि गाँधीजी के ज़माने में उनसे ज़्यादा पढ़े-लिखे और काबिल लोग नहीं थे। जवाहरलाल नेहरू, चक्रवर्ती राजगोपालाचारी, राजेन्द्र प्रसाद जैसे इंटेलेक्चुअल जायंट थे, लेकिन देश की जनता ने गाँधीजी पर ही विश्वास किया। उनका नैतिक बल कितना तेज़ था कि देश के विभाजन के समय कहा गया, काश! देश में दो गाँधी होते, तो जैसे गाँधीजी की मौजूदगी में पूर्वी भारत में दंगे रुक गये, वैसे ही देश की पश्चिमी सीमा पर भी थम जाते, हज़ारों लोगों की जानें न जातीं। यानी एक व्यक्ति की नैतिक सत्ता पूरी सेना पर भारी पड़ गयी थी। आज के युवा को अन्ना में इन्हीं गाँधीजी का अक्स दिखता है। नेताओं के फरेबी रूप से उसको घिन आती है। देश की संसद में और उसके बाहर बैठे नेताओं को यह सोचना चाहिए कि आख़िर देश के युवाओं से उनका वह सम्पर्क क्यों नहीं है? लोग उन पर भरोसा करने को तैयार क्यों नहीं हैं? यह बात जब तक राजनीतिक सत्ता नहीं सोचेगी, तब तक देश के लोकतन्त्र पर ख़तरे के बादल मँडराते रहेंगे, और यह ख़तरा किसी अन्ना से नहीं होगा, ख़ुद जनता के नुमाइन्दों से होगा। और एक गाँधी टोपी पूरी नेता बिरादरी पर भारी पड़ेगी।

हिन्दुस्तान, 22.08.2011

हाँ, मैंने अन्ना को देखा है...

मैंने गाँधी को नहीं देखा और न ही जे.पी. को देखा। यह बात दिल्ली के रामलीला मैदान में मैंने एक बार नहीं सैकड़ों बार सुनी। गाँधी और जे.पी. ऐसे शख़्स थे जो पूरी उम्र दूसरों के लिए जिये और हमारे आज के नेता सिर्फ़ अपने लिये जीते हैं। मासूम मुँह से इन बातों को सुनने के बाद मेरे दिल और दिमाग़ में छाया कोहरा पूरी तरह से छँट गया कि आर्थिक सुधार के इस युग में जब कि नयी पीढ़ी को मैक्डोनाल्ड की औलाद कहा जाता है, क्यों अन्ना हज़ारे को सुनने और देखने के लिए कड़कड़ाती धूप और झमाझम बारिश में चले आ रहे हैं। मैं पूरे दस दिन तक बारह से पन्द्रह घंटे तक रामलीला मैदान पर रहा और ढेरों लोगों से मिला। लोगों में यकीन था, एक मामूली दिखनेवाले इंसान में।

मैंने अन्ना का नाम सुना था। मैं कभी भी अन्ना का समर्थक नहीं था। मेरे मन में उनको लेकर एक कौतुहल था जब सुना कि वो जन्तर मन्तर पर अनशन पर बैठनेवाले हैं। तीन दिन में सरकार हिल गयी। वो लड़ाई छोटी थी। लेकिन जब अन्ना ने ऐलान किया कि वो 16 अगस्त से अनशन पर बैठेंगे अगर जनलोकपाल बिल संसद में पेश नहीं हुआ तो, मुझे लगा क्या उनका चमत्कार दोबारा होगा? मन में बड़ा सवाल था। मैं अन्ना को हारते हुए नहीं देखना चाहता था लेकिन मुझे सत्ता पक्ष की ताक़त का भी एहसास था। लेकिन तिहाड़ में गिरफ़्तारी के चन्द घंटे बाद उनकी रिहाई की ख़बर सुनने और उसके बाद अन्ना के जेल में ही अनशन की बात सुनने के बाद मुझे यकीन हो गया कि इस बार कुछ ऐसा होनेवाला है जो भारतीय इतिहास में कभी नहीं हुआ। रामलीला मैदान ने एक नया इतिहास लिखा है, क्यों?

एक, भारत में पिछले दिनों यह सोच बन गयी थी कि आर्थिक सुधारों ने एक ऐसा सुविधाभोगी, मूल्यविहीन, अराजनीतिक वर्ग पैदा कर दिया है जिसका देश की राजनीति और समाज से कोई लेना-देना नहीं है जो सिर्फ़ अपने लिये जीता है। अन्ना के अनशन ने इस मिथ को तोड़ दिया कि पैसे और समृद्धि ने लोगों की आँखों पर

पट्टी बाँध दी है और वो राजनीतिक और लोकतान्त्रिक व्यवस्था में अपनी भूमिका भूल गया है। दरअसल वो निराश था, हताश था, बेबस था। उसे लगने लगा था कि वाकई इस देश में कुछ नहीं हो सकता। राजनेता ऐसे ही रहेंगे। इस निराशा को एक मसीहा का इन्तज़ार था। अन्ना ने लोगों की निराशा को उम्मीद में बदल दिया। लोग जुटने लगे।

दो, भ्रष्टाचार ही जीवन है, यह सोच भारत की तस्वीर बन गयी थी। घूस लेना और देना अपराध है, ऐसा सोचनेवालों को पागल कहा जाने लगा था। लोग कहते थे कि ऊपर की कमाई नहीं होगी तो बेटी का ब्याह कैसे होगा और ज़िन्दगी कैसे चलेगी। घूस लेकर महल खड़ा करनेवाले को लोग घृणा की नज़र से नहीं तारीफ़ की नज़र से देखते थे। और आम बोलचाल में कहते थे कि आदर्श बघार के क्या होगा, दो वक़्त की रोटी भी नहीं मिलेगी। जन्म प्रमाणपत्र से लेकर मृत्यु प्रमाणपत्र तक हर चीज़ के लिए घूस देना अनिवार्य हो गया। सरकारी दफ़्तर में जाने का मतलब है दुत्कार सुनना, अन्ना के अनशन ने आम आदमी को समझाया कि वो ग़रीब सही लेकिन दुत्कार सुनने के लिए वो पैदा नहीं हुआ है और जो सरकारी अफ़सर या क्लर्क उसको दुत्कार रहे हैं, उन्हें हक़ीक़त में जेल में होना चाहिए। अन्ना ने इस दुत्कार खानेवाले को 'डिगनिटी' दी। और अचानक रातोंरात भ्रष्टाचार देश के पटल पर सबसे बड़ा मुद्दा बन गया। इसलिए लोग जुटने लगे।

तीन, अन्ना के अनशन ने लोगों को समझाया कि देश की संसद सर्वोच्च है लेकिन अब वो देश की भावनाओं का प्रतिनिधित्व करने में नाकाम साबित हो रही है। वहाँ जनता के नुमाइन्दों की जगह मर्सिडीज पर सवार लोगों की भीड़ जमा होने लगी है। लोग समझने लगे कि संसद सिर्फ़ ईंट-गारे की दीवारों का नाम नहीं है वो लोगों से बनती है। जहाँ कभी नेहरू जैसे लोग बैठते थे वहाँ शहाबुद्दीन जैसे लोग बैठने लगे। बहस-चर्चा की जगह की एक-दूसरे पर कीचड़ उछाली जाने लगी, माइक तोड़े जाने लगे, संसद की आत्मा रोज़ शर्मसार होने लगी। इसलिए इन दीवारों के बीच जनता के लिए क़ानून बनने बन्द हो गये। अन्ना ने कहा कि क़ानून बनाने में अगर जनता के प्रतिनिधि नाकाम हैं तो आम आदमी की भागीदारी होनी चाहिए। अन्ना के अनशन ने आम आदमी को यह ताक़त दी। इसलिए लोग जुटने लगे।

चार, अन्ना के अनशन ने इस मिथ को तोड़ा कि संसद सबसे ऊपर है और बाक़ी सब उसके नीचे। बाबा साहेब अम्बेडकर का संविधान कहता है कि विधायिका, कार्यपालिका, न्यायपालिका बराबर हैं और इनके बीच सन्तुलन देश के लोकतन्त्र के लिए ज़रूरी है। विधायिका में यह अहं बैठ गया था कि उस पर कोई उँगली नहीं उठा सकता। वो जनता के द्वारा चुने गये हैं, इसलिए उन्हें कुछ भी करने का अधिकार है। जनता ने कहा, हमने चुना ज़रूर है लेकिन अगर आप हमारी भावनाओं,

इच्छाओं, आशाओं, निराशाओं को आवाज़ नहीं देंगे तो हम आपको दिया हुआ भरोसा वापस भी ले लेंगे। अनशन ने साफ़ संकेत दे दिये कि जनता सर्वोपरि है, और संसद को उसकी सुननी पड़ेगी। संसद की सम्प्रभुता ठीक है लेकिन सम्प्रभुता का अधिकार हवा में नहीं हो सकता। इसलिए लोग जुटने लगे।

पाँच, अन्ना के अनशन ने यह भी साबित किया कि देश का लोकतन्त्र और संसदीय प्रणाली अभी भी पूरी तरह से खोखली नहीं हुई है। वो देर से ही सही लेकिन जनता की आवाज़ को ज़्यादा समय तक अनसुनी नहीं कर सकती। वरना मिस्र, लीबिया और ट्यूनीशिया में जब लोगों ने अपनी बात रखनी चाही तो गोलियाँ चलीं, ख़ून-खच्चर हुआ और सैकड़ों लोग मारे गये। लेकिन भारत में पत्थर का एक ढेला भी नहीं चला। संसद शनिवार के दिन चर्चा के लिए बैठी। यह मामूली बात नहीं है।

छः, इस देश में जन आन्दोलन की ज़मीन सूख गयी थी। पिछले बीस सालों में राष्ट्रीय स्तर पर कोई बड़ा आन्दोलन नहीं हुआ था। अन्ना ने ऐसे लोगों को हिम्मत दी कि अभी भी ऐसे लोग ख़त्म नहीं हुए हैं जो राम मनोहर लोहिया की तरह सोचते हैं कि ज़िन्दा क़ौमें पाँच साल इन्तज़ार नहीं करतीं। फिर यह भी साबित हुआ कि जनान्दोलन अहिंसक तरीक़े से भी हो सकते हैं, बस नैतिक सत्ता का बल चाहिए। अब लोग यह नहीं कह रहे हैं कि उन्होंने गाँधी को नहीं देखा। आनेवाली पीढ़ी अब यह भी पूछेंगी क्या तुमने अन्ना को देखा है?

दैनिक भास्कर, 29.08.2011

आरोपों का यह दौर आना ही था

सरकारों के काम करने का अपना-अपना तरीक़ा होता है। कुछ सरकारें नरम होती हैं, कुछ गरम। लेकिन मनमोहन सिंह सरकार न तो नरम है, और न गरम। अन्ना हज़ारे के अनशन को जिस तरह से शुरू से डील किया गया, वह अनेक सवाल छोड़ गया। ऐसे सवाल, जिनसे कई बार यह लगा कि सरकार है भी या नहीं? और क्या सरकारें इसी तरह से काम करती हैं? किसी को नहीं पता कि क्या करना है, कैसे करना है। पहले अन्ना को अनशन की इजाज़त दी गयी। फिर अचानक 16 अगस्त की सुबह उनको गिरफ़्तार कर तिहाड़ भेज दिया गया। तिहाड़ भेजने के दो घंटे के अन्दर ही उन्हें रिहा कर दिया गया। रिहा ही करना था, तो गिरफ़्तार क्यों किया गया? और अगर गिरफ़्तार करना था, तो फिर उन्हें आनन-फ़ानन में यों रिहा क्यों किया गया? अन्त में हुआ वही सब, जो यह सरकार कभी नहीं चाहती थी। जो सरकार चाहती थी कि अन्ना किसी बड़ी जगह पर अनशन न कर पायें, वह उन्हें रामलीला मैदान में अनशन करने की अनुमति देने के लिए मजबूर हो गयी। वहाँ रोज़ाना 50 हज़ार से ज़्यादा लोग जुटे।

काँग्रेस वह पार्टी है, जिसे सरकार चलाने का देश में सबसे लम्बा अनुभव है। जिसे सरकार चलाने के लिए एक स्वाभाविक पार्टी कहा जाता है। वह बीजेपी की तरह नहीं है, जो सत्ता में रहने के बाद भी विपक्ष की तरह बर्ताव करती है। ऐसी पार्टी को अन्ना के अनशन के समय लकवा मार गया, यह आभास पूरे देश को क्यों हुआ। यह वह वक़्त था, जब सोनिया गाँधी अपनी बीमारी के इलाज के लिए अमेरिका में थीं। पार्टी चलाने के लिए उन्होंने चार लोगों की एक टीम बना दी थी। ए.के. एंटनी, राहुल गाँधी, अहमद पटेल और जनार्दन द्विवेदी। टीम के सदस्यों के नामों का जब ऐलान किया गया था, तभी कई नामों पर सवाल खड़े हुए। कहा गया कि इनमें से कुछ लोग ऐसे हैं, जिनका ज़मीनी हक़ीक़त से कोई लेना-देना नहीं है। वे राजनेता कम और पार्टी ब्यूरोक्रेट ज़्यादा हैं। पहले ही दिन लगा कि नेहरू-गाँधी परिवार के प्रति वफ़ादारी को तरज़ीह दी गयी और राजनीतिक काबिलियत को धता

बता दिया गया। और जब पार्टी तथा सरकार अपने सबसे कठिन दौर से गुज़र रही थी, तब ज़मीन से कटे लोगों के हाथ-पैर फूल गये। जिन्हें निर्णायक भूमिका निभानी थी, वे इस संकट में कहीं नज़र ही नहीं आये।

लोगों ने सोचा कि माँ की ग़ैरमौजूदगी में राहुल गाँधी ज़्यादा सक्रिय भूमिका निभायेंगे, लेकिन वह भी कुछ करते नहीं दिखे। सिर्फ़ एक बार बोले, वह भी संसद में, जब लोकपाल पर बहस चल रही थी। राजनीतिक पंडितों ने कहा कि उनकी टाइमिंग ग़लत थी। और बॉडी लैंग्वेज से भी ग़लत सन्देश गया। उनके बोलने में आवश्यकता से अधिक आक्रामकता दिखी। हालाँकि इस दिन से पहले राहुल गाँधी और प्रधानमन्त्री मनमोहन सिंह के बीच कई बार विचार-विमर्श हुआ। पत्रकारों ने एक बार वह तस्वीर भी अपने कैमरे में क़ैद की, जिसमें प्रधानमन्त्री मनमोहन सिंह उनको अपने साथ अपनी कार में ले जाते हुए दिखे। लोग राहुल से निर्णायक क़दम की उम्मीद कर रहे थे। लेकिन ऐसे लोगों को निराशा हाथ लगी। कई लोगों ने यह भी कहा कि राहुल ने अपनी नेतृत्व क्षमता साबित करने का ऐतिहासिक मौक़ा गँवा दिया। सोनिया नहीं थीं। साफ़ है, काँग्रेस और सरकार में किसी की वह हैसियत नहीं है, जो राहुल को नकार सके। ऐसे में, उन्हें कुछ करते हुए दिखना चाहिए था। जैसे 60 के दशक में इन्दिरा गाँधी ने, जिन्हें गूंगी गुड़िया कहा जाता था, एक के बाद एक ऐसे राजनीतिक दाँव चले कि धुरन्धर लोग भी हैरत में पड़ गये। विपक्ष के लोगों को उनमें दुर्गा दिखने लगी और चन्द्रशेखर जैसे युवा तुर्क तक उन्हें शेरनी कहने पर मजबूर हो गये। लेकिन अफ़सोस राहुल पार्टी के ब्यूरोक्रेटों और कुछ वक़ील मन्त्रियों की सलाह को ज़्यादा गम्भीरता से ले बैठे। इन्दिरा गाँधी को अपनी हैसियत दिखानी थी, तो उन्होंने उस वक़्त के तपे-तपाये नेताओं की औक़ात बता दी। राहुल से भी कुछ ऐसी ही अपेक्षा थी।

राहुल की उदासीनता और सोनिया की ग़ैरमौजूदगी में कुछ नेता ग़लतफ़हमी का शिकार हो गये। ये वो नेता हैं, जो शायद ख़ुद अपने बल पर चुनाव नहीं जीत सकते। एक वरिष्ठ मन्त्री तक को कहते सुना गया कि इन मन्त्रियों ने राजनीति को कोर्ट रूम समझ लिया है। मुक़दमे लड़ने लगे। जो काम आसानी से हो जाता, उसे तर्कों के चक्रव्यूह में उलझा दिया गया। नतीजा, अन्ना की टीम के हर तर्क का जवाब तर्क से दिया जाने लगा। जो विशुद्ध राजनीतिक मसला था, उसे क़ानूनी और तकनीकी जाल में फँसाने की कोशिश की गयी और हालात ऐसे हो गये कि पूरी पार्टी और सरकार ख़ुद अपने रचे भँवर में डूबने लगी। लगने लगा कि मुक़दमा भले सरकार न जीते, पर उसका घर ज़रूर बिक जायेगा। इस घटनाक्रम में प्रधानमन्त्री की समझदारी पर भी लोगों ने प्रश्न खड़े कर दिये। लोग कहने लगे कि अगर मनमोहन सिंह थोड़े राजनीतिक होते, तो यह दिक़्क़त न होती। सोनिया के रहते हुए

उन्हें राजनीतिक काम नहीं करने पड़ते थे। मनमोहन सिंह सरकार चलाते थे और सोनिया गाँधी राजनीति। मनमोहन सिंह ने इस संकट में सोनिया गाँधी की कमी काफ़ी शिद्दत से महसूस की।

चार लोगों की टीम की चुप्पी ने पीएम की मुसीबत और बढ़ा दी। जब तक मनमोहन सिंह सँभलते, तब तक काफ़ी देर हो चुकी थी। प्रणब मुखर्जी के सीन में आते ही तस्वीर बदलने लगी और तीन दिन में मामले का हल निकल गया। सरकार को ज़्यादा झुकना भी नहीं पड़ा। अन्ना की टीम जनलोकपाल बिल की सिर्फ़ तीन माँगों पर सन्तुष्ट हो गयी। जो दस दिन बाद हुआ, वह पहले दिन भी हो सकता था। यह वक़्त क्यों लगा? क्या कुछ मन्त्रियों ने पूरी पार्टी और सरकार को अँधेरे में रखा? या फिर वे इतने मासूम थे कि पूरे मामले की गम्भीरता को नहीं समझ पाये? कहीं ऐसा तो नहीं कि इन लोगों ने अपनी महत्वाकांक्षा में पार्टी और सरकार को दाँव पर लगा दिया था? सत्ता के गलियारे में यह चर्चा भी आम है कि सोनिया गाँधी की ग़ैरमौजूदगी में पार्टी और सरकार में जमकर साँप-सीढ़ी का खेल खेला गया। कुछ लोग अभी से भविष्य के मद्देनज़र अपनी पोजीशनिंग करने में लग गये हैं। लेकिन यह सवाल भी ख़ूब गरम है कि क्या ये लोग सिर्फ़ अपने बल पर चालें चल रहे थे या इनके पीछे कुछ हाथ भी थे। क्योंकि कहनेवाले कहते हैं कि काँग्रेस को पता है कि सरकार कैसे चलती है, ऐसे में सरकार की चाल सही समय पर ग़लत होने लगे, तो लोग ऐसा कहेंगे ही।

हिन्दुस्तान, 05.09.2011

एक रथयात्री की इतिहास से अदावत

लालकृष्ण आडवाणी एक बार फिर रथ पर सवार होंगे। सुनकर आम आदमी के दिल में दहशत होने लगती है। आडवाणी आज भले ही कितने ही उदारवादी बनने की कोशिश करें लेकिन भारतीय इतिहास में उन्हें एक ऐसे रथयात्री के तौर पर याद किया जायेगा जिसने देश को दो धर्मों के बीच बाँट दिया था। अयोध्या का आन्दोलन और उसके बाद बाबरी का ढहना ये दोनों ही घटनाएँ बिना आडवाणी की रथ यात्रा के पूरे नहीं होंगी और न ही बीजेपी का इतिहास। कहनेवाले तो यहाँ तक कहते हैं कि 1984 में दो सीटों पर सिमटनेवाली बीजेपी को आडवाणी की रथयात्रा ने नया जीवनदान दिया था और बाद में केन्द्र में सरकार बनाने में भारी मदद की। लेकिन दूसरा पक्ष यह भी कहता है कि आडवाणी की रथयात्रा की क़ीमत सैकड़ों लोगों ने अपनी जान देकर चुकायी है। देश ने बड़ी क़ीमत अदा की है। साम्प्रदायिकता का जो रूप आडवाणी की रथयात्रा के दौरान दिखा था उसको सोचकर आज रोयें खड़े हो जाते हैं। कहनेवाले यह भी कहते हैं कि जहाँ-जहाँ से आडवाणी की रथयात्र निकली वहाँ-वहाँ दंगे हुए।

यह वो दौर था जब आडवाणी का सिक्का चलता था। वो हिन्दू हृदय सम्राट कहे जाते थे। और बीजेपी का उदार चेहरा माने जानेवाले अटल बिहारी वाजपेयी को कोई पूछता नहीं था। यह आडवाणी का करिश्मा था कि दिल्ली में पहली बार अंग्रेज़ी बोलनेवाला का एक तबक़ा खुलकर बीजेपी के साथ खड़ा हो गया था वरना इसके पहले वामपन्थ से प्रभावित अंग्रेज़ी इलीट वर्ग बीजेपी को टेढ़ी निगाह से भी नहीं देखता था। दिल्ली में बड़े-बड़े पत्रकार आडवाणी से बात करने में गर्व महसूस करने लगे थे। पार्टी ने तब वाजपेयी को हटाकर आडवाणी को नेता विपक्ष बनाया था। आडवाणी आजीवन वाजपेयी की छाया में ही रहे थे। लोगों ने वाजपेयी को ख़त्म मान लिया था। लेकिन भला हो हवाला कांड का कि जिसने आडवाणी के चढ़ते सूरज को ग्रहण लगा दिया और एक बार फिर वाजपेयी की वापसी हुई और 1996 में जब पहली बार बीजेपी की 13 दिन की सरकार बनी थी तब उसके सेनानायक आडवाणी

नहीं वाजपेयी थे। और यह मलाल आडवाणी को हमेशा रहा। उनको इतिहास से हमेशा यह शिकायत रही है कि इतिहास ने उनका हक़ क्यों मार लिया। वो कभी इस बात को बर्दाश्त नहीं कर पाये कि आई.के. गुजराल और एच.डी. देवेगौड़ा जैसे उनसे कमतर लोग देश के प्रधानमन्त्री बन गये और वो बस ताकते रह गये।

ये आडवाणी की इतिहास से उलझन ही थी कि 2004 में उन्होंने पाकिस्तान में ज़िन्ना को सेक्युलर बतानेवाला बयान दिया था। क्योंकि तब तक वो समझ गये थे कि रथयात्रा उनका पीछा छोड़ेगी नहीं और जब तक वो रथयात्रा से पीछा नहीं छुडायेंगे तब तक गठबन्धन के दौर में वो प्रधानमन्त्री बन नहीं सकते। अब ज़रा सोचिये जो आडवाणी उस आन्दोलन के अगुआ थे जो पाँच सौ साल पुराने बाबर से बदला लेने निकला था, वो देश के बँटवारे के लिए ज़िम्मेदार और आज़ादी की लड़ाई के सबसे बड़े खलनायक को क्लीन चिट देने निकले थे। आडवाणी ने वाकई में इतिहास से पंगा लिया था और इतिहास ने उन्हें सबक़ भी ख़ूब दिया। आरएसएस को तो तब साँप सूघ गया था। आडवाणी ने आरएसएस की विचारधारा को सिर के बल उल्टा टाँग दिया था और यह उम्मीद लगा बैठे थे कि आरएसएस उनको गले लगा लेगी। इतनी बड़ी हिमाकत तो श्यामा प्रसाद मुखर्जी, दीन दयाल उपाध्याय ने भी नहीं की थी और न ही अटल बिहारी वाजपेयी ने कभी ऐसी जुर्रत की थी जिनके बारे में माना जाता था कि वो कभी भी आरएसएस की मूल विचारधारा से पूरी तरह सहमत नहीं थे।

वाजपेयी स्वप्नदर्शी थे, क्रान्तिकारी नहीं। वो आरएसएस से अलग मत रखते थे लेकिन आरएसएस की विचारधारा के ख़िलाफ़ जाने की वो सोच भी नहीं सकते थे। वरना गुजरात दंगों के बाद नरेन्द्र मोदी को हटाने का मन वो बना चुके थे। लेकिन आरएसएस के ख़िलाफ़ बग़ावत नहीं कर पाये और अन्ततः उन्हें आरएसएस के सामने झुकना पड़ा था। मोदी को वो नहीं हटा पाये। आडवाणी अलग थे। वाजपेयी की ख़ूबी थी उनकी सरलता। निश्चल स्वभाव। शीशे की तरह पारदर्शी व्यक्तित्व और सहज बर्ताव। वाजपेयी कभी भी किसी के भी दिल में सीधे उतर जाते थे लेकिन आडवाणी में सब कुछ है, सहजता नहीं है। सरलता नहीं है। पारदर्शिता नहीं है। उनकी शख़्सियत मेहनत से सायास गढ़ी हुई है। उनको समझना मुश्किल है। उनमें कई परतें हैं। और हर परत में कुछ चीज़ें छिपी हैं। वाजपेयी की सहजता और आडवाणी की निजता बीजेपी को एक मुक़ाम तक ले जाने के लिए ज़रूरी थी लेकिन वाजपेयी के बीमार पड़ने के बाद आडवाणी ने अपनी निजता को तो और गहरे में पकड़ लिया लेकिन जब वाजपेयी की सहजता को अपनाने की कोशिश की तो लोगों को उनमें पाखंड नज़र आया और वो रिजेक्ट कर दिये गये। आरएसएस ने जिस बेक़दरी के साथ ज़िन्ना के बयान के बाद उनको पार्टी अध्यक्ष पद से हटाया

था और बाद में 2009 के चुनाव के बाद नेता विपक्ष की कुर्सी उनसे छीनी थी वो नब्बे के दशक में अकल्पनीय था। आडवाणी के सामने खड़े होने की हैसियत आरएसएस के तमाम बड़े नेताओं में नहीं थी। लेकिन मोहन भागवत ने यह बर्ताव किया और आडवाणी को ख़ून का घूँट पीकर रह जाना पड़ा।

आज भी आडवाणी अपने उस कॉम्प्लेक्स से बाहर नहीं निकल पाये हैं। आज भी वो इतिहास से दो-दो हाथ करने को उतारू हैं। 2009 की उस घटना के बाद हर कोई हार मान लेता। पर हाशिये पर पड़े आडवाणी के दिल में अभी भी वो अधूरा ख़्वाब कहीं किसी कोने ज़िन्दा था। भ्रष्टाचार और महँगाई के भँवर में डूबते-उतराते मनमोहन सिंह को देखकर एक बार फिर आडवाणी के मन में अधूरी तमन्नाओं ने ज़ोर मारा है। उनको लगता है कि हो न हो सरकार कभी भी गिर जाये और इतिहास एक बार उन्हें मौक़ा दे दे। ऐसे में कैश फ़ॉर वोट में अपने दो पूर्व सांसदों के जेल जाने में उन्होंने अवसर तलाश लिया। हुंकार भरी वो भी जेल जाने को तैयार हैं और देश में सरकार के ख़िलाफ़ एक बार फिर वो अलख जगाने निकलेंगे। पार्टी की दूसरी पाँत के नेता हत्प्रभ हैं। आरएसएस के माथे पर पसीने की बूदें हैं और आडवाणी 84 की पकी उम्र में जवानी के जोश पर सवार हैं। इतिहास से आडवाणी की यह जंग दिलचस्प है। और सुषमा, जेटली, राजनाथ सिंह और मोदी के लिए सबक़ भी कि राजनीति में कुछ भी अन्तिम नहीं होता। न विचार और न व्यक्ति और न अवसर। और आडवाणी इसीलिए बड़े हैं, क्योंकि वो कभी हार नहीं मानते। न इतिहास से और न ख़ुद से।

दैनिक भास्कर, 12.09.2011

मोदी का उपवास, आत्मशुद्धि या उपहास

जिस नरेन्द्र मोदी को मैं उनके मुख्यमन्त्री बनने के पहले जानता था, उसे कई बार खोजने की कोशिश की। उस मोदी को, जिसे दिल्ली बीजेपी के दफ़्तर या अपने स्टूडियो में चुहल करते देखा था। जिसको देखकर किसी के मन में दहशत नहीं होती थी। जो कन्धे पर चपत जमाकर कह उठता, आशुतोष बाबू कैसे हैं। मोदी हालाँकि तब भी विवादों से ज़्यादा दूर नहीं थे। गुजरात में केशुभाई पटेल और शंकर सिंह वाघेला के बीच झगड़े की जड़ में तब मोदी को बताया गया था और गुजरात बीजेपी में दो फाड़ भी हुई थी। गुजरात में आरएसएस और बीजेपी की जड़ें जमानेवाले वाघेला को पार्टी छोड़नी पड़ी थी। मोदी को तब गुजरात से हटाकर हिमाचल प्रदेश भेजा गया था। वहाँ भी शान्ता कुमार और प्रेम कुमार धूमल के बीच जब अविश्वास की दीवार खड़ी हुई, तो मोदी को ज़िम्मेदार माना गया। लेकिन तब मोदी से बात करने की गुंजाइश थी। मुख्यमन्त्री बनते ही नरेन्द्र मोदी ने वह दरवाज़ा हमेशा के लिए बन्द कर दिया।

यहाँ तक होता, तो इतिहास में उनके मूल्यांकन का पैमाना अलग होता। लेकिन गुजरात के दंगों ने पूरे परिप्रेक्ष्य को नया आयाम दे दिया। हर हाल में अपने हित की रक्षा करना और उसकी पूर्ति के लिए कुछ भीं कर गुज़रने का जज़्बा गुजरात दंगों को वह शक्ल दे गया, जिसको सोचकर मन में दहशत होती है। वर्ष 2002 के दंगों का विश्लेषण करते समय हम अक्सर यह कह बैठते हैं कि वे घटनाएँ आरएसएस की विचारधारा की परिणति थीं। अल्पसंख्यक विरोधी सोच और विचारधारा और क्या कर सकती थी? गोधरा में ट्रेन हादसे को साम्प्रदायिक रंग दे दिया गया। गुजरात में साम्प्रदायिक हिंसा कोई नयी बात नहीं थी, लेकिन 2002 के दंगों के दौरान एक सरकार का खुलकर एक समुदाय के पक्ष में खड़े हो जाना और दूसरे समुदाय को दंगाइयों के रहमोकरम पर छोड़ देना नया था। इससे भी ज़्यादा नया था दंगों के बाद क़ानून की प्रक्रिया को पूरी तरह से भटकाने की सरकारी और ग़ैर-सरकारी कोशिश, संविधान और लोकतन्त्र का खुलेआम उपहास, पूरी व्यवस्था को चुनौती।

यह परिदृश्य भारतीय लोकतन्त्र की एक बड़ी कमज़ोरी की ओर इशारा भी था कि एक चुना हुआ नेता जनतान्त्रिक प्रक्रिया का फ़ायदा उठाकर सिस्टम की किस तरह धज्जियाँ उड़ा सकता है। लोग कहते थे कि एक ख़ास तरह की विचारधारा अपने लोगों को बचाने के लिए किसी भी सीमा तक जायेगी। लेकिन मेरा मानना कुछ अलग है। यह किसी विचारधारा की कोशिश या हठ नहीं था। यह एक व्यक्ति की अति महत्वाकांक्षा का निहायत ही क्षुद्र चेहरा है।

मोदी चाहते, तो दंगे रोक सकते थे। वह चाहते, तो सेना 72 घंटे तक बैरक में नहीं सिमटी रहती। वह चाहते, तो सिर्फ़ एक ही समुदाय के लोग निशाना नहीं बनते। विचारधारा लोगों को अन्धा करती है यह सच है, लेकिन अन्धी महत्वाकांक्षा मोदी बना देती है। मोदी का कोई सामाजिक आधार नहीं था। उनका कोई वोट बैंक नहीं था। वह आरएसएस के स्वयंसेवक थे। बीजेपी गुजरात में केशुभाई पटेल की प्रशासकीय क्षमता से ख़ुश नहीं थी, गुटबाज़ी चरम पर थी, पार्टी पर हार का ख़तरा मँडरा रहा था। मोदी को उनके रिप्लेसमेंट के तौर पर भेजा गया था। जैसे दिल्ली में मदनलाल खुराना को हटाकर साहिब सिंह वर्मा और फिर सुषमा स्वराज को लाया गया था, मध्य प्रदेश में उमा भारती के बाद बाबूलाल गौड़ और शिवराज सिंह चौहान आये थे, उत्तर प्रदेश में कल्याण सिंह की जगह रामबाबू गुप्ता और राजनाथ सिंह ने ली थी।

मोदी ने गोधरा ट्रेन हादसे में अपने लिए एक अवसर तलाश लिया। गुजरात दंगों में अपने लिए वोट बैंक की खोज की। स्वयंसेवक की जगह एक मुख्यमन्त्री को पूरी तरह से स्थापित करने का सुनहरा मौक़ा देखा। गुजरात की फ़िज़ाँ से वह वाक़िफ़ थे। एक समुदाय विशेष में गोधरा को लेकर उपजे गुस्से को मोदी ने चुनावों से जोड़ दिया। मोदी रातोंरात एक समुदाय विशेष के हृदय सम्राट हो गये। जैसे-जैसे लोगों ने दंगों की निन्दा की, बड़ी सफ़ाई से मोदी ने उसको गुजरात की अस्मिता से जोड़ दिया। मोदी अपमान कब गुजरात के अपमान से जुड़ गया किसी को पता ही नहीं चला। मोदी ने पूरा प्रयास किया कि गुजरात के लोगों में दंगों का अपराध-बोध न पनपे। लिहाज़ा एक ऐसी तस्वीर पेश की कि जैसे लोकतन्त्र का हर स्तम्भ गुजरात का दुश्मन हो गया, चाहे वह वाजपेयी हों या फिर सुप्रीम कोर्ट, मुख्य चुनाव आयुक्त हों या राष्ट्रीय मानवाधिकार आयोग। जैसे-जैसे मिथ्या प्रचार फैलता गया, मोदी गुजरात में लोकप्रिय होते गये, मुख्यमन्त्री की उनकी कुर्सी मज़बूत होती गयी। राज्य के बाहर भी समर्थन जुटने लगा। मोदी का कद बढ़ता गया।

मोदी अगर विचारधारा के बन्धक होते, तो गुजरात में आरएसएस का डोरा-डंडा उखाड़ फेंकने की जगह उसकी जड़ें ज़माने की कोशिश करते। मोदी ने संघ के साथ क्या किया, इसका अहसास संघ के किसान संघ की गुजरात शाखा से बात

करके लग जायेगा। मोदी को विचारधारा से लगाव होता, तो बीजेपी और संघ की पूरी लीडरशिप को वह राज्य से उखाड़ नहीं फेंकते। आज गुजरात में बीजेपी नहीं, मोदी के लोग हैं। संगठन निष्ठा की जगह मोदी निष्ठा ने ले ली है। जिसने मोदी से अलग सोचने की गुस्ताखी की, उसे हरेन पंड्या बना दिया गया। पंड्या ने मोदी के लिए विधानसभा की सीट नहीं छोड़ी, उसकी बड़ी क़ीमत उन्हें राजनीतिक स्तर पर चुकानी पड़ी। मोदी ने बीजेपी के नेताओं को खुली धमकी दी थी कि या तो पंड्या होंगे या फिर मोदी। बीजेपी हार गयी, जैसे गोवा में वाजपेयी जैसा व्यक्ति हार गया था। वाजपेयी ने तब मोदी को मुख्यमन्त्री की कुर्सी से हटाने का फ़ैसला कर लिया था, लेकिन संघ के हस्तक्षेप के बाद वह अपने फ़ैसले को अमली जामा नहीं पहना पाये थे। मोदी ने फिर कभी वाजपेयी को माफ़ नहीं किया।

नरेन्द्र मोदी ने प्रधानमन्त्री बनने का ख़्वाब पाल रखा है। अन्दाज़ा है कि उनकी इमेज उनके रास्ते का सबसे बड़ा रोड़ा है। इसे बदलने की ज़रूरत है। यह वैचारिक सवाल नहीं है। यह राजनीतिक सवाल है। वैसे ही, जैसे आडवाणी में यह तड़प अचानक जगी थी। मोदी भी इस तड़प से परेशान हैं, लेकिन मोदी यह भूल जाते है कि गुजरात गाँधीजी की भी ज़मीन है। गाँधीजी के लिए उपवास प्रायश्चित और आत्मशुद्धि का रास्ता था। गाँधीजी की विचारधारा और राजनीति में फ़र्क़ नहीं था। उनके बोल एक थे। क्या मोदी में यह सच्चाई है? क्या यह आत्मबल है कि वह दंगों के लिए गुजरात के लोगों से माफ़ी माँग सकें? गाँधी होते, तो ऐसा ही करते।

हिन्दुस्तान, 19.09.2011

राहुल गाँधी की अग्निपरीक्षा

राहुल गाँधी में मैंने एक उम्मीद देखी थी। मुझे लगा था कि यह आदमी बाक़ी नेताओं से बेहतर है। वो रटे-रटाये रास्ते पर नहीं चलता। वो राजनीति में अपना रास्ता ख़ुद बनाना चाहता है। लेकिन मुझे पिछले दिनों राहुल ने निराश किया। ख़ासतौर पर अन्ना के अनशन और उसके बाद के दिनों में। यह काँग्रेस के सबसे ख़राब दिनों में गिना जायेगा। जैसे बोफ़ोर्स के बाद के दिन थे। उस वक़्त भी काँग्रेस पर भ्रष्टाचार के गम्भीर आरोप लगे थे। बोफ़ोर्स देखते-देखते राष्ट्रीय मुद्दा हो गया था। इस मुद्दे ने एक ऐसा माहौल पैदा कर दिया कि देश में काँग्रेस भ्रष्टाचार की पर्याय बन गयी। वी.पी. सिंह हीरो हो गये। इसलिए नहीं कि उनका राजनीतिक चरित्र बहुत शानदार था बल्कि इसलिए कि काँग्रेस को कभी यह समझ में नहीं आया कि बोफ़ोर्स का सामना कैसे करे। राजीव गाँधी नये थे। युवा थे। राजनीतिक परिवार में जन्म लेने के बाद भी वो राजनीतिक नहीं बन पाये थे। उनको लगता था कि राजनीति में अच्छा आदमी होकर भी कामयाब हुआ जा सकता था। अच्छा होने में बुराई नहीं है लेकिन अच्छा होने के साथ-साथ तगड़ी राजनीतिक नज़र और पलभर में निर्णय लेने की क्षमता भी ज़रूरी है। राजीव इस मोर्चे पर मात खा गये।

राजीव ने अगर पहले दिन ही समझ लिया होता कि बोफ़ोर्स का गोला क्या गुल खिलायेगा तो शायद आज काँग्रेस और देश का इतिहास कुछ और होता। बोफ़ोर्स ने राजीव के रूप में मिली एक उम्मीद को असमय मौत दे दी और उस मौत से उपजी निराशा ने देश को धर्म और जाति के झंझावात में झोंक दिया। उस वक़्त राजीव की राजनीति को दूर तक न देख पाने की क्षमता आज के परिवेश में पिछले काफ़ी दिनों से देखने को मिल रही है। इसकी शुरुआत अप्रैल महीने से हुई जब अन्ना जन्तर मन्तर पर अनशन पर बैठे थे। पहले दो दिन मनमोहन सरकार और सोनिया की काँग्रेस दोनों का रवैया निहायत ग़ैरराजनीतिक था। दोनों का अन्दाज़ नकार से तिरस्कारवाला था। राजनीति में तिरस्कार चलता है लेकिन सामनेवाले की क्षमता को कम कर आँकना राजनीति में नहीं सिखाया जाता। तीसरे दिन सोनिया

के दख़ल के बाद सरकार और काँग्रेस को अक्ल आयी और पाँचवें दिन अनशन तुड़वा दिया गया। यह राजनीतिक फ़ैसला था। और इस बात का प्रमाण कि सोनिया में राजनीति को दूर से ही सूँघ लेने की क्षमता है जो प्रधानमन्त्री समेत काँग्रेस के कुछ अति वरिष्ठ नेताओं में कतई नहीं है। इसलिए वो खाँटी राजनीतिक समस्या का एक वकील की तरह से या फिर एक नौकरशाह की तरह से हल निकालने की कोशिश करते हैं। लेकिन सोनिया की अनुपस्थिति में 16 अगस्त के दिन जो कुछ हुआ वो इस बात का सबूत है कि या तो सरकार में काबिल राजनीतिक लोग नहीं हैं या फिर कोई जानबूझकर सरकार में पलीता लगाने की कोशिश में जुटा है। सुबह यह तय होता है कि अन्ना को अनशन पर किसी भी हाल में बैठने नहीं देना है और शाम को आनन-फ़ानन में उन्हें छोड़ने का निर्णय कर लिया जाता है। दोनों ही फ़ैसले निहायत बचकाने थे। अगर यह तय किया था कि उन्हें जेल में भेजना है तो फिर उस पर टिके रहकर अन्ना और उनकी टीम की ताक़त देखनी चाहिए थी और छोड़ना ही था तो फिर उन्हें गिरफ़्तार नहीं करना चाहिए था। अन्ना की गिरफ़्तारी एक राजनीतिक फ़ैसला था और उसे नौकरशाह की तरह से हैंडल किया गया। मुँह की खानी ही थी।

इसके बाद अन्ना रामलीला मैदान पर जा बैठे और जो कुछ हुआ वो इतिहास में दर्ज हो गया। संसद और सरकार को झुकना पड़ा और लम्बे समय के बाद इस स्तर का जनउभार देखने को मिला। इस दौरान दो चीज़ें हुईं। एक, सोनिया अनुपस्थित रहीं। वो बीमार थीं। न्यूयॉर्क में अपना इलाज करवा रही थीं। चाहकर भी इस मामले में हस्तक्षेप नहीं कर सकती थीं। वो मजबूर थीं और उनकी मजबूरी जायज़ थी। दो, राहुल भी 'अनुपस्थित' थे...चौंकिये मत। मुझे मालूम है कि राहुल गाँधी कई बार इस दौरान प्रधानमन्त्री से मिले और पूरे मामले में सरकार की निर्णय लेने की प्रक्रिया में शामिल रहे। फिर भी मैं कहता हूँ कि वो पूरे घटनाक्रम में अनुपस्थित रहे, उनकी अनुपस्थिति मानसिक थी। राहुल सरकार में मन्त्री नहीं हैं। राहुल पार्टी में महासचिव हैं। एक मन्त्री और एक महासचिव की भूमिका पार्टी और सरकार में सीमित होती है। लेकिन राहुल इनसे परे हैं। वो पार्टी में सिर्फ़ महासचिव नहीं हैं, वो पार्टी के युवराज हैं। पार्टी उनमें अपना भविष्य देखती है। उनसे वो निर्णायक भूमिका की अपेक्षा रखती है। जब सोनिया शारीरिक तौर पर अनुपस्थित थीं तो पूरा देश और पार्टी उनकी तरफ़ देख रहे थे। इसं उम्मीद से अगर कि वो निर्णायक क़दम उठाने में पार्टी की मदद करें और अगर पार्टी और सरकार कड़े फ़ैसले करने में झिझक रही है तो उसकी झिझक को तोड़ें और नयी दिशा दें। राहुल ऐसा करते नहीं दिखे। यह उनकी पहली ग़लती थी। राहुल को सोनिया की ग़ैरमौजूदगी में पार्टी की बागडोर अपने हाथ में लेनी चाहिए थी और पार्टी और सरकार के फ़ैसले

में उसका असर दिखना चाहिए।

दो, 2004 के बाद यह पार्टी और सरकार पर सबसे गहरा संकट है। एक के बाद एक घोटालों के आरोप, घोटालों की वजह से पार्टी की गिरती साख, और उस पर से अन्ना के लिए उमड़ा जनसमर्थन। ये परिस्थितियाँ असाधारण थीं लेकिन असाधारण परिस्थितियाँ ही किसी को बड़ा नेता बनाती हैं। और किसी बड़े नेता को गिराती भी हैं। राहुल को पार्टी की लगाम अपने हाथ में लेने के बाद बड़े फ़ैसले करते हुए दिखना चाहिए था। वो इसमें असमर्थ रहे। यानी दो चीज़े हो सकती हैं। एक, वो असाधारण परिस्थितियों को पढ़ने में नाकाम रहे; दो, अगर वो असाधारण परिस्थितियों को पढ़ने में कामयाब रहे थे तो फिर उन्हें उसी के मुताबिक़ फ़ैसले करने चाहिए थे। यानी हिन्दुस्तान के भविष्य से यह उम्मीद नहीं की जा सकती है कि जब उनकी अपनी पार्टी और सरकार दिक़्क़त में हों तो वो किनारे पर बैठे दिखे। दुर्भाग्य से वो दूर बैठे दिखे जो एक अच्छे नेता के गुण कतई नहीं हैं। भारत की जनता मज़बूत नेता को पसन्द करती है, वो अपने नेता को बोल्ड क़दम उठाते हुए देखना चाहती है। वो नेता में कमज़ोरी का अक्स नहीं खोजती। राहुल ने ऐतिहासिक मौक़ा गँवाया है। उनकी दादी ने 1967 में संकट को मौक़े में बदल दिया था और असाधारण निर्णय क्षमता के तेवर पेश किये थे और जनता की प्यारी हो गयी थीं। उनके पिताजी अनिर्णय का शिकार हुए, जनता का प्यार खो बैठे। राहुल को अपने को साबित करना होगा कि उत्तर प्रदेश में अकेले चुनाव लड़ने का फ़ैसला करनेवाले युवराज ने तुक्का नहीं मारा था। इसकी शुरुआत जितनी जल्दी करें, बेहतर होगा क्योंकि 2जी घोटाले में हर नये खुलासे के बाद से काँग्रेस की ज़मीन और युवराज की आभा कमज़ोर पड़ती जा रही है। आँच अब गृह मन्त्री पी. चिदम्बरम से आगे निकलकर प्रधानमन्त्री मनमोहन सिंह तक आ पहुँची है। क्या वो करेंगे?

दैनिक भास्कर, 26.09.2011

बीजेपी की महाभारत में मोदी का दंश

बीजेपी के एक नेता से बात हो रही थी। मैंने पूछा, अभी से आप लोग प्रधानमन्त्री पद के उम्मीदवार का नाम क्यों नहीं घोषित कर देते? बीजेपी को एक चेहरा मिल जायेगा और रोज़ के झगड़े से भी निजात मिलेगी। उन्होंने कहा, आप सही कह रहे हैं। लोग सरकार के भ्रष्टाचार से ऊबे हुए हैं। मन्त्री आपस में लड़ रहे हैं। सोनिया बीमार हैं। प्रधानमन्त्री का सरकार पर नियन्त्रण नहीं है। महँगाई आसमान पर है। इससे बेहतर मौक़ा बीजेपी के पास नहीं हो सकता। एक चेहरा पूरी पार्टी में जान डाल देगा और लोगों के पास मनमोहन का एक विकल्प भी होगा।

मैंने पूछा, तो फिर दिक़्क़त क्या है? उनका कहना था कि कई दावेदार हैं। मैंने कहा, आरएसएस का डंडा चलेगा, सब ठीक हो जायेगा। फिर, जब कभी आप यह फ़ैसला करेंगे, यह दिक़्क़त तो तब भी रहेगी। जितनी जल्दी हो, इस मसले को सुलझा लिया जाये। वह बोले, आसान होता, तो निपट गया होता। मैं उनकी राय से सहमत था। हालाँकि वे जो कह रहे थे, वह अधूरा सत्य है। मामला सिर्फ़ व्यक्तियों का नहीं है। मामला विचारधारा का भी है। मोहन भागवत के आने के बाद से संघ ने अपनी विचारधारा में बुनियादी बदलाव करने का मन बना लिया है। इस दिशा में काम भी शुरू हो गया है। वह इस बात को लेकर चिन्तित थे कि जिस हिन्दुत्व को लेकर संघ चला था, वह 86 साल बाद भी हिन्दू समाज को ग्राह्य नहीं है। वह कट्टरपन्थ का पर्याय बन गया है। लोगों को अपने को हिन्दुत्ववादी कहने में परेशानी होती है। यह तकलीफ़ कभी किसी मार्क्सवादी, वामपन्थी, लेनिनवादी या माओवादी को नहीं झेलनी पड़ी। इस पर संघ में चिन्तन हुआ कि जिस हिन्दुत्व को पूरे समाज को जोड़ना था, वह तोड़ने का प्रतीक हो गया। यह बात संघ प्रमुख को तो समझ में आ गयी है। संघ के कुछ नेता भी इस सत्य को मानते हैं। वे चाहते हैं कि राष्ट्रवाद को केन्द्र में रखकर संघ की विचारधारा में नयी ऊर्जा का संचार किया जाये। लेकिन इसमें दो दिक़्क़तें हैं।

एक, संघ की पूरी लीडरशिप अब भी सरसंघचालक की इस राय से सहमत

नहीं। दूसरी, कार्यकर्ताओं को भी इस बदलाव से जोड़ना आसान नहीं है। जो कार्यकर्ता या स्वयंसेवक बचपन से हिन्दुत्व से जुड़ा रहा है, अब वह उस राह से अपने को कैसे अलग कर ले? हिन्दुत्व तो उसकी प्राणवायु है। प्राणवायु से समझौता कैसे सम्भव है? विचारधारात्मक संगठनों के साथ यह परेशानी होती है। बीजेपी के अन्दर की लड़ाई का एक बड़ा कारण यह वैचारिक संघर्ष भी है। यह सबको पता है कि लालकृष्ण आडवाणी संघ की हिन्दुत्ववादी विचारधारा के सबसे बड़े प्रतीक हैं। यही आडवाणी ख़ुद इसको उदार बनाने के पक्षधर हैं। ज़िन्ना पर उनका बयान संघ की वैचारिक कशमकश का सबसे बड़ा उदाहरण है। आडवाणी के बयान को संघ का हिन्दुत्ववादी काडर पचा नहीं पाया और उन्हें हिन्दुत्व से दग़ा करने की सज़ा दी गयी। उनसे पार्टी अध्यक्ष का पद छीन लिया गया। वर्ष 2004 में संघ के एक धड़े का मानना था कि वाजपेयी के शासन में बीजेपी अपनी मूल विचारधारा से भटक गयी, इसलिए पार्टी के मूल समर्थकों ने उसका हाथ झटक दिया, जबकि पार्टी का बड़ा हिस्सा इस बात पर कायम था कि गुजरात दंगों की वजह से उदार हिन्दू उससे दूर हो गया और पार्टी की लुटिया डूब गयी। अशोक सिंघल और के. सुदर्शन जैसे संघ के वरिष्ठ लोगों को वाजपेयी का यह तर्क रास नहीं आया और वाजपेयी और आडवाणी को दूसरी पंक्ति के नेताओं के लिए ज़मीन छोड़ने का फ़रमान सुना दिया गया। ज़िन्ना पर बयान आडवाणी की एक कोशिश थी संघ और बीजेपी को गुजरात के दंश से बाहर निकालने की। पर संघ इतनी जल्दी इतने बड़े बदलाव के लिए तैयार नहीं था।

वैचारिक विभ्रम और विकल्पहीनता ने संघ को एक बार फिर साल 2009 के लोकसभा चुनाव में आडवाणी के पास जाने के लिए मजबूर कर दिया। हार के बाद मन्थन हुआ। सुधीन्द्र कुलकर्णी जैसे आडवाणी के राजनीतिक सलाहकार ने लिखा कि संघ को अपने को बदलने की ज़रूरत है। बदलते भारत के अनुरूप उदार होना होगा। संघ में मार मच गयी। कुलकर्णी को बीजेपी छोड़नी पड़ी। आडवाणी को फिर शर्मसार होना पड़ा। नेता विपक्ष का पद उनसे ले लिया गया और सुषमा स्वराज को गद्दी दे दी गयी। अध्यक्ष पद पर नितिन गडकरी जैसे संघ के करीबी को बिठा दिया गया। जसवन्त सिंह को पार्टी से निकाल दिया गया, क्योंकि उन्होंने ज़िन्ना पर किताब लिखी थी।

पिछले एक साल में बीजेपी पहले से बेहतर हुई है। संसद के अन्दर और बाहर विपक्ष की भूमिका को वह हमलावर तरीक़े से निभा रही है। उमा भारती और संजय जोशी जैसे संघ के प्रिय लोगों को बाहर से उठाकर उत्तर प्रदेश की राजनीति से जोड़ दिया गया है। इस तरह, बीजेपी की क़िस्मत सबसे बड़े राज्य में सँवारने की कोशिश की जा रही है। लेकिन नरेन्द्र मोदी का क्या करें? मोदी एक व्यक्ति का

नाम होता, तो बीजेपी और राष्ट्रीय स्वयंसेवक संघ उसका समाधान खोज लेते। मोदी गुजरात हैं और गुजरात को आरएसएस हिन्दुत्व की प्रयोगशाला मानता है। मोदी यानी आरएसएस की मूल विचारधारा। असली हिन्दुत्व। केशव बलिराम हेडगेवार और गुरुजी गोलवलकर का हिन्दुत्व। बदले सन्दर्भों में इस हिन्दुत्व को यह कहकर धता नहीं बताया जा सकता कि हिन्दुस्तान तो आगे निकल गया है और असली हिन्दुत्व पीछे रह गया है। मोदी को यह बात कचोटती है, जब वह प्रधानमन्त्री की दौड़ में सुषमा स्वराज और अरुण जेटली को देखते हैं। मोदी की नज़र में ये वो लोग हैं, जिन्होंने विचारधारा यानी हिन्दुत्व के नाम पर कभी जिल्लत नहीं झेली। सुषमा स्वराज और जेटली की छवि बीजेपी में होने के बाद भी साम्प्रदायिक नेता की नहीं है, जबकि मोदी कितनी भी सद्भावना कर लें, उन्हें कोई आधुनिक नेता नहीं मानता।

नरेन्द्र मोदी ने हिन्दुत्व की फसल काटकर राज भी किया है और इसकी बहुत बड़ी क़ीमत भी चुकायी है। ऐसे में, असली हिन्दुत्व इतनी आसानी से हार मान ले, यह कैसे सम्भव है। उसे ज़्यादा कुंठित किया गया, तो वह नाराज़ भी होगा और अनुशासनहीन भी। ज़रूरत पड़ी, तो वरिष्ठ लोगों की बेअदबी भी करेगा और हिंसक भी होगा। ऐसे में, मैं इस बात से सहमत हूँ कि मामला काफ़ी पेचीदा है। हल वक़्त के साथ ही निकलेगा और तब तक बीजेपी में बिसात बिछी रहेगी।

हिन्दुस्तान, 03.10.2011

चुप्पी तोड़ने का वक़्त और ज़रूरत

यह सही है कि मनमोहन सिंह आज वह नहीं हैं, जो वह वर्ष 2009 के चुनाव के समय थे। उस समय बीजेपी ने मनमोहन सिंह को आज़ादी के बाद का सबसे कमज़ोर प्रधानमन्त्री साबित करने की कोशिश की थी और उनकी शराफ़त यह थी कि वह कसकर जवाब भी नहीं दे पाये थे। लेकिन उनकी यही सादगी उनको हीरो बना गयी और काँग्रेस को सबसे बड़ा फ़ायदा मनमोहन सिंह के इसी अन्दाज़ का मिला। तब मनमोहन की सादगी, उनकी ईमानदारी और उनकी सरलता लोगों को पसन्द आ गयी थी। साथ ही लोगों ने यह भी देखा कि शान्ति से काम करनेवाले शख़्स को विपक्षी नाहक ही परेशान कर रहे हैं। लोगों ने उस वक़्त लौह पुरुष को रिजेक्ट कर दिया। देश के सबसे कमज़ोर कहे जानेवाले प्रधानमन्त्री को लोगों ने स्वीकार कर लिया। कुछ तो करिश्मा रहा होगा। कुछ तो बात होगी कि लोगों ने काँग्रेस को ज़्यादा वोटों से वापस संसद में भेजा। और आडवाणी एक बार फिर देखते रह गये। लेकिन उस समय भाजपा जो कह रही थी, वही बात अब दबी जुबान से वे लोग भी कहने लगे हैं, जिन्हें काँग्रेस समर्थक माना जाता है। पिछले सात साल में जहाँ, जो कुछ भी ग़लत हुआ है, उसके आरोप अब गाहे-बगाहे मनमोहन सिंह के सिर मढ़े जाने लगे हैं। हर बात के लिए कुछ लोग उन्हें ज़िम्मेदार ठहरा रहे हैं।

नौकरशाही के आला पदों पर तो वह पहले भी रहे थे, लेकिन राजनीति के लिए मनमोहन सिंह की काबिलियत को सबसे पहले नरसिंहा राव ने पहचाना था। वह एक ऐसा समय था, जब देश की अर्थव्यवस्था की हालत पतली थी। नरसिंहा राव को एक राजनेता की नहीं, बल्कि अच्छे अर्थशास्त्री की ज़रूरत थी। राजनीति को सँभालने का आत्मविश्वास तो उनमें ख़ुद था ही, लेकिन जो बदहाल अर्थव्यवस्था को सँभाल सके, ऐसा राजनेता उनके पास उस वक़्त नहीं था। वैसे मनमोहन सिंह नरसिंहा राव की पहली पसन्द नहीं थे। लेकिन जब उन्होंने मनमोहन सिंह को ज़िम्मेदारी दी, तो पूरी तरह से आँख बन्द कर विश्वास किया। उनके फ़ैसलों के पीछे वह पूरी तरह खड़े हुए। वह भी तब, जब उनके ख़िलाफ़ खड़े असन्तुष्टों का पहला निशाना

मनमोहन सिंह ही थे। विपक्ष को तो ख़ैर एक सॉफ़्ट टारगेट मिल ही गया था। यह बात अलग है कि वही विपक्षी जब सत्ता में आये, तो उन्होंने उन्हीं आर्थिक नीतियों को अपनाने में ख़ैरियत समझी, जिनका आगाज़ मनमोहन सिंह ने किया था।

इसके बाद पूरी दुनिया ने भारत की क़िस्मत को बदलते देखा। जो देश सोना गिरवी रखने पर मजबूर हुआ था, वही देश 20 साल बाद दुनिया की बेहतरीन अर्थव्यवस्था के रूप में उभरकर सामने आया। आज उसकी पहचान अमेरिका और चीन के बाद होती है। ख़ुद मनमोहन सिंह ने 24 अगस्त, 2011 को संसद में अपने भाषण के दौरान कहा, वह उस वक़्त पीएसी अध्यक्ष मुरली मनोहर जोशी के हमलों से काफ़ी आहत थे। उनको यह इतिहासबोध था कि शायद उनको वह श्रेय न मिले, जिसके वह हक़दार हैं। उन्होंने कहा, '41 साल के सार्वजनिक जीवन में बीस साल मैं संसद सदस्य रहा। मैंने अपनी पूरी क्षमता से देश की सेवा करने की कोशिश की है। जब मैं वित्त मन्त्री बना था, तब देश की आर्थिक हालत बहुत ख़राब थी। देश का ख़ज़ाना कंगाली के क़गार पर था। विदेशी मुद्रा भंडार पूरी तरह से ख़त्म हो गया था। हमने उस खस्ताहाल अर्थव्यवस्था को बदला। कंगाल-फटेहाल अर्थव्यवस्था आज दुनिया की सबसे तेज़ गति से आगे बढ़नेवाली अर्थव्यवस्था बन गयी है।' लोकसभा में अपने मन की बात कहते हुए वह यहीं पर नहीं रुके। लोकसभा अध्यक्ष मीरा कुमार को सम्बोधित करते हुए उन्होंने कहा, 'मैडम स्पीकर, मैंने अपनी तरह से इस देश के विकास में हरसम्भव योगदान दिया है। इसलिए जब मुझ पर आरोप लगते हैं, तो मुझे तकलीफ़ होती है।'

यह तकलीफ़ लगातार बढ़ती जा रही है। ख़ासतौर पर अन्ना के आन्दोलन और उसके ठीक बाद जिस तरह से चिदम्बरम को लपेटनेवाले खुलासे के बाद मनमोहन सिंह के नाम को घसीटा गया और प्रधानमन्त्री की रक्षा में पार्टी पूरी ताक़त से नहीं उतरी, वह उन्हें अखर गया। यह तो अच्छा है कि इन हालात में भी उन्हें पार्टी अध्यक्ष सोनिया गाँधी पर पूरा भरोसा है। शायद सोनिया गाँधी को भी इस बात का पूरा अहसास है कि मनमोहन सिंह ने कभी अपनी लक्ष्मण रेखा नहीं लाँघी। वह हमेशा पार्टी और सोनिया के प्रति निष्ठावान बने रहे हैं। दुनिया की अर्थव्यवस्था जब बरबादी के मुहाने पर थी, मन्दी ने सबको लील लिया था, तब भी मनमोहन सिंह ने देश को सँभालकर रखा था। अमेरिकी राष्ट्रपति बराक ओबामा ने यों ही नहीं कहा था कि जब मनमोहन सिंह बोलते हैं, तो दुनिया सुनती है। कहा जाता है कि उनका दर्द यह है कि उनकी पार्टी और उनके अपने लोग उनकी नहीं सुन रहे हैं। यह भी सच है कि साल 2009 में वह राजा को मन्त्री बनाने के पक्ष में नहीं थे। उन्होंने मना कर दिया था। लेकिन राजनीति की चाल अलग होती है और आज उसी ग़लती की सज़ा वह भुगत रहे हैं। काश! उस समय वह ज़ोर देकर कह

पाते कि मुझे राजा नहीं चाहिए, तो आज सिर्फ़ उनको बलि का बकरा नहीं बनाया जा रहा होता।

अब मनमोहन सिंह के लिए आगे क्या रास्ता है? आज वक़्त की माँग यही है कि प्रधानमन्त्री देश की जनता से सीधा संवाद स्थापित करें। लोगों को पता होना चाहिए कि वह क्या सोचते हैं। कभी उनकी चुप्पी उनकी गम्भीरता का प्रतीक थी, लेकिन इस चुप्पी में अब लोगों ने अपने-अपने ढंग से अर्थ भरने शुरू कर दिये हैं। इसलिए इस चुप्पी को अब उन्हें तोड़ना ही होगा। दूसरे, मनमोहन सिंह को अपनी टीम बदलनी चाहिए। इसके लिए भले ही उनको अपनी पार्टी, और ख़ासतौर पर यूपीए से पंगा भी लेना पड़े, तो लेना चाहिए। कुछ वैसे ही, जैसे परमाणु समझौते को पास कराने की उनकी ज़िद थी। उनके कैबिनेट में सात पूर्व मुख्यमन्त्री हैं।

हॉर्वर्ड और ऑक्सफ़ोर्ड में पढ़े बुद्धिजीवियों की जगह इन ज़मीनी नेताओं की सलाह पर अमल करना चाहिए। वक़्त आ गया है कि वह नौकरशाह प्रधानमन्त्री का चोला उतार राजनेता प्रधानमन्त्री का लबादा ओढ़ें। उनका अतीत नौकरशाह का है, पर उनकी मौजूदा भूमिका एक राज चलानेवाले की है।

हिन्दुस्तान, 17.10.2011

ख़बरदार...किसी वाल्मीकि को रामायण नहीं लिखने दी जायेगी

किरण बेदी अचानक भ्रष्ट हो गयीं। जब तक वो पुलिस की आला अफ़सर थीं तब तक उन पर कोई दाग़ नहीं लगा और न ही उन्हें किसी ने कभी बेईमान कहा। तुनकमिजाज़ की उनकी इमेज हमेशा से रही और इसी वजह से उन्हें दिल्ली का पुलिस कमिश्नर नहीं बनाया गया। लेकिन अब उन पर लांछन लग रहे हैं। टीवी और अख़बारवाले जमकर छाप और दिखा रहे हैं।

इन आरोपों के बीच मुझे याद आया कि कैसे जन्तर मन्तर अनशन के बाद अरविन्द, अन्ना और भूषण परिवार पर ताबड़तोड़ आरोप मढ़े गये थे। कभी आरोप लगा कि अन्ना के ट्रस्ट के पैसे का दुरुपयोग उनका जन्मदिन मनाने में हुआ। शान्ति भूषण और प्रशान्त भूषण ने ज़मीन ख़रीदने के खेल में भ्रष्ट आचरण किया। अरविन्द को कैसे इनकम टैक्स विभाग ने बताया कि भाई आपको भी नौ लाख रुपये चुकाने हैं। करने को यह सवाल किया जा सकता है कि आन्दोलन के पहले ये मामले क्यों नहीं आये? आन्दोलन के बाद अचानक इनकी बाढ़ सी क्यों आ गयी? एक केन्द्रीय मन्त्री ने आन्दोलन के दौरान मुझे नसीहत देने की कोशिश की थी कि कैसे खोजी पत्रकारिता ख़त्म हो गयी है और अब पत्रकार खोजते नहीं हैं, उन्हें ख़बरें देनी पड़ती हैं। फिर बड़े घमंड से उन्होंने बखान किया कि कैसे उन्होंने बाबा रामदेव को ध्वस्त किया। और अब वो अन्ना और उनकी टीम के ख़िलाफ़ लगे हैं। अच्छा लगा कि चलो एक मन्त्री पत्रकार बन गया है। ताकि समाज से भ्रष्टाचार ख़त्म हो लेकिन यह कतई अच्छा नहीं लगता जब यही मन्त्री महोदय कहते हैं कि 2जी और कॉमनवेल्थ में कोई घोटाला नहीं हुआ।

बड़ा सवाल यह नहीं है कि सरकार के इशारे पर यह सब कुछ हो रहा है। ऐसा जे.पी. के ज़माने में भी हुआ था और वी.पी. सिंह के ज़माने में भी। और हर आन्दोलन को कुचलने के लिए इस तरह के कुचक्र रचे जाते हैं। और इस खेल में सत्ता को ख़ुश करने में लगे कुछ पत्रकार और सम्पादक ख़ुशी-ख़ुशी अपनी भूमिका

भी निभाते हैं। ये लोग ख़ुशी-ख़ुशी कहते भी हैं कि जो लोग ख़ुद भ्रष्ट आचरण के शिकार हैं उन्हें भ्रष्टाचार के ख़िलाफ़ अलख जगाने का हक़ नहीं है। मानो यह कह रहे हों कि आओ हम सब दुनियाभर के भ्रष्ट एक हों। इन लोगों का बस चलता तो ये कभी भी किसी वाल्मीकि को रामायण की रचना नहीं करने देते। क्योंकि डाकू कैसे रामारण लिख सकता है?

बड़ा सवाल है कि भ्रष्टाचार के ख़िलाफ़ बने माहौल को बनाये रखने का। हर आन्दोलन काम्याब हो यह ज़रूरी नहीं है। हर आन्दोलन जनान्दोलन बन जाये यह भी ज़रूरी नहीं है। हर आन्दोलन सरकार की नींव हिला दे यह भी ज़रूरी नहीं है। अन्ना के आन्दोलन की सबसे बड़ी ख़ासियत यह है कि इसने भ्रष्टाचार, जिसे पूरे देश ने अपना राष्ट्रीय चरित्र बना लिया था, के ख़िलाफ़ खड़ा कर दिया। इस आन्दोलन ने हर व्यक्ति को अपने ख़िलाफ़ खड़ा कर दिया। अपने भाई, अपने पिता, अपने रिश्तेदार के ख़िलाफ़ खड़ा कर दिया क्योंकि आज की तारीख़ में कोई ऐसा घर नहीं बचा है जहाँ कोई भ्रष्ट नहीं है। लोगों को लगता है कि वो सरकार के भ्रष्टाचार के ख़िलाफ़ खड़ा हुआ है। हक़ीक़त में सरकारी दफ़्तरों में घूस लेनेवाला अफ़सर और क्लर्क हमारे-आपके परिवार से ही तो आते हैं। वो सरकार के ख़िलाफ़ बग़ावत करने से पहले अपने परिवार के ख़िलाफ़ बग़ावत पर उतारू हो गया है। इस आग को ज़िन्दा बचाये रखने की ज़रूरत है क्योंकि यह हमारे समाज की सोच में बुनियादी बदलाव का प्रतीक है। और अगर ऐसा हो गया तो हमारे राष्ट्रीय चरित्र में बदलाव आयेगा। इसके लिए इस आन्दोलन का ज़िन्दा रहना ज़रूरी है।

किसी भी आन्दोलन की कामयाबी के लिए तीन चीज़ें आवश्यक होती हैं। एक, नेतृत्व की साख। दो, आन्दोलन का संगठन और तीन, आन्दोलन के सन्देश को जन-जन तक पहुँचाने का सशक्त माध्यम। भ्रष्टाचार विरोधी इस आन्दोलन का नेतृत्व अन्ना के हाथ में है। जनता ने उनके तप पर यकीन किया, लोग जुटते चले गये। वरना इस देश में सैकड़ों लोग अनशन करते हैं और लोग उनकी तरफ़ देखना भी गँवारा नहीं करते। अन्ना की साख पर चोट करने की कोशिश सरकार और काँग्रेस ने की लेकिन कामयाब नहीं हुए। अब कोशिश है कि अन्ना को छोड़कर उनके साथ के लोगों की साख को मिट्टी में मिला दिया जाये। इससे दो फ़ायदे होंगे। एक, अन्ना और उनकी टीम में अविश्वास का वातारण बनेगा, फूट पड़ेगी और अन्ना को उनकी टीम से दूर करने में मदद मिलेगी। जो आन्दोलन के नेतृत्व को कमज़ोर करेगा। महाराष्ट्र के कई बड़े नेता इस काम में लगे हुए हैं और लगातार अन्ना को समझाने का प्रयास किया जा रहा है कि लोग उनका इस्तेमाल करके अपना उल्लू साध रहे हैं।

दो, अन्ना की नज़र भले ही न बदले लेकिन जनता की नज़र में टीम अन्ना

की साख गिरी तो भी आन्दोलन कमज़ोर होगा। तो इसलिए भी जानबूझकर टीम अन्ना के ख़िलाफ़ कुप्रचार किया जा रहा है। यह बिलकुल उसी तरह है जैसे जे. पी. आन्दोलन के दौरान इन्दिरा सरकार और काँग्रेस ने कहना शुरू किया था कि जे.पी. ग़लत लोगों से घिर गये हैं। वो आरएसएस और जनसंघ के बन्धक बन गये हैं। यह कहा गया था कि जनसंघ तो फासीवादी है और ऐसे फासीवादी का जे.पी. से याराना क्यों? जे.पी. 1942 की लड़ाई के महान योद्दा थे। जवाहरलाल नेहरू तक उनकी मेधा और उनके तेजवान चरित्र से वाक़िफ़ थे। इन्दिरा गाँधी उन्हीं नेहरू की सन्तान थीं। उन्हें जे.पी. की नैतिक शक्ति का एहसास था। वो जानती थीं कि जे.पी. को किसी और कारण से नहीं, बस वैचारिक स्तर पर ही डिगाया जा सकता है। जे.पी. उनकी रणनीति को समझते थे। इसलिए उन्होंने समाजवादियों, सर्वोदयी और गाँधीवादी नेताओं की नाराज़गी मोल लेते हुए साफ़ कहा अगर जनसंघ फासीवादी है तो मैं भी फासीवादी हूँ। जे.पी. संघ की विचारधारा से वाक़िफ़ थे लेकिन वो यह भी जानते थे कि आन्दोलन की कमान उनके हाथ में है, संघ के नहीं। इसलिए आन्दोलन की भूमिका और दिशा को तब तक ख़तरा नहीं होगा, जब तक वो फ़ैसले करते हैं।

सरकार का भुलावा और छलावा तो चलता रहेगा। क्योंकि एक महान राष्ट्रीय आन्दोलन की कोख से निकली काँग्रेस आज़ादी के बाद आन्दोलन करना भूल गयी है। सत्ता ही उसका चरित्र है। काँग्रेस ने हर जनान्दोलन को अपने लिए ख़तरा माना चाहे वो जे.पी. का आन्दोलन हो या फिर वी.पी. का या किसानों का हो या अलग राज्य का। ज़रूरत है इस प्रवृत्ति को नये सिरे से लोकतान्त्रिक करने की। काँग्रेस के लोकतान्त्रिक होने की। क्योंकि लोकतन्त्र है तो देश है। किरण बेदी तो आती-जाती रहेंगी।

दैनिक भास्कर, 25.10.2011

लोगों के गुस्से से डरना ज़रूरी

हिसार में चोट खायी कॉंग्रेस बदले के मूड में है। वो अन्ना की टीम को हर हाल में हरा देना चाहती है। आन्दोलन की धार को कुन्द करने का बीड़ा उसने उठा लिया है। इसलिए कभी किरण बेदी पर भ्रष्टाचार के आरोप लगाये जा रहे हैं तो कभी अरविन्द को उनकी पत्नी के ज़रिये नीचा दिखाने की कोशिश हो रही है और टीम अन्ना कह रही है कि अगर हम दोषी हैं तो हमें फाँसी दे दो लेकिन जनलोकपाल ले आओ। सरकार जनलोकपाल ले आयेगी इसमें अभी संशय दिखता है। कभी-कभी लगता है कि अगर मौजूदा सरकार को जे.पी. का आन्दोलन झेलना होता तो वो क्या करती? जो सरकार सिर्फ़ जनलोकपाल की माँग से घबरा रही है वो क्या करती अगर जे.पी. की तरह अन्ना ने कह दिया होता कि मनमोहन सिंह को हर हाल में इस्तीफ़ा देना होगा, संसद भंग करनी होगी और नये सिरे से चुनाव करवाने होंगे और रोज़ स्कूल-कॉलेज बन्द होते, पुलिस लाठीचार्ज करती, लोग गोलियों का शिकार होते।

मुझे यह कहने में ज़रा भी हिचक नहीं है कि जे.पी. का आन्दोलन अपनी मूल आत्मा में हिंसक था और अन्ना का आन्दोलन अहिंसक। मुझे याद पड़ता है कि जब 20 दिसम्बर 1973 को अहमदाबाद के एलडी इंजीनियरिंग कॉलेज में दिसम्बर महीने में 40 फ़ीसदी मेस चार्जेस बढ़ने पर छात्र उग्र हुए थे तब कॉलेज कैंटीन में आग लगा दी गयी थी और रेक्टर के दफ़्तर को तहस-नहस कर दिया गया था। यह आन्दोलन की शुरुआत थी। 10 जनवरी को अहमदाबाद बन्द का आह्वान किया गया और राजनीतिक पार्टियाँ उसमें कूद पड़ीं तो भी जमकर हिंसा और उत्पात हुआ था। जे.पी. तब तक गाँधी के रास्ते पर थे। सक्रिय राजनीति से दूर, दलविहीन राजनीति की वकालत कर रहे थे और संसदीय व्यवस्था में उनकी आस्था ज़्यादा नहीं थी। लेकिन अहमदाबाद पहुँचते ही 1942 की क्रान्ति के इस हीरो को जोश हो आया। जे.पी. ने हिंसा की न तो बुराई की और न ही उसकी आलोचना। उलटे कह बैठे 'बरसों से मुझे रास्ता नहीं सूझ रहा था, गुजरात के छात्रों ने उन्हें

राह दिखायी है। राजनीतिक बदलाव की राह दिखी है मुझे'। यानी जे.पी. को छात्रों के हिंसक आन्दोलन में बदलाव के लक्षण दिख रहे थे। सोचो अगर अन्ना ने ऐसे किसी हिंसक आन्दोलन का पक्ष लिया होता तो कपिल सिब्बल, पी. चिदम्बरम और अरुन्धति राय क्या कहते?

यह सही है कि गुजरात के आन्दोलन से प्रेरित होकर बिहार के छात्र जब सड़कों पर उतरे और आन्दोलनकारी छात्रों ने जे.पी. से आन्दोलन की बागडोर सँभालने की गुज़ारिश की तो जे.पी. ने साफ़ कहा था कि वो तभी नेतृत्व करेंगे जब आन्दोलन अहिंसक होगा और वो सिर्फ़ बिहार तक सीमित नहीं रहेगा। और साथ ही यह ताकीद भी की थी, सलाह सबसे लेंगे लेकिन अन्तिम फ़ैसला उनका होगा और सबको उसे मानना होगा। विनोबा भावे जे.पी. से इसी मसले पर नाराज़ थे और जे.पी. से उन्होंने पूछा भी था, 'क्या उन्हें पता है कि छात्र आन्दोलन कैसे शुरू हुआ था, लूट और आगजनी इसका आरम्भ बिन्दु था। वो कैसे इस पर लगाम लगायेंगे'। जे.पी. आन्दोलन के हिंसक स्वरूप से दुखी होकर ही विनोबा ने आपातकाल के शुरुआती दिनों को 'अनुशासन पर्व' कहा था। प्रसिद्ध इतिहासकार बिपिन चन्द्रा लिखते हैं कि 'ऐसे सैकड़ों उदाहरण हैं जब जे.पी. ने ग़ैर-ज़िम्मेदाराना भड़काऊ बयान दिये'। जे.पी. कहते थे कि अगर कोई विपक्षी पार्टी सरकार बदलने का माद्दा रखती है और इसके लिए हिंसा का सहारा लेती है तो वो उसे समर्थन देंगे। अन्ना का आन्दोलन तो सिर्फ़ क़ानून बनाने तक है और क़ानून न बनाने की स्थिति में उत्तर प्रदेश में काँग्रेस को हराने के लिए प्रचार करने की चेतावनी तक सीमित है। लेकिन जे.पी. ने छात्र आन्दोलन की लीडरशिप हाथ में लेते ही इन्दिरा गाँधी हटाओ का नारा बुलन्द किया था और बाद में इलाहाबाद हाईकोर्ट के फ़ैसले के बाद पुलिस, प्रशासन और सेना से अपील की थी कि वो ग़ैरक़ानूनी सरकार के आदेशों को न मानें। सोचो अगर आज अन्ना यह कह दें कि मनमोहन सिंह सरकार अगर जनलोकपाल क़ानून नहीं बनाती है तो लोग उसका आदेश मानने से इंकार कर दें तो क्या होगा? जो सरकार अभी से शीर्षासन कर रही है और जो तथाकथित सरकारी बुद्धिजीवी अभी इस आन्दोलन को लोकतन्त्र के लिए ख़तरा बता रहे हैं वो तब किस जुमले का इस्तेमाल करते? हैरानी तो तब होती है जब यही बुद्धिजीवी जे.पी. आन्दोलन की तारीफ़ करते हैं और अन्ना को कोसते हैं। जबकि अन्ना के आन्दोलन में शुरू से अन्त तक एक पत्थर नहीं चला, किसी बस का काँच नहीं टूटा , कहीं कर्फ़्यू नहीं लगा, पुलिस को कहीं भी आँसू गैस का इस्तेमाल नहीं करना पड़ा, कोई हताहत नहीं हुआ सिर्फ़ एक दिन देर रात कुछ हुड़दंगियों ने शराब पीकर पुलिस पर हमला किया था और उन्हें घायल किया था। उसके लिए भी अन्ना ने बाकायदा मंच से माफ़ी माँगी थी, जे.पी. ने पूरे आन्दोलन में कभी भी हिंसा के लिए खेद नहीं जताया। जे.

पी. उन्हीं गाँधीजी को आदर्श मानने थे जिन्होंने चौरीचौरा कांड के बाद आन्दोलन वापस ले लिया था क्योंकि वहाँ हिंसा हुई थी।

जे.पी. स्वभाव से समाजवादी थे और समाजवादी को हिंसा से परहेज नहीं होता। अन्ना स्वभाव से गाँधीवादी हैं और गाँधीवादी कभी भी हिंसा को सही नहीं ठहराता। इसलिए जे.पी. ने छात्रों से अहिंसा का वायदा तो ले लिया था लेकिन हिंसा जब भी उनको आन्दोलन में ज़रूरी लगी वो सहारा लेते गये। वो कहते थे कि अभी उनका आन्दोलन गाँधीवादी रास्ते पर है लेकिन अगर ज़रूरत पड़ी तो राज्य सत्ता के ख़िलाफ़ खुली बग़ावत का आह्वान करने से भी नहीं चूकेंगे। जे.पी. को हिंसा से परहेज होता तो वो कभी आरएसएस की खुली मदद नहीं लेते। इस मसले पर समाजवादी और सर्वोदयी उनसे ख़ासे दुखी भी थे लेकिन जब जनसंघ पर फासीवादी होने का आरोप काँग्रेस ने लगाया तो जे.पी. ने कहा अगर जनसंघ फासीवादी है तो मैं भी फासीवादी हूँ। अन्ना की टीम तो आरएसएस से कोसों दूर है।

जिस तरह से आन्दोलन को कमज़ोर करने की साजिश सरकार के इशारे पर हो रही है वो ख़तरनाक है। क्योंकि लोग भ्रष्टाचार से काफ़ी गुस्से में हैं और अभी गुस्से को नियन्त्रित करने के लिए अन्ना नाम का एक शख़्स है। अगर यह शख़्स नहीं रहा तो फिर इस गुस्से को सरकार कैसे रोकेगी और इस गुस्से के हिंसक होने में वक़्त नहीं लगेगा। इसलिए मनमोहन सिंह और सोनिया को अपने लोगों पर नियन्त्रण रखना चाहिए, नहीं तो इतिहास बेरहम होता है वो इन्दिरा गाँधी तक को नहीं बख्शता।

हिन्दुस्तान, 01.11.2011

इतिहास से सबक़ लेना होगा

'एक नेता के तौर पर उनकी सबसे बड़ी कमज़ोरी यह थी कि वो अनिर्णय के शिकार थे और साथ ही वो अपने इर्द-गिर्द रहनेवालों के दबाव में राजनीतिक फ़ैसले किया करते थे, जो ज़रूरी नहीं था कि उनके ही फ़ैसले हों'। जे.पी. यानी जयप्रकाश नारायण के बारे में ये विचार मेरे नहीं हैं। ये बातें कही हैं मशहूर इतिहासकार बिपन चन्द्रा ने। ये बातें मूर्तिपूजा के आदी जे.पी. के कुछ समर्थकों को बुरी लग सकती हैं। और शायद लगनी भी चाहिए क्योंकि जब हम इतिहास और इतिहासपुरुषों का सही तरीक़े से आकलन करना भूल जाते हैं तो मूर्तिपूजक हो जाते हैं, आँखें बन्द कर लेते हैं। लोग यह भी भूल जाते हैं कि किसी भी शख़्सियत के बारे में उसकी कमज़ोरियों के बारे में लिखना या फिर उनकी तरफ़ इशारा करना उस शख़्स या फिर उस ऐतिहासिक घटना की महानता को कम करना नहीं होता, बस उसको नये सन्दर्भों में समझना होता है और उससे सबक़ लेना होता है। क्योंकि जो इतिहास से सबक़ नहीं लेते वो इतिहास को दुहराने के लिए अभिशप्त हैं। पिछले दिनों जब अन्ना हज़ारे दिल्ली आये और राजघाट पर उन्होंने अपना मौनव्रत तोड़ा तो जे.पी. की तरह उनकी शख़्सियत की कुछ नयी परतें उघरके सामने आयीं।

दिल्ली आने से पहले कई बार रालेगन सिद्धि से ख़बरें आयीं कि अन्ना अपनी टीम से काफ़ी नाराज़ हैं और उनसे अपने को अलग करने या फिर उनसे दूरी बनाने के बारे में सोच रहे हैं। बीच में यह भी ख़बर आयी कि वो अपनी कोर टीम को भंग करके नये सिरे से उसका गठन करेंगे . दिल्ली में जब उनके ब्लॉगर का मसला उठा तो अन्ना ने साफ़ कह दिया कि वो कुछ ऐसी बातें भी कर रहा है जिसका उनसे कोई लेना-देना नहीं है। बाद में अगले दिन ब्लॉगर ने जब उनके हाथ का लिखा प्रेस में दे यह साबित करने की कोशिश की कि अन्ना ने जो कहा वही उसने लिखा, तो मामला और बढ़ गया। अन्ना को फिर प्रेस से मुख़ातिब होना पड़ा। उन्होंने जो कहा वो थोड़ा चौंकानेवाला था। अन्ना ने कहा कि पिछले दिनों जब उनकी टीम के लोगों पर आरोप लगने लगे और जो ख़बरें उन तक पहुँचीं तो उन्हें अपनी ही

टीम के सदस्यों के बारे में कुछ संशय हुआ और वो टीम को नये सिरे से बनाने की सोचने लगे लेकिन अब ब्लॉगर की जो बातें सामने आयी हैं उनसे यह साफ़ हो गया कि दरअसल यह एक साजिश थी और उनकी टीम को तोड़ने के लिए करोड़ों रुपये ख़र्च किये जा रहे हैं और अब वो इस बात को पूरी तरह से समझ गये हैं।

अन्ना के इस बयान से दो बातें स्पष्ट हुईं। एक, अन्ना और उनके आन्दोलन को ख़त्म करने की साजिश वाकई रची जा रही है। यह कोई नयी साजिश नहीं है। अप्रैल महीने में जन्तर मन्तर पर अनशन ख़त्म होने के फ़ौरन बाद साजिश की शुरुआत हो गयी थी। शान्ति भूषण और प्रशान्त भूषण को पहले निशाना बनाया गया। उनके ख़िलाफ़ ऑडियो सीडी सामने आयी और यह बताने की कोशिश की गयी कि वो मुक़दमों को फिक्स करने में माहिर हैं। फिर आरोप लगा कि भूषण परिवार ज़मीन ग़लत तरीक़े से हड़पने में लगा है, टैक्स चोरी करता है। कुछ ने अरविन्द केजरीवाल पर भी आरोप लगा दिये। अन्ना के पुराने गड़े मामलों को खड़ा किया गया। इस बीच अगस्त का महीना आ गया और फिर अनशन हुआ। अनशन के फ़ौरन बाद फिर चरित्रहनन की प्रक्रिया शुरू। अब निशाने पर किरण बेदी थीं और अरविन्द को फिर इनकम टैक्स के ज़रिये घेरने की कोशिश। ऐसे में यह उम्मीद की जा रही थी कि चारों तरफ़ से घिरी अपनी टीम की रक्षा में अन्ना सामने आयेंगे। अन्ना कई बार आये भी लेकिन आधे मन से। इस बीच उनके इर्द-गिर्द कुछ ऐसे लोगों का जमावड़ा खड़ा कर दिया गया जो रोज़ भड़काने में लगे थे। टीम अन्ना हताशा में घिरने लगी। अन्ना इस षड्यन्त्र के प्रभाव में आते दिखे। एक नेता से यह उम्मीद की जाती है कि वो सुनेगा सबकी लेकिन करेगा अपनी। फ़ैसले उसके होंगे। अन्यथा नेता किस बात का। ऐसे में दिल्ली में दिये उनके बयान निराश करते हैं। और बरबस जे.पी. की याद दिलाते हैं।

अन्ना के बारे में यह नहीं कहा जा सकता कि वो अनिर्णय के शिकार हैं लेकिन वो अपने वातारण से जल्द ही प्रभावित हो जाते हैं। जे.पी. की एक और दुर्बलता भी अन्ना में मिलती है। जे.पी. के सहयोगी और प्रशंसक जे.डी. सेठी ने 1975 में जे.पी. को चेतावनी दी थी कि अगर वो तीन कमज़ोरियों को नहीं दूर करेंगे, तो आन्दोलन सूख जायेगा। सेठी लिखते हैं कि उनके आन्दोलन की पहली कमज़ोरी थी—अत्यन्त कमज़ोर संगठन, दूसरी कमज़ोरी—दूसरी पंक्ति के नेताओं की अनुपस्थिति और तीसरी कमज़ोरी—सामाजिक-आर्थिक कार्यक्रम का अभाव। जे.पी. सम्पूर्ण क्रान्ति की बात ज़रूर करते थे लेकिन कभी भी उसको पूरी तरह से परिभाषित नहीं किया, क्रान्ति का पूरा खाका जनता के सामने नहीं रखा। अन्ना का आन्दोलन भी इकहरा लगता है। वो भ्रष्टाचार मिटाने के लिए लोकपाल और उसके बाद चुनाव सुधार की बात करता है लेकिन आनेवाले भविष्य का खाका नहीं खींचता।

अन्ना का आन्दोलन भावनाओं का ज्वार है, और ज्वार अक्सर समय के साथ बैठ जाता है। इस ज्वार को गहरे समर्थन में तब्दील करने के लिए मज़बूत संगठन की ज़रूरत होती है। जे.पी. ने राजनीतिक दलों की जमात तो खड़ी कर ली थी, लेकिन आन्दोलन में शरीक होनेवाले ईमानदार कार्यकर्ताओं की फ़ौज को राजनेताओं के रहमोकरम पर छोड़ दिया। चूँकि सामाजिक-आर्थिक-राजनीतिक कार्यक्रम की रूपरेखा नहीं खींची इसलिए सरकार बनते ही कुर्सी की दौड़ और भूख बढ़ गयी और समाज-सुधार पीछे रह गया और तीन साल में ही वही इन्दिरा गाँधी सत्ता में लौट आयीं जिनके ख़िलाफ़ उन्होंने तीन साल पहले बग़ावत की थी। अन्ना को अपने चरित्र और आन्दोलन की इन दुर्बलताओं को दूर करने के लिए गहरे बैठकर सोचना होगा। और नयी लकीर खींचनी होगी वरना वो भी जे.पी. की तरह बाद में यह कहने के लिए मजबूर होंगे जैसा उन्होंने अपनी गिरफ़्तारी के बाद अपनी जेल डायरी में लिखा था—'मेरी दुनिया मेरे चारों ओर बिखरी पड़ी है—मेरा आकलन कहाँ गड़बड़ हो गया।' और सालों बाद बिपन चन्द्रा जैसे इतिहासकार लिखने पर मजबूर होंगे—'जेपी एक ईमानदार स्वप्नदर्शी थे, दोन किखोते, अपनी भ्रान्तियों की जकड़न में, सच्चाई को पूरी तरह से ग्रहण करने में असमर्थ, जो न ख़ुद को और न ही बाहर की दुनिया को आलोचक की नज़र से देख पाये।'

दैनिक भास्कर, 07.11.2011

आज फिर नेहरू की तमन्ना है

जब हम बच्चे थे, तो 14 नवम्बर का इन्तज़ार रहता था। चाचा नेहरू का जन्मदिन। इस दिन स्कूल में लड्डू मिलते थे और फिर छुट्टी हो जाया करती थी। तब पंडित नेहरू से ज़्यादा लड्डू पर हमारा ध्यान रहता था। स्कूल में कभी उनका महत्व समझ में नहीं आया। कॉलेज में आया, तो आँखें खुलीं। अब लड्डू नहीं थे। अब दोस्तों के बीच आधुनिक भारत के निर्माण में उनकी भूमिका पर गरमागरम बहस होती थी। दक्षिणपन्थी मित्र देश की हर परेशानी के लिए पंडित नेहरू को ज़िम्मेदार मानते थे। ख़ासतौर पर कश्मीर समस्या और चीन के हाथों भारत की शर्मनाक हार का ठीकरा नेहरू के सिर फूटता। उन्हें मुस्लिम तुष्टीकरण का अपराधी ठहराया जाता।

वामपन्थी मित्रों की नज़र में पंडित नेहरू बुर्जुआ थे, पूँजीवाद के पिछलग्गू, जो आजन्म समाजवाद का पाखंड करते रहे और सबको धोखे में रखा। जवानी के जोश में हम अक्सर नेहरू की भूमिका को ठीक से नहीं परखते और नारेबाज़ी में उलझे रहते। उन दिनों नेहरू की तारीफ़ करना शायद फ़ैशन से बाहर हो चुका था। लेकिन आज जब मैं उन दिनों को याद करता हूँ, तो लगता है कि न हमने स्कूल में नेहरूजी के साथ न्याय किया और न ही कॉलेज में। हमने कभी यह सोचा ही नहीं कि अगर यह देश आज आज़ाद है, अपने पैरों पर खड़ा है, लोकतान्त्रिक है, सेक्युलर है और दुनिया में उसकी साख है, तो कहीं-कुछ उनका भी योगदान होगा। मशहूर विद्वान सुनील खिलनाणी के शब्दों में कहें, तो 'आइडिया ऑफ़ इंडिया' अगर आज ज़िन्दा है और तरक़्क़ी कर रहा है, तो उसका श्रेय नेहरू को ही है। हम उन दिनों यह भूल जाते थे कि पश्चिम के विद्वानों को पूरा यकीन था कि अंग्रेज़ों के चले जाने के बाद हम भारत को एक नहीं रख पायेंगे, जल्द ही हिन्दुस्तान खंड-खंड हो जायेगा, क्योंकि उनकी नज़र में हममें शासन करने की काबिलियत नहीं थी। इसलिए हम आज़ादी के हकदार नहीं थे।

विंस्टन चर्चिल तो यह कहते थे कि भारत को काँग्रेस पार्टी के ब्राह्मणों के हाथ छोड़ना एक क्रूर और दुष्ट कार्य होगा, क्योंकि ब्रिटिश जैसे ही जायेंगे, सार्वजनिक सेवा

का पूरा तन्त्र, न्याय व्यवस्था, स्वास्थ्य व्यवस्था, रेलवे और सार्वजनिक निर्माण-कार्य ध्वस्त हो जायेगा और भारत बड़ी तेज़ी से सदियों पुरानी मध्ययुगीन बर्बर सभ्यता में समा जायेगा। उनकी नज़र में हम भारतीयों में शासन करने की तमीज नहीं थी। इस तरह की सोच रखनेवाले चर्चिल अकेले नहीं थे। रुडयार्ड किपलिंग ने 1891 में एक सवाल के जवाब में कहा था कि भारतीय 4,000 साल पुराने हैं और शासन कैसे किया जाता है, यह सीखने के लिए बहुत बूढ़े हो चुके हैं। आज़ादी के उपरान्त भारत में लोकतान्त्रिक ढाँचे के स्थापित होने के बाद भी राजनीति शास्त्र के जानकारों को हैरानी होती थी। इतिहासकार रामचन्द्र गुहा ने अपनी किताब इंडिया आफ़्टर गाँधी में रॉबर्ड ढाल का हवाला दिया है। ढाल का मानना था कि भारत में लोकतन्त्र के लायक संस्थाओं का सर्वथा अभाव रहा है। पर भारत न केवल आज़ाद हुआ, बल्कि आज़ादी के 64 साल बाद भी अपने पैरों पर खड़ा है और दुनिया आज उसी भारत में अपना भविष्य देख रही है। पाकिस्तान भी भारत के साथ ही स्वतन्त्र हुआ था, लेकिन आज पाकिस्तान की हालत को देखकर दया आती है।

नेहरू स्वप्नदर्शी थे। भारत को लेकर उनका एक सपना था। वह सपना पाकिस्तान के जनक ज़िन्ना की तरह धर्म आधारित नहीं था और न ही उन्होंने कभी देश विभाजन के बाद मुस्लिम समुदाय को यह अहसास होने दिया कि विभाजन के लिए वे किसी तरह से ज़िम्मेदार हैं। नेहरू हमेशा कहते थे कि देश के लोकतन्त्र और धर्मनिरपेक्षता के लिए यह बेहद ज़रूरी है कि बहुसंख्यक समाज अल्पसंख्यक भाइयों के भरोसे को कम न होने दे। नेहरू को इस बात की जानकारी थी कि अल्पसंख्यक समुदाय अपराध-बोध से ग्रस्त है और उसे इस कुंठा से निकालना ज़रूरी है, क्योंकि यही देश के लिए सही था। इसलिए नेहरू हमेशा यह मानते थे कि हम पाकिस्तान के रास्ते पर नहीं चल सकते और पाकिस्तान में अल्पसंख्यक हिन्दुओं के साथ ग़ैरबराबरी के बरताव के बावजूद हिन्दुस्तान में बहुसंख्यक और अल्पसंख्यक समुदाय के बीच क़ोई भेदभाव नहीं किया जायेगा, साथ ही काँग्रेस और सरकार का यह दायित्व भी होगा कि वे अल्पसंख्यक समुदाय को लगातार सुरक्षा देते रहें। हालाँकि उस वक़्त पार्टी और कैबिनेट का एक तबक़ा यह मानता था कि विभाजन की वजह से बहुसंख्यक तबक़े में अल्पसंख्यक समुदाय के प्रति शंका पैदा हुई है और इस सन्देह को कम करने की ज़िम्मेदारी अल्पसंख्यक समुदाय की है।

नेहरू को सरदार पटेल के रहते यह लगने भी लगा था कि हिन्दुत्ववादी ताक़तें काँग्रेस में हावी होती जा रही हैं। वह काँग्रेस अध्यक्ष के तौर पर पुरुषोत्तम दास टंडन की जीत को पचा नहीं पाये थे। वह काफ़ी निराश भी हुए थे। लेकिन धर्मनिरपेक्षता के प्रति उनका विश्वास कभी कम नहीं हुआ। बाद में जब अयोध्या मन्दिर को लेकर बहुसंख्यक और अल्पसंख्यक समुदायों के बीच खाई बढ़ी और देश

दंगों की बिसात पर जा बैठा, तब लगा कि नेहरू कितनी दूर तक देखते थे। उनके लिए धर्मनिरपेक्षता जीवन का अहसासभर नहीं थी, वह देश की सुरक्षा की गारंटी थी। वह जानते थे कि देश में आज़ादी के फ़ौरन बाद जिस तरह का माहौल बना था, उसमें सबको साथ लेकर नहीं चले, तो देश अपनी विभिन्नता में खंड-खंड हो जायेगा और अगर इसी विभिन्नता को बहुसंख्यक तबक़े ने सँभाल लिया, तो यही चीज़ देश की सबसे बड़ी ताक़त होगी। ज़िन्ना की तरह इस मुल्क़ को हिन्दू, मुस्लिम, ईसाई और सिख के चश्मे से देखना सबसे आसान होता, जैसाकि एक ख़ास वर्ग चाहता भी था और शायद इसी चश्मे की चमक में कुछ लोगों को देश की आज़ादी अधूरी भी लग रही थी। लेकिन नेहरू दूर तक देख रहे थे, वह देख रहे थे, धर्म के आधार पर टूटते पाकिस्तान को। इसलिए उन्होंने सेक्युलर मुल्क़ की नींव मज़बूत की और उसकी सुरक्षा के लिए पूरी ताक़त झोंक दी। हिन्दू-मुस्लिम एकता भारतीय इतिहास और लोकतन्त्र को नेहरू की सबसे बड़ी देन है, जिसे आज कुछ लोग वोट की राजनीति में ख़त्म कर देना चाहते हैं। एक बार फिर बच्चों को चाचा नेहरू की कहानियों को बताने का वक़्त आ गया है लड्डू मिले या न मिले, लेकिन पाठ मिले, तो देश मज़बूत बना रहेगा।

हिन्दुस्तान, 14.11.2011

हम जाहिल हैं, आरोप अच्छा है...

मैं नया-नया जर्नलिज़्म में आया था। अयोध्या का आन्दोलन उफान पर था। बनारस में दंगे हुए थे। मुझे कवर करने के लिए भेजा गया था। वहाँ कुछ वरिष्ठ पत्रकारों से बातचीत हो रही थी। वो कह रहे थे पत्रकारिता की नयी गंगा अब बनारस से निकलेगी। दंगों के दौरान की रिपोर्टिंग देख मैं पहले से ही सदमे में था। सबके सब उग्र हिन्दूवादी रंग में रँगे थे। रिपोर्ट के नाम पर अफ़वाहें ख़बर बन रही थीं। दिल्ली से जाने के बाद उन ख़बरों की पुष्टि मैंने कई बार करने की कोशिश की। हर बार प्रशासन ने कहा—तथ्यहीन। नामीगिरामी अख़बारों की ख़बर एक ख़ास समुदाय को टारगेट करके, उनको विलेन बताने के मक़सद से लिखी जाती थीं। लौटकर मैंने एक छोटा सा बॉक्स बनाया था जिस पर एक अख़बार के मालिक इतने नाराज़ हो उठे कि मेरी शिकायत सम्पादक से कर दी। सम्पादकजी की कृपा से मैं बच गया।

अयोध्या विवाद ख़त्म होते-होते मैं टीवी में आ गया। पहले सिर्फ़ दूरदर्शन था, सरकार का प्रेस रिलीज विभाग। निजी प्रोड्यूसरों ने ख़बरों को नया तेवर दिया। देखते-देखते दूरदर्शन के ये बुलेटिन फिनामिना बन गये। बुलेटिन से निकलकर टीवी चैनल में तब्दील हो गया। 2004 तक सब ठीक-ठाक चला। अचानक नम्बर एक बनने की दौड़ शुरू हो गयी और शुरू हो गया नयी तरह की ख़बरों को परोसने का सिलसिला। सबसे पहले एमएमएस का बाज़ार गरम हुआ था। हर चैनल पर एमएमएस की ख़बरें ही दिखने लगीं। अपराध जगत की ख़बरों को सनसनीखेज तरीक़े से पेश करने का अन्दाज़ भी इस दौर में इज़ाद किया गया। नाट्य रूपान्तरण भी होने लगे। मुझे याद है इस बीच एक वीडियो क्लिप करीना और शाहिद कपूर का कहीं सेल फ़ोनवाले के हाथ लग गया था। लिप टू लिप किस एक चैनल पर चला तो दूसरे चैनल भी कहाँ पीछे रहते। न तस्वीर को धुँधला किया गया और न पहचान छिपाने की कोशिश की गयी। न्यूज़ रूम में पहली बार विरोध के स्वर सम्पादकों को सुनने पड़े। असल रिपोर्टर दंग थे। नक़ल रिपोर्टर मस्त। किसी चैनल पर चला कि फ़लाँ आदमी शाम चार बजे मरनेवाला है। ओबी वैन्स दौड़ने लगीं। बेशर्म होकर पत्रकारों

ने दिनभर उस शख़्स पर लाइव किया। किसी ने एक और ख़बर निकाल ली। एक शख़्स यमराज से मिलकर आया था। उसका लाइव भी ख़ूब हुआ। इस बीच पुनर्जन्म की भी लाटरी निकल आयी। स्टूडियो में ऐसे गेस्ट लाने के लिए चैनलों के बीच मारपीट होने लगी। मन्दिर का रहस्य सफलता की गारंटी हो गया।

नम्बर वन की रेस और तेज़ हुई तो साँप, बिच्छू और भूत-प्रेत ने सोनिया गाँधी, मनमोहन सिंह, आडवाणी की जगह ले ली। एलियन भी टीवी पर छाने लगे। नम्बर वन की इस रेस में जब कुछ चैनल कामयाब हुए तो बाक़ी चैनल ने भी यही आसान रास्ता पकड़ लिया। अब न्यूज़रूम में हर शख़्स ख़बरों की जगह टीआरपी की जुगाड़ में लग गया। एडिट मीटिंग्स में ख़बरों की जगह आधे घंटे के प्रोग्राम की बात होने लगी। रिपोर्टर की जगह स्ट्रिंगरों ने ले ली। चैनल अब एडिटर के हाथ से निकलकर असिस्टेंट प्रोड्यूसर के हाथ में चला गया। शायद ही कोई चैनल हो जिसने यह रास्ता न पकड़ा हो या किसी न किसी रूप में इस रास्ते पर चलने की कोशिश न की हो। कुछ कामयाब थे और कुछ नाकामयाब। कोशिश सभी ने की थी। इन दिनों मैं अक्सर बनारस के उन दिनों को याद कर लिया करता था। ख़बरों की बलि तब भी चढ़ी थी। उस वक़्त भी ख़बरों की जगह कहानी-क़िस्सों ने ली थी और इस दौर में भी। तब विचारधारा की आड़ में खेल खेला गया, इस दौर में टीआरपी की आड़ में बिसात बिछायी गयी।

ऐसा नहीं था कि उस दौर में अच्छे अख़बार और अच्छे पत्रकार नहीं थे। इस दौर में भी अच्छे चैनल और अच्छे पत्रकार थे। इस दौर में भी टीवी ने कुछ बहुत अच्छे काम किये थे। दहेज हत्या, स्त्री उत्पीड़न, भ्रूण हत्या के ख़िलाफ़ ज़बर्दस्त कैम्पेन, साम्प्रदायिकता का तगड़ा विरोध। दंगों को सनसनीखेज बनाने की कोशिश नहीं हुई। टीवी ने आम आदमी को अपनी बात कहने का एक मज़बूत प्लेटफ़ॉर्म दिया। घूस और भ्रष्टाचार के ख़िलाफ़ बड़े-बड़े स्टिंग ऑपरेशन किये गये। पहली बार मैंने कैमरे को देखकर पुलिस और नौकरशाहों को काँपते देखा। देश के एक कोने के त्योहार को देश के दूसरे कोने तक पहुँचाने का काम भी टीवी ने किया। गुजरात का गरबा बिहार पहुँच गया और बिहार का छट्ठ महाराष्ट्र। दही-हांडी की तस्वीरें पूरे देश को रोमांचित करने लगीं। टीवी ने करवाचौथ को फ़ैशनेबल बना दिया। एक नये तरह के सांस्कृतिक धागे में पूरे देश को बाँधने का काम टीवी ने किया। लेकिन एलियन और साँप ने ऐसा बदनाम किया कि टीवी के लोगों के लिए अपना मुँह छिपाना मुश्किल हो गया। हैरत की बात यह कि जब तक टीवी राखी सावन्त और राजू श्रीवास्तव में व्यस्त था सरकार की नींद नहीं टूटी लेकिन जैसे ही टीवी ने मुम्बई हमलों पर सरकार की धज्जियाँ उड़ानी शुरू कीं सरकार को लगा टीवी अपनी हदों को पार कर रहा है। रेगुलेशन की बहस गति पकड़ने लगी। सरकार जानती

है कि अख़बार और प्रेस की ताक़त। उसे ऐसा मीडिया अच्छा लगता है जो उसकी तरफ़ ध्यान न दे। वो टीआरपी के खेल में उलझा रहेगा तो सरकार की कमज़ोरियों को नहीं उघाड़ेगा। उसके घोटाले नहीं दिखायेगा।

लेकिन मुम्बई हमले ने टीवी के दिमाग़ को बदला। मैं नहीं कहता कि सारे टीवीवाले बदल गये लेकिन कुछ लोग सोचने के लिए मजबूर हुए। इंडस्ट्री के अन्दरूनी दबाव ने भी धीरे-धीरे असर दिखाना शुरू किया। टीवी 2009 आने तक पटरी पर आता दिखा। अब सरकार के कान खड़े होने लगे। टीवी एक के बाद एक घोटालों को उजागर करने लगा। आईपीएल, कॉमनवेल्थ, आदर्श, 2जी और स्पैक्ट्रम घोटाले सामने आने लगे। टीवी ने बढ़-चढ़के दिखाना शुरू किया। सरकार परेशान होने लगी। उसके ख़िलाफ़ माहौल बनने लगा। घाव में मिर्च लगी जब अन्ना अनशन पर बैठे। टीवी ने उन्हें रातोंरात उठा लिया। अब टीवी पर लोकतन्त्र विरोध के आरोप लगने लगे। रेगुलेशन की आवाज़ बुलन्द होने लगी। कुछ ऐसे लोगों को छोड़ा जाने लगा जो टीवी को जनहित विरोधी बताने लगे, साम्प्रदायिकता बढ़ाने का दोष देने लगे। पत्रकार रिपोर्टर अपढ़ हो गये। जाहिल।

लेकिन ये आरोप उन आरोपों से बेहतर हैं। उन आरोपों को सुनकर शर्म आती थी और आज गर्व से सीना चौड़ा होता है। मीडिया लोकतन्त्र का चौथा खम्भा है। वो अपनी भूमिका ठीक से निभायेगा तभी सरकारों और नेताओं को तकलीफ़ होगी। नेताओं को तकलीफ़ होगी तो लोकतन्त्र ज़िन्दा रहेगा। वरना नेता तो चाहते है कि लोकतन्त्र सोता रहे।

दैनिक भास्कर, 21.11.2011

यूपी की महाभारत में पांडवों की तलाश

उत्तर प्रदेश एक बार फिर महाभारत के लिए तैयार है। महाभारत में दो सेनाएँ थीं—कौरवों की और पांडवों की। इस महाभारत में पांडव कोई नहीं है। पांडव यानी धर्म। आज यूपी में किसी के बारे में यह नहीं कहा जा सकता कि वह धर्म के साथ है। यूपी में आज की तारीख़ में धर्म का मतलब है 'विकास।' विकास यानी लोगों के हित के हिसाब से सरकार चले और लोगों की ज़िन्दगी को बेहतर बनाने की कोशिश दिखे। कहने को तो मैदान में बीएसपी, समाजवादी पार्टी, बीजेपी और काँग्रेस है। साथ ही कुछ दूसरी छोटी-छोटी पार्टियाँ भी हैं। पर सभी पार्टियों का ट्रैक रिकॉर्ड विकास के मुद्दे पर ख़ाली है।

आज़ादी के बाद देश का सबसे बड़ा प्रदेश होने के नाते सबसे ज़्यादा सांसद उसने भेजे और हमेशा उसकी धमक केन्द्र की सत्ता में दिखी। सबसे ज़्यादा प्रधानमन्त्री इस राज्य ने दिये। सोनिया गाँधी और राहुल गाँधी भी इस राज्य से सांसद हैं। इन नेताओं के बाद भी विकास के मुद्दे पर यूपी कहीं नहीं है। दक्षिण के राज्य काफ़ी आगे निकल गये हैं। गुजरात और महाराष्ट्र तो हमेशा से आगे रहे हैं। पंजाब, हरियाणा और हिमाचल से यूपी की कभी कोई तुलना रही ही नहीं। पिछले दिनों मध्य प्रदेश और छत्तीसगढ़ भी चर्चा में रहे। उड़ीसा का नाम भी लिया जाता रहा है। बिहार भी नीतीश कुमार की वजह से तरक़्क़ी की नयी लकीरें खींच रहा है।

पिछले बीस साल में, जब देश में आर्थिक सुधार की गंगा बही, दुनिया के नक्शे पर भारत को एक नये सुपर पावर के रूप में देखा जा रहा है। मन्दी के दौर में भारत के आर्थिक प्रयोगों को पूरी दुनिया सराह रही है। हैदराबाद और बंगलुरु ने कम्प्यूटर क्रान्ति में बड़ी भूमिका निभायी है, लेकिन इन सबमें यूपी का कहीं कोई ज़िक्र नहीं होता। तो आख़िर कौन है ज़िम्मेदार? यूपी क्यों पिछड़ता गया? जो काम हैदराबाद और बंगलुरु कर सकते हैं, वह लखनऊ क्यों नहीं कर पाया? रतन टाटा को जब बंगाल से अपना नैनो प्लांट हटाकर कहीं और लगाने के बारे में सोचना होता है, तो वह गुजरात के बारे में क्यों सोचते हैं? हरियाणा से जब

मारुति अपना डेरा-डंडा उठाना चाहती है, तो नये ठिकाने के रूप में यूपी का विचार उसे क्यों नहीं आता?

आर्थिक सुधारों के दौर में तीन बड़े आन्दोलनों की कर्मभूमि रहा है उत्तर प्रदेश। अस्सी के दशक के उत्तरार्ध में वी.पी. सिंह के भ्रष्टाचार विरोधी आन्दोलन को गति ही तब मिली, जब बनारस में उन्हें राजर्षि की उपाधि से नवाज़ा गया और यह नारा हवा में उछला कि 'राजा नहीं फकीर है, देश की तकदीर है।' वह फकीर बोफ़ोर्स के रथ पर सवार होकर देश का प्रधानमन्त्री बन गया, लेकिन यूपी की क़िस्मत नहीं बदली। उसी समय अयोध्या का आन्दोलन अपने चरम पर पहुँचा। अयोध्या यूपी में ही है। आरएसएस ने पूरी लड़ाई यूपी को ध्यान में रखकर लड़ी। इसी वजह से बीजेपी को उत्तर प्रदेश में अपनी सरकार बनाने का मौक़ा मिला और कल्याण सिंह मुख्यमन्त्री बने। यूपी से आये सांसदों के बल पर ही केन्द्र में अटल बिहारी वाजपेयी को सरकार बनाने में मदद मिली। जैसे-जैसे भाजपा यूपी में कमज़ोर होती गयी, वह केन्द्र की सत्ता से बांहर होती गयी।

कमंडल के साथ मंडल ने भी बिहार के बाद यूपी में सबसे ज़्यादा हंगामा खड़ा किया। बिहार में लालू प्रसाद यादव, शरद यादव ने मंडल का झंडा उठाया, तो यूपी में मुलायम सिंह यादव आगे रहे। वी.पी. सिंह द्वारा मंडल आयोग की सिफ़ारिशों को लागू करने के ऐलान के पहले भी मुलायम सिंह उत्तर प्रदेश के मुख्यमन्त्री थे, लेकिन मंडल की आड़ में उन्होंने जाति की राजनीति को एक नयी धार दी और उसका भरपूर लाभ उठाया। अयोध्या आन्दोलन ने उन्हें 'मौलाना मुलायम' बनाया, तो मंडल ने उन्हें पिछड़ों का मसीहा। हालाँकि बाद में वह सिर्फ़ यादवों के नेता बनकर रह गये। यादव और मुस्लिम गठबन्धन ने बिहार में लालू यादव को अपराजेय बना दिया, तो उसी गठबन्धन ने यूपी में मुलायम को शक्तिशाली बनाये रखा।

कांशीराम मंडल के पहले से ही दलित आन्दोलन को जगाने में लगे हुए थे। मंडल ने उनके आन्दोलन को नयी ऊर्जा दी। जातिवादी संवेदना दलितों में और मज़बूत हुई, तो मायावती ताक़तवर हो गयीं। शुरू में मुलायम सिंह की मदद से और बाद में बीजेपी ने दो बार उन्हें मुख्यमन्त्री बनवाया और अन्त में जब ये दोनों दल कमज़ोर हुए, तो जातियों का नया समीकरण खड़ा करके वह अपने दम पर लखनऊ की कुर्सी पर क़ाबिज़ हो गयीं।

कहा जा सकता है कि जाति और धर्म की राजनीति ने पूरे उत्तर प्रदेश को इस क़दर मथ दिया कि विकास पीछे रह गया। लेकिन हक़ीक़त शायद यह नहीं है। नीतीश कुमार ने साबित कर दिया है कि जातिगत राजनीति के बावजूद यह नेता विकास की रणनीति बना सकते थे। लेकिन पिछले 20 साल में यूपी में ऐसा एक भी नेता नहीं दिखा, जिसमें बड़ी तस्वीर देखने की झलक मिली हो। सभी ने सिर्फ़

जाति की राजनीति की। कोई लोध नेता बन गया, तो कोई यादव नेता और कोई दलित नेता। सोच के इस अकाल ने जातिवादी भावना को तो मज़बूत किया, जाति विशेष में उनकी ताक़त को भी बढ़ाया, लेकिन उन्होंने इस दायरे से बाहर निकलने की कोशिश नहीं की।

विकास वह पैमाना हो सकता था, जिसके आधार पर ये सभी नेता अपनी संकीर्ण सीमाओं से बाहर निकलकर एक 'सेक्युलर पॉलिटिक्स' कर सकते थे और मुख्यमन्त्री भी बने रह सकते थे। ऐसा हुआ होता, तो यूपी की गिनती विकास की मुख्यधारा में शामिल राज्यों में हो सकती थी। लेकिन ऐसा नहीं हुआ। बड़ा नेता वह नहीं होता, जो जाति और धर्म में बँधा रहता है, बड़ा वह होता है, जो इन सीमाओं से बाहर निकलकर अपने को सभी जातियों व धर्मों के लोगों के लिए स्वीकार्य बना लेता है। नीतीश कुमार जाति की राजनीति करते हुए उसके बन्धन से बाहर निकल आये हैं। आज देश के स्तर पर उनमें नेतृत्व की सम्भावनाएँ तलाशी जा रही हैं।

यूपी में एक चर्चा अक्सर होती है कि फलाँ के समय में गुंडों का राज था और अमुक के शासनकाल में मुख्यमन्त्री के दफ़्तर में नोट गिनने के लिए मशीन लगायी गयी। यूपी में समस्या गवर्नेंस की रही है, राज्य के बड़े होने की नहीं। जिस राज्य में यह बहस गरम हो कि फलाँ के शासन में 'सिंगल विंडो क्लीयरेंस सिस्टम' है और फलाँ के राज में 'मल्टी विंडो क्लीयरेंस सिस्टम', उस राज्य को चार भागों में बाँटकर भी क्या होगा? उसके चारों हिस्से पिछड़े ही रहेंगे। संकट पांडवों को खोजने का है। महाभारत कितनी भी रचा लीजिये, कौरव ही हर बार जीतेंगे।

हिन्दुस्तान, 28.11.2011

सोनिया और मनमोहन, जुगलबन्दी और कनफ़्यूज़न

सोनिया गाँधी राजनीति में आयें इसका इन्तज़ार राजीव गाँधी की मौत के बाद से ही होने लगा था। उन पर दबाव भी काफ़ी था लेकिन वो नहीं आयीं। नरसिंहा राव और सीताराम केसरी का नेतृत्व काँग्रेस ने कुछ समय के लिए स्वीकार किया लेकिन जब काँग्रेस को लगा कि केसरी से नहीं चलेगा, पार्टी डूब जायेगी तब सोनिया को ज़बर्दस्ती पार्टी की कमान सौंप दी गयी। सोनिया की राजनीति में एंट्री संकोच के साथ हुई थी। कहीं इतिहासबोध काम कर रहा था तो कहीं पति की विरासत को बचाये रखने की जिजीविषा थी। शुरू में काफ़ी लोगों ने यह उम्मीद भी जतायी कि वो ज़्यादा समय तक नहीं चल पायेंगी। या तो वो ख़ुद हार जायेंगी या फिर हरा दी जायेंगी। राजनीति में एक सोच यह भी थी कि एक विदेशी को लोग स्वीकार नहीं करेंगे। इन अटकलों के बीच 2004 में सोनिया की अगुवाई में काँग्रेस केन्द्र की सत्ता में वापस लौटी, पूरे नौ सालों के बाद।

सोनिया में लोगों ने करिश्मा खोजा। सोनिया को कुछ लोगों ने राजनीति का चाणक्य भी देखा। सोनिया में कुछ करिश्मा था और कुछ 'चाणक्यपना'। दोनों ही अधूरे। वो नेता कम 'मैनेजर' ज़्यादा थीं। सोनिया की कामयाबी यह थी कि वो काँग्रेस को बिखरने से बचा ले गयीं। सोनिया में इन्दिरा जैसा या नेहरू जैसा करिश्मा होता तो आज केन्द्र में अकेले काँग्रेस की सरकार होती। पर वैसा नहीं हुआ और न ही निकट भविष्य में इसकी सम्भावना दिखती है। जैसे हर कुशल मैनेजर की एक सीमा होती है वैसे ही सोनिया के नेतृत्व की भी एक सीमा है। पिछले दो सालों में यह सीमा और साफ़ हो गयी है या यों कहें खुलकर सामने आ गयी है। पिछले दो साल काँग्रेस के लिए मुश्किल भरे रहे। आज काँग्रेस और सरकार दोनों ही जिस हालत में हैं और जिस तरह दोनों एक चक्रव्यूह में फँसे दिखते हैं, उससे उबरने की जद्दोजहद की जगह आम काँग्रेसी कनफ़्यूज़्ड दिखता है। जिस किसी से बात करो वो यही कहता है कि उसे समझ में ही नहीं आता कि हो क्या रहा है? पार्टी में भी यही सवाल है और सरकार में भी।

आज इन सवालों की तलाश में संगठन और सरकार दोनों ही मनमोहन सिंह को ज़िम्मेदार मानते हैं। मैं भी काफ़ी दिनों तक यही सोचता रहा कि मनमोहन सिंह का 'राजनीतिक' न होना सारी समस्याओं की जड़ है। वो ब्यूरोक्रेट हैं। टेक्नोक्रेट हैं, सज्जन पुरुष हैं, सीधे हैं और विनयशील हैं। राजनीति की चतुराई उनमें नहीं है। इसके लिए मनमोहन के सिर ठीकरा क्यों फोड़ें? सोनिया ने प्रधानमन्त्री के रूप में मनमोहन का नाम इसलिए बढ़ाया था कि वो 'राजनीतिक' नहीं थे। वो 'अर्थशास्त्री' थे, देश की अर्थव्यवस्था को बेहतर समझते थे और देश को आगे ले जायेंगे। मनमोहन अपनी इस भूमिका में खरे उतरे। इस पर मुझे कभी शक नहीं था। 2004 से 2009 तक देश की अर्थव्यवस्था 9 प्रतिशत के हिसाब से बढ़ी। चीन के बाद भारत दुनिया का दूसरा सबसे तेज़ गति से विकास करनेवाला देश बना। मन्दी के दौर में मनमोहन सिंह ने देश की अर्थव्यवस्था को बिगड़ने नहीं दिया। पूरी दुनिया ने इस दौर में भारत में उम्मीद देखी। आज भी जब दुनिया एक और आर्थिक संकट से जूझ रही है तब भी भारत की विकास की दर कम हुई है लेकिन निराशाजनक नहीं है।

आज यह बहस तेज़ है कि मनमोहन सिंह की वजह से देश में कनफ़्यूज़न है, सरकार में कनफ़्यूज़न है, कॉंग्रेस में कनफ़्यूज़न है, कहीं कोई दिशा दिखायी नहीं देती, प्रशासन के स्तर पर अराजकता का माहौल है, फ़ैसले नहीं लिये जा रहे हैं, एक के बाद एक ऐसे फ़ैसले हो रहे हैं जिससे संकट पहले से अधिक बढ़ता जा रहा है। हर समस्या के लिए उनका नाम लिया जाता है। महँगाई है तो वो ज़िम्मेदार हैं। भ्रष्टाचार है तो वो ज़िम्मेदार हैं। 2जी में घोटाला है तो वो ज़िम्मेदार हैं। अन्ना रामलीला मैदान में अनशन करते हैं तो वो ज़िम्मेदार, अन्ना गिरफ़्तार हों तो वो ज़िम्मेदार, रिहा हों तो वो ज़िम्मेदार, पी. चिदम्बरम और प्रणब मुखर्जी आपस में लड़ें तो वो ज़िम्मेदार, खुदरा सेक्टर में विदेशी निवेश को अनुमति देनी हो तो वो ज़िम्मेदार, लोकपाल बिल में ग्रुप सी के अधिकारियों को बाहर रखना हो तो वो ज़िम्मेदार। निश्चित रूप से प्रधानमन्त्री होने के नाते मनमोहन सिंह अपनी ज़िम्मेदारी से बच नहीं सकते। लेकिन क्या अकेले वही ज़िम्मेदार हैं?

मुझे लगता है कि मनमोहन की पहली पारी इसलिए बेहतर रही क्योंकि मनमोहन और सोनिया के बीच का सत्ता सन्तुलन सधे तरीक़े से काम कर रहा था। सरकार और संगठन के बीच सन्तुलन था। आज वो सन्तुलन टूटता लग रहा है या फिर टूट गया है। मनमोहन सिंह का अकेले अपना कोई वजूद नहीं है। न प्रधानमन्त्री के तौर पर और न ही अर्थशास्त्री के तौर पर। 1991 से 1996 तक मनमोहन सिंह ने इसलिए बेहतरीन काम किया क्योंकि उस वक़्त के प्रधानमन्त्री नरसिंहा राव पूरी ताक़त से उनके पीछे खड़े थे। उनके बाद की सरकारें चाहे वो देवेगौड़ा की हो या

फिर गुजराल की हो या फिर वाजपेयी की सब उसी रास्ते पर आगे बढ़े। ऐसे में अगर कनफ़्यूज़न हो तो मनमोहन के साथ यह ज़िम्मेदारी सोनिया को भी उठानी पड़ेगी, सरकार ज़िम्मेदार है तो पार्टी भी ज़िम्मेदार है। मैं यह नहीं मान सकता कि सोनिया चाहें फिर भी चिदम्बरम और प्रणब मुखर्जी लड़ते रहें। रिटेल में विदेशी पूँजी का फ़ैसला आर्थिक के साथ राजनीतिक भी है। इसकी टाइमिंग पर सोनिया को दख़ल देना चाहिए। शरद पवार अगर कृषि मन्त्री के तौर पर ठीक से काम नहीं कर रहे हैं तो सोनिया को हस्तक्षेप करना पड़ेगा, क्योंकि सहयोगी दलों की राजनीति को सँभालना और मनमोहन के लिए रास्ता बनाने का काम उनका है।

वो सरकार की 'गॉडमदर' हैं। उनसे यह उम्मीद नहीं कि जा सकती कि वो रोज़मर्रा के कामों में घुसें लेकिन चिदम्बरम और मुखर्जी के झगड़े को निपटाने के लिए जैसे वो कूदीं वैसे ही उन्हें उन मन्त्रियों पर भी लगाम कसनी होगी जो अपने को आज़ाद समझने लगे हैं। संसद चले इसके लिए उन्हें आगे बढ़कर विपक्ष से बात करनी होगी। ममता नाराज़ हैं तो उन्हें मनाने का प्रयास करना होगा। और यह कनफ़्यूज़न भी ख़त्म करना होगा कि राहुल कब सत्ता में आयेंगे और अगर वो नहीं आ रहे हैं तो राहुल के नाम पर राजनीति चमकानेवाले, सत्ता के नये केन्द्र बनानेवालों को कड़ा सन्देश देना होगा। ऐसा होगा तो मनमोहन आश्वस्त होंगे। लेकिन सवाल यह है कि सोनिया चाहती क्या हैं? कनफ़्यूज़न बना रहे? या फिर चाहकर भी वो क़दम नहीं उठा पा रही हैं? जैसा अक्सर लम्बे समय तक काम करनेवाले निहायत कुशल मैनेजर के साथ भी होता है।

दैनिक भास्कर, 04.12.2011

ग़ज़ब किया, तेरे वादे पर ऐतबार किया

संसद की स्थाई समिति ने संसद में लोकपाल का नया ड्राफ़्ट क्या रखा टीम अन्ना जन्तर मन्तर पर धरने पर जा बैठी, यह गुनगुनाते हुए—ग़ज़ब किया तेरे वादे पे ऐतबार किया। टीम अन्ना को याद आ रहा था संसद में पास हुआ 'सेंस-ऑफ़-द-हाउस' यानी 'संसद-का-वादा'। साथ ही अन्ना को लिखी प्रधानमन्त्री की चिट्ठी, वो चिट्ठी जो विलासराव देशमुख दूत बनके लाये थे जिसमें यह वादा किया गया था कि सरकार लोकपाल बिल में अन्ना की तीन माँगों को शामिल करेगी। तीन माँगें—एक, निचले स्तर की नौकरशाही को लोकपाल में शामिल करना। दो, आम जनता को सरकारी दफ़्तरों में काम करवाने के लिए जो धक्के खाने पड़ते हैं और जो घूस देनी पड़ती है उसके निवारण के लिए 'सिटीजन-चार्टर' लागू करना और तीन, राज्यों में लोकपाल बिल के तहत लोकायुक्त की नियुक्ति। प्रधानमन्त्री की इस चिट्ठी के बाद अन्ना ने आमरण अनशन ख़त्म कर दिया। लेकिन दिन बीतते उम्मीद परवान नहीं चढ़ पायी। उम्मीद की जगह आशंका ने ले ली।

स्थाई समिति का ड्राफ़्ट आने के पहले से ही हाव-भाव ठीक नहीं लग रहे थे। हालाँकि विचार विमर्श के नाम पर टीम अन्ना से भी कमेटी ने राय मशविरा किया। पर यह साफ़ होने लगा था कि दाल में काला है। ख़बरें छन-छनकर आने लगीं। ख़बर आयी कि C और D श्रेणी के कर्मचारियों को बिल में रखा जायेगा। अगले ही दिन आपात बैठक बुला C और D को लोकपाल से बाहर कर दिया गया। यह फ़ैसला क्यों हुआ? किसी के पास कोई जवाब नहीं। पहले क्यों रखा, बाद में क्यों निकाला, पता नहीं? फिर ख़बर आयी कि सीबीआई को भी लोकपाल के दायरे से बाहर रखा जायेगा। सीबीआई लोकपाल द्वारा सौंपे गये मामले की जाँच करेगी लेकिन वो लोकपाल के अधीन नहीं होगी। लोकपाल भ्रष्टाचार के आरोपों की जाँच के लिए मामले को सीबीआई को भेजेगा, जाँच के बाद सीबीआई वापस रिपोर्ट लोकपाल को भेज देगी। यानी सीबीआई पहले की ही तरह काम करती रहेगी और इसकी कोई गारंटी नहीं होगी कि वो सरकार के प्रभाव में नहीं रहेगी। सीबीआई अगर सरकार

के प्रभाव में है तो फिर भ्रष्टाचार के मामलों की जाँच कितनी निष्पक्षता से होगी यह सब जानते हैं और बिना निष्पक्ष जाँच के भ्रष्ट को सज़ा कितनी मिलेगी यह भी सबको पता है। यानी लोकपाल की आत्मा ही ग़ायब।

फिर सिटीजन चार्टर को भी लोकपाल के दायरे से बाहर रखा गया। कहा गया कि इसके लिए एक अलग बिल बनेगा। हाँ, लोकायुक्त के लिए ज़रूर कहा गया कि लोकपाल बिल में एक यूनीफ़ार्म क़ानून बनाया जायेगा। यानी तीन में से सिर्फ़ एक शर्त मानी गयी। ऐसे में सवाल यह उठ सकता है कि संसद में ध्वनि मत से पारित हुए वायदे का क्या हुआ? क्या प्रधानमन्त्री के दिये भरोसे का कोई मतलब नहीं है? अन्ना का कहना है कि उनके साथ धोखा हुआ है।

नाराज़ टीम अन्ना को भरोसे में लेने के लिए सरकार की तरफ़ से कभी कोई क़दम नहीं उठाया गया। स्थायी समिति बैठकें करती रही और टीम अन्ना संसद पर दबाव बनाने के लिए सांकेतिक विरोध की तैयारी में जुटी रही। रैली और धरने जारी हैं। 27 दिसम्बर से रामलीला मैदान में एक बार फिर बैठने का टीम का इरादा है। लड़ाई को और तेज़ किया जायेगा। संसद पहले से ही डिस्टर्ब है। कब चलती है और कब नहीं, यह पता ही नहीं चलता। बीजेपी पहले से ही आक्रामक है। पहले महँगाई और काला धन और बाद में खुदरा व्यापार में विदेशी निवेश पर संसद का लगभग आधा सत्र स्वाहा हो चुका है।

कुछ ज्योतिषियों ने यह आशंका भी जता दी है कि सरकार गिरेगी या फिर मध्यावधि चुनाव होंगे, दोनों ही हालात में बीजेपी के हाथ में लड्डू होंगे। लिहाज़ा एक तरफ़ सड़क पर अन्ना और उनकी टीम है और दूसरी तरफ़ संसद में बीजेपी। समझदार के बारे में कहा जाता है कि वह एक साथ कई फ्रंट नहीं खोलता। पर यहाँ तीसरा फ्रंट भी खोल दिया गया है। तृणमूल काँग्रेस और डीएमके जैसे सहयोगी बिदके हुए हैं। ऐसे में सवाल कई हैं। क्या सरकार को अन्दाज़ा नहीं है कि वह क्या कर रही है? क्या उसे यह अहसास नहीं है कि वह लोकपाल पर जितनी ज़िद करेगी, जनता में यह सन्देश जायेगा कि वह भ्रष्टाचार से लड़ने के प्रति गम्भीर नहीं है?

पिछले दो वर्षों से भ्रष्टाचार से बुरी तरह त्रस्त मनमोहन सरकार के लिए यह सुनहरा मौक़ा था। एक के बाद एक घोटालों के आरोपों ने मनमोहन सरकार की साख को भयंकर बट्टा लगाया है। पब्लिक के बीच सरकार की लोकप्रियता सबसे निचले पायदान पर है। लोकपाल के ज़रिये वह यह सन्देश दे सकती थी कि वह भ्रष्टाचार से न केवल निपटने के लिए ईमानदार कोशिश कर रही है, बल्कि पूरी भ्रष्ट व्यवस्था को बदलना चाहती है। उत्तर प्रदेश के चुनावों के लिए यह काँग्रेस का ट्रम्प कार्ड साबित हो सकता था, जो पार्टी और राहुल गाँधी, दोनों के लिए फ़ायदे का सौदा होता। अफ़सोस! ऐसा होता दिख नहीं रहा। जहाँ उन्हें लोकपाल

का क्रेडिट लेना चाहिए, यह कहते हुए कि जो काम वर्ष 1963 से नहीं हुआ, उसे मनमोहन सरकार ने कर दिखाया। जो बिल आठ बार संसद में पेश होकर भी क़ानून नहीं बन पाया, उसे मनमोहन सिंह ने जनता की माँग पर पूरा कर दिया। यह मौक़ा था, अपनी सरकार के ख़िलाफ़ जमा हुए गुस्से को समर्थन में बदलने का। पर सरकार विफल रही।

गुस्सा बढ़ता जा रहा है और सरकार निष्क्रिय है। मैं मान नहीं सकता कि इतने अनुभवी लोगों की मौजूदगी के बाद भी सरकार को अन्दाज़ न हो कि लोग क्या चाहते हैं। मैं यह भी नहीं मान सकता कि यह काम इतना कठिन है कि मनमोहन सरकार क्या, कोई भी सरकार अपने समानान्तर एक नयी व्यवस्था खड़ा करने का जोखिम उठायेगी। मुझे लगता है कि लोकपाल तो महज़ बहाना है। इसकी आड़ में कोई और खेल खेला जा रहा है, जिसका पता देश को बाद में चले। लेकिन तब तक शायद इतनी देर हो जाये कि कुछ भी कहने-सुनने को न रह जाये।

हिन्दुस्तान, 12.12.2011

अन्ना का बहिष्कार, दरबारतन्त्र की जीत या लोकतन्त्र की हार

लोकसभा की स्पीकर मीरा कुमार सीएनएनआईबीएन के फ़ंक्शन इंडियन ऑफ़ द ईयर में मुख्य अतिथि थीं। इस फ़ंक्शन में अन्ना हज़ारे और उनकी टीम को भी होना था। अन्ना को इंडियन ऑफ़ द ईयर चुना गया था। फ़ंक्शन के एक दिन पहले मीरा कुमार के यहाँ से सन्देश आया कि वो नहीं आ सकतीं। कारण कुछ साफ़ नहीं बताया गया। जब फ़ंक्शन शुरू हुआ तो काँग्रेस का एक भी नेता बुलाने के बाद भी नहीं आया। पता चला कि अन्ना की मौजूदगी इसका कारण था। मैं हैरान था। क्या यही लोकतन्त्र है, क्या लोकतन्त्र में मुद्दों पर मतभेद नहीं होते, क्या तीखी आलोचनाएँ नहीं की जाती हैं, अन्ना और उनकी टीम का क़सूर क्या है, उन्होंने सिर्फ़ भ्रष्टाचार के ख़िलाफ़ आन्दोलन ही तो किया है, सिर्फ़ इसलिए ही काँग्रेस के लिए अछूत हो गये?

मुझे काँग्रेस के नेताओं के आचरण पर हैरानी हुई। क्योंकि मैं काँग्रेस को जवाहरलाल नेहरू की पार्टी समझता हूँ। वो नेहरू जो अपनी कैबिनेट में कट्टर हिन्दूवादी नेता और बाद में जनसंघ के संस्थापक श्यामा प्रसाद मुख़र्जी को रखने का जिगरा रखते थे। जो वल्लभभाई पटेल से तमाम मसलों पर असहमत होने के बाद भी साथ-साथ काम करते रहे। मुझे याद पड़ता है कि 1950 में काँग्रेस पार्टी का संगठन चुनाव, उस चुनाव में पटेल के उम्मीदवार थे पुरुषोत्तम दास टंडन। नेहरूजी उनको हिन्दूवादी मानते थे और नहीं चाहते थे कि वो जीतें। लेकिन नेहरू की इच्छा के विरुद्ध टंडन जीत गये। तब नेहरू ने कहा था कि अगर टंडन जीते तो पार्टी और सरकार दोनों से ही इस्तीफ़ा दे देंगे। लेकिन नेहरू ने ऐसा नहीं किया। मुझे यह भी याद है कि पटेल और हिन्दूवादी नेताओं के दबदबे के बीच नेहरू के करीबी रफ़ी अहमद किदवई ने नेहरू को अलग पार्टी बनाने की सलाह दी थी। रफ़ी अहमद को पूरा भरोसा था कि नेहरू की वजह से काँग्रेस है, और अगर नेहरू ने पार्टी छोड़ दी तो काँग्रेस ख़त्म हो जायेगी। फिर भी नेहरू काँग्रेस में बने रहे। नेहरू कभी नहीं चाहते

थे राजेन्द्र प्रसाद राष्ट्रपति बनें। उनकी नज़र में राजेन्द्र प्रसाद हिन्दूवादी विचारों से प्रभावित थे। और पटेल की पसन्द थे। नेहरू चक्रवर्ती राजगोपालाचारी को देश का पहला राष्ट्रपति बनाने चाहते थे, लेकिन नेहरू की बात नहीं मानी गयी। नेहरू ने कभी भी पटेल का बहिष्कार नहीं किया। जब पटेल बीमार हुए और नेहरू उनको देखने गये तो पटेल ने नेहरूजी का हाथ पकड़कर बोला था—तुम मुझे पर विश्वास नहीं करते। नेहरूजी ने कहा था—मेरा अब ख़ुद पर यकीन नहीं रहा। रिश्तों में तल्खी थी। विचारों में मतभेद था। लेकिन एक-दूसरे के प्रति सम्मान में कमी नहीं थी। वो बड़े लोग थे लेकिन नेहरूजी के जाने के बाद काँग्रेस में बड़े लोगों ने जन्म लेना बन्द कर दिया। नेता बहुत हो गये, इंसान छोटे होते गये।

दुर्भाग्य से इसकी शुरुआत भी नेहरू की बेटी इन्दिरा गाँधी के समय में ही हुई। ज़मीन पर पार्टी के लिए ख़ून-पसीना बहानेवाले कार्यकर्ताओं की जगह चमचों ने लेनी शुरू कर दी। पहले चमचे मिजाज़पुर्सी के लिए रखे जाते थे, अब वो मन्त्री भी बनने लगे। सुपुत्र संजय गाँधी ने पूरी एक फ़ौज खड़ी कर दी। और जब जे. पी. का आन्दोलन चला तो चमचों की इमारत पर खड़ी व्यवस्था को समझ में नहीं आया कि जनान्दोलन का सामना कैसे किया जाये। समझदार पीछे छूट गये। ऐसे में जे.पी. और इन्दिरा गाँधी के बीच अविश्वास की दीवार बढ़ती गयी। उत्तर भारत के एक समझदार नेता ने तब इन्दिरा गाँधी से कहा था—मैडम जे.पी. मान के भूखे हैं, आप उनको मान दीजिये वो आन्दोलन ख़त्म कर देंगे। जे.पी. और नेहरू के बीच सम्मान का रिश्ता था। देशहित सर्वोपरि था। मधु लिमये ने अपनी किताब में लिखा कि आज़ादी के बाद जे.पी. मानते थे नेहरू को कमज़ोर करना ठीक नहीं होगा क्योंकि अकेले नेहरू हैं जो देश और लोकतन्त्र को मज़बूती दे सकते हैं। लोहिया से इस मसले पर उनका मतभेद था। जे.पी. ने राजनीति छोड़ दी। जबकि वो चाहते तो नेहरू विरोधी ताक़तों की धुरी हो सकते थे और नेहरू की नाक में दम कर सकते थे। जे.पी. ने हमेशा इन्दिरा गाँधी में नेहरू की बेटी इन्दू को खोजा और वो चाहते थे कि इन्दिरा इस नाते उनका सम्मान करें। सत्तर के दशक में राजनीति बदल चुकी थी। इन्दिरा गाँधी अपने ही बनाये जाल में इतनी उलझ गयीं कि वो जे.पी. को नहीं समझ पायीं और इमरजेंसी में जे.पी. का समाधान खोजा। अगर जे.पी. को इन्दिरा ने 'मान' दिया होता तो शायद देश का इतिहास अलग होता।

2011 में भी इतिहास अपने को दोहरा रहा है। आज भी इन्दिरा गाँधी की ही व्यवस्था कायम है। आज भी दरबारी सत्ता पर क़ाबिज़ हैं। जो नाक पर मक्खी नहीं बैठने देते वो दम्भ का लेप लगाकर चेहरे को ख़ूबसूरत बनाने की कला में पारंगत हैं। ऐसे में जब अन्ना ने भ्रष्टाचार विरोधी आन्दोलन शुरू किया तो बजाय उसको समझने और उनके साथ विश्वास का रिश्ता बनाने के उनके साथ साँप-सीढ़ी

का खेल खेला गया। अन्ना और उनकी टीम दुश्मन हो गयी। और जैसे दुश्मन से निपटा जाता है उस तरह से उनसे निपटने का काम किया गया। नतीजा जैसे-जैसे उनका विरोध होता गया अन्ना के आन्दोलन को समर्थन बढ़ता गया। मुझे यह कभी समझ में नहीं आया कि चौहत्तर साल के बुजुर्ग अगर अनशन पर बैठे हों तो बयालीस साल के युवराज को उनके पास जाकर उनके पैर छूने और उनका आशीर्वाद लेकर भ्रष्टाचार विरोधी आन्दोलन को अपने पक्ष में कर लेने में क्या दिक़्क़त थी। न आन्दोलन तीखा होता और न काँग्रेस के सामने साख का संकट होता। कुछ समझदार काँग्रेसी नेताओं ने युवराज को यह सलाह देने की कोशिश भी की थी जैसे इन्दिरा के ज़माने में उन सज्जन ने किया था। लेकिन सत्ता का दम्भ तब भी आड़े आया था और इस बार भी आड़े आया। नतीजा सामने है। अन्ना कह रहे हैं कि लोकपाल के मसले पर स्टैंडिंग कमेटी ने राहुल गाँधी के कहने पर अपनी रिपोर्ट बदली और अगर लोकपाल ठीक नहीं आया तो वो राहुल और सोनिया के घर के बाहर अनशन करेंगे। इन्दिरा ने जे.पी. का मान नहीं रखा तो भ्रष्टाचार और महँगाई का आन्दोलन इन्दिरा हटाओ में तब्दील हो गया। आज भी दरबारी राहुल-सोनिया की नज़रों में चढ़ने के लिए उनका नुक़सान कर रहे हैं, जैसे इन्दिरा गाँधी का किया था। लोकन्तत्र में अन्ना का बहिष्कार करने से अन्ना का कद नहीं घटता, काँग्रेस की शख़्सियत कम होती है, अन्दर का छोटापन बाहर आता है। इतनी ही चिढ़ है तो उनकी माँग को ठुकरा कर देखें, अन्ना को ठुकराने से क्या होता है?

दैनिक भास्कर, 19.12.2011

बदलो, नहीं तो जनता आती है...

17 दिसम्बर 2010, वो तारीख़ जिसने एक नयी क्रान्ति की शुरुआत की। इस दिन मध्य-पूर्व एशिया में ट्यूनीशिया के एक शहर सिड बौजीज में एक 26 साल के ग़रीब सब्ज़ी बेचनेवाले को सत्ता और ताक़त के नशे में चूर एक पुलिसवाली ने सरेआम बेइज़्ज़त किया था। मोहम्मद बौजीजी का कुसूर बस इतना सा था कि उसने एक अहंकारी पुलिसवाली को घूस देने से इंकार कर दिया था। पुलिस ने उसके गालों पर थप्पड़ जड़ा, गालियाँ बकीं, उसके मुँह पर थूक दिया। उसने शिकायत करने की कोशिश की, उसको दुत्कार मिली। बौजीजी ने स्थानीय प्रशासन के हेड क्वॉर्टर्स के सामने ख़ुद पर पेट्रोल छिड़ककर आग लगा ली। उसकी मौत ने पूरे ट्यूनीशिया में हाहाकार मचा दिया। लोग सड़कों पर उतर आये और बीस साल से ज़्यादा सत्ता पर क़ाबिज़ राष्ट्रपति बेन अली को देश छोड़कर भागना पड़ा। मिस्र में भी लोगों ने तहरीर चौक को अपने क़ब्ज़े में ले लिया। तहरीर चौक मध्य-पूर्व एशिया में तानाशाही, ग़ैर-लोकतान्त्रिक, दमनकारी व्यवस्था के ख़िलाफ़ बग़ावत का प्रतीक बन गया। राष्ट्रपति होस्नी मुबारक़ को जाना पड़ा। तीस साल का गूगल मार्केटिंग एक्ज़ीक्यूटिव वेल गोनिम पूरी दुनिया में नया नायक बन गया। देखते-देखते मोरक्को, सीरिया, लीबिया, जॉर्डन, यमन, अल्जीरिया, बहरीन और माउरीतानिया में सड़कों पर क्रान्ति भड़क उठी। टैंक और सेना की गोलियाँ निस्तेज होने लगीं। लीबिया में शासक मुअम्मर ग़द्दाफ़ी को लोगों ने पकड़कर गोली मार दी। सीरिया में अभी भी सेना और आम जनता के बीच जंग जारी है।

यह नयी तरह की क्रान्ति है। इस क्रान्ति ने सबको चौंकाया है। बुद्धिजीवियों को नये सिरे से सोचने के लिए मजबूर किया है क्योंकि 1989-1990 में जब पूरी दुनिया से साम्यवादी मुल्क़ एक के बाद एक ध्वस्त हो रहे थे तब भी मध्य-पूर्व एशिया को क्रान्ति छूकर भी नहीं गयी थी। बदलाव की यह हवा सिर्फ़ मध्य-पूर्व एशिया तक ही नहीं सीमित रही। उसकी चपेट में पूँजीवादी देश भी आये और वो जो कभी साम्यवादी थे। वहाँ भी लोग सड़कों पर उतरे जहाँ लोकतन्त्र है।

अमेरिका में लोग तो सड़कों पर निकलना ही भूल गये थे। अकुपाई वॉलस्ट्रीट यानी वॉलस्ट्रीट पर क़ब्ज़ा करो के नारे ने सोये आम अमेरिकी को पूँजीवादी ढाँचे में कॉरपोरेट हाउसेस के ख़िलाफ़ लामबन्द कर दिया। जकोटी पार्क रातोंरात अमेरिका का तहरीर चौक बन गया। ऑस्ट्रेलिया तक आवाज़ गूँजी। इज़राइल की राजधानी तेल अवीव में इतिहास की सबसे बड़ी रैली निकली। साल के अन्त तक रूस में भी प्रधानमन्त्री व्लादिमीर पुतिन के ख़िलाफ़ लोगों का आक्रोश सड़कों पर दिखा। 1917 की मार्क्सवादी क्रान्ति का गवाह मास्को एक नयी क्रान्ति का गवाह बना। इंग्लैंड हो या फिर फ्रांस, इटली हो या स्पेन, ग्रीस या पुर्तगाल बस एक ही आवाज़, एक ही गुस्सा, एक ही नाराज़गी। चीन में भी लोग अपने तरह से विरोध जताने में लग गये जहाँ कि खुलकर बोलना अपराध है। ऐसे में दिल्ली कैसे पीछे रहती। वो हिन्दुस्तान जहाँ पिछले बीस सालों में लोग आन्दोलन करने से परहेज करने लगे थे। महाराष्ट्र के बाहर जिस अन्ना हज़ारे को लोग पहचानते तक नहीं थे वहीं नये गाँधीवादी, अहिंसक आन्दोलन के हीरो बन गये, पूरे देश का विमर्श बदल गया। भ्रष्टाचार एक राष्ट्रीय मुद्दा हो गया।

भारत में एक धारणा बन गयी थी कि नये आर्थिक सुधारों ने पूरी की पूरी एक पीढ़ी को अराजनीतिक कर दिया, एक ऐसा मध्यवर्ग पैदा कर दिया जो अपने में मस्त, अपनी ज़िन्दगी में ख़ुश था, आरामतलब। उसे अपनी नौकरी और अपनी गाड़ी की चिन्ता है। जो शाम होते ही या तो मॉल में टहलने निकल पड़ता है या पब के दर्शन के लिए बेताब हो जाता है या फिर फ़ेसबुक पर अपनी भड़ास निकालता है। इस तबक़े में कुछ बदलाव हो रहे हैं, इसके पहले प्रमाण हालाँकि 2010 के आख़िरी महीनों में मिलने लगे थे, जब एक के बाद एक घोटालों से परेशान जनता ने खुलेआम सोशल नेटवर्किंग साइट्स पर अपने गुस्से का इज़हार करना शुरू कर दिया था। लेकिन जब अन्ना हज़ारे 5 अप्रैल को जन्तर मन्तर पर बैठे और लोगों का जनसैलाब उमड़ा तब सरकारों और राजनीतिक दलों के हाथ-पैर फूलने लगे, कहीं भारत में तहरीर चौक न बन जाये। सरकार झुकी लोकपाल पर क़ानून बनाने के लिए तैयार हुई।

ऐसे में यह सवाल उठना लाजिमी है कि अचानक क्या हुआ? सोयी जनता क्यों जाग उठी? क्या यह बदलाव बुनियादी है या फिर पानी का बुलबुला जो वक़्त के साथ फट जायेगा और दुनिया फिर अपनी रफ़्तार से चलने लगेगी। मेरी नज़र में तीन चीज़ें एक साथ हुईं। एक, टेक्नोलॉजी ने पिछले दस सालों में ख़ासतौर पर कम्यूनिकेशन टेक्नोलॉजी ने ज़बर्दस्त छलाँग लगायी है। फ़ेसबुक और सेलफ़ोन ने पूरी दुनिया को एक नये चौपाल में तब्दील कर दिया है। वर्चुअल चौपाल। वो चौपाल जहाँ हर तरह के विचारों के आदान-प्रदान की खुली आज़ादी है। विचार से

विचार टकरायें तो विचारों का तूफ़ान खड़ा हो गया। एक सार्वभौम सत्य की तलाश शुरू हुई। दो, इस दौरान किसी क्रान्ति और जनान्दोलन के अभाव ने शासक वर्ग में अहंकार भर दिया। उनको लगने लगा कि वो कुछ भी कर सकते हैं। मध्य-पूर्व में तो पहले से ही शासक जवाबदेह नहीं थे, दूसरे मुल्क़ों में भी कमोबेश वही हालात बनने लगे। जॉर्ज बुश इराक़ पर बिना कारण हमला कर दें और कहीं जुम्बिश न हो तो शासकों का. हौसला बढ़ता है। पुतिन का हौसला इतना बढ़ा कि संविधान का मज़ाक़ उड़ाते हुए दिमित्री मेदवेदेव को कठपुतली राष्ट्रपति बनाके सत्ता की कमान अपने हाथ में रखने का दुस्साहस कर बैठे। तीन, दुनिया के ग्लोबल विलेज बनते ही नये तरह का समाज बनने लगा। उसके सरोकार बदलने लगे, उसके मूल्यों में ज़मीन-आसमान का परिवर्तन हुआ, उसकी सोच का दायरा बदला लेकिन सरकारों और शासक पुरानी दुनिया में ही जीते रहे। समाज और सरकार में मिसमैच हुआ तो घर्षण पैदा हुआ, टकराव के हालात बनने लगे। लोगों ने जब सत्ता को बदलते नहीं देखा तो बग़ावत कर दी। बग़ावत को जनसमर्थन मिला, सरकार हिल गयी। जैसे प्रथम और द्वितीय विश्वयुद्ध के बाद सत्ता के चरित्र और स्वभाव में बुनियादी बदलाव की ज़रूरत महसूस की गयी थी वैसे एक बार फिर सत्ता के परम्परागत स्वरूप और मिजाज़ में बदलाव का वक़्त आ गया है। भारत जैसे लोकतन्त्र में सत्ता में जनता की भागीदारी के नये प्रयोग करने होंगे, अमेरिका में सत्ता में कॉरपोरेट के दख़ल को ख़त्म करना होगा, रूस में सामन्तवादी प्रवृत्ति को छोड़ समाज को और खुला बनाना होगा, इज़राइल को मिलिट्री मानसिकता से बाहर आना पड़ेगा, मध्य-पूर्व में लोकतन्त्र की स्थापना करनी होगी। तब बौजीजी की आत्मा को शान्ति मिलेगी।

हिन्दुस्तान, 26.12.2011

एक नया इतिहास लिख गया 2011

इतिहास जब भी पलटकर 2011 की तरफ़ देखेगा उसे अपने पर गर्व होगा। उसे लगेगा कि उसने आम आदमी को कुछ ताक़त दी, दम्भी सरकारों को सबक़ दिया, लोगों को नयी उम्मीद दी, नयी ज़िन्दगी दी, सत्ता में बैठे लोगों को तमीज सिखायी। सोई जनता अपने अधिकारों के लिए सड़कों पर आयी। दुनिया में नयी किस्म की राजनीति शुरू हुई। जो बोल नहीं पाते थे वो अचानक सरकारें हिलाने लगे। अपने देश में भी इसकी धमक सुनायी दी। अन्ना नाम का एक शख़्स पैदा हो गया। लोग उससे जुड़ने लगे। दम्भ का चेहरा स्याह पड़ने लगा। लोग सड़कों पर उतरे तो चौवालीस साल से ठंडे बस्ते में पड़ा लोकपाल सरकार के गले की हड्डी बन गया। अन्ना ने लोगों को नया एहसास दिया कि बिना गोली, बन्दूक़ चलाये भी सरकार को सोते से जगाया जा सकता है। नक्सली होने की ज़रूरत नहीं है। जन्तर मन्तर पर जब अन्ना बैठे तो अनजाने, अनदेखे लोगों को अन्ना में गाँधी की तस्वीर दिखने लगी और भ्रष्टाचार की लड़ाई आज़ादी का दूसरा आन्दोलन बन गया गया। क्यों हुआ ऐसा?

पिछले कुछ सालों से बहुत कुछ बदल रहा है, कुछ नया हो रहा है। टेक्नोलॉजी की क्रान्ति और आर्थिक सुधारों की बदौलत आम हिन्दुस्तानी के जीवन मूल्य बदल रहे हैं। वो पुराने मूल्यों को छोड़ रहा है। नये का आविष्कार कर रहा है। वो पहले से ज़्यादा सजग है, पहले से ज़्यादा सोच रहा है, पहले से ज़्यादा पुराने सड़े-गले रिवाज़ों से बाहर निकलने को छटपटा रहा है। यह छटपटाहट पिछले कई सालों से दिख भी रही है और अलग-अलग तरीक़े से अपने को एक्सप्रेस भी कर रही है। 2004 में वाजपेयी की सरकार चली जायेगी, किसी ने नहीं सोचा था। 2009 में काँग्रेस की सीटें बढ़ जायेंगी, यह भी किसी ने नहीं सोचा था। और जब काँग्रेस आश्वस्त हो रही थी कि 2014 का चुनाव तो वो आसानी से जीत लेगी तब उसे इतिहास की सबसे भ्रष्ट सरकार होने का तमगा मिलेगा यह भी किसी ने नहीं सोचा था। राज्यों में भी बदलाव दिखे। बिहार, मध्य प्रदेश, छत्तीसगढ़, दिल्ली, असम, आन्ध्र प्रदेश के

चुनावों में अच्छा काम करनेवाली सरकारें दोबारा-तिबारा वापस आयीं। जिन प्रदेशों में सरकारें हाथ पर हाथ धरे बैठी रहीं वो उड़ गयीं। पं. बंगाल इसका उदाहरण है। जहाँ चौंतीस सालों के बाद लेफ़्ट को हार का मुँह देखना पड़ा।

राजनीति में यह परिवर्तन इस ओर इशारा करते हैं कि बदलते हिन्दुस्तान में सिर्फ़ जाति और धर्म के आधार पर वोट पड़ने के सिलसिले पर विराम लगने लगा है। लोग पहले से अधिक जागरूक हो गये हैं। उन्हें समझ में आने लगा है कि जाति और धर्म शादी-ब्याह तक सीमित रहे तो बेहतर है, वोट देने के समय भी दख़ल देने लगेंगे तो लालू यादव जैसे लोगों को भोगना पड़ेगा और प्रदेश कंगाल हो जायेगा। उसकी ज़िन्दगी मुहाल हो जायेगी। यह इस सोच का ही नतीजा है कि देश की सरकारी नीतियों में कुछ बुनियादी बदलाव होने लगे हैं। खालिस राजनीति के साथ-साथ राजनीति में सोशल एजेंडा भी दिखने लगा है। आर्थिक सुधारों के साथ-साथ लोगों को शिक्षा, रोज़गार और भोजन देने के बारे में सरकारी स्तर पर सोचा जाने लगा। जनता का दबाव पड़ा तो सूचना का अधिकार आ गया। भयानक भ्रष्टाचार के बाद भी ग़रीबों को रोज़गार देने के लिए लायी गयी योजना नरेगा ने लोगों की क़िस्मत बदली है। आन्ध्र प्रदेश में वाई.एस. रेड्डी इस योजना को ठीक से लागू कर सत्ता में दोबारा वापस लौटे। सबको शिक्षा का अधिकार देने का कपिल सिब्बल का प्लान सही दिशा में उठाया गया सही क़दम है। और अब खाद्य बिल यानी देश में कोई ग़रीब-भूखा न रहे, भूखा न सोये और भूख से न मरे। यानी एक साथ सबको सूचना, सबको रोज़गार, सबको शिक्षा और सबको भोजन देने की कोशिश राजनीति ने अपनी तरफ़ से की है। यह कोशिश कामयाब है या नाकामयाब, मैं इस बहस में नहीं पड़ता लेकिन यह इस बात का सबूत है कि राजनीति और प्रशासन अब पुराने ढर्रे से निकलकर नये रास्ते तलाश रहे हैं।

लेकिन ये वो बदलाव थे जिनकी तरफ़ लोगों का ध्यान ज़्यादा नहीं गया। इसलिए कुछ विद्वान यह भी कहने लगे कि पैसों की खनक ने हिदुस्तान के मध्य वर्ग को अराजनीतिक कर दिया, मध्य वर्ग सो गया। जबकि सच्चाई थी कि वो अपने तरह से जवाब दे रहा था, वो एक्टिव था। वो समाज और राजनीति में दख़ल दे रहा था। 2011 में इस मध्यवर्ग ने ठोस जवाब देने का मन बना लिया। उसे बस एक चेहरे की खोज थी। अन्ना ने इस चेहरे को एक नाम दे दिया और लोगों ने देखा कि अवाम सड़कों पर अपनी बात कहने और सरकार के कामकाज में अपनी हिस्सेदारी माँगने लगी। आज़ादी के बाद यह पहली बार हुआ कि क़ानून बनाने के मामले में जनता के साथ राय-मशविरा किया गया। पहली बार हुआ कि एक क़ानून बनाने के मसले पर इतने लम्बे समय तक डिबेट हुई। भ्रष्टाचार से निपटने के लिए लोकपाल जैसे क़ानून की ज़रूरत है या नहीं यह चर्चा सिर्फ़ टीवी के पर्दे

पर ही नहीं हुई। गली, मुहल्ले, सिगरेट, पान की दुकानों, बरिस्ता और मैकडॉनाल्ड के ढाबों पर लोग बातों के जाल में गुत्थम-गुत्थम होते दिखे। मुझे नहीं ध्यान है कि किसी क़ानून को बनाने को लेकर कभी इस तरह से बहस हुई। अन्ना और उनकी टीम इस बहस और इस लोकतान्त्रिक प्रक्रिया का कारण बने और हर बार सरकार सिर्फ़ प्रतिक्रिया करती ही दिखी।

आज भले ही दिग्विजिय सिंह, कपिल सिब्बल और पी. चिदम्बरम इस बात पर जश्न मनायें कि मुम्बई की अन्ना की रैली फ़्लॉप हो गयी लेकिन सच्चाई यह है कि 27 और 29 दिसम्बर को रात बारह बजे तक लोकसभा और राज्यसभा को लोकपाल पर माथामच्ची करनी पड़ी। क़ानून नहीं बन पाया, यह दूसरा विषय है लेकिन किसी जनान्दोलन के दबाव में संसद का सत्र दो-दो बार बढ़ाना पड़ा हो यह भी पहले नहीं हुआ है। यह इस बात का प्रमाण है कि देश बदल रहा है, लोग बदल रहे हैं, जनता बदल रही है, सोच बदल रही है। और सरकारें भी बदल रही हैं। वरना 1975 में जनान्दोलन का सरकारी जवाब था आपातकाल, संविधान को पंगु करने की कोशिश और संसद का मज़ाक़। ऐसे में आइये नये साल का स्वागत जोश से करें और बदलाव की धारा को और गति दें। 2011 के अधूरे काम को 2012 में पूरा करें ताकि आम आदमी मज़बूत हो, क्योंकि अगर वो मज़बूत होगा तो लोकतन्त्र भी मज़बूत होगा। और इतिहास हमारी और आपकी पीढ़ी पर गर्व करेगा।

दैनिक भास्कर, 02.01.2012

यूपी में होगी राहुल और अन्ना की अग्नि-परीक्षा

उत्तर प्रदेश के विधानसभा चुनाव इस बार एक बड़ी कहानी कहेंगे। बड़ी इसलिए कि साल 2014 की ज़मीन का रास्ता इसी राज्य से निकलेगा। देश में इस वक़्त राजनीति गरम है। एक तरफ़ केन्द्र सरकार से घोटालों के ज़बर्दस्त आरोप जुड़ गये हैं। उसे रह-रहकर जे.पी. आन्दोलन और बोफ़ोर्स राजनीति की याद सता रही है। डर है कि कहीं इस बार भी इतिहास उसके साथ वही न करे, जो 1977 और 1989 में किया था। यह डर काँग्रेस के लिए काफ़ी बुनियादी है। 1977 के पहले केन्द्र में काँग्रेस को हराने के बारे में सोचना भी गुनाह था। उस वक़्त रजनी कोठारी जैसे राजनीति के विद्वान ने बाकायदा 'काँग्रेस सिस्टम' नाम का शब्द गढ़ लिया था। और दूसरी पार्टियों को विपक्षी पार्टी ही कहा जाता था, क्योंकि यह माना जाता था कि काँग्रेस केन्द्र की राजनीति में सरकार बनानेवाली पार्टी है और दूसरी पार्टियाँ कुछ भी कर लें, वे विपक्ष में ही बैठेंगी। लेकिन भ्रष्टाचार और महँगाई के ख़िलाफ़ विपक्ष के आन्दोलन ने इस काँग्रेस सिस्टम को छिन्न-भिन्न कर दिया और पहली बार, आज़ादी के 30 साल बाद केन्द्र में एक ग़ैर-काँग्रेसी सरकार बनी, जिसका सपना कभी राममनोहर लोहिया ने देखा था।

यह अलग बात है कि काँग्रेस सिस्टम उस समय पूरी तरह से ख़त्म नहीं हुआ था, लिहाज़ा 1980 में इन्दिरा गाँधी पूरी ताक़त से सत्ता पर फिर क़ाबिज़ हो गयीं। जे.पी. आन्दोलन का सबसे बड़ा योगदान इन्दिरा गाँधी को हटाना नहीं था। न ही विपक्ष की सरकार बनाना था और न ही इन्दिरा गाँधी की तानाशाही प्रवृत्ति और इमरजेंसी के ख़िलाफ़ विद्रोह था। जे.पी. का योगदान था लोगों को यह भरोसा दिलाना कि काँग्रेस की सरकार को हटाया जा सकता है और उसकी जगह कोई दूसरी पार्टी भी केन्द्र में सरकार बना सकती है। मिथक टूटा, तो काँग्रेस का आत्मविश्वास भी डिगा और विपक्ष में नयी ऊर्जा का संचार हुआ। जे.पी. आन्दोलन की ज़मीन ने ही वी.पी. सिंह को काँग्रेस और राजीव के ख़िलाफ़ लड़ने का विश्वास दिया और विपक्ष को हौसला कि बोफ़ोर्स की सवारी करके वे काँग्रेस को फिर सत्ता से बेदख़ल कर

सकते हैं। जे.पी. की तरह वी.पी. के बोफ़ोर्स के मुद्दे ने 1989 में काँग्रेस को गहरी शिकस्त दी। इस पराजय के बाद चली राजनीति ने काँग्रेस को इतनी गहरी चोट दी कि वह फिर कभी अपने बल पर केन्द्र में बहुमत नहीं जुटा पायी।

यह जे.पी. और वी.पी. का ही कमाल है कि आज काँग्रेस 200 सीटें पाने पर ही ख़ुद को ख़ुशनसीब मानती है। यह भी दिलचस्प है कि काँग्रेस ने जब भी अल्पमतवाली या फिर मिली-जुली सरकार बनायी है, तब-तब नेहरू-गाँधी परिवार का सदस्य प्रधानमन्त्री नहीं बना। साल 1991 में नरसिंहा राव प्रधानमन्त्री थे, साल 2004 से मनमोहन सिंह हैं। जबकि इसके पहले की काँग्रेस की सभी सरकारें, सिर्फ़ लाल बहादुर शास्त्री को छोड़ दें, तो नेहरू-गाँधी परिवार की ही अगुवाई में बनी हैं। पहले जवाहरलाल नेहरू, फिर इन्दिरा गाँधी और सबसे अन्त में राजीव गाँधी। साल 2014 पहला ऐसा मौक़ा होगा, जब एक बार फिर देश की बागडोर के लिए नेहरू-गाँधी परिवार सशक्त दावेदार होगा। राहुल गाँधी की पूरी मेहनत और कोशिश साल 2014 के आम चुनाव को लेकर ही है। वह जानते हैं कि केन्द्र में अपने दम पर काँग्रेस तभी सरकार बना पायेगी, जब उत्तर प्रदेश में काँग्रेस प्रभावी भूमिका में होगी, यानी 1989 के पहलेवाली स्थिति में। नारायण दत्त तिवारी काँग्रेस के आख़िरी मुख्यमन्त्री थे। उसके बाद काँग्रेस कभी भी यूपी में सरकार बनाने के करीब भी नहीं पहुँच पायी।

ऐसे में, यूपी का यह चुनाव राहुल गाँधी की नेतृत्व क्षमता, राजनीति पर उनकी पकड़ और संगठन पर उनके दबदबे का इम्तिहान भी होगा। राहुल की परीक्षा ही यह तय करेगी कि काँग्रेस का राष्ट्रीय राजनीति में भविष्य क्या होगा? ऐसे में जो लोग उत्तर प्रदेश में काँग्रेस को कमतर आँक रहे हैं, वे बड़ी ग़लती कर रहे हैं। काँग्रेस को पता है कि अगर राहुल का डंका यूपी में बज गया, तो काँग्रेस को आनेवाले 30 साल तक कहीं और किसी की तरफ़ देखने की ज़रूरत नहीं होगी। ऐसे में ओबीसी कोटे में अल्पसंख्यक तबक़े को 4.5 फ़ीसदी आरक्षण देने की बात, लोकपाल में आख़िरी वक़्त पर उसकी चयन प्रक्रिया में अल्पसंख्यक तबक़े का नाम डालने का प्रावधान और नौकरियों में एससी-एसटी कोटे में ख़ाली पड़ी नियुक्तियों को भरने का सरकार का फ़रमान काँग्रेस के खोये जनाधार को पाने की छटपटाहट और राहुल गाँधी की जीत को किसी भी तरह सुनिश्चित करने का प्रयास है।

पिछले लोकसभा चुनाव ने राहुल गाँधी को अचानक ही केन्द्र की राजनीति में एक मज़बूत खिलाड़ी के तौर पर स्थापित कर दिया था। काँग्रेस ने यूपी में 22 सीटें जीती थीं। राहुल और काँग्रेस काफ़ी आश्वस्त हो गये थे कि पार्टी एक बार फिर राज्य में उठ खड़ी हुई है। लेकिन ज़बर्दस्त घोटालों और फिर अन्ना के आन्दोलन ने मनमोहन सरकार के सामने साख का संकट पैदा कर दिया। लोग कहने लगे कि

2014 में काँग्रेस का लौटना असम्भव है। यह सही है कि अन्ना ने भ्रष्टाचार के ख़िलाफ़ देश में एक ज़बर्दस्त माहौल बनाया और उत्तर प्रदेश में काँग्रेस के गुब्बारे में सुई चुभोने का काम किया, उसकी छवि को गहरे आघात दिये। यह भी सही है कि अन्ना ने आम लोगों को उनकी ताक़त का अहसास कराया। उन्होंने सरकार को अपनी बात सुनने के लिए मजबूर किया, लेकिन अन्ना का आन्दोलन लोकपाल के लिए था, यूपी में मुख्यमन्त्री को बदलने या एक पार्टी विशेष को सत्ता से दूर रखने के लिए नहीं था।

जे.पी. और वी.पी. सिंह के आन्दोलन राजनीतिक दलों की मदद से खड़े आदोलन थे, जबकि अन्ना का आन्दोलन तमाम राजनीतिक दलों की राजनीति के ख़िलाफ़ है। और उसकी यह ग़ैर-राजनीतिकता ही उसकी प्राणवायु है। उसकी सार्थकता बाहर से राजनीति को दुरुस्त करने में है, अन्दर से राजनीति करने में नहीं है। वह चुनावी राजनीति में आउट साइडर है। ऐसे में अन्ना और उनकी टीम को भी यह सोचना होगा कि काँग्रेस-विरोध किस हद तक जायज़ होगा? वोटर बहुत जागरूक हैं। वे आन्दोलन और मतदान में फ़र्क़ करना जानते हैं। दोनों बिल्कुल अलग-अलग चीज़े हैं। सम्भव है कि आन्दोलन के मसले पर वह अन्ना का समर्थन करे और वोट काँग्रेस को दे। अगर उसे लग गया कि अन्ना भी दूसरी राजनीतिक पार्टियों की तरह राजनीति कर रहे हैं, तो लेने के देने भी पड़ सकते हैं। ऐसे में, उत्तर प्रदेश के चुनाव राहुल गाँधी और काँग्रेस के साथ-साथ अन्ना और उनकी टीम के लिए भी एसिड टेस्ट हैं। दोनों का भविष्य यूपी ही निर्धारित करेगा, और इसी से तय होगा देश का भविष्य भी।

हिन्दुस्तान, 09.01.2012

काश आज कांशीराम होते

उत्तर प्रदेश में इन दिनों चुनाव का माहौल है। और चर्चा यह गरम है कि क्या मायावती सरकार में दोबारा आयेंगी? मायावती के बारे में सोचते ही मुझे कांशीराम याद हो आते हैं। वो कांशीराम जिन्होंने बीएसपी की नींव रखी और इससे बढ़कर दलित भी सत्ता में आ सकते हैं, उनकी सरकार बन सकती है, यह सपना देखा। यह वो सपना था जो उनके पहले देखा तो कई लोगों ने, लेकिन कभी उसे साकार नहीं कर पाये। कांशीराम मूलतः पंजाब के रहनेवाले थे। उन्होंने दलित आन्दोलन की शुरुआत भी पंजाब से की। उन्हें पहली कामयाबी भी पंजाब में ही मिली। उनका पहला सांसद भी पंजाब से ही चुना गया था। पर कांशीराम के रडार पर उत्तर प्रदेश भी था और मध्य प्रदेश भी। महाराष्ट्र भी था और राजस्थान भी। विडम्बना यह कि जहाँ से कांशीराम का दलित आन्दोलन शुरू हुआ उस पंजाब में बीएसपी का कोई नाम लेनेवाला नहीं बचा है।

कांशीराम से कई बार मेरी मुलाक़ात हुई थी। कई बार उनके साथ चुनावी यात्रा भी की थी। कांशीराम वैसे तो चिन्तक थे। लेकिन उनकी दुनिया में चुनाव भी था। चुनावी प्रक्रिया की कमज़ोरियों का लाभ उठाने की कला भी उनको ख़ूब आती थी। कुछ लोग उनको अवसरवादी भी कहते थे। क्योंकि कांशीराम का साफ़ कहना था कि उन्हें अस्थिरता अच्छी लगती है। क्योंकि जितनी ज़्यादा अस्थिरता होगी बीएसपी को उतना ही लाभ होगा। और कमज़ोर सरकार को हमेशा उनकी ज़रूरत होगी, वो यह मानते थे। किसी भी दल से उनको एलर्जी नहीं थी। वो साम्प्रदायिकता और धर्मनिरपेक्षता की बहस को बेमानी मानते थे। बीएसपी ने पहली सरकार बीजेपी की मदद से बनायी थी। उन दिनों मायावती यूपी में पार्टी का काम देखती थीं। वो कांशीराम की चेली भी थीं और उनकी उत्तराधिकारी भी।

कुछ लोग थे जो यह भी कहते थे कि कांशीराम के जाने के बाद आन्दोलन बिखर जायेगा, पार्टी टूट जायेगी और राजनीति के राक्षस मायावती को जमने नहीं देंगे। लेकिन बिना कांशीराम के मायावती ने उत्तर प्रदेश में बहुमत की सरकार बनायी,

और चलायी पूरे पाँच साल। जबकि इस दौरान कई बार उनको डराने-धमकाने की कोशिश की गयी। पर सरकार बनी रही। मायावती ने कांशीराम से अलग दो काम किये। एक, बीएसपी के कमज़ोर संगठन को मजूबती दी और उसे चुनाव लड़ने और जीतने की मशीन में तब्दील कर दिया। कांशीराम के ज़माने में भी यूपी में दलित वोट एकमुश्त बीएसपी को पड़ता था। पर यह वोट दलित चेतना के नाम पर ज़्यादा था। मायावती ने दलित चेतना को संगठन के स्तर पर खड़ा कर दिया और यह सन्देश दिया कि चुनाव में जीत या हार का दलित स्वाभिमान और दलित उत्थान पर असर पड़ेगा। दो, कांशीराम ने ऊँची जातियों के प्रति दलितों की नफ़रत को हवा दी थी और उस नफ़रत की बुनियाद पर अपने आन्दोलन को मज़बूत किया था। उनके समय में नारा था–'तिलक, तराजू और तलवार, इनको मारो जूते चार'। लेकिन मायावती ने इसको बदल दिया और 'बहुजन' की जगह 'सर्वजन' की बात करने लगीं। इसकी शुरुआत 2007 के विधानसभा चुनाव के ठीक पहले हुई। यूपी में कभी किसी ने यह नहीं सोचा था कि कभी दलितों की अगुवाई ब्राह्मण तबक़ा स्वीकार करेगा। काँग्रेस के ज़माने में ब्राह्मण नेता थे और दलित उनके समर्थक। ब्राह्मण आगे चलते थे और दलित पीछे-पीछे लेकिन मायावती ने इस परिपाटी को पलट दिया। वो यह समझाने में कामयाब रहीं कि दलितों के पीछे-पीछे चलने में ही ब्राह्मणों की भलाई है। दलित और ब्राह्मण की खिचड़ी पकी तो मायावती के लिए बहुमत का आँकड़ा जुट गया।

लेकिन मायावती ने ग़लतियाँ भी कीं। एक, वो मान बैठीं कि सत्ता अस्थाई होती है और अगली बार न जाने कब मुख्यमन्त्री बनने का मौक़ा मिले। लिहाज़ा मुलायम के ज़माने में जहाँ मल्टीविंडो सिस्टम था, मायावती के समय में लोगों को लगा कि 'सिंगल-विंडो-क्लियरेंस' सिस्टम है। भ्रष्टाचार के भयानक आरोप उन पर लगने लगे। एक से बढ़कर एक क़िस्से यूपी में सुनने को मिले। लोग कहते हैं कि उनके समय में क़ानून व्यवस्था का राज है। मुलायम के ज़माने में जहाँ आम आदमी घर से बाहर निकलने से डरता था, वहीं मायावती के राज में गुंडों के दिल में ख़ौफ़ बैठने लगा। लेकिन पैसे को लेकर उनकी इमेज ने सारी हदें तोड़ दीं। उन्होंने दलित पार्क भी बनाये तो भी लोग शक की निगाह से देखते हैं। मायावती को थोड़ा धीरे चलना चाहिए था।

दो, मायावती की अगुवाई में दलित आन्दोलन, आन्दोलन न होकर सरकार चलाने की मशीन बन गया। आन्दोलन के समय के सभी साथियों का उनसे मोहभंग हो गया। आज शायद ही कोई होगा जो कांशीराम के समय का हो। सारे या तो पार्टी छोड़ गये या फिर पार्टी से बाहर का रास्ता दिखा दिया गया। कांशीराम के ज़माने में बीएसपी में लोकतन्त्र था लेकिन मायावती के समय में लोकतन्त्र की

जगह तानाशाही ने ले ली। फिर बीमार पड़ने के पहले तक कांशीराम दूसरे राज्यों में दलित आन्दोलन को चलाने को लेकर सजग थे। उन्हें ख़ासतौर से उत्तर प्रदेश के बाद मध्य प्रदेश से उम्मीद थी लेकिन मायावती के बीएसपी का सिरमौर बनते ही यूपी के बाहर का आन्दोलन सूख गया। शायद ही कभी मायावती ने दूसरे राज्यों का दौरा किया या फिर दूसरे राज्यों में दलित आन्दोलन को खड़ा करने का कोई ब्लू प्रिंट बनाया। वो एक आन्दोलन की नेता न होकर, एक पार्टी की अध्यक्ष, एक सूबे की मुख्यमन्त्री बनकर रह गयीं।

तीन, कांशीराम ने अपने जीते जी मायावती को अपना उत्तराधिकारी नियुक्त कर दिया था। इस वजह से डीएसफोर के समय के उनके साथी उनसे काफ़ी नाराज़ भी हो गये थे। लेकिन कांशीराम को पूरा यकीन था कि मायावती में वो आक्रामकता और संगठन क्षमता है जो किसी भी आन्दोलन या पार्टी को चलाने के लिए ज़रूरी होती है। कांशीराम में असुरक्षा भाव नहीं था, लेकिन मायावती ताक़तवर होने के बाद भी असुरक्षित महसूस करती हैं और इसलिए अभी तक अपना उत्तराधिकारी तो छोड़ दीजिये, उनके अलावा कोई शक्तिशाली नेता नहीं दिखायी देता, सब उनके हाथ की कठपुतलियाँ हैं। ऐसे में मायावती के बाद बीएसपी वैसे ही चलेगी जैसेकि कांशीराम के बाद चली इसमें सन्देह है।

यूपी चुनाव का कोई भी नतीजा निकले, मायावती जीतें या हारें, यह हार उनकी अपनी होगी, इसे दलित उत्थान की जीत कहना थोड़ा ग़लत होगा। क्योंकि आज उत्तर प्रदेश में मायावती वही राजनीति कर रही हैं जो मुलायम या बीजेपी या फिर काँग्रेस कर रही है। आज यह महज़ राजनीतिक दल है। चाल, चरित्र और चेहरा सब बदल चुका है। ऐसे में न तो कांशीराम को याद करने की फ़ुर्सत किसी को है और न ही यह चिन्ता कि दलित आन्दोलन की दिशा क्या है?

दैनिक भास्कर, 16.01.2012

उमा की जीत में बीजेपी की हार

बड़े दिनों के बाद उमा भारती को टीवी पर चहकते हुए देखा। आत्मविश्वास से लबालब। एक ज़माना था, जब उमा का जलवा था, लेकिन पिछले कुछ साल उनके लिए बहुत ख़राब बीते। पहले मध्य प्रदेश में मुख्यमन्त्री की कुर्सी गयी, फिर बीजेपी से ही बाहर हो गयीं। अलग पार्टी बनायी। पर न पार्टी चली और न ही बीजेपी को इसकी वजह से नुक़सान हुआ। लोग उनको भूलने लगे। कभी फ़ायर ब्रांड नेता के नाम से मशहूर उमा के लिए सारे दरवाज़े बन्द हो गये। जो कभी अयोध्या मसले पर अपने जोशीले भाषणों के लिए जानी जाती थीं, वह अपने ही कार्यकर्ता को थप्पड़ मारने के लिए अख़बारों की सुर्खियाँ बनने लगीं। उमा संन्यासिन कहलाना पसन्द करती हैं, मगर राजनीति में एक दौर ऐसा भी आया कि वह वाकई संन्यास आश्रम में चली गयीं। भला हो नितिन गडकरी का कि वह एक बार फिर सुर्खियों में हैं और उत्तर प्रदेश में उनकी अगुवाई में बीजेपी अपना भविष्य तलाश रही है। यह समय की बलिहारी भी है और बीजेपी की हार भी।

राममन्दिर मुद्दा जब उफान पर था, तब उमा भारती कम उम्र के बाद भी बीजेपी के सबसे चमकदार चेहरों में थीं। आडवाणी की भी चहेती और आरएसएस की भी। दोनों को उनमें पार्टी का भविष्य दिखता था। पर बीजेपी का मूल स्वभाव आड़े आ गया। इसकी शुरुआत भी अयोध्या विवाद के बीच ही हुई। मंडल कमीशन ने देश को एक नयी धारा दी थी। यह धारा संघ की हिन्दुत्व धारा के विपरीत खड़ी हो गयी। लेकिन संघ में एक शख़्स थे के. गोविन्दाचार्य, जिन्होंने इस विपरीत धारा को बीजेपी में समाहित करने की कोशिश की। पार्टी को गोविन्दजी ने सोशल इंजीनियरिंग का पाठ पढ़ाने का प्रयास किया। यूपी में कल्याण सिंह और मध्य प्रदेश में उमा भारती इस रणनीति की धुरी बने।

गोविन्दजी का मानना था कि बीजेपी को अगर अखिल भारतीय दल बनना है, तो उसे अपने सामाजिक आधार का विस्तार करना होगा और इसके लिए उसे उच्च जातियों की पार्टी की अपनी छवि तोड़नी होगी, पिछड़ी जातियों को गले लगाना

होगा। गोविन्दाचार्य की सोच के बरक्स बिहार में लालू यादव और यूपी में मुलायम सिंह ने पिछड़ी जातियों व मुस्लिम तबक़े का सफल जातिगत गठजोड़ खड़ा कर दिया था। सेक्युलरिज़्म और पिछड़ों की राजनीति का यह नया रसायन काफ़ी ठोस साबित हुआ और बीजेपी के लिए नुक़सानदेह। अगर यह जातिवादी खिचड़ी नहीं पकी होती, तो बीजेपी को अपने बल पर बहुमत लाने में ज़्यादा वक़्त नहीं लगता।

गोविन्दाचार्य की सोच में दम था। वह समय से आगे सोच रहे थे, पर बीजेपी और आरएसएस मानसिक रूप से इस बदलाव के लिए तैयार नहीं थे। बीजेपी और आरएसएस के शीर्ष नेतृत्व में उच्च जातियों का वर्चस्व था। गोविन्दाचार्य की राह पर चलने का अर्थ था संगठन में नयी जातिगत व्यवस्था का निर्माण। उच्च जातियाँ इस त्याग के लिए तैयार नहीं थीं। लिहाज़ा पार्टी का चाल, चरित्र और चेहरा बदलने के लिए निकले गोविन्दाचार्य ही पार्टी से बाहर हो गये। बिना किसी कारण और बिना किसी गम्भीर आरोप के। हक़ीक़त यह थी कि गोविन्दजी का तेज और पिछड़ी जातियों का गठबन्धन बनाने की उनकी पेशकश सवर्ण जातियों के नेताओं को रास नहीं आयी और यही बात उनके अस्तित्व के लिए ख़तरा बन गयी।

अकेले गोविन्दाचार्य ही नहीं गये। उनके बाद पिछड़ी जाति की राजनीति और ऊँची जातियों के नेतृत्व के लिए चुनौती पैदा करनेवाले हर शख़्स को करीने से निपटा दिया गया। अयोध्या विवाद की वजह से यूपी में कल्याण सिंह का कद कभी अटल बिहारी वाजपेयी, लालकृष्ण आडवाणी और मुरली मनोहर जोशी के आसपास पहुँच गया था। कल्याण सिंह ने धैर्य खोया और पार्टी से बाहर हो गये। मध्य प्रदेश बीजेपी में नयी जान फूँकने और सरकार बनाने में अहम भूमिका निभानेवाली उमा भारती के मुख्यमन्त्री बनते ही षड्यन्त्रों का दौर शुरू हो गया और अन्त में ईदगाह में झंडा फहराने के मामले में उनके ख़िलाफ़ ग़ैर-ज़मानती वारंट क्या जारी हुआ, पार्टी के काबिल नेताओं को बहाना मिल गया और उमा से इस्तीफ़ा ले लिया गया।

उमा को लगा कि केस ख़त्म होते ही दोबारा कुर्सी मिल जायेगी, लेकिन तब तक पार्टी ने यह तय कर लिया था कि जनाधारवाली उमा पार्टी के लिए बोझ बन गयी हैं। उमा का नाराज़ होना स्वाभाविक था। कल्याण सिंह की तरह उन्हें भी बाहर का रास्ता दिखा दिया गया। झारखंड में बाबूलाल मरांडी के साथ भी कमोबेश यही हुआ। महाराष्ट्र में गोपीनाथ मुंडे का भी यही दर्द है। जब तक प्रमोद महाजन थे, तब तक उनका काम चलता रहा, पर महाजन के जाने के साथ ही मुंडे भी बेगाने हो गये। वह पार्टी में हैं भी और नहीं भी। महाराष्ट्र में उनके जूनियर रहे जनाधार विहीन गडकरी आज भाजपा के अध्यक्ष हैं और जनाधार के बावजूद मुंडे लगातार हाशिये पर धकेले जा रहे हैं। एक बार वह पार्टी से इस्तीफ़ा भी दे चुके हैं।

हैरानी की बात यह है कि आज उत्तर प्रदेश में विधानसभा चुनाव में बीजेपी को

पिछड़ी जातियों की याद आयी है। राजनाथ सिंह और कलराज मिश्र की मौजूदगी के बाद भी गडकरी को लगता है कि गोविन्दाचार्य की सोशल इंजीनियरिंग शायद पार्टी में जान फूँक दे। अब बीजेपी को तुनकमिजाज़ उमा भारती में सम्भावनाएँ दिख रही हैं और इशारों-इशारों में उन्हें मुख्यमन्त्री के रूप में पेश करके ग़ैर-यादव पिछड़ों को अपनी तरफ़ लाने का ख़्वाब बुना जा रहा है। इस ख़्वाब में भ्रष्टाचार के अति गम्भीर आरोप झेल रहे बालूलाल कुशवाहा का साथ भी नागवार नहीं गुज़र रहा है। कारण—पार्टी की नज़र चार फ़ीसदी कुशवाहा वोट पर है।

यह वही प्रदेश है, जहाँ कभी कल्याण सिंह की तूती बोला करती थी और बीजेपी की बहुमतवाली सरकार भी सिर्फ़ कल्याण सिंह के समय ही बनी थी। जैसे-जैसे कल्याण सिंह कमज़ोर होते गये, बीजेपी पहले नम्बर की जगह तीसरे-चौथे नम्बर की पार्टी बनती गयी। अफ़सोस इस बात का कि बीजेपी को यह बात 2012 में समझ में आयी है। पार्टी ने गोविन्दाचार्य की बात मानी होती, कल्याण सिंह, उमा भारती, बाबूलाल मरांडी जैसों को प्यार से रखा होता, तो ट्रेजडी नहीं होती। उत्तर भारत में बीजेपी का कल्याण तभी हो सकता है, जब वह ब्राह्मण-ठाकुर के जातिवादी समीकरण से बाहर आये और पिछड़ी जातियों के प्रति सम्मान दिखाये। ऐसे में अगर उमा की वापसी और यूपी में उनको दिया गया भाव पार्टी का स्थायी भाव बनता है, तो बीजेपी के लिए अच्छी ख़बर होगी, वरना ट्रेजडी कॉमेडी में बदल जायेगी।

हिन्दुस्तान, 23.01.2012

अखिलेश के लिए नयी चुनौती

वो स्कूल टीचर थे। पहलवानी का शौक़ था। राजनीति में आ गये और मुख्यमन्त्री भी बन गये। मुलायम सिंह यादव का यह छोटा सा परिचय है। उत्तर प्रदेश का मौजूदा चुनाव शायद उनके राजनीतिक जीवन का आख़िरी चुनाव हो। वो उम्र के उस पड़ाव पर हैं जहाँ अपनी विरासत को सौंपने का वक़्त हो जाता है। मुलायम सिंह यादव ने देरी भी नहीं की है और अपने बेटे को विरासत एक तरह से सौंप भी दिया है। वो समाजवादी भी थे। थे इसलिए कि अब उनको समाजवादी कहना समाजवाद के साथ बेमानी होगा। मुलायम शायद इस बात का बुरा भी मानें लेकिन क्या करें? राजनीति ने उनके अन्दर के समाजवादी को बहुत पहले मार दिया था। वो भी उन लोगो में शामिल हो गये जो चुनाव के मौसम के हिसाब से चोला कुछ पहनते हैं, कहते कुछ हैं और असल ज़िन्दगी में होते कुछ हैं। मुलायम एक सम्भावना का नाम था। लेकिन मुलायम ने राजनीति का शिकार हो उस सम्भावना को मार दिया।

मुलायम लोहिया को मानते थे। लोहियाजी भी उन से स्नेह करते थे। लेकिन यह स्नेह काग़ज़ों पर ही रह गया। रिश्ता न जाने कब मर गया। मुलायम ने अपने को 'रेलिवेंट' बनाये रखने के लिए वो सारे समझौते किये जिनकी उनसे उम्मीद नहीं थी। उन्होंने लोहिया से 'बैकवर्ड-पॉलिटिक्स' तो उधार ले ली लेकिन उसे आगे चलकर 'मुस्लिम-साम्प्रदायिकता' से जोड़ दिया। अयोध्या का विवाद निश्चित रूप से संघपरिवार की साजिश का नतीजा था जिसका ख़ामियाज़ा देश ने भुगता लेकिन मुलायम सिंह ने 'मौलाना' मुलायम बनने का कोई मौक़ा नहीं गँवाया। अयोध्या विवाद के समय लोगों को याद होगा कि मुलायम ने किस तरह पूरे यूपी को छावनी में तब्दील कर दिया था और यह 'इम्प्रेशन' देने की कोशिश की थी कि वो अकेले ही मुसलमानों के रहनुमा हैं। लेकिन हुआ क्या? उनकी राजनीति ने आरएसएस को अपनी राजनीति चमकाने का और मौक़ा दिया। वो जितना गरजते गये, संघ को हिन्दुओं को 'मोबलाइज' करने के लिए ईंधन मिलता गया। बीजेपी जिसका कोई विशेष आधार यूपी में नहीं था वो अपने बल पर सरकार बनाने में कामयाब हो

गयी और मुलायम कभी भी अपने बल पर बहुमत का जुगाड़ नहीं कर पाये। कभी बीएसपी की मदद ली, तो कभी केन्द्र की बीजेपी का सहारा। कभी किसी पार्टी को तोड़ा तो कभी कल्याण सिंह जैसे हारे हुए नेता की शरण में गये। और जो कभी कल्याण को राममन्दिर विध्वंस के लिए कोसते नहीं थकते थे वो कहने लगे कि कल्याण सिंह ने कहाँ मस्जिद गिरायी। दुर्भाग्य यह कि मुलायम ने इतिहास से सबक़ नहीं सीखा और आज भी 2012 के चुनाव में जामा मस्जिद के अहमद बुख़ारी को साथ लेकर मुस्लिम तबक़ों को संकेत देने की कोशिश कर रहे हैं। उन बुख़ारी को जो मुस्लिम तबक़े के एक हिस्से को मदरसों की दुनिया से बाहर नहीं आने देना चाहते, जो चाहते हैं कि ये मुसलमान आधुनिक शिक्षा से दूर रहे हैं, खुली हवा में साँस न लें क्योंकि उनको पता है कि जिस दिन ऐसा हो गया उस दिन उनकी दुकान बन्द हो जायेगी। सवाल इस बात का है क्या मुलायम सिंह को मुस्लिम तबक़े में संजीदा बात करनेवाले नहीं मिले?

सेक्युलरिज़्म के नाम पर मुस्लिम सरपरस्ती की उनकी राजनीति ने उत्तर प्रदेश का उतना ही नुक़सान किया है जितना संघ की हिन्दूवादी राजनीति ने। लेकिन मुलायम की पोटली में सिर्फ़ यही एक तमगा नहीं है। उनका नाम इस बात के लिए भी लिया जायेगा कि समाजवाद के नाम पर खड़ी पार्टी को मुलायम ने गुंडों की जमात बना दिया। यह अकारण नहीं है कि 2007 के चुनाव में लोगों ने क़ानून व्यवस्था से तंग आकर मायावती को पूर्ण बहुमत दे दिया था। मुलायम के शासन में गाँव-गाँव और शहर-शहर छोटे-छोटे गुंडे बड़े-बड़े नेता बन गये। और प्रदेश गुंडों की जागीर बन गया। बिलबिलायी जनता ने 2007 में मुलायम के ख़िलाफ़ बग़ावत कर दी। अफ़सोस इस बात का है कि आज भी मुलायम सिंह को इस बात का एहसास नहीं है तभी तो डी.पी. यादव को एक बार फिर पार्टी में शामिल करने की कोशिश की जाती है और भला हो अखिलेश यादव का कि वो डी.पी. यादव को पार्टी में रखने के ख़िलाफ़ खड़े हो जाते हैं। क्या डी.पी. यादव को आज़म ख़ान बिना नेताजी की अनुमति के पार्टी में लाने की हिम्मत कर सकते हैं? नहीं। लेकिन अखिलेश ने हिम्मत दिखायी। उन्होंने न कह दिया और जब मोहन सिंह ने इशारों-इशारो में उनका विरोध करने का प्रयास किया तो वो प्रवक्ता के पद से हटा दिये गये। काश, अखिलेश अहमद बुख़ारी के मसले पर भी यह हिम्मत दिखा पाते?

कुछ लोग कहते हैं कि मुलायम सिंह ने अखिलेश के रूप में नयी पीढ़ी को लीडरशिप देने का फ़ैसला कर मिसाल कायम की है। लेकिन लोग भूल जाते हैं कि अगर मुलायम ख़ुद चुनाव का चेहरा बनते तो शायद उनकी राजनीति हमेशा के लिए ख़त्म हो जाती। यूपी में 2007 की मुलायम की सरकार को लोग भूलने को तैयार नहीं हैं। बिलकुल उसी तरह जैसे बिहार में लालू यादव का शासन। नीतीश कुमार

ने अच्छा काम किया है लेकिन लोगों ने इसलिए नीतीश को आशातीत सफलता दी क्योंकि वो किसी भी तरह से एक बार फिर लालू का शासन नहीं देखना चाहते। मायावती की सरकार भ्रष्टाचार के लिए कुख्यात है लेकिन क़ानून व्यवस्था पर उनकी पकड़ ने लोगों को नया इत्मिनान दिया है। यही कारण है कि 2007 में मुलायम के ख़िलाफ़ हवा थी, इस बार पाँच साल सत्ता में रहने के बाद भी मायावती के ख़िलाफ़ कोई लहर नहीं है। अखिलेश को कमान देने का फ़ैसला मजबूरी में उठाया गया क़दम है। मुलायम को पता है कि अब उनके नाम पर वोट नहीं पड़नेवाले।

फिर बदलते भारत में कम्प्यूटर और अंग्रेज़ी विरोध की सियासत कैसे चल सकती है? लोग यह भी तो सवाल उनसे पूछते हैं कि अपने बेटे को कम्प्यूटर भी दिया और अंग्रेज़ी भी पढ़ाई तो लोगों को यह झूठा ज्ञान क्यों?

अखिलेश में नयी पीढ़ी को उम्मीद दिखती है। वो मुलायम की तुलना में न तो 'कुटिल' दिखते हैं और न ही 'पुरातनपन्थी'। अखिलेश मासूम भी लगते हैं और पढ़े-लिखे भी। और सबसे बड़ी बात वो यूपी के दकियानूसी 'ट्रेडिशनल-पॉलिटिशियन' से बिलकुल अलग नज़र आते हैं जिन पर भरोसा किया जा सकता है। पर यह भरोसा क्या वाकई वोट में बदलेगा? क्या वाकई वो अपने पिता की राजनीति से बाहर आ पायेंगे? आज उनके सामने सबसे बड़ी चुनौती है अपने पिता की राजनीति को 'डी-कन्स्ट्रक्ट' करने की और समाजवादी पार्टी को नींव से लेकर छत तक नये सिरे से खड़ा करने की। क्या स्कूल टीचर का बेटा यह कर पायेगा?

दैनिक भास्कर, 30.01.2012

दो फ़ैसले और सुलगते सवाल

दो फ़ैसले। एक फ़ैसला सरकार के पक्ष में और दूसरे ने सरकार का नूर फीका कर दिया। सुप्रीम कोर्ट ने 2जी स्पैक्ट्रम आबँटन मामले में सभी 122 लाइसेंस रद्द कर दिये और ट्रायल कोर्ट ने गृह मन्त्री पी. चिदम्बरम को साफ़ बरी कर दिया, उन्हें जेल में बन्द पूर्व दूरसंचार मन्त्री ए. राजा के साथ सह-आरोपी बनाने से मना कर दिया। दोनों ही फ़ैसले अहम हैं। अगर चिदम्बरम को क्लीन चिट नहीं मिलती, तो सरकार के लिए सत्ता में बने रहना मुश्किल हो जाता और चिदम्बरम का अपने पद पर टिकना नामुमकिन। हालाँकि याचिकाकर्ता सुब्रमण्यम स्वामी ने कहा है कि वह इस फ़ैसले के ख़िलाफ़ ऊपरी अदालत का दरवाज़ा खटखटायेंगे और उन्हें उम्मीद है कि अन्त में सफलता पायेंगे। लेकिन यह अब भविष्य की बात है।

2जी आबँटन मामले ने कई गम्भीर सवाल खड़े किये हैं। सवाल यह कि सरकार में कैसे फ़ैसले होते हैं? सवाल यह कि गठबन्धन की सरकार किस तरह से काम करती है? प्रश्न यह भी कि देश के कुछ औद्योगिक घराने कितने ताक़तवर हैं कि वे कुछ भ्रष्ट मन्त्रियों और अफ़सरों के साथ मिलकर पूरे सिस्टम को धता बताते हैं? सुप्रीम कोर्ट ने अपने फ़ैसले में साफ़ तौर पर लिखा भी है कि कुछ ताक़तवर अपने को क़ानून से ऊपर समझते हैं और मनमाने फ़ैसले करवा लेते हैं। यह बात सबको पता है कि मनमोहन सिंह की सरकार डीएमके के समर्थन पर टिकी है और डीएमके ने अपने समर्थन की पूरी क़ीमत वसूली है। वह पार्टी शुरू से ही टेलीकॉम मन्त्रालय अपने क़ब्ज़े में रखना चाहती थी। मनमोहन सिंह की पहली सरकार में ए. राजा के पहले डीएमके के ही कोटे से दयानिधि मारन टेलीकॉम मन्त्री थे। उनके समय में भी 2जी के मसले पर विवाद हुए थे।

स्पैक्ट्रम आबँटन का जब मसला आया था, तब यह बात सामने आयी थी कि आख़िर स्पैक्ट्रम की क़ीमत कैसे तय हो? स्पैक्ट्रम की डिमांड को देखते हुए इसके आबँटन को लेकर क्या नीति अपनायी जाये? सरकार ने इसका फ़ैसला करने के लिए मन्त्रियों के एक समूह का गठन भी किया था, जिससे नाराज़ होकर मारन

ने एक चिट्ठी प्रधानमन्त्री को लिखकर उन्हें अपने वायदे की याद दिलायी थी कि स्पैक्ट्रम के आबँटन में क़ीमत तय करने का मामला मन्त्रालय पर छोड़ देना चाहिए। मारन की इस चिट्ठी के बाद मन्त्रियों के समूह का टर्म ऑफ़ रेफ़रेंस बदला गया था और मन्त्रालय को ही स्पैक्ट्रम की क़ीमत तय करने का अधिकार दिया गया। यह इस बात का प्रमाण था कि 2001 की क़ीमत पर स्पैक्ट्रम देने पर सरकार की सहमति नहीं थी, लेकिन गठबन्धन की मजबूरी के चलते सरकार को देखते हुए भी मक्खी निगलनी पड़ी। बाद में वित्त मन्त्रालय के सचिव ने अपना विरोध भी तब के कैबिनेट सचिव को बाकायदा चिट्ठी लिखकर दर्ज करा दिया था, लेकिन तब तक सब कुछ हो चुका था।

साफ़ है कि केन्द्र सरकार को सारे घोटाले की जानकारी थी। ट्रायल कोर्ट के जज ओ.पी. सैनी का फ़ैसला भी इस ओर इशारा करता है। फ़ैसले के पैरा 66 में न्यायाधीश लिखते हैं कि कैबिनेट नोट के मुताबिक़, स्पैक्ट्रम की क़ीमत वित्त मन्त्री और टेलीकॉम मन्त्री, दोनों मिलकर तय करें। उसी के मुताबिक़, चिदम्बरम और राजा इस नतीजे पर पहुँचे कि वर्ष 2001 की क़ीमत की समीक्षा करने की ज़रूरत नहीं है, यानी 2008 में भी 2001 की क़ीमत पर ही स्पैक्ट्रम को बेचा जाये और दोनों मन्त्रियों के इस फ़ैसले को बाद में प्रधानमन्त्री को बताया गया। हालाँकि जज सैनी ने अपने फ़ैसले में आगे यह कहकर तत्कालीन वित्त मन्त्री पी. चिदम्बरम को सहआरोपी बनाने से मना कर दिया कि राजा के साथ बैठकर फ़ैसला करने का यह मतलब नहीं है कि चिदम्बरम राजा के साथ किसी आपराधिक षड्यन्त्र में शामिल थे। वह यह भी कहते हैं कि अगर एक सरकारी कर्मचारी कोई फ़ैसला करता है और उससे सरकार के ख़ज़ाने को नुक़सान होता है, तो भी यह नहीं कह सकते हैं कि वह फ़ैसला घोटाले के उद्देश्य से किया गया था।

जज महोदय का फ़ैसला उपलब्ध सबूतों के आधार पर है, लेकिन क्या उस समय सरकार को यह नहीं समझना चाहिए था कि जो कुछ राजा कर रहे हैं, वह ग़लत है और उसे रोकने का उपाय होना चाहिए? और यह बात डीएमके को बतानी चाहिए थी कि हम आपका समर्थन सरकार चलाने के लिए ले रहे हैं, घोटाला करने देने के लिए नहीं? सुप्रीम कोर्ट के फ़ैसले से यह साफ़ है कि घोटाला हुआ और गहराई से देखने से पता चलता है कि यह सब कुछ सरकार के संज्ञान में भी था, लेकिन कोई क़दम नहीं उठाया गया। ऐसे में, यूपीए सरकार अपनी ज़िम्मेदारी से बिल्कुल नहीं बच सकती।

इस पूरे मसले पर सबसे ख़तरनाक बात यह है कि ग़लती का अहसास होने के बाद भी सरकार ने अपनी भूल नहीं मानी और उसने यह जताने का प्रयास किया कि जैसे कहीं कुछ हुआ ही नहीं। भारत जैसे देश में इसे गठबन्धन की मजबूरी के

नाम पर माफ़ नहीं किया जा सकता। भला हो मीडिया का, जिसने इस ख़बर को आक्रामक तरीक़े से चलाया और कुछ सिविल सोसायटी के लोगों का, जो इस मसले को अदालत तक ले गये और बाद में अदालत ने यह साबित किया कि वह सरकारों के दबाव में फ़ैसले नहीं करती। यानी टेलीकॉम घोटाला गठबन्धन के युग की उन कमज़ोरियों और मजबूरियों पर सवाल उठाता है, जो हमें और आपको परेशान करता है। साथ ही यह घोटाला हमें यह भरोसा भी देता है कि अगर कार्यपालिका और विधायिका अपना काम ठीक से करने में नाकाम है, तो भी मीडिया व न्यायपालिका इस देश को भ्रष्टाचारियों के हाथों गिरवी होने से बचा सकते हैं। यानी तमाम निराशा के बीच लोकतन्त्र ज़िन्दा है, तमाम खामियों के बावजूद।

हिन्दुस्तान, 06.02.2012

ये चुनाव नहीं आसाँ, आग का दरिया है...

आँसुओं में डूबती उतराती काँग्रेस। यूपी में चुनाव अपने यौवन पर है। दो राउंड का मतदान हो चुका है। राहुल गाँधी के सहारे काँग्रेस अपनी नैया पार लगा लेना चाहती है। वो बाटला हाउस का बार-बार ज़िक्र करती है। कभी सफ़ाई देती है तो कभी अपने कहे को वापस लेती है। क़ानून मन्त्री सलमान ख़ुर्शीद ने न जाने कब देख लिया कि सोनिया गाँधी ने जब बाटला हाउस की तस्वीरें देखीं तो वो उनके आँखों से आँसू छलक पड़े। सलमान के आँसू अभी थमे भी नहीं थे कि दिग्विजय सिंह कूद पड़े। दिग्विजय सिंह बाटला हाउस के ओरिजनल पहरेदार हैं। वो कैसे चुप रहते, कह उठे—सोनिया नहीं रोयी थीं। अब यह तो सोनिया जानें कि उनके आँसू निकले या नहीं। लेकिन यह साफ़ हो गया कि काँग्रेस को चुनाव जीतने के लिए बाटला के आँसुओं की ज़रूरत है और इन आँसुओं को अपना बनाने के लिए वो कुछ भी करेगी।

बाटला हाउस पर सरकार कह चुकी है एनकाउंटर सही था। फिर वो यह मुद्दा क्यों उठाती है? क्योंकि उसे इस मुद्दे के सहारे यूपी के मुसलमानों का वोट चाहिए। यूपी में 18.5 प्रतिशत मुस्लिम वोटर हैं और तकरीबन 130 सीटों के नतीजों पर सीधा असर डालते हैं। एक अध्ययन के मुताबिक़ 70 सीटों पर 20 प्रतिशत मुस्लिम वोटर हैं तो पश्चिम उत्तर प्रदेश में 20 सीटों पर, पूर्वी उत्तर प्रदेश में 10, मध्य उत्तर प्रदेश में पाँच और बुन्देलखंड में 1 सीट पर 30 से 40 प्रतिशत वोटर मुस्लिम तबक़े के हैं। बीजेपी को इन वोटों की दरकार नहीं है। समाजवादी पार्टी इन पर अपना जन्मसिद्ध अधिकार मानती है। बीएसपी ने हालाँकि कई बार बीजेपी से हाथ मिलाकर सरकार बनायी है लेकिन वो भी इस वोट को छोड़ना नहीं चाहती। इसलिए बीएसपी ने इस बार सबसे ज़्यादा 84 मुस्लिम उम्मीदवारों को टिकट दिया है जबकि समाजवादी पार्टी ने 75 और काँग्रेस ने 61 को। मैदान में पीस पार्टी भी और उलेमा काउंसिल भी। यह भी बीएसपी मॉडल को अपनाना चाहते हैं। इनको लगता है कि अगर यूपी में 20 प्रतिशत दलित के सहारे बीएसपी सरकार बना सकती है तो सूबे

में आबादी का 18.5 प्रतिशत होकर वो क्यों नहीं मुस्लिम समुदाय को एक झंडे के तहत गोलबन्द कर सत्ता में क़ाबिज़ हो सकते हैं। इन के बीच काँग्रेस को मुस्लिम समुदाय में पैठ बनाना आसान नहीं है।

यही कारण है यूपी का मौजूदा विधानसभा चुनाव काँग्रेस के लिए अहम है। एक, इस चुनाव को राहुल गाँधी ने अपनी नाक का सवाल बना लिया है। वो और दिग्विजय सिंह पिछले पाँच सालों से राज्य में काँग्रेस को ज़िन्दा करने में लगे हैं। 2007 के विधानसभा चुनावों में सबसे ख़राब प्रदर्शन करने के महज़ दो सालो में काँग्रेस ने लोकसभा के चुनाव में 22 सीट लेकर सबको चौंका दिया। उस जीत का पूरा श्रेय राहुल गाँधी को गया। उनकी एकला चलो की नीति कामयाब रही, मुलायम सिंह से गठबन्धन न करना उनके लिए फ़ायदे का सौदा साबित हुआ। तब काँग्रेस को लगा कि वो खड़ी हो गयी है और अब लखनऊ दूर नहीं है। इस नतीजे के आधार पर इस बार के विधानसभा में उसे 90 से ज़्यादा सीटें मिलनी चाहिए अगर लोकसभा चनावों का जादू विधानसभा में चलता है तो। लेकिन यह कहना आसान है करना बहुत मुश्किल। यानी राहुल की साख दाँव पर है।

दो, जब तक काँग्रेस यूपी में खड़ी नहीं होगी तब तक वो बहुमत के आँकड़े को अपने दम पर नहीं छू पायेगी और उसे लगता है तब तक वो ए. राजा जैसे गठबन्धन के सहयोगी की ब्लैकमेल पॉलिटिक्स का शिकार होती रहेगी। गठबन्धन राजनीति काँग्रेस का स्वभाव नहीं है। नेहरू-गाँधी परिवार ने कभी भी दूसरों के समर्थन से सरकार नहीं बनायी। जवाहरलाल नेहरू, इन्दिरा गाँधी और राजीव गाँधी की सरकारें बहुमत की सरकारें रहीं और नरसिंहा राव और मनमोहन सिंह की सरकारें दूसरी पार्टियों की बैसाखी पर टिकी रही। राहुल गाँधी कभी नहीं चाहेंगे कि वो किसी डीएमके या त्रणमूल काँग्रेस की घुड़की सुनें। तो यूपी के नतीजे यह भी तय करेंगे कि राहुल निकट भविष्य में प्रधानन्त्री बनेंगे या नहीं।

तीन, अगर इस विधानसभा चुनाव में काँग्रेस ने बेहतरीन प्रदर्शन किया तो यह साबित हो जायेगा कि राहुल गाँधी की राजनीति और उनकी नेतृत्व क्षमता को कहीं से कोई चुनौती नहीं होगी। राहुल की तमाम आलोचना के बाद उनकी तारीफ़ में यह कहने से मुझे कोई गुरेज नहीं है कि राहुल गाँधी ने यूपी में काँग्रेस को फिर स्थापित करने का जोखिम उठाकर आज़ाद भारत के सबसे कठिन कामों में से एक करने का साहस उठाया है। यह मामूली जिगरे का काम नहीं है। राहुल चाहते तो किसी और को यह ज़िम्मेदारी देकर किनारे बैठ सकते थे, लेकिन ख़ुद तूफ़ान में उतरकर यह साबित करने की कोशिश की है कि काँग्रेस की कमान उन्हें तस्तरी में नहीं मिली, जैसेकि दूसरी छोटी-छोटी पार्टियों के चश्मो-चिरागों ने हासिल की। उन्होंने यह राजनीतिक सन्देश भी देने का प्रयास किया है कि युवराज वो हैं लेकिन महाराज बनने के लिए

उन्होंने सिर्फ़ नेहरू-गाँधी परिवार का सहारा नहीं लिया। उन्होंने मेहनत की, नाक रगड़ी, गली-मोहल्लों की खाक छानी, जूते खाये और गालियाँ सुनीं।

चार, यह भी सही है कि राहुल गाँधी ने जिस तरह से यूपी में अपनी पूरी क़िस्मत दाँव पर लगा दी है अगर वो हार गये तो यकीन मानिये राहुल के लिए मुश्किलें भी कम नहीं होंगी। काँग्रेस में एक से एक घाघ बैठे हैं जो इस फ़िराक़ में हैं कि कब युवराज घोड़े से गिरे और वो उनको नाकारा साबित कर अपना उल्लू सीधा करें। राहुल की साख तो जायेगी ही, उनकी राजनीतिक समझ, नेतृत्व क्षमता और पार्टी को आगे ले जाने की उनकी कुव्वत पर भी गम्भीर सवाल उठेंगे। राहुल और उनके सिपहसालार इस ख़तरे से वाक़िफ़ हैं इसलिए वो डेसपेरेट हैं। इस डेसपेरेशन में वो ग़लतियाँ कर बैठे हैं जो बरसों पहले उनके पिता ने की थीं।

राजीव गाँधी ने मुस्लिम वोट बैंक को ख़ुश करने के लिए शाहबानो के मामले में सुप्रीम कोर्ट के फ़ैसले को पलट दिया था और जिसका हिन्दूवादी ताक़तों ने ज़बर्दस्त लाभ लिया। आज काँग्रेस बाटला के बहाने राजनीति करना चाहती है। काँग्रेस का आतंकवाद को धर्म के चश्मे से देखना उतना ही ग़लत है जितना बीजेपी का मालेगाँव ब्लास्ट में हिन्दूवादी संगठन का नाम आने पर उनके साथ खड़ा होना। ऐन चुनाव के वक़्त मुसलमानों को पिछड़ों के 27 प्रतिशत कोटे में 4.5 प्रतिशत वकालत करना और सलमान ख़ुर्शीद का 9 प्रतिशत आरक्षण की बात करना भी दुर्भाग्यपूर्ण है। यह काँग्रेस को वैसे ही भारी पड़ सकता है जैसेकि शाहबानो का मसला। यह भी एक तरह की साम्प्रदायिकता है। कहीं ऐसा न हो कि वो उसे ख़ून के आँसू रुलाने के लिए मजबूर न कर दे।

दैनिक भास्कर, 13.02.2012

लोकतन्त्र में भी ज़िन्दा राजशाही

मुम्बई महानगरपालिका चुनाव के नतीजे आये ही थे। राज ठाकरे के डर से डरी बैठी शिवसेना के चेहरे पर मुस्कान थी। उद्धव ठाकरे की प्रेस कॉन्फ्रेन्स चल रही थी। मेरी नज़र उद्धव के साथ बैठे लोगों पर गयी। वहाँ मनोहर जोशी और सुभाष देसाई जैसे दिग्गजों की जगह आदित्य ठाकरे दिखायी पड़े। लगा घर का कोई फ़ंक्शन है। अगले ही पल मेरी ग़लतफ़हमी दूर हो गयी। मैं सोच में पड़ गया। सन्देश साफ़ था जिस शिवसेना की नींव बालासाहेब ठाकरे ने डाली थी वो उद्धव के रास्ते होते हुए आदित्य तक पहुँचेगी मुझे अब कोई सन्देह नहीं रह गया था। राज का गुस्सा और अलग पार्टी बनाने का राज भी यही था। उद्धव से काफ़ी पहले से वो शिवसेना में सक्रिय थे। बालासाहेब ठाकरे के बाद पार्टी के स्टार प्रचारक और लोग समझने लगे थे कि बालासाहेब के बाद वो ही शिवसेना की बागडोर सँभालेंगे। लेकिन अचानक बीच में कूद पड़े उद्धव और राज को यह बर्दाश्त नहीं हुआ। हैरानी की बात यह है कि बालासाहेब चुनाव के दौरान ही गाँधी-नेहरू परिवार पर परिवारवाद का आरोप मढ़ रहे थे। उन्हें राहुल गाँधी के राजनीति में आने पर आपत्ति थी।

पर बालासाहेब ठाकरे अकेले नहीं है जिन्हें नेहरू-गाँधी परिवार के परिवारवाद से एलर्जी थी। लगभग वो सभी राजनेता जो नेहरू-गाँधी परिवार को परिवारवाद के नाम पर पानी पी-पीकर गाली देते थे, उन सभी लोगों के घर में जैसे-जैसे बच्चे बड़े होते गये परिवारवाद की बेल बढ़ने लगी। मुलायम सिंह यादव, लोहिया के सबसे बड़े चेले। लोहिया जीवनभर परिवारवाद का विरोध करते रहे। अब उन्हीं मुलायम सिंह यादव को अपनी पार्टी में कोई ढंग का नेता नहीं मिलता जिसके हाथ में समाजवादी पार्टी की कमान सौंपी जा सके। बेटे अखिलेश जिसके भरोसे वो इस बार उत्तर प्रदेश की नैया पार लगा लेना चाहते हैं वो कुछ साल पहले तक ऑस्ट्रेलिया में पढ़ाई कर रहे थे और कम्प्यूटर इंजीनियर बनने का सपना पाल रहे थे। अचानक उनको पैराशूट से राजनीति में कुदा दिया गया। मुलायम सिंह के बेटे हैं, पार्टी में किसकी हिम्मत है जो उनका विरोध करे। वैसे भी अखिलेश के पहले मुलायम को शिवपाल

सिंह यादव, रामगोपाल यादव और धर्मेन्द्र यादव में पार्टी का भविष्य दिखा था। लेकिन जब असल विरासत सौंपने का वक़्त आया तो वहाँ भी भाई के ख़ून का रंग कम नज़र आया। भाई से बेहतर तो बेटा ही होगा।

यूपी के साथ पंजाब के चुनाव भी हुए हैं। वहाँ भी प्रकाश सिंह बादल को सुखबीर बादल में ही टैलेंट दिखता है। राज ठाकरे की तरह ही मनप्रीत सिंह बादल को भी पार्टी छोड़नी पड़ी। भाइ का बेटा तो भाई का ही बेटा होता है। अपना बेटा अपना ही होता है चाहे वो कैसा भी हो। यह बात मराठी बालासाहेब ठाकरे भी समझते हैं, अकाली बादल भी और समाजवादी मुलायम भी। यानी रक्त वही असली है जो बाप से बेटे में बहे। सिर्फ़ एक ही रिश्ता सही है बाप-बेटे का। इसमें न भाई के लिए जगह है और न ही भतीजे के लिए। यानी पुत्रमोह सब पर भारी। अकेले धृतराष्ट्र को ही क्यों दोष दें।

कश्मीर में फारुख़ अब्दुल्ला का भी वही हाल है और तमिलनाडु में करुणानिधि का भी। क्रान्तिकारी शेख़ अब्दुल्ला ने अपनी ज़मीन बनायी। राजनीति में मुक़ाम हासिल किया लेकिन उनके बाद पार्टी में अकेले क्रान्तिकारी फारुख़ अब्दुल्ला ही बचे। और उनके बाद उनके बेटे ओमार अ़ब्दुल्ला। मुफ़्ती मोहम्मद को भी महबूबा में ही सुर्खाब के पर दिखते हैं। करुणानिधि की दिक़्क़त यह है कि वहाँ भाई ने ही भाई के ख़िलाफ़ बग़ावत कर दी है। अलागिरी को स्टालिन को गद्दी सौंपना पसन्द नहीं। और करुणानिधि का हाल यह है कि वो तीसरी बीवी को भी उपकृत करने के लिए बेटी कनिमोड़ी को राज्यसभा में भेजने पर संकोच नहीं होता। बिहार में लालू यादव को जेल हुई तो राबड़ी देवी मुख्यमन्त्री बनीं। सुप्रिया सूले को आगे बढ़ाने की शरद पवार की कोशिश को भतीजे अजीत पवार ने पलीता लगा दिया है। आन्ध्र प्रदेश में वाईएसआर की मौत के बाद उनके बेटे जगन मोहन रेड्डी अपने को मुख्यमन्त्री पद का स्वाभाविक दावेदार मानता है और जब गद्दी नहीं मिली तो काँग्रेस से विद्रोह कर बैठा। उड़ीसा में बीजू की विरासत को नवीन पटनायक ही आगे बढ़ा रहे हैं। यानी कहीं कोई पार्टी अछूती नहीं बची है सिवाय बीजेपी और वामपन्थी पार्टियों के। सबको परिवारवाद का रोग लगा है। ऐसे में लोग कहते हैं कि देश में लोकतन्त्र स्वस्थ है? फल-फूल रहा है?

ट्रेजडी यह कि हमारा लोकतन्त्र क़ानून के स्तर पर अमीर हो या ग़रीब सबको समान अधिकार देता है, स्त्री और पुरुष को बराबरी का दर्जा देता है, अभिव्यक्ति की आज़ादी देता है, हर पाँच साल पर सरकारों को बदलने का अधिकार देता है, कोई भी ग़रीब हो या अमीर सबको विकास के मौक़े देता है, इस लिहाज़ से हमारा लोकतन्त्र अत्यन्त आधुनिक है, प्रगतिशील है, लेकिन इस लोकतन्त्र को चलानेवाले राजनीतिक दल धीरे-धीरे अलोकतान्त्रिक हो गये हैं। उनकी आन्तरिक व्यवस्था को किसी भी

आधार पर आधुनिक नहीं कहा जा सकता है। यह सभी क़बीलाई मानसिकता से ग्रस्त हैं। ख़ासतौर पर व्यक्ति आधारित दल। यह ख़तरे की घंटी है। क्यों?

एक, दर्शन के स्तर पर यह संविधान की मूल आत्मा यानी समानता के अधिकार का पूर्ण नकार है। दो, राजनीतिक दलों में नये विचार आयेंगे कहाँ से जब मोतीलाल के बाद जवाहरलाल, जवाहर के बाद इन्दिरा गाँधी, इन्दिरा के बाद राजीव गाँधी, राजीव के बाद सोनिया, सोनिया के बाद राहुल और राहुल के बाद प्रियंका। और प्रियंका के बाद बेटे रेहान? नेतृत्व के स्तर पर प्रतिस्पर्धा नहीं होगी तो राजनीतिक दल जड़ हो जायेंगे। जनता से जुड़े नेताओं की जगह नेताओं के चमचे और जमूरों की फ़ौज खड़ी हो जायेगी जैसाकि काँग्रेस में दिखता है। इसका सीधा अर्थ है पार्टी और जनता के बीच सम्बधविच्छेद, जड़ का पेड़ से कटना। तीन, परिवारवाद सिस्टम का सबसे दुखद पहलू यह है कि न तो पार्टियों के अन्दर इसका विरोध है और न ही पार्टी के बाहर जनता में। मुलायम के बाद अखिलेश, सोनिया के बाद राहुल को या फिर बालासाहेब के बाद उद्धव, सीनियर बादल के बाद सुखबीर को जनता रिजेक्ट कर दे तो झक मारकर आधुनिक धृतराष्ट्रों को परिवार के बाहर झाँकना पड़ेगा। ऐसा होता नहीं। लोग आधुनिकता के आडम्बर में लिपटे हैं, हक़ीक़त में वो सामन्ती मानसिकता के गुलाम हैं। राजशाही ज़िन्दा है। जन्म के आधार पर नेता की क्षमता तय होती है। प्रतिभा का कोई मोल नहीं। भारतीय राजनीति और भारतीय जनता का यह दोगलापन भयावह है। तकलीफ़देह है। इसलिए भारतीय लोकतन्त्र अभिशप्त है।

हिन्दुस्तान, 21.02.2012

जिस दाग़ से भला हो, वो दाग़ अच्छे हैं

इस बार यूपी के चुनाव पर देश की नज़र लगी है। हर किसी के दिमाग़ में कई सवाल हैं। किसकी सरकार बनेगी, कौन होगा लखनऊ का विजेता, राहुल गाँधी का क्या होगा, अखिलेश यादव कितना आगे जा पायेंगे, मायावती की सरकार रहेगी या चली जायेगी, बीजेपी का कमल क्या खिलेगा? सवालों के बीच यूपी में कुहासा सा छाया हुआ है। जितने लोगों से बात करता हूँ, उतनी तरह की बातें सामने आती हैं। कोई किसी को आगे मानता है, कोई किसी को, भरोसे से कोई कुछ नहीं कहता। हर आदमी कनफ़्यूज़्ड। हर आदमी आशा और निराशा के भँवर में डूबता-उतराता मिलता है। अपने पूरे पत्रकारीय जीवन में इतना उलझा चुनाव मैंने नहीं देखा और न ही सुना। पहले के चुनावों में तस्वीर साफ़ देखने का दावा लोग करते थे। यह अलग बात है कि कभी यह तस्वीर सही होती थी तो कभी यह तस्वीर उलट जाया करती थी लेकिन एक साफ़ राय सबकी होती थी। इस बार साफ़ राय बनाना असम्भव सा है।

मैं कोई दावा नहीं करता। लेकिन मुझे लगता है कि उलझना कभी-कभी अच्छा होता है। उलझेंगे नहीं तो सुलझेंगे कैसे? और सुलझेंगे नहीं तो आगे का रास्ता कैसे निकलेगा? यूपी हमेशा से ही देश को दिशा देता रहा है। मेरा अपना मानना रहा है कि देश उलझा रहा क्योंकि यूपी कहीं किसी कोने अपने में उलझा रहा। फँसा रहा। उसका विकास रुक गया, उसका दबदबा कम हो गया। लेकिन अब लगता है कि आगे का रास्ता यहीं से निकलेगा। इस बार के चुनाव में कुछ चीज़ें नयी हो रही हैं। जो उम्मीद बढ़ाती हैं। यूपी में पहली बार ऐसा हो रहा है कि चुनाव में जाति और धर्म का प्रभाव कम दिख रहा है। काँग्रेस ने मुस्लिम आरक्षण को मुद्दा बनाने की कोशिश की। बीजेपी को धर्म आधारित राजनीति के लिए तीखी आलोचना करनेवाली काँग्रेस मुस्लिमपरस्त राजनीति करने से नहीं चूकी क्योंकि उसको लगता है कि बिना मुस्लिम वोट के वो यूपी में अपनी पुरानी खोई ताक़त को नहीं पा पायेगी। यूपी का मुसलमान उसकी तरफ़ आयेगा तो देश का अल्पसंख्यक तबक़ा उसकी तरफ़ आशा

भरी निगाहों से देखेगा। और उसके लिए केन्द्र में बहुमत का रास्ता खुलेगा। लेकिन यूपी में काँग्रेस का यह दाँव चल रहा है, फ़िलहाल नज़र नहीं आता। वरना यूपी ने धर्म के आधार पर राजनीति का वो चेहरा अतीत में देखा है जिसको सोचकर आज उसे गर्व कतई नहीं हो सकता। उसने सबक़ सीखा है। उसे एहसास हो गया है कि धर्म का घालमेल करनेवाले दरअसल धर्म के नाम पर अपनी राजनीति चमकाते हैं, और उन्हें बेवक़ूफ़ बनाते हैं। जब देश तरक़्क़ी की सीढ़ियाँ लाँघ रहा था तब यूपी का आम आदमी अपनी ग़रीबी पर आँसू रो रहा था। यूपी में यह नयी समझ यूपी को आगे ले जायेगी और राजनीतिक दलों को सीख भी देगी।

यूपी के आम आदमी ने इस बार पूछा है कि उसके इलाक़े में सांसद और विधायकों ने लोगों के लिए कितना भला किया, इलाक़े का विकास क्यों नहीं हुआ, और राजनीतिक दल चुनावी वायदों पर कितने खरे उतरे? मुलायम सिंह यादव को कहना पड़ा कि वो विकास करने के लिए कटिबद्ध हैं। अंग्रेज़ी का विरोध छोड़ दिया, गुंडों का साथ छोड़ने का भरोसा दे रहे हैं। और मुलायम की जगह अखिलेश का सलोना चेहरा समाजवादी पार्टी का चेहरा बन रहा है। डी.पी. यादव को पार्टी में नहीं लेने का फ़ैसला यूपी के लिए क्रान्तिकारी क़दम भले ही न हो, लेकिन अभूतपूर्व ज़रूर है। यह इस बात का प्रमाण है कि पार्टियों में अपनी छवि को लेकर चिन्ता है। चुनाव में नुक़सान का ख़तरा और मतदाताओं की नाराज़गी ने इनको वो क़दम उठाने के लिए मजबूर किया जो पहले यह कभी सोचते ही नहीं। डी.पी. यादव की तरह बाबू सिंह कुशवाहा की सदस्यता सस्पेंड करने का फ़ैसला भी बीजेपी को मजबूरन उठाना पड़ा। कुशवाहा भ्रष्टाचार और यादव गुंडई और माफ़ियागिरी के प्रतीक बन गये यानी लोग अब बदल रहे हैं और पार्टियों को बदलने के लिए मजबूर कर रहे हैं।

लोग बदल रहे हैं, इसका सबूत इस बात से भी मिल रहा है कि मतदान का प्रतिशत दस फ़ीसदी ज़्यादा बढ़ रहा है। जिस यूपी में 45 फ़ीसदी वोट बहुत माना जाता था, चुनाव के वारे-न्यारे हो जाते थे वहीं वोटिंग का आँकड़ा इस बार 60 फ़ीसदी को छू रहा है। यह बड़ी बात है। वो कौन सा जादू है जो लोगों को अपने घरों से निकलकर वोट देने के लिए प्रेरित कर गया? पहले लोग समझते थे कि वोट देने से क्या होगा? सभी तो एक ही थैले के चट्टे-बट्टे हैं। सबका चेहरा एक है, बस पार्टियाँ अलग हैं। बेबस मतदाता के लिए मतदान का वक़्त गहरी निराशा के भी क्षण होते थे। लेकिन अब ऐसा नहीं है। उसे अपनी ताक़त का अन्दाज़ा हो गया है। वो अपने को सशक्त फ़ील कर रहा है। उसे लगता है घर बैठने से व्यवस्था नहीं बदलनेवाली। व्यवस्था बदलने के लिए कोसना ही काफ़ी नहीं है, उसे भी हाथ-पैर चलाना होगा। अन्ना के आन्दोलन के समय बिना किसी राजनीतिक दल के समर्थन

के वो बाहर आया, उसने अपना प्रतिरोध दर्ज कराया। अन्ना आन्दोलन पर अपनी किताब, 'अन्ना : थर्टीन डेज़ दैट अवेकंड इंडिया' की रिसर्च के दौरान मेरे सामने ढेरों ऐसे मौक़े आये जब मैं चौंका और नये हालात से रूबरू हुआ, नये हिन्दुस्तानी से परिचय हुआ, वो हिन्दुस्तानी मिला जो देश की राजनीति से उकताया हुआ है और देश बदलने के लिए अपना योगदान देना चाहता है। मतदान में बढ़-चढ़कर हिस्सा लेना उसी दिशा में उठाया क़दम है।

हो सकता है इस बार के चुनाव के बाद किसी को स्पष्ट बहुमत न मिले, हो सकता है कि किसी की अकेले सरकार न बने, हो सकता है कोई अकेला अपने को विजेता न घोषित कर पाये, हो सकता है त्रिशंकु विधानसभा हो, हो सकता है चुनाव के बाद संवैधानिक संकट पैदा हो जाये, हो सकता है वहाँ राष्ट्रपति शासन लग जाये, हो सकता है कुछ लोग इसे लोकतन्त्र पर एक दाग़ मानें, लेकिन मेरा मानना है अगर मतदाता पहले से ज़्यादा जागरूक हो रहा है, उसकी लोकतान्त्रिक चेतना का परिष्कार उसे नये सिरे से सोचने के लिए मजबूर कर रहा है तो ये दाग़ अच्छे हैं। वो दाग़ जिससे लोकतन्त्र की बेहतरी का रास्ता खुलता है वो गन्दे कैसे हो सकते हैं? इसलिए मुझे इस कुहासे के पार चमकता सूरज दिखता है। और उम्मीद की किरण नहीं पूरा आकाश अपना लगता है।

दैनिक भास्कर, 27.02.2012

यूपी चुनाव–अखिलेश नया, राहुल पुराना

पूरा देश दम साधे उत्तर प्रदेश की ओर टकटकी लगाये देख रहा है। बड़े दिनों बाद कोई ऐसा चुनाव हुआ है, जिसने इस क़दर लोगों का ध्यान अपनी तरफ़ खींचा है। इस चुनाव के दो चेहरे याद रखने लायक हैं। एक चेहरा अखिलेश यादव का है, दूसरा राहुल गाँधी का। राहुल गाँधी ने साल 2007 के बाद से ही उत्तर प्रदेश को अपना मिशन बना रखा है। राहुल को लगता है कि उत्तर प्रदेश में काँग्रेस को ज़िन्दा किये बग़ैर केन्द्र की राजनीति में पार्टी को कभी अपने बल पर बहुमत नहीं मिल पायेगा और साल 1989 के पहले की गौरवशाली परम्परा कभी वापस नहीं आ पायेगी। 1989 के पहले केन्द्र में हमेशा काँग्रेस की अपने बल पर सरकार बनी। लेकिन 1989 के चुनावों में वी.पी. सिंह के बोफ़ोर्सवाद और बाद में मंडलवाद ने काँग्रेस की कमर तोड़ दी। बीजेपी के अयोध्यावाद ने भी काँग्रेस को कमज़ोर किया, लेकिन काँग्रेस का बुनियादी नुक़सान मंडलवाद की वजह से ही हुआ। पिछड़ों और दलितों में मंडलवाद की वजह से जो चेतना जगी, उसका तोड़ काँग्रेस नेतृत्व कभी खोज नहीं पाया। दलित काँग्रेस से छिटका और मुसलमान नाराज़ हुआ, नतीजतन यूपी से पार्टी का सफाया हो गया।

इस चुनाव में राहुल गाँधी ने अपने खोये जनाधार को पाने के लिए एड़ी-चोटी का ज़ोर लगाया। वह जानते हैं कि मायावती जब तक हैं, तब तक काँग्रेस के पास दलित आयेंगे नहीं। शुरू से लेकर अन्त तक वह मायावती पर हमले करते गये और उन्हें दलित चेतना विरोधी साबित करने की कोशिश की। एक ऐसी नेता, जिसने दलित राजनीति करके ही लोगों को अपना बनाया। राहुल के साथ दिक़्क़त यह हुई कि वह अपने थके नेताओं की चकाचौंध में आधुनिक राजनीति का दामन छोड़कर फिर उसी परम्परागत राजनीति के साथ हो लिये, जिसका वह साल 2009 के संसदीय चुनाव तक जमकर विरोध करते थे। बदलते हिन्दुस्तान के साथ देश की राजनीति बदली है, यह लगातार कहा जा रहा है। अब चुनाव जाति व धर्म पर कम रोटी, कपड़ा व मकान पर ज़्यादा लड़े जा रहे हैं।

सरकारों का बनना और बिगड़ना अब विकास पर निर्भर कर रहा है। बिहार में नीतीश कुमार, दिल्ली में शीला दीक्षित, छत्तीसगढ़ में रमन सिंह, गुजरात में नरेन्द्र मोदी, मध्य प्रदेश में शिवराज सिंह चौहान इसके उदाहरण हैं। राहुल ने यह तो कहा कि यूपी में हाथी पैसा खा जाता है, लेकिन उनका पूरा ध्यान मुस्लिम वोटरों के ध्रुवीकरण पर लगा रहा। ऐन चुनाव के वक़्त बाटला हाउस का मुद्दा सामने आना और मुस्लिम आरक्षण का लालीपॉप इसी रणनीति का हिस्सा था। कभी जाति और धर्म का पोलराइज़ेशन करके वोट ख़रीदे जा सकते थे, पर अब लोग इन मुद्दों से थक गये हैं, वे ज़्यादा समझदार हो गये हैं। राहुल ने यहाँ ग़लती की। उन्हें प्रदेश में काँग्रेस को री-इनवेंट करना था, वह पिटी-पिटाई लीक पर काँग्रेस को लेकर चले, जिस खेल में वह मुलायम सिंह, मायावती व बीजेपी को कभी मात नहीं दे सकते। काँग्रेस की ताक़त थी, सभी तबक़ों को साथ लेकर चलना। 1990 के दशक में काँग्रेस क्यों गिरी, क्योंकि वह अयोध्या और मंडल पर, यानी जातिवाद के मसले पर कोई साफ़ स्टैंड नहीं ले पायी। इसलिए उससे जातियाँ और धर्म दूर होते चले गये।

राहुल के विपरीत अखिलेश ने समाजवादी पार्टी को री-इनवेंट किया। मुलायम सिंह यादव को 2007 में करारी हार इसलिए मिली कि उनकी सरकार पिछड़ी जातियों के बीच यादवों की पार्टी बन गयी, गुंडों की बारात खड़ी हो गयी। बदलते भारत में अंग्रेज़ी और कम्प्यूटर का विरोध प्रमुख हो गया। लोगों ने समाजवादी पार्टी को जड़ पार्टी मान लिया, जो 21वीं सदी में 19वीं सदी की बातें करती है। लोगों ने रिजेक्ट कर दिया। मुलायम सिंह यादव को अपनी ग़लती का अहसास हुआ। उन्होंने इस चुनाव का सबसे बड़ा मास्टर स्ट्रोक खेला। बजाय ख़ुद के अपने बेटे को आगे किया। नये हिन्दुस्तानियों की नज़र में मुलायम की गँवार राजनीति को अखिलेश के शहरी आधुनिक चेहरे ने ढँक दिया। अखिलेश के नेतृत्व में समाजवादी पार्टी ने अपने को पुरानी छवि से बाहर निकालने की कामयाब कोशिश की है। उसने चार महत्वपूर्ण काम किये। एक, कल्याण सिंह से किनारा कर लिया। अमर सिंह को पार्टी से बाहर का रास्ता दिखा दिया। कल्याण सिंह और अमर सिंह पुराने ज़माने की राजनीति के प्रतीक हैं। पुराने प्रतीक गये, अखिलेश में समाजवादी पार्टी ने नया प्रतीक गढ़ लिया। गुंडों और बदमाशों की राजनीति को डी.पी. यादव को पार्टी में शामिल करने से मना करके बदल दिया। यह सन्देश दिया कि पार्टी बदल गयी है। वह जीतने के लिए गुंडों का स्वागत नहीं करेगी और न ही सरकार में आने के बाद गुंडों को खुली छूट देगी, भले ही वे गुंडे यादव ही क्यों न हों। इसके अलावा मुलायम सिंह यादव के अंग्रेज़ी विरोध को पूरी तरह से त्याग दिया।

अखिलेश राहुल गाँधी जैसा यश भले ही न रखते हों, लेकिन पढ़े-लिखे, समझदार और मासूम लगते हैं। राहुल का चेहरा शुष्क लगता है। उनके करीब आना मुश्किल

है, वह 'अन-अप्रोचेबल' लगते हैं, जबकि अखिलेश यादव पड़ोसी बालक की तरह हैं, जिनसे कोई भी कभी बात कर सकता है। अखिलेश उस हिन्दुस्तानी की तरह हैं, जो जानता है कि अंग्रेज़ी पढ़े और बोले बिना ज़िन्दगी में तरक़्क़ी नहीं की जा सकती। राहुल बनना असम्भव है, अखिलेश बनना आसान। अखिलेश की अप्रोचेबेलिटी ने जादू किया। इसके अलावा लैपटॉप देने की नीति ने लोगों की नयी आकांक्षाओं को नया सपना दिखाया। आम युवा, कॉलेज और यूनिवर्सिटी जानेवाला युवा, ग़रीब बेरोज़गार युवा के लिए टेक्नोलॉजी नया अजूबा है। वह जाति के बन्धन में भले ही बँधा हो, लेकिन वह अब लैपटॉप और टैबलेटवाला कूल-डूड बनना चाहता है। आईफ़ोन और आईपैड का इस्तेमाल सिर्फ़ दिल्ली और मुम्बईवाले ही क्यों करें, वो क्यों नहीं?

राहुल गाँधी के साथ दिक़्क़त यह हो गयी कि जब लोग उनसे नयी राजनीति की उम्मीद कर रहे थे, वह पुरानी राजनीति में फँस गये, और अखिलेश जिनसे पुरानी राजनीति की आशंका थी, वह नयी राजनीति के प्रवक्ता हो गये। नये और पुराने के खेल में राहुल पिछड़ गये और अखिलेश बाज़ी मारते नज़र आते हैं। पुरानी राजनीति ने विकास के पैमाने पर यूपी का बंटाधार किया है, नयी राजनीति ही उसे उबारेगी, यह विश्वास ही यूपी के चुनावों का नया जादू है। यह नयापन ही है यूपी की नयी आशा।

हिन्दुस्तान, 05.03.2012

एक सम्भावना हैं अखिलेश

यूपी अब अखिलेश के हवाले है। लोग उनसे नयी क्रान्ति की उम्मीद लगा बैठे हैं। 2007 में लोगों ने यह मौक़ा मायावती को दिया था। लेकिन वो अपने घर में ही क्रान्ति के मोह में ऐसा फँसीं कि सत्ता ही गँवा बैठीं। लोगों को लगा था कि यूपी बिहार की राह पर चलेगा। यूपी देश के उन चन्द राज्यों में से है जिसने आर्थिक विकास की बस बहुत पहले ही मिस कर दी थी। जब दूसरे राज्य तरक़्क़ी कर रहे थे तब यूपी, बिहार जाति की गुलामी में फँस सामाजिक क्रान्ति का नारा बुलन्द कर रहे थे। 1991 के बाद से देश ने समाजवादी रास्ता छोड़कर पूँजीवादी व्यवस्था को पूरी तरह से अपनाने का फ़ैसला कर लिया था लेकिन यूपी, बिहार जाति और धर्म की राजनीति में इस क़दर उलझे रहे कि आगे की सोचने की जगह पीछे होते गये।

बिहार में लालू यादव ने जातिवाद का झंडा बुलन्द कर रखा था। लालू की ऐतिहासिक भूमिका को नकारने का मेरा कोई मक़सद नहीं है लेकिन वो सामाजिक न्याय के प्लेटफ़ॉर्म को कभी विकास की राह पर नहीं ला पाये। लालू को यह यकीन था कि जब तक पिछड़ी जातियाँ और मुसलमान उनके साथ हैं उन्हें कोई हरा नहीं सकता। हुआ भी काफ़ी कुछ यही। लालू कहते भी थे कि विकास से चुनाव नहीं जीते जाते। बिलकुल उसी तरह जैसे मध्य प्रदेश में दिग्विजय सिंह कहा करते थे कि चुनाव जीतना 'राजनीति-का-कमाल' है। वो भी लालू यादव की तरह विकास को भूल गये थे। एक बार तो वो चुनाव जीत गये लेकिन 2003 में जब उमा भारती की अगुवाई में बीजेपी ने बीएसपी यानी बिजली-सड़क-पानी के मुद्दे पर चुनाव लड़ा तो दिग्विजय हवा हो गये और उन्हें प्रायश्चित के तौर पर यह कहना पड़ा कि वो दस साल तक कोई सरकारी पद नहीं लेंगे। अभी तक उनका बनवास पूरा नहीं हुआ है। लालू यादव भी 2005 के बाद से बियाबान भोग रहे हैं। लालू का हाल यह था कि बिहार से सड़कें ग़ायब हो गयीं, दिनदहाड़े हत्या, बलात्कार और अपहरण की घटनाएँ इस क़दर बढ़ीं कि लोगों ने अँधेरा होते ही घरों से बाहर निकलना बन्द कर दिया। गुंडों के ख़ौफ़ के चलते भारी संख्या में लोग बिहार से पलायन कर गये।

पंजाब और महाराष्ट्र में उनको दोयम दर्जे की ज़िन्दगी मंजूर थी लेकिन रोज़ाना ख़ौफ़ में जीना उन्हें मंजूर नहीं था। लोग बिहार का कहलाने पर शर्म महसूस करने लगे। लालू जैसी विदूषक छवि आम बिहारी की हो गयी। उसे एक नेता की तलाश थी। नीतीश में उसे वो नेता मिला। अच्छी बात यह हुई कि यह नेता भी पिछड़ी जाति का ही था। नीतीश ने सरकार में आते ही बिहार की इमेज बदलने का काम किया। बिहार अब गुंडई, अपहरण और जोकरई की जगह विकास के लिए जाना जाने लगा। देखते-देखते बिहार की सड़कें चमकने लगीं, दुकानें देर रात तक खुलने लगीं, लड़कियाँ अँधेरा होने के बाद भी साइकिल पर सवार होकर निकलने लगीं। गाँवों में डॉक्टर दिखने लगे और पलायन पूरी तरह से रुक गया। यहाँ तक पंजाब, दिल्ली और मुम्बई गये लोग वापस आने लगे।

2007 का चुनाव यूपी के लिए बिहार की तरह एक मौक़े के तौर पर आया। मुलायम के शासन में क़ानून व्यवस्था की हालत इतनी बिगड़ी कि गुंडाराज कायम हो गया। लोगों का जीना दूभर हो गया। लोग यूपी छोड़कर भागने लगे। 2007 का विधानसभा चुनाव मुलायम के गुंडाराज के ख़िलाफ़ विद्रोह था। लोगों ने तय कर लिया था कि किसी भी हालत में मुलायम को हटाना है। उसने मायावती को पूर्ण बहुमत दिया। लोगों को लगा अब वो चैन की साँस लेंगे। मायावती ने गुंडाराज से निजात तो दिलायी लेकिन भ्रष्टाचार की नयी लकीर इतनी बड़ी खींच दी कि लोग त्राहिमाम करने लगे। लखनऊ की सड़कों पर भ्रष्टाचार के क़िस्सों ने दाँतों तले उँगलियाँ दबाने के लिए मजबूर कर दिया। यहाँ तक शाम की कच्ची शराब को भी नहीं बख्शा गया। कहीं कोई सुनवाई नहीं। कहीं किसी नेता और अफ़सर की कोई हैसियत नहीं। लोग कहने लगे कि मुलायम के राज में पैसा देने पर काम तो हो जाता था। मायावती के शासन में पैसा देने पर काम होगा इसकी गारंटी भी नहीं और गाली-बेइज़्ज़ती अलग से मिलने लगी। एक जानकार ने मुझसे कहा कि घूस देने पर तकलीफ़ नहीं होती, लेकिन घूस देने के बाद इज़्ज़त भी चली जाये यह स्वीकार नहीं है। यूपी के लोगों के पास दो विकल्प थे, वो घूस दें और इज़्ज़त से रहें या फिर घूस के साथ इज़्ज़त भी बेच दें। 2012 के चुनाव में यूपी ने तय किया कि उसे घूस ही देना है तो मुलायम का राज ही बेहतर है। कम से कम उसे अपनी इज़्ज़त तो नहीं गँवानी पड़ेगी। घूस के साथ उसे लात तो नहीं खानी पड़ेगी। उसकी क़िस्मत अच्छी थी कि मुलायम सिंह यादव ने 2007 से सबक़ सीखा। अखिलेश को आगे किया। अखिलेश ने गुंडाराज से छुटकारा पाने का भरोसा दिया तो आमजन उछल पड़ा। उसे उम्मीद की नयी किरण दिखी। हालाँकि वो दूध का जला था इसलिए उसने मुलायम को प्रचंड बहुमत नहीं दिया। सिर्फ़ इतना दिया कि वो सरकार बना सकें।

यकीन मानिये अगर मायावती ने 2007 के जनादेश को अपने अहंकार और

लालच में गँवाया न होता तो वो नीतीश की तरह ही 2012 की सरकार भी वहीं बनातीं। उन्हें क़ानून व्यवस्था के साथ राज्य के विकास पर ज़ोर देना चाहिए था। भ्रष्टाचार के भष्मासुर से निजात पाना चाहिए था। अफ़सोस इस बात का कि वो ऐतिहासिक मौक़ा गँवाने के बाद भी चेती नहीं हैं। हार के बाद की उनकी प्रेस कॉन्फ्रेन्स कोई भरोसा नहीं देती कि वो बदली हैं। वही गुरूर, वही दम्भ। लेकिन अखिलेश को बदलना होगा। इतिहास ने उन्हें वो मौक़ा दिया है कि इतनी छोटी उम्र में वो इतिहास पुरुष बन सकते हैं बशर्ते वो नीतीश की तरह विकास का नया मॉडल दें। यूपी में क़ानून व्यवस्था की हालत आज उतनी बुरी नहीं है, लेकिन पूँजी निवेश और उद्योगपति इस राज्य की तरफ़ देखना नहीं चाहते। उन्हें राज्य की इस छवि को बदलना होगा। औद्योगिकीकरण की नयी गंगा बहाने के लिए उन्हें फ़ौरन राज्य के इन्फ्रास्ट्रक्चर को बेहतर करना होगा, बिजली सुधार और सड़क निर्माण में युद्धस्तर पर काम करना होगा। दूसरे, यूपी को सिर्फ़ नोएडा और ग्रेटर नौएडा और ग़ाज़ियाबाद की नज़र से भी देखना बन्द करना होगा। तीसरे, भ्रष्टाचार से निपटने के लिए न केवल बेहद कड़े क़ानून बनाने होंगे बल्कि उत्तराखंड और कर्नाटक की तर्ज पर लोकायुक्त की नयी संस्था भी खड़ी करनी होगी। यूपी में अपार क्षमता है बस उसे सही दिशा की ज़रूरत है। क्या वो अखिलेश दे पायेंगे? मुझे यकीन है। इतिहास बार-बार ऐसे मौक़े नहीं देता।

दैनिक भास्कर, 12.03.2012

तुम्हीं ने दर्द दिया, तुम्हीं...

काँग्रेस इस वक़्त जिस मुक़ाम पर खड़ी है उसकी भविष्यवाणी अगर 2009 के फ़ौरन बाद किसी ने की होती तो उसे पागल समझा जाता या फिर सनकी। उस वक़्त काँग्रेस बम-बम थी और बीजेपी की हालत पतली। बीजेपी बेसाँस थी और काँग्रेस को लग रहा था कि 2014 की लड़ाई तो वो बिना लड़े जीत गयी है। लेकिन जैसाकि चर्चिल कहा करते थे कि राजनीति में एक हफ़्ता भी बहुत होता है। हफ़्ता तो गुज़र गया लेकिन 2010-2011 गुज़रना भारी पड़ गया। अब मुलायम सिंह कहते हैं कि मध्यावधि चुनाव के लिए तैयार रहना चाहिए।

आज यह सवाल उठने लगा है कि देश में कोई सरकार है भी या नहीं और अगर है तो इसे चला कौन रहा है? प्रधानमन्त्री की मौजूदगी का एहसास नहीं होता। जो काँग्रेस राजनीतिक फ़ैसलों के लिए जानी जाती थी उसके नेता अब राजनीति को अदालत समझकर तर्कों के आधार पर मुक़दमे जीतने का स्वाँग रच रहे हैं। ऐसे में राजनीति क्या खाक होगी। वही हुआ जो होना था। शुरुआत जम्मू कश्मीर में हिंसा भड़कने से हुई थी। सरकार की नासमझी से शान्त तेलंगाना भी सुलगा। नक्सलियों से निपटने के नाम पर पार्टी दो फाड़ हो गयी। लेकिन अभी भी गनीमत थी। असल परीक्षा भ्रष्टाचार के आरोपों पर शुरू हुई। आईपीएल मामूली गोला था लेकिन शशि थरूर का विकेट उड़ा ले गया। अगला गोला आदर्श घोटाला और कॉमनवेल्थ गेम्स के रूप में आया। आदर्श ने अशोक चव्हाण का विकेट चटका दिया। फ़ज़ीहत शुरू हुई कॉमनवेल्थ गेम्स से। लोग पूछने लगे कि दिल्ली में रहते हुए प्रधानमन्त्री महोदय ख़ामोश सब कुछ कैसे देखते रहे? काँग्रेस को जिस तरह से आगे बढ़कर प्रधानमन्त्री का बचाव करना चाहिए था, नहीं किया। काँग्रेस पार्टी अपने जिस राजनीतिक प्रबन्ध कौशल के लिए विख्यात थी, उसके रफ़ूचक्कर होने के संकेत मिलने लगे।

कॉमनवेल्थ गेम्स के बीच में ही 2जी पर कैग की रिपोर्ट आ गयी । 176 हज़ार करोड़ का घोटाला। फिर पार्टी ने सरकार को मझधार में छोड़ दिया। शुरुआती हमलों में ही सरकार लहूलुहान हो गयी। बड़ी हिम्मत से उसने कपिल सिब्बल को उतारा

जिन्होंने बचाव करने की जगह लोगों को नाराज़ कर दिया। उनकी इस बात का कौन यकीन करता कि 2जी में सरकार के ख़ज़ाने को कोई चूना नहीं लगा। सरकार ने सबको बेवक़ूफ़ समझा लेकिन सुप्रीम कोर्ट ने जो फटकार लगायी कि टेलीकॉम मन्त्री ए. राजा और करुणानिधि की बेटी कनिमोड़ी समेत आधा दर्जन से अधिक टॉप के नौकरशाह और बड़ी कम्पनियों के आला अधिकारी जेल की हवा खाने चले गये। अभी यह चल ही रहा था कि सीवीसी थॉमस की नियुक्ति का मामला आ गया। नेता विपक्ष सुषमा स्वराज की आपत्तियों के बाद भी थॉमस का नाम आगे बढ़ाना परले दरजे की मूर्खता थी। लेकिन वकील जब तर्कों का पहाड़ खड़ा करने लगे तो सुप्रीम कोर्ट से नियुक्ति तो रद्द होगी ही। अन्ना का आन्दोलन ज़ोर पकड़ने लगा था। सरकार सुबह अन्ना को गिरफ़्तार करती और शाम को छोड़ देती। पहले उन्हें धरने की इजाज़त नहीं देती और बाद में अनशन तुड़वाने के लिए संसद का सत्र बढ़ाया जाता, शनिवार को विशेष बैठक होती और संसद तक को अपील करनी पड़ती। बाबा रामदेव को उठाने के लिए रात में रामलीला मैदान में लाठी भँजवाती। लोकपाल अभी गले में अटका ही था कि रीटेल सेक्टर में एफ़डीआई यानी विदेशी पूँजी निवेश का मसला भी सरकार लेकर कूद पड़ी। फिर उसे मुँह की खानी पड़ी। और अब एनसीटीसी से दो-चार हो रही है। सरकार के मैनेजमेंट का हाल यह है कि लोकपाल पर जब राज्य सरकारों से सलाह-मशविरे के नाम पर उन्हें टिक मारने के लिए सवालों की एक सूची भेजी गयी जिस पर राज्यों को भड़कना ही था। एनसीटीसी जैसे मसले पर राज्यों के मुख्यमन्त्रियों ने विरोध किया तो बजाय उनके साथ दिल्ली में मीटिंग करने के राज्यों के डीजीपी की बैठक बुलायी गयी। राज्य की सरकारें मुख्यमन्त्री चलाते हैं और सलाह-मशविरे के लिए बुलाया जाता है डीजीपी को। वाह रे सरकार?

आज़ाद भारत में सेना विवादों से अमूमन दूर रही है। लेकिन सेनाध्यक्ष का ही भरोसा यह सरकार नहीं जीत पायी। झगड़ा सुप्रीम कोर्ट जा पहुँचा। स्पेस वैज्ञानिक तक नहीं सँभलते इस सरकार से। जिस वैज्ञानिक को चन्द्रयान की कामयाबी के लिए देश ने सिर पर चढ़ाया उसी को सार्वजनिक रूप से बेइज़्ज़त कर दिया। सेना नाराज़, वैज्ञानिक नाराज़, अदालत तो कोड़ा लेकर खड़ी ही हुई है, सिविल सोसायटी ने नाक में दम कर दिया है, सहयोगी रोज़ सरकार को घुड़की दे रहे हैं। हालत यह है कि रेल बजट दिनेश त्रिवेदी पेश करते हैं और बजट के रखते ही उनसे इस्तीफ़ा माँग लिया जाता है। और सरकार को उनका इस्तीफ़ा लेना ही पड़ता है। यह सब अभूतपूर्व है। मैंने देवेगौड़ा की भी सरकार देखी और गुजराल की भी, वाजपेयी की भी देखी और ख़ुद मनमोहन सिंह का पहला कार्यकाल भी लेकिन यह आज़ाद भारत की पहली ऐसी सरकार है जिसके बारे में कहा जा सकता है कि इसका राजनीतिक

प्रबन्धन और राजनीतिक समझ दोनों ही जीरो है।

मुझे लगता है कि दो दिक़्क़ते हैं। एक, अन्दर एक अजीब सा सत्ता संघर्ष चल रहा है जो सतह पर दिखायी नहीं पड़ता। वरना यह कैसे हो सकता है कि वित्त मन्त्री के दफ़्तर की ही जासूसी हो। दो वरिष्ठतम मन्त्री पी. चिदम्बरम और प्रणब मुखर्जी खुलेआम लड़ें और बीमारी में भी सोनिया को दख़ल देना पड़ा। सबको पता है कि सोनिया बीमार हैं और राहुल गाँधी को देर-सबेर पार्टी और सरकार की बागडोर सँभालनी है। सोनिया के बैकग्राउंड में जाते ही उनके साथ की पूरी एक पीढ़ी के हाथ से सत्ता फिसल जायेगी। राजीव गाँधी के बनते ही रातोंरात आर.के. धवन जैसे निहायत ताक़तवर लोग कौड़ी के तीन हो गये थे। ऐसे में सोनिया के सिपहसालारों के लिए यह जीवन मरण का वक़्त है। वो इतनी आसानी से सत्ता नहीं छोड़ेंगे। दो, मनमोहन सिंह से जलनेवालों की कमी नहीं है। उनको नीचा दिखानेवालों की पूरी एक फ़ौज खड़ी है। राहुल गाँधी फ़िलहाल प्रधानमन्त्री बनने को तैयार नहीं हैं। ऐसे में एक तबक़ा यह चाहता है कि मनमोहन सिंह को फेल साबित करके कुछ दिन प्रधानमन्त्री बनने का सपना पूरा कर लिया जाये। ऐसे में इसे अन्तरिम काल यानी ट्रांजिशन पीरियड का संकट भी कहा जा सकता है। और इससे निपटने का एक ही रास्ता है जल्दी से जल्दी यह साफ़ हो कि राहुल गाँधी की काँग्रेस और सरकार में भूमिका क्या होगी? क्योंकि दरबारी तब तक मार करते रहेंगे जब तक राहुल के सापेक्ष दरबार में उनकी भूमिकाएँ तय नहीं होंगी। मैं यह नहीं मान सकता कि सत्ता की स्वाभाविक पार्टी का राजनीतिक प्रबन्धन कौशल चुक गया है। राहुल गाँधी के रोल को लेकर कनफ़्यूज़न है इसलिए सब तरफ़ कनफ़्यूज़न है।

दैनिक भास्कर, 26.03.2012

विरोधाभास के पिंजरे में क़ैद मोदी

नरेन्द्र मोदी हमेशा ही ख़बरों में रहते हैं। और हमेशा ही उनके नाम पर दो तरह की तीखी प्रतिक्रिया मिलती है। एक, वो जो दिल से मानते हैं कि नरेन्द्र मोदी देश का भविष्य हैं, प्रधानमन्त्री पद के स्वाभाविक उम्मीदवार, विकास पुरुष, आधुनिक, दृढ़ इच्छाशक्ति और निर्णय लेने की धारदार क्षमतावाले। बड़े-बड़े उद्योगपति मानते हैं कि मोदी ने गुजरात को उद्योगों के लिए आदर्श राज्य बना दिया। जहाँ ज़रूरी फ़ैसले किसी लालफ़ीताशाही की मोहताज़ नहीं। रतन टाटा और अनिल अम्बानी को मोदी में देश का प्रधानमन्त्री दिखता है। वह बीजेपी के अकेले नेता हैं जिनका जनाधार है और पार्टी की सीमा के बाहर प्रशंसक। वो शायद देश के अकेले ऐसे नेता हैं जिनका सोशल मीडिया पर ज़बर्दस्त क़ब्ज़ा है। आप देश के किसी भी नेता के बारे में फ़ेसबुक या फिर ट्विटर पर लिखिये शायद प्रतिक्रिया नहीं मिले लेकिन मोदी के नाम पर कुछ भी लिखिये फ़ौरन सैकड़ों की संख्या में तारीफ़ों या गालियों की बाढ़ लग जाती है।

दो, उनकी इस छवि से इतर उनकी दूसरी छवि भी है। साम्प्रदायिक, 2002 दंगों का खलनायक। जो हिन्दू, मुस्लिम में भेद करता है। विकास और सद्‌भावना के तमाम दावों के बावजूद गुजरात के दंगा पीड़ित अल्पसंख्यक तबक़े तक मोदी की रहमदिली पहुँची नहीं है। वो आज भी इंसाफ़ के लिए तरस रहे हैं। सेक्युलरवादियों की नज़र में मोदी घृणा के प्रतीक हैं। सभी तबक़े के लोगों को साथ लेकर चलना उनकी फ़ितरत नहीं है। डिक्टेटर, विध्वंसक और दम्भी। राज्य की नौकरशाही हो या फिर अपनी पार्टी के नेता जिसने भी मोदी के रास्ते में आने की कोशिश की उसे इसकी भारी क़ीमत चुकानी पड़ी। मोदी के सामने बराबरी का सिद्धान्त बेमानी है। गुजरात में वो ही पार्टी हैं और वो ही सरकार। उनके सामने न तो किसी की औक़ात है और न ही किसी की हैसियत। यहाँ तक कि उनके करीबी भी उनके नाम से काँपते और बिना उनकी अनुमति के मुँह खोलने का मतलब है मोदी के गुस्से का शिकार होना और कैरियर से हाथ धो बैठना।

यानी मोदी विरोधाभासों की जीती-जागती तस्वीर हैं। और इसी विरोधाभास में मोदी की कामयाबी और असफलता छिपी है। और यह भी छिपा है कि वो आनेवाले दिनों में देश की राष्ट्रीय राजनीति में कितनी गहरी भूमिका निभा सकते हैं या नहीं निभा सकते हैं। इसी विरोधाभास की वजह से उनके जितने दोस्त हैं उतने ही उनके दुश्मन भी हैं। एक तरफ़ अगर तमिलनाडु की मुख्यमन्त्री जयललिता उनकी प्रशंसक हैं तो दूसरी तरफ़ बिहार के मुख्यमन्त्री नीतीश कुमार हैं। जयललिता से मिलने मोदी उनके घर जाते हैं और वो मुस्कराते हुए उनका स्वागत करती हैं तो नीतीश कुमार उनके साथ फोटो भी खिंचवाना पसन्द नहीं करते। उनसे बात करना तो दूर की बात है। मोदी कहीं भी जा सकते हैं लेकिन बिहार जाने पर उन्हें सौ बार सोचना पड़ता है। लेकिन इन्हीं विरोधाभासों के बीच मोदी राष्ट्रीय राजनीति में अपने पैर पसारने की तलाश में है। वो जानते हैं कि 2014 का चुनाव उनके लिए काफ़ी अहम है। अगर उन्हें गुजरात से बाहर अपनी स्वीकारोक्ति बनानी है तो उन्हें आनेवाले छः महीने में न केवल गुजरात का चुनाव भारी बहुमत से जीतना होगा, बल्कि बीजेपी में भी सबसे बड़े नेता की पदवी हासिल करनी होगी।

मनमोहन सरकार की हालत खस्ता है। काँग्रेस कोमा में है, यह बात काँग्रेस के बड़े नेता भी मानते हैं। 2014 के लोकसभा चुनाव बीजेपी के लिए केन्द्र की सत्ता में आने का सबसे सुनहरा मौक़ा है। मौक़ा भी है और माहौल भी है। बस उसे अपना घर दुरुस्त करना है। बीजेपी को अटल, आडवाणी के बाद एक अदद नेता की तलाश है जो पूरी पार्टी को एक सूत्र में बाँध सके, सबको साथ लेकर चल सके और जिसके नाम पर पार्टी काडर उत्साह से भर सके, पार्टी कार्यकर्ता मरने मारने पर उतारू हो सकें। और शहरी मध्यम वर्ग जिसमें अपना नायक खोज सके। और वो वोटर जो अक्सर हाशिये पर बैठकर तमाशा देखता है और आख़िरी वक़्त पर फ़ैसला करता है कि किस पार्टी को वोट देना है, उसे अपनी तरफ़ खींच सके। ऊपर से देखने पर बीजेपी में ऐसे नेता की कमी है। एक शून्य दिखायी पड़ता है। नाम कई हैं लेकिन उनमें कोई भी ऐसा नहीं है जो अटल, आडवाणी के कद का मुक़ाबला कर सके। सुषमा स्वराज, अरुण जेटली, राजनाथ सिंह और नितिन गडकरी बड़े नेता हैं या दिखते हैं लेकिन पद की वजह से कद की वजह से नहीं। इन सबमें मोदी अकेले हैं जो अटल, आडवाणी के सबसे करीब लगते हैं। करिश्मा है, चुम्बकीय व्यक्तित्व है, वोटर को अपनी तरफ़ खींचने का माद्दा है। लेकिन कमी है तो एक बात की, वो बदक़िस्मती से गठबन्धन के दौर में हैं।

बीजेपी अपने दम पर सरकार बना सकने की कुव्वत रखती तो मोदी स्वाभाविक नेता होते और पार्टी को किसी भी संकट या धर्मसंकट से नहीं जूझना पड़ता। सुषमा, जेटली, राजनाथ सिंह, मुरली मनोहर जोशी उनके सामने कहीं न टिकते और तमाम

खामियों और विवादों के बावजूद आरएसएस की वो पहली पसन्द होते। दंगों के दाग़ और क़ानूनी अड़चन भी कोई बाधा नहीं होती। आख़िर आडवाणी और बीजेपी के कई दूसरे नेता आज भी अयोध्या ध्वंस का मुक़दमा झेल रहे हैं और इसकी वजह से कभी उनके राजनीतिक कैरियर को चोट नहीं पहुँची। लेकिन गठबन्धन की मजबूरी ने बीजेपी और आरएसएस के सामने संकट खड़ा कर दिया है। कुछ मोदी के दम्भ और कुछ दंगों के दंश ने उन्हें एक तबक़े के लिए अछूत बना दिया है। बीजेपी की मजबूरी है कि वो केन्द्र की सरकार के लिए उसे दूसरे सहयोगी और क्षेत्रीय दलों की मदद लेनी ही पड़ेगी। और ऐसे में उसे एक ऐसे शख़्स को प्रधानमन्त्री के रूप में आगे लाना पड़ेगा जिस पर सबकी सहमति हो। गठबन्धन के दौर में नरसिंहा राव, देवेगौड़ा, आई.के. गुजराल जैसे लोगों की ही लॉटरी लगती है। या फिर अटल बिहारी वाजपेयी जैसा व्यक्तित्व होना चाहिए जिसके करिश्मे के सामने सब गुण-दोष छिप जाते हैं और लोग नतमस्तक रहते हैं। या फिर मनमोहन सिंह चाहिए होता है जो किसी के लिए ख़तरा नहीं होते। मोदी अपने विरोधाभासों की वजह से न तो देवेगौड़ा हैं और न ही गुजराल, वो वाजपेयी भी नहीं हैं, और मनमोहन तो कतई ही नहीं। ऐसे में नीतीश तो अकेले ऐसे नेता दिखायी देते हैं जो खुलकर मोदी की मुख़ालफ़त करते हैं। ख़ुद बीजेपी और संघपरिवार में ऐसे नेताओं की कमी नहीं है जो जानते हैं कि मोदी अगर एकछत्र नेता बन गये तो बहुतों की दुकान बन्द हो जायेगी और कैरियर ख़त्म। ऐसे में मोदी की राष्ट्रीय महत्वाकांक्षा तो ठीक है लेकिन विरोधाभासी छवि उनकी महत्वाकांक्षा पर ग्रहण लगा सकती है।

दैनिक भास्कर, 23.04.2012

सोनिया को फिर आगे आना होगा

काँग्रेस की हालत बुरी है। साख का संकट है। घोटालों की मार है। पार्टी की दशा और दिशा, दोनों को लेकर ही सवाल उठ रहे हैं। भ्रम ही भ्रम है। क्या सरकार और क्या पार्टी? अचानक ख़बर आती है कि चार मन्त्री अपने पद से इस्तीफ़ा देकर संगठन का काम करेंगे और पार्टी को मज़बूत बनायेंगे। यह ख़बर तुरन्त ही सारे टीवी चैनलों पर चल जाती है। अगले दिन के अख़बारों में छप जाती है। दूसरे दिन 18 घंटे के बाद पार्टी को होश आता है कि ऐसा तो कोई भी क़दम किसी भी मन्त्री ने उठाया ही नहीं। न ही केन्द्रीय नेतृत्व की ऐसे किसी बदलाव की कोई मंशा है। फिर यह ख़बर आयी कहाँ से? और अगर यह ख़बर बेबुनियाद थी, तो पार्टी ने फ़ौरन इसका खंडन क्यों नहीं किया? क्या पार्टी को यह बात इतनी देर में पता चली या फिर उसे यह तय करने में इतना वक़्त लग गया?

जब ऐसी चीज़ें होती हैं, तो किसी भी पार्टी के बारे में और फ़ैसले लेने की उसकी क्षमताओं पर आशंकाएँ हवा में उछलती ही हैं। स्वाभाविक ही लोग सवाल करने लगते हैं। वैसे भी, कुछ राज्यों की विधानसभाओं के पिछले चुनाव के बाद ऐसे सवाल ज़्यादा ही उठ रहे हैं। उत्तर प्रदेश में काँग्रेस को पराजय का सामना करना पड़ा। पंजाब में तो पार्टी जीती हुई बाज़ी हार गयी। केरल और उत्तराखंड में उसे पूर्ण बहुमत मिलना चाहिए था, लेकिन वह किसी तरह जोड़-तोड़ कर गिरते-पड़ते सरकार बनाने में सफल हो सकी। केरल में तो फिर भी गनीमत थी, पर उत्तराखंड में हरीश रावत जैसे पार्टी के पुराने वफ़ादार को बग़ावत करनी पड़ जाये, तो भीतरी गड़बड़ियों की अफ़वाहें फैलेंगी ही। साल 2009 के पहले काँग्रेस पार्टी की यह हालत नहीं थी।

दरअसल, साल 2009 की अप्रत्याशित जीत के बाद से यह मान लिया गया कि पार्टी की बागडोर अब किसी भी पल राहुल गाँधी के हाथ में होगी। सोनिया गाँधी कमान राहुल गाँधी को सौंपकर अपनी ऐतिहासिक भूमिका की इतिश्री कर लेंगी। लेकिन यह सब शायद इतना आसान भी नहीं था। समस्या यह आयी कि

इस बीच सोनिया गाँधी बीमार पड़ गयीं। उस समय तक सारे राजनीतिक फ़ैसले वही कर रही थीं। मनमोहन सिंह अपना समय सरकार चलाने पर दे रहे थे। भले ही देश को सुपरपावर बनने की दिशा में ले जाने में उनकी भूमिका सबसे बड़ी हो, पर राजनीति उनका शगल नहीं है। अन्ना हज़ारे ने अगस्त महीने में अनशन का ऐलान किया, तो इसका मुक़ाबला राजनीतिक स्तर पर होना चाहिए था। मगर ऐसा हुआ नहीं। शुरू से ही इस आन्दोलन से सरकारी स्तर पर निपटने की कोशिशें चलती रहीं, जिनसे समस्याएँ और जटिल हुईं।

ऐसे में, राजनीतिक फ़ैसले कौन लेता? प्रणब मुखर्जी ही अकेले व्यक्ति हैं, जिनके बारे में सोचा जा सकता है, पर उनके पास वह ताक़त नहीं है, जो सोनिया गाँधी के पास है। नेतृत्व की अग्नि-परीक्षा में नेता की नैतिक सत्ता का योगदान सबसे ज़्यादा होता है। महात्मा गाँधी ने क्या कम ग़लतियाँ की थीं, लेकिन कभी उन पर सवाल नहीं उठा। सोनिया गाँधी की नैतिक ताक़त है उनकी छवि—एक ऐसी नेता, जो सत्ता नहीं चाहतीं, प्रधानमन्त्री बनना जिनका एकमात्र मक़सद नहीं।

संजय गाँधी की मौत के बाद जब इन्दिरा गाँधी ने राजीव गाँधी को राजनीति में लाने का मन बनाया, तो सबसे ज़्यादा विरोध सोनिया गाँधी ने ही किया था। राजीव का हाथ पकड़कर कई बार वह रोयी थीं। सोनिया को हमेशा ही यह लगता था कि राजनीति में जाने के बाद वह राजीव गाँधी को खो देंगी। उस शख़्स को खो देंगी, जिसकी मासूमियत से उन्हें प्यार था। इन्दिरा गाँधी की बड़ी बहू होने के बाद भी उन्हें अपनी वह छोटी-सी दुनिया कहीं ज़्यादा प्यारी थी, जिसमें सत्ता व ताक़त से दूर उनका पति उनके पास था। वरना कितनी औरतें होंगी, जो यह नहीं चाहेंगी कि उनका पति देश की बागडोर सँभाले, देश की दिशा तय करे? इसी तरह, इन्दिरा गाँधी की मौत के बाद सोनिया ने राजीव के प्रधानमन्त्री बनने का विरोध किया था। कितनी पत्नियाँ यह करेंगी? फिर राजीव की मृत्यु के बाद जब काँग्रेस ने सोनिया गाँधी से पार्टी की कमान सँभालने की गुज़ारिश की, तो उन्होंने उसे ठुकरा दिया। और जब यह तय हो गया कि अगर सोनिया ने पार्टी को नहीं सँभाला, तो काँग्रेस ही ख़त्म हो जायेगी, तब वह अध्यक्ष बनने को तैयार हुईं। तब भी यह विवाद खड़ा हुआ था कि सोनिया गाँधी प्रधानमन्त्री बनना चाहती हैं और सत्तालोलुप हैं। साल 2004 में वह मौक़ा आया भी। उस समय उनको प्रधानमन्त्री बनने से कोई रोक नहीं सकता था। वह संसदीय दल की नेता चुन भी ली गयीं, लेकिन उन्होंने बड़ी शालीनता से कुर्सी मनमोहन सिंह के लिए खिसका दी। यह आसान फ़ैसला नहीं था, पर सोनिया गाँधी ने किया। सत्ता से दूरी और प्रधानमन्त्री की कुर्सी को ठोकर मारने के उनके साहस ने उन्हें वह नैतिक ताक़त दी कि शरद पवार जैसे क्षत्रप भी उनका बाल बाँका नहीं कर पाये।

दुर्भाग्य से प्रणब समेत किसी दूसरे काँग्रेसी के पास यह नैतिक बल नहीं है। वहाँ खड़े नज़र आते हैं, वे नेता जो कुर्सी के लिए किसी भी हद तक जा सकते हैं। किसी की भी पगड़ी उछाल सकते हैं। ऐसे में, सोनिया गाँधी का विकल्प काँग्रेस में कोई नहीं। पिछले तीन साल में उन्होंने अपने को थोड़ा किनारे किया है, लेकिन यह रणनीति विफल रही है। अब सोनिया को एक बार फिर आगे आना ही पड़ेगा और बहुत जल्द उन्हें काँग्रेस के भविष्य का खाका खींचना पड़ेगा। नेतृत्व की सीमा-रेखा तय करनी होगी। राहुल गाँधी के बारे में भी तय करना होगा कि वह कितनी बड़ी ज़िम्मेदारी निभायें और कैसे निभायें। यही फ़ैसला उन्हें मनमोहन सिंह को लेकर भी करना होगा। मनमोहन सिंह प्रधानमन्त्री हैं, उन्हें मूकदर्शक माननेवाली धारणाओं को ख़त्म करना ही होगा। सोनिया गाँधी को अटल बिहारी वाजपेयी से सबक़ लेना चाहिए। अटलजी जब संघपरिवार और लालकृष्ण आडवाणी की कारगुजारियों से परेशान हो गये, तो उन्होंने कहा था, 'न टायर्ड, न रिटायर्ड, बस आडवाणीजी के नेतृत्व में विजय प्रस्थान' और पूरे संघपरिवार को साँप सूँघ गया था। उन्हें समझ में आ गया और फिर किसी ने वाजपेयी को राष्ट्रपति बनने की सलाह नहीं दी। आडवाणी का प्रधानमन्त्री बनने का सपना सपना ही रह गया। क्या सोनिया ऐसा करेंगी?

हिन्दुस्तान, 30.04.2012

प्रणब दा नहीं तो और कौन?

कौन बनेगा राष्ट्रपति का खेल चालू है। प्रणब मुखर्जी या फिर हामिद अंसारी या कोई और? श्रीधरन, एन.आर. नारायणमूर्ति या रतन टाटा या फिर ए.पी.जे. अब्दुल कलाम? मेरा मानना है कि राष्ट्रपति पद पर हमेशा ही एक 'राजनीतिक व्यक्ति' को ही बैठना चाहिए। 'ग़ैर-राजनीतिक' शख़्स मेरी पसन्द नहीं है। इसका यह मतलब कतई नहीं है कि श्रीधरन और एन.आर. मूर्ति जैसे लोगों को लेकर मेरे मन में कोई शंका है, कदापि नहीं। मेरा हमेशा से ही मानना है कि इस देश का नुक़सान 'राजनीतिज्ञों' ने नहीं किया बल्कि उन लोगों ने किया जो राजनीति को व्यवसाय समझकर आये और पैसा, पद कमाना जिनका पेशा हो गया। महात्मा गाँधी और जवाहरलाल नेहरू राजनीतिज्ञ थे। सरदार पटेल और डॉ. राजेन्द्र प्रसाद भी। जे.पी. और राममनोहर लोहिया भी। राजनीति इनका पेशा नहीं था। देश को आगे ले जाना मक़सद था। पैसा कमाना और उसे चूसना इन लोगों की प्राथमिकता नहीं थी।

देश को ईमानदार, ज़मीन से जुड़े और जनता को समझनेवाले राजनीतिज्ञों की ज़रूरत है। राजनीतिज्ञ ही वो शख़्स है जिसका जनता से एक जीवित रागात्मक सम्बन्ध रहता है। उसे जनता की नब्ज का एहसास होता है। बाक़ी लोग अपने क्षेत्र के माहिर होंगे लेकिन उनका जनता से उतना वास्ता नहीं होता। वो बेहतरीन काम ज़रूर करते हैं लेकिन जनता क्या सोचती है और कौन सी बात उसे चुभती है इसका अन्दाज़ा शायद नहीं होता। मनमोहन सिंह सरकार की हालत पिछले दिनों क्यों ख़राब हुई क्योंकि मनमोहन सिंह ब्यूरोक्रेट हैं, राजनेता नहीं। उनके करीबी सलाहकार वकील ज़्यादा हैं, पॉलिटिकल कम। मनमोहन सिंह सरकार में अकेले प्रणब मुखर्जी हैं जिनको राजनीति की समझ है, जो जनता की नब्ज पर पकड़ रखते हैं। इसलिए सरकार में तमाम काबिल मन्त्री होने के बाद हर मामले और हर संकट के हल के लिए सोनिया गाँधी को प्रणब मुखर्जी की शरण में जाना पड़ता है। वो प्रधानमन्त्री न होते हुए भी प्रधानमन्त्री से ज़्यादा काम करते हैं। ऐसे में प्रणब मुखर्जी राष्ट्रपति पद पर सबसे काबिल उम्मीदवार हैं। हालाँकि सोनिया गाँधी के लिए उनको छोड़ना आसान नहीं

होगा। और उनके सापेक्ष कलाम को खड़ा करना भी ठीक नहीं होगा।

कलाम बेहतरीन राष्ट्रपति थे। पर लोकप्रियता और संविधान की माँग के सन्दर्भ में महानता में फ़र्क़ है। नारायणन उनकी तुलना में कम लोकप्रिय भले ही रहे हों लेकिन कलाम की तुलना में वो कहीं महान राष्ट्रपति थे। नारायणन ने राष्ट्रपति पद की परिभाषा ही बदल दी। वो अपनी संवैधानिक सीमा के बावजूद बेहद स्वतन्त्र ख़याल के राष्ट्रपति थे। लोग कहते हैं कि वो 'असर्टिव' राष्ट्रपति थे, हालाँकि नारायणन ख़ुद को 'वर्किंग' राष्ट्रपति कहते थे। वो देश की राजनीति में शायद सबसे कठिन दौर में राष्ट्रपति बने थे। गठबन्धन दौर की सीमाएँ तय नहीं थीं। छोटे-छोटे दल अपने स्वार्थ में सरकार को अस्थिर करने में चूकते नहीं थे। दो-दो बार संसद उनके समय में भंग हुई। जब अकारण उत्तर प्रदेश की कल्याण सिंह की सरकार को बर्ख़ास्त करने का प्रस्ताव उनके पास गुजराल सरकार ने किया तो वो झुके नहीं, उसे वापस कैबिनेट को फिर से विचार करने के लिए भेज दिया। इसी तरह जब राबड़ी सरकार को बर्ख़ास्त करने की सिफ़ारिश वाजपेयी सरकार ने भी की तो भी उन्होंने पुनर्विचार के लिए वापस करने में वक़्त नहीं गँवाया। गुजरात में दंगे हुए तो संविधान के दायरे में रहते हुए उन्होंने चिन्ता जतायी और सरकार को अपनी नाराज़गी से अवगत भी कराया। फ़रवरी 2005 में पदमुक्त होने के बाद नारायणन ने एक साक्षात्कार में कहा था—मैंने वाजपेयी को कई पत्र लिखे और आपसी बातचीत में कई बार उन्हें कहा लेकिन वाजपेयी ने कोई कारगर क़दम नहीं उठाये। उन्होंने आगे भी कहा कि राष्ट्रपति के पास अधिकार नहीं थे इसलिए वो अपने को दंगों के दौरान असहाय महसूस करते थे। वो न तो वाजपेयी के आभामंडल में आये और न ही गुजराल की विद्वता उनके फ़ैसलों को प्रभावित कर पायी।

उनकी तरह ही पहले राष्ट्रपति और खाँटी राजनीतिज्ञ राजेन्द्र प्रसाद जवाहरलाल नेहरू के आभामंडल से प्रभावित होने के बाद भी उनके दबाव में नहीं आते थे। नेहरूजी उनको राष्ट्रपति के तौर पर चाहते भी नहीं थे। उनकी पसन्द चक्रवर्ती राजगोपालाचारी थे। राजेन्द्र प्रसाद को वो वल्लभभाई पटेल का नज़दीकी और दक्षिणपन्थी मानते थे। हिन्दू कोड बिल और सोमनाथ मन्दिर के जीर्णोधार के मसले पर उनमें और नेहरू में गहरे मतभेद थे। इन मतभेदों से परेशान नेहरूजी ने एक बार इस्तीफ़े की पेशकश भी की थी। प्रसाद और नारायणन जैसे लोगों की वजह से राष्ट्रपति पद की गरिमा बढ़ी और इसीलिए आज भी उनको याद किया जाता है। वरना राष्ट्रपति पद पर तो फ़ख़रुद्दीन अली अहमद भी आसीन हुए थे। वो इन्दिरा गाँधी के रबर स्टैम्प और इन्दिरा गाँधी के इमरजेंसी जैसे ग़ैरक़ानूनी फ़ैसले की संस्तुति करने के लिए ही याद किये जाते हैं। जैल सिंह को भी इन्दिरा गाँधी ने रबर स्टैम्प समझके ही बनाया था। और राजीव गाँधी को बिना सोचे प्रधानमन्त्री बनाके उन्होंने वो क़र्ज़ अदा भी किया

लेकिन बाद में गन्दी राजनीति ने उनके और राजीव के बीच इतनी दूरियाँ पैदा कर दीं कि मार्च 1987 में दिल्ली के गलियारों में यह ख़बर भी उड़ गयी कि वो राजीव गाँधी को बर्ख़ास्त करने की सोच रहे हैं। जैल सिंह ने इंडियन पोस्ट ऑफ़िस बिल भी साइन करने से मना कर दिया था। लेकिन नारायणन, प्रसाद और जैल सिंह में फ़र्क़ था। जैल सिंह ने कुर्सी पर बैठने के बाद राष्ट्रपति भवन को राजनीति का अखाड़ा बना दिया। उनके बर्ताव से पद की गरिमा बढ़ी नहीं। नुक़सान दोनों को हुआ। वेंकटरमण और शंकर दयाल शर्मा कॉपीबुक राष्ट्रपति थे। इन्हें अपनी सीमा का अहसास था। लेकिन पद की गरिमा पर आँच नहीं आने दी। लेकिन प्रतिभा पाटिल को लेकर गम्भीर सवाल उठे।

प्रणब मुखर्जी का लम्बा अनुभव है। संविधान, सरकार और संसद की उनकी समझ का कोई सानी नहीं है। सत्ता हो या विपक्ष सभी उनकी इज़्ज़त करते हैं। ऐसे में सवाल यही है कि क्या ऐसा व्यक्ति राष्ट्रपति की कुर्सी पर बैठे या वो जो इस अहसान से दबा रहे कि राष्ट्रपति का पद उसे सत्ता पक्ष की मेहरबानियों से मिला? जो मनमोहन सिंह या फिर बाद के किसी प्रधानमन्त्री के आभामंडल के प्रभाव में रहे? और सबसे बड़ी बात जो गठबन्धन के इस दौर पर पैदा हुई किसी भी अकस्मात असाधारण परिस्थिति से निपटने के लिए पूरी तरह से सक्षम हो? जो अपने फ़ैसलों के लिए किसी बाहरी व्यक्ति की सलाह का गुलाम न हो? और समय-समय पर सरकार को सही और उपयुक्त सलाह दे सके? सरकार का मार्गदर्शन कर सके, उसे ग़लत क़दम उठाने से रोक सके?

दैनिक भास्कर, 07.05.2012

जो कार्टून से डर गया वो मर गया

इस देश को किसी की नज़र लग गयी है। संसद को कार्टून से डर लगता है तो सरकार को प्रेस की आज़ादी अखरती है। शुक्रवार को अचानक ख़बर आयी कि बाबासाहेब बी.आर. अम्बेडकर पर बने एक कार्टून से सांसद काफ़ी ख़फ़ा हैं। मानव संसाधन विकास मन्त्री कपिल सिब्बल का इस्तीफ़ा चाहते हैं। उन्हीं की पार्टी के नेता पी.एल. पूनिया ने कहा कि या तो इस्तीफ़ा दें या फिर देश से माफ़ी माँगें। प्रभा ठाकुर कहती हैं कि तमाम अधिकारियों को बर्ख़ास्त कर देना चाहिए। बीजेपी हो या फिर बीएसपी सब एक सुर में बोल रहे थे। बिना जाने, बिना समझे। कार्टून क्या है, किसने बनाया है, कब बना है? बनानेवाला कैसा है, उसकी शख़्सियत क्या है? कार्टून बनाया था देश के महानतम कार्टूनिस्ट में से एक शंकर पिल्लई ने। जो पंडित जवाहरलाल नेहरू के मित्र थे और नेहरूजी ने ख़ुद उनसे कहा था, 'मुझे भी मत बख्शना'। कार्टून बना था 28 अगस्त 1949 में। 1949 में बने इस कार्टून पर पिछले 63 साल में कभी किसी ने कोई आपत्ति नहीं की। 1949 में नेहरूजी भी ज़िन्दा थे और अम्बेडकर भी। उन्हें किसी तरह की कोई तकलीफ़ इस कार्टून से नहीं थी। न उन्होंने और न ही उनके अनुयायियों ने किसी भी तरह की आपत्ति जतायी। न किसी को लगा कि कार्टून दलित विरोधी है। या फिर किसी भी तरह से अम्बेडकर का अपमान है। लेकिन अचानक कुछ लोगों को लगा कि नहीं, इस कार्टून से लोगों की भावनाएँ आहत हुई हैं और इसे फ़ौरन ही एनसीआरटी की पुस्तकों से हटा देना चाहिए। शाम तक इन पुस्तकों को बनानेवाली समिति के मुख्य सलाहकार योगेन्द्र यादव और सुहास पलशीकर ने अपने पदों से विरोध-स्वरूप इस्तीफ़ा भी दे दिया।

योगेन्द्र यादव को मैं व्यक्तिगत तौर पर जानता हूँ। उनके बारे में यह सोचना कि वो दलित विरोधी हैं या फिर ऐसा कुछ काम करेंगे जिसकी वजह से बाबा साहेब अम्बेडकर का अपमान होगा, अपराध है। योगेन्द्र यादव न केवल राजनीति शास्त्र के बड़े जानकार हैं, बल्कि उनकी सादगी और ईमानदारी का भी मैं कायल हूँ। दलित पिछड़े तबक़े के प्रति वो हमेशा ही सजग रहते हैं। मुझे कई बार उनकी

तरफ़ से ऐसे मेल आते हैं या फिर वो फ़ोन करते हैं बताने के लिए, फलाँ इलाक़े में दलितों के प्रति अत्याचार हुआ है और आपको इसे कवर करना चाहिए। हरियाणा के मिर्चपुर में जब दलितों की बस्ती को आग लगायी गयी और दलित वहाँ से भागने को मजबूर हुए थे तो योगेन्द्रजी कई बार फ़ोन करके छोटी-छोटी जानकारियाँ दिया करते थे, दलित उत्पीड़न को लेकर परेशान रहते थे। ऐसे में जब शुक्रवार शाम उनका कार्टून पर मेल मिला तो काफ़ी तकलीफ़ हुई। उन्होंने बड़ी सादगी और मज़बूती से लिखा, 'संसद की संक्षिप्त, गर्मागरम और पूरी जानकारी के अभाव में हुई बहस ने लोकतान्त्रिक समाज में भविष्य की पीढ़ियों के प्रति अपने उत्तरदायित्व के साथ न्याय नहीं किया है। संसद की सार्वभौमिकता सिर आँखों पर लेकिन विरोध जताने का अधिकार हमें भी है।' और इन्हीं शब्दों के साथ उन्होंने अपना सुहास पलशीकर के साथ इस्तीफ़ा देने का ऐलान कर दिया।

योगेन्द्र यादव इस पुस्तक को पास करनेवाले अकेले शख़्स नहीं है। इस पुस्तक, जिसमें यह कार्टून छपा है, को मॉनिटरिंग कमेटी ने भी देखा था। इस कमेटी के को-चेयरपर्सन प्रोफ़ेसर मृणाल मिरी और जी.पी. देशपांडे जैसे बड़े और विद्वान शिक्षाविद थे। जी.पी. देशपांडे ने दलित सुधारक ज्योतिबा फुले पर एक बेहतरीन नाटक भी लिखा है। इस मॉनिटरिंग कमेटी के पास होने के बाद यह पुस्तक नेशनल मॉनिटरिंग कमेटी के पास गयी। जिसमें प्रोफ़ेसर गोपाल गुरु और जोया हसन जैसे प्रोफ़ेसर हैं। इन्हें दलित विरोधी कहना तो दूर ये वो लोग हैं जो दलित अधिकारों के लिए लड़ाई लड़ते रहे हैं। ऐसे में सांसदों को यह लगे कि किताब में छपे कार्टून ने अम्बेडकर का अपमान किया है और कार्टून को पाठ्य पुस्तक में रखनेवालों के ख़िलाफ़ कार्रवाई होनी चाहिए, तो सुनकर हँसी नहीं आती, मन रोता है कि आख़िर सांसदों को हुआ क्या है? क्या राजनीति का स्तर इतना गिर गया है?

ये बहस सिर्फ़ कार्टून पर ख़त्म नहीं होती। देश में एक नये तरह की असहिष्णुता लगातार मज़बूत हो रही है। हर आयेदिन किसी भी तस्वीर को चिथड़ा कर दिया जाता है या फिर किसी किताब के नाम पर तोड़फोड़ या हिंसा होती है। हर बार सरकार चुप। कभी कोई नेता खड़े होकर ऐसे लोगों को डाँटता-डपटता नहीं। पिछले दिनों जयपुर साहित्य मेले में सलमान रुश्दी के आने पर बवाल काट दिया गया। रुश्दी नहीं आये, उनको वीडियो कॉन्फ्रेंसिंग भी नहीं करने दी गयी। चन्द लोगों की लफंगई ने एक शानदार सांस्कृतिक कार्यक्रम का मज़ाक़ बना दिया। प्रशासन मूक दर्शक बना रहा। अभिव्यक्ति की आज़ादी दम तोड़ती रही और दिल्ली से लेकर जयपुर तक की सरकारें मुँह फेरे पूरा ड्रामा देखती रहीं। क्या यह इस देश के लिए शर्म की बात नहीं है कि सदी के सबसे बड़े पेंटरों में से एक एम.एफ़. हुसैन को अपने देश की ज़मीन पर मौत भी नसीब नहीं हुई? क्योंकि कुछ सिरफ़िरों को लगता है कि उन्होंने अपने

चित्रों में हिन्दू देवी-देवताओं की नग्न तस्वीरें बनाकर अपमान किया है। उनकी जिन तस्वीरों को राष्ट्रीय धरोहर के तौर पर सदियों तक सँभालकर रखना चाहिए, उनको फाड़ने का काम किया गया और उनके ख़िलाफ़ इतने मुक़दमे दायर किये गये कि उन्होंने देश छोड़ना ही बेहतर समझा। तस्लीमा नसरीन को भी प. बंगाल में नहीं रहने दिया गया। गुनाह बस इतना कि उन्होंने अपनी किताब में कुछ ऐसा लिख दिया कि एक मुस्लिम तबक़े की भावनाओं को ठेस लग गयी। 35 साल से ज़्यादा लेफ़्ट ने शासन किया। लेफ़्ट हमेशा ही अभिव्यक्ति की आज़ादी की वकालत करता है। तस्लीमा नसरीन के मामले ने उसकी कलई भी खोल दी।

लेफ़्ट को तस्लीमा नहीं पसन्द, सलमान रुश्दी के मसले पर काँग्रेस गुनहगार तो हुसैन के लिए बीजेपी। यानी राजनीति के सब रंग बदरंग। ऐसे में मुझे इस बात पर कतई हैरानी नहीं हुई जब मीडिया पर अंकुश लगाने की माँग ज़ोरशोर से उठी। एक असहिष्णु समाज को ही कार्टून से भी डर लगता है और प्रेस की आज़ादी से भी, उसको रुश्दी पर भी आपत्ति होती है और हुसैन और तस्लीमा पर भी। और इस बहस में सत्ताधारी काँग्रेस यह भूल जाती है कि उसकी विरासत क्या है? नेहरू ने प्रेस की आज़ादी के मसले पर 1950 में कहा था। शंकर के कार्टून छपने के एक साल बाद। 'मैं आज़ादी के ग़लत इस्तेमाल के ख़तरे के बावजूद एक पूरी तरह से स्वतन्त्र प्रेस के साथ रहना पसन्द करूँगा, न अंकुश लगे प्रेस के साथ।'

हिन्दुस्तान, 14.05.2012

बीजेपी–तेरे खेल निराले

बीजेपी की एक फ़ितरत है जब सब कुछ अच्छा चलता रहता है, तभी वो अपने पैर में कुल्हाड़ी मार बैठती है। बीजेपी के लिए 2014 एक सुनहरी उम्मीद का नाम है। उत्तर प्रदेश के चुनाव के पहले ऐसा लग रहा था कि वो जीत की मुद्रा में है। पार्टी का अनुशासन पहले से बेहतर दिखने लगा था। संसद के अन्दर सुषमा स्वराज और अरुण जेटली की अगुवाई में बीजेपी ने सत्तापक्ष को रक्षात्मक कर रखा था। गडकरी तमाम कमज़ोरियों के बावजूद पार्टी को एकजुट रखने में कामयाब दिख रहे थे। लगने लगा था कि बीजेपी ने अतीत से सबक़ सीखा है और वो अब सत्ता की स्वाभाविक पार्टी बनने के लिए ख़ुद को मानसिक तौर पर तैयार कर रही है। तभी बम फटने लगे। कर्नाटक में पहले गड़बड़ थी लेकिन लग रहा था कि येदुरप्पा को सँभाल लिया गया है। पर न जाने क्या हुआ कि पहले झारखंड में अंशुमान मिश्रा का प्रकरण आया। विरोध ज़बर्दस्त हुआ तो नाम वापस ज़रूर हुआ लेकिन तब तक अंशुमान मिश्रा ने आडवाणी से लेकर जेटली तक सबकी मलामत कर दी। एस.एस. अहलुवालिया का नाम राज्यसभा चुनाव के लिए बीजेपी ने बढ़ाया लेकिन सत्ता में होने के बाद भी पार्टी दो वोट मैनेज नहीं कर पायी। आरोप गडकरी पर आया। झारखंड में प्रदेश इकाई ने केन्द्रीय नेतृत्व को बौना साबित कर दिया।

झारखंड का मामला ठंडा होता कि राजस्थान में बम फट गया। वसुन्धरा राजे सिन्धिया जो पहले से ही नाराज़ चल रही थीं, को अचानक लगा कि प्रदेश में आरएसएस और विरोधी गुट उनको हाशिये पर लगाने के लिए साजिश रच रहा है। ग़लती सिर्फ़ इतनी सी थी कि संघ के चहेते और पूर्व गृहमन्त्री गुलाब चन्द्र कटारिया ने राज्यभर में जन सन्देश यात्रा निकालने का फ़ैसला किया था। राष्ट्रीय अध्यक्ष गडकरी से बाकायदा अनुमति भी ली गयी थी। रातोंरात पार्टी विधायकों के इस्तीफ़े सिन्धिया को मिलने लगे। और वसुन्धरा ने भी पार्टी से बाहर जाने का सन्देश दे दिया। राजस्थान में चुनाव हारने के बाद से ही वसुन्धरा केन्द्रीय नेतृत्व से नाराज़ हैं।

नरेन्द्र मोदी का मामला कभी ठंडा तो कभी गरम बना ही रहता है। उत्तर प्रदेश के चुनावों के दौरान गडकरी ने मोदी की आपत्तियों को नज़रअन्दाज़ करते हुए संजय जोशी को इंचार्ज बना दिया। मोदी को जोशी फूटी आँख नहीं सुहाते। जोशी कभी बीजेपी के सबसे ताक़तवर नेताओं में से एक गिने जाते थे। जोशी भी गुजरात से ही आते हैं। मोदी गुजरात गये तो जोशी को दिल्ली आना पड़ा लेकिन दिल्ली में जोशी की मौजदूगी मोदी को पसन्द नहीं थी वो भी इतने ताक़तवर पद पर। एक सीडी ने जोशी का काम लगा दिया। इस सीडी के पीछे मोदी का हाथ बताया जाता है। ऐसे में जोशी को पहले पार्टी में लाना और फिर उत्तर प्रदेश भेजने का अर्थ था बर्र के छत्ते में हाथ डालना। मोदी का भड़कना स्वाभाविक था। मोदी ने यूपी में प्रचार करने से इंकार कर दिया। यूपी में बीजेपी की बुरी गत ने गडकरी के लिए समस्या खड़ी कर दी और अचानक हवा फैली कि गडकरी को अध्यक्ष के तौर पर अगला कार्यकाल नहीं मिलेगा। किसने फैलायी नहीं पता?

उधर, येदुरप्पा का संयम भी डोलने लगा। रोज़ दिल्ली पर दबाव पड़ने लगा कि मुझे मुख्यमन्त्री बनाओ नहीं तो मैं पार्टी तोड़ दूँगा। सुप्रीम कोर्ट के जाँच के आदेश के बावजूद। सीबीआई के उनके ठिकानों पर छापे के बावजूद। लिखने के समय तक येदुरप्पा ने अपना अलग कार्यालय खोल लिया है। और बयान दे डाला है कि अटल बिहारी वाजपेयी के बाद पार्टी में कोई बड़ा नेता नहीं है जो सबको साथ लेकर चल सके। वो आडवाणी को भूल गये। उल्टे कहा कि अनन्त कुमार आडवाणी को काम नहीं करने दे रहे हैं। इस बयान का साफ़ मतलब है आडवाणी को अपना नेता न मानना और यह भी इशारा करना कि अनन्त कुमार आडवाणी की शह पर ही येदुरप्पा का कैरियर ख़त्म करने पर तुले हैं।

इस बीच सुषमा और जेटली में भी बवाल हो गया। सुषमा ने राष्ट्रपति चुनाव के मसले पर बयान दिया था कि एनडीए अपना उम्मीदवार उतारेगी और हामिद अंसारी का कद राष्ट्रपति के लायक नहीं है। अख़बारों में सुषमा के बयान की तीखी आलोचना हुई। सुषमा को लगा कि यह सब जेटली के इशारे पर हुआ। यानी केन्द्रीय नेताओं में भी सिर फुटौव्वल और प्रान्तीय नेता बग़ावती। ऐसे में सवाल कि बीजेपी को हुआ क्या है? इलाज क्या है?

बीजेपी की सबसे बड़ी समस्या है कि अटल बिहारी वाजपेयी के बाद इतने विराट व्यक्तित्व और उदार मन के नेता का ना होना। आडवाणी हैं ज़रूर लेकिन ज़िन्ना प्रकरण और 84 साल की उम्र में भी प्रधानमन्त्री बनने की लालसा से न उबर पाना, दिक़्क़त है। उनके बारे में मशहूर है कि वो अपना गुट बनाकर काम करते हैं। भारतीय राजनीति में उनके योगदान को हमेशा याद रखा जायेगा। लेकिन व्यक्तित्व में उदारता और विशालता की कमी और अटलजी से उनकी तुलना उनको

पार्टी के अन्दर भी सर्वस्वीकार्य बनने से रोकती है।

दूसरी बात, आरएसएस का ज़रूरत से ज़्यादा संगठन में दख़ल देना। सिन्धिया के भड़कने का सबसे बड़ा कारण है उन्हें यह लगना कि संघ को उनकी जीवन-शैली पसन्द नहीं है और संघ के नेता हमेशा उनको निबटाने में लगे रहते हैं। मोदी को भी यही लगता है कि जोशी को संघ की शह पर ही पार्टी में फिर लाया गया।

तीसरी बात, पार्टी के नेता संघ के अनुशासन की भट्टी से निकले ज़रूर हैं लेकिन पूरी तरह से तप कर सोना नहीं बन पाये हैं। ईगो इतनी बड़ी हो गयी है कि मोदी, सिन्धिया और येदुरप्पा अपने को पार्टी से बड़ा समझने लगे हैं। काँग्रेस में भी कभी यही रोग लगा था ऐसे में संघ को भी सोचना पड़ेगा कि संघ की विचारधारा के अनुरूप शिवराज सिंह या रमन सिंह बेहतर हैं या फिर मोदी, सिन्धिया और येदुरप्पा। और ऐसे लोगों को आगे बढ़ाने से क्या फ़ायदा जो न तो पार्टी को साथ लेकर चल सकते हैं और न ही सहयोगी दलों का दिल जीत सकते हैं?

और आख़िरी बात बीजेपी को भी अपने अन्दर विवादों को सुलटाने का एक 'फूलप्रूफ़-मैकेनिज़्म' स्थापित करना होगा और एक सहमति बनानी होगी कि कितने भी मतभेद आपस में हो जायें लेकिन किसी न किसी एक संस्था की बात तो सबको माननी ही होगी और जो नहीं मानेगा उसे पार्टी से बाहर जाना होगा। क्योंकि पार्टी है तो मोदी हैं, सिधिया हैं, येदुरप्पा हैं। पार्टी नहीं तो बड़े से बड़ा नेता भी कल्याण सिंह हो गया या फिर उमा भारती। क्या बीजेपी अपनी फ़ितरत बदल पायेगी 2014 के पहले?

दैनिक भास्कर, 21.05.2012

ये खेल नहीं आसाँ, इक आग का दरिया है

'मैं थक गया हूँ। मैं थक गया हूँ।' 24 मई 1940 को जब मैक्सिको में रूसी क्रान्ति के नायकों में से एक लियोन ट्रॉटस्की पर उनके घर में घुसकर बन्दूक़धारियों ने जानलेवा हमला किया था तब ट्रॉटस्की ने यही शब्द दोहराये थे। और अब मुम्बई में संजय जोशी भी यही कह रहे होंगे। ट्रॉटस्की पर हमला सोवियत संघ के डिक्टेटर जोसफ़ स्टालिन ने करवाया था और जोशी को बीजेपी की राष्ट्रीय कार्यकारिणी से निकलवाने वाले हैं गुजरात के मुख्यमन्त्री नरेन्द्र मोदी। न मोदी की तुलना स्टालिन से हो सकती है और न ही संजय जोशी बीजेपी के ट्रॉटस्की हैं लेकिन दोनों घटनाएँ इतिहास के किरदारों के बारे में काफ़ी कुछ बयान करती हैं। उनकी सोच, उनकी कार्य-शैली, विरोध के प्रति नज़रिया और विरोधियों से निपटने का अन्दाज़?

ट्रॉटस्की चन्द महीने बाद क़िस्मतवाले नहीं साबित हुए। इस घटना के बाद ट्रॉटस्की की सुरक्षा काफ़ी चुस्त कर दी गयी थी। घर के दरवाज़े बुलेटप्रूफ़ और चाहरदीवारी ऊँची। घर में हर आने-जानेवाले पर तीखी नज़र और ट्रॉटस्की के कमरे में जाने की हर किसी को अनुमति नहीं थी। 20 अगस्त 1940 की दोपहर नींद लेने के बाद बस एक शख़्स से मिलना था, इस शख़्स का नाम था जैक्सन। ट्रॉटस्की की सेक्रेटरी सिल्विया एज़ेलॉफ़ का ब्यायफ्रेंड। घर में उसका आना-जाना था और उस पर शक करने का कोई कारण भी नहीं था। उस दोपहरी एक विश्वासपात्र कामरेड की हैसियत से वो ट्रॉटस्की के कमरे में गया। ट्रॉटस्की की पत्नी नतालिया ने उस गर्मी में रेनकोट पहनने पर उसे टोका भी था। नतालिया इस बात से बेख़बर थी कि जैक्सन ने रेनकोट के नीचे बर्फ़ तोड़नेवाली कुल्हाड़ी छिपा रखी थी। बात करते-करते ट्रॉटस्की की नज़रें किताब में क्या उलझी जैक्सन ने कुल्हाड़ी से उनके सिर पर ज़बर्दस्त वार किया और फिर ट्रॉटस्की को किसी ने बोलते हुए नहीं सुना।

जैक्सन सोवियत रूस की ख़ुफ़िया एजेंसी का सदस्य था। उसका असली नाम था रामोन मेरसाडेर। बीस साल जेल काटने के बाद जैक्सन जब सोवियत रूस गया तो उसका स्वागत हीरो की तरह किया गया था। केजीबी जनरल की उपाधि मिली।

स्टालिन और ट्रॉटस्की ने लेनिन के साथ कन्धे से कन्धा गिलाकर रूसी क्रान्ति में अपना योगदान दिया था। तब दुनिया स्टालिन को कम जानती थी और ट्रॉटस्की साम्यवादियों की आँख का तारा था। वो अकेला आदमी था जो लेनिन की आँख में आँख डालकर बात कर सकता था, जिसने रेड आर्मी को खड़ा किया और जिसे लेनिन का असली उत्तराधिकारी माना जाता था। लेनिन ने अपने आख़िरी दस्तावेज़ में भी ट्रॉटस्की की भूरि-भूरि प्रशंसा की थी जबकि स्टालिन के बारे में उनकी राय बहुत अच्छी नहीं थी लेकिन लेनिन की मौत के बाद स्टालिन ने पूरी सत्ता पर क़ब्ज़ा कर लिया। आईजक ड्वैश्चर ने स्टालिन को सत्ता का अद्‌भुत तकनीशियन बताया था। ट्रॉटस्की को सोवियत संघ छोड़कर भागना पड़ा और अन्त में लैटिन अमेरिकी देश मैक्सिको में पनाह ली। यह संघर्ष रूसी क्रान्ति पर क़ब्ज़ा करने का था। और स्टालिन को सबसे ज़्यादा भय सिर्फ़ ट्रॉटस्की से ही था। स्टालिन की ही तरह नरेन्द्र मोदी अपने-आपको आडवाणी का सबसे योग्य उत्तराधिकारी मानते हैं।

ट्रॉटस्की की तरह संजय जोशी पर यह पहला हमला नहीं था। कुछ साल पहले संजय जोशी की एक सेक्स सीडी मार्केट में रहस्यमय तरीक़े से आयी। तब संजय जोशी बीजेपी में बहुत ताक़तवर थे। उस वक़्त भी बीजेपी की राष्ट्रीय कार्यकारिणी की बैठक मुम्बई में ही थी। सीडी के ज़रिये बीजेपी आलाकमान को बाकायदा ब्लैकमेल किया गया। जोशी को पार्टी से बाहर जाना पड़ा। जोशी और मोदी कभी अच्छे दोस्त थे। और शंकर सिंह वाघेला के ख़िलाफ़ लड़ाई में केशुभाई पटेल की पूरी मदद की थी। बाद में संजय जोशी पर यह आरोप लगा कि उनके कहने पर मोदी को गुजरात से बाहर कर दिया गया। मोदी तभी से खार खाये बैठे हैं। सीडी के पीछे भी मोदी का ही हाथ बताया जाता है। बाद में सीडी फ़र्जी निकली। संगठन मन्त्री के तौर पर जोशी अत्यन्त कार्यकुशल, कार्यकर्ताओं में ज़बर्दस्त पकड़ रखते थे। हमेशा लोप्रोफ़ाइल रहनेवाले जोशी की दिल्ली में मौजूदगी मोदी की महत्वाकांक्षाओं को ग्रहण भी लगा सकती थी लिहाज़ा जोशी का पत्ता साफ़।

जोशी ने कुछ साल गुमनामी में गुज़ारे। गडकरी के पार्टी अध्यक्ष बनने के पहले से ही जोशी के जन्मदान की प्रक्रिया शुरू हो गयी थी लेकिन वापसी उत्तर प्रदेश के चुनावों में ही हो सकी। मोदी यह कैसे बर्दाश्त करते? ख़ून का घूँट पीकर रह गये क्योंकि वो जानते थे कि गडकरी के पीछे आरएसएस है और संघ जानता है कि जोशी के साथ अन्याय हुआ है। जोशी को यूपी चुनावों में इंचार्ज भी बना दिया गया। मोदी ने यूपी में प्रचार नहीं किया। पार्टी अध्यक्ष से बोलचाल भी बन्द हो गयी। यूपी में बुरी गत ने गडकरी की ताक़त को कम किया और साख को भी। मोदी को मौक़े की तलाश थी। संघ गडकरी को दोबारा अध्यक्ष बनाना चाहता था। गुजरात में चुनाव हैं। संघ और गडकरी को पता था कि अगर मोदी ने विरोध कर

दिया तो गडकरी के लिए मुसीबत हो जायेगी और संघ का बीजेपी को अपने तरह से चलाने का दीर्घकालिक एजेंडा खटाई में पड़ जायेगा। आडवाणी वैसे ही बिदके रहते हैं। सुषमा भी नाराज़ लेकिन यह खुलकर नहीं बोलेंगे पर मोदी पर यकीन नहीं। गुजरात के कार्यकारिणी के नेताओं ने बॉयकॉट की धमकी दी। संघ जोशी की क़ीमत पर गडकरी की बलि नहीं दे सकता था। ऐसे में जोशी को बाहर का रास्ता दिखाना पड़ा। जो लोग स्टालिन की सत्ता के इस्तेमाल की शैली से परिचित हैं, उन्हें मोदी में काफ़ी साम्य दिखेगा और आईजक ड्वैश्चर होते तो शायद स्टालिन के बारे में कही बात दोहरा भी देते।

जोशी पहले व्यक्ति नहीं हैं। एक ज़माने में गुजरात में गृह राज्यमन्त्री रहे ताक़तवर नेता हरेन पंड्या को भी मोदी विरोध की सज़ा भुगतनी पड़ी थी। हरेन पंड्या ने मोदी के लिए एलिस ब्रिज की सीट नहीं छोड़ी थी और मोदी ने पंड्या को फिर टिकट नहीं देने दिया। मोदी ने मुम्बई में सोच-समझके सारा खेल रचा। जोशी प्रकरण ने साफ़ कर दिया कि मोदी की राह में जो भी आयेगा उसे पूरी क़ीमत चुकानी होगी। लेकिन स्टालिन और मोदी में एक फ़र्क़ है। सोवियत संघ में स्टालिन ही नेता थे और पार्टी भी, विचारधारा भी और संगठन भी लेकिन यहाँ आरएसएस है। विचारधारा और संगठन वही तय करता है। क्या वो यह बर्दाश्त करेगा कि हेडगेवार और गोलवलकर का संघ किसी व्यक्ति को इतना शक्तिशाली हो जाने दे कि विचारधारा, संगठन गौण हो जायें। खेल अभी बाक़ी है मेरे दोस्त। संघ अभी थका नहीं है।

हिन्दुस्तान, 28.05.2012

अन्ना और कुछ सुलगते सवाल

इधर एक बार फिर टीम अन्ना की सुगबुगाहट तेज़ होती दिखायी दे रही है। लोकपाल बिल के पक्ष में मुम्बई के अनशन में भीड़ जमा नहीं होने से यह मान लिया गया था कि अन्ना आन्दोलन को लकवा मार गया है। लेकिन पिछले दिनों अन्ना आन्दोलन के हीरो एक बार फिर अख़बारों के पहले पन्ने पर दिखायी देने लगे। टीवी स्टूडियो में उनकी उपस्थिति काफ़ी शिद्दत से दर्ज होने लगी। सरकार एक बार फिर उनको गम्भीरता से लेने के लिए विवश हो रही है। लोकपाल की माँग इस बार ज़्यादा नहीं है। बजट सत्र ने लोकपाल बिल पर सरकार और दूसरे राजनीतिक दलों की पोल खोलकर रख दी। सरकार लोकपाल को लेकर संजीदा है ही नहीं, यह राय अब काफ़ी पुख़्ता होने लगी है। अब फिर टीम अन्ना ने सरकार को निशाने पर ले लिया है। प्रधानमन्त्री समेत पन्द्रह कैबिनेट मन्त्रियों के ख़िलाफ़ भ्रष्टाचार के संगीन आरोप लगाये गये हैं। और यह कहा गया है कि अगर दो महीने में सरकार ने इन आरोपों की जाँच के लिए एसआईटी का गठन नहीं किया तो नये सिरे से आन्दोलन होगा।

टीम अन्ना पहले प्रधानमन्त्री मनमोहन सिंह को टारगेट करने से बचती थी। पर अब कोयला आवँटन मामले में प्रधानमन्त्री को भी लपेट लिया गया है। अरविन्द और प्रशान्त भूषण के तेवर काफ़ी तीखे हैं। प्रशान्त ने साफ़ कहा कि प्रधानमन्त्री का इस्तेमाल शिखंडी की तरह से सरकार अपने को बचाने के लिए कर रही है। शिखंडी शब्द ने सबको चौंकाया। अरविन्द ने कहा कि कोयला मामले में प्रधानमन्त्री की जवाबदेही बनती है क्योंकि आवँटन के दौरान मनमोहन के ही ज़िम्मे कोयला मन्त्रालय था। प्रधानमन्त्री को बोलना पड़ा—उनका राजनीतिक जीवन बेदाग़ रहा है और अगर रत्तीभर भी भ्रष्टाचार साबित हो गया तो वो सार्वजनिक जीवन से संन्यास ले लेंगे। टीम अन्ना को इसी मौक़े की तलाश थी। वो बोले—जब तक आरोपों की जाँच नहीं होगी तब तक यह साबित कैसे होगा कि वो बेदाग़ हैं। सरकार अपने ही बनाये जाल में फँस गयी। रही-सही कसर केन्द्रीय सतर्कता आयुक्त यानी सीवीसी

ने पूरी कर दी। कोयला आवँटन पर कैग की रिपोर्ट के आधार पर घोटाले की जाँच की सिफ़ारिश सीबीआई से कर यानी जो आरोप टीम अन्ना लगा रही थी, उसे संवैधानिक संस्था ने काफ़ी हद तक सही मान लिया। अब सरकार के पास चुप रहने के अलावा कोई चारा ही नहीं है। इस उहापोह में तीन जून को अन्ना हज़ारे और रामदेव का अनशन आ गया।

पन्द्रह मन्त्रियों के ख़िलाफ़ आरोपों की जाँच के मामले ने एक बार फिर टीम अन्ना को बीच बहस में ला दिया। उन्हें एक बार फिर भ्रष्टाचार विरोधी आन्दोलन को खड़ा करने का मौक़ा मिला है। वरना लोग माने बैठे थे अन्ना का आन्दोलन पानी का एक बुलबुला था। जो वक़्त रहते ही फट गया। लेकिन अन्ना की सक्रियता ज़्यादा न होने से कई सवाल भी पैदा हो गये हैं। वो बीच में दिल्ली तो आते-जाते रहे लेकिन जिस तरह से आन्दोलन को आगे ले जाने के लिए दिल्ली में उनकी मौजूदगी होनी चाहिए वो नहीं दिखी। पहले बात हुई थी कि वो देशभर का दौरा करेंगे। मई से उनका कार्यक्रम भी लगभग तय था लेकिन न जाने क्यों उनका मन बदल गया या फिर उनके कार्यक्रम में बदलाव आया। महाराष्ट्र में लोकायुक्त क़ानून लाने के लिए वो वहाँ के सभी जिलों के दौरे पर निकल पड़े। इस आन्दोलन में दिल्ली की उनकी टीम के सदस्य ग़ायब थे। न अरविन्द केजरीवाल और न ही किरण बेदी और न प्रशान्त भूषण, मनीष सिसोदिया। लिहाज़ा अफ़वाहों का बाज़ार गरम हो गया।

अन्ना अगस्त आन्दोलन के बाद एक अखिल भारतीय शख़्सियत बन गये हैं। ऐसे में लोकपाल आन्दोलन के बाद सिर्फ़ लोकायुक्त लाने के लिए अकेले महाराष्ट्र तक ख़ुद को सीमित करना समझ में नहीं आया। अब देश उनसे बड़े-बड़े काम की अपेक्षा करता है। उनसे उम्मीद की जा रही थी कि लोकपाल पर लड़खड़ाती सरकार और राजनीतिक दलों को वो नये सिरे से सबक़ सिखायें, लेकिन वो ऐसा करते नहीं दिखे। उल्टे बाबा रामदेव ने काले धन के मसले पर नये सिरे से अपने को स्थापित करने को कोशिश की। पिछली बार रामलीला मैदान से वो जिस तरह से भागे थे, जिस तरह से सरकार के साथ उनके साँठ-गाँठ का भंडाफोड़ हुआ था, जिस तरह से उनके करीबियों पर सरकार की तरफ़ से हमला हुआ ख़ास तौर पर बालकृष्ण पर, यह लगने लगा था कि बाबा रामदेव अब उठ नहीं पायेंगे। लेकिन रामदेव न केवल उठ खड़े हुए बल्कि केन्द्र की सरकार को नये सिरे से चुनौती भी दे रहे हैं और पूरे देश का दौरा कर लोगों को काले धन पर सरकार की नाकामी के ख़िलाफ़ लामबन्द भी कर रहे हैं। अन्ना इस उम्मीद पर खरे उतरते नहीं दिखे। लिहाज़ा टीम में भी कुछ निराशा दिखी।

आज़ादी की लड़ाई के समय गाँधीजी आन्दोलन को दो हिस्से में बाँटकर रखते थे। युद्ध समय और शान्ति समय। गाँधीजी को यह अन्दाज़ा था कि पार्टी

और कार्यकर्ताओं को हमेशा युद्ध के 'मोड' में नहीं रखा जा सकता। नमक तोड़ो आन्दोलन, सविनय अवज्ञा आन्दोलन, अंग्रेजों भारत छोड़ो जैसे बड़े आन्दोलनों के समय कार्यकर्ता तो उत्साहित रहता ही है, उसकी ऊर्जा उफान पर रहती है लेकिन जब आन्दोलन सड़क पर नहीं होता, यानी शान्ति रहती है तब कार्यकर्ताओं के मनोबल को बनाये रखना और उनको लगातार आन्दोलन से जोड़े रखने के लिए यह ज़रूरी होता है कि किसी ऐसे काम में लगे रहें जिससे उनको आन्दोलन और इस बहाने राष्ट्र निर्माण जैसे महान कार्य से जुड़े रहने और ख़ुद के सार्थक बने रहने का एहसास बना रहे। इसीलिए गाँधीजी चरखा कातने, गाँवों में लोगों की सेवा करने, दलित बस्तियों में काम करने जैसे सामाजिक कामों में कार्यकर्ताओं को व्यस्त रखते थे। लेकिन दिसम्बर के बाद ऐसे कुछ कार्यक्रमों का ऐलान तो हुआ, अमल नहीं हुआ। लिहाज़ा आन्दोलन के कार्यकर्ताओं में थोड़ी दिशाहीनता और अनमनस्कता दिखी। ऐसे में 25 जुलाई से जन्तर मन्तर पर टीम अन्ना के अनशन पर बैठना एक भरोसा तो देता है लेकिन फिर मन में यह सवाल भी कसमसाता है कि अन्ना ने क्यों नहीं पहले की तरह आन्दोलन का ऐलान किया और ख़ुद अनशन पर बैठते। इस बार टीम अनशन पर बैठ रही है। अन्ना की उम्र और स्वास्थ्य की वजह से यह फ़ैसला लिया गया है। लेकिन देश के एक बड़े तबक़े को अब भी अन्ना और उनकी टीम से 'आन्दोलन-के-एक-बड़े-खाके' की उम्मीद है। भविष्य का 'टोटल-ब्लूप्रिंट' क्या उनके पास है? असल सवाल अब यह है। और इस सवाल से ही जुड़ा है देश के अन्दर भ्रष्टाचार से अलग एक नये राजनीतिक विकल्प की सम्भावना। वरना सुगबुगाहटों का क्या वो तो होती ही रहती हैं।

दैनिक भास्कर, 04.06.2012

संजय जोशी तो बहाना हैं

क्या बीजेपी में 'वाजपेयी-आडवाणी युग' का अन्त हो गया है? पिछले दिनों की घटनाएँ कुछ ऐसे ही संकेत दे रही हैं। संजय जोशी को बीजेपी की राष्ट्रीय कार्यकारिणी की बैठक से बाहर करने का फ़ैसला इसकी शुरुआत है। अगर यह नरेन्द्र मोदी की खुन्दक का नतीजा होता तो यह अध्याय मुम्बई में ही ख़त्म हो जाता। लेकिन जोशी को पार्टी से मुक्त करने के क़दम ने मेरी इस धारणा को और पुष्ट किया है। अब तक धुँधली तस्वीर स्पष्ट की है। यह घटना महज़ जोशी को पार्टी से बाहर का रास्ता दिखानेभर की नहीं है और न ही दो पुराने दोस्तों की दुश्मनी की तार्किक परिणति। मामला इससे कहीं आगे का है।

मुम्बई में पार्टी की कार्यकारिणी की बैठक के बाद होनेवाली रैली में आडवाणी और सुषमा स्वराज ने निजी कारण बताकर शिरकत नहीं की, तभी मेरा माथा ठनका था। ऐसा शायद पहली बार हुआ था कि आडवाणी जिन्हें बीजेपी में युगपुरुष माना जाता है, ने रैली की जगह अपने किसी निजी कार्यक्रम को तरज़ीह दी। सुषमा का भी वही तर्क यानी ग़ाज़ियाबाद में किसी कार्यक्रम में शामिल होना पार्टी की रैली से ज़्यादा ज़रूरी। दो नेता एक क़दम। अनायास नहीं हो सकता। मुझे समझ में आने लगा कि खेल कुछ और है? आडवाणी और सुषमा की अनुपस्थिति में मुम्बई की पूरी रैली नरेन्द्र मोदीमय हो गयी और सन्देश यह आया कि वो पार्टी के सबसे बड़े नेता हैं। लेकिन यह उपलब्धि अधूरी थी। सुषमा के बारे में दिल्ली के गलियारों में यह चर्चा है कि आरएसएस उनमें प्रधानमन्त्री का अक्श देखता है और आडवाणी तो आडवाणी हैं ही। उम्र के इस पड़ाव पर भी वो पार्टी के सबसे सम्मानित और सबसे बड़े नेता।

दिल्ली में जोशी से पार्टी का सारा कार्यभार ले लिया जाये और उन्हें राजनीतिक बनवास दे दिया जाये और ये दोनों नेता फिर भी चुप? वो भी तब जब कि इस फ़ैसले के पहले बीजेपी के मुखपत्र कमल सन्देश ने लिखा—'ये कहना कि सिर्फ़ मेरी बात चलेगी। इससे पार्टी या संस्था तो दूर परिवार भी नहीं चलता। जब कोई कामयाबी

की सीढ़ी चढ़ता है तो उसकी समझ भी बढ़नी चाहिए, लेकिन यह विडम्बना है कि जो शिखर पर पहुँच जाता है वो दूसरों को नीचा दिखाने की कोशिश करता है। यह जानते हुए भी कि एक दिन उसे भी नीचे आना है।' कमल का सन्देश साफ़ था। निशाने पर मोदी थे और जोशी को हटाने पर नाराज़गी जतायी गयी थी। और यह भी इशारों में कहा गया कि संघपरिवार और बीजेपी ने अपनी संगठन की आत्मा के साथ समझौता किया है। संघ के मुखपत्र पांचजन्य ने भी काफ़ी कुछ इस लाइन पर लिखा और साथ ही तरुण भारत ने भी। संघ के पुराने बुजुर्ग नेता एम.जी. वैद्य ने तो कैमरे के सामने बोल भी दिया। यह बात आम है कि मुम्बई के बर्ताव से पार्टी के कार्यकर्ताओं का एक तबक़ा ख़ासा नाराज़ है। वो पूछ रहा है कि संघ के लिए निःस्वार्थ भाव से काम करनेवाले एक स्वयंसेवक के साथ इस तरह का व्यवहार क्यों? मुझे लगा कि कम से कम आडवाणी तो बोलेंगे या फिर सुषमा कुछ इशारा करेंगी। आडवाणी ने सिर्फ़ ब्लॉग लिखा लेकिन उनके निशाने पर मोदी नहीं गडकरी थे, उनकी कार्यशैली थी। यानी पार्टी के दो सबसे बड़े नेताओं ने पूरे प्रकरण पर रहस्यमय चुप्पी साधे रखी।

उधर मोदी ने सही वक़्त पर अपना दाँव चला। जोशी को पार्टी में लाते ही वो विरोध कर सकते थे, नहीं किया। जोशी को यूपी की ज़िम्मेदारी सौंप दी गयी, वह चुप रहे। नाराज़गी दिखायी, प्रचार नहीं किया लेकिन जोशी को बाहर करने की कोई शर्त नहीं रखी। जैसे ही यूपी में बीजेपी ने मुँह की खाई मोदी का पारा चढ़ गया। राष्ट्रीय कार्यकारिणी के बॉयकाट की धमकी दे दी गुजरात की पूरी इकाई के साथ। इस बात के संकेत भी दिये कि वो पार्टी भी छोड़ सकते हैं। मोदी का वार काम कर गया। पार्टी को तय करना पड़ा कि वो मोदी की क़ीमत पर जोशी को रख सकती है या नहीं। सारे बड़े नेताओं की उपस्थिति में फ़ैसला हुआ कि जोशी को जाना पड़ेगा। यानी मोदी को पता चल गया कि पार्टी उन्हें छोड़ने का जोखिम नहीं मोल ले सकती। यह मोदी के लिए बड़ी जीत थी और इस बात का इशारा भी कि संघपरिवार और बीजेपी के पास उनके सामने झुकने के अलावा कोई चारा नहीं। मोदी जैसे नेता के लिए यह काफ़ी था। जोशी को पार्टी से बाहर करो। जोशी बाहर यानी संघपरिवार और बीजेपी पूरी तरह नतमस्तक। मोदी चाहते तो मुम्बई प्रकरण के बाद चुप भी रह सकते थे। लेकिन वो इन्तज़ार नहीं करना चाहते। लोहा गर्म था, चोट होनी चाहिए। क्योंकि दूसरी बार जोशी तो सिर्फ़ बहाना हैं। उनके निशाने पर कुछ और है। लिहाज़ा मोदी ने अपने जीवन की सबसे बड़ी चाल चली।

मोदी ने एक तीर से पाँच शिकार किये। एक, पार्टी में एक पुराना दुश्मन हमेशा के लिए धराशायी। दो, पार्टी के अन्दर यह साफ़ करना कि उनकी अनदेखी करना अब राष्ट्रीय नेताओं और संघपरिवार के लिए सम्भव नहीं। तीन, ख़ुद को पार्टी का

सबसे बड़ा नेता साबित करना। चार, 2014 के लोकसभा चुनाव के लिए प्रधानमन्त्री पद के उम्मीदवार के तौर पर अपनी दावेदारी को बिना लागलपेट रखना। पाँच, पार्टी में अपने प्रतिद्वन्द्वियों को साफ़ सन्देश देना कि वो जोशी प्रकरण से सबक़ लें और उनका विरोध करने की जुर्रत करने से पहले अच्छे से सोच लें।

आज की तारीख़ में बीजेपी के पास मोदी से बड़ा करिश्माई और जनाधारवाला नेता नहीं है। दंगों के दाग़ के बावजूद विकास पुरुष की भी उनकी छवि है। सुषमा स्वराज, अरुण जेटली, राजनाथ सिंह, अनन्त कुमार, वेंकैया नायडू इस मामले में मोदी का मुक़ाबला नहीं कर सकते। यहाँ तक कि शिवराज सिंह चौहान, रमन सिंह और वसुन्धरा राजे भी मोदी के सामने छोटे ही हैं। लेकिन मोदी की राह में प्रक्रियाजन्य रोड़े तो अटकाये ही जा सकते हैं। और गठबन्धन की राजनीति का मायाजाल फैलाकर मोदी की महत्वाकांक्षा पर ग्रहण तो लगाया ही जा सकता है। ऐसे में मोदी को अभी से क़दम उठाना था ताकि यह साफ़ हो कि दोस्त कौन है, दुश्मन कौन। बीजेपी के बड़े नेता इस सच्चाई से रूबरू हैं कि मोदी से दुश्मनी लेने का नतीजा क्या होता है? लेकिन एक और सच्चाई भी है। गुजरात में मोदी के हाथ में सत्ता आते ही सारे बड़े नाम हाशिये पर धकेल दिये गये। किसी को शक हो तो वो केशुभाई पटेल, कांशीराम राणा, सुरेश मेहता, गोवर्धन झड़पिया से पूछ ले। बच गये सिर्फ़ वो जो मोदी का गुणगान करते हैं। तो क्या जोशी प्रकरण ने ख़तरे की घंटी बजा दी है?

हिन्दुस्तान, 11.06.2012

चुनौती का माकूल जवाब

ममता बनर्जी से काँग्रेस के नेता इस वक़्त काफ़ी नाराज़ हैं, खिसियाये हुए भी। क्योंकि ममता से पहले किसी ने सोनिया को इस तरह सार्वजनिक तौर अपमानित करने का काम नहीं किया था। पर आज से काफ़ी साल बाद जब वो पलटकर देखेंगे तो शायद ख़ुश होंगे। शायद ममता का एहसान भी मानें। ममता ने उस सोनिया गाँधी को जगा दिया है जिसने जब काँग्रेस की बागडोर सँभाली थी तब किसी ने उन्हें इस लायक नहीं समझा था कि वो केसरी की कृपा से आख़िरी साँसें ले रही काँग्रेस में जान फूँक पायेंगी। सोनिया के सामने तब सबसे बड़ी चुनौती थी पार्टी और पार्टी के बाहर ख़ुद को स्थापित करना। सोनिया ने इन्दिरा गाँधी को काम करते देखा था। उनके निष्ठुर और निरंकुश स्वभाव से वाक़िफ़ थीं। पति राजीव गाँधी माँ से अलग थे। इन्दिरा गाँधी की तरह लोग राजीव गाँधी से डरते नहीं थे। राजीव सबसे घुलामिला करते थे। उनकी भलमनसाहत का उनके करीबियों ने ख़ूब फ़ायदा उठाया और उनकी पीठ में छूरा मारने का भी काम किया। सोनिया ने अपनी सास और पति दोनों की राजनीतिक शैली को काफ़ी करीब से देखा और समझा। उन्होंने पति से राजनीतिक शालीनता तो ग्रहण कर ली लेकिन इस शालीनता को कमज़ोरी नहीं बनने दिया। सास की तरह पार्टी पर इस्पाती नियन्त्रण और अपने प्रति निजी निष्ठा को विशेष तौर पर तरज़ीह दी। ज़रूरत पड़ने पर निष्ठुर होने से भी गुरेज नहीं किया। धीरे-धीरे पार्टी पर उनका नियन्त्रण बढ़ता गया।

लेकिन राजनीति के रेगिस्तान में अभी उनका असली टेस्ट होना बाक़ी था। सन 1999 में जयललिता और सुब्रह्मण्यम स्वामी की वजह से वाजपेयी सरकार एक वोट से गिर गयी। सोनिया ने राष्ट्रपति भवन परिसर में दावा किया कि उनके पास सरकार बनाने लायक 272 वोट हैं। मुलायम सिंह यादव ने उन्हें समर्थन का वादा किया था। ऐन वक़्त पर मुलायम ने गच्चा दे दिया, सोनिया हक्की-बक्की रह गयीं। पार्टी के अन्दर और बाहर लोगों को लगा कि राजनीति उनके बस का खेल नहीं। यह सोनिया गाँधी की लीडरशिप को पहली सबसे बड़ी चुनौती थी। सोनिया ने इस

वाक़िये से सीखा कि किसी पर आँख मूँदकर भरोसा नहीं करना चाहिए। ख़ुद को सँभालते हुए वो आगे बढ़ीं। आश्चर्यजनक रूप से 2004 चुनाव बीजेपी हार गयी। सोनिया के सामने दूसरी सबसे बड़ी चुनौती मुँहबाये खड़ी थी। इन्दिरा गाँधी से मिला अनुभव कह रहा था कि किसी पर विश्वास करना ठीक नहीं। प्रधानमन्त्री की कुर्सी किसी और को देना ख़तरे से ख़ाली नहीं। लेकिन राजनीति की व्यावहारिकता यह भी कह रही थी कि एक विदेशी को प्रधानमन्त्री नहीं बनना चाहिए। फ़ैसला बहुत मुश्किल था, ख़ासतौर से 1999 के मुलायम के अनुभव और बोफ़ोर्स के बाद पति राजीव के साथ किये गये अपनों के बर्ताव के सन्दर्भ में। लेकिन सोनिया ने लीडरशिप दिखायी। मनमोहन सिंह पर यकीन किया।

मनमोहन सिंह की सरकार अपनी रफ़्तार से चलती रही। देश तरक़्क़ी करता गया। 2007 में न्यूक्लियर डील ने नयी स्थिति को जन्म दिया। मनमोहन सिंह हर हाल में अमेरिका से डील करना चाहते थे। इसके लिए अपनी सरकार को कुर्बान करने के लिए भी तैयार थे। सोनिया क्या करें? मनमोहन की बात मानें या न मानें। मानने पर सरकार जाने का ख़तरा और न मानने पर एक निहायत विश्वासपात्र साथी खोने का संकट। सोनिया मनमोहन के साथ खड़ी रहीं। सरकार गिरते-गिरते बची। पार्टी, सरकार, प्रधानमन्त्री और सोनिया पहले से ज़्यादा मज़बूत होकर निकले। 2009 के चुनाव ने इसको साबित भी किया। सोनिया सही थीं और लेफ़्ट ग़लत।

सोनिया की लीडरशिप के सामने अभी सबसे बड़ा संकट आना बाक़ी था। 2009 ख़त्म होते ही छः तरह के संकट ने पार्टी और सरकार को घेर लिया। एक, घोटालों की चुनौती। एक के बाद एक सामने आते घोटाले। दो, संवैधानिक संस्थाओं की चुनौती–हाईकोर्ट और सुप्रीम कोर्ट से निरन्तर मिलती फटकार और कैग द्वारा नित नये घोटालों का भंडाफोड़। तीन, सिविल सोसायटी की चुनौती–अन्ना और रामदेव का आन्दोलन। चार, सहयोगी दलों की चुनौती–ममता का बर्ताव। पाँच, मीडिया की चुनौती–ख़ासतौर से न्यूज़ चैनलों की सरकार विरोधी आक्रामकता। छः, इंडस्ट्री की चुनौती–गिरती अर्थव्यवस्था और उद्योगपतियों की सरकार से निराशा। नतीजा सरकार की साख रसातल में पहुँच गयी। सरकार ने फ़ैसले लेने बन्द कर दिये। लोग कहने लगे कि सरकार को लकवा मार गया। एक तरह की अराजकता दिखने लगी। सोनिया की बीमारी ने आग में घी का काम किया। राहुल की लीडरशिप हाथ में लेने में झिझक ने संकट और गहरा दिया। ऐसे में राष्ट्रपति चुनाव में ममता-मुलायम का प्रेस कॉन्फ्रेन्स करके सोनिया के बताये उम्मीदवारों को सार्वजनिक तौर पर नकारने पर मुझे हैरानी नहीं हुई।

सरकार और पार्टी इक़बाल से चलती है। बीते दिनों यह इक़बाल ख़त्म हो गया था। सोनिया के पास अब ख़ुद को स्थापित करने के अलावा और कोई चारा

न था। ममता-मुलायम की जुगलबन्दी ने सोनिया की ईगो को ललकारने का काम किया। पर्दे के पीछे लेन-देन चलता है। एक-दूसरे को आँख दिखाने पर भी दिक़्क़त नहीं होती लेकिन अगर सैकड़ों टीवी चैनलों की मौजूदगी में कोई देश की सबसे बड़ी पार्टी और गठबन्धन की नेता को आँख दिखाये और नेता चुप रहे, पलटकर जवाब न दे तो नेता की मिट्टी तो पलीद होगी ही। पार्टी और सरकार का मनोबल भी गिरता है। अगर नेता की ही इज़्ज़त नहीं है तो फिर किस काम की सरकार और किस काम की पार्टी। मुलायम और ममता ने सरकार और पार्टी के मर्म पर चोट की थी। जिसको सहने का मतलब था अपनी क़ब्र खोदना। नेहरू-गाँधी परिवार के लिए इससे बड़ा अपमान नहीं हो सकता। सोनिया ने जवाब दिया। चन्द घंटों में ही सोनिया ने खेल पलट दिया। न जाने क्या जादू हुआ, कौन सी फ़ाइल खुली कि मुलायम ने ममता का पल्लू छोड़ दिया। अगली शाम ममता ने ख़ुद को अलग-थलग पाया। न केवल प्रणब मुखर्जी उम्मीदवार घोषित हुए बल्कि उनकी जीत भी सुनिश्चित हो गयी। सोनिया ने साबित कर दिया कि बीमारी के बावजूद उनमें अभी भी पुराना दमखम बाक़ी है।

ममता कांड आनेवाले दिनों में सरकार के लिए वरदान साबित होगा। इस कांड ने सरकार और पार्टी के अन्दर घर कर गये 'हार-के-डर' को ख़त्म कर दिया है। गहरे बैठी 'जड़ता' को ख़त्म करने का काम किया है। सरकार और पार्टी 'नयी-ऊर्जा' के साथ काम करती नज़र आयेगी और सरकार के स्तर पर जो 'प्रशासनिक-लकवापन' हावी हो गया था वो दूर होगा और आर्थिक सुधारों पर 'रुके-फ़ैसलों' को नये सिरे से गति मिलेगी। यानी देश जिस 'अराजक' हाल में पहुँच गया था उससे निकलने की प्रक्रिया शुरू होगी। और इसके लिए काँग्रेस पार्टी, सरकार और सोनिया को ममता का शुक्रिया अदा करना होगा।

दैनिक भास्कर, 18.06.2012

बदलती राजनीति में नीतीश का दाँव

राजनीति साँप-सीढ़ी का खेल है। कभी आसमान पर, तो कभी ज़मीन पर। कभी लोगों का हुजूम, तो कभी आदमी के दर्शन को भी तरसने लगे आँखें। कभी देश के सबसे ताक़तवर लोगों में गिनती, तो कभी मज़ाक़ उड़ाते लोग। लालू यादव और नीतीश कुमार से बेहतर इस खेल को कोई नहीं समझ सकता। कभी दोनों साथ थे। एक-दूसरे के दोस्त। महत्वाकांक्षी। देवीलाल की वजह से लालू समय से बहुत पहले बिहार के मुख्यमन्त्री बन गये। मंडल कमीशन ने पिछड़ों का मसीहा बना दिया। नीतीश भी मंडल की कृपा से अचानक बड़े नेता हो गये, पर लालू कहीं आगे निकल चुके थे। दोनों की महत्वाकांक्षा टकरायी, दोनों अलग हो गये। 1995 में नीतीश कुमार ने समता पार्टी बना ली, जो अब जनता दल युनाइटेड है। लालू यादव तब बेहद ताक़तवर थे। नीतीश पिछड़ों के नेता होने के बाद भी राजनीतिक अस्तित्व की लड़ाई लड़ रहे थे।

राजनीतिक मजबूरी ने नीतीश को बीजेपी के करीब ला दिया। वाजपेयी की सरकार में मन्त्री बन गये। लालू जेल भी गये, पर उनकी राजनीतिक हैसियत पर कोई असर नहीं पड़ा। यह अलग बात है कि बिहार से विकास रूठ गया। बिहार मज़ाक़ का नाम हो गया। नीतीश ने कोशिश बहुत की, मगर कुछ हासिल न हुआ। यहाँ तक कि 2004 के चुनाव में लोकसभा की अपनी पारम्परिक सीट गँवा दी थी, हालाँकि एक जगह से वह जीत गये थे। सबने नीतीश को चुका हुआ मान लिया था। लेकिन क़िस्मत ने लालू का साथ छोड़ना तय कर लिया था, इसकी भनक न लालू को थी और न ही नीतीश को। 2005 में विधानसभा चुनाव हुआ। 15 साल के लालू राज का अन्त हो गया। अब नीतीश अर्श पर थे और लालू फ़र्श पर। जो लालू ने कभी सोचा न था, वह हो गया। बिहार ने मज़ाक़ बनने से इनकार कर दिया था। नीतीश कुमार समझ चुके थे कि लालू की राजनीति को ही अगर आगे बढ़ाया, तो इतिहास फिर मौक़ा नहीं देगा। नीतीश ने जातियों का सन्तुलन बनाया। धर्म की बिसात बिछायी, पर सबसे बड़ा काम किया यह साबित करके कि बिहार

में विकास हो सकता है। जहाँ क़ानून-व्यवस्था के नाम पर माफ़िया राज था, जहाँ सड़कें पटना के बाद ग़ायब हो गयी थीं, जहाँ जीवन त्रासदी बन गया था, वहाँ एक बार फिर रौनक लौटने लगी। गुंडे-बदमाश हवा हो गये। बड़े-बड़े रंगदार और दस नम्बरी पुलिस की वर्दी देखते ही काँपने लगे।

राजनीति और अपराध की जुगलबन्दी टूटी, तो सड़कें भी बनने लगीं। लोगों को यकीन होने लगा कि बिहार में रहकर भी जीवन-यापन हो सकता है। ज़िन्दगी ख़ुशियाँ मना सकती है। बच्चे देर रात तक घर के बाहर घूम सकते हैं। नीतीश ने बिहार का आत्मविश्वास लौटा दिया था। आत्मविश्वास लौटा, तो विकास का रथ भी भागने लगा। बिहार अब प्रार्थना करने लगा कि हे भगवान, लालू को फिर मत लाना। लगातार दूसरे साल बिहार की विकास दर देश में सबसे आगे दिखी। इस साल भी 13 फ़ीसदी के साथ वह नम्बर एक राज्य है। बिहार का आत्मविश्वास लौटा, तो आत्म-गौरव भी हिलोरें मारने लगा। नीतीश कुमार की महत्वाकांक्षा ने भी उछाल मारी। बिहार का आसमान थोड़ा छोटा पड़ने लगा। प्रधानमन्त्री बनने का सपना पलने लगा। लेकिन नीतीश जानते हैं कि उनकी पार्टी अपने बल पर उनका यह ख़्वाब पूरा नहीं कर सकती। वह इस राज से अच्छी तरह वाक़िफ़ हैं कि एनडीए गठबन्धन की तरफ़ से जब भी कोई प्रधानमन्त्री पद का उम्मीदवार होगा, तो वह बीजेपी से ही होगा। कभी यह ख़्वाब लालू ने भी देखा था और मुलायम सिंह यादव ने भी। लालू का ख़्वाब तो अब पूरा होता दिखता नहीं। मुलायम सिंह ज़रूर विधानसभा चुनावों में जीत के बाद तगड़े दावेदार हैं। और ये तीनों सेक्युलर ज़मीन पर ही अपनी दावेदारी का खम ठोंक सकते हैं। इस मामले में नीतीश का दावा थोड़ा कमज़ोर पड़ता है।

बीजेपी से उनकी दोस्ती, वाजपेयी सरकार में मन्त्री पद, 2002 के गुजरात दंगों के बाद भी कैबिनेट में बने रहने की हिमाकत और बिहार में बीजेपी की मदद से सरकार बनाना, मुख्यमन्त्री बनने के बाद उनकी सरकार में आरएसएस के स्वयंसेवकों की मौजूदगी उनकी दावेदारी को मुलायम के सामने थोड़ा हल्का करती है। लिहाज़ा नीतीश ने अभी से गोटियाँ बिछानी शुरू कर दी। नीतीश जानते हैं कि मुलायम उनसे विकास के नाम पर जीत नहीं सकते। सेक्युलरिज़्म पर ज़रूर उन्हें मात दे सकते हैं। लिहाज़ा नीतीश ने सही टाइमिंग के साथ नरेन्द्र मोदी पर वार कर दिया। उन्होंने बिना नाम लिये कहा कि एनडीए का प्रधानमन्त्री पद का उम्मीदवार सेक्युलर और लोकतान्त्रिक मूल्यों में आस्था रखनेवाला शख़्स होना चाहिए। उन्होंने मोदी के विकास की खिल्ली भी उड़ायी। कहा, विकसित राज्य में विकास करना कोई उपलब्धि नहीं। ग़रीब राज्य का विकास करें, तो कोई बात है।

नीतीश का निशाना सटीक बैठा। बीजेपी तो चुप रही, लेकिन मोहन भागवत

बोल बैठे। प्रधानमन्त्री हिन्दुत्ववादी क्यों नहीं हो सकता? नीतीश यही चाहते थे। उन्होंने साबित कर दिया कि वह अकेले हैं, जो आरएसएस से भिड़ सकते हैं तथा मोदी का रथ रोक सकते हैं। और ऐसा काम करनेवाले के सेक्युलरिज़्म पर सवाल खड़े नहीं किये जा सकते। नीतीश का गणित बहुत साफ़ है। उनको लगता है कि काँग्रेस की अगुवाईवाली मनमोहन सिंह सरकार अलोकप्रिय हो गयी है। बीजेपी का अन्तर्कलह उसे काँग्रेस का सशक्त और स्वाभाविक विकल्प बनने नहीं देगा। ऐसे में त्रिशंकु लोकसभा की सम्भावना प्रबल है। त्रिशंकु लोकसभा की स्थिति में तीसरा मोर्चा सत्ता का सबसे बड़ा दावेदार होगा और तब मोर्चे को होगी प्रधानमन्त्री के उम्मीदवार की ज़रूरत। नीतीश इस रेस में पीछे नहीं रहना चाहते। बिहार को जिस तरह से वह विकास की पटरी पर ले आये हैं, भागलपुर के दंगाइयों को सज़ा दिलवायी है और अब मोदी को रोकने का काम कर रहे हैं, वैसे में सम्भावित मोर्चे से प्रधानमन्त्री पद के सबसे स्वाभाविक उम्मीदवार वही हैं।

वह यह भी जानते हैं कि ज़रूरत पड़ने पर बीजेपी को नीतीश का समर्थन करने में दिक़्क़त नहीं होगी, क्योंकि मुलायम या नवीन पटनायक से तो बेहतर ही होंगे नीतीश। (अब अगर मोदी ही बीजेपी के सर्वेसर्वा हो गये, तो बात अलग है) और अगर कहीं काँग्रेस के समर्थन की ज़रूरत पड़े, तो उनके सेक्युलरिज़्म पर दाग़ न हो, यह बात नीतीश अभी से पक्का कर लेना चाहते हैं। विकास, कुशल प्रशासन और सेक्युलरिज़्म का यह कॉकटेल ज़ोरदार है। भ्रष्टाचार के आरोप न होना उन्हें मुलायम से और अलग कर देता है। नीतीश की पोजीशनिंग अच्छी है, लेकिन यह नहीं भूलना चाहिए की राजनीति साँप-सीढ़ी का खेल है।

हिन्दुस्तान, 25.06.2012

एक हैं प्रणब दा

प्रणब मुखर्जी से मिला तो कई बार लेकिन दो मुलाक़ात मैं कभी नहीं भूल पाया। उन दिनों मैं आजतक में था। उपचुनावों पर कार्यक्रम था। प्रणब मुखर्जी को स्टूडियो में बहस के लिए बुलाया गया था। राजनाथ सिंह उत्तर प्रदेश के मुख्यमन्त्री थे। स्टूडियो में उनका लाइव चल रहा था। प्रणब दा को इन्तज़ार करना पड़ गया। इन्तज़ार लम्बा खिंच गया। आधे घंटे से ज़्यादा। अचानक वह उठे और लिफ़्ट की तरफ़ जाने लगे। वह गुस्से में लग रहे थे, मैं उनके पीछे लपका। लिफ़्ट तक जाते-जाते मैंने कहा, 'सॉरी सर, देर हो गयी'। अचानक प्रणब मुखर्जी फट पड़े। 'यू शुड'। 'आई एम रियली सॉरी'। 'यू शुड बी सॉरी'। 'सर प्लीज़ आप मत जाइये'। 'मैं जानता हूँ क्यों तुम लोग ऐसा कर रहे हो'। वो समझ गये थे कि राजनाथ सिंह, उत्तर प्रदेश के मुख्यमन्त्री, स्टूडियो में, और चैनल इस मौक़े को चूकना नहीं चाहता था। मैं किसी तरह उनको मनाके ले आया। दूसरा मौक़ा। मैं IBN7 में था। हॉट सीट कार्यक्रम के लिए उनका इंटरव्यू करने गया था। वो विदेश मन्त्री थे। चीन से मामला गरम था। इंटरव्यू ठीक-ठाक चल रहा था। मैं सावधान था। आख़िर में चीन पर एक के बाद एक दो सवाल पूछ दिये। उन्होंने जवाब दिया। मैंने एक और दाग़ दिया। अचानक भूचाल आ गया। माइक फेंककर खड़े हो गये। इंटरव्यू बीच में ही ख़त्म। थोड़ी दूर जाकर पूरी आवाज़ में बोले। 'आई डोंट वांट टू बी इंटेरोगेटेड'। मैं हक्का-बक्का। मैं कुछ कहता वो अपने चैम्बर में जा चुके थे। मैसेज भिजवाया। थोड़ी देर बाद अन्दर बुलाया। मैं घुसा ही था कि उनकी आवाज़ कानों में गयी। 'आई एम सॉरी, आई शुड नाट हैव लास्ट माई कूल'। थोड़ी देर बात करने के बाद मैं चला आया। अगले दिन सन्देश आया कि उन्होंने हमें चाय पर बुलाया है। शायद यह उनका तरीक़ा था हमसे यह कहने का मुझसे ग़लती हो गयी।

प्रणब मुखर्जी गरम मिजाज़ नहीं थे। बाद में होने लगे थे। रिपोर्टरों को तो उनकी डाँट खाने की आदत हो गयी थी। संसद के अन्दर भी अक्सर गुस्सा हो जाया करते थे। सांसदों और विपक्ष के नेताओं को भी नहीं बख्शते थे। मैं कई ऐसे

मन्त्रियों को जानता हूँ जिनकी प्रणब दा के कमरे में जाने के पहले हालत ख़राब रहती थी। गरम मिजाज़ी के बाद भी उनके सम्मान में किसी तरह की कमी नहीं थी। संसद के अन्दर और बाहर, सत्ता पक्ष और विपक्ष दोनों ही उनकी काबिलियत और अनुभव के कायल थे। कहने को प्रणब मुखर्जी सरकार में वरिष्ठ मन्त्री थे। हक़ीक़त में मनमोहन सरकार की जान प्रणब मुखर्जी में ही छिपी थी। पार्टी का मामला हो या फिर सरकार का, संकट आया नहीं कि दादा की पुकार मच गयी। नीतिगत बातें हों या फिर राजनीतिक, हर मर्ज की दवा प्रणब मुखर्जी। एक ज़माने में पचास से अधिक मन्त्रियों के समूह के अध्यक्ष। सरकार के हर काम में दख़ल। 2009 के चुनाव के बाद तो लोग खुलेआम कहने भी लगे थे कि मनमोहन सिंह देश के प्रधानमन्त्री हैं लेकिन सरकार चलाते प्रणब मुखर्जी हैं।

पिछले दिनों सरकार की हालत ख़राब हुई, प्रधानमन्त्री को बदलके सरकार के चेहरे को दुरुस्त करने की बात हुई, प्रणब मुखर्जी का नाम लिया जाने लगा। हालाँकि हर कोई जानता था कि प्रणब मुखर्जी का बनना नामुमकिन है। कारण भी सबको पता है। सोनिया गाँधी उन पर उस तरह से भरोसा नहीं कर सकतीं जिस तरह वो मनमोहन सिंह पर करती हैं। फिर लोग अतीत का एक टुकड़ा उठा लाते। इन्दिरा गाँधी की मौत की ख़बर। मौत के वक़्त राजीव गाँधी और प्रणब मुखर्जी का प. बंगाल के दौरे पर एक साथ एक प्लेन पर होना। राजीव का पूछना कि ऐसी स्थिति में क्या होना चाहिए। प्रणब का कहना कि सीनियर मोस्ट मन्त्री को प्रधानमन्त्री की ज़िम्मेदारी दी जाती है जैसे गुलजारी लाल नन्दा को नेहरू और शास्त्री की मौत के बाद नया प्रधानमन्त्री चुने जाने तक ज़िम्मेदारी दी गयी थी। लोगों ने राजीव गाँधी को समझा दिया प्रणब मुखर्जी की नज़र प्रधानमन्त्री की कुर्सी पर थी। बाद में राजीव और प्रणब मुखर्जी के रिश्ते ख़राब हुए। दादा को काँग्रेस छोड़नी पड़ी। राजीव ही उन्हें दोबारा काँग्रेस में लेके भी आये। नरसिंहा राव प्रधानमन्त्री बने, प्रणब मुखर्जी को योजना आयोग का उपाध्यक्ष बनाया और बाद में विदेश मन्त्री। लेकिन नेहरू-गाँधी परिवार और प्रणब के बीच गाँठ रह गयी। उनकी इमेज एक अनुभवी, अत्यन्त गुणी लेकिन शातिर नेता की बनी जिससे काम तो लिया जा सकता है, यकीन नहीं किया जा सकता। वो यूपीए सरकार में हर मर्ज की दवा बन गये। हर ताले की कुंजी लेकिन प्रधानमन्त्री निवास जानेवाले घर के दरवाज़े के ताले की चाभी उनके लिए गुम हो गयी। उनके करीबी जानते हैं कि यह बात प्रणब दा को हमेशा सालती रही। अन्दर ही अन्दर वो चाहते भी थे प्रधानन्त्री बनना। ट्रेजडी कि उन्हें उन मनमोहन सिंह को रिपोर्ट करना पड़ता था जिनको ख़ुद उन्होंने वित्त मन्त्री रहते रिजर्व बैंक का गवर्नर नियुक्त किया था।

प्रणब मुखर्जी एक बार फिर बॉस बन रहे हैं। राष्ट्रपति बनना तय है। अब फिर

प्रधानमन्त्री मनमोहन सिंह को उन्हें रिपोर्ट करना होगा। प्रधानमन्त्री न बन पाने की खलिश तब भी उनके मन रहेगी। बिल्कुल उसी तरह जैसे नेहरू-गाँधी परिवार के अत्यन्त विश्वासपात्र रहे अर्जुन सिंह अन्त तक इस पहेली का हल नहीं खोज पाये कि सोनिया ने उनको प्रधानमन्त्री के लायक क्यों नहीं समझा? अर्जुन सिंह ने 1991 में बाकायदा प्रधानमन्त्री का दावा ठोका था। तब काँग्रेस ने निहायत कमज़ोर नरसिंहा राव को चुना था। उसके बाद अर्जुन सिंह ने नेहरू-गाँधी परिवार के विश्वासी, सेक्युलरवादी, ग़रीब-दलित-पिछड़ा-मुसलमानों के हमदर्द के तौर पर अपने को पेश किया, पर 2004 में सोनिया ने प्रणब को भी नज़रअन्दाज़ किया और अर्जुन सिंह को भी। एक पूरा विश्वासी और दूसरा पूरा विश्वासी नहीं। यानी भारत की राजनीति में जिस किसी की इमेज अत्यन्त चालाक-तेज़-शातिर की बन जाये उसके सिर पर ताज नहीं रखा जाता। प्रणब बाबू यह जानते हैं, इसलिए राष्ट्रपति भवन के मुगल गॉर्डन की सैर पर निकल पड़े हैं। लेकिन उनके जाते ही राजनीति में एक ख़ास पीढ़ी का अन्त होनेवाला है। वो पीढ़ी जो संविधान और संसद को सर्वोपरि मानती है, जो संसद में पूछे सवालों को टालती नहीं है, जो तमाम राजनीतिक दाँव-पेंच के बीच भी पूरी तैयारी के साथ मन्त्रालय और सदन में जाती है, जिनकी नज़र में विपक्ष और मीडिया दुश्मन नहीं लोकतन्त्र के मज़बूत स्तम्भ हैं और गुस्सा होने के बाद भी सॉरी कहने में जिनको झिझक नहीं होती। इसलिए सब उनकी डाँट खाके भी इज़्ज़त करते हैं और जानते हैं कि लोकतन्त्र ऐसे ही लोगों के हाथों में सुरक्षित है।

दैनिक भास्कर, 02.07.2012

इतिहास की कसौटी पर नरसिंहा राव–असली नायक?

इतिहास क्रूर होता है और न्यायप्रिय भी। वह त्रासदी भी है और आनन्द भी। वह नायक और खलनायक में फ़र्क़ नहीं करता है। ऐसे में, क्या इतिहास से यह उम्मीद लगायी जाये कि जब कभी वह भारत के नायकों की सूची बनाये, तो उसमें पूर्व प्रधानमन्त्री नरसिंहा राव का नाम काफ़ी ऊपर रखे? पिछले दिनों दो किताबों ने शायद उनके साथ न्याय नहीं किया। पूर्व केन्द्रीय मन्त्री दिवंगत अर्जुन सिंह की किताब में इशारा किया गया है कि सोनिया गाँधी को काँग्रेस अध्यक्ष बनाने के पक्ष में नरसिंहा राव नहीं थे। उधर वरिष्ठ पत्रकार कुलदीप नैयर ने अपनी किताब में लिखा है कि जब बाबरी मस्जिद ढहाई जा रही थी, तो नरसिंहा राव अपने कमरे में पूजा कर रहे थे। यानी इतना बड़ा हादसा हो गया और नरसिंहा राव ने उसको रोकने के लिए कोई तत्परता नहीं दिखायी।

इन दोनों ही तस्वीरों में नरसिंहा राव नायक नहीं हैं। एक तस्वीर उन्हें नेहरू-गाँधी परिवार के ख़िलाफ़ खड़ा करती है, तो दूसरी उन्हें काँग्रेस की सेक्युलरवादी परम्परा व विचारधारा के उलट स्थापित करती है। राहुल गाँधी ने उत्तर प्रदेश के चुनावों में कहा था कि अगर उस वक़्त नेहरू-गाँधी परिवार का कोई शख़्स प्रधानमन्त्री रहा होता, तो बाबरी मस्जिद नहीं गिरने दी जाती। काँग्रेस में नेहरू-गाँधी परिवार के ख़िलाफ़ जाकर कोई नेता राजनीति नहीं कर सकता। इसलिए नरसिंहा राव का ज़िक्र काँग्रेस के बड़े और छोटे नेता नहीं करते। उनकी विरासत से दूर रहने की कोशिश करते हैं। जिन नरसिंहा राव को जवाहरलाल नेहरू ने एक रैली में भाषण देते हुए देखा था और उससे प्रभावित होकर उन्हें राजनीति में लगातार आगे बढ़ाया, वही नरसिंहा राव काँग्रेसी नेताओं के लिए अस्पृश्य हो गये। फिर राव के बारे में यह भी प्रचलित है कि प्रधानमन्त्री रहते हुए उन्होंने राजीव गाँधी की हत्या की जाँच में कोई ख़ास दिलचस्पी नहीं दिखायी। सोनिया गाँधी ने एक बार राजीव गाँधी की जाँच पर सार्वजनिक मंच से नाराज़गी भी जतायी थी। यानी वह नेहरू-गाँधी परिवार के प्रति निष्ठावान नहीं रह पाये। वह परिवार की विरासत को आगे बढ़ते नहीं देखना चाहते

थे, बल्कि काँग्रेस की सेक्युलर परम्परा को भी मिटा देना चाहते थे।

मेरा मन इस बात से सशंकित रहता है कि क्या इतिहास में नरसिंहा राव का सही आकलन हो पायेगा? क्या उनको नायक माना जायेगा? किसी देश के इतिहास में किसी को तब नायक माना जाता है, जब वह उस देश और समाज को निर्णायक दिशा देने का काम करता है, उस देश की क़िस्मत बदल देता है और समाज के हर तबक़े पर उसका असर दिखता है। गाँधीजी के बारे में किसी को कभी सन्देह नहीं होता। उन्होंने भारत को आज़ादी दिलाने के साथ पूरे भू-भाग के लोगों को एक सूत्र में पिरोने का काम किया, जो पहले कभी नहीं हुआ था। यह अलग-अलग प्रान्तों, जातियों और राजाओं का देश था। गाँधीजी ने इसकी आत्मा को एक करने का काम करके उसे बताया कि तुम सब एक हो। नेहरूजी ने गाँधीजी की परम्परा को आज़ादी के बाद एक राजनीतिक शख़्सियत दी, उसे नेशन-स्टेट के रूप में स्थापित किया और हमारी आत्मा में उसे रचाया-बसाया। ज़िन्ना यह नहीं कर पाये, जिसका ख़ामियाज़ा पाकिस्तान आज भुगत रहा है। इन्दिरा गाँधी ने देश को 'नेहरू के आदर्शवाद' से बाहर निकाला, उसे यथार्थ के धरातल पर खड़ा किया। जे.पी. ने इन्दिरा गाँधी को ललकारा और यह सच कर दिखाया कि जनान्दोलन देश के सबसे ताक़तवर नेता को भी झुका सकते हैं, हरा सकते हैं।

नरसिंहा राव ने जब देश की कमान सँभाली, तब देश मन्दिर-मस्जिद और मंडल के साथ-साथ आतंकवाद की आग में झुलस रहा था। लेकिन उससे बड़ी समस्या थी अर्थव्यवस्था का दिवालिया होने की क़गार पर पहुँचना। सोना गिरवी रखने की मजबूरी। नरसिंहा राव के सामने दो रास्ते थे। एक, पुरानी समाजवादी-लीक पर चलते जाना और दूसरा, बाज़ारवाद का दामन थामना। पहले रास्ते पर चलना आसान था। ज़्यादा आलोचना नहीं होती। लेकिन नरसिंहा राव ने दूसरा रास्ता चुना। नेहरूवादी विरासत को किनारे रखा। उन्होंने मनमोहन सिंह को वित्त मन्त्री चुना। अर्जुन सिंह जैसे पुराने समाजवादी नेताओं की तमाम आलोचनाओं के बाद उन्होंने मनमोहन सिंह को काम करने की पूरी आज़ादी दी। लाइसेंस परमिट राज को हमेशा के लिए अलविदा कह दिया गया। आज भारत को अगर दुनिया के नक्शे पर सुपरपावर के तौर पर देखा जाता है, तो इसका क्रेडिट सिर्फ़ नरसिंहा राव को जाता है। उन्होंने भारत की अर्थव्यवस्था में जो बुनियादी बदलाव किये, उसी पर चलकर बाक़ी के प्रधानमन्त्रियों ने विकास की गति को तेज़ किया और अब हिन्दुस्तान को भूखों-नंगों का देश नहीं कहा जाता, और न ही साँप-सपेरों का देश।

अर्थव्यवस्था के साथ आतंकवाद को थामने में भी नरसिंहा राव का बुनियादी रोल है। 1991 में पंजाब और कश्मीर केन्द्र सरकार की ग़लत नीतियों की वजह से जल रहे थे। पंजाब में केपीएस गिल को खुली छूट देकर पहले आतंकवादियों

की कमर तोड़ी और फिर तमाम दबावों को दरकिनार कर वहाँ विधानसभा चुनाव करवाये। बेअन्त सिंह मुख्यमन्त्री बने और धीरे-धीरे पंजाब में शान्ति लौट आयी। कश्मीर तो लग रहा था कि हाथ से ही निकल जायेगा। लेकिन नरसिंहा राव ने वहाँ भी अफ़सरों को खुले मन से काम करने दिया, राष्ट्रीय-अन्तरराष्ट्रीय आलोचनाओं के बावजूद वहाँ चुनाव करवाये। मुझे तो ऐसा लगता है कि नरसिंहा राव ने शायद जान-बूझकर बाबरी मस्जिद ढहने दी, ताकि एक मुद्दा हमेशा के लिए ख़त्म हो जाये। आरएसएस के कई नेता यह भी मानते हैं कि अगर बाबरी मस्जिद बची रहती, तो उन्हें आगे भी हिन्दूवादी ताक़तों को एक करने का मौक़ा मिलता। बाबरी मस्जिद ढहने के बाद भी नरसिंहा राव ने संघपरिवार को इस क़दर लगातार उलझाये रखा कि मुद्दे के प्रति संघपरिवार की साख ही सन्देहों के घेरे में आ गयी।

हालाँकि उन्हें अन्त में भ्रष्टाचार के घनघोर दंश भी झेलने को मिले। हवाला कांड हो या फिर लखूभाई पाठक का मामला, सेंट किट्स मामला हो या फिर चन्द्रास्वामी व अदनान खाशोगी का साथ, उनके माथे पर बदनामी के वे दाग़ हैं, जो कभी नहीं छूटेंगे। लेकिन इतिहास अगर टुकड़ों में देखेगा, तो शायद न्याय न करे। जैसे पंडित नेहरू को सिर्फ़ कश्मीर व चीन नीति और इन्दिरा गाँधी को केवल आपातकाल के आलोक में परखना ठीक नहीं होगा। जो मापदंड नेहरू और इन्दिरा के लिए अपनाये जाते हैं, उसी कसौटी पर नरसिंहा राव को भी कसा जाना चाहिए। लेकिन क्या ऐसा होगा? क्या इतिहास इतना ईमानदार होगा? क्या इतिहास को ईमानदार होने दिया जायेगा?

हिन्दुस्तान, 09.07.2012

एक अदद लीडर की तलाश

सलमान ख़ुर्शीद वैसे तो समझदार आदमी हैं लेकिन इस बार बर्रे के छत्ते में हाथ दे बैठे। कह बैठे कि पार्टी दिशाहीन है, नयी विचारधारा की ज़रूरत है। राहुल गाँधी का पार्टी इन्तज़ार कर रही है। सलमान का इशारा साफ़ है। पार्टी को नयी ऊर्जा की तलाश है। विचारधारा की नयी ऊर्जा और नेतृत्व की नयी ऊर्जा। फ्रांसिस फुकुयामा कह गये हैं कि विचारधारा का अन्त हो गया है। मार्क्सवादी विचारधारा की निर्णायक हार हो चुकी है। ऐसे में उदारवादी पूँजीवादी विचारधारा ही एकमात्र विकल्प है। फुकुयामा की न भी सुनें तो भी चीन और भारत की तरक़्क़ी के बाद यह बहस बेमानी है कि मौजूदा विचारधारा के उलट भी कोई रास्ता हो सकता है। भले ही मार्क्सवादियों को भारत की आज़ादी अधूरी लगती है तो लगे।

भारत समाजवाद के अधकचरे रास्ते पर चलकर देख चुका है। नेहरू की अगुवाई में देश की वैचारिक लीडरशिप आज़ादी के बाद वामपन्थियों या वामपन्थ से प्रभावित लोगों के हाथ में रही। आज़ादी की लड़ाई के समय गाँधीजी ने एक आधुनिक, समतामूलक, धर्मनिरपेक्ष, लोकतान्त्रिक देश का सपना देखा था। जाति और धर्म के आधार पर भेद के वो ख़िलाफ़ थे, दलित उत्थान और हिन्दू-मुस्लिम एकता उनकी पहली प्राथमिकता थी। समाज के अन्तिम व्यक्ति और दरिद्र नारायण की भलाई उनका नैतिक कर्तव्य था। हिंसा के लिए कोई जगह नहीं थी।

जवाहरलाल नेहरू गाँधीजी की तरह स्वप्नदर्शी नहीं थे लेकिन गाँधीवादी आदर्शवाद की छाप उनकी विचारधारा में साफ़ झलकती थी। नेहरू की विचारधारा सेक्युलरिज़्म, वैज्ञानिक सोच, हिन्दू-मुस्लिम एकता, लोकतान्त्रिक मूल्य और समाजवाद के ताने-बाने से बुनी थी। वो शासन और राजनीति में धर्म के दख़ल और इस्तेमाल के सख्त ख़िलाफ़ थे। डॉ. राजेन्द्र प्रसाद और वल्लभभाई पटेल से उनके मतभेदों का असली कारण ही यही था। नेहरूजी साम्यवाद से प्रभावित थे लेकिन साम्यवाद की नक़ल को सही नहीं मानते थे। इसलिए उन्होंने भारतीय अर्थतन्त्र में निजी पूँजी और बाज़ार का पूरी तरह से निषेध नहीं किया। पंचवर्षीय योजना और योजना आयोग

की उपस्थिति के बावजूद स्थानीय पूँजीपतियों के लिए जगह छोड़ी गयी। किसानों को अपनी ज़मीन बोने का अधिकार दिया गया और मंडी में अनाज बेचने की इजाज़त। नेहरूवाद ने एक सेक्युलर, लोकतान्त्रिक आधुनिक देश की नींव रखी।

इन्दिरा गाँधी नेहरू की तरह बुद्धिजीवी नहीं थीं। वो खाँटी राजनीतिज्ञ थीं। हालाँकि रोमेश थापर जैसे समाजवादी सलाहकार ज़रूर आसपास थे। पर विचारधारा उनके लिए राष्ट्र निर्माण के साथ-साथ विरोधियों को धूल चटाने का औजार भी थी। नेहरू के करिश्मे के कारण उनकी कैबिनेट और पार्टी के दक्षिणपन्थी ज़्यादा चूँचपड़ नहीं करते थे लेकिन नेहरू के जाते ही मोरारजी देसाई और दूसरे नेताओं ने सिर उठाना शुरू कर दिया। इन्दिरा गाँधी ने ग़रीबी हटाओ का नारा दिया और अपनी ही पार्टी के ख़िलाफ़ जंग छेड़ दी। प्रीवी पर्स ख़त्म करना हो या फिर बैंकों का राष्ट्रीयकरण जैसे विशुद्ध समाजवादी क़दम दरअसल पुराने खुर्राट नेताओं से छुटकारा पाने के उपाय थे। संजय गाँधी को माँ का अधपका समाजवाद तनिक नहीं सुहाता था। बाज़ारवाद, पूँजीवाद और अमेरिकावाद की वकालत करते थे। 1980 में इन्दिरा गाँधी जब सत्ता में लौटीं तब तक उनका काफ़ी हद तक समाजवादी नारों से मोह भंग हो चुका था लेकिन विचारधारा के स्तर पर कुछ बुनियादी बदलाव करतीं इससे पहले ही उनकी हत्या हो गयी।

राजीव गाँधी न तो माँ की तरह राजनीतिज्ञ थे और न ही नाना नेहरू की तरह प्रखर बुद्धिजीवी लेकिन आधुनिक माहौल में पढ़े-लिखे राजीव को इतना ज़रूर पता था कि समाजवाद से देश का भला नहीं होगा, देश की तरक़्क़ी के लिए पूँजी भी चाहिए और टेक्नोलॉजी भी। टेक्नोलॉजी सम्पन्न भारत का सपना राजीव गाँधी का था। सत्ता के विकेन्द्रीकरण यानी पंचायती राज का सपना भी राजीव का था। देश में टेलीकॉम क्रान्ति की शुरुआत उनके समय में हुई लेकिन काँग्रेस और देश की विचारधारा में नेहरू के बाद बुनियादी बदलाव लाने का काम नरसिंहा राव ने किया। समाजवादी चोला उतार दिया। लाइसेंस परमिट राज ख़त्म कर दिया। देश के खिड़की-दरवाज़े खोल दिये। आर्थिक सुधारवाद और बाज़ारवाद नये समाज का नया मन्त्र हो गया। देश ने विदेशी पूँजी, विदेशी कम्पनियों से डरना बन्द कर दिया। राजसत्ता नियन्त्रक की जगह रेगुलेटर बन गयी और योजना बनाने की जगह कम्पनियों को सुविधा मुहैया करानेवाली मशीन।

देश ने भी पुराना ग़रीबी का लबादा फेंक दिया। उसकी गिनती दुनिया के सम्पन्न देशों में होने लगी। काँग्रेस को भी फ़ायदा हुआ लेकिन देश ज़्यादा फ़ायदे में रहा। 2004 में सत्ता में वापसी के बाद काँग्रेस गठबन्धन सरकार ने बाज़ारवाद को आम आदमी से जोड़ने की कवायद की यानी आर्थिक सुधारों का मानवीय चेहरा सामने लाने की कोशिश की। सरकार को भ्रष्टाचार मुक्त और पारदर्शी बनाने के

लिए सूचना अधिकार क़ानून बनाया गया। गाँवों में ग़रीबों को रोज़गार देने के लिए मनरेगा जैसी योजना आयी। किसानों को आत्महत्या से बचाने के लिए 60,000 करोड़ से ज़्यादा रुपये की क़र्ज़-माफ़ी का ऐलान हुआ। 2009 में काँग्रेस को इसका लाभ भी मिला। उसे 206 सीटें मिलीं जिसकी उसने कल्पना भी नहीं की थी। पर जब आर्थिक सुधारों को नये सिरे से गति दी जानी चाहिए तब वो भ्रष्टाचार की भूलभूलैया में उलझ गयी। सरकार का इक़बाल गया और साख भी।

हक़ीक़त में काँग्रेस की दिक़्क़त विचारधारा का संकट है ही नहीं। बाज़ारवाद से पलटना बेवक़ूफ़ी होगी। बाज़ारवाद को मानवीय चेहरा देने की कोशिश वह कर ही चुकी है। 2009 के बाद सबको अनिवार्य शिक्षा देने का क़ानून बन गया है। सबको भोजन देने का क़ानून बनाने की प्रक्रिया जारी है। भयानक आर्थिक संकट के बाद भी देश की विकास दर दुनिया के दूसरे मुल्क़ों के लिए ईर्ष्या का कारण है लेकिन मनमोहन सरकार और काँग्रेस की त्रासदी यह है कि उसे नयी विचारधारा की खोज है। यह अजब सरकार और पार्टी है, उसे 2014 का चुनाव जीतने के लिए मुद्दों की तलाश है। मुझे नहीं याद पड़ता कि पहले किसी सरकार ने आम आदमी को रोज़गार, शिक्षा, सूचना और भोजन जैसी बुनियादी सुविधाएँ मुहैया कराने के लिए इतना ठोस काम किया हो। और फिर भी वो हताश हो। इन्दिरा गाँधी ने तो सिर्फ़ ग़रीबी हटाओ का नारा भर दिया था और चुनाव जीत लिया था।

अफ़सोस कि सरकार और पार्टी पर दिवालियापन इस क़दर हावी है कि वो अपनी ही सरकार के चुनाव जिताऊ कामों का ठीक से प्रचार नहीं कर पाती, जनता को नहीं बता पाती, लोगों का भरोसा नहीं जीत पाती। दरअसल, काँग्रेस का असली संकट लीडरशिप का संकट है। उसे एक नये ऊर्जावान नेता की ज़रूरत है। जो पार्टी और सरकार को नये आईने में उतार सके। कार्यकर्ताओं में जोश भर सके। आम जनता से 'कनेक्ट' स्थापित करे। यह भरोसा दे सके कि देश सुरक्षित हाथों में है। उसे राजनीतिक मैनेजर की नहीं लीडर की ज़रूरत है। क्या राहुल गाँधी इस शून्य को भर पायेंगे?

दैनिक भास्कर, 16.07.2012

जनता को लड़नी होगी अपनी लड़ाई

एक बार फिर जनान्दोलन की तैयारी है। 25 जुलाई से दिल्ली में जन्तर मन्तर पर अन्ना की टीम आमरण अनशन पर बैठेगी। हालाँकि अन्ना इस बार उपवास नहीं करेंगे लेकिन उनकी टीम के तीन सदस्य अरविन्द केजरीवाल, मनीष सिसोदिया और गोपाल राय भूख हड़ताल करेंगे। सवाल यह है कि रामलीला मैदान पर 13 दिन के अनशन के बाद जब आजतक लोकपाल क़ानून नहीं बन पाया तो 15 मन्त्रियों के ख़िलाफ़ भ्रष्टाचार की जाँच के लिए विशेष जाँच दल बनाने के लिए अनशन का औचित्य क्या है? अन्ना आन्दोलन ने देश की राजनीतिक और सामाजिक ज़मीन पर कुछ बुनियादी सवाल खड़े किये हैं। सबसे बड़ा सवाल तो यही है कि क्या वाकई वक़्त आ गया कि देश की लोकतान्त्रिक व्यवस्था की कार्यप्रणाली की नये सिरे से समीक्षा की जानी चाहिए? संविधान निर्माताओं ने 'रिप्रेजेंटेटिव डेमोक्रेसी' यानी प्रतिनिधित्व लोकतन्त्र की वकालत की और उसके लिए व्यवस्था बनाने का काम किया। लेकिन क्या संविधान निर्माताओं का सपना इतने सालों में पूरा होता दिख रहा है? क्या जन-प्रतिनिधि सही मायनों में लोगों की नुमाइन्दगी करते हैं? क्या लोगों के सवालों को लेकर सांसद और विधायक वाकई संवेदनशील हैं? जो चुनकर संसद में जाते हैं, क्या वे वाकई जनता के नुमाइन्दे हैं और क्या वे सचमुच जनता के मुद्दों की लड़ाई लड़ते हैं? यह सही है कि दुनियाभर में भारतीय लोकतन्त्र की जमकर तारीफ़ होती है।

यह भी सही है कि लोकतन्त्र की वजह से ही यह देश पाकिस्तान की तरह अस्थिर नहीं है। यह भी सही है कि लोकतन्त्र ने देश में व्याप्त विराट विभिन्नता को आवाज़ देने का काम किया है। लेकिन क्या यह भी सच नहीं है कि बीते दिनों में यह लोकतन्त्र कुछ परिवारों और नेताओं का बन्धक बन गया है? पहले काँग्रेस पार्टी को परिवारवाद के लिए कोसा जाता था, लेकिन आज शायद ही देश का कोई कोना होगा, जहाँ परिवारवाद की विषबेल फल-फूल नहीं रही है। कश्मीर में अब्दुल्ला परिवार, पंजाब में बादल परिवार, हरियाणा में चौटाला और हुड्डा परिवार, उत्तर प्रदेश

में मुलायम परिवार, बिहार में लालू यादव परिवार, उड़ीसा में पटनायक परिवार, महाराष्ट्र में पवार और ठाकरे परिवार, कर्नाटक में गौड़ा परिवार, आन्ध्र प्रदेश में रेड्डी परिवार, तमिलनाडु में करुणानिधि परिवार ने राजनीतिक दलों पर नये आधुनिक सामन्तों की तरह क़ब्ज़ा कर रखा है। जैसे पुराने ज़माने में राजशाही में बाप के बाद बेटे और बेटे के बाद उसके बेटे को सिंहासन सौंपा जाता था, बिल्कुल उसी तरह पिछले 20 सालों में देश के लोकतन्त्र का राजशाहीकरण कर दिया गया है। नये राजा पैदा हो गये और साथ ही सत्ता और राजनीति पर अपना जन्मसिद्ध अधिकार समझनेवाले राजकुमार और युवराज। राजनीतिक पार्टियाँ निजी जागीर बन गयी हैं। जहाँ न तो खुलकर चर्चा हो सकती है और न ही पार्टी के अध्यक्ष पद के लिए खुले चुनाव। पार्टियों में सांसदों और विधायकों का कोई वजूद नहीं रह गया है। उनका काम बस पार्टी के राजा और राजकुमारों का हुक्म बजाना रह गया है। उनको पता है कि उनकी राय से इत्तेफ़ाक़ न रखने का मतलब है कि संसद की सदस्यता और विधायकी से हाथ धोना। ऐसे में, क्या आज इस बात पर चर्चा नहीं होनी चाहिए कि यह लोकतान्त्रिक-राजशाही देश के लोकतन्त्र को कितना मज़बूत या कमज़ोर करेगी और क्या इस व्यवस्था को बदलने की ज़रूरत नहीं है? क्या यह भी सच नहीं है कि आज कोई ईमानदार आदमी चुनाव लड़ने की सोच ही नहीं सकता? कहने को चुनाव आयोग ने चुनाव ख़र्च की सीमा निर्धारित कर रखी है, लेकिन बच्चा-बच्चा जानता है कि एक-एक चुनाव क्षेत्र में करोड़ों रुपये ख़र्च किये जाते हैं।

बाहुबलियों के बल पर वोटों को ख़रीदा जाता है, शराब की नदियाँ बहायी जाती हैं। आम आदमी के पास इतने पैसे होते ही नहीं कि वह करोड़ों लुटाये, फिर वह चुनाव कैसे लड़ और जीत सकता है? फिर जनता के असल नुमाइन्दे कहाँ से संसद या विधानसभा में पहुँचेंगे? और जब पैसों के बल पर लोग संसद सदस्यता और विधायकी अर्जित करेंगे, तो फिर जनता के अधिकारों की आवाज़ बुलन्द करना उनकी प्राथमिकता होगी या फिर सूद समेत ख़र्च की भरपायी? इस रोग से कोई भी पार्टी अछूती नहीं है। पश्चिम बंगाल का उदाहरण अपवाद हो सकता है, पर बाक़ी देश का हाल यही है। ऐसे में, क्या देश का लोकतन्त्र धनिक-लोकतन्त्र में तब्दील नहीं हो गया है? वैसे संसद बनी तो है मुद्दों पर चर्चा करने के लिए, विचारों के आदान-प्रदान के लिए और बहस के आधार पर जनोपयोगी नीतियाँ व क़ानून बनाने के लिए। कोई तो कारण होगा कि संविधान निर्माताओं ने संविधान में राजनीतिक दल शब्द का प्रयोग नहीं किया। प्रधानमन्त्री को सदन में बहुमत से चुना गया नेता बताया। संविधान में पार्टी शब्द पहली बार दल-बदल विरोध क़ानून बनाने के समय आया। लेकिन आज विधायिका का हाल यह है कि वह पार्टियों की बन्धक हो गयी है और पार्टी आलाकमान के हाथ की कठपुतली।

आलाकमान यह तय करता है कि कौन प्रधानमन्त्री बनेगा और कौन नहीं। विधायकों और सांसदों के पास आलाकमान की बात मानने के अलावा कोई चारा नहीं है। जवाहरलाल नेहरू का ज़माना गया, जब पार्टी फोरम पर सरकार की नीतियों पर चर्चा होती थी। उनके बाद से देश की राजनीति में खुले विचारवाले तेज़-तर्रार नेताओं की जगह कठपुतलियों ने ले ली है। इसका असर भी साफ़ दिखने लगा है। आज किसी भी राजनीतिक दल में इतना दम नहीं बचा है कि भयानक भ्रष्टाचार और कमरतोड़ महँगाई के बावजूद वह एक बड़ा जनान्दोलन खड़ा कर सके। ज़मीन से कटे नेता काग़ज़ी शेर की तरह दहाड़ने में तो उस्ताद हो गये हैं, लेकिन लोगों के बीच जाकर लोगों का विश्वास हासिल कर लोगों के लिए लड़ाई नहीं लड़ सकते हैं, क्योंकि राजकुमार ज़मीन पर नहीं लड़ा करते। आलाकमान की कठपुतलियाँ बिना इशारे के काम नहीं करतीं और पैसों के बल पर संसद और विधानसभा पहुँचनेवाले धनबाँकुरों को लोगों के मुद्दों की चिन्ता नहीं होती। ऐसे में, जनता की लड़ाई जनता को ही लड़नी पड़ेगी और इसके लिए अन्ना हज़ारे जैसे लोगों को सामने आना पड़ेगा। व्यवस्था जब ख़ुद को दुरुस्त करने के लिए तैयार नहीं होगी, तो बाहर के लोगों को आना ही पड़ेगा। यह लड़ाई लम्बी हो सकती है, लेकिन भारतीय लोकतन्त्र इसका इलाज खोजेगा, ऐसा मेरा विश्वास है।

हिन्दुस्तान, 23.07.2012

सबसे ख़तरनाक होता है सपनों का मर जाना

अन्ना का नया आन्दोलन फ़्लॉप हो गया। अन्ना का जादू ख़त्म हो गया। यह कहनेवालों की कमी नहीं है। अन्ना की टीम भी जन्तर मन्तर पर ज़्यादा भीड़ नहीं जुटने से परेशान नज़र आयी। किरण बेदी और प्रशान्त भूषण ने मीडिया को कोसा। ऐसे में यह सवाल उठना लाजिमी है कि अन्ना के आन्दोलन का भविष्य क्या है? और पिछले महीने अप्रैल से भ्रष्टाचार के ख़िलाफ़ जो ज्वार पैदा हुआ था उसकी परिणति क्या होगी? क्या वो पानी का एक बुलबुला था जो वक़्त के साथ फट गया? क्या वो महज़ लहरें थीं जो समय के साथ किनारे से मिल गयीं?

अन्ना आन्दोलन पर अपनी किताब 'अन्ना–थर्टीन डेज दैट एवेकेंड इंडिया' में मैंने लिखा था कि दिसम्बर में मुम्बई अनशन के बाद अन्ना और उनकी टीम एक चौराहे पर पहुँच गयी है और आगे का रास्ता खोजने के लिए उसे नये सिरे से तैयारी करनी होगी। सिर्फ़ बार-बार अनशन और भूख हड़ताल से काम नहीं चलेगा। कुछ नया करना होगा। नयी ऊर्जा का संचार करना होगा। क्या वो कर पायेंगे? इस सवाल के साथ किताब ख़त्म हो जाती है। आज भी यह सवाल ज़िन्दा है। और जन्तर मन्तर पर पहले तीन दिन नहीं जुटनेवाली भीड़ ने इस सवाल को और पुख्ता कर दिया है। पिछले एक साल में अन्ना को जनमानस ने ऐतिहासिक समर्थन दिया। जो अन्ना ने कहा उसने किया, जहाँ बुलाया वो चला आया। ऐसे में सवाल यह है कि अब वो क्यों नहीं आ रहा है? या उसके समर्थन में वो ऊर्जा, वो सहजता, वो आकर्षण क्यों नहीं दिख रहा है? क्या जनमानस बदल गया है? क्या जनमानस का अन्ना और उनकी टीम पर से भरोसा उठ गया है?

पिछले साल अन्ना ने जब अप्रैल महीने में जनाह्वान किया था तब जनमानस की ताक़त के सामने सरकार झुकी और उसने लोकपाल बनानेवाली कमेटी में अन्ना और उसकी टीम को जगह दी। यानी अन्ना ने जो माँगा वो मिला। इससे जनमानस को जीत का एहसास हुआ। उसे लगा कि सरकार को झुकाया जा सकता है। व्यवस्था परिवर्तन की उम्मीद जगी और पूरी होती नज़र आयी। कोई भी जनान्दोलन उम्मीद

की ऑक्सीजन पर चलता है। अप्रैल ने लोगों में आशा का भयानक संचार किया। ऐसे में जब अन्ना ने रामलीला मैदान में अनशन का ऐलान किया तो जीत की एक और उम्मीद से जनता फिर जुटी। और आज़ादी के बाद किसी ग़ैर-राजनीतिक प्लेटफ़ॉर्म पर पहली बार इतनी बड़ी भीड़ लोगों ने देखी। और सरकार और संसद को एक बार फिर झुकना पड़ा। संसद और सरकार ने वायदा किया कि लोकपाल बिल बनेगा। और जल्दी ही पास भी हो जायेगा। लेकिन इसके बाद सरकार ने रंग बदला। वो अपने वायदे पर कायम नहीं रह पायी। दिसम्बर महीने में लोकसभा में बिल पास तो किया लेकिन राज्यसभा में बिल लटक गया। अब सात महीने गुज़र गये हैं, लोकपाल क़ानून बनेगा यह दावे से नहीं कहा जा सकता। उम्मीद धूमिल पड़ गयी है।

2011 की शुरुआत उम्मीद को जीत में बदलते हुए देखने की थी। साल के अन्त में जीत की उम्मीद ख़त्म होने लगी। लोग राजनीतिक पार्टियों से पहले ही उम्मीद खो चुके हैं। जनान्दोलन ने उम्मीद बँधाई थी कि वो भ्रष्ट व्यवस्था को बदलने में कामयाब होगी। अब सरकार और राजनीतिक सत्ता प्रतिष्ठान ने अपनी चालबाज़ियों से इस भरोसे को भी तोड़ दिया है। लोग कहने लगे हैं कि बार-बार अनशन से क्या होगा? इस बार जब मैं जन्तर मन्तर गया तो कई लोग मिले। इन लोगों ने साफ़ कहा कि अन्ना ने बड़ी ग़लती कि रामलीला मैदान से उन्हें उठना नहीं चाहिए था। वो सरकार के बहकावे में आ गये। लोकपाल बिल तब बन सकता था। अब नहीं। नेता लोग बड़ी मोटी चमड़ी के होते हैं। इनको कोई फ़र्क़ नहीं पड़ता। और अब यह क़ानून नहीं बनायेंगे अन्ना कुछ भी कर लें, कितना ही अनशन क्यों न कर लें? यानी लोग एक बार फिर अप्रैल 2011 के पहले की स्थिति में पहुँचते नज़र आये। 'उम्मीद-की-टूटन' ही अन्ना के नये अनशन को वो आग नहीं दे पा रही है जो उसने रामलीला मैदान में दिखायी थी।

फिर अन्ना और उनकी टीम ने पिछले डेढ़ साल में अपनी शैली में कोई ख़ास बदलाव भी नहीं किया। न तो उनकी 'स्ट्रेटजी' में 'नयापन' दिख रहा है और न ही उनके 'मक़सद' में। मंच से दिये गये भाषण भी अपनी 'नवीनता' खो चुके हैं। अन्ना हो या फिर अरविन्द या फिर प्रशान्त भूषण अपने-आपको बार-बार दोहराते से दिखते हैं। हमें यह नहीं भूलना चाहिए कि भारतीय समाज नये दौर में साँस ले रहा है। गाँधीजी को अपना सन्देश कश्मीर से कन्याकुमारी तक पहुँचाने में सालों लगे थे और जे.पी. को महीनों, तो अन्ना को चन्द घंटे या चन्द दिन। यानी यह 'संचार-युग' है। सन्देश जितनी तेज़ी से फैलता है उतनी ही तेज़ी से मरता भी है। सन्देश की यह गति संजीवनी भी है और विष भी। संचार युग ने एक नयी उपभोक्तावादी संस्कृति को भी जन्म दिया है। संचार की तेज़ी की वजह से नया

से नया 'उत्पाद' कुछ दिनों में पुराना पड़ने लगता है। इसलिए उत्पाद को टिकाऊ बनाने के लिए उसे कुछ समय के बाद नयी तरह से पेश करना होता है। उपभोक्ता को लगातार बताते रहने की ज़रूरत होती है कि उनकी तेज़ी से बदलती रुचि के हिसाब से उत्पाद भी बदल गया है। मार्केटिंग की इस 'ट्रिकबाज़ी' में अन्ना और टीम फ़िलहाल पिछड़ती दिखी। अन्ना आज भी वही भाषण दे रहे हैं कि 'वो मन्दिर में रहते हैं, उनके पास सोने को एक खाट है और खाने के लिए एक प्लेट और उनका कोई बैंक बैलेंस नहीं है। देश के लिए जीना और देश के लिए मरना यही उनके जीवन का मक़सद है।' अप्रैल में यह बात नयी थी, लोगों को अपील करती थी। एक डेढ़ साल बाद यह भाषण और नारे अपनी अपील खो चुके हैं। 'संचार-युग' और 'उपभोक्तावादी-संसार' में अन्ना नाम के 'उत्पाद' को भी अपने को टिकाऊ बनाये रखने के लिए नित 'नवीनता-का-आविष्कार' करते रहना होगा। सिर्फ़ मन्दिर की बात कहने से काम नहीं चलेगा, मन्दिर के आगे कहना पड़ेगा। कुछ नया बोलना होगा। कुछ नये सपने देकर जीत की उम्मीद बनाये रखनी होगी।

हालाँकि अभी भी मेरा साफ़ मानना है कि अन्ना के आन्दोलन को जो लोग चुका हुआ मान चुके हैं वो ग़लती कर रहे हैं। सड़क पर आकर लड़ने के जज़्बे में थकान आ सकती है लेकिन समर्थन में कमी आयी है, यह मैं नहीं मानता। ऐसे में अन्ना के आन्दोलन को बुलबुला मानने की ग़लती मैं नहीं करूँगा। यह देखना दिलचस्प होगा कि यहाँ से आगे का रास्ता वो क्या लेता है।

दैनिक भास्कर, 30.07.2012

अन्ना की चार सबसे बड़ी चुनौतियाँ

हॉलीवुड की फ़िल्म है–'सनसेट बुलेवर्ड'। मूक फ़िल्मों के ज़माने की सुपर स्टार 'नोरमा डेजमंड' इस फ़िल्म की मुख्य किरदार हैं जो गुमनामी की ज़िन्दगी जी रही हैं। एक संघर्षशील पटकथा लेखक उनसे मिलता है। उनको पहले पहचान नहीं पाता। पहचानने के बाद कहता है। आप तो बहुत बड़ी सुपर स्टार 'थीं'। नोरमा कहती हैं, 'मैं अभी भी बड़ी हूँ, बस तस्वीर छोटी हो गयी है'। कहीं न कहीं काँग्रेस और दूसरी पार्टियाँ इसी सिंड्रोम से ग्रस्त नज़र आती हैं। एक ज़माना था कि काँग्रेस को संसद में दो तिहाई बहुमत हासिल होता था। बीते सालों में वो कमज़ोर हुई और अपने बल पर बहुमत पाने के लिए तरस गयी। लेकिन उसके नेताओं के अन्दाज़ नहीं बदले। दूसरी पार्टियाँ तो इस लायक भी नहीं हैं फिर भी वो 'नोरमा' की ज़िन्दगी जीने का अभिनय कर रही हैं। अभिशप्त ज़िन्दगी, भ्रम की ज़िन्दगी। यह मानते हैं कि 'वो तो बड़े हैं, बस तस्वीर छोटी हो गयी'। 2011 में अन्ना का आन्दोलन शुरू होने के बाद हर बार अन्ना का अनशन तुड़वाने के लिए मनमोहन सरकार को गुज़ारिश करनी पड़ी और हर बार अनशन टूटते ही नेता अन्ना और उनकी टीम को गालियाँ देने लगे।

इस बार भी नेताओं के वही तेवर हैं। दिग्विजय सिंह हों या फिर सलमान ख़ुर्शीद। बीजेपी हो या शिवसेना या सीपीएम। सबकी एक ही धुन। 'औक़ात समझ में आ जायेगी'। निश्चित रूप से अन्ना और उनकी टीम का फ़ैसला बहुत बड़ा है। पर क्या बड़े काम आसानी से हो जाते हैं? क्या ख़तरा उठाने की ज़रूरत नहीं होती? नेता समेत ख़ुद आन्दोलन के लोगों का कहना है कि राजनीति गन्दी है। काजल की कोठरी में कैसा भी सयाना जाये उसका मुँह काला हुए बग़ैर नहीं रह सकता। नेतातन्त्र में भ्रष्टाचार इस क़दर हावी है कि बिना भ्रष्ट हुए चुनाव जीतना तो दूर लड़ना भी असम्भव है। फिर जाति और धर्म की बेड़ियाँ हैं। प्रान्तवाद और क्षेत्रवाद है। सामन्तवाद और परिवारवाद है। जिस देश में वोटर चन्द नोट और शराब की बोतल पर अपना ईमान बदल देता है वहाँ ईमानदारी से चुनाव लड़ना और जीतना

किसी पागल का फ़लसफ़ा लगता है। और यह लगता है कि अन्ना और उनकी टीम ने आत्महत्या करने का फ़ैसला कर लिया है? आन्दोलन ही अन्ना टीम की ताक़त थी। लोग राजनीति से नाराज़ थे। भ्रष्टाचार से त्रस्त। राजनीति से उन्हें उम्मीद बची नहीं थी, इसलिए समाज का प्रयास उनको लुभा गया। लोगों ने अन्ना को ज़बर्दस्त समर्थन दिया। यह समर्थन राजनीति के ख़िलाफ़ था। समाज के पक्ष में। शुरू से राजनीति का विरोध करने और पूरी राजनीतिक व्यवस्था को धता बतानेवाली अन्ना टीम राजनीति में उतरने का ऐलान करे तो उन पर समाज कितना यकीन करेगा और क़ितना समर्थन देगा यह समझना मुश्किल है।

ऐसे में अन्ना टीम का फ़ैसला दुस्साहसिक है। क़ामयाबी मिलेगी दावे से नहीं कहा जा सकता। अन्ना और उनकी टीम को चार चीज़ें करनी होंगी। एक, खेल के नियम बदलने होंगे। परम्परागत राजनीति से लोग नफ़रत करते हैं। राजनीति को आकर्षक बनाना होगा। लोगों को यह भरोसा देना होगा कि जो राजनीति वो करने जा रहे हैं यह वो राजनीति नहीं है जो बाक़ी राजनीतिक पार्टियाँ करती हैं। जो अपने स्वरूप और व्यवहार में घिनौनी हैं। उनकी राजनीति अलग किस्म की होगी। अगर वो ऐसा करने में कामयाब हो पायें तभी इस राजनीति को 'वैकल्पिक-राजनीति' कहा जा सकेगा। वरना अन्ना टीम भी एक और राजनीतिक दल बनकर रह जायेगा। इस राजनीति में पार्टी के ढाँचे से लेकर उम्मीदवार के चयन की प्रक्रिया अलग हो। पार्टी का घोषणापत्र अलग हो, नेताओं का चरित्र अलग हो। प्रचार का तरीक़ा अलग हो, जनता से संवाद का अन्दाज़ अलग हो। पूरी राजनीति 'धन-आधारित' न होकर 'चरित्र-आधारित' हो।

दो, अन्ना और उसकी टीम पिछले अप्रैल महीने से अब तक अपार जनसमर्थन के बावजूद अपने आन्दोलन को सांगठनिक स्वरूप देने से हिचकिचाती रही। आन्दोलन के दौरान कई बार यह सवाल उठा कि बिना संगठन बनाये काम नहीं चलेगा। लेकिन हर बार इस सवाल को अनसुना कर दिया गया। अब तक आन्दोलन जनउभार और जनसहानुभूति पर चलता रहा। पर जनउभार पानी के बुलबुले की तरह होता है। ग़ायब होने में वक़्त नहीं लगता। संगठन की ज़रूरत होती है। आरएसएस अपनी तमाम वैचारिक कमियों और सरकारी दबाव के बावजूद इतने साल तक इसलिए ज़िन्दा रही क्योंकि संगठन ही उसकी आत्मा है। अन्ना टीम को भी 'सेक्युलर-आरएसएस' बनने का प्रयास करना चाहिए।

तीन, अन्ना और टीम माने या न माने लेकिन पिछले डेढ़ सालों में उनके ख़िलाफ़ जिस तरह का कुप्रचार किया गया है, उसकी वजह से दलित और मुस्लिम वर्ग का एक बड़ा तबक़ा उनके साथ जुड़ने से संकोच करता है। सिर्फ़ मंच पर दलित और मुस्लिम वर्ग के लोगों को बिठा देने और उनके साथ रोज़ा इफ़्तार करने या फिर

उनके हाथ से अनशन तोड़ने से काम नहीं चलेगा। इस वर्ग को अपने साथ लाने के लिए उनके साथ सार्थक संवाद स्थापित करना होगा। भरोसा देना होगा कि अगर वैकल्पिक राजनीति आयी तो सबसे ज़्यादा फ़ायदा दलित और मुस्लिम तबक़े का ही होगा। वर्तमान राजनीति अपने स्वभाव में दलित और मुस्लिम विरोधी है। इन दोनों वर्गों को मोहरे की तरह इस्तेमाल करती है। धन का बढ़ता वर्चस्व इस वर्ग को चुनावी राजनीति से दूर करता है क्योंकि आर्थिक रूप से यह वर्ग अभी भी अगड़ी जातियों, उच्च वर्ग और प्रभुत्ववादी तबक़े की तुलना में काफ़ी पिछड़ा हुआ है।

चार, अन्ना टीम को नयी पार्टी बनाने के साथ ही जाति, धर्म, प्रान्त, क्षेत्र, अस्मिता के बन्धनों को तोड़ने के लिए नया कार्यक्रम देना होगा। परम्परागत राजनीति इनके इर्दगिर्द घूमती है। सदियों की जकड़न है जो आसानी से टूटती नहीं। चुनाव के समय और भी आक्रामक हो जाती है। ऐसे में कुछ ऐसा करना होगा कि यह बन्धन टूटे और लोग अपनी निजी पहचान से ऊपर उठकर राजनीति में शिरकत करें। अन्ना के आन्दोलन ने इन बन्धनों को काफ़ी हद तक तोड़ने में मदद की। जे.पी. और वी.पी. सिंह के आन्दोलन ने इन बन्धनों के पार लोगों को सोचने के लिए मजबूर किया और यह इस नयी सोच का नतीजा था कि इन्दिरा गाँधी जैसी ताक़तवर प्रधानमन्त्री को महज़ तीन साल की मशक्कत के बाद परास्त करने में कामयाबी मिली। राजीव गाँधी भी 415 सीट के बावजूद 1989 में काँग्रेस को हार से नहीं बचा सके। दोनों ही बार कुछ ऐसा हुआ कि लोगों ने एक दल या सरकार के ख़िलाफ़ अपना मत व्यक्त किया और अपनी पहचान को ज़्यादा तवज्जो नहीं दी। दोनों ही बार लहर पैदा हुई। ऐसे में अन्ना और उनकी टीम को भी देश के अन्दर लहर पैदा करनी होगी। क्योंकि 'नोरमा डेजमंड' का भ्रम टूटना ज़रूरी है। भ्रम कि तन्त्र बड़ा नहीं होता, लोग बड़े होते हैं। हर दल और हर विचार का एक वक़्त होता है।

हिन्दुस्तान, 06.08.2012

अन्ना, रामदेव दोऊ खड़े...

बाबा रामदेव से कई बार मिला। उनकी आखों में मुझे हमेशा एक बालपन, चुलबुलापन और शरारत दिखी। वो जब भी मिले, गर्मजोशी से मिले। कई बार मैंने आन्दोलन की तीखी आलोचना की। उनके सहयोगियों को नागवार भी गुज़रा। फिर भी उनकी सहजता का कायल रहा। पर आन्दोलन को लेकर सशंकित। अन्ना के मसले पर यह द्वैत मन में कभी नहीं रहा। यह फ़र्क़ मुझे दोनों के समर्थकों में भी नज़र आया। रामलीला मैदान में अन्ना के आन्दोलनकारियों का जोश, उनकी आँखों में उठते सवाल, उत्सुकता और मुद्दे के प्रति जागरूकता रामदेव के समर्थकों में ग़ायब है। मुझे हमेशा लगा कि रामदेव और अन्ना में बुनियादी अन्तर है। हालाँकि दोनों ही अपनी-अपनी तरह से भ्रष्टाचार के ख़िलाफ़ माहौल बनाये हुए हैं। और लोगों को जागरूक करने की मुहिम चला रहे हैं। यह फ़र्क़ कई स्तरों पर है।

एक, अन्ना के आन्दोलन में जो साफ़गोई है वो रामदेव के यहाँ नहीं मिलती। पिछली बार जून में जब रामदेव अनशन पर बैठनेवाले थे तो इंटरव्यू के दौरान मैंने रामदेव से पूछा कि वो एक मुद्दा क्या है जिसके लिए वो लड़ रहे हैं? वो कालेधन की बात तो करते पर साथ में भूमि अधिग्रहण, शिक्षा में शुचिता और दूसरे मुद्दे भी जोड़ देते। कई बार पूछा, जवाब नहीं मिला कि सरकार उनकी वो कौन सी माँग माने कि वो अनशन से उठ जायेंगे? जबकि अन्ना आन्दोलन ने अप्रैल में लोकपाल के लिए ज्वाइंट ड्रॉफ़्टिंग कमेटी में शिरकत माँगी थी। अगस्त में अन्ना ने कहा—जनलोकपाल बिल संसद से पास हो। और इस बार जन्तर मन्तर पर उनकी माँग थी—पन्द्रह कैबिनेट मन्त्रियों के ख़िलाफ़ लगे भ्रष्टाचार के आरोपों की जाँच के लिए एक स्पेशल इंवेस्टिगेशन टीम बने।

इस बार भी रामलीला मैदान पर बैठे बाबा के भाषणों में कालेधन का ज़िक्र तो है लेकिन लोकपाल भी जुड़ गया। सिटीजन चार्टर भी आ गया। सेंट्रल विजिलेंस कमीशन, सीबीआई और चुनाव आयोग की नियुक्ति में पारदर्शिता और स्वायत्तता का मुद्दा भी आ टपका। यह बताना मुश्किल हो गया कि असल माँग क्या है? फिर

अनशन के स्वरूप को लेकर भी अनिश्चितता रही। इस बार रामलीला मैदान पर बैठने के बाद भी यह स्पष्ट नहीं है कि रामदेव अनशन कर रहे हैं या फिर आमरण अनशन या क्रमिक भूख हड़ताल या फिर जनजागरण? पहले सन्देश आया कि वो आमरण अनशन पर हैं। लेकिन पहले ही दिन यह कहकर पूरे अनशन की हवा निकाल दी कि वो तीन दिन का सांकेतिक अनशन करेंगे और फिर बाद में बतायेंगे कि आगे का आन्दोलन क्या होगा? जबकि अन्ना और उनकी टीम ने हर बार पहले यह ऐलान किया कि वो आमरण अनशन पर बैठेंगे।

दो, अन्ना के आन्दोलन को सही मायने में जनान्दोलन कहा जा सकता है। जबकि रामदेव के लिए यही बात नहीं दोहरायी जा सकती। उनके यहाँ जुड़नेवाली भीड़ में लगभग सभी वर्गों और सभी उम्र के लोग नज़र आये। ख़ासतौर से नौजवान, पढ़े-लिखे शहरी मध्यवर्ग ने इस आन्दोलन की अगुवाई की। लेकिन चाहे पिछली बार हो या इस बार रामदेव के लिए जुटनेवालों में उनके योग शिविर के लोग हैं, जो बाबा के भक्त ज़्यादा हैं। वो आस्था का क़र्ज़ उतारने आते हैं। बाबा के मुद्दों से जुड़ाव कम। शहरी पढ़े-लिखे मध्यवर्ग और नौजवानों ने बढ़-चढ़कर हिस्सा नहीं लिया।

तीन, अन्ना के साथ उनके नैतिक बल ने चुम्बकीय आकर्षण पैदा किया। भ्रष्टाचार के ख़िलाफ़ उनकी लड़ाई की ईमानदारी पर शक की गुंजाइश न के बराबर है। यह भी सच है कि उनके सदस्यों पर कई तरह के गम्भीर आरोप लगे। पर यह भी उतना ही बड़ा सच है कि आरोप चिपके नहीं। और न ही उनके ख़िलाफ़ क़ानूनी कार्रवाई रंग लायी। बाबा के आकर्षण में नैतिक आभा की कमी साफ़ झलकती है। वरना बाबा को अनशन से रोकने के लिए जून 2011 में प्रणब मुखर्जी समेत पाँच कैबिनेट मन्त्री एयरपोर्ट गये थे। ऐसा भारत के इतिहास में पहले कभी नहीं हुआ। पर अनशन के दूसरे दिन ही कपिल सिब्बल के साथ किये गये उनके लिखित समझौते ने उनके आन्दोलन को ज़बर्दस्त चोट पहुँचायी। और पुलिसिया कार्रवाई के दौरान महिला के वेश में भागने की उनकी कोशिश ने आग में घी का काम किया। बाद में रामदेव के सबसे करीबी सहयोगी बालकृष्ण की गिरफ़्तारी ने रही-सही कसर भी पूरी कर दी। बालकृष्ण की गिरफ़्तारी ने कोई ज्वार पैदा नहीं किया जबकि अन्ना की गिरफ़्तारी ने देश का माहौल ही बदल दिया था।

चार, बाबा का अनशन हमेशा फ़ाइव स्टार अनशन लगा। थोक में एसी, वाटर प्रूफ़ टेंट और सैकड़ों की संख्या में पंखे, मंच की साज-सज्जा और खाने का इन्तज़ाम हमेशा आन्दोलन की सादगी की पोल खोलते रहे। अन्ना और रामदेव के अनशन के मंच का संचालन और वक्ताओं की भीड़ में भी यह अन्तर दिखा। अन्ना के यहाँ अगर गाँधीजी की रामधुन बजती थी या फिर देशप्रेम के सारगर्भित गाने तो रामदेव के यहाँ फ़िल्मी गानों की पैराडी छायी रहती।

पाँच, अन्ना के पास एक टीम है लेकिन संगठन के नाम पर कुछ भी नहीं। रामदेव ने तीन साल लगकर अपने योग शिविरों को संगठन का स्वरूप दिया और समर्थकों को काडर बनाया। जबकि अन्ना के यहाँ संगठन बनाने पर एलर्जी है। लोग मुद्दों के प्रति ईमानदारी और अन्ना की शख़्सियत से जुड़े। ख़ुद-ब-ख़ुद वालंटियर बने। जो आन्दोलन ख़त्म होते ही भीड़ में गुम हो जाते हैं।

छः, अन्ना का आन्दोलन शुरू से ही राजनीति विरोधी है। उसने राजनीतिज्ञों से दूरी बनाने की भरसक कोशिश की। जबकि रामदेव को राजनीतिज्ञों से गलबहियाँ करने में मज़ा आता है। बीजेपी से उनकी नज़दीकी जगज़ाहिर है। नितिन गडकरी उनके पैर छूते हैं। नरेन्द्र मोदी से मिलने में संकोच नहीं है। आरएसएस ने शुरू में अन्ना के आन्दोलन का समर्थन किया लेकिन जैसे-जैसे आन्दोलन आगे बढ़ता गया दूरी भी बढ़ती गयी। यह अनौपचारिक रिश्ता तब पूरी तरह से ख़त्म हो गया जब अरविन्द केजरीवाल ने रामलीला मैदान में स्वयंसेवकों की भागेदारी पर आरएसएस प्रमुख मोहन भागवत के बयान की तीखी आलोचना की। अन्ना टीम कहती कि वो व्यवस्था परिवर्तन की लड़ाई लड़ रहे हैं तो रामदेव मंच से घोषणा करते कि वो न तो बग़ावत करने आये हैं और न ही सरकार बदलने।

साफ़ है दोनों आन्दोलन भले ही ऊपर से एक लगें। मुद्दे एक लगें और लड़ाई का तरीक़ा भी, पर कहीं गहरे दोनों में बुनियादी फ़र्क़ है। यह फ़र्क़ आमजन को नज़र आता है और सरकार को भी। इसलिए अन्ना को लेकर सहज उत्सुकता है और रामदेव प्रति शंका। इसी वजह से अन्ना का आन्दोलन देश में आन्दोलन पैदा करता है, बहस का मुद्दा बनता है लेकिन रामदेव का अनशन कहीं दूर हताश दिखता है।

दैनिक भास्कर, 13.08.2012

इस बार मसला ज़्यादा गम्भीर है

भ्रष्टाचार का मुद्दा एक बार फिर मुँहबाये खड़ा है। हालाँकि पिछले ही हफ़्ते इसकी अन्त्येष्टि का ऐलान कर दिया गया था। लोग इस निष्कर्ष पर पहुँच गये थे कि भ्रष्टाचार विरोधी आन्दोलनों की हवा निकल गयी है। पहले अन्ना और उनकी टीम को ख़ारिज़ किया गया। और फिर बाबा रामदेव को। कहा गया कि आकर्षण ख़त्म हो गया है। भ्रष्टाचार का मुद्दा गुम। लेकिन अभी अख़बारों की सुर्ख़ियाँ शान्त भी नहीं हुई थीं कि कैग ने नया विस्फोट कर दिया। कैग की तीन रिपोर्टें सामने हैं। कैग रिपोर्ट के मुताबिक़ कोयला आवँटन में एक लाख छियासी हज़ार करोड़ का चूना सरकारी ख़ज़ाने को लगा। दो, पावर प्रोजेक्ट में 29 हज़ार करोड़ का घाटा। तीन, दिल्ली एयरपोर्ट के मुतल्लिक 4 हज़ार करोड़ का नुक़सान। पूरा आँकड़ा चार लाख करोड़ भी छू सकता है। संकट पहले से बड़ा है। निशाने पर सीधे प्रधानमन्त्री हैं। जिनकी ईमानदार छवि है। कोयला आवँटन का जो वक़्त सवालों के घेरे में है उसमें 2006 से 2009 तक का समय है, जब प्रधानमन्त्री मनमोहन सिंह ख़ुद कोयला विभाग के कैबिनेट मन्त्री थे। हालाँकि कैग ने प्रधानमन्त्री या फिर उनके कार्यालय पर उँगली नहीं उठायी है लेकिन बीजेपी ने प्रधानमन्त्री से इस्तीफ़े की माँग कर दी है।

पूरे मामले में दो सवाल हैं। एक, जानते-बूझते कौड़ियों के भाव सरकारी सम्पदा बेच दी गयी। दो, कुछ कम्पनियों को फ़ायदा पहुँचाया गया। फ़ायदा पहुँचाने की हड़बड़ी में नियम-क़ानून को ताक पर रखा गया। और मन्त्री से लेकर अधिकारियों ने या तो आँखें मूँद लीं या फिर पूरे गोरखधन्धे में साझीदार बन गये। कोयला आवँटन का मामला बिल्कुल 2जी की ही तरह है। सरकार ने नीलामी के रास्ते की जगह पहले आओ-पहले पाओ का नियम लागू किया। जबकि 2004 में ही यह सहमति सरकार के स्तर पर बन गयी थी कि नीलामी ही कोयला आवँटन में सबसे बेहतर होगी। क़ानून मन्त्रालय की राय को भी दरकिनार कर दिया गया। उस वक़्त के कोयला सचिव की आपत्तियों को भी तवज्जो नहीं दी गयी। क़ानून मन्त्रालय ने

साफ़ कहा था कि नीलामी ही सबसे सही रास्ता है। सरकार का तर्क था कि सरकारी नीतियों में बदलाव के लिए संसद में क़ानून बनाना पड़ेगा। जिसमें काफ़ी वक़्त लगेगा। और देश आर्थिक विकास की जिस स्थिति में है उसमें इतना इन्तज़ार नहीं किया जा सकता। विकास की गति धीमी पड़ सकती है। क़ानून मन्त्रालय ने राय दी कि संसद का रास्ता अपनाने की ज़रूरत ही नहीं है। सरकार प्रशासनिक आदेश से ही नीलामी का रास्ता चुन सकती है। अगर ध्यान से देखें तो 2जी में भी यही हुआ। 2जी में क़ानून मन्त्रालय और वित्त मन्त्रालय की सिफ़ारिश को नज़रअन्दाज़ किया गया। मनमाने तरीक़े से नियमों को तोड़ा-मरोड़ा गया। और अपनी पसन्दीदा कम्पनियों को फ़ायदा पहुँचाया गया।

2जी सामने आया तो सरकार की तरफ़ से तर्क आया था कि कैग ने अपनी लक्ष्मणरेखा का उल्लंघन किया है। उसका काम है सरकारी ख़र्चे की ऑडिट करना, यानी पैसा सही ढंग से ख़र्च किया गया है या नहीं इसका पता लगाना, न कि सरकार की नीतियों पर टिप्पणी करना। इस बार भी यही तर्क है। प्रधानमन्त्री कार्यालय में मन्त्री नारायण सामी ने कैग रिपोर्ट आते ही कहा कि यह तो कैग का मैंडेट ही नहीं था। 2जी को भी यह कहकर सही ठहराया गया था कि सरकार की नीतियों की वजह से ही देश के कोने-कोने में सेलफ़ोन, मोबाइल इतने सस्ते में फैला। यानी मोबाइल क्रान्ति के लिए वो भ्रष्टाचार ज़िम्मेदार है जिसके लिए टेलीकॉम मन्त्री ए. राजा को जेल जाना पड़ा। हाँ इस बार एक सावधानी बरती गयी है। 2जी के समय नये टेलीकॉम मन्त्री कपिल सिब्बल ने चौड़े में कहा था कि एक पैसे का भी नुक़सान सरकारी ख़ज़ाने को नहीं हुआ। इस बार इससे बचने की कोशिश है।

दोनों ही मामलों में कैग ने जिस रक़म की ओर इशारा किया है वो हिलाकर रख देनेवाली है। अगर दोनों रक़मों को मिला दिया जाये तो देश की शक्ल ही बदल जायेगी। यह तो तब होगा जब भ्रष्टाचार ख़त्म होगा। जब 2जी और कोयला आवँटन जैसे गड़बड़झाले नहीं होंगे। सरकार और नौकरशाही जनता के प्रति ईमानदार होगी। अपनी जेब भरने की जगह जनहित का ख़याल रखेगी। पर दुर्भाग्य कि भ्रष्टाचार के ख़िलाफ़ लड़ाई लड़नेवालों का ट्रक ड्राइवर कहकर मज़ाक़ उड़ाया जाता है और भ्रष्टाचार विरोधी आन्दोलनों को संविधान और लोकतन्त्र विरोधी साबित करने की मुहिम चलती है और बौद्धिक स्तर पर बहस छेड़ी जाती है कि चूँकि भ्रष्टाचार को ख़त्म नहीं किया जा सकता और देश के विकास को भी रोका नहीं जा सकता, ऐसे में दोनों को साथ-साथ चलना होगा। कुछ लोग कहते हैं कि देश विकास के जिस मुक़ाम पर खड़ा है वहाँ से वो चाहे तो सुपरपावर का रास्ता पकड़ सकता है और चाहे तो फिर वही ग़रीब भारत बन सकता है। ग़रीब भारत बनना देश के साथ अन्याय होगा क्योंकि किसी भी देश के इतिहास में ऐसे मौक़े कम ही आते हैं जब

वो सुपरपावर बनने का ख़्वाब सच कर सकता है। ऐसे में भारत को सुपरपावर बनने के लिए इतना त्याग करना होगा। उसे भ्रष्टाचार को गले लगाना होगा और अगर सम्भव हो तो इसे क़ानूनी जामा पहना दिया जाये। जैसे घूस देने को ग़लत न माना जाये क्योंकि मजबूरन घूस देनी पड़ती है। नहीं देगा तो काम नहीं होगा। असल गुनाहगार घूस लेनेवाला है, देनेवाला नहीं है।

ये बहस बेकार है। हिन्दुस्तान यूरोपीय देशों की तरह 'पदार्थवादी' सभ्यता नहीं है। यह देश 'अध्यात्मवादी' है। इस देश ने हमेशा ही 'नैतिक-सत्ता' को 'राजसत्ता' पर तरज़ीह दी है। गाँधी, जे.पी. और अन्ना के पीछे लोग इसलिए नहीं भागे कि वो करोड़पति थे या फिर देश के प्रधानमन्त्री या राष्ट्रपति। ये सारे नेता स्वभाव से फक्कड़ थे, भिखारी। लेकिन इनकी नैतिक आभा ने समाज में आन्दोलन को जन्म दिया। इसलिए सरकार को 2जी हो या फिर कोयला आवँटन पूरे मामले कि निष्पक्ष जाँच करानी चाहिए। जो ज़िम्मेदार हो उनको सज़ा मिले। सरकारी तन्त्र में आमूलचूल सुधार किये जायें। सरकारी सम्पदा का आवँटन कैसे हो इस पर पूरे देश में बहस हो। आवँटन की पूरी प्रक्रिया को पारदर्शी बनाया जाये। आम आदमी को पूरी सच्चाई जानने का अधिकार हो। और भ्रष्टाचार की मामूली शिकायत पर पूरी संजीदगी से कार्रवाई हो। यह कार्रवाई अनन्तकाल तक न चले, बल्कि निश्चित समय में पूरी हो। और निश्चित समय में अदालतों से निबटारा हो। ताकि भ्रष्टाचारी को सज़ा मिलना सुनिश्चित हो। वरना सरकार की छीछालेदर होगी। लोगों में गुस्सा है। वो भ्रष्टाचार को बर्दाश्त करने के मूड में नहीं हैं। कैग का मज़ाक़ उड़ाना और आन्दोलनों को ख़ारिज़ करना भारी भी पड़ सकता है।

हिन्दुस्तान, 20.08.2012

जो डर गया, सो मर गया...

'एलिमेंटरी, माई डियर वॉटशन'

शरलक होम्स का मशहूर डॉयलाग...

काँग्रेस कठिन दौर से गुज़र रही है। एक लाख छियासी हज़ार करोड़ के घोटाले का आरोप, निशाने पर प्रधानमन्त्री, संसद ठप। मुलायम सिंह कह रहे हैं कि सरकार का इक़बाल ख़त्म हो गया है। मनमोहन-सोनिया के सामने दो संकट हैं। एक, नेतृत्व का संकट। दो, साख का संकट। पिछले दिनों देश कई तरह के संकटों से दो-चार हुआ लेकिन एक बार भी यह नहीं लगा कि सरकार या काँग्रेस में एक ऐसा नेता है जो देश को यह विश्वास दिलाये कि डरने की ज़रूरत नहीं है–'वो है'। असम का संकट आज़ादी के बाद की एक बड़ी घटना है। साम्प्रदायिक दंगों में सत्तर से ज़्यादा लोग मारे गये। पाँच लाख लोग बेघर। महीनेभर बाद भी हालात क़ाबू में नहीं। नेहरूजी ने जिस भारत की नींव रखी थी वो बुनियाद पिछले एक महीने में हिलती नज़र आयी। अयोध्या आन्दोलन के बाद पहली बार यह लगा कि साम्प्रदायिक सौहार्द का तानाबाना, जो भारतीय एकता की प्राणवायु है, वो कहीं टूट रहा है। विभिन्न समुदाय एक-दूसरे को शक की निगाह से देख रहे हैं। असम के बोडोलैंड में हिन्दू और मुसलमान एक साथ नहीं रह सकते। असम के बाहर पूर्वोत्तर के लोग अपनों से डर के वापस भाग रहे हैं। मुम्बई में एक पुलिस कमिश्नर को इसलिए हटा दिया गया कि एक समुदाय के लोगों को लगा कि उसने जानबूझकर भीड़ नियन्त्रण करने के लिए दूसरे समुदाय की भीड़ पर गोलियाँ नहीं चलायीं। और राज ठाकरे ने हज़ारों की भीड़ इकट्ठा कर दूसरे समुदाय के लोगों को डराने का काम किया। ऐसे वक़्त में देश को एक मज़बूत नेता की ज़रूरत हो आयी। वो नेता जो समुदायों को यह भरोसा दे सके कि–'वो है'।

मनमोहन सिंह और सोनिया गाँधी असम ज़रूर गये लेकिन न तो उनकी 'बोली' से और न ही उनके 'क़दम' से लोगों को लगा–'वो है'। एक नेता है जो लोगों में ऊर्जा भर सके, प्रेरित कर सके। सैकड़ों विभिन्नताओंवाले एक सौ इक्कीस करोड़

के देश को एकसूत्र में बाँधनेवाली वो शख़्सियत नहीं दिखी। यह ख़तरनाक बात है। हिन्दुस्तान अमेरिका नहीं है, न ही यूरोप है, न ही चीन जहाँ कमोबेश एक ही तरह की संस्कृति के लोग रहते हैं। और जहाँ जातीय स्तर पर दरारें न के बराबर होती हैं। हमारे मुल्क़ में दरारें इस क़दर हैं कि एक अखिल भारतीय व्यक्तित्व ही इसे सँभाल सकता है। जैसे कभी गाँधीजी थे या फिर नेहरूजी या इन्दिरा गाँधी। और बाद में अटल बिहारी वाजपेयी। व्यक्तित्व का करिश्मा बड़े से बड़े संकट के समय भी लोगों को आश्वस्त रखता है।

2004 के बाद अर्थव्यवस्था जब तक अच्छी थी सब बल्ले-बल्ले थे। देश सुचारु रूप से चल रहा था। लेकिन जैसे ही अर्थव्यवस्था को ग्रहण लगा, हालात सँभाले नहीं सँभल रहे। आर्थिक विकास दर को तेज़ करने की ज़रूरत है। नये सुधारों को फ़ौरन लागू करना है लेकिन सरकार में वो कुव्वत नहीं कि वो कड़े क़दम उठाये। 2008 में न्यूक्लियर डील के समय मनमोहन सिंह ने हिम्मत दिखायी। जनता ने उन पर भरोसा किया। 2009 में लोगो ने पहले से बड़ा जनसमर्थन दिया। वो मनमोहन सिंह कहीं गुम हो गये हैं। महँगाई बेलगाम है। आर्थिक विकास दर आठ फ़ीसदी से घटकर पाँच फ़ीसदी पर अटकनेवाली है। सरकार लकवे का शिकार है। फ़ैसले होने बन्द हो गये हैं।

2010 में देश ने सीडब्ल्यूजी घोटाला देखा। 2011 में एक लाख छिहत्तर हज़ार करोड़ का 2जी घोटाला सुर्खियों में रहा। अब एक लाख छियासी हज़ार करोड़ का कोयला घोटाला। सरकार ने 2जी पर कहा 'एक भी पैसे का नुक़सान नहीं हुआ।' लोगों ने यकीन नहीं किया। अन्ना के नेतृत्व में लोग सड़कों पर उतरे। सरकार फिर कह रही है कोयला में सरकारी ख़ज़ाने की कोई लूट नहीं हुई। 2जी में कैबिनेट मन्त्री जेल गये। एक निहायत ताक़तवर नेता की बेटी को जेल जाना पड़ा। कई आला अफ़सर और कई बड़ी कम्पनियों के प्रमोटर और सीईओ को सलाखों के पीछे एड़ियाँ रगडनी पड़ीं। क्या फिर वही कहानी दोहरायी जायेगी? लोगों को पहले भी यकीन नहीं था और आज भी सरकार के दावे पर यकीन नहीं है। सरकार की साख कहाँ है?

सुप्रीम कोर्ट ने सरकार की छीछालेदर की। कैग ने सरकार की धज्जियाँ उड़ा दीं। यूपी चुनाव में चुनाव आयोग को कैबिनेट मन्त्री के ख़िलाफ़ कार्रवाई के लिए राष्ट्रपति से दरख़ास्त करनी पड़ी। सरकार के सहयोगी दल चाहे ममता हो या फिर मुलायम हर क़दम का विरोध कर रहे हैं। सिविल सोसायटी के नेतृत्व में रामलीला मैदान पर देश ने आज़ादी के बाद के सबसे बड़े सरकारी विरोधी जनउभार को देखा। पंजाब चुनाव काँग्रेस हार गयी। गोवा में मुँह की खानी पड़ी। केरल और उत्तराखंड उसे बड़ी आसानी से जीतना था, किसी तरह गिरते-पड़ते सरकार बना सके। सरकार

के मन्त्री प्रधानमन्त्री की सुनते नहीं। उन्हें बजट पेश करते ही रेल मन्त्री को हटाना पड़ता है। और उन मुकुल राय को रेल मन्त्री बनाना पड़ता है जिसने खुलेआम असम में रेल हादसे के बाद प्रधानमन्त्री का आदेश मानने से इंकार कर दिया था। ऐसे में मुलायम कहें कि सरकार का इक़बाल नहीं है तो हैरान कोई नहीं है।

सरकार की सत्ता सिर्फ़ संसद में नम्बरों का खेल नहीं है। नम्बर तो राजीव गाँधी के पास भी 415 थे लेकिन एक बार बोफ़ोर्स का गोला लगा कि सरकार लंगड़ी हो गयी। शासन करने का नैतिक बल हवा हो गया। राजीव गाँधी प्रधानमन्त्री थे, लेकिन वी.पी. सिंह लोगों के दिल में बसते थे। आज भी सरकार के पास भले ही बहुमत का आँकड़ा हो लेकिन नैतिक बल कहाँ है? मनमोहन सिंह और सोनिया गाँधी मानें या न मानें सत्ता नैतिक बल से चलती है। वरना वो घिसटती है। आज सरकार ख़ुशक़िस्मत है कि विपक्ष में वी.पी. सिंह नहीं हैं। लेकिन यह भी उतना ही सच है कि सरकार में कोई राजीव गाँधी भी नहीं है। ऐसे में सरकार और काँग्रेस को चाहिए कि वो 2014 का इन्तज़ार न करे। वो चुनावों की डायलिसिस पर चढ़कर अपने रक्त को दुरुस्त करे। और अगर उसे यकीन है कि घोटाला नहीं हुआ, विपक्ष खामखाँ मुद्दा बना रहा है, सिविल सोसायटी झूठ बोल रही है तो फ़ौरन मध्यावधि चुनाव कराये। शासन करने का नैतिक बल नये सिरे से हासिल करे, प्रशासनिक लकवेपन को दूर करे, देश को लगे कि देश में कोई सरकार है, कोई नेता है जिस पर भरोसा किया जा सकता है। लेकिन वो करेगी, मुझे यकीन नहीं है? नेपोलियन बोनापार्ट कह गया है 'जो यह सोचकर भयभीत रहता है कि वो कहीं हार न जाये वो निश्चित रूप से हार जाता है'। 'एलिमेंटरी, माई डियर मनमोहन सिंह।'

दैनिक भास्कर, 27.08.2012

न निराश करो मन को

मौजूदा राजनीतिक माहौल से लोगों में काफ़ी निराशा है। आम आदमी थका और ठगा हुआ महसूस कर रहा है। घोटाले उसके लिए नये नहीं हैं, लेकिन वे इस क़दर और इतने बड़े स्तर पर होंगे, इसकी उम्मीद उसे नहीं थी। लोग कहते हैं कि नेताओं और राजनीतिक दलों से कुछ भी आशा बेकार है। पहले 64 करोड़ का घोटाला होता था। अब एक लाख छियासी हज़ार करोड़ का हो रहा है। क्या देश को लेनिन की 1917 की क्रान्ति की ज़रूरत है या फिर माओ की 1949 की क्रान्ति की या फिर गाँधीजी को बुलाया जाये? मुझे लगता नहीं कि इतना निराश होने की आवश्यकता है। एक 'अदृश्य शान्त-क्रान्ति' की हवा चल निकली है। देश बदल रहा है। मेरी बातें अन्तर्विरोधी लग सकती हैं, लेकिन ध्यान से देखें, तो कुछ दिखायी भी देगा। गठबन्धन दौर के बावजूद लोकतान्त्रिक संस्थाएँ पिछले 65 साल में न केवल मज़बूत हुई हैं, बल्कि राजनीतिक जमातों को चपत भी लगा रही हैं। चुनाव आयोग हो या फिर कैग या न्यायपालिका या फिर आम आदमी, वह राजनीति को कह रहा है कि बदलो, नहीं तो बदल दूँगा।

टी.एन. सेषन के पहले चुनाव आयोग की कोई अहमियत नहीं थी। चुनावों में जमकर धाँधली होती थी। मतपेटियाँ खुलेआम लूटी जाती थीं। लोगों को मतदान से रोका जाता था। डंडे के ज़ोर पर एक ही पार्टी या नेता के पक्ष में वोट डलवाये जाते थे। ख़ून-ख़राबा होता था। चुनावी नतीजों पर हमेशा सवाल खड़ा रहता था। सेषन ने एक झटके में रोक लगाने का काम किया। चुनावी हिंसा कम होने लगी। वोटों की लूटपाट ख़त्म होने लगी और नेताओं के दिल में डर बैठने लगा। सेषन ने अकेले दम पर चुनावों को निष्पक्ष व हिंसारहित कर दिया। नेताओं को यह पसन्द नहीं आया। उनको रोकने की कोशिश नरसिंहा राव सरकार ने की। सेषन को सनकी, डिक्टेटर और पागल करार दिया गया। उन पर लगाम लगाने के लिए मनोहर सिंह गिल व जी.वी.जी. कृष्णमूर्ति को चुनाव आयुक्त बनाया गया। वरना पहले एकमात्र मुख्य चुनाव आयुक्त होते थे। लेकिन आयोग को अपनी ताक़त का अहसास हो

गया था। अब चुनाव साफ़-सुथरे होते हैं, इसका क्रेडिट सेषन को जाता है।

सेषन के बाद सुप्रीम कोर्ट ने भी अंगड़ाई लेनी शुरू की। हालाँकि जगमोहन सिन्हा जैसे हाईकोर्ट के जज पहले भी रह चुके हैं, जिन्होंने इन्दिरा गाँधी की लोकसभा की सदस्यता रद्द कर दी थी। पी.एन. भगवती भी थे, जिन्होंने पब्लिक इंटरेस्ट लिटिगेशन यानी पीआईएल को एक आन्दोलन का रूप देकर आम आदमी को ताक़त दी। लेकिन सुप्रीम कोर्ट की सक्रियता 90 और बाद के दशक में अपने चरम पर पहुँची। जो काम सरकार को करना चाहिए था, वह अदालतों को करना पड़ा। दिल्ली की मिसाल लें। दिल्ली का पर्यावरण ख़राब था, इसे दुनिया का सबसे प्रदूषित शहर कहा जाता था। इस पर दिल्ली सरकार को अंकुश लगाना चाहिए था, लेकिन वह सोती रही। सुप्रीम कोर्ट आगे आया, सीसा मिला पेट्रोल बन्द हुआ, सीएनजी की बसें चलने लगीं। यमुना साफ़ हो, नदियों को गन्दा करनेवाले उद्योग-धन्धे और कारख़ाने बन्द हों, इसकी कोशिश अदालत को करनी पड़ी। उसकी इसी सक्रियता के चलते नेता व अफ़सर जेल जाने लगे। हाल में 2जी सबसे बड़ा उदाहरण है। सारे लाइसेंस रद्द हुए, कैबिनेट मन्त्री, पेट्रोलियम सचिव और कई बड़ी कम्पनियों के मालिक व आला मैनेजर जेल गये।

गुजरात दंगों की ठीक से जाँच हो, अपराधियों को सज़ा मिले इस काम में भी सुप्रीम कोर्ट को दख़ल देना पड़ा। गुजरात पुलिस ने तो सबको क्लीन चिट दे दी थी। नरोडा पाटिया दंगों की प्रमुख गुनहगार को नरेन्द्र मोदी ने मन्त्री बनाकर इज़्ज़त बख्शी थी। जाँच सुप्रीम कोर्ट की निगरानी में हुई, तो माया जेल में हैं। इसी तरह देश में कैग यानी नियन्त्रक एवं महालेखा परीक्षक जैसी कोई संस्था है, इसका पता लोगों को हाल-फ़िलहाल ही लगा। पहले कैग की रिपोर्ट को तवज्जो नहीं दी जाती थी। बोफ़ोर्स मामले में तब के कैग टी.एन. चतुर्वेदी की रिपोर्ट ने ज़रूर राजीव गाँधी की कुर्सी हिलायी और बाद में कारगिल हमले के सन्दर्भ में सैनिकों के ताबूतों की ख़रीद में हुए घोटाले पर कैग की रिपोर्ट ने रक्षा मन्त्री जॉर्ज फ़र्नांडीज़ के होश उड़ा दिये थे।

विनोद राय के कार्यभार सँभालने के बाद यह संस्था वैसे ही बदल गयी, जैसे सेषन ने चुनाव आयोग को बदला था। पहले राजनीतिक दल माहौल गरमाते थे और कैग की रिपोर्ट का इस्तेमाल राजनीति के लिए किया जाता था, सरकार पर हमले के लिए। लेकिन अब कैग की रिपोर्टें आती हैं, मीडिया में हंगामा होता है और राजनीतिक दल मुद्दा बनाने के लिए मजबूर होते हैं। 2जी घोटाले में 1,76,000 करोड़ की संख्या इतनी बड़ी थी कि कोई कैग की रिपोर्ट को नकार नहीं पाया। और अब कोयले में 1,86,000 करोड़ के आँकड़े ने सरकार का चैन छीन लिया है। कैग पहले सिर्फ़ ऑडिट करता था, अब उसने देश को बताना शुरू किया है कि सरकार,

मन्त्री, नेता और बड़ी कम्पनियाँ किस तरह से नियम-क़ानून की धज्जियाँ उड़ाते हुए बेशर्मी से अपनी जेबें भर रही हैं। कैग ने बताया कि दस रुपये का सामान दो रुपये में बेचा जा रहा है तथा दो रुपये की चीज़ दस रुपये में ख़रीदी जा रही है और इस बन्दरबाँट में ऊपर तक लोग शामिल हैं।

आम आदमी की नींद भी टूटी है। आरटीआई आन्दोलन ने छोटे-बड़े शहरों में सरकारी बाबुओं की नाक में दम कर रखा है। निश्चित रूप से आरटीआई से मामला काफ़ी आगे बढ़ा है। लोगों ने लोकपाल की माँग की और अन्ना हज़ारे व बाबा रामदेव की अगुवाई में वे सड़कों पर उतर आये। साल 2011 में सामाजिक आन्दोलनों ने केन्द्र सरकार को ऊपर से नीचे तक हिला दिया। फिर सोशल मीडिया पर लोगों की भागीदारी और हर मुद्दे पर बेझिझक अपनी राय रखने की आदत भी अब सरकारों के बेलगाम पैरों में बेड़ियाँ डालने का काम करने लगी हैं। मुख्यधारा मीडिया ख़ासतौर से टीवी न्यूज़ चैनलों ने पहले ही सरकार की नाक में दम कर रखा है और इससे परेशान सरकार टीवी पर नियन्त्रण की वकालत कर रही है। हालाँकि नेता और मन्त्री अब भी पूरी तरह से सँभलने को तैयार नहीं दिख रहे। इसीलिए कभी कैग को गाली दी जाती है और कभी चुनाव आयोग पर हमले होते हैं। लेकिन जनता सब देख रही है। राजनीतिक पार्टियों को समझना पड़ेगा। ऐसे में, बेहतर हो कि राजनीतिक लोग बदलें, सरकार भी बदले, वरना देश उन्हें इतिहास के कूड़ेदान में फेंक देगा। यह क्रान्ति अब रुकनेवाली नहीं है।

हिन्दुस्तान, 03.09.2012

इस बदलाव को समझाना होगा

मंडल कमीशन की सिफ़ारिशें जब वी.पी. सिंह ने लागू कीं तब मैं जवाहरलाल नेहरू विश्वविद्यालय में था। मंडल कमीशन ने सरकारी नौकरियों में पिछड़ों को अलग से 27 फ़ीसदी आरक्षण देने की सिफ़ारिश की थी। जातिवादी राजनीति का जो नंगा नाच मैंने जेएनयू जैसे सेक्युलर, समतामूलक, वामपन्थी रुझान के कैम्पस में देखा था वो झकझोर देनेवाला था। मैं तब काफ़ी सक्रिय था। मंडल और आरक्षण के ख़िलाफ़। मेरे तर्क साफ़ थे। एक, आरक्षण से देश में जातिवाद बढ़ेगा। दो, समाज में विभाजन होगा। तीन, जातिवादी हिंसा को बढ़ावा मिलेगा। चार, प्रशासन कमज़ोर होगा। पाँच, समाज में हमेशा के लिए एक 'परजीवी' वर्ग पैदा होगा जो मेहनत और मेधा की जगह कोटे से नौकरी पाने और आगे बढ़ने में यकीन रखेगा। छः, अगर आरक्षण से प्रशासन कमज़ोर नहीं होता है तो फिर सेना में आरक्षण क्यों नहीं दिया जाता? इन तर्कों के समानान्तर मेरा मानना था कि आरक्षण की जगह सभी पिछड़ों और दलितों को अगड़े वर्ग के बच्चों के बराबर आने के लिए व्यवस्था की जानी चाहिए जैसे मुफ्त शिक्षा हो, शिक्षा के लिए प्रोत्साहित करने के लिए स्कॉलरशिप दी जाये। रुचि के हिसाब से मेधावी छात्रों को सरकारी नौकरियों की प्रतियोगी परीक्षाओं के लिए मुफ्त तैयारी की सुविधा प्रदान की जाये। पिछड़ों को अगड़ों के बराबर लाकर उन्हें प्रतियोगिता में प्रतिस्पर्धा के लिए छोड़ देना चाहिए। यानी समानता के सिद्धान्त के मुताबिक़ समान अवसर सबको मिलें और कोई वर्ग यह महसूस न करे कि उसका हक़ मारा गया।

लम्बे समय तक मेरी यह सोच बदली नहीं। लेकिन जैसे-जैसे समाज को नज़दीक से देखने का मौक़ा मिला मेरी सोच बदलने लगी। आज मैं आरक्षण का पक्षधर हूँ। पहले मेरे लिए आरक्षण सिर्फ़ नौकरियों में पिछड़ों और दलितों की हिस्सेदारी का मसला था। बाद में लगा, नहीं बात सिर्फ़ नौकरी में हिस्सेदारी की नहीं है। हर बहुलतावादी समाज में इस तरह की शिकायत रहती है। मसला कुछ और है। जाति के आधार पर मनुष्य का मूल्यांकन और उसके आधार पर समाज में व्यक्ति की

हैसियत। सम्मान और हिक़ारत का हक़। अगड़ी जाति को हमेशा सम्मान मिलेगा, समाज में हमेशा ऊँचा दर्जा होगा और पिछड़ी जातियों और दलितों को हमेशा ही हिक़ारत की नज़र से देखा जायेगा। दलितों की हालत तो और भी बुरी। उन्हें समाज, समाज का हिस्सा ही नहीं समझता। यहाँ तक कि इंसान मानने को भी ऊँची जातियाँ तैयार नहीं। महाकवि तुलसी दास तक कह गये हैं—ढोर, गँवार, शुद्र, पशु, नारी...ये सब ताड़न के अधिकारी। यानी तुलसी दास के मुताबिक़ समाज का दलित वर्ग जानवर के समान है और उसको प्रताड़ित करना चाहिए। मैंने सोचा जहाँ यह सोच हो वहाँ आरक्षण सिर्फ़ नौकरियों में हिस्सेदारी का ही मसला नहीं हो सकता। मसला इंसान को इंसान समझने का है। जाति के आधार पर कोई प्रताड़ित न हो, हक़ न छीना जाये, यह असल मसला है।

मैं समझता था कि आरक्षण से समाज में जातिवाद बढ़ेगा। मेरी सोच ग़लत थी। समाज में जातिवाद हज़ारों साल से है वो आरक्षण से नहीं बढ़ा। आरक्षण ने दलितों और पिछड़ों में समानता का एहसास जगाया, उन्हें सिखाया कि संख्या में वो अगड़ी जातियों से ज़्यादा हैं, ऐसे में सत्ता और प्रशासन में सिर्फ़ अगड़ों का ही क़ब्ज़ा क्यों हो? उनकी भी सत्ता और प्रशासन में संख्या के अनुपात में भागीदीरी हो। इस राजनीतिक चेतना ने समाज की उस प्रक्रिया को तेज़ किया जो उन्हें बराबरी का दर्जा देने के लिए उद्धत थी। बिहार और उत्तर प्रदेश इसकी मिसाल बने। जिन जातियों को ताड़न का अधिकारी माना जाता था वो सत्ता पर क़ाबिज़ होने लगीं। बिहार में पिछड़ी जातियाँ लालू यादव की अगुवाई में और यूपी में मुलायम सिंह यादव और कांशीराम-मायावती के नेतृत्व में सत्ता के शीर्ष पर पहुँचीं। जिन जातियों को यूपी और बिहार की उच्च जातियाँ यानी बाबू साहब लोगों के सामने बोलने और बैठने का अधिकार नहीं था, वो खुलकर बोलने लगीं। समाज का पिरामिड उलट गया। अब किसी उच्च जाति के लिए पिछड़ों और दलितों पर अत्याचार करना आसान नहीं रह गया। पिछड़ों और दलितों की चेतना ने उन्हें न केवल राजनीतिक ताक़त दी बल्कि सामाजिक स्तर पर भी उन्हें 'मजबूरी' में ही सही लेकिन स्वीकार्य बना दिया। मायावती ने 2007 में नया प्रयोग किया। दलितों के साथ ब्राह्मणों का चुनावी रसायन तैयार किया। वो अपने बल पर सरकार बनाने में कामयाब रहीं। इस प्रयोग में एक फ़र्क़ था। पहले अगड़ी जातियाँ नेतृत्व करती थीं और दलित सिर झुकाये उनके पीछे चलते थे। यह काँग्रेस का विजयी फ़ॉर्मूला था। मायावती के शासन में दलित आगे थे और ब्राह्मण पीछे। ऐसा सदियों में कभी नहीं हुआ था। यह भारतीय सन्दर्भ में मामूली क्रान्ति नहीं है, अभूतपूर्व है। जातिवाद के जंगल में मायावती का मुख्यमन्त्री बनना भारतीय लोकतन्त्र और इस सामाजिक उत्थान की बहुत बड़ी उपलब्धि है। जिन लोगों ने करीब से जाति का दंश नहीं झेला या भोगा है वो इस

बदलाव को समझ नहीं सकते।

इस तर्क में भी दम नहीं है कि आरक्षण से प्रशासन कमज़ोर होगा। लालू-मुलायम-माया के शासन में और उनके पहले उच्च जातियों के नेताओं के शासन में कोई ख़ास फ़र्क़ नहीं है। क्या नारायण दत्त तिवारी, वीर बहादुर सिंह और बिहार में भगवत झा आज़ाद, जगन्नाथ मिश्र का शासन बेहतर था? जो प्रशासनिक कमज़ोरियाँ और भ्रष्टाचार पहले था, वैसा ही भ्रष्टाचार और प्रशासनिक कमज़ोरियाँ बाद में भी नज़र आयीं। जगन्नाथ मिश्र और लालू यादव के शासन में मुझे कोई अन्तर नहीं दिखता। अगर मायावती के शासन के भ्रष्टाचार को छोड़ दिया जाये तो प्रशासनिक क्षमता के सवाल पर वो अपने किसी भी पूर्ववर्ती अगड़े मुख्यमन्त्री से बीस ही बैठेंगी।

दरअसल अगड़ी जातियों के तर्क पुरानी 'ताड़नकारी' व्यवस्था को बनाये रखने का एक षड्यन्त्र और इस आधार पर सदियों पुराने 'अवैध' सामाजिक-राजनीतिक क़ब्ज़े को बरकरार रखने का बेहूदा बहाना। फिर इस सवाल का जवाब कौन देगा कि मंडल कमीशन लागू होने के बाद जातिवादी हिंसा कैसे कम हो गयी? यूपी और बिहार सत्तर और अस्सी के दशक में ऐसी जातिवादी हिंसा की ख़बरों से भरे रहते थे। एक बात और मंडल कमीशन के बाद देश ने आर्थिक तरक़्क़ी कैसे कर ली? क्योंकि अगड़े तर्क के मुताबिक़ पिछड़े दलितों को न तो सत्ता चलाना आता है और न ही इनके पास प्रशासनिक कौशल है। और आज बिहार कैसे तरक़्क़ी कर रहा है जबकि वहाँ पिछले सात साल से एक पिछड़े नीतीश कुमार का शासन है? ऐसे में आज फिर प्रमोशन में कोटे का विरोध करनेवाले विंस्टन चर्चिल की तरह हमें और आपको यह समझाना चाहते हैं कि अंग्रेज़ ही शासन कला में पारंगत हैं हिन्दुस्तानी के हाथ में सत्ता का मतलब है देश के टुकड़े होना। आज़ादी के पहले चर्चिल ग़लत थे और आज ये तर्कवीर।

दैनिक भास्कर, 10.09.2012

प्रेस की अधूरी आज़ादी

ख़बरों को सनसनीखेज बनाना तो मीडिया की प्रवृत्ति है : प्रधानमन्त्री मनमोहन सिंह

अदालत की ख़बरों की रिपोर्टिंग करने पर कोर्ट कुछ समय के लिए पाबन्दी लगा सकता है : सुप्रीम कोर्ट

कार्टून बनाने पर असीम त्रिवेदी के ख़िलाफ़ देशद्रोह का मुक़दमा : मुम्बई पुलिस

इस्लाम पर बनी फ़िल्म बचकानी है, लेकिन हमारे हाथ बन्धे हैं, हम उसके ख़िलाफ़ चाहकर भी कार्रवाई नहीं कर सकते : हिलेरी क्लिंटन

चारों बातों का रिश्ता अभिव्यक्ति की स्वतन्त्रता से है। तीन भारत की हैं, चौथी अमेरिका की। भारत में भी लोकतन्त्र है और अमेरिका में भी, लेकिन दोनों में फ़र्क़ है। इस्लाम पर भारत में फ़िल्म बनी होती, तो अब तक इसके निर्माता-निर्देशक जेल में होते। यह फ़र्क़ क्यों है? सुप्रीम कोर्ट ने कुछ दिन पहले अपने फ़ैसले में इस ओर इशारा किया है। जस्टिस कपाड़िया की अगुवाई में सुप्रीम कोर्ट की बेंच ने लिखा, अमेरिका में अभिव्यक्ति की स्वतन्त्रता की रक्षा करनेवाले पहले संशोधन की वजह से अभिव्यक्ति की आज़ादी पर किसी भी तरह का प्रतिबन्ध नहीं लग सकता। अदालत लिखती है—भारत और कनाडा से अलग अमेरिका में प्रेस की आज़ादी सम्पूर्ण है। अमेरिकी संविधान में कनाडा के संविधान की चार्टर राइट्स की धारा-एक और भारतीय संविधान के अनुच्छेद 19 (2) की तरह प्रेस की आज़ादी पर विवेकपूर्ण प्रतिबन्ध लगाने के प्रावधान नहीं हैं। इसलिए अमेरिका में मीडिया की आज़ादी, ख़बरों के प्रसार और अभिव्यक्ति पर किसी भी तरह का हस्तक्षेप ग़ैर-क़ानूनी होगा।

लेकिन भारत में विवेकपूर्ण प्रतिबन्ध का सहारा लेकर अभिव्यक्ति की आज़ादी को रोका जा सकता है। सुप्रीम कोर्ट ने 'सहारा बनाम सेबी' के मामले में लिखा है कि इंसाफ़ के तकाजे को देखते हुए संविधान के अनुच्छेद 19 (1) (ए) के तहत

अगर प्रतिबन्ध लगता है, तो संविधान का उल्लंघन नहीं माना जाना चाहिए। यानी भारतीय सन्दर्भ में अगर किसी नागरिक के व्यक्तिगत अधिकार और मौलिक अधिकार में किसी तरह का टकराव पैदा होता है, तो मौलिक अधिकारों को सस्पेंड किया जा सकता है। हालाँकि, कोर्ट ने यह भी कहा है कि यह रोक अनन्त काल के लिए नहीं होगी और यह अपवाद स्वरूप ही है। इस अधिकार ने न्यायपालिका के हाथों में एक ऐसा औजार दे दिया है, जिसके आधार पर कभी भी प्रेस पर डंडा चलाया जा सकता है। सवाल यह भी है कि क्या हमें भारतीय न्याय व्यवस्था यह भरोसा देती है कि इस फ़ैसले का दुरुपयोग नहीं होगा? मुझे यह कहने में कोई संकोच नहीं है कि न्यायपालिका की हालत बहुत अच्छी नहीं है, ख़ास तौर पर निचले स्तर पर। यह सच है कि लोग अब भी कार्यपालिका और विधायिका से ज़्यादा न्यायपालिका पर भरोसा करते हैं, पर हमारी न्याय व्यवस्था अब भी समाज के ताक़तवर लोगों के पक्ष में झुकी हुई है। जिसके पास पैसा है, सत्ता है, ताक़त है, वह देश के सबसे बेहतरीन वकीलों की सेवा ले सकता है और ग़रीबों-कमज़ोरों को वकील ढूँढ़े नहीं मिलते।

ऐसे में, बेहतरीन वकील अपनी दलीलों के आधार पर अच्छे से अच्छे साक्ष्य को कमज़ोर साबित कर देते हैं और अपराधी को सन्देह का लाभ मिल जाता है। फिर समाज के दूसरे संस्थानों की तरह न्यायपालिका में भी भ्रष्टाचार घुस गया है। यह सही है कि सुप्रीम कोर्ट के ताज़ा फ़ैसले के पहले भी अदालतों के पास इस तरह के अधिकार थे और वे ज़रूरत के हिसाब से मीडिया पर अंकुश लगा सकती थीं। लेकिन हाल के फ़ैसले ने इस अधिकार को संवैधानिक जामा पहना दिया है। अब कोई भी ताक़तवर व्यक्ति अपने व्यक्तिगत अधिकारों के हनन का हवाला देकर मीडिया की नज़र से बच सकता है या फिर मीडिया को अब सब कुछ जानते-बूझते हुए भी मूकदर्शक बने रहने के लिए मजबूर होना पड़ेगा। मीडिया की वजह से पिछले दिनों न्यायिक देरी से निराश कई लोगों को न्याय मिले। पंजाब के आईपीएस राठौर का मामला हाल ही का है। एक चौदह साल की लड़की के साथ अभद्र व्यवहार हुआ था। मामले को दबाने के लिए पूरा तन्त्र लग गया और लड़की को आत्महत्या करनी पड़ी। इस मामले में आरोपी को मामूली छः महीने की सज़ा ही मिली। मीडिया ने उस मामले को उठाया। केस दोबारा खुला। एक नयी बहस शुरू हुई और आरोपी को फिर जेल जाना पड़ा। हालाँकि, तब तक वह मुक़दमा इतना कमज़ोर हो चुका था कि जो सज़ा मिलनी चाहिए, वह नहीं मिली। जेसिका मामले में भी सारे गुनहगार बेदाग़ छूट गये थे।

मीडिया की वजह से ही असली गुनहगार आज जेल में है। दोनों ही मामले 'कमज़ोर नागरिक बनाम रसूखदार शख़्स' का था। मीडिया के कूदने के पहले आम नागरिक मुँहकी खा चुका था। मीडिया ने उसे ताक़त दी है। आम आदमी को

एहसास हुआ कि अगर कार्यपालिका, विधायिका और न्यायपालिका में उसकी गुहार नहीं सुनी जाती है, तब वह मीडिया के पास जा सकता है और इंसाफ़ पा सकता है। अब आम आदमी को इंसाफ़ कैसे मिलेगा? मैं यह बात इसलिए कह रहा हूँ कि मीडिया की ताक़त से घबराकर ताक़तवर तबक़ों ने मीडिया के ख़िलाफ़ मुहिम चला रखी है। आरोप यह है कि मीडिया ट्रायल अदालतों की कार्यवाही को प्रभावित कर रही है और इससे जजों पर दबाव पड़ता है। मेरा कहना है कि यह आरोप ही जजों की प्रतिबद्धता और उनकी गरिमा पर चोट करनेवाला है, लेकिन क्या यह नहीं होना चाहिए कि इंसाफ़ के लिए किसी भी मामले की सुनवाई के समय एक ही मेधा और क्षमता के वकील हों?

यह कहाँ का इंसाफ़ है कि बड़े उद्योगपतियों के लिए तो राम जेठमलानी जिरह करें और सरयू प्रसाद की वकालत घुरहू प्रसाद करें, जिन्होंने बमुश्किल क़ानून की डिग्री हासिल की है। यह तो बेमेल सुनवायी है। और अन्त में ज़रा तीन दिसम्बर, 1950 को कही पंडित नेहरू की बात पर ग़ौर कीजिये। उन्होंने कहा था, 'मैं प्रेस पर पाबन्दी लगाने की जगह, उसकी आज़ादी के बेजा इस्तेमाल के तमाम ख़तरों के बावजूद पूरी तरह आज़ाद प्रेस रखना चाहूँगा, क्योंकि प्रेस की आज़ादी एक नारा नहीं, भारतीय लोकतन्त्र का अभिन्न अंग है।'

हिन्दुस्तान, 17.09.2012

ताकि उम्मीदें बरकरार रहे

सपने मरते नहीं। सपने मरा नहीं करते। उम्मीदों की साँस पर सवार सपने अपने लिए जीवन तलाश लेते हैं। पिछले दिनों उम्मीदों ने अन्ना की आँखों में सपने खोज लिये थे। लोगों ने उनमें सपने देखना शुरू कर दिया था। सपना भ्रष्टाचार से छुटकारा पाने का। सपना नये भारत का। पर अब लगता है कि उम्मीदों ने दम तोड़ना शुरू कर दिया है। सपने मुरझाने लगे हैं। सपनों को नींद आने लगी है। अन्ना ने अपने शिष्य अरविन्द केजरीवाल से पूरी तरह से किनारा करने का फ़ैसला कर लिया है। अरविन्द को अपना नाम और चेहरे के इस्तेमाल की भी इजाज़त नहीं देंगे। न ही वो अरविन्द को अपने मंच पर आने देंगे। अरविन्द का अपराध इतना है कि उसने भ्रष्टाचार के ख़िलाफ़ लड़ाई लड़ने का तरीक़ा बदल दिया है। अब आन्दोलन की जगह राजनीतिक दल बनायेंगे। चुनाव में शिरकत करेंगे। अन्ना को यह बात पसन्द नहीं आयी।

अन्ना यह कहते कि वो चुनाव में हिस्सा नहीं लेंगे, वो राजनीतिक दल नहीं बनायेंगे, वो राजनीतिक दल के लिए प्रचार नहीं करेंगे तो बात समझ में आती लेकिन वो गुस्से में यह कह गये कि उनके और अरविन्द के रास्ते अलग हो गये हैं। बात यहाँ पर भी रुक सकती थी। लेकिन कांस्टीट्यूशन क्लब जहाँ राजनीतिक दल बनाने पर आख़िरी फ़ैसला होना था, वो वहाँ से निकले और सीधे मिलने गये बाबा रामदेव से। आरएसएस के निहायत करीबी व्यापारी ने यह मुलाक़ात करायी। अँधेरे में यह मुलाक़ात हुई। ख़बर यह भी है कि जब से अरविन्द और उनकी टीम ने राजनीतिक दल बनाने की मंशा ज़ाहिर की है तब से संघपरिवार में खलबली मची हुई है। बीजेपी परेशान है। उसे लगता है कि भ्रष्टाचार विरोधी जो माहौल बना है उसका फ़ायदा उसे होगा लेकिन अगर अन्ना और उनकी टीम चुनाव में उतरी तो शहरी इलाक़ों में वो बीजेपी का वोट काटेगी और नुक़सान बीजेपी को होगा।

बाबा रामदेव भी राजनीतिक दल बनाने का बहाना ढूँढ़ रहे थे। इसलिए अरविन्द ने जब 26 जुलाई को अनशन का ऐलान किया तो बाबा किसी भी हालत में इसे

टालने पर तुल गये। उन्होंने गुपचुप तरीक़े से अन्ना से मुलाक़ात कर उन्हें समझाने की कोशिश की, वो इस अनशन को या तो टाल दें या फिर वो ख़ुद अनशन पर न बैठें। और बाद में 9 अगस्त को रामलीला मैदान में उनके साथ अन्ना भी अनशन करें। किरण बेदी ने इस मामले में महत्वपूर्ण भूमिका निभायी। किरण की शह पर अन्ना और बाबा के बीच एक समझ बनी। किरण अरविन्द की राय से सहमत नहीं थीं कि काँग्रेस समेत बीजेपी का भी विरोध किया जाये। वो काँग्रेस विरोध कर बीजेपी की मदद करना चाहती हैं। अरविन्द इस बात के लिए तैयार नहीं थे। अन्ना और अरविन्द के बीच 'दूरी' और अन्ना और बाबा रामदेव के बीच 'पुल' का काम किरण ने किया। और आख़िर में अन्ना ने उस अरविन्द का साथ छोड़ दिया जिसे कभी वो भारत का आदर्श युवा कहा करते थे और उन रामदेव से रात के अँधेरे में मिलने लगे जिन्हें उन्होंने नरेन्द्र मोदी से मुलाक़ात के बाद त्याग दिया था। और रात के अँधेरे में जब वो गोल्फ लिंक में पकड़े गये तो उनका चेहरा फक था जैसे चोरी पकड़ी गयी और अगले दिन वो उस मीडिया पर चीख़ पड़े जिसका वो अब तक गुणगान करते आये थे।

सवाल इस बात का नहीं है कि अन्ना ने ऐसा क्यों किया? सवाल इस बात का है कि उन सपनों का क्या होगा जो लोगों ने अन्ना की आँखों में देखा था? क्या ये सपने रामदेव के साथ पूरे होंगे? क्या इन सपनों को वो आरएसएस की मदद से पूरा करेंगे? किसी भी आन्दोलन की कामयाबी उसकी 'नैसर्गिकता' पर निर्भर करती है। लोगों के 'यकीन' पर निर्भर करती है। देश में भ्रष्टाचार विरोधी आन्दोलन इसलिए परवान चढ़ा क़ि लोगों को अन्ना और उनकी टीम पर यकीन था। यह यकीन था कि अन्ना और उनकी टीम राजनीतिक दलों और नेताओं की तरह उनके यकीन का सौदा नहीं करेगी। ये ईमानदार लोग हैं, सौदेबाज़ नहीं। यह देश 'भक्तिवादी' देश है। लोग आँख बन्द कर यकीन करते हैं। लेकिन यह यकीन हर आदमी पर नहीं होता है। वो ईश्वर को मानता है और उसके सामने अपने को पूरी तरह से समर्पित कर देता है। धर्म से बाहर जब वो निकलता है तो जिस भी शख़्स में उसे ईश्वर के दर्शन होते हैं या जो ईश्वर जैसा लगता है उस पर भी वो आँख बन्द कर यकीन कर लेता है और अपना सबकुछ उसको समर्पित कर देता है। आज़ादी के पहले उसने गाँधीजी पर यकीन किया। आज़ादी के बाद काफ़ी हद तक पंडित नेहरू और जय प्रकाश नारायण यानी जे.पी. में भी उसे वही ईश्वर दिखायी दिये। गाँधीजी के नेतृत्व में उसने अंग्रेज़ों को उखाड़ फेंका। जे.पी. जैसे बुजुर्ग में इन्दिरा गाँधी जैसी ताक़तवर नेता को हराने की शक्ति उसी यकीन की देन थी। यहाँ तक कि बाद में वी.पी. सिंह में भी लोगों ने महात्मा देख लिया था।

4 अप्रैल 2011 के पहले अन्ना को महाराष्ट्र के बाहर लोग जानते नहीं थे।

लेकिन एक बुजुर्ग ने जब सरकार को ललकारा और उस बुजुर्ग में लोगों को निःस्वार्थ प्रेम दिखा तो अचानक न जाने कहाँ से लोग उसके प्रेम में उमड़े चले आये। देश का विमर्श बदल गया। बिना एक भी पत्थर चले आन्दोलन खड़ा हो गया। अन्ना रातोंरात राष्ट्र नायक बन गये। 'अन्ना' एक नाम नहीं, एक 'यकीन' बन गया। लोगों को लगा कि 'बदलाव' आ सकता है। अफ़सोस अन्ना ने उस यकीन को तोड़ दिया। जो अन्ना सरकारों से पारदर्शिता की दुहाई देते थे वो रात के अँधेरे में बचते फिरे, बाबा रामदेव में भविष्य तलाशे और आरएसएस जिसका सहारा बने नायक कैसे हो सकता है? लोग तो पूछेंगे कि यह वो अन्ना तो नहीं जिसे लोगों ने 4 अप्रैल को जन्तर मन्तर पर या फिर 16 अगस्त को तिहाड़ जेल में देखा था? अन्ना ने अरविन्द का साथ क्यों छोड़ा यह मुद्दा है ही नहीं। असल मुद्दा यह है कि रामदेव के प्यारे कैसे हो गये? क्या दिल्ली आते ही अन्ना को भी राजनीति ने अपना शिकार बना लिया? या फिर अन्ना भी एक आम इंसान निकले? भारत एक 'भावनावादी' समाज है। यह जल्दी किसी को दिल देता नहीं है और अगर देता है तो 'अधूरेपन' से नहीं देता, अपने 'पूरेपन' से देता है। वो सवाल नहीं करता लेकिन जब सवाल करता है तो चिन्दियाँ उड़ा देता है। अन्ना मेरी इतनी ही गुज़ारिश है कि बड़ी मुश्किल से उम्मीद पलती है, बड़ी मुश्किल से सपने जवान होते हैं, इन उम्मीदों को मत मरने दो?

दैनिक भास्कर, 24.09.2012

आडवाणी का मन्त्र और संघ की सोच

लालकृष्ण आडवाणी कमज़ोर पड़ गये हैं। यह बात 29 सितम्बर की सुबह और पुष्ट हुई। एक दिन पहले बीजेपी की राष्ट्रीय कार्यकारिणी और राष्ट्रीय परिषद में आडवाणी ने अपना भाषण दिया, लेकिन बोलते वक़्त छपे भाषण के कुछ अंश वह छोड़ गये। नहीं बोले। छपे भाषण में वह कहते हैं कि अगर बीजेपी को सत्ता में आना है, तो उसे ख़ुद को मज़बूत करना होगा। 1998 और 1999 में मिली सीटों से ज़्यादा सीटें उसे जीतनी होंगी। एनडीए के मौजूदा दायरे को और बड़ा बनाना होगा। एनडीए-प्लस की रचना करनी होगी। यह सब कैसे होगा, इसके लिए आडवाणी रास्ता भी सुझाते हैं। आडवाणी इशारा करते हैं कि बीजेपी तभी सत्ता में आ सकती है, जब वह लोगों को समझाये कि वह वैसी पार्टी नहीं है, जैसा लोग उसे समझते हैं। आडवाणी मानते हैं कि लोगों में बीजेपी को लेकर कुछ शंकाएँ हैं। ये शंकाएँ बीजेपी की साम्प्रदायिक और मुस्लिम विरोधी छवि को लेकर हैं। आडवाणी अपने भाषण में लिखते हैं—इस शंका को दूर करने के लिए बीजेपी को सेक्युलरिज़्म के प्रति अपनी प्रतिबद्धता को नये सृजनात्मक तरीक़े से लोगों के सामने रखने की ज़रूरत है। वे आगे लिखते हैं, हमें पूरी निष्ठा के साथ अल्पसंख्यक समुदाय को यह भरोसा देना होगा कि बीजेपी उनके प्रति किसी भी तरह का भेदभाव नहीं करती। फिर वह इस्लाम पर बनी फ़िल्म में पैग़म्बर मुहम्मद की अवमानना की तीखी निन्दा भी करते हैं।

लालकृष्ण आडवाणी ने अपनी लिखित बातों के ज़रिये बीजेपी को वहीं लाकर खड़ा कर दिया है, जहाँ वह 2009 के समय थी। साल 2009 के लोकसभा चुनाव में आडवाणी, बीजेपी और एनडीए को मुँह की खानी पड़ी थी और मनमोहन सिंह दोबारा प्रधानमन्त्री बने थे। तब बीजेपी में हार पर मन्थन शुरू हुआ था। आडवाणी समर्थक खेमे का तर्क था कि बीजेपी को अपनी साम्प्रदायिक छवि से छुटकारा पाना ही होगा, तभी उसका विस्तार होगा। यानी उसकी साम्प्रदायिक छवि उसके लिए जी का जंजाल बन गयी है। इसके कारण न तो समाज का उदारवादी तबक़ा उससे जुड़ रहा है और न ही नये सहयोगी बन रहे हैं। लालकृष्ण आडवाणी के सलाहकार

सुधीन्द्र कुलकर्णी ने 13 जून, 2009 को तहलका पत्रिका में लिखा था—बीजेपी और आरएसएस को अपने रिश्तों को नये सिरे से परिभाषित करना पड़ेगा। इशारा साफ़ था कि विचारधारा के स्तर पर आरएसएस के साथ खड़े रहने और रोज़मर्रा के काम में आरएसएस के दख़ल से बीजेपी को नुक़सान हो रहा है। बड़ा सवाल हिन्दुत्व को लेकर था। वह आगे लिखते हैं कि बीजेपी को यह तय करना पड़ेगा कि हिन्दुत्व का कौन-सा अंश उसे स्वीकार्य नहीं है। उन्हें विचारधारा के नाम पर हिन्दुत्व के हिंसक चेहरे से तकलीफ़ थी।

पर हिन्दुत्व के नाम पर आरएसएस को किसी भी तरह की वैचारिक दख़लन्दाजी पसन्द नहीं है। लिहाज़ा लेख लिखते ही सुधीन्द्र कुलकर्णी की बीजेपी से विदाई कर दी गयी और सुधीन्द्र के प्रेरणा पुरुष आडवाणी से नेता विपक्ष का पद छीनकर उन्हें सबक़ सिखा दिया गया। नितिन गडकरी को लाकर यह भी सुनिश्चित कर दिया गया कि भाजपा संगठन पर आडवाणी का क़ब्ज़ा न रहे। ज़िन्ना प्रकरण के बाद वह आडवाणी का दूसरा अपमान था। पिछले दो साल में बीजेपी की हालत में कोई सुधार नहीं आया है। काँग्रेस और केन्द्र सरकार की तमाम कमज़ोरियों के बाद भी बीजेपी आज यह विश्वास दिलाने की स्थिति में नहीं है कि वह 2014 का चुनाव जीत लेगी। संगठन की हालत दयनीय है। पार्टी का शीर्ष नेतृत्व आपस में लड़ रहा है। अरुण जेटली हों या फिर सुषमा स्वराज, राजनाथ सिंह हों या फिर नितिन गडकरी या फिर नरेन्द्र मोदी, सभी ख़ुद को प्रधानमन्त्री पद का स्वाभाविक उम्मीदवार मानते हैं, और दूसरे को काटने में लगे रहते हैं। विचारधारा के स्तर पर भी यह द्वन्द्व जारी है कि उसे कट्टर हिन्दुत्व के रास्ते पर जाना चाहिए या फिर उदारवाद के रास्ते पर। गुजरात के प्रयोग से उत्साहित संघ को कभी लगता है कि बीजेपी इसलिए कमज़ोर हुई कि वह हिन्दुत्व के रास्ते से भटक गयी। उसने काँग्रेस बनने की कोशिश की और वह बीजेपी भी नहीं रह पायी। ऐसे मे, संघपरिवार का एक धड़ा नरेन्द्र मोदी को आगे रखकर चुनाव में उतरना चाहता है। उसका मानना है कि मोदी विकास पुरुष हैं, उनमें निर्णायक नेतृत्व क्षमता है, वह औद्योगिक घरानों के लाड़ले हैं, साथ ही संघपरिवार की विचारधारा के असली प्रतीक भी हैं। दूसरी तरफ़, संघपरिवार का एक धड़ा यह भी मानता है कि मोदी को आगे बढ़ाया, तो न नया वोटर जुड़ेगा और न नये सहयोगी। यह धड़ा जेटली, सुषमा, राजनाथ और शिवराज सिंह चौहान में से किसी को आगे बढ़ाने की वकालत कर रहा है।

बीजेपी की एक दिक़्क़त ख़ुद आडवाणी भी हैं। वह अब भी प्रधानमन्त्री बनने की रेस में हैं। वह कोच बनने को तैयार नहीं हैं। ऐसे में, जो सवाल वह उठा रहे हैं, वे सही हैं, लेकिन बीजेपी और आरएसएस उन पर ध्यान देंगे यह लगता नहीं है। बीजेपी की यह समस्या तब तक रहेगी, जब तक आडवाणी पूरी तरह से राजनीति

से रिटायर नहीं हो जाते। जब तक उनकी और वाजपेयी की जगह कोई दूसरा करिश्माई नेता उभरकर नहीं आता। ये नेता नये सन्दर्भों में आरएसएस के साथ विमर्श कर उन्हें यह समझाने में कामयाब नहीं होते कि बदले हिन्दुस्तान में 1925 की विचारधारा का कोई अर्थ नहीं रह गया है। समस्या बीजेपी में नहीं, आरएसएस में है। वह आज भी धर्म के आधार पर समाज और राजनीति को संचालित करने की कोशिश कर रहा है। पाकिस्तान ने धर्म के आधार पर एक प्रयोग किया और उसका हश्र पूरी दुनिया देख रही है। ऐसे में आरएसएस को तेज़ी से बढ़ते औद्योगिकीकरण, शहरीकरण और शिक्षा-प्रसार के सन्दर्भ में हिन्दुत्व को नये सिरे से परिभाषित करनी होगी। देश की सामाजिक विभिन्नता और बहुलता ने नये प्रतिमान खड़े किये हैं। ये प्रतिमान देश को नया आयाम दे रहे हैं और इसके बीच यह स्थापित हो रहा है कि हिन्दू और मुसलमान शत्रु भाव से नहीं रह सकते। धार्मिक कट्टरता के बीच दोनों समुदायों को रहना तो मित्र की तरह ही होगा। फिर आरएसएस को सामाजिक मामलों तक ही अपने को सीमित करना होगा। बीजेपी को राजनीति के लिए पूरी आज़ादी मिलनी चाहिए, यानी आरएसएस का दख़ल पूरी तरह से बन्द हो। सिर्फ़ सेक्युलरिज़्म के मसले पर बीजेपी की प्रतिबद्धता बताने से काम नहीं चलेगा, बल्कि गुजरात के प्रयोग से पूरी तरह से छुटकारा भी पाना होगा। सवाल विचारधारा में परिमार्जन का नहीं, उसमें निर्णायक बदलाव का है। कमज़ोर, लेकिन महत्वाकांक्षी आडवाणी यह नहीं कर सकते।

हिन्दुस्तान, 01.10.2012

एफ़डीआई का मकड़जाल और बँधे पैरोंवाली औरतें

'हमें बँधे पैरोंवाली औरतों की तरह व्यवहार नहीं करना चाहिए'

सर्वोच्च नेता देंग जिआओपिंग ने चीन के नेताओं को फटकार लगाते हुए यह कहा था। तेन आन मन चौक पर छात्रों के ख़ूनी दमन के बाद चीन सरकार और कम्युनिस्ट पार्टी, दोनों पर साम्यवादी कट्टरपन्थी हावी होने लगे थे। जिसकी वजह से चीन का आर्थिक विकास सुस्त पड़ गया था। आर्थिक सुधार थम से गये थे। देंग ख़ासे नाराज़ थे। उनकी तमाम कोशिशों के बावजूद चीनी नेता उनकी सुनने को तैयार नहीं थे। आख़िर तंग आकर देंग ने 1991 में चीन की राजधानी से दूर दक्षिण चीन का दौरा करने की योजना बनायी। देंग कम्युनिस्ट पार्टी को सन्देश देना चाहते थे और चेतावनी भी। देंग का मानना था कि वामपन्थ के रास्ते पर चलकर चीन प्रगति नहीं कर सकता। इसलिए अब माओ त्से तुंग के बताये रास्ते पर चलने का कोई फ़ायदा नहीं है। देंग के अनुसार माओ ने संघर्षरत चीन को एकजुट करने का काम किया था और इसलिए उनके योगदान को कम करके नहीं आँका जा सकता लेकिन उनकी आर्थिक नीतियों ने चीन को भुखमरी, ग़रीबी और अकाल के सिवाय कुछ नहीं दिया। करोड़ों जानें गयीं। इसे बदलना ही होगा। हमेशा के लिए माओ की आर्थिक नीतियों से छुटकारा पाना होगा। माओ की मृत्यु के बाद देंग ने चीन को पूँजीवाद की ओर धकेला। लेकिन 1986 और 1989 में छात्रों के सशक्त विरोध की वजह से देंग के हाथ कमज़ोर हुए और उनके विरोधियों को यह कहने का मौक़ा मिला कि पूँजीवाद चीन को छिन्न-भिन्न कर देगा और उसका भी वही हस्र होगा जो सोवियत यूनियन का हुआ था।

देंग इस तर्क से सहमत नहीं थे। उनकी सोच साफ़ थी। चीन को आर्थिक सुधार तेज़ करने ही होंगे। बाज़ारवाद के अलावा कोई उपाय नहीं है। हालाँकि वो मानते थे कि राजनीतिक सुधार के लिए अभी वक़्त नहीं आया है। चीन पर कम्युनिस्ट पार्टी का ही शासन चलेगा। पश्चिमी बाज़ारवाद लाने के बाद भी पश्चिमी लोकतन्त्र के लिए अभी चीन में जगह नहीं है। देंग के हिसाब से चीन को आनेवाले दस साल तक 12 प्रतिशत के हिसाब से प्रगति करनी होगी, तभी उसकी क़िस्मत बदलेगी।

लेकिन वामपन्थी कट्टरपन्थी उनकी राह का रोड़ा बन गये थे। देंग ने सीधे जनता से संवाद स्थापित करने का निश्चय किया। अपनी दक्षिण की यात्रा के दौरान उन्होंने चेताया—ये एहतियात बरतनी होगी कि हम दक्षिणपन्थ की तरफ़ न भटकें लेकिन उससे ज़्यादा ख़तरनाक होगा वामपन्थ की तरफ़ भटकाव। और उसे हमें हर हाल में रोकना होगा। देंग का मानना था कि आधे-अधूरे मन से आर्थिक गति को तेज़ी नहीं दी जा सकती। उन्होंने निहायत गुस्से में कहा—जो भी सुधार के ख़िलाफ़ हैं, उन्हें सत्ता से बेदख़ल कर दिया जायेगा।

देंग के तेवर ने वामपन्थी कट्टरपन्थियों के हाथ-पैर फुला दिये। देंग के गुस्से का मतलब वो जानते थे। माओ काल का अनुभव वो भूले नहीं थे। देंग माओ नहीं थे फिर भी तमाम उदारवाद के बावजूद देंग ने 1989 में तेन आन मन चौक पर बैठे छात्रों पर टैंक और गोलियाँ चलाने से गुरेज नहीं किया था। देंग की कोशिशों से पार्टी महासचिव जियांग जेमिन को नयी ऊर्जा मिली। वरना दक्षिणपन्थ और वामपन्थ के बीच फँसे जियांग जेमिन ने कुछ समय पहले कहा था—मैं एक गहरी खाई के किनारे पर खड़ा हूँ और कभी भी नीचे गिर सकता हूँ या फिर मैं पतली बर्फ़ की सतह पर चल रहा हूँ। उनकी हालत इतनी कमज़ोर थी कि रिचर्ड निक्सन ने तंज कसा था—देंग की मौत के बाद प्रधानमन्त्री ली फंग उन्हें कच्चा चबा जायेगा। ली फंग कट्टरपन्थियों का नेता था और तेन आन मन चौक का खलनायक। जियांग जेमिन की हालत मनमोहन सिंह जैसी थी। जिनका कोई राजनीतिक आधार नहीं था। सोनिया गाँधी ने रातोंरात मनमोहन सिंह को प्रधानमन्त्री बना दिया था, वैसे ही तेन आन मन चौक हादसे के बाद देंग ने महासचिव झाओ झियांग को बर्ख़ास्त कर जेमिन को कम्युनिस्ट पार्टी की बागडोर सौंपी। जेमिन उस वक़्त राजनीति से रिटायर होकर प्रोफ़ेसर बनने की सोच रहे थे। देंग की गर्जना ने जेमिन का हौसला बढ़ाया और ताबड़तोड़ आर्थिक क़दम उठाये। चीन सरपट दौड़ पड़ा। और जो कुछ हुआ उसे आज पूरी दुनिया देख रही है।

आर्थिक सुधारों की शुरुआत के समय देंग ने कहा था—अपने विचारों को आज़ाद करो। तथ्यों से सच को खोजो। पूरा देश एक होओ। यानी पुरानी माओवादी जकड़न यानी वामपन्थी जकड़न को छोड़ना होगा। दुनिया बदल रही है यह हमेशा स्वीकार करना होगा। और अपनी तरह के समाजवाद का आविष्कार करना होगा। उनकी बात को ही आगे बढ़ाते हुए जेमिन ने कहा कि कम्युनिस्ट पार्टी तीन बातों का प्रतिनिधित्व करती है—उन्नत उत्पादन शक्तियाँ, उन्नत संस्कृति और लगभग पूरे समाज के लोगों के बुनियादी हितों की सुरक्षा। और इस उद्देश्य को पाने के लिए जो भी रास्ता अख़्तियार करना पड़े, करना चाहिए। देंग ने यही कहा था जब तक वो चूहे मारती है, क्या फ़र्क़ पड़ता है बिल्ली काली है या गोरी। यानी अगर लोगों

का भला हो रहा है तो क्या अन्तर पड़ता है पूँजीवाद है या समाजवाद।

दुर्भाग्य से हम चीन के अनुभव से सीखने को तैयार नहीं हैं। इस देश के आर्थिक विमर्श में अभी भी वामपन्थी सोच प्रभावी है जो अपनी जकड़न से निकलना ही नहीं चाहती। यह जकड़न बुद्धिजीवी तबक़े और राजनीतिक वर्ग दोनों पर हावी है। इसीलिए प्रभात पटनायक हो या फिर ममता बनर्जी या मुलायम सिंह यादव सब सुधारों की दिशा को ही पलट देना चाहते हैं। बीजेपी मौक़ापरस्त हो गयी है। ख़ुद काँग्रेस पार्टी में सुधारों की दिशा पर दृष्टि साफ़ नहीं है। पार्टी में आज भी एक नेहरूवादी सोच ज़िन्दा है जो बाज़ारवाद के ख़िलाफ़ है। जब कि हक़ीक़त यह है कि पूरी दुनिया भारत की ओर आशा भरी नज़रों से देख रही है। उसे लगता है कि भारत की आर्थिक प्रगति विश्व अर्थव्यवस्था में नयी जान फूँक सकती है। और हम ठिठके हुए रिटेल में एफ़डीआई की बहस पर ही घिसट रहे हैं। देंग के शब्दों में आर्थिक विकास के मसले पर हमें अपने विचारों को आज़ाद करने की ज़रूरत है, इस मसले पर पूरे देश को एक होने की ज़रूरत है क्योंकि जो सच्चाई से आँख मूँदते हैं वो सच की खोज नहीं कर सकते। लेकिन यह काम मनमोहन सिंह से अकेले नहीं होगा। चीन में जियांग जेमिन देश की क़िस्मत बदल पाये क्योंकि उनके पीछे देंग जैसा करिश्माई और दूर दृष्टि रखनेवाला नेता था। जो आर्थिक सुधारों के मार्ग में रोड़ा अटकानेवालों को चेतावनी दे सकता था कि जो सुधारों का विरोध करेंगे वो सत्ता से बेदख़ल होंगे। देंग की भाषा में कहें तो बँधे पैरों से रेस नहीं जीती जा सकती।

दैनिक भास्कर, 09.10.2012

एक नये मोड़ पर भारतीय राजनीति

अपनी किताब 'अन्ना-क्रान्ति' में मैंने लिखा था कि मुम्बई अनशन के बाद अन्ना का आन्दोलन एक चौराहे पर आकर ठिठक गया है। जिस रूप में आन्दोलन अब तक चला था, उसे अब आगे नहीं बढ़ाया जा सकता। उसे अपने को नये सिरे से परिभाषित करना होगा। नये मुहावरे गढ़ने होंगे। अरविन्द केजरीवाल पर यह ज़िम्मेदारी थी, क्योंकि वही पूरे आन्दोलन के सूत्रधार थे और सेनापति भी। अन्ना इस आन्दोलन के चेहरा मात्र थे। जुलाई 2012 के अनशन के बाद अरविन्द को दो काम करने थे। एक, आन्दोलन का नया स्वरूप तय करना और दूसरा, पूरे आन्दोलन को उसके लिए तैयार करना। अरविन्द आन्दोलन को चुनावी शक्ल देना चाहते थे, लेकिन आन्दोलन का एक बड़ा धड़ा उनके साथ नहीं था। ख़ुद अन्ना हज़ारे और किरण बेदी उनसे सहमत नहीं थे। 17 सितम्बर को कांस्टीट्यूशन क्लब में मीटिंग बुलायी गयी। अन्ना ने साफ़ कह दिया कि अरविन्द को राजनीतिक पार्टी का गठन करना है, तो करें, पर वह न तो पार्टी के साथ होंगे और न ही वह अपने नाम और चेहरे का इस्तेमाल करने देंगे। अन्ना के बिना आन्दोलन और राजनीतिक दल? अन्ना ही आन्दोलन थे और उसकी नैतिक ताक़त भी। फिर भी अरविन्द और उनके साथियों ने राजनीतिक दल बनाने का फ़ैसला किया।

चुनाव लड़ने के लिए जिन चीज़ों की ज़रूरत थी, वह उनके पास नहीं थी। न तो अथाह धन था, न ही बाहुबल और न ही जाति व धर्म का वोट बैंक। संगठन भी पूरी तरह से नहीं खड़ा था। सिर्फ़ समर्थक थे। अरविन्द और उनकी टीम से इस दौरान कई बार बातचीत हुई और हर बार मैंने यह सवाल किया कि चुनाव लड़ना बच्चों का खेल नहीं है। बड़े-बड़े दिग्गज आये और धराशायी हो गये। अरविन्द ने एक मुलाक़ात में कहा, अगर वह राजनीति और चुनाव के पुराने खेल को घिसे-पिटे नियमों से खेलेंगे, तो उनकी पार्टी का कोई भविष्य नहीं है। उन्हें खेल के नियम बदलने होंगे। वह बार-बार यह कहते रहे हैं कि 1967, 1977 और 1989 के तरीक़े से ही चुनाव लड़ा जा सकता है। उनके मुताबिक़ तीनों बार तमाम चुनावी बाधाओं के

बावजूद सत्ताधारी पार्टी यानी काँग्रेस को पटकनी दी जा सकी, क्योंकि तीनों बार खेल के नियम बदले। उनका कहना साफ़ था कि जब-जब देश में लहर पैदा हुई, काँग्रेस हारी। धन, जाति-धर्म और बाहुबल काम नहीं आया। लोगों ने इससे ऊपर उठकर वोट दिया। उन्हें भी चुनाव में कामयाबी पाने के लिए लहर पैदा करनी होगी।

दो अक्टूबर को उन्होंने अपने चुनावी मक़सद का इज़हार कर दिया। पार्टी का नाम लिये बग़ैर विज़न-डॉक्यूमेंट जारी किया गया, लेकिन लहर पैदा करने का औजार अब भी ग़ायब था। हाँ, यह ज़रूर कहा कि कुछ दिनों में दो बड़े नेताओं के भ्रष्टाचार का खुलासा होगा। इस बीच दिल्ली में बिजली के मसले को उठाने की कोशिश की गयी। छः अक्तूबर का दिन भी आ गया। अरविन्द और प्रशान्त ने प्रेस कॉन्फ्रेन्स बुलायी। काँग्रेस अध्यक्ष के दामाद की ज़मीन के ख़रीद-फ़रोख़्त के काग़ज़ प्रेस के सामने रख दिये गये। और सियासी खेल के नियम बदल गये। इस खुलासे से मचे हड़कम्प से ख़ुद खुलासा करनेवाले हैरान थे। उन्हें उम्मीद थी कि हंगामा होगा, लेकिन इस क़दर होगा और राजनीतिक गलियारे में इस क़दर तूफ़ान मचेगा, इसकी उन्हें भी उम्मीद नहीं थी। तीर निशाने पर था। और अख़बारों ने लिखना शुरू कर दिया कि 'अरविन्द इज़ द गेम चेंजर।'

अब तक की भारतीय राजनीति के खेल के नियम क्या थे? कोई भी नेता या दल कभी किसी नेता के परिवारवालों को टारगेट नहीं करता था। अंडरवर्ल्ड में भी यही होता है। तमाम दुश्मनी के बावजूद कोई भी गैंग दूसरे के परिवार को निशाना नहीं बनाता। यह एक अलिखित नियम है। यह नियम भारतीय राजनीति पर भी लागू है। हक़ीक़त में अंडरवर्ल्ड में परिवारों का कोई रोल नहीं होता। वे शान्ति से अपनी ज़िन्दगी गुज़ारते हैं। लेकिन राजनीति में इस नियम की क्या ज़रूरत? यहाँ तो नेताओं का परिवार और रिश्तेदार उनके रसूख और ताक़त की छाँव में फलते-फूलते हैं। कश्मीर से कन्याकुमारी तक शायद ही कोई ऐसा राज्य होगा, जहाँ नेताओं के परिवार ने पूरी पार्टी पर क़ब्ज़ा न जमा रखा हो।

तमाम नेताओं और पार्टियों के बीच भ्रष्टाचार के मसले पर एक और अघोषित समझौता है। सब भ्रष्टाचार में डूबे हैं। और एक नेता द्वारा दूसरे पर वार करने का अर्थ है कि बर्र के छत्ते में हाथ डालना। सब दूसरे के भ्रष्टाचार पर आँख मूँदे रहते हैं और इस अघोषित गठबन्धन के तले लूट का साम्राज्य फैला रहता है। उदाहरण सामने हैं। करीब डेढ़ साल पहले वाडरा से सम्बन्धित काग़ज़ात बीजेपी के पास थे। संसद में मामूली कवायद के बाद बीजेपी कुंडली मारकर बैठ गयी। अब हाय-तौबा मचायी जा रही है कि अरविन्द ने ग़लत किया। राजनीति के गलियारों में यह कानाफूसी ज़ोरों पर है कि अब हर नेता का परिवार निशाने पर होगा और उनका जीना मुहाल हो जायेगा। सवाल यह है कि डरे कौन? वे, जो ख़ुद भ्रष्ट हैं और

फिर वे, जिनके परिवारवाले लूटने में लगे हैं। भारतीय क़ानून के मुताबिक़, लुटेरा कोई हो, उसे लूट में रियायत नहीं दी जा सकती। इस खेल में नौकरशाही भी अब बढ़-चढ़कर शामिल हो गयी है और कॉरपोरेट घराने भी।

नयी आर्थिक नीति ने कारोबारी घराने के नाम का एक नया तबक़ा पैदा कर दिया है, जो आर्थिक विकास के नाम पर कैसी भी नीति हो, कैसा भी क़ानून हो, उसे मन-मुताबिक़ तोड़ने में यकीन रखता है। ऐसा नहीं है कि ईमानदार औद्योगिक घराने और नौकरशाह नहीं हैं। पर बेईमानों की फ़ौज इतनी बढ़ गयी है कि ईमानदार उँगलियों पर गिने जा सकते हैं। 2जी और कोयला घोटाला इस बात की बानगी है कि कैसे नेता, नौकरशाह और बिज़नेस हाउसेज़ के ऑक्टोपसी शिकंजे ने पूरे सिस्टम को बेबस कर दिया है और जो भी इस लूट को रोकने की कोशिश करता है, उसे या तो सिरफ़िरा करार दिया जाता है या फिर विदेशी साजिश का हिस्सा बता दिया जाता है। ऐसे में, अगर खेल के नियम बदलेंगे, तो सियासी मठाधीश बिलबिलायेंगे ही। एक सवाल अरविन्द से भी है, क्या सिर्फ़ राजनीतिक-गुरिल्लावाद से राजनीतिक भ्रष्टाचारी ख़त्म होंगे? एनकाउंटर स्पेशलिस्टों ने मुम्बई अंडरवर्ल्ड को कमज़ोर तो किया, लेकिन नये कॉन्ट्रैक्ट किलर भी पैदा कर दिये, जो सिस्टम के लिए आज ख़तरा बन गये हैं।

हिन्दुस्तान, 15.10.2012

कॉंग्रेस के लिए बड़ी चुनौती

कॉंग्रेस संकट से गुज़र रही है। 2014 का चुनाव जीतना मुश्किल है। रामलीला मैदान में रैली भले ही कर ले लेकिन आम कॉंग्रेसी हतोत्साहित है। उसे लगता है कि कॉंग्रेस तीन तरह के संकटों से घिरी है। एक, साख का संकट। दो, लीडरशिप का संकट। तीन, आत्मविश्वास का संकट।

भ्रष्टाचार के अति गम्भीर आरोपों ने मनमोहन सिंह की सरकार को आज़ादी के बाद की सबसे भ्रष्ट सरकार बना दिया है। राजीव गाँधी को अकेला 64 करोड़ का बोफ़ोर्स घोटाला ले डूबा था। लेकिन इधर इतने बड़े-बड़े घोटाले सामने आये हैं कि बोफ़ोर्स तो बच्चा लगता है। मनमोहन सिंह सरकार ने भ्रष्टाचार का पैमाना बदल दिया है। लोगों को अब 70 हज़ार करोड़ का सीडब्ल्यूजी घोटाला, एक लाख छिहत्तर हज़ार करोड़ का 2जी घोटाला और अब एक लाख छियासी हज़ार करोड़ का कोयला घोटाला भी कम लगता है। जनता को मनमोहन सिह की कैबिनेट का एक भी मन्त्री ईमानदार नहीं लगता।

सरकार की साख का हाल यह है कि सिविल सोसायटी से सरकार का छत्तीस का आँकड़ा है। विपक्ष फूटी आँख नहीं सुहाता। कैग को वो अपना दुश्मन समझती है। सेना प्रमुख इंसाफ़ की तलाश में सुप्रीम कोर्ट का दरवाज़ा खटखटाते हैं। सरकार को लगता है कि मीडिया ग़ैरज़िम्मेदार है। वित्त मन्त्री पी. चिदम्बरम के मुताबिक़ रिजर्व बैंक सरकार की सुनता ही नहीं। यानी यह अनोखी सरकार है जिसका लोकतन्त्र में कोई साथी नहीं, सिवाय सीबीआई के।

और लीडरशिप का तो कहना ही क्या? सरकार के मुखिया मनमोहन सिंह हैं लेकिन वो बोलते ही नहीं। देश अपने प्रधानमन्त्री से इतनी तो उम्मीद कर ही सकता है कि जब देश उनसे बोलने की आशा रखे तो वो कम से यह भरोसा तो दे सकें कि देश सुरक्षित हाथों में है। नरसिंहा राव भी प्रधानमन्त्री थे। बहुत कम बोलते थे। पर यह कभी नहीं लगा कि देश में कोई नेता नहीं है। नरसिंहा राव को कई बार कहा गया कि उन्हें और बोलना चाहिए लेकिन वो हमेशा कहते थे कि वो ऐसे ही

हैं, और उम्र के इस पड़ाव पर नहीं बदल सकते। मनमोहन सिंह तो यह भी नहीं कहते। सरकार के मन्त्री उनकी नहीं सुनते। काँग्रेस में अब सोनिया का तेज दिखता नहीं। पार्टी को राहुल का इन्तज़ार है, और राहुल को सही समय का। जबकि असली राजनेता वक़्त का इन्तज़ार नहीं करता। वक़्त को अपने अनुकूल कर लेता है।

देश पिछले दस साल से राहुल का इन्तज़ार कर रहा है। राहुल ख़ुद आत्मविश्वास की कमी के शिकार हैं। किसी को नहीं पता कि राष्ट्रीय मुद्दों पर उनकी राय क्या है? पार्टी में उहापोह की स्थिति है। पिछले मन्त्रीमंडल में फेरबदल के पहले संकेत दिया गया कि युवाओं को मौक़ा मिलेगा लेकिन न ज्योतिरादित्य को कैबिनेट का दर्जा हासिल हुआ न ही जितिन प्रसाद को और न सचिन पायलट को। सारे युवा नेता राज्य मन्त्री के रूप में ही बुढ़ाने को अभिशप्त हैं। जबकि अमेरिका में बराक ओबामा 47 साल की उम्र में राष्ट्रपति बन जाते हैं।

पार्टी और सरकार के आत्मविश्वास का हाल यह है कि अरविन्द केजरीवाल की प्रेस कॉन्फ्रेन्स का ऐलान होता है और बड़े-बड़े काँग्रेसी नेताओं के हाथ-पैर फूल जाते हैं। उन्हें प्रेस कॉन्फ्रेन्स पूरा होने तक लगता है कि कहीं उनका नाम भ्रष्टाचार में न आ जाये। प्रधानमन्त्री नक्षत्र देखकर मन्त्रिमंडल का विस्तार और फेरबदल करते हैं। आरबीआई वित्त मन्त्री पी. चिदम्बरम की सुनता नहीं। सलमान ख़ुर्शीद मीडिया पर लाल-पीले होते हैं। मानहानि का मुक़दमा करते हैं। यही हाल राहुल गाँधी का है। सुब्रह्मण्यम स्वामी आरोप लगाते हैं, तो नेहरू-गाँधी परिवार का चिराग स्वामी को अदालत में देख लेने की धमकी देता है। नेता जब राजनीतिक लड़ाई लड़ने के लिए अदालतों की शरण लेने लगें तो समझ लीजिये कि उसमें कितना आत्मविश्वास है? अदालतों का सहारा वो नेता लेता है जिसे अपने पर भरोसा नहीं होता, जिसे जनता की अदालत पर यकीन नहीं होता।

ऐसे में सवाल—काँग्रेस के साथ ऐसा हो क्यों रहा है? जवाब बहुत आसान। काँग्रेस अब लोकतान्त्रिक पार्टी नहीं रह गयी है। पार्टी में सिर्फ़ आलाकमान की चलती है। न कोई बहस, न कोई विमर्श। बड़े नेता दरबारी हो गये हैं। लीडर कम मैनेजर बन गये हैं। ज़मीनी नेताओं का लोप हो गया है। संगठन पर पार्टी ब्यूरोक्रेट्स का क़ब्ज़ा है। जो एक भी सीट नहीं जीत सकते वो मुख्यमन्त्रियों और बड़े-बड़े नेताओं की क़िस्मत तय करने लगे हैं। सरकार में ऑक्सफ़ोर्ड और हॉवर्ड वाले सबको बेवक़ूफ़ समझते हैं। सरकार के शीर्ष पर वो लोग हैं जो नेता कम वकील ज़्यादा हैं।

एक ज़माने में राज्यों में काँग्रेस के बड़े जनाधारवाले नेताओं की तूती बोला करती थी। लेकिन आज ऐसे नेताओं का अकाल पड़ गया है। बीजेपी की हालत कहीं बेहतर है। उसके पास गुजरात में नरेन्द्र मोदी, राजस्थान में वसुन्धरा राजे सिन्धिया, मध्य प्रदेश में शिवराज सिंह चौहान, छत्तीसगढ़ में रमन सिंह जैसे नेता

हैं। और हाल तक कर्नाटक में येदुरप्पा। ये अपने बल पर चुनाव जीत सकते हैं। काँग्रेस के पास आख़िरी बड़ा जनाधारवाला नेता वाई.एस.आर. रेड्डी थे। ऐसे समय में जबकि यूपी में मुलायम सिंह यादव और मायावती, बिहार में नीतीश कुमार और लालू यादव, बंगाल में ममता बनर्जी, उड़ीसा में नवीन पटनायक, गुजरात में मोदी, राजस्थान में सिन्धिया, पंजाब में बादल, तमिलनाडु में जयललिता और करुणानिधि, आन्ध्र प्रदेश में जगनमोहन रेड्डी और चन्द्रबाबू नायडू, कर्नाटक में येदुरप्पा, महाराष्ट्र में शरद पवार और बाल ठाकरे जैसे नेता हैं तो काँग्रेस में ऐसे नेताओं की कमी बरबादी की कहानी आप बयाँ करती है।

काँग्रेस पार्टी में जान फूँकने के लिए कड़े फ़ैसले करने होंगे। एक, नेहरू-गाँधी परिवार को अब 'मेंटर' की भूमिका में आना चाहिए और लीडरशिप के लिए नये लोगों की तलाश करनी चाहिए। दो, पार्टी के अन्दर नियत समय पर सभी पदों के लिए पारदर्शी तरीक़े से चुनाव हो। तीन, राज्यों में स्थानीय जनाधारवाले नेताओं को उभरने का पूरा मौक़ा मिले। चार, केन्द्र में पार्टी युवाओं को बड़ी ज़िम्मेदारी सौंपे। पाँच, पार्टी में हर पद के लिए एक निश्चित कार्यकाल तय हो। छः, भ्रष्टाचार से किसी तरह से समझौता नहीं हो। सात, हार-जीत के लिए ज़िम्मेदारी तय हो। हारने पर इंग्लैंड की तरह दूसरे के लिए रास्ता छोड़ने की परम्परा बने। आठ, चीन की तरह सत्तर साल की उमर में राजनीति से रिटायर होने का नियम बने। नौ, चीन की तरह ही एक नियत समय में पार्टी की कमान नये लीडर को सौंपी जाये। दस, दिल कड़ा करके पुराने दकियानूस विचारों को तिलांजलि दे दी जाये जैसेकि चीन अपने सोलहवीं काँग्रेस में माओ त्से तुंग के विचारों से छुटकारा पाने की सोच रहा है।

क्या काँग्रेस यह कर पायेगी? कर सकती है अगर वो ईमानदार आत्मन्थन के लिए तैयार हो। ईमानदार आत्ममन्थन! लाख टके का सवाल है।

दैनिक भास्कर, 05.11.2012

चीन के विकास में हमारे लिए सबक़

चीन में एक पुरानी कहावत है—महानतम ख़ूबी हर लड़ाई जीतने में नहीं, बल्कि शत्रु को बिना लड़े ही हराने में है। शन झूँ नाम के चीनी योद्धा ने युद्ध का यह मन्त्र चीन को दिया था। आज जब दस साल बाद चीनी नेतृत्व में बदलाव हो रहा है और कम्युनिस्ट पार्टी अपनी 18वीं काँग्रेस में भविष्य का खाका तैयार कर रही है, तब शन झूँ की याद आ रही है। शन झूँ आगे कहता है कि विजयी सेना विजयी पहले होती है, जंग बाद में लड़ती है। पराजित सेना जंग पहले लड़ती है और जीत की कामना बाद में करती है।

चीन के मौजूदा विकास को समझने के लिए शन झूँ की इन पंक्तियों को समझना होगा। इतिहास में कभी किसी देश ने इतनी जल्दी इतने बड़े स्तर पर, इतने बड़े भूभाग और इतनी बड़ी आबादी के लिए इतना विकास किया ही नहीं। विकास की जिस गति पर पहुँचने में अमेरिका को 200 साल लगे, चीन ने महज़ 20 साल में उसे पा लिया। अर्थशास्त्र के तमाम नियमों को उसने सिर के बल खड़ा कर दिया। पश्चिम यह कहते नहीं अघाता था कि बिना लोकतन्त्र के आर्थिक विकास सम्भव नहीं है, चीन ने इसे झुठला दिया। आज चीन दुनिया के सामने एक मॉडल के तौर पर खड़ा है और भारत में कहा जाता है कि हम चीन जैसा विकास नहीं कर सकते, क्योंकि हमारे यहाँ ज़रूरत से ज़्यादा लोकतन्त्र है। लेकिन अगर यह सवाल ख़ुद से करें कि क्या हमारे यहाँ वह किलर इंस्टिंक्ट है? माओ की मौत के बाद जब देंग सिआओपिंग ने यह महसूस किया कि चीन अब मार्क्सवाद के रास्ते पर नहीं चल सकता, क्योंकि उस रास्ते ने देश को बर्बादी के क़गार पर ला खड़ा किया है और पूरी दो पीढ़ियाँ माओ की सनक व यन्त्रणा के कारण मानसिक रोगी बनने की राह पर हैं।

तब देंग ने एक पल गँवाये बिना चीन को पूँजीवाद के रास्ते पर डाल दिया। उसके लिए जो भी क़ीमत चुकानी चाहिए थी, वह चुकायी गयी। जो इस सफ़र में उसका साथ नहीं दे पाये, वे पीछे छूट गये और हू याओबांग और झाओ झियांग

जैसे पार्टी महासचिव, जो कमज़ोर दिलवाले साबित हुए, उन्हें बिना झिझके बदल दिया गया। देंग जिआओपिंग को पता था कि पूँजीवादी विकास के शुरू में एक तबक़े की ही तरक़्क़ी होगी, लेकिन वह कहते थे कि सबको पता होना चाहिए कि अमीर-ग़रीब की खाई बढ़ेगी। ऐसा होना स्वाभाविक भी है, लेकिन नये उत्पाद, नयी इंडस्ट्री जब बनेगी, तभी पूरी आबादी तक फ़ायदा पहुँचेगा। देंग एक जगह कहते हैं कि मुझे पता है कि सिस्टम परफ़ेक्ट नहीं है। मैं नहीं जानता कि क्या बेहतर है और क्या नहीं, लेकिन एक बात जानता हूँ कि पुराना सिस्टम तो कतई ठीक नहीं है। उनका इशारा मार्क्सवाद की तरफ़ था। जियांग जेमिन को बागडोर सौंपते समय देंग ने साफ़-साफ़ कहा कि आर्थिक विकास और आर्थिक सुधार चीन सरकार की सबसे पहली प्राथमिकता होनी चाहिए।

देंग और जेमिन की टीम ने माओ के विचारों को पूरी तरह से त्याग दिया। दोनों ने चीन के विकास को तीन चीज़ों से जोड़ा। एक, वे जानते थे कि चीन का विकास तभी होगा, जब चीन में स्थिरता होगी। दूसरी, चीन के विकास को राष्ट्रवाद, देशभक्ति और आत्मगौरव से जोड़ा गया। और तीसरी, चीन के विकास को उन्होंने हज़ारों साल पुरानी चीनी-संस्कृति और परम्परा से एकबद्ध किया। माओ का सोचना था कि 18वीं और 19वीं सदी में चीन की कमज़ोरी का कारण उसकी संस्कृति और परम्परा है। उसने लिखा—वह विचार, वह संस्कृति और वह परम्परा, जिसकी वजह से हमारी यह हालत हुई, उसे जाना होगा और सर्वहारा के विचार और संस्कृति को लाना होगा। माओ ने पूरे चीन को सतत-संघर्ष में धकेल दिया। हेनरी किसिंजर ने अपनी किताब में लिखा है, माओ का चीन एक योजनाबद्ध तरीक़े से स्थायी संकट में रहा। लेकिन देंग और जेमिन के मुताबिक़ संघर्ष के दिनों में नहीं, शान्तिकाल में ही विकास सम्भव है। विकास के लिए स्थिरता ज़रूरी है। इसलिए जब चीन में 1986 और 1989 में छात्र आन्दोलन हुए, तो देंग ने साफ़ तौर पर इसे चीन की स्थिरता और उसके विकास में बाधा के रूप में देखा और उसे कुचलने में वक़्त नहीं गँवाया। साथ ही नरमदिल हू याओबांग और झाओ झियांग को महासचिव के पद से हटा दिया।

पश्चिम की सोच है कि चीन में कम्युनिस्ट पार्टी का शासन देश को खुली हवा में साँस लेने से रोकता है। पश्चिम लोकतन्त्र को किसी भी सभ्य समाज की पहली शर्त मानता है। लेकिन चीन का तर्क है कि देश में स्थिरता चीनी कम्युनिस्ट पार्टी की वजह से है और इसलिए इसको हर हाल में बनाये रखना चाहिए। उनको लगता है कि कम्युनिस्ट पार्टी ही देश और समाज के स्तर पर स्थिरता की गारंटी है। चीन हमेशा से एक निहायत स्थिर समाज रहा है। पश्चिम की तरह चीन में उथल-पुथल न के बराबर ही रही। सिर्फ़ 18वीं और 19वीं सदी को अस्थिरता की नज़र से देखा

जा सकता है। स्थिरता चीन की सोच का एक अहम हिस्सा है। जेमिन ने माओ के बरक्स कन्फ़्यूशियस को ला खड़ा किया। ईसा से कोई पाँच सौ साल पहले पैदा हुए कन्फ़्यूशियस कोई धर्मगुरु नहीं थे। वह एक अध्यापक और शिक्षाविद् थे। उन्होंने धर्म दर्शन नहीं दिया। जीवन के बाद जीवन का पाठ नहीं पढ़ाया। जीवन और समाज सुचारु तरीक़े से चलें, बस इसके लिए कुछ नियम बताये थे।

वह मध्य-मार्ग की बात करते थे। उनका मानना था कि समाज और जीवन में व्यापक सौहार्द यानी 'ग्रेट-हारमनी' बनी रहना चाहिए। बेहतर जीवन के लिए सन्तुलन आवश्यक है। माओ की नज़र में इन सबका कोई मूल्य नहीं था। माओ सन्तुलन तोड़ने की बात करते थे। जेमिन का कहना था, अतीत के विचारों की मदद से ही चीन दुनिया में एक अत्यन्त परिष्कृत आध्यात्मिक नज़रियेवाला महान देश बना रह सकता है। जेमिन की नज़र में आध्यात्मिक-क्रान्ति के बिना आर्थिक-क्रान्ति का कोई मोल नहीं है। चीन को आर्थिक सुपरपावर बनने के साथ उसे एक महान आध्यात्मिक-सभ्यता भी बनना है। भारत भी आध्यात्मिक देश है, हमारी सांस्कृतिक विरासत शायद चीन से ज़्यादा समृद्ध है। फिर हम अपने आर्थिक विकास को भारतीय परम्परा व संस्कृति से क्यों नहीं जोड़ सकते? क्यों नहीं यह हमारे लिए राष्ट्रीय आत्मगौरव का प्रतीक बन सकता है? क्योंकि हमारे यहाँ शायद वह सोच नहीं है कि हमें लड़ने के पहले जीतना होगा।

हिन्दुस्तान, 12.11.2012

ठाकरे—राजनीति का गॉडफ़ादर

फ़िल्म 'गॉडफ़ादर' मेरी सबसे प्रिय फ़िल्म है। एल. पचीनो और मारलन ब्रांडों की एक्टिंग ने इस फ़िल्म को ऐतिहासिक बना दिया। इस फ़िल्म का एक सीन काफ़ी मशहूर है। हॉलीवुड का एक बड़ा प्रोड्यूसर गॉडफ़ादर की गुज़ारिश पर उसके एक जाननेवाले को फ़िल्म में रोल देने से मना कर देता है। प्रोड्यूसर घोड़े का शौक़ीन है। उसका एक घोड़ा उसके दिल के काफ़ी करीब है। रात के अँधेरे में प्रोड्यूसर को अपने बिस्तर पर कुछ सुरसुरी सी महसूस होती है। वह उठता है और चीख़ उठता है। कैमरा घूमता है और बिस्तर पर उसी घोड़े का कटा सिर दिखायी देता है। इस सीन की पुनरावृत्ति बाद में कई फ़िल्मों में होती है। गॉडफ़ादर का यह सीन डॉन कार्लियोनी यानी 'गॉडफ़ादर' की शख़्सियत को पूरी तरह से बिना कुछ कहे परिभाषित कर देता है। भारतीय राजनीति में जब-जब मैंने शिवसेना प्रमुख बालासाहेब ठाकरे को देखा अनायास डॉन कार्लियोनी की याद हो आयी।

जब से बालासाहेब का उदय हुआ मुम्बई में किसी भी शख़्स की इतनी हिम्मत नहीं हुई कि वो उन्हें ना कह सके। चाहे वो राजनीतिज्ञ हो या फिर बड़ा से बड़ा एक्टर, फ़िल्मकार या फिर बिज़नेसमैन। बालासाहेब के शब्द आख़िरी शब्द। उनको न मानने का अर्थ है अपनी बर्बादी की कहानी लिखना। उनका एक फ़ोन कॉल, उनकी एक हुंकार मुम्बई को हिला देती थी। करीब चालीस साल तक उनको चुनौती देने की हिमाकत किसी ने नहीं की। लेकिन यही बालासाहेब ज़िन्दगी के आगे मजबूर हो गये। ठाकरे की पूरी ज़िन्दगी एक फ़िल्मी कहानी जैसी है। जिसमें एक नायक है जिसे खलनायक भी कहा जाता है। जो ज़िन्दगी की बनी-बनायी लीक पर चलने से इंकार कर देता है। अपनी कहानी ख़ुद लिखता है। अपने नियम ख़ुद बनाता है। उसे इस बात की परवाह नहीं कि लोग क्या कहेंगे, समाज क्या कहेगा, इतिहास क्या कहेगा और साहित्य क्या कहेगा? अपनी ज़िन्दगी में मस्त। ठाकरे की ज़िन्दगी से प्रभावित होकर रामगोपाल वर्मा ने फ़िल्म बनायी 'सरकार'। जिसमें सरकार कहता है—मुझे जो सही लगता है, मैं वो करता हूँ।

कार्टूनिस्ट के तौर पर अपनी ज़िन्दगी शुरू करनेवाले ठाकरे ने साठ के दशक में 'मराठी-मानूष' की राजनीति शुरू की। उनके निशाने पर पहले गुजराती और दक्षिण भारतीय आये और बाद में उत्तर प्रदेश और बिहार के लोग। दक्षिण भारतीयों के ख़िलाफ़ शिवसेना ने नारा दिया 'लुंगी उठा, पुंगी बजा'। और बाद में पूरा खेल उत्तर भारतीयों के ख़िलाफ़ नफ़रत फैलाने और मारपीट की राजनीति में सिमट गया। कहते हैं कि तब ठाकरे इस बात से परेशान थे महाराष्ट्र से बाहर के लोग आकर मराठियों के लिए मुसीबत खड़ी कर रहे हैं, बाहरी मराठियों से रोज़गार छीन रहे हैं, और मराठियों की युवा पीढ़ी के पास रोज़ी रोटी कमाने के मौक़े कम हो रहे हैं। साठ का यह वो दशक था जब पूरे भारत में आज़ादी के बाद का आदर्शवाद ख़त्म हो रहा था। स्थापित सत्ता से लोगों का मोह भंग हो रहा था। पुराने नेताओं की ज़मीन खिसक रही थी। और समाज में चिन्ता, हताशा और आक्रोश को नये नेता की तलाश थी। जो उनकी बातों को सुन सके। उनको आवाज़ दे सके। महाराष्ट्र में बाहरियों के आगमन ने वहाँ के स्थानीय लोगों को अपनी निराशा को एक निशाना और बहाना दे दिया। ठाकरे इस मराठी तबक़े के गुस्से के प्रतीक बन गये। उनकी आग उगलती जबान ने मराठी तबक़े की आवाज़ को धार दे दी। अब उन्हें हिंसा से भी एतराज़ नहीं रहा। और बाहरियों को भगाने का कार्यक्रम चल निकला। उस दौर में मुम्बई में ट्रेड यूनियनों पर वामपन्थ का ज़बर्दस्त क़ब्ज़ा था। महाराष्ट्र की काँग्रेस सरकार की नाक में दम कर रखा था। तब के मुख्यमन्त्री वसन्द दादा नाइक ने ठाकरे का सहारा लिया। और एक समय में शिवसेना को 'वसन्त-सेना' भी कहा जाने लगा था। काँग्रेस ने तब वामपन्थी यूनियनों को ख़त्म करने के लिए शिवसेना का वैसे ही इस्तेमाल किया जैसे 2005 के बाद शिवसेना को कमज़ोर करने के लिए राज ठाकरे का। सत्ता का चस्का लगा तो ठाकरे ने राजनीति में उतरने का मन बना लिया। मराठी के साथ हिन्दुत्व का भी चोला ओढ़ लिया। बीजेपी के साथ उसने 1995 में अपनी सरकार भी बना ली।

राजनीति में भी ठाकरे ने नया प्रयोग किया। ख़ुद मुख्यमन्त्री नहीं बने। सत्ता की चाभी उनके हाथ में थी। शिवसेना में उनके ख़िलाफ़ खड़े होने की कोई सोच भी नहीं सकता था। मुख्यमन्त्री उनके हाथ का रिमोट हो गया। मनोहर जोशी हो या फिर नारायण राणे दोनों कठपुतली मात्र थे। राजनीति का यह 'रिमोटवाद' बाद में सोनिया ने भी चलाया। लेकिन राजनीति ने शिवसेना को कमज़ोर किया। शिवसेना में अगड़ी और पिछड़ी जाति का झगड़ा शुरू हो गया। सत्ता को लेकर अहं और दम्भ की लड़ाई शुरू हो गयी। छगन भुजबल, नारायण राणे और गणेश नाइक, संजय निरूपम जैसे नेता जो बालासाहेब के क़ाफ़ी करीबी थे, शिवसेना से बाहर हो गये। परिवारवाद को जमकर गाली देनेवाले बालासाहेब अन्त में पुत्रमोह में

फँस गये और राज ठाकरे की जगह निहायत नौसिखिए उद्धव को अपनी विरासत सौंप दी। राज ने भी बालासाहेब का हाथ छोड़ दिया। शेर बुढ़ा हो गया था। यानी जिस शख़्स ने 60 की राजनीति को चुनौती दे नयी राजनीति का आगाज़ किया वो ख़ुद उसी राजनीति का शिकार हो गया। यह ठाकरे की व्यक्तिगत हार थी। लेकिन ठाकरे की ज़िन्दगी में यह अकेला द्वन्द नहीं था। ठाकरे की सार्वजनिक और निजी ज़िन्दगी में भी भारी अन्तर था। सार्वजनिक जीवन में निहायत कट्टरवादी छविवाले बालासाहेब अपनी निजी ज़िन्दगी में काफ़ी उदारवादी थे। उन्हें बियर पीना अच्छा लगता था। माइकल जैक्सन जैसे अमेरिकी पॉप सिंगर के प्रशंसक थे और मराठी भाषा के कट्टर पैरोकार ठाकरे ने कभी भी अपने परिवार के लोगों को अंग्रेज़ी स्कूल में पढ़ने से नहीं रोका।

लेकिन मराठी में ठाकरे की मौजूदगी हमेशा मेरे मन में सवाल खड़े करती रही। कई लोगों से पूछा, सन्तोषजनक जवाब नहीं मिला। मराठी परम्परा, संस्कृति और इतिहास भी मेरे इस सवाल का उत्तर नहीं ढूँढ़ पाता कि बड़े-बड़े सामाजिक सुधारों की परम्परा, अम्बेडकर और ज्योतिबा फूले के दलित आन्दोलन की परम्परा, बाल गंगाधर तिलक और गोपाल कृष्ण गोखले जैसी राष्ट्रीय स्वतन्त्रता आन्दोलन की परम्परा और विजय तेन्दुलकर, पुल देशपांडे और कुसुमाग्रज की महान साहित्यिक परम्परा बालासाहेब ठाकरे की परम्परा से कैसे सामंजस्य बिठाती है? और एक सवाल यह भी है कि ठाकरे भारतीय लोकतन्त्र की ख़ूबी का प्रतीक हैं या फिर खामी का? क्योंकि किसी भी परम्परा में 'गॉडफ़ादर' मुख्यधारा कैसे हो सकता है? और यह भी सवाल की क्या वो वाकई मराठी परम्परा की मुख्यधारा थे?

दैनिक भास्कर, 19.11.2012

कैग और सुलगते सवाल

टीवी पत्रकारिता में नया-नया आया था। पहले दिन ही भेज दिया गया, टी.एन. सेषन को कवर करने। उन दिनों सत्ता पक्ष उनका नाम सुनते वैसे ही बिदकता था जैसे आज विनोद राय का नाम लेने पर। सेषन मुख्य चुनाव आयुक्त थे। उन दिनों चुनाव के दौरान बूथों की लूट, मतपेटियों की डकैती, मतपत्र फाड़ना, उम्मीदवारों के साथ मारपीट, पिछड़ों को वोट देने से रोकना, एक ही आदमी का कई वोट देना, दबंगों की हिंसा और दर्जनों लोगों का मरना आम था। सेषन ने आते ही ख़ास अन्दाज़ में चुनाव की गन्दगी पर रोक लगाने की कोशिश की। सेषन को तानाशाह कहा जाने लगा, बददिमाग़ और बदज़ुबान। ऐसे में जब मैंने उनसे सवाल पूछा तो उन्होंने छूटते ही कहा, 'आई डोंट गिव ए डैम।'

पर तमाम हंगामे के बीच विनोद राय के मुँह से ये शब्द अभी तक नहीं निकले हैं। पहली बार विनोद राय ख़बरों में तब आये जब कैग ने लिखा कि 2जी में सरकार के ख़ज़ाने को 57 हज़ार करोड़ से लेकर 1.76 लाख करोड़ रुपये तक का चूना लगा। सरकार के लिए बचाव करना मुश्किल हो गया। मामला सुप्रीम कोर्ट पहुँचा। सरकार कहती रही कि 2जी में सरकार को कोई नुक़सान नहीं हुआ, कैग का आँकड़ा महज़ एक अनुमान है और अनुमान के आधार पर घोटाले का आरोप ग़लत। पर किसी ने नहीं सुनी। कैग की एक और रिपोर्ट आयी। कोयला खदानों की नीलामी पर। इस बार आँकड़ा 1.86 लाख को छू गया। अब सरकार के लिए करो या मरो की स्थिति थी। सरकार और काँग्रेस ने हुंकार भरी। कैग पर ताबड़तोड़ हमले होने लगे। तीन चीज़ें एक के बाद एक हुईं। एक, हाल की नीलामी के बाद कहा गया कि स्पैक्ट्रम को मिली कम क़ीमत इस बात का सबूत है कि कैग की 1.76 लाख करोड़ की बात मनगढ़न्त थी। दो, प्रधानमन्त्री कार्यालय में मन्त्री वी. नारायणसामी ने इशारा किया कि सरकार कैग को एक सदस्यीय की जगह बहुसदस्यीय बनाने की सोच रही है। तीन, कैग के पूर्व महानिदेशक आर.पी. सिंह का बयान कि वो कैग की रिपोर्ट से इत्तेफ़ाक़ नहीं रखते और कैग के अधिकारियों ने पीएसी चेयरमैन

मुरली मनोहर जोशी को रिपोर्ट बनाने में मदद की।

ख़ासतौर पर पहले और तीसरे वाक़िये ने माहौल काफ़ी गरम कर दिया। दो चीज़ों की तरफ़ साफ़ इशारा किया गया। एक, कैग ने मनमोहन सरकार को अस्थिर करने के लिए 2जी मामले में घाटे का बढ़ा-चढ़ाकर आँकलन किया। दो, और यह सब हुआ बीजेपी के इशारे पर। हालाँकि यह आरोप दिग्विजय सिंह और दूसरे मन्त्री पहले ही लगा चुके हैं कि विनोद राय पूर्व कैग टी.एन. चतुर्वेदी की तरह ही राजनीति कर रहे हैं। बोफ़ोर्स मामले में कैग चतुर्वेदी की रिपोर्ट पर 80 के दशक में काँग्रेस सरकार की भारी किरकिरी हुई थी। चतुर्वेदी बाद में बीजेपी से सांसद बने। यानी विनोद राय का एक राजनीतिक एजेंडा है, और वो विपक्ष के कहने पर कर रहे हैं। समस्या यहाँ है। संवैधानिक संस्थाओं से सरकार और राजनीतिक दलों की नोंकझोंक नयी नहीं है। लेकिन संवैधानिक संस्था पर साजिश करने और किसी राजनीतिक दल के इशारे पर राजनीति करने का आरोप संवैधानिक संस्था की साख पर सवाल खड़े करती है?

ऐसे में यह बुनियादी सवाल उठाना लाजिमी है कि आपत्ति है किस बात पर है? कैग की घाटे की संख्या पर या इस बात पर कि 2जी को खामखाँ घोटाले का नाम दिया गया? या फिर अनुमानित आँकड़े की आड़ में यह भ्रम फैलाया जा रहा है कि जब घोटाला हुआ ही नहीं तब कैग घोटाले की ओर इशारा कर सरकार की साख पर बट्टा क्यों लगा रहा है? हक़ीक़त यह है कि अगर घोटाला नहीं होता और घोटाले का नाम कैग देता तो यह वाकई बहुत गम्भीर बात होती है। लेकिन कैग के सबसे कटु आलोचक भी नहीं कह सकते कि 2जी में घोटाला नहीं हुआ। पूरा मामला सुप्रीम कोर्ट की निगरानी में है। और सुप्रीम कोर्ट सारे 122 लाइसेंस रद्द कर चुका है। 20 फ़रवरी 2012 को सुप्रीम कोर्ट ने अपने फ़ैसले में लिखा, '2जी स्पैक्ट्रम बँटवारे का मामला असंवैधानिक और मनमाना है। ए. राजा जनता के पैसों पर कुछ कम्पनियों को फ़ायदा पहुँचाना चाहते थे।' टेलीकाम मन्त्री राजा को टेलीकाम सेक्रेटरी बेहुरा के साथ सलाखों के पीछे जाना पड़ा। निजी कम्पनियों के आला अधिकारी भी जेल में एड़ियाँ रगड़ने को मजबूर हुए। यानी घोटाले पर तो सुप्रीम कोर्ट भी मुहर लगा चुका है।

फिर उस वक़्त के कैबिनेट सचिव के.एम. चन्द्रशेखर भी तो यही कह रहे हैं। 18 अक्टूबर 2012 को जेपीसी के सामने चन्द्रशेखर ने कहा कि उन्होंने स्पैक्ट्रम आवँटन के लिए 'एंट्री-फी' तय राशि 1658 करोड़ की जगह 21 गुना ज़्यादा 35000 करोड़ रुपये की सिफ़ारिश की थी। उनके मुताबिक़ अगर 'एंट्री-फी' को बदल दिया जाता तो सरकार के ख़ज़ाने में कहीं ज़्यादा पैसा पहुँचता। चन्द्रशेखर ने जेपीसी के सामने क़बूला कि प्रधानमन्त्री कार्यालय ने उनकी चिट्ठी का जवाब नहीं दिया। यह

चिट्ठी स्पैक्ट्रम आवँटन के पाँच हफ़्ते पहले लिखी गयी थी। अगर चन्द्रशेखर की बात को मानकर 35000 करोड़ की एंट्री फी पर स्पैक्ट्रम बेचा जाता तो कितना पैसा ख़ज़ाने में आता समझा जा सकता है। कैबिनेट सेक्रेटरी के अलावा उस वक़्त के वित्त सचिव डी. सुब्बाराव ने भी 22 नवम्बर 2007 को पत्र लिखकर 2001 की क़ीमत पर 2जी स्पैक्ट्रम बेचने पर आपत्ति दर्ज करायी थी। यानी कुछ तो कारण रहा होगा कि कैबिनेट सचिव और वित्त सचिव की आपत्तियों को भी दरकिनार करके राजा को मनमाना करने दिया। और इसीलिए ही तो 2जी घोटाले पर प्रधानमन्त्री मनमोहन सिंह ने गठबन्धन राजनीति का रोना रोया था।

यानी घोटाला हुआ। और असल मसला भी यह घोटाला ही है। घोटाला चाहे एक रुपये का हो या फिर 1.76 लाख करोड़ का, भ्रष्टाचार भ्रष्टाचार है। बहस उस पर होनी चाहिए। आँकड़ों पर बहस मूल मुद्दे को भटकाने की कोशिश है। यह न भूलें कि सरकारें तो आती हैं, और चली जाती हैं। संस्थाएँ स्थाई होती हैं। पर अगर किसी भी संवैधानिक संस्था की साख को चोट पहुँचती है तो लोकतन्त्र को घाव लगते हैं। मेरा मानना साफ़ है कि कैग से आज भले ही सत्ता पक्ष सहमत न हो और कफन घोटाले में कैग की रिपोर्ट पर कैग को 'बेवक़ूफ़' बतानेवाली बीजेपी बम-बम, कैग पर सवाल खड़े करना सही नहीं है। वक़्त बदल रहा है। संवैधानिक संस्थाओं को अपनी ताक़त का अन्दाज़ा होने लगा है। वो पहले की तरह केन्द्र सरकार के सामने दबी नहीं रहना चाहतीं। कैग का भी 90 के दशक की तरह चुनाव आयोगीकरण हो गया है। और हो सकता है कि आनेवाला समय विनोद राय को वैसे ही याद रखे जैसे आज सेषन को।

हिन्दुस्तान, 26.11.2012

अभी गडकरी को सज़ा नहीं मिलेगी

अमूमन आरएसएस प्रेस रिलीज जारी नहीं करता और उसके वरिष्ठ पदाधिकारी पत्रकारों से बात नहीं करते। लेकिन उसने यह नियम तोड़ा। बीजेपी अध्यक्ष नितिन गडकरी पर जब भ्रष्टाचार के गम्भीर आरोप लगे और उनके इस्तीफ़े की अटकलें लगने लगीं, तो दोनों बातें हुईं। सरकार्यवाह भय्याजी जोशी ने वक्तव्य जारी किया। जोशीजी ने लिखा, वर्तमान में लगे सभी आरोप प्रसार माध्यमों की ओर से हैं। उन आरोपों की अधिकृत जाँच अभी होनी है। ऐसे में, चर्चा को राजनीतिक रंग देने का प्रयास दुर्भाग्यपूर्ण है। वह आगे लिखते हैं–देशवासियों का विश्वास दृढ़तापूर्वक बना रहे, यही हम सभी राजनीतिक नेतृत्व और प्रसार माध्यमों से अपेक्षा रखते हैं। अन्यथा अत्यन्त गम्भीर विषय होने के बाद भी भ्रष्टाचार के विरोध में चलनेवाले आन्दोलन दुर्बल होते जायेंगे और हो सकता है कि स्वार्थी तत्वों की यही अपेक्षा हो।

इसके अगले दिन भय्याजी जोशी ने टीवी कैमरों के सामने भी लगभग वही बातें दुहरायीं। यानी सोच-समझकर बोलनेवाले आरएसएस को लगा कि उसे बोलना चाहिए। आरएसएस ने दो बातें साफ़ कीं। एक, गडकरी पर लगे आरोपों में उतना दम नहीं है। इसको उतनी गम्भीरता से लेने की ज़रूरत नहीं है, जितनी गम्भीरता से मीडिया इसको ले रहा। दूसरा, इन आरोपों के पीछे गहरी राजनीतिक साजिश है और कुछ स्वार्थी तत्व इसकी आड़ में अपना उल्लू सीधा करना चाह रहे हैं। जोशी ने गडकरी का नाम नहीं लिया और न ही यह बताने का प्रयास किया कि वे कौन लोग हैं, जो राजनीति कर रहे हैं और किन स्वार्थी तत्वों की तरफ़ वह इशारा कर रहे हैं?

वैसे तो आरएसएस हमेशा ही यह कहता है कि बीजेपी से उसका वैचारिक रिश्ता है, लेकिन बीजेपी क्या करती है, इसमें वह दख़ल नहीं देता। पर हक़ीक़त यह है कि आरएसएस की पूरी नज़र बीजेपी पर रहती है और पकड़ बनाये रखने की कोशिश भी। सारे बड़े फ़ैसले आरएसएस की सलाह पर होते हैं। साल 2009 के चुनाव में हार के बाद आरएसएस ने इशारा किया कि अब आडवाणीजी को नयी पीढ़ी के हाथों पार्टी और संगठन की बागडोर सौंप देनी चाहिए। आडवाणी इसके

लिए तैयार नहीं दिखे। आडवाणी के साथ पार्टी के तमाम बड़े नेता खड़े दिखे, तो आरएसएस के लिए सर्जरी करना ज़रूरी हो गया। आरएसएस प्रमुख मोहन भागवत दिल्ली आये। दो-सूत्री फ़ॉर्मूला बना। आडवाणी को लोकसभा में नेता विपक्ष का पद छोड़ना होगा। और पार्टी अध्यक्ष पद पर आडवाणी के किसी भी समर्थक को नहीं बिठाया जायेगा। सुषमा स्वराज नेता विपक्ष बनीं। आडवाणी समर्थक चौकड़ी यानी गैंग ऑफ़ फ़ोर के स्थान पर महाराष्ट्र के एक जूनियर नेता नितिन गडकरी को संगठन का मुखिया बना दिया गया।

गडकरी भागवत की व्यक्तिगत पसन्द थे। चौकड़ी के लिए यह मजबूरी का समझौता था। गडकरी को आडवाणी चौकड़ी फूटी आँख नहीं सुहाते। लेकिन खुलकर विरोध करने का अर्थ था भागवत और पूरे संघपरिवार को नाराज़ करना। गडकरी ताक़तवर होते गये। आरएसएस उनके काम से सन्तुष्ट था। इतना कि उनको अगले तीन साल का कार्यकाल देने को भी तैयार हो गया। इसके लिए बीजेपी को अपने संविधान में संशोधन भी करना पड़ा। बीजेपी के कुछ बड़े नेताओं को यह नागवार भी गुज़रा। लिहाज़ा परदे के पीछे साजिशें रची जाने लगीं। गडकरी को इतना बदनाम कर दिया जाये कि आरएसएस ख़ुद उनको हटाने के लिए मजबूर हो जाये। इस बीच अरविन्द केजरीवाल कूद पड़े। उन्होंने पहले गडकरी पर किसानों की ज़मीन हड़पने का आरोप लगाया। अरविन्द के आरोप हल्के साबित हुए, तो कुछ नेताओं को निराशा हाथ लगी। कुछ दिनों के बाद गडकरी के व्यापार से सम्बन्धित ख़बरों में गड़बड़ी की झड़ी अख़बारों और टीवी चैनलों पर लग गयी। राजनीति के गलियारों में बीजेपी के दो बड़े नेताओं का नाम प्रमुखता से लिया जाने लगा। एक, जो ख़ुद पार्टी अध्यक्ष बनना चाहते हैं और दूसरा, जो दिल्ली में अपना डमी अध्यक्ष चाहते हैं।

इस बीच यह चर्चा भी गरम हो गयी कि अब गडकरी का बचना नामुमकिन है। लोगों को यह याद नहीं रहा कि भागवत ने नितिन गडकरी को क्यों बीजेपी अध्यक्ष बनवाया था? वह गडकरी की ताजपोशी नहीं थी। गडकरी के रूप में वह भागवत के डमी की ताजपोशी थी। गडकरी के बहाने आरएसएस बीजेपी पर नियन्त्रण करना चाहता था। इसके दो कारण थे। एक, आरएसएस हमेशा यह मानता है कि आरएसएस हिन्दूवाद के जिस प्रोजेक्ट को लेकर चल रहा है, उसमें राजनीति की भूमिका अत्यन्त अहम है। और बीजेपी पर नियन्त्रण नहीं होने का अर्थ है आरएसएस के वृहत्तर प्रोजेक्ट में व्यवधान, जबकि आडवाणी समेत बीजेपी के नेताओं के लिए बीजेपी सत्ता हासिल करने का एक ज़रिया है। आरएसएस बीजेपी की इतनी संकुचित व्याख्या से सन्तुष्ट नहीं है। यही कारण है कि 2004 में ज़िन्ना पर बयान देने के बाद आडवाणी जैसे नेता को आरएसएस अध्यक्ष पद से बेइज़्ज़त करके हटा देता है। यही सज़ा जसवन्त सिंह को भी मिलती है, जब वह अपनी

किताब में ज़िन्ना की तारीफ़ करते नज़र आते हैं। और सुधीन्द्र कुलकर्णी को दूध से मक्खी की तरह निकाल दिया जाता है, जब वह यह इशारा करते हैं कि बीजेपी के विस्तार में आरएसएस एक बाधा है। आडवाणी के लिए बीजेपी राजनीति है और भागवत के लिए बीजेपी विचारधारा।

मोहन भागवत को यह लगने लगा है कि केन्द्र में सत्ता में आने के बाद से बीजेपी के कुछ बड़े नेता अपने को संगठन से ऊपर समझने लगे और आरएसएस को दोयम दर्जे का संगठन। ये नेता आरएसएस को दकियानूसी मानते हैं और बीजेपी के विकास में दिक़्क़त भी। 2004 में बीजेपी की चुनावी हार के बाद आरएसएस की लगातार यह कोशिश है कि वाजपेयी के प्रधानमन्त्री रहते जो ज़मीन उसे बीजेपी के सामने छोड़नी पड़ी है, वह उसे वापस हासिल करे। संघ प्रमुख का मतलब सर्वोच्च नेता। उनकी बात अन्तिम सत्य। लेकिन 2004 के बाद भी आडवाणी हों या फिर मोदी, वे संघ की सत्ता को लगातार धत्ता बताने में जुटे रहे। ऐसे में, पहले राजनाथ सिंह और बाद में गडकरी की अध्यक्ष पद पर नियुक्ति बीजेपी पर लगाम लगाने की कोशिश नहीं, बल्कि बिगड़ैल घोड़े को अपने अधीन करने का प्रयास था। अब गडकरी पर हमले का मतलब है सीधे भागवत पर हमला। यह आरएसएस कैसे स्वीकार कर ले? आरएसएस जानता है कि गडकरी पर लगे आरोप गम्भीर हैं, लेकिन अभी गडकरी को हटाने का मतलब है, स्वार्थी तत्वों के सामने समर्पण कर देना। आरएसएस और भागवत की सत्ता को हमेशा के लिए कमज़ोर कर देना। गडकरी को इन आरोपों की सज़ा मिलेगी, लेकिन तब जब ऐसा करने पर आरएसएस की सत्ता और गरिमा को नुक़सान न हो। यह सन्देश न जाये कि बीजेपी के चन्द नेता आरएसएस को डिक्टेट कर सकते हैं।

हिन्दुस्तान, 29.10.2012

भाजपा के सपने का क्या होगा

लगता है कि बीजेपी ने यह तय कर लिया है कि वो एक बार फिर केन्द्र में काँग्रेस की सरकार बनवाकर ही मानेगी। पार्टी बुरी तरह से बिखरी हुई है। केन्द्रीय नेतृत्व दिशाहीन है। कोई किसी को फूटी आँखों नहीं सुहाता। प्रधानमन्त्री बनने की होड़ लगी है। 85 साल की उम्र में ख़ुद लालकृष्ण आडवाणी भी रेस में हैं। पार्टी अध्यक्ष नितिन गडकरी पर भ्रष्टाचार के गम्भीर आरोप हैं। वो पार्टी पर बोझ बन गये हैं और उन्हें फ़ौरन इस्तीफ़ा देना चाहिए। कर्नाटक में येदुरप्पा ने पार्टी छोड़ने का ऐलान कर दिया है। राजस्थान में भी वसुन्धरा राजे सिन्धिया के बाग़ी तेवर हैं। और गुजरात में मोदी किसी की चलने नहीं देते।

जबकि काँग्रेस जो पिछले तीन साल से बेहोशी के आलम में थी, रणभेरी के लिए तैयार है। उत्तर प्रदेश की हार के बाद अज्ञातवास में चले गये राहुल गाँधी 'एक्टिव' हो गये हैं। 2014 के चुनाव प्रचार की कमान अपने हाथ में ले ली है। चुनाव कोऑर्डिनेशन कमेटी के मुखिया के तौर पर उनके नाम का ऐलान हो गया है। ममता के झटकों से परेशान मनमोहन सरकार ने अपना चेहरा बदल लिया है और मन्त्रिमंडल में अपेक्षाकृत युवा और नये नेताओं को महत्वपूर्ण ज़िम्मेदारियाँ दे दी गयी हैं, बूढ़े और थके नेताओं को विश्राम दिया जा चुका है। 2जी और कैग के हमले पर अब तक बचाव की मुद्रा में रही काँग्रेस ने हमलावर रुख़ अख़्तियार कर लिया है। यही काँग्रेस कुछ समय पहले तक लहूलुहान थी, थकी हुई, हारी हुई और चुनाव के पहले ही वाकओवर देने की मुद्रा में।

पार्टी की उम्मीद राहुल गाँधी कहीं नज़र नहीं आ रहे थे। सर्वोच्च नेता सोनिया गाँधी बीमार थीं। मनमोहन सिंह सरकार घोटालों के आरोपों से हलकान। मन्त्री आपस में लड़ रहे थे। सिविल सोसायटी सरकार का एजेंडा तय कर रही थी और आये दिन अदालतों से उसे झाड़ पड़ रही थी। विपक्ष हमलावर था। मीडिया में रोज़ उसकी धज्जियाँ उड़ रही थीं। और सहयोगी दलों ने नाक में दम कर रखा था। लेकिन राष्ट्रपति चुनाव के दौरान काँग्रेस ने अपने-आपको सँभालना शुरू किया और

कुछ महीने में ही वो विश्वास से लबालब खड़ी दिख रही है। काँग्रेस के विश्वास का अन्दाज़ा इसी बात से लगता है कि किसी की परवाह किये बिना उसने मल्टी ब्रांड रिटेल में एफ़डीआई लागू करने का ऐलान कर दिया और अब वो 'सब्सिडी-की-जगह-सीधे-ग़रीबों-को-कैश' देने की योजना को लागू करने में जुटी है। सरकार को लगता है कि यह योजना 'गेमचेंजर' साबित होगी और चुनाव जीतने में मददगार। यानी कल तक जो हारती हुई लग रही थी वही काँग्रेस आज विजयी भाव में है और जो बीजेपी जीतने का सपना सँजोये हुए थी वो आज सुन्न पड़ी है।

बीजेपी की दिक़्क़त यह है कि न तो आज उसके पास कोई सर्वमान्य राष्ट्रीय नेता है और न ही कोई राष्ट्रीय कार्यक्रम जिसकी बदौलत वो चुनाव में उतर सके और लोगों को भरोसा दे सके कि वो काँग्रेस का सबल विकल्प है। ऐसा नहीं कि उसके पास नेताओं की कमी है लेकिन हर नेता अपने को दूसरे से कम नहीं समझता। काँग्रेस की जिस आलाकमान परम्परा को वो कोसते नहीं थकती उसी की कमी ने उसे इस मुक़ाम पर ला खड़ा किया है। काँग्रेस में कोई नेता कितना ही बड़ा क्यों न हो जाये, उसे नेहरू-गाँधी परिवार नाम के आलाकमान के सामने नतमस्तक होना ही पड़ता है और जो नहीं होते उन्हें पार्टी छोड़नी पड़ती है। आन्ध्र प्रदेश में जगनमोहन रेड्डी का उदाहरण सामने है। बीजेपी में येदुरप्पा का उदाहरण उसकी कमज़ोरी की ओर इशारा करता है। येदुरप्पा की दिक़्क़त यह थी कि अन्त तक कोई उन्हें यह भरोसा नहीं दे पाया कि उनके साथ 'न्याय' होगा और सब पर एक ही 'नियम' लागू होगा। येदुरप्पा की शिकायत यह थी कि पार्टी ने उनके राजनीतिक प्रतिद्वन्द्वी अनन्त कुमार के इशारे पर अपदस्थ करने का षड्यन्त्र रचा। जबकि उन्हीं की तरह भ्रष्टाचार के आरोपों से घिरे गडकरी के बचाव में पूरी पार्टी खड़ी दिखी। अगर पार्टी में कोई एक आलाकमान होता और यह आलाकमान यह भरोसा देने की स्थिति में होता कि येदुरप्पा के साथ 'अन्याय' नहीं होगा तो वो पार्टी में बने रहते और मुख्यमन्त्री न होने के बावजूद पार्टी उनकी क्षमता का इस्तेमाल करती। यही हाल कमोबेश वसुन्धरा राजे का भी है। उन्हें भी लगता है आलाकमान की अनुपस्थिति में शीर्ष के नेता बजाय उनकी सेवा का फ़ायदा उठाने के उनकी ही जड़ खोदने में लगे रहते हैं। इसलिए वो रह-रहकर पार्टी को आँख दिखाती रहती हैं। नरेन्द्र मोदी को तो छूने की हिम्मत किसी में है ही नहीं।

अगर बीजेपी लोकसभा चुनाव में जीत का सपना देखती है तो सबसे पहले उसे अपना 'आलाकमान' तय करना पड़ेगा। वो 'आलाकमान' जो प्रधानमन्त्री पद का उम्मीदवार भी हो और साथ ही पार्टी को नयी दिशा देने की क्षमता भी रखता हो। बीजेपी की समस्या यह है कि 'वो-नेता' जो अपनी सीट जीत नहीं सकते, जो अपनी जीत के लिए सुरक्षित सीट की तलाश में रहते हैं वो आलाकमान बनने का

ख़्वाब पाले हुए हैं। ऐसे नेता कैसे कार्यकर्ताओं में जान फूँक सकते हैं जो ख़ुद जीतने के लिए दूसरे के मोहताज होते हैं। लोग नेता से उम्मीद करते हैं कि वो उन्हें जिताये, जिसका करिश्मा लोगों को आकर्षित करे। आलाकमान वही हो सकता है जिसका 'जनाधार' हो और जिसको देखकर पार्टी के कार्यकर्ताओं में 'ऊर्जा' का संचार हो। जिसका कहना 'टालने' की हिम्मत किसी नेता में न हो। और जो यह भरोसा दे सके कि 'निजी-हित' से ऊपर उठकर 'पार्टी-हित' में फ़ैसले करता है। इसके अलावा जो आरएसएस का भी भरोसा जीत सके। बीजेपी को यह मानना होगा कि आरएसएस से अलग उसका कोई अस्तित्व नहीं है। ऐसे में बीजेपी का असली नेता वही होगा जो एक साथ पार्टी काडर और आरएसएस दोनों को साध सके। यह मुश्किल काम है लेकिन बिना इसके बीजेपी को केन्द्र की सत्ता का सपना भी नहीं देखना चाहिए।

इस पैमाने पर बीजेपी में नरेन्द्र मोदी ही सबसे सटीक बैठते हैं। लेकिन पार्टी के अन्दर और बाहर सबको साथ न लेकर चलने की उनकी 'छवि' उनकी राह का सबसे बड़ा रोड़ा है। फिर उनकी 'उग्र-हिन्दूवादी' नेता की छवि उनको राष्ट्रीय स्तर पर कितना स्वीकार्य बनायेगी यह बड़ा सवाल है। आज गठबन्धन का दौर है। नीतीश कुमार उनके नाम पर बिदकते हैं। मोदी के नाम पर कितने सहयोगी दल केन्द्र में सरकार बनाने में बीजेपी की मदद करेंगे यह दूसरा सवाल है। और सबसे बड़ा सवाल यह कि क्या आरएसएस आडवाणी के कटु अनुभव के बाद किसी को बीजेपी का आलाकमान बनने देगा? यह तीसरा सवाल है। जब तक बीजेपी इन सवालों का जवाब नहीं खोज पाती तब तक मुझे नहीं लगता कि बीजेपी सरकार बनाने के भी करीब आयेगी।

दैनिक भास्कर, 03.12.2012

सचिन, आडवाणी दोनों खड़े...

सचिन तेन्दुलकर और लालकृष्ण आडवाणी, दोनों ही उम्र के उस पड़ाव पर हैं, जहाँ से आगे का रास्ता दिखता नहीं, लेकिन दोनों ही अपनी ज़िद में आगे का रास्ता खोजने को बेताब हैं। आडवाणी की उम्र 85 साल है। इस उम्र में किसी भी आदमी का शरीर उससे गुस्ताखी करने लगता है। सचिन भी 39 साल के हैं। इस उम्र में एक क्रिकेटर अमूमन संन्यास ले लेता है। कायदे से उन्हें अपने किसी जूनियर के लिए जगह छोड़ देनी चाहिए, पर सचिन भी आडवाणी की तरह आलोचकों को झुठलाने में लगे हैं।

आरएसएस ने साल 2004 के आम चुनाव में हार के बाद अटल बिहारी वाजपेयी और आडवाणी को हट जाने का सन्देश दे दिया था। वाजपेयी बीमारी की वजह से काफ़ी पहले रिटायर हो चुके हैं, लेकिन आडवाणी अभी तक रिटायर होने को तैयार नहीं हैं। आज भी वह संसद में बीजेपी संसदीय दल के चेयरमैन हैं। सुषमा स्वराज, अरुण जेटली, मुरली मनोहर जोशी, नरेन्द्र मोदी, राजनाथ सिंह के होते हुए वह अपने को प्रधानमन्त्री पद का सबसे सशक्त दावेदार मानते हैं और यह महसूस करते हैं कि अगर मौक़ा मिले, तो देश को अगले पाँच साल तक नयी दिशा दे सकते हैं। यह अलग बात है कि बीजेपी के अन्दर के बिखराव के लिए काफ़ी लोग आडवाणी की इस ज़िद को ज़िम्मेदार मानते हैं। मेरा तो यह साफ़ मानना है कि बीजेपी तब तक अपने पैरों पर खड़ी नहीं होगी और निर्णायक भूमिका के लिए तैयार नहीं होगी, जब तक कि वह आडवाणी के साये से बाहर नहीं निकलती। ठीक उसी तरह, जैसे भारतीय क्रिकेट टीम में सचिन की मौजूदगी टीम को कमज़ोर करती है। सचिन की उपस्थिति टीम को मनौवैज्ञानिक रूप से अपने पैरों पर खड़ा होने के लिए प्रेरित नहीं करती। उनके खेलने से टीम में एक नवोदित खिलाड़ी की जगह तो बाधित होती ही है और जब वह जल्दी आउट हो जाते हैं, तो टीम के अन्य बल्लेबाज़ों को लगता कि जब सचिन जैसा बल्लेबाज़ नहीं खेल पाया, तो उसकी क्या बिसात? फिर सचिन के रहते नयी टीम की रचना नहीं की जा सकती।

दोनों ही अपने-अपने फन के माहिर हैं। मेरा इरादा उनकी शान में गुस्ताखी करने का कतई नहीं है। एक समय के बाद हर आदमी अपने अतीत की ही खाता है, लेकिन जब अतीत वर्तमान और भविष्य को निर्धारित करने लगे, तब परेशानी खड़ी हो जाती है। आडवाणी का ज़माना था। एक ज़माने में बीजेपी भारतीय राजनीति का एक हिस्सा तो थी, लेकिन उसकी उपस्थिति कोई फ़र्क़ नहीं डालती थी। यहाँ तक कि वाजपेयी जैसे महामानव के बावजूद 1985 में उसे लोकसभा चुनाव में सिर्फ़ दो सीटें मिली थीं और लोगों को लगता था कि बीजेपी कुछ भी कर ले, वह कभी काँग्रेस का विकल्प नहीं बन सकती। आडवाणी ने इस मिथ को तोड़ा। आडवाण ी के अखिल भारतीय उदय के पहले बीजेपी को दकियानूसी लोगों का दल कहा जाता था, जो इतिहास से न तो सबक़ लेने को तैयार थे और न ही उसकी गोद से बाहर आने के लिए बेचैन। बीजेपी को तब मॉडर्न तो कहीं से भी नहीं कहा जाता था। आरएसएस ने आपातकाल के बाद से ही विश्व हिन्दू परिषद की अगुवाई में अयोध्या का मुद्दा उठा रखा था। लेकिन राष्ट्रीय स्तर पर उसकी कोई धमक नहीं थी। आडवाणी की रथयात्रा ने सब कुछ बदल दिया। राममन्दिर का मसला अचानक पूरे देश में एक मुद्दा बन गया। पूरे देश का विमर्श बदल गया।

आडवाणी ने काँग्रेस के सेक्युलरिज़्म को खुली चुनौती दी। भारतीयता, देश व राजनीति को देखने का, विवादास्पद ही सही, एक नया नज़रिया दिया। इसके पहले देश के विमर्श में वामपन्थी सोच हावी थी। वैकल्पिक सोच व विमर्श के लिए कोई स्थान नहीं था। ख़ुद काँग्रेस इसी वामपन्थी सोच से पीड़ित थी। यह महज़ इत्तेफ़ाक़ नहीं हो सकता कि अयोध्या मुद्दे के समय देश ने समाजवादी अर्थव्यवस्था की जगह बाज़ारवाद को अपनाने का फ़ैसला किया। काँग्रेसवाद टूटा, तो वामपन्थ की लुगदी में पल रही समाजवादी सोच का माया संसार भी टूट गया और देश ने पूँजीवादी बाज़ारवाद को अपना लिया। यह आडवाणी का करिश्मा था कि आरएसएस के जिस हिन्दुत्व को बौद्धिक वर्ग दकियानूसी और विचार के लायक नहीं मानता था, उसके समर्थन में एक नया बुद्धिजीवी वर्ग खड़ा हो गया। गिरिलाल जैन, स्वपन दासगुप्ता, सुधीन्द्र कुलकर्णी और चन्द्रन मित्र जैसे प्रखर वामपन्थी हिन्दुत्व की अलख जगाने लगे। आडवाणी ने देश में हिन्दुत्ववादी सांस्कृतिक राष्ट्रवाद को एक बड़े तबक़े में स्वीकार्य बना दिया। काँग्रेस के एकाधिकारवाद को आम और ख़ास, दोनों तबक़ों में छिन्न-भिन्न कर दिया। बीजेपी केन्द्र की सत्ता में काँग्रेस का स्वाभाविक विकल्प बन गयी।

आडवाणी की तरह सचिन ने जब भारत के लिए खेलना शुरू क़िया था, तो उसके पहले तक भारतीय टीम सुनील गावस्कर, विश्वनाथ, बेदी, कपिल देव जैसे खिलाड़ियों के बावजूद जीतने के लिए कम और हारने के लिए या फिर हार से बचने के लिए

खेलती थी। अन्तरराष्ट्रीय क्रिकेट में भारतीय बल्लेबाज़ों और गेंदबाज़ों की सराहना तो होती थी, मगर विपक्षी उनसे ख़ौफ़ नहीं खाते थे। सचिन ने 16 साल की उम्र में जब गेंदबाज़ों की धुर्रियाँ बिगाड़नी शुरू की, क्रिकेट का सन्तुलन भी बिगड़ने लगा। बल्लेबाज़ी के सारे रिकॉर्ड सचिन ने ध्वस्त कर दिये। वह अन्तरराष्ट्रीय क्रिकेट में सौ सेंचुरी बनानेवाले अकेले बल्लेबाज़ बन गये और उन्हें क्रिकेट का भगवान कहा जाने लगा। सचिन के साथ राहुल द्रविड़, लक्ष्मण और सौरव की मौजूदगी ने क्रिकेट के गुरुत्व केन्द्र को भारत की तरफ़ मोड़ दिया। अब भारत जीतने के लिए खेलने लगा। भारत को हराना अब आसान नहीं रह गया। पहले जो भारतीय हार पर भी टीम से सहानुभूति रखता था, उसका मिजाज़ बदल गया और अब उसको टीम की हार पचती नहीं है। टीम नम्बर वन टीम बन गयी। 2007 में उसने ट्वंटी-20 का वर्ल्डकप जीता। 2011 में उसने वन-डे का वर्ल्डकप अपने क़ब्ज़े में किया। सचिन ने आडवाणी के हिन्दुत्ववादी सांस्कृतिक राष्ट्रवाद के बरक्स क्रिकेट-राष्ट्रवाद को स्थापित किया। सचिन ने क्रिकेट में वही किया, जो आडवाणी ने राजनीति में किया। दोनों ने पुरानी स्थापनाओं को ध्वस्त किया, नयी स्थापना की संरचना की। देश के विमर्श को इतिहास की अन्धी गली से निकालकर उसे नयी रोशनी दी। लेकिन हर नयी रोशनी, हर नयी स्थापना समय के साथ पुरानी पड़ने लगती है और फिर देश-काल नये नायक की तलाश करता है। यही इतिहास की ख़ूबसूरती भी है और विडम्बना भी। ऐसे में सचिन और आडवाणी भी पुराने पड़ चुके हैं। इतिहास के इस कटु सत्य के सामने झुकने के अलावा उनके सामने और कोई रास्ता नहीं है।

हिन्दुस्तान, 10.12.2012

गुजरात में किसकी होगी अग्निपरीक्षा

20 दिसम्बर भारतीय इतिहास में एक बड़ी घटना का गवाह होने जा रहा है। इस दिन गुजरात के चुनावी नतीजे आयेंगे। गुजरात चुनाव नरेन्द्र मोदी की वजह से ऐतिहासिक हो गया है। मोदी की जगह कोई और होता तो यह सवाल उतना महत्वपूर्ण नहीं होता। मोदी का सपना देश के लोकतन्त्र से सीधे जुड़ा है। सवाल यह है कि जिस शख़्स पर दो समुदायों के बीच सौहार्द बिगाड़ने का आरोप हो क्या उसे देश का प्रधानमन्त्री होना चाहिए? यह सही है कि देश में लोकतन्त्र की प्रक्रिया से निकले हुए हर शख़्स को प्रधानमन्त्री बनने का हक़ है और इस प्रक्रिया में अपने को आज़माने और सपना देखने का भी हक़ है। मोदी की जीत या फिर उनकी जीत का अन्तर या फिर हार और हार का अन्तर यह तय करेगा कि देश की राजनीति और बीजेपी में उनकी भूमिका कितनी बड़ी या छोटी होगी?

इसमें कोई दो राय नहीं है कि मोदी आज की तारीख़ में बीजेपी के सबसे बड़े नेता हैं। आडवाणी की मौजूदगी भी इस दावे को झुठला नहीं सकती। कभी पार्टी में आडवाणी की बात पत्थर की लकीर होती थी लेकिन आज ऐसा नहीं है। आज सुषमा स्वराज, अरुण जेटली, राजनाथ सिंह, शिवराज सिंह चौहान, मुरली मनोहर जोशी और नरेन्द्र मोदी उस कतार में हैं जो आडवाणी और वाजपेयी की ख़ाली की गयी जगह को भर सकते हैं। मोदी इस कतार में फ़िलहाल सबसे आगे लगते हैं। वो ईमानदार हैं। उनकी प्रशासनिक क्षमता असन्दिग्ध है। गुजरात में विकास के लिए उनकी गिनती देश के काबिल मुख्यमन्त्रियों में होती है। उनके करिश्माई व्यक्तित्व को उनके आलोचक भी नकार नहीं सकते। उनके नाम पर बीजेपी के कार्यकर्ता जोश से भर जाते हैं। और सबसे बड़ी बात आरएसएस और बीजेपी जिस विचारधारा से ऊर्जा पाती है मोदी उसके सबसे बड़े प्रतीक पुरुष हैं। मोदी ने इस विचारधारा को नया आयाम दिया है। उन्होंने बीजेपी के 'हिन्दुत्व' को 'विकास' से जोड़कर नया मॉडल पेश करने की कोशिश की है। वो निर्णायक हैं। वो कमज़ोर न तो दिखते हैं और न ही कोई भी उनको कमज़ोर मानने की ग़लती कर सकता है।

सोशल मीडिया में उनके नाम का गुणगान करनेवालों की भारी भीड़ है। वो बीजेपी के अकेले नेता हैं जिनकी चर्चा विदेशी पत्र-पत्रिकाओं में होती है। ऐसे में वो बीजेपी के लिए प्रधानमन्त्री पद के 'आदर्श' उम्मीदवार हैं। लेकिन उनको लेकर एक दिक़्क़त है। तमाम ख़ूबियों के बावजूद 'साम्प्रदायिक' छवि उनकी राह का सबसे बड़ा रोड़ा है। और जो भारतीय संविधान सेक्युलरिज़्म की दुहाई देता है वो एक ऐसे व्यक्ति को कैसे स्वीकार कर सकता है जिसे भारतीय संविधान के मुताबिक़ 'सेक्युलर' नहीं कहा जा सकता है?

मोदी विरोधी कहते हैं कि 'सेक्युलरिज़्म' की बहस तो बाद में होगी पहले बीजेपी यह तो तय कर ले कि मोदी पार्टी में ही सर्वस्वीकृत हैं। यह सही है कि तमाम गुणों के बाद भी मोदी के नाम पर बीजेपी में आम सहमति नहीं है। ख़ुद आरएसएस में दो राय है और आरएसएस में यह बहस है कि 'सांगठनिक अनुशासन' और 'अनुशासनिक विनम्रता' की कसौटी पर वो खरे नहीं उतरते। पिछले दिनों आरएसएस के एक बड़े नेता से मुलाक़ात हुई। उनसे मोदी और बीजेपी के बड़े नेताओं के बारे में बात हुई। यह नेता मोदी के समर्थक हैं। उनका साफ़ कहना था कि आडवाणी -वाजपेयी और आज के बीजेपी के बड़े नेताओं में बड़ा फ़र्क़ है। उन्होंने कहा कि वाजपेयी और आडवाणी न केवल काबिल और बड़े नेता थे बल्कि वो बड़े इंसान भी थे। उनके मुताबिक़ बीजेपी के मौजूदा नेता प्रतिभा के लिहाज़ से किसी भी बडे नेता से कम नहीं हैं लेकिन उनमें 'प्रतिबद्धता' का अभाव है। वो अपने को पार्टी से बड़ा मानने लगे हैं। और उनकी नज़र में संगठन और विचारधारा से बड़ा है ख़ुद का कैरियर। ऐसे में वो नेता तो बड़े हैं लेकिन इंसान के तौर पर छोटे।

उन्होंने साफ़ कहा कि वाजपेयीजी का कद बीजेपी से बड़ा था। उनकी वजह से बीजेपी को फ़ायदा हुआ और बीजेपी के विस्तार में मदद मिली लेकिन वाजपेयी में कभी भी यह भाव नहीं आया कि वो संगठन से ऊपर हैं और संगठन के छोटे से छोटे कार्यकर्ता को उनसे बात करने में हिचक नहीं होती थी लेकिन यह बात आज के नेताओं के बारे में नहीं कही जा सकती। उनके मुताबिक़ प्रधानमन्त्री बनने के पहले और बाद में वाजपेयी पर कई तरह के हमले संगठन के स्तर पर हुए लेकिन उन्होंने कभी भी संगठन के ख़िलाफ़ काम नहीं किया। इस सन्दर्भ में गुजरात का ज़िक्र आया और मैंने उनको जब बताया कि कैसे गुजरात में विश्व हिन्दू परिषद और भारतीय किसान संघ को कमज़ोर करने की कोशिश मोदी ने की तो उन्होंने मेरी बात से नाइत्तेफ़ाक़ी नहीं की। आरएसएस का साफ़ मानना है कि गुजरात में बीजेपी सत्ता में आयी ही अपने सहयोगी संगठनों की वजह से। विश्व हिन्दू परिषद और किसान संघ का संगठन बीजेपी से कहीं ज़्यादा बड़ा था और केशुभाई और मोदी की सरकार बनवाने में इन संगठनों की भूमिका कहीं ज़्यादा बड़ी थी।

लेकिन मोदी के समय इन संगठनों के साथ शत्रु की तरह बर्ताव किया गया। ख़ुद बीजेपी के अन्दर गुजरात के सारे बड़े नेताओं को हाशिये पर पहुँचा दिया गया। आज गुजरात में बीजेपी की सरकार नहीं मोदी की सरकार है और बीजेपी मोदी का जेबी संगठन। इस बार के चुनावी पोस्टर इस बात की तस्दीक करते हैं। पोस्टर पर सिर्फ़ मोदी ही मोदी। किसी और नेता की कहीं कोई तस्वीर नहीं दिखी। यह 'व्यक्तिवाद' संघ को अखरता है और मोदी को आरएसएस की मौलिक विचारधारा के विपरीत खड़ा करता है।

ऐसे में सवाल फिर वही घूमकर आ जाता है कि मोदी की जीत क्या बीजेपी की जीत होगी या फिर सिर्फ़ मोदी नाम के एक व्यक्ति की जो बीजेपी का सदस्य है? मोदी अगर 117 या इससे ज़्यादा सीटें लेकर आते हैं तो फिर बीजेपी में उन्हें कोई नहीं रोक पायेगा और वहीं 2014 में बीजेपी के प्रधानमन्त्री पद के दावेदार होंगे। पर अगर सीटें घटकर 100 या इसके आसपास सिमट गयीं तो मोदी के लिए राष्ट्रीय राजनीति का सपना दूर का सपना हो सकता है। मोदी नाम के धूमकेतु का मिथ भी ख़त्म हो सकता है और बीजेपी में अभी मोदी के ताप से दबे-सहमे नेता शेर की तरह गुर्राने लग सकते हैं। ऐसे में 20 तारीख़ यह तय तो करेगी कि देश के अन्दर अगली राजनीतिक लड़ाई मोदी बनाम राहुल की नहीं बल्कि 'सेक्युलरिज़्म' बनाम 'हिन्दुत्व' की वैचारिक लड़ाई होगी या फिर 'लेफ़्टवादी-बाज़ारवाद' या फिर 'दक्षिणवादी-बाज़ारवाद' के बीच होगी। मोदी की बड़ी जीत पहले संघर्ष का औपचारिक ऐलान होगा और मोदी की महज़ जीत या फिर हार दूसरी लड़ाई की शुरुआत। तय 20 दिसम्बर को होगा।

दैनिक भास्कर, 17.12.2012

मोदी, मिथ और चुनाव

मोदी की जीत के साथ ही मिथ गढ़ने का काम भी शुरू हो गया है। दो तरह के मिथ गढ़े जा रहे हैं। एक, मोदी ने गुजरात का सर्वांगीण विकास किया है और इस विकास में सभी की बराबर भागीदारी है। मोदी ने चुनाव के दौरान अपने भाषणों में इस बात को ज़ोरदार तरीक़े से दोहराया भी। इस मिथ को बनाने के पीछे सोच यह है कि देश को अगर आगे बढ़ना है, उसे अमेरिका व चीन के बराबर खड़े होना है, तो देश की बागडोर मोदी के हाथ में होनी चाहिए। वह गुजरात की तरह ही देश के सामने सर्वांगीण विकास का नया मॉडल खड़ा करके नये और शक्तिशाली हिन्दुस्तान का सृजन कर सकते हैं। मोदी के मिथ को समझने लिए हमें ज़रा ठहरकर सोचना होगा। लोकतन्त्र में जनता ही किसी नेता की लोकप्रियता और क्षमता तय करती है। बेशक, गुजरात में मोदी का एकछत्र राज है। लेकिन वहाँ उनका विकास हर तबक़े को साथ लेकर चल रहा है, इस पर ख़ुद चुनाव के आँकड़े ही सवाल खड़े कर रहे हैं। चुनावी आँकड़ों पर अगर नज़र डालें, तो साफ़ है कि गुजरात में मोदी का शहरी क्षेत्रों में कोई सानी नहीं है। काँग्रेस और दूसरी पार्टियाँ उनके सामने कहीं नहीं ठहरतीं।

गुजरात के अर्ध शहरी इलाक़ों में कुल 31 सीटें हैं और शहरी इलाक़ों में 53। अर्ध शहरी इलाक़ों में बीजेपी को 31 में 23 सीटें मिलीं और काँग्रेस की झोली में गिरी सिर्फ़ सात सीटें। जबकि शहरी इलाक़ों की 53 सीटों में बीजेपी को 48 व काँग्रेस को पाँच सीटें ही मिलीं। यानी कुल 84 शहरी सीटों में बीजेपी को 71 सीटें मिलीं, जबकि विरोधियों को महज़ 13। इसका अर्थ है कि शहरी इलाक़ों में मोदी की प्रचंड लहर थी और उनकी लोकप्रियता या उनके आर्थिक विकास ने लोगों को अपने ज़बर्दस्त मोहपाश में जकड़ रखा है। लेकिन ग्रामीण इलाक़ों में कहानी पलट जाती है। ग्रामीण इलाक़ों की कुल 98 सीटों में से मोदी को 45 और काँग्रेस को 48 सीटें मिलीं। अर्थात गाँवों में मोदी का वह प्रभाव नहीं दिखा, जो शहरों में है। अगर गाँवों के आधार पर चुनाव का नतीजा आता, तो मोदी को तीसरा मौक़ा नहीं

मिलता और काँग्रेस की सरकार बनती।

ऐसा क्यों हुआ? शहर छोड़कर जानेवाले हर संवाददाता ने चुनाव के पहले ही इस ओर इशारा किया था और ऐसे संवाददाता यह अन्दाज़ा लगा बैठे थे कि मोदी की तीसरी जीत मुश्किल है। कहीं पानी की भयंकर समस्या दिखी, तो कहीं नौकरी व दूसरी चीज़ों पर लोगों की शिकायत। अगर मोदी के विकास के मॉडल से सबको फ़ायदा मिल रहा होता, तो ऐसा नहीं होता। गुजरात के गाँव गुजरात के शहरों के मुक़ाबले अपने को विकास की मुख्यधारा में नहीं पाते हैं। कहीं न कहीं गुजरात 2004 के शाइनिंग इंडिया सिंड्रोम से प्रभावित है। वाजपेयी सरकार तमाम उम्मीदों के बाद 2004 में इसलिए हारी कि विकास का दावा करनेवाली उस सरकार ने गाँवों को नज़रअन्दाज़ किया था। मोदी की ख़ुशक़िस्मती यह रही कि गुजरात देश के अन्य राज्यों की तुलना में उनके वहाँ आने के पहले से विकास के मामले में काफ़ी आगे था और इस वजह से वहाँ शहरीकरण की प्रक्रिया कहीं अधिक तेज़ थी।

मोदी ने इस प्रक्रिया को और गति प्रदान की। लेकिन गाँवों की तरफ़ ध्यान नहीं दिया। दूसरा मिथ जो खड़ा किया जा रहा है, वो यह है कि इस बार गुजरात के मुसलमानों ने मोदी को वोट दिया। इस तर्क के लिए चुनावी आँकड़ों का सहारा बीजेपी व मोदी समर्थक लेते हैं। कहते हैं कि गुजरात में कुल 12 ऐसी सीटें हैं, जहाँ 20 फ़ीसदी से अधिक मुस्लिम हैं। बीजेपी यानी मोदी ने 12 में से 8 सीटें जीतीं और काँग्रेस को सिर्फ़ 4 से सन्तोष करना पड़ा। ज़फ़र सरेसवाला जैसे मोदी समर्थक मुस्लिम नेता इस मिथ को गढ़ने में बड़ी भूमिका निभा रहे हैं और बयाँ करते हैं कि गुजरात के मुसलमानों का नज़रिया मोदी को लेकर बदल रहा है। वे अब पहले के मुक़ाबले अधिक सुकून महसूस कर रहे हैं। 2002 के दंगों को भूल वे नयी ज़िन्दगी शुरू कर रहे हैं और मोदी में उनका यकीन बढ़ रहा है। इसलिए अब वे मोदी को वोट देने लगे हैं और इसका असर इन आठ सीटों पर दिखा। लोग यह भूल जाते हैं कि इन सीटों पर 80 फ़ीसदी हिन्दू हैं। गुजरात के हिन्दुओं के मिजाज़ के मद्देनज़र जैसे ही मुसलमानों की संख्या बढ़ती है, सारे के सारे हिन्दू उनके ख़िलाफ़ गोलबन्द होकर एकमुश्त वोट देने लगते हैं। ऐसे में, इन सीटों पर मुसलमानों ने मोदी को वोट दिया, यह कहना झूठ को बड़ा बनाना है।

गुजरात के इस हिन्दू मिजाज़ की वजह से ही मोदी ने इस बार भी तमाम इमेज बदलने की कोशिश के बीच एक भी मुसलमान को बीजेपी से चुनाव लड़ने के लिए टिकट नहीं दिया। लोगों को याद होगा कि सद्भावना यात्रा के दौरान मोदी ने एक मौलाना के हाथ से मुस्लिम टोपी पहनने से इनकार कर दिया था। और न ही 2007 की टी-20 वर्ल्डकप में जीत के बाद दूसरे राज्यों की तरह इरफ़ान पठान और यूसुफ़ पठान का मोदी ने सम्मान किया और न ही उन्हें पुरस्कृत किया। जबकि दूसरे राज्यों

में इसके लिए होड़-सी लग गयी थी। यह सही है कि इरफ़ान पठान को एक रैली में मोदी ने मंच पर जगह दी, लेकिन पठान को बोलने का मौक़ा नहीं दिया।

मेरा सवाल यह है कि अगर नरेन्द्र मोदी को लगता है कि मुस्लिम तबक़ा उनको वोट देने लगा है और वह 2002 के दंगों के दाग़ से उबरना चाहते हैं, तो फिर गुजरात में मुस्लिम आबादी के हिसाब से बीजेपी को 182 में से कम से कम 18 सीटें देनी चाहिए, क्योंकि गुजरात में मुस्लिम आबादी 9.82 फ़ीसदी है। गुजरात विधानसभा में इस बार सिर्फ़ दो मुस्लिम विधायक बन पाये और वे दोनों ही काँग्रेस पार्टी से हैं। साफ़ है, मोदी और उनके समर्थक राष्ट्रीय राजनीति में उनकी स्वीकारोक्ति को बढ़ाने के लिए यह बताने में लगे हैं कि मोदी शहर और गाँव, यानी सर्वांगीण विकास कर सकते हैं। चूँकि मुस्लिम तबक़ा भी अब उनके प्रति नरम हो गया है, इसलिए उन पर समेकित विकास न करने का आरोप लगानेवाले ग़लत हैं। ग़लत कौन है, यह फ़ैसला अब आप करें।

हिन्दुस्तान, 24.12.2012

थैंक यू ऑरो! नये अमिताभ के लिए!

सात हिन्दुस्तानी का सिपाही और ज़ंजीर का एंग्री यंगमैन जवान हो गया है। नये अन्दाज़ और नये रूप में। उसका नया नाम ऑरो है। उम्र तेरह साल। बस थोड़ी दिक़्क़त है। वो दिखने में बूढ़ा लगता है। बड़ा सिर, सिर पर कोई बाल नहीं, नसें बाहर निकलने को बेकरार, मोटा चश्मा, टूटे-फूटे दाँत, आवाज़ फटी-फटी सी। फिर भी कूल। शरारती, हाजिरजवाब और सबका प्यारा। यह अमिताभ है। नया अमिताभ। यानी बिग बी। सिनेमा का महामानव।

हमारी पीढ़ी जब जवान हो रही थी तो उसने दूसरा ही अमिताभ देखा था। वो अमिताभ जो लम्बा था। भारी भरकम आवाज़। कानों तक लटकते बाल और व्यवस्था की आँख में दनदनाता हुआ घूँसा। सिस्टम से नाराज़ और सिस्टम से बदला लेने को व्याकुल। उसकी हर अदा पर पागल होती जनता और सुपर हिट होती एक के बाद एक फ़िल्में। लेकिन एक गड़बड़ थी। यह अमिताभ हर फ़िल्म में एक ही था। पहले की क़ार्बन कॉपी। ज़ंजीर में भी वही, दीवार में भी वही, त्रिशूल में भी वही। कोई बदलाव नहीं। अमर अकबर अन्थनी हो या फिर सुहाग, या मि. नटवरलाल या फिर सत्ते पे सत्ता, वही अन्दाज़। यह अमिताभ सिर्फ़ अमिताभ था। कभी-कभी लगता था कि कहानी भी वही बस मामूली फेरबदल।

ये वो दौर था जब अमिताभ को ही ध्यान में रखकर फ़िल्में बनायी जा रही थीं। लोग यह कहते थे कि अमिताभ वन-मैन इंडस्ट्री हैं। एक से ग्यारह तक सिर्फ़ वही। कहीं कोई बदलाव नहीं, स्क्रिप्ट के लेवल पर कही कोई प्रयोग नहीं। समाज भी रटे-रटाये ढर्रे पर ही चल रहा था। कहीं कोई बुनियादी बदलाव नहीं। हालाँकि 75 से लेकर 90 के इस समयकाल में राजनीतिक आन्दोलन तो कई हुए। चाहे वो इमरजेंसी के ख़िलाफ़ सड़कों पर उतरा लोगों का गुस्सा हो या फिर पंजाब समस्या हो या फिर बोफ़ोर्स पर वी.पी. सिंह के बहाने बग़ावत का जज़्बा। यह सिर्फ़ सत्ता में बदलाव को कोशिशेंभर थीं। और सिनेमा भी इसका अपवाद नहीं था। गुस्सा था। इस गुस्से को आवाज़ भी देने की कोशिश की गयी लेकिन नया सपना दिखाने का

प्रयास नहीं किया गया। जबकि पुराने 'रोमांसवाद' का तिलिस्म टूट रहा था। ऐसे में लोगों के गुस्से में 'नामर्दी' ज़्यादा थी। और अमिताभ इस 'नामर्द गुस्से' को पर्दे पर साकार करते ही दिखे।

उनकी कोई भी फ़िल्म ले लीजिये वो बग़ावत तो ज़रूर करते थे, लेकिन अन्त में कहीं कोई हल नहीं दे पाते थे। हद तो तब हो गयी जब उनका नामर्द गुस्सा उस मुक़ाम पर पहुँच गया जहाँ वो 'कुली' बन गये, अपने को 'मर्द' बताने में जुटे, 'शहंशाह' हो गये या फिर 'जादूगर', 'अजूबा' । यह इस नामर्द गुस्से की हताशा थी कि 'विजय' को अब 'सुपर-नेचुरल-पावर' का सहारा लेने पर मजबूर होना पड़ा। जो अमिताभ भगवान से दो-दो हाथ करने को तैयार रहता था वही अब हारता दिखा और यह समझ गया कि 'नार्मल पावर' से कुछ नहीं होगा। बुनियादी बदलाव नहीं होंगे, चीज़ें अपने ढर्रे पर ही चलेंगी लिहाज़ा सुपर नेचुरल ही कुछ कर सकता है। कहीं कोई अवतार होगा, वो रात के अँधेरे में आयेगा या फिर जादूगर बन कुछ करेगा यानि इंसान के बस में नहीं। इस वक़्त उसे प्रयोग करना था लेकिन न उसने कुछ किया और न ही समाज ने कोई करवट ली या नया सपना बुना।

ऐसे में यह कहा जा सकता है कि अमिताभ भले ही ऊपर से क्रान्तिकारी दिखे हों लेकिन हक़ीक़त में वो अन्दर से डरे हुए थे। असफल होने का डर, अपनी जमी-जमायी पूँजी को खोने का डर, यथास्थितिवादी इमेज के गुलाम जिसको हर आहट कँपा जाती है। यह स्थिति ज़्यादा चलनी नहीं थी क्योंकि समाज 90 के दशक के बाद परिवर्तन की माँग करने लगा था। उसका डीएनए बदल रहा था। मंडल, कमंडल और नये आर्थिक सुधारों की बयार बहने लगी थी। अमिताभ का डर आख़िर उसे ही खा गया और वो कुछ समय के लिए फ़िल्मों से आउट हो गये। और जिस दशक में आमिर, सलमान और शाहरुख़ नयी इबारत लिख रहे थे उस दशक में अमिताभ को कुछ नहीं सूझ रहा था। बीच में फिर कोशिश की। पुराने ही अन्दाज़ में 'छोटे मियाँ, बड़े मिया' और 'मेजर साहब' के रूप में लेकिन कुली और मर्द देखनेवाले दर्शक को अब क क क किरन कहनेवाला 'एडवेंचरस' शाहरुख़ ज़्यादा भा रहा था जो इमेज का मोहताज नहीं और सिर्फ़ हीरो ही बने रहने की ज़िद नहीं।

अमिताभ को बदलना होगा, बुढ़ाते अमिताभ को इमेज की गुलामी से निकलना होगा, यह वो जान गये थे लेकिन कैसे यह बड़ा सवाल था। अब नामर्द गुस्से के लिए जगह नहीं थी। सो इस छटपटाहट में कौन बनेगा करोड़पति की तो लगा कि इमेज से बाहर आते ही कैसे लोगों ने उन्हें हाथों हाथ ले लिया। फिर क्या था यंग एंग्री मैन, विजय ग़ायब हो गया। चेहरे की झुर्रियों की ख़ूबसूरती को अपनी बेटी से कम उम्र की लड़की पर दिल आ गया। तब्बू की जवानी पर अमिताभ का बुढ़ापा फिदा हो गया। वो पिटनेवाला पुलिस अफ़सर बन गया और महज़ आँखों से 'सरकार' की

ताक़त दिखा दी। 'ब्लैक' का सनकी ट्यूटर हो या फिर 'भूतनाथ' का खिजखिजा मटमैला बदबूदार भूत उसने वो रोल किये जो 70 और 80 के दशक में कोई सोच नहीं सकता था। उसे अपने नयेपन की तलाश में शिल्पा शेट्टी की जगह बिग बॉस बनने में भी झिझक नहीं है। इमेज की गुलामी ने उसे आज़ाद कर दिया।

और अब ऑरो ने तो सारी सीमाएँ ही तोड़ दीं। ऑरो ने वो सब कुछ ख़त्म कर दिया जिसे अमिताभ कहा जाता था। न वो दमदार आवाज़, ने वो कद, न वो तेज़ाबी आँखें और न कानों पर लटकते बाल। 67 की उमर में 13 साल के लड़के का रोल। बड़ा जिगरा चाहिए इस रोल को करने के लिए। अमिताभ ने जब पूरी तरह से अपने आपको 'डी-कंस्ट्रक्ट' किया तब जाके पैदा हुआ ऑरो। जो अमिताभ नहीं है, जो नये 'कूल' समाज में काफ़ी 'कूल' है। यह ऑरो के बचपन में अमिताभ के जवान होने की कहानी है। ठहराव से आगे मैच्योर होने का कथानक है। अब उसे किसी सलीम-ज़ावेद की ज़रूरत नहीं है वो अब आज़ाद है, आज़ाद है जहाँ से उनके अमर होने की कहानी शुरू होती है जिसका कोई सानी भारतीय सिनेमा इतिहास में शायद ही होगा। स्टारडम के साथ इतना वैरियेशन कहाँ मिलेगा और यही तो नये समाज का भी फसाना है वो ऑरो की तरह बेहद कूल है। अपनी कमियों के बावजूद अपने को 'ट्रांसेड' करता हुआ नया स्वप्न संसार रचता हुआ। अमिताभ होते हुए भी अमिताभ को पार करता हुआ। थैंक यू ऑरो! इस नये अमिताभ के लिए!

दैनिक भास्कर, 07.12.2009

ग़ैर-ज़िम्मेदार वास्तव में कौन है?

रात के दस बजे थे। अचानक फ़ोन की घंटी बजी। अनमने से फ़ोन उठाया। लेकिन फ़ोन पर बात सुनते ही होश उड़ गये। उधर से कहा गया कि मुम्बई में कई जगह पर फ़ायरिंग की ख़बर है। आतंकवादियों ने काफ़ी बड़ा हमला बोला है। आनन-फ़ानन में रिपोर्टर्स को मोबलाइज़ किया गया। ओबी वैन को स्पॉट पर पहुँचाने की कोशिश में पूरा न्यूज़रूम लग गया। चैनल लाइव था। हमारे संवाददाता जे.पी. फ़ोन पर ख़बर दे रहे थे। एंकर ने सवाल किया। कैमरा हवा में घूमा और कुछ पल के लिए टीवी ब्लैक हो गया। ग्रेनेड हमारी कैमरा टीम के पास ही फटा था। पूरे न्यूज़ रूम में सन्नाटा...एंकर ने पूछा, जे.पी. ... जे.पी.। आवाज़ नहीं आयी। अनिष्ट और आंशका से दिल बैठ गया। न्यूज़ रूम और एंकर के सामने अँधेरा सा छाने लगा। एंकर ने फिर जे.पी. का नाम पुकारा। उधर से दो सेकेंड तक आवाज़ नहीं आयी। आशंका सच साबित होती दिखी। तभी जे.पी. बोले—हाँ, संजीव। मानो साक्षात ईश्वर ने नाम लिया हो। दिल की धड़कनें फिर चल पड़ीं। न्यूज़ रूम ने फिर साँस ली। माथे पर आये पसीने को संजीव ने फिर पोंछा और फिर पूछा, जे.पी. आप ठीक हैं ? वहाँ क्या हो रहा है?

जेपी ने फिर बताना शुरू किया। ख़बरें फिर अपनी रफ़्तार से चलने लगीं। मानो कुछ हुआ ही न हो। मौत सामने आकर लौट चुकी थी। जे.पी. और कैमरा टीम दोनों सुरक्षित थे। ख़बर बड़ी से बड़ी होती गयी। और जे.पी. और सारे रिपोर्टर्स ख़बर की रफ़्तार के साथ दौड़ने की कोशिश करने लगे। बिना सोये, बिना खाये, अनवरत अगले साठ घंटे। इस दौरान कई बार ऐसा हुआ जब कोई गोली किसी रिपोर्टर के पास से गुज़री, कोई ग्रेनेड किसी कैमरा टीम के पास फटा। इस दौरान एक विदेशी रिपोर्टर घायल भी हुआ और कुछ भारतीय पत्रकार बाल-बाल बचे।

जे.पी. के साथ होनेवाला यह अकेला हादसा नहीं था। इस ग्रेनेड के ठीक पहले सीएसटी स्टेशन के बाहर उसने एक पुलिस की गाड़ी देखी। जानकारी पाने के लिए वो गाड़ी के पास गया। अभी पुलिसवाले से बात ही कर रहा था कि न

जाने कहाँ से दो आतंकवादी गाड़ी के पास आये और जे.पी. की कनपटी पर बन्दूक़ लगा दी। जे.पी. चिल्लाया...प्रेस...प्रेस। पुलिसवाला भी चीख़ा। न जाने क्या हुआ। आतंकवादियों ने ट्रिगर नहीं दबाया और उनको छोड़ आगे बढ़ गये। जे.पी. की आवाज़ गुम हो गयी। पन्द्रह मिनट में दो बार मौत से सामना। क़िस्मत अच्छी थी बस इतना ही कह सकता हूँ। कुछ चीज़ों के तर्क नहीं होते।

कोई पत्रकार सिर्फ़ चन्द रुपयों के लिए मौत को आगोश में नहीं लगायेगा। मैंने पहले सोचा था कि इन वाक़ियों पर नहीं लिखूँगा। लेकिन पिछले दिनों जिस तरह से टीवी चैनलों के ख़िलाफ़ कैम्पेन शुरू हुआ है और इसमें हमारे कुछ वो पत्रकार साथी भी शामिल हैं जिन्होंने अपनी आँखों से पूरे हादसे को देखा है, रिपोर्टिंग की है। एक कैम्पेन सा चला रखा है। और मैं यह कहना चाहता हूँ कि यह अकारण नहीं है। इसके पीछे एक गहरी साजिश है। अमूमन मैं इस तरह की बातें कहता नहीं हूँ लेकिन पिछले दिनों के वाक़िये इसी ओर इशारा करते हैं।

यह कहा जा रहा है कि टीवी चैनलों ने बहुत ग़ैर-ज़िम्मेदाराना काम किया है। इनको समझ नहीं है। यह टीआरपी के लिए कुछ भी कर सकते हैं। हक़ीक़त यह है कि टीवी चैनलों ने बेहतरीन काम किया है। और पूरे कवरेज पर हमें गर्व है। और होना भी चाहिए। अब कहा जा रहा है कि टीवी की वजह से कमांडो ऑपरेशन में दिक़्क़त आयी। जवानों की जान ख़तरे में पड़ी। टीवी की वजह से पाकिस्तान में बैठे आतंकवादियों के आकाओं ने अन्दर बैठे आतंकवादियों को पूरी जानकारी दी और एक-एक पल का हाल उन्हें बताया और अलर्ट किया। हम पर इल्जाम लगाया गया कि हमने देशभर के लोगों के दिलों में दहशत का भाव बैठाया। हमारी वजह से लोग गुस्से से भर गये।

ये सब बकवास है। ऑपरेशन के साठ घंटे तक किसी सरकार को यह कहने की ज़रूरत नहीं पड़ी। मैं ध्यान दिलाना चाहता हूँ कि गृह मन्त्रालय में विशेष सचिव एम.एल. कुमावत की प्रेस कॉन्फ्रेन्स की तरफ़। कुमावत एक ज़िम्मेदार व्यक्ति हैं। और उनकी बात को सीरियसली न लेने का कोई कारण नहीं है। उन्होंने सारे प्रेस के सामने कहा। टीवी चैनलों पर उनकी प्रेस कॉन्फ्रेन्स लाइव चली। उन्होंने साफ़ कहा कि टीवी चैनलों ने काफ़ी ज़िम्मेदारी से अपना काम किया है। हमने उनसे जब कभी भी कोई गुज़ारिश की उसे इन लोगों ने माना। उनकी शिकायत सिर्फ़ एक चैनल से थी। उनके शब्द मैं अक्षरश लिख रहा हूँ—ऑल चैनल्स बिहेब्ड क्वाइट रिस्पांसिबली एक्सेप्ट वन।

इसी बीच ऑपरेशन ख़त्म होने के बाद जब एनएसजी के डायरेक्टर जनरल जे.के. दत्त दिल्ली पहुँचे तो उन्होंने भी बाकायदा टीवी चैनलों और मीडिया के काम की तारीफ़ की। हमें किसी के सर्टिफ़िकेट की ज़रूरत नहीं है। लेकिन मैं यह इसलिए

लिख रहा हूँ कि चीज़ें समझ में आयें। आख़िर ऑपरेशन ख़त्म होने के बाद टीवी को खलनायक बनाने की कोशिश क्यों की जा रही है।

दरअसल हुआ कुछ यूँ कि ऑपरेशन ख़त्म होने के बाद हिन्दुस्तान के नेताओं ने जो चेहरा दिखाया और जिस तरह की बकवासबाज़ी की उसे टीवी चैनल्स ने काफ़ी आक्रामक तरीक़े से दिखाया। शुरुआत आर.आर. पाटिल ने की। कहा—बड़े-बड़े शहरों में ऐसे छोटे-छोटे हादसे होते रहते हैं। मुख्यमन्त्री विलासराव देशमुख अपने एक्टर बेटे रितेश देशमुख और फ़िल्मकार राम गोपाल वर्मा को लेकर ताज गये। इतने बड़े मामले पर एक राजनेता की तरफ़ से इससे बड़ा मज़ाक़ नहीं हो सकता था। मुम्बई में जब कुछ महिलाओं ने नेताओं के निकम्मेपन के ख़िलाफ़ प्रदर्शन किया तो मुख़्तार अब्बास नक़वी ने उनकी तुलना जम्मू कश्मीर के अलगाववादियों से की। केरल के मुख्यमन्त्री अच्युतानन्दन ने कहा, 'अगर वो शहीद सन्दीप उन्नीकृष्णन का घर नहीं होता तो कुत्ता भी नहीं वहाँ जाता'। गृहमन्त्री शकील अहमद कहते हैं कि हमारा काम पॉलिसी बनाना है बन्दूक़ चलाना नहीं।

हिन्दुस्तान के नेताओं का इससे बेशर्म चेहरा शायद पहले कभी नहीं दिखा। यह सब किसी एक पार्टी के नहीं हैं। पाटिल एनसीपी से हैं तो विलासराव देशमुख और शकील अहमद काँग्रेस के, नक़वी बीजेपी से हैं तो अच्युतानन्दन सीपीएम से। यानी लेफ़्ट, राइट और सेंटर सभी का एक ही चेहरा है। और टीवी के दबाव और जनता की नाराज़गी के बाद इन सभी को माफ़ी माँगनी पड़ी या फिर खेद जताना पड़ा। हद तो तब हुई नक़वी के बयान को आरएसएस ने सही ठहराने का प्रयास किया। लेकिन लोगों के गुस्से के आगे उन्हें भी कहना पड़ा, ग़लत कहा।

इसके बाद एक मुहिम शुरू हुई। यह कहा जाने लगा कि पूरे राजनीतिक तन्त्र को डिस्क्रेडिट करने की मुहिम टीवी कर रहा है। यकीन मानिये इन नेताओं की हालत तब ख़राब हुई जब मुम्बई के गेटवे ऑफ़ इंडिया पर बिना किसी राजनीतिक पार्टी या संगठन के करीब एक लाख लोग पहुँच गये और यह किसी क्रान्ति से कम नहीं था। अब नेताओं को लगा टीवी बहुत शक्तिशाली हो गया है और इस पर समय रहते लगाम नहीं लगाया गया तो नेताओं की ख़ैर नहीं। तो शुरू हुआ यह कैम्पेन।

क्या हम टीवीवाले इस देश के बाशिन्दे नहीं हैं? क्या हमें इस देश से प्यार नहीं है? क्या हमें देशहित का एहसास नहीं है? सत्ता में बैठे इन नेताओं से ज़्यादा हमें प्यार है। हमें इस देश की चिन्ता इनसे कहीं ज़्यादा है और जनता इस बात को जानती है इसलिए उसके गुस्से से डरकर शिवराज पाटिल, देशमुख और आर.आर. पाटिल को इस्तीफ़ा देने के लिए मजबूर होना पड़ा। यकीन मानिये अगर टीवी नहीं होता तो शायद यह काम भी यह नहीं करते। ये टीवी चैनेल्स ही थे जिन्होंने दिखाया कि किस तरह से तमाम इंटेलिजेंस इनपुट के बाद भी केन्द्र और राज्य सरकारें सोयी

रहीं। नेवी, कोस्टगार्ड और तटीय पुलिस के बावजूद 10 आतंकवादी देश में घुस आये और सुरक्षा एजेंसियों की नाकामी को उजागर न करो तो शायद सब ख़ुश रहते। नेवी प्रमुख कहते हैं, 'आई डोंट टॉक टू फूल्स'। यह भाषा है नाकाबिल अफ़सरों की। इस देश का दुर्भाग्य है कि ऐसे अफ़सर अभी अपनी कुर्सी पर बैठे हैं और बैठे रहेंगे, क्योंकि कमज़ोर अफ़सर हुक्मरानों को सुहाते हैं।

यह सवाल हो सकता है कि टीवी ने इतने करीब से तस्वीरें क्यों दिखायीं? मेरा सवाल है कि क्या सरकार को पता है ऐसे समय में मीडिया से कैसे इंटरेक्ट किया जाता है। शायद नहीं। कायदे से सारे टीवी कैमरों को ऑपरेशनवाली जगह से काफ़ी दूर रोक देना चाहिए। यह काम पहले दिन, दूसरे दिन, तीसरे दिन भी किया जा सकता था लेकिन नहीं किया गया। क्यों? मुझे याद है पिछले दिनों जम्मू में एक घर में आतंकवादियों ने कुछ लोगों को बन्धक बना लिया था और कमांडों ऑपरेशन के दौरान मीडिया और टीवी कैमरों को उस जगह से दो किलोमीटर दूर रोक लिया गया, किसी चैनल ने आपत्ति नहीं की। यहाँ हाल यह था कि मैरीन कमांडो की बाकायदा प्रेस कॉन्फ्रेन्स करायी गयी।

कभी आपने देखा है दुनिया के किसी कोने में कमांडो को प्रेस कॉन्फ्रेन्स करते हुए। ऐसा कहीं नहीं होता। क्योंकि नेवी इस पूरे ऑपरेशन का क्रेडिट किसी भी हाल में एनएसजी को नहीं लेने देना चाहती थी। और इस नेवी के मुखिया वही हैं, जो कहते है कि, 'आई डोंट टॉक टू फूल्स'। इसी नेवी ने ताज ऑपरेशन को बाकायदा दूसरे दिन पूरा करने का दावा कर दिया था, टीवी कैमरों के सामने और बाद में वहाँ छिपे पाँच आतंकवादियों को निकालने का काम दो दिन और चला। मुम्बई पुलिस का हाल यह है कि वो सूचनाएँ ऐसे लीक कर रही है जैसेकि उसमें सिर्फ़ छेद हों। सबको पता है कि मुम्बई हमलों की जाँच में क्या हो रहा है। क्या आप किसी भी पश्चिमी देश में जाँच के बारे में इतनी सारी सूचनाएँ पा सकते हैं। कदापि नहीं। फिर ये कहते हैं कि हम ग़ैर-ज़िम्मेदार हैं। जे.पी. मेरे दोस्त जब हम ताक़तवर होंगे तो हमारे दुश्मन भी होंगे और कुछ हमारे बीच के लोग भी इन दुश्मनों की मदद भी करेंगे। इसलिए हमें सिर्फ़ अपना पत्रकारीय धर्म याद रखना है। ख़बर हर क़ीमत पर करनी है। कनपटी पर बन्दूक़ लगी हो या फ़िर सामने ग्रेनेड फटा हो।

हिन्दुस्तान, 09.12.2008

अपने अन्दर के हस्तिनापुर को मारना होगा

जिन्हें टीवी पर नाज़ नहीं है वो आज कहाँ हैं। यह सवाल मेरे दिल में पिछले एक हफ़्ते से घूम रहा है। मन उन टिप्पणीकारों को खोज रहा है जो अक्सर टीवी को अपने कॉलमों में कोसते रहते हैं। टीवी ने चंडीगढ़ की रुचिका का केस उठाया और उसे उस मुक़ाम तक पहुँचाया जिस तक लाने के लिए रुचिका और उनकी दोस्त के परिवार को 19 साल लग गये फिर भी उसे न्याय नहीं मिला। टीवी ने यह कहानी दिखायी कि कैसे एक मासूम अन्याय का शिकार होती है और जब वो उसका प्रतिकार करती है तो उसे ख़ुदकुशी के लिए मजबूर होना पड़ता है। भाई को झूठे केस में फँसाया जाता है..उसके साथ जानवरों की तरह बर्ताव होता है...पिता की नौकरी छीन ली जाती है...मकान बेचना पड़ता है और 19 साल तिल-तिलकर मरना पड़ता है क्योंकि उनके सामने खड़ा था एक ऐसा शख़्स जो हमारे सिस्टम से बड़ा था, जो था तो पुलिस अफ़सर लेकिन उससे पुलिस भी डरती थी, उससे डरते थे उसके अपने सीनियर अफ़सर।

यह टीवी ने दिखाया कि कैसे एक आईजी के ख़िलाफ़ उसका डीजीपी जाँच करता है, जाँच में उसे दोषी पाता है लेकिन वह डीजीपी इतना निरीह है कि बजाय कार्रवाई करने के फ़ाइल गृह सचिव के पास भेज देता है। गृह सचिव महोदय की रीढ़ की हड्डी इतनी मज़बूत थी कि वो फ़ाइल टरका देते हैं राज्य के गृह मन्त्री की मेज पर और गृह मन्त्री का ईमान इतना तगड़ा था कि वो एक चौदह साल की लड़की के साथ हुई छेड़छाड़ की घटना पर कार्रवाई के लिए मुख्यमन्त्री का मुँह देखते हैं। और मुख्यमन्त्री अपनी पार्टी के मुखिया का गुलाम है। लिहाज़ा आई.जी. राठौर दबंगई के साथ घूमता है। और नौ साल तक एफ़आईआर दर्ज नहीं होने देता।

यह टीवी ने बताया कि एफ़आईआर दर्ज कराने के लिए सुप्रीम कोर्ट को दख़ल देना पड़ता है। इसमें लग जाते हैं पूरे नौ साल और यह केस चलता है अगले दस साल तक और इस अपराध के लिए अदालत सज़ा सुनाती है सिर्फ़ छः महीने। सज़ा के बाद राठौर की हिम्मत देखिये, वो टीवी के सामने 'मुस्कुराता' है और फ़ोन पर

फिर परिवार को मिलती है धमकी 'क्या कर लिया तुमने।' यानी सिस्टम की ऐसी की तैसी और जब सिस्टम पूरी तरह से एक कोने में पड़ा कराह रहा होता है तब टीवी इस मामले को उठाती है। और फिर होती है एक आन्दोलन की शुरुआत। और राठौर के ख़िलाफ़ चढ़ने लगता है ग़ुस्सा और फिर कोने में फटेहाल पड़े सिस्टम को शर्म आती है वो मानता है अपनी ग़लती है और कहता है कि जो कुछ भी हुआ वो ग़लत हुआ और अब वो राठौर को देगा सज़ा।

यह कहानी जब पहली बार हम टीवीवालों के सामने आयी तो सहसा यकीन ही नहीं हुआ। कहानी तो मैंने सिर्फ़ फ़िल्मों में ही देखी थी। लेकिन हक़ीक़त कहीं ज़्यादा कड़वी थी। यह सोचा कि रुचिका की यह कहानी पुलिस और राजनेता के गठजोड़ को एक्सपोज करती है। क्योंकि कोई भी पुलिस अफ़सर बिना किसी राजनेता की शह के इतना ताक़तवर हो ही नहीं सकता है। यह भी सोचा कि हमारा पूरा का पूरा प्रशासनिक और न्यायिक ढाँचा चरमरा गया है अन्यथा यह कैसे सम्भव है कि 19 साल तक किसी को न्याय न मिले और मिले भी तो सिर्फ़ रस्मअदायगी की तरह।

यह भी सोचा कि यह कैसा लोकतन्त्र है कि हरियाणा के लोगों को 19 साल तक यह सवाल नहीं झकझोरा? यह लगा कि यह केस एक परिवार की अदम्य इच्छाशक्ति का भी नहीं है जो अपनी बेटी की दोस्त को इंसाफ़ दिलाने के लिए 19 साल तक लड़ता है। तब समझ में आया कि यह कहानी तो दरअसल हमारी मरी हुई आत्मा की कहानी है। जिसकी संवेदनाएँ मर चुकी हैं। जिसमें कहीं कोई स्पन्दन नहीं है। यह आत्मा सिर्फ़ हमारी और आपकी आत्मा नहीं है। यह आत्मा है हम भारतीयों की।

यह सिर्फ़ इसी देश में सम्भव है कि '84 सिख दंगों में 25 साल बाद भी न्याय नहीं मिलता, यह सिर्फ़ इसी देश में हो सकता है कि गुजरात दंगों के अपराधी दनदनाते घूमें और उसको सरेआम सही ठहराया जाये, यह सिर्फ़ इसी देश में होता है कि भोपाल गैस त्रासदी में किसी को भी सज़ा नहीं मिलती है और किसी की सेहत पर असर नहीं होता। यह हिन्दुस्तान में ही हो सकता है कि बाबरी मस्जिद गिर जाती है और जस्टिस लिब्रहान को लग जाते हैं 17 साल और 48 एक्सटेंशन और सरकार किसी के ख़िलाफ़ कार्रवाई नहीं करती है। बोफ़ोर्स में घूस खानेवाले को हम पकड़ नहीं पाते हैं।

यह हम भारतीयों के बीच ही सम्भव है कि आयेदिन गड्ढों में मासूम बच्चे गिरते हैं और मर जाते हैं और किसी के कानों पर जूँ तक नहीं रेंगती? और फिर टीवी पर आरोप लगाया जाता है कि आप प्रिंस को इतना क्यों दिखाते हैं।

यह सब शायद इसलिए है कि क्योंकि हमारे और आपके मानस, 'कलेक्टिव

साइकी' में कहीं कुछ मर गया है, कहीं भीष्म पितामह और द्रोणाचार्य जैसे लोग आदर्श पुरुष बन गये हैं जो खुली आँखों से द्रोपदी का चीरहरण होते देखते हैं लेकिन हस्तिनापुर से बँधे होने की मर्यादा इस अन्याय को रोकने के लिए प्रेरित नहीं करती। यह धर्म की कैसी व्याख्या है? यह कैसी राजनीति है? यह कैसा नीतिशास्त्र है?

हमें इस आधुनिक भारत में, इस संविधानवादी हिन्दुस्तान में इस पुरातनपन्थी नीतिशास्त्र को फाड़कर फेंकना होगा। हमें भीष्म और द्रोणाचार्य जैसे आदर्श पुरुष नहीं चाहिए। और यह तभी होगा जब हम अपने अन्दर के हस्तिनापुर को निकाल बाहर करेंगे। और तब किसी रुचिका को आत्महत्या के लिए मजबूर नहीं होना पड़ेगा तब कोई राठौर क़ानून से राहत मिलने पर पार्टी नहीं देगा और उसमें महाभारत के वो पात्र भी नहीं होंगे जो यह जानते हैं कि राठौर ने क्या किया फिर भी उसके भोज में शरीक हैं, मानो द्रोपदी का चीरहरण कोई जश्न मनाने की चीज़ है। और जब यह होगा तो फिर टीवी को वो रोल नहीं अदा करना पड़ेगा जो उसने रुचिका के मामले किया क्योंकि तब ऐसी नौबत ही नहीं आयेगी।

हिन्दुस्तान, 28.12.2009

ऑल इज़ वेल आमिर

आमिर को देखा था, मिला कभी नहीं था। सोचता था, यह छुटकू कमाल होगा। सो 'तारे ज़मीन पर' की रिलीज पर जब इंटरव्यू करने मुम्बई पहुँचा तो थोड़ा हैरत में आ गया क्योंकि बिलकुल अलग लगा। वह नरेन्द्र मोदी के बारे में बात कर रहा था, जानना चाहता था कि वो जीतेगा या नहीं।

दुबारा मिला तो 'थ्री इडियट्स' का मौक़ा था। जगह बिल्कुल अलग, चेन्नई। थका-माँदा लेकिन इस बार वो तेलंगाना पर बात करना चाहता था। सोचा यह क्या आदमी है? दोनों बार उसने चौंकाया। इन दो फ़िल्मों के बीच वो 'गजनी' कर चुका था जो भारी सुपरहिट थी और आमिर का स्टारडम पहले से बढ़ गया था। सोचा, कहाँ 'गजनी' और कहाँ 'थ्री इडियट्स' का रांचो! एक में 'एट-पैक्स-एब' और दूसरे में चौवालीस की बाली उमर में 22 साल का मैच्योर लेकिन फनी किरदार। मैं सोचता रह गया। हर बार अपनी सीमाओं को तोड़ता और नयी बाउंड्री की लकीर खींचता।

मैं सोचने लगा। 'कयामत से कयामत तक' हो या फिर 'जो जीता वही सिकन्दर', 'रंगीला' या 'गुलाम', 'अन्दाज़ अपना अपना' हो फिर 'राजा हिन्दुस्तानी', 'लगान' हो या फिर 'सरफ़रोश', 'राख' या फिर 'बाज़ी', 'मेला' भी याद आयी। हर बार एक ही बात दिमाग़ में आयी, न 'हाइट' है न 'हैंडसम' कहा जानेवाला सुदर्शनी व्यक्तित्व, पड़ोस का कोई छोरा। थोड़ा खिलन्दड़ी पर जुनूनी। नब्बे के पहले होता तो शायद भाई या फिर कोई कैरेक्टर रोल कर रहा होता।

चेन्नई में उससे पूछा, अस्सी के दशक की फ़िल्में उसे कैसी लगती हैं, 'बोला तब थोड़ी शर्म आती थी कि फ़िल्मी दुनिया में हूँ क्योंकि ऐसी फ़िल्में बनती थीं कि उससे जुड़ना मुझे अच्छा नहीं लगता था।' लेकिन नब्बे में तो फ़िल्में बदली हैं? उसने कहा—हाँ, और इसमें मेरा भी रोल है। 'कयामत से कयामत तक' ने इस मिथ को तोड़ा कि सिर्फ़ मारधाड़वाली फ़िल्में ही चलती हैं।' आमिर पूरे मूड में था। उसने कहा, वो उसे 'एरोगेंस' कहें लेकिन मुझे उसमें सहजता दिखी और सच्चाई भी। नब्बे

के दशक में फ़िल्मों का पूरा मिजाज़ बदला। 'हम आपके हैं कौन' और 'दिलवाले दुल्हनियाँ ले जायेंगे' जैसी फ़िल्में चलने लगीं और अमिताभ की पुरानी लकीरवाली फ़िल्में पिटने लगीं। अमिताभ फ़िल्मों से बाहर हो गये, आमिर चलने लगा। बिलकुल साधारण सा लड़का हिट होने लगा।

शायद इसलिए क्योंकि एक जादू सा भारतीय समाज में हो रहा था। कहीं से हमारे दिलों में छिपी कुंठाएँ किसी गुफा में जाकर छिपने लगीं और यंग और अर्बन इंडिया में नये किस्म का आत्मविश्वास आने लगा। बात करने का तरीक़ा बदलने लगा, कपड़ों की तमीज बदलने लगी, रिश्तों को परिभाषित करनेवाले मूल्य एकाकीपन से निकलकर बिन्दास होने लगे। और कहने लगे 'आई हैव एराइब्ड'। धीर-गम्भीर आउट, कूल मस्त इन। टेंशन लेने का नहीं, टेंशन देने का—नये समाज का नया बज वर्ड। 'रंगीला' हो या फिर 'गुलाम' टपोरी आमिर मस्त है, अपनी मासूमियत में भी 'कूल'। यही टपोरी फ़रहान अख़्तर की 'दिल चाहता है' में और रिफ़ाइंड हो जाता है।

'दिल चाहता है' सही मायनों में नये भारत के नये यूथ का सच्चा रूप है। जो अपने लिए नये मुहावरे और नये मूल्य गढ़ता है। उनकी चुहलबाज़ियाँ, उनकी शरारतें, उनके कमिटमेंट बिलकुल नये हैं और वो उसमें किसी का हस्तक्षेप भी नहीं चाहते, फिर चाहे वो अपने से काफ़ी बड़ी उम्र की महिला से प्रेम का मामला ही क्यों न हो। वो अपनी ज़िन्दगी में दोस्तों का दख़ल नहीं पसन्द करते। नये मुहावरे हैं जो नया समाज गढ़ रहा है। और जो वो नये सिरे से बदल भी रहा है। आगे चलकर यह यूथ काफ़ी और मैच्योर होता है। आप 'जब वी मेट' देखें या फिर 'लव आजकल' या फिर 'गजनी' में भी वो करोड़पति होने के बाद भी अपने-आपको अपने प्यार पर थोपता नहीं, उसकी मासूमियत में अपना अक्स खोजता है और अपनी इंडिविजुअलिटी पर किसी तरह का कम्प्रोमाइज़ बर्दाश्त नहीं करता। अपने फ़ैसले ख़ुद करता है और ग़लत हो या सही उसको 'ओन' भी करता है। इसके लिए वो किसी दूसरे को दोष नहीं देता। वो प्यार में भी यह नहीं मानता कि जो वो महसूस करता है वही प्यार है, वो प्यार के बारे में भी कनविंस होना चाहता है।

यही है आमिर। 'लगान' का आमिर। गँवई होने के बाद भी अपनी आग में अपनी जीत को लेकर कन्विंस्ड। और जीतता भी है। वो कुंठा में नहीं जीता। 'थ्री इडियट्स' का आमिर इस नये यूथ को नया विस्तार देता है। वो इतना कॉन्फ़िडेंट है कि कामयाबी पर काबिलियत को तरज़ीह देता है। गजनी में अगर वो शारीरिक सीमाओं को तोड़ता है तो 'थ्री इडियट्स' में मानसिक बन्दिशों से फड़फड़ाकर बाहर निकलता है। 'तारे ज़मीन पर' में वो बताता है कि यह यूथ बिना भावुक हुए अपनी सामाजिक ज़िम्मेदारियों को लेकर काफ़ी संवेदनशील है। यानी एक साथ वो तीनों

स्तरों पर—तन, मन और दिमाग़ का परिष्कार करता है और उसमें उसे एक्सपेरिमेंट करने में कोई हिचक भी नहीं है। और यही तो है नया हिन्दुस्तान। इसलिए उसमें और उसकी फ़िल्मों में दीर्घाऊ होने का माद्दा है और जब मैं चेन्नई में उससे कहता हूँ कि तीनों ख़ानों में और अपनी पीढ़ी में वो सबसे टिकाऊ एक्टर हैं तो वो हँसकर टाल जाता है। और इसी हँसी-हँसी में ही तो नया यूथ जग जीत लेता है। और आमिर हमारा दिल।

दैनिक भास्कर, 04.01.2010

'न्यूज़ चैनल्स'–शर्म के एब्सर्ड थियेटर

टीवी के बारे में किसी ने कहा है कि जब बच्चों के गली में निकलने पर पाबन्दी होती है तब वो उसे दुनियाभर की सैर कराता है। और मैकलुहान भी कहता है कि मीडिया हमारे शरीर का ही विस्तार है। यानी टीवी हमारी मासूमियत को विस्तार भी देता है साथ ही उसकी मासूमियत को करप्ट भी करता है। फ़र्क़ इतना है कि इस्तेमाल सही हो रहा है या फिर ग़लत। अगर सही तो वो हमें कूपमंडूक बने रहने से बाहर निकालता है, हमारे ज्ञान और विवेक की सीमा को नया आयाम देता है और अगर ग़लत तो आन्ध्र प्रदेश के कुछ टीवी चैनेल्स जैसा हाल होता है। जब पूर्व मुख्यमन्त्री वाईएसआर की मौत को एक साजिश बताकर इस तरह से पेश किया जाता है कि लोग उत्तेजित हो सड़क पर उतर आये और तोड़फोड़ करने लगे। इस ख़बर का कोई आधार नहीं था। बस एक वेबसाइट पर ख़बर दिखी और बिना सोचे-समझे ख़बर बना दी गयी।

सवाल यह है कि ऐसा क्यों हुआ? टीआरपी की दौड़ में आगे निकलने की होड़ में यह हुआ या किया गया। जो कुछ भी हुआ वो ग़ैर-ज़िम्मेदाराना था, नासमझी थी और बेवक़ूफ़ी की पराकाष्ठा। लेकिन यह सवाल भी उठना चाहिए कि इन चैनल्स ने जो कुछ भी किया उसकी प्रेरणा उन्हें कहाँ से मिली। राष्ट्रीय न्यूज़ चैनल्स से। निश्चित रूप से इस आरोप में दम है। और मुझे यह कहने में कोई संकोच नहीं है कि मैं भी इस अपराध में बराबर का सहभागी हूँ। पिछले पाँच सालों में न्यूज़ चैनल्स में भयानक भटकाव दिखा। किसी चैनल का नाम लेना सही नहीं होगा लेकिन इसकी शुरुआत तब हुई जब 2004 में एक साथ कई चैनल बाज़ार में आये और उस वक़्त के नम्बर वन चैनल को मात देने का काम शुरू हुआ। नम्बर वन होने के लिए ज़रूरी हो गया कि आपके पास सबसे ज़्यादा टीआरपी हो। और जल्द ही यह पता चल गया कि न्यूज़ चैनल में टीआरपी न्यूज़ से नहीं आती। टीआरपी के लिए ज़रूरी है दो चीज़ें—या तो न्यूज़ को इस तरह से पेश किया जाये कि वो लोगों को बाँध कर रखे यानी सनसनीखेज। या फिर ख़बरो की नयी दुनिया तलाशी जाये।

तब एक दिन हमें यह देख कर आश्चर्य हुआ की अचानक न जाने कहाँ से आमिर ख़ान का 'जान' नाम का कोई बच्चा ख़बर बन गया और एक-दो मिनट की ख़बर आधे घंटे में तब्दील हो गयी। यह न्यूज़ चैनलों में गिरावट की शुरुआत थी। इस ख़बर के थोड़े ही दिनों के बाद अचानक शाहिद कपूर और करीना कपूर के किस का कोई क्लिप मार्केट में आ गया और धीरे से टीवी स्क्रीन पर भी। बिना किसी शर्म के, बिना मोजैक किये करीब से खींचे गये चुम्बन के दृश्य छोटे पर्दे पर चलने लगे। शर्म सबको आ रही थी लेकिन टीआरपी के डर से डरे हुए लोगों में किसी को यह हिम्मत नहीं हुई जो कहे कि प्लीज इस क्लिप को मत चलाओ। यह भौंडा है, दिखाने लायक नहीं है, आम आदमी की संवेदनशीलता को तकलीफ़ देता है। जिन लोगों ने प्रोटेस्ट किया उन्हें समझा दिया गया या फिर झिड़क दिया गया।

फिर तो सिलसिला ही चल पड़ा। कहीं 'यमराज से मिले जगराज' चला तो कहीं 'चार बजे किसी के मरने की भविष्यवाणी' पर लाइव हुआ। अभी तक गनीमत थी लेकिन जैसे ही एक 'मन्दिर में लड़के' की कहानी की वजह से चुनौती देनेवाला चैनल नम्बन वन बना टीवी के इतिहास में सही मायनों में टर्निंग प्वाइंट आ गया। अब सारी सीमाएँ टूट गयीं। सारे बाँध भरभरा कर गिर गये। पुर्नजन्म की कहानियाँ पीछे छूट गयीं। भूत प्रेत और नाग नागिन मेनस्ट्रीम हो गये। नागिन मौत का बदला लेने के लिए अपने प्रियतम के कातिल को खोजने लगी। सपेरा बीन बजाता तो किसी पेड़ पर बैठा आदमी नीचे उतरने से डरने लगा कहीं नागिन उसमें अपने नाग का हत्यारा खोज कर उसे डस न ले। 'बिना ड्राइवर की गाड़ी' ख़बर बन गयी तो 'स्वर्ग की सीढ़ी' में पत्रकारिता खोजी जाने लगी।

मामला और आगे बढ़ा तो 'एलियन' धरती पर आने लगे और गाय को उठाकर ले जाने लगे। आरुषि का कातिल जानने की तड़प में पत्रकार शरलक होम्स बन गया। हवा और बिजली के खम्भों में कातिल का अक्स ढूँढ़ा जाने लगा। न्यूज़ रूम नारको टेस्ट की प्रयोगशाला में तब्दील हो गये। भविष्यवाणी करनेवालों की डिमांड बढ़ गयी जो जितना ज़्यादा डरावना और विद्रूप वो उतना ही काबिल भविष्य का जानकार। ख़बर देना नहीं डराना काबिलियत का पैमाना बना तो विकास नहीं विनाश न्यूज़ रूम में महत्वपूर्ण हो गया। ऐसे में 2012 में धरती ख़त्म हो जायेगी टीआरपी का सबसे कारगर हथियार साबित होने लगा।

इस भ्रुण हत्या के ख़िलाफ़ कैम्पेन, घूसखोरी और भ्रष्टाचार को उजागर करने के लिए किये गये स्टिंग ऑपरेशन, टीवी ने आम आदमी को आवाज़ बुलन्द करने का एक सशक्त प्लेटफार्म दिया, जेसिका लाल, प्रियदर्शिनी मट्टू, कटारा जैसे केस में इंसाफ़ दिलाने में टीवी ने ज़बर्दस्त भूमिका निभायी, हाल में रुचिका का मामला इसकी एक बानगी है, साम्प्रदायिकता का भरपूर विरोध इत्यादि, इत्यादि, इत्यादि।

लेकिन इसे याद करनेवाला कोई नहीं मिला। क्योंकि ग़लतियाँ इतनी ज़्यादा थीं कि अच्छाई गौढ़ हो गयी। लोगों का गुस्सा आसमान पर चढ़ने लगा। सरकारों ने भवें तानी और टीआरपी की रेस में शामिल कुछ लोगों को शर्म भी आयी। समझ में आया यह सही नहीं है। फिर अन्दरूनी सुधार की कोशिश शुरू हुई। बदलाव भी आने लगा। आज यह कह सकते हैं कि हालात काफ़ी बेहतर हैं। ख़बरों को फिर से स्पेस मिलने लगा है। लेकिन अभी भी दिल्ली काफ़ी दूर है।

मुझे पूरा यकीन है कि दिल्ली हम पहुँचेंगे लेकिन इसके लिए कुछ और क़दम भी उठाने होंगे। एक, रेटिंग सिस्टम यानी टीआरपी को फ़ौरन बन्द करना होगा। दो, न्यूज़ चैनेल्स को मनोरंजन चैनल्स की बरक्स न तोला जाये। तीन, हर न्यूज़ चैनल्स के कंटेंट की हर तीन या छः महीने पर स्वतन्त्र एडिटर्स की संस्था ऑडिट करें। चार, चैनल्स को नो प्रॉफ़िट नो लास की तर्ज पर चलाया जाये। पाँच, न्यूज़ चैनेल्स से जुड़ी शिकायत को सुनने और उसके निराकरण के लिए एक ग़ैर-सरकारी संस्था बने जो फ़ैसला सुनाये और हर चैनल उसे मानने के लिए बाध्य हो। और जब ऐसा होगा तो हम गर्व से कह सकेंगे कि टीवी हमारी मानसिक गिरावट का नहीं बल्कि मानसिक विस्तार का प्रतीक है। और तब हमें पिकासो की गुएर्निका में सिर्फ़ विध्वंस के चित्र नहीं दिखेगा और कोई टीवी को एब्सर्ड थियेटर भी नहीं कहेगा।

हिन्दुस्तान, 10.01.2010

आईना दिखाने के लिए थैंक यू

'हाऊ ऑनेस्ट इज़ द फ़िल्म', उस अजनबी लड़के ने मुझसे यह सवाल किया। मैंने बचने की कोशिश की। उसने फिर पूछा 'हाऊ ट्रू इज़ द फ़िल्म'। अमिताभ बच्चन की फ़िल्म 'रण' देखकर निकला था कि यह 'हादसा' हो गया। फ़िल्म के दौरान भी कहीं न कहीं मन में यह बात थी कहीं कोई पहचान न ले। इसलिए थोड़ा बच-बचके चल रहा था लेकिन पकड़ा गया। मैंने कहा, 'फ़िल्म सच्चाई के काफ़ी करीब है।'

फ़िल्म टीआरपी के पीछे भागते टीवी न्यूज़ चैनल्स की कहानी है। कैसे चैनल्स टीआरपी के लिए कुछ भी करते हैं? फ़िल्म देखते-देखते कई बार यह भी लगा शायद मैं भी इस फ़िल्म में एक किरदार हूँ। सच्चाई कड़वी थी। कई बार राम गोपाल वर्मा को गाली देने का मन भी किया। लेकिन अगले ही पल यह भी लगा रामू ने ग़लत क्या दिखाया है। क्या हम टीवीवाले टीआरपी के लिए कुछ भी नहीं करते? क्या हमारे अन्दर बैठा कोई विजय हर्षवर्धन मलिक कई बार जानते-बूझते समझौता नहीं करता है? ख़ुद को दिलासा देते हुए कि बाज़ार एक ज़रूरत है, थोड़ा बहुत झुकने में बुराई नहीं है।

टीवी हो या अख़बार, पत्रकारिता का चरित्र पिछले पन्द्रह सालों में काफ़ी बदला है। एडिटर्स हैं लेकिन वो रुतबा नहीं रहा जो कभी गिरिलाल जैन, बी.जी. वर्गीज, राजेन्द्र माथुर, प्रभाष जोशी, एस.पी. सिंह का हुआ करता था। एडिटोरियल में मैनेजमेंट की सही सलाह को भी दख़लन्दाजी माना जाता था, मालिक को भी एडिटर से मिलने के लिए अप्वाइंटमेंट लेना होता था। माथुर साहब कभी भी किसी सांसद या नेता से मिलने नहीं जाते थे। लेकिन उनकी मौत पर तत्कालीन प्रधानमन्त्री चन्द्रशेखर उनको श्रद्धांजलि देने गये थे। यह उनका रुतबा था।

एस.पी. सिंह ने एक बार अपने एक वरिष्ठ सहयोगी को इसलिए बुरी तरह से झाड़ दिया था क्योंकि उन्होंने मैनेजमेंट के एक सीनियर आदमी को उस दिन की ख़बरों का ब्योरा देने का दुस्साहस किया था। और साथ ही यह भी कहा था कि अगर दुबारा ऐसी ग़लती की तो निकाल दूँगा। लेकिन आर्थिक सुधार के साथ-साथ

जैसे-जैसे पूँजीवादी व्यवस्था ने अपने पैर पसारे प्रॉफ़िट ने अख़बार और पत्रकार का स्वरूप बदलना शुरू कर दिया। अख़बार में कहा जाने लगा कि ख़बर विज्ञापनों के बीच ख़ाली जगह भरने की चीज़भर है। झोलाछाप पत्रकारों के पास गाड़ियाँ तो आ गयीं लेकिन एडिटोरियल में सेल्स और मार्केटिंग के लोगों की आवाज़ाही बढ़ने लगी, ब्रांड मैनेजर एडिटर से अधिक पावरफुल हो गये।

अख़बार के पन्नों में रंग-बिरंगी तस्वीरें ज़्यादा छाने लगीं, फ़ैशन और फूड महत्वपूर्ण बीट हो गयी, पेज थ्री नाम के एक नये पत्रकारीय जानवर ने जन्म लिया। एडिटर पत्रकार कम लायजन अफ़सर ज़्यादा हो गये। ख़बरों की समझ और एडिट लिखने से ज़्यादा राजनेताओं और नौकरशाहों से सेटिंग करवाने की क़ाबलियत अहम हो गयी। और पीएमओ के सुझाव पर एडिटर्स की नियुक्तियाँ भी होने लगीं। 'पेड न्यूज़' का रोग लगा। क्या यह सच्चाई नहीं है कि कुछ अख़बारों को छोड़कर बाक़ी ने मुख्यमन्त्रियों और उनकी सरकार के ख़िलाफ़ लिखना पूरी तरह से बन्द कर दिया है।

इसमें कोई दो राय नहीं कि इस दौरान अख़बारों की संख्या और उनके प्रसार में ग़ज़ब का विस्तार दिखा। ख़ासतौर पर हिन्दी और प्रान्तीय भाषाओं में। हिन्दी अख़बारों का कलेवर बदला। वो भी प्रॉफ़िट कमा सकते हैं यह मिथ भी टूटा। जैसे-जैसे बाज़ार के दबाव में प्रतिस्पर्धा बढ़ी तो अख़बार लालाओं की दुकान से कॉरपोरेट हाउसेस में बदल गये। वहाँ भी प्रोफ़ेशनल्स की इज़्ज़त बढ़ी। लेकिन एडिटोरियल के स्तर पर आयी नैतिक गिरावट भी हक़ीक़त है।

इस बीच तकनीकी क्रान्ति का विस्फोट हुआ तो टीवी भी आ गया। प्रतिस्पर्धा और प्रॉफ़िट नाम के जीव यहाँ भी छा गये, अख़बार को इस मुक़ाम तक पहुँचने के लिए दशकों लग गये तो टीवी ने यह फ़ासला महज़ तीन-चार साल में ही तय कर लिया। अख़बार में शायद ही कभी सरकुलेशन की बात होती हो, लेकिन टीवी न्यूज़ रूम में एक ट्रेनी को भी पता होता है कि किस और किस तरह की ख़बरों को कैसी टीआरपी आती है। वो पत्रकार बाद में बनता है टीआरपी बाज़ पहले। मुझको बिलकुल हैरानी नहीं होती जब कोई एक-दो साल का अनुभववाला लड़का मुझसे कहता है कि सर यह ख़बर नहीं बिकेगी यानी इसको चलाने पर टीआरपी नहीं आयेगी।

एक अदना सा लड़का भी जानता है कि टीवी में तीन C, यानी क्रिकेट, क्राइम और सिनेमा बिकता है। और प्रस्तुतीकरण जितना सनसनीखेज होगा उतनी ही टीआरपी टूटेगी। और टीआरपी माने विज्ञापन, विज्ञापन माने पैसा, पैसा माने प्रॉफ़िट, प्रॉफ़िट माने बाज़ार में जलवा। जिस हफ़्ते टीआरपी गिर जाती है उस हफ़्ते एडिटर्स को नींद नहीं आती, उसको अपनी नौकरी जाती हुई नज़र आती है, ब्लडप्रेशर बढ़

जाता है, वो न्यूज़ रूम में ज़्यादा चिल्लाने लगता है। और फिर टीआरपी बढ़ाने के नये-नये तरीक़े इज़ाद करता है। फिर शुरू होता है खेल। एक चक्रव्यूह। और 'रण' के किरदार जय मलिक की तरह निकलना मुश्किल हो जाता है।

और इस 'रण' में हमारे बीच वाल्टर क्रांकाइट जैसा एंकर नहीं है जिसकी वियतनाम पर ख़बर देखकर अमेरिकी राष्ट्रपति रिचर्ड निक्सन कहता है कि अगर क्रांकाइट ने बोला कि अमेरिका वियतनाम युद्ध हार गया है तो इसका मतलब है मैंने मध्य वर्ग का भरोसा खो दिया है। क्रांकाइट के पास टीआरपी की नहीं ईमानदारी की ताक़त थी, इसलिए राष्ट्रपति उसकी बात सुनता था और कोई रामू यह नहीं कहता था कि वो मीडिया को एक्सपोज़ कर रहा है। और कोई एडिटर किसी अजनबी बच्चे के सवालों से बचने की कोशिश नहीं करता। आईना दिखाने के लिए थैंक्स रामू।

दैनिक भास्कर, 02.02.2010

नये सन्दर्भ में भारतीय मिथक

'रावण' मणिरत्नम की नयी फ़िल्म का नाम है। फ़िल्म अच्छी है या बुरी, नहीं कह सकता। लेकिन फ़िल्म कई नये सवाल खड़े करती है। क्या राम उतने अच्छे थे जितने रामचरितमानस में दिखाये गये हैं? क्या रावण उतना बुरा था जितना तुलसीदास बता गये? क्या अच्छाई और बुराई एक सीधी सपाट लकीर हुआ करती हैं? फ़िल्म रावण सीधे-सीधे रामचरितमानस नहीं है लेकिन फ़िल्म देखते हुए कोई भी कह सकता है कि मणि की कहानी की प्रेरणा रामचरितमानस है।

इस फ़िल्म में एक रावण है जो अच्छा है या बुरा फ़िल्म इस बारे में चुप रहती है। एक राम है जिसकी पत्नी का अपहरण रावण कर लेता है। राम की मदद के लिए एक हनुमान है जो अशोक वाटिका तक पहुँच भी जाता है। फ़िल्म में रावण की एक बहन भी है यानी सूर्पनखा जिसके साथ राम की वजह से ग़लत होता है। सीता के चरित्र पर राम शक भी करते हैं और अन्त में राम-रावण में युद्ध होता है। रावण मर जाता है। राम की जीत होती है लेकिन सीता राम के पास लौटती है, यह नहीं दिखाया जाता। और फ़िल्म जिस बिन्दु पर ख़त्म होती है, वहाँ रावण दर्शकों और सीता की सहानुभूति जीत लेता है।

फ़िल्म में रावण विक्टिम है, वो जो कुछ भी करता है वो अपनी बहन के साथ हुए अत्याचार के प्रतिशोध में करता है। उसकी बहन पुलिस की ज़्यादती का शिकार होकर आत्महत्या कर लेती है। बदले की भावना से वशीभूत हो वह पुलिस अफ़सर की पत्नी का अपहरण कर लेता है। उसे अपने साथ रखता है। उसे तकलीफ़ भी देता है और उसकी तरफ़ आकर्षित भी होता है, लेकिन उसकी इज़्ज़त पर हाथ नहीं डालता। रामचरितमानस की तरह।

तुलसी की रामचरितमानस में रावण सीता का अपहरण क्यों करता है? क्या वो सीता पर आसक्त हुआ था? नहीं। क्या वो पापी था इसलिए? नहीं। वो गुस्से और बदले की आग में सीता को उठाता है क्योंकि उसकी बहन सूर्पनखा जंगल में भटकते राम पर मोहित हो जाती है। वो राम के सामने प्रणय निवेदन करती है।

राम कहते हैं कि वो शादीशुदा हैं लिहाज़ा वो निवेदन ठुकरा देते हैं। उसे लक्ष्मण के पास भेजते हैं, लक्ष्मण उसे दुबारा राम के पास भेजते हैं, राम फिर लक्ष्मण के पास। इससे नाराज़ होकर सूर्पनखा हमला कर देती है। लक्ष्मण सूर्पनखा की नाक काट लेते हैं। क्या सूर्पनखा की नाक काटना जायज़ है? क्या किसी भी नज़र से इसको सही ठहराया जा सकता है? राम और लक्ष्मण ने क्या यहाँ ग़लती नहीं की? सूर्पनखा को राम का लक्ष्मण और लक्ष्मण का राम के पास बार-बार भेजने का क्या औचित्य था? क्या सूर्पनखा को जानबूझकर परेशान नहीं किया गया?

सूर्पनखा की नाक कटने की ख़बर रावण तक पहुँचती है। वो गुस्से से पागल हो जाता है। सूर्पनखा से वो बहुत प्यार करता था। पूरी दुनिया उसके नाम से काँपती थी, देवलोक तक में उसका डंका बजता था, पाताल लोक में भी उसका कोई सानी नहीं था। ऐसे पराक्रमी राजा की बहन की नाक सिर्फ़ इसलिए काट ली जाये कि उसका दिल किसी पर आ गया और उसने प्रणय निवेदन की गुस्ताखी की तो उस राजा की प्रतिक्रिया क्या होगी? सहज कल्पना तो यही कहती है कि वो फ़ौरन आक्रमण कर ऐसे लोगों को मज़ा चखा दे। लेकिन वो शायद ख़ून-ख़राबे से बचना चाहता था। इसके बदले वो सीताहरण करता है। और आप पूरी रामचरितमानस पढ़ जाइये कहीं भी आपको अंशभर यह नहीं दिखेगा कि उसने कभी भी सीता के साथ अनाचार करने की कोशिश की। हाँ, वो उन्हें बन्धक बनाकर अशोक वाटिका में रखता है और इस बात का इन्तज़ार करता है कि सीता उसे अपना बना ले।

बदले की आग में जलते हुए व्यक्ति के लिए इतने सब्र का कोई कारण नहीं था। दुष्ट बुद्धि तो यही कहती है कि उसे जबरन अपना बना लेना चाहिए लेकिन वो ऐसा नहीं करता। वो इन्तज़ार करता है, सब्र से काम लेता है। अगर लक्ष्मण ने भी जल्दबाज़ी नहीं की होती, सब्र से काम लिया होता तो शायद राम-रावण युद्ध नहीं होता। तो किसे कहा जाये युद्ध के लिए दोषी? वो जिसने नाक काटी या वो जिसने सीता के हरण के बाद भी इन्तज़ार किया?

मुझे लगता है कि अब इस सवाल को हमें अपने अन्दर पूछना चाहिए। राम को धर्म के साथ बताया गया और रावण को अधर्म का प्रतीक। लंका की लड़ाई को पाप पर पुण्य की विजय के रूप में हम उत्तर भारतीय मनाते हैं। विजयदशमी पर रावण को फूँका जाता है। अगर रावण सीताहरण की वजह से पापी हो गया तो सूर्पनखा की नाक काटनेवाले को पुण्यात्मा कैसे कह सकते हैं? रावण पापी होता तो राम युद्धभूमि में धराशायी होने के बाद लक्ष्मण को ज्ञान प्राप्ति के लिए उसके पास क्यों भेजते? राम भी मानते थे कि रावण महाज्ञानी था। और लक्ष्मण को उससे बहुत कुछ सीखने की ज़रूरत थी। शायद राम ने मन में कभी भी सूर्पनखा की नाक काटने के लिए लक्ष्मण को सही नहीं माना था। और यह राम का अपना तरीक़ा

था लक्ष्मण को सबक़ देने का।

सवाल फिर वहीं आकर टिक जाता है कि जनमानस में रावण पापी है, अधर्मी है और राम धर्म के साथ। क्या इसलिए कि राम की जीत हुई थी और रावण हार गया था? हक़ीक़त यह है कि सत्य अपनी सम्पूर्णता में भी सापेक्ष है। वो काला या सफ़ेद नहीं, इन दोनों के बीच कहीं अटका रहता है। और हम उसे देख नहीं पाते या देखना नहीं चाहते। मणिरत्नम की पूरी कोशिश इस सत्य को दिखाने की है कि राम उतने पाक नहीं हैं जितने दिखते हैं और रावण उतना पापी नहीं है जितना बताया गया है। और हमें अपनी दृष्टि बदलने की ज़रूरत है। अपने मिथकों को भी नये सन्दर्भों में नये सिरे से परिभाषित करने की ज़रूरत है।

दैनिक भास्कर, 21.06.2010

टीवी की माया में बदलते हम

टीवी में काम करते हुए सोलह साल हो गये और देखते हुए सत्ताइस साल। 1994 में टीवी प्रोफ़ेशनल बना और 1983 में पहली बार जब घर में टीवी आया तो देखने बैठा। शाम पाँच बजे जो सिलसिला शुरू हुआ तो रात बारह बजे तक देखता ही गया। 'कृषि दर्शन' सबसे अच्छा प्रोग्राम था। क्रिकेट ने पूरी तरह से टीवी का दीवाना बना दिया।

इस बीच 'हम लोग' आया और 'बुनियाद' भी। दोनों ने परिवारों को उनके बुनियादी मूल्यों की तरफ़ ध्यान दिलाया और संयुक्त परिवार की अच्छाइयों और विसंगतियों की ओर इशारा भी किया। 'रामायण' आया तो सड़कें सूनी होने लगीं। मन्त्रियों और महत्वपूर्ण लोगों के शैड्यूल बदलने लगे। बड़े-बुजुर्ग और बच्चे सभी पूरे धार्मिक भाव से रविवार की सुबह सारा काम छोड़कर राम और सीता के दर्शन करने लगे। टीवी पर धर्म आया तो राजनीति भी आ गयी चुपके से। और लोग कहने लगे कि रामायण के ज़रिये देश के अन्दर साम्प्रदायिकता के ज़हर को खुली हवा के माध्यम से फैलाया जा रहा है। यह वो वक़्त था जब संसद और सड़क पर सेक्युलरिज़्म को नये सिरे से खुली चुनौती दी जा रही थी और गलियों में जय श्रीराम के नारे गूँज रहे थे। परिभाषाएँ बदली जा रही थीं और मेरे अपने परिवार के लोग भी बदल रहे थे। फिर आया महाभारत और वो रामायण से भी ज़्यादा पॉपुलर।

टीवी के इन शुरुआती दिनों में मनोहर श्याम जोशी और राही मासूम रज़ा जैसे लोग भी जुड़े थे और कोई तब टीवी को बुद्धू बक्सा नहीं कहता था। कार्यक्रमों पर यह आरोप नहीं लगता था कि वो भारतीय संस्कृति और भावी पीढ़ी को चौपट कर रहे हैं। 'द वर्ल्ड दिस वीक' जैसे न्यूज़ प्रोग्राम की लोकप्रियता मैंने अपने हॉस्टल के कॉमनरूम में देखी है। जेएनयू का वो पेरियार हॉस्टल खचाखच भर जाता था। संडे की सुबह फ़िल्मी गानों पर आधारित कार्यक्रम 'चित्रहार' से कभी भी कम दर्शक उसे नहीं मिलता था। और जैसे ही हॉस्टल छूटा टीवी में नौकरी मिल गयी। आजतक का हिस्सा बना। लोग देर शाम उस दाढ़ीवाले को देखने के लिए श्रद्धा भाव से टीवी

के सामने जुट जाते थे जिसे लोग एस.पी. सिंह कहते थे।

टीवी पर तब बाज़ारवाद, उपभोक्तावाद, सनसनीखेजवाद के आरोप नहीं लगते थे। और नील पोस्टमैन के शब्दों में नहीं कहा जाता था कि 'ये मनोरंजन करते हुए लोगों की जान ले लेता है।' लेकिन धीरे-धीरे इसका स्वरूप बदला। नयी शताब्दी के साथ-साथ नया टीवी भी सामने आया। एकता कपूर की मेहरबानी से सास और बहू में लोगों को साजिशें नज़र आने लगीं और कहानी घर-घर की हो गयी। साजिशों के इस दौर में 'अमर' की मौत क्या हुई पूरे देश में मातम छा गया। हर प्रेमिका के लिए 'प्रेरणा' ज़िन्दगी की कसौटी बन गयी। और अचानक आलोचकों की भूखी नज़र में भारतीय नारी की छवि ख़राब होने लगी, परिवार नामक संस्था का मज़ाक़ बना दिया गया। रियलिटी टीवी ने तो सारे मानदंड ही बदल दिये। प्रेमी-प्रेमिकाओं के बीच की बातचीत सबके सामने होने लगी। टीवी पर आँसू भी लाइव और थप्पड़ भी लाइव, और स्वयंवर भी लाइव और शादी भी लाइव।

ख़बरों का मिजाज़ भी बदला। ख़बरें ग़ायब होने लगीं। एंकर्स की जगह भूत-प्रेत आने लगे, साँपों की क़ीमत पर टीआरपी कमाई जाने लगी। न्यूज़ चैनल कचरा, पत्रकार बन्दर और सम्पादक मदारी हो गया। ख़िलाफ़ आवाज़ें उठने लगीं। लोग पूछने लगे कहाँ है मनोहर श्याम जोशी और एस.पी. सिंह।

हैरानी की बात यह कि अच्छाइयों-बुराइयों के बीच टीवी का संसार फैलता गया। दर्शकों की संख्या में भयानक इज़ाफ़ा हुआ। जहाँ कभी सिर्फ़ दो चैनल थे, वहीं अब देश में 600 से अधिक चैनल हो गये हैं। टीवी आम हिन्दुस्तानी की ज़िन्दगी का कब एक निहायत अहम हिस्सा हो गया, उसे पता ही नहीं चला। 1990 में जॉर्ज गिल्डर ने लिखा कि बीसवीं शताब्दी के अन्त तक परम्परागत टीवी ख़त्म हो जायेगा। लेकिन हुआ उलटा। इकॉनमिस्ट पत्रिका के हिसाब से जापान की राजधानी टोकियो में एक आदमी दिन में 216 मिनट टीवी देखता है जबकि एक युवा अमेरिकी रोज़ाना साढ़े सात घंटे फ़िल्म, इंटरनेट, वीडियो गेम्स और टीवी जैसे मीडिया के सामने वक़्त गुज़ारता है जिसमें सबसे ज़्यादा वक़्त टीवी के सामने कटता है। हालाँकि भारत के बारे में अभी इस तरह का भरोसेमन्द सर्वे उपलब्ध नहीं है। लेकिन भारत उसी रास्ते पर चलता हुआ 'टीवी-समाज' में तब्दील होता जा रहा है।

जैसे-जैसे गाँव सिकुड़ रहे हैं, छोटे शहर महानगरों में समाने को आतुर हैं, कुछ चीज़ें हो रही हैं। एक, संयुक्त परिवार बिखर रहे हैं और दो, मध्य वर्ग तेज़ी से फूलता जा रहा है। तीन, क्रय शक्ति बढ़ने के साथ ही घरों में एक से ज़्यादा टीवी ख़रीदा जाने लगा है। संयुक्त परिवार टूटेगा तो अकेलापन बढ़ेगा। टीवी इस अकेलेपन को भरेगा, मध्य वर्ग बढ़ेगा तो घरों में कंज़्यूमरिज़्म पैर पसारेगा और एक से ज़्यादा टीवी परिवारों में आयेगा तो पति-पत्नी के बीच दूरी की सम्भावना बढ़ेगी। और जब यह

सब होगा तो हमारे और आपके मूल्य भी बदलेंगे। मूल्य बदलेंगे तो सोच का दायरा बदलेगा। सोच का दायरा बदलेगा तो इंसान भी बदलेगा। इंसान बदलेगा तो समाज नये सिरे से बनेगा। सवाल यह कि कैसा समाज बनाना है? वो जो जड़ता की हद तक स्थायित्व पर टिका है, ग़रीबी के साथ सुरक्षा भाव पर जीवित है या फिर वो जो प्रगति के साथ क्षणजीवी है और पैसों के बावजूद जिसको असुरक्षा कचोटती रहती है? आप ख़ुद सोचें कि टीवी मित्र न होता तो उसे समाज यानी मैं 1983 में क्यों अपने ड्राइंगरूम में लेकर आता और अब तक सँभालकर रखे रहता?

दैनिक भास्कर, 10.05.2010

एक मासूम बाग़ी की कथा

बच्चन साहब से मेरा एक ही जुड़ाव है। वो भी इलाहाबाद में बेली रोड पर रहते थे और मैं भी। वो दिन मैं कभी नहीं भूलता जब वो काँग्रेस के टिकट पर अपना पर्चा दाख़िल करने कचहरी गये थे और जब वापस गये तब तक कचहरी की वो ज़िद्दी दीवार ढह चुकी थी और चारों ओर बिखरी ईंटें अपनी तबाही पर रो रही थीं। बच्चन साहब को जब यह बात मैंने बतायी तो वो मुस्कराये बग़ैर न रह सके। 1984 का वो चुनाव बच्चन साहब का चुनावी राजनीति से पहला और आख़िरी वास्ता था। लेकिन वो पहले शख़्स थे जिसने देश की गिरती राजनीति को अपनी क्रिएटिविटी से इस तरह से जोड़ दिया था कि एक नये एंटी हीरो का किरदार सफलता और विद्रोह दोनों का प्रतीक बन गया। उसे किंवदन्ती का रूप दिया बच्चन साहब की तेज़ाबी आँखों ने, गरगराती आवाज़ और मटमैले रंग ने। विजय ने भारतीय मानस की उस पीड़ा को रंग दिया था जो कहना तो बहुत कुछ चाहता था लेकिन सिस्टम ने उसकी जुबान सिल दी थी और जब उसे सही रास्ता न सूझा तो उसने ग़लत रास्ता अख़्तियार कर लिया लेकिन अन्त तक उसे वो बात सालती रही कि 'वो गुंडा नहीं है'। इसलिए जब 'अग्निपथ' में छोटा बच्चा उसे गुंडा कहता है तो माँ की गोद में दम तोड़ते हुए वो कहता है—मैं गुंडा नहीं।

यह सवाल मैंने बच्चन साहब से भी पूछा और सलीम साहब से भी कि आख़िर पूरी तरह से अनकन्वेंशनल चेहरे और कद-काठी के बावजूद अमिताभ का चरित्र सत्तर और अस्सी के दशक में लोगों को इस क़दर क्यों भाया? दोनों ने लगभग एक जैसी ही बात कही। यह वो दौर था जब लोगों में सिस्टम के प्रति असन्तोष और नाराज़गी बढ़ती जा रही थी। लोग अपनी आवाज़ को बुलन्द करना चाहते थे। राजनीतिक रूप से जे.पी. आन्दोलन ने इस आवाज़ को कुछ हद तक मुखर करने की कोशिश की लेकिन उनके चेलों ने जिस तरह का नंगा नाच किया था उसने लोगों को कनविंस कर दिया कि कहीं कोई न्याय नहीं है। हक़ीक़त से नाउम्मीद लोगों ने फैंटेसी में अपना फ्रस्टेशन निकाला और एक इमैजिनरी विजय के ज़रिये सड़ते-गलते

सिस्टम को गाली देकर, उसकी चिन्दियाँ उड़ाकर अपनी भड़ास निकाली। लेकिन इस भड़ास में भी अपराधबोध था और साथ ही यह कहने की कोशिश भी कि मैं ग़लत नहीं हूँ। और अपने ग़लत माने-जाने से वो परेशान हैं। वो कई बार अपनी फ़िल्मों में यह कहने की कोशिश भी करता है कि वो लोग उसे समझते क्यों नहीं। दो तरह से वो प्रायश्चित करता है। एक, वो हमेशा माँ से डाँट खाता है। याद करिये दीवार का विजय। दो, उस समय की ज़्यादातर फ़िल्मों में अमिताभ का किरदार मौत को गले लगाता है। शायद वो मौत में ही सुकून तलाश रहा हो।

अमिताभ के पहले का दौर मासूमियत का दौर था। जिसमें प्रतिरोध नहीं था और न ही प्रतिशोध। गुरुदत्त को समय और समाज से तकलीफ़ थी तो वो पलायनवाद में मौक़ा खोज लेते हैं। 'प्यासा' और 'काग़ज़ के फूल' का हीरो अन्दर ही अन्दर घुटता है लेकिन प्रतिकार नहीं कर पाता। वो ख़ुद को ख़त्म कर लेता है या फिर समाज को ही त्याग देता है—ये कहते हुए 'जिन्हें हिन्द पर नाज़ है वो कहाँ है।' गुरुदत्त के निराशावाद से अलग राजकपूर और दिलीप कुमार आदर्शवाद में लीन थे। राजकपूर और दिलीप दोनों में ही तिरस्कार नहीं था, वो नेहरू के साथ उनके सपनों की दुनिया में डूबते-उतराते रहते थे। मासूमियत ही उनका सौन्दर्य था और जीवन संगीत भी। 'मधुमति' का दिलीप कुमार हो या फिर 'देवदास' का या 'यहूदी' का प्रेमी वो प्यार में ही जीवन की सम्पूर्णता का अभिसार करता है और बग़ावत की सोचता ही नहीं। और जब उसे अपनी ग़लती का एहसास भी होता है तो ख़ुद को ही ज़िम्मेदार मानकर अपने को कष्ट देता है।

राजकपूर तो एक ऐसे फैंटेसी वर्ल्ड में साँस लेते हैं कि जहाँ सब कुछ अच्छा है और अगर नहीं है तो उसे अच्छा करने का प्रयास करते हैं। 'जिस देश में गंगा बहती है' का राजू तो इतना मासूम और आदर्शवादी है कि वो दोनों की जान बचाने के लिए पागल है। चाहे वो उसके ख़ून के प्यासे डाकू हों या फिर पुलिस। वो नहीं चाहता कि इतनी ख़ूबसूरत दुनिया को किसी भी तरह के गुनाह की ठेस लगे। यह अनायास नहीं है कि 'तीसरी कसम' में वो प्यार को ही गुनाह मान लेते हैं और फिर किसी के प्यार में न पड़ने की कसम भी खा लेते हैं। 'जिस देश में गंगा...' का राजू कितनी मासूमियत से कहता है यह चोचलिज़्म क्या है। और यह भी मान लेता है कि डाकू वाकई में चोचलिस्ट हैं और समाज में बराबरी लाने का काम कर रहे हैं। ऐसी मासूमियत कहाँ दिखती है, कहाँ मिलती है। यह शायद नेहरूजी की ही मासूमियत थी जिसे पर्दे पर राजकपूर ख़ूबसूरत बना रहे थे। यह शायद कोई राजू ही रहा होगा जो चीन के छल को नहीं समझ पाता और उसे अपना दोस्त मानकर उसकी तरफ़ से बेफ़िक्र हो जाता है, पीठ में घाव खाने के लिए।

अमिताभ का विजय इस मासूमियत के पीछे की दुनिया को देखता है। वो

ज़माने के छल को पहचानता भी है। वो जानता है कि डाकू चोचलिस्ट नहीं होते और इसलिए वो गंगा की सौगन्ध खाता है और कहता भी है कि मानो तो मैं गंगा माँ हूँ न मानो तो बहता पानी। वो राजू की तरह गंगा की पवित्रता और बहते पानी की तरलता को पहचानता है, वो अच्छे और बुरे के बीच फ़र्क़ कर लेता है। हालाँकि वो कभी-कभी इस हद तक निराश हो जाता है कि पूरे सिस्टम को ही तहस-नहस कर देता है। फिर भी वो सिस्टम से अपने को स्वीकार किये जाने की तड़प पाले रखता है। इस द्वन्द की वजह से वो दूसरे न्यायसंगत सिस्टम का निर्माण नहीं करता, वो हल नहीं खोजता वो सिर्फ़ समस्या की तरफ़ इशारा करता है। वो सिस्टम से बाहर नहीं जाता वो सिस्टम के हाशिये पर आकर सिस्टम के केन्द्र से शिकायत करता है। अपनी बग़ावत में भी बच्चन साहब शायद मासूम हैं। अमिताभ के अग्निपथ पर भी सत्तर एमएम का भारतीय हीरो अपने अन्दर शायद किसी राजू को ही तलाश रहा है। ऐसे में यह महज़ इत्तेफ़ाक़ नहीं है कि 'पा' के लिए अभिनय का राष्ट्रीय पुरस्कार पाने पर आज भी बच्चन साहब उसी तरह से उत्साहित हैं जैसेकि 'सात हिन्दुस्तानी' के समय थे।

दैनिक भास्कर, 25.10.2010

जवाँ होते टीवी का पामेला प्रेम

मैं बिग बॉस नहीं देखता, न ही राखी का इंसाफ़। न ही देखने की चाहत है। घर पर कभी-कभार टीवी लगाते-लगाते नज़र पड़ ही जाती है और रही-सही कसर न्यूज़ चैनल पूरा कर देते हैं। पहली बार देखा तो अजीब लगा। इसलिए नहीं कि ऐसी तस्वीरें पहली बार देखीं, बल्कि इसलिए कि टीवी पर देखा। टीवी पर देखा तो चौंका। क्योंकि भारतीय टीवी सति-सावित्री के जैसा है। सास-बहू के झगड़े के बावजूद। हर सीरियल में पूरी कहानी एक ऐसी महिला पात्र के इर्द-गिर्द घूमती है जो हर क़दम पर षड्यन्त्रों का शिकार होती है। वो रोती है, कलपती है, फिर भी त्याग की मूर्ति बनी रहती है। उसे अपने परिवार की परम्परा की चिन्ता है, वो तन-मन-धन से पति पर निछावर है। अच्छे-बुरे के बीच का टकराव सीरियल में तनाव पैदा करता है और कहानी में दिलचस्पी भी। यह कहानी अब फ़िल्मों में नहीं नज़र आती।

लेकिन 60 और 70 के दशक का सिनेमा ऐसी ही कहानियों से अटा पड़ा था। रोती-धोती हिरोइन और साजिश करती खलनायिका, दोनों के बीच तनाव के नाटकीय क्षण और अन्त में अच्छाई की जीत और बुराई का अन्त। चूँकि फ़िल्म तीन घंटे की होती थी इसलिए अच्छाई जीतती नज़र आती, सीरियल अन्तहीन कथा है इसलिए साजिश दर साजिश और बार-बार हारती नायिका के आँसू। यानी भारतीय मनोरंजन टीवी अभी सिनेमा के 60 और 70 के दशक के दौर में ही है। यानी उसे अभी बहुत लम्बा सफ़र तय करना है। उसे परिपक्वता की नयी उम्र का इन्तज़ार है।

ऐसे में जब 'बिग बॉस' और 'राखी का इंसाफ़' पर चर्चा शुरू हुई तो मुझे लगा यह बवाल क्या है? ज़रा देखूँ तो। देखा तो वहाँ चीख़ती-चिल्लाती डॉली बिन्द्रा दिखी। और दिखी इश्क फ़रमाती वीणा मलिक, कभी किसी अश्मित पटेल के बिस्तर पर सोती, तो कभी उसे पीछे से पकड़ती और उसके शरीर पर हाथ फिराती। उधर, राखी दनादन गाली बके जा रही थी। इस बीच 'बे-वॉच' की पामेला एंडरसन के बिग बॉस में आने की ख़बर आ गयी। साड़ी और लो-कट ब्लाउज में लहराती पामेला। उसको देखने को उतावले मर्द। टीआरपी अचानक बढ़ गयी और पहली बार 'कौन

बनेगा करोड़पति' से आगे।

लेकिन मैंने एक सवाल अपने मन से किया। क्या पामेला ऐसा कुछ कर रही है जो भारतीय नारीनुमा नायिकाएँ हिन्दी फ़िल्मों में लम्बे समय से नहीं कर रही हैं? चालीस साल पहले की नदी से निकलती वैजयन्ती माला याद आयी और 'एन इवनिंग इन पेरिस' की शर्मिला टैगोर भी। तो चालीस साल बाद क्यों हलचल? कौन सी अश्लीलता? किसकी अश्लीलता और काहे की अश्लीलता? और अचानक सरकार को क्यों याद आया कि ये सीरियल भारतीय संस्कृति को तबाह कर रहे हैं? अठारह साल से कम उम्र के बच्चों को बिगाड़ रहे हैं? उन्हें समय से पहले जवान कर रहे हैं? यह प्रोग्राम प्राइम टाइम पर दिखाने के लायक नहीं है, इन्हें नौ बजे से हटाकर रात ग्यारह बजे कर दिया जाये।

ऐसा होते ही कि कई तर्क हवा में उछलने लगे। 'विशुद्ध-संस्कृतिवादियों' को तो मानो मौक़ा मिल गया। कहने लगे ऐसे टीवी चैनलों को बैन कर देना चाहिए। यह सिर्फ़ टीआरपी के लिए ही काम करते हैं। एक सज्जन तो इतने गुस्से में थे कि कह बैठे कि मेरा बस चले तो इन टीवीवालों को बंगाल की खाड़ी में फेंक दूँ। हालाँकि यह महाशय बिला नागा बिग बॉस देखते हैं और राखी पर इनकी ख़ास नज़र रहती है, ख़ास कारणों से। कुछ 'सरकारवादी' लोग कह रहे हैं इन टीवी चैनलों पर लगाम लगाना ज़रूरी है। यह सब बेअन्दाज़ हो गये हैं। दो-चार के लाइसेंस जब तक कैंसिल नहीं होंगे ये सुधरेंगे नहीं। कुछ 'षड्यन्त्रवादी' लोग यानी वो लोग जो हर चीज़ में साजिश देखते हैं, बोले भाई मनोरंजन टीवी के बहाने सरकार न्यूज़ चैनलों को सन्देश दे रही है। सरकार को निशाना बनाना बन्द करो नहीं तो आपकी भी बारी आयेगी। कुछ 'शाश्वत-सरकार-विरोधी' लोग भी बोल पड़े, कहा यह अभिव्यक्ति की आज़ादी पर हमला है, इसका प्रतिकार किया जाना चाहिए। इसका विरोध नहीं हुआ तो वो दिन दूर नहीं जब देश पर सांस्कृतिक फासीवाद छा जायेगा। हर शब्द कहने से पहले कुछ सोचना होगा, सरकार की अनुमति लेनी होगी।

इन तर्कों को सुनने के बाद मैं भी थोड़ा कन्फ़्यूज़ हुआ। तो कुछ मानसिक कसरत की। भाई मेरा कहना है कि टीवी अब जवान हो रहा है। मैंने यह नहीं कहा कि वो मैच्योर हो रहा है। वो जवान रहा है। जवान होगा तो इश्क भी करेगा, महिलाओं में ख़ासी दिलचस्पी भी लेगा। वो कब तक रोता-धोता रहेगा, अच्छाई और बुराई के पचड़े में पड़ेगा। अरे भाई संस्कृतवादियो। वही कुछ सिनेमा में होगा तो प्राब्लम नहीं होगी और जब वही सिनेमा टीवी पर दिखेगा तो भी प्राब्लम नहीं होगी। तो फिर टीवी के प्रोग्राम में दिखा तो अश्लीलता क्यों?

दरअसल हर माँ-बाप को अपने जवान होते बेटे में सैकड़ों खामियाँ दिखती हैं। क्योंकि वो 'पुराने' को छोड़कर अब 'नया' खोज रहा होता है, माँ-बाप को लगता

है कि वो उसकी सत्ता को चुनौती दे रहा है। उसे लगता है कि बच्चा बिगड़ रहा है। लेकिन वो भूल जाते हैं कि बच्चा बिगड़ेगा नहीं तो जवान कैसे होगा और अगर जवान नहीं हुआ तो मैच्योर कैसे होगा। और मैच्योर नहीं होगा तो बुढ़ापे में उन्हें सहारा कैसे देगा। यही तो जीवन की रीति है, जो पुराना है उसे बदलना होगा, जो नया है उसे पुराना होना होगा। जो दस साल से चल रहा है वो बदलेगा नहीं तो जड़ हो जायेगा। और जड़ हो गया तो मृत हो जायेगा। और संस्कृतियाँ जड़ नहीं होतीं, वो गतिमान होती हैं, चलायमान। नदी की धारा की तरह।

'बॉबी' की डिम्पल कपाड़िया ने सोलह साल की उमर में चौंका दिया था और लोगों को अश्लील भी लगा था, लेकिन 'सागर' की समन्दर के नीले पानी से निकलती उसी डिम्पल में लोगों को ख़ूबसूरती नज़र आने लगी। तस्वीर तो वही थी। किरदार भी वही। तो बदला क्या? देखने की दृष्टि! और दृष्टि क्यों बदली क्योंकि हम-आप बदल गये! समाज बदल गया! टीवी भी सास-बहू के झंझट से बाहर आने को मचल रहा है, उसको मचलने दीजिये। और आप मस्त रहिये। बिग बॉस देखिये या न देखिये लेकिन टीवी से मुहब्बत करना न छोड़िये। महबूबा की तरह एक नशा है टीवी।

दैनिक भास्कर, 22.11.2010

मीडिया पर अंकुश के कुतर्क

पिछले दिनों DNA अख़बार की एक ख़बर ने हंगामा मचा दिया। सेना की खस्ता हालत का कच्चा चिट्ठा खोलनेवाली रिपोर्ट के छपते ही कुछ सांसदों ने सेना प्रमुख को बर्ख़ास्त करने और पत्रकार के ख़िलाफ़ कार्रवाई की माँग की। तर्क था कि गोपनीय दस्तावेज़ के आम होने से राष्ट्रीय सुरक्षा को ख़तरा पैदा हो गया है। हालाँकि अख़बार में कुछ भी नया नहीं था। डिफ़ेंस की किसी भी पत्रिका में सारी जानकारी आसानी से उपलब्ध है। ज़्यादा हैरान करनेवाली बात यह है कि दिसम्बर महीने में ही कैग ने अपनी रिपोर्ट में सेना की खस्ता हालत का वही ब्यौरा दिया था। यानी सारी जानकारी पहले से ही सार्वजनिक है और तकनीकी तौर पर सांसदों को पता भी है। ऐसे में सवाल उठता है कि इन सांसदों ने तब हल्ला क्यों नहीं मचाया और अख़बार में ख़बर छपने के बाद सेना प्रमुख की बर्ख़ास्तगी और पत्रकार के ख़िलाफ़ कार्रवाई की बात क्यों की गयी? क्या इसके पीछे कोई खेल है या फिर राष्ट्रीय सुरक्षा का मसला उठाकर प्रेस की आज़ादी पर अंकुश लगाने का षड्यन्त्र?

यह सच है कि पिछले दो सालों से सरकार प्रेस की वजह से लगातार संकटों में घिरी और उसकी साख को ज़बर्दस्त बट्टा लगा है। सरकार ख़ासतौर पर टीवी चैनलों से खार खाये बैठी है। किसी न किसी बहाने वो उस पर अंकुश लगाने की फ़िराक़ में है। सुप्रीम कोर्ट में इन दिनों अदालती कार्रवाई को कवर करने के लिए गाइडलाइन बनाने को लेकर भी बहस जारी है। फाली एस नरीमन, सोली सोराबजी, राजीव धवन और राम जेठमलानी जैसे दिग्गज मीडिया की आज़ादी की सुरक्षा के लिए तर्क पर तर्क दे रहे हैं। सवाल किसी एक पत्रकार के ख़िलाफ़ कार्रवाई का नहीं है बल्कि लोकतन्त्र में प्रेस की आज़ादी का है। एक संस्था के तौर पर संसद, सरकार और न्यायपालिका की गरिमा और उसकी आज़ादी का सवाल होता है। लोकतन्त्र में तीनों अंगों की अलग-अलग भूमिकाएँ हैं और किसी एक को दूसरे की स्वायत्तता पर टेढ़ी नज़र डालने का हक़ नहीं है। उसी तरह से प्रेस को भी लोकतन्त्र का चौथा खम्भा माना जाता है। उसकी आज़ादी कई मायने में बाक़ी तीनों संस्थाओं की आज़ादी से ज़्यादा महत्वपूर्ण है। संसद, सरकार और न्यायपालिका के पास दंडकारी अधिकार हैं,

वो अपने अधिकारों की रक्षा के लिए उसका इस्तेमाल कर सकते हैं। सेना, पुलिस, जेल उनकी मदद के लिए हमेशा उपलब्ध रहते हैं। लेकिन प्रेस के पास ऐसी कोई सुविधा नहीं है। वो सिर्फ़ लिख सकता है और फिर दिखा सकता है, वो अपनी बात को मनवाने के लिए किसी को बाध्य नहीं कर सकता। इन तीनों दंडकारी संस्थाओं के अलग-अलग या फिर आपसी सहमति से जैसाकि इमरजेंसी के दौरान देखने में आया था, बेलगाम होने का ख़तरा रहता है और यह सस्थाएँ बेलगाम न हों, उन पर हमेशा नज़र रखने के लिए ही प्रेस की ज़रूरत होती है।

लोकतन्त्र में सरकारों के तानाशाह होने से बचाने और लोकतन्त्र में प्रेस के महत्व को समझने के लिए ही अमेरिकी राष्ट्रपति टॉमस जेफ़रसन का साफ़ कहना था कि अगर उन्हें 'प्रेस-बिना-सरकार' और 'सरकार-बिना-प्रेस' में से किसी एक को चुनना हो तो वो 'प्रेस-बिना-सरकार' को चुनना पसन्द करेंगे। अमेरिका में प्रेस की आज़ादी को कितना महत्व दिया गया है, इसका अन्दाज़ इसी बात से लगता है कि सन 1789 में अमेरिका आज़ाद हुआ और सन 1791 में ही यानी दो साल के अन्दर है 'फ़र्स्ट-अमेंडमेंट' के नाम से यह क़ानून बना दिया गया कि संसद कभी भी प्रेस की आज़ादी पर अंकुश लगाने का क़ानून नहीं बना सकती। जिसको बदलने का साहस आज भी अमेरिका में किसी को नहीं हुआ। सेना प्रमुख की चिट्ठी की तरह ही अमेरिका में वियतनाम युद्ध में अमेरिकी सरकार की खामियों को उजागर करनेवाले 'पेंटागन-पेपर्स' को जब न्यूयॉर्क टाइम्स ने सन 1971 में छापना शुरू किया तो अमेरिकी सरकार ने उसके छापने पर प्रतिबन्ध लगाने की भरपूर कोशिश की और रिपोर्टर और अख़बार के ख़िलाफ़ कार्रवाई की माँग निक्सन प्रशासन की तरफ़ से उठी। मामला सुप्रीम कोर्ट जा पहुँचा। नौ जजों की बेंच ने 6-3 के बहुमत से फ़ैसला अख़बार के पक्ष में सुनाया।

दरअसल वियतनाम युद्ध में अमेरिकी सरकारों की नीतियों और प्रशासन की भूमिका की जाँच के लिए लिंडन जॉनसन के रक्षा मन्त्री रॉबर्ट मैकनमारा ने बिना राष्ट्रपति को बताये अध्ययन के आदेश दिये थे। कई सालों की मेहनत के बाद 7000 पेज की रिपोर्ट बनी, जिसमें खुलासा किया गया कि हैरी ट्रूमैन के ज़माने से हर अमेरिकी प्रशासन ने झूठ और धोखे का सहारा लिया और जनता को गुमराह किया। प्रेस के पक्ष में फ़ैसला सुनानेवालों में एक जज जस्टिस ब्लैक ने अपने फ़ैसले में लिखा, 'सिर्फ़ आज़ाद और अनियन्त्रित प्रेस ही सरकार के धोखे को कारगर तरीक़े से 'एक्सपोज' कर सकती है। प्रेस की ज़िम्मेदारियों में सबसे महत्वपूर्ण है कि वो सरकार या फिर सरकार के किसी भी अंग को जनता को गुमराह करने से रोके।' जस्टिस स्टीवर्ट की टिप्पणी तो और भी अहम है। उनका कहना था, 'यह सरकार की ज़िम्मेदारी है कि वो राष्ट्रीय सुरक्षा से जुड़े मामलों की सुरक्षा अपने स्तर पर

करे। ख़बर पर बैन लगा उसको सुरक्षित करने का काम अदालतों का नहीं है।' यानी सरकार की ज़िम्मेदारी है कि किसी गोपनीय दस्तावेज़ को लीक न होने दे लेकिन अगर लीक हो जाये तो अदालतें उसको छपने से रोक नहीं सकतीं।

अमेरिकी सुप्रीम कोर्ट ने यहाँ तक कहा था कि अख़बार को तब भी जंग के बारे में गोपनीय जानकारियों को छापने का अधिकार है जब देश वाकई जंग लड़ रहा हो। उनके मुताबिक़, 'लोकतन्त्र में जंग सिर्फ़ युद्ध भूमि में ही नहीं लड़ी जाती, जनता के बीच भी लड़ी जाती है। जनता को यह जानने का अधिकार है कि आख़िर जंग में हो क्या रहा है ताकि वो अपनी राय बना सके और अगर इस बात का अधिकार जनता को नहीं होगा तो राजनेता और सैन्य अधिकारी देश को गुमराह करने से नहीं चूकेंगे।' वियतनाम युद्ध में और बाद में इराक़ युद्ध में अमेरिकी प्रशासन ने यही किया। इराक़ युद्ध के बारे में यह खुलासा भी हुआ था कि जानबूझकर यह बात फैलायी गयी थी कि इराक़ ख़तरनाक न्यूक्लियर हथियारों का निर्माण कर रहा है और उसे रोकने के लिए अमेरिका को इराक़ पर युद्ध छेड़ना ही पड़ेगा। बाद में सीआईए प्रमुख ने यह क़बूला भी था कि पूरी कहानी गढ़ी गयी थी। झूठ बोला गया था। जोसफ़ सी. विल्सन जैसे राजनयिक ने युद्ध के पहले इस झूठ को सार्वजनिक किया था। जोसफ़ विल्सन को अमेरिकी प्रशासन ने ही मध्य-पूर्व एशिया भेजा था यह जानने के लिए कि क्या इराक़ न्यूक्लियर हथियारों को बनाने में जुटा है या नहीं? उसने लौटकर अपनी रिपोर्ट सौंपी और कहा कि ऐसा नहीं है। यह बात उसने न्यूयॉर्क टाइम्स में अपने कॉलम में भी लिख दी। उस पर दबाव डाला गया कि वो अपनी बात का खंडन करे। जब उसने नहीं किया तो उसकी पत्नी जो सीआईए की अंडरकवर एजेंट थी, की पहचान सार्वजनिक कर दी गयी। इस वजह से दोनों का जीवन नरक हो गया। दूसरे तरीक़े से भी दोनों को प्रताड़ित किया गया। यानी पेंटागन पेपर्स के फ़ैसले में सुप्रीम कोर्ट ने जो कहा था कि राजनेता और सैन्य अधिकारी लोगों को गुमराह कर सकते हैं वो बात इराक़ युद्ध में सच साबित हुई। साफ़ है कि सरकारों पर अंकुश लगाने के लिए, उन्हें देश को गुमराह करने से रोकने के लिए प्रेस की आज़ादी ज़रूरी है। अमेरिका में प्रेस ने ही बताया कि किस तरह से वियतनाम युद्ध और बाद में इराक़ युद्ध में अमेरिकी प्रशासन ने देश को धोखा दिया और असली तस्वीर छिपायी। ऐसे में इस बात की क्या गारंटी है कि जो लोग आज देशप्रेम के नाम पर भावनाओं का ज्वार उठाकर प्रेस की आज़ादी पर अंकुश लगाना चाहते हैं उन लोगों ने सन 1962 में और करगिल की लड़ाई में देश से झूठ नहीं बोला, जनता को गुमराह नहीं किया क्योंकि इन दोनों युद्धों की सच्चाई आज भी फ़ाइलों में दबी है। पूरा सच सामने नहीं आया।

दैनिक भास्कर, 09.04.2012

हमारी आँखों का पूरा ख़्वाब है सचिन

जो मुझे जानते हैं, उन्हें पता है कि मैं सचिन तेन्दुलकर का हमेशा आलोचक रहा। इस वजह से अकसर सहयोगियों से नोकझोंक भी होती रहती है। शायद मैं 'ओल्ड फ़ैशंड' हूँ या फिर सचिन की कामयाबी से 'जलनेवाला इंसान'। शायद दोनों ही। लेकिन आज कहना चाहता हूँ। साथियों को भले ही अजीब लगे मैंने हमेशा ही मन ही मन में सचिन के खेल की सराहना की है और हमेशा उसको खेलते हुए देखकर अपने मन से पूछा है कि क्या हाड़-मांस का कोई इंसान इस तरह खेल सकता है? और उसका आलोचक इसलिए रहा कि मन ही मन यह मान बैठा था कि यह नन्हा मास्टर कभी कोई ग़लती नहीं कर सकता। इसलिए जब उसे कोई ग़लत शॉट लगाते हुए देखा या फिर मामूली गेंद पर आउट होते देखा तो खीज उठा और बोल उठा यह वो सचिन तो नहीं। क्योंकि सचिन तो कभी ग़लत कर ही नहीं सकता। शायद वह मेरे मन का भगवान था और भगवान तो हमेशा ही परफ़ेक्ट होता है। सम्पूर्ण, असीमित, अनन्त, पूरा आकाश। वो धरती के टुकड़े की तरह अधूरा कैसे हो सकता है? बड़े समय के बाद हैदराबाद वनडे में भगवान को उसी लय में देखा। वही पैरों की थिरकन, हवा में आने के पहले गेंद को पढ़ने की कला, बैट और गेंद के कांटेक्ट से निकलनेवाला संगीत और फ़ील्डरों को बीच से चीरती गेंद पर विरोधी गेंदबाज़ों के चेहरे पर एकसाथ बेबसी और सुकून के क्षण और भारतीय खेमे में भक्तों का 'चैतन्य-नाद'।

यकीन नहीं हुआ कि 1989 में जेएनयू के पेरियार हॉस्टल में जिस छुटकू को वसीम अकरम और वकार यूनुस की गेंद पर सोलह साल की बाली उमर में चौके लगाते हुए देखा था उसकी हड्डियों में आज भी वही जान बाक़ी है और हैदराबाद में मिडिल और लेग स्टम्प की गेंद पर पैरों पर नाचते हुए मिड विकेट और स्क्वेयर लेग के ऊपर उठाकर मारा गया शॉट पिकासो की किसी भी कलाकृति से कम नहीं लगता। और इस शॉट के बाद आसमान की तरफ़ देखकर ईश्वर से चुहल करने का अन्दाज़ दिल के किसी कोने में चुटकी काट गया कि ईश्वर क्यों इतना पक्षपाती

है? और क्यों किसी-किसी को इतना दे देता है कि बाक़ी के लिए उसकी झोली कम पड़ जाती है?

सचिन को 159 टेस्ट और 435 वनडे या फिर 12773 और 17178 रन, या फिर 42 और 45 शतक के आँकड़ों से तौलना इस महान खिलाड़ी की तौहीन होगी। आँकड़ों की बात करेंगे तो ब्रायन लारा और रिकी पोंटिंग से तुलना करनी होगी और कहीं न कहीं यह कहना पड़ेगा कि वो इन लोगों से बेहतर हैं या कमतर। ब्रैडमैन से बराबरी भी बेकार है। आँकड़ों की कहानी में सचिन की कहानी को तलाशेंगे तो कहना पड़ेगा कि सचिन भारत की जीत में उतने कारगर नहीं रहे जितना उन्हें होना चाहिए या फिर यह कहानी एक पत्रकार के नाते लिखनी पड़ेगी कि दूसरी पारी में उनके रन और औसत दोनो ही क्यों कम रहे जबकि पहली पारी में वो कहीं बेहतर खिलाड़ी नज़र आते हैं।

सचिन का जन्म उस युग में हुआ जब भारत के सामूहिक मानस ने सदियों बाद अंगड़ाई लेनी शुरू की। वो दुनिया के नक्शे पर अपने को खोजने निकला और जटाजूटधारी भारतीयों की स्टीरियो टाइप इमेज को तोड़ने के लिए उतावला है। वो भारत की आर्थिक क्रान्ति का वो अंश है जो ईस्ट इंडिया कम्पनी के अपमान का अन्तरराष्ट्रीय स्तर पर बदला लेने को व्याकुल है, जो जातिवादी आन्दोलन के बरक्स अपनी अस्मिता खोज रहा है जो अब समाज और देश के स्तर पर हीन भावना से ग्रस्त होने को तैयार नहीं। सचिन के पहले का भारतीय क्रिकेट 'इन्फ़ीरियारिटी कॉम्प्लेक्स' से पीड़ित था। 1983 की जीत के बाद भी हालाँकि कपिल और गावस्कर ने इस ग्रन्थि से भारतीय क्रिकेट को निकलने की बहुतेरी कोशिश की, लेकिन वो एक सीमा के बाद कामयाब नहीं हो पाये। 1983 की जीत के फ़ौरन बाद वेस्ट इंडीज की टीम का भारत आना और हमें बुरी तरह से रौंदना इसकी एक बानगी भर थी। हम खेलते ज़रूर थे लेकिन या तो हारने के लिए या फिर ड्रॉ करने के लिए। विरोधी गेंदबाज़ के सीने पर चढ़कर उसका टेटुआ दबाने की मानसिक ताक़त हमारे पास नहीं थी। भारतीय टीम हमेशा अंडर-डॉग ही रही। सचिन ने पहली बार विरोधी खेमे में दहशत पैदा की। उसके शॉट की बेअन्दाज़ी ने गेंदबाज़ों की घिघी बाँध दी। सचिन के नाम पर शेन वॉर्न जैसों को सपना आने लगा और उसने क़बूला भी।

सचिन ने बढ़कर हमला किया तो सौरभ, राहुल, अनिल कुम्बले में जोश आ गया। अब भारतीय टीम किसी गोरे या विदेशी के सामने दबने को तैयार नहीं थी। स्टीव वॉ को टॉस के लिए इन्तज़ार करवाना या फिर लॉर्ड्स के पेवेलियन में शर्ट उतारकर सौरव का लहराना उस नये सामूहिक आत्मविश्वास का प्रतीक था जिसकी वजह से मन्दी के दौर में भी भारतीयों को अगले सुपरपावर के रूप में देखा जा रहा है और जिससे अमेरिका दोस्ती के लिए पलक-पाँवड़े बिछाये बैठा है। हिन्दुस्तान बदल

गया है और सचिन इस बदलते भारत की अंगड़ाई है। यह वो अंगड़ाई है जो 1999 में वर्ल्डकप के दौरान अपने पिता की मृत्यु के बाद दो दिन के लिए मुम्बई आता है और फिर पलटकर वापस जाता है तो सेंचुरी मारकर अपने पिता को श्रद्धांजलि देता है। वो दुखी था लेकिन दुख के समन्दर में वो गुरुदत्त के अन्दाज़ में अपने-आपको डुबोने को तैयार नहीं था।

यह नये भारत का उदय था और नये भारत के युवा का अपने से बड़ों के प्रति प्रेम के इज़हार का नया तरीक़ा और यही है सचिन। सचिन को करोड़ों लोगों की इच्छाओं, आकांक्षाओं में तलाशेंगे तो ग़लत करेंगे। उसे दर्द में तड़पते हुए 1999 में चेन्नई की पिच पर पाकिस्तान के ख़िलाफ़ 136 रन बनाने में आँकेंगे तो ग़लत करेंगे। वो हममें है, आपमें है। वो हमसे पहले की पीढ़ी का अधूरा सपना है जो अपनी कुंठाओं के पार नया संसार रचना चाहती था। वो हमारी पीढ़ी का सपना है जो अपने कॉन्फ़िडेंस में पूरी दुनिया को समेट लेना चाहता है। वो हमारे बच्चों की आँखों का वो ख़्वाब है जो विश्वविजेता होना चाहता है। सचिन में अगर हम अपने होने का विस्तार देखेंगे तो उसे समझेंगे। और इस विस्तार में मैं हमेशा सचिन का आलोचक बना रहूँगा क्योंकि उसकी आलोचना में ही तो मेरी ख़ुद की आलोचना छिपी है। आलोचना नहीं होगी तो विस्तार को विस्तार कहाँ मिलेगा और बिना विस्तार के सारा आकाश अपना कब होगा।

दैनिक भास्कर, 17.11.2009

जिस देश में धोनी रहता है

बड़ा पुराना गाना है आये दिन बहार के। हम भारतीयों के लिए क्रिकेट में बहार के दिन हैं। जिधर देखो, एक ही चर्चा है कि वर्ल्डकप इस बार हमारा है। पाकिस्तान के इमरान ख़ान हों या वेस्टइंडीज के विवियन रिचर्ड्स, सबकी नज़र में टीम इंडिया जीत की सबसे बड़ी दावेदार है। हम भारतीय तो मान बैठे हैं कि धोनी 28 साल बाद कपिल देव का कमाल दोहराने जा रहे हैं। डर लगता है कि अगर ऐसा न हुआ, तो क्या होगा? जैसे वर्ल्डकप फुटबॉल में अर्जेंटीना को लोग विश्व विजेता मान बैठे थे, लेकिन हैंड-ऑफ़-गॉड के देवता को ख़ाली हाथ घर जाना पड़ा और कोच के पद से भी हाथ धोना पड़ा। अनन्त अनिश्चितताओं का खेल है क्रिकेट।

आज की पीढ़ी को याद नहीं होगा कि कैसे हिन्दुस्तान की टीम मैदान में केवल खेल खेलने के लिए उतरा करती थी। जीत और हार का सपना वह नहीं देखती थी। ऐसा नहीं था कि वह टीम जीतती नहीं थी, लेकिन जीत एक आदत नहीं थी। हारते-हारते जीतने की जगह जीतते-जीतते हारना राष्ट्रीय खेल था। हम खेलते ज़रूर थे, लेकिन हमारा शुमार दब्बू टीमों में होता था। ऐसे में, जब साल 1983 में कपिल देव के शेरों ने वेस्ट इंडीज के महामानवों की टीम को हराकर ट्रॉफी पर क़ब्ज़ा किया, तब भी हमें किसी ने सीरियसली नहीं लिया। हर किसी ने माना कि हिन्दुस्तान के हाथ तुक्का लग गया। किसी ने यह नहीं सोचा कि वर्ल्डकप के पहले भी हिन्दुस्तान के रणबांकुरों ने वेस्टइंडीज को वेस्टइंडीज में ही एक वन-डे में मात दी थी और वर्ल्डकप के पहले मैच में भी उसने वेस्टइंडीज को हराकर भारी उलट-फेर किया था। फ़ाइनल की जिस टीम को भारत ने हराया था, उस टीम को इमरान जैसे महान खिलाड़ी वन-डे की अब तक की सबसे महान टीम मानते हैं। इमरान ख़ान कहते हैं कि उस टीम में मार्शल, होल्डिंग, राबर्ट्स और गार्नर जैसे चार सर्वकालिक सर्वश्रेष्ठ तेज़ गेंदबाज़ थे, विवियन रिचर्डस जैसी प्रतिभा थी, जिसको विजडन दुनिया के सबसे बेहतरीन बल्लेबाज़ों की सूची में तीसरे नम्बर पर रखती है। गॉर्डन ग्रीनिज थे, जिन्हें गेंदबाज़ों का कसाई कहा जाता था। लॉयड तो थे ही।

वह टीम जब हार के बाद भारत आयी, तो ऐसी दहशत भारतीय खेमे में फैली कि हम सारे मैच हार गये, पर आज विवियन रिचर्डस कहते हैं टीम इंडिया जीत की सबसे बड़ी दावेदार है।

दरअसल गावस्कर और कपिल ने पहली बार अन्तरराष्ट्रीय स्तर पर हम भारतीयों को जीत से ज़्यादा यह आत्मविश्वास दिया कि वे किसी से कम नहीं हैं और हारना एक बात है, लेकिन जीत के लिए खेलना और जीत की आदत डालना दूसरी बात। सही मायने में इन दोनों ने विदेशी दबदबे को तोड़ा और यह मिथ भी कि भारतीय दब्बू होता है। आर्थिक सुधारों से उभरे नये हिन्दुस्तान में सचिन की मौजदूगी ने भारतीय क्रिकेट में क्रान्ति ही ला दी। नयी आर्थिक ताक़त ने सौरव को विरोधी खेमे में बेधड़क घुसने का चस्का लगा दिया। सिडनी की पिच पर जब भारतीयों के साथ पोंटिंग ने बेईमानी की, तो अपेक्षाकृत शर्मीले कप्तान अनिल कुम्बले ने ऑस्ट्रेलिया की धरती पर वह कहा, जो कभी डगलस जार्डिन की बॉडी लाइन अटैक से परेशान ऑस्ट्रेलिया ने कहा था—सिर्फ़ एक टीम ने खेल भावना से मैच खेला। कहने को यह एक कप्तान की खीझ थी, लेकिन इस एक वाक्य ने अन्तरराष्ट्रीय क्रिकेट का नक्शा बदल दिया, क्योंकि यह एक ऐसे देश के कप्तान की पुकार थी, जिसे अब अन्तरराष्ट्रीय नक्शे पर भविष्य का नया सुपरपावर कहा जाने लगा था। अगले मैच में भारत ने ऑस्ट्रेलिया को पराजित करके शेर की माँद में घुसकर उसका शिकार कर लिया।

अब भी भारत को काफ़ी आगे जाना था। द्रविड़ की कप्तानी में टीम वर्ल्डकप के पहले राउंड से ही बाहर हो गयी। हालाँकि इसके पहले ट्वंटी-20 वर्ल्डकप जीतकर टीम इंडिया ने यह संकेत दे दिया था कि सौरव की विरासत को आगे बढ़ानेवाले, कुछ कर गुज़रने की तमन्ना लिये छोटे-छोटे शहरों के शेरों का आगमन हो चुका है। भारतीय क्रिकेट अब मुम्बई और दिल्ली की इलीट संस्कृति से बाहर निकल आयी है। रांची, ग़ाज़ियाबाद, लखनऊ, बड़ोदरा, कोच्ची नये सेंटर बन गये हैं। धोनी इस नयी पीढ़ी का नया नायक बन गये। किसी से डरना और किसी के सामने भीगी बिल्ली बनना उन्होंने सीखा ही नहीं। धोनी ने क्रिकेट के सारे नियम बदल दिये। पुरानी परम्पराएँ दम तोड़ने लगीं। उन्हें अंग्रेज़ों के नफ़ासत भरे खेल और उससे उपजे औपनिवेशिक ख़ौफ़ को रौंदने में मज़ा आने लगा। लेन हटन औरवाली हैमंड की क्रिकेट में क्रिकेट की किताब से अलग शॉट लगाना अपराध था। क्रिकेट का खेल वैसे ही खेला जाना चाहिए, जिसकी अनुमति लॉर्ड्स के मैदान के अभिजात्यवर्गीय अंग्रेज़ देते थे। धोनी ने इस खेल को हेलिकॉप्टर शॉट में तब्दील कर दिया। सहवाग की उपस्थिति ने सारे कायदे-क़ानून की धज्जियाँ उड़ा दीं। विश्वनाथ के लेट और स्क्वेयर कट की शास्त्रीयता और गावस्कर के बॉलर-बैक-ड्राइव के साइंटिफ़िक

अन्दाज़ में अपनी कला देखनेवाले अंग्रेज़ों को सहवाग के अपर-कट ने बेहोश कर दिया। क्रिकेट अब लॉर्ड्स की परम्परा से निकलकर ईडन गार्डन की बेअन्दाज़ी में बदल गया था यानी क्रिकेट की परम्परागत सत्ता ढह चुकी थी। उभरते भारत के नये लड़कों ने नया इतिहास लिखना शुरू कर दिया था।

ऑस्ट्रेलिया के कोच जॉन बुकानन कहते थे कि महान टीम वह नहीं होती, जो जीतना जानती है, बल्कि महान वह है, जिसे सामने खड़ी शर्तिया हार को बार-बार जीत में बदलने का हुनर आता है। जिसे असम्भव हालात में भी जीतने की महारत हासिल हो। जैसाकि मनिन्दर सिंह कहते हैं कि यकीनन सौरव गांगुली ने हमें जीतना सिखाया, लेकिन महेन्द्र सिंह धोनी ने घर में घुसकर प्रतिद्वन्द्वी को पीटने का नुस्खा दिया। 2010 में कम से कम पाँच ऐसे मौक़े आये, जब भारत की टीम हार के क़गार पर खड़ी थी। तीन बार तो लक्ष्मण ने, एक बार हरभजन सिंह ने और एक बार यूसुफ़ पठान ने शेर के जबड़े से पक्की हार को जीत में बदल दिया। ऐसा तो हम पहले ख़्वाब में भी नहीं सोच सकते थे। ऐसे में अगर अब भारत को जीत का सबसे बड़ा दावेदार माना जा रहा है, तो ग़लत बिल्कुल नहीं है। बस एक ही डर है। कहीं ऐसा न हो कि अति आत्मविश्वास गच्चा दे दे।

हिन्दुस्तान, 21.02.2011

सचिन, भारत नाम के सपने का एहसास कराने के लिए शुक्रिया

सचिन तेन्दुलकर के सौवें शतक ने पूरे देश को सन्तोष और ख़ुशी का वैसा ही भाव दिया है, जैसा वर्ल्डकप जीतने के बाद हुआ था। सचिन ने 1989 में जब पहली बार पाकिस्तान के ख़िलाफ़ मैच खेला था, तब उनकी उम्र महज़ 16 साल थी। एक मैच में, जब उन्होंने अब्दुल कादिर के ओवर में 27 रन बनाये थे, तभी लगा था कि महान बल्लेबाज़ आ गया है, जिसकी आनेवाले दिनों में चर्चा होगी। यह चर्चा एक राष्ट्रीय उत्सव या राष्ट्रीय गम में बदल जायेगी, यह तो ख़ुद सचिन ने भी नहीं सोचा था। सचिन दरअसल क्रिकेट खेलते-खेलते एक उभरते हुए देश की आत्मा और उसके विश्वास का प्रतीक बन गये। बहुत कम लोगों को याद होगा कि 1989 में देश की हालत क्या थी। तब भारत की चर्चा दुनिया के नक्शे पर यदा-कदा ही होती थी। तब अन्तरराष्ट्रीय अख़बारों में भारत का ज़िक्र हादसों की वजह से होता था या फिर दंगों के कारण। भारत को लोग एक पुराना देश ज़रूर मानते थे। इसकी सभ्यता की इज़्ज़त भी करते थे, लेकिन इसकी चर्चा में 'मिस्ड-अपॉरच्युनिटी' का भाव ज़्यादा होता था। ऐसा देश, जो अपनी महान गौरवशाली परम्परा के बाद भी ग़रीबी में जीने के लिए अभिशप्त था। वह देश, जो सदियों की गुलामी से 1947 में निकला ज़रूर, लेकिन फिर कहीं भटक गया। कहने को लोकतन्त्र था, लेकिन अराजकतावादी था। कहने को संसद थी, पर वह विचारधारा के ऐसे भँवर में फँसी थी कि जितना बाहर निकलने की कोशिश करती, उतना ही दलदल में धसती जाती।

यह वह समय भी था, जब दुनिया में कई बड़े बदलाव हो रहे थे। सोवियत संघ में गोर्बाचोव का सुधारवाद चल रहा था, चीन में छात्र विद्रोह पर उतारू थे। विद्रोह को कुचलने के लिए सरकार को टैंकों का सहारा लेना पड़ा था। मार्क्सवाद के अस्तित्व पर संकट के गहरे बादल मँडराने लगे थे। दक्षिण अफ्रीका में रंगभेद नीति पर खड़ी व्यवस्था को उखाड़ फेंकने के लिए निर्णायक लड़ाई शुरू हो चुकी थी। नेल्सन मंडेला ने एक बार फिर गाँधी को अन्तरराष्ट्रीय स्तर पर जीवित कर

दिया था। पूर्वी और पश्चिमी जर्मनी बर्लिन की कृत्रिम दीवार को तोड़ने के लिए उतावले हो रहे थे। पोलैंड की सॉलिडेरिटी सरकार और लेकवालेसा विश्व को विद्रोह का नया सन्देश दे रहे थे। भारत में हिन्दुत्ववादी ताक़तें हिलोरें ले रही थीं। केन्द्र की राजनीतिक सत्ता और देश की सांस्कृतिक अस्मिता को इतनी गम्भीर चुनौती कभी नहीं मिली थी। कुछ लोगों को यह भी लगने लगा था कि आरएसएस की आक्रामकता देश को खंड-खंड कर देगी। राजीव गाँधी के मासूम, लेकिन कमज़ोर नेतृत्व ने इस संकट को और गहरा कर दिया था। कभी उनके विश्वासपात्र रहे वी.पी. सिंह ने भ्रष्टाचार विरोधी आन्दोलन को ऐसी हवा दी थी कि राजीव गाँधी सरकार को अपनी हार दीवार पर लिखी इबारत की तरह सच होती हुई दिख रही थी। भारतीय टीम तब तक एक वर्ल्डकप ज़रूर जीत चुकी थी, लेकिन अन्तरराष्ट्रीय स्तर पर उसकी चुनौती को कोई गम्भीरता से नहीं लेता था। वेस्ट इंडीज की तूती बोलती थी। ऑस्ट्रेलिया एक बार फिर से मज़बूत टीम के तौर पर अपने को खड़ा करने की कोशिश कर रहा था। इस सबके बीच सचिन का टेस्ट में उतरना कोई बड़ी घटना नहीं थी। सचिन के खेल को देखकर तब किसी ने नहीं कहा था कि एक दिन इस लड़के की तुलना डॉन ब्रेडमैन से की जायेगी, नासिर हुसैन जैसा खिलाड़ी उन्हें ब्रेडमैन से भी महान बल्लेबाज़ बताने की हिमाक़त करेगा और भारत में उसे क्रिकेट के भगवान का दर्जा दिया जायेगा।

अजीब इत्तेफ़ाक़ था कि उस वक़्त देश भी कंगाली से जूझ रहा था और उसे अपना सोना गिरवी रखना पड़ा था। आर्थिक सुधार की शुरुआत में तब किसी ने नहीं सोचा था कि महज़ 15 साल में भारतीय अर्थव्यवस्था की चर्चा पूरी दुनिया में होगी और उसे दुनिया की सबसे बड़ी अर्थव्यवस्थाओं में से एक के तौर पर आँका जायेगा। साथ ही अमेरिका की हालत ख़राब होगी, और यूरोप घुटनों पर होगा। देश की क़िस्मत बदली। क्रिकेट में भी उसकी ताक़त का लोहा माना जाने लगा। जो खेल कभी लन्दन व मेलबोर्न से चलता था, अचानक उसका सत्ता केन्द्र हिन्दुस्तान हो गया। दुनिया में क्रिकेट रहेगा या नहीं, यह भारत तय करने लगा। सचिन ने अपनी प्रतिभा से पूरी दुनिया को भारत की ओर देखने के लिए मजबूर कर दिया। सौरव गांगुली के तेज़ दिमाग़, राहुल द्रविड़ के संयम, वीवीएस लक्ष्मण की कलात्मकता, सहवाग के विस्फोट ने सचिन की नैसर्गिकता को अपराजेय बना दिया। वह सेंचुरी पर सेंचुरी मारते गये। पहले गावस्कर का 34 शतकों का रिकॉर्ड तोड़ा, फिर सारे रिकॉर्ड तोड़ डाले। बल्ला बोलता गया, दुनिया विस्मय से इस जादूगर व उसके साथियों का खेल देखती गयी। जिस टीम को कभी ढाई बल्लेबाज़ों की टीम कहा जाता था, जो कभी सिर्फ़ मैच हारने या बचाने के लिए खेलते थे, वो अब चाहे वनडे हो या फिर टेस्ट, सबमें नम्बर वन बन गये। धोनी ने सौरव की परम्परा को

आगे बढ़ाया ट्वंटी-20 का वर्ल्डकप जीता, फिर 28 साल बाद वनडे का वर्ल्डकप भी जीत लिया। आईपीएल ने क्रिकेट की दुनिया को बुनियादी तौर पर बदल डाला। क्रिकेट ने पूरे देश को एक सूत्र में बाँध दिया।

2011 में वर्ल्डकप की जीत के बाद जितना तिरंगा लहराया गया, उतना तो कभी मैंने अपनी पूरी ज़िन्दगी में नहीं देखा था। आधी रात के बाद मुम्बई की सड़कें जाम हो गयीं। आमिर ख़ान को घंटों लगे अपने घर पहुँचने में, लेकिन पूरा देश इस एक जीत में झूम रहा था। राष्ट्रीय एकता का ऐसा मंजर देश ने पहले शान्ति काल में कभी नहीं देखा था। यह उभरते भारत का नया राष्ट्रवाद था, जो अपनी मौजूदगी को पूरी शिद्दत के साथ दुनिया को अहसास कराना चाहता था। सचिन इस दौर में क्रिकेट के सबसे बड़े आईकॉन रहे हैं। वह इस नये राष्ट्रवाद के सबसे बड़े प्रतीक भी बन गये। उनकी हार पर देश हारने लगा और उनकी जीत पर देश नाचने लगा। ऐसे में इस प्रतीक ने जब सौवाँ शतक जड़ा, तो देश का बजट भी फीका पड़ गया। बजट तो हर साल आता है, लेकिन राष्ट्र की ख़ुशी में जीने-मरने का मौक़ा तो सदियों में कभी-कभी मिलता है। सचिन, देश को एक सपने, एक सूत्र में बाँधने, इतनी ख़ुशी देने के लिए शुक्रिया!

हिन्दुस्तान, 19.03.2012

❑❑